CURSO DE DIREITO INTERNACIONAL PRIVADO

www.saraivaeducacao.com.br
Visite nossa página

André de Carvalho Ramos

CURSO DE DIREITO INTERNACIONAL PRIVADO

3ª edição
2023

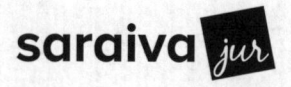

saraiva jur

saraiva EDUCAÇÃO | **saraiva jur**

Av. Paulista, 901, Edifício CYK, 4º andar
Bela Vista – São Paulo – SP – CEP 01310-100

SAC sac.sets@saraivaeducacao.com.br

Diretoria executiva	Flávia Alves Bravin
Diretoria editorial	Ana Paula Santos Matos
Gerência de produção e projetos	Fernando Penteado
Gerência editorial	Thais Cassoli Reato Cézar
Novos projetos	Aline Darcy Flôr de Souza
	Dalila Costa de Oliveira
Editora	Marisa Amaro dos Reis
Design e produção	Daniele Debora de Souza (coord.)
	Rosana Peroni Fazolari
	Camilla Felix Cianelli Chaves
	Claudirene de Moura Santos Silva
	Deborah Mattos
	Lais Soriano
	Tiago Dela Rosa
Planejamento e projetos	Cintia Aparecida dos Santos
	Daniela Maria Chaves Carvalho
	Emily Larissa Ferreira da Silva
	Kelli Priscila Pinto
Diagramação	Desígnios Editoriais
Revisão	Caio Cobucci Leite
	Silvana Cobucci Leite
Capa	Tiago Dela Rosa
Produção gráfica	Marli Rampim
	Sergio Luiz Pereira Lopes
Impressão e acabamento	Bartira

DADOS INTERNACIONAIS DE CATALOGAÇÃO NA PUBLICAÇÃO (CIP)
VAGNER RODOLFO DA SILVA - CRB-8/9410

R175c   Ramos, André de Carvalho

Curso de direito internacional privado / André de Carvalho Ramos. - 3. ed. - São Paulo : SaraivaJur, 2023.

656 p.

ISBN: 978-65-5362-549-5 (Impresso)

1. Direito. 2. Direito internacional privado. I. Título.

2022-3848

CDD 341
CDU 341

Índices para catálogo sistemático:

1. Direito internacional privado   341
2. Direito internacional privado   341

Data de fechamento da edição: 9-1-2023

Dúvidas? Acesse www.saraivaeducacao.com.br

Nenhuma parte desta publicação poderá ser reproduzida por qualquer meio ou forma sem a prévia autorização da Saraiva Educação. A violação dos direitos autorais é crime estabelecido na Lei n. 9.610/98 e punido pelo art. 184 do Código Penal.

| CÓD. OBRA | 16349 | CL | 608025 | CAE | 819793 |

Para Denise, Victor e Daniel, por tudo.

APRESENTAÇÃO DA 3ª EDIÇÃO

Este *Curso de Direito Internacional Privado* representa o conjunto de reflexões sobre o Direito Internacional Privado resultante das minhas aulas de Graduação e Pós-Graduação, nas quais procuro ensinar os contornos da disciplina com o olhar voltado à proteção de direitos de todos os indivíduos envolvidos nos fatos transnacionais da vida privada.

Meu foco no Direito Internacional Privado à luz dos direitos humanos é fruto do diálogo indispensável de todos os institutos da disciplina com os instrumentos de proteção de direitos, em um ambiente de conflitos, prevalências e compressões, que envolvem invariavelmente direitos individuais e coletivos existentes em situações transnacionais. Não se trata do uso retórico da defesa dos direitos humanos como ideal abstrato da disciplina, mas sim do estudo *in concreto* da interpretação dos direitos (muitas vezes antagônicos) dos envolvidos no fato transnacional, com base em precedentes nacionais e internacionais, definindo os contornos do novo Direito Internacional Privado da atualidade.

O *Curso* é pautado pela abrangência, abarcando, em volume único, os principais aspectos da "Parte Geral do Direito Internacional Privado" e também os temas da "Parte Especial" (regras de conexão temáticas – estado pessoal, casamento, bens, obrigações, sucessões), bem como detalhando os outros dois segmentos da disciplina, isto é, o estudo da jurisdição internacional e da cooperação jurídica internacional em matéria cível (parte geral, homologação de sentença estrangeira, assistência jurídica internacional e produção de prova no exterior).

Além disso, o *Curso* contempla estudos da (i) nacionalidade e da (ii) mobilidade internacional humana (aspectos gerais), já atualizados de acordo com a Lei n. 13.445/2017 (Lei de Migração).

Há vários tópicos desenvolvidos que tornam este *Curso* completo como, por exemplo, o estudo da jurisdição internacional e internet, com foco na Lei n. 13.709/2018 (Lei Geral de Proteção de Dados).

Também foi estudada a produção de prova no exterior e a cooperação jurídica internacional com foco no Marco Civil da Internet. Nesta edição, foram acrescentados itens sobre as quatro correntes referentes à relação entre os direitos humanos e o DIPr e a nova Resolução n. 449 de 2022 do Conselho Nacional de Justiça (referente à Convenção da Haia de 1980, sobre sequestro internacional de crianças).

Também há capítulos sobre: (iii) imunidade de jurisdição; (iv) alimentos transnacionais e (v) sequestro internacional de crianças.

Em cada capítulo, há o esforço de sistematizar a matéria, evitando que o leitor se perca no meio de variadas árvores, sem ter a visão da floresta como um todo. Nessa linha, procurei mostrar a evolução dos institutos, contextualizando suas características e apontando os motivos para sua criação, desenvolvimento e críticas atuais.

O uso de precedentes judiciais nacionais, estrangeiros e internacionais foi um dos pilares da pesquisa, não se restringindo aos casos clássicos, mas abordando especialmente os casos recentes, que revelam as novas dimensões do Direito Internacional Privado. Isso permite que o leitor tenha uma visão prática da disciplina, unindo-a, neste *Curso,* com a perspectiva teórica, comprovada aqui pelo uso de diversos textos doutrinários especializados.

Por isso, este *Curso de Direito Internacional Privado* tem o propósito de expor, de modo adequado à importância e complexidade da matéria, os principais delineamentos normativos e precedentes judiciais da disciplina, para que os leitores possam, depois, aprofundar-se em um tema específico.

Este livro está dividido em sete grandes partes.

Na **primeira parte**, trato dos *aspectos gerais do Direito Internacional Privado,* analisando o conceito, evolução histórica, finalidade, fundamentos, autonomia, fontes internacionais e nacionais, terminologia e métodos da disciplina.

Na **segunda parte**, abordo a temática da jurisdição internacional, com foco na determinação da jurisdição internacional cível do Brasil. Ainda nesta parte, detalho os principais aspectos da imunidade de jurisdição e seus desdobramentos atuais.

Na **terceira parte**, analiso o concurso (ou conflito) de normas, abordando a temática da tipologia das regras de conflito e seus componentes, qualificação, reenvio, aplicação do direito estrangeiro e problemas especiais, como a questão prévia, conflito móvel, normas de aplicação imediata, entre outros.

Na **quarta parte**, exponho os limites à aplicação do direito estrangeiro, detalhando a temática do controle de constitucionalidade e convencionalidade do direito estrangeiro, ordem pública, fraude à lei e a reciprocidade.

Na **quinta parte**, explicito os principais delineamentos das regras de conexão temáticas, abordando as normas do estado pessoal, casamento, bens, obrigações (com ênfase na análise da autonomia da vontade) e sucessões. Nesta edição, foram também estudadas as regras referentes aos alimentos transnacionais e ao sequestro internacional de crianças.

A **sexta parte** trata da cooperação jurídica internacional cível, na qual abordo temas como classificação, fontes, e proponho uma *análise estruturalista* da temática, que aponta elementos comuns a todas as espécies cooperacionais (cíveis e criminais). Também estudo as espécies cooperacionais cíveis mais importantes (homologação de sentença estrangeira, assistência jurídica internacional), abordando de modo sistemático tópicos como juízo de delibação, uso da dignidade humana, entre outros.

Finalmente, na **sétima parte**, abordo o tema da nacionalidade e dos aspectos gerais da mobilidade internacional humana. Como veremos, nem toda a doutrina concorda que tais temáticas compõem o objeto do DIPr. Sua inserção no corpo do *Curso* é feita de modo a permitir, ao leitor, uma ampla visão da disciplina em todos os seus segmentos (mesmo nesses dois mais contestados).

Os temas abordados nas sete partes deste *Curso* demonstram a sua amplitude e a visão *dogmática e prática da disciplina, sempre com esforço de sistematização e compreensão do conjunto, para evitar que o leitor se perca em análises segregadas (e sem sentido) de institutos*.

Este *Curso* deve-se muito aos meus mais de vinte e seis anos de ensino universitário, em especial na Faculdade de Direito da Universidade de São Paulo (Largo São Francisco), da qual sou professor há mais de 12 anos, tanto na Graduação quanto na Pós-Graduação. Também agradeço a oportunidade de ministrar aulas no ensino universitário privado nesses anos, o que contribuiu muito para minha formação docente.

Registro, ainda, que parte importante da minha visão sobre o aprendizado do ensino jurídico foi construída pela experiência pessoal: fui aprovado nos árduos concursos públicos para os cargos de *Procurador da República* (1º lugar *nacional* em todas as provas – preambular, escrita e oral – e 2º lugar *nacional* após o cômputo dos títulos), *Juiz Federal substituto* (4ª Região, 1º lugar) e ainda *Procurador do Estado* (Paraná, 1º lugar).

Além disso, a minha visão prática da disciplina foi consolidada pelo meu exercício profissional como membro do Ministério Público Federal. Sou Procurador Regional da República, já tendo sido Secretário de Direitos Humanos da Procuradoria-Geral da República (2017-2019) e Procurador Regional Eleitoral do Estado de São Paulo (2012-2016). Sou, atualmente, Coordenador nacional do Grupo de Trabalho de Migrações e Refúgio da Procuradoria Federal dos Direitos do Cidadão (desde 2020) e representante do MPF (na qualidade de observador) no Comitê Nacional para os Refugiados (CONARE), o que muito me auxiliou no capítulo de direito da mobilidade humana deste *Curso*.

Para finalizar, agradeço aos que me incentivaram, ao longo dos anos, a continuar lecionando e escrevendo: meus familiares, colegas professores universitários (com especial agradecimento aos excepcionais docentes de Direito Internacional Privado de todo o Brasil, com os quais sempre aprendo), membros do Ministério Público, da Magistratura, da Defensoria, advogados e, acima de tudo, aos meus estimados alunos e queridos leitores.

SUMÁRIO

APRESENTAÇÃO DA 3ª EDIÇÃO... VII

PARTE I – ASPECTOS BÁSICOS DO DIREITO INTERNACIONAL PRIVADO

Capítulo 1 – Conceito e essência do direito internacional privado: a gestão da diversidade de ordens jurídicas.. 3

Capítulo 2 – O Direito Internacional Privado na História.. 7
1. Aspectos gerais: as fases da evolução do Direito Internacional Privado ... 7
2. A fase precursora: da Antiguidade até a Idade Média europeia 8
3. A fase iniciadora: as Escolas Estatutárias 9
    3.1. Escola Italiana e a questão inglesa.. 13
    3.2. Escola Francesa 14
    3.3. Escola Holandesa... 15
    3.4. Escola Alemã.. 16
4. A fase clássica: a consolidação do Direito Internacional Privado............... 16
    4.1. A contribuição doutrinária 17
        4.1.1 A contribuição de Story.. 17
        4.1.2 A contribuição de Savigny... 19
        4.1.3 A contribuição de Mancini.. 21
    4.2. As características do Direito Internacional Privado clássico: a segurança jurídica, harmonia internacional e a igualdade entre os ordenamentos 22
    4.3. O Direito Internacional Privado e a justiça formal (espacial) 24
    4.4. A guinada nacionalista 25
5. A matriz internacional e os direitos humanos... 28
    5.1. Aspectos gerais 28
    5.2. Conferência da Haia de Direito Internacional Privado................. 29

5.3.	A codificação pan-americana e a Conferência Interamericana de Direito Internacional Privado	33
5.4.	A Conferência das Nações Unidas para o Comércio e Desenvolvimento (CNUDCI ou UNCITRAL)	37
5.5.	UNIDROIT	39
5.6.	O Mercado Comum do Sul e o Direito Internacional Privado	41
6.	O Direito Internacional Privado e a busca por resultados	43
6.1.	A crise do "justo" no Direito Internacional Privado das encruzilhadas	43
6.2.	A revolução americana	46
7.	O Direito Internacional Privado contemporâneo na sociedade inclusiva	48

Capítulo 3 – Teoria Geral do Direito Internacional Privado 51

1. O direito internacional privado e os direitos humanos: as quatro correntes — 51
    1.1. Aspectos gerais — 51
    1.2. Uma nova racionalidade e a "névoa semântica" — 53
    1.3. A eficácia horizontal dos direitos humanos e sua incidência nos fatos transnacionais da vida privada — 53
    1.4. As quatro correntes — 56
        1.4.1 A corrente clássica: os direitos humanos como projeção formal — 56
        1.4.2 A segunda corrente: a aplicação indireta dos direitos humanos e a ordem pública — 60
        1.4.3 A terceira corrente: a aplicação direta dos direitos humanos de matriz nacional — 62
        1.4.4 A aplicação direta dos direitos humanos de matriz internacional: a busca da tolerância perdida — 65
    1.5. Universal, tolerante e inclusivo: o novo DIPr do século XXI — 66
2. Fundamentos da existência do Direito Internacional Privado — 69
3. O fato transnacional e o elemento de estraneidade — 71
4. O tipo de fato transnacional que interessa ao Direito Internacional Privado: o debate entre os minimalistas e os maximalistas — 72
5. A autonomia do Direito Internacional Privado: um direito conflitual ou de coordenação da diversidade? — 76
6. O Direito Internacional Privado e sua inserção como ramo do direito interno ou do direito internacional: entre o nacionalismo e o universalismo — 78
7. O Direito Internacional Privado como ramo do direito público ou do direito privado — 84
8. Terminologia — 85

Capítulo 4 – Fontes do Direito Internacional Privado 89
1. O pluralismo de fontes no DIPr 89
2. Fontes internacionais 91
   2.1. Aspectos gerais 91
   2.2. Tratados 92
      2.2.1 Aspectos gerais e classificação: as convenções sociais, de procedimento e de escolha de leis 92
      2.2.2 Os tratados da Conferência da Haia de Direito Internacional Privado ratificados pelo Brasil 95
      2.2.3 Os tratados celebrados sob os auspícios da Organização dos Estados Americanos 96
      2.2.4 Os tratados celebrados no Mercosul 97
      2.2.5 ONU e UNIDROIT 98
      2.2.6 O efeito *inter partes* ou *erga omnes* dos tratados 99
      2.2.7 A interpretação dos tratados de DIPr 99
   2.3. As fontes extraconvencionais 100
      2.3.1 Aspectos gerais 100
      2.3.2 O costume internacional 101
      2.3.3 Os princípios gerais de Direito Internacional Privado 102
         2.3.3.1 O princípio da proteção e respeito à dignidade humana ... 104
         2.3.3.2 O princípio da igualdade de tratamento e vedação da discriminação 105
         2.3.3.3 O princípio da autonomia da vontade e da proteção da parte vulnerável 106
         2.3.3.4 O princípio da proteção da diversidade cultural 107
         2.3.3.5 O princípio da cooperação internacional leal 108
         2.3.3.6 O princípio do respeito ao acesso à justiça e ao devido processo legal 108
         2.3.3.7 O princípio da segurança jurídica ou da uniformidade de tratamento 108
   2.4. A doutrina 109
   2.5. A jurisprudência 110
   2.6. A *soft law* de Direito Internacional Privado 114
3. Fontes nacionais 115
   3.1. Aspectos gerais 115
   3.2. A Constituição Brasileira e o DIPr 116
   3.3. A introdução ao Código Civil de 1916 118
   3.4. A Lei de Introdução ao Código Civil e a transformação em Lei de Introdução às Normas do Direito Brasileiro 119

3.5.	As tentativas de atualização do Direito Internacional Privado de matriz legal..	122
3.6.	A doutrina nos Estados	123

4. O Direito Transnacional.. 125
   4.1. Conceito e seu papel como fonte do Direito Internacional Privado .. 125
   4.2. A nova *lex mercatoria* 127
5. Hierarquia e incorporação das normas internacionais de Direito Internacional Privado.. 130
   5.1. Como o Direito Internacional vê o direito brasileiro 130
   5.2. Como o direito brasileiro vê as normas internacionais do Direito Internacional Privado... 132
   5.3. Os tratados de DIPr e o direito brasileiro... 132
      5.3.1 Terminologia e a prática constitucional brasileira................ 132
      5.3.2 A teoria da junção de vontades... 133
      5.3.3 As quatro fases: da formação da vontade à incorporação 134
         5.3.3.1 As negociações e a assinatura................................... 134
         5.3.3.2 A aprovação congressual... 135
         5.3.3.3 A ratificação 138
         5.3.3.4 O Decreto executivo e a teoria da junção de vontades restrita... 139
   5.4. A hierarquia dos tratados no ordenamento brasileiro...................... 141
   5.5. O regime especial dos tratados de direitos humanos no Brasil......... 143
   5.6. A hierarquia interna dos tratados de Direito Internacional Privado 145
6. As normas extraconvencionais 146
7. A interpretação das normas internacionais de Direito Internacional Privado: os precedentes diretos e indiretos... 148
8. O diálogo das fontes e a busca da sistematização do Direito Internacional Privado... 149

Capítulo 5 – Métodos e normas do Direito Internacional Privado.................................. 153

1. Método e sua inter-relação com o objeto do Direito Internacional Privado 153
2. O método indireto unilateral: do período estatutário ao ressurgimento no século XX.. 154
3. O método indireto multilateral rígido 160
   3.1. O novo paradigma do DIPr... 160
   3.2. A evolução do paradigma conflitual no seio do Estado do bem-estar social.. 163
4. O método indireto multilateral flexível.. 165
   4.1. Aspectos gerais: a busca do resultado material 165

4.2. O método indireto flexível fechado: os critérios alternativos, cumulativos e subsidiários 165

4.3. O método indireto flexível fechado: o princípio da proximidade 167

4.4. O método indireto multilateral flexível aberto 171

5. O método direto 172

5.1. A substancialização do Direito Internacional Privado 172

5.2. O método direto de matriz internacional 173

5.3. O método do reconhecimento e a proteção dos direitos adquiridos . 175

5.3.1 Os antecedentes: a proteção dos direitos adquiridos e o "círculo vicioso" 175

5.3.2 A ascensão do método do reconhecimento 178

5.3.3 O método do reconhecimento: a proteção de direitos humanos e a integração econômica 180

5.3.4 O método do reconhecimento puro e o método do reconhecimento condicionado 182

5.4. Normas de aplicação imediata no Direito Internacional Privado 184

5.4.1 Conceito e sua origem 184

5.4.2 As normas de aplicação imediata e os tratados de DIPr 187

5.4.3 As normas de aplicação imediata como limite à aplicação do direito estrangeiro ou método? 188

5.4.4 O conteúdo das normas de aplicação imediata 189

6. A estrutura da norma do Direito Internacional Privado 194

7. O Direito Intertemporal e o DIPr 197

PARTE II – JURISDIÇÃO INTERNACIONAL

1. Conceito e terminologia: os litígios transnacionais 203

2. Tipologia das normas sobre jurisdição no Direito Internacional Privado . 207

3. O Direito Internacional e o Direito Nacional na determinação da jurisdição 209

4. A jurisdição internacional no Direito Internacional Privado: entre a jurisdição abusiva e o dever de exercício da jurisdição 213

5. As fontes internacionais e nacionais de definição da jurisdição internacional cível brasileira 217

5.1. As normas internacionais 217

5.2. As normas nacionais 218

6. Os modos de determinação da jurisdição internacional cível 221

7. O modelo de determinação direta: entre a concorrência e a exclusividade da jurisdição 224

8. As hipóteses de jurisdição internacional cível na LINDB e no novo CPC de 2015 226

8.1.	Os critérios para a determinação...	226
8.2.	A jurisdição internacional concorrente geral: o domicílio do réu.....	229
8.3.	A jurisdição internacional concorrente geral: o cumprimento da obrigação no Brasil e o princípio da proximidade.............................	232
8.4.	A jurisdição internacional concorrente geral: o fundamento da ação seja fato ocorrido ou ato praticado no Brasil......................................	233
	8.4.1 A teoria mista adotada: conduta e dano.................................	233
	8.4.2 A fixação da jurisdição brasileira em danos causados pela internet..	235
	8.4.3 A Lei Geral de Proteção de Dados Pessoais...........................	236
	8.4.3.1 A Lei Geral de Proteção de Dados Pessoais e o alcance extraterritorial da jurisdição e da lei brasileira.............	236
8.5.	A jurisdição internacional concorrente especial: alimentos e a jurisdição protetora..	238
8.6.	A jurisdição internacional concorrente especial: relações de consumo e a jurisdição protetora..	240
8.7.	A jurisdição internacional concorrente geral: a submissão à jurisdição brasileira e a consagração da autonomia da vontade das partes.......	243
8.8.	A jurisdição internacional exclusiva especial: as ações relativas a imóveis no Brasil..	244
8.9.	A jurisdição internacional exclusiva especial: as ações relativas à matéria de sucessão...	247
8.10.	A jurisdição internacional exclusiva especial: as ações relativas à partilha de bens em casos envolvendo divórcio e similares...............	249
9. A litispendência e a jurisdição internacional cível concorrente.................		251
10. A limitação da jurisdição internacional concorrente: a cláusula de eleição de foro..		257
11. A modificação da jurisdição: o declínio de jurisdição e o *forum non conveniens*...		261
12. A ampliação da jurisdição: o rol exemplificativo e o *forum necessitatis*.		267
13. Os princípios da jurisdição internacional...		270
	13.1. O princípio da territorialidade e a ponderação de direitos.................	271
	13.2. O princípio da efetividade: as medidas de dissuasão e as medidas corretivas..	273
14. Imunidade de jurisdição...		275
	14.1. Aspectos gerais da imunidade de jurisdição e tipologia....................	275
	14.2. A imunidade de jurisdição: origem e fontes......................................	276
	14.3. A imunidade de jurisdição no Brasil: as diferenças entre a imunidade de cognição e a imunidade de execução...	279

14.4. A imunidade de jurisdição e o *jus cogens*: as violações de direitos humanos 281

PARTE III – O CONCURSO DE NORMAS

1. A regra de conflito no Direito Internacional Privado 287
   1.1. As regras de conflitos e seus componentes.. 287
   1.2. Como deve ser feita a escolha dos elementos de conexão? 289
   1.3. A tipologia das regras de conflito.. 291
2. Qualificação 293
   2.1. Conceito e fases da qualificação.. 293
   2.2. O problema da qualificação e os casos célebres................................ 294
   2.3. O conflito de qualificação e as soluções possíveis 297
   2.4. A crítica do "círculo vicioso" e a instituição desconhecida.............. 299
3. Reenvio 301
   3.1. Conceito... 301
   3.2. Tipos de reenvio... 303
   3.3. As críticas: o conflito de soberanias e os retornos sucessivos.......... 306
   3.4. A defesa do reenvio e variações do seu uso....................................... 308
   3.5. O reenvio no Brasil 309
   3.6. Perspectivas 311
4. A aplicação do direito estrangeiro... 312
   4.1. As fontes do direito estrangeiro 312
   4.2. A natureza do direito estrangeiro a ser aplicado 313
   4.3. Meios de prova 317
   4.4. A interpretação do direito estrangeiro 318
   4.5. Falha na prova do direito estrangeiro.. 321
5. Problemas especiais de aplicação do direito estrangeiro........................ 323
   5.1. A questão prévia 323
   5.2. A adaptação... 325
   5.3. O conflito móvel.. 327
   5.4. O uso da lei mais favorável.. 330

PARTE IV – LIMITES À APLICAÇÃO DO DIREITO ESTRANGEIRO

1. A constitucionalidade e a convencionalidade no Direito Internacional Privado 337
   1.1. Aspectos gerais 337
   1.2. O controle de constitucionalidade no Direito Internacional Privado   338

	1.3. O controle de constitucionalidade externo no Direito Internacional Privado..	344
	1.4. O controle de convencionalidade no Direito Internacional Privado..	346
2.	Ordem pública..	347
	2.1. Conceito e função..	347
	2.2. A ordem pública no Brasil..	350
	2.3. A tipologia da ordem pública..	352
	2.4. A determinação do conteúdo da ordem pública: como evitar o arbítrio e o decisionismo do julgador?..	354
3.	Fraude à lei...	356
	3.1. Conceito e fundamento..	356
	3.2. O fundamento da fraude à lei: a preservação dos direitos de terceiros	358
	3.3. Evolução histórica do combate à fraude à lei.................................	359
	3.4. Os elementos, objeto e objetivos da fraude à lei............................	362
	3.5. Consequência da fraude à lei..	363
	3.6. Os diplomas normativos e a fraude à lei...	364
	3.7. Perspectivas da fraude à lei...	366
4.	A reciprocidade no Direito Internacional Privado	369

PARTE V – REGRAS DE CONEXÃO TEMÁTICAS

1.	A pessoa física e a pessoa jurídica...	375
	1.1. O estado individual..	375
	1.2. A disputa clássica	376
	1.3. A lei da nacionalidade no Brasil imperial	379
	1.4. A lei da nacionalidade na República...	382
	1.5. A adoção da lei do domicílio no Estado Novo getulista................	383
	1.6. O estado pessoal na LICC de 1942..	385
	1.7. O estatuto pessoal nos projetos após a LICC de 1942...................	388
	1.8. A superação do cisma...	389
	1.9. A pessoa jurídica..	391
2.	Casamento..	394
	2.1. A lei brasileira aplicável ao casamento: celebração e impedimentos	395
	2.2. O domicílio dos cônjuges e a interpretação conforme aos direitos humanos da LINDB	399
	2.3. A lei aplicável aos casos de invalidade do casamento...................	400
	2.4. A lei aplicável ao regime de bens...	401
	2.5. A mudança do regime de bens..	403

2.6. O casamento de estrangeiros.. 405
2.7. O divórcio e a evolução do Direito Internacional Privado brasileiro 407
2.8. A lei aplicável ao divórcio... 412
3. Bens 413
   3.1. Introdução.. 413
   3.2. A qualificação dos bens no concurso de normas 413
   3.3. A regra geral: a lei do local da localização dos bens e o regime unitarista... 414
   3.4. Os bens móveis do viajante e os bens *in transitu*: *mobilia sequuntur personam*.. 416
   3.5. Os casos especiais: navios e aeronaves... 417
   3.6. A aplicação da lei do domicílio do possuidor direto da coisa penhorada 418
   3.7. As diferenciações... 419
4. Obrigações... 420
   4.1. A autonomia da vontade no DIPr.. 420
      4.1.1 Conceito 420
      4.1.2 A fase da agitação inicial: o surgimento da autonomia da vontade no DIPr... 421
      4.1.3 A fase da euforia: a aplicação ilimitada da autonomia da vontade 424
      4.1.4 A fase da depressão: a resistência antiautonomista................ 426
      4.1.5 A fase do renascimento: o conceito contemporâneo de autonomia da vontade... 430
      4.1.6 A fase de consolidação: a extensão e os limites à autonomia da vontade no DIPr.. 432
   4.2. A autonomia da vontade e o seu tratamento no Brasil..................... 436
   4.3. A autonomia da vontade na jurisprudência dos tribunais superiores 439
   4.4. O futuro da autonomia da vontade... 440
   4.5. A lei do local da celebração e a forma das obrigações 442
   4.6. Os contratos celebrados entre ausentes 444
   4.7. A arbitragem internacional e as obrigações 445
   4.8. O impacto da ratificação da CISG e a regência dos contratos internacionais 446
5. Sucessões... 449
   5.1. Entre a unidade e fragmentação 449
   5.2. O alcance da lei do domicílio para reger a sucessão no Direito Internacional Privado brasileiro... 452
   5.3. O uso da lei mais favorável aos sucessores brasileiros 454
   5.4. A capacidade para suceder 457

5.5.	A ameaça à unidade sucessória: a pluralidade das jurisdições	459
5.6.	A crítica: a conciliação possível entre a "escolha da lei" e a "determinação da jurisdição" à luz do direito à igualdade.................	462

6. Os alimentos transnacionais 464

    6.1. A "globalização das famílias" e os alimentos transnacionais............ 464

    6.2. A Convenção de Nova York sobre Prestação de Alimentos no Exterior e seus procedimentos 465

    6.3. A Convenção Interamericana sobre Obrigação Alimentar................. 469

    6.4. Convenção sobre a Cobrança Internacional de Alimentos para Crianças e Outros Membros da Família, bem como o do Protocolo sobre a Lei Aplicável às Obrigações de Prestar Alimentos 470

7. O sequestro internacional de crianças 472

    7.1. Aspectos gerais: a proteção integral da criança e o combate à alienação parental 472

    7.2. A Convenção da Haia de 1980 475

    7.3. A Resolução n. 449 do CNJ e a Convenção da Haia de 1980 479

PARTE VI – COOPERAÇÃO JURÍDICA INTERNACIONAL CÍVEL

1. Introdução: a cooperação jurídica internacional e suas espécies cíveis e penais 485

2. Classificação da Cooperação Jurídica Internacional 487

3. As fontes internacionais e nacionais da cooperação jurídica internacional   490

    3.1. Fontes nacionais e internacionais: o necessário diálogo das fontes   490

    3.2. As fontes internacionais 490

    3.3. As fontes nacionais: a soberania e o Estado Constitucional Cooperativo   493

    3.4. O novo CPC 496

4. A análise estruturalista da cooperação jurídica internacional 498

    4.1. Sujeitos da cooperação 498

    4.2. A via de comunicação dos pedidos 500

        4.2.1 A via diplomática e os canais consulares 500

        4.2.2 A via da autoridade central 501

        4.2.3 A via do contato direto 505

        4.2.4 Formas simplificadas de comunicação: via postal e a via por qualquer interessado 506

    4.3. Os pedidos 507

    4.4. Os veículos 508

5. O reconhecimento e a execução de decisão estrangeira 509

	5.1. Os modelos de reconhecimento e execução de decisão estrangeira	509
	5.2. A evolução histórica no Brasil	513
	5.3. Elementos para a homologação da sentença estrangeira no Brasil: a adoção do juízo de delibação	516
	5.4. A ação de homologação de sentença estrangeira	518
	5.5. Análise crítica da homologação de sentença estrangeira no Brasil	522
	5.6. As hipóteses de desnecessidade de homologação de sentença estrangeira	524
6.	A assistência jurídica cível e seus veículos	527
	6.1. A carta rogatória	528
	6.1.1 Conceito, evolução histórica e conteúdo	528
	6.1.2 Aspectos gerais da carta rogatória ativa e passiva	530
	6.1.3 O trâmite da carta rogatória passiva	532
	6.2. O auxílio direto	533
7.	A dignidade humana na cooperação jurídica internacional	536
	7.1. Conceito de dignidade humana	536
	7.2. A dignidade humana e seu uso na carta rogatória e na homologação de sentença estrangeira	537
	7.3. Quais são os modelos para aferir a dignidade humana?	541
8.	A produção de prova no exterior	543
	8.1. O processo civil com conexão internacional: o eterno retorno à *lex fori*	543
	8.2. Produção probatória no exterior e a cooperação jurídica internacional	544
	8.3. Provas e a ordem pública	545
	8.4. A *lex diligentiae* na Lei de Introdução às Normas do Direito Brasileiro e no Código Bustamante	547
	8.5 A *lex diligentiae* na Convenção da Haia sobre a obtenção de provas no exterior em matéria civil e comercial (1970)	549
	8.6. A prática brasileira	552
	8.7. As deficiências da dicotomia *lex fori* vs. *lex diligentiae*	555
	8.8. Os modelos para aferir o respeito aos direitos envolvidos na produção probatória no exterior	556
9.	Produção de prova no exterior: a cooperação jurídica internacional e o Marco Civil da Internet	558

PARTE VII – NACIONALIDADE E DIREITO DA MOBILIDADE HUMANA

1. Aspectos gerais: a visão ampla do objeto do Direito Internacional Privado.   563

2. Direito à nacionalidade.. 564
    2.1. Conceito e diplomas normativos.. 564
    2.2. A nacionalidade originária... 566
    2.3. A nacionalidade derivada... 568
    2.4. As diferenças de tratamento entre o brasileiro nato e o naturalizado ... 571
    2.5. A perda e a renúncia.. 572
3. O Direito Internacional da Mobilidade Humana.. 576
    3.1. Conceito.. 576
    3.2. A Constituição de 1988 e o paradigma de direitos humanos no tratamento ao migrante 578
    3.3. A nova Lei de Migração (Lei n. 13.445/2017) 579
    3.4. O ingresso 580
    3.5. A permanência... 582
    3.6. A saída compulsória.. 584
        3.6.1 O impedimento de ingresso e a retirada compulsória 584
        3.6.2 A repatriação 586
        3.6.3 A deportação 587
        3.6.4 A expulsão 590
        3.6.5 Notificação do direito à assistência consular 591
    3.7. A proteção do apátrida e do asilado.. 593

REFERÊNCIAS 595

PARTE I

ASPECTOS BÁSICOS DO DIREITO INTERNACIONAL PRIVADO

1

CONCEITO E ESSÊNCIA DO DIREITO INTERNACIONAL PRIVADO: A GESTÃO DA DIVERSIDADE DE ORDENS JURÍDICAS

As comunidades humanas nunca foram estáticas: os fluxos de pessoas e seus bens entre comunidades diversas são usuais na história, marcada por migrações e relações entre povos. Na atualidade, esses fluxos são intensos, em uma era de globalização na qual a comunicação – com a transmissão de oportunidades e incentivos à mobilidade – é uma constante entre os diversos Estados, que, por sua vez, também são numerosos[1].

Contudo, as normas jurídicas que regem as situações sociais são – em geral – nacionais, limitadas pelo território de cada Estado. Além disso, as opções regulatórias variam de Estado para Estado, pois as regras nacionais não são iguais, apresentando diferenças evidentes. A diversidade normativa também pode ocorrer ao longo do tempo: o direito de cada Estado não é imutável e pode variar na regulação desses fluxos além-fronteiras, denominados aqui de situações ou fluxos transnacionais, interjurisdicionais ou transfronteiriços.

As relações jurídicas que revestem esses fluxos transnacionais podem pertencer a qualquer um dos ordenamentos jurídicos nacionais que possuem pontos a elas vinculados, o que gera um concurso de normas divergentes e jurisdições diferentes com potencial para regulação, bem como uma dúvida básica: qual das normas e qual das jurisdições devem ser escolhidas para reger tais situações?

A incerteza quanto a essa regulação gera entraves aos fluxos transfronteiriços, pois pode causar (i) insegurança jurídica e (ii) tratamentos discriminatórios (violação da igualdade e outros direitos). Nasce, então,

---

[1] São 193 Estados-Membros na Organização das Nações Unidas (dados de novembro de 2022). Sobre a globalização e o DIPr, BADÁN, Dieder Opertti. Reflexiones sobre relaciones entre la globalización y el derecho internacional privado. In: *Derecho internacional privado. Derecho de la libertad y el respeto mutuo*: ensayos a la memoria de Tatiana B. de Maekelt. Centro de Estudios de Derecho, Economía y Política (CEDEP), Asunción, Paraguay: La Ley, 2010, p. 31-53. MIGUEL ASENSIO, Pedro Alberto. El derecho internacional privado ante la globalización. *Anuario español de Derecho Internacional Privado*, t. 1, 2001, p. 37-87. BASEDOW, J. *Global life, local law? About the globalization of law and policy-making. Liber Amicorum Opertti Badán*. Montevideo: Fundación de Cultura Univ., 2005, p. 817-833.

a necessidade de *coordenação* da regulação sobre essas situações (ou fluxos) transnacionais, o que explica a consolidação de um ramo do Direito.

O Direito Internacional Privado (DIPr) estuda as normas jurídicas que visam à regulação – tanto normativa quanto de julgamento e implementação de decisões – de fatos sociais que se relacionam com mais de uma comunidade humana. Esses fatos sociais (denominados de fatos transnacionais) são *multiconectados* ou *plurilocalizados*, podendo ser regulados por mais de um ordenamento jurídico. Cabe ao Direito Internacional Privado (DIPr) coordenar justamente essa *potencialidade de aplicação em um determinado território* de mais de um ordenamento jurídico, evitando sobreposição espacial ou mesmo omissão (ausência de normas).

O DIPr tem como finalidade essencial a gestão do pluralismo jurídico[2] de origem estatal ou privada, em relação às atividades transnacionais dos indivíduos[3]. Trata-se de uma tarefa de coordenação de ordens jurídicas[4], que exige que sejam estudadas as regras de escolha de leis e de definição de jurisdição para que o fato transnacional seja adequadamente (i) regulado e (ii) julgado. Além disso, a coordenação dessas ordens jurídicas exige o estudo da (iii) cooperação jurídica internacional envolvendo esses fatos transnacionais, uma vez que a solução dos litígios (e a realização de justiça aos envolvidos) pode exigir realização de atos e execução de decisões judiciais em outro Estado. A "gestão da diversidade" atrai também ao DIPr o estudo da nacionalidade e dos aspectos gerais da mobilidade internacional humana.

Portanto, no século XXI, o Direito Internacional Privado consiste em um conjunto de normas jurídicas nacionais e internacionais que regula (i) a escolha de uma regra de regência sobre fatos transnacionais que afetam a vida dos indivíduos e pessoas jurídicas, bem como a (ii) fixação de uma jurisdição para solucionar eventuais litígios sobre tais fatos, além de estudar as (iii) fórmulas de cooperação jurídica internacional entre Estados que resultem na efetiva prestação de justiça aos envolvidos nessas situações transnacionais e, ainda, a (iv) nacionalidade e (v) aspectos gerais da mobilidade internacional humana (a antiga "condição jurídica do estrangeiro")[5].

---

[2] Nesse sentido, Francescakis apontou, já em 1959, que o objeto do Direito internacional privado erar gerir o "pluralismo jurídico". *In verbis:* "Ce que fait en realité le droit international privé quand il opère de la sorte – et ce qu'il fait de manière plus apparente que le droit international dit public – c'est gérer un pluralisme juridique". Ver FRANCESCAKIS, Phocion. Introduction. In: SANTI ROMANO, *L'ordre juridique.* Tradução de Lucien François e Pierre Gothot. Paris: Dalloz, 1975, p. V-XIX, em especial p. XV-XVI.

[3] Horatia Muir Watt, em conjunto com Bureau, definiu o objeto do DIPr como sendo "o instrumento da gestão da diversidade de direitos". MUIR WATT, Horatia e BUREAU, Dominique. *Droit international privé*: partie générale. 3. ed. Paris: PUF, 2014, t. I, em especial p. 25. Ver também MUIR WATT, Horatia. Aspects économiques du droit international privé: réflexions sur l'impact de la globalisation économique sur les fondements des conflits de lois et de juridictions. *Recueil des Cours de l'Académie de Droit International de La Haye,* v. 307, 2004, p. 29-383, em especial p. 39.

[4] MAYER, P. Le phénomène de la coordination des ordres juridiques étatiques en droit privé. Cours général. *Recueil des Cours de l'Académie de Droit International de La Haye*, v. 327, 2007, p. 9-378, em especial p. 23.

[5] Para a chamada corrente alemã, o DIPr possui, como único objeto, o estudo do concurso entre leis oriundas de diversos ordenamentos na regência do fato transnacional. Já a corrente anglo-saxã

O objetivo central do Direito Internacional Privado é *coordenar* a *aplicação de normas* incidentes sobre fatos que ultrapassam, por qualquer motivo, as fronteiras de um Estado e que envolvam a vida social do indivíduo. Busca-se, assim, proteger o indivíduo nos fluxos transfronteiriços, evitando que a xenofobia e o chauvinismo jurídicos violem a igualdade e a justiça material.

Contudo, essa gestão da diversidade que caracteriza o Direito Internacional Privado na atualidade não é neutra e nem pode dispensar o estudo de valores e resultados a serem atingidos. O Direito Internacional Privado massificou-se no seio da globalização do século XXI, que é feita em um cenário de expansão da proteção internacional de direitos humanos, com respeito à dignidade, liberdade e igualdade[6]. Por isso, obviamente, é incompatível com tal proteção internacional (a qual integra o *jus cogens*) conceber o DIPr desconectado do respeito aos direitos humanos.

A centralidade do DIPr na nova globalização está na tolerância e respeito às diferenças[7]. O reconhecimento do outro e a promoção de direitos de todos os envolvidos os fatos transnacionais são os elos de unificação entre todos os segmentos que compõem o DIPr e que constam deste *Curso*: da escolha da lei à implementação de pedidos e decisões judiciais e arbitrais oriundas um ordenamento jurídico estrangeiro.

Consolida-se, assim, a gestão da diversidade normativa e jurisdicional à luz dos direitos humanos como essência do Direito Internacional Privado da atualidade.

---

defende a inclusão, além do concurso entre leis, do tema da definição da jurisdição internacional e do reconhecimento e execução de decisões estrangeiras. A corrente francesa é a mais ampla, pois inclui no DIPr o concurso de leis, jurisdição internacional, reconhecimento e execução de decisões estrangeiras, nacionalidade e "condição jurídica do estrangeiro". Na Faculdade de Direito da Universidade de São Paulo (Largo São Francisco), o DIPr conta também com o *objeto ampliado*, com a inclusão da jurisdição internacional, cooperação jurídica internacional em matéria cível e "condição jurídica do estrangeiro" no programa oficial das disciplinas ofertadas. LIPSTEIN, Kurt. The general principles of private international law. *Recueil des Cours de l'Académie de Droit International de La Haye*, v. 135, 1972, p. 97-229, em especial p. 104-105. RUSSOMANO, Gilda Maciel Corrêa Mayer. *O objeto do direito internacional privado*. Rio de Janeiro: José Konfino, 1956, p. 45 ("o problema do objeto").

[6] CARVALHO RAMOS, André de. *Teoria geral dos direitos humanos na ordem internacional*. 6. ed. São Paulo: Saraiva, 2019.

[7] Para Jayme, o Direito Internacional Privado está destinado a "tornar-se uma das matérias-chaves para a proteção da pessoa humana", com as soluções dos conflitos de leis pressupondo "um diálogo intercultural, a respeitar a diversidade dos indivíduos". Para Claudia Lima Marques, os direitos humanos são a "ponte" entre o Direito internacional privado e o Direito Internacional Público, mostrando que o foco do DIPr são os direitos essenciais dos envolvidos nos fatos transnacionais. JAYME, Erik. O direito internacional privado no novo milênio: a proteção da pessoa humana em face da globalização. In: ARAUJO, Nadia de; MARQUES, Claudia Lima (Org.). *O novo direito internacional*: estudos em homenagem a Erik Jayme. Rio de Janeiro: Renovar, 2005, p. 3-20, em especial p. 5. MARQUES, Claudia Lima. Human Rights as a Bridge between Private international law and Public International Law: the protection of Individuals (as Consumers) in the Global Market. In: FERNÁNDEZ ARROYO, Diego P.; MARQUES, C. Lima (Org.). *Derecho internacional privado y derecho internacional público*: un encuentro necesario. Asunción: CEDEP, 2011, p. 363-389, em especial p. 365.

2 O DIREITO INTERNACIONAL PRIVADO NA HISTÓRIA

1. ASPECTOS GERAIS: AS FASES DA EVOLUÇÃO DO DIREITO INTERNACIONAL PRIVADO

Não há um ponto exato que delimite o nascimento de uma disciplina jurídica. Pelo contrário, há um processo que desemboca na consagração de diplomas normativos, com princípios e regras que dimensionam o novo ramo do Direito. No caso do Direito Internacional Privado, o seu cerne é o estudo da aplicação de normas jurídicas diante de fatos sociais que possuem pontos de contato com mais de um ordenamento jurídico nacional.

Consequentemente, suas "ideias-âncora" são referentes aos (i) movimentos de pessoas, bens e atos jurídicos para (ii) *além* das fronteiras de uma determinada comunidade, o que ocorre desde o surgimento das primeiras comunidades humanas. Nesse sentido amplo, de *impregnação de valores*, a evolução histórica do Direito Internacional Privado passou por fases que, ao longo dos séculos, auxiliaram a sedimentar o conceito e o regime jurídico dessa disciplina.

Para melhor compreender a atualidade do Direito Internacional Privado, incursionamos pelo passado, desde a Antiguidade até aos sofisticados tratados internacionais dos dias de hoje, narrando a formação do atual quadro normativo do Direito Internacional Privado.

Porém, não se pode medir épocas distantes da história da humanidade com a régua do presente. Não é possível transpor para eras longínquas o entendimento atual sobre o conteúdo do Direito Internacional Privado e seu regime jurídico. Contudo, o estudo do passado – mesmo as raízes mais remotas – é indispensável para detectar as regras que já existiram em diversos sistemas jurídicos e que expressaram o modo pelo qual foi tratada a aplicação local de regras e execução de decisões de *outras* comunidades.

Para sistematizar o estudo das fases históricas do Direito Internacional Privado, adotou-se a divisão em quatro fases: (i) a fase precursora (Antiguidade à Idade Média europeia); (ii) a fase iniciadora (final da Idade Média europeia até o início do século XIX); (iii) a fase clássica (século XIX até meados do século XX) e a (iv) fase contemporânea (meados do século XX ao presente).

2. A FASE PRECURSORA: DA ANTIGUIDADE ATÉ A IDADE MÉDIA EUROPEIA

A necessidade de coordenação da aplicação de normas jurídicas de origens territoriais distintas é tida, por vários autores, como inexistente na Antiguidade, uma vez que não havia reconhecimento de direitos de outras comunidades: o estrangeiro, inclusive, poderia ser reduzido à condição de escravizado[1].

Por outro lado, há alguns autores que sustentam existir, mesmo na Antiguidade, fragmentos normativos que respeitavam o direito dos estrangeiros, o que seria demonstrativo de origem primária do Direito Internacional Privado (DIPr)[2].

Nessa linha, a contribuição do direito romano ao DIPr merece ser destacada. Inicialmente, não havia concurso de normas ou jurisdições, uma vez que o universalismo romano exigia integração dos territórios conquistados ao domínio de Roma, não existindo o respeito aos diferentes ordenamentos jurídicos preexistentes. Esse universalismo filosófico romano, herdado dos gregos, fazia ser impossível a aplicação de ordem jurídica estrangeira, já que se buscava o ideal de justiça por intermédio da homogeneização dos povos conquistados inseridos na ordem romana[3]. Contudo, com o reconhecimento do *jus gentium,* o direito romano passou a reconhecer relações jurídicas com aqueles que não eram cidadãos romanos.

O *jus gentium* consiste no conjunto de regras aplicáveis, inicialmente, aos peregrinos (aqueles que, livres, não eram cidadãos romanos) e aos peregrinos em relação com os romanos. Justamente por se tratar de normas *materiais* e não normas indicativas (indiretas) do direito aplicável, o *jus gentium* não seria um antecedente histórico do DIPr. Contudo, o método do DIPr[4] não é exclusivamente conflitual: há hoje o uso do *direito uniforme,* entre outros métodos, como uma possível fórmula de coordenação dos diferentes sistemas jurídicos incidentes nas relações plurilocalizadas.

---

[1] STRENGER, Irineu. *Direito internacional privado*: parte geral. São Paulo: RT, 1986, p. 150-151. Nessa mesma linha, negando a existência do DIPr em Roma, ver SAVIGNY, Friedrich Carl von. *Sistema do direito romano atual*. Tradução de Ciro Mioranga (edição original de 1849), Ijuí: Unijuí, 2004, v. VIII, em especial p. 51.

[2] MEIJERS, E. M. L'histoire des principes fondamentaux du droit international privé a partir du moyen age. Spécialement dans l'Europe Occidentale. *Recueil des Cours de l'Académie de Droit International de La Haye*, v. 49, 1934, p. 547-686; e ainda GUTZWILLER, Max. Le développement historique du droit international privé. *Recueil des Cours de l'Académie de Droit International de La Haye*, v. 29, 1929, p. 291-400, em especial p. 297.

[3] MILLS, Alex. The private history of international law. *International and Comparative Law Quarterly*, v. 55, Issue 1, jan. 2006, p. 1-50, em especial p. 5.

[4] Como veremos na Parte I, Capítulo 5, deste *Curso* sobre os métodos do DIPr.

Nesse sentido, o *jus gentium* contribui para a ciência do DIPr, pois mostra determinada atenção a relações de uma comunidade com outra distinta[5].

Após as invasões dos povos germânicos, a crise do Império Romano do Ocidente enfraqueceu a importância das fronteiras (que não mais separavam de maneira rígida o território romano dos demais) e a solução de controvérsias era resolvida pelo uso da lei da origem dos envolvidos, gerando o personalismo da legislação[6]. A desintegração final do regime jurídico romano fez nascer diversas ordens jurídicas, implicando no territorialismo do Direito. O regime feudal consagrou o apelo às regras e costumes de cada localidade (*secundum usum et consuetudinem civitatis*)[7].

A partir dessa fragmentação normativa, surgiram dúvidas sobre o direito aplicável a situações envolvendo duas ou mais cidades. Nesse momento, a solução tradicional para a regência de todos os fatos sociais era o uso da regra do local no qual se encontrava o intérprete, a chamada *lex fori*. Em outros termos, como assinala Strenger, não se aplicaria jamais uma regra estrangeira, assumindo o regime feudal uma forte expressão territorialista[8].

Após o renascimento comercial a partir do século XI, as cidades – e, em especial as do norte da Itália – consolidaram regras próprias, com forte influência do direito romano codificado por Justiniano. Em face do aumento dos intercâmbios, houve reação contra o uso exclusivo da *lex fori*. Para os comerciantes da época que projetavam seus negócios para outros locais, havia o *receio* de se subordinar totalmente às leis locais. Com esses interesses econômicos subjacentes, consolidou-se a ideia de que havia um limite máximo de alcance de uma norma, que não poderia vincular aqueles que não possuíssem relação com tal produção normativa. Não foi surpresa que, nesse momento histórico, o glosador Acúrsio perguntou-se qual lei deveria ser aplicada, em Módena, a um indivíduo oriundo de Bolonha[9], como se vê a seguir.

3. A FASE INICIADORA: AS ESCOLAS ESTATUTÁRIAS

Após a divisão do Império Romano (395 d.C.), o Império Romano do Oriente, depois simplesmente Império Bizantino, foi o responsável pela conservação daquela cultura jurídica, em especial no período de mando do Imperador Justiniano (527 a 565 d.C.),

---

[5] Mills aponta que as ideias desenvolvidas no direito romano tiveram um papel importante na gestação do DIPr, sendo importante, então, seu estudo. MILLS, Alex. The private history of international law. *International and Comparative Law Quarterly*, v. 55, Issue 1, jan. 2006, p. 1-50, em especial p. 4.

[6] LIPSTEIN, Kurt. The general principles of private international law. *Recueil des Cours de l'Académie de Droit International de La Haye*, v. 135, 1972, p. 97-229, em especial p. 107.

[7] GUTZWILLER, Max. Le développement historique du droit international privé. *Recueil des Cours de l'Académie de Droit International de La Haye*, v. 29, 1929, p. 291-400, em especial p. 299.

[8] STRENGER, Irineu. *Direito internacional privado*: parte geral. São Paulo: RT, 1986, p. 157.

[9] FERNÁNDEZ ARROYO, Diego P. (Org.). *Derecho internacional privado de los estados del Mercosur*. Buenos Aires: Zavalía, 2003, em especial p. 39.

que codificou o direito romano. Para atualizar os textos, foram autorizadas várias *interpolações* (intervenções nos textos clássicos) para que finalmente pudesse ser publicado o Código de Justiniano contendo o (i) *Digesto* (também denominado de *Pandectas*, com 50 livros reunindo obras dos principais juristas da era clássica de Roma), (ii) *Constitutiones* (leis imperiais), (iii) *Institutas* (obra de aprendizado do direito romano, baseada nas Instituições de Gaio) e, fora do corpo da codificação, as (iv) *Novellae Constitutiones* (novas leis)[10].

No curso da Idade Média, esse texto codificado foi redescoberto, sendo utilizado o termo *Corpus Juris Civili*, para marcar a unidade das quatro obras e diferenciá-la do direito dos povos germânicos[11]. Nessa época, o direito romano codificado por Justiniano deixou de ser regra jurídica para passar a ser um livro de estudo, ferramenta útil a ser ofertada tanto ao Sacro Império Romano-Germânico existente (que apela à unidade, em contrapartida à fragmentação dos direitos dos povos germânicos) quanto a uma sociedade mercantil nascente, que necessitava da segurança jurídica ofertada por uma codificação jurídica complexa e já testada[12].

Com a crise do feudalismo, o aumento dos fluxos comerciais entre os diversos centros urbanos resultou na resistência dos agentes econômicos ao uso *exclusivo* dos usos e costumes de cada feudo, que geravam insegurança jurídica aos comerciantes de outra localidade. Ao mesmo tempo, os novos centros comerciais ansiavam por manter a independência frente à pretendida centralização almejada pelo Papado e pelo Sacro Império Romano do Ocidente, o que os impelia a não aceitar uma ordenação única para reger os fatos transnacionais comerciais.

Assim, premidos entre a indesejada exclusividade dos usos e costumes locais e a repulsa à eventual uniformização que eliminaria a própria autonomia existente, os centros comerciais – em especial as cidades-estados do norte da Itália – estimularam estudos sobre *limites territoriais (espaciais) da aplicação dos usos e costumes* (denominados de "estatutos", do latim *statuta*), sob a influência de glosas e comentários aos textos romanos codificados por Justiniano, elaborados por juristas da época.

---

[10] Para Thomas Marky, a evolução posterior dos direitos europeus baseou-se nessa obra de codificação, trazendo todos os códigos modernos a "marca da obra de Justiniano". MARKY, Thomas. *Curso elementar de direito romano*. 8. ed. São Paulo: Saraiva, 1995, p. 5. Conferir, também, a fenomenal tradução do *Digesto* feita por Manoel da Cunha Lopes e Vasconcellos (Conselheiro Vasconcellos), que foi finalmente publicada no Brasil sob a organização dos Professores Eduardo C. Silveira Marchi, Bernardo B. Queiroz de Moraes e Dárcio R. M. Rodrigues. VASCONCELLOS, Manoel da Cunha Lopes et al. *Digesto ou Pandectas do Imperador Justiniano*. v. I. São Paulo: YK, 2017.

[11] LOSANO, Mario. *Os grandes sistemas jurídicos*. Tradução de Marcela Varejão. São Paulo: Martins Fontes, 2007, p. 38.

[12] LOSANO, Mario. *Os grandes sistemas jurídicos*. Tradução de Marcela Varejão. São Paulo: Martins Fontes, 2007, p. 38.

A partir do reconhecimento dos limites territoriais de cada lei, foi intuído pelos glosadores o eventual conflito entre os estatutos (*statuta*). Karolus de Tocco foi o primeiro a buscar sistematizar a solução a ser aplicada a um caso envolvendo pessoas com costumes diferentes, ao ensinar, em 1200, que os estatutos deveriam vincular somente os súditos do poder legiferante (*statutum non ligat nisi subditos*)[13].

No século XI, surgiu a Escola de Bolonha, reunindo especialistas na análise da obra de Justiniano. A redescoberta do texto romano codificado de Justiniano foi financiada pela elite comercial da época, interessada em fornecer um substrato jurídico robusto aos seus negócios. Irnerius, estudioso domiciliado em Bolonha, buscou adaptar os textos com notas explicativas denominadas "glosas". Seus comentários – glosas – impuseram não só a interpretação nova do código de Justiniano, mas também a sua alteração. O ápice dessa atividade foi realizado por Acúrsio, em sua *Magna Glosa* (também chamada de Glosa perpétua, ou *Glosa Ordinaria*), que unificou as glosas anteriores, tornando-se a interpretação definitiva da época ao *Corpus Juris Civilis*.

Ainda nessa época, a discussão dos limites *espaciais* (territoriais) das leis ficou célebre na indagação de Acúrsio (1182-1260), em anotação no *Lex Cunctos Populos* do Código de Justiniano, na qual perguntou qual a lei deveria ser aplicada, em Módena, a um indivíduo oriundo de Bolonha. Em que pese não ter sido essa a intenção original dos romanos, Acúrsio deduziu que a lei de Módena não alcançava o cidadão bolonhês, pois este ainda deve ser regido pelas regras de sua cidade[14]. Essa conclusão dos glosadores interessava aos comerciantes, que, assim, teriam segurança em transpor os limites de sua região para transacionar em outra.

A vida privada transfronteiriça era, então, impulsionada.

O crescente comércio entre as diferentes regiões europeias e a importância cada vez maior dos diferentes direitos locais em contraponto à frágil unidade do Sacro Império Romano-Germânico financiaram várias *Escolas de estudiosos* da interpretação dos *estatutos*, que eram regras legais ou costumeiras das cidades, que regulavam os mais diversos campos jurídicos.

Tais Escolas visavam (i) contrariar a unidade forçada pretendida pelo Sacro Império (e pelo Papado) (ii) sem gerar insegurança jurídica aos comerciantes, o que resultou em discussão dos limites espaciais de cada direito local, até hoje um dos

---

[13] MEIJERS, E. M. L'histoire des principes fondamentaux du droit international privé a partir du moyen age. Spécialement dans l'Europe Occidentale. *Recueil des Cours de l'Académie de Droit International de La Haye*, v. 49, 1934, p. 547-686, em especial p. 594.

[14] Eis a indagação: "Argumentum, Quod si Bononiensis conveniatur Mutinae, non debet iudicari secundum Statuta Mutinae, quibut non subest, cum dicat: quos nostrae clementiae". Ver a reprodução da glosa em MEIJERS, E. M. L'histoire des principes fondamentaux du droit international privé a partir du moyen age. Spécialement dans l'Europe Occidentale. *Recueil des Cours de l'Académie de Droit International de La Haye*, v. 49, 1934, p. 547-686, em especial p. 595.

temas essenciais do DIPr. Nessa linha, o crescente comércio e a fragmentação prática do Império Romano-Germânico incentivaram os juristas a buscar adaptar o Código Justiniano por *comentários,* influenciados por normas locais, mas desvinculados da glosa. A figura central da Escola dos Comentadores (também chamados de pós--glosadores) é Bártolo de Sassoferrato (1314-1357), que logrou avançar no estudo da *codificação romana associada aos estatutos* das cidades do norte da Itália.

A importância desse estudo dos estatutos é medida pela sua longa duração: são quase quatro séculos (século XIV ao XVIII) nos quais se desenvolvem e se consolidam as chamadas "escolas estatutárias", que reúnem diferentes autores em diversas regiões europeias. Até pela longa duração, há diversas diferenças entre os autores da época, porém suas ideias possuem um método comum: partem do *estudo da regra jurídica nacional para concluir sobre seu alcance*: se territorial ou extraterritorial. Por isso, os estatutários buscam aferir se as leis seriam "territoriais", "extraterritoriais" ou ainda "mistas".

Os "estatutos pessoais" consistiam no conjunto de leis que tinham por objeto a pessoa e seu estado, onde quer que ela se encontrasse. Consequentemente, tinham alcance extraterritorial: eram aplicados mesmo se a pessoa em questão comparecesse perante um juiz estrangeiro. Os "estatutos reais ou territoriais" eram as leis que tratavam precipuamente das coisas (dos bens imóveis, em geral) e possuíam alcance exclusivamente territorial, sendo aplicados a todos os bens situados no Estado do legislador, qualquer que fosse o julgador (nacional ou estrangeiro) a apreciar o litígio. Finalmente, existiam os "estatutos mistos", que seriam "as leis que não se relacionam nem às pessoas nem às coisas, mas aos atos" e que seriam aplicados a todos os atos realizados no Estado do legislador, não importando qual fosse o julgador (nacional ou estrangeiro)[15].

Há a combinação, então, das duas tradições anteriormente vistas, o personalismo e o territorialismo do Direito: determinadas leis e usos seriam "territoriais" e outras seriam "pessoais" (acompanhando os indivíduos onde quer que eles se encontrassem, inclusive de modo extraterritorial). A fase iniciadora (estatutária) moldou o DIPr como disciplina que *não* regula diretamente o fato transnacional, mas tão somente *indica* a norma (nacional ou estrangeira) de regência.

As Escolas estatutárias consagraram o *método indireto* como um dos principais métodos do Direito Internacional Privado até os dias de hoje. O método indireto é aquele que se preocupa em localizar determinado direito, o qual, após, servirá para regular o fato transnacional. Há aqueles que denominam o método indireto de método conflitual por incidir sobre o "conflito" (concurso) de leis incidentes sobre o fato transnacional. Na visão estatutária, o método indireto analisava as leis, os usos e os costumes locais para delinear o limite de seu alcance espacial.

A longevidade das análises estatutárias no Direito Internacional Privado explica-se por refletirem os dois valores dominantes na época: a divisão da Europa em (i)

---

[15] SAVIGNY, Friedrich Carl von. *Sistema do direito romano atual*. Tradução de Ciro Mioranga (edição original de 1849), Ijuí: Unijuí, 2004, v. VIII, em especial p. 120-121. Ver abaixo a crítica de Savigny às correntes estatutárias.

povos e (ii) territórios distintos. Outra característica importante dessa fase iniciadora da disciplina é sua *pretensão universalista*: as regras sobre o concurso de normas não eram tidas como pertencentes a um direito local qualquer, mas sim eram concebidas como parte de um *direito natural universal*, com amparo nos *textos romanos* (de conhecida reputação), que objetivava facilitar e permitir a coexistência das diversas ordens jurídicas locais. O uso da interpretação do Código Justiniano fornecia o fundamento universalista pretendido, sem ameaçar a autonomia das comunidades comerciantes, uma vez que era fruto (o direito romano) de um império extinto.

A abordagem estatutária de avaliar o alcance extraterritorial (ou não) de uma lei local pela sua classificação em "estatuto pessoal" ou "estatuto real" era uma abordagem universal, que refletia uma divisão natural operante em todos os ordenamentos da época, não sendo típica de um determinado ordenamento[16]. Em síntese, a diversidade das leis locais aliada ao desejo de autonomia dos centros comerciais fez florescer o uso do método indireto para solucionar a potencial colisão de estatutos (*collisio statutorum*).

3.1. Escola Italiana e a questão inglesa

A partir dos estudos em Bolonha desde o século XI, a "Escola Italiana" engloba escritos de estudiosos dos textos romanos, glosadores e pós-glosadores (também chamados de comentadores). O ponto de partida desses estudos, como já visto, é a glosa de Acúrsio sobre a primeira lei do Código Justiniano ("Cuntos populus quos clementiae nos trae regit imperium" – a todos os povos que rege o império de nossa clemência): se um cidadão bolonhês é demandado em Módena, não deve ser julgado segundo o estatuto de Módena, visto que não lhe está sujeito[17]. Sua célebre conclusão era que a lei só vincula os súditos (*statutum non ligat forensem*).

Entre os expoentes da "Escola Italiana", encontram-se Bártolo de Sassoferrato (1314-1357) e Baldo (1324-1400). A marca de Bártolo de Sassoferrato foi a utilização da distinção entre os estatutos (regras) que regem os bens (estatutos reais) dos que regem a conduta das pessoas (estatutos pessoais). Os estatutos reais são territoriais, ou seja, só se aplicam aos bens situados no território do poder que editou tais normas. Já os estatutos pessoais são extraterritoriais, pois se aplicam aos súditos, onde quer que eles se encontrem.

Além disso, Bártolo defendeu determinadas regras de escolha das normas para reger os fatos transfronteiriços: (i) a lei do lugar da celebração do contrato rege sua forma e os direitos que nascem no momento da formação do acordo (*locus regit actum*); (ii) a lei do local da execução rege as consequências do inadimplemento; (iii) não eram aplicáveis os estatutos estrangeiros proibitivos tidos como odiosos pelo foro (origem do instituto da ordem pública – a ser tratado posteriormente neste *Curso*); e (iv) o testamento tem suas formalidades estipuladas pela lei do local de celebração.

---

[16] MILLS, Alex. The private history of international law. *International and Comparative Law Quarterly*, v. 55, Issue 1, jan. 2006, p. 1-50, em especial p. 10-12.

[17] FERRER CORREIA, A. *Lições de direito internacional privado* – I. Coimbra: Almedina, 2000, p. 108.

Bártolo consagrou a extraterritorialidade dos estatutos pessoais, mas sustentou a existência de estatutos odiosos, que não seriam aplicáveis (embrião da cláusula de ordem pública), como, por exemplo, a incapacidade hereditária das filhas.

Entre os casos analisados por Bártolo, ficou célebre a "Questão Inglesa", envolvendo a sucessão de inglês, com bens na Inglaterra e Itália. Na Inglaterra, a lei estipulava que a herança era toda do primogênito; na Itália, havia a regra de partilha entre os filhos. A solução, após o estudo dos vocábulos do estatuto (para aferir se se tratava de um "estatuto pessoal" ou "estatuto real"), foi a desconsideração da unidade da sucessão, tendo o primogênito herdado os bens na Inglaterra, mas partilhado os bens na Itália com seus irmãos. Bártolo considerou a exclusão dos demais irmãos um *estatuto odioso* e por isso sem alcance extraterritorial, mesmo se fosse considerado um estatuto pessoal[18].

3.2. Escola Francesa

A chamada Escola Francesa é fruto do destaque econômico e político da França no século XVI e XVII, que culminaria na sua vitória na Guerra dos Trinta Anos. O declínio do Sacro Império Romano-Germânico e a Reforma Protestante destruíram a ambição da tutela papal sobre uma Europa unificada. O Direito Internacional Privado floresceu, então, sob a certeza da existência de vários ordenamentos jurídicos que entravam em contato por meios dos fatos transnacionais.

Dois juristas da Escola Francesa devem ser destacados: Charles Dumoulin (1500-1566) e D'Argentré (1519-1590). Dumoulin ficou conhecido pela sua defesa da *autonomia da vontade* como princípio de escolha do regime jurídico de uma relação plurilocalizada. Sustentou que as partes, ao escolherem um local para celebrar um contrato ou mesmo um casamento, implicitamente se submetem às leis do local de celebração. Foi assim que foi dirimida polêmica de 1525 (Caso Ganey) sobre o *regime de bens* de um casamento celebrado em Paris (cuja lei previa a comunhão de bens entre os cônjuges), tendo a esposa adquirido imóvel em local cuja lei estabelecia o regime da separação de bens no matrimônio. Para Dumoulin, como eles haviam escolhido Paris (poderiam ter se casado em outro local), implicitamente eles haviam escolhido a lei desse local[19].

---

[18] BEALE, Joseph Henry (tradutor). *Bartolus on the conflict of law*. Cambridge: Harvard University Press, 1914, p. 44-47. Amilcar de Castro apontou que o estudo feito por Bártolo das palavras do estatuto como forma de decisão foi visto como sendo impreciso e confuso. CASTRO, Amilcar de. *Direito internacional privado*. 5. ed. rev. e atual. por Osíris Rocha. Rio de Janeiro: Forense, 2000, p. 145.

[19] Ver estudo de Lainé sobre Dumoulin em LAINÉ, Armand. *Introduction au Droit International Privé Contenant une etude historique et critique de la theorie des statuts et des rapports de cette theorie avec le code civil*. Paris: Librairie Cotillon/F. Pichon Ed, 1888, t. I, p. 223-248. GUTZWILLER, Max. Le développement historique du droit international privé. *Recueil des Cours de l'Académie de Droit International de La Haye*, v. 29, 1929, p. 291-400, em especial p. 321-325. MEIJERS, E. M. L'histoire des principes fondamentaux du droit international privé a partir du moyen age. Spécialement dans l'Europe Occidentale. *Recueil des Cours de l'Académie de Droit International de La Haye*, v. 49, 1934, p. 637-653, em especial p. 594.

Já D'Argentré foi um autor inserido no movimento autonomista bretão (defendeu a independência da Bretanha) e, por isso, sustentou o *territorialismo*, pugnando que as leis estrangeiras não deveriam ser aplicadas na Bretanha. Ele defendeu a distinção entre os estatutos reais (regem os bens) e os pessoais (regem os atributos de uma pessoa), típicos da Escola Italiana, mas sustentou que, a princípio, todos os estatutos são reais e consequentemente territoriais. Os estatutos pessoais e seu alcance extraterritorial somente seriam aplicáveis às regras que afetem diretamente uma pessoa, seu estado e sua capacidade. Por isso, na existência de sucessão de bens situados em territórios diversos, D'Argentré defendeu que cada lei regeria a sucessão dos bens localizados no seu território (combatendo a ideia da sucessão universal, regida pela lei do local do domicílio do *de cujus*). Suas ideias foram, em seguida, apropriadas pela Escola Holandesa[20].

3.3. Escola Holandesa

As lutas pela independência da Holanda contra o Império Habsburgo no século XVI favoreceram a difusão das ideias de D'Argentré naquele país. No século XVII, Ulrich Huber (1636-1694) foi seu principal nome. Em sua *Praelectiones juris civilis*, encontra-se um texto, denominado "De conflictu legum diversarumin diversis imperiis", no qual, pela primeira vez, sublinhou-se o problema tradicional do DIPr: o conflito entre leis de diferentes Estados, superando a discussão das diferenças de estatuto[21]. Seu trabalho encontra-se em linha com o estudo de Hugo Grotius (um dos teóricos iniciais do Direito Internacional Público) a respeito do Direito Internacional e da soberania dos Estados[22].

Huber apontou três princípios da disciplina: (i) as leis de um Estado são aplicadas somente nos limites do seu território (territorialismo); (ii) os súditos de cada Estado são todos os que se encontram no seu território; e (iii) depois de serem aplicadas, as leis de um país conservam sua força além das fronteiras (origem da teoria dos direitos adquiridos), por cortesia (*comitas gentium*).

---

[20] Ver estudo de Lainé sobre D'Árgentré em LAINÉ, Armand. *Introduction au Droit International Privé Contenant une etude historique et critique de la theorie des statuts et des rapports de cette theorie avec le code civil*. Paris: Librairie Cotillon/F. Pichon Ed, 1888, t. I, p. 273-395. Também ver GUTZWILLER, Max. Le développement historique du droit international privé. *Recueil des Cours de l'Académie de Droit International de La Haye*, v. 29, 1929, p. 291-400, em especial p. 321-325. MEIJERS, E. M. L'histoire des principes fundamentaux du droit international privé a partir du moyen age. Spécialement dans l'Europe Occidentale. *Recueil des Cours de l'Académie de Droit International de La Haye*, v. 49, 1934, p. 547-686, em especial p. 637-653.

[21] Huber trata dessa temática em um capítulo de *Praelectiones Juris Romani et Hodierni*. Ver a tradução para o inglês em LORENZEN, Ernest G. Huber's *conflictu legum*. *Illinois Law Review*, v. 13, 1918-1919, p. 199-242.

[22] GUTZWILLER, Max. Le développement historique du droit international privé. *Recueil des Cours de l'Académie de Droit International de La Haye*, v. 29, 1929, p. 291-400, em especial p. 327.

Assim, o autor é o primeiro a vincular o DIPr ao próprio Direito Internacional Público, ao justificar a aplicação extraterritorial de uma lei estrangeira à cortesia internacional.

3.4. Escola Alemã

De acordo com Gutzwiller, denomina-se "Escola Alemã" um conjunto de autores que, apesar de influenciados pelas escolas anteriores, buscaram desenvolver com autonomia o DIPr no ambiente do decadente Sacro Império Romano-Germânico. Dentre seus nomes, destacam-se Heinrich Freiherr von Cocceji (1644-1719) e Johann Nikolaus Hert (1651-1710)[23].

O fundamento da aceitação do direito estrangeiro para reger os fatos transfronteiriços oscilou entre a cortesia internacional (influência da Escola Holandesa) e a invocação do direito natural. Para Cocceji, as pessoas devem ser regidas pelas suas leis nacionais e as coisas pela lei do local da sua situação. Para Hert, por sua vez, é possível diferenciar três diferentes princípios que incidem sobre os fatos transfronteiriços: a) as pessoas são regidas pelas leis de sua origem; b) as coisas são regidas pelo local de sua situação; e c) a forma dos atos jurídicos é regida pela lei do local da sua celebração[24].

4. A FASE CLÁSSICA: A CONSOLIDAÇÃO DO DIREITO INTERNACIONAL PRIVADO

O Direito Internacional Privado (DIPr) consolidou-se e ganhou força no século XIX, graças à forte expansão capitalista industrial europeia. O ambiente do cientificismo da época assumiu, no Direito, o formato das codificações (que seriam sistemáticas, coerentes e racionais), que introduzem também regras de regência dos fatos transnacionais. Além disso, os contornos contemporâneos do Estado (nacionalismo) e a emancipação de ex-colônias (EUA e depois a América hispânica e a portuguesa) levaram a uma época de globalização e encurtamento das distâncias, gerando novos fluxos transnacionais. Exemplo desse ambiente é obra de Verne, que, em 1873, consagra o vigor da revolução dos transportes e encurtamento das distâncias no clássico "A volta ao mundo em 80 dias" (*Le tour du monde en quatre-vingts jours*).

A crise da abordagem estatutária deu-se pela limitação evidente de sua metodologia, que era baseada na interpretação dos estatutos, pela qual seria possível classificá-los em (i) pessoais ou (ii) territoriais. Esse método gerava insegurança, pois dependia do olhar do intérprete, que podia variar ao sabor das pressões políticas

---

[23] GUTZWILLER, Max. Le développement historique du droit international privé. *Recueil des Cours de l'Académie de Droit International de La Haye*, v. 29, 1929, p. 291-400, em especial p. 329-330.

[24] GUTZWILLER, Max. Le développement historique du droit international privé. *Recueil des Cours de l'Académie de Droit International de La Haye*, v. 29, 1929, p. 291-400, em especial p. 330-331. Ver também STRENGER, Irineu. *Direito internacional privado*. Parte Geral. São Paulo: RT, 1986, p. 171.

oriundas dos interesses conflitantes que orbitavam em torno da escolha da lei local ou da lei estrangeira. Esses interesses conflitantes foram bem expostos no debate da "Escola Francesa" entre Dumoulin, que era favorável à presunção de serem os estatutos em geral pessoais (e, com isso, extraterritoriais), e D'Argentré, que defendeu a territorialidade dos estatutos como regra geral.

O DIPr estatutário sofre influência, então, do crescimento da importância dos Estados e do fortalecimento da soberania territorial, gerando incertezas na classificação dos estatutos. Por isso, o positivismo jurídico do século XIX, fruto do *racionalismo* e *cientificismo* da época, substituiu a visão estatutária da matéria, que possuía como pressuposto o direito natural e o universalismo da herança romana.

O positivismo no Direito pugnava pela observação da prática social para, então, inseri-la em normas jurídicas. No plano internacional, a sedimentação dos Estados soberanos e o apelo à igualdade formal entre os Estados independentes redundaram, no século XIX, na separação entre o domínio da normatividade interna e internacional[25].

Essa divisão (entre o internacional e o nacional) influenciou o desenvolvimento da "nacionalização" do DIPr, pois este dedicava-se à regulação de fatos transfronteiriços realizados por indivíduos, ou seja, não seria objeto precípuo do Direito Internacional Público, destinado a reger as relações de Estados. Surgem normas nacionais de Direito Internacional Privado, consagrando a ambiguidade da matéria, que regula a gestão da *diversidade* normativa e jurisdicional por intermédio de normas *nacionais*.

Na doutrina, três nomes se destacaram no esforço de buscar uma identidade para o Direito Internacional Privado nesse mar de codificações e normas nacionais: Story, Savigny e Mancini.

4.1. A contribuição doutrinária

4.1.1 A contribuição de Story

Nos Estados Unidos, Joseph Story (1779-1845) é tido como um dos fundadores da escola norte-americana de Direito Internacional Privado[26]. O contexto da época explica a necessidade de aprofundamento do estudo do concurso e conflito de leis e jurisdição: os Estados da Federação norte-americana legislavam – sob influência tanto

---

[25] KENNEDY, David. International law and the 19th Century: history of an illusion. *Quinnipiac Law Review*, 1997, p. 99-136. ACCIOLY, Hildebrando; NASCIMENTO E SILVA, G. E.; CASELLA, Paulo Borba (atual responsável). *Manual de direito internacional*. 21. ed. 2ª tiragem, São Paulo: Saraiva, 2015, em especial p. 37-106 e ainda p. 421-425.

[26] KUHN, A. K. La conception du droit international privé d'aprés la doctrine et la pratique aux États-Unis. *Recueil des Cours de l'Académie de Droit International de La Haye*, v. 21, 1928, p. 189-278 e s. BELLOT, H. H. L. La théorie anglo-saxonne des conflits de lois. *Recueil des Cours de l'Académie de Droit International de La Haye*, v. 3, 1924, p. 95-175.

da *common law* britânica quanto da *civil law* francesa – autonomamente sobre Direito de Família, Contratos etc., levando a situações de dúvida na escolha da lei aplicável a fatos interestaduais, tais como ocorria na Europa no tocante a fatos transfronteiriços.

Story continuou a tradição estatutária, optando por estabelecer os limites espaciais das leis, em uma abordagem unilateralista focada na ênfase na soberania do Estado. Para Story, seria totalmente incompatível com a igualdade e a exclusividade da soberania de um Estado que a atividade de pessoas ou bens no seu território fosse regulada por leis de outro Estado[27]. A aplicação do direito estrangeiro dependeria, então, do consentimento tácito ou expresso do Estado do foro.

Não houve um total afastamento da aplicação do direito estrangeiro, pois foi complementado pela doutrina dos *direitos adquiridos (vested rights)*, na qual o Estado do foro é obrigado – pelo dever de respeito mútuo entre Estados – a observar as regras do ordenamento de outro Estado regentes do fato no momento de sua realização[28]. Há, então, certa inconsistência na abordagem de Story, que oscila entre a defesa da soberania territorial com um DIPr unilateralista e ao sabor dos interesses do foro e o reconhecimento de um dever de aceitar os direitos adquiridos em outro Estado[29].

Para Story e a corrente anglo-saxã da época, a lei do domicílio seria a lei básica para fixar as regras de capacidade, sendo possível, contudo, a utilização da lei do local da celebração dos contratos, como forma de obtenção de justiça[30]. Também é retomado por Story, sob clara influência de Huber[31], o conceito de *cortesia (comity)*. A *comity* de Story justifica o cumprimento de uma lei estrangeira, com o argumento de que isso é obrigação de fazer justiça e não de mera cortesia do Direito Internacional Público[32].

---

[27] STORY, Joseph. *Commentaries on the conflict of laws* (1. ed. 1834), 4. ed. Boston: Little Brown and Company, p. 11-12. Disponível em: <http://www.unz.org/Pub/StoryJoseph-1834n02>. Último acesso em: 27 nov. 2020.

[28] DANE, Perry. Vested rights, "vestedness", and choice of law. *The Yale Law Journal*, v. 96, 1987, p. 1191-1275, em especial p. 1194-1195.

[29] MILLS, Alex. The private history of international law. *International and Comparative Law Quarterly*, v. 55, Issue 1, jan. 2006, p. 1-50, em especial p. 28.

[30] STORY, Joseph. *Commentaries on the conflict of laws* (1. ed. 1834), 4. ed. Boston: Little Brown and Company. Disponível em: <http://www.unz.org/Pub/StoryJoseph-1834n02>. Último acesso em: 27 nov. 2020.

[31] Sobre a influência da obra de Huber nos escritos de Story, ver em LORENZEN, Ernest. G. Story's commentaries on the conflict of laws – one hundred years after. *Harvard Law Review*, v. 48, 1934-1935, p. 15-38.

[32] Ver, ainda, sobre a obra de Story em CHEATHAM, Elliott E. American theories of conflict of laws: their role and utility. *Harvard Law Review*, v. 58, 1945, p. 361-394; NADELMANN, Kurt H. Joseph Story's Sketch of American Law. *The American Journal of Comparative Law*, v. 3, 1954; No Brasil, ver VALLADÃO, Haroldo. The Influence of Joseph Story on Latin-American rules of conflict of laws. *The American Journal of Comparative Law*, v. 3, 1954, p. 27-41. EHRENZWEIG, Albert A. "American conflicts law in its historical perspective – should the restatement be "continued"?. *University of Pennsylvania Law Review*, v. 103, 1954, p. 133-156.

Em síntese, a metodologia proposta por Story aproximou-se da tendência do positivismo da época, ao enfatizar o estudo da *prática de cada Estado* na aplicação de direito estrangeiro, o que constitui o DIPr em uma disciplina nacional por excelência, a depender das normas estatais.

4.1.2 A contribuição de Savigny

Friedrich Carl von Savigny (1779-1861), no seu esforço de compreensão científica do Direito, sustentou, em seu livro *Sistema do direito romano atual – v. VIII*[33] (1849), a igualdade no tratamento das questões jurídicas para que houvesse *solução idêntica* – porque o contrário seria irracional – seja qual fosse o foro de julgamento.

Para Savigny, é possível identificar *a priori* o direito mais pertinente a cada relação jurídica, por meio da localização do seu centro ou sede. Rompeu-se, em verdadeiro giro copernicano, com as teorias estatutárias, cujo foco era a regra (os estatutos) e seus limites de aplicação: territorial ou extraterritorial. Na visão de Savigny, o foco deve ser na *relação jurídica transnacional*, cujas características e natureza apontariam à sua sede, sendo a *lei da sede* o direito mais adequado para a regência de tal relação.

Assim, para Savigny, "o direito local aplicável em todos os casos de colisão é aquele do local em que se reconheceu a sede da relação jurídica"[34]. É indispensável, então, atribuir a cada categoria de relações jurídicas uma determinada sede, o que exige a investigação de elementos existentes em cada relação jurídica, como, por exemplo, o lugar da situação de um bem, o lugar do cumprimento de uma obrigação etc. Beviláqua resumiu a importância de Savigny, afirmando que suas ideias são o "ponto de partida da organização verdadeiramente científica do direito internacional privado"[35].

Essas *categorias de relações jurídicas e seus elementos* seriam comuns aos diversos Estados, pois existiria uma *comunidade de direito* entre os diferentes povos. Os objetivos desse modelo eram claros: obtenção de harmonia e segurança jurídica. Os envolvidos nos fatos transnacionais teriam a segurança jurídica de obter a mesma solução não importando o Estado que viesse a apreciar o caso. Entre os Estados, haveria harmonia jurídica, porque a fixação do centro ou sede da relação jurídica dissiparia qualquer arbitrariedade ou discriminação contra os nacionais de outro Estado.

---

[33] O "Sistema do direito romano atual" consiste em obra de fôlego, na qual Savigny busca estabelecer a teoria geral do Direito Privado. O volume VIII é voltado à aplicação da lei no espaço e no tempo, o que a transforma em essencial para o desenvolvimento do DIPr.

[34] SAVIGNY, Friedrich Carl von. *Sistema do direito romano atual*, v. VIII. Tradução de Ciro Mioranga (edição original de 1849), Ijuí: Unijuí, 2004, em especial p. 119.

[35] BEVILÁQUA, Clóvis. *Princípios elementares de direito internacional privado*. 4. ed. Rio de Janeiro: Freitas Bastos, 1944, p. 65.

Esse modelo é bilateral (também chamado de multilateral[36]) por natureza, pois reconhece que as leis domésticas e as leis de Estado estrangeiro são equivalentes ou fungíveis. Não se limita, então, como a visão estatutária, a analisar a lei nacional e seu alcance (territorial ou extraterritorial). Para o modelo de Savigny, o importante é a aferição do vínculo de conexão que remete a determinada categoria jurídica à regência de um ordenamento jurídico qualquer (não importando ser o ordenamento doméstico ou estrangeiro).

Consagra-se, assim, o DIPr como uma disciplina que almeja a "justiça espacial", que possui um método predeterminado e, por isso, conhecido pelos interessados, gerando segurança jurídica. Esse método é denominado método conflitual (porque resolve "conflitos" entre normas de diferentes Estados), remissivo (porque remete à aplicação de determinada lei material) e indicativo (porque indica determinado direito material para reger o fato transnacional). Ele consiste na (i) detecção do vínculo predeterminado (regra de conexão) em uma (ii) certa categoria jurídica na qual o fato transnacional foi inserido, (iii) com a consequente indicação de ordenamento para reger a conduta, *sem* que seja examinado o resultado final da aplicação da lei material[37]. Busca uma "justiça espacial", que consiste na indicação de uma lei (nacional ou estrangeira) mais adequada espacialmente (geograficamente) – pois seria a lei da sede da relação transnacional – para regular o fato plurilocalizado.

Essa "justiça espacial" seria aparentemente neutra em face dos interesses dos envolvidos, pois as regras de conexão estariam já predeterminadas e *racionalmente* indicariam o centro ou sede da relação jurídica transnacional. O julgador, então, aplica a lei indicada pelo método *sem levar em consideração* o resultado prático ou a justiça material de tal incidência, o que será duramente criticado na chamada "revolução americana" (ver a seguir).

O modelo de Savigny tinha como premissa a consolidação de uma suposta "comunidade de direito entre as nações", fruto da forte expansão europeia no globo, com gigantescos impérios coloniais e Estados independentes que tinham sido ex-colônias europeias. O eurocentrismo da época se faz evidente.

Também auxiliou a consolidação da sua premissa de existência de uma "comunidade de direito entre as nações" a confiança de Savigny na herança romano-cristã comum do seu entorno europeu. Assim, Savigny incorporou o universalismo das soluções estatutárias (que ancorava-se no direito natural e no uso do direito romano comentado) ao seu modelo, mas adaptou-o à sociedade industrial da época, na qual o cientificismo e o racionalismo imperavam.

---

[36] SYMEONIDES, Symeon. Louisiana's draft on successions and marital property. *American Journal of Comparative Law*, v. 35, Issue 2, 1987, p. 259-294, em especial p. 289.

[37] Para Savigny, o problema a resolver seria "(...) [d]eterminar para cada relação jurídica a esfera do direito mais conforme à natureza própria e essencial dessa relação". SAVIGNY, Friedrich Carl von. *Sistema do direito romano atual*, v. VIII, Tradução de Ciro Mioranga (edição original de 1849), Ijuí: Unijuí, 2004, em especial p. 50.

Por outro lado, não adotou o fundamento universalista da "cortesia internacional" (*comitas*) de Huber e Story, preferindo focar na construção voluntária do consenso, o que pode ser influência de seu contexto histórico: Savigny escreveu no momento em que a Alemanha ainda não havia se unificado, mas já existia uma união aduaneira (fruto do consenso) entre os Estados germânicos independentes.

Em geral, Savigny defende o domicílio das pessoas, para reger o estado e capacidade, e a situação da coisa, para a regência dos bens. No tocante à sucessão, Savigny sustenta que a sede da sucessão é o domicílio do *de cujus,* pois seria fruto implícito de sua vontade final (fixando o seu domicílio). Já quanto à forma dos atos jurídicos, a lei do lugar da celebração seria a sede desse tipo de relação.

Há, na doutrina de Savigny, duas classes de normas de exceção à aplicação de direito estrangeiro indicado pela sede da relação jurídica: (i) as normas locais obrigatórias, que não podem nunca ser substituídas por direito estrangeiro e (ii) as normas estrangeiras não aceitas pelo foro, como os institutos odiosos (por exemplo, a poligamia, a proibição de aquisição de propriedade por judeus, a morte civil e a escravidão) que seriam inaplicáveis em Estados que os repelem. Acreditava Savigny, contudo, que esses institutos tendiam ao desaparecimento com o desenvolvimento dos povos.

O aspecto central do modelo proposto por Savigny, que é a identificação da relação jurídica, com a consequente indicação da lei do seu centro (ou sede) para regulá-la, é peça-chave no Direito Internacional Privado no Brasil e no mundo até os dias de hoje.

4.1.3 A contribuição de Mancini

Pasquale Stanislao Mancini (1817-1888) ficou célebre pela defesa do uso da nacionalidade como fundamento do Direito Internacional Público e *também* do Direito Internacional Privado. Na linha de Savigny, Mancini reconheceu a existência de uma comunidade das nações, fundada nas conexões pessoais entre os integrantes do povo (por isso a importância da nacionalidade), fugindo ao apelo tradicional da soberania territorial[38].

Mancini protagonizou uma corrente do DIPr, cada vez mais *internacionalista,* que defendeu a aceitação – como dever internacional do Estado – da aplicação de norma estrangeira. Em 1874, defendeu que os Estados celebrassem tratados para uniformizar as regras de solução dos conflitos de leis civis e criminais[39].

---

[38] MILLS, Alex. The private history of international law. *International and Comparative Law Quarterly*, v. 55, Issue 1, jan. 2006, p. 1-50, em especial p. 40.

[39] MANCINI, Pasquale Stanislao. De l'utilité de rendre obligatoires pour tous les États, sous la forme d'un ou de plusieurs traités internationaux, un certain nombre de règles générales de droit international privé pour assurer la décision uniforme des conflits entre les différentes législations civiles et criminelles. Relatório para o Instituto de Direito Internacional. *Journal du droit international privé et de la Jurisprudence comparée*, jul.-ago., 1874, p. 221-239.

Essa corrente advogava três princípios do DIPr: nacionalidade, liberdade e soberania. O princípio da nacionalidade exigia que as relações jusprivatistas devessem ser regidas pela lei da nacionalidade, que seria a sede natural dessas relações. Seria injusto, na visão de Mancini, desconsiderar a lei de origem do estrangeiro, que naturalmente conhece a lei de sua nacionalidade e tem dificuldade com as outras leis. Assim, finalizou Mancini, a aplicação da lei estrangeira decorreria do *dever internacional* de propiciar justiça e não da "comitas gentium" (cortesia internacional).

Por outro lado, Mancini diferenciou relações jurídicas de direito privado obrigatórias das voluntárias. As obrigatórias seriam aquelas que independem da vontade do indivíduo, como sua capacidade e estado, e são regidas pela lei da nacionalidade. Já as relações voluntárias, como a formação de obrigações e bens adquiridos, são construídas ao longo da vida do indivíduo sob sua vontade.

Nessas relações, Mancini reconheceu a liberdade do indivíduo, consagrando a autonomia da vontade na escolha da regra aplicável, desde que o Estado não tenha interesse legítimo em impedir seu uso (limite da ordem pública).

Em síntese, para Mancini, os fatos transnacionais são regidos, em geral, pela aplicação da lei da nacionalidade das pessoas, com exceção dos casos nos quais se admite a autonomia da vontade ou existam limites de ordem pública à aplicação de direito estrangeiro[40].

Sua influência foi evidente na adoção do critério da nacionalidade (*lex patriae*) como regra de conexão para a escolha das leis referentes ao estatuto pessoal no Código Civil italiano de 1865 e em diversos outros Estados europeus[41]. O uso da nacionalidade como critério de conexão atendia o interesse soberanista de Estados de *emigração* no século XIX, pois mantinha os vínculos com milhões de imigrantes espalhados pelo mundo, como foi o caso da Itália.

4.2. As características do Direito Internacional Privado clássico: a segurança jurídica, harmonia internacional e a igualdade entre os ordenamentos

A consolidação do direito internacional privado no século XIX foi feita pela introdução do método indireto multilateral (ou bilateral), baseado na localização da lei da sede (ou centro) da relação jurídica transnacional.

---

[40] MANCINI, Pasquale Stanislao. *Direito internacional*. Tradução de Ciro Mioranga (edição original em italiano de 1873), Ijuí: Unijuí, 2003, em especial "A nacionalidade como fundamento do direito das gentes" e "A vida dos povos na humanidade", respectivamente p. 31-86 e 175-226.

[41] A latente contradição entre os ideais internacionalistas de Mancini e sua defesa do "princípio da nacionalidade" foi denominada por Cavers como sendo um "paradoxo". CAVERS David F. Contemporary conflicts law in American perspective. *Recueil des Cours de l'Académie de Droit International de La Haye*, v. 131, 1970, p. 75-308, em especial p. 98.

A essência da disciplina era a (i) identificação racional e com (ii) critérios objetivos e previsíveis do (iii) ordenamento adequado. Por isso, o DIPr consolidou-se de vez no século XIX, após o giro copernicano de Savigny, como uma disciplina de sobredireito (disciplina remissiva, indireta ou de localização), que é aquela que não regula diretamente o fato transnacional, mas apenas *indica* a lei de regência. Desse modo, não seria discutido, em geral, o *resultado final* da aplicação da lei, porque o ordenamento indicado possuía o vínculo mais apropriado e, justamente por esse motivo, era considerado o centro ou sede da relação.

Com essa busca racional da localização do centro da relação jurídica transnacional, protegia-se a (i) segurança jurídica e a (ii) igualdade entre os ordenamentos envolvidos, assegurando ainda a (iii) universalidade da disciplina.

A segurança jurídica era protegida, inicialmente, pela obtenção da previsibilidade da localização do ordenamento de regência do fato transnacional. Substituiu-se a insegurança da técnica estatutária (análise dos vocábulos dos estatutos, para se extrair o seu alcance territorial ou extraterritorial) por uma técnica clara e inicialmente (para Savigny e sua "comunidade jurídica dos povos") consensual de localização do centro da relação jurídica por critérios estabelecidos previamente e, por isso, conhecidos antecipadamente pelos envolvidos, que poderiam planejar seus atos comissivos e omissivos. Por exemplo, caso alguém desejasse celebrar um casamento em outro Estado, saberia com exatidão a lei aplicável. Além da previsibilidade, a segurança jurídica seria também protegida pela obtenção da "harmonia internacional". A harmonia internacional consiste na ausência de decisões contraditórias nos diversos Estados com pontos de contato com o fato transnacional[42].

Como o método indireto multilateral seria fruto de um consenso, ocorreria a indicação da *mesma* lei da sede da relação jurídica em qualquer Estado no qual o fato transnacional fosse apreciado. Não existiria o risco da "relação jurídica transnacional *claudicante*", que consiste em relação jurídica cuja validade ou invalidade varia a depender do Estado no qual venha a ser analisada. Assim, um casamento claudicante é aquele que é válido no Estado X (por ser compatível com a lei indicada) e inválido no Estado Y (por ser incompatível com outra lei indicada). Como existiria uma única sede da relação jurídica transnacional e tal sede seria escolhida a partir de critérios técnicos e consensuais (na visão de Savigny), seria indicada sempre a *mesma* lei e o citado casamento seria sempre válido ou sempre inválido. Idealmente, todos os envolvidos teriam como prever qual lei incidiria ou qual jurisdição apreciaria eventual litígio, sem que houvesse divergências entre os estados.

---

[42] MACHADO, João Baptista. *Lições de Direito Internacional Privado*. 3. ed. Coimbra: Almedina, 1999, p. 51.

O método indireto multilateral também protege a igualdade. Conforme a premissa da existência de uma "comunidade jurídica entre as nações", há a igualdade de todos os ordenamentos no método indireto multilateral, já que tanto o foro como o estrangeiro poderiam ser considerados a sede da relação jurídica. A determinação da lei ou da jurisdição não se refere a um conflito entre poderes normativos de Estados distintos, mas, sim, à localização (tida como neutra) da sede da relação jurídica. Nesse momento histórico (século XIX), o Direito Internacional Privado ocupa-se das atividades transnacionais, marcadas pela intensa mobilidade humana, na qual os nacionais e os estrangeiros interagiam e necessitavam de (i) regras racionais e tidas como (ii) neutras aos interesses políticos, sendo ditadas pela conformação racional das relações privadas.

Dessa forma, o método indireto multilateral assegurava a universalidade da disciplina, uma vez que a localização da única sede de uma relação jurídica transnacional seria feita de forma (i) consensual (por meio dos valores comuns de direito de uma "comunidade jurídica entre as nações") ou por (ii) tratados.

4.3. O Direito Internacional Privado e a justiça formal (espacial)

A lógica do método indireto multilateral baseada na identificação do "ordenamento sede" impede a discussão sobre o conteúdo da lei indicada e, também, não permite debates sobre a justiça ou a injustiça da solução em face dos envolvidos. Para os defensores do método, não existiria outro ordenamento que pudesse regular a matéria, a não ser aquele que fosse o do centro da relação jurídica.

Forjou-se, na linguagem de Ferrer Correa, uma *justiça formal ou espacial*, cuja função primordial seria fornecer uma estabilidade nas relações jurídicas, que não poderia ser afetada a depender do local onde elas fossem analisadas. Não caberia avaliar a *justiça material da solução final*, pois, na visão do método multilateral, apenas *a posteriori* seria possível a rejeição da lei indicada por ofensa à ordem pública.

Uma "lei adequada" para o método indireto multilateral do DIPr é aquela gerada pela sua determinação espacial ou geográfica e não pela qualidade da solução que a lei, ao final, produz. Para essa visão clássica, a justiça que melhor resolvesse os conflitos envolvidos em um fato transnacional no Direito Internacional Privado tradicional seria uma *justiça espacial ou formal*, não a justiça substancial ou material[43]. Aplicando a mesma perspectiva para os outros dois segmentos da disciplina, pode-se determinar a jurisdição e o reconhecimento e a execução de decisão estrangeira com

---

[43] KEGEL, Gerhard. The crisis of conflict of laws. *Recueil des Cours de l'Académie International de la Haye*, v. 112, 1964, p. 91-268, em especial p. 184-185. No mesmo sentido, KEGEL, Gerhard. Paternal Home and Dream Home: Traditional Conflict of Laws and the American Reformers. *American Journal of Comparative Law*, v. 27, 1979, p. 615-634, em especial p. 616.

base em regras abstratas e definidas *a priori*, sem o questionamento do mérito da solução final dada ao fato transnacional[44].

Consolida-se, assim, uma *justiça da conexão* (na expressão de Lima Pinheiro) que observa os vínculos da situação transnacional com os ordenamentos jurídicos envolvidos, sem considerar as soluções materiais ditadas por cada um deles[45].

A falta de aferição do conteúdo e da qualidade de cada uma das leis envolvidas seria o *preço a pagar*, na visão clássica, para a obtenção da igualdade entre a lei do foro e a lei estrangeira, com a consequente harmonia decisional[46].

Mesmo que substancialmente outra lei ofertasse solução subjetivamente mais justa (sob a ótica da preservação de direitos dos indivíduos envolvidos), a indicação feita pelo método indireto não pode ser desconsiderada, pois não seria justo – do ponto de vista objetivo – julgar um indivíduo com base em leis diferentes das previstas do ordenamento mecanicamente indicado.

Logo, nesse viés, presume-se que o *melhor* resultado para as partes envolvidas é a aplicação da lei que possua o vínculo mais próximo com a relação jurídica transnacional, que o método indireto propõe-se a indicar por meio da identificação do *centro ou sede* daquela relação. Essa presunção baseia-se na defesa dos valores mais importantes para indivíduos, prevalentes, inclusive, sobre a própria busca pelo melhor resultado material: (i) a segurança jurídica gerada pelas regras abstratas e prévias de indicação de determinada lei; (ii) a igualdade entre as partes, evitando desequilíbrio gerado pela corrida ao melhor foro; e (iii) a unicidade da resposta, mesmo que materialmente injusta (não existiria uma "situação jurídica claudicante"). Somente caso a lei estrangeira indicada fornecesse um resultado considerado ofensivo a valores fundantes do ordenamento nacional, existiria a possibilidade de seu afastamento por ofensa à ordem pública (como veremos em capítulo próprio).

4.4. A guinada nacionalista

Em que pese o giro copernicano de Savigny e a estabilização conflitual do DIPr clássico do século XIX, que almeja a universalização da disciplina e o tratamento idêntico do fato transnacional (não importando a localização do intérprete ou julgador), o desenvolvimento da matéria no próprio século XIX assistiu a adoção de leis locais que fragmentaram eventual visão geral da matéria.

---

[44] MILLS, A. *The Confluence of Public and Private International Law, Justice, Pluralism and Subsidiarity in the International Constitutional Ordering of Private law*. Cambridge: Cambridge University Press, 2009, em especial p. 20.

[45] PINHEIRO, Luís de Lima. *Direito Internacional Privado*, v. I, Introdução e Direito dos Conflitos. Parte Geral. Coimbra: Almedina, 2011, em especial p. 226.

[46] JUENGER, Friedrich K. *Choice of Law and Multistate Justice*. Dordrecht, Boston, London: Martinus Nijhoff Publishers, 1993, em especial p. 69.

Esse DIPr com forte influência das leis nacionais – em especial da grande codificação civil – pode ser denominado de *DIPr particularista, nacionalista* ou *individualista*, pois é fundado em normas nacionais que regulam a escolha da lei e a determinação da jurisdição sobre os fatos transnacionais.

Do ponto de vista normativo, há dois marcos do nascimento do DIPr particularista: o Código Civil prussiano de 1794, de Frederico II, e o Código Civil francês de 1804. O primeiro é considerado pela doutrina como sendo o pioneiro no esforço de codificação nacional do DIPr[47]. A introdução ao Código prussiano incorporou vários dispositivos típicos de Direito Internacional Privado, como a lei do domicílio para reger a capacidade e personalidade e a lei de regência dos bens móveis e imóveis[48].

Nessa linha, o século XIX é marcado por diversas codificações civilistas nos países europeus: o Código Civil austríaco de 1811; o Código Civil holandês em 1838 (embora o DIPr fosse regido por lei especial de 1829); o Código Civil sérvio em 1844; o Código Civil grego em 1856; o Código Civil italiano e também o Código Civil romeno de 1865; o Código Civil português em 1867; o Código Civil espanhol em 1888; e, em 1898, o Código alemão.

Na América Latina, essa influência codificadora europeia também se fez sentir, com a edição do Código Civil do Haiti em 1825; do Código Civil peruano em 1852; do Código Civil do Uruguai em 1868 e da Argentina em 1869 (de Vélez Sarsfield, inspirado no brasileiro *Esboço* de Teixeira de Freitas de 1864); do Código Civil da Colômbia de 1873; e do Código Civil da Costa Rica de 1887[49].

Os códigos civilistas do século XIX adotaram a visão de que as instituições essenciais do Direito Privado deveriam também contar com regras de regência de fatos transnacionais, consagrando, assim, a *codificação nacional do DIPr* em vários países[50]. Por meio da codificação, busca-se sistematizar uma matéria até então esparsa

---

[47] Parte da doutrina menciona, também, o Código bávaro de 1756 como um dos precursores. Ver, entre outros, SCHWIND, Fritz. Aspects et sens du droit international privé: cours général de droit international privé. *Recueil des Cours de l'Académie de Droit International de La Haye*, v. 187, 1984, p. 9-144, em especial p. 96. Contra, alegando que a lei bávara não exerceu influência sobre a codificação posterior, ver NOLDE, Boris. La codification du droit international privé. *Recueil des Cours de l'Académie de Droit International de La Haye*, v. 55, 1936, p. 299-432, em especial p. 309.

[48] NOLDE, Boris. La codification du droit international privé. *Recueil des Cours de l'Académie de Droit International de La Haye*, v. 55, 1936, p. 299-432, em especial p. 309.

[49] GUTZWILLER, Max. Le développement historique du droit international privé. *Recueil des Cours de l'Académie de Droit International de La Haye*, v. 29, 1929, p. 291-400, em especial p. 333. NOLDE, Boris. La codification du droit international privé. *Recueil des Cours de l'Académie de Droit International de La Haye*, v. 55, 1936, p. 299-432, em especial p. 320 e s.

[50] NOLDE, Boris. La codification du droit international privé. *Recueil des Cours de l'Académie de Droit International de La Haye*, v. 55, 1936, p. 299-432, em especial p. 326.

ou difusa. Seu objetivo foi o de dar segurança jurídica e coerência a um determinado ramo do direito, evitando-se o arbítrio judicial[51].

Há duas gerações de codificações nacionais de DIPr: a primeira geração corresponde ao movimento particularista do século XIX, que tem como expressões maiores o Código Civil francês de 1804, o Código Civil italiano de 1865 e o Código Civil alemão de 1896[52]; a segunda geração contempla os esforços nacionais de codificação do DIPr a partir de 1960, abrangendo, até 2012, 94 novas legislações, adotadas em 84 estados distintos[53]. Com isso, o método multilateral não logrou obter o consenso normativo sobre os critérios de localização da lei de regência, não gerando a harmonia internacional pretendida.

Tal resistência e domínio das leis internas no DIPr foi fruto da (i) fragilidade da ideia, de claro conteúdo abstrato, de uma "comunidade jurídica entre as nações" de ascendência europeia; (ii) fortalecimento do nacionalismo e busca de uma identidade nacional prevalecente sobre as demais; e (iii) desejo de estruturação jurídica dos Estados, fazendo nascer novas ordenações nacionais de DIPr[54].

Esse DIPr particularista permitiu que o método indireto multilateral proposto por Savigny fosse *diferente* para cada Estado, com adoção de indicação de leis distintas, rompendo a lógica universalista do modelo (cada relação jurídica teria uma única sede ou centro). Por isso, o modelo puro de Savigny foi corrompido e não foi implementado na sua totalidade, tendo restado somente a ideia original do vínculo entre as categorias jurídicas e o sistema jurídico cuja lei material deveria reger o fato transnacional[55]. A consequência dessa "guinada nacionalista" foi fraturar o DIPr em disciplinas nacionais, com o estudo voltado à análise das próprias leis e dos próprios casos concretos.

A *abordagem universalista em abstrato do direito internacional privado* de Savigny (que defendeu a universalização *consensual* fruto da comunidade jurídica entre as nações) via as diferenças de regras nacionais de DIPr como *anomalias*

---

[51] Kessedjian define codificação da seguinte maneira: Il s'agit alors d'un ensemble ordonné, structuré, organisé, rationnel, cohérent de législations qui, jusqu'à leur codification, pouvaient avoir un caractère épars. In: KESSEDJIAN, Catherine. Codification du droit commercial international et droit international privé: de la gouvernance normative pour les relations économiques transnationales. *Recueil des Cours de l'Académie de Droit International de La Haye*, v. 300, 2002, p. 83-308, em especial p. 99.

[52] Nas Américas, a primeira geração das codificações nacionais de direito internacional privado tem como precursora a edição do Código Civil do Haiti, em 1825. Ver VALLADÃO, Haroldo. Le droit international privé des états américains. *Recueil des Cours de l'Académie de Droit International de la Haye*, v. 81, 1952, p. 1-115, em especial p. 12.

[53] SYMENONIDES, Symeon C. *Codifying choice of law around the world*. New York: Oxford University Press, 2014, em especial p. 2-4.

[54] YNTEMA, Hessel E. The Comity Doctrine. *Michigan Law Review*, v. 65, Issue 1, 1966, p. 9-32, em especial p. 31.

[55] BUREAU, Dominique; MUIR WATT, Horatia. *Droit international privé*. 3. ed. Paris: PUF, 2014, t. I, p. 402.

que seriam corrigidas. Porém, tal visão *não conseguiu ser dominante*, diante da manutenção e do desenvolvimento de codificações *nacionais* da disciplina.

Cada codificação nacional trazia o "seu" modo de localizar a sede da relação jurídica transnacional, podendo gerar resultados contraditórios (uma situação ser válida em um Estado e inválida em outro – a *situação jurídica claudicante*). Assim, não foi cumprida a meta de segurança jurídica no tratamento dos fatos transnacionais contida na promessa de uma "única solução" não importando o local no qual este fosse analisado.

Tal situação de insegurança fez nascer questionamento à essência do DIPr como ramo de sobredireito. Afinal, o "preço a pagar" pela ausência de reflexão sobre o resultado final da regulação do fato transnacional (o DIPr meramente indicaria uma lei – nacional ou estrangeira – que regeria o fato) era justamente a segurança jurídica.

Por isso, no final do século XIX, surgiram movimentos a favor da celebração de *tratados* de Direito Internacional Privado, os quais se esforçaram por tornar a disciplina um *ramo especializado do Direito Internacional Público*, como veremos a seguir.

5. A MATRIZ INTERNACIONAL E OS DIREITOS HUMANOS

5.1. Aspectos gerais

No final do século XIX, esboçou-se uma tímida reação à fragmentação nacionalista do Direito Internacional Privado, com a elaboração dos primeiros tratados de Direito Internacional Privado, como o Tratado de Lima de 1878 (sobre conflito de leis) e os Tratados de Montevidéu de 1889.

Na Europa, Mancini esforçou-se pela criação do *Institut de Droit International,* em 1873, organização não governamental de cunho acadêmico que repercutiu os debates sobre uma visão universal do DIPr. Em 1893, a Holanda, sob a influência de Tobias M. C. Asser, sediou a primeira *Conferência da Haia de Direito Internacional Privado,* que se transformou, em 1955, em organização internacional (com o mesmo nome) voltada ao estudo e desenvolvimento de tratados de DIPr[56].

De acordo com a visão doutrinária universalista do DIPr do final do século XIX, o século XX deveria ser dominado pela universalização definitiva gerada pela edição de tratados sobre a temática. Porém, a evolução do *Direito Internacional Privado de matriz internacional,* baseado em tratados e demais normas internacionais, continua lenta e convive com o *Direito Internacional Privado de matriz nacional* (ou *particularista*), que é aquele fruto de leis internas.

Em boa parte do século XX, o DIPr particularista aumentou sua importância pelos seguintes fatores: (i) criação de novos Estados, com a crise e posterior

---

[56] Ver capítulo sobre as fontes internacionais do DIPr.

desaparecimento do colonialismo europeu, fazendo nascer novas ordenações nacionais de DIPr e (ii) uma nova conduta intervencionista do Estado, após a crise global do capitalismo em 1929, gerando o reforço à edição de leis nacionais para a proteção de valores internos. O DIPr particularista passou a realizar, explicitamente, políticas públicas (deixando de lado a neutralidade aparente da matéria pretendida por Savigny), inclusive com o crescimento de temas como normas imperativas, *lois de police* e ordem pública.

Nas últimas décadas do século XX e início do século XXI, a nova globalização reinante deixou evidente que a temática do DIPr (concurso de leis e jurisdição, bem como cooperação jurídica internacional) é, em si, transfronteiriça e, consequentemente, internacional, não podendo ser regulada *nacionalmente*. A edição local de normas de DIPr consiste em uma solução temporária, à espera de uma regulamentação internacional que, progressivamente, é aceita pelos Estados.

O conteúdo das normas internacionais de DIPr é variado: (i) há tratados que unificam as regras indicativas do direito ou determinam a jurisdição, evitando colisões das regras de conflito entre os Estados-Partes do tratado, na uniformização do tradicional método indireto do DIPr; (ii) há ainda os tratados que regulam diretamente os fatos transnacionais, consagrando o método direto da disciplina[57].

5.2. Conferência da Haia de Direito Internacional Privado

O esforço de racionalização do DIPr do século XIX estimulou a busca de uniformização de suas regras no plano internacional, o que seria, na visão da época, desejável para assegurar uma decisão uniforme dos conflitos entre os diferentes ordenamentos cíveis e criminais.

Em 1875, o Instituto de Direito Internacional[58], impulsionado por Mancini, adotou, em sua segunda sessão, uma moção pela qual reconheceu a necessidade de adoção de tratados, por "Estados civilizados" (*États civilisés*), contendo regras obrigatórias e uniformes de Direito Internacional Privado, em especial sobre questões referentes às pessoas, sucessões, bens, atos, procedimentos e execução de julgamentos estrangeiros[59].

---

[57] Sobre os métodos no Direito internacional privado, conferir Parte I, Capítulo 5, deste *Curso*.

[58] Organização não governamental de cunho científico e acadêmico voltada ao Direito Internacional (em todos os seus ramos, inclusive o Direito internacional privado), criada em 1873 por Mancini, Carlos Calvo, Asser e outros, em pleno funcionamento.

[59] Para reforçar essa necessidade de produção de tratados de DIPr, Mancini produziu o seguinte estudo para o Instituto de Direito Internacional (*Institut de Droit International*) em 1874: "De l'utilité de rendre obligatoire pour tous les Etats, sous la forme d'un ou plusieurs tratés internationaux, un certain nombre de régles générales de droit international privé, pour assurer la décision uniforme des conflits entre les différentes législations civiles et criminelles". Conferir NOLDE, Boris. La codification du droit international privé. *Recueil des Cours de l'Académie de Droit International de La Haye*, v. 55, 1936, p. 299-432, em especial p. 351.

Nesse espírito, o governo holandês convidou, em 1892, os Estados europeus a participarem de uma conferência para a codificação do Direito Internacional Privado, que se realizou na Haia em 1893, com a participação de 13 Estados. Iniciou-se a primeira fase da Conferência da Haia, de 1893 a 1951, que é marcada por seis reuniões episódicas de natureza diplomática (entre governos).

Contudo, os delegados na I Conferência se opuseram à codificação geral do Direito Internacional Privado, defendida por Mancini e pelos fundadores do Instituto de Direito Internacional, e optaram por negociar convenções separadas por temas. A opção pela aprovação de *convenções internacionais temáticas* é pragmática, pois tem a vantagem de obter resultados mais rápidos (são escolhidos temas nos quais não há polêmica insuperável) e, com isso, mantém aceso o interesse dos Estados no tema e no ideal de codificação. No desenvolver dos trabalhos da Conferência, a opção pelo fracionamento da codificação do DIPr nunca mais foi abandonada.

Imediatamente após a I Conferência e para terminar os seus trabalhos, foi realizada a II Conferência, em 1894, cujo produto final foi a edição de Convenção sobre processo civil, finalizada em 1896. Em 1900, foi realizada a III Conferência, mais profícua, na qual foram aprovados quatro projetos de convenção (referentes ao Direito de Família e Sucessões). A IV Conferência da Haia foi realizada em 1904 e produziu mais cinco projetos de tratados de DIPr, ainda referentes à família e sucessões.

A eclosão da Primeira Guerra Mundial interrompeu esse processo de codificação e a V Conferência da Haia realizou-se somente em 1925, tendo como resultado principal a elaboração de projeto de convenção sobre execução de decisões judiciais estrangeiras. Em 1928, realizou-se a VI Conferência da Haia, última nos moldes de uma reunião intergovernamental voluntária e episodicamente convocada pelo governo holandês. Nela, foram aprovados vários projetos de convenção internacional sobre conflito de leis e de jurisdição sobre sucessão, assistência jurídica gratuita e modificações a projetos anteriores sobre direito de família, bem como foi discutida a institucionalização da conferência, com a sua transformação em organização internacional. Entretanto, nenhum dos projetos de 1925 e 1928 foi transformado em convenções internacionais.

Essas primeiras seis conferências são denominadas de "fase precursora da Conferência", pois o formato adotado era o de uma reunião intergovernamental, de participação voluntária dos Estados europeus, a convite do governo holandês. Ao todo, a fase precursora da Conferência apresentou os seguintes resultados: cinco convenções de direito de família e uma convenção sobre processo civil entraram em vigor, de todos os projetos aprovados nas seis conferências de 1893 a 1928.

Pelas próprias características da Conferência da Haia nessa fase de reuniões episódicas, o resultado é precário e assistemático: alguns temas (como sucessões) foram mantidos na pauta em diversas conferências; outros temas foram superficialmente abordados ou logo retirados da pauta[60]. Até mesmo as convenções adotadas perderam sua importância e foram substituídas por novas convenções a partir de 1951, na segunda fase da Conferência da Haia de Direito Internacional Privado, denominada *fase institucional*[61].

A fase institucional marcou o renascimento das discussões sobre a codificação do Direito Internacional Privado na Europa, após o congelamento da iniciativa nos anos 1930 e 1940 do século passado, dominados pela crescente hostilidade entre Estados europeus, que culminou na Segunda Guerra Mundial.

A segunda fase teve início com a convocação da VII Conferência, na qual foi adotado um estatuto (que entrou em vigor em 1955), pelo qual a Conferência da Haia ganhou o formato de uma organização internacional, com um *Bureau* e, com isso, perenidade, apoio administrativo mínimo (secretariado e arquivos) e a indispensável segurança para que pudesse continuar os esforços de codificação sem temer interrupção.

Seu nome foi mantido ("Conferência") para mostrar continuidade com a fase anterior. A oitava sessão ocorreu em 1956 e, em seguida, foi adotada a convocação regular da conferência dos Estados-Partes, de quatro em quatro anos. De acordo com o art. 1º do Estatuto, a Conferência da Haia tem como objetivo trabalhar para a unificação progressiva das regras de Direito Internacional Privado.

Além da estabilidade, a Conferência da Haia expandiu-se geograficamente: o que era, na primeira fase, uma reunião exclusiva de Estados europeus, passou, na segunda fase, a ter Estados-Membros de todo o globo[62], bem como organização regional de integração econômica – União Europeia (nos termos do art. 3º, da redação do Estatuto revisado e em vigor desde 2007).

A fase institucional da Conferência possui as seguintes características: (i) continuidade da opção pela "codificação por temas", ao invés da elaboração de um grande tratado de Direito Internacional Privado; (ii) composição heterogênea das delegações, com a presença de diplomatas, professores e práticos do Direito[63]; e (iii)

---

[60] NOLDE, Boris. La codification du droit international privé. *Recueil des Cours de l'Académie de Droit International de La Haye*, v. 55, 1936, p. 299-432, em especial p. 370.

[61] OVERBECK, Alfred E. von. La contribution de la Conference de La Haye au developpment du droit international privé. *Recueil des Cours de l'Académie de Droit International de La Haye*, v. 233, 1992, p. 13-98, em especial p. 21.

[62] Atualmente são 90 Estados e a União Europeia (ao todo são 91 membros). Importante anotar que os cinco países do Mercosul (Brasil, Argentina, Uruguai, Paraguai e Venezuela) são membros da Conferência da Haia. Dados disponíveis em: <http://www.hcch.net/index_fr.php?act=states.listing>. Último acesso em: 15 nov. 2022.

[63] O Ministério das Relações Exteriores brasileiro convida rotineiramente, além dos representantes do Ministério da Justiça, membros da Academia, Magistratura, Ministério Público Federal e Advocacia da União, para compor as delegações nacionais na Conferência. O Autor deste *Curso* participou, como membro, da Delegação brasileira na 22ª Sessão Diplomática em 2019 da Conferência da Haia de Direito Internacional Privado, que aprovou a "Convenção sobre o Reconhecimento e Execução de Sentenças Estrangeiras em Matéria Civil ou Comercial" (ou "Convenção de Sentenças").

tendência de foco em aspectos processuais do Direito Internacional Privado (cooperação jurídica internacional)[64].

O Brasil foi membro da Conferência de 1971 a 1977, quando dela se retirou, não tendo ratificado nenhum tratado elaborado pela organização no período. Na época, em plena ditadura militar brasileira e sob forte protecionismo econômico, com ênfase na substituição de importações e barreiras ao livre comércio, a participação ativa em uma organização internacional voltada ao tratamento igualitário dos fluxos transfronteiriços não era, aparentemente, prioritária.

Após a redemocratização e no bojo de forte abertura econômica ao capital estrangeiro, o Brasil voltou a aderir ao Estatuto da Conferência, sendo membro pleno desde 2001[65]. Em relação aos tratados, o Brasil já ratificou oito convenções (até novembro de 2022): (1) Convenção da Haia Relativa à Proteção das Crianças e à Cooperação em Matéria de Adoção Internacional (1980)[66]; (2) Convenção sobre os Aspectos Civis do Sequestro Internacional de Crianças (1980)[67]; (3) Convenção sobre o Acesso Internacional à Justiça (1980)[68]; (4) Convenção da Haia sobre a Obtenção de Provas no Estrangeiro em matéria Civil ou Comercial (1972)[69]; (5) Convenção sobre a Eliminação da Exigência de Legalização de Documentos Públicos Estrangeiros (1961), conhecida como a "Convenção da Apostila"[70]; (6) Convenção sobre a Cobrança Inter-

---

[64] OVERBECK, Alfred E. von. La contribution de la Conference de La Haye au developpment du droit international privé. *Recueil des Cours de l'Académie de Droit International de La Haye*, v. 233, 1992, p. 13-98, em especial p. 22-24. Sobre os aspectos processuais do Direito internacional privado e a Conferência da Haya, ver também DROZ, Georges André Léopoldand. La Conférence de La Haye de droit international privé vingt-cinq ans après la création de son Bureau permanent: Bilan et perspectives. *Recueil des Cours de l'Académie de Droit International de La Haye*, v. 168, 1980, p. 123-268, em especial p. 159.

[65] O Estatuto da Conferência da Haia de Direito internacional privado foi adotado na VII Conferência da Haia de Direito internacional privado, de 9 a 31 de outubro de 1951. Nessa segunda participação brasileira na fase institucional da Conferência, o Brasil depositou o instrumento de ratificação do referido ato em 23 de fevereiro de 2001. O Decreto n. 3.832 promulgou internamente o Estatuto em 1º de junho de 2001.

[66] Concluída em Haia em 1980. O instrumento de adesão à Convenção foi depositado em 1999, tendo sido incorporada internamente pelo Decreto n. 3.087, de 21 de junho de 1999.

[67] Concluída em Haia em 1980. O instrumento de adesão à Convenção foi depositado em 1999, com reserva ao art. 24 da Convenção, permitida pelo seu art. 42, para determinar que os documentos estrangeiros juntados aos autos judiciais sejam acompanhados de tradução para o português, feita por tradutor juramentado oficial, tendo sido incorporada internamente pelo Decreto n. 3.413, de 14 de abril de 2000.

[68] Concluída em Haia em 1980. O instrumento de adesão à Convenção foi depositado em 2011, tendo sido incorporada internamente pelo Decreto n. 8.343, de 13 de novembro de 2014.

[69] Concluída em Haia em 1970. O instrumento de adesão à Convenção foi depositado em 2015, tendo sido incorporada internamente pelo Decreto n. 9.039, de 27 de abril de 2017.

[70] Concluída em Haia em 1961. O instrumento de adesão à Convenção foi incorporada internamente pelo Decreto n. 8.660, de 29 de janeiro de 2016.

nacional de Alimentos para Crianças e Outros Membros da Família; (7) Protocolo sobre a Lei Aplicável às Obrigações de Prestar Alimentos[71]; e (8) Convenção Relativa à Citação, Intimação e Notificação no Estrangeiro de Documentos Judiciais e Extrajudiciais em Matéria Civil e Comercial[72].

5.3. A codificação pan-americana e a Conferência Interamericana de Direito Internacional Privado

A influência e os escritos de Mancini e dos internacionalistas do Instituto de Direito Internacional repercutiram com mais vigor na América do Sul, cujos governos ansiavam mimetizar o que era considerado avançado pelos juristas europeus no plano internacional, desde que não gerasse dificuldades internas.

Em 1877, por iniciativa do Peru, foi realizada a "Conferência de Juristas sul-americanos" em Lima, com a participação de Delegações do Peru, Argentina, Venezuela, Costa Rica, Bolívia, Equador e Chile. Nessa conferência, foi aprovado – em 1878 – um pioneiro projeto contendo regras de Direito Internacional Privado, direito penal e processo internacionais. Foram adotadas regras como a lei do local da situação dos bens e a lei do local da celebração dos contratos, que já eram comuns em codificações nacionais. Contudo, essa primeira codificação internacional não gerou nenhuma consequência prática, não tendo seu texto sido ratificado pelos participantes[73]. O Brasil imperial e escravagista não participou da Conferência de Lima e foi, inicialmente, contrário à codificação americana: o então Ministério dos Negócios Exteriores emitiu nota contra a participação brasileira em Lima, entendendo que o Império deveria aguardar a codificação europeia[74].

Em 1887, Gonzalo Ramirez, diplomata uruguaio, elaborou, a pedido do seu governo, projeto de tratado de Direito Internacional Privado, denominado "Projeto de Código de Direito Internacional Privado". Em 1888, os governos da Argentina e Uruguai convidam, em conjunto, diversos Estados da América do Sul para participarem do "Congresso de Direito Internacional Privado de Montevidéu", realizado de agosto de

---

[71] Ambas concluídas em Haia em 2007. O instrumento de adesão à Convenção e ao Protocolo foi depositado em 2017, com reserva aos arts. 20, § 1º, e, e 30, § 1º, com fundamento, respectivamente, nos arts. 20, § 2º, e 30, § 8º, e realização da declaração que trata o art. 3º, § 2º, todos da Convenção, tendo sido ambos incorporados internamente pelo Decreto n. 9.176, de 23 de novembro de 2017.

[72] Concluída em Haia em 1965. O instrumento de adesão à Convenção, com reserva aos arts. 8º e 10, foi depositado em 2018. Incorporada internamente pelo Decreto n. 9.734, de 20 de março de 2019.

[73] NOLDE, Boris. La codification du droit international privé. *Recueil des Cours de l'Académie de Droit International de La Haye*, v. 55, 1936, p. 299-432, em especial p. 353.

[74] SAMTLEBEN, Jürgen. A codificação interamericana do Direito internacional privado e o Brasil. In: CASELLA, Paulo Borba; ARAUJO, Nadia de (Coord.). *Integração jurídica interamericana*: as convenções interamericanas de direito internacional privado e o direito brasileiro. São Paulo: LTr, 1998, p. 25-45, em especial p. 28.

1888 a fevereiro de 1889. Pelos vínculos entre Brasil e Uruguai, o Brasil imperial enviou delegação. Além do Brasil, participaram da reunião de Montevidéu delegações da Argentina, Bolívia, Chile, Paraguai, Peru e Uruguai. Entre os tratados elaborados, estavam um tratado sobre conflito de leis no direito civil (chamado de tratado de direito civil internacional) e um tratado sobre conflito de leis comerciais (chamado de tratado de direito comercial internacional).

No caso do tratado de direito civil internacional, foi escolhida uma comissão composta por Manuel Quintana (Argentina), Santiago Vaca-Guzman (Bolívia) e Belisario Prats (Chile). A maioria dos delegados defendeu a adoção da *lei do domicílio* para regular a capacidade e personalidade, da *lei do local de execução* para os contratos e a *lei da situação dos bens* para reger as sucessões (ao invés da lei do último domicílio do *de cujus*). A delegação brasileira notabilizou-se pela defesa da *lei da nacionalidade* para reger a capacidade e personalidade, sob a influência de Mancini, mas que destoava da opção dos demais países receptores de imigrantes. Pelo contrário, os delegados dos demais países estavam conscientes do risco de falta de coerência e fragmentação da lei aplicável, se fossem adotadas as leis nacionais dos imigrantes[75]. Contudo, para o Império brasileiro, o princípio da nacionalidade seria um atrativo ao estrangeiro, que, sem ele, não seria estimulado a aceitar a imigração à América do Sul. O Brasil somente mudou de posição com a nova Lei de Introdução ao Código Civil de 1942, em plena ditadura Vargas.

Já o tratado de direito comercial internacional, sob forte influência de Ramirez, foi adotado com diversas regras de conflito de leis sobre temas de comércio terrestre e marítimo[76].

O Congresso de Montevidéu mostrou evidente evolução na busca da codificação do Direito Internacional Privado na América do Sul. Apesar das divergências (em especial com a Delegação brasileira), os dois tratados foram ratificados por cinco Estados sul-americanos: Argentina, Bolívia, Paraguai, Peru e Uruguai.

Os próximos passos, mais lentos, foram realizados no ambiente das Conferências Pan-Americanas. Tais conferências eram reuniões periódicas dos Estados americanos, sob patrocínio dos Estados Unidos, tendo originado a União Pan-Americana (1910), cujo secretariado foi estabelecido em Washington, que serviu somente para fornecer o suporte administrativo para as Conferências periódicas, até ser sucedida pela Organização dos Estados Americanos (OEA, 1948). Para Casella, a OEA não surgiu de improviso, tendo sido fruto de longa e pacífica evolução, iniciada na primeira Conferência Internacional dos Países Americanos (realizada em Washington, de 1889 a 1890)[77].

---

[75] NOLDE, Boris. La codification du droit international privé. *Recueil des Cours de l'Académie de Droit International de La Haye*, v. 55, 1936, p. 299-432, em especial p. 356.

[76] NOLDE, Boris. La codification du droit international privé. *Recueil des Cours de l'Académie de Droit International de La Haye*, v. 55, 1936, p. 299-432, em especial p. 358.

[77] ACCIOLY, Hildebrando; NASCIMENTO E SILVA, G. E.; CASELLA, Paulo Borba (atual responsável). *Manual de direito internacional*. 21. ed. 2ª tiragem, São Paulo: Saraiva, 2015, em especial p. 471.

Na I Conferência Pan-Americana, realizada em Washington (1889-1890), os debates referentes ao DIPr limitaram-se à busca de ratificações dos tratados de Montevidéu. Já na II Conferência, realizada no México (1901-1902), o Brasil propôs a criação de uma comissão para organizar a codificação do Direito Internacional Público e Privado.

Essa proposta foi concretizada na III Conferência Pan-Americana do Rio de Janeiro (1906), na qual foi criada uma comissão de juristas para preparar projetos de codificação do Direito Internacional Público e do Direito Internacional Privado, o que foi ainda reforçado na IV Conferência em Buenos Aires (1910). Em 1912, a Comissão reuniu-se no Rio de Janeiro, tendo o Brasil apresentado dois projetos: o Código de Direito Internacional Público, de Epitácio Pessoa, e o Código de Direito Internacional Privado, de Lafayette Rodrigues Pereira[78].

Após o recesso forçado pela Primeira Guerra Mundial, em 1923, nova comissão foi criada, com a participação do jurista brasileiro Rodrigo Octavio. Em 1925, a Comissão reuniu-se em Havana e o projeto elaborado por Antonio Sánchez de Bustamante y Sirven, jurista cubano, foi aprovado. Dessa vez, buscou-se uma fórmula de conciliação entre a lei da nacionalidade e a lei do domicílio, para que o Brasil pudesse ratificar a futura Convenção: de acordo com o projeto aprovado, cada Estado poderia usar seu próprio critério.

Assim, com essa fórmula, o projeto foi analisado e aprovado na VI Conferência Pan-Americana de Havana (1928), em comissão sob a relatoria de Eduardo Espínola[79]. Foi editada a Convenção Pan-Americana de Direito Internacional Privado, também denominada *Código Bustamante*, ratificada pelo Brasil[80] e 14 outros Estados. Sua fórmula de conciliação entre a nacionalidade e o domicílio foi considerada uma vitória da diplomacia, mas gerou reação dos Estados comprometidos com a lei do domicílio estabelecida no Congresso de Montevidéu: com a exceção da Bolívia, os demais Estados-Partes dos Tratados de Montevidéu *não* ratificaram o Código Bustamante.

O Código Bustamante é imenso (437 artigos), dividido em quatro livros: Direito Civil Internacional, Direito Comercial Internacional, Direito Penal Internacional e Direito Processual Internacional. Sua principal característica é o compromisso entre a opção brasileira pela nacionalidade (ao melhor estilo da "Escola de Mancini") e a opção dos demais Estados pela lei do domicílio: adotou-se uma ambígua "lei pessoal" prevista no art. 7º do Código ("Cada Estado contratante aplicará como leis pessoais

---

[78] A íntegra do projeto consta de PEREIRA, Lafayette Rodrigues. *Projeto de Código de Direito Internacional Privado*. Rio de Janeiro: Imprensa Oficial, 1927.

[79] SAMTLEBEN, Jürgen. A codificação interamericana do Direito internacional privado e o Brasil. In: CASELLA, Paulo Borba, ARAUJO, Nadia de (Coord.). *Integração jurídica interamericana*: as convenções interamericanas de direito internacional privado e o direito brasileiro. São Paulo: LTr, 1998, p. 25-45, em especial p. 34.

[80] O governo brasileiro depositou o instrumento de ratificação da dita Convenção, na Secretaria da União Pan-Americana, em Washington, em 3 de agosto de 1929, tendo sido incorporada internamente pelo Decreto n. 18.871, de 13 de agosto de 1929.

as do domicílio, as da nacionalidade ou as que tenha adotado ou adote no futuro a sua legislação interna"). Com essa ambiguidade, Bustamante viabilizou a aceitação da Convenção pelo Brasil (até então isolado), mas perdeu a essência do esforço de codificação internacional, que é a obtenção de uma solução uniforme para os conflitos de lei.

Contudo, o Código foi inovador ao definir certo conteúdo mínimo para ordem pública no DIPr, dispondo que "os preceitos constitucionais são de ordem pública internacional (art. 4º)".

Por outro lado, o Código ampliou o objeto do Direito Internacional Privado para além dos fatos transnacionais de direito privado: há menção aos fatos transfronteiriços *penais* (Livro III) e à cooperação jurídica internacional em matéria *penal*, além da cível (Livro IV, em especial quanto à extradição).

Na década de 1930, o esforço de codificação parcial de determinados temas do DIPr continuou no seio das Conferências Pan-Americanas, o que mostrou a insatisfação de alguns Estados americanos (especialmente Argentina e Uruguai) com o Código Bustamante. Em 1939, realizou-se o 2º Congresso Sul-Americano de Direito Internacional Privado, em Montevidéu. Novamente, o Brasil foi *contra* a adoção da lei do domicílio, inserido no projeto de Tratado de Direito Civil Internacional adotado em 1940, na continuidade dos trabalhos do Congresso. Também foram adotados um tratado de Direito Comercial Internacional e um tratado de Direito Processual Internacional, em 1940[81]. Nenhum desses tratados foi ratificado pelo Brasil.

Após a criação da Organização dos Estados Americanos (OEA), em 1948, o foro de discussão do DIPr nas Américas ganhou novo espaço institucional. Além disso, o "cisma sul-americano" entre a lei da nacionalidade e a lei do domicílio foi superado, com a adoção da lei do domicílio pelo Brasil em 1942 (com a nova Lei de Introdução ao Código Civil, Decreto-Lei n. 4.657/42 – ver comentário abaixo neste *Curso*).

Nos anos de 1950 e 1960, foram realizados diversos debates no Conselho Interamericano de Juristas (hoje Comissão Jurídica Interamericana, órgão da OEA, com sede no Rio de Janeiro), visando assegurar uma unificação internacional do DIPr nas Américas[82]. A partir dos anos de 1970, iniciou-se uma segunda fase na produção de normas internacionais de DIPr nas Américas, por meio da realização das *Conferências Especializadas Interamericanas sobre Direito Internacional Privado* (CIDIPs), no âmbito da OEA.

---

[81] Ver a lista das ratificações dos tratados de Montevidéu (1889 e 1940) em DOLINGER, Jacob e TIBURCIO, Carmen. *Vade-Mécum de direito internacional privado*. Rio de Janeiro: Renovar, 1994, p. 534-567.

[82] SAMTLEBEN, Jürgen. A codificação interamericana do direito internacional privado e o Brasil. In: CASELLA, Paulo Borba, ARAUJO, Nadia de (Coord.). *Integração jurídica interamericana*: as convenções interamericanas de direito internacional privado e o direito brasileiro. São Paulo: LTr, 1998, p. 25-45, em especial p. 38-39.

No período de 1975 até o presente, foram realizadas seis Conferências Especializadas, a saber: CIDIPI-I, em 1975, na cidade do Panamá; a CIDIP-II, em 1979, na cidade de Montevidéu; a CIDIP-III, em 1984, na cidade de La Paz; a CIDIP-IV, em 1989, na cidade de Montevidéu; a CIDIP-V, em 1994, na Cidade do México; e a CIDIP-VI, em 2002, na cidade de Washington.

Essas conferências resultaram na adoção de 22 tratados setoriais de DIPr, abrangendo tanto as normas gerais de concurso de leis quanto as regras de jurisdição e cooperação jurídica internacional. Houve também adoção de normas diretas (mudando o foco tradicional da CIDIP de aprovar tratados de conflito de leis), como se viu na edição da Convenção sobre contratos de transporte internacional rodoviário (CIDIP-IV) e a lei modelo e documentos uniformes de conhecimento de carga (CIDIP-VI). O Brasil ratificou 14 desses tratados, todos no período de 1994-1998[83].

A opção adotada (e mantida até hoje) foi a de produzir tratados segmentados, evitando-se o desgaste da tentativa de adoção de um código geral de DIPr, marca dos trabalhos anteriores da União Pan-Americana e mesmo da OEA. Essa abordagem funcionalista e gradual foi inspirada nos trabalhos da Conferência da Haia, mas também é fruto da constatação do fracasso do Código Bustamante, que nunca conseguiu obter um número razoável de ratificações[84].

5.4. A Conferência das Nações Unidas para o Comércio e Desenvolvimento (CNUDCI ou UNCITRAL)

Nos anos 1950, com o desmoronamento do colonialismo europeu, a entrada de países recém-independentes na Organização das Nações Unidas (ONU) gerou uma nova orientação aos órgãos onusianos, voltada para os problemas do desenvolvimento e do equilíbrio das trocas internacionais.

A constatação do abismo entre os Estados desenvolvidos, detentores de conhecimento técnico supervalorizado (vários deles, ex-metrópoles e beneficiados, durante séculos pelo colonialismo), e os Estados subdesenvolvidos, exportadores de matérias-primas de baixo valor agregado, levou à busca de uma *nova ordem econômica internacional*, baseada na obtenção de um sistema de comércio internacional favorável aos países menos desenvolvidos[85].

---

[83] Conferir análise dessas Convenções interamericanas de Direito Internacional Privado em CASELLA, Paulo Borba; ARAUJO, Nadia de (Coord.). *Integração jurídica interamericana*: as convenções interamericanas de direito internacional privado (CIDIPs) e o direito brasileiro. São Paulo: LTr, 1998.

[84] Para Arroyo, os Estados latino-americanos são os mais ativos entre os membros da OEA no tocante à elaboração de tratados regionais da disciplina. FERNÁNDEZ ARROYO, Diego P. Quais as novidades no direito internacional privado latino-americano. *Revista de Direito do Estado*, n. 3, jul./set. 2005, p. 251-263, em especial p. 253.

[85] CANÇADO TRINDADE, Antonio Augusto. *Direito das organizações internacionais*. 2. ed. Belo Horizonte: Del Rey, 2002, em especial p. 382-383.

Essa nova orientação também atingiu a codificação do Direito Internacional Privado, com foco no comércio internacional. Em 1966, a Assembleia Geral da ONU criou a Comissão das Nações Unidas sobre o Direito do Comércio Internacional (CNUDCI ou UNCITRAL, na sigla em inglês)[86]. Seu objetivo básico é a harmonização progressiva e unificação do Direito do Comércio Internacional, a partir da premissa de que a regência, por leis locais, da temática do comércio internacional ameaça seu desenvolvimento. A UNCITRAL é composta por 60 integrantes, eleitos pela Assembleia Geral, representando as diversas regiões do globo (mandatos de seis anos), tendo sede em Viena.

Possui seis grupos de trabalho, com foco – atualmente (2022) – em: (i) regras sobre micro, pequenas e médias empresas; (ii) solução de controvérsias; (iii) solução de controvérsias entre Estado e investidor; (iv) comércio eletrônico; (v) direito falimentar; e (vi) venda judicial de embarcações[87].

Os instrumentos para harmonizar as regras do comércio internacional são variados e consistem especialmente na i) adoção de tratados e ii) leis-modelo.

Os tratados adotados pela ONU sob o estímulo da UNCITRAL são inúmeros, sendo os mais importantes a Convenção da ONU sobre Contratos Internacionais de Venda de Mercadorias (Viena, 1980[88]); Convenção da ONU sobre Garantias Independentes e Cartas de Crédito Stand-By (Nova York, 1995) e a Convenção da ONU sobre Comunicações Eletrônicas no Comércio Internacional (Nova York, 2005). A UNCITRAL busca, ainda, estimular o uso da Convenção da ONU sobre Reconhecimento e a Execução de Sentenças Arbitrais Estrangeiras (Nova York, 1958), editada antes de sua criação[89].

Já as "leis-modelo" criadas pela UNCITRAL buscam ofertar aos Estados o conteúdo de futuros diplomas normativos nacionais, para, se possível, inspirar o legislador local. Com as "leis-modelo", a harmonização entre as diferentes normas locais seria atingida, sem o custo do convencimento do Estado em aprovar e depois ratificar um tratado. Entre as "leis-modelo" mais conhecidas, estão a Lei-Modelo sobre Arbitragem Comercial Internacional (1985), a Lei-Modelo sobre Contratação Pública (2011) e a Lei Modelo sobre Comércio Eletrônico (1996).

Outra importante contribuição da UNCITRAL é reconhecer a importância da *interpretação internacionalista* das regras do comércio internacional. Por isso, o art. 7º da Convenção da ONU sobre Compra e Venda Internacional de Mercadorias determina que os Estados, ao interpretarem seus dispositivos, devem levar em consideração

---

[86] Resolução n. 2.205 (XXI), de 17 de dezembro de 1966. BOELE-WOELKI, Katharina. Unifying and harmonizing substantive law and the role of conflict of laws. *Recueil des Cours de l'Académie de Droit International*, v. 340, 2009, p. 271-462, em especial p. 309.

[87] Disponível em: <http://www.uncitral.org/uncitral/en/commission/working_groups.html>. Último acesso em: 1º nov. 2022.

[88] Ratificada pelo Brasil em 2013. Entrada em vigor no plano internacional para o Brasil em 1º de abril de 2014.

[89] Incorporada internamente pelo Decreto n. 4.311, de 23 de julho de 2002.

seu *caráter internacional* e a necessidade de promover a uniformidade de sua aplicação, bem como de assegurar o respeito à boa-fé no comércio internacional.

Para favorecer a interpretação comum da Convenção (e suprimir a tentação de uma "interpretação nacionalista" deturpadora), a UNCITRAL põe à disposição o CLOUT (Case Law on UNCITRAL Texts), que consiste em coletânea de decisões nacionais e de arbitragem internacional sobre os textos produzidos sob seu patrocínio[90].

5.5. UNIDROIT

O Instituto Internacional para a Unificação do Direito Privado (conhecido pela sigla UNIDROIT – mescla das palavras em francês "Unification" e "Droit") é uma organização internacional, de natureza intergovernamental, criada a partir de proposta italiana, em 1926, para ser um órgão auxiliar da então existente Sociedade das Nações (antecessora da ONU), visando à unificação do Direito Privado dos Estados envolvidos.

O ambiente pós Primeira Guerra Mundial era promissor: buscava-se uma era de paz, ancorada em acordos internacionais entre os Estados. A unificação do direito privado era uma meta que contribuía para a eliminação das diferenças e obtenção da unidade. Em sua proposta original, o governo italiano sustentou que o UNIDROIT deveria examinar meios de harmonização e coordenação de regras de Direito Privado dos diferentes Estados e propor, gradualmente, uma legislação uniforme.

Seu lançamento formal deu-se em 1928, com sede em Roma, sendo seu Conselho de Direção nomeado pelo Conselho da Sociedade das Nações. Essa primeira fase do UNIDROIT não resistiu à instabilidade política da Europa: houve apenas dois projetos de lei uniforme e, com a retirada da Itália da Sociedade das Nações, o Governo italiano comunicou, em 1937, sua decisão de denunciar o Acordo de 1926, tendo afirmado que o Instituto poderia continuar a existir na qualidade de organização internacional autônoma[91].

Em 1940, foi adotado um novo acordo internacional, denominado de Estatuto do UNIDROIT. No mesmo ano, o Brasil aderiu ao estatuto, tendo permanecido como membro do Instituto até 1969, quando dele se desligou. Após a redemocratização e com a abertura da economia brasileira a investimentos internacionais nos anos 1990 (inclusive com ampla concessão de serviços públicos outrora monopólios estatais a empresas estrangeiras, como o setor de telecomunicações), o Brasil voltou a se interessar pela unificação do direito privado. Em 1993, o Brasil depositou a carta de adesão ao Estatuto, fazendo, desde então, parte do UNIDROIT[92].

---

[90] Disponível em: <http://www.uncitral.org/clout/searchDocument.do?d-8032343-p=1&d-8032343-o=1&lng=en&textType=322&d-8032343-s=1>. Acesso em: 15 nov. 2022.

[91] LIMA, João André. *A harmonização do direito privado*. Brasília: Fundação Alexandre de Gusmão, 2008, p. 30-31.

[92] Decreto n. 884, de 2 de agosto de 1993, que promulgou internamente o *Estatuto Orgânico do Instituto Internacional para a Unificação do Direito Privado* (UNIDROIT), concluído em Roma, em 15 de março de 1940.

A estrutura do UNIDROIT é pequena, formada por três órgãos: a *Assembleia Geral*, composta por todos os Estados-Partes, que exerce a função deliberativa máxima do Instituto, fixando suas diretrizes e elegendo o *Conselho de Direção*; este é composto por 26 Estados-Membros, presidido pelo representante da Itália, tendo como função a busca do cumprimento das diretrizes impostas pela Assembleia Geral; finalmente, o *Secretariado* é o órgão executivo, que apoia e busca desenvolver os objetivos fixados[93]. Atualmente (2022), possui 63 Estados-Membros, com forte predomínio da Europa, mas já contando com Estados americanos, africanos, asiáticos e da Oceania, o que demonstra expansão geográfica do Instituto[94].

Essa "expansão geográfica" do UNIDROIT mostra sua preocupação – idêntica a da Conferência da Haia de Direito Internacional Privado – de acompanhar os fluxos globais da atual fase do capitalismo, com o crescimento da importância de diversos países não ocidentais.

Além disso, o UNIDROIT possui a particularidade de objetivar precipuamente a edição de regras jurídicas uniformes de direito privado substantivo (e eventualmente do DIPr, especialmente em seus aspectos processuais), não se restringindo a um campo (como a UNCITRAL e o comércio internacional) ou às regras de Direito Internacional Privado (como a Conferência da Haia).

Seus instrumentos são variados: desde a elaboração de tratados ofertados aos Estados até a edição de "leis-modelo", princípios gerais (dirigidos aos agentes econômicos, que podem livremente optar pela sua incidência) e guias legais[95]. Somente os tratados teriam força vinculante aos Estados; os demais instrumentos são fontes de *soft law,* ou seja, direito não vinculante, dependente de sua força persuasiva.

Entre os tratados celebrados sob os auspícios do UNIDROIT cite-se a Convenção UNIDROIT sobre bens culturais furtados ou ilicitamente exportados (1995, ratificada pelo Brasil[96]). Quanto aos princípios gerais, destacam-se os *Princípios relativos aos contratos de comércio internacional,* atualmente na versão aprovada de 2016[97].

---

[93] GAMA Junior, Lauro. *Contratos internacionais à luz dos princípios do UNIDROIT 2004.* Rio de Janeiro: Renovar, 2006, p. 202-203.

[94] Dados disponíveis em: <http://www.unidroit.org/about-unidroit/membership>. Último acesso em: 15 nov. 2022.

[95] GAMA Junior, Lauro. *Contratos internacionais à luz dos princípios do UNIDROIT 2004.* Rio de Janeiro: Renovar, 2006, p. 204.

[96] Decreto n. 3.166, de 14 de setembro de 1999, que promulga a Convenção da UNIDROIT sobre Bens Culturais Furtados ou Ilicitamente Exportados, concluída em Roma, em 24 de junho de 1995.

[97] Na 95ª sessão, de maio de 2016, foi autorizada a publicação de uma nova edição dos princípios, com emendas e alterações, denominada "UNIDROIT Principles of International Commercial Contracts" de 2016, disponível em: <https://www.unidroit.org/wp-content/uploads/2021/06/Unidroit-Principles-2016-English-bl.pdf>. Acesso em: 15 nov. 2022.

5.6. O Mercado Comum do Sul e o Direito Internacional Privado

Como resultado de intensas negociações, foi assinado, em 26 de março de 1991, por Brasil, Argentina, Uruguai e Paraguai o "Tratado de Assunção para Constituição do Mercado Comum do Sul". O Tratado foi aprovado pelo Congresso Nacional em 25 de setembro de 1991 (Decreto Legislativo n. 197/91) e promulgado pelo Presidente da República pelo Decreto n. 350, de 22 de novembro de 1991. Depois do depósito das devidas ratificações, o Tratado de Assunção entrou em vigor em 29 de novembro de 1991.

O Tratado de Assunção de 1991 é visto pela doutrina como um marco no lento processo de integração entre as economias dos Estados do Cone Sul americano ao estabelecer, como objetivo final, a constituição de um mercado comum[98] entre Brasil, Argentina, Paraguai e Uruguai, e, a partir de 2013, Venezuela[99].

De acordo com o preâmbulo do Tratado para a constituição do Mercosul (Mercado Comum do Sul), os Estados contratantes almejam a ampliação das atuais dimensões de seus mercados nacionais por meio da integração, o que constitui condição fundamental para acelerar seus processos de desenvolvimento econômico com justiça social.

O exemplo europeu de integração econômica é mencionado, indiretamente, no preâmbulo do Tratado de Assunção, pois os Estados levaram em consideração "a evolução dos acontecimentos internacionais, em especial a consolidação de grandes espaços econômicos, e a importância de lograr uma adequada inserção internacional para seus países".

Desde então se almeja a livre circulação de bens, serviços, pessoas e capital entre os países membros (as chamadas "quatro liberdades"), bem como a adoção de uma política comercial comum em face de Estados terceiros, além de coordenação e harmonização de políticas econômicas gerais e setoriais.

Assim sendo, os Estados decidiram constituir um mercado comum, com liberdade de movimentação dos "bens-serviços e fatores produtivos entre os países" (art. 1º do Tratado). Na síntese de Lafer, o Mercosul é "uma plataforma de inserção competitiva numa economia mundial que simultaneamente se globaliza e se regionaliza em blocos"[100].

---

[98] Art. 1º do Tratado de Assunção.

[99] No âmbito interno brasileiro, ver o Decreto n. 7.859, de 6 de dezembro de 2012, que promulga o Protocolo de Adesão da República Bolivariana da Venezuela ao Mercosul, firmado pelos Presidentes dos Estados-Partes do Mercosul e da República Bolivariana da Venezuela em Caracas, em 4 de julho de 2006.

[100] Ver prefácio de Celso Lafer em BAPTISTA, Luiz Olavo; MERCADANTE, Araminta de Azevedo; CASELLA, Paulo Borba. *Mercosul*: das negociações à implantação. 2. ed. São Paulo: LTr, 1998, p. 11. Ver também LAFER, Celso. Sentido estratégico do Mercosul. In: *Mercosul*: desafios a vencer (vários autores). São Paulo: Conselho Brasileiro de Relações Internacionais, 1994, p. 9-11.

Em virtude desse ambicioso objetivo, o Mercosul preocupou-se em eliminar barreiras à criação do mercado comum, harmonizando legislações por meio da edição de tratados sobre o Direito Internacional Privado[101], no que *imita* os passos da integração europeia, que também buscou harmonizar as normas de DIPr[102]. Para Moura Ramos, a integração da União Europeia ocasionou a progressiva substituição, em diversas áreas, do direito dos Estados-Membros pelo direito criado pela própria União, o que inclui o Direito Internacional Privado[103].

No Mercosul, os principais tratados celebrados tratam de jurisdição internacional e cooperação jurídica no bloco. São os seguintes tratados de DIPr celebrados no Mercosul: Protocolo de Cooperação Jurisdicional em Matéria Civil, Comercial, Trabalhista e Administrativa, de 27 de junho de 1992 ("Protocolo de Las Leñas")[104]; Protocolo sobre Jurisdição Internacional em Matéria Contratual, de 5 de agosto de 1994 ("Protocolo de Buenos Aires")[105]; Protocolo de Medidas cautelares, de 16 de dezembro de 1994 ("Protocolo de Ouro Preto sobre medidas cautelares")[106]; Protocolo de São Luiz sobre Matéria de Responsabilidade Civil Emergente de Acidentes de Trânsito entre os Estados-Partes do Mercosul, de 25 de junho de 1996 ("Protocolo de São Luiz")[107]; Protocolo de Assistência Jurídica Mútua em Assuntos Penais, de 25 de junho de 1996[108]; Protocolo de Santa Maria sobre Jurisdição Internacional em Matéria de

---

[101] Sobre o Direito internacional privado no Mercosul, ver FERNÁNDEZ ARROYO, Diego P. (Org.). *Derecho internacional privado de los estados del Mercosur*: Argentina, Brasil, Paraguay, Uruguay. Buenos Aires: Zavalía, 2003.

[102] O processo de europeização do DIPr conta com as seguintes características: (i) aceitação do DIPr como temática submetida a normas da União Europeia (especialmente a partir Tratado de Amsterdã); (ii) uso do método do reconhecimento mútuo; (iii) tem a finalidade de assegurar a circulação de decisões judiciais e (iv) busca adotar o princípio da proteção da parte mais fraca (faceta social da integração europeia. Sobre a europeização do DIPr, ver JAEGER JR, Augusto. *Europeização do direito internacional privado*. Curitiba: Juruá, 2012.

[103] Usando como exemplo o DIPr de Portugal, Moura Ramos sustenta que, "limitando-nos apenas aos conflitos de leis, se considerarmos o essencial da codificação deste ramo do direito vigente entre nós (e constante dos arts. 14º a 65º do Código Civil), há que ter presente que parte substancial das matérias nela tratadas não são hoje efectivamente reguladas por estes preceitos, tendo-lhe sido substituída a regulamentação constante de diversos actos da União Europeia". RAMOS, Rui de Moura. *Estudos de direito internacional privado da União Europeia*. Coimbra: Imprensa da Universidade de Coimbra, 2016, em especial p. 7.

[104] Ratificação em 16 de fevereiro de 1996, tendo sido incorporado internamente pelo Decreto n. 2.067, de 12-11-1996.

[105] Ratificação em 7 de maio de 1996, tendo sido incorporado internamente pelo Decreto n. 2.095, de 17-12-1996.

[106] Ratificação em 18 de março de 1997, tendo sido incorporado internamente pelo Decreto n. 2.626, de 15-6-1998.

[107] Ratificação do Protocolo em 30 de janeiro de 2001, tendo sido incorporado internamente pelo Decreto n. 3.856, de 3-7-2001.

[108] Ratificação do Protocolo em 28 de março de 2000, tendo sido incorporado internamente pelo Decreto n. 3.468, de 17-5-2000.

Relações de Consumo, de 17 de dezembro de 1996[109]; Acordo sobre Arbitragem Comercial Internacional do Mercosul, de 23 de junho de 1998[110]; Acordo de Extradição entre os Estados-Partes do Mercosul, de 10 de dezembro de 1998[111]; Acordo sobre o Benefício da Justiça Gratuita e Assistência Jurídica Gratuita entre os Estados-Partes do Mercosul, assinado em Florianópolis, em 15 de dezembro de 2000[112]; Acordo sobre Transferência de Pessoas Condenadas entre os Estados-Partes do Mercosul, de 16 de dezembro de 2004[113]; Acordo sobre Facilitação de Atividades Empresariais no Mercosul, de 16 de dezembro de 2004[114].

6. O DIREITO INTERNACIONAL PRIVADO E A BUSCA POR RESULTADOS

6.1. A crise do "justo" no Direito Internacional Privado das encruzilhadas

A consequência da adoção do modelo indireto multilateral (clássico conflitual) e da consagração do DIPr como disciplina de sobredireito foi o seu isolamento diante do caso concreto, sendo imposta ao intérprete a aplicação mecânica da norma de conexão, mesmo se a fixação da sede da relação jurídica transnacional tenha sido (i) fortuita ou acidental ou (ii) mal formulada.

Por isso, a maior crítica ao método indireto clássico é que ele esvaziou e despolitizou o DIPr, apresentando a disciplina como pretensamente neutra em face dos diversos litígios regulatórios nos fluxos transnacionais. Eventuais injustiças não seriam criadas pelo DIPr, mas sim pelas regras materiais (nacionais ou estrangeiras) apontadas.

Em geral, a discussão do "justo" é feita no momento político-jurídico de formulação da regra *substancial*, por intermédio da ponderação dos diversos interesses antagônicos envolvidos em uma situação, moldando-se, após, a norma jurídica. No caso hipotético da *forma de um testamento* (fonte de vários problemas de DIPr), discute-se o que é mais justo (ou conveniente, adequado): se todo testamento deve ser feito por uma forma especial (escritura pública, pela importância dessa disposição de última vontade para a comunidade) ou pode ser aceita uma forma simplificada (valorizando-se a liberdade de testar)?

---

[109] O Protocolo de Santa Maria ainda não está em vigor, e o Brasil ainda não o ratificou.

[110] O acordo entrou em vigor para o Brasil em 9 de outubro de 2002, tendo sido incorporado internamente pelo Decreto n. 4.719, de 4-6-2003.

[111] Ratificação do Acordo em 2 de dezembro de 2003, tendo sido incorporado internamente pelo Decreto n. 4.975, de 30-1-2004.

[112] Ratificação do Acordo em 21 de maio de 2004, tendo sido incorporado internamente pelo Decreto n. 6.086, de 19-4-2007.

[113] Ratificação do Acordo em 27 de novembro de 2007, tendo sido incorporado internamente pelo Decreto n. 8.315, de 24-9-2014.

[114] Ratificação do Acordo em 27 de novembro de 2007, tendo sido incorporado internamente pelo Decreto n. 6.418, de 31-3-2008.

Já a formulação do "justo" no *método conflitual* é feita de modo totalmente distinto por meio da localização espacial da lei material, e não na determinação da solução dada ao caso concreto. Usando o mesmo caso hipotético em relação à forma de um testamento, tendo em vista que seu outorgante é nacional da Holanda, domiciliado no Panamá e o testamento é celebrado na Itália para ser executado no Brasil (local da sede de um importante bem imóvel), discute-se o que é mais justo (adequado ou conveniente) quanto à lei que regerá sua forma: se será a lei prevista no direito material do *lugar da celebração, lugar do domicílio, lugar de origem nacional do testador ou, ainda, lugar de execução*[115]?

Em outros termos, o DIPr conflitual é caracterizado, pela maior parte da doutrina, pela prevalência da *justiça formal ou espacial*. Excepcionalmente, a justiça material seria verificada somente no caso concreto por institutos relacionados ao limite à aplicação do direito estrangeiro, como a ordem pública.

Reitera-se que, ao evitar a valoração da solução material a ser imposta pela adoção da regra de conexão, o DIPr conflitual clássico seria pretensamente neutro. Obviamente, essa neutralidade é aparente: um DIPr, por exemplo, que aceite a autonomia da vontade sem restrição alguma na escolha da lei para reger um contrato *favorece* os contratantes de maior peso econômico, que podem impor as cláusulas contratuais sem maior dificuldade (por exemplo, no contrato de adesão). Indiretamente, então, a localização de um determinado direito material revela *opções regulatórias* da gestão da diversidade normativa e jurisdicional no DIPr.

No século XX, após a revolução russa e a crise econômica de 1929, o Estado do bem-estar social (ou Estado social) desenvolveu-se trazendo forte intervencionismo e regulação estatal da economia capitalista. Abandonou-se a neutralidade estatal diante de injustiças e desigualdades materiais, substituindo-a pelo dever de prestar concretamente (e não somente na retórica constitucional) *direitos para todos*. Modifica-se o paradigma da liberdade: ao invés da liberdade formal *pela abstenção* de intervenção do Estado, privilegia-se a liberdade material *por intermédio da ação* do Estado.

Por sua vez, a onda de legislações nacionais de direito internacional privado *não* resultou na superação do método indireto multilateral visto anteriormente, mas na sua transformação em uma técnica de coordenação entre a legislação do foro e o direito estrangeiro por intermédio de regras de conexão bilaterais, abandonando-se o desejo de harmonia internacional e segurança jurídica.

Sem o universalismo normativo que deveria ter sido trazido por tratados em substituição às legislações nacionais, questiona-se como decidir, entre os diversos

---

[115] Exemplo inspirado pelo raciocínio de José Roberto Franco da Fonseca, antigo Professor de Direito Internacional Privado da USP. FONSECA, José Roberto Franco da. Considerações críticas sobre alguns temas de Direito internacional privado. *Verba Juris: Anuário da Pós-Graduação em Direito*, v. 8, n. 8, jan./dez./2009, p. 21-40, em especial p. 26.

e possíveis vínculos de um fato transnacional com vários ordenamentos, qual é o mais relevante.

Simbolicamente, o método indireto multilateral baseado em legislações nacionais depara-se com o "desafio da encruzilhada" no caminho de um viajante: tal qual em uma encruzilhada, caso o viajante escolha "domicílio" ou "nacionalidade" como vínculo mais importante, ele chegará a um destino diferente. A metáfora, contudo, é imperfeita, porque o viajante já sabe aonde quer chegar; já o intérprete do DIPr não sabe *de que modo* a lei do domicílio ou a lei da nacionalidade devem regular o fato transnacional[116]. Outra metáfora é feita por Arminjon, para quem o DIPr é um "balcão de informação" em uma estação ferroviária, que orienta os viajantes para a bilheteria e para a plataforma a que devem se dirigir para embarcar[117].

A metáfora que parece mais apropriada equipara o intérprete do DIPr à Alice no País das Maravilhas: Alice, ao perguntar ao Gato (*Cheshire Cat*) qual caminho deveria escolher, escuta, em resposta, que o caminho *depende* do local onde quer chegar; Alice afirma não se importar muito onde vai chegar, de modo que o Gato singelamente responde que não importa, então, qual o caminho[118]. O método multilateral esvaziado (ou banalizado[119]) transforma-se, assim, em um simples sistema de caminhos com encruzilhadas sinalizadas[120] sem que o aplicador saiba aonde o caminho vai lhe levar (a lei material estrangeira eventualmente indicada pelo método). Bucher, reconhecendo que a "comunidade jurídica dos povos" não mais existe, considera que a fidelidade ao sistema de Savigny é artificial[121].

Após a gigantesca crise econômica de 1929, o intervencionismo do estado do bem-estar social resultou na exigência de realização da *justiça material* nas mais diversas áreas da vida social. No caso específico do DIPr, houve a proliferação da busca por *resultados justos* na regulação final do fato transnacional. Isso afetou a essência do DIPr clássico, que se definia como um *ramo de sobredireito*, composto em geral por normas *indiretas*, que meramente *indicavam* a lei de regência. Não

---

[116] KHAN-FREUND, O. General problems of private international law. *Recueil des Cours de l' Académie de Droit International de la Haye*, v. 143, 1974, p. 139-474, em especial p. 152.

[117] ARMINJON, Pierre. Les systèmes juridiques complexes et les conflits de lois et de juridictions auxquels ils donnent lieu. *Recueil des Cours de l'Académie de Droit International de la Haye*, v. 74, 1949, p. 73-190, em especial p. 81.

[118] CARROLL, Lewis. *Alice's adventures in wonderland*. Chicago: VolumeOne Publishing, 1998, p. 89-90.

[119] PICONE, Paolo. La méthode de la référence à l'ordre juridique compétent en droit international privé. *Recueil des Cours de l'Académie de Droit International de la Haye*, v. 197, 1986, p. 229-420, em especial p. 246.

[120] Ver mais em CARVALHO RAMOS, André de. *A construção do direito internacional privado*. Heterogeneidade e coerência. Salvador: JusPodivm, 2021.

[121] BUCHER, Andréas. Vers l'adoption de la méthode des intérêts? Réflexions à la lumière des codifications récente. *Droit international privé: travaux du Comité français de droit international privé*, 12e année, 1993-1995, 1996, p. 209-237, em especial p. 211.

havia a preocupação com a justiça material, mas somente com a justiça formal ou espacial, como já visto. Após a edição da Carta da Organização das Nações Unidas (1945) e da Declaração Universal dos Direitos Humanos (1948), houve o rápido desenvolvimento da proteção internacional dos direitos humanos, a qual, por sua vez, também exigiu que as normas do DIPr e o direito indicado (lei nacional ou lei estrangeira) respeitassem os direitos humanos internacionalmente protegidos.

Assim, ao longo do século XX, pelas mãos de leis nacionais, por meio de tratados ou por precedentes (em especial nos Estados Unidos), as normas de DIPr passaram a contar com outros métodos, indo além do método indireto multilateral clássico (para a tipologia deste *Curso*, método indireto multilateral *rígido*). Para Opertti Badán, o direito internacional privado deixou de ser um "direito distribuidor" (o DIPr das encruzilhadas), meramente remissivo e um "direito sobre o direito", para se tornar um "direito regulador"[122].

6.2. A revolução americana

No século XX consolidou-se, nos Estados Unidos, corrente de pensamento questionando o Direito Internacional Privado clássico, cuja mecânica conflitual poderia levar a soluções injustas, o que influenciou a doutrina e a jurisprudência daquele país.

Cavers criticou, de modo pioneiro na década de 30 do século passado, o automatismo e a cegueira proposital dos juízes na aplicação das regras de DIPr pelo método conflitual clássico. Defendeu que a técnica da "análise dos interesses envolvidos" era melhor que a aplicação mecânica e sem reflexão da lei indicada pelo DIPr clássico[123]. Em uma passagem célebre, apontou que a finalidade da atividade do juiz é solucionar uma controvérsia e não escolher leis: assim, como é que o juiz poderia decidir com sabedoria se não se indaga como a escolha da lei afeta a controvérsia[124]?

Sugeriu Cavers a escolha da lei que fornecesse o melhor resultado para a regência do fato transnacional, quer ela fosse a lei do foro, quer fosse lei estrangeira. Assim, os juízes não mais julgariam "vendados" (*blindfold*), mas, antes de decidir, sopesariam os possíveis resultados oriundos da aplicação da *lex fori* ou da lei

---

[122] OPERTTI BADÁN, Didier. Conflit de lois et droit uniforme dans le droit international privé contemporain: dilemme ou convergence? Conférence inaugurale, session de droit international privé. *Recueil des Cours de l'Académie de Droit International de la Haye*, v. 359, 2012, p. 9-86, em especial p. 83 e 84.

[123] CAVERS, David F. A Critique of the choice-of-law problem. *Harvard Law Review*, v. 47, 1933, p. 173-208.

[124] No original: "The court is not idly choosing a law; it is determining a controversy. How can it choose wisely without considering how that choice will affect that controversy?". In: CAVERS, David F. A critique of the choice-of-law problem. *Harvard Law Review*, v. 47, 1933, p. 173-208, em especial p. 189.

estrangeira. Depois desse sopesamento, deveriam escolher a solução mais justa para o caso concreto[125].

Por sua vez, Robert Leflar aprofundou a revolução americana ao explicitamente defender que o DIPr deve ter como objetivo a "melhor solução materialmente possível" ao invés da "melhor solução espacialmente possível" em um fato com elementos de estraneidade. A tradicional preocupação do DIPr de solucionar conflitos *espaciais* de normas em um determinado caso, sem se atentar para a solução do caso em si, deveria ser substituída pela atenção à melhor solução do ponto de vista do Direito Material. Para Leflar, o conflitualismo do DIPr deveria avançar para outro estágio: a escolha da melhor lei entre as várias possíveis (*better law approach*)[126].

Nessa linha, deve o juiz do foro exercitar uma escolha *ad hoc*, com base no conteúdo de cada uma das leis que possivelmente poderiam reger determinado caso, em vez de utilizar regras preestabelecidas fundadas em hipotéticos centros da relação jurídica (como lei do domicílio, lei do local da celebração do contrato etc.).

Consolidou-se, então, o chamado *better law approach*, linha que defende a escolha da lei que forneça o melhor resultado para a regência do fato transnacional, quer ela seja a lei do foro, quer seja lei estrangeira. Por "melhor resultado", leia-se aquele que promove da melhor maneira o interesse implícito a um determinado caso concreto. Por exemplo, em uma situação transnacional que envolva danos, escolhe-se a lei que permite a recomposição total dos danos, pecuniários e extrapecuniários[127].

O caso *Babcock vs. Jackson*, de maio de 1963, é emblemático ao descartar a tradicional visão do conflito de leis e optar pela melhor lei para reger o caso. No caso, a Corte de Apelação de Nova York analisou pleito de indenização por danos a passageiro ("carona") por acidente causado pela negligência do motorista do próprio carro, em passeio de fim de semana ao Canadá[128]. A Corte afastou a regra do uso da lei do local da ocorrência do dano (no caso, a lei canadense – *lex loci – law of the place of*

---

[125] Para Carvers: "The choice of that law would not be the result of the automatic operation of a rule or principle of selection but of a search for a just decision in the principal case". CAVERS, David F. A critique of the choice-of-law problem. *Harvard Law Review*, v. 47, 1933, p. 173-208, em especial p. 189. Nos anos 1960 e 1970, Cavers adota posição a favor de princípios de preferência (*principles of preference*) para diminuir a incerteza jurídica (seriam "guias de decisão" para os juízes). Ferrer Correia denomina essa posição de "2º Cavers". Ver CAVERS David F. Contemporary conflicts law in American perspective. *Recueil des Cours de l'Académie de Droit International de La Haye*, v. 131, 1970, p. 75-308, em especial p. 151. FERRER CORREIA, A. Les problèmes de codification en droit international privé. *Recueil des Cours de l'Académie International de La Haye*, v. 145, 1975, p. 57-203, em especial p. 76.

[126] LEFLAR, Robert A. Choice-influencing considerations in conflicts law. *New York University Law Review*, v. 41, 1966, p. 341 e s. LEFLAR, Robert A. Conflicts of law: more on choice influencing considerations. *California Law Review*, v. 54, 1966, p. 1584 e s.

[127] Exemplo de McDougal. Ver MCDOUGAL, L. Towards the application of the best rule of law in choice of law cases. *Mercer Law Review*, v. 35, 1984, p. 483 e s.

[128] CAVERS, David F. et al. Comments on *Babcock vs. Jackson*: a recent development in conflict of laws. *Columbia Law Review*, v. 63, 1963, p. 1212-1257.

the tort, que não previa indenização para passageiro em transporte não oneroso), para optar pela lei do Estado de Nova York, local do domicílio de todos os envolvidos (motorista e passageiro), que previa tal indenização. Aplicar a lei canadense ocasionaria, de acordo com a decisão *Babcock*, resultados injustos e anômalos (*unjust and anomalous results*). No entanto, o voto dissidente do Juiz Van Voorhis apontou, justamente, a maior crítica ao "better law approach", que é o aumento da insegurança jurídica, ao sabor do decisionismo judicial[129].

7. O DIREITO INTERNACIONAL PRIVADO CONTEMPORÂNEO NA SOCIEDADE INCLUSIVA

As transformações entre os objetivos do direito internacional privado dos séculos XIX e XX revelam o choque entre o internacionalismo (doutrinário) do século XIX, que enfatizava a harmonia internacional (o combate às "situações jurídicas claudicantes") e a coordenação entre os sistemas, e o realismo do século XX, que exige justiça material no caso concreto[130].

A ausência de consenso entre os estados sobre normas conflituais (implodida a ideia savigniana de comunidade jurídica entre os povos) fez ruir o reconhecimento da *indiferença* entre a lei do foro e a lei estrangeira, bem como *impediu* a concretização das prometidas (i) segurança jurídica e (ii) previsibilidade.

A pretensa "comunidade internacional de indivíduos", na expressão de Machado Villela[131], era, na realidade, um agrupamento de indivíduos (e pessoas jurídicas) cujos interesses eram atomizados e considerados como sendo simétricos e homogêneos. Contudo, a *heterogeneidade* e as *diferenças econômicas e sociais* dos agentes privados na sociedade capitalista geravam interesses antagônicos e poderes díspares.

Assim, o direito internacional privado é, na verdade, um *direito internacional privado da heterogeneidade*[132] e maneja uma mescla de interesses. O Estado, como assinala Moura Ramos, deixa de ser um ente limitado à garantia do respeito das regras mínimas de convivência comunitária e passa a ser *instrumento de regulação* dos conflitos de interesse e, finalmente, *garantidor* do *bem comum*. As relações transnacionais de direito privado passam a ter uma *dimensão social*, tal qual ocorre com o direito privado nacional[133].

---

[129] *Babcock vs. Jackson*, 191 N.E.2d 279 (N.Y. 1963). Disponível em: <http://www.courts.state.ny.us/reporter/archives/babcock_jackson.htm>. Acesso em: 27 nov. 2022.

[130] BOER, Th.M. de. Facultative choice of law: the procedural status of choice-of-law rules and foreign law. *Recueil des Cours de l'Académie de Droit International de la Haye*, v. 257, 1996, p. 223-427, em especial p. 419.

[131] MACHADO VILLELA, Álvaro da Costa. *Tratado Elementar (teórico e prático) de Direito Internacional Privado*, v. I, Coimbra: Coimbra Editora, 1921, p. 14.

[132] CARVALHO RAMOS, André de. *A construção do direito internacional privado*. Heterogeneidade e coerência. Salvador: JusPodivm, 2021.

[133] RAMOS, Rui Manuel Gens de Moura. *Da lei aplicável ao contrato de trabalho internacional*. Coimbra: Almedina, 1990, p. 236.

A dimensão social do direito internacional privado *não* leva ao abandono puro e simples do método indireto multilateral, mas sim exige que o DIPr do Estado do bem-estar social inclua outros valores (além da segurança jurídica).

A principal consequência da afirmação da heterogeneidade do direito internacional privado não foi, portanto, o abandono do método conflitual engendrado por Savigny, mas a consagração de uma *pluralidade de métodos* como característica da disciplina, para assegurar, além da segurança jurídica e harmonia decisional, os resultados materiais pretendidos para solucionar a situação transnacional.

As diferenças de resultado já estavam, ao menos parcialmente, previstas pelo método clássico, na medida em que se utilizava a cláusula de exceção de ordem pública *a posteriori*, para vedar o uso da lei ou sentença estrangeira ofensivas aos valores essenciais do foro, favorecendo os resultados obtidos pela incidência da lei do foro (como veremos neste *Curso*). Nesse sentido, Bucher chama a atenção para a incoerência do método tradicional, ao recusar a influência de direitos materiais divergentes sobre a regra de conexão ao mesmo tempo em que utiliza a cláusula de ordem pública[134].

Assim, o direito internacional privado contemporâneo não fica mais refém da excepcional utilização da cláusula de ordem pública, pois, em face da "dupla ausência" (da comunidade jurídica entre os povos e do consenso entre os estados na elaboração de suas respectivas normas da disciplina), *as divergências são regra* e não mais exceção. Assim, a tensão entre a justiça formal e a justiça material não ocasiona a mera adição de novos valores e direitos, mas especialmente resulta na ampliação dos mecanismos e dos critérios para obter o resultado material no direito internacional privado.

A concretização da justiça no direito internacional privado exige a *ponderação entre os diversos direitos* potencialmente em conflito. Hay, ao tratar da flexibilidade de métodos na escolha da lei na área dos contratos internacionais, expõe a dificuldade de conciliar, de um lado, a segurança jurídica e a expectativa de uma parte contratual, e, de outro, a proteção de direitos envolvendo uma parte fraca (*weaker party*)[135]. Vrellis também salienta, em tom otimista, que é uma tarefa nobre do juiz preocupar-se com os diversos interesses envolvidos em um fato transnacional, como a proteção da parte fraca, a igualdade dos envolvidos, o respeito à vontade das partes e suas identidades particulares. Em síntese, salienta o autor que deve ser protegida a dignidade dos envolvidos como seres humanos[136].

---

[134] BUCHER, Andreas. La dimension sociale du droit international privé: cours general. *Recueil des cours de l'Académie de Droit International de La Haye*, v. 341, 2009, p. 9-526, em especial p. 79.

[135] HAY, Peter. Flexibility versus predictability and uniformity in choice of law: reflections on current European and United States conflicts law. *Recueil des Cours de la Académie de Droit International de la Haye*, v. 226, 1991, p. 282-412, em especial p. 396.

[136] VRELLIS, Spyridon. Conflit ou coordination de valeurs en droit international privé a la recherche de la justice. *Recueil des Cours de la Académie de Droit International de la Haye*, v. 328, 2007, p. 175-486, em especial p. 466.

A obtenção de justiça no *direito internacional privado da heterogeneidade* vista anteriormente é feita em um ambiente no qual impera a sua característica básica: a diversidade normativa e jurisdicional. Emerge, assim, o desafio de escolher os parâmetros para avaliar (i) a melhor regulamentação material (o resultado justo) e (ii) as prevalências e compressões de direitos dos envolvidos no fato transnacional.

O direito internacional privado contemporâneo de uma sociedade inclusiva exige *harmonia* de soluções e, ao mesmo tempo, a *melhor* regulamentação material possível de todas as relações transnacionais[137]. Supera-se a dicotomia da "justiça conflitual" e "justiça material" mediante o reconhecimento da unidade do conceito de justiça, que aceita divergência, mas também exige que sejam apontados os modos de concretização dos *objetivos díspares* que o direito internacional privado da atualidade abarca[138].

O Direito Internacional Privado (DIPr) contemporâneo é fruto da evolução histórica exposta acima, a qual redundou em uma disciplina caracterizada pelas *pluralidades*: de fontes (nacionais e internacionais); de objeto (concurso de leis, definição de jurisdição, cooperação jurídica internacional cível e ainda, para parte da doutrina, mobilidade internacional humana e nacionalidade) e de métodos.

Informando todas as facetas do DIPr encontra-se a promoção da dignidade humana e da proteção de direitos humanos previstos em normas internacionais e nacionais da atualidade, que impactam os indivíduos envolvidos nos fatos transnacionais.

O DIPr contemporâneo deve, então, regular os fatos transnacionais levando em consideração os impactos nos direitos dos envolvidos. Esse novo DIPr contribui para que os fluxos transnacionais não gerem amesquinhamento de direitos e situações de intolerância e xenofobia, concretizando, no plano da gestão dos fatos plurilocalizados, o ideal de uma sociedade inclusiva, que é aquela pautada pela defesa dos direitos humanos.

---

[137] BUCHER, Andreas. La dimension sociale du droit international privé: cours general. *Recueil des cours de l'Académie de Droit International de La Haye*, v. 341, 2009, p. 9-526, p. 92-93.

[138] Ver mais em CARVALHO RAMOS, André de. *A construção do direito internacional privado*. Heterogeneidade e coerência. Salvador: JusPodivm, 2021.

3 TEORIA GERAL DO DIREITO INTERNACIONAL PRIVADO

1. O DIREITO INTERNACIONAL PRIVADO E OS DIREITOS HUMANOS: AS QUATRO CORRENTES

1.1. Aspectos gerais

O objetivo do Direito Internacional Privado (DIPr) é gerir a forma pela qual a aplicação de lei estrangeira, escolha de jurisdição e cooperação jurídica internacional são realizadas pelos Estados diante dos fatos transfronteiriços ou transnacionais[1]. Esse objetivo nunca foi desenvolvido de modo neutro, sendo sempre orientado por valores dominantes pelos Estados que produziram normas (internas ou internacionais) sobre a disciplina.

Na consolidação do DIPr no século XIX, os valores dominantes eram a *previsibilidade e a segurança jurídica*, típicos de uma fase na qual o capitalismo liberal consagrou a igualdade meramente formal entre os indivíduos. O *valor da previsibilidade e segurança jurídica* consiste na defesa da mesma solução dada ao fato transnacional (por exemplo, validade ou invalidade do casamento, execução ou inexecução de determinado contrato etc.) não importando o Estado no qual fosse o tema apreciado. Combatia-se, como já visto, a *situação jurídica claudicante*, que é aquela válida em um Estado e inválida em outro. Assim, a escolha da lei e da jurisdição zelaria pelo respeito à solução idêntica e pouco consideraria o resultado atingido, salvo se houvesse violação de ordem pública ou outro fator impeditivo da aplicação da lei ou decisão estrangeiras.

---

[1] Para Strenger, o "Direito internacional privado é um complexo de normas e princípios de regulação que, atuando nos diversos ordenamentos legais ou convencionais, estabelece qual o direito aplicável para resolver conflitos ou sistemas, envolvendo relações jurídicas de natureza privada ou pública, com referências internacionais ou interlocais". STRENGER, Irineu. *Direito internacional privado*. 4. ed. São Paulo: LTr, 2000, p. 77.

No século XX, o DIPr assumiu também outros valores, como: (i) o respeito à igualdade; (ii) o acesso à justiça; e (iii) a tolerância à diversidade. Esses valores foram introjetados no DIPr pela (i) consagração do Estado Social em vários ordenamentos nacionais e, posteriormente, também pela (ii) ascensão da proteção internacional dos direitos humanos. Os ordenamentos nacionais que adotaram o perfil intervencionista e prestacional do Estado Social orientavam-se pela busca da igualdade material e pela justiça material no seio da sociedade. Por sua vez, as normas imperativas (nacionais e internacionais) de proteção de direitos humanos exigem dos Estados que adotem medidas para zelar pela liberdade e igualdade de todos.

Esses dois fatores explicam o *repúdio* à existência de um Direito Internacional Privado mecânico, que escolhesse uma lei ou aplicasse uma decisão judicial estrangeira, sem qualquer análise do seu impacto sobre valores sociais ou direitos essenciais dos indivíduos.

O *valor da igualdade* impõe uma *dimensão social* do DIPr, exigindo a análise do impacto real da escolha da lei e da jurisdição especialmente sobre os vulneráveis, o que impede que o DIPr seja um vetor para tratamentos assimétricos e para o desrespeito à justiça material nos casos concretos[2].

Por seu turno, o *valor de acesso à justiça* é indispensável para que o DIPr leve em consideração a importância da escolha da jurisdição e da cooperação jurídica internacional, dois segmentos da disciplina. Por exemplo, o uso excessivo da cláusula de ordem pública, que impeça a cooperação jurídica internacional, pode representar denegação de justiça ao indivíduo que necessita da cooperação para a proteção de seus direitos.

O *valor de tolerância* à diversidade representa, igualmente, a essência do DIPr, uma vez que a possibilidade de uso de direito estrangeiro e implementação de decisões judiciais de outro Estado caracterizam a disciplina. Caso simplesmente o direito local repelisse o direito estrangeiro (xenofobia jurídica), não existiria o DIPr[3].

O DIPr contemporâneo zela, então, pela segurança jurídica e também pelo respeito à diversidade, aceitando aplicar, de modo direto ou indireto, o direito estrangeiro, fundado no respeito aos *direitos de todos os envolvidos*. Essa finalidade de

---

[2] Sobre a dimensão social do DIPr, ver BUCHER, Andreas. L'ordre public et le but social des lois en droit international privé. *Recueil des Cours de l'Académie de Droit International de La Haye*, v. 239, 1993, p. 9-116; BUCHER, Andreas. La dimension sociale du droit international privé: cours general. *Recueil des Cours de l'Académie de Droit International de La Haye*, v. 341, 2009, p. 9-526.

[3] Para Goldschmidt, o DIPr repousa sobre a tolerância ao estrangeiro, que pode viver segundo sua própria maneira de ser. GOLDSCHMIDT, Werner. *Derecho internacional privado*: derecho de la tolerancia. 7. ed. Buenos Aires, Depalma, 1990, em especial p. XXII (prólogo a la tercera edición). No mesmo sentido, Dolinger assinala que "(...) não há direito – que em sua essência visa garantir a justiça, como formulado por Ulpiano – sem a tolerância pelo outro e sem o respeito pelo que é do outro". DOLINGER, Jacob. Direito e amor. *Direito & amor e outros temas*. Rio de Janeiro: Renovar, 2009, p. 3-17, em especial p. 16.

assegurar os direitos dos indivíduos envolvidos nos fatos transnacionais aproximou, desde a segunda metade do século XX, o Direito Internacional Privado e a proteção de direitos humanos.

1.2. Uma nova racionalidade e a "névoa semântica"

A relação do Direito Internacional Privado com a proteção dos direitos humanos é complexa e exige, inicialmente, o afastamento de significados desnecessários, superficiais ou redundantes sobre tal relação, desfazendo uma "névoa semântica" que torna difícil a visualização da racionalidade da inserção dos direitos humanos na disciplina. Por isso, inicialmente, expõe-se em que *não* consiste a proteção de direitos humanos no Direito Internacional Privado (DIPr).

Em primeiro lugar, *não* consiste em reconhecer que a promoção desses direitos sempre existiu no Direito Internacional Privado, uma vez que a disciplina, ao tratar da vida privada transnacional, teria protegido direitos desde o século XII. Ocorre que, como veremos, os direitos humanos possuem características emancipadoras e visam à criação de uma sociedade solidária e inclusiva, o que obviamente não era um objetivo existente em épocas distantes.

Em segundo lugar, *não* consiste em reconhecer tão somente a centralidade dos direitos humanos no Direito Internacional Privado, uma vez que tal situação (a centralidade) atinge todos os ramos do Direito. É um truísmo afirmar que os direitos humanos devem ser respeitados pela disciplina, pois não se admite que possa existir qualquer disciplina jurídica que venha a violar ou amesquinhar os direitos humanos.

Em terceiro lugar, *não* consiste em afirmar que o objetivo do Direito Internacional Privado é promover a dignidade humana em abstrato, a qual deve orientar a interpretação das normas da disciplina. A dignidade humana envolve, de modo direto ou indireto, todos os indivíduos em seus fatos transnacionais da vida privada, inclusive os que estão em situação de antagonismo, não servindo para esclarecer o modo e a intensidade com que os direitos humanos incidem na disciplina.

Essa "névoa semântica" necessita ser desfeita, para que haja clareza e transparência no impacto transformador dos direitos humanos no Direito Internacional Privado.

1.3. A eficácia horizontal dos direitos humanos e sua incidência nos fatos transnacionais da vida privada

A promoção da dignidade da pessoa humana consiste em princípio fundamental da República Federativa do Brasil (art. 1º, III, da Constituição de 1988 – CF/88), impondo-se como *valor central* de todo o ordenamento jurídico. Trata-se de *epicentro axiológico*[4], indispensável para orientar o trabalho do intérprete do Direito e do aplicador

---

[4] SILVA, José Afonso da. A dignidade da pessoa humana como valor supremo da democracia. *Revista de Direito Administrativo*. Rio de Janeiro, v. 212, p. 89-94, abr.-jun. 1998, p. 92.

da lei. Além de possuir extenso rol de direitos espalhados em todo o seu corpo, a CF/88 adotou a abertura à internacionalização dos direitos humanos, fazendo menção a tratados internacionais (art. 5º, §§ 2º e 3º) e também a um "tribunal internacional de direitos humanos" (art. 7º do Ato das Disposições Constitucionais Transitórias).

Esse robusto rol de direitos vincula as ações estatais, concretizando exigências de *abstenção, derrogação e, até mesmo, anulação de atos do Estado*, o que gera a chamada *eficácia vertical* dos direitos humanos (entre indivíduo e Estado). Além disso, há também a contaminação das relações privadas pelos direitos humanos, naquilo que se denomina eficácia horizontal dos direitos humanos (eficácia externa, eficácia horizontal ou eficácia em relação a terceiros)[5], a qual consiste na proteção dada a tais direitos nas relações entre particulares.

A eficácia horizontal não admite que, em nome da liberdade e autonomia privada, particulares possam, nas suas relações sociais, violar direitos de outrem sem reação do Estado. Adverte Fachin que não basta a menção à tutela de direitos e promoção da dignidade humana em termos genéricos e abstratos, devendo existir rompimento com a lógica patrimonialista do direito privado, sem soluções mecanizadas, buscando-se uma "direção emancipadora"[6]. Exige-se, ao contrário, que haja equilíbrio e ponderação entre a liberdade e a autonomia privada e outros direitos da parte adversa[7].

Há semelhanças entre a eficácia vertical e horizontal dos direitos humanos: de um lado, existe certa verticalidade nas relações entre particulares, cada vez mais caracterizadas pela assimetria entre as partes, com exercício de poder econômico e social por um dos lados, constatando-se o desequilíbrio de poder entre os indivíduos e empresas, em uma relação de verticalidade similar ou mesmo mais esmagadora do que nas relações entre os particulares e o poder público; de outro lado, nas relações entre particulares, a incidência dos direitos humanos exige, em geral, a intervenção dos agentes públicos para comprimir um direito e privilegiar outro, em conexão com uma ação estatal, tal qual ocorre com a eficácia vertical[8].

No Brasil, a tese da eficácia horizontal dos direitos humanos foi acolhida no Supremo Tribunal Federal (STF) após a edição da CF/88. Em 2006, enfatizou-se a

---

[5] Há vários termos possíveis, como a eficácia em relação a terceiros (chamada de *Drittwirkung* na doutrina alemã – "direito em relação a terceiros") e eficácia dos diretos humanos nas relações privadas. ANDRADE, José Carlos de. *Os direitos fundamentais na Constituição portuguesa de 1976.* Coimbra: Almedina, 1987, p. 271. ALEXY, Robert. *Teoria dos direitos fundamentais.* Trad. Virgílio Afonso da Silva. São Paulo: Malheiros, 2008, p. 528 e s.

[6] FACHIN, Luiz Edson. Los derechos fundamentales en la construcción del derecho privado contemporáneo brasileño a partir del derecho civil-constitucional. *Revista de Derecho Comparado*, v. 15, 2009, p. 243-271, em especial p. 264-265.

[7] SARMENTO, Daniel. *Direitos fundamentais e relações privadas.* 2. ed. Rio de Janeiro: Lumen Juris, 2010, em especial p. 240.

[8] Nesse sentido, SARLET, Ingo W. Neoconstitucionalismo e influência dos direitos fundamentais no direito privado: algumas notas sobre a evolução brasileira. *Civilistica.com*. Rio de Janeiro, ano 1, n. 1, jul.-set. 2012. Disponível em: <http://civilistica.com/neoconstitucionalismo/>. Acesso em: 30 maio 2022.

limitação da autonomia privada, que "não pode ser exercida em detrimento ou com desrespeito aos direitos e garantias de terceiros, especialmente aqueles positivados em sede constitucional"[9]. O voto do Ministro Celso de Mello expressamente adere à teoria da incidência imediata dos direitos humanos ao mencionar que a autonomia da vontade não pode ser exercida contra direitos de indivíduos, uma vez que os direitos humanos têm eficácia contra os atos de particulares[10].

Na seara da proteção internacional dos direitos humanos, a eficácia dos direitos humanos na esfera privada tem sido constantemente reconhecida nos textos normativos e na jurisprudência internacional. Entre os dispositivos expressos, mencione-se o art. 13, *b*, da Convenção para a eliminação de toda forma de discriminação contra a mulher, o qual exige que os Estados adotem medidas apropriadas para eliminar a discriminação contra a mulher na obtenção, entre outras situações, de empréstimos bancários, hipotecas e outras formas de crédito financeiro. Assim, há dever dos Estados de intervir nos contratos bancários para eliminar qualquer discriminação, como a exigência obrigatória de co-obrigado pelo único fato de ser a contratante mulher[11]. Outro exemplo é o art. 2º da Convenção para a eliminação de todas as formas de discriminação racial, que determina que o Estado deve combater a discriminação praticada por "quaisquer pessoas, grupo ou organização", ou seja, os particulares não podem discriminar em suas relações intersubjetivas.

No que tange à jurisprudência, diversos precedentes da Corte Interamericana de Direitos Humanos e da Corte Europeia de Direitos Humanos implantaram a eficácia horizontal dos direitos humanos no âmbito das respectivas jurisdições. Em ambos os tribunais, somente possui legitimidade passiva o Estado, sendo a eficácia horizontal mencionada em casos envolvendo debate sobre a omissão do ente estatal diante da ocorrência de atos de particulares ofensivos a direitos de outros indivíduos[12].

O desdobramento do reconhecimento nacional e internacional da eficácia dos direitos humanos nas relações entre particulares é a sua invocação na vida privada transnacional.

Não sendo mais possível, no Brasil ou no plano internacional, sustentar que os direitos humanos não são aplicáveis às relações privada internas, há a natural detecção de direitos humanos também nos fatos transnacionais da vida privada, objeto inconteste do Direito Internacional Privado.

---

[9] Supremo Tribunal Federal, RE 201.819, Rel. p/ o ac. Min. Gilmar Mendes, julgamento em 11-10-2005, Segunda Turma, *DJ* de 27-10-2006.

[10] Supremo Tribunal Federal, RE 201.819, Rel. p/ o ac. Min. Gilmar Mendes, julgamento em 11-10-2005, Segunda Turma, *DJ* de 27-10-2006.

[11] COURTIS, Christian. La eficacia de los derechos humanos en las relaciones entre particulares. In: SARLET, Ingo Wolfgang (Org.). *Constituição, direitos fundamentais e direito privado*. 2. ed. Porto Alegre: Livraria do Advogado, 2006, p. 405-429, p. 428.

[12] Corte Europeia de Direitos Humanos, caso *X e Y versus Holanda, julgamento* de 26 de março de 1985, em especial § 23. Corte Europeia de Direitos Humanos, caso *Young, James & Webster*, julgamento de 13 de agosto de 1981. CARVALHO RAMOS, André de. *Teoria geral dos direitos humanos na ordem internacional*. 7. ed. São Paulo: Saraiva, 2019, p. 297-298.

Assim, nas mais variadas temáticas da disciplina, como capacidade, família, bens, sucessão, contratos, jurisdição, cooperação jurídica internacional em matéria cível, entre outros, incidem os mais diversos direitos humanos, como o direito à autodeterminação, direito de propriedade, direito à vida familiar, liberdades das mais diversas (de informação, de expressão), direito à igualdade, direito de acesso à justiça, direito à ampla defesa e contraditório etc.

O DIPr ingressou na "era dos direitos humanos", o que enseja a necessidade de detida análise sobre os delineamentos de tal inserção – que entendo transformadora –, bem como sobre o modo e intensidade de tal incidência.

Apesar da extraordinária aceleração da discussão sobre os direitos humanos em todos os ramos do Direito, ainda há um *oceano de incertezas e indagações* sobre a forma em que é possível aplicar os direitos humanos no Direito Internacional Privado.

Identifico *quatro* distintas vertentes doutrinárias sobre a aplicação dos direitos humanos no Direito Internacional Privado.

A primeira é a vertente *clássica*, que considera inexistir impacto diferenciado, pois a disciplina, em sua abordagem tradicional, teria protegido tais direitos na sua busca da consecução da justiça formal. A segunda é a da *aplicação indireta dos direitos humanos*, a qual reconhece a existência de um novo fenômeno, mas o incorpora na tradicional cláusula da ordem pública. A terceira é a da *aplicação direta dos direitos humanos* de *matriz nacional*, pela qual os direitos humanos conformam todo o Direito Internacional Privado, mas são interpretados localmente, de acordo com os vetores hermenêuticos da *lex fori*.

A quarta, defendida pelo autor deste *Curso*, sustenta a *aplicação direta dos direitos humanos de matriz internacional*, pela qual o Direito Internacional Privado exige o uso da interpretação internacional dos direitos humanos, respeitando-se a tolerância e a alteridade que marcam a disciplina e visando à emancipação e justiça social na atual fase de desigualdades trazidas pela globalização.

1.4. As quatro correntes

1.4.1 A corrente clássica: os direitos humanos como projeção formal

A corrente clássica entende que a proteção dos direitos humanos é realizada, em geral, pelas regras materiais e não pelo Direito Internacional Privado. Não que os autores clássicos, do século XIX (fase da estabilização conflitual) ou do século XX repelissem ideais de justiça na disciplina, mas esses ideais eram projeções abstratas, sem impacto na formatação final das regras do DIPr. Nesse sentido, Pimenta Bueno, no primeiro livro publicado no Brasil, em 1863, sobre a disciplina, já defendia que o grande fim do Direito Internacional Privado seria "resolver com benevolência e justiça" os conflitos de leis[13]. Brocher, em 1876, anotou que o Direito Internacional Privado deveria satisfazer as "necessidades da justiça e da civilização" (*besoins de la justice et de la civilisation*[14]). Beviláqua adotou posição similar, defendendo que o desenvolvimento do Direito Internacional Privado é determinado pelo ideal de justiça entre os povos[15].

A consolidação do Direito Internacional Privado no século XIX foi feita pela introdução do método indireto multilateral (ou bilateral), ancorado na localização da lei da sede ou centro da relação jurídica transnacional. O cerne da disciplina era a identificação racional e com critérios objetivos e previsíveis do ordenamento adequado. Com essa visão, salienta Strenger que "[o] direito internacional privado tem por fim principal a aplicação da lei estrangeira em determinado país"[16]. Assim, não seria discutido, em geral, o resultado final da aplicação da lei, porque o ordenamento ao final indicado possuía o vínculo mais apropriado e, justamente por esse motivo, era considerado o centro ou sede da relação.

Forjou-se, na linguagem de Ferrer Correa, uma *justiça formal*, cuja função primordial seria fornecer uma estabilidade nas relações jurídicas, que não poderiam ser afetadas a depender do local onde elas fossem analisadas[17].

Para essa visão clássica, a justiça que melhor resolvesse os conflitos envolvidos em um fato transnacional no direito internacional privado tradicional seria uma justiça espacial ou formal, não a justiça substancial ou material18. Desse modo, o Direito Internacional Privado tradicional não tem relação com a justiça material, que seria referente às soluções dadas aos "casos da vida" (na expressão de Machado), promovendo a justiça formal dada pelos "valores básicos da certeza e segurança jurídicas" ao localizar a lei em "casos da vidas" imersos em ordenamentos distintos[19].

Percebe-se que a justiça formal no Direito Internacional Privado (vide acima neste *Curso*), em geral, não debate o respeito aos direitos humanos nas regras da disciplina, sendo o papel de levar em consideração os diversos interesses e direitos envolvidos reservado à elaboração legislativa das regras materiais em cada Estado.

---

[13] PIMENTA BUENO, José Antônio. *Direito Internacional Privado e applicação de seus princípios com referencia as leis particulares do Brazil*. Rio de Janeiro: Typographia Imp. e Const. de J. Villeneuve e C, 1863, em especial p. 7.

[14] BROCHER, Charles. *Nouveau traité de droit international privé au double point de vue de la doutrine et de la pratique*. Paris: E. Thorin Éditor, 1876, p. 16.

[15] BEVILÁQUA, Clóvis. *Princípios elementares de Direito Internacional Privado*. Salvador: Livraria Magalhães, 1906, em especial p. 58-59.

[16] STRENGER, Irineu. *Direito Internacional Privado*. 4. ed. São Paulo: LTr, 2000, em especial p. 63.

[17] FERRER CORREIA, A. *Lições de Direito Internacional Privado – I*. Coimbra: Almedina, 2000, p. 31.

[18] KEGEL, Gerhard. The crisis of conflict of laws. *Recueil des Cours de l'Académie International de la Haye*, v. 112, 1964, p. 91-268, em especial p. 184-185.

[19] MACHADO, João Baptista. *Lições de Direito Internacional Privado*. 3. ed., Coimbra: Almedina, 1999, em especial p. 45-46.

No campo da justiça conflitual, o justo seria obtido pela indicação da lei (da nacionalidade, do domicílio, da residência habitual) que deveria regular a capacidade de fato de um determinado indivíduo. Como esclarece Fonseca, a justiça conflitual atua verificando o que é mais justo do ponto de vista do "adequado" ou do "conveniente" na localização espacial de determinado ordenamento para regular um fato transnacional[20].

Assim, a corrente clássica incorpora o respeito à justiça e à dignidade humana como projeções formais do Direito Internacional Privado, não utilizando tais cânones na formatação das regras da disciplina. Como exemplo de projeção formal, Dolinger sugere que a doutrina brasileira "esteve sempre sintonizada com o princípio do respeito ao ser humano, com sua dignidade", citando, ainda no Império, a doutrina de Pimenta Bueno[21].

Contudo, a corrente clássica *distancia-se* da contemporânea proteção de direitos humanos, uma vez que esta visa criar uma *sociedade inclusiva*, baseada na liberdade e igualdade, com forte carga *emancipatória* gerada pela proteção dos vulneráveis. Esse objetivo emancipatório é *transformador*, trazendo elemento de especificidade da incidência dos direitos humanos no Direito Internacional Privado em relação à promoção abstrata de direitos por parte da disciplina em épocas passadas.

Não se pode afirmar que na fase iniciadora da disciplina existia essa busca pela inclusão ou emancipação, em plena Europa dinástica, que somente a muito custo (e séculos depois) democratizou-se e buscou, no século XX, a construção de uma sociedade inclusiva. Tampouco se pode afirmar que o Direito Internacional Privado da obra de Pimenta Bueno de 1863, no Brasil monárquico e escravocrata de intensa exclusão e violência, assemelha-se à promoção da dignidade humana e defesa da sociedade inclusiva que hoje guiam a proteção dos direitos humanos.

Quando associamos a expressão "humanos" à ideia de "direitos", a presunção de superioridade, que é inerente aos direitos em geral (pois obrigam o sujeito passivo), torna-se peremptória, uma vez que esses direitos buscam proteger valores e interesses indispensáveis à realização da dignidade humana. Os denominados "direitos humanos" passam a servir de veículos para a implementação dos princípios de justiça em uma sociedade[22].

Para garantir a justiça social, os direitos humanos contam com um regime jurídico próprio, baseado na assunção da sua fundamentalidade material, que os tornam indispensáveis a uma vida digna. Dessa maneira, os direitos humanos consistem em

---

[20] FONSECA, José Roberto Franco da. Considerações críticas sobre alguns temas de Direito Internacional Privado. *Verba júris: anuário da pós-graduação em direito*, v. 8, n. 8, 2009, p. 21-40, em especial p. 26 e p. 37.

[21] DOLINGER, Jacob. Dignidade: o mais antigo valor da humanidade. Os mitos em torno da Declaração Universal dos Direitos do Homem e da Constituição brasileira de 1988. As ilusões do Pós-Modernismo/Pós-Positivismo. A visão judaica. *Revista de Direito Constitucional e Internacional*, v. 18, n. 70, 2010, p. 24-90, em especial p. 74.

[22] VIEIRA, Oscar Vilhena. A gramática dos direitos humanos. *Boletim Científico da Escola Superior do Ministério Público da União*, ano I, n. 4, 2002, p. 13-33, em especial p. 17.

um rol aberto de direitos que contam com atributos diferenciados que transformam o Direito Internacional Privado[23].

Há três atributos dos direitos humanos com claro vínculo com o Direito Internacional Privado: a universalidade, a preferenciabilidade e a limitabilidade.

A universalidade corresponde ao reconhecimento de direitos de todos os envolvidos nos fatos transnacionais. Consequentemente, esse atributo gera reflexão sobre a negação de direitos a estrangeiros, sobre o tratamento privilegiado para o nacional e a discriminação de determinada pessoa por lei nacional ou estrangeira por motivo odioso.

O segundo atributo é a preferenciabilidade, que impõe a prevalência dos direitos humanos dos envolvidos nos fatos transnacionais mesmo em face de outros interesses nacionais, o que gera questionamento sobre determinadas opções da ordem pública de Direito Internacional Privado, como a defesa da indissolubilidade do casamento, proibição de uniões do mesmo sexo e restrições injustificadas à maternidade de substituição. Essa preferenciabilidade retrata a superioridade normativa dos direitos humanos, que conformam e se impõem – pelo seu conteúdo – diante das demais normas do Direito Internacional Privado.

O terceiro atributo é a limitabilidade, que impede o automatismo ou o absolutismo no mundo dos direitos humanos diante da constatação de existência de colisões entre direitos, o que é especialmente relevante no Direito Internacional Privado. Não é possível, por exemplo, focar na liberdade ou autonomia negocial em um contrato internacional e olvidar a existência de outros direitos, como a igualdade da parte vulnerável em uma relação consumerista transnacional. Há a necessidade de se estabelecer uma ponderação de direitos vinculados ao fato transnacional, o que pode, novamente, impor modificações na regulação tradicional do Direito Internacional Privado.

A partir desses três atributos, o Direito Internacional Privado à luz dos direitos humanos desenvolve-se de modo distinto da determinação genérica de direitos no passado da disciplina. Toda a interpretação das normas de Direito Internacional Privado deve levar em consideração a realização do objetivo de universalização e de emancipação dos indivíduos, o que é típico da consagração de uma sociedade inclusiva pautada no respeito à dignidade humana e aos direitos humanos de todos os seus integrantes. Na atualidade, conforme Lima Marques, os direitos humanos devem ser entendidos como a "ponte" entre o direito internacional privado e o direito internacional público, pois agora o foco do DIPr é justamente a proteção dos direitos essenciais do indivíduo[24].

---

[23] CARVALHO RAMOS, André de. *Teoria geral dos direitos humanos na ordem internacional.* 7. ed. São Paulo: Saraiva, 2019, p. 189-302.

[24] MARQUES, Claudia Lima. Human Rights as a Bridge between Private International Law and Public International Law: the protection of Individuals (as Consumers) in the Global Market. In: FERNÁNDEZ ARROYO, Diego P.; MARQUES, C. Lima (Orgs.). *Derecho internacional privado y derecho internacional público: un encuentro necesario.* Asunción: CEDEP, 2011, p. 363-389, em especial p. 365.

A invocação atual dos direitos humanos no Direito Internacional Privado tem outra fundamental importância: traz em seu bojo o instrumental analítico que permite a harmonização entre os inúmeros objetivos antagônicos envolvidos na disciplina na sua atual era de acúmulo de métodos e fontes.

O desenvolvimento econômico-social e a busca pela proteção de distintos interesses individuais e difusos com a gramática de direitos prevista nas Constituições e nos tratados de direitos humanos fomentaram o florescimento de um novo direito privado. Nesse sentido, para Lima Marques, os direitos fundamentais agem como garantia e limite do direito privado25. A nova racionalidade de respeito aos direitos humanos e às aspirações sociais, centrada na proteção da pessoa humana e de sua dignidade, é incorporada pelo direito internacional privado.

Por isso, a era dos direitos humanos aplicada ao Direito Internacional Privado é o giro corpernicano no tratamento da matéria e deve ser entendida como novidade, mas que não pode descartar, como veremos, a essência da tolerância e o respeito à alteridade que caracterizam e singularizam o DIPr[26].

1.4.2 A segunda corrente: a aplicação indireta dos direitos humanos e a ordem pública

A caracterização do Direito Internacional Privado como disciplina de sobredireito[27], construída para localizar a jurisdição e a norma de regência dos fatos transnacionais sem preocupação com a efetiva solução regulatória a ser dada ao fato transnacional, limitou sobremaneira a aceitação da aplicação dos direitos humanos.

Nessa visão tradicional, os direitos humanos estariam previstos, tal qual qualquer outra norma, no direito material do foro ou do direito estrangeiro, quer estivessem inseridos em leis ou tratados celebrados pelos Estados envolvidos.

As regras de Direito Internacional Privado não poderiam afrontar a essência dos direitos humanos, pois estes possuem conteúdo material, não se desenvolvendo na esfera da localização do direito, que é a área de atuação "clássica" do Direito Internacional Privado. As regras de conexão não poderiam ser, em si, ofensivas aos direitos humanos por serem meros instrumentos de localização *in abstrato* do ordenamento a regular, materialmente, o fato transnacional.

---

[25] MARQUES, Claudia Lima. O novo Direito Privado brasileiro após a decisão da ADIn dos bancos (2.591): observações sobre a garantia institucional-constitucional do Direito do Consumidor e a *Drittwirkung* no Brasil. *Revista de Direito do Consumidor*, n. 61, 2007, p. 40-75, em especial p. 42.

[26] Mais recentemente, como defensor no século XXI da corrente clássica, cite-se a posição de Vasconcelos (2019) para quem o Direito Internacional Privado "funcionaria, já há várias centenas de anos, como instrumento de proteção do ser humano". VASCONCELOS, Raphael Carvalho de. O Direito Internacional Privado e a proteção do ser humano: A falácia da novidade. In: CARVALHO RAMOS, André de. *Direito Internacional Privado: Questões controvertidas*. Belo Horizonte: Arraes, 2015, p. 270-288, em especial p. 271.

[27] RUSSOMANO, Gilda Maciel Corrêa Mayer. *O objeto do Direito Internacional Privado*. Rio de Janeiro: José Konfino, 1956, p. 12.

Para esse olhar tradicional, o direito de propriedade não afetaria a regra de conexão de bens; ou, ainda, a submissão do regime matrimonial à lei nacional do marido não diria respeito à igualdade entre homem e mulher, que só teria sentido para o direito material. O Direito Internacional Privado seria essencialmente um direito que fixa competências, de natureza formal e técnica[28]. Para Moura Ramos, sob essa perspectiva, as regras do direito internacional privado seriam "infranormas", na medida em que não regulariam comportamentos, mas articulariam os diversos ordenamentos jurídicos envolvidos[29].

Somente após a localização do ordenamento material, poder-se-ia admitir que a regra escolhida fosse, eventualmente, nociva aos direitos protegidos, situação na qual caberia o uso da cláusula de ordem pública, caso a ofensa fosse considerada grave o suficiente para abalar os valores essenciais do foro[30].

A ordem pública no Direito Internacional Privado consiste no *conjunto de valores essenciais defendidos* por um Estado que impede: (i) a aplicação de lei estrangeira eventualmente indicada pelos critérios de conexão; (ii) a prorrogação ou derrogação da jurisdição; e, finalmente, (iii) a cooperação jurídica internacional pretendida. Há pouca variação doutrinária sobre o conceito de ordem pública, sendo comum a utilização do *critério da essencialidade* para defini-la: aquilo que é essencial e indispensável ao foro compõe a ordem pública no DIPr. Essa essencialidade do conteúdo da ordem pública gera sua função básica: proteger os valores do foro[31].

Consolida-se a *aplicação indireta dos direitos humanos*, que representa o seu uso como fonte material do conteúdo da ordem pública de DIPr do foro. Tal aplicação indireta é de matriz nacional, uma vez que é utilizada a interpretação dada nacionalmente a tais direitos para compor os "valores essenciais do foro".

Nessa linha, Beviláqua defendeu, já em 1906, que seria útil adicionar à noção de ordem pública o conceito de bons costumes, que trataria do respeito à "dignidade humana"[32]. Na doutrina contemporânea, Nadia de Araujo, entre outros autores, aponta que o juiz deve, ao aplicar o direito estrangeiro, levar em conta os direitos fundamentais protegidos pela Constituição e pelas convenções internacionais de direito humanos no conceito genérico de ordem pública[33].

---

[28] LABRUSSE, Catherine. Droit constitutionnel et droit international privé en Allemagne fédérale (à propos de la décision du Tribunal constitutionnel fédéral du 4 mai 1971). *Revue critique de droit international privé*, v. 63, 1974, p. 1-43, em especial p. 18-19.

[29] MOURA RAMOS, Rui Manuel Gens de. *Direito Internacional Privado e Constituição – introdução a uma análise das suas relações*. 3ª reimpressão. Coimbra: Coimbra Editora, 1994, p. 195-197.

[30] FROHER, Estelle. *L'incidence de la convention européenne des droits de l'homme sur l'ordre public international français*. Bruxelles: Bruylant, 1999, p. 3.

[31] Ver mais sobre "ordem pública" na Parte IV, Capítulo 2 deste *Curso*.

[32] BEVILÁQUA, Clóvis. *Princípios elementares de Direito Internacional Privado*. Salvador: Livraria Magalhães, 1906, p. 83-84.

[33] ARAUJO, Nadia de. *Direito Internacional Privado*. 7. ed. São Paulo: RT, 2018, p. 112. Ver também MIRAGEM, Bruno. Conteúdo da ordem pública e os direitos humanos. Elementos para

Contudo, a ordem pública possui conteúdo indeterminado e depende da constatação da ofensa a valores essenciais do ordenamento, o que pode gerar a exclusão de determinados direitos humanos, sem contar que repudia interpretações que não sejam a do foro.

Essa segunda corrente – em que pese o avanço em relação à primeira – trata a temática de modo *insuficiente*, pois não realiza o crivo, à luz dos direitos humanos, dos métodos e demais institutos da disciplina. É também reducionista, pois pode deixar de lado alguns direitos que não sejam, de acordo com a *lex fori*, componentes dos "valores essenciais" da ordem pública.

Finalmente, é opaca e gera insegurança jurídica. Não se exige que o intérprete identifique claramente os direitos em colisão e que haja técnica de análise da ponderação que justifique as prevalências e compressões no caso concreto. Podem inclusive existir mudanças drásticas, a depender da interpretação que seja dada aos "valores essenciais do foro". Nesse sentido, Dolinger, em conferência proferida em 2006, enfatizou a alteração do conteúdo da ordem pública de Direito Internacional Privado na Bélgica (que anteriormente rejeitava o reconhecimento de casamento de pessoas do mesmo sexo, mesmo realizado em jurisdição estrangeira) para a situação de não admitir lei estrangeira que proibisse tal casamento. Ou seja, uma alteração radical do que antes chocava passou a ser obrigatoriamente aceita, reforçando a volubilidade do conceito de ordem pública de Direito Internacional Privado[34].

Por isso, seu uso gera a "volubilidade" retratada por Dolinger e, adiciono, a imprevisibilidade no desenvolvimento da disciplina, que passa a depender do inconstante apelo a "valores essenciais do foro".

1.4.3 A terceira corrente: a aplicação direta dos direitos humanos de matriz nacional

A aplicação direta ou imediata consiste na incidência dos direitos humanos como novo fator de conformação das regras do Direito Internacional Privado e do direito estrangeiro eventualmente indicado.

Dois fatores recentes levam ao uso direto ou imediato dos direitos humanos na disciplina.

Em primeiro lugar, a globalização gerou o exponencial aumento dos fatos transnacionais, com a intensificação da velocidade das trocas comerciais e a interconexão

---

um direito internacional pós-moderno. In: ARAUJO, Nadia de; MARQUES, Claudia Lima (Orgs.). *O novo Direito Internacional – estudos em homenagem a Erik Jayme*. Rio de Janeiro: Renovar, 2005, p. 307-354, em especial p. 324. VASCONCELOS, Raphael Carvalho de. Ordem pública no Direito internacional privado e a Constituição. *Revista de Ética e Filosofia Política*, n. 12, v. 2, 2010, p. 218-248, em especial p. 233.

[34] DOLINGER, Jacob. A ordem pública internacional brasileira frente a casamentos homossexuais e poligâmicos. In: DOLINGER, Jacob. *Direito e amor*. Rio de Janeiro: Renovar, 2009, p. 283-302, em especial p. 287 e 301.

entre os mercados, inclusive pela utilização maciça da internet[35]. Nesse contexto, os fatos transnacionais tornam-se cada vez mais complexos e envolvem direitos de diversos indivíduos e comunidades (direitos difusos e coletivos).

Reflexo dessa complexidade são os danos causados por empresas de atuação global, que criam, para evitar a reparação devida, estratégias de busca do "melhor direito" e da "melhor jurisdição", bem como estabelecem "véus corporativos" com a separação entre empresas do mesmo grupo econômico para frustrar a execução de sentenças estrangeiras[36].

O Direito Internacional Privado, ao ser acionado na busca do direito aplicável e da definição de jurisdição, nesse caso, deve cotejar não só o respeito à liberdade, autonomia negocial e segurança jurídica aos investidores, mas também ao direito difuso ao meio ambiente equilibrado, entre outros direitos dos afetados pelas atividades das corporações multinacionais.

Outro exemplo diz respeito à contratação internacional ofensiva a direitos humanos internacionalmente protegidos. Na hipótese de uma empresa utilizar trabalho infantil – lícito em certo Estado – e vender seus produtos para país desenvolvido – no qual o trabalho infantil é proibido –, surge a dúvida sobre como deve ser feita a coordenação entre as diversas fontes (e seus métodos) de normas incidentes, inclusive em um ambiente de autonomia da vontade das partes, que permite a escolha da norma e a submissão de eventual rescisão do contrato à arbitragem[37]. As duas situações ilustram a diversidade e a relatividade dos valores que podem estar inseridos nos métodos e fontes da disciplina, confrontando a liberdade dos agentes econômicos com a defesa de outros direitos, inclusive direitos difusos.

O segundo fator é exógeno ao Direito Internacional Privado e diz respeito justamente ao uso da gramática de direitos pelos indivíduos e comunidades envolvidas nos fatos transnacionais em um ambiente de fortalecimento do processo de constitucionalização e internacionalização dos direitos humanos.

O indivíduo prejudicado (ou empresa) pela incidência de uma determinada regra de conexão tem a possibilidade de questionar a regra ou o direito estrangeiro localizado ou a jurisdição definida, bem como a sentença estrangeira a ser executada,

---

[35] WATT, Horatia Muir. La globalisation et le droit international privé. In: ANCEL, Bertrand; AUDIT, Mathias e LAGARDE, Paul (Orgs.). *Mélanges en l'honneur du Professeur Pierre Mayer*. Paris: LGDJ, 2015, p. 591-606, em especial p. 591.

[36] BALLARINO, Tito. Questions de droit international privé et dommages catastrophiques. *Recueil des Cours de l'Académie de Droit International de la Haye*, v. 220, 1990, p. 289-387, em especial p. 342-345.

[37] Sobre o direito internacional privado e seu impacto na regulação de violações de direitos humanos por parte de empresas, ver EECKHOUT, Veerle van den. Corporate Human Rights Violations and Private International Law – The Hinge Function and Conductivity of PIL in Implementing Human Rights in Civil Proceedings in Europe: A Facilitating Role for PIL or PIL as a Complicating Factor? (November 25, 2011). Disponível em: SSRN: https://ssrn.com/abstract=1964441. Acesso em: 30 maio 2020.

alegando "violação de direitos humanos", diante do Poder Judiciário do foro ou, ainda, diante de órgãos internacionais, como se vê nos precedentes da Corte Europeia de Direitos Humanos, Tribunal de Justiça da União Europeia, entre outros.

O DIPr, então, submete-se a um filtro *pro persona*, reforçando, pelas mãos dos indivíduos envolvidos nos fatos transnacionais da vida privada, a inclusão dos direitos humanos diretamente na disciplina.

A temática dos direitos humanos ficou impossível de ser contornada, levando o Direito Internacional Privado à era dos direitos humanos. Na feliz expressão de Weick, os direitos humanos passam a ser adotados como "métrica" (*measure-stick*) do conteúdo do Direito Internacional Privado[38].

Inicialmente, a aplicação direta dos direitos humanos no Direito Internacional Privado foi feita a partir da valorização da redação dos direitos e sua interpretação de acordo com a *perspectiva local*. Trata-se de uma incidência de matriz nacional, que recorre à gramática dos direitos humanos e ao seu claro conteúdo universal apenas de forma descritiva, deixando a interpretação (e a palavra final) ao Estado do foro, forjando-se mais uma faceta do Direito Internacional Privado particularista. A interpretação pela *lex fori* resulta em aferir o alcance, a intensidade e os limites entre os direitos humanos envolvidos no fato transnacional a partir os cânones hermenêuticos do Estado do foro. Parte-se, assim, do conceito nacional dos direitos, que serve tanto para os fatos nacionais quanto para os fatos transnacionais.

Há duas críticas a essa corrente: (i) o repúdio ao *lex-forismo* e (ii) a possibilidade de choque com a interpretação internacionalista dos direitos humanos.

A primeira crítica consiste no reconhecimento de que o apelo exclusivo à visão doméstica é um excesso, verdadeiro comportamento deletério sarcasticamente denominado de *lex-forismo*[39], resultando em risco à tolerância e à diversidade, que os direitos humanos da atualidade buscam justamente proteger. A interpretação nacionalista dos direitos humanos enfatiza a xenofobia jurídica, fragmentando o Direito Internacional Privado em um novo territorialismo e esterilizando a própria internacionalização da disciplina.

A segunda crítica diz respeito à fragilidade de uma aplicação de matriz nacional em face da crescente ação dos órgãos internacionais de interpretação de preceitos de direitos humanos. Se faltam mecanismos institucionais próprios de interpretação internacional no Direito Internacional Privado, é impossível negar que os órgãos quase judiciais ou judiciais internacionais de direitos humanos frequentemente analisam normas locais e tratados de direito internacional privado, caso tenham impacto sobre

---

[38] WEICK, Günter. Human rights and private international law. In: McELDOWNEY, John; WEICK, Günter (Orgs.). *Human Rights in Transition*. Frankfurt am Main: Peter Lang Publishing, 2003, p. 193-200, em especial p. 200.

[39] Termo utilizado (com essa grafia), em outro contexto, por SANTOS, António Marques dos. *As normas de aplicação imediata no Direito Internacional Privado*: Esboço de uma teoria geral. v. I. Coimbra: Almedina, 1991, p. 58.

direitos protegidos. A interpretação nacionalista dos direitos dos indivíduos envolvidos nos fatos transnacionais será questionada pelos órgãos internacionais, como a Corte Europeia de Direitos Humanos, a Comissão Interamericana de Direitos Humanos e a Corte Interamericana de Direitos Humanos.

Assim, a aplicação direta de matriz nacional recorre aos direitos humanos de um modo mitigado, extraindo somente o texto de um direito, mas mantendo a sua interpretação nacionalista. A própria ponderação no caso de colisões de direitos no fato transnacional é feita de acordo com os vetores hermenêuticos locais. Assim, pelas mãos da aplicação direta dos direitos humanos de matriz nacional, o Direito Internacional Privado perde sua identidade fundada no respeito ao outro e na tolerância com a diversidade.

Essa absorção do Direito Internacional Privado pelos direitos humanos de matriz nacional deve ser evitada, pois, no limite, resulta em um uso hiperbólico da lei do foro, em detrimento de uma das principais razões de existir da disciplina, que é a tolerância com o outro.

1.4.4 A aplicação direta dos direitos humanos de matriz internacional: a busca da tolerância perdida

O risco do "desprezo do outro" da aplicação direta dos direitos humanos de matriz nacional põe em xeque a essência do Direito Internacional Privado, que é ser um direito da tolerância e da diversidade.

Goldschmidt denominava a disciplina de "direito da tolerância"[40], considerando que o verdadeiro Direito Internacional Privado era baseado no cosmopolitismo, oposto ao chauvinismo jurídico, que se manifesta pelo respeito ao estrangeiro e ao que é diferente do que comumente admitido no foro[41]. Depréz assevera ser o Direito Internacional Privado um convite à alteridade, devendo-se evitar a superioridade entre civilizações, o estabelecimento de hierarquias no choque dos direitos e, no limite, o etnocentrismo[42].

Em uma disciplina caracterizada pela tolerância e que maneja a potencial aplicação de direito estrangeiro, o uso da interpretação nacionalista dos direitos humanos implica necessariamente em não se dar o necessário peso a distintas concepções de direitos e, consequentemente, ao direito à diversidade cultural. Cria-se uma nova dimensão do Direito Internacional Privado particularista, que é baseada no predomínio dos direitos tais quais configurados pelo foro. Fica definido mais um antagonismo no

---

[40] GOLDSCHMIDT, Werner. *Derecho Internacional Privado. Derecho de la Tolerancia*. 7. ed. Buenos Aires: Ediciones Depalma, 1990, p. XXI.

[41] GOLDSCHMIDT, Werner. *Sistema y filosofía del derecho internacional privado*. Tomo I. 2. ed. Buenos Aires: Ediciones Juridicas Europa-America, 1952, p. 32-33.

[42] DÉPREZ, Jean. Droit international privé et conflits de civilisations – aspects méthodologiques. *Recueil des Cours de l'Académie de Droit International de la Haye*, v. 211, 1988, p. 9-372, em especial p. 36.

Direito Internacional Privado contemporâneo, que implica saber como garantir o respeito aos direitos humanos e, simultaneamente, respeitar a diversidade cultural e as opções estrangeiras distintas das opções adotadas pelo foro.

Por isso, proponho uma quarta corrente: a aplicação direta dos direitos humanos de *matriz internacional*, na qual os direitos humanos, com o uso de sua interpretação internacionalista, incidem sobre todas as normas do Direito Internacional Privado e do direito estrangeiro eventualmente indicado.

Tal interpretação internacional deve ser usada tanto para (i) identificar os direitos envolvidos nos fatos transnacionais da vida privada quanto para (ii) solucionar as inevitáveis colisões, utilizando-se a fundamentação internacionalista para justificar a ponderação, com as consequentes prevalências e compressões entre direitos de indivíduos em situações antagônicas.

Além de ser a mais compatível com o "espírito de tolerância" da disciplina, essa corrente embasa-se na prática recente dos próprios indivíduos envolvidos nos fatos transnacionais da vida privada, que, ao se sentirem prejudicados, exigem o respeito aos direitos humanos tais quais interpretados internacionalmente, fazendo nascer precedentes internacionais no âmbito do Direito Internacional Privado.

Nessa linha, a jurisprudência do Tribunal de Justiça da União Europeia (TJUE) e da Corte Europeia de Direitos Humanos (Corte EDH) sobre a aplicação de tratados de Direito Internacional Privado é conhecida e hoje indispensável para que se compreenda a aplicação da disciplina à luz dos direitos humanos[43]. Mesmo no sistema interamericano de direitos humanos, já houve análise de potenciais violações à Convenção Americana de Direitos Humanos em alguns casos de sequestro internacional de crianças (temática regulada por tratado interamericano) pela Comissão Interamericana de Direitos Humanos[44].

A invocação internacionalista dos direitos humanos no Direito Internacional Privado impõe a superação da visão meramente local da temática. Em face da multiplicação de precedentes internacionais de direitos humanos, que se referem a temas do objeto do Direito Internacional Privado, fornece-se uma alternativa *pro persona* de conformação da disciplina.

1.5. Universal, tolerante e inclusivo: o novo DIPr do século XXI

As quatro correntes acima expostas possuem significativas diferenças que, na essência, apoiam-se em distintas visões do próprio conteúdo da disciplina no século XXI.

Para a corrente clássica, que pugna pela prevalência da justiça formal, o Direito Internacional Privado não necessita de nova problematização, pois a adequada alocação espacial do direito já seria suficiente, em uma projeção de defesa de direitos e da dignidade humana.

---

[43] FAWCETT, James J.; SHÚILLEABHÁIN, Máire Ní; SHAH, Sangeeta. *Human Rights and Private International Law*. Oxford: Oxford University Press, 2016, p. 718 e s.

[44] Comissão Interamericana de Direitos Humanos, caso *X e Z v. Argentina*, Report n. 71/00, julgamento de 3 de outubro de 2000.

Contudo, essa não é a realidade dos indivíduos e empresas envolvidos nos fatos transnacionais da vida privada: o uso da linguagem de direitos humanos é um recurso importante para a defesa de seus interesses perante os Tribunais locais e os órgãos internacionais.

Dado o tempo da sua formação, a corrente clássica não foi sensível aos antagonismos e às colisões de direitos nas mais diversas situações da vida privada transnacional. Por exemplo, em uma sucessão transnacional, a liberdade de testar pode se chocar com o direito à herança; em uma família transnacional, o direito à vida familiar da criança pode ser contraposto ao direito da genitora de dissolver seu casamento abusivo e sua liberdade de mudar de país; em um contrato internacional, a liberdade de contratar pode ser oposta ao direito à proteção da pessoa incapaz ou aos consumidores em contratos transnacionais. Nascem, então, colisões múltiplas que a corrente clássica não resolve.

Na corrente da aplicação indireta dos direitos humanos no Direito Internacional Privado (a "corrente da ordem pública"), a identificação dos direitos e a solução das colisões são feitas de modo opaco e volúvel. Tudo depende do conteúdo da ordem pública do foro. Aumenta-se exponencialmente o risco de arbítrio e decisionismo, o que dificulta a vida privada transnacional, ofendendo – em nome dos direitos humanos – o direito à segurança jurídica. A corrente da ordem pública assemelha-se à corrente clássica (não são excludentes), na medida em que atualiza um instituto tradicional na disciplina (a ordem pública), dando-lhe o conteúdo de direitos humanos. Contudo, como o instituto possui contornos indeterminados, a gramática dos direitos humanos perde sua clareza, gerando indeterminação e dúvidas sobre como decidir nos difíceis casos de colisão envolvendo os fatos transnacionais da vida privada.

Já a corrente da aplicação direta de matriz nacional mostra a evolução da disciplina rumo à incidência dos direitos humanos, mas com modo e intensidade a partir da lei do foro, rompendo a missão do Direito Internacional Privado de realizar a gestão da diversidade normativa e jurisdicional à luz de tratamento igualitário e não discriminatório entre os diferentes ordenamentos envolvidos.

Assim, a coordenação (articulação) dos ordenamentos jurídicos deve ser feita à luz dos direitos dos envolvidos, considerando a especificidade do tratamento dos fatos transnacionais. Essa especificidade consiste na existência de um ordenamento estrangeiro, com opções distintas das do foro, as quais, em nome do direito à diversidade cultural, não podem ser ignoradas como a corrente da aplicação direta de matriz nacional o faz.

Além disso, após a constatação dos efeitos sociais excludentes da globalização, o olhar internacionalista de direitos humanos aqui proposto exige que seja imposto o fio condutor da proteção do vulnerável[45] na relação transnacional para servir de parâmetro

---

[45] MARQUES, Claudia Lima. A pessoa no mercado e a proteção dos vulneráveis no direito privado brasileiro. In: MENDES, Gilmar Ferreira; GRUNDMANN, Stefan; MARQUES, Claudia Lima; BALDUS, Christian; MALHEIROS, Manuel. *Direito Privado, Constituição e Fronteiras*. Encontros da Associação Luso-Alemã de Juristas no Brasil. 2. ed. São Paulo: RT, 2014, p. 287-331, em especial p. 289-290 e p. 313-314.

da interpretação dos direitos protegidos nos fatos transnacionais. Reconhece-se a dificuldade, como assinala Gaudemet-Tallon, de concretizar um pluralismo coerente (*pluralisme cohérent*), que, consciente da riqueza de cada ordenamento jurídico envolvido nos fatos transnacionais, seja capaz de encontrar soluções adequadas[46]. A coordenação na diversidade é necessária para repelir a diluição da disciplina na fragmentação de métodos, fontes e objetivos plúrimos desconectados dos demais.

Por isso, a opção pela aplicação direta ou imediata dos direitos de matriz internacional apresenta uma abordagem nova, que se inicia com a tradução dos interesses (e soluções jurídicas) existentes em um fato transnacional para a linguagem dos direitos humanos aceitos pelas normas internacionais e nacionais. Tal tradução permite transparência e concretiza o cenário de conflito explícito de direitos individuais e difusos que permeiam o fato transnacional da vida privada.

Com o uso da linguagem de direitos humanos, é possível comparar racionalmente o jogo de prevalências e compressões ofertadas pelo Estado do foro, de um lado, com a do direito estrangeiro, de outro. Contudo, essa comparação não pode ser feita com recurso à interpretação localista do foro, sob pena de recairmos, novamente, na supremacia das opções nacionais.

É necessário um "olhar internacionalista" sobre tais opções, impondo-se a solução jurídica que esteja em linha com a contemporânea proteção internacional de direitos humanos e seus inúmeros precedentes sobre os direitos dos indivíduos envolvidos nos fatos transnacionais. É uma "orientação universalista", que tem como vantagem proteger a diversidade cultural e a tolerância típicas do Direito Internacional Privado, sem o retorno à visão, inaceitável nos dias de hoje, de uma disciplina pretensamente neutra e despida de preocupação sobre resultados materiais.

O epicentro do Direito Internacional Privado agora objetiva uma sociedade inclusiva, baseada no universalismo e na tolerância. A interpretação das normas da disciplina passou a levar em consideração a realização do objetivo de universalização e de emancipação dos indivíduos, forjando um Direito Internacional Privado universal, tolerante e inclusivo. Ao Direito Internacional Privado atual incumbe, ainda, a realização de seus amplos objetivos com respeito às diferenças e à diversidade cultural, impondo, no dizer de Jayme, que a igualdade tome em consideração as diferenças entre os indivíduos[47].

Com a centralidade da proteção da pessoa humana e de sua dignidade, o Direito Internacional Privado incorpora a nova racionalidade de respeito aos direitos humanos e aspirações sociais, que se torna urgente no pós-crise econômica global de 2008 e no pós-pandemia do Covid-19.

---

[46] GAUDEMET-TALLON, Hélène. Le pluralisme en droit international privé: richesses et faiblesses (le funambule et l'arc-en-ciel): cours général. *Recueil des Cours de l'Académie de Droit International de la Haye*, v. 312, 2005, p. 9-488, em especial p. 471.

[47] JAYME, Erik. Identité culturelle et intégration: le droit international privé postmoderne. *Recueil des cours de l'Académie de Droit International de la Haye*, v. 251, 1995, p. 9-267, em especial p. 251 e s.

No caso brasileiro, o uso da interpretação internacionalista na análise de normas do Direito Internacional Privado e da lei estrangeira indicada não é ofensivo à Constituição de 1988, sendo amparado na abertura constitucional ao direito internacional, como se vê no art. 5º, §§ 2º e 3º, entre outros.

Consagra-se um Direito Internacional Privado à luz dos direitos humanos de matriz internacional (ou universal), que busca aferir a dignidade humana e o conteúdo de direitos protegidos nos fatos transnacionais de acordo com parâmetros extraídos de decisões de órgãos internacionais de direitos humanos.

2. FUNDAMENTOS DA EXISTÊNCIA DO DIREITO INTERNACIONAL PRIVADO

A fundamentação do DIPr consiste no conjunto de razões que legitima e motiva a existência da própria disciplina. Há fundamentos de ordem social, econômica, política e jurídica para a consolidação do DIPr.

Do ponto de vista social e econômico, o DIPr assenta-se na mobilidade humana que não obedece às fronteiras políticas do Estado. A existência de Estados e comunidades distintas (com fronteiras entre si) nunca impediu o fluxo de pessoas e bens ao longo dos séculos. As sociedades humanas não são autárquicas e fechadas, o que implica, consequentemente, na demanda social de regulação que leve em conta a singularidade desses fluxos transfronteiriços.

Com base em tais fluxos, Beviláqua sustentou a existência da "sociedade internacional" composta pelo agrupamento de indivíduos, que seria o fundamento racional e social do Direito Internacional Privado[48]. Jitta, por sua vez, reconheceu a existência de uma sociedade jurídica que abarcaria todo o gênero humano, sem ser limitada às fronteiras do Estado[49]. Machado Villela partiu da constatação de uma "comunidade internacional de indivíduos" que se encontram no estrangeiro ou são sujeitos de relações jurídicas que estão em contato com leis de diferentes Estados ou cuja eficácia se pretender fazer em Estado estrangeiro[50].

Por sua vez, Valladão apontou o papel do DIPr de regulador das relações jurídicas transnacionais, oriundas da circulação e intercâmbio de pessoas e bens, bem como da pluralidade de ordens jurídicas[51].

Essas relações transnacionais hoje são frequentes, uma vez que, conforme Friedman afirma metaforicamente, o "mundo é plano", sendo caracterizado por

---

[48] BEVILÁQUA, Clóvis. *Princípios elementares de direito internacional privado*. 3. ed. Rio de Janeiro: Freitas Bastos, 1938, p. 83.

[49] JITTA, J. *Método de derecho internacional privado*. Tradução de J. F. Prida. Madrid: La España Moderna, 1911, p. 230.

[50] MACHADO VILLELA, Álvaro da Costa. *Tratado elementar (teórico e prático) de direito internacional privado*, Coimbra: Coimbra Editora, 1921, v. I, p. 14.

[51] VALLADÃO, Haroldo. *Direito internacional privado*, v. I, 2. ed. Rio de Janeiro: Freitas Bastos, 1977, p. 20-21.

ausência de barreiras às pessoas e aos competidores, que se movem horizontalmente com liberdade e velocidade. Os obstáculos geográficos, culturais, políticos e jurídicos não são mais intransponíveis à circulação internacional de pessoas e à movimentação dos fatores de produção[52].

A intensidade desses fluxos só aumenta com a massificação da vida digital: as redes sociais, o *e-commerce*, o B2B (*business to business*), as facilidades de comunicação, tudo ao alcance de um *click,* gerando fluxos de pessoas, bens e serviços transfronteiriços. O Direito Internacional Privado deixa de ser um ramo voltado a fatos tidos como "anormais"[53] ou excepcionais e passa a ser um ramo inserido na nova concepção da hipermobilidade humana[54].

Do ponto de vista político, o DIPr funda-se na própria existência da constelação de Estados, que possuem ordenamentos distintos e muitas vezes diversos. Essa *pluralidade de ordens estatais*, marcada pela *diversidade* de conteúdo, assiste ao aumento do fluxo transfronteiriço (fundamento socioeconômico), o que pressiona cada um desses Estados a ofertar mais do que somente o seu tradicional ordenamento jurídico para regulação do fato transnacional, para que também possa – em paralelo – exigir dos demais Estados esse novo tratamento.

E, finalmente, do ponto de vista jurídico, a existência do DIPr é justificada pela própria máxima da igualdade, que implica tratar desigualmente os desiguais. Aportando regras distintas para situações também distintas (as situações com elemento de estraneidade), levando à segurança jurídica e impedindo a incerteza de qual direito deve reger determinado fato transnacional. Wolff, apesar de valorizar o DIPr particularista (nacionalista), defendeu que todo Estado deve manter o seu Direito Internacional Privado dentro dos limites compatíveis com o espírito da comunidade internacional, sustentando, já na primeira metade do século XX, que nenhum Estado poderia negar arbitrariamente a aplicação do direito estrangeiro nem discriminar estrangeiros[55].

A aceitação da *igualdade* e da *tolerância com o outro* foi consagrada pela proteção internacional de direitos humanos. Assim, um Estado que negue o Direito Internacional Privado e adote uma postura xenófoba e narcísica para aplicar somente seu direito doméstico (repudiando o direito estrangeiro, negando-se a reconhecer a jurisdição estrangeira e proibindo a cooperação jurídica internacional) violará também direitos essenciais e normas imperativas de Direito Internacional referentes

---

[52] FRIEDMAN, Thomas L. *O mundo é plano:* uma breve história do século XXI. Tradução de Cristina Serra, S. Duarte e Bruno Casotti. São Paulo: Objetiva, 2005.

[53] Para usar a expressão (fato anormal) de Amilcar de Castro. CASTRO, Amilcar de. *Direito internacional privado.* 5. ed. atualizado por Osíris Rocha, Rio de Janeiro: Forense, 2000, p. 35.

[54] MUIR WATT, Horatia. Aspects économiques du droit international privé: réflexions sur l'impact de la globalisation économique sur les fondements des conflits de lois et de juridictions. *Recueil des Cours de l'Académie de Droit International de La Haye,* v. 307, 2004, p. 29-383, em especial p. 46.

[55] WOLFF, Martin. *Derecho internacional privado.* Tradução de José Rovira y Emergol. Barcelona: Labor, 1936, em especial p. 28-29.

ao respeito à dignidade humana, à igualdade, ao acesso à justiça e devido processo legal. O DIPr volta-se, então, à concretização da justiça material aos envolvidos nos fatos transnacionais.

Esses fundamentos impedem que os Estados optem, tão simplesmente, pelo seu próprio ordenamento (*lex fori*) para reger os fatos transfronteiriços.

Logo, a soma da existência de uma (i) constelação de Estados independentes, com (ii) fluxos transfronteiriços intensos ("as sociedades se movem") em um (iii) ambiente de aceitação de normas imperativas de igualdade e tolerância com o outro justificam a consolidação do Direito Internacional Privado contemporâneo.

3. O FATO TRANSNACIONAL E O ELEMENTO DE ESTRANEIDADE

Em geral, determinada relação jurídica pode ser (i) *nacional*, que é aquela que não possui qualquer vínculo com outro ordenamento (nacional ou internacional); (ii) *internacional em sentido estrito,* que é a relação jurídica totalmente regida pelo Direito Internacional; e (iii) *transnacional, internacional em sentido amplo ou relação jurídica mista,* que é aquela que possui vínculo com outro ordenamento nacional, distinto do ordenamento doméstico. Nesse último caso, há um vínculo ou elemento de estraneidade que gera o *fato transnacional,* que é aquele com contato com dois ou mais ordenamentos jurídicos: o do local onde o intérprete se encontra (ordenamento nacional) e, no mínimo, com outro ordenamento estrangeiro. O elemento de estraneidade é o laço que vincula determinada situação transnacional a outros Estados[56].

Os dois primeiros tipos de relação jurídica – a exclusivamente nacional e a internacional em sentido estrito – são regulados, respectivamente, pelo Direito Nacional e pelo Direito Internacional Público geral. Já o terceiro tipo de relação jurídica, denominada de relação jurídica internacional em sentido amplo (transnacional ou relação jurídica mista), é regulado pelo Direito Internacional Privado, porque, justamente, há a necessidade de coordenação entre distintas ordens jurídicas nacionais.

A proliferação de relações jurídicas transnacionais – gerada pela facilidade de comunicação (*vide* a internet) – massificou o Direito Internacional Privado, multiplicando os fatos com *vínculos de estraneidade* que uma pessoa pode se envolver ao longo de sua vida.

Classifica-se o vínculo de estraneidade da seguinte forma: a) de acordo com sua natureza; b) de acordo com sua origem.

De acordo com a natureza, o vínculo de estraneidade pode ser classificado como (i) *de fato,* que é aquele gerado por uma situação de fato, como, por exemplo, a existência de bens localizados em diversos países (gerando, por exemplo, dúvida quanto à lei que regula a sucessão); ou (ii) *de direito,* que é aquele gerado por um ato jurídico, como, por exemplo, a cláusula contratual – fruto da autonomia da vontade – determinando o uso de lei estrangeira.

---

[56] PINHEIRO, Luís de Lima. *Direito internacional privado.* Coimbra: Almedina, 2001, v. I, p. 25.

De acordo com a origem, o vínculo de estraneidade pode ser *intrínseco*, que é aquele interno ao fato transnacional, como, por exemplo, o casamento de um nacional com pessoa estrangeira; ou *extrínseco*, que é aquele externo ao fato, que, de inicialmente doméstico passa a ser um fato transnacional em virtude desse vínculo adicional. Exemplo de vínculo extrínseco de estraneidade ocorre no armazenamento no exterior de comunicação eletrônica doméstica, entre nacionais de um mesmo Estado. Aquilo que seria – inicialmente – um fato totalmente nacional transforma-se em um fato transnacional pelo armazenamento no exterior dos dados, gerando dúvida sobre a lei que deve reger o sigilo, privacidade, combate a crimes, entre outros temas envolvendo a comunicação eletrônica (lei do local do armazenamento? lei do local da realização da comunicação? lei do local do interesse vulnerado pela comunicação? etc.).

Por sua vez, o elemento de estraneidade tem as seguintes características:

(i) *Relevância*. Em cada fato social, é possível que sejam identificados diversos vínculos com ordenamento estrangeiro. Cabe ao DIPr a determinação da relevância do vínculo para que exista dúvida sobre qual ordenamento jurídico hábil a reger o fato transnacional. Assim, o elemento de estraneidade é aquele escolhido pelo DIPr como sendo um vínculo importante de contato com diversos ordenamentos jurídicos, o que gera dúvida sobre suas normas de regência.

(ii) *Mutabilidade*. O elemento de estraneidade não é imutável, podendo variar ao longo do tempo. A variação pode ser quanto à relevância (por exemplo, determinado ordenamento que deixa de considerar a nacionalidade como elemento de estraneidade de relevo para a determinação da capacidade jurídica da pessoa física) ou mesmo quanto ao próprio ordenamento ao qual o elemento de estraneidade se vincula (por exemplo, no caso da lei do domicílio para reger a capacidade jurídica de alguém, é possível a mudança de domicílio de determinado indivíduo, que leva à mudança de ordenamento).

(iii) *Contextualidade*. A escolha do elemento de estraneidade depende do contexto jurídico que o circunda. Para o DIPr brasileiro, o domicílio dos envolvidos em um fato transnacional é elemento de estraneidade-chave para definir o ordenamento jurídico regulador da capacidade jurídica; para o DIPr francês, a nacionalidade é que será o elemento relevante[57].

4. O TIPO DE FATO TRANSNACIONAL QUE INTERESSA AO DIREITO INTERNACIONAL PRIVADO: O DEBATE ENTRE OS MINIMALISTAS E OS MAXIMALISTAS

O tipo de fato transnacional que interessa ao Direito Internacional Privado (DIPr) divide a doutrina e os textos normativos nacionais e internacionais sobre a disciplina.

---

[57] LALIVE, Pierre A. Cours général de droit international privé. *Recueil des Cours de l'Académie de Droit International de La Haye*, v. 155, 1977, p. 3-324, em especial p. 18.

Há duas correntes: para a *corrente minimalista*, o DIPr abarca os fatos transnacionais referentes à *vida privada* dos indivíduos e das pessoas jurídicas; já a *corrente maximalista*, entende que o DIPr abrange *todo tipo* de fato transnacional, mesmo que acarrete conflito de leis e jurisdições penais, administrativas etc.

Essa controvérsia é fruto da consolidação da disciplina no século XIX, com a consagração do conflitualismo de Savigny. Até então, as Escolas Estatutárias debruçaram-se somente sobre os fatos transnacionais privados, que interessavam ao Direito Civil e Comercial – da época.

Após, na fase do DIPr clássico, vários autores preocuparam-se com o fato transnacional como um todo, incluindo na disciplina os fatos transnacionais *fora* da tradicional esfera privada. Esse aumento do objeto do DIPr é fruto do racionalismo e sistematização do direito da época: não existiria diferença de natureza entre os conflitos de leis civis ou comerciais e os conflitos de leis de outros ramos do Direito, como as leis penais.

Por isso, parte importante da doutrina clássica do Direito Internacional Privado sustentou que a matéria abrangeria os fatos transnacionais de Direito Privado e Público, inclusive os de âmbito criminal. Em diversos países, vários doutrinadores defenderam a inclusão de temas de ramos do direito público. Foelix, por exemplo, no seu *Tratado de direito internacional privado* (1ª edição, de 1843), tratou de temas transnacionais de direito privado e público, especialmente aquilo que denominou "direito criminal internacional"[58]. Na mesma linha, Despagnet incluiu no DIPr os conflitos de leis penais, uma vez que não há diferença entre os conflitos de leis (penais ou civis), pois todos repousariam sobre o fundamento do limite da ação de um Estado na regulação dos fatos transnacionais[59]. Niboyet defendeu, também, que os conflitos de leis no âmbito do DIPr abarcavam leis administrativas, tributárias e penais[60].

No século XIX no Brasil, Pimenta Bueno sustentou que a disciplina engloba matéria de direito civil, comercial, *criminal*, e mesmo administrativo[61]. Na jurisprudência, já em 1895, o Supremo Tribunal Federal optou pela corrente maximalista, tendo decidido que "o direito internacional privado é, na opinião dos publicistas, o complexo de leis positivas, atos, precedentes, máximas e princípios segundo os quais as nações aplicam suas leis ou consentem na aplicação de leis estrangeiras nas questões de

---

[58] FOELIX, M. *Traité du droit international privé ou du conflit des lois de différentes nations en matière de droit privé*. t. II, 3. ed. Paris: Marescq et Dujardin, 1856, p. 264 e s. (Droit Criminel International).

[59] DESPAGNET, Frantz. *Précis de droit international privé*. 4. ed. Paris: Librairie de la Societé du Recueil Général des Lois et des Arrêts, 1904, p. 44.

[60] NIBOYET, J. P. *Cours de droit international privé français*. Paris: Librairie du Recueil Sirey, 1949, p. 17-20.

[61] PIMENTA BUENO, José Antônio. *Direito internacional privado e applicação de seus principios com referencia ás leis particulares do Brazil*. Rio de Janeiro: Typographia Imp. e Const. de J. Villeneuve e C., 1863, em especial p. 12.

caráter particular, que afetam súditos estrangeiros em matérias de direito civil, comercial, criminal e administrativa"[62].

No século XX, Bustamante sustentou que o DIPr abrangia inclusive o fato transnacional penal, pois o termo "privado" da denominação da matéria referia-se ao interesse particular, individualizável, inserido em uma relação jurídica plurilocalizada[63].

No século XX no Brasil, Eduardo Espínola e Eduardo Espínola Filho inseriram a matéria de conflitos de leis penais no âmbito da disciplina[64]. Valladão[65] e Strenger[66] igualmente defenderam que o Direito Internacional Privado abarca as relações jurídicas transnacionais de natureza privada ou pública.

No plano normativo, a maior codificação internacional da primeira metade do século XX, a Convenção Pan-Americana de Direito Internacional Privado (o Código Bustamante) menciona os fatos transfronteiriços penais (Livro III) e a cooperação jurídica internacional em matéria penal, além da cível (Livro IV, em especial quanto à extradição), demonstrando a tendência clássica de intensa crença no Direito Internacional Privado para regular *todos* os fatos transnacionais (públicos ou privados).

Porém, esse objeto amplo do Direito Internacional Privado não foi consenso na doutrina clássica e mesmo na codificação internacionalista. Savigny e outros civilistas viam o Direito Internacional Privado como uma parte especial do Direito Civil. Na França, Pillet sustentou que o Direito Internacional Privado é a ciência que tem por objeto a regulamentação jurídica das relações internacionais de *ordem privada* dos indivíduos[67]. Em Portugal, Machado Villela defendeu que o Direito Internacional Privado regularia a situação dos indivíduos em face dos sistemas de *direito privado* dos diferentes Estados[68]. Na mesma linha, João Baptista Machado

---

[62] BARBALHO, João. *Constituição Federal Brazileira*. 2. ed. Rio de Janeiro: F. Briguiet e Cia, 1924, p. 342.

[63] BUSTAMANTE Y SIRVEN, Antonio Sánchez de. *Derecho internacional privado*. 2. ed. Habana: Habana Cultural, 1934, t. I, p. 13.

[64] ESPÍNOLA, Eduardo; ESPÍNOLA FILHO, Eduardo. *Tratado de direito civil brasileiro*. Rio de Janeiro: Freitas Bastos, 1942, v. VII sobre Direito internacional privado Geral, p. 102.

[65] Para Valladão, o DIPr versa sobre matérias "que abrangem, sob o ângulo da diversidade legislativa, espacial, *todos os ramos do direito,* conflitos de leis civis, comerciais, processuais, penais, administrativas, fiscais etc.". VALLADÃO, Haroldo. *Direito internacional privado*. 5. ed. Rio de Janeiro: Freitas Bastos, 1980, p. 66.

[66] Para Strenger, antigo Professor Titular de Direito Internacional Privado da Faculdade de Direito da USP (Largo São Francisco), o "Direito internacional privado é um complexo de normas e princípios de regulação que, atuando nos diversos ordenamentos legais ou convencionais, estabelece qual o direito aplicável para resolver conflitos ou sistemas, envolvendo relações jurídicas de natureza privada ou *pública*, com referências internacionais ou interlocais". STRENGER, Irineu. *Direito internacional privado*. 4. ed. São Paulo: LTr, 2000, p. 77.

[67] PILLET, Antoine. *Principes de droit international privé*. Paris: Pedone/Allier Frères, 1903, em especial p. 7.

[68] MACHADO VILLELA, Álvaro da Costa. *Tratado elementar (teórico e prático) de direito internacional privado*, v. I, Coimbra: Coimbra Editora, 1921, p. 15.

sustentou que o DIPr teria por objeto "as situações da vida privada internacional", que seriam os fatos suscetíveis de relevância jurídico-privada que têm contato com mais de um sistema jurídico[69]. Também Ferrer Correia delimitou o objeto da disciplina como sendo composto pelas soluções adequadas para os problemas emergentes de *relações privadas* de caráter internacional[70].

Battifol, por sua vez, entendeu que os conflitos de leis na esfera tida como pública (criminal, tributária etc.) determinava os limites da imposição da lei local, não aceitando eventual uso do direito estrangeiro. Contudo, Battifol reconheceu que, mesmo em relação à regulação da vida privada, há normas de DIPr de cunho unilateral, que delimitam a aplicação da lei do foro, não regendo a aplicação de lei estrangeira. Sua crítica reside, então, na existência de um campo limitado da esfera dos conflitos de leis penais, administrativas, fiscais etc., relacionado às normas unilaterais de aplicação ou não da lei do foro; já no conflito de leis de direito privado, existiria a formação de um verdadeiro "sistema de conflito de leis"[71].

Na mesma linha, Beviláqua sustentou que o Direito Internacional Privado consistia no conjunto de preceitos reguladores das *relações de ordem privada* da sociedade internacional[72].

No plano da codificação internacionalista, a Conferência da Haia de Direito Internacional Privado propõe-se a atuar na codificação de "todas as questões de direito internacional privado" (art. 8º do Estatuto), tendo adotado nítida linha maximalista. Contudo, tanto na 1ª fase (1893 a 1928) quanto na 2ª fase (1951 até os dias de hoje) houve ênfase em temas de direito privado (direito civil e comercial), jurisdição e cooperação jurídica internacional relacionada a situações privadas. No período de 1893 a 1928, foram aprovadas e entraram em vigor cinco convenções de direito de família e uma convenção sobre processo civil, de todos os projetos aprovados nas seis conferências realizadas, mostrando uma inclinação para matérias de Direito Privado e, no máximo, Direito Processual (jurisdição internacional e cooperação jurídica internacional). Entre 1951 e 2022, foram adotados 40 tratados e protocolos (incluindo o Estatuto da Conferência, que entrou em vigor em 1955) referentes também a tais matérias[73].

---

[69] MACHADO, João Baptista. *Lições de direito internacional privado*. Coimbra: Almedina, 1999, p. 12.

[70] FERRER CORREIA, A. *Lições de direito internacional privado* – I. Coimbra: Almedina, 2000, p. 11.

[71] BATTIFOL, Henri. Les tendances doctrinales actuelles en droit international privé. *Recueil des Cours de l'Académie de Droit International de La Haye*, v. 72, 1948, p. 5-65, em especial p. 41-51.

[72] BEVILÁQUA, Clóvis. *Princípios elementares de direito internacional privado*. 3. ed. Rio de Janeiro: Freitas Bastos, 1938, p. 15.

[73] Dados disponíveis em: <https://www.hcch.net/en/instruments/conventions>. Acesso em: 27 out. 2022.

Nas Américas, houve divergência na codificação do Direito Internacional Privado: na fase anterior à criação da OEA, os maximalistas prevaleceram, tendo inclusive obtido a adoção do Código Bustamante, em 1928, que continha regras sobre direito privado, direito *penal* e direito processual com vínculos transnacionais. Posteriormente, com a convocação periódica de Conferências Especializadas Interamericanas sobre Direito Internacional Privado (CIDIPs), a corrente minimalista triunfou: foram adotadas 22 convenções temáticas relacionadas somente à vida privada transnacional, contendo matéria civil, comercial, jurisdição e cooperação jurídica internacional em situações privadas.

Apesar da ênfase dos minimalistas na exclusiva regulação das relações privadas com vínculos que extrapolam as fronteiras nacionais, o DIPr possui segmentos que são nitidamente de direito público, como (i) determinação da jurisdição; (ii) cooperação jurídica internacional; e (iii) nacionalidade e mobilidade internacional humana. Além disso, uma abordagem do fato transnacional sem referência a outros ramos do direito (como o fato transnacional do Direito do Trabalho, do Direito da Concorrência, do Direito Penal etc.) implicaria em desigualdade de tratamento e denegação de justiça.

Assim, a proteção ao indivíduo em seus fluxos transfronteiriços, o objetivo principal do DIPr, como já visto, seria amesquinhada caso a disciplina fosse restrita aos fatos transnacionais privados.

5. A AUTONOMIA DO DIREITO INTERNACIONAL PRIVADO: UM DIREITO CONFLITUAL OU DE COORDENAÇÃO DA DIVERSIDADE?

A autonomia do Direito Internacional Privado (DIPr) diante dos demais ramos do Direito é defendida por dois enfoques: (i) o da *corrente do sobredireito* e (ii) o da *corrente da coordenação da diversidade*.

De acordo com os defensores da corrente do sobredireito, o DIPr é um ramo do Direito cuja especificidade está no *método* de escolha entre a norma local ou estrangeira para a regência de fatos transnacionais. O DIPr seria autônomo e distinto dos demais ramos (inclusive diante do Direito Internacional Público), pois seria uma disciplina de *sobredireito*[74]: não regeria o fato social, mas regularia as normas jurídicas que, por sua vez, incidiriam sobre os fatos transnacionais.

De acordo com tal visão, o segmento do DIPr voltado à escolha da lei e o seu método de escolha entre as diversas normas possíveis (método indireto, remissivo ou conflitual) determinam por completo a identidade e autonomia de toda a disciplina. Valladão, por exemplo, entendia que a edição de normas internacionais regulando diretamente

---

[74] Pontes de Miranda utiliza, como sinônimo de "sobredireito", a expressão "superdireito". Nessa linha, ver também RUSSOMANO, Gilda Maciel Corrêa Mayer. *O objeto do direito internacional privado*. Rio de Janeiro: José Konfino, 1956, p. 12.

o fato transnacional (formando o Direito Uniforme) *não* integrava a disciplina, uma vez que o DIPr deveria ser composto somente por normas indiretas, formais ou colisionais, que indicariam a lei (nacional ou estrangeira) apta a regular o fato transnacional[75].

Ocorre que o DIPr da atualidade, após severas críticas às distorções do método conflitual, busca outros métodos, inclusive opta, em alguns momentos, pela regulação direta do fato transnacional[76]. Nessa linha, Jitta, na década de 1930, defendeu que o DIPr não poderia ser restrito a solução de conflitos de leis (chamou essa visão ironicamente de "guilhotina de conflitos", repleta de "procedimentos mecânicos"), mas sim deveria abarcar todas as situações de direito privado da sociedade universal de indivíduos, aceitando no objeto do DIPr as normas internacionais uniformes[77].

Assim, há alternativas às normas conflituais para a regência de fatos transnacionais, como as normas materiais, que são aquelas que diretamente regulam os fatos transnacionais (rompendo as amarras da técnica da remissão ou indicativa do direito a ser aplicado). Isso sem contar que a escolha da lei é apenas *um* dos segmentos da disciplina, que conta ainda com o estudo da determinação da jurisdição, da cooperação jurídica internacional na regulação dos fatos transnacionais e, para parte da doutrina, nacionalidade e mobilidade internacional humana.

Por sua vez, a corrente da *coordenação* sustenta que o DIPr é o ramo do Direito que visa a *gestão* da *diversidade* normativa e jurisdicional. Em um contexto de pluralidade de normas jurídicas de origem nacional e também internacional, o Direito Internacional Privado tem sua especificidade criada a partir da necessidade de regular fatos sociais que ultrapassam as fronteiras de um só Estado (fatos transnacionais; fatos plurilocalizados) e que possuem vínculo com mais de um ordenamento jurídico. Essa característica o insere na chamada "governança global", que consiste no processo de formação e administração de regras que regulam a conduta de agentes econômicos, sociais, instituições públicas e privadas no ambiente internacional contemporâneo[78]. O DIPr participa da governança global, visando assegurar valores de igualdade, acesso à justiça e tolerância à diversidade.

A autonomia do Direito Internacional Privado é, assim, fruto dessa sua essência voltada à gestão da diversidade regulatória (nacional e internacional) dos fatos transnacionais referentes à vida de um indivíduo ou pessoa jurídica. Não se trata de

---

[75] VALLADÃO, Haroldo. *Direito internacional privado*, v. I, 2. ed. Rio de Janeiro: Freitas Bastos, 1977, p. 25.

[76] Como veremos na Parte I, Capítulo 5, deste *Curso* sobre os métodos do DIPr.

[77] JITTA, J. *Método de derecho internacional privado*. Tradução de J. F. Prida. Madrid: La España Moderna, 1911, p. 51.

[78] Conforme definição trazida por Alcindo Gonçalves. Ver COSTA, José Augusto Fontoura; GONÇALVES, Alcindo. *Governança global e regimes internacionais*. São Paulo: Almedina, 2011, p. 59. Especificamente sobre o DIPr e a governança global, ver FERNÁNDEZ ARROYO, Diego P.; MUIR WATT, Horatia (Org.). *Private international law as global governance*. Oxford: Oxford University Press, 2014.

defender a autonomia do DIPr em função de sua eventual natureza de sobredireito, uma vez que tal opção o vincula *indevidamente* a um método específico (o método indireto), que é apenas um dos métodos utilizados na atualidade.

O DIPr do século XXI assegura, assim, (i) segurança jurídica, (ii) justiça material aos envolvidos e (iii) organização dos fluxos transnacionais pela existência de regras sobre jurisdição e cooperação jurídica internacional, bem como normas sobre nacionalidade e mobilidade internacional humana.

O novo DIPr não esgota sua atuação somente na garantia de previsibilidade (segurança jurídica) aos envolvidos; por isso, não basta considerarmos a disciplina de "sobredireito", voltada tão somente à escolha de normas sem nenhum olhar sobre o resultado final de sua aplicação. É necessário também que se assegure justiça material aos envolvidos, o que se dá pelo respeito à gramática dos direitos (igualdade, acesso à justiça, entre outros) no tratamento dos fatos transnacionais e ainda que se contribua para a governança global organizando-se, minimamente, as regras de jurisdição, cooperação jurídica internacional, nacionalidade e mobilidade internacional humana.

6. O DIREITO INTERNACIONAL PRIVADO E SUA INSERÇÃO COMO RAMO DO DIREITO INTERNO OU DO DIREITO INTERNACIONAL: ENTRE O NACIONALISMO E O UNIVERSALISMO

A divisão do direito em ramos tem finalidade didática e metodológica, auxiliando a compreensão das especificidades de determinado corpo de normas. Nessa linha, há uma divisão inicial entre o "direito interno" e o "direito internacional", sendo o primeiro o conjunto de normas voltado a regular as condutas humanas no interior de um Estado e o segundo o conjunto de regras jurídicas que regula as relações (direitos e obrigações) dos membros da sociedade internacional aos quais se reconhece minimamente determinada subjetividade, tais como Estados, Organizações Internacionais, Santa Sé, beligerantes ou insurretos, movimentos de libertação nacional, e, de modo cada vez mais abrangente, indivíduos e pessoas jurídicas[79]. A inserção do Direito Internacional Privado como ramo do Direito Interno ou do Direito Internacional é temática que divide a doutrina a partir da estabilização conflitual da disciplina no século XIX, com forte influência do contexto e da época nos quais os doutrinadores estavam inseridos.

Na fase iniciadora, o uso constante dos antigos textos romanos pelos juristas estatutários fomentou uma *visão universalista* da disciplina. O fundamento da análise do alcance espacial das leis e costumes para a regência do fato transnacional era o direito natural e os ensinamentos oriundos dos comentários aos textos romanos. Contudo, posteriormente o método estatutário impulsionou a matéria para uma abordagem particularista e unilateral. Não havia como defender uma visão internacionalista, se

---

[79] ACCIOLY, Hildebrando; NASCIMENTO E SILVA, G. E.; CASELLA, Paulo Borba (atual responsável). *Manual de direito internacional*. 21. ed. 2ª tiragem, São Paulo: Saraiva, 2015, em especial p. 238-244.

justamente o método clamava pela análise da regra local para determinar seu alcance territorial ou extraterritorial.

Os primeiros códigos no século XIX que tratam do conflito de leis no espaço reproduzem essa abordagem unilateralista, como se vê no Código Civil francês de 1804. Mesmo Story, cuja obra contém o nome atual da disciplina (Direito Internacional Privado[80]), aproximou-se da visão estatutária, mas reconhecendo, ao menos, a possibilidade da adoção da cortesia internacional (influência da escola holandesa) para justificar eventual respeito a direitos estabelecidos sob lei estrangeira. Com tal domínio do unilateralismo (a regra local aplica-se ou não), não foi possível a discussão sobre o pertencimento do DIPr ao Direito Internacional.

Após a introdução, por Savigny, do método conflitual clássico (método indireto multilateral rígido, na tipologia que será vista neste *Curso*), rompeu-se a lógica particularista, pela adoção de uma visão geral sobre o centro ou sede da relação jurídica transnacional. Assim, ao se investigar a relação jurídica (e seu centro), a disciplina vincula-se ao universalismo, uma vez que promete gerar a mesma solução aos fatos transnacionais, não importando em qual Estado o intérprete (ou juiz, árbitro) se encontre. Para Savigny, a existência de uma comunidade homogênea de nações, com passado romano-cristão, sedimentaria escolhas uniformes e estáveis das leis.

No ambiente racionalista da segunda metade do século XIX, esse apelo universalista era convincente: o fato transnacional não poderia ter soluções contraditórias, dependentes do *acaso* (o que seria irracional) que fixaria primeiro a jurisdição e a lei de regência (por exemplo, o casamento transnacional deveria ser válido ou inválido, não importando a jurisdição nacional na qual fosse debatida sua validade). Esse internacionalismo era ainda teórico, tal qual o universalismo baseado no estudo dos textos romanos dos estatutários, não vinculando o DIPr ao Direito Internacional, pois era baseado na homogeneidade da cultura jurídica (comunidade jurídica dos povos) e não em *deveres internacionais* em sentido estrito.

Com Mancini, uma nova linhagem de internacionalismo do DIPr sedimentou-se por intermédio da vinculação clara do Direito Internacional Privado ao Direito Internacional Público. Sua análise do conflito de leis inseria-o em uma categoria mais ampla, de *conflito de soberanias*, sendo então um tema do Direito Internacional Público. Por isso, defendeu Mancini que, caso um Estado recusasse o uso do direito estrangeiro, violaria o Direito Internacional Público, ao ofender a soberania do Estado estrangeiro em questão. Por isso é compreensível a defesa de Mancini do critério da nacionalidade para a regência do estatuto pessoal, que vinculava o DIPr à formação do Estado e, com isso, ao choque de soberanias[81].

---

[80] Ver abaixo a discussão sobre terminologia.

[81] MANCINI, P. De l'utilité de rendre obligatoires pour tous les États, sous la forme d'un ou de plusieurs traités internationaux, un certain nombre de règles générales de droit international privé pour assurer la décision uniforme des conflits entre les différentes législations civiles et criminelles. Relatório para o Instituto de direito internacional. Ver em *Journal du Droit International Privé et de la Jurisprudence comparée*, jul.-ago., 1874, p. 221-239.

Também Despagnet sustentou que a aceitação de regras de conflito de normas (e de aplicação do direito estrangeiro) era uma obrigação jurídica dos Estados resultante dos "princípios fundamentais do Direito Internacional"[82]. Pillet descartava a ideia de que o DIPr fosse ramo do direito nacional, devendo ser considerado ramo do Direito Internacional[83].

Na linha de apelo a *deveres abstratos* dos Estados, o internacionalismo dominou os principais autores de DIPr dessa época na Europa, incluindo ainda Foelix[84] e Brocher[85]. Carrilo Salcedo chega ao ponto de afirmar que, na segunda metade do século XIX, *toda* a doutrina especializada europeia era internacionalista[86].

No Brasil, Pimenta Bueno, na primeira obra sobre Direito Internacional Privado publicada no país (1863), defendeu que "o princípio da aplicação das leis estrangeiras é da alçada não do simples direito particular, e sim do *direito das gentes*, como uma consequência das relações de nação a nação"[87]. Na mesma linha, estão Rodrigo Octavio[88], Eduardo Espínola, Eduardo Espínola Filho[89] e Clóvis Beviláqua[90].

O maior entrave à consolidação do internacionalismo do DIPr no século XIX e na primeira metade do século XX foi justamente a existência de *poucas* normas internacionais que regulassem amplamente a disciplina. Pelo contrário, as normas nacionais de DIPr existentes desde o início do século XIX continuaram intactas, fortalecendo o DIPr particularista (ou de matriz legal), com poucos tratados (salvo os elaborados na América do Sul e aqueles adotados no seio da Conferência da Haia de Direito Internacional Privado) e nenhuma prática internacional sistemática que pudesse ser vista como costume internacional ou ainda como princípios gerais de direito reconhecidos pelos Estados. Afinal, mesmo entre Estados próximos como os

---

[82] DESPAGNET, Frantz. *Précis de droit international privé*. 4. ed. Paris: Librairie de la Societé du Recueil Général des Lois et des Arrêts, 1904, p. 22.

[83] No original: "Branche du droit des gens". Ver em PILLET, Antoine. *Principes de droit international privé*. Paris: Pedone/Allier Frères, 1903, em especial p. 53-57.

[84] FOELIX, M. *Traité du droit international privé ou du conflit des lois de différentes nations en matière de droit privé*. 3. ed. Paris: Marescq et Dujardin, 1856.

[85] BROCHER, Charles. *Nouveau traité de droit international privé au double point de vue de la doutrine et de la pratique*. Paris: E. Thorin Éditor, 1876.

[86] CARRILO SALCEDO, Juan Antonio. Le renouveau du particularisme en droit international, *Recueil des Cours de l'Académie de Droit International de La Haye*, v. 160, 1978, p. 181-264, em especial p. 189.

[87] Grifo meu. Pimenta Bueno usa "direito das gentes" como sinônimo de "Direito Internacional Público". PIMENTA BUENO, José Antônio. *Direito internacional privado e applicação de seus principios com referencia ás leis particulares do Brazil*. Rio de Janeiro: Typographia Imp. e Const. de J. Villeneuve e C., 1863, em especial p. 19 (grafia do trecho atualizada pelo Autor deste *Curso*).

[88] OCTAVIO, Rodrigo. *Direito internacional privado*: Parte Geral. Rio de Janeiro: Freitas Bastos, 1942.

[89] Nesse sentido, ver ESPÍNOLA, Eduardo. *Elementos de direito internacional privado*. Rio de Janeiro: Jacintho Ribeiro dos Santos, 1925.

[90] BEVILÁQUA, Clóvis. *Princípios elementares de direito internacional privado*. 3. ed. Rio de Janeiro: Freitas Bastos, 1938.

da América do Sul, não havia convergência em temas básicos, como se vê no "cisma sul-americano do estado pessoal", a respeito da divergência entre a lei da nacionalidade (Brasil) e a lei do domicílio (demais países sul-americanos) para a regência do estatuto pessoal[91].

Assim, no final do século XIX e nas primeiras décadas do século XX, o internacionalismo (ou universalismo) *cedeu* ao predomínio da doutrina particularista (ou nacionalista) na Europa, que defendeu ser o DIPr parte integrante do Direito Interno. O contexto era amplamente favorável aos particularistas: os casos concretos de DIPr eram solucionados pelas leis locais da disciplina, muitas delas divergentes entre si. A doutrina particularista ainda ganhava força com o desejo de autonomia científica do DIPr diante do Direito Internacional[92]. Além disso, o nacionalismo era cada vez mais florescente tanto na fase anterior à Primeira Guerra Mundial quanto no entreguerras. Essa coloração nacionalista da primeira metade do século XX foi ainda reforçada pela ascensão de regimes totalitários, com forte acento xenófobo. Bartin chegou ao ponto de sustentar que o Direito Internacional Privado era "a ideia da pátria nas relações de direito privado", consagrando o isolacionismo do DIPr e afastamento do Direito Internacional[93]. Nessa linha, Niboyet afirmou que os problemas de Direito Internacional Privado eram intrinsecamente relacionados à soberania estatal e que cada Estado deveria, antes de tudo, defender seus próprios interesses[94].

A crise econômica de 1929 acentuou a necessidade de políticas públicas nacionais de cunho intervencionista voltadas a objetivos locais de desenvolvimento. Arminjon, na época, sustentou que o Direito Internacional Privado não era universal, mas sim um mero ramo do direito interno[95].

No Brasil, a onda particularista fragmentadora do DIPr foi apoiada por alguns autores, como Pontes de Miranda, para quem o DIPr era o "conjunto de regras de *direito interno* que determinam as leis aplicáveis às relações jurídicas concernentes aos particulares, quando intervém o dado estrangeiro"[96].

---

[91] Ver o estudo sobre o estado (estatuto) pessoal na Parte V, Capítulo 1, deste *Curso*.

[92] Para explicar esse anseio de separação do DIPr, Arroyo utiliza, sugestivamente, a comparação com a emancipação das colônias europeias e seu desejo de se diferenciar das antigas metrópoles. FERNÁNDEZ ARROYO, Diego P. Réflexions autour du besoin réciproque entre le droit international privé et le droit international public. *The 90th birthday of Boutros Boutros-Ghali. Tribute of the Curatorium to its President.* Leiden/Boston: Martinus Nijhoff Publishers, 2012, p. 113-135, em especial p. 115.

[93] BARTIN, E. *Principes de droit international privé selon la loi et la jurisprudence françaises*, t. 1, Paris: Éditions Domat-Montchrestien, 1930, em especial p. 2 do "Preface".

[94] NIBOYET, J. P. *Cours de droit international privé français*. 2. ed. Paris: Recueil Sirey, 1949. Ver também sobre o nacionalismo de Niboyet em FRANCESCAKIS, Phocion. Perspectives du droit international privé français actuel. *Revue Internationale de Droit Comparé*, v. 7, n. 2, 1955, p. 349-360.

[95] ARMINJON, Pierre. *Précis de droit international privé*, t. 1. Paris: Librairie Dalloz, 1927, p. 41.

[96] Grifo meu. PONTES DE MIRANDA, Francisco Cavalcanti. *Tratado de Direito internacional privado*, t. I, Rio de Janeiro: José Olympio, 1935, p. 15. Também nessa mesma época do entreguerras

Ainda no entreguerras, surgiu *corrente intermediária*, capitaneada por Rabel, que busca superar o antagonismo entre os universalistas e particularistas, por meio do Direito Comparado[97]. Aceita-se, assim, a diversidade normativa nacional da disciplina, mas se objetiva reduzir as diferenças entre as leis locais apelando a uma interpretação que desembocaria em categorias universais gerais, baseada na análise comparativista[98].

Após a Segunda Guerra Mundial, o DIPr retoma o espírito internacionalista (universalista), atestando a nova fase de aumento dos fluxos transnacionais, com o crescimento da presença de empresas multinacionais e capitais estrangeiros em diversas partes do globo. Esse espírito é concretizado na celebração de tratados em *vários segmentos* da disciplina: escolha da lei, determinação da jurisdição e reconhecimento e execução de deliberação estrangeira (cooperação jurídica internacional), bem como os referentes à mobilidade humana e nacionalidade (especialmente voltados ao combate à situação de apatridia).

Por sua vez, a consagração do DIPr como disciplina de coordenação da diversidade jurídica envolvendo a regulação dos fatos transnacionais fortaleceu sua relação com o Direito Internacional Público, pois estimula a *negociação de tratados* ou mesmo debate sobre a existência de *costume internacional* sobre a temática[99].

Dessa maneira, a internacionalização do DIPr por intermédio de tratados fortaleceu o vínculo da disciplina com o Direito Internacional Público. Assegurou-se a universalidade em concreto do DIPr graças aos inúmeros tratados internacionais e às normas de *soft law* produzidas por organizações internacionais, como a UNIDROIT, a Conferência da Haia de Direito Internacional Privado, Organização dos Estados Americanos (OEA), entre outras[100].

Ilmar Penna Marinho defendeu que o DIPr era um complexo de regras de *direito interno*. MARINHO, Ilmar Penna. *Direito comparado, direito internacional privado, direito uniforme.* Rio de Janeiro: A. Coelho Branco Filho Editor, 1938, p. 308.

[97] RABEL, M. Le problème de la qualification. *Revue de Droit International Privé*, v. 28, 1933, p. 6 e s., em especial p. 20. Ver também Rabel e o método comparativista no DIPr em BATIFFOL, Henri. Les tendances doctrinales actuelles en droit international privé. *Recueil des Cours de l'Académie de Droit International de La Haye*, v. 72, 1948, p. 1-66, em especial p. 26.

[98] CARRILO SALCEDO, Juan Antonio. Le renouveau du particularisme en droit international. *Recueil des Cours de l'Académie de Droit International de La Haye*, v. 160, 1978, p. 181-264, em especial p. 191.

[99] MILLS, A. *The confluence of public and private international law, justice, pluralism and subsidiarity in the international constitutional ordering of private law.* Cambridge: Cambridge University Press, 2009.

[100] Após a Segunda Guerra Mundial, há farto material doutrinário sobre a relação do Direito Internacional Público com o Direito Internacional Privado. STEVENSON, J. R. The relationship of Private international law to Public International Law. *Columbia Law Review*, 1952, p. 561 e s. WORTLEY, B. A. The interaction of Public and Private international law today. *Recueil des Cours de l'Académie de Droit International de La Haye*, v. 85, 1954, p. 239-342. RIPAGHEN, W. Ripaghen. The relationship between Public and Private Law and the rules of conflict of laws. *Recueil des Cours de l'Académie de Droit International de La Haye*, v. 102, 1961, p. 215-334. SEIDL-HOHENVELDERN,

Para Fernández Arroyo, há ainda os seguintes pontos em comum que aproximam o Direito Internacional Privado e o Direito Internacional Público: (i) papel cada vez maior dos agentes privados na elaboração de tratados; diversos Estados têm como hábito permitir a participação de membros de representantes do setor privado na elaboração de tratados do DIPr; (ii) o crescimento do número de tratados de DIPr exige conhecimento mútuo e recíproco dos especialistas de DIPr e Direito Internacional; (iii) as normas internacionais de DIPr são debatidas no âmbito de tribunais internacionais e nacionais, o que exige, novamente, conhecimento recíproco de ambas as disciplinas.

Essa tendência de *união de saberes* é retratada também na Academia de Direito Internacional da Haia, que anualmente oferece cursos especiais (além do "Curso Geral" de Direito Internacional Público e de Direito Internacional Privado), entre os quais, para Fernández Arroyo, vários poderiam ser considerados como integrantes tanto de uma disciplina quanto de outra[101].

No Brasil, essa tendência de *internacionalização da disciplina* é notada especialmente após a redemocratização, com o crescimento exponencial do número de tratados de DIPr celebrados, ao mesmo tempo em que o Estado brasileiro participa ativamente de organizações internacionais que discutem e produzem normas referentes à tríade comum do DIPr (escolha da lei, determinação da jurisdição e cooperação jurídica internacional), sem contar normas internacionais sobre nacionalidade e mobilidade humana internacional.

Em que pese essa internacionalização do DIPr, que reflete também a consagração da universalização dos direitos humanos envolvidos no tratamento dos fatos transnacionais, a disciplina não se dilui no Direito Internacional[102]: o Direito Internacional rege, precipuamente, as relações entre os sujeitos de Direito Internacional; já o Direito Internacional Privado gere a diversidade normativa e jurisdicional que incide sobre os fatos transnacionais, contando com normas internacionais e nacionais[103].

Essa tendência de inserção do DIPr como ramo especial do Direito Internacional Público fortalece-se na medida em que os Estados conscientizam-se da necessidade de tratamento único aos *fatos transnacionais indivisíveis*, celebrando tratados sobre as mais diversas facetas da disciplina.

I. The impact of Public International Law on conflict of law rules on corporations. *Recueil des Cours de l'Académie de Droit International de La Haye,* v. 123, 1968, p. 1-116.

[101] FERNÁNDEZ ARROYO, Diego P. Réflexions autour du besoin réciproque entre le droit international privé et le droit international public. *The 90th birthday of Boutros Boutros-Ghali. Tribute of the Curatorium to its President.* Leiden/Boston: Martinus Nijhoff Publishers, 2012, p. 113-135, em especial p. 122-135.

[102] RIGAUX, François. *Droit public et droit privé dans l'ordre juridique international.* Mélanges Jean Dabin. Bruxelles: Bruylant, 1963, p. 247-263. Ver também REED, Lucy. Mixed private and public international law solutions to international crises. *Recueil des Cours de l'Académie de Droit International de La Haye,* v. 306, 2003, p. 177-410.

[103] BOGGIANO, Antonio. *Derecho internacional privado:* en la estructura jurídica del mundo actual. 6. ed. Buenos Aires: Abeledo Perrot, 2011, em especial p. 1.

Sem esse tratamento único inserido em normas internacionais, há o risco de normas locais (ou decisões locais) de regência contraditória, o que gera atritos entre os Estados e, consequentemente, ameaças à igualdade e acesso à justiça aos indivíduos envolvidos[104].

Claro que a internacionalização da disciplina não é total: na falta de tratados ou normas internacionais extraconvencionais, a disciplina é regulada pelas leis locais, caracterizando a pluralidade de fontes do DIPr.

Por isso, o século XXI assiste ao renascimento do confronto entre particularismo (nacionalismo) e internacionalismo (universalismo), *agora em novos termos*. No lado do particularismo, há institutos que preveem a prevalência do direito local em face do direito estrangeiro, tais como as leis de aplicação imediata e *lois de police*[105]. Do lado do internacionalismo (universalismo), o DIPr conta com crescente número de normas de fontes internacionais e sofre a influência do multiculturalismo e da proteção internacional de direitos humanos, que exige igualdade e veda tratamentos discriminatórios, preservando a tolerância e a diversidade.

7. O DIREITO INTERNACIONAL PRIVADO COMO RAMO DO DIREITO PÚBLICO OU DO DIREITO PRIVADO

A delimitação do objeto do Direito Internacional Privado influencia sua inserção como ramo do Direito Público ou do Direito Privado. Nesse debate, entram em cena dois eixos de reflexão: (i) qual é o papel da autonomia da vontade no DIPr, que variará a depender da inserção da matéria como "direito público" ou "direito privado" e (ii) qual é o alcance da disciplina, que pode ser restrita a fatos transnacionais de Direito Privado ou ainda de Direito Público, o que impacta na uniformidade do tratamento do fato transnacional.

No plano do DIPr, a diferenciação entre o "direito público" e o "direito privado" baseia-se nos interesses protegidos: o "direito público" abrange o conjunto de normas referentes aos interesses da coletividade; o "direito privado" abrange o conjunto de normas referentes aos interesses dos particulares. Destacam-se três correntes sobre a inserção do DIPr nessa divisão "direito público *vs.* direito privado"[106].

A primeira corrente insere o DIPr no Direito Privado, uma vez que os interesses regulados seriam, essencialmente, pertencentes a pessoas físicas e pessoas jurídicas privadas[107].

---

[104] BOER, Th. M de. Living apart together: the relationship between public and private international law. *Netherlands International Law Review*, v. 57, 2010, p. 183-207. Ver também FERNÁNDEZ ARROYO, Diego P.; Marques, C. Lima (Org.). *Derecho internacional privado y derecho internacional público:* un encuentro necesario. Asunción: CEDEP, 2011.

[105] Ver Parte III, Capítulo 6, deste *Curso* sobre normas de aplicação imediata e *lois de police*.

[106] RUSSOMANO, Gilda Maciel Corrêa Mayer. *O objeto do direito internacional privado.* Rio de Janeiro: José Konfino, 1956, p. 30.

[107] Defendendo essa posição, ver por todos BEVILÁQUA, Clóvis. *Princípios elementares de direito internacional privado.* 3. ed. Rio de Janeiro: Freitas Bastos, 1938, p. 117.

A segunda corrente sustenta que os interesses privados são apenas mediatamente defendidos pelo DIPr: a relação imediata é a escolha da lei ou da jurisdição, que são temas de direito público, pois interessam a toda a coletividade[108].

Finalmente, a terceira corrente entende ser necessária a superação dessa dicotomia "direito público x direito privado", pois o DIPr possui normas de direito público (cogentes) e normas de direito privado (submetidas à autonomia das partes)[109].

Do nosso ponto de vista, com a intervenção maior do Estado na vida social, a dicotomia "direito público x direito privado" perdeu força, pois há valores e direitos humanos a serem protegidos inclusive nas relações entre os particulares[110]. Assim, todos os ramos do Direito Público e do Direito Privado possuem valores oriundos da incidência dos direitos humanos em todas as facetas da vida social e não somente nas relações verticais entre o particular e o Estado.

Nessa linha, o problema central do DIPr não é mais identificar normas cogentes (insuscetíveis de derrogação pela vontade das partes) e normas dispositivas, submetidas à autonomia da vontade dos particulares (objeto principal da disputa "direito público x direito privado"), mas sim delimitar a intensidade e o modo pelo qual os direitos dos envolvidos devem ser avaliados (com preferências e compressões) na regulação dos fatos transnacionais.

8. TERMINOLOGIA

A adoção de determinada visão no tocante ao (i) objeto (maximalista ou minimalista dos fatos transnacionais e abrangendo – ou não – os seus aspectos processuais), (ii) à autonomia (direito conflitual ou coordenador da diversidade normativa) e à (iii) localização do Direito Internacional Privado (ramo do Direito Interno ou Internacional) influencia a tomada de posição sobre a terminologia da disciplina e, até mesmo, o sentido dado às expressões nela constantes.

---

[108] Defendendo essa posição, Rodrigo Octavio entendia ser "vacilante" a posição de inserção da disciplina no Direito Privado, pois "tudo quanto se refere ao efeito e à aplicabilidade das leis é de direito público". OCTAVIO, Rodrigo. *Direito internacional privado* (Parte Geral). Rio de Janeiro: Freitas Bastos, 1942, p. 21. Nesse sentido, ver ESPÍNOLA, Eduardo. *Elementos de direito internacional privado.* Rio de Janeiro: Jacintho Ribeiro dos Santos, 1925, p. 16.

[109] Nessa linha, ver VALLADÃO, Haroldo. *Direito internacional privado.* 5. ed. Rio de Janeiro: Freitas Bastos, 1980, p. 58-59.

[110] BOBBIO, Norberto. A grande dicotomia: público-Privado. In: BOBBIO, Norberto. *Estado, governo, sociedade:* para uma teoria geral da política. São Paulo: Paz e Terra, 1988. SARMENTO, Daniel (Org.). *Interesses públicos* versus *privados:* desconstruindo o princípio da supremacia do interesse público. Rio de Janeiro: Lumen Juris, 2005. MUIR WATT, Horatia. Droit public et droit privé dans les rapports internationaux (vers une publicisation des conflits de lois?). *Archives Philosophiques du Droit,* 1997, t. 41, p. 207-214. Ver também MERRYMAN, J. H., The Public Law-Private Law distinction in European and American Law. *Forum of Public Law,* v. 17, 1968, p. 3 e s.

A evolução da disciplina tornou obsoletas determinadas denominações adotadas pela doutrina, que, contudo, eram adequadas no momento histórico em que foram propostas.

Inicialmente, o termo "Direito Internacional Privado" foi utilizado, pioneiramente, por Joseph Story, na sua obra "Commentaries on the conflict of laws"[111], de 1834. Apesar de ter utilizado o termo "conflito de leis" no título da obra, o uso da expressão "Direito Internacional Privado" no seu corpo advém, na época, do debate sobre a soberania de um Estado e seus limites como justificativa para o nascimento da disciplina[112].

Para Story, o uso do termo "Direito Internacional" na expressão é consequência do limite territorial da soberania de um Estado, tema de Direito Internacional. Esse limite territorial da soberania exige que a regulação dos fluxos transfronteiriços seja feita pelo uso de direito estrangeiro para tratar, por exemplo, dos direitos adquiridos em outro Estado[113]. Já o termo "privado" foi fruto do foco da disciplina nos fatos transnacionais realizados por particulares (corrente minimalista vista acima).

Anteriormente, Huber havia consagrado o termo "conflito de leis" na obra "De conflictu legum diversarum in diversis imperiis" (conflito entre diversas leis nos diversos impérios), de 1684[114]. Essa denominação é consequência da preocupação das Escolas Estatutárias no estudo do alcance (territorial ou extraterritorial) da lei para a regência dos fatos transnacionais. Porém, o uso do termo "conflito" não retrata a situação típica do DIPr, que é mais bem denominada como sendo de *concurso, concorrência ou mesmo competição*[115] entre diversas normas que poderiam regular um determinado fato transnacional.

A denominação de Story foi utilizada logo a seguir na França, por Foelix, no primeiro manual francês sobre a temática, que insere o "Direito Internacional Privado" como sub-ramo do Direito Internacional voltado à "aplicação de leis civis ou criminais

---

[111] Eis o trecho: "This branch of public law may, therefore, be fitly denominated *private international law,* since it is chiefly seen and felt in its application to the common business of private persons, and rareley rises to the dignity of national negotiations, or of national controversies". STORY, Joseph. *Commentaries on the conflict of laws* (1. ed. 1834), 4. ed. Boston: Little Brown and Company, em especial p. 9 (§ 9).

[112] Lafayette Rodrigues Pereira, em 1902, sustentou que o pioneiro na utilização do termo "Direito internacional privado" teria sido Portalis, em dissertação acadêmica de 1803. Conferir em PEREIRA, Lafayette Rodrigues. *Princípios de Direito Internacional.* Rio de Janeiro: Jacintho Ribeiro dos Santos Editor, 1902, em especial p. 33, nota de rodapé 4.

[113] STORY, Joseph. *Commentaries on the conflict of laws* (1. ed. 1834), 4. ed. Boston: Little Brown and Company, em especial p. 12.

[114] Huber trata dessa temática em um capítulo de *Praelectiones Juris Romani et Hodierni.* Ver a tradução para o inglês em LORENZEN, Ernest G. "Huber's conflictu legum" in 13 Ill. L. R. 418 1918-1919, p. 199-242. Disponível em: <http://digitalcommons.law.yale.edu/cgi/viewcontent.cgi?article=5566&context=fss_papers>. Acesso em: 17 nov. 2022.

[115] Na linha de Rodrigo Octavio, que usa os termos "concurso, competição ou concorrência" como equivalentes para designar o tradicional conflito de leis (termo de sua preferência). OCTAVIO, Rodrigo. *Direito internacional privado*: Parte Geral. Rio de Janeiro: Freitas Bastos, 1942, p. 12-13.

de um Estado no território de um Estado estrangeiro"[116]. Interessante que nos Estados Unidos – berço da terminologia "Direito Internacional Privado" –, o termo de origem europeia "conflito de leis" é usado indistintamente[117].

O termo "Direito Internacional Privado" sofre pesadas críticas. Após a fragmentação nacionalista do DIPr, o uso do termo "internacional" não mais retratava o vínculo da disciplina com o Direito Internacional, mas sim a existência de contatos relevantes de determinado fato social com mais de um ordenamento jurídico, sendo considerado, então, equivalente ao termo "transnacional"[118]. Além disso, o termo "Direito Internacional" seria enganoso, pois a principal fonte normativa da disciplina seria nacional (leis, Constituição) e não internacional[119]. Quanto ao vocábulo "privado", o termo retrataria tão somente um dos objetos possíveis da disciplina, que são os fatos transnacionais de natureza privada, sem contar que induziria à percepção de uma natureza dispositiva (facultativa, à disposição dos interessados) das normas, quando, na realidade, a escolha das leis seria matéria de ordem pública.

A doutrina enumera uma série de tentativas de *termos alternativos*, que expõem a visão de cada doutrinador sobre o conteúdo da disciplina que se buscava denominar.

Para aqueles que defenderam ser a disciplina focada no confronto de normas (ou sistemas de direito), ou mesmo uma disciplina de sobredireito, foi natural a defesa de termos como (i) limite das leis no espaço (Savigny[120]); (ii) direito de limites espaciais (Pontes de Miranda[121]); (iii) nomantologia (estudo do confronto ou

---

[116] FOELIX, M. (Jean Jacques Gaspard). *Traité du droit international privé ou du conflit des lois de différentes nations en matière de droit privé*. 3. ed. Paris: Marescq et Dujardin, 1856, p. 1-2.

[117] Nussbaum aponta a "estranha mutação": um termo de origem europeia usado nos Estados Unidos e um termo de origem norte-americana tendo conquistado a Europa. NUSSBAUM, Arthur. *Principios de Derecho internacional privado*. Tradução de Alberto D. Schoo, Buenos Aires: Depalma, 1947, p. 12.

[118] Na crítica ao termo "internacional" no título da disciplina, Gomes de Castro chega a defender que foi a "pobreza das línguas modernas" que obrigou os intérpretes a usar a palavra – internacional – na temática. CASTRO, Augusto Olympio Gomes de. *Curso de Direito internacional privado*. Rio de Janeiro: Livraria Editora Leite Ribeiro Maurillo, 1920, p. 18.

[119] Pontes de Miranda, em 1935, mostrando a força do Direito internacional privado de matriz legal, sustentou que "(...) o Direito Internacional privado, Direito Público *interno*, e não *supraestatal*". Grifo no original. PONTES DE MIRANDA, Francisco Cavalcanti. *Tratado de Direito internacional privado*, t. I, Rio de Janeiro: José Olympio, 1935, p. 24. Retratando essa posição tradicional, Batalha sustentou (em 1977) que "(...) o Direito Internacional privado não é internacional, nem privado. É ramo do Direito público interno". BATALHA, Wilson de Souza Campos. *Tratado de direito internacional privado*, v. I, 2. ed. São Paulo: RT, 1977, p. 11.

[120] SAVIGNY, Friedrich Carl von. *Sistema do direito romano atual*, v. VIII. Tradução de Ciro Mioranga (edição original de 1849), Ijuí: Unijuí, 2004.

[121] PONTES DE MIRANDA, Francisco Cavalcanti. *Tratado de Direito internacional privado*, t. I, Rio de Janeiro: José Olympio, 1935, p. 4. Pontes de Miranda, contudo, entendia apropriado o uso do termo "Direito internacional privado", devendo o Direito Internacional Público ser denominado "Direito das Gentes". Op. cit., p. 9.

concorrência das leis no espaço – Pederneiras[122]); teoria dos conflitos das leis privadas (Despagnet[123]) e até (iv) "direito intersistemático" (Arminjon[124]). A existência desses e outros termos[125], contudo, não pode ser enumerada de modo descontextualizado, pois retratam (i) determinado momento histórico e (ii) a visão de cada doutrinador sobre o conteúdo e o(s) método(s) do DIPr.

Com a globalização e o fortalecimento do DIPr como disciplina voltada à gestão da diversidade normativa e jurisdicional vinculada aos fatos transnacionais, pode ser mencionada a denominação alternativa "direito das relações entre ordenamentos jurídicos"[126].

No Brasil, a opção por "Direito Internacional Privado" foi feita pela (i) doutrina, pela (ii) grade curricular das Faculdades de Direito e pela (iii) legislação, inclusive por normas constitucionais: a Constituição de 1934 estabeleceu que competia aos juízes federais julgar as "questões de direito internacional privado" (art. 81).

Os tratados celebrados pelo Brasil também usam, nos mais diversos momentos históricos, comumente, a expressão "direito internacional privado", como se vê na Convenção Pan-Americana de Direito Internacional Privado, de 1928, ou na Convenção Interamericana sobre Normas Gerais de Direito Internacional Privado, de 1979.

Obviamente, esse uso contínuo do termo *Direito Internacional Privado* pelas leis nacionais e tratados sobre a matéria recomendam a manutenção da denominação, com as seguintes observações sobre a riqueza e pluralidade da matéria: (i) suas fontes são múltiplas, de origem nacional e internacional (pluralidade das fontes); e (ii) seu objeto foca-se no indivíduo em todas as suas relações sociais.

---

[122] Para Pederneiras, "A Nomantologia (chamada impropriamente Direito internacional privado) prende-se ao estudo das normas aplicáveis, quando se encontram leis de diferentes Estados, sobre uma determinada relação de Direito; é um sistema de princípios referentes a leis de países distintos e à solução justa dessa concorrência de leis no espaço". Sem o grifo e nota de rodapé do original. Grafia atualizada. PEDERNEIRAS, Raul. *Direito internacional compendiado*. 10. ed. Rio de Janeiro: Freitas Bastos, 1953, p. 40.

[123] DESPAGNET, Frantz. *Droit International Privé*. 4. ed. Paris: Librairie de la Societé du Recueil Général des Lois et des Arrêts, 1904, p. 20.

[124] ARMINJON, P. *Précis de droit international privé*. 4. ed. Paris: Librairie Dalloz, 1927, p. 17.

[125] Enumerando todas essas diferentes denominações doutrinárias (sem contextualização), ver CASTRO, Amilcar de. *Direito internacional privado*. 5. ed. atualizado por Osíris Rocha, Rio de Janeiro: Forense, 2000, p. 101. Também ver capítulo "O problema da denominação" em STRENGER, Irineu. *Teoria geral do direito internacional privado*. São Paulo: Edusp/José Bushatsky Editor, 1973, p. 62-71. Também apontando as diferentes denominações, ver VALLADÃO, Haroldo. *Direito internacional privado*, v. I, 2. ed. Rio de Janeiro: Freitas Bastos, 1977, p. 47.

[126] BOGGIANO, Antonio. *Derecho internacional privado*: en la estructura jurídica del mundo actual. 6. ed. Buenos Aires: Abeledo Perrot, 2011, em especial p. 1.

4. FONTES DO DIREITO INTERNACIONAL PRIVADO

1. O PLURALISMO DE FONTES NO DIPr

A expressão *fontes do direito* é, antes de tudo, polissêmica: retrata, por um ângulo, os modos pelos quais as normas jurídicas são produzidas (fontes formais) e, por outro, os eventos sociais que geram as necessidades a serem reguladas pelas normas jurídicas (fontes materiais). As fontes materiais do DIPr são consequências dos fluxos que não obedecem às fronteiras políticas de um Estado, gerando os fatos transnacionais relativos à vida privada de um indivíduo.

O DIPr é caracterizado pelo pluralismo de fontes formais, uma vez que possui normas internacionais e nacionais que regulam a matéria[1]. Inicialmente, na fase iniciadora da disciplina (Escolas Estatutárias), as principais fontes da disciplina eram nacionais, uma vez que o foco da matéria era o estudo do alcance (territorial ou extraterritorial) dos usos e costumes da comunidade, ou seja, tratava-se do estudo de normas locais. Além disso, o DIPr estatutário constituiu-se em um conjunto de precedentes jurisprudenciais apoiados em interpretações doutrinárias sobre o alcance espacial de regras esparsas de origem legal ou costumeira. Faltava, assim, sistematicidade e generalização às fontes do DIPr estatutário[2].

Na fase clássica, o Direito Internacional Privado (DIPr), a princípio, desenvolveu-se por meio de normas nacionais. As codificações civilistas em especial forjaram o Direito Internacional Privado de matriz

---

[1] Conferir em CARVALHO RAMOS, André de. Pluralidade das fontes e o novo Direito internacional privado. *Revista da Faculdade de Direito da Universidade de São Paulo*, v. 109, jan./dez. 2014, p. 597-620. GAUDEMET-TALLON, Hélène. Le pluralisme en droit international privé: richesses et faiblesses (Le funambule et l'arc-en-ciel). *Recueil des Cours de l'Académie de Droit International de La Haye*, v. 312, 2005, p. 9-40.

[2] Para Khan-Freund: "Rules for the choice of law had been developed by courts and by learned writers for many centuries before the first attempts were made to give to some of them a legislative form". In: KHAN-FREUND, O. General problems of private international law. *Recueil des Cours de l'Académie de Droit International de La Haye*, v. 143, 1974, p. 139-474, em especial p. 226.

nacional (também chamado de "particularista" ou "nacionalista"), que ensejaram a existência de um "Direito Internacional Privado francês", um "Direito Internacional Privado brasileiro" etc. A diversidade do DIPr é ainda maior se levarmos em consideração a existência de Estados que permitem que as unidades subestatais editem regras de DIPr: assim, temos um "DIPr do Québec", um "DIPr da Califórnia", entre outros.

A partir do final do século XIX, a disciplina passou a contar também com fontes internacionais, visando à concretização do ideal de uniformidade e universalismo do tratamento normativo e jurisdicional do fato transnacional.

Após os pioneiros tratados de Lima (1878) e Montevidéu (1889), houve intenso processo de produção de normas internacionais de DIPr. Mesmo antes da crescente internacionalização da disciplina, a pluralidade de fontes já era detectada ou ambicionada. Savigny, ao mesmo tempo em que confiava na homogeneidade de valores de uma "comunidade de direito entre os diferentes povos", apontou a existência de alguns tratados celebrados pela Prússia e estados germânicos vizinhos sobre a disciplina. Porém, entendeu que esses tratados não criavam direito novo, pois eram somente a expressão da comunidade de direito entre os povos[3].

Brocher, no século XIX, apontou a insuficiência das fontes nacionais para regular o DIPr, que exigiria tratados internacionais cujas regras comuns preveniriam ou resolveriam os conflitos entre leis de Estados diferentes[4].

Mancini, como já visto acima, também defendeu a necessidade de internacionalização da disciplina, devendo os Estados universalizarem as regras de solução dos conflitos de leis civis e criminais por meio da adoção de tratados.

Desde então, o Direito Internacional Público (DI) impacta o DIPr em todos os seus segmentos em dois momentos: (i) no momento da elaboração e (ii) no momento da interpretação da norma internacional. Na determinação da jurisdição e na cooperação jurídica internacional, a incidência do DI é maior, pois abarca tratados, costumes internacionais e princípios gerais de Direito Internacional, como veremos nos capítulos específicos.

O conteúdo dessas normas internacionais é variado e consiste em:

(i) normas internacionais que uniformizam as regras materiais sobre fatos transnacionais, como a Convenção das Nações Unidas sobre Contratos de Compra e Venda Internacional de Mercadorias (1980);

(ii) normas internacionais que uniformizam as regras de concurso ou conflito de normas, como a Convenção Interamericana sobre Normas Gerais de Direito Internacional Privado[5];

---

[3] SAVIGNY, Friedrich Carl von. *Sistema do direito romano atual*, v. VIII, Tradução de Ciro Mioranga (edição original de 1849), Ijuí: Unijuí, 2004, p. 52.

[4] BROCHER, Charles. *Nouveau traité de droit international privé au double point de vue de la doutrine et de la pratique*. Paris: E. Thorin Éditor, 1876, em especial p. 16.

[5] Decreto n. 1.979, de 9 de agosto de 1996.

(iii) uniformização de regras materiais internas por tratados; o Brasil, por exemplo, ratificou as Convenções de Genebra de 1930 para adoção de uma *lei uniforme* em matéria de letras de câmbio e notas promissórias[6];

(iv) normas internacionais de *soft law*, que recomendam ações, em especial legislativas, aos Estados como a "Lei-Modelo sobre Arbitragem Comercial" da UNCITRAL, de 1985 (atualizada em 2006), bem como regras de conduta e guias jurídicos diversos, como, por exemplo, o *Guia de boas práticas sobre a mediação* da Conferência da Haia de Direito Internacional Privado sobre a subtração internacional de crianças;

(v) normas internacionais que formatam a jurisdição internacional, impedindo o uso extraterritorial abusivo da jurisdição estatal e, excepcionalmente, exigindo que o Estado exercite sua jurisdição;

(vi) normas internacionais sobre cooperação jurídica internacional, em suas variadas espécies, desde a citação, produção probatória no exterior e reconhecimento e execução de sentença estrangeira;

(vii) normas internacionais diversas, que incidem especialmente sobre os direitos dos indivíduos (por exemplo, normas internacionais de direitos humanos) e que são indispensáveis na regulação jurídica do direito à nacionalidade e mobilidade internacional humana, bem como em diversos aspectos específicos do DIPr, como estatuto pessoal, Direito Internacional Privado das famílias e das sucessões.

2. FONTES INTERNACIONAIS

2.1. Aspectos gerais

O Direito Internacional Público (DI)[7] consiste no conjunto de regras jurídicas que regula as relações (direitos e obrigações) dos membros da sociedade internacional aos quais se reconhece minimamente determinada subjetividade, tais como Estados, Organizações Internacionais, Santa Sé, beligerantes ou insurretos, movimentos de libertação nacional, e, de modo cada vez mais abrangente, indivíduos e pessoas jurídicas[8].

Na atualidade, há um crescimento exponencial do Direito Internacional Público, que contém normas que regulam todas as facetas da vida social, inclusive aquelas que, outrora, eram tidas como reflexo das opções e valores essenciais locais (direitos

---

[6] Assinada em 1930 e, após aprovação congressual e adesão brasileira, promulgada pelo Decreto n. 57.663, de 24 de janeiro de 1966.

[7] Ou, simplesmente, "Direito Internacional" (DI), como é comumente denominado, a partir da denominação "International Law" cunhada na obra de Bentham. BENTHAM, Jeremy. *An introduction to the principles of morals and legislation*, edição original de 1780, tendo utilizado a edição de 1823 (atualizada pelo próprio Bentham), p. 150. Disponível em: <http://www.early-moderntexts.com/assets/pdfs/bentham1780.pdf>. Último acesso em: 13 ago. 2022.

[8] BROTONS, Antonio Remiro. *Derecho internacional público*. Madrid: McGrall-Hill, 1997, p. 1.

humanos) ou mesmo consideradas de mero interesse nacional, como as normas processuais ou penais[9].

As fontes do DI são variadas e acompanham essa expansão frenética, a saber: (i) tratados; (ii) costume internacional; (iii) princípios gerais de direito reconhecidos pelos Estados; (iv) atos unilaterais dos Estados e as (v) deliberações vinculantes das organizações internacionais. Há ainda a doutrina e a jurisprudência, que, apesar de não serem fontes produtoras de normas, são extremamente importantes por estabelecer a interpretação internacionalista das normas e, assim, pautar a conduta da sociedade internacional[10].

Nessa linha expansiva, o Direito Internacional Público (DI) possui na atualidade normas sobre o objeto do Direito Internacional Privado (DIPr), a saber, a determinação ou escolha da jurisdição, a escolha da lei (norma de regência), cooperação jurídica internacional, nacionalidade e mobilidade internacional humana. Tais normas internacionais estão divididas em dois blocos: (i) as fontes convencionais (os tratados internacionais) e (ii) as fontes extraconvencionais, como veremos a seguir.

Por sua vez, são dois os modos pelos quais tais normas internacionais de DIPr podem ser implementadas: (i) o modo direto e (ii) o modo indireto. O modo direto é aquele realizado nos órgãos judiciais e arbitrais internacionais, que podem apreciar normas internacionais de DIPr, dando-lhes a interpretação internacionalista[11].

Já o modo indireto consiste na aplicação interna das normas internacionais de DIPr feita pelos intérpretes e julgadores locais, gerando o risco de interpretações distintas da mesma norma internacional a depender de cada Estado-Parte.

2.2. Tratados

2.2.1 Aspectos gerais e classificação: as convenções sociais, de procedimento e de escolha de leis

Os primeiros tratados de Direito Internacional Privado remontam ao século XIX, após a fase da estabilização conflitual da disciplina. A busca do universalismo

---

[9] Sobre o Direito Internacional Público, conferir, por todos, ACCIOLY, Hildebrando; NASCIMENTO E SILVA, G. E.; CASELLA, Paulo Borba (atual responsável). *Manual de direito internacional*. 21. ed. São Paulo: Saraiva, 2015. VARELLA, Marcelo. *Manual de direito internacional público*. São Paulo: Saraiva, 2009.

[10] Conforme aponta Casella, o art. 38 do Estatuto da Corte Internacional de Justiça possui papel sistematizador para determinar as fontes do Direito Internacional, a cujo rol devem ser acrescidos também "os atos emanados das organizações internacionais e os atos unilaterais dos estados como fontes do direito internacional". ACCIOLY, Hildebrando; NASCIMENTO E SILVA, G. E.; CASELLA, Paulo Borba (atual responsável). *Manual de direito internacional*. 21. ed. 2ª tiragem, São Paulo: Saraiva, 2015, em especial p. 146.

[11] O modo direto de determinação do conteúdo das fontes internacionais do DIPr é mais frequentemente visto no tocante às fontes convencionais (tratados). Atualmente, há diversos exemplos de decisões de órgãos internacionais sobre o DIPr, em especial órgãos de direitos humanos, como a Corte Europeia de Direitos Humanos e de integração econômica, como o Tribunal de Justiça da União Europeia.

normativo para obtenção de concretude ao universalismo *doutrinário* da matéria gerou os primeiros esforços sul-americanos e europeus. Os caminhos foram distintos: na Europa, a Conferência da Haia de Direito Internacional Privado almejou, desde sua primeira reunião em 1893, a elaboração de tratados sobre temas específicos, buscando aumentar a probabilidade de obter ratificações; já nas Américas, as conferências sul-americanas e depois pan-americanas foram ambiciosas e buscaram elaborar tratados compreensivos, o que redundou, em 1928, na elaboração do Código Bustamante, com 437 artigos e um conteúdo amplo de Direito Internacional Privado (com matéria criminal, inclusive).

Logo, os tratados de DIPr podem ser de dois tipos: (i) os *gerais*, que contém codificação abrangente da disciplina, e os (ii) *temáticos*, que se restringem a determinado tópico da matéria.

São poucos os tratados de DIPr *gerais*, sendo o mais expressivo o Código Bustamante, de 1928, de cunho regional americano. No plano global, a Conferência da Haia de Direito Internacional Privado optou por enfoque setorial, preferindo ofertar aos Estados tratados temáticos, que são mais facilmente elaborados e ratificados pelos Estados. Mesmo no plano regional americano, as Conferências Especializadas em Direito Internacional Privado (CIDIPs) da Organização dos Estados Americanos (OEA) optaram pelas convenções temáticas, com a exceção da Convenção Interamericana sobre Normas Gerais de Direito Internacional Privado (1979)[12]. Maekelt denomina essa preferência das CIDIPs de codificação *gradual* ou *progressiva*[13].

Por outro lado, há codificações nacionais gerais de DIPr em vários Estados, como Alemanha, Suíça, Itália e Argentina. Mesmo no Brasil, a Lei de Introdução às Normas do Direito Brasileiro (Lei n. 12.376/10, combinado com Decreto-Lei n. 4.657/42) cumpre, *grosso modo* e ao menos parcialmente, essa função de código geral de DIPr. Com isso, os usuais tratados de DIPr *temáticos* – grande maioria dos tratados de DIPr – não puderam substituir os códigos nacionais da disciplina.

A regulação convencional internacional não é simétrica em termos *geográficos*. Há uma forte regionalização (com Europa e Américas liderando a produção convencional) e ainda uma lacuna a ser preenchida em termos globais pela ONU. Além disso, a integração econômica regional na União Europeia e no Mercosul impulsiona, atualmente, a produção convencional sobre o DIPr, o que desequilibra novamente a regulação, uma vez que exclui os Estados que não participam desses blocos regionais.

Quanto ao tipo de tema de DIPr enfocado pelos tratados de DIPr, a assimetria subsiste. Há maior desenvolvimento de tratados nos segmentos "concurso de normas"

---

[12] Promulgada internamente pelo Decreto n. 1.979, de 9 de agosto de 1996.

[13] MAEKELT, Tatiana B. de. General Rules of Private international law in the Americas. New Approach. *Recueil des Cours de l'Académie de Droit International de La Haye*, v. 117, 1982, p. 193-379, em especial p. 221 e s.

e "cooperação jurídica", mas mesmo nesses persistem lacunas envolvendo determinados temas (por exemplo, o fato transnacional consumerista), sem contar a necessidade de mais tratados delimitadores da jurisdição internacional e circulação ampla dos produtos judiciais estrangeiros.

Além do desenvolvimento falho, o próprio conteúdo de vários tratados compromete a sua promessa de uniformização e previsibilidade, ao dispor que os dispositivos convencionais possam ser desconsiderados se sua observância violar a ordem pública do foro[14].

Os tratados de DIPr são aplicáveis, em geral, sobre os fatos transnacionais com vínculo com os Estados-Partes. Assim, salvo disposição convencional em sentido contrário, o tratado não se aplica genericamente a todo e qualquer fato transnacional, mas somente àqueles que são vinculados aos Estados contratantes. Por isso, além de saber se o Brasil celebrou ou não determinado tratado, é importante verificar se o Estado estrangeiro, cujo ordenamento tem o potencial para ser utilizado, também é parte.

Por sua vez, é possível classificar os tratados de Direito Internacional Privado (DIPr) em quatro categorias: (i) convenções sociais sobre proteção de direitos; (ii) convenções de procedimento; (iii) convenções sobre lei aplicável; e (iv) convenções de mobilidade humana[15].

As **convenções sociais** de DIPr (ou convenções sociais de proteção de direitos) consistem em convenções que possuem, além do objetivo de regular um dos segmentos tradicionais da disciplina (concurso de normas; jurisdição internacional e cooperação jurídica internacional), o objetivo de proteger os direitos humanos dos envolvidos.

As **convenções de procedimento** do DIPr dizem respeito à definição de jurisdição internacional e à cooperação jurídica internacional, o que abarca especialmente a temática da assistência jurídica internacional (carta rogatória e auxílio direto) e o reconhecimento e execução de decisões estrangeiras.

As **convenções sobre a lei aplicável** abordam a temática do concurso de normas, explicitando as regras de conexão e adotando, eventualmente, regras diretas de regulação do fato transnacional.

As **convenções de mobilidade humana** abarcam os tratados sobre nacionalidade (e combate à apatridia), os referentes à mobilidade internacional humana.

---

[14] A cláusula de desconsideração do tratado em respeito à ordem pública do Estado contratante consta, por exemplo, de diversas Convenções da Haia de Direito internacional privado adotadas desde 1951.

[15] BUCHER, A. L'ordre public et le but social des lois en droit international privé. *Recueil des Cours de l'Académie de Droit International de La Haye*, v. 239, 1993, p. 9-116, em especial p. 32-35.

2.2.2 Os tratados da Conferência da Haia de Direito Internacional Privado ratificados pelo Brasil

Como já visto, o Brasil foi parte do Estatuto da Conferência de 1972 a 1978. Em 2001, voltou a ser parte do seu Estatuto[16], tendo já ratificado oito convenções, que podem ser divididas em: (i) convenções sociais sobre proteção de direitos; (ii) convenções de procedimento; e (iii) convenções sobre a lei aplicável.

(i) convenções sociais sobre proteção de direitos

- Convenção sobre os Aspectos Civis do Sequestro Internacional de Crianças, concluída em Haia, em 25 de outubro de 1980. Incorporada internamente pelo Decreto n. 3.413, de 14 de abril de 2000.
- Convenção sobre Cooperação Internacional e Proteção de Crianças e Adolescentes em Matéria de Adoção Internacional, concluída em Haia, em 29 de maio, incorporada internamente pelo Decreto n. 3.087, de 21 de junho de 1999;
- Convenção sobre a Cobrança Internacional de Alimentos para Crianças e Outros Membros da Família, de 2007, concluída em Haia, em 23 de novembro de 2017, incorporada internamente pelo Decreto n. 9.176, de 19 de outubro de 2017.

(ii) convenções de procedimento

- Convenção sobre a Obtenção de Provas no Estrangeiro em matéria Civil ou Comercial, concluída em Haia, em 18 de março de 1970, incorporada internamente pelo Decreto n. 9.039, de 27 de abril de 2017.
- Convenção sobre o Acesso Internacional à Justiça, concluída em Haia, em 25 de outubro de 1980, incorporada internamente pelo Decreto n. 8.343, de 13 de novembro de 2014.
- Convenção sobre a Eliminação da Exigência de Legalização de Documentos Públicos Estrangeiros (Convenção da Apostila), concluída em Haia, em 5 de outubro de 1961, incorporada internamente pelo Decreto n. 8.660, de 29 de janeiro de 2016.
- Convenção Relativa à Citação, Intimação e Notificação no Estrangeiro de Documentos Judiciais e Extrajudiciais em Matéria Civil e Comercial, concluída em Haia em 15 de novembro de 1965, incorporada internamente pelo Decreto n. 9.734, de 20 de março de 2019.

(iii) convenções sobre a lei aplicável

- Protocolo sobre a Lei Aplicável às Obrigações de Prestar Alimentos, concluída em Haia, em 23 de novembro de 2017, incorporada internamente pelo Decreto n. 9.176, de 19 de outubro de 2017.

---

[16] O Estatuto foi incorporado internamente pelo Decreto de Promulgação n. 3.832, de 1º de junho de 2001.

2.2.3 Os tratados celebrados sob os auspícios da Organização dos Estados Americanos

Os esforços de codificação internacional do DIPr nas Américas são antigos. Na fase anterior à criação da Organização dos Estados Americanos (OEA), a então existente União Pan-Americana fomentou a adoção de diversos tratados na matéria, tendo o Brasil celebrado a Convenção Pan-Americana de Direito Internacional Privado, de 1928 (o Código Bustamante)[17].

Após a criação, em 1948, da OEA, o desenvolvimento de tratados de DIPr foi realizado no seio de Conferência Especializada Interamericana sobre Direito Internacional Privado, cuja primeira edição ocorreu em 1975 e já está na sua sétima edição (ainda não completada).

Dos 22 tratados temáticos adotados no seio dessas Conferências Especializadas, o Brasil celebrou 14, a seguir mencionados e inseridos em três categorias: (i) convenções sociais de DIPr (convenções sociais de proteção de direitos); (ii) convenções de procedimento; e (iii) convenções sobre lei aplicável. O Código Bustamante, por ser geral, engloba temas das três categorias.

(i) convenções sociais de proteção de direitos

- Convenção interamericana sobre conflitos de leis em matéria de adoção de menores de 1984, ratificada em 3-7-1997 e incorporada internamente pelo Decreto n. 2.429, de 17 de dezembro de 1997.
- Convenção interamericana sobre restituição internacional de menores de 1989, ratificada em 3-5-1994 e incorporada internamente pelo Decreto n. 1.212, de 3 de agosto de 1994.
- Convenção interamericana sobre obrigação alimentar de 1989, ratificada em 16-6-1997 e incorporada internamente pelo Decreto n. 2.428, de 17 de dezembro de 1997.
- Convenção interamericana sobre tráfico internacional de menores de 1994, ratificada em 3-7-1997 e incorporada internamente pelo Decreto n. 2.740, de 20 de agosto de 1998.

(ii) convenções de procedimento

- Convenção interamericana sobre arbitragem comercial internacional de 1975, ratificada em 31-8-1995 e incorporada internamente pelo Decreto n. 1.979, de 9 de agosto de 1996.
- Convenção interamericana sobre cartas rogatórias de 1975, ratificada em 31-8-1995 e incorporada internamente pelo Decreto n. 1.898, de 9 de maio de 1996.
- Convenção interamericana sobre regime legal das procurações a serem usadas no exterior de 1975, ratificada em 17-3-1994 e incorporada internamente pelo Decreto n. 1.213, de 3 de agosto de 1994.

---

[17] Promulgado internamente pelo Decreto n. 18.871, de 13 de agosto de 1929.

- Convenção interamericana sobre a eficácia territorial de sentenças e laudos arbitrais de 1979, ratificada em 31-8-95 e incorporada internamente pelo Decreto n. 2.411, de 2 de dezembro de 1997.
- Convenção interamericana sobre prova e informação acerca do direito estrangeiro de 1979, ratificada em 31-8-1995 e incorporada internamente pelo Decreto n. 1.925, de 10 de junho de 1996.
- Protocolo adicional à convenção interamericana sobre cartas rogatórias de 1979, ratificada em 31-8-1995 e incorporada internamente pelo Decreto n. 2.022, de 7 de outubro de 1996.

(iii) convenções sobre lei aplicável

- Convenção interamericana sobre conflitos de leis em matéria de cheques de 1979, ratificada em 3-5-1994 e incorporada internamente pelo Decreto n. 1.240, de 15 de setembro de 1994.
- Convenção interamericana sobre conflitos de leis em material de sociedades mercantis de 1979, ratificada em 31-8-1995 e incorporada internamente pelo Decreto n. 2.400, de 21 de novembro de 1997.
- Convenção interamericana sobre normas gerais de Direito Internacional Privado de 1979, ratificada em 31-8-1995 e incorporada internamente pelo Decreto n. 1.979, de 9 de agosto de 1996.
- Convenção interamericana sobre personalidade e capacidade das pessoas jurídicas em Direito internacional privado de 1984, ratificada em 30-1-1997 e incorporada internamente pelo Decreto n. 2.427, de 17 de dezembro de 1997.

2.2.4 Os tratados celebrados no Mercosul

O esforço de integração regional impulsionou a redação de tratados do DIPr. No Mercado Comum do Sul (Mercosul), os tratados celebrados pelo Brasil podem ser divididos nas seguintes categorias: (i) convenções de procedimento e (ii) convenções sobre lei aplicável.

(i) convenções de procedimento

- Acordo sobre o benefício da justiça gratuita e a assistência jurídica gratuita entre os Estados-Partes do Mercosul, Bolívia e Chile (2000), incorporado internamente pelo Decreto n. 6.679/2008.
- Protocolo de Cooperação e Assistência Jurisdicional em Matéria Civil, Comercial, Trabalhista e Administrativa ("Protocolo de Las Leñas", 1992), incorporado internamente pelo Decreto n. 2.067/96.
- Protocolo de Medidas Cautelares (1994), incorporado internamente pelo Decreto n. 2.626/98.
- Protocolo sobre Jurisdição Internacional em Matéria Contratual ("Protocolo de Buenos Aires", 1994), incorporado internamente pelo Decreto n. 2.095/96.

- Acordo sobre Arbitragem Comercial Internacional do Mercosul (1998), incorporado internamente pelo Decreto n. 4.719/2003.
- Protocolo de Santa Maria sobre Jurisdição Internacional em matéria de relações de consumo (ainda não em vigor).

(ii) convenções sobre lei aplicável

- Protocolo de Defesa da Concorrência no Mercosul ("Protocolo de Fortaleza", 1997), incorporado internamente pelo Decreto n. 6.602/2000.
- Protocolo sobre Comércio de Serviços do Mercosul ("Protocolo de Montevidéu", 1997), incorporado internamente pelo Decreto n. 6.480/2008.
- Protocolo de São Luiz sobre Matéria de Responsabilidade Civil Emergente de Acidentes de Trânsito entre os Estados-Partes do Mercosul, de 1996, incorporado internamente pelo Decreto n. 3.856, de 3 de julho de 2001.

Contudo, os tratados mercosulinos listados acima não contemplaram conteúdo distinto dos demais tratados de DIPr celebrados pelo Brasil: *nenhum* tratamento privilegiado ao Mercosul foi acordado, o que seria compatível com um ambiente de integração, no qual a confiança entre os membros é maior.

Por exemplo, o "Protocolo de Las Leñas" continua a utilizar o óbice da "ordem pública", para o não cumprimento do pleito cooperacional (art. 8º). Assim, reproduziram-se requisitos tradicionais da cooperação jurídica internacional encontrados em tratados celebrados pelo Brasil com Estados terceiros, como se o pertencimento ao Mercosul não fosse um diferencial considerável – afinal, subjacente ao desejo de integração está uma confiança recíproca nas instituições democráticas de cada um dos parceiros. Diferentemente, na União Europeia, a cooperação jurídica internacional avança fundada em um paradigma da confiança, abolindo-se diversos requisitos tradicionais da matéria[18].

2.2.5 ONU e UNIDROIT

O Brasil ratificou também tratados de DIPr celebrados no âmbito da Organização das Nações Unidas (ONU) e da Unificação do Direito Privado (UNIDROIT), como se vê:

(i) convenções sociais de proteção

- Convenção da ONU sobre Prestação de Alimentos no Exterior de 1956, incorporada internamente pelo Decreto n. 56.826/65.
- Convenção UNIDROIT sobre bens culturais furtados ou ilicitamente exportados (1995, ratificada pelo Brasil e incorporada internamente pelo Decreto n. 3.166/99).

---

[18] Sobre o paradigma da confiança, ver ABADE, Denise Neves. *Direitos fundamentais na cooperação jurídica internacional.* São Paulo: Saraiva, 2013.

(ii) convenções de procedimento
- Convenção da ONU sobre Reconhecimento e a Execução de Sentenças Arbitrais Estrangeiras (Nova York, 1958), incorporada internamente pelo Decreto n. 4.311/2002.

(iii) convenções sobre lei aplicável ou convenções de direito uniforme
- Convenção da ONU sobre Contratos Internacionais de Venda de Mercadorias (Viena, 1980), incorporada internamente pelo Decreto n. 8.327/2014.
- Convenções para adoção de uma lei uniforme em matéria de letras de câmbio e notas promissórias (Convenção para adoção de uma lei uniforme sobre letras de câmbio e notas promissórias, anexos e protocolo; Convenção destinada a regular conflitos de leis em matéria de letras de câmbio e notas promissórias, com Protocolo; Convenção relativa ao imposto de selo em matéria de letras de câmbio e de notas promissórias, com Protocolo), que foram adotadas antes da criação da ONU, tendo todas sido incorporadas internamente pelo Decreto n. 57.663/66.

2.2.6 O efeito *inter partes* ou *erga omnes* dos tratados

Em geral, os tratados internacionais de Direito Internacional Privado possuem efeito *inter partes*, ou seja, incidem somente sobre fatos transnacionais com vínculos com os Estados-Partes.

Excepcionalmente, os próprios tratados de DIPr podem determinar sua incidência sobre fatos realizados em Estados não partes, como, por exemplo, a Convenção de Nova York sobre laudos arbitrais de 1958, que expressamente determina sua aplicação sobre todas as decisões arbitrais realizadas no estrangeiro, salvo reserva expressa do Estado (com a reserva, a Convenção incide somente em relação aos laudos arbitrais realizados em outro Estado contratante)[19].

Os tratados podem ainda: (i) influenciar legislador do DIPr nacional, que pode reproduzir, em leis domésticas, o conteúdo de dispositivo convencional; (ii) ser utilizados como referência, pela lei interna[20].

2.2.7 A interpretação dos tratados de DIPr

Para interpretar os tratados, devem ser utilizadas as regras gerais de interpretação previstas na Convenção de Viena sobre Direito dos Tratados (1969), em especial nos seus arts. 31 a 33[21].

---

[19] REMIRO BRETONS, A. La reconnaissance et l'exécution des sentences arbitrales étrangères. *Recueil des Cours de l'Académie de Droit International de La Haye*, v. 184, 1984, p. 169-354.

[20] O art. 93 da lei suíça de DIPr dispõe que a validade dos testamentos é regida quanto à forma pela Convenção da Haia, de 5 de outubro de 1961, sobre os conflitos de leis em matéria de forma das disposições testamentárias.

[21] Ver Parte I, Capítulo 4, item 7, sobre a interpretação das normas internacionais de DIPr.

Também é possível que determinado tratado de DIPr possua regra própria de interpretação, como é o caso do art. 16 da Convenção da Haia sobre a lei aplicável aos contratos de compra e venda internacional de mercadorias, que dispõe que, "para os efeitos de interpretação da presente Convenção, será levado em consideração seu caráter internacional e a necessidade de promover a uniformidade em sua aplicação".

Mesmo na existência de apelo expresso em determinado tratado à obediência da interpretação internacional, é possível que os tribunais nacionais *insistam* na aplicação local desvirtuada de determinada Convenção de DIPr. Nessa hipótese, há três opções para que seja *restaurada* a interpretação internacionalista do DIPr:

(i) Uso dos métodos internacionais de solução de controvérsia, como, por exemplo, a provocação da Corte Internacional de Justiça ou instituição de solução arbitral. Cabe lembrar que, em geral, os Estados não inserem nos tratados de DIPr uma cláusula de adjudicação de futuras controvérsias à Corte Internacional de Justiça ou mesmo à arbitragem. Deve existir, então, o consenso dos Estados – posterior ao litígio – para que a questão seja submetida a órgão judicial ou arbitral. Além disso, sem a provocação dos Estados, a "interpretação nacionalista" divergente será mantida.

(ii) Atuação de tribunais judiciais regionais de direitos humanos, como a Corte Europeia de Direitos Humanos e a Corte Interamericana de Direitos, que podem ser invocados para tratar da interpretação de direitos humanos violados na ocorrência de fato transnacional de relevo para o DIPr, como, por exemplo, casos envolvendo as *convenções sociais de Direito Internacional Privado* (adoção, sequestro internacional de menores etc.)[22].

(iii) Atuação de tribunais de integração regional, como o Tribunal de Justiça da União Europeia ou o sistema de solução arbitral do Mercosul (e seu Tribunal Permanente de Revisão), que podem ser acionados para zelar pela interpretação das normas de integração referentes ao DIPr.

2.3. As fontes extraconvencionais

2.3.1 Aspectos gerais

As fontes extraconvencionais do Direito Internacional consistem no costume internacional, princípios gerais de direito comuns aos Estados e do Direito Internacional, resoluções vinculantes de organizações internacionais e atos unilaterais.

---

[22] No caso do sequestro internacional de crianças, regulado pela Convenção da Haia de 1980, há precedentes da Corte Europeia de Direitos Humanos (por exemplo, *Ignaccolo-Zenide* vs. *Romênia*, julgamento de 25 de janeiro de 2000) e precedentes da Comissão Interamericana de Direitos Humanos (por exemplo, o *Caso 11.676, X e Z* vs. *Argentina*, decisão de 3 de outubro de 2000). Ver adiante o capítulo específico sobre o sequestro internacional de crianças no DIPr.

2.3.2 O costume internacional

O costume internacional consiste na prática reiterada de Estados com convicção de obrigatoriedade. Os dois elementos do costume são: (i) prática reiterada ao longo do tempo (*consuetudo*)[23] e (ii) convicção de existência de uma obrigação jurídica em realizar tal conduta (*opinio juris sive necessitatis*), que foram reconhecidos pela Corte Internacional de Justiça no julgamento do *caso da Plataforma Continental do Mar do Norte* (1969)[24].

Essa exigência dos "dois elementos" dificulta o reconhecimento da existência de costume internacional no DIPr. Para Bustamante, não havia, na primeira metade do século XX, costumes internacionais reconhecidos sobre a disciplina[25]. Posteriormente, Valladão, já na segunda metade do século XX, reiterou essa posição, defendendo que o costume internacional é "fonte escassa" do DIPr, pois não há prática reiterada e uniforme dos Estados a respeito do conteúdo do DIPr[26].

Entre os autores que reconhecem a existência de costume internacional, Pillet sustentou, no início do século passado, que a regra "a lei do lugar rege as condições de celebração de um ato" (*locus regit actum*) já seria regra costumeira, pela sua ampla aceitação entre os Estados[27].

Posteriormente, Maury defendeu que a possibilidade de aplicação do direito estrangeiro para os fatos transnacionais *era costume internacional* já nos anos 1930, uma vez que contava com (i) a prática dos Estados e (ii) a convicção de obrigatoriedade. Para Maury, mesmo Estados mais restritivos ao uso da norma estrangeira (como, à época, a União Soviética), nunca chegaram a exigir a exclusividade de aplicação da lei local. Recusar totalmente as leis estrangeiras significaria negar a existência das demais soberanias, ofendendo o costume internacional de relacionamento pacífico entre os Estados. Assim, para Maury, "o direito dos conflitos tem seu fundamento em uma obrigação costumeira de direito internacional público"[28].

Décadas mais tarde, Yasseen defendeu que a obrigação de cooperação prevista na Carta das Nações Unidas exige que os Estados limitem seu poder discricionário

---

[23] ACCIOLY, Hildebrando; NASCIMENTO E SILVA, G. E.; CASELLA, Paulo Borba (atual responsável). *Manual de direito internacional*. 21. ed. 2ª tiragem, São Paulo: Saraiva, 2015, em especial p. 153-154.

[24] Corte Internacional de Justiça, *Caso da Plataforma Continental do Mar do Norte* (Alemanha *vs.* Dinamarca e Alemanha *vs.* Holanda), julgamento de 20 de fevereiro de 1969, I.C.J. Reports 1969.

[25] BUSTAMANTE Y SIRVEN, Antonio Sánchez de. *Derecho internacional privado*, t. I, 2. ed. Habana: Habana Cultural, 1934, p. 51.

[26] VALLADÃO, Haroldo. *Direito internacional privado*, v. I, 2. ed. Rio de Janeiro: Freitas Bastos, 1977, p. 92.

[27] PILLET, Antoine. *Principes de droit international privé*. Paris: Pedone/Allier Frères, 1903, em especial p. 111.

[28] MAURY, Jacques. Règles générales des conflits de lois. *Recueil des Cours de l'Académie de Droit International de La Haye*, v. 57, 1936, p. 325-570, especial p. 356. Tradução minha.

em editar regras nacionais de Direito Internacional Privado, em nome da cooperação mútua e coexistência pacífica sem abuso de direito e em boa-fé. Consequentemente, o Direito Internacional Privado repousaria em uma obrigação costumeira bem estabelecida, de aceitação da possibilidade de uso do direito estrangeiro para a regência dos fatos transnacionais[29].

Nessa disputa doutrinária, é necessário investigar e comprovar a prática pelos Estados. Para Ferrari Bravo, há vários métodos para provar a *prática* dos Estados que concretiza o costume internacional. Adaptando para o DIPr, é importante, para comprovar o costume, as seguintes práticas referentes: (i) à posição do Estado na sua participação em organizações especializadas no DIPr; (ii) à assinatura de tratados não ratificados de DIPr; (iii) ao endosso do Estado de declarações e outros instrumentos não vinculantes, que impactem o DIPr; e (iv) às declarações e notas diplomáticas[30].

No caso do DIPr, entendo que: i) na jurisdição internacional, há costume internacional claro na determinação dos limites da jurisdição de cada Estado[31]; ii) na cooperação jurídica internacional, o costume internacional tem alcance limitado ao reconhecimento do dever genérico de cooperar, que, contudo, não elimina a possibilidade de o Estado negar-se a cooperar alegando desrespeito à sua ordem pública; iii) no concurso ou concorrência de leis, não há prática uniforme dos Estados no tocante aos métodos ou ainda no que tange à aplicação da lei estrangeira sem exceção aos fatos transnacionais da vida privada. Mesmo os Estados que habitualmente reconhecem e aplicam leis estrangeiras mantêm a cláusula de respeito à ordem pública como fator de exclusão da norma estrangeira; iv) na determinação da nacionalidade e mobilidade internacional humana imperam, em geral, os tratados.

2.3.3 Os princípios gerais de Direito Internacional Privado

No plano internacional, os princípios consistem em enunciados gerais que servem para auxiliar a interpretação e ainda integrar lacunas das normas expressas do ordenamento. Os princípios gerais no Direito Internacional são de duas espécies: (i) os princípios gerais de Direito comuns aos Estados[32] e (ii) os princípios

---

[29] YASSEEN, Mustafa Kamil. Principes généraux de Droit International Privé. *Recueil des Cours de l'Académie de Droit International de La Haye*, v. 116, 1965, p. 383-491, em especial p. 389 e 395.

[30] FERRARI BRAVO, Luigi. Méthodes de recherche de la coutume internationale dans la pratique des états. *Recueil des Cours de l'Académie de Droit International de La Haye*, v. 192, 1985, p. 341-452.

[31] Ver capítulo deste *Curso* sobre a jurisdição internacional no DIPr.

[32] De acordo com o art. 38, § 1º, *c*, do Estatuto da Corte Internacional de Justiça (redação dada pelo Estatuto da Corte Permanente de Justiça Internacional), esta aplicará, na solução dos litígios, os "princípios gerais de direito reconhecidos pelas nações civilizadas". Para Casella, "é de lamentar que do Estatuto da CIJ não se tenha expurgado a referência aos *princípios 'reconhecidos pelas nações civilizadas'*, por se tratar de anacronismo, 'politicamente incorreto', que lembra o período anterior à primeira guerra mundial, quando o direito internacional, de inspiração eurocêntrica, ainda padecia da pretensão da projeção civilizadora, em relação ao

gerais extraídos do próprio Direito Internacional[33]. Tais princípios são fontes não escritas, reveladas por precedentes internacionais a partir da prática dos Estados. Já as construções principiológicas doutrinárias serão estudadas no capítulo referente à doutrina.

Em ambas as espécies, os princípios caracterizam-se pela abertura, servindo para (i) integrar as lacunas do Direito Internacional e ainda para (ii) balizar a interpretação das demais normas. Essa "dupla finalidade" dos princípios gerais no Direito Internacional os torna instrumentos de ordenação sistemática formal e material do ordenamento e, ainda, mecanismos de atualização normativa diante das inovações do contexto internacional.

Os princípios gerais são contextuais, ou seja, revelados no âmbito de uma determinada época e momento histórico[34]. No tocante aos princípios de direito comuns aos Estados, o esforço doutrinário em encontrar as bases comuns aos Direitos nacionais é sempre polêmico, uma vez que há nuances e divergências mesmo entre ordenamentos com raízes comuns[35].

Por outro lado, a extração de princípios gerais no próprio plano internacional possui a vantagem de, preliminarmente, contar com a aceitação dos próprios Estados, uma vez que se originam de normas internacionais. Nessa linha, o DIPr contemporâneo caracteriza-se pela gestão da diversidade normativa e jurisdicional da vida privada do indivíduo, em um contexto marcado pelo respeito à diversidade e direitos humanos. Por isso, os princípios gerais (reconhecidos em precedentes internacionais) no Direito Internacional Público e no Direito Internacional dos Direitos Humanos que impactam essa gestão da diversidade são, ao mesmo tempo, fontes do DIPr.

Veremos, a seguir, os princípios de direito no DIPr extraídos da ordem internacional.

---

resto do mundo". Grifos do original retirados. ACCIOLY, Hildebrando; NASCIMENTO E SILVA, G. E.; CASELLA, Paulo Borba (atual responsável). *Manual de direito internacional.* 21. ed. 2ª tiragem, São Paulo: Saraiva, 2015, em especial p. 178.

[33] Reconhecendo as "duas categorias de princípios gerais de Direito como fontes do Direito Internacional", ver PEREIRA, André Gonçalves; QUADRO, Fausto de. *Manual de direito internacional público.* Coimbra: Almedina, 1993, p. 262. Na mesma linha, CRAWFORD, James. *Brownlie's principles of public international Law.* 8. ed. Oxford: Oxford University Press, 2012, p. 37.

[34] Sobre a contextualidade dos princípios, conferir em ROTHENBURG, Walter Claudius. *Princípios Constitucionais.* Porto Alegre: Fabris, 1999, p. 52.

[35] Buscando essas bases comuns, ver RIPERT, Georges. Les règles du droit civil applicables aux rapports internationaux: (contribution à l'étude des principes généraux du droit visés au statut de la Cour permanente de justice internationale). *Recueil des Cours de l'Académie de Droit International de La Haye,* v. 44, 1933, p. 565-664. Em sentido contrário, sustentando que os princípios gerais comuns aos Estados são "modestos" e, no máximo, é possível encontrar princípios consensuais extremamente amplos, ver MAYER, Pierre. L'autonomie de l'arbitre international dans l'appréciation de sa propre compétence. *Recueil des Cours de l'Académie de Droit International de La Haye,* v. 217, 1989, p. 319-454, em especial p. 423-424.

2.3.3.1 O princípio da proteção e respeito à dignidade humana

O princípio da proteção e respeito à dignidade humana consiste no reconhecimento de que cada indivíduo – nacional ou estrangeiro – envolvido nos fatos transnacionais tem o direito de ser respeitado pelos demais e também deve reciprocamente respeitá-los. A *dignidade humana* consiste na *qualidade* intrínseca e distintiva de cada ser humano, que o protege contra todo tratamento degradante e discriminação odiosa, bem como assegura condições materiais mínimas de sobrevivência[36].

Esse princípio do DIPr advém dos diversos textos internacionais sobre os direitos humanos, a começar pela Declaração Universal de Direitos Humanos (1948), que estabelece, no seu preâmbulo, a *necessidade de proteção da dignidade humana* por meio da proclamação dos direitos elencados naquele diploma, estabelecendo, em seu art. 1º que "todos os seres humanos nascem livres e iguais, em *dignidade* e direitos".

Os dois Pactos Internacionais (sobre direitos civis e políticos e sobre direitos sociais, econômicos e culturais) da Organização das Nações Unidas têm idêntico reconhecimento, no preâmbulo, da *"dignidade* inerente a todos os membros da família humana". A Convenção Americana sobre Direitos Humanos exige o respeito devido à "dignidade inerente ao ser humano" (art. 5º).

No plano da integração europeia, a situação não é diferente. Simbolicamente, a dignidade humana está prevista no art. 1º da Carta de Direitos Fundamentais da União Europeia de 2000 (atualizada em 2007), que determina que a dignidade do ser humano é inviolável, devendo ser respeitada e protegida.

Tanto nos diplomas internacionais quanto nas legislações nacionais, a dignidade humana é inscrita como princípio geral ou fundamental[37]. Por isso, não se pode excluir da gestão da diversidade normativa e jurisdicional (finalidade do novo DIPr contemporâneo) a defesa da dignidade humana, que é valor central do Direito Internacional da atualidade[38].

---

[36] SARLET, Ingo Wolfgang. *Dignidade da pessoa humana e direitos fundamentais.* Porto Alegre: Livraria do Advogado, 2001, p. 60.

[37] Ensina Paulo Borba Casella que a efetividade dos direitos humanos é ainda uma tarefa que não se encontra, ainda, plenamente realizada. *In verbis:* "(...) aceita como ideia motriz, a dignidade humana passa a integrar o direito internacional pós-moderno, mas ainda se terá de traduzir na efetividade deste acolhimento e desta proteção". CASELLA, Paulo Borba. Direito Internacional e dignidade humana. In: CASELLA, Paulo Borba; CARVALHO RAMOS, André de (Org.). *Direito Internacional:* homenagem a Adherbal Meira Mattos. São Paulo: Quartier Latin, 2008, p. 223-343, em especial p. 343.

[38] Cançado Trindade aponta o impacto da defesa da dignidade humana e dos direitos dos indivíduos na formação do novo Direito Internacional: "The pursuance of the common and superior interests of humankind cannot simply be left to the vicissitudes of market negotiations and transactions". Nessa linha, adaptando esse ensinamento de Cançado Trindade ao DIPr, os interesses comerciais associados ao desenvolvimento do DIPr não podem gerar a violação da dignidade e dos direitos da pessoa. CANÇADO TRINDADE, Antônio Augusto. *International law for humankind*: towards a new *jus gentium*. Leiden/Boston: Martinus Nijhoff Publishers, 2010, p. 28.

Dito de outro modo, a dignidade humana implanta a unidade axiológica ao Direito Internacional Privado, fornecendo um substrato material para que os seus comandos possam ser interpretados[39].

2.3.3.2 O princípio da igualdade de tratamento e vedação da discriminação

O princípio da igualdade no DIPr consiste na *exigência de um tratamento sem discriminação odiosa a todos os envolvidos nos fatos transnacionais, que assegure a fruição adequada de uma vida digna*. A igualdade é um *atributo de comparação* do tratamento dado a todos os seres humanos, visando assegurar uma vida digna a todos, nacionais ou estrangeiros, sem privilégios odiosos[40].

O fundamento do reconhecimento do princípio da igualdade no DIPr é a universalização dos direitos humanos, uma vez que todos os seres humanos – nacionais ou estrangeiros – são iguais em direitos, devendo usufruir das condições que possibilitem a sua fruição. Nessa linha, a igualdade consta do artigo I da Declaração *Universal* dos Direitos Humanos, que dispõe que "todas as pessoas nascem *livres e iguais* em *dignidade* e direito".

É possível, ainda, subdividir a igualdade em duas categorias, a saber: a igualdade formal e a igualdade efetiva ou material. A igualdade formal é a *igualdade perante a lei,* que exige *tratamento idêntico* para todas as pessoas, submetidas à lei. Essa forma de entender a igualdade não leva a busca da igualdade de condições materiais nem critica eventuais lacunas da lei. A *igualdade efetiva ou material* vai além do reconhecimento da igualdade perante a lei: busca a erradicação da pobreza e de outros fatores de inferiorização que impedem a plena realização das potencialidades do indivíduo.

As duas facetas da igualdade (igualdade formal ou perante a lei e igualdade material ou efetiva) são *complementares* e convivem em diversos diplomas normativos no mundo. Para o DIPr, o princípio da igualdade veda tratamento discriminatório aos envolvidos em fatos transnacionais tão somente em virtude da origem (estrangeiro). Por sua vez, importa também ao DIPr a *igualdade de reconhecimento de identidades próprias,* distintas dos agrupamentos hegemônicos. Ficam consagradas, então, as lutas pelo reconhecimento da igualdade orientada pelos critérios de origem, gênero, orientação sexual, idade, raça, etnia, entre outros[41].

---

[39] Nesse sentido, ver JAYME, Erik. O Direito internacional privado no novo milênio: a proteção da pessoa humana em face da globalização. In: ARAUJO, Nadia de; MARQUES, Claudia Lima (Org.). *O novo direito internacional*: estudos em homenagem a Erik Jayme. Rio de Janeiro: Renovar, 2005, p. 3-20. JAYME, Erik. Le droit international privé du nouveau millénaire: la protection de la personne humaine face à la globalisation. *Recueil des Cours de l'Académie de Droit International de La Haye*, v. 282, 2000, p. 9-40.

[40] CARVALHO RAMOS, André de. *Curso de direitos humanos.* 10. ed. São Paulo: Saraiva, 2023.

[41] Sobre a igualdade de reconhecimento, ver CARVALHO RAMOS, André de. *Curso de direitos humanos.* 10. ed. São Paulo: Saraiva, 2023.

2.3.3.3 O princípio da autonomia da vontade e da proteção da parte vulnerável

O princípio da autonomia da vontade no Direito Internacional Privado consiste no reconhecimento do poder que as partes de um negócio jurídico têm de regular o conteúdo das relações nele inseridas. Na obra clássica de Luigi Ferri, a autonomia privada consiste no poder, atribuído pelo ordenamento, de criação de normas jurídicas pelos próprios particulares[42]. Assim, a autonomia da vontade é a *autorregulamentação dos interesses particulares*, mas só é legítima se realizada de acordo com os requisitos e condições exigidas pelo Direito. Assim, o poder privado não é absoluto, sendo limitado pelas normas jurídicas postas[43].

No caso dos fatos transnacionais, a autonomia da vontade é princípio do DIPr, ancorado na liberdade individual prevista em diversos tratados de direitos humanos celebrados pelos Estados, que irradiam seus efeitos também aos fatos transnacionais da vida privada. É justamente nesses fatos transn acionais privados que o princípio da autonomia da vontade incide com maior força, uma vez que o livre-arbítrio das partes na condução dos seus destinos é típico reflexo do "direito à liberdade". Esse *direito à liberdade* consiste na possibilidade de o ser humano atuar com autonomia e livre-arbítrio, salvo se existir norma jurídica o obrigando a fazer ou deixar de fazer algo. Essa restrição à autonomia da vontade deve, contudo, ser direcionada à consecução de outros direitos (individuais, coletivos ou difusos).

Por isso, o princípio da autonomia da vontade é ponderado pela proteção da parte vulnerável, uma vez que o respeito à liberdade de agir no fato transnacional pressupõe o equilíbrio entre os envolvidos. Caso contrário, *não* existirá *liberdade*, mas *imposição* da posição do mais forte, restringindo a liberdade da parte fraca[44]. A proteção da parte vulnerável envolvida no fato transnacional consiste no reconhecimento da necessidade de intervenção do Estado, impondo limites à autonomia da vontade e restaurando sua premissa original, que é a liberdade de agir sem coerção.

---

[42] FERRI, Luigi. *L'autonomia privata*. Milano: Giuffrè, 1959, em especial p. 259.

[43] BETTI, Emílio. *Teoria geral do negócio jurídico*. Tradução de Fernando de Miranda. Coimbra: Coimbra, t. 1-2, 1969.

[44] Sobre a proteção dos vulneráveis (também denominada "parte fraca") no Direito internacional privado, conferir POCAR, Fausto. La protection de la partie faible en droit international privé. *Recueil des Cours de l'Académie de Droit International de La Haye*, t. 188, 1984, p. 343-409. MARQUES, Claudia Lima. A insuficiente proteção do consumidor nas normas de direito internacional privado – da necessidade de uma convenção interamericana (CIDIP) sobre a lei aplicável a contratos e relações de consumo. *Revista dos Tribunais*, v. 788, 2001, p. 11-56. MARQUES, Claudia Lima. Human rights as a bridge between private international law and Public International Law: the protection of individuals (as consumers) in the global market. In: FERNÁNDEZ ARROYO, Diego P.; Marques, C. Lima (Org.). *Derecho internacional privado y derecho internacional público*: un encuentro necesario. Asunción: CEDEP, 2011, p. 363-389.

2.3.3.4 O princípio da proteção da diversidade cultural

O princípio da proteção da diversidade cultural do DIPr consiste na exigência do respeito às formas originais e plurais de identidades dos mais diversos indivíduos envolvidos nos fatos transnacionais, evitando a hegemonia da visão de mundo do Estado do foro.

Nessa linha, o Instituto de Direito Internacional editou resolução em 2005 sobre diversidade cultural e questões de Direito Internacional Privado da família, pela qual "a exclusão recíproca sistemática de leis de culturas diferentes por meio da exceção de ordem pública ignora a exigência de coordenação dos sistemas jurídicos", enfatizando ainda que "o respeito às identidades culturais tornou-se um objetivo do direito internacional que deve ser aplicado no direito internacional privado"[45].

Os direitos culturais são reconhecidos como parte da gramática dos direitos humanos, conforme consta do artigo XXVII da Declaração Universal dos Direitos Humanos ("Toda pessoa tem o direito de participar livremente da vida cultural da comunidade"), bem como do art. 15 do Pacto Internacional de Direitos Econômicos, Sociais e Culturais ("Os Estados-Partes do presente Pacto reconhecem a cada indivíduo o direito de (...) participar da vida cultural").

Ademais, essas formas plurais e originais de expressões culturais não são estanques e interagem, gerando, por sua vez, intercâmbios inesperados e inovações criativas. Nasce a chamada "interculturalidade", que consiste no fenômeno da *existência e interação* equitativa de diversas culturas, assim como na possibilidade de geração de expressões culturais compartilhadas por meio do diálogo e respeito mútuo. A cultura é vista como o conjunto dos traços distintivos, espirituais e materiais, intelectuais e afetivos que caracterizam uma sociedade ou um grupo social e que abarca os modos de vida, artes, os sistemas de valores, as tradições e as crenças de uma comunidade[46].

Por isso, a diversidade cultural é indispensável para a humanidade, tendo sido considerada pela Convenção de 2005 *patrimônio comum da humanidade*, devendo ser defendida para benefício das gerações presentes e futuras. Por sua vez, a diversidade cultural, ao florescer em um ambiente de democracia, tolerância, justiça social e mútuo respeito entre povos e culturas, é indispensável para a paz e a segurança no plano local, nacional e internacional.

Com a globalização, o gigantesco fluxo de bens e serviços entre os Estados impacta fortemente as formas diversas que a cultura adquiriu nas comunidades

---

[45] Tradução do Autor. Instituto de Direito Internacional. "Résolution sur les différences culturelles et ordre public en droit international privé de la famille/cultural differences and ordre public in family private international law", Relator: Paul Lagarde. Sessão de Cracóvia, 2005.

[46] Ver Declaração do México sobre Políticas Culturais, UNESCO, 1982. Sobre os direitos culturais, ver CARVALHO RAMOS, André de. *Curso de direitos humanos*. 10. ed. São Paulo: Saraiva, 2023.

humanas, existindo o risco da busca da hegemonia de uma única opção cultural relacionada ao Estado do foro[47].

2.3.3.5 O princípio da cooperação internacional leal

A crescente interdependência dos Estados levou à expansão quantitativa e qualitativa do Direito Internacional desde o século XX e, consequentemente, tornou impossível eventual isolacionismo no tratamento dos fatos transnacionais[48].

Desde a Carta da Organização das Nações Unidas, os Estados assumiram o dever de cooperação que irradia seus efeitos para o plano do Direito Internacional Privado. O princípio da cooperação leal consiste no dever dos Estados de regular os fatos transnacionais, levando em consideração e em boa-fé a existência de outros ordenamentos jurídicos.

2.3.3.6 O princípio do respeito ao acesso à justiça e ao devido processo legal

O princípio do respeito ao acesso à justiça e ao devido processo legal consiste na *exigência de proteção judicial adequada para a regência do fato transnacional.*

Esse princípio do DIPr é fundamental na determinação de jurisdição e no reconhecimento e execução de deliberações estrangeiras, evitando a denegação de justiça e eventual prestação jurisdicional arbitrária e xenófoba.

O acesso à justiça possui duas facetas: a primeira é a *faceta formal,* representada pelo reconhecimento do direito de acionar o Poder Judiciário. A segunda faceta é a *material ou substancial,* isto é, a efetivação desse direito por meio de devido processo legal em prazo razoável, pois não basta possibilitar o acesso à justiça em um ambiente judicial marcado pela morosidade e delonga.

2.3.3.7 O princípio da segurança jurídica ou da uniformidade de tratamento

O princípio da segurança jurídica consiste na exigência da mesma solução para os fatos transnacionais, não importando o país no qual tenha sido prolatada a decisão ou emanada a interpretação das normas de regência.

Essa uniformidade de tratamento foi um dos princípios defendidos por Savigny na estabilização conflitual da disciplina, na qual o DIPr assume a missão de regular os fatos transnacionais de modo uniforme em qualquer um dos Estados-Membros da

---

[47] Sobre a diversidade cultural no DIPr contemporâneo, ver JAYME, Erik. Identité culturelle et intégration: le droit internationale privé postmoderne. *Recueil des Cours de l'Académie de Droit International de La Haye,* v. 251, 1995, p. 9-267.

[48] Battifol, ainda nos anos 1950, concluiu pela impossibilidade do isolacionismo no trato dos fatos plurilocalizados. Conferir em BATTIFOL, Henri. *Aspects philosophiques du droit international privé.* Paris: Dalloz, 1956, p. 331.

"comunidade de direito entre os diferentes povos"[49]. Esse princípio está em linha com o princípio da igualdade, já visto, uma vez que assegura aos envolvidos tratamento *idêntico* onde quer que seja apreciado o fato transnacional.

Além disso, o princípio da segurança jurídica impõe que o tratamento dos fatos transnacionais da vida privada leve em consideração a preservação das situações jurídicas consolidadas, postas a salvo de modificações futuras, inclusive legislativas do Estado do foro.

Há duas facetas do direito à segurança jurídica no DIPr: a *objetiva*, pela qual se imuniza os atos e fatos jurídicos transnacionais de alterações posteriores, consagrando a regra geral da irretroatividade da lei, e a *subjetiva*, que também é chamada de *princípio da confiança*, pela qual a segurança jurídica assegura a confiança dos indivíduos no ordenamento jurídico. Esse princípio do DIPr funda-se, novamente, em tratados de direitos humanos e na exigência do respeito à democracia e ao Estado de Direito na sociedade internacional contemporânea.

2.4. A doutrina

Na visão positivista tradicional da teoria das fontes formais do direito, a doutrina consiste no conjunto das posições e ensinamentos dos especialistas na matéria, sendo considerada fonte secundária do Direito Internacional Privado, uma vez que apenas explicita o conteúdo das fontes primárias. Contudo, a doutrina possui capacidade de persuasão, que, ao influenciar as decisões judiciais e arbitrais de DIPr, participando da criação do conteúdo da disciplina[50].

Além disso, mesmo se considerarmos que a doutrina não possui atividade criadora, seu papel de explicitação do conteúdo das normas do DIPr é de extrema relevância ainda na atualidade, pois serve para unificar a disciplina dispersa em diversas fontes de origem nacional e internacional.

Antes do crescimento do número de tratados de DIPr, a doutrina possuía o papel de fomentar a universalização necessária da matéria, de modo a superar eventuais resultados desiguais que eram trazidos pelo tratamento *nacional* (pelo DIPr de matriz legal) de fatos transnacionais (por exemplo, ser um casamento válido em um Estado e inválido em outro; uma sentença válida em um Estado e não reconhecida em outro). O DIPr apoiou-se, então, na doutrina para homogeneizar o tratamento dos fatos transnacionais, para que fosse possível um único resultado, não importando o ordenamento que viesse a apreciar determinado fato transnacional.

---

[49] SAVIGNY, Friedrich Carl von. *Sistema do direito romano atual*, v. VIII. Tradução de Ciro Mioranga (edição original de 1849), Ijuí: Unijuí, 2004, p. 50.

[50] Nessa linha, ver OPPETIT, Bruno. Le droit international privé: droit savant. *Recueil des Cours de l'Académie de Droit International de La Haye*, v. 234, 1992, p. 331-433, em especial p. 358-359.

Nessa linha, no começo do século XX, Pillet classificou as fontes formais do DIPr em (i) universais e (ii) particulares, sendo as primeiras oriundas da doutrina (cuja autoridade seria incontestável, por fornecer os princípios comuns e gerais da matéria) e as segundas oriundas das diversas leis nacionais[51]. As fontes universais gerariam um "Direito Internacional Privado" geral e apto a dar a mesma resposta de tratamento ao fato transnacional, onde quer que fosse apreciado. Após a edição dos tratados internacionais de DIPr, o papel da doutrina internacionalista volta-se à busca da (i) harmonização, por meio da consagração de princípios interpretativos doutrinários do DIPr e do (ii) estímulo ao diálogo entre as fontes internacionais e nacionais da matéria, dando consistência e coerência na aplicação das normas de DIPr.

2.5. A jurisprudência

A jurisprudência internacional consiste no conjunto de precedentes produzidos pelos órgãos judiciais ou arbitrais internacionais, que podem se constituir em importante fonte do Direito Internacional Privado.

Em que pese não existir a força vinculante *erga omnes* dos precedentes[52], estes possuem força persuasiva, capaz de orientar a futura interpretação das normas internacionais do DIPr. O uso dos precedentes internacionais pode ser classificado em (i) *interno,* o qual se refere ao uso pelos tribunais internacionais da sua própria jurisprudência, e em (ii) *externo* (a chamada "fertilização cruzada"), que consiste no uso de precedentes de outros tribunais.

Lentamente, os casos internacionais referentes ao DIPr aumentam em número, em especial na jurisprudência da Corte Europeia de Direitos Humanos[53] e no Tribunal de Justiça da União Europeia[54]. Na Corte Europeia de Direitos Humanos, há diversos casos sobre a igualdade e não discriminação na aplicação da lei estrangeira, bem como sobre os limites da jurisdição e cooperação jurídica internacional[55]. Já no Tribunal de Justiça da União Europeia aprecia casos sobre a harmonização do Direito Internacional Privado nos diversos Estados-Membros da União Europeia, zelando pela igualdade e reconhecimento mútuo das legislações.

---

[51] PILLET, Antoine. *Principes de droit international privé.* Paris: Pedone/Allier Frères, 1903, em especial p. 92-93.

[52] O art. 59 do Estatuto da Corte Internacional de Justiça, por exemplo, determina que as suas decisões vinculam somente as partes. *In verbis*: "Art. 59. A decisão da Corte só será obrigatória para as partes litigantes e a respeito do caso em questão".

[53] Sobre o funcionamento do sistema europeu de direitos humanos, ver CARVALHO RAMOS, André de. *Processo internacional de direitos humanos.* 7. ed. Saraiva, 2022.

[54] Conferir HEYMANN, J. *Le droit international privé à l'épreuve du fèdéralisme européen.* Paris: Economica, 2010.

[55] Sobre a jurisprudência da Corte EDH e o Direito internacional privado, ver KIESTRA, Louwrens R. *The impact of the European Convention on Human Rights on Private International Law.* The Hague: T.M.C. Asser, 2014. KINSCH, Patrick. *Droits de L'Homme, Droits Fondamentaux et Droit International Privé.* Leinden/Boston: Martinus Nijhoff Publishers, 2007.

Também é possível encontrar na jurisprudência da Corte Internacional de Justiça (CIJ) precedentes sobre o Direito Internacional Privado, a qual, todavia, possui duas limitações.

A primeira limitação ao crescimento da jurisprudência da CIJ sobre a disciplina está na restrição de acesso à jurisdição contenciosa da Corte, que só aceita Estados na posição de Autor ou Réu, sem que os particulares envolvidos nos fatos transnacionais possam acioná-la diretamente. Assim, os indivíduos e empresas envolvidos em fatos transnacionais devem contar com a *proteção diplomática*[56] do Estado de sua nacionalidade para que possam ter seus direitos indiretamente protegidos pela CIJ. Caso o Estado patrial não tenha interesse em litigar contra o Estado infrator (que teria violado o Direito Internacional Privado), o caso não será apreciado pela Corte.

A segunda limitação está na inexistência, em geral, de cláusula convencional de submissão de controvérsia envolvendo a interpretação e aplicação de determinada Convenção de DIPr a mecanismo arbitral ou judicial. A exceção a essa prática dos Estados foi o Protocolo da Haia de 1931, pelo qual os Estados-Partes reconheceram a jurisdição da Corte Permanente de Justiça Internacional para apreciar controvérsias envolvendo as convenções da primeira fase da Conferência da Haia de Direito Internacional Privado. Essas convenções não estão mais em vigor e as novas convenções elaboradas a partir de 1951 (segunda fase da Conferência) *não* contam com mecanismos de solução de controvérsia.

Entre os precedentes da Corte Permanente de Justiça Internacional e de sua sucessora, Corte Internacional de Justiça, em matérias de DIPr estão:

(i) **Escolha da lei**. *Caso dos empréstimos franco-sérvios e franco-brasileiros* (*França* vs. *Sérvia* e *França* vs. *Brasil*[57]). Tratou-se de disputa envolvendo o pagamento de títulos de dívida (emitidos antes da Primeira Guerra Mundial) em francos corrigidos pelo valor em ouro ou pelo valor da moeda depreciada, uma vez que a própria lei francesa, em virtude da guerra, havia eliminado a paridade anterior do franco com o ouro. A controvérsia envolveu a escolha da lei para regular os empréstimos, tendo a Corte Permanente de Justiça Internacional reconhecido a possibilidade de tratado internacional regular o DIPr, bem como determinar a escolha de lei nacional para reger determinado fato transnacional, caso os Estados envolvidos – como havia ocorrido – decidissem adjudicar a controvérsia a órgão internacional. Como não havia

---

[56] A proteção diplomática consiste em norma costumeira internacional pela qual o estrangeiro – cujos direitos tenham sido lesados – solicita providências de reparação ao seu Estado patrial. Este pode, então, iniciar um litígio internacional contra o Estado infrator. Conferir sobre o instituto da proteção diplomática em CARVALHO RAMOS, André de. *Responsabilidade internacional por violação de direitos humanos*. Rio de Janeiro: Renovar, 2004, p. 21.

[57] Brasil e França concordaram em submeter o caso à CPJI. Corte Permanente de Justiça Internacional, *Caso de vários empréstimos sérvios emitidos na França e caso do pagamento em ouro dos empréstimos federais brasileiros emitidos na França*, série A, n. 21, 1929.

tratado sobre a temática, a Corte decidiu pela necessidade de fixar a lei nacional para reger a matéria, mas, em vez de simplesmente indicar a lei (brasileira/sérvia ou francesa – reflexo do método conflitual reinante na época), a CPJI decidiu que (i) a lei francesa era aplicável à temática, conforme estipulavam os títulos emitidos, mas (ii) a desvalorização imposta ao franco pela própria lei francesa não era aplicável aos contratos internacionais, o que *beneficiou amplamente* os credores franceses que receberam o pagamento do valor em francos-ouro.

(ii) **Conflito de leis**. *Caso da aplicação da convenção de 1902 sobre guarda de crianças* (*Caso Boll – Holanda* vs. *Suécia*[58]). Tratou-se de caso envolvendo a imposição de medida de proteção de adolescente holandesa (Marie Elisabeth Boll, de 13 anos na data do julgamento) residente na Suécia. A Holanda requereu que a Corte declarasse que a conduta da Suécia (de determinar medida de proteção) não estava de acordo com a Convenção da Haia de 1902 sobre guarda de menores, que previa que a *lei da nacionalidade* da criança deveria reger a guarda. No caso, após a morte da mãe, a guarda havia sido concedida, na Holanda, ao pai holandês e a medida de proteção sueca obstaculizava o seu pleno exercício. Para a Suécia, a proteção imposta não violava a Convenção, uma vez que tal instituto aplicava-se a todos os menores residentes na Suécia, sendo de *ordem pública*. A Corte, por maioria, rejeitou a demanda entendendo que a Convenção de 1902 não impedia a incidência de lei local que viesse a impor medidas administrativas de proteção à criança, uma vez que tais medidas poderiam ser impostas mesmo a crianças sob o pátrio poder tradicional (ou seja, não eram incidentes somente em casos de guarda). A Corte ainda considerou que não poderia interpretar a Convenção no sentido de ser esta um obstáculo à maior proteção social de menores, o que consolidou a *dimensão social* das convenções de DIPr. Além disso, a Corte considerou que, *mesmo* sem menção à ordem pública na Convenção de 1902, tal instituto era *implícito* ao DIPr, podendo a Suécia afastar a aplicação da lei estrangeira (lei da nacionalidade; lei holandesa) em face dos ditames da ordem pública do foro.

(iii) **Cooperação Jurídica Internacional**. *Caso da Convenção de Lugano sobre jurisdição e execução em matéria civil e comercial* (*Bélgica* vs. *Suíça*[59]). Tratou-se de ação promovida pela Bélgica contra a Suíça, alegando descumprimento da Convenção de Lugano sobre jurisdição e execução de decisões em matéria civil e comercial de 1988. De acordo com a Bélgica, as autoridades suíças descumpriram a Convenção ao se recusarem a reconhecer e executar decisão judicial belga. Após recuo suíço no sentido de aceitar futura execução de decisões belgas, a Bélgica solicitou a desistência da ação, no que a Corte anuiu. A importância do caso está na (i) reiteração da possibilidade de uso da CIJ para consagrar a interpretação internacionalista dos

---

[58] Corte Internacional de Justiça, *Caso da aplicação da convenção de 1902 sobre guarda de crianças* (Holanda *vs.* Suécia), julgamento de 28 de novembro de 1958.

[59] Corte Internacional de Justiça, *Caso da jurisdição e execução em matéria civil e comercial* (Bélgica *vs.* Suíça), homologação da desistência da ação em 12 de abril de 2011.

casos de DIPr e na (ii) possibilidade de escrutínio internacional sobre a fixação de jurisdição e execução de decisões estrangeiras.

(iv) **Direitos Humanos em fatos transnacionais privados**. *Caso Ahmadou Sadio Diallo (Guiné* vs. *República Democrático do Congo*[60]). Tratou-se de caso de proteção diplomática no qual a República da Guiné processou o Congo por violar os direitos do Sr. Diallo, nacional da Guiné, e residente no Congo, local no qual criou duas sociedades de responsabilidade limitada, das quais era sócio majoritário. Em decorrência de dívidas contraídas pelas empresas perante instituições públicas congolesas, o Sr. Diallo foi preso, por mais de um ano, e expulso daquele país, além de perder os seus direitos de propriedade das referidas empresas. Entre outros pontos, a Corte decidiu que a prisão e expulsão do Sr. Diallo ocorrera em violação ao art. 13 do Pacto Internacional de Direitos Civis e Políticos[61], por ter sido arbitrária e sem direito à ampla defesa. Em relação à situação do Sr. Diallo como sócio de suas duas empresas, a Corte julgou todos os pleitos improcedentes, uma vez que considerou que (i) os direitos das empresas são distintos dos direitos dos acionistas, (ii) seria possível o Sr. Diallo indicar representante para a participação em assembleias de acionistas após sua expulsão e (iii) não houve nenhuma prova que as empresas tenham sido dolosamente debilitadas (o que indiretamente atingiria o direito de propriedade do Sr. Diallo).

O caso é importante porque indica que a proteção diplomática, tão relevante para os casos de DIPr na Corte Internacional de Justiça, pode abranger as violações de direitos humanos constantes nos tratados e costumes internacionais. Além disso, a CIJ analisou os *direitos do estrangeiro* também na condição de *acionista* de empresas.

(v) **Imunidade de jurisdição**. *Caso das imunidades jurisdicionais do Estado (Alemanha* vs. *Itália. Grécia como interveniente*[62]). Tratou-se de ação proposta em 2008 pela Alemanha contra a Itália, em virtude da desconsideração, em decisões judiciais italianas, da imunidade de jurisdição do estado alemão. A Grécia ingressou como terceiro interessado (interveniente), uma vez que uma das decisões italianas dizia respeito à execução de julgado grego sobre o pagamento, pela Alemanha, de compensação às vítimas do massacre de Dístomo durante a ocupação nazista da Grécia no curso da Segunda Guerra Mundial. A decisão grega acarretava a execução forçada de propriedade alemã na Itália. Inicialmente, a CIJ decidiu que a análise da imunidade de jurisdição deve ser *contextual,* apreciada no momento das decisões

---

[60] Corte Internacional de Justiça, *Caso Ahmadou Sadio Diallo* (República da Guiné *vs.* República Democrática do Congo), julgamento de 30 de novembro de 2010.

[61] *In verbis:* "Um estrangeiro que se ache legalmente no território de um Estado-Parte do presente Pacto só poderá dele ser expulso em decorrência de decisão adotada em conformidade com a lei e, a menos que razões imperativas de segurança nacional a isso se oponham, terá a possibilidade de expor as razões que militem contra sua expulsão e de ter seu caso reexaminado pelas autoridades competentes, ou por uma ou por várias pessoas especialmente designadas pelas referidas autoridades, e de fazer-se representar com esse objetivo".

[62] Corte Internacional de Justiça, *Caso das imunidades jurisdicionais do Estado* (Alemanha *vs.* Itália. Grécia como interveniente, julgamento de 3 de fevereiro de 2012.

italianas e não de acordo com o que era esse instituto durante os fatos geradores da responsabilização do Estado (ocorridos durante a Segunda Guerra Mundial). Para a Corte, então, a imunidade de jurisdição do Estado calcada em normas internacionais consuetudinárias existia mesmo diante de ações de responsabilização *cível* por graves violações de direitos humanos. Quanto à imunidade de execução de bens pertencentes ao Estado, a CIJ reconheceu a separação entre as matérias (imunidade de jurisdição e imunidade de execução), apontando que mesmo que a imunidade de jurisdição não seja reconhecida, pode subsistir a imunidade de execução caso o bem em constrição seja utilizado para atividades estatais propriamente ditas.

Do ponto de vista do DIPr, esse julgamento é importante, pois influencia na determinação da jurisdição e eventual homologação de sentença cível que imponha constrição sobre bens de outro Estado. O voto divergente (vencido) do juiz Cançado Trindade, após detalhado estudo da evolução do Direito Internacional na área da proteção de direitos humanos, concluiu pela *inexistência* de imunidade ao Estado nos casos de graves violações de direitos humanos.

Os casos arbitrais são também numerosos, mas a própria variação e descontinuidade da arbitragem, pela rotatividade dos árbitros envolvidos (o que não ocorre com os juízes internacionais, que possuem mandato de vários anos) enfraquece o uso dos fundamentos jurídicos de uma decisão para orientar outras posteriores.

2.6. A *soft law* de Direito Internacional Privado

A *soft law* (direito em formação) consiste no conjunto de normas internacionais de cumprimento não obrigatório (i) por estarem contidas em instrumentos não vinculantes ou (ii) por terem redação (inserida em tratados) que revela sua faceta facultativa[63]. Para Jayme, apesar de não vinculantes, as soluções do conflito de leis são influenciadas, em certa medida, pela *soft law*, cujas normas agem como "códigos de comportamento", espelhando o princípio da boa-fé[64]. Nesse sentido, o julgador pode utilizar essas regras não vinculantes para auxiliar na interpretação e integração das regras vinculantes (a chamada "hard law") de Direito Internacional Privado.

O DIPr conta com amplo conjunto de normas de *soft law* veiculadas por meio da edição de leis-modelo e recomendações. As leis-modelo e as recomendações representam instrumentos internacionais não vinculantes, que são oferecidos aos Estados para que, caso queiram, adotem legislação interna compatível.

Apesar de sua origem internacional, cabe ao direito nacional implementar o conteúdo proposto nas leis-modelo e recomendações. Seu uso pelo Direito Internacional Privado possibilita a uniformização da disciplina de modo mais rápido, sem os trâmites de incorporação interna de um tratado internacional. Entretanto, as leis-modelo

---

[63] SEIDL-HOHENVELDERN, Ignaz. International economic "soft law". *Recueil des Cours de l'Académie de Droit International de La Haye*, v. 163, 1979, p. 165-246, em especial p. 163.

[64] JAYME, Erik. Identité culturelle et intégration: le droit international privé postmoderne. *Recueil des Cours de l'Académie de Droit International de La Haye*, v. 251, 1995, p. 9-267, em especial p. 87.

e as recomendações pecam por não possuir a qualidade de reciprocidade existente nos tratados internacionais.

Por isso, os Estados receiam adotar "leis-modelo" ou "recomendações" em tópicos da disciplina que exigem reciprocidade de tratamento, como matéria de Direto de Família e Sucessões. Já a adoção de leis-modelo e recomendações pode se dar em tópicos que exigem flexibilidade e, ainda, a ausência de tratado pode gerar a adaptação rápida das leis. Assim, a escolha entre instrumentos não vinculantes e instrumentos internacionais vinculantes depende da matéria tratada e da sua formalização ou não em tratados[65].

3. FONTES NACIONAIS

3.1. Aspectos gerais

As primeiras fontes nacionais do Direito Internacional Privado (DIPr) remontam à segunda metade do século XVIII e início do século XIX, sendo pioneiras as codificações da Baviera (1756), Prússia (1794) e da França (Código Civil de 1804). No século XIX e XX, o Direito Internacional Privado particularista e amparado em leis nacionais sofisticou-se, com destaque para a legislação alemã (1896) e italiana (1865 e 1942). No Brasil, a primeira codificação foi feita na parte introdutória do Código Civil de 1916 e, após, na edição da Lei de Introdução ao Código Civil de 1942 (Decreto-Lei n. 4.657/42; atualmente denominada "Lei de Introdução às Normas do Direito Brasileiro" – LINDB pela Lei n. 12.376/2010).

Em geral, as codificações nacionais são fragmentadas e assistemáticas, como se vê no Brasil, com parte da regulação inserida na Lei de Introdução às Normas do Direito Brasileiro e outra (jurisdição e parte da cooperação jurídica internacional) no Código de Processo Civil e em leis extravagantes.

Além disso, há uma tendência de *constitucionalização do DIPr*, que consiste em expressão doutrinária que retrata a impregnação do DIPr pelas normas constitucionais[66].

Nesse processo de impregnação dos valores constitucionais há o predomínio da inserção da gramática de direitos para orientar as normas do DIPr. Esse uso dos

---

[65] DROZ, Georges André Léopoldand. Regards sur le droit international prive comparé. Cours général de droit international privé. *Recueil des Cours de l'Académie de Droit International de La Haye*, v. 229, 1991, p. 9-424.

[66] Conferir o uso dessa expressão "constitucionalização do Direito internacional privado" em SILVA, Zélio Furtado da. A constitucionalização do direito internacional privado, *Revista da Esmape – Escola Superior da Magistratura do Estado de Pernambuco*, v. 4, n. 10, jul./dez, 1999, p. 359-392. ARAUJO, Nadia de. Constitucionalização do direito internacional privado: a nova concepção do princípio da ordem pública no direito interno e nas convenções da Haia sobre a adoção internacional e sobre aspectos civis de sequestro de menores. In: SOUZA NETO, Cláudio Pereira de; SARMENTO, Daniel (Org.). *A constitucionalização do direito*. Rio de Janeiro: Lumen Juris, 2007, p. 585-595. MOURA RAMOS, Rui Manuel Gens de. O Direito internacional privado da família nos inícios do século XXI: uma perspectiva europeia. In: OLIVEIRA, Guilherme. *Textos de direito de família*. Para Francisco Pereira Coelho. Coimbra: Imprensa da Universidade de Coimbra, 2016, p. 367-427, em especial p. 381-382.

direitos fundamentais previstos na Constituição para nortear o DIPr (e, eventualmente, impor correções, com declarações de inconstitucionalidade) é denominado *jusfundamentalização do DIPr*.

Um exemplo dessa guinada a favor dos direitos fundamentais no DIPr deu-se na decisão do Tribunal Constitucional Federal alemão de 4 de maio de 1971, pelo qual o resultado (aplicação do direito espanhol) da regra de conexão prevista no art. 13 da lei de introdução alemã foi *desconsiderado* em favor da liberdade de celebrar matrimônio, prevista na Lei Fundamental (art. 6º.1), interpretada de acordo com o art. 12 da Convenção Europeia de Direitos Humanos e com o art. 16 da Declaração Universal de Direitos Humanos[67].

Se, de um lado, a constitucionalização do DIPr arrisca ocasionar uma intensa territorialização (cada país tem a sua concepção de direitos fundamentais), o desenvolvimento da *internacionalização* dos direitos humanos gerou, paradoxalmente, a volta do *sabor internacional ao DIPr*, agora pelas mãos do controle de convencionalidade e interpretação internacionalista dos direitos humanos envolvidos no concurso de normas, fixação de jurisdição, cooperação jurídica internacional, nacionalidade e mobilidade internacional humana[68].

3.2. A Constituição Brasileira e o DIPr

A Constituição brasileira é fonte do Direito Internacional Privado (DIPr), ao dispor, genericamente, que a República Federativa do Brasil rege-se nas suas relações internacionais pelo *princípio da cooperação entre os povos para o progresso da humanidade* (art. 4º, IX). Em termos focados na integração latino-americana, prevê o art. 4º, parágrafo único, que "A República Federativa do Brasil buscará a integração econômica, política, social e cultural dos povos da América Latina, visando à formação de uma comunidade latino-americana de nações". Pairando sobre esses dispositivos, há ainda a menção, como fundamento do Estado Democrático de Direito brasileiro, da promoção da dignidade da pessoa humana (art. 1º, III).

Esses dispositivos constitucionais gerais permitem o rechaço de uma eventual visão *xenófoba* e *chauvinista*, refratária à essência do DIPr, que é a *gestão da diversidade jurídica*, aplicada aos fatos transnacionais referentes à vida dos indivíduos. Assim, eventual recusa sem motivo adequado (i) à aplicação da lei estrangeira, ou (ii) à jurisdição estrangeira, e (iii) à cooperação jurídica internacional (os três objetos principais do DIPr), deve ser tida como inconstitucional, pois ameaça a cooperação entre os povos e amesquinha a idêntica dignidade entre nacionais e estrangeiros.

Claro que a Constituição não veda a recusa *justificada* à aplicação da lei estrangeira, o que deve se dar com fundamento na *gramática dos direitos humanos*.

---

[67] Ver Parte IV, Capítulo 1, deste *Curso* sobre o controle de constitucionalidade no Direito internacional privado.

[68] Ver Parte IV, Capítulo 1, sobre o controle de convencionalidade.

Da mesma maneira que o respeito à dignidade de todos (não só de nacionais) impulsiona a aceitação do Brasil à aplicação direita ou indireta do direito estrangeiro, essa mesma dignidade pode servir para impedir a escolha de uma lei discriminatória ou uma cooperação jurídica internacional na qual se solicite, ao Brasil, que auxilie na violação de direitos de determinado indivíduo.

Além desses dispositivos genéricos, a CF/88 ainda estabelece tratamento preferencial a brasileiros na sucessão de bens de estrangeiros situados no País, que será regulada pela lei brasileira em benefício do cônjuge ou dos filhos brasileiros, ou de quem os represente, sempre que não lhes seja mais favorável a lei pessoal do *de cujus* (art. 5º, XXXI).

Por sua vez, a CF/88 contém regras específicas sobre cooperação jurídica internacional, ao regular a carta rogatória e a homologação de sentença estrangeira, (art. 105, I, *i*), bem como a extradição (art. 5º, LII, e art. 102, I, *g*).

No plano infraconstitucional, destacam-se as seguintes leis sobre o DIPr: (i) a Lei n. 12.376/10 (Lei de Introdução às Normas do Direito Brasileiro), que trata do DIPr dos arts. 7º a 19[69]; (ii) Código de Processo Civil (temas de jurisdição e cooperação jurídica internacional); (iii) Código de Processo Penal (temas de jurisdição e cooperação jurídica internacional); e (iv) Lei n. 9.307/96 (escolha da lei e jurisdição em matéria de arbitragem), sem contar outras leis extravagantes, como o Código Brasileiro de Aeronáutica (Lei n. 7.565/86 – arts. 1º a 10).

A dispersão é evidente: não há um único diploma normativo de cunho legal que abranja toda a *tríade do objeto principal do DIPr*. Mesmo a Lei de Introdução às Normas do Direito Brasileiro é incompleta, pois se origina da ideia de se adotar normas de Direito Internacional Privado em uma Lei de Introdução ao Código Civil.

Essa ideia constava do anteprojeto de Clóvis Beviláqua à introdução ao Código Civil de 1916, que entrou em vigor em 1917, sendo, por sua vez, influência do modelo de 1896 adotado pelo legislador alemão de regular o conflito das leis no espaço em uma Lei de Introdução ao Código Civil. Em 1942, a ditadura de Vargas atualizou os comandos de Direito Internacional Privado pela adoção de uma Lei de Introdução ao Código Civil (Decreto-Lei n. 4.657/42). Em 2010, a Lei n. 12.376 meramente mudou o nome do Decreto-Lei n. 4.657, que passou a ser denominado "Lei de Introdução às Normas do Direito Brasileiro".

Analisaremos a seguir o desenvolvimento do Direito Internacional Privado brasileiro de matriz legal, com foco no processo de sucessão de leis que desembocou na atual Lei de Introdução às Normas do Direito Brasileiro[70].

---

[69] A Lei n. 12.376/2010 apenas modificou a epígrafe da Lei de Introdução ao Código Civil (LICC, Decreto-Lei n. 4.657, de 24 de outubro de 1942). A LICC de 1942 substituiu a introdução ao Código Civil (1916), o qual, por sua vez, entrou em vigor a partir de 1º de janeiro de 1917.

[70] CARVALHO RAMOS, André; GRAMSTRUP, Erik Frederico. *Comentários à Lei de Introdução às Normas do Direito Brasileiro*. 2. ed. São Paulo: Saraiva, 2021, em especial p. 121-129.

3.3. A introdução ao Código Civil de 1916

A Constituição de 1824 determinou, em seu art. 179, XVIII, que deveria ser organizado um Código Civil "quanto antes", baseado na justiça e equidade[71]. A lei de 20 de outubro de 1823 determinou, em seu art. 1º, a vigência, no Brasil independente, das "Ordenações, Leis, Regimentos, Alvarás, Decretos, e Resoluções promulgadas pelos Reis de Portugal, e pelas quais o Brasil se governava até o dia 25 de Abril de 1821", modificadas por leis e decretos extravagantes posteriores, até que o novo Código Civil entrasse em vigor. Assim, as Ordenações Filipinas (de 1603), por exemplo, vigoraram no Brasil até 1917, bem depois de sua revogação em Portugal (ocorrida em 1868[72]).

Essa opção pela manutenção da legislação portuguesa até a edição de nova codificação civilista pelo Império atrasou qualquer inovação que pudesse ser adotada no âmbito do Direito Internacional Privado. Somente em 1855, o Império entendeu necessária uma *Consolidação das Leis Civis*, como passo antecedente de um novo Código. Em 1858, foi aprovada essa *Consolidação*, com 1.333 artigos, elaborada por Teixeira de Freitas. No mesmo ano, o Imperador Pedro II autorizou a elaboração de um projeto de código civil. Novamente, foi convocado Teixeira de Freitas, que elaborou projeto inicialmente denominado *Esboço de Código Civil*, obra que unificou o Direito Civil com o Direito Mercantil.

Tal proposta não foi aceita e, em 1872, foi contratado Nabuco de Araújo para elaborar novo projeto, não o tendo terminado até sua morte. Em 1881, foi a vez da apresentação da proposta de Felício dos Santos, que não recebeu o apoio da Comissão de jurisconsultos nomeada para analisá-la. Essa comissão fez também um esforço de codificação, mas em 1886 foi dissolvida após a perda de alguns membros[73].

Em 1889, no último ano do Império, Cândido de Oliveira, então Ministro da Justiça, iniciou novo esforço, ao nomear uma comissão para apresentar um projeto de codificação, mas, com a proclamação da República no final do mesmo ano, esta não prosseguiu com os trabalhos[74].

A lentidão do Império em romper integralmente os laços com o *direito privado português* espelha o modo pelo qual foi forjado o Brasil independente, que teve

---

[71] Constituição de 1824, art. 179, XVIII. "Organiza-se-ha quanto antes um Codigo Civil, e Criminal, fundado nas solidas bases da Justiça, e Equidade."

[72] ASCENSÃO, José de Oliveira. *O direito*: introdução e teoria geral; uma perspectiva luso-brasileira. Lisboa: Fundação Calouste Gulbenkian, 1978, p. 116-120.

[73] Conferir a lenta tramitação da codificação do direito civil brasileiro em ESPÍNOLA, Eduardo; ESPÍNOLA FILHO, Eduardo. *Tratado de direito civil brasileiro*, v. II, Rio de Janeiro: Freitas Bastos, 1939, p. 522 e s.

[74] DINIZ, Maria Helena. Código Civil de 1916. In: BITTAR, Eduardo C. B. *História do direito brasileiro*. 2. ed. São Paulo: Atlas, 2010, p. 229-240, em especial p. 232.

uma dinastia europeia na chefia do Estado, mimetizando inclusive títulos de nobreza para a elite brasileira.

Com a proclamação da República, acelerou-se o desejo governamental de criação de um Código Civil brasileiro para mostrar o distanciamento da opção monárquica de manutenção do uso de parte importante do direito privado português. Coelho Rodrigues foi incumbido do projeto em 1890, tendo-o terminado em 1893, mas seu texto final foi rejeitado por comissão de análise do Congresso.

Em 1899, o Presidente Campos Sales (Ministro da Justiça na época do projeto Coelho Rodrigues) nomeou Clóvis Beviláqua para elaborar o novo Código Civil, que apresentou o projeto no final do mesmo ano.

Após 16 anos de demorados debates no Congresso, o Código foi promulgado em 1º de janeiro de 1916, entrando em vigor em 1º de janeiro de 1917 (Lei n. 3.071/2016). Em seu art. 1.807, houve, finalmente, a revogação expressa das "Ordenações, Alvarás, Leis, Decretos, Resoluções, Usos e Costumes concernentes às matérias de direito civil" reguladas no Código.

A temática do Direito Internacional Privado constou da parte introdutória do Código Civil, nos arts. 8º ao 21, seguindo a linha da Lei de Introdução ao Código Civil alemão[75] de 18 de outubro de 1896 (EGBGB[76]).

3.4. A Lei de Introdução ao Código Civil e a transformação em Lei de Introdução às Normas do Direito Brasileiro

Com a queda da República Velha, em 1930, Getúlio Vargas iniciou o processo de revisão do ordenamento jurídico brasileiro para adaptá-lo às necessidades de um novo Brasil industrial, mas dentro da lógica autoritária e centralizadora que marcou todo o seu período no poder (1930-1945[77]).

Para tanto, foi criada, por intermédio do Decreto n. 19.459, de 6 de dezembro de 1930, uma Comissão Legislativa para elaborar anteprojetos que renovassem totalmente o Direito brasileiro. O Ministro da Justiça, Oswaldo Aranha, foi feito presidente da Comissão, sendo a Primeira Subcomissão justamente a encarregada da revisão

---

[75] Sobre a influência do Código Civil alemão de 1900 *Bürgerliches Gesetzbuch* (ou BGB) sobre o Brasil, ver, por todos, RODRIGUES JUNIOR, Otavio Luiz. A influência do BGB e da doutrina alemã no Direito Civil brasileiro do século XX. *Revista dos Tribunais*, São Paulo, v. 102, n. 938, dez. 2013, p. 79-155.

[76] Lei de Introdução ao Código Civil alemão disponível em: <http://www.gesetze-im-internet.de/englisch_bgbeg/englisch_bgbeg.html#p0080>. Acesso em: 10 out. 2022.

[77] Nesse período, foi estabelecida a base da moderna Administração Pública brasileira, com a criação do DASP (Departamento Administrativo do Serviço Público, 1938), bem como de outros pilares do ordenamento, por exemplo: Código de Processo Civil (1939), Código Penal (1940), Lei de Falências (1940), Código de Processo Penal (1941) e a Consolidação das Leis Trabalhistas (1943).

do Código Civil. Foram nomeados Clóvis Beviláqua, Eduardo Espínola e Alfredo Bernardes da Silva, e, no que tange ao Direito Internacional Privado, Eduardo Espínola foi o responsável pela revisão da parte introdutória do Código Civil.

Esse anteprojeto de Lei de Introdução do Código Civil foi descartado pelo governo Vargas, tendo sido publicado, com sua justificativa, por Espínola e seu filho, em 1939[78]. Ainda em 1939, Vargas designou nova Comissão para elaborar um projeto de reforma do Código Civil, convidando os juristas Orozimbo Nonato, Philadelpho Azevedo (depois nomeados para o Supremo Tribunal Federal) e Hahnemann Guimarães. Em 1941, a Comissão apresentou Anteprojeto ao governo Vargas e o publicou no Diário Oficial para conhecimento e contribuições. Desse trabalho apenas foi aproveitada a proposta de reforma da Lei de Introdução ao Código Civil, que foi editada por meio do Decreto-Lei n. 4.657, de 4 de setembro de 1942, denominado "Lei de Introdução ao Código Civil", uma vez que revogou a "Introdução" do Código Civil de 1916 (arts. 1º ao 21).

Esse ambiente de modernização conservadora do Brasil gerou impacto no ordenamento jurídico e um dos alvos foi justamente a parte introdutória do Código Civil. A grande mudança da nova lei foi no tocante ao estado pessoal[79], tendo sido adotada finalmente a lei do domicílio em substituição à lei da nacionalidade. Assim, somente em 1942 o Brasil curvou-se à tendência já adotada nos demais países receptores de mão de obra migrante nas Américas e implantou a regra da *lei do domicílio* (*lex domicilii*). Ressalte-se que a aplicação, por décadas, do direito estrangeiro em diversas regiões de imigrantes no Brasil era contrário às ambições nacionalistas e autoritárias da Ditadura Vargas, que buscou impulsionar a industrialização nacional, com substituição das importações, e ainda determinou restrições a novas ondas de imigrações estrangeiras, na busca de salvaguarda de mercado ao trabalhador brasileiro[80].

Para Valladão, a promulgação da LICC foi feita de modo apressado, tendo como razão imediata a entrada do Brasil na Segunda Guerra Mundial, ocorrida poucos dias antes, em 22 de agosto de 1942. A motivação da sua edição teria sido *substituir* a regra da lei da nacionalidade da antiga introdução ao Código Civil de 1916 pela da lei do domicílio para não se aplicar o Direito estrangeiro aos nacionais do Eixo, da Alemanha, da Itália e do Japão (agora súditos inimigos), que eram aqui domiciliados em virtude da forte imigração nas décadas anteriores[81].

---

[78] ESPÍNOLA, Eduardo; ESPÍNOLA FILHO, Eduardo. *Tratado de direito civil brasileiro*, v. II Rio de Janeiro: Freitas Bastos, 1939, p. 556.

[79] Ver o capítulo específico sobre o estado pessoal na Parte II deste *Curso*.

[80] Sobre a xenofobia e restrições aos estrangeiros na Ditadura Vargas, ver CARVALHO RAMOS, André de. Direitos dos estrangeiros no Brasil: a imigração, direito de ingresso e os direitos dos estrangeiros em situação irregular. In: SARMENTO, Daniel; IKAWA, Daniela e PIOVESAN, Flávia. (Org.). *Igualdade, diferença e direitos humanos*. Rio de Janeiro: Lumen Juris, 2008, p. 721-745.

[81] VALLADÃO, Haroldo. A Lei de Introdução ao Código Civil e sua reforma. *Revista dos Tribunais*, v. 49, n. 292, fev., 1960, p. 7-21, em especial p. 7.

Foi criticada a falta de debate e secretismo envolvendo a lei ("obra legislativa clandestina", para Valladão[82]), uma vez que a Comissão só realizou uma única reunião oficial, em 1940, na qual reconheceu que outras reuniões anteriores teriam sido realizadas (atas nunca publicadas), tendo sido elaborado o projeto de lei de introdução já em 1939.

Do ponto de vista formal, houve uma fundamental mudança: a Comissão entendeu, acertadamente, que os dispositivos analisados não deveriam fazer parte do Código Civil e sim constar de uma *lei autônoma*, merecendo uma legislação especial.

Apesar de várias críticas[83], houve pouca alteração da LICC no decorrer das décadas seguintes, tendo sido modificada em sete ocasiões.

Em 1957, foi editada a Lei n. 3.238, que alterou, no que tange ao Direito Internacional Privado, (i) o § 2º do art. 7º e (ii) o art. 18, aplacando parte das críticas da doutrina em relação a esses dispositivos, relativos ao matrimônio e às autoridades consulares.

Após a permissão constitucional do divórcio em 1977, a Lei n. 6.515 do mesmo ano alterou o § 6º do art. 7º, tornando-o compatível com a nova situação constitucional.

Em 1995, a Lei n. 9.047 alterou o § 1º do art. 10, que dispõe sobre a sucessão de bens de estrangeiros situados no Brasil, para torná-lo compatível com a Constituição de 1988.

Em 2009, novamente quanto ao divórcio, a Lei n. 12.036 alterou o mesmo dispositivo, adaptando-o à Constituição de 1988. A mesma lei também revogou o parágrafo único do art. 15, que dispensava da homologação as sentenças estrangeiras meramente declaratórias do estado das pessoas.

Em 2010, a Lei n. 12.376 fez apenas a singela alteração da ementa do Decreto-Lei n. 4.657/42, que passou a ser designado "Lei de Introdução às Normas do Direito Brasileiro", em vez de "Lei de Introdução ao Código Civil". A mudança da denominação da lei foi correta, pois seu conteúdo é bem mais abrangente do que uma introdução à lei civil, mas isso não passou de uma alteração superficial, já que não se buscou atualizar todo o diploma.

Por sua vez, em 2013, a Lei n. 12.874 modificou o art. 18 para possibilitar às autoridades consulares brasileiras celebrarem a separação e o divórcio consensuais de brasileiros no exterior.

---

[82] Valladão chegou, inclusive, a sustentar o que denominou "desleixo com que foi, assim, promulgada a Lei de Introdução". VALLADÃO, Haroldo. A Lei de Introdução ao Código Civil e sua reforma. *Revista dos Tribunais*, v. 49, n. 292, fev., 1960, p. 7-21, em especial p. 7-8.

[83] Por exemplo, em relação ao § 3º do art. 7º, que determina que, no caso de os nubentes possuírem diferentes domicílios, deve reger a nulidade do casamento a lei do primeiro domicílio conjugal, o que Serpa Lopes, ironicamente, sustentou que "[n]o caso do § 3º do art. 7º, ao intérprete cumpre desenvolver um trabalho de genuína *cirurgia plástica*, dos mais difíceis, para exibi-lo gracioso e com um sentido plástico e racional". SERPA LOPES, Miguel Maria de. *Comentários à Lei de Introdução ao Código Civil*, v. II, 2. ed. Rio de Janeiro: Freitas Bastos, 1959, p. 96. Grifo meu.

Finalmente, em 2018, a Lei n. 13.655 fez incluir na LINDB novos dispositivos (arts. 20 a 30) sobre segurança jurídica e eficiência na criação e na aplicação do direito público.

Com essa nova lei, a LINDB passou a ter **três partes** assim definidas: 1) Teoria Geral do Direito: arts. 1º ao 6º; 2) Direito Internacional Privado: arts. 7º ao 19; e 3) Aspectos gerais de Direito Público: arts. 20 a 30[84].

3.5. As tentativas de atualização do Direito Internacional Privado de matriz legal

Após a LICC varguista, houve iniciativas de atualização e sistematização das normas de Direito Internacional Privado, que, contudo, fracassaram. Dois projetos não aprovados merecem destaque: (i) a proposta originada no anteprojeto de 1964, de Haroldo Valladão, denominado *Lei Geral de Aplicação de Normas Jurídicas* e (ii) o Projeto de Lei n. 4.905/95.

No primeiro caso, o anteprojeto Valladão era completo e visava a substituição de uma "Lei de Introdução ao Código Civil" para tratar do DIPr. O anteprojeto ambicionava a aprovação de uma "Lei Geral de Aplicação das Normas Jurídicas", pois, segundo Valladão, a denominação "Lei de Introdução ao Código Civil" era inapropriada, uma vez que tal diploma se refere ao direito pátrio como um todo e não apenas ao Código que introduz[85]. Possuía 91 artigos e não se restringia à regulação da aplicação espacial da lei de direito privado, abrangendo, também, relações de trabalho, direito marítimo e aéreo, direitos de autor, direito cambial e de propriedade intelectual, jurisdição e cooperação jurídica internacional. Seu art. 16 era emblemático e previa um *novo* Direito Internacional Privado de *objeto amplo* muito além de uma introdução ao Código Civil: "aplicam-se, de forma direta ou indireta, normas de direito brasileiro no exterior e de direito estrangeiro no Brasil com o fim de assegurar a continuidade espacial da *vida jurídica das pessoas*, em virtude de regras de direito internacional privado (...)"[86].

Em 1970, o anteprojeto foi ligeiramente alterado pela Comissão Revisora, formada por Luiz Gallotti, do Supremo Tribunal Federal, pelos Professores Oscar Tenório e Valladão, recebendo a denominação de "Código de Aplicação das Normas Jurídicas" e passando a conter 93 artigos. Foi introduzido, por sugestão de Oscar Tenório, dispositivo de *coordenação* com os tratados de DIPr, pelo qual "os preceitos dos artigos anteriores aplicam-se, no que couber, sem prejuízo de convenções internacionais ratificadas pelo Brasil"[87].

---

[84] Ver os comentários, artigo por artigo, da LINDB em suas três partes em CARVALHO RAMOS, André de; GRAMSTRUP, Erik Frederico. *Comentários à Lei de Introdução às Normas do Direito Brasileiro*. 2. ed. São Paulo: Saraiva, 2021.

[85] VALLADÃO, Haroldo. Lei geral de aplicação das normas jurídicas. *Revista da Faculdade de Direito da Universidade de São Paulo*, v. 60, 1965, p. 121-131, em especial p. 125.

[86] Art. 16 do anteprojeto. O texto integral e ainda exposição de Valladão sobre seu anteprojeto, bem como relatório da comissão revisora constam de VALLADÃO, Haroldo. *Direito internacional privado*: direito intertemporal, introdução e história do direito. Material de classe. 9. ed. Rio de Janeiro: Freitas Bastos, 1977, p. 108-169.

[87] VALLADÃO, Haroldo. *Direito internacional privado*: direito intertemporal, introdução e história do direito. *Material de classe*. 9. ed. Rio de Janeiro: Freitas Bastos, 1977, p. 108-169.

Em 1994, foi realizada outra iniciativa de reforma da Lei de Introdução ao Código Civil de 1942 por comissão composta pelos Professores Limongi França, Grandino Rodas (ambos da Universidade de São Paulo), Inocêncio Mártires Coelho (Universidade de Brasília) e Jacob Dolinger (Universidade Estadual do Rio de Janeiro), que redundou no Projeto de Lei n. 4.905/95[88].

O projeto era sensivelmente menos ambicioso do que o anteprojeto Valladão, contendo apenas 25 artigos (a LINDB possuía 19 artigos). Buscava, antes de mais nada, em um contexto de reformas do Governo Fernando Henrique Cardoso, o reforço da autonomia da vontade, em uma visão de estímulo à segurança jurídica de investidores estrangeiros. Ponto positivo foi a introdução, no Capítulo III ("Direito Internacional Privado"), de uma seção específica para "Cooperação Jurídica Internacional", apesar de limitada as duas espécies tradicionais (carta rogatória e ação de homologação de sentença estrangeira). Também esse projeto não foi aprovado.

Finalmente, o projeto de lei do Senado Federal n. 269, apresentado em 2004, pelo Senador Pedro Simon, consistia em reapresentação do projeto de Lei n. 4.905/94, com alterações pontuais, tendo sido já arquivado. Não obstante o esforço para modernização e atualização da legislação conflitual brasileira, nenhum dos projetos de lei para a substituição da LICC de 1942 chegou a ser aprovado.

As dificuldades em aprovação de um novo projeto de DIPr de matriz legal no Brasil demonstram a (i) resiliência das opções adotadas pela LINDB desde 1942 (quando era ainda chamada de Lei de Introdução ao Código Civil); (ii) ausência de consenso sobre a intensidade e o número de mudanças a serem adotadas; (iii) expansão do DIPr multilateral que continua produzindo tratados e o Brasil os tem assinado e submetido ao Congresso Nacional, preenchendo eventuais necessidades de desenvolvimento normativo no DIPr; (iv) adoção do novo CPC, que tratou da jurisdição internacional e da cooperação jurídica internacional cível, o que erodiu eventual necessidade de alteração desses dispositivos da LINDB; (v) expansão da arbitragem, que impulsionou a autonomia da vontade na escolha da lei, o que diminui a importância das regras de conexão estabelecidas pela lei.

3.6. A doutrina nos Estados

A doutrina nacional no DIPr tem o papel de contribuir para a interpretação das fontes internacionais e nacionais e também para difundir uma visão universal da disciplina. Essa contribuição da doutrina foi vista já na fase iniciadora (era estatutária) do DIPr, na qual os glosadores e pós-glosadores vinculados a diversas escolas (italiana, francesa, holandesa e alemã) foram importantes na evolução da disciplina, fornecendo o método estatutário de regência do fato transnacional.

---

[88] Comissão instituída pela Portaria n. 510 do Ministro da Justiça Alexandre de Paula Dupeyrat Martins, de 22 de julho de 1994.

Mesmo na fase clássica, há influências confessadas entre diversos autores. O primeiro a sistematizar o DIPr na fase clássica é Joseph Story, cuja obra de 1834 fez a compilação das visões estatutárias, influenciando tanto Savigny quanto Foelix. Este último, por exemplo, no seu tratado de Direito Internacional Privado, cuja primeira edição é de 1843, faz remissão à obra de Story[89]. Savigny, por sua vez, publicou sua obra em 1849 e reconheceu, no prefácio, a importância do trabalho de Story[90]. Essas inter-relações entre obras de autores vinculados a Estados distintos mostram mais uma faceta da importância da doutrina para a homogeneização do DIPr. Além disso, a doutrina tem seu papel na formação das codificações, como se vê na participação de Beviláqua na primeira regulação nacional do DIPr no Brasil (na introdução ao Código Civil de 1916).

Do ponto de vista institucional, a doutrina é também influente por intermédio de associações, como o "Instituto de Direito Internacional" (*Institut de Droit International*, também denominado *Institut*), fundado em 1873 e que adota, regularmente, resoluções acadêmicas sobre diversos pontos do DIPr. Para Casella, as resoluções e as posições do Instituto representam princípios do Direito Internacional em determinado momento histórico e contexto cultural. Pode existir inclusive a revisão de tais posicionamentos, com a retomada de temas pelo próprio Instituto, na medida em que ocorram modificações substanciais no Direito Internacional Privado[91]. Outra associação atuante é a "International Law Association", que também busca clarificar temas de DIPr. No plano americano, cite-se a Associação Americana de Direito Internacional Privado (ASADIP), que, além de congressos, jornadas científicas e publicações, busca participar e influenciar os esforços internacionais de elaboração de tratados de DIPr, em especial na Organização dos Estados Americanos e na Conferência da Haia de Direito Internacional Privado[92].

Em paralelo com o esforço doutrinário tradicional, há também a elaboração de compilação doutrinária de precedentes que desembocam em regras *pro futuro*, feita especialmente na Inglaterra e Estados Unidos. Na Inglaterra, Dicey e seu "Conflict of Laws" (primeira edição em 1896) contribuiu para a formação do DIPr inglês ao estabelecer as regras do DIPr ("Rules") daquele país ancoradas em precedentes comentados[93].

---

[89] Ver FOELIX, M. *Traité du droit international privé ou du conflit des lois de différentes nations en matière de droit privé*, t. I, 3. ed. Paris: Marescq et Dujardin, 1856, p. 18 e 25.

[90] SAVIGNY, Friedrich Carl von. *Sistema do direito romano atual*, v. VIII. Tradução de Ciro Mioranga (edição original de 1849), Ijuí: Unijuí, 2004, p. 23.

[91] ACCIOLY, Hildebrando; NASCIMENTO E SILVA, G. E.; CASELLA, Paulo Borba (atual responsável). *Manual de direito internacional*. 21. ed. 2ª tiragem, São Paulo: Saraiva, 2015, em especial p. 188.

[92] Ver as atividades da ASADIP em: <http://www.asadip.org>. Acesso em: 31 out. 2022.

[93] DICEY, MORRIS & COLLINS. *Dicey, Morris & Collins on the conflict of laws*. 15. ed. London: Sweet & Maxwell, 2015.

Nos Estados Unidos, a "American Law Institute", uma associação de juristas e advogados privados também engendrou sua própria "codificação privada" do DIPr, denomina *Restatement of the Law – Conflict of Laws*, cuja primeira edição foi feita em 1934, por Joseph Beale, e a segunda em 1971 (Restatement – Second – of Conflict of Laws), relatada por Willis Reese. A codificação conta com uma coletânea de normas de DIPr comentadas, bem como com casos hipotéticos para demonstrar a aplicação das regras de DIPr[94].

4. O DIREITO TRANSNACIONAL

4.1. Conceito e seu papel como fonte do Direito Internacional Privado

Na segunda metade do século XX, após a adoção de políticas públicas intervencionistas e estatizantes de desenvolvimento econômico em vários Estados em desenvolvimento na busca de alternativas à subordinação econômica, o termo "Direito Transnacional" passou a designar a produção de normas e a criação de sistemas de solução de controvérsias de matriz *não estatal*, em geral de feição privada[95].

O termo "Direito Transnacional" designa, então, determinado conjunto de normas ou decisões de origem não estatocêntrica, que não seria nem nacional, nem internacional, mas fruto da ação concatenada de entes privados, com o apoio direto ou indireto dos Estados. É caracterizado (i) por ser composto de normas de origem não estatal, (ii) voltadas a eventos transfronteiriços, e (iii) por contar com a anuência dos Estados, por meio do reconhecimento da autonomia da vontade ou mesmo da execução de laudos arbitrais[96].

Essa "natureza privada" do Direito Transnacional tem como *objetivo óbvio* a busca de autonomia dos agentes econômicos privados diante de políticas (e regras jurídicas) nacionais que lhes fossem *desfavoráveis*. Contudo, há dificuldade para a obtenção de total autonomia, uma vez que o Direito Transnacional, no limite (por exemplo, na existência de controvérsia entre os agentes privados), deve ser respeitado

---

[94] BORCHERS, Patrick J. Courts and the Second Conflicts Restatement: Some Observations and an Empirical Note *Maryland Law Review*, v. 56, Issue 4, 1997, p. 1232-1247. Ver também o artigo do Relator Prof. Reese (Colombia University) sobre a obra, em palestra de 1972: REESE, Willis L. A. From the old restatement of conflict of laws to the new. Disponível em: <https://www.law.kuleuven.be/jura/art/9n3/reese.pdf>.

[95] Para Philip Jessup, ainda nos anos 1950, o termo "Direito Transnacional" consistiria no conjunto de normas (nacionais, internacionais e de outras fontes, especialmente de atores privados) que regula ações ou acontecimentos que transcendessem as fronteiras nacionais. Após, o termo passou a ser utilizado de forma restrita, para abranger somente as normas de origem não estatal. JESSUP, Philip C. *Transnational law*. New Haven: Yale University Press, 1956, em especial p. 2.

[96] CALLIESS, Gralf-Peter. The making of transnational contract law. *Indiana Journal of Global Legal Studies*, v. 14, n. 2, p. 469-484, em especial p. 476. CALLIESS, Gralf-Peter; ZUMBANSEN, Peer. *Rough consensus and running code: a theory of transnational private law*. Oxford: Hart Publishing, 2010.

e implementado pelo Direito estatal[97]. Por isso, deve-se superar o debate entre a separação e a dependência, uma vez que os próprios gestores privados da produção do Direito Transnacional *não* desejam a sua segregação plena em relação ao Direito estatal, mas sim um espaço de maior respeito à autonomia dos agentes privados. Nessa visão, o Direito Transnacional necessita da anuência do Estado (por leis nacionais ou tratados) para ter força vinculante e ainda deve respeito às restrições e limites eventualmente impostos[98].

Com o abandono da ideia de uma autonomia radical, o termo "Direito Transnacional" passou a englobar, também, os esforços de produção de normas não vinculantes no próprio plano internacional, fruto da ação de organizações internacionais, tais como "leis-modelo", "guias de conduta" e "princípios ou regras gerais", que inspirariam os agentes privados e os próprios Estados.

O novo Direito Transnacional não deseja, então, a ruptura com o Direito de origem estatocêntrica (quer nacional ou internacional), mas somente a sua persuasão para aceitar seus dispositivos e seus próprios mecanismos de solução de controvérsias. A lógica, portanto, não é mais vencer o Direito estatal, mas, sim, convencê-lo.

Os órgãos de produção dessas normas transnacionais podem ser privados, como a Câmara de Comércio Internacional, ou internacionais, como a UNIDROIT. Decisiva é a natureza da norma transnacional produzida, que não é doméstica (por exemplo, uma lei) ou internacional (um tratado), objetivando a regulação de fatos transfronteiriços[99].

A proliferação do Direito Transnacional consagra, assim, a existência de um verdadeiro pluralismo global de fontes, com normas oriundas dos Estados e também de agentes privados[100].

As relações entre o Direito Internacional Privado e o Direito Transnacional são próximas e intensas, pois, *grosso modo*, ambos regulam fatos sociais que escapam às fronteiras dos Estados. Em geral, o Direito Transnacional assume a tarefa de uniformizar o tratamento das condutas transfronteiriças, gerando segurança jurídica aos

---

[97] Como símbolo da crítica à autonomia dessas normas produzidas pelos agentes privados, ver SYMEONIDES, S. Party Autonomy and private-law making in Private International Law: the lex mercatoria that isn't. *Festschrift für K. Kerameus*. Athens/Brussels: Sakkoulas-Bruylant Press, 2009, p. 1397-1423.

[98] Exprimindo a visão moderada, pela qual o Direito Transnacional não deseja autonomia plena, ver CUNIBERTI, Giles. The merchant who would not be king: unreasoned fears about private lawmaking. In: MUIR WATT, Horatia; FERNÁNDEZ ARROYO, Diego (Editores). *Private international law and Global Governance*. Oxford: Oxford University Press, 2014, p. 141-155.

[99] COTTERREL, Roger. What is transnational law. *Law & Social Inquiry*, v. 37, Issue 2, p. 500-524, em especial p. 501.

[100] FISCHER-LESCANO, Andreas; TEUBNER, Gunther. Regimes-collisions: The vain search for legal unity in the fragmentation of global law. *Michigan Journal of International Law*, v. 25, n. 4, 2004, p. 999-1046. Ver também VARELLA, Marcelo D.; OLIVEIRA, Vitor Eduardo Tavares. Da unidade à fragmentação do direito internacional: o caso Mox Plant. *Rev. Fac. Direito UFM*, Belo Horizonte, n. 54, jan./jun. 2009, p. 119-140.

envolvidos. O grande exemplo disso é a chamada *nova lex mercatoria*, pela qual as regras e decisões dos órgãos criados pelos agentes privados incidem diretamente sobre os fatos transnacionais, em nome da autonomia da vontade. Essa uniformização trazida pelo Direito Transnacional é bem recepcionada pelo Direito Internacional Privado, pois cumpre uma de suas missões, qual seja, a de assegurar a liberdade e a segurança jurídica aos envolvidos nos fatos transfronteiriços.

Desse modo, percebe-se uma relação de cooperação entre o DIPr e o Direito Transnacional, que se reflete, inclusive, na atividade de organizações internacionais voltadas à produção de normas internacionais de Direito Internacional Privado, que adotam tratados internacionais valorizando a autonomia da vontade e a arbitragem comercial internacional.

O uso de fontes transnacionais gerou avanços para o DIPr. O Direito Transnacional acelerou a *substancialização* do Direito Internacional Privado, fenômeno que consiste na existência de regras materiais regulando diretamente os fatos transnacionais, em contraposição aos métodos indiretos tradicionais, de mera remissão à lei de regência. Além disso, o Direito Transnacional estimulou a *processualização* do DIPr, sendo parte importante de sua contribuição a existência de meios não estatais de solução de controvérsia, como a arbitragem, que exigem, depois, execução.

Ainda, o uso das normas transnacionais como fontes do DIPr incrementou o processo de uso ampliado da *autonomia da vontade* como fator de regulação e decisão de conflitos, levando-a a temas não contratuais ou comerciais[101]. Contudo, essa relação de cooperação não elimina atritos e a necessidade de imposição de limites: o Direito Internacional Privado alberga outros valores, que vão além da liberdade de agir, os quais devem ser ponderados no regramento dos fatos transfronteiriços, tais como a igualdade material, o acesso à justiça e o devido processo legal.

Essas relações de cooperação e conflito entre o Direito Internacional Privado e o Direito Transnacional demonstram a complexidade do regramento dos fatos transfronteiriços, que conta com regras domésticas, internacionais estrito senso e ainda transnacionais, o que exige, do intérprete, a busca do "diálogo das fontes", de modo a compreender as hipóteses de harmonia e dissenso.

4.2. A nova *lex mercatoria*

A nova *lex mercatoria* é o conjunto de regras e decisões de instâncias de solução de controvérsias sobre fatos transnacionais comerciais produzidas e geridas, em geral, por entes privados. Originalmente, a *lex mercatoria* consistia em normas e

---

[101] Sobre a ampliação do uso da autonomia da vontade, ver PICONE, Paolo. Les méthodes de coordination entre ordres juridiques en Droit international privé: cours général de droit international privé. *Recueil des Cours de l'Académie de Droit International de La Haye*, v. 276, 1999, p. 9-288, em especial p. 183 e s.

estruturas de regulação de contratos e temas de circulação de mercadorias, criadas por comerciantes marítimos e terrestres na Baixa Idade Média e de parte da Idade Moderna europeia[102]. Em um momento de busca de segurança jurídica e ausência de um poder estatal centralizado, a *lex mercatoria* medieval era formada pelos estatutos das corporações, costumes mercantis e decisões das jurisdições mercantis[103].

Já na segunda metade do século XX, a doutrina adota o conceito de nova *lex mercatoria* para simbolizar a importância da prática dos negócios internacionais e da jurisprudência arbitral comercial para reger os negócios internacionais, justamente em um momento de crescente antagonismo entre Estados intervencionistas e capital estrangeiro (com nacionalizações de bens e busca de exploração estatal dos recursos naturais desses países).

Em 1964, Goldman publicou artigo denominado "Fronteira do direito e *Lex Mercatoria*", no qual apontou a existência de normas produzidas por entes privados com vocação global apta a regular contratos internacionais, bem como a função de solução de conflitos entre agentes econômicos dos tribunais arbitrais privados, reforçando a força vinculante das normas previstas nesses contratos internacionais, desvinculadas de qualquer Direito estatal[104]. Buscavam os agentes privados um ambiente negocial imune aos controles estatais, com regras e órgãos próprios de solução de controvérsias.

A nova *lex mercatoria* retoma o desejo de afastar o Estado (e suas políticas públicas de intervenção) das relações privadas, privilegiando os atores econômicos que podem influenciar tanto a edição das regras quanto das decisões arbitrais[105].

Esse direito uniforme desvinculado do Estado incide especialmente nos fatos com elementos de transnacionalidade, o que traz a nova *lex mercatoria* para a órbita do objeto do DIPr (gestão normativa e jurisdicional do fato transnacional). O método da nova *lex mercatoria* é próprio e consiste na prevalência das normas adotadas ou indicadas pelas partes nos contratos internacionais e na autoridade dos precedentes adotados por tribunais arbitrais internacionais. Com isso, os agentes econômicos privados evitam a incidência de lei nacional ou ainda da jurisdição estatal, que podem desfavorecê-los.

---

[102] COSTA, José Augusto Fontoura. A autonomia da nova *lex mercatoria* e a estabilização de relações comerciais internacionais. *Revista do Instituto do Direito Brasileiro*, Ano 2 (2013), n. 6, p. 4783-4810, em especial p. 4786.

[103] STRENGER, Irineu. La notion de lex mercatoria en droit du commerce international. *Recueil des Cours de l'Académie de Droit International de La Haye*, v. 227, n. 2, 1991, p. 207-355. Ver também HUCK, Hermes Marcelo. *Sentença estrangeira e* lex mercatoria: horizontes e fronteiras do comércio internacional. São Paulo: Saraiva, 1994.

[104] GOLDMAN, Berthold. Frontières du droit et *lex mercatoria*. *Archives de Philosophie du Droit*, 1964, p. 171 e s.

[105] ARNAUD, André-Jean; ASSIS DE ALMEIDA, José Gabriel; CAROCCIA, Francesca. Lex Mercatoria. In: ARNAUD, André-Jean; JUNQUEIRA, Eliane Botelho (Org.). *Dicionário da globalização*. Rio de Janeiro: Lumen Juris, 2006, p. 289-293, em especial p. 290.

O cenário de globalização do final do século XX também favoreceu o protagonismo dos mercados, que buscaram regulamentação uniforme dos fluxos comerciais internacionais, com foco nos contratos de vendas internacionais, operações de crédito e transporte internacional[106]. Após a onda neoliberal do final do século XX e início do século XXI, a nova *lex mercatoria* ganhou impulso também por fornecer segurança jurídica na regência de fatos transnacionais complexos, que, por envolverem diversos potenciais ordenamentos jurídicos, poderiam levar a intrincados (e demorados) debates de DIPr para que fosse definida a lei aplicável e acertada a jurisdição para a solução do litígio.

As fontes produtoras da nova *lex mercatoria* são plurais, a saber: (i) a padronização de contratos internacionais e condições gerais de contratação, realizada por órgãos privados, como a Câmara Internacional de Comércio, situada em Paris (CCI); (ii) as regras e códigos de orientação (*guidelines*) editadas por associações profissionais; (iii) os princípios do comércio internacional, editados, por exemplo, pela UNIDROIT – Unificação do Direito Privado; e ainda, (iv) os precedentes arbitrais, que podem servir de orientação para a interpretação futura dessas regras e usos comerciais internacionais[107].

No Brasil, a Lei da Arbitragem (Lei n. 9.307/97, alterada pela Lei n. 13.129/2015) prevê expressamente que poderão as partes escolher, livremente, as regras de direito que serão aplicadas na arbitragem, desde que não haja violação aos bons costumes e à ordem pública[108]. Poderão, também, as partes convencionar que a arbitragem se realize com base nos (i) princípios gerais de direito, (ii) nos usos e costumes e (iii) nas regras internacionais de comércio (art. 2º, §§ 1º e 2º). Assim, a nova *lex mercatoria* pode ser utilizada, desde que não viole a ordem pública (ver capítulo específico neste *Curso* sobre ordem pública).

No mesmo sentido, a Convenção Interamericana sobre Direito Aplicável aos Contratos Internacionais (1994, ainda não ratificada pelo Brasil) dispõe, em seu art. 10, que as normas, costumes e princípios do direito comercial internacional, bem como os usos e práticas comerciais de aceitação geral, podem reger os contratos internacionais com a finalidade de assegurar as exigências impostas pela justiça e equidade na solução do caso concreto.

---

[106] TOMAZETTE, Marlon. Internacionalização do direito além do Estado: a nova *lex mercatoria* e sua aplicação. *Revista de Direito Internacional,* Brasília, v. 9, n. 4, 2012, p. 93-121, em especial p. 109.

[107] MAGALHÃES, José Carlos; TAVOLARO, Agostinho Toffolli. Fontes do direito do comércio internacional: a *lex mercatoria*. In: AMARAL, Antonio Carlos Rodrigues (Coord.). *Direito do comércio internacional:* aspectos fundamentais. São Paulo: Aduaneiras, 2004, p. 57-68, em especial p. 63-64.

[108] Sobre a Lei de Arbitragem brasileira, conferir CASELLA, Paulo Borba. *Arbitragem*: a nova lei brasileira e a praxe internacional. São Paulo: LTr, 1997.

A nova *lex mercatoria* consagra a autonomia da vontade no Direito Internacional Privado, valorizando o poder que as partes de um negócio jurídico têm de regular o conteúdo das relações nele inseridas.

No caso dos fatos transnacionais, a autonomia da vontade é oriunda das normas do DIPr, sendo, então, um poder derivado (e assim, limitado) das normas nacionais ou internacionais da disciplina. Os limites da autonomia da vontade no campo das obrigações no DIPr envolvem o debate sobre a liberdade e igualdade formais das partes em contraponto à intervenção do Estado para combater as assimetrias reais de poder entre os agentes privados.

Além da necessidade de permissão, pelo Estado – mediante lei ou tratado –, do uso da autonomia da vontade, há ainda um segundo obstáculo, qual seja, o uso da gramática de direitos, que pode servir para comprimir a liberdade em favor de outros direitos, como o devido processo legal, igualdade etc.

Em resumo, para o DIPr, a "nova *lex mercatoria*" assegura:

(i) a *autonomia da vontade e materialização* das normas de regência dos fatos transnacionais.

(ii) a *subordinação* às normas de ordem pública de DIPr do foro, sendo descartada a *lex mercatoria* ofensiva a tais dispositivos.

(iii) a *complementariedade* às normas estatais, pois as normas da *lex mercatoria* dependem, em última análise, das jurisdições estatais (no caso de medidas de urgência ou mesmo de execução forçada), bem como em virtude da prevalência das normas de ordem pública do foro sobre as disposições do comércio internacional.

5. HIERARQUIA E INCORPORAÇÃO DAS NORMAS INTERNACIONAIS DE DIREITO INTERNACIONAL PRIVADO

5.1. Como o Direito Internacional vê o direito brasileiro

A prática reiterada dos Estados e das Cortes Internacionais é considerar o Direito Interno um *mero fato*, que expressa a vontade do Estado[109]. Não se reconhece sequer o caráter jurídico das normas nacionais, uma vez que o Direito Internacional possui suas próprias fontes normativas e o Estado (sujeito primário do Direito Internacional, por possuir, além da personalidade jurídica, também capacidade legislativa) é considerado *uno* perante a comunidade internacional.

---

[109] Nesse sentido, a Corte Permanente de Justiça Internacional decidiu que "From the standpoint of International Law and of the Court which is its organ, municipal laws are merely facts which express the will and constitute the activities of States, in the same manner as do legal decisions or administrative measures". Corte Permanente de Justiça Internacional, *Certain German interests in Polish Upper Silesia* (Merits), julgamento de 25 de maio de 1926, P.C.I.J, série A, n. 7, p. 19.

O direito interno só será utilizado se a norma internacional lhe fizer remissão. Conforme ensina Guido Soares, "os tribunais internacionais e os árbitros, somente aplicarão normas dos sistemas jurídicos nacionais à medida que elas sejam integrantes do sistema normativo internacional, em virtude da operação das fontes do direito internacional"[110].

Esse comando de primazia internacionalista é bem resumido no art. 27 da Convenção de Viena sobre Direito dos Tratados que estabelece que o Estado não pode deixar de cumprir norma prevista em tratado internacional alegando óbice de direito interno.

Também no art. 46, a Convenção de Viena sobre Direito dos Tratados faz remissão ao Direito Interno, prevendo que um Estado *não* pode invocar o fato de que seu consentimento em obrigar-se por um tratado foi expresso em *violação de uma disposição* de seu direito interno sobre *competência* para concluir tratados, a *não ser* que essa violação seja *manifesta* e diga respeito a uma norma de seu direito interno de importância *fundamental*. O mesmo art. 46 esclarece que uma violação é "manifesta" somente se for objetivamente evidente para qualquer outro Estado de boa-fé.

Com isso, o Direito Internacional permite que seja alegada violação do direito interno como escusa para o descumprimento de um tratado somente em hipótese especialíssima: 1) a norma de direito interno é referente à competência em celebrar tratados (transgressão orgânica-formal, no linguajar do Supremo Tribunal Federal brasileiro); 2) de *fundamental* importância; e 3) se for "manifesta", ou seja, os demais Estados já a conheciam (não podem alegar boa-fé – caso os demais Estados tenham agido em boa-fé, nem a transgressão à regra de competência fundamental pode ser invocada). Mas, repita-se, é o próprio Direito Internacional quem permite – com duríssimas restrições – que norma interna seja invocada para tornar nulo um tratado.

Logo, para o Direito Internacional, os atos normativos internos (leis, atos administrativos e mesmo decisões judiciais) são expressões da vontade de um Estado, que devem ser compatíveis com seus engajamentos internacionais anteriores, sob pena de ser o Estado responsabilizado internacionalmente. Consequentemente, um Estado não poderá justificar o descumprimento de uma obrigação internacional em virtude de mandamento interno, podendo ser coagido (com base na contemporânea teoria da responsabilidade internacional do Estado) a reparar os danos causados[111].

No caso das normas internacionais do Direito Internacional Privado, a interpretação brasileira deve estar em linha com a interpretação internacionalista, não

---

[110] SOARES, Guido Fernando Silva. *Curso de direito internacional público*, v. I, São Paulo: Atlas, 2002, em especial p. 203.

[111] Cite-se o célebre *Caso Relativo ao Tratamento de Nacionais Poloneses e Outras Pessoas de Origem Polonesa no Território de Danzig* no qual a Corte Permanente de Justiça Internacional afirmou que, "according to generally accepted principles, a State cannot rely, as against another State, on the provisions of the latter's Constitution, but only on international law". Corte Permanente de Justiça Internacional. *Treatment of Polish Nationals and Other Persons of Polish Origin or Speech in the Danzig Territory*, opinião consultiva de 4 de fevereiro de 1932, P.C.I.J, séries A/B, n. 44, p. 24-25.

sendo possível que, em eventual controvérsia internacional sobre a aplicação do tratado, o Brasil justifique-se invocando decisões nacionais ou mesmo normas locais em sentido contrário (do DIPr de matriz legal).

5.2. Como o direito brasileiro vê as normas internacionais do Direito Internacional Privado

As regras pelas quais o Direito brasileiro vê o Direito Internacional (e, consequentemente, as normas internacionais de DIPr) estão na própria Constituição. Trata-se de um dos temas fundamentais do ordenamento e que, portanto, possui inserção no texto constitucional.

Não que essa inserção tenha sido feita com destaque: pelo contrário, a atual Constituição de 1988 sequer possui um capítulo específico sobre o tema. Restaram apenas alguns artigos que, depois, interpretados pelo Supremo Tribunal Federal, constituem-se na essência dessa visão do Direito brasileiro sobre o Direito Internacional.

Porém, cabe um alerta: as normas internacionais são oriundas de tratados, costumes e princípios gerais, como visto no capítulo deste *Curso* referente às fontes internacionais do DIPr. Não é possível, então, reduzir a visão do Direito Constitucional sobre o Direito Internacional às normas previstas *tão somente* em tratados.

Devemos, ainda, analisar a relação do Direito brasileiro com as chamadas fontes extraconvencionais, com foco, em especial, no chamado costume internacional. Como a Constituição possui alguns artigos sobre tratados e nenhuma menção sequer a costume internacional, a posição do Supremo Tribunal Federal acabou sendo distinta para esses dois tipos de normas internacionais.

Identificamos três fenômenos na prática constitucional brasileira, a saber: (i) o processo de *formação* da vontade brasileira em relação a tratados (que abrange o estudo das negociações, da aprovação congressual e da ratificação); (ii) o processo de *incorporação* desses tratados ao direito brasileiro (que abrange o estudo do decreto de promulgação) e, finalmente, (iii) o processo de *impregnação* do direito brasileiro pelas normas internacionais *extraconvencionais*.

Inicialmente, é necessário estudar o processo de formação da vontade brasileira e o processo de incorporação dos tratados de Direito Internacional Privado ao direito brasileiro. Ainda em relação aos tratados de DIPr, cabe analisar, em segundo lugar, a hierarquia normativa interna dessas normas internacionais.

5.3. Os tratados de DIPr e o direito brasileiro

5.3.1 Terminologia e a prática constitucional brasileira

A Constituição brasileira possui alguns dispositivos que mencionam tratados, utilizando uma terminologia variada: tratados internacionais (arts. 5º, §§ 2º e 3º; 49,

I; 84, VIII; 109, V e § 5º), convenção internacional (arts. 5º, § 3º; 84, VIII; 109, V), atos internacionais (arts. 49, I; 84, VIII), acordos internacionais (arts. 49, I; 178; 52, X do Ato das Disposições Transitórias) e até mesmo "compromissos internacionais" (art. 143, X)[112].

A prática constitucional anterior era no mesmo sentido: a Constituição de 1824 traz referência a tratados (art. 102, VIII); a Constituição de 1891 menciona, além de tratados, convenções e ajustes (arts. 34; 12; 48; 16; 60,*f*); a Constituição de 1934 usou os termos tratados e convenções internacionais (arts. 5º, I; 40, *a*; 56, § 6º); a Constituição de 1937 mencionava tratados e convenções internacionais (arts. 15, I; 54, *a*; 74, *d* e *n*); a Constituição de 1946 refere-se a tratados e convenções (arts. 5º, I; 66, I; 87, VIII); a Constituição de 1967 refere-se a tratados, convenções e atos (entre outros, arts. 8º, I; 47, I; 83, VIII); a Emenda n. 1 de 1969 utiliza os termos tratados, convenções e atos (arts. 8º, I; 44, I; 81, X).

Apesar de vários esforços doutrinários em diferenciar essas categorias, a Convenção de Viena sobre Direito dos Tratados cristalizou a prática dos Estados em considerar esses termos *sinônimos*, como se vê no seu art. 2º, 1, *a*, pouco importando a denominação específica.

Nossa Constituição de 1988, seguindo a tradição constitucional brasileira, adota também essa multiplicidade de termos da prática internacional, considerando-os equivalentes. O resultado é um processo único de formação da vontade do Estado e de incorporação dos tratados ao Direito, como veremos abaixo[113].

5.3.2 A teoria da junção de vontades

A Constituição de 1988, inicialmente, dispôs que a participação brasileira na formação do Direito Internacional é de competência da União. De fato, prevê o art. 21, I, que compete à União "manter relações com Estados estrangeiros e participar de organizações internacionais".

Assim, a União possui um papel dúplice em nosso Federalismo: é ente federado (arts. 1º e 18), de igual hierarquia com os demais entes (Estados, Municípios e Distrito Federal) e, ainda, representa o Estado Federal nas relações internacionais.

A Constituição exigiu um procedimento complexo que une a vontade concordante dos Poderes Executivo e Legislativo no que tange aos tratados internacionais. As bases constitucionais são o art. 84, VIII, que estabelece a competência do Presidente da República para celebrar tratados, convenções e atos internacionais, sujeitos a referendo do Congresso Nacional, e, ainda, o art. 49, I, que dispõe que é da competência

---

[112] Fique registrado que é preferível utilizar o termo "tratado" tão somente e não "tratado internacional". Porém, como a própria Constituição utiliza "tratado internacional", utilizaremos o termo indistintamente.

[113] Ver abaixo o chamado acordo executivo ou tratado em forma simplificada. Para mais, ver CARVALHO RAMOS, André de. *Pluralidade das ordens jurídicas*. Curitiba: Juruá, 2012.

exclusiva do Congresso Nacional resolver definitivamente sobre tratados, acordos ou atos internacionais que acarretem encargos ou compromissos gravosos ao patrimônio nacional.

As outras fontes do Direito Internacional (costumes internacionais, princípios gerais de direito, atos unilaterais e resoluções vinculantes de organizações internacionais), que também comprometem o Brasil, curiosamente não foram mencionadas expressamente na Constituição.

A participação dos dois Poderes na formação da vontade brasileira em celebrar definitivamente um tratado internacional consagrou a chamada *teoria da junção de vontades* ou *teoria dos atos complexos*: para que um tratado internacional seja formado é necessária a conjunção de vontades do Poder Executivo e do Poder Legislativo, como veremos a seguir.

5.3.3 As quatro fases: da formação da vontade à incorporação

5.3.3.1 As negociações e a assinatura

As negociações de tratados internacionais não possuem destaque no corpo da Constituição de 1988, sendo consideradas de atribuição do Chefe de Estado, por decorrência implícita do disposto no art. 84, VIII, que dispõe que *compete ao Presidente da República celebrar tratados, convenções e acordos internacionais*, sujeitos a *referendo* do Congresso Nacional.

Usualmente, após uma negociação bem-sucedida, o Estado realiza a *assinatura* do texto negociado, pela qual manifesta sua predisposição em celebrar, no futuro, o texto do tratado. Há acordos em forma simplificada ou acordo executivo, no qual, excepcionalmente, a assinatura já formaliza a celebração definitiva do tratado para o Brasil (ver abaixo).

Por sua vez, há ainda a possibilidade de *adesão* a textos de tratados já existentes, dos quais o Brasil não participou da negociação. A assinatura é de atribuição do Chefe de Estado, fruto do disposto no art. 84, VIII, que utiliza o vocábulo "celebrar" em sentido impróprio: a assinatura, em geral, não vincula o Estado brasileiro. Antes, é necessário, de acordo com o próprio art. 84, VIII, o referendo do Congresso Nacional.

Após a assinatura, então, cabe ao Poder Executivo encaminhar o texto assinado do futuro tratado ao Congresso, no momento em que julgar oportuno.

A Constituição de 1988 foi omissa quanto a prazos, enquanto a Constituição de 1967 fixou o prazo de 15 dias após sua assinatura para que o Poder Executivo encaminhasse o texto do tratado ao Congresso Nacional (art. 47, parágrafo único).

Essa omissão permite que o Poder Executivo demore anos – ou mesmo a eternidade – para encaminhar os textos dos tratados para a aprovação congressual.

Contudo, a Convenção de Viena sobre Direito dos Tratados (CVDT), ratificada pelo próprio Brasil (em 2009), dispõe, em seu art. 18, que há uma obrigação internacional do Estado em não frustrar o objeto e a finalidade de um tratado assinado e ainda não ratificado, enquanto não tiver manifestado sua intenção de não se tornar parte no tratado. Assim, o Poder Executivo deveria encaminhar a mensagem presidencial solicitando a aprovação congressual em prazo razoável, ou informar aos demais parceiros do tratado assinado que não tem mais a intenção de ratificá-lo. Nada fazer manteria o dever de abstenção (*vide* o mencionado art. 18 da CVDT) sem que o Congresso Nacional tenha sido ouvido sobre isso.

Não há precedentes sobre a reação possível caso o Poder Executivo mantenha sua postura de inércia no não encaminhamento da mensagem presidencial.

Sugiro a propositura, pelos colegitimados do art. 103 da CF/88, de *Ação Direta de Inconstitucionalidade por Omissão* perante o Supremo Tribunal Federal exigindo que o Presidente cumpra uma das opções elencadas: (i) encaminhe a mensagem presidencial de solicitação da aprovação congressual ou (ii) manifeste aos parceiros internacionais o fim da predisposição em ratificar o tratado em questão. Essa solução é criada por analogia a partir dos precedentes anteriores do STF sobre a inércia do Presidente no encaminhamento de projetos de lei de sua iniciativa privativa[114].

5.3.3.2 A aprovação congressual

A segunda etapa do *iter* de formação dos tratados no Brasil é a da fase da aprovação congressual ou fase do decreto legislativo.

De acordo com a CF/88, cabe ao Congresso Nacional resolver definitivamente sobre tratados, acordos ou atos internacionais que acarretem encargos ou compromissos gravosos ao patrimônio nacional (art. 49, I) e ainda cabe ao Presidente da República celebrar tratados, convenções e atos internacionais, sujeitos a referendo do Congresso Nacional (art. 84, VIII). Note-se que a expressão latina "ad referendum", tradicional nas Constituições anteriores, foi substituída pelo equivalente "sujeitos a referendo".

A inovação da CF/88 foi quanto ao conteúdo dos tratados sujeitos à aprovação: aqueles que acarretam *encargos* ou *compromissos gravosos* ao patrimônio nacional deveriam ser aprovados. Nos anais da Constituinte, ficou registrada a preocupação do chamado "grupo nacionalista" em impedir que acordos com o Fundo Monetário Internacional e os compromissos de endividamento externo, à época considerados nocivos, pudessem, pela via hermenêutica (*vide* abaixo o tópico dos acordos executivos), não serem submetidos ao Congresso.

Ou seja, a *nova* redação do dispositivo, acrescida da expressão "encargos ou compromissos gravosos ao patrimônio nacional", foi justamente incluída para fazer valer a *velha* competência republicana do Congresso em "resolver definitivamente" sobre os tratados e que não era respeitada pela prática do Poder Executivo em celebrar

---

[114] ADI 2.061, Rel. Min. Ilmar Galvão, julgamento em 25-4-2001, Plenário, *DJ* 29-6-2001.

acordos internacionais (ditos acordos executivos[115]) sem submetê-los ao Legislativo. Assim, não se pensava em permitir a conclusão, sem o referendo do Congresso, de tratados que não impusessem encargos ou compromissos gravosos, até porque a redação do art. 84, VIII, não previu essa exceção: ao contrário, tratou-se de *reforçar* o desejo do Constituinte de que todos os tratados deveriam sofrer a aprovação prévia do Congresso[116].

O trâmite da aprovação congressual é o seguinte: o Presidente encaminha mensagem presidencial ao Congresso Nacional, fundamentada (a exposição de motivos é feita pelo Ministro das Relações Exteriores), solicitando a aprovação congressual ao texto do futuro tratado, que vai anexado na versão oficial em português.

Como é iniciativa presidencial, o trâmite é iniciado pela Câmara dos Deputados, no rito de aprovação de um projeto de decreto legislativo (PDL), que é espécie legislativa que veicula matéria de competência exclusiva do Congresso Nacional. De acordo com o Regimento Interno da Câmara dos Deputados, a Mensagem Presidencial é encaminhada, inicialmente, para a Comissão de Relações Exteriores e Defesa Nacional, que prepara o projeto de decreto legislativo (PDL). Após, o projeto é apreciado pela Comissão de Constituição e Justiça e de Cidadania, que analisa a constitucionalidade do texto do futuro tratado. O próximo passo é o parecer sobre a conveniência e oportunidade da Comissão de Relações Exteriores e Defesa Nacional, bem como de outras Comissões temáticas, a depender da matéria do futuro tratado. O PDL é remetido ao Plenário da Câmara, para aprovação por maioria simples, estando presente a maioria absoluta dos membros da Casa (art. 47 da CF/88 – ver o *caso especial* dos tratados de DIPr envolvendo *direitos humanos* a seguir).

Após a aprovação no plenário da Câmara, o projeto é apreciado no Senado. No Senado, o projeto é encaminhado à Comissão de Relações Exteriores e Defesa Nacio-

---

[115] A fase congressual na formação da vontade em celebrar um tratado internacional caracteriza o chamado *tratado formal*; em contraposição, há tratados que são celebrados pela mera assinatura e troca de notas entre os Estados, com exclusiva participação do Poder Executivo. Esses acordos, denominados *tratados em forma simplificada* ou *acordos executivos*, são utilizados em vários países do mundo, de forma a dar agilidade na consecução de compromissos internacionais, com o risco de concentração de poder, em especial nos países que adotam o regime de governo presidencialista. ACCIOLY, Hildebrando. A ratificação e a promulgação dos tratados em face da Constituição Federal Brasileira. *Boletim da Sociedade Brasileira de Direito Internacional*, Rio de Janeiro, n. 7, p. 11-15, jan./jun. 1948.

[116] Atualmente, Rezek resume as hipóteses de acordo executivo legítimo em duas categorias: 1) acordos de mera execução de tratados formais; 2) acordos contendo atos de diplomacia ordinária, que englobam inclusive o acordo interpretativo e o *modus vivendi*, desde que existam *cobertura orçamentária* e *reversibilidade*, pois, caso contrário, escapam à rotina diplomática REZEK, Francisco. *Direito internacional público*: curso elementar. 12. ed. São Paulo: Saraiva, 2010, p. 62-63. Em sentido divergente (ampliando a abrangência do acordo executivo, para abarcar toda a matéria de atuação do Poder Executivo), Casella sustenta que "seja como for, pode admitir-se razoavelmente que, quando o compromisso verse sobre matéria executiva, não há razão para que este seja submetido ao poder legislativo". ACCIOLY, Hildebrando; NASCIMENTO E SILVA, G. E.; CASELLA, Paulo Borba (atual responsável). *Manual de direito internacional*. 21. ed. 2ª tiragem, São Paulo: Saraiva, 2015, em especial p. 165.

nal. Em seu rito normal, após o parecer dessa Comissão, o projeto é votado no Plenário. Há, contudo, um rito abreviado previsto no art. 91, § 1º, do Regimento do Senado, que possibilita ao Presidente do Senado, ouvidas as lideranças, conferir à Comissão de Relações Exteriores e Defesa Nacional a apreciação terminativa (final) do projeto. Aprovado no rito normal (plenário) ou no rito abreviado (Comissão), o Presidente do Senado Federal promulga e publica o Decreto Legislativo.

Caso o Senado apresente emenda (*vide* abaixo a possibilidade de emenda na fase da aprovação congressual), o projeto retorna para a Câmara (Casa Iniciadora) para a apreciação, que a analisará. Aprovada ou rejeitada a emenda pela Câmara, o projeto de decreto legislativo segue para o Presidente do Senado Federal para promulgação e publicação.

O texto do tratado é publicado no anexo ao Decreto Legislativo no Diário do Congresso Nacional.

A atuação legislativa na análise do tratado é reduzida, com pouca margem de interferência: em geral, cabe ao Congresso aprovar ou rejeitar o projeto. Caso o projeto de decreto legislativo seja rejeitado na Câmara dos Deputados ou no Senado Federal, há o envio de mensagem ao Presidente da República, informando-o.

Contudo, com fundamento na máxima *qui potest maius potest minus*, as alterações do texto do tratado *podem ser impostas* pelo Congresso Nacional da seguinte forma: basta que não sejam aprovados determinados dispositivos, que ficam *ressalvados* no texto do Decreto Legislativo. Sem a aprovação do Congresso, o Presidente não terá outra escolha se não impor *reservas* desses dispositivos no momento da ratificação (ato unilateral pelo qual o Estado, no momento da celebração final, manifesta seu desejo de excluir ou modificar o texto do tratado).

Além disso, a emenda pode exigir a modificação de parte do texto do tratado, cuja nova redação também consta do Decreto Legislativo. Caso o Presidente não concorde com tais ressalvas, sua única opção é não ratificar o tratado. Por outro lado, caso o tratado seja bilateral (que, por definição, não admite reservas) ou não comporte reserva (cláusula do tratado expressamente proíbe reservas), a única alternativa seria o Presidente da República tentar renegociar seus termos e ofertar às demais partes a alteração proposta pelo Congresso, informando que a aceitação dessa alteração é condição para a ratificação brasileira[117].

A fórmula usual de redação do Decreto Legislativo é concisa, com dois artigos e um parágrafo: no primeiro, fica expressa a vontade congressual em aprovar o texto do tratado ("Fica aprovado"), contendo as *ressalvas* eventualmente impostas de artigos; em seu parágrafo único, repete-se, em clara redundância, a fórmula do art. 49, I, dispondo que ficam sujeitos à aprovação do Congresso Nacional quaisquer atos que impliquem revisão do tratado, bem como quaisquer atos que, nos termos do inciso I

---

[117] VALLADÃO, Haroldo. Parecer de 2 de abril de 1962. In: CACHAPUZ DE MEDEIROS, Antonio Paulo (Org.). *Pareceres dos consultores jurídicos do Itamaraty*. Brasília: Senado Federal, 2002, p. 80-94.

do *caput* do art. 49 da Constituição Federal, acarretem encargos ou compromissos gravosos ao patrimônio nacional; o segundo artigo dispõe que o Decreto Legislativo entra em vigor na data de sua publicação.

Com isso, fica o Presidente da República autorizado a celebrar em definitivo o tratado por meio da ratificação ou ato similar.

5.3.3.3 A ratificação

Aprovado o Decreto Legislativo, o Presidente da República, *querendo*, pode, em nome do Estado, celebrar em definitivo o tratado. Para a Convenção de Viena sobre Direito dos Tratados, a celebração definitiva de um tratado pode manifestar-se pela assinatura, troca dos instrumentos constitutivos do tratado, ratificação, aceitação, aprovação ou adesão, ou por quaisquer outros meios, se assim acordado (art. 11). Com a exceção da assinatura, todas essas formas de manifestações expressam o consentimento definitivo exarado pelo Chefe de Estado após a aprovação congressual. Em geral, a ratificação em tratados bilaterais ocorre pela via da troca de notas; já os tratados multilaterais ou plurilaterais são ratificados pelo depósito do instrumento de ratificação perante um dos Estados-Partes ou organização internacional, designados para tal mister pelo próprio tratado.

O Presidente da República pode, também, formular reservas ao ratificar o tratado internacional, *além* daquelas que, obrigatoriamente, lhe foram impostas pelas *ressalvas* ao texto aprovado pelo Congresso (*vide* acima). Não há a necessidade de submeter essas novas reservas ao Congresso, uma vez que se trata de desejo de *não submissão* do Brasil à norma internacional.

Esse desejo de não submissão não é passível de controle pelo Congresso, da mesma maneira que não pode ser obrigado o Presidente a pactuar um determinado tratado internacional, em nome da separação dos poderes.

A leitura conjunta dos arts. 84, VIII, e 49, I, faz nascer um *mínimo denominador comum*: caso o Congresso ou, nesse tópico do estudo, o Presidente, não aceite determinada disposição convencional, ela deve ser reservada. Por isso, a celebração de um tratado é um *ato complexo*: não basta a vontade isolada de um Poder; é necessária a junção da vontade dos Poderes Legislativo e Executivo.

Não há um prazo no qual o Presidente da República deva celebrar em definitivo o tratado, em face do próprio dinamismo da vida internacional. Como o Congresso Nacional não possui prazo para aprovar o texto do futuro tratado, nada impede que a aprovação tenha se realizado tardiamente, desaparecidas as condições convenientes da época da assinatura do tratado pelo Presidente.

Logo, não é lógico exigir que a ratificação seja obrigatória: ela é da alçada discricionária do Presidente. A Convenção de Havana sobre Direito dos Tratados (1928) consagra essa discricionariedade dispondo que a ratificação é ato inerente à soberania nacional, e constitui o exercício de um direito, que não viola nenhuma disposição ou norma internacional (art. 7º).

Resta ainda verificar quando o tratado entrará em vigor, pois isso depende do texto do próprio *tratado de direito internacional privado*.

Há tratados que estabelecem um número mínimo de Estados-Partes e há tratados que exigem o decurso de um lapso temporal para que comecem a viger. Essa executoriedade no plano internacional é essencial para que o tratado possa ser, coerentemente, exigido no plano interno. Seria violar o próprio conceito de "tratado", exigir internamente o cumprimento de seus termos, antes da sua entrada em vigor internacionalmente.

5.3.3.4 O Decreto executivo e a teoria da junção de vontades restrita

Temos, após a ratificação, o fim do *ciclo de formação* de um tratado para o Brasil no plano internacional. A norma, então, é válida internacionalmente para o Estado brasileiro.

Porém, a norma, válida internacionalmente, não será válida internamente (de acordo com a visão até hoje majoritária no STF) até que seja editado o Decreto de Promulgação (também chamado de Decreto Executivo ou Decreto Presidencial) pelo Presidente da República e referendado pelo Ministro das Relações Exteriores (art. 87, I, da Constituição).

Esse Decreto *inova* na ordem jurídica brasileira, tornando válido o tratado no plano interno. Não há prazo para sua edição e, até que ele ocorra, o Brasil está vinculado internacionalmente, mas não internamente: esse descompasso enseja a óbvia responsabilização internacional do Brasil.

A teoria da junção das vontades e as quatro fases da formação e incorporação de um tratado ao ordenamento brasileiro foram plenamente adotadas pelo STF, como se vê nessa decisão do Min. Celso de Mello: "A recepção dos tratados internacionais em geral (...) depende, para efeito de sua ulterior execução no plano interno, de uma sucessão causal e ordenada de atos revestidos de caráter político-jurídico, assim definidos: (a) aprovação, pelo Congresso Nacional, mediante decreto legislativo, de tais convenções; (b) ratificação desses atos internacionais, pelo Chefe de Estado, mediante depósito do respectivo instrumento; (c) promulgação de tais acordos ou tratados, pelo Presidente da República, mediante decreto, em ordem a viabilizar a produção dos seguintes efeitos básicos, essenciais à sua vigência doméstica: (1) publicação oficial do texto do tratado e (2) executoriedade do ato de direito internacional público, que passa, então – e somente então – a vincular e a obrigar no plano do direito positivo interno. Precedentes. O sistema constitucional brasileiro não consagra o princípio do efeito direto e nem o postulado da aplicabilidade imediata dos tratados ou convenções internacionais" (CR 8.279-AgR, Rel. Min. Presidente Celso de Mello, julgamento em 17-6-1998, Plenário, *DJ* de 10-8-2000).

Contudo, chama a atenção a ausência de dispositivo constitucional expresso a reclamar a edição do Decreto de Promulgação: seus defensores usam, como argumento, a praxe republicana de edição desses decretos, que estariam ao abrigo do art. 84, VIII.

Essa "praxe" não mereceu nenhuma disposição clara em qualquer das Constituições anteriores. Pelo contrário, a promulgação é típico instituto do processo legislativo de formação das leis. A prática de edição de Decreto para promulgar e publicar os tratados iniciou-se no *Império*, uma vez que, na maior parte dos tratados, o Imperador podia ratificá-los autonomamente, sem aprovação da Assembleia. Logo, era *natural* que houvesse a publicação de Decreto como decorrência dos poderes normativos do Imperador. Após, com a proclamação da República, coube ao Congresso Nacional a competência de autorizar previamente a ratificação dos tratados a ser feita pelo Chefe de Estado; mesmo assim, a tradição imperial de promulgar os tratados por meio de Decretos foi mantida, em analogia com a tradicional promulgação e publicação presidencial das leis – essa sim prevista expressamente nas Constituições brasileiras. Porém, não é caso de se utilizar analogicamente dispositivos do processo de formação das leis, sem disposição constitucional expressa. O art. 84, VIII, compõe, em conjunto com o art. 49, I, os dispositivos constitucionais regentes da formação de um tratado para o Brasil: a doutrina da junção de vontades é *finalizada* com a ratificação.

Defendo a existência de uma *teoria da junção de vontades restrita*, que se encerra com a manifestação final de celebração do tratado (via de regra, pela ratificação), ao contrário do adotado na jurisprudência do Supremo Tribunal Federal (que adota a *teoria da junção de vontades ampla, vide* abaixo).

Há uma enorme diferença entre as três primeiras fases e a do Decreto de Promulgação: as três primeiras fases dizem respeito à *formação* da vontade brasileira de se engajar internacionalmente, ou seja, até a ratificação trata-se de um *potencial tratado* para o Brasil, uma vez que não houve ainda o consentimento final; a fase do Decreto de Promulgação diz respeito a um *tratado já existente*, celebrado pelo Brasil.

Exigir, sem que o texto constitucional brasileiro expressamente o preveja, um Decreto de Promulgação para todo e qualquer tratado expõe o Brasil à sua responsabilização internacional, na eventual delonga de sua edição (por esquecimento, desídia etc.), o que não condiz com o desejo da Constituição de exigir escorreita conduta do Estado nas relações internacionais (como se vê dos vários incisos do art. 4º, em especial o inciso IX).

Logo, minha posição é pela *desnecessidade* do Decreto de Promulgação, para todo e qualquer tratado. A publicidade da ratificação e entrada em vigor internacional deve ser apenas atestada (efeito meramente declaratório) nos registros públicos dos atos do Ministério das Relações Exteriores (Diário Oficial da União).

Bom exemplo é o da Constituição de Portugal, que, em seu art. 119, 1, *b*, dispõe que devem ser publicados no jornal oficial, o Diário da República, as convenções internacionais e os respectivos avisos de ratificação, bem como os restantes avisos a elas respeitantes. Assim, teríamos a publicação do aviso de ratificação e o aviso de entrada em vigor para o Brasil. Esse aviso, de caráter declaratório, em nada afetaria o disposto no art. 84, VIII, e ainda asseguraria *publicidade* – desejável em nome da segurança jurídica – e *sintonia* entre a validade internacional e a validade interna dos tratados.

Para que essa seja a nova praxe na observância dos tratados, não é necessária nenhuma alteração constitucional: como já mencionado, a Constituição é cumprida pela observância das fases de formação de um tratado; a incorporação pelo Decreto Executivo é reprodução de um costume jurisprudencial analogicamente criado, sem apoio no texto constitucional.

A nova interpretação que se oferece aqui tem a vantagem de evitar a responsabilização internacional do Brasil e ainda impedir que a desídia do eventual responsável pelo setor de publicação dos avisos de ratificação reste impune (há a sua responsabilidade funcional de atestar a ratificação e entrada em vigor).

No caso da interpretação vigente atualmente, a publicação do Decreto é de alçada discricionária do Presidente da República e, por isso, pode demorar meses ou anos. No máximo, poder-se-ia pensar na hipótese de crime de responsabilidade do Presidente (art. 85 da Constituição), uma vez que o Brasil seria penalizado internacionalmente, mas seria, ainda, caso de apreciação política, pelo Congresso, de uma questão que deveria ser jurídica (validade internacional em sintonia com a validade interna).

Essa prática – diga-se, novamente, não albergada de maneira expressa em qualquer das Constituições brasileiras – potencializa o risco da responsabilização internacional do Estado brasileiro, caso o decreto de promulgação não seja editado.

No Direito Internacional Privado, há caso no qual o decreto de promulgação foi editado *anos* após a entrada em vigor do tratado: tratou-se da Convenção sobre o acesso internacional à justiça, concluída na Haia, em 25 de outubro de 1993, no âmbito da Conferência da Haia de Direito Internacional Privado. O governo brasileiro depositou, junto ao Ministério dos Negócios Estrangeiros do Reino Unido dos Países Baixos, em 15 de novembro de 2011, o instrumento de adesão à convenção, que entrou em vigor para o Brasil, no plano jurídico internacional, em 1º de fevereiro de 2012. Todavia, o Decreto n. 8.343 foi editado somente em 13 de novembro de 2014. Nesse lapso de mais de dois anos, o Brasil não pode cumprir internamente seus deveres previstos no tratado em tela.

Por outro lado, o Decreto de Promulgação não cumpre nenhuma função que não possa ser substituída pelo mero "Aviso de Ratificação e Entrada em Vigor", o que sintonizaria a validade internacional do tratado com sua validade interna, novamente, sem nenhuma outra consequência negativa para o Brasil.

Qual seria o prejuízo de tal sintonia? Se o tratado é inconveniente, nem deveria ter sido aprovado e ratificado (fases de formação do tratado). Assim, a exigência de Decreto de Promulgação é supérflua e perigosa, podendo ser eliminada.

5.4. A hierarquia dos tratados no ordenamento brasileiro

A discussão sobre a hierarquia dos tratados no Brasil, em conjunto com o tema da formação e da incorporação, é fonte constante de debate na doutrina e jurisprudência.

O precedente de maior destaque na fase anterior à Constituição de 1988 é o Recurso Extraordinário 80.004 (Supremo Tribunal Federal, Relator para o Acórdão Ministro Cunha Peixoto, julgamento em 1º de junho de 1977). Nesse precedente, o STF consagrou o estatuto normativo interno dos tratados como sendo equivalente à *lei ordinária federal*.

A Constituição de 1988 não contém, como vimos, capítulo sobre a relação do direito interno com o Direito Internacional e, consequentemente, dispositivos expressos sobre a hierarquia dos tratados, levando o intérprete à análise de dispositivos espalhados no texto da Constituição para esclarecer o tema.

Sem ingressar ainda nos tratados de direitos humanos, que serão estudados em separado, os dispositivos tradicionalmente levados em consideração na análise da hierarquia dos tratados em geral são os artigos: (i) 102, III, *b*; (ii) 105, I, *a*; e (iii) 47.

O art. 102, III, *b*, dispõe que cabe recurso extraordinário ao Supremo Tribunal Federal no caso de ter a decisão impugnada considerado inconstitucional "lei ou tratado". Já o art. 105, I, *a*, estabelece que cabe recurso especial ao Superior Tribunal de Justiça quando a decisão impugnada houver violado ou negado vigência a "lei ou tratado". Finalmente, o art. 47 estabelece que, no caso de a espécie normativa não possuir quórum de aprovação especificado no texto da Constituição, esse será de maioria simples, o que ocorre com o decreto legislativo *e* com a lei ordinária federal.

Esses três dispositivos são invocados para a determinação da hierarquia dos tratados internacionais perante o direito brasileiro. Analisando-os em conjunto, o Supremo Tribunal Federal concluiu que os tratados internacionais incorporados, em geral, possuem o estatuto normativo interno equivalente ao da *lei ordinária federal*.

A justificativa é simples.

Em primeiro lugar, o art. 102, III, *b*, determina que o estatuto dos tratados é infraconstitucional, pois permite o controle de constitucionalidade dos tratados. Em segundo lugar, os arts. 47 e 105, I, *a*, tratam os tratados em dois momentos, da mesma maneira que as leis: no quórum de aprovação (maioria simples para a lei e para o decreto legislativo) e na definição de um mesmo recurso (recurso especial) para a impugnação de decisões inferiores que os contrariarem ou lhes negarem vigência.

O Supremo Tribunal Federal possui precedente claro sobre a *hierarquia dos tratados em geral*: a Medida Cautelar na Ação Direta de Inconstitucionalidade n. 1.480[118]. Nesse precedente, o Supremo Tribunal Federal estabeleceu, de início, que os tratados se subordinam à nossa Constituição. Para o STF, no conflito entre qualquer norma constitucional e um tratado em geral (ver a situação dos tratados de direitos humanos abaixo), a Constituição sempre prevalecerá, devendo ser a incompatibilidade exposta nos controles difuso e concentrado de constitucionalidade. Os diplomas normativos a serem atacados serão o *Decreto Legislativo* e o *Decreto de Promulgação*,

---

[118] ADI 1.480-MC, Rel. Min. Celso de Mello, julgamento em 4-9-1997, Plenário, *DJ* 18-5-2001.

pois seriam os atos domésticos que incorporaram as normas convencionais ao sistema de direito positivo interno.

Após ter estabelecido o estatuto inferior à Constituição, o Supremo Tribunal Federal consagrou o *estatuto do tratado como equivalente ao da lei ordinária federal*, dispondo que "tratados ou convenções internacionais, uma vez regularmente incorporados ao direito interno, situam-se, no sistema jurídico brasileiro, nos mesmos planos de validade, de eficácia e de autoridade em que se posicionam as leis ordinárias, havendo, em consequência, entre estas e os atos de direito internacional público, mera relação de paridade normativa"[119].

Essa carga hierárquica interna de baixa intensidade dos tratados *aguça* o conflito em um mundo de ordens jurídicas plurais.

O STF parece se dar conta disso. Em decisão monocrática, em 2009, o Ministro Gilmar Mendes reconheceu que: "Portanto, parece evidente que a possibilidade de afastar a aplicação de normas internacionais por meio de legislação ordinária (*treaty override*), inclusive no âmbito estadual e municipal, está *defasada* com relação às exigências de *cooperação, boa-fé e estabilidade* do atual cenário internacional e, sem sombra de dúvidas, precisa ser revista por essa Corte"[120].

Enquanto essa nova posição do STF não se consolida, resta analisar o caso dos tratados de direitos humanos, que já lograram *obter posição superior à das leis*, como veremos a seguir.

5.5. O regime especial dos tratados de direitos humanos no Brasil

Em 2004, foi aprovada a Emenda Constitucional n. 45/2004, que introduziu o § 3º do art. 5º na CF/88, com a seguinte redação: "Art. 5º, § 3º. Os tratados e convenções internacionais sobre direitos humanos que forem aprovados, em cada Casa do Congresso Nacional, em dois turnos, por três quintos dos votos dos respectivos membros, serão equivalentes às emendas constitucionais".

A redação final aprovada do dispositivo foi recebida com pouco entusiasmo pelos defensores de direitos humanos, pelos seguintes motivos: 1) condicionou a hierarquia constitucional ao rito idêntico ao das emendas constitucionais, aumentando o quórum da aprovação congressual futura e estabelecendo dois turnos, o que tornou-a mais dificultosa; 2) sugeriu, ao usar a expressão "que forem", a existência de dois tipos de tratados de direitos humanos na ordem jurídica brasileira pós-Emenda Constitucional n. 45: os aprovados pelo rito equivalente ao da emenda constitucional e os aprovados pelo rito comum (maioria simples); 3) nada mencionou quanto aos tratados anteriores à Emenda Constitucional n. 45.

---

[119] ADI 1.480-MC, Rel. Min. Celso de Mello, julgamento em 4-9-1997, Plenário, *DJ* 18-5-2001.

[120] Grifos do autor deste *Curso*. Ver STF, AC 2.436 MC-PR, incidental ao RE 460.320, julgada em 3-9-2009, publicada em 15-9-2009 – Decisão Monocrática do Min. Gilmar Mendes.

Após intenso debate doutrinário, o STF fixou, no julgamento do RE 466.343[121], o atual patamar normativo dos tratados internacionais de direitos humanos, *inspirado* pelo § 3º do art. 5º da CF/88 e introduzido pela Emenda Constitucional n. 45/2004. A posição prevalecente no STF foi capitaneada pelo Min. Gilmar Mendes, que, retomando a visão pioneira de Sepúlveda Pertence (em seu voto no HC 79.785-RJ[122]), sustentou que os tratados internacionais de direitos humanos, que não forem aprovados pelo Congresso Nacional no rito especial do art. 5º, § 3º, da CF/88, têm natureza *supralegal*: abaixo da Constituição, mas acima de toda e qualquer lei[123]. Essa corrente, agora majoritária, admite, ainda, que tais tratados tenham estatuto *equivalente à emenda constitucional*, desde que aprovados pelo Congresso pelo rito especial do § 3º do art. 5º (votação em dois turnos nas duas Casas do Congresso, com maioria de três quintos).

Em resumo, temos hoje o seguinte *duplo estatuto* dos tratados de direitos humanos: os tratados de direitos humanos anteriores à Emenda Constitucional n. 45/2004 e os posteriores à citada emenda, desde que aprovados pelo rito simples no Congresso Nacional (maioria simples e em um único turno), terão estatuto *supralegal*; já os tratados de direitos humanos posteriores à Emenda Constitucional n. 45/2004 *e* que tenham sido aprovados pelo rito especial do art. 5º, § 3º, da CF/88 serão equivalentes à *emenda constitucional*.

Em que pese a posição atual do STF, defendo a hierarquia constitucional de todos os tratados de direitos humanos, em face do disposto, especialmente, no art. 1º, *caput* e inc. III (estabelecimento do Estado Democrático de Direito e ainda consagração da dignidade humana como fundamento da República), e também em face do art. 5º, § 2º[124].

Para que o rito especial do art. 5º, § 3º, não seja considerado um retrocesso e mantendo a premissa de todos os tratados de direitos humanos são equiparados a normas constitucionais, tenho que o uso do rito especial do art. 5º, § 3º, faz nascer a exigência de idêntico *quorum* para sua denúncia, caso essa seja permitida pelo próprio tratado.

Até o momento, não há posicionamento definitivo do STF sobre a denúncia de tratados de direitos humanos. Até que exista esse posicionamento, a *posição prevalecente* é que *bastaria a vontade unilateral do Poder Executivo ou ainda uma lei do Poder Legislativo*, ordenando ao Executivo que denunciasse o tratado no plano internacional. Tudo isso sem motivação, uma vez que ingressaria na área da política internacional.

---

[121] STF, RE 466.343, Rel. Min. Cezar Peluso, julgamento em 3-12-2008, Plenário, *DJe* 5-6-2009, com repercussão geral.

[122] RHC 79.785, Rel. Min. Sepúlveda Pertence, julgamento em 29-3-2000, Plenário, *DJ* 22-11-2002.

[123] *Vide* voto do Min. Gilmar Mendes no RE 466.343-SP, Relator Cezar Peluso.

[124] CARVALHO RAMOS, André de. *Teoria geral dos direitos humanos na ordem internacional*. 7. ed. São Paulo: Saraiva, 2019.

Essa posição tradicional merece revisão. Em um momento de expansão quantitativa e qualitativa do Direito Internacional, os tratados passaram a regular aspectos significativos da vida social interna, que não podem ser abruptamente alterados pela vontade unilateral do Poder Executivo, que, aliás, não tem esse poder de revogar unilateralmente normas com tais estatutos normativos (a depender do tratado, terá força equiparada a lei, superior a lei – supralegal – ou equivalente a emenda constitucional). É necessário consagrar o "paralelismo das formas": como foi exigida a anuência do Congresso para a ratificação (junção de vontades positiva), deve ser exigida sua anuência para a denúncia. A melhor interpretação atual da Constituição é o reconhecimento da exigência da "junção de vontades" (junção de vontades negativa) também para o ato de denúncia do tratado. Fica ressalvada, em nome da urgência na defesa dos interesses nacionais, que possa existir rito célere de aprovação da denúncia no Congresso Nacional.

O rito da denúncia de tratados encontra-se *ainda* sob apreciação do STF na ADI 1.625, proposta em 1997 (em trâmite em outubro de 2022). Já há votos (Min. Joaquim Barbosa, Min. Teori Zavascki, Min. Rosa Webber, Min. Maurício Correa) favoráveis à tese de que o Presidente da República deve contar com o aval do Congresso antes da oferta da denúncia de um tratado. Caso o STF confirme esse entendimento, deve ser observado, ainda, no caso dos tratados de direitos humanos aprovados pelo rito especial do art. 5º, § 3º, o quórum qualificado de 3/5 para aceitação, pelo Congresso, da denúncia.

Além dessa aprovação congressual (com quórum qualificado, no caso dos tratados aprovados pelo rito especial do art. 5º, § 3º), a denúncia ainda deve passar pelo crivo da proibição do retrocesso ou efeito *cliquet* (também chamado de "efeito catraca"), consequência do regime jurídico dos direitos humanos[125]. Assim, o Congresso e o Poder Executivo devem levar também em consideração a impossibilidade de diminuir a proteção já outorgada aos indivíduos, graças à incorporação dos citados tratados ao bloco de constitucionalidade. A denúncia, então, não pode ser pautada no desejo ideológico de diminuir a proteção já alcançada. Pelo contrário, a justificativa constitucionalmente adequada para a denúncia seria a ocorrência de desvios na própria condução dos tratados (p. ex., politização dos órgãos de controle, ausência de interpretação *pro persona* dos tratados etc.), o que conspiraria contra a defesa dos direitos humanos. O controle, então, do respeito ao efeito *cliquet* deve ser feito pelo Poder Judiciário[126].

5.6. A hierarquia interna dos tratados de Direito Internacional Privado

Como já visto, as convenções e tratados de DIPr podem ser classificados, de acordo com seu conteúdo, em quatro categorias: (i) convenções sociais (ou convenções

---

[125] Sobre o "efeito *cliquet*", ver CARVALHO RAMOS, André de. *Teoria geral dos direitos humanos na ordem internacional*. 7. ed. São Paulo: Saraiva, 2019.

[126] CARVALHO RAMOS, André de. *Teoria geral dos direitos humanos na ordem internacional*. 7. ed. São Paulo: Saraiva, 2019.

sociais de proteção de direitos); (ii) convenções de procedimento; (iii) convenções sobre lei aplicável; e (iv) convenções de mobilidade humana.

O primeiro tipo consiste em *convenções sociais de DIPr,* que abarcam os tratados da disciplina que protegem determinados direitos humanos. Por direitos humanos, entendo "conjunto mínimo de direitos necessário para assegurar uma vida do ser humano baseada na liberdade, igualdade e na dignidade"[127].

Assim, as convenções sociais do DIPr buscam assegurar determinado direito ou direitos, promovendo a dignidade dos envolvidos nos fatos transnacionais. Por conter normas de direitos humanos, esses tratados de DIPr possuem hierarquia *supralegal,* conforme visto, uma vez que todos foram aprovados pelo rito simples na fase de aprovação congressual dos tratados. Não há ainda exemplo de convenção social de DIPr equivalente à emenda constitucional, porque o rito do art. 5º, § 3º, da CF/88 ainda não foi utilizado para tratar de tratado da disciplina[128]. No mesmo sentido, as convenções sobre mobilidade humana também possuem estatura supralegal.

No caso dos demais tratados de DIPr, sua hierarquia é a equivalente à lei ordinária federal. No caso de conflito com lei ordinária, utiliza-se o critério cronológico (*later in time*) ou ainda o critério da especialidade para determinar a prevalência da lei ou do tratado incorporado. No caso das convenções sociais de DIPr e as de mobilidade (inclusive as referentes à nacionalidade), seu estatuto supralegal as tornam superiores às demais leis (inclusive a Lei de Introdução às Normas do Direito Brasileiro).

Com isso, os tratados de DIPr encaixam-se em dois tipos de hierarquia determinados pelo STF (vistos acima): a (i) hierarquia equivalente à da lei ordinária federal e (ii) a hierarquia supralegal.

6. AS NORMAS EXTRACONVENCIONAIS

A Constituição brasileira omitiu-se, ao tratar do Direito Internacional, em relação às fontes extraconvencionais, restringindo-se a poucos artigos sobre *tratados.* Entretanto, o costume internacional e os princípios gerais de Direito são fontes principais do Direito Internacional, ao lado dos tratados. Além disso, são fontes do Direito Internacional, apesar de não mencionados no art. 38, os atos unilaterais e as resoluções vinculantes das organizações internacionais.

Essa omissão não impediu, contudo, que o Supremo Tribunal Federal (entre outros Tribunais) aplicasse *diretamente* o costume internacional nos processos

---

[127] CARVALHO RAMOS, André de. *Teoria geral dos direitos humanos na ordem internacional.* 7. ed. São Paulo: Saraiva, 2019.

[128] Até outubro de 2022, havia somente quatro tratados cuja aprovação congressual seguiu o rito especial do art. 5º, § 3º, da CF/88: 1) a Convenção da ONU sobre Direitos das Pessoas com Deficiência; 2) o Protocolo Facultativo à Convenção da ONU sobre Direitos das Pessoas com Deficiência (ambos em 2009); 3) em 2016, o "Tratado de Marraqueche", que visa facilitar o acesso de pessoas com deficiência visual a obras literárias e 4) a Convenção Interamericana contra o Racismo, a Discriminação Racial e Formas Correlatas de Intolerância. Conferir em CARVALHO RAMOS, André de. *Curso de direitos humanos.* 10. ed. São Paulo: Saraiva, 2023.

internos. Denomino essa aplicação direta de normas internacionais extraconvencionais de "**processo de impregnação**", pelo qual tais normas são aplicadas diretamente no ordenamento brasileiro, sem qualquer medição do Congresso Nacional (ausência de Decreto Legislativo), e sem qualquer promulgação por Decreto Executivo.

Um dos casos paradigmáticos envolvendo o Direito Internacional Privado (no seu objeto referente à jurisdição internacional) é o litígio entre a Síria e o Egito (logo após a dissolução da República Árabe Unida), referente à propriedade de imóvel no Rio de Janeiro, que, antes da transferência da Capital para Brasília, sediava a antiga embaixada comum. Na época, o Supremo Tribunal Federal decidiu que o costume internacional da *imunidade absoluta* de jurisdição deveria ser aplicado (*par in parem non habet imperium*), mesmo contrariando o preceito da Lei de Introdução às Normas do Direito Brasileiro (art. 12, parágrafo único), e ainda o disposto no art. 89, I, do Código de Processo Civil de 1973, que estabeleciam ser o juízo brasileiro o único competente para conhecer de ações reais sobre imóveis situados no Brasil[129]. Um dos votos vencidos, o do Min. Néri da Silveira, curiosamente aponta a negativa de processamento do feito no Brasil como uma ofensa ao artigo VIII da Declaração Universal dos Direitos Humanos, referente ao direito de acesso à justiça. Porém, o Min. Clóvis Ramalhete sustentou que se tratava de uma impossibilidade jurídica (o juiz brasileiro dirimir questão nascida da dissolução e posterior sucessão de Estados) e não haveria denegação de justiça, uma vez que as partes – Egito e Síria – teriam ainda acesso aos meios internacionais de solução de controvérsias (meios judiciais, arbitrais etc.). A inaplicabilidade dos dispositivos legais mencionados acima foi discutida no STF, pois não se tratava de dirimir questão de propriedade e posse com base no direito interno, mas sim com base nas normas internacionais regentes da sucessão, fruto da dissolução da República Árabe Unida.

Já em 1989, houve caso no qual o STF decidiu pela supremacia do novo costume internacional da imunidade de jurisdição relativa e permitiu o trâmite de ação trabalhista contra a então existente República Democrática Alemã. A Constituição de 1988, no seu art. 114, determinou que a Justiça do Trabalho é competente para conhecer causas inclusive contra "entes de direito público externo"[130]. Mas, como argutamente observou o Min. Rezek em seu voto na Apelação Cível 9.696, esse dispositivo apenas assegura a *competência* em casos nos quais o Brasil possui *jurisdição*. Se o Direito Internacional negar jurisdição ao Brasil, o art. 114 queda inócuo. Mas, no caso concreto,

---

[129] Supremo Tribunal Federal, Ação Civil Originária n. 298-DF, Pleno, maioria, Rel. para o acórdão Min. Decio Miranda, julgamento em 12-4-1982.

[130] Redação original: "Art. 114. Compete à Justiça do Trabalho conciliar e julgar os dissídios individuais e coletivos entre trabalhadores e empregadores, abrangidos os entes de direito público externo e da administração pública direta e indireta dos Municípios (...)". Hoje, a redação é a seguinte (mantido o termo "ente de direito público externo"): "Art. 114. Compete à Justiça do Trabalho processar e julgar: I – as ações oriundas da relação de trabalho, abrangidos os entes de direito público externo e da administração pública direta e indireta da União, dos Estados, do Distrito Federal e dos Municípios", após a EC n. 45/2004.

foi considerado o novo costume internacional da imunidade de jurisdição relativa, que possibilitava o processamento de ações trabalhistas contra Estados estrangeiros[131].

Apesar dessas menções, não há ainda um caminho seguro para o intérprete no que tange ao alcance do processo de impregnação. O costume internacional tem sido aproveitado de forma errática no STF, mais como reforço às normas claramente abertas da Constituição (como o princípio da promoção da dignidade humana), sem maior previsibilidade.

Também não há uma praxe de se analisar a *vontade do Estado brasileiro* na aceitação do costume internacional. Em várias passagens de votos, o STF dá a impressão de considerar o costume internacional uma realidade que se impõe ao Estado brasileiro, não levando em consideração a necessidade de *prova da aquiescência do Brasil*, como ente soberano que é.

7. A INTERPRETAÇÃO DAS NORMAS INTERNACIONAIS DE DIREITO INTERNACIONAL PRIVADO: OS PRECEDENTES DIRETOS E INDIRETOS

A interpretação das normas *convencionais e extraconvencionais* do DIPr é feita, inicialmente, pelo recurso às regras hermenêuticas do Direito Internacional, que constam, em especial, nos arts. 31 a 33 da Convenção de Viena sobre Direito dos Tratados[132].

A regra básica é a da "interpretação em boa-fé", pela qual o tratado de DIPr deve ser interpretado de boa-fé segundo o (i) sentido comum atribuível aos termos do tratado em seu (ii) contexto e (iii) à luz de seu objetivo e finalidade.

Para os fins de interpretação de um tratado, o contexto compreenderá, além do texto, seu preâmbulo e anexos, bem como (i) qualquer acordo relativo ao tratado e feito entre todas as partes em conexão com a conclusão do tratado e (ii) qualquer instrumento estabelecido por uma ou várias partes em conexão com a conclusão do tratado e aceito pelas outras partes como instrumento relativo ao tratado.

Além disso, devem ser levados em consideração, juntamente com o contexto, (i) qualquer acordo posterior entre as partes relativo à interpretação do tratado ou à aplicação de suas disposições; (ii) qualquer prática seguida posteriormente na aplicação do tratado, pela qual se estabeleça o acordo das partes relativo à sua interpretação e ainda (iii) quaisquer regras pertinentes de Direito Internacional aplicáveis às relações entre as partes.

A Convenção de Viena sobre Direito dos Tratados de 1969 ainda determina que se pode recorrer a *meios suplementares de interpretação*, inclusive aos trabalhos preparatórios do tratado e às circunstâncias de sua conclusão, a fim de (i) confirmar o sentido resultante da aplicação da "regra da interpretação em boa-fé" ou mesmo de

---

[131] Supremo Tribunal Federal, AC 9.696, Rel. Min. Sydney Sanches, julgamento em 31-5-1989, Plenário, *DJ* 12-10-1990.

[132] Incorporado internamente pelo Decreto n. 7.030, de 14 de dezembro 2009.

(ii) determinar o sentido quando for ambíguo ou obscuro, bem como quando conduzir a um resultado que é manifestamente absurdo ou desarrazoado.

Essas regras gerais de interpretação não impedem que um Estado (por meio de seus julgadores nacionais) possa chegar a um resultado distinto da interpretação dos demais Estados-Partes. Para evitar essa *guerra de intepretações localistas*, as normas internacionais de DIPr devem observar a "interpretação internacionalista" adotada em precedentes de tribunais e órgãos quase judiciais internacionais.

No DIPr, há poucos *precedentes diretos*, oriundos de casos decididos em órgãos internacionais nos quais foi debatida a interpretação de um tratado de DIPr. Por outro lado, há diversos *precedentes indiretos*, que são aqueles que analisam temas de relevo para a matéria, como a igualdade, devido processo legal, acesso à justiça, entre outros, que podem ser transpostos para um caso de DIPr.

A interpretação do DIPr inserido nas normas de DI (tratados, costumes internacionais e princípios gerais de DI) deve ser realizada pelo juiz nacional de acordo com os precedentes e regras internacionais de interpretação, evitando a deformação do "tratado internacional nacional".

No plano da jurisprudência, a Corte Permanente de Justiça Internacional, no caso dos empréstimos franco-sérvios, expôs a relação entre as fontes internacionais e nacionais da disciplina: as regras do DIPr podem ser estabelecidas em convenções internacionais ou em costumes e, no caso desse último, ter o caráter de verdadeiro Direito Internacional, regendo as relações entre os Estados. Mas, fora tais regras, as regras de DIPr fazem parte do direito interno. Assim, para a CPJI, o Direito Internacional (DI) pode regular a regência do fato transnacional; na inexistência das regras internacionais, cabe ao intérprete verificar o conteúdo das normas internas[133].

Caso desrespeitem essas normas internacionais, as normas nacionais do DIPr correm, no mínimo, o risco da inefetividade além das fronteiras nacionais, na hipótese de regularem fatos transnacionais de modo contrário ao DI. Sem contar que tal regulação nacional ofensiva de DIPr pode ser objeto de análise no plano internacional, no seio de determinado sistema internacional de solução de controvérsias, como, por exemplo, na Corte Internacional de Justiça ou no Tribunal de Justiça da União Europeia.

8. O DIÁLOGO DAS FONTES E A BUSCA DA SISTEMATIZAÇÃO DO DIREITO INTERNACIONAL PRIVADO

A evolução das fontes do DIPr desde a fase clássica da disciplina (século XIX) até os dias de hoje demonstrou a coexistência de dois fenômenos: (i) a *expansão* do número de tratados das mais diversas origens e (ii) a *inexistência* de uma sistematização formal empreendida pelos Estados, que conciliasse as regras internacionais e nacionais. Esses dois fenômenos estão interligados: ao mesmo tempo em que os fluxos

---

[133] Corte Permanente de Justiça Internacional, Empréstimos franco-sérvios, julgamento de 12 de julho de 1929, série A, n. 21.

transfronteiriços intensificam-se, os Estados preferem incrementar a regulação jurídica plural das relações transnacionais, evitando a perda de tempo que ocorreria para o atingimento do consenso geral que sistematizasse globalmente a disciplina.

Ao contrário, então, das tentativas de codificação geral nacional e até mesmo internacional do DIPr (com a edição do Código Bustamante) do século XIX e primeira metade do século XX, a disciplina convive, atualmente, com um *processo de descodificação*[134], retratado na edição de diversas normas nacionais e internacionais sobre o mesmo tema, sem maior anseio de unificação geral.

A globalização acelerou a edição de novos tratados em diversos entes sem nenhuma unidade orgânica entre eles, como se viu anteriormente, no âmbito da ONU, OEA, Conferência da Haia de Direito Internacional Privado, UNIDROIT, bem com os tratados bilaterais diversos, que somaram-se às leis locais, gerando acúmulo de regras e fragmentação da regulação normativa e jurisdicional em uma multiplicidade de normas internas e internacionais.

Há, então, o risco da perda de sistematização e coerência interna do DIPr, que deixaria de existir como um corpo coerente de princípios e regras voltados à gestão da diversidade normativa e jurisdicional. Para vencer esse desafio, há duas soluções possíveis: a resolução do conflito e o diálogo entre as fontes.

A opção pela *resolução do conflito entre as fontes* consiste no uso de critérios para resolver as antinomias entre as regras internacionais e nacionais, de forma cronológica, hierárquica e de especialidade. É a solução tradicional para o enfrentamento da existência de uma pluralidade de fontes regulando o mesmo fenômeno (os fatos transnacionais). Seria obtida a segurança jurídica e preservado a igualdade e o tratamento justo entre os envolvidos, pois não existiria a possibilidade de aplicação diferenciada de normas para casos idênticos.

Ocorre que nem sempre é clara a opção dos Estados pela superação das normas anteriores pela edição de uma regra nova. Por isso, Erik Jayme defendeu a coordenação flexível entre as fontes do DIPr, por intermédio do diálogo entre elas[135], obtendo-se harmonia e não exclusão entre as fontes. O "diálogo das fontes" consiste na aplicação simultânea, coerente e coordenada entre regras internas e internacionais, que possuem campos convergentes, mas não mais totalmente coincidentes ou iguais[136], gerando a convivência e unidade sistêmica do DIPr. Há, então, influências

---

[134] VILLELA, Anna Maria. L'unification du droit international privé e Amérique Latine. *Revue Critique de Droit International Privé,* 1984, p. 233-265, em especial p. 245.

[135] JAYME, Erik. Identité culturelle et intégration: le droit international privé postmoderne. *Recueil des Cours de l'Académie de Droit International de La Haye,* v. 251, 1995, p. 9-267, em especial p. 259.

[136] MARQUES, Claudia Lima. O "diálogo das fontes" como método da nova teoria geral do direito: um tributo a Erik Jayme. In: MARQUES, Claudia Lima (Coord.). *Diálogo das fontes*: do conflito à coordenação de normas do direito brasileiro. São Paulo: RT, 2012, p. 18-66, em especial p. 19-20.

recíprocas entre as fontes, o que permite a adoção de solução normativa mais adequada ao caso concreto.

O diálogo das fontes internacionais e nacionais do DIPr envolve normas de tratados globais (por exemplo, negociados sob os auspícios da ONU ou da Conferência da Haia de Direito Internacional Privado), regionais (por exemplo, os negociados sob os auspícios da OEA – CIDIPs) e de integração (como os produzidos na União Europeia ou Mercosul), além das normas nacionais.

De acordo com Marques, as formas pelas quais o diálogo pode ocorrer são múltiplas: (i) *diálogo de aplicação direta*, no qual as regras nacionais ou regras de tratados diversos incidem sobre os Estados-Partes comuns, exigindo coordenação; e (ii) o *diálogo de aplicação indireta* (diálogo de inspiração ou diálogo narrativo)[137].

O diálogo de aplicação direta pode ser subdividido em (i) diálogo de complementariedade e subsidiariedade; (ii) diálogo sistemático de coerência; e (iii) diálogo de coordenação e adaptação sistemática[138].

O *diálogo de complementariedade e subsidiariedade* consiste no uso suplementar de regras previstas em leis ou outros tratados, suprindo eventuais lacunas e tendo como finalidade o cumprimento de determinado valor do DIPr. Como exemplo de complementariedade, é possível citar que o Protocolo de Las Leñas completa os Tratados de Montevidéu de 1940, que estavam centrados no reconhecimento de sentenças judiciais e arbitrais, além das cartas rogatórias. Outro exemplo é o uso da Lei de Introdução às Normas do Direito Brasileiro (que estabelece as regras gerais do DIPr) em conjunto com dispositivos convencionais, de modo a permitir a complementação das lacunas entre os diplomas. Ainda, cita-se o art. 35 do Protocolo de Las Leñas sobre cooperação jurídica internacional cível do Mercosul, que não proíbe a incidência das disposições das convenções que anteriormente tiverem sido assinadas sobre a mesma matéria entre os Estados-Partes, desde que sejam mais benéficas à cooperação pretendida.

Por sua vez, o *diálogo de coordenação e adaptação sistemática* consiste no reconhecimento de outros diplomas normativos referentes ao tema, que podem inclusive levar à priorização de uma regra. Como exemplo, a Convenção Interamericana sobre Obrigação Alimentar[139], que, em seu art. 29, menciona expressamente e permite o uso prioritário das Convenções da Haia, de 2 de outubro de 1973, sobre

---

[137] MARQUES, Claudia Lima. Procédure civile internationale et MERCOSUR: pour un dialogue des règles universelles et régionales. *Uniform Law Review* – Revue de Droit Uniforme, 2003, p. 465-484, em especial p. 469.

[138] MARQUES, Claudia Lima. Procédure civile internationale et MERCOSUR: pour un dialogue des règles universelles et régionales. *Uniform Law Review* – Revue de Droit Uniforme, 2003, p. 465-484, em especial p. 479. Ver também MARQUES, Claudia Lima. Diálogo entre o Código de Defesa do Consumidor e o novo Código Civil: do "diálogo das fontes" no combate às cláusulas abusivas. *Revista Direito do Consumidor*, São Paulo, n. 45, p. 71-99, jan./mar. 2003, em especial p. 73.

[139] Incorporada internamente pelo Decreto n. 2.428, de 17 de dezembro de 1997.

reconhecimento e eficácia de sentenças relacionadas com obrigação alimentar para menores e sobre a lei aplicável à obrigação alimentar.

Já o *diálogo sistemático de coerência* busca coordenar a aplicação de regras nacionais e tratados de DIPr, podendo uma regra ser utilizada como base conceitual de outra, respeitando-se os valores da disciplina. Exemplo desse diálogo é o disposto no art. 9º da Convenção Interamericana sobre Normas Gerais de Direito Internacional Privado, que prevê que as diversas leis que podem ser competentes para regular os diferentes aspectos de uma mesma relação jurídica sejam aplicadas de maneira harmônica, procurando-se realizar os objetivos de cada uma das legislações. As dificuldades que forem causadas por sua aplicação simultânea serão resolvidas levando-se em conta as exigências impostas pela *equidade* no caso concreto[140].

Diferentemente do diálogo de aplicação direta, o diálogo de aplicação indireta consiste na invocação de normas internacionais ou nacionais não vinculantes que inspiram e fundamentam a interpretação de outras normas. Esse diálogo é também chamado por Jayme de "diálogo narrativo", sendo baseado na força persuasiva das normas, que, por conter valores, influenciam a tomada de decisão sobre outras[141]. Nessa linha, o Supremo Tribunal Federal fez uma aplicação narrativa do "Código Bustamante", ao transpor as regras deste tratado a fato transnacional oriundo de Estado não parte[142].

A existência dessas diferentes fontes do DIPr demonstra a complexidade do regramento dos fatos transfronteiriços, que conta com regras domésticas, internacionais estrito senso e ainda transnacionais, o que exige do intérprete tanto o manejo das regras de conflito (critérios de superação das antinomias, como o critério cronológico, hierárquico e da especialidade) quanto a busca do "diálogo das fontes"[143], fazendo nascer o novo DIPr.

---

[140] Incorporado internamente pelo Decreto n. 1.979, de 9 de agosto de 1996.

[141] JAYME, Erik. Identité culturelle et intégration: le droit international privé postmoderne. *Recueil des Cours de l'Académie de Droit International de La Haye*, v. 251, 1995, p. 9-267, em especial p. 74 e 144.

[142] Consta do acórdão: "Observou-se, algures, aplicar-se, no Brasil, o Código Bustamante exclusivamente aos súditos dos países que o adotaram. Não parece apoiado em boa razão o asserto; os tratados, sim, apenas obrigam as partes contratantes; mas um Código, seja qual for a sua origem, é lei no país que o promulgou, rege o direito por ele regulado, qualquer que seja a nacionalidade das pessoas que naquele território o invoquem". Supremo Tribunal Federal, Sentença Estrangeira n. 993, julgamento em 17 de julho de 1940, *Revista dos Tribunais*, v. CXXXI, Fascículo n. 502, p. 824-828, em especial p. 828.

[143] MARQUES, Claudia Lima. *Laudatio* para Erik Jayme – memórias e utopia. In: MARQUES, Claudia Lima; ARAUJO, Nadia de (Org.). *O novo direito internacional:* estudos em homenagem a Erik Jayme. Rio de Janeiro: Renovar, 2005, p. xv-xxv, em especial p. xxii.

5 MÉTODOS E NORMAS DO DIREITO INTERNACIONAL PRIVADO

1. MÉTODO E SUA INTER-RELAÇÃO COM O OBJETO DO DIREITO INTERNACIONAL PRIVADO

O termo "método" origina-se do grego *méthodos* (derivando, no latim, para *methodus*), que significa o caminho para se chegar a algo[1]. Essa raiz do termo indica que o método é a maneira de proceder para a concretização de determinado objetivo. Para Larenz, cada ciência utiliza modos de proceder para obtenção de respostas às questões por ela suscitadas[2]. Nessa linha, o método no DIPr consiste no modo pelo qual o objeto precípuo da disciplina – a gestão da diversidade de ordens jurídicas – é realizado.

Por sua vez, Battifol alertou sobre a diferente percepção do termo "método do DIPr" na doutrina até a Segunda Guerra Mundial, que, em geral, deslocava a temática para a dicotomia entre o "método universalista" e o "método particularista". Na realidade, essa dicotomia não tratava de divergência sobre o método propriamente dito, mas sim sobre o conteúdo das fontes do Direito Internacional Privado, que seriam "internacionais (universais)" ou "nacionais"[3].

O estudo do método no DIPr esclarece a evolução do debate sobre o objeto da disciplina, uma vez que, ao se estudar o caminho (o método), exige-se que se conheça onde se quer chegar (o objeto da disciplina)[4].

---

[1] BITTAR, Eduardo C. B. *Metodologia da pesquisa jurídica*. 5. ed. São Paulo: Saraiva, 2007, p. 9.

[2] LARENZ, Karl. *Metodologia da ciência do direito*. Tradução de José Lamego. 3. ed. Lisboa: Fundação Calouste Gulbenkian, 1997, p. 1.

[3] BATIFFOL, Henri. Le pluralisme des méthodes en droit international privé. *Recueil des Cours de l'Académie de Droit International de La Haye*, v. 139, 1973, p. 75-148, em especial p. 79-83. No Brasil, conferir em NAZO, Nicolau. *Objeto e método do direito internacional privado*. São Paulo, s/ed., 1952, em especial p. 43-48.

[4] Como alertava Arminjon. ARMINJON, Pierre. L'objet et la méthode du droit international privé. *Recueil des Cours de l'Académie de Droit International de La Haye*, v. 21, 1928, p. 429-544, em especial p. 433.

Durante boa parte da sua história, o estudo da escolha de lei e de jurisdição que incidem nos fatos transnacionais levou à prevalência do *método indireto* (também chamado método indicativo, remissivo ou de remissão) no Direito Internacional Privado. Por esse método, o DIPr não regula diretamente os fatos sociais, mas tão somente indica a lei ou a jurisdição adequada. Esse método quase foi confundido com o próprio Direito Internacional Privado, que passou a ser visto como matéria de sobredireito[5]. Contudo, o DIPr visa reger os fatos transnacionais com respeito à igualdade, acesso à justiça e tolerância, podendo utilizar outros métodos, como veremos. Assim, a existência de um único método (por exemplo, o método conflitual) ou de uma pluralidade de métodos pressupõe a aceitação ou rechaço da tese de ser o DIPr uma disciplina de *sobredireito* ou, ainda, de ser uma disciplina voltada à gestão da diversidade normativa e jurisdicional. Além disso, o método ou métodos da disciplina podem estar previstos em normas nacionais ou internacionais, o que inter-relaciona a temática com a pluralidade de fontes que assola o DIPr na atualidade.

No estudo do método do DIPr, então, retoma-se a análise da pluralidade de objeto e da pluralidade de fontes, estudadas em capítulos anteriores deste *Curso*. Essas pluralidades (de objeto e de fontes) acarretaram a pluralidade de métodos do DIPr: como a matéria não é mais restrita a mera indicação da lei aplicável, o método indireto não é mais o único a ser utilizado.

Nessa linha, após a Segunda Guerra Mundial, o método indireto – que já era questionado nos Estados Unidos – perde sua primazia na disciplina diante da pluralidade de métodos do DIPr. Diversas normas nacionais e internacionais, bem como sua interpretação judicial, consolidam outros métodos, como o método direto, que serão aqui estudados. Essa diversidade gera a necessidade de concatenação entre os diferentes métodos, que evidencia o uso de cada um para que os valores do DIPr (por exemplo, segurança jurídica, tolerância e respeito à alteridade) sejam respeitados[6].

2. O MÉTODO INDIRETO UNILATERAL: DO PERÍODO ESTATUTÁRIO AO RESSURGIMENTO NO SÉCULO XX

O método indireto no DIPr consiste na indicação de norma nacional ou estrangeira para regular determinado fato transnacional (escolha da lei) ou para determinar a jurisdição que deve conhecer de eventual litígio (escolha da jurisdição) sobre esse mesmo fato. O método indireto, então, caracteriza-se justamente por não

---

[5] Ver capítulo anterior deste *Curso* sobre o DIPr como disciplina de sobredireito. Citando a opinião de vários autores que defendem ser a regra conflitual o "tipo único de regra de direito internacional privado", ver FRANCESCAKIS, Phocion. *La théorie du renvoi et les conflits de systèmes en Droit International Privé*. Paris: Sirey, 1958, em especial p. 9.

[6] BUCHER, Andreas. La dimension sociale du droit international privé. *Recueil des Cours de l'Académie de Droit International de La Haye*, v. 341, 2009, p. 9-526, em especial p. 95.

regular o fato transnacional, mas apenas indicar a norma de regência ou determinar a jurisdição cabível.

Sua preocupação é determinar a lei ou a jurisdição, sem indagar sobre o conteúdo da solução ao caso em si dada pela lei indicada ou pelo juízo apontado. Diferentemente das regras que prescrevem determinada conduta (regendo a questão posta), o método indireto é composto de regras que determinam o direito ou a jurisdição, que, por sua vez, ditarão as regras de conduta e apreciarão os litígios[7].

O método indireto exige a definição de um *critério de escolha* que permita ao intérprete dar preferência a um ordenamento entre os que possuem vínculos (os elementos de estraneidade) com determinado fato transnacional.

Há dois tipos ideais de método indireto: i) o *método indireto unilateral* e ii) o *método indireto multilateral* (também chamado de método indireto bilateral ou conflitual), que se distinguem justamente no que tange ao critério de escolha.

O *método indireto unilateral* possui como critério de escolha a *delimitação espacial das normas do foro* que podem ser aplicadas a determinado fato transnacional. É chamado de unilateral porque é focado em uma determinada norma do foro, classificando-a de acordo com seu conteúdo (objeto). Esse método é típico veículo de políticas públicas, uma vez que a aplicação territorial ou extraterritorial de uma norma atende aos interesses do Estado que a produziu (Estado do foro)[8]. O método indireto unilateral tem como eixo principal privilegiar os interesses do Estado do foro, delimitando o campo espacial de suas normas e deixando aos demais ordenamentos jurídicos estrangeiros a preocupação de definir os seus próprios domínios de aplicação das leis, na medida em que a lei do foro não queira incidir sobre determinado fato transnacional[9]. Em síntese, a *regra unilateral de direito internacional privado* é aquela pela qual o legislador determina o domínio de aplicação da lei que ele mesmo edita ou, ainda, designa as relações sociais que caem sob o seu domínio normativo[10].

O método indireto unilateral foi originalmente utilizado no período estatutário, no qual os juristas da época dividiam as normas de acordo com seu alcance espacial: territorial, extraterritorial e normas mistas. Com essa classificação, os

---

[7] LALIVE, Pierre. Tendances et méthodes en droit international privé: cours général. *Recueil des Cours de l'Académie de Droit International de La Haye*, v. 155, 1977, p. 3-424, em especial p. 104.

[8] BOGDAN, Michael. Private International Law as Component of the Law of the Forum: General Course on Private International Law. *Recueil des Cours de l'Académie de Droit International de la Haye*, v. 348, 2010, p. 9-252, em especial p. 74.

[9] BUREAU, Dominique; WATT, Horatia Muir. *Droit International Privé*. Tome I. 3ª édition, Paris: PUF, 2014, p. 379. GOTHOT, Pierre. La méthode unilatéraliste face au droit international privé des contrats. *Droit international privé: travaux du Comité français de droit international privé, 1e année*, 1975-1977, 1979, p. 201-232.

[10] GOTHOT, Pierre. Le renouveau de la tendance unilatéraliste en droit international privé. *Revue Critique de Droit International Privé*, v. 60, 1971, p. 1-36; 209-243; e 417-450, em especial p. 1.

juristas estatutários buscavam esclarecer se um estrangeiro no território do Estado do foro deveria ou não ser vinculado a determinada lei ou costume local, bem como definiam se uma determinada lei ou costume poderia ser aplicada no exterior, fora do território do Estado que a tivesse editado.

Como já visto anteriormente no capítulo referente à evolução histórica do DIPr deste *Curso,* a teoria dos estatutos consistiu em movimento doutrinário, desenvolvido em regiões europeias distintas, a partir do século XII até o século XIX. Em que pese as diferenças temporais e geográficas, é possível identificar um fundamento teórico comum a esses doutrinadores, que vem a ser a busca da regência dos fatos transnacionais a partir da interpretação do domínio de aplicação espacial de determinada lei ou costume em vigor na comunidade (os estatutos).

O fundamento do DIPr de então era o alcance no espaço de determinada regra editada por um centro político autônomo, objeto da interpretação doutrinária. Esse pilar dos estatutários (o alcance espacial da norma) agradou as cidades italianas e demais centros de poder da época, que buscavam a emancipação política diante do Sacro Império Romano-Germânico. Nada melhor que o destaque dado pelos estatutários às regras editadas por cada comunidade.

O método estatutário contou com o resgate do Direito romano (como fonte de reforço da interpretação e defesa de um ideal universalista dessa visão), desembocando em doutrinadores caracterizados pelo pragmatismo e vocação para resolver casos concretos[11]. Além disso, o método de interpretação dos estatutos permitia à doutrina que investigasse (e favorecesse) os objetivos do poder político legiferante da época, o que permitiu que o método unilateral tivesse forte adaptabilidade e sobrevivesse séculos, inclusive sendo utilizado pelos Estados Nacionais depois criados.

A superação do paradigma estatutário foi detectada, pioneiramente, por Huber (1636-1694), da Escola estatutária holandesa, que foi além do exame do alcance espacial da lei. Huber buscou saber como conciliar a territorialidade de uma lei (fruto dos limites do poder político legiferante) com sua aplicação espacial extraterritorial. Para Huber, a resposta a esse problema era a aceitação do *comitas gentium,* ou seja, da aplicação da lei estrangeira feita pelo Estado em nome da cortesia internacional[12]. Preparava-se, assim, a superação do paradigma estatutário em vigor, uma vez que o desenvolvimento do Estado implicaria, como veremos a seguir, em um esforço de ordenação jurídica racional e geral da vida social, asfixiando soluções casuísticas pautadas no sabor da interpretação, tais como preconizadas pelos estatutários.

Contudo, o método indireto unilateral adaptou-se à consolidação do Estado nacional, que, no ambiente positivista e do liberalismo econômico do século XIX,

---

[11] GONZÁLEZ CAMPOS, Julio D. Diversification, spécialisation, flexibilisation et matérialisation des règles de droit international privé. *Recueil des Cours de l'Académie de Droit International de La Haye,* v. 287, p. 9-426, em especial p. 36.

[12] YNTEMA, Hessel E. The comity doctrine. *Michigan Law Review,* v. 65, n. 1, nov. 1966, p. 9-32.

afastou-se das soluções casuísticas dos estatutários tradicionais, baseadas no estudo dos vocábulos das leis, fixando-se na regulação nacional dos fatos transnacionais. Fruto dessa reorganização do Estado, o método indireto unilateral, herdeiro das tradições estatutárias[13], foi adotado por codificações nacionais[14], como o Código Civil francês, de 1804, e a lei de introdução ao Código Civil alemão de 1896[15]. O art. 3º do Código Civil francês de 1804 expõe a visão "unilateral e nacional"[16] ao dispor que as leis concernentes ao estado e a capacidade das pessoas regeriam os franceses mesmo quando residissem em país estrangeiro[17]. Lainé apontou que a redação do art. 3º representou a introdução da visão unilaterista estatutária no Código Civil francês[18].

Mesmo após o giro copernicano de Savigny, que introduziu o *método indireto multilateral rígido* (ver adiante), o método indireto unilateral ressurgiu no século XX, uma vez que se mostra veículo para a defesa dos interesses nacionais do Estado do foro.

Inicialmente, com a "revolução americana" do direito internacional privado (ver *supra*), o método unilateral foi valorizado, uma vez que esse movimento caracterizou-se como uma reação ao método indireto multilateral, cujas regras eram tidas como abstratas e apartadas dos interesses de justiça no caso concreto. Para Kegel, o método conflitual clássico possui três grandes adversários no século XX: a corrente do uso da *lex fori*; a corrente da análise do interesse governamental (ambas denominadas por ele de *forum faction*) e, finalmente, o substancialismo (ver no próximo item deste *Curso*)[19].

---

[13] GOTHOT, Pierre. Le renouveau de la tendance unilatéraliste en droit international privé. *Revue Critique de Droit International Privé*, v. 60, 1971, p. 1-36; 209-243; e 417-450, em especial p. 10.

[14] O Código Civil prussiano, de Frederico II, de 1794, anterior ao Código Civil francês de 1804, é tido como precursor das codificações nacionais de direito internacional privado. NOLDE, Boris. La codification du droit international privé. *Recueil de Cours de l'Académie de Droit International de La Haye*, v. 55, 1936, p. 299-432, em especial p. 320 e s.

[15] GOTHOT, Pierre. Le renouveau de la tendance unilatéraliste en droit international privé. *Revue Critique de Droit International Privé*, v. 60, 1971, p. 1-36; 209-243; e 417-450, em especial p. 1. Ver também GOTHOT, Pierre. La méthode unilatéraliste face au droit international privé des contrats. *Droit international privé: travaux du Comité français de droit international privé*, 1e année, 1975-1977, 1979, p. 201-232.

[16] VALLADÃO, Haroldo. Développement et intégration du droit international privé, notamment dans les rapports de famille: (cours général de droit international privé). *Recueil des Cours de l'Académie International de la Haye*, v. 133, 1971, p. 413-544, em especial p. 454.

[17] *In verbis*: "Les lois concernant l'état et la capacité des personnes régissent les Français, même résidant en pays étranger". Disponível em: <http://www.cjoint.com/doc/17_01/GAgisq6VBVM_codecivil2017.pdf>. Acesso em: 16 out. 2022.

[18] LAINÉ, Armand. Le droit international privé en France considéré dans ses rapports avec la théorie des statuts. *Journal du Droit International Privé et de la Jurisprudence Comparée*, v. 12, 1885, p. 129-143; e 249-265, em especial p. 129.

[19] KEGEL, Gerhard. The crisis of conflict of laws. *Recueil des Cours de l'Académie International de La Haye*, v. 112, 1964, p. 91-268, em especial p. 263.

A corrente da supremacia da *lex fori* consistiu na defesa da vinculação do julgador com a lei do Estado do foro, que deveria prevalecer na regulação dos fatos transnacionais. Nessa linha, Ehrenzweig sustentou a aplicação da lei do foro como regra, sendo utilizada a lei estrangeira apenas residualmente em casos excepcionais[20]. Valladão criticou tal visão, denominando-a de "radicalismo da *lex fori*", expressão de um "niilismo desesperado" contrário à lei estrangeira, que redundava em insegurança jurídica[21].

Já a corrente da análise dos interesses governamentais tem como um de seus maiores defensores Currie, que militou a favor da escolha da lei e da jurisdição ao sabor dos interesses do foro, adotando uma visão unilateralista (pois focada exclusivamente no interesse do Estado do foro)[22]. Currie defendeu a existência de um interesse público (ou governamental) que deveria dirigir a escolha da lei ou da jurisdição em um fato transfronteiriço, mesmo se aquele fato tiver natureza privada. Opta-se aqui pela natureza do direito como instrumento de controle social e de política pública, não podendo ser deixado ao sabor dos interesses privados ou de um teórico interesse da comunidade internacional. Currie rejeitou a tese de que é também de interesse de um Estado adotar regras multilaterais, pois entendeu que a "comunidade internacional" e seu interesse comum constituem-se em conceitos abstratos.

Por isso, Currie defendeu a adoção de um *personal law principle*, ou seja, a adoção da lei que beneficie antes o agente local do que o estrangeiro. Para orientar a aplicação da lei em casos nos quais há mais de uma legislação envolvida, Currie utilizou uma ponderação dos interesses em jogo (*interest analysis*). Para tanto, classificou tais conflitos de lei em três categorias: a) "conflito falso", pois envolve apenas os interesses de um Estado; b) "conflito verdadeiro", no qual mais de um Estado é interessado, além do Estado do foro; c) "conflito inexistente", no qual nenhum Estado é interessado. Para Currie, quando envolver o interesse do Estado do foro, o juiz é obrigado a aplicar a sua lei, pois não teria autorização constitucional para sopesar interesses de Estados estrangeiros, tarefa típica das relações internacionais geridas pelo Poder Executivo.

A posição de Currie (e sua análise do interesse do Estado) quase sempre leva à aplicação da lei do local onde o intérprete se encontra (*lex fori*). Somente se admite

---

[20] EHRENZWEIG, Albert A. The Lex Fori: basic rule in the conflict of laws. *Michigan Law Review*, v. 58, n. 5, mar. 1960, p. 637-688. Ver também EHRENZWEIG, Albert A. Specific principles of private transnational law. *Recueil des Cours de l'Académie International de La Haye*, v. 167, 1968, p. 167-369.

[21] VALLADÃO, Haroldo. Développement et intégration du droit international privé, notamment dans les rapports de famille: (cours général de droit international privé). *Recueil des Cours de l'Académie International de La Haye*, v. 133, 1971, p. 413-544, em especial p. 436-437.

[22] CURRIE, Brainerd. *Selected essays on the conflict of laws*. Durham: Duke University Press, 1963.

a aplicação da lei estrangeira quando não existir interesse do Estado do foro[23]. A crítica à teoria da análise dos interesses governamentais enfatiza a dificuldade de se identificar o conteúdo desses interesses[24] aptos a delimitar espacialmente o campo de aplicação de uma norma, o que seria, para Evriginis, uma "mera especulação"[25]. Outra crítica diz respeito ao abandono, em nome dos interesses governamentais, da proteção aos interesses privados de todos os envolvidos nos fatos transnacionais, o que resultaria – na prática – na defesa dos interesses dos próprios nacionais[26]. Brilmayer denominou a insistência de Currie a respeito do interesse governamental de proteção dos próprios nacionais ou dos próprios residentes de "paroquial" (*parochial*), que não leva em consideração os demais indivíduos envolvidos[27].

Na Europa continental, o método indireto unilateralista, adotado em determinadas codificações nacionais de direito internacional privado do século XIX[28], *ressurgiu*, no século XX, em um ambiente de *nacionalismo* e proteção das opções legislativas do Estado do foro.

Nessa linha, Niboyet sustentou que a regra de conflito deveria ser unilateral: ela determinaria somente o alcance da lei do foro e não de outras. Cada Estado regularia o alcance de sua própria lei material e para os casos de "conflito negativo" (nenhuma lei deseja regular o fato transnacional) deveria ser utilizada a lei do foro para os envolvidos não ficarem sem regramento. Já no caso de "conflito positivo" entre duas leis estrangeiras, deve ser escolhida a lei estrangeira que mais se aproxima da solução dada pela lei do foro (no caso, a lei francesa)[29]. A trajetória acadêmica de Niboyet e dos demais autores defensores do nacionalismo unilateralista do DIPr mostra que o objetivo de uma regra de conflito nacional deve ser a defesa dos interesses do *Estado do foro*[30].

---

[23] SYMEONIDES, Symeon C. The American choice-of-law revolution in the courts: today and tomorrow. *Recueil des Cours de l'Académie International de La Haye*, v. 298, 2002, p. 25-448, em especial p. 47.

[24] WESTEN, Peter Kay. False Conflicts. *California Law Review*, v. 55, 1967, p. 74-122, em especial p. 82.

[25] EVRIGINIS, Dimitrios J. Tendances doctrinales actuelles en droit international privé. *Recueil des Cours de l'Académie International de la Haye*, v. 118, 1966, p. 313-433, em especial p. 362.

[26] KEGEL, Gerhard. The crisis of conflict of laws. *Recueil des Cours de l'Académie International de la Haye*, v. 112, 1964, p. 91-268, em especial p. 201-202.

[27] BRILMAYER, L. Interest analysis and the myth of legislative intent. *Michigan Law Review*, v. 78, 1980, p. 392-431, em especial p. 401. No mesmo sentido, JUENGER, Friedrich K. General Course on Private International Law. *Recueil des Cours de l'Académie International de la Haye*, v. 193, 1985, p. 131-387, em especial p. 218.

[28] VALLADÃO, Haroldo. Développement et intégration du droit international privé, notamment dans les rapports de famille: (cours général de droit international privé). *Recueil des Cours de l'Académie International de la Haye*, v. 133, 1971, p. 413-544, em especial p. 454.

[29] NIBOYET, J. P. *Cours de Droit International Privé Français*. Paris: Librairie du Recueil Sirey, 1949, p. 350-352.

[30] BUREAU, Dominique; WATT, Horatia Muir. *Droit International Privé*. Tome I. 3ª édition. Paris: PUF, 2014, p. 412.

No Brasil, há exemplo do uso do método indireto unilateral na CF/88, a qual, em seu art. 5º, XXXI, prevê que "a sucessão de bens de estrangeiros situados no País será regulada pela lei brasileira em benefício do cônjuge ou dos filhos brasileiros, sempre que não lhes seja mais favorável a lei pessoal do *de cujus*". No caso do exemplo brasileiro, o alcance da lei brasileira é delimitado a partir da busca de determinado resultado (favorecer cônjuge ou filhos brasileiros).

Essas visões sobre o método indireto unilateralista do século XX distanciam-se da visão estatutária tradicional, que era baseada à luz do universalismo da codificação romana. Na atualidade, o unilateralismo renasceu no direito internacional privado graças à adoção das leis de aplicação imediata (normas imperativas, como veremos a seguir)[31].

3. O MÉTODO INDIRETO MULTILATERAL RÍGIDO

3.1. O novo paradigma do DIPr

O método indireto mais conhecido e praticado pelos Estados é o *método indireto multilateral (ou bilateral) rígido*, que consiste na identificação *a priori* do direito por meio da localização do centro ou sede de cada relação jurídica transnacional. É também chamado sinteticamente de *método conflitual*, uma vez que resolveria o "conflito" aparente entre ordenamentos, indicando aquele que seria o mais adequado a reger o fato transnacional.

O método conflitual superou o método indireto unilateral no século XIX, uma vez que o paradigma estatutário, baseado em interpretações casuísticas sobre o alcance espacial das regras em vigor, atritava-se com o esforço de racionalização e sistematização do direito empreendidos pelos Estados europeus e pelos Estados Unidos em plena consolidação do capitalismo industrial.

Esse atrito já era perceptível no século XVIII, nos movimentos de consolidação do Estado do Direito, pautado pela defesa da liberdade dos indivíduos e proteção contra arbítrios do poder e insegurança jurídica. O papel do legislador era essencial para atingir tais objetivos, devendo editar normas gerais e abstratas, evitando casuísmos e soluções *ad hoc*, que não geravam previsibilidade e permitiam grande margem de manobra aos intérpretes doutrinários ou judiciais.

Na Europa, o racionalismo impulsionou a sistematização positivista do Direito, tendo sido marcos dessa nova era o Código Civil da Prússia de 1794 e o Código Civil francês (Código de Napoleão) de 1804. A dispersão e o particularismo interpretativo do paradigma estatutário cederam lugar a esse esforço de sistematização e codificação

---

[31] GOTHOT, Pierre. Le renouveau de la tendance unilatéraliste en droit international privé. *Revue Critique de Droit International Privé*, v. 60, 1971, p. 1-36; 209-243; e 417-450, em especial p. 431.

jurídica geral das relações sociais, com foco no estímulo a relações capitalistas privadas (codificação civilista).

Esse novo ambiente de racionalidade e ordenação positivista jurídica possibilitou a consolidação do método conflitual feita por Savigny. O foco do método conflitual é a relação jurídica, cujas características e natureza *apontariam sua sede*, sendo a *lei do local da sede* o direito mais adequado para a regência de tal relação[32]. Savigny defendeu que a "relação jurídica" deve ser o ponto de partida da análise do DIPr, fazendo um giro copernicano em relação aos estatutários, cujo ponto de partida era a análise das leis e dos costumes[33].

O método conflitual transformou-se em novo paradigma metodológico do DIPr, contando com três elementos: (i) o conceito de "relação jurídica", que é determinado pela inserção dos fatos transnacionais em *amplas categorias jurídicas*; (ii) a "sede" ou centro da relação jurídica; e (iii) a "localização" da sede da relação jurídica em um ordenamento jurídico nacional.

O primeiro elemento exige que seja feita a classificação jurídica dos fatos transnacionais em categorias normativas, como "obrigações", "bens imóveis", "capacidade jurídica", entre outras. A formatação dessa relação jurídica é extraída da reflexão científica, não sendo retrato de uma ordem social particular, podendo ser apropriada por qualquer ordenamento, o que mostra a confiança do novo método em um *universalismo abstrato e dogmático*, imposto aos Estados, que seriam convencidos a adotar essa formatação da relação jurídica por pertencer a uma comunidade de direito entre os povos. Para Savigny, existiam cinco grupos de categorias jurídicas nas quais os fatos transnacionais seriam inseridos, todas típicas do Direito Civil nacional, gerando as relações jurídicas para análise: pessoas, bens, obrigações, família e sucessões.

O emprego de categorias jurídicas gerais e abstratas permite, na visão dos seus defensores, uma universalização desse paradigma, uma vez que essa classificação normativa seria neutra e imune aos interesses de cada Estado, gerando *harmonia* nas decisões e *segurança jurídica*[34]. Por harmonia e segurança jurídica entenda-se a indicação da mesma lei, onde quer que o fato transnacional fosse analisado (ou julgado).

O segundo elemento consiste na investigação de dados objetivos da relação jurídica, resultando na fixação, consensual, de sua sede. A natureza da relação jurí-

---

[32] LEWALD, H. Règles générales des conflits de lois. Contribution à la technique du droit international privé. *Recueil des Cours de l'Académie de Droit International de La Haye*, v. 69, 1939, p. 5-145, em especial. p. 47.

[33] Nas palavras de Savigny, o problema seria "(...) determinar para cada relação jurídica a esfera do direito mais conforme à natureza própria e essencial dessa relação". SAVIGNY, Friedrich Carl von. *Sistema do direito romano atual*, v. VIII. Tradução de Ciro Mioranga (edição original de 1849), Ijuí: Unijuí, 2004, em especial § 348, p. 50.

[34] DE NOVA, Rodolfo. Historical and comparative introduction to conflict of laws. *Recueil des Cours*, v. 118, 1966, p. 435-642, em especial p. 462-463.

dica seria decisiva para a declaração da sua sede, que seria única e rígida. É indispensável, para o método conflitual, atribuir a cada categoria jurídica uma determinada sede, o que exige a investigação de elementos existentes em cada fato transnacional, como, por exemplo, a situação de um bem imóvel, o cumprimento de uma obrigação etc. Por exemplo, definida a categoria jurídica "capacidade da pessoa física", sua sede seria o "domicílio", porque esta circunstância revela o desejo do indivíduo de escolher a comunidade que deve regular a sua aptidão para exercer direitos e contrair obrigações (capacidade jurídica).

O terceiro elemento é a consequência da fixação da categoria jurídica e da identificação de sua sede, o que vem a ser o uso do ordenamento material do lugar da sede para reger o fato transnacional. Definida a sede, teríamos sua localização espacial em determinada ordem jurídica, que, então, regeria o fato transnacional. Para localizar a relação jurídica em um ordenamento jurídico, utiliza-se a lei da sede, que é uma *norma de conexão* entre o fato transnacional e a regulação normativa. A regra de conexão consiste em comando normativo pelo qual se determina a lei da sede de relação jurídica para regular determinado caso concreto. No exemplo utilizado, qualquer litígio envolvendo a capacidade jurídica de um indivíduo deve ser solucionado pelo uso da regra de conexão "lei do domicílio", apta a regular os aspectos jurídicos relativos à pessoa (personalidade, capacidade etc.).

Assim, o método conflitual clássico é tido como um "método rígido" justamente porque ele indica o direito aplicável, sem se preocupar – em geral – com o resultado de tal aplicação. A saída para a não aplicação da lei indicada consiste no uso de institutos extraordinários, como a violação da ordem pública ou mesmo a fraude à lei[35]. Nesse ponto, o método indireto molda o DIPr como sendo uma disciplina de *sobredireito*, consistindo em conjunto de normas sobre a aplicação espacial de outras normas, que regulam os fatos sociais.

No Brasil, o método indireto rígido é adotado, em geral, pela Lei de Introdução às Normas do Direito Brasileiro, que impõe ao juiz a aplicação da norma material indicada pelo critério de conexão, sem que este possa valorar sua aplicação e analisar se a solução proposta é a mais adequada ao fato transnacional.

Apesar das diferenças, o método conflitual herdou do método estatutário uma característica fundamental: continuou a ser um método *indireto*, focado na determinação da aplicação espacial da norma, *indiferente* ao conteúdo ou aos valores nela contidos.

A essência do método conflitual é a *racionalidade* da determinação das "categorias jurídicas" e seus "elementos", que seriam *compreendidos* e *aceitos* pelos diversos Estados, uma vez que existiria uma comunidade de direito entre os diferentes povos.

---

[35] Veremos esses institutos em capítulos seguintes deste *Curso*.

Novamente, fica explícita a confiança na ciência jurídica e na homogeneidade da comunidade de direito dos Estados, que acataria, sem maior questionamento, a sede da relação jurídica. A força do imperialismo europeu no século XIX auxiliou na consolidação desse tipo peculiar de universalismo. Essa "relação jurídica idealizada" utilizou, assim, categorias gerais, especialmente do Direito Civil europeu da época, o que implicou na privatização e ainda despolitização da disciplina.

Não se questionou, contudo, que a natureza ou essência de uma relação jurídica não é imune a fatores sociais, econômicos, históricos, modificações na teoria do direito, entre outros. Como veremos, no capítulo sobre o "estatuto pessoal", a sede das relações jurídicas envolvendo a pessoa física variaram no Brasil entre a "nacionalidade" e o "domicílio". Além disso, como veremos em capítulo próprio, a categorização jurídica de uma relação social não é consensual: Bartin, no final do século XIX, consagra o chamado "conflito de qualificações", ou seja, expôs justamente a divergência entre Estados a respeito de qual categoria jurídica deveria ser inserido determinado fato transnacional[36].

3.2. A evolução do paradigma conflitual no seio do Estado do bem-estar social

O uso de categorias jurídicas amplas no método conflitual tradicional gerou, por consequência, a adoção de regras de conexão idênticas (uma por categoria) para vários temas inseridos. Por exemplo, o estatuto pessoal é categoria geral e o uso da mesma regra de conexão (lei do domicílio, lei da nacionalidade etc.) pode gerar "centros" ou "sedes" inapropriados para a relação jurídica. Por isso, as críticas a essa categorização ampla (*broad rules* no dizer da doutrina americana) fizeram nascer (i) movimento a favor de regras de conexão mais específicas (*narrow rules*) ou ainda (ii) a defesa do abandono do próprio paradigma conflitual rígido e abstrato em favor de princípios mais flexíveis de tratamento do fato transnacional (os *approaches*)[37].

Por isso, o paradigma conflitual evoluiu, no século XX, rumo à especialização das categorias jurídicas, outrora amplas e de número reduzido, gerando uma especialização material do método conflitual. Essa especialização material do método conflitual consiste no uso de regras de conexão que foquem em um ou mais aspectos da matéria, evitando-se o uso de uma mesma regra de conexão para grandes categorias jurídicas.

Essa busca pela especificação atendeu aos reclamos do Estado Social, no qual prevalecem as demandas por igualdade material e liberdade real na sociedade. A realidade social das democracias contemporâneas apresenta-se com nuances e

---

[36] Sobre o "problema da qualificação", ver a Parte III, Capítulo 2, deste *Curso*.
[37] REESE, Willis L. M. Choice of laws: rules or approaches. *Cornell Law Review*, v. 57, 1972, p. 315-334. REESE, Willis L. M. Dépeçage: a common phenomenon in choice of law. *Columbia Law Review*, v. 73, n. 1, jan. 1973, p. 58-75.

complexidades, exigindo normas jurídicas especializadas e focadas[38]. Surgem novos ramos do Direito, o que atingiu também o DIPr. Manter o paradigma antigo, de uma única regra de conexão para grandes categorias implicava em desconsiderar as diferenças e desigualdades entre os indivíduos, violando, assim, a igualdade material[39].

Por exemplo, em vez de uma única regra de conexão para regular os contratos, é possível adotar uma *regra de conexão distinta* para contratos sobre bens imóveis, sobre transportes ou ainda contratos envolvendo relações de consumo, bem como relações trabalhistas. Quanto aos bens, além da regra da "lex rei sitae" (lei do local da situação do bem), é possível adotar regras especiais para bens imateriais, bens culturais ou mesmo para os diferentes tipos de direitos reais. No Direito Internacional Privado das famílias, há uma diversidade de regras de conflito específicas que podem surgir, a depender inclusive do tipo de família envolvida ou o tipo de interesse a ser protegido, como é o caso dos credores de alimentos. As regras de conflito especializadas acompanham, ainda, o desenvolvimento de novas áreas do DIPr, como a regulamentação da internet e do comércio eletrônico.

A especialização das regras de conexão por matéria tornou-se aguda em algumas convenções internacionais de DIPr, que optaram por adotar regras de regulação por meio da fragmentação (*issues*) de temas outrora tratados de modo monolítico, gerando a vulgarização do fenômeno do *dépeçage* ou desmembramento. O *dépeçage* consiste na utilização de regras de conexão *distintas* para regular diferentes *facetas* do fato transnacional[40].

São exemplos dessa abordagem o uso de diferentes regras de conexão para reger as sucessões previstas nas Convenções da Haia de 1961 sobre disposições testamentárias, na Convenção da Haia de 1973 sobre administração internacional de sucessões e na Convenção da Haia de 1989 sobre a lei aplicável às sucessões "causa mortis". Nessa última Convenção, há ainda o *dépeçage* pelo uso da autonomia da vontade para a escolha da lei para reger a sucessão de determinados bens (art. 6º), ou ainda regras especiais sobre determinadas categorias de bens (art. 15)[41].

---

[38] Sobre o impacto das mudanças sociais sobre a crise do método conflitual, conferir LOUSSOUARN, Y. Cours général de droit international privé. *Recueil des Cours de l'Académie de Droit International de La Haye*, v. 139, 1973, p. 269-386, em especial p. 287-288.

[39] Sobre a tendência à especialização material das regras de conflito, conferir VALLINDAS, Petros G. La structure de la règle de conflit. *Recueil des Cours de l'Académie de Droit International de La Haye*, v. 101, 1960, p. 327-380, em especial p. 360-361. Ver também AUDIT, Bernard. Le caractère fonctionnel de la règle de conflit: (sur la crise des conflits de lois). *Recueil des Cours de l'Académie de Droit International de La Haye*, v. 186, 1984, p. 219-397, em especial p. 361-362.

[40] LAGARDE Paul. Le dépeçage dans le droit international privé des contrats. *Rivista di Diritto Internazionale Privato e Processuale*, n. 11, 1975, p. 649-677.

[41] GONZÁLEZ CAMPOS, Julio D. Diversification, spécialisation, flexibilisation et matérialisation des règles de droit international privé. *Recueil des Cours de l'Académie de Droit International de La Haye*, v. 287, p. 9-426, em especial p. 170.

Essa especialização por matéria atinge também a determinação de jurisdição. Cada vez mais, o DIPr busca estabelecer hipóteses mais específicas de fixação da jurisdição internacional, indo além de categorias gerais como a "residência ou domicílio do réu". O novo CPC brasileiro avançou na temática ao estabelecer hipóteses especiais referentes a alimentos e à matéria de relações de consumo[42].

Por sua vez, para evitar a arbitrariedade e eventual rigidez da fixação da sede da relação jurídica, houve a evolução do método, para levar em consideração circunstâncias fáticas capazes de tornar o *método indireto mais flexível*, gerando a determinação da sede a partir, por exemplo, do princípio da proximidade ou ainda a adoção da técnica de sedes alternativas ou sucessivas, ou ainda em "cascata" (ver a seguir a consolidação do método indireto flexível).

4. O MÉTODO INDIRETO MULTILATERAL FLEXÍVEL

4.1. Aspectos gerais: a busca do resultado material

Ao longo da evolução do DIPr, o método indireto apresentou variantes que incorporaram preocupações com (i) valores e com (ii) os resultados materiais da indicação de determinada lei aplicável ou da fixação de jurisdição.

No método indireto multilateral flexível, a estrutura básica do método indireto é mantida, pois são utilizadas regras de conexão e evita-se a regência direta do fato transnacional. Porém, adicionam-se (i) vetores de preferência para indicar ao intérprete qual o resultado material, obtido após uso da regra de conexão, deve ser valorizado ou ainda (ii) é dada liberdade ao julgador para que, testadas as normas possíveis de incidir sobre o fato transnacional, possa escolher a que produza o melhor resultado possível. Consolidou-se, então, o *método indireto flexível*, que consiste no uso das regras de conexão com a adição de valores e resultados materiais a serem perseguidos pelo intérprete.

O método indireto flexível apresenta-se também sob duas espécies ideais: (i) o método indireto multilateral flexível fechado, que utiliza vetores de preferência; e (ii) o método indireto multilateral flexível aberto, que dá liberdade ao julgador para que este obtenha o melhor resultado possível, que serão a seguir analisados.

4.2. O método indireto flexível fechado: os critérios alternativos, cumulativos e subsidiários

O método flexível fechado consiste na adição de mais critérios (ou regras) de conexão na análise da escolha da lei ou jurisdição diante dos fatos transnacionais, fugindo à rigidez do método conflitual clássico, que estabelecia um *único* critério de conexão a partir da determinação do centro ou sede da relação jurídica. Em vez

---

[42] Conferir a Parte II deste *Curso* sobre jurisdição internacional cível.

de um centro ou sede da relação jurídica, o método flexível fechado é embasado em valores e adota *diversos* critérios de conexão, devendo ser escolhido aquele que acarrete a maior proteção ao valor descrito. Para Gaudemet-Tallon, trata-se de *método misto*, que apresenta o método clássico com um *colorido material*, gerando regras de conflito com caráter substancial[43].

A primeira amostra do método indireto flexível deu-se pelo uso dos *critérios de conexão alternativos*, que devem ser usados pelo intérprete na medida em que asseguram determinado resultado material. Seu marco inicial é a Convenção da Haia sobre os conflitos de leis em matéria de forma das disposições testamentárias, de 1961, cujo valor central era assegurar a validade dos testamentos, devendo o intérprete utilizar, para tal finalidade, critérios de conexão alternativos, o que leva à validade do testamento se sua forma obedeceu uma das diversas leis lá enumeradas. A admissão de várias leis com potencial para regular a forma do testamento expõe a finalidade de assegurar a prevalência da vontade do testador (valor preferencial ou hegemônico)[44].

No plano interamericano, a Convenção Interamericana sobre Obrigação Alimentar de 1989[45] estipula que a obrigação alimentar, bem como as qualidades de credor e de devedor de alimentos, serão reguladas pelo ordenamento "mais favorável" ao credor de alimentos, dentre o (i) ordenamento jurídico do Estado de domicílio ou residência habitual do credor ou o (ii) ordenamento jurídico do Estado de domicílio ou residência habitual do devedor.

Por sua vez, é possível a adoção de *critérios de conexão cumulativos*, que exigem, para a obtenção de determinado resultado, que vários ordenamentos jurídicos estejam de acordo. O uso desse tipo de critério pelo legislador indica seu desejo de evitar determinado resultado, tornando-o mais difícil de ser atendido. Por exemplo, caso se queira evitar a ruptura do matrimônio, pode ser exigido que todas as regras de conexão possíveis – lei do domicílio conjugal, lei da nacionalidade de cada cônjuge, lei do local da celebração do casamento e lei da realização do ato – aceitem o divórcio[46].

---

[43] GAUDEMET-TALLON, Hélène. L'utilisation de règles de conflit à caractère substantiel dans les conventions internationales (l'exemple des Conventions de La Haye). *L'internationalisation du droit*: mélanges en l'honneur de Yvon Loussouarn. Dalloz: Paris 1994, p. 181-192. No mesmo sentido, ver AUDIT, Bernard. Le droit international privé à la fin du XXe siècle: progrès ou recul. *Revue internationale de droit comparé*, v. 50, n. 2, abr.-jun. 1998, p. 421-448, em especial p. 427.

[44] BATIFFOL, Henri. Le pluralisme des méthodes en droit international privé. *Recueil des Cours de l'Académie de Droit International de La Haye*, v. 139, 1973, p. 75-147, em especial p. 132-133.

[45] Ratificada pelo Brasil em 1997 e promulgada internamente pelo Decreto n. 2.428, de 17 de dezembro de 1997.

[46] Exemplo de Lalive. Conferir LALIVE, Pierre. Tendances et méthodes en droit international privé: cours général. *Recueil des Cours de l'Académie de Droit International de La Haye*, t. 155, 1977, p. 3-424, em especial p. 105.

Também é possível que sejam utilizados *critérios de conexão subsidiários*, que consistem na estipulação de um critério de conexão principal e de outro, subsidiário, caso o primeiro não tenha protegido de forma adequada o valor previamente apontado. Como exemplo, no Protocolo da Haia sobre a lei aplicável às obrigações de alimentos (2007) o critério de conexão principal quanto à lei aplicável é o da "lei do Estado da residência habitual do credor"[47]. Contudo, o Protocolo estipula critérios subsidiários "em cascata" em relação à lei aplicável para favorecer certos credores (especiais)[48], com a finalidade de se assegurar a outorga dos alimentos. Os critérios subsidiários são o da "lei do foro" ou o da "lei do Estado da nacionalidade comum do credor e do devedor", caso exista[49].

A *maior crítica ao método flexível fechado* diz respeito à ausência de ponderação entre os direitos dos envolvidos eventualmente em conflito nos fatos transnacionais, que é ignorada em favor da prevalência de determinado direito. Há sempre a indicação de um valor que seja preferível, em detrimento de outros que poderiam ser igualmente importantes no caso concreto. Por exemplo, a adoção da prevalência do direito do testador pode vir a prejudicar o direito à herança por parte de outros.

4.3. O método indireto flexível fechado: o princípio da proximidade

O "princípio da proximidade" ou "princípio do vínculo mais estreito" ("principle of closest connection") é o método multilateral indireto flexível fechado mais utilizado atualmente fora dos Estados Unidos. Consiste na determinação da norma material mais adequada para a regência do fato transnacional ou ainda da jurisdição para solucionar litígios, a partir da detecção de vínculos mais próximos ou estreitos com a situação analisada.

Evita-se tanto a escolha da lei a partir de critérios aprioristicamente traçados (as regras de conexão do método conflitual clássico), que podem ter sido realizados por acaso, quanto a liberdade concedida ao intérprete para a consecução da justiça material no caso concreto. Logo, mantém-se, de um lado, o método indireto tradicional do Direito Internacional Privado, mas a conexão com determinado ordenamento ou jurisdição é avaliada de acordo com o vínculo concreto (e não em abstrato) com o fato transnacional.

Dolinger, com base nos estudos de Gutzwiller, aponta a existência do princípio da proximidade na própria fase iniciadora do Direito Internacional Privado, com Aldricus, que recomendou ao juiz, no final do século XII, que julgasse litígios envolvendo pessoas

---

[47] Ver art. 3º (Regra geral sobre a lei aplicável).

[48] Entre os credores especiais que podem ser beneficiados pelos critérios subsidiários encontram-se as crianças em face dos seus pais (independentemente da idade da criança), qualquer pessoa menor de 21 anos, caso os devedores não sejam os pais (exceto as obrigações entre cônjuges, ex-cônjuges e pessoas cujo casamento tenha sido anulado).

[49] Ver art. 4º (Regras especiais a favor de certos credores).

vivendo em diversas províncias "de acordo com a lei que seja melhor ou mais útil". Outros autores veem em Savigny com sua busca pelo centro ou sede da relação jurídica o embrião, já na fase clássica do DIPr, do princípio da proximidade[50]. No Reino Unido, Westlake defendeu, no início do século XX, o uso da lei do Estado que possuísse a conexão mais próxima e real com o contrato (*proper law of the contract*)[51], para superar as dificuldades na identificação do local da celebração do contrato ou na existência de diversos locais de execução do contrato[52].

No plano convencional, a Convenção mais antiga a adotar o princípio da proximidade foi a Convenção da Haia sobre Conflito de Leis em Matéria de Nacionalidade de 1930[53], cujo art. 5º determinou, no caso de indivíduo polipátrida, que o Estado terceiro utilize a lei da residência habitual ou a lei da nacionalidade do país com o qual o indivíduo pareça estar efetivamente mais conectado[54].

Na fase contemporânea do Direito Internacional Privado, a "revolução americana" vista acima, ao apontar as insuficiências do método indireto multilateral rígido, estimulou a adoção do princípio da proximidade em algumas codificações nacionais de Direito Internacional Privado na segunda metade do século XX e no plano convencional[55]. Entre as leis nacionais de DIPr, citem-se a lei suíça (1987, art. 15.1)[56], a lei

---

[50] Lagarde chega a afirmar que o princípio da proximidade não teria existido sem Savigny. LAGARDE, Paul. Le principe de proximité dans le droit international privé contemporain; cours général de droit international privé. *Recueil des Cours de l'Académie de Droit International de La Haye*, v. 196, 1986, p. 09-238, em especial p. 27.

[51] WESTLAKE, John. *Private International Law*. 7. ed. London: Sweet & Maxwell, 1925, § 212.

[52] MANN, F.A. The Proper Law in the conflict of laws. In: *The International and Comparative Law Quarterly*, v. 36, n. 3, Jul. 1987, p. 437-453. LIPSTEIN, Kurt; BRUNSCHVIG, Jean S.; JERIE, Fredrick; RODMAN, Karl M. The Proper Law of the Contract. *St. John's Law Review*, v. 12, Issue 2, abr. 1938, n. 2, p. 242-264, em especial p. 249.

[53] Ratificada pelo Brasil em 1931. Promulgada e incorporada internamente pelo Decreto n. 21.798/32.

[54] DOLINGER, Jacob. Direito internacional privado: o princípio da proximidade e o futuro da humanidade. *Revista de Direito Administrativo*, n. 235, jan./mar. 2004, p. 139-246, em especial p. 143.

[55] Lagarde sugeriu, inclusive, que a adoção do princípio da proximidade seria a resposta "europeia ocidental" à revolução americana e sua crítica ao método conflitual clássico. LAGARDE, Paul. Le principe de proximité dans le droit international privé contemporain; cours général de droit international privé. *Recueil des Cours de l'Académie de Droit International de La Haye*, v. 196, 1986, p. 9-238, em especial p. 25.

[56] Pela lei federal suíça sobre Direito internacional privado de 18 de dezembro de 1987, caso não tenha existido a escolha do direito pelas partes (autonomia da vontade), incide o princípio da proximidade, que faz com que o direito apontado pela regra de conexão não seja aplicado, excepcionalmente, na hipótese de a causa possuir um vínculo tênue com tal direito e, ainda, ter vínculo mais estreito com outro direito. Com isso, descarta-se a regra de conexão geral e se busca uma regra específica e mais bem adaptada ao caso concreto. *In verbis*: "Art. 15. 1) Le droit désigné par la présente loi n'est exceptionnellement pas applicable si, au regard de l'ensemble des circonstances, il est manifeste que la cause n'a qu'un lien très lâche avec ce droit et qu'elle se trouve dans une relation beaucoup plus étroite avec un autre droit. 2) Cette disposition n'est pas applicable en cas d'élection de droit".

venezuelana (1988, art. 30)⁵⁷, a lei belga (2004, art. 19)⁵⁸ e a recente regulação argentina (Código Civil e Comercial de 2014, art. 2.597)⁵⁹.

Mesmo nos Estados Unidos, o *Restatement (Second)* de Direito Internacional Privado do *American Law Institut* estabeleceu que, na matéria de responsabilidade por danos causados por atos ilícitos, deve ser escolhida a lei material que possuir a *relação mais significativa* (*most significant relationship*) com o fato e com as partes (seção 145)⁶⁰.

No plano convencional europeu, a Convenção de Roma sobre lei aplicável às obrigações contratuais de 1980 prevê que os contratos internacionais, na ausência de escolha do direito pelas partes (autonomia da vontade), são regulados pelo princípio da proximidade ou do vínculo mais estreito (art. 4º)⁶¹. Este artigo prevê uma série de presunções sobre o que seria a "conexão mais estreita". Por exemplo, presume-se que

---

[57] O art. 29 da lei venezuelana adota a autonomia da vontade para a escolha da lei incidente nos contratos internacionais. Quando essa opção não tenha sido feita pelas partes, o art. 30 ordena a incidência do princípio da proximidade. *In verbis:* "Artículo 29. Las obligaciones convencionales se rigen por el Derecho indicado por las partes. Artículo 30. A falta de indicación válida, las obligaciones convencionales se rigen por el Derecho con el cual se encuentran más directamente vinculadas. El tribunal tomará en cuenta todos los elementos objetivos y subjetivos que se desprendan del contrato para determinar ese Derecho. También tomará en cuenta los principios generales del Derecho Comercial Internacional aceptados por organismos internacionales".

[58] Código de Direito internacional privado belga, adotado pela lei de 16 de julho de 2004. *In verbis.* Clause d'exception. "Art. 19. § 1er. Le droit désigné par la présente loi n'est exceptionnellement pas applicable lorsqu'il apparaît manifestement qu'en raison de l'ensemble des circonstances, la situation n'a qu'un lien très faible avec l'Etat dont le droit est désigné, alors qu'elle présente des liens très étroits avec un autre Etat. Dans ce cas, il est fait application du droit de cet autre Etat. Lors de l'application de l'alinéa 1er, il est tenu compte notamment: – du besoin de prévisibilité du droit applicable, et – de la circonstance que la relation en cause a été établie régulièrement selon les règles de droit international privé des Etats avec lesquels cette relation présentait des liens au moment de son établissement. § 2. Le § 1er n'est pas applicable en cas de choix du droit applicable par les parties conformément aux dispositions de la présente loi, ou lorsque la désignation du droit applicable repose sur le contenu de celui-ci".

[59] Sobre os aspectos gerais da regulação argentina de DIPr de 2014 (Título IV do Código – "Disposiciones de derecho internacional privado"), ver FERNÁNDEZ ARROYO, Diego P. Aspectos generales y particularidades relevantes de la nueva dimensión interna del Derecho internacional privado argentino. *Revista de Derecho Privado y Comunitario,* número extraordinário, jun. 2015, p. 399-439, em especial p. 428-429.

[60] Ver *Restatement* of the Law Second Conflict of Laws 2d Chapter 7. Wrongs Topic 1. Torts Title A. *In verbis:* 145. The general principle. (1) The rights and liabilities of the parties with respect to an issue in tort are determined by the local law of the state which, with respect to that issue, has the most significant relationship to the occurrence and the parties under the principles stated in s 6. (2) Contacts to be taken into account in applying the principles of s 6 to determine the law applicable to an issue include: (a) the place where the injury occurred, (b) the place where the conduct causing the injury occurred, (c) the domicil, residence, nationality, place of incorporation and place of business of the parties, and (d) the place where the relationship, if any, between the parties is centered. These contacts are to be evaluated according to their relative importance with respect to the particular issue.

[61] Ver art. 4º: "Convenção sobre a lei aplicável às obrigações contratuais (Roma, 1980). Disponível em: <http://eurlex.europa.eu/LexUriServ/LexUriServ.do?uri=CELEX:41980A0934:PT:NOT>. Acesso em: 23 nov. 2022.

o contrato apresenta uma conexão mais estreita com o país onde a parte que está obrigada a fornecer a *prestação característica do contrato* tem, no momento da sua celebração, *residência habitual* ou *administração central*. Ou ainda quando o contrato for sobre bens, presume-se que a conexão mais estreita seja com o Estado onde o imóvel se situa. Todavia, as presunções não serão admitidas sempre que o conjunto das circunstâncias do contrato apresentar uma conexão mais estreita com o ordenamento de outro país. Por isso, são presunções e não regras. O Regulamento n. 593/2008 da União Europeia (Roma I) prevê também o uso subsidiário do princípio da proximidade[62].

Já no plano interamericano, a Convenção Interamericana sobre a Lei Aplicável aos Contratos Internacionais, assinada em 1994, no México, dispõe que (i) não tendo as partes escolhido o direito aplicável, ou se (ii) a escolha do mesmo resultar ineficaz, o contrato será regulado pelo direito do Estado com o qual mantenha os "vínculos mais estreitos" (art. 9º). De acordo com este dispositivo, para se chegar a determinação dessa "lei mais próxima", o intérprete deve levar em consideração todos os (i) elementos objetivos e (ii) subjetivos que se depreendam do contrato. Também devem ser analisados os princípios gerais do direito do comércio internacional, admitindo-se o desmembramento das regras aplicáveis, caso cada parte do contrato tenha vínculo mais estreito com leis diferentes. Os elementos subjetivos do contrato podem ser entendidos como aqueles relacionados às partes (domicílio, intenção, perfil etc.); já os elementos objetivos dizem respeito ao objeto do contrato e sua forma de execução.

As principais divergências quanto ao princípio da proximidade podem ser resumidas da seguinte forma:

(a) **Quanto a seu papel na indicação das leis materiais ou de jurisdição**. Há legislações que tratam o princípio como *norma principal ou subsidiária de indicação*, como a lei austríaca de Direito Internacional Privado (1978), ou como norma subsidiária caso não haja a escolha do direito pelas partes (caso da lei venezuelana); por sua vez, há legislações que tratam o princípio como *cláusula excepcional*, no caso de se apresentar injusta ou inadequada a aplicação das regras clássicas de conexão (caso da lei suíça)[63].

(b) **Quanto à sua função**. Inicialmente, o princípio da proximidade pode ser entendido como tendo a *função de elaboração*, indicando a norma ou jurisdição. Nessa função, o princípio consiste em método de escolha da lei ou jurisdição mais intimamente relacionada com o fato transnacional, não importando o resultado material

---

[62] Regulamento n. 593/2008 do Parlamento Europeu e do Conselho de 17 de junho de 2008 sobre a lei aplicável às obrigações contratuais (Roma I), em especial no art. 4.3: "3. Caso resulte claramente do conjunto das circunstâncias do caso que o contrato apresenta uma conexão manifestamente mais estreita com um país diferente do indicado nos ns. 1 ou 2, é aplicável a lei desse outro país". Disponível em <http://eur-lex.europa.eu/LexUriServ/LexUriServ.do?uri=OJ:L:2008:177:0006:0016:PT:PDF. Acesso em: 23 nov. 2022.

[63] DOLINGER, Jacob. *Direito internacional privado*: Parte Especial; contratos e obrigações no Direito internacional privado. Rio de Janeiro: Renovar, 2007, p. 276.

final. Por outro lado, o princípio da proximidade pode ser entendido como método subsidiário de escolha da lei ou jurisdição capaz de fornecer a solução mais adequada e justa ao caso concreto. Teria uma *função de correção* para evitar soluções injustas oriundas da aplicação inicial do método conflitual clássico[64].

4.4. O método indireto multilateral flexível aberto

No século XX, o método indireto conflitual clássico foi criticado, pois induziria o intérprete a aplicar mecanicamente a regra de escolha da lei ou da jurisdição, impedindo-o de verificar se, no caso concreto, isso seria ou não justo.

Como visto no capítulo referente à evolução histórica do DIPr, os Estados Unidos foram um dos países mais sensíveis a essa crítica, tendo sua jurisprudência adotado uma nova interpretação sobre a finalidade do método indireto. A preocupação do método conflitual em solucionar conflitos *espaciais* de normas (escolha de lei ou de jurisdição) em um determinado caso transnacional foi substituída pela atenção à melhor solução do ponto de vista do direito material.

O DIPr norte-americano buscou aperfeiçoar o conflitualismo do DIPr, para que este se preocupasse com a escolha da *melhor* lei entre as várias possíveis (*better law approach*)[65]. Essa busca da "melhor lei" consagra o *método indireto flexível aberto*, que consiste no *teste* de todas as possíveis regras aplicáveis, para que se chegue à "melhor solução materialmente possível" em um fato com elementos de estraneidade. Não há uma predeterminação de preferências, mas, ao contrário, busca-se a justiça no caso concreto (por isso o método é tido como flexível *aberto*).

O juiz deve exercitar a escolha da lei analisando o conteúdo de cada uma das normas que possivelmente poderiam regular determinado caso, com base nas tradicionais regras de conexão do método indireto oriundas de possíveis centros da relação jurídica transnacional (lei do domicílio, lei da nacionalidade, lei do local da celebração do contrato etc.). Após analisar os resultados hipotéticos extraídos de cada uma dessas leis, sua escolha deve ser pautada pelo critério de justiça.

Exige-se transparência por parte do juiz do foro que deve mostrar que foram analisados os vínculos possíveis com os potenciais ordenamentos jurídicos de regência, tendo sido escolhido o resultado concreto mais adequado para as partes. Esse "melhor resultado" obtido deve ser aquele que protege, da melhor maneira possível, o interesse implícito a um determinado caso[66].

---

[64] LAGARDE, Paul. Le principe de proximité dans le droit international privé contemporain; cours général de droit international privé. *Recueil des Cours de l'Académie de Droit International de La Haye*, v. 196, 1986, p. 9-238, em especial p. 103.

[65] LEFLAR, Robert A. Choice-influencing considerations in conflicts law. *New York University Law Review*, v. 41, 1966, p. 341 e s. LEFLAR, Robert A. Conflicts of law: more on choice influencing considerations. *California Law Review*, v. 54, 1966, p. 1584 e s.

[66] MCDOUGAL, L. Towards the application of the best rule of law in choice of law cases. *Mercer Law Review*, n. 35, 1984, p. 483 e s.

Friedrich K. Juenger (1930-2001) resume o método indireto flexível aberto como sendo aquele focado no resultado e não na coerência ou sistematicidade dos meios para atingi-lo, ao contrário do método conflitual clássico, que tem como foco o meio, não investigando o resultado. Em um momento posterior, Juenger defendeu uma aproximação entre o "better law approach" e o método conflitual clássico, buscando, pragmaticamente, aquilo que denominou "abordagem de direito material" ("substantive law approach"). O paradigma utilizado foi a ação dos antigos Pretores peregrinos do direito romano, que eram encarregados de solucionar controvérsias entre os não romanos ou entre romanos e não romanos, podendo editar normas específicas para os casos. Para Juenger, nos casos envolvendo mais de um Estado, o juízo deve construir, *ecleticamente*, uma solução que esteja de acordo com a melhor prática e *standards* normativos encontrados no mundo[67].

A crítica ao método indireto flexível aberto consiste no poder concedido ao juiz, que age com discricionariedade para a busca do melhor resultado, gerando, por conseguinte, a ampliação da insegurança jurídica dos sujeitos envolvidos no fato transnacional.

5. O MÉTODO DIRETO

5.1. A substancialização do Direito Internacional Privado

O substancialismo (ou materialismo) é método pelo qual a norma de DIPr regula diretamente o fato transnacional, independentemente dos ordenamentos jurídicos nacionais que estão em contato. Essa regulação direta pode advir de normas internacionais (de origem convencional, consuetudinária ou mesmo da *lex mercatoria*) ou nacionais[68].

O método direto rompe com o papel tradicional do DIPr de ser um instrumento de mera indicação das normas materiais e dá o passo adicional da substancialização da disciplina, o que já era acenado pelo método indireto flexível, que incorporou valores e busca por resultados (o "colorido material") no método conflitual.

Contudo, há antiga polêmica na doutrina que oscila entre os que (i) negam que o método direto seja parte da disciplina, considerando-o como sua negação, e (ii) os que o consideram como mais um método possível para a gestão da diversidade

---

[67] Conferir JUENGER, Friedrich K. General course on Private International Law. *Recueil des Cours de l'Académie International de La Haye*, v. 193, 1985, p. 131-387, em especial p. 265. Ver também em JUENGER, Friedrich K. *Choice of law and multistate justice*. Dordrecht: Martinus Nijhoff Publishers, 1993. JUENGER, Friedrich K. The need for a comparative approach to choice-of-law problems. *Tulane Law Review*, v. 73, 1998-1999, p. 1309 e s.

[68] AUDIT, Bernard. Le droit international privé à la fin du XXe siècle: progrès ou recul. *Revue Internationale de Droit Comparé*, v. 50, n. 2, abr.-jun. 1998, p. 421-448, em especial p. 444.

normativa[69]. No Brasil, autores que defenderam o objeto da disciplina restrito às normas indiretas (por se tratar de uma disciplina de "sobredireito"), por coerência repudiaram a inclusão do método direto como sendo um dos métodos utilizados pelo DIPr[70].

Contudo, o método direto mantém o foco do DIPr naquilo que o diferencia das normas dos demais ramos do direito, que é o fato transnacional, o qual, por definição, possui vínculos com mais de um ordenamento jurídico. Por isso, é possível distinguir o método direto de DIPr das tentativas de unificação pura e simples do direito (o direito uniforme, mesmo constante de normas internacionais), que tratam de fatos absolutamente nacionais.

Há três características do método direto: (i) regula diretamente o *fato transnacional*, não indicando ou remetendo para outra norma de regência; (ii) não utiliza normas que podem regular tanto situações transnacionais quanto situações internas; e (iii) contém norma que foi concebida especialmente para regular os fatos transnacionais[71].

5.2. O método direto de matriz internacional

O método direto de matriz internacional consiste no uso de regras internacionais materiais para reger os fatos transnacionais. Esse método distingue-se do método indireto visto acima, porque não se limita a indicar uma ordem jurídica de regência, mas vai além, regulando os próprios fatos transnacionais.

Além disso, as regras internacionais materiais são distintas das regras substantivas internas, uma vez que são vocacionadas para a regência dos fatos transnacionais.

---

[69] Defendendo a uniformização como método do DIPr, ver JITTA, J. *Método de derecho internacional privado*. Tradução de Joaquín Fernández Prida. Madrid: La España Moderna, 1911, em especial p. 234 e s. Asser, por sua vez, defendeu que o DIPr possui autonomia baseada na diversidade das leis nacionais, atuando na escolha da lei (método indireto). Porém, mesmo Asser reconheceu a necessidade da uniformização do direito material. *In verbis:* "La tâche du droit international privé consiste à trouver la solution des conflits des lois, tout en respectant et en maintenant la diversité des lois nationales. On peut même considérer cette diversité comme la raison d'être du droit international privé. Cependant l'étude même de cette dernière science doit nous convaincre qu'une législation uniforme est nécessaire ou désirable par rapport à plusieurs parties du droit. In: ASSER, Tobias Michael Carel. Droit international privé et droit uniforme. *Revue de Droit International et de Législation Comparée*, t. 12, 1880, p. 5-22, em especial p. 11.

[70] MARINHO, Ilmar Penna. *Direito comparado, direito internacional privado, direito uniforme*. Rio de Janeiro: A. Coelho Branco Filho Editor, 1938, p. 369. Ainda nessa obra, Marinho defende que a regra internacional material "derroga sempre a razão de ser do direito internacional privado, porque invalida a *situação de conflito de leis,* sem a qual o referido direito internacional privado não pôde existir nem ser invocado", op. cit., p. 378 (itálico e grafia do português da época foram mantidos). Também Valladão sustentou que "jamais se poderá confundir o direito internacional privado, que é um direito de segundo grau, direito de direitos, com o direito privado, que é um direito de primeiro grau". VALLADÃO, Haroldo. *Estudos de direito internacional*. Rio de Janeiro: José Olympio, 1947, no capítulo intitulado "O direito uniforme e o direito internacional privado", em especial p. 760.

[71] LOQUIN, Eric. Les règles matérielles internationales. *Recueil des Cours de l'Académie de Droit International de la Haye*, v. 322, 2006, p. 9-241, em especial p. 24 e 25.

As regras substantivas internas são voltadas à regência dos fatos sociais internos e, eventualmente, dos fatos transnacionais, caso sejam indicadas pelo método indireto comumente usado no DIPr. Por isso, há uma convivência entre as regras materiais internas e as regras materiais internacionais, que possuem diferente âmbito de atuação. Loquin denomina essa convivência de "fenômeno da dualidade", que permite a coexistência de regras regulando fatos internos com regras regulando fatos transnacionais[72].

A busca de um resultado material une o método direto com o método indireto flexível (tanto o fechado quanto o aberto), uma vez que ambos incorporam ao DIPr o resultado material da aplicação das regras da disciplina. A diferença está na maior precisão da obtenção do resultado material pelo método direto.

O método direto de matriz internacional desenvolveu-se especialmente na área dos contratos internacionais[73], devendo ser citados a Convenção das Nações Unidas sobre Contratos de Compra e Venda Internacional de Mercadorias (1980)[74] e os "Princípios para os contratos comerciais internacionais", do UNIDROIT.

Porém, há exemplos do uso do método em outras áreas do DIPr, como, por exemplo, na temática das famílias transnacionais. Nessa linha, a Convenção da Haia relativa à proteção das crianças e à cooperação em matéria de adoção internacional, de 1993[75], prevê diversas regras materiais que os Estados devem respeitar, como o respeito ao interesse superior das crianças, a necessidade do consentimento à adoção ter sido dado de forma livre, esclarecida e não remunerada, entre outros. Há, assim, uma *regulação internacional direta* da adoção transnacional.

Além da maior precisão no atingimento de determinado resultado, o método direto de matriz internacional protege a segurança jurídica e boa-fé dos envolvidos, uma vez que a norma internacional pode contar com uma interpretação internacionalista, evitando surpresa e incertezas na aplicação da regra. Nesse sentido, o art. 7.1 da Convenção das Nações Unidas sobre Contratos de Compra e Venda Internacional de Mercadorias (1980) estipula que se deve levar em conta, na interpretação de seu texto, o seu caráter internacional e a necessidade de promover a uniformidade de sua aplicação, bem como de assegurar o respeito à boa-fé no comércio internacional.

Além disso, o método direto de matriz internacional tem sido impulsionado por Estados, organizações internacionais e também por agentes econômicos de atuação transnacional, que anseiam pela segurança jurídica e eficiência que normas internacionais especializadas em certa temática oferecem. Essa atuação conjunta de entes

---

[72] LOQUIN, Erik. Les règles matérielles internationales. *Recueil des Cours de l'Académie de Droit International de La Haye*, v. 322, 2006, p. 9-242, em especial p. 25.

[73] VAN HECKE. Georges. Principes et méthodes de solution des conflits de lois. *Recueil des Cours de l'Académie de Droit International de La Haye*, v. 126, 1969, p. 409-588, em especial p. 465.

[74] Ratificada pelo Brasil em 2014 e incorporada internamente pelo Decreto n. 8.327, de 16 de outubro de de 2014.

[75] Ratificada pelo Brasil em 1999 e incorporada internamente pelo Decreto n. 3.087, de 21 de junho de 1999.

estatais e privados concretiza a *governança das relações transnacionais*, dando roupagem normativa *internacional* à nova globalização do final do século XX e século XXI. Essa governança, para Kessedjian, consiste na união de atores estatais e não estatais em mecanismos de criação normativa, dotados de relativa transparência e certo grau de participação democrática[76].

Por outro lado, supera-se a "doença congênita" do método conflitual[77], que vem a ser a incidência, sobre fenômenos transfronteiriços, de regras concebidas para regular relações internas. A regra internacional material, por sua vez, é, desde a origem, negociada e depois editada para regular os fatos transnacionais. Contudo, o método direto de matriz internacional exige consenso muitas vezes difícil de ser alcançado entre os Estados.

Por outro lado, é possível convivência entre os métodos em um mesmo diploma normativo, demonstrando a característica atual do DIPr de pluralidade de métodos. Kessedjian enumera as seguintes razões para a continuidade das normas conflituais tradicionais: (i) insuficiência do desenvolvimento das regras internacionais materiais, o que exige a complementação das lacunas por parte da norma conflitual, e (ii) a caracterização da situação como sendo de incidência da regra internacional material depende do Direito Internacional Privado.

Por exemplo, a Convenção das Nações Unidas sobre Contratos de Compra e Venda Internacional de Mercadorias (1980) dispõe, em seu art. 7.2, que as questões que não forem expressamente resolvidas pela Convenção sejam dirimidas segundo os princípios gerais que a inspiram ou, à falta destes, de acordo com a lei aplicável segundo as *regras de Direito Internacional Privado*.

5.3. O método do reconhecimento e a proteção dos direitos adquiridos

5.3.1 Os antecedentes: a proteção dos direitos adquiridos e o "círculo vicioso"

O método do reconhecimento tem como antecedente principal a chamada "teoria dos direitos adquiridos", a qual possuiu uma versão estatutária, anglo-americana e da Europa continental[78].

---

[76] KESSEDJIAN, Catherine. Codification du droit commercial international et droit international privé: de la gouvernance normative pour les relations économiques transnationales. *Recueil des Cours de l'Académie de Droit International de La Haye*, v. 300, 2002, p. 79-308, em especial p. 179.

[77] Expressão de Loquin ("infirmité congénitale"). LOQUIN, Erik. Les règles matérielles internationales. *Recueil des Cours de l'Académie de Droit International de La Haye*, v. 322, 2006, p. 9-242, em especial p. 41.

[78] Foge ao escopo deste *Curso* a análise de dois outros antecedentes (a aplicação do método indireto unilateral e teoria do conflito de sistemas). Sobre esses outros antecedentes, ver CARVALHO RAMOS, André de. *A construção do direito internacional privado*. Heterogeneidade e coerência. Salvador: JusPodivm, 2021. No Brasil, ver mais sobre os "direitos adquiridos" no DIPr em BOUCAULT, Carlos Eduardo de Abreu. *Direitos Adquiridos no Direito Internacional Privado*. Porto Alegre: Sergio Fabris Ed., 1996.

A proteção de direitos adquiridos no direito internacional privado tem como base os estudos da Escola estatutária holandesa no século XVII[79]. Arminjon assinala a contribuição especialmente de Huber, para quem seria injusta a recusa – sem forte motivo – de fazer valer a lei estrangeira que formatou o direito invocado por determinado indivíduo[80].

A partir da Escola holandesa, a doutrina anglo-americana desenvolveu a teoria dos *vested rights*[81], com destaque às contribuições de Dicey[82] e Beale[83], pela qual o intérprete deve determinar e aplicar a lei aos fatos e aos direitos criados de acordo com a lei aplicável no *momento* da sua criação ou realização, não se aplicando a lei do tempo do litígio (que é posterior). Essa separação justifica o motivo pelo qual o julgador deve aplicar a lei estrangeira (regente dos fatos no momento de sua realização) e não a lei do foro (existente na época do litígio)[84].

Ainda na visão anglo-americana, Beale reforçou a ideia de que a lei estrangeira (de criação do direito a ser analisado pelo Estado do foro) deveria ser a "lei apropriada", ou seja, o Estado do foro deveria remeter a regulação daquele fato transnacional à lei estrangeira, de acordo com suas próprias regras de conflito[85]. A identificação da lei estrangeira responsável pela formação do direito adquirido para a teoria do *vested rights* era regida pela teoria do *last-in-time*, que resulta na aplicação da lei do Estado onde produziu-se o último ato necessário para a aquisição do direito[86].

Na Europa continental, Pillet foi um dos responsáveis pela construção da proteção dos direitos adquiridos (*droits acquis*), identificando um "dever internacional

---

[79] RODAS, João Grandino. Prefácio. In: BOUCAULT, Carlos Eduardo de Abreu. *Direitos Adquiridos no Direito Internacional Privado*. Porto Alegre: Sergio Fabris Ed., 1996, p. 9-11, em especial p. 9.

[80] ARMINJON, Pierre. La notion des droits acquis en droit international privé. *Recueil des Cours de l'Académie de Droit International de la Haye*, v. 44, 1933, p. 1-110, em especial p. 12.

[81] WATT, Horatia Muir. Quelques remarques sur la théorie anglo-américaine des droits acquis. *Revue critique de Droit International Privé*, n. 75, 1986, p. 425-455. BOUCAULT, Carlos Eduardo de Abreu. *Direitos Adquiridos no Direito Internacional Privado*. Porto Alegre: Sergio Fabris Ed., 1996, em especial p. 70 e s.

[82] DICEY, A. V. On Private International Law as a Branch of the Law of England. *Law Quarterly Review*, n. 6, 1890, p. 1-21. DICEY, A. V. On Private International Law as a Branch of the Law of England – continued. *Law Quarterly Review*, n. 7, 1891, p. 113-127.

[83] BEALE, Joseph Henry. *A Selection of Cases on the Conflict of Laws*, v. 3, Cambridge: The Harvard Law Review Publishing Association, 1902. Ver a influência de Beale, relator do primeiro *Restatement of conflit of laws*, em AUDIT, Bernard. Le droit international privé en quête d'universalité – Cours général. *Recueil des Cours de l'Académie de Droit International de la Haye*, v. 305, 2003, p. 9-487, em especial p. 175-177.

[84] DANE, Perry. Vested Rights, Vestedness, and Choice of Law. *Yale Law Journal*, v. 96, 1987, p. 1191-1276, em especial p. 1195.

[85] BEALE, Joseph Henry. *A Selection of Cases on the Conflict of Laws*, v. 3, Cambridge: The Harvard Law Review Publishing Association, 1902, p. 501.

[86] BUCHER, Andreas. La dimension sociale du droit international privé. *Recueil des Cours de l'Académie de Droit International de la Haye*, v. 341, 2009, p. 1-526, em especial p. 321.

de respeito à soberania dos Estados", que seria exigido pelo direito internacional, o qual resultava no reconhecimento de direitos adquiridos de acordo com lei estrangeira[87]. Pillet sustentou, ainda, que os direitos adquiridos em um Estado deveriam ser reconhecidos em outro, *desde que* tal aquisição tivesse sido de acordo com as regras de conexão do Estado do foro. Assim, foi mantida a defesa do método conflitual, tendo sido destacado apenas seu resultado, que era a utilização dos direitos adquiridos após a aplicação da lei estrangeira indicada[88].

Avaliando a proteção aos direitos adquiridos no direito internacional privado, Savigny considerou-a um *círculo vicioso* porque, para reconhecer se os direitos foram bem adquiridos, é necessário saber de acordo com qual direito nacional deve-se julgar sua aquisição[89]. Os defensores do método indireto multilateral, ao identificar o direito aplicável a partir da localização da sede da relação jurídica, têm dificuldade de reconhecer direitos ou situações adquiridas ou constituídas ao abrigo de leis que *não* foram previamente indicadas pelas regras de conexão[90].

Todavia, a proteção dos direitos adquiridos de modo desvinculado das regras de conexão do foro é utilizada usualmente na subárea do direito internacional privado referente ao reconhecimento e à execução de sentenças estrangeiras[91]. De fato, no campo do reconhecimento e da execução de decisões estrangeiras, há Estados, como o Brasil, que não indagam o modo pelo qual foi feita a incidência das leis para a resolução do caso concreto[92].

Por sua vez, o uso geral do método do reconhecimento das situações jurídicas é um método distinto da "proteção de direitos adquridos", pois sua aplicação *independe* das regras de conexão do foro. Por isso, houve o abandono do termo "direitos adquiridos" para a utilização da terminologia, mais ampla e geral, de *reconhecimento de situações* criadas em conformidade com o direito estrangeiro[93].

---

[87] PILLET, A. La théorie générale des droits acquis. *Recueil des Cours de l'Académie de Droit International de la Haye*, v. 8, 1925, p. 485-556, em especial p. 492 e 525.

[88] PILLET, Antoine. *Principes de droit international privé*. Paris: Pedone/Allier Frères, 1903, em especial p. 122.

[89] SAVIGNY, Friedrich Carl von. *Sistema do Direito Romano atual*, v. III. Tradução de Ciro Mioranga (edição original de 1849). Ijuí: Unijuí, 2004, em especial p. 126.

[90] RAMOS, Rui Manuel Gens de Moura. Dos direitos adquiridos em Direito Internacional Privado. In: RAMOS, Rui Manuel Gens de Moura. *Das relações privadas internacionais. Estudos de Direito Internacional Privado*. Coimbra: Coimbra Editora, 1995, p. 11-48, em especial p. 27.

[91] MAYER, Pierre. *La distinction des règles et des décisions en droit international privé*. Paris: Dalloz, 1973.

[92] SOARES, Boni de Moraes. Um réquiem ao velho juízo de delibação: homenagem póstuma à tradicional cognição no direito processual internacional brasileiro. In: CARVALHO RAMOS, André de; MENEZES, Wagner (Org.). *Direito Internacional Privado e a nova cooperação jurídica internacional*. Belo Horizonte: Arraes, 2015, p. 53-78.

[93] BUCHER, Andreas. La dimension sociale du droit international privé. *Recueil des Cours de la Académie de Droit International de la Haye*, v. 341, 2009, p. 9-526, em especial p. 324.

5.3.2 A ascensão do método do reconhecimento

O método do reconhecimento consiste na aceitação de situações jurídicas consolidadas de acordo com a lei do Estado estrangeiro, *sem* que sejam utilizadas as regras de conflito (método indireto multilateral) do Estado do foro. Trata-se, assim, do abandono do método indireto, assumindo-se que a lei estrangeira reguladora do fato transnacional era a mais adequada para tanto. É classificado como método direto, uma vez que se busca aceitar a regulação material *já dada* ao fato transnacional.

O método do reconhecimento representa a abertura do foro aos valores defendidos no Estado estrangeiro, motivada pela necessidade de manutenção da coerência internacional nas relações privadas na era da globalização[94]. Ao exigir que o Estado no qual as situações estrangeiras são apresentadas deixe de aplicar suas regras de conexão, o método do reconhecimento de situações jurídicas acata a regulação material do fato transnacional diretamente pela lei do Estado estrangeiro. Conforme aponta Baratta, tal solução decorre da necessidade de alinhar a ordem jurídica do foro à situação jurídica criada no estrangeiro[95].

Há três condições para o completo reconhecimento de uma situação jurídica: (i) existência da situação jurídica *consolidada*, de acordo com a lei estrangeira de sua formação; (ii) ausência de ofensa à ordem pública do Estado do foro (Estado que reconhece a situação), o que pode abranger a exigência de conexão do fato transnacional regulado com o Estado de origem; e (iii) ser hipótese que permite o uso do método do reconhecimento.

No tocante à existência da situação jurídica consolidada, é necessário verificar se, no Estado estrangeiro (Estado de origem), a situação jurídica é perfeita e válida. É possível também que se discuta se há ou não um *vínculo* entre a situação e o Estado de origem. Essas discussões podem ser absorvidas pela exigência de inexistência de violação da ordem pública, caso haja direitos violados pela obtenção de determinada situação jurídica. Finalmente, a situação consolidada não pode suscitar dúvida ou questionamento no Estado de origem. Essa consolidação inatacável pode advir de decisão judicial local, que será eventualmente reconhecida pela via própria (no Brasil, há casos de sentenças estrangeiras que exigem homologação e casos que a dispensam)[96]. Lagarde defende que a cristalização da situação jurídica objeto do método do reconhecimento não exige ato público (notarial, por exemplo) ou judicial no Estado de origem, bastando que esteja consolidada à luz dos direitos envolvidos[97].

---

[94] PAMBOUKIS, Charalambos. La renaissance-métamorphose de la méthode de la reconnaissance. *Revue critique de Droit International Privé*, n. 97, 2008, p. 513-560, em especial p. 518.

[95] BARATTA, Roberto. La reconnaissance internationale des situations juridiques personnelles et familiales. *Recueil des Cours de l'Académie de Droit International de la Haye*, v. 348, 2010, p. 253-499, em especial p. 465.

[96] Conferir o tema da homologação de sentença estrangeira na Parte VI deste *Curso*.

[97] LAGARDE, Paul. La méthode de la reconnaissance – Estelle l'avenir du droit international privé? *Recueil des Cours de l'Académie de Droit International de La Haye*, v. 371, 2015, p. 19-42, em especial p. 39.

O método do reconhecimento de situações consolidadas é passo importante na regulação dos fatos transnacionais, podendo ser usado na defesa da circulação plena dos atos relativos à determinação de nome, filiação, casamentos, inclusive os homoafetivos, adoções, entre outros[98].

Há um incremento do uso do método do reconhecimento a partir do crescimento dos fluxos transnacionais gerados pela globalização, que exigem a manutenção da coerência internacional das relações privadas, insuficientemente tuteladas pelo método indireto multilateral. O método multilateral *não* cumpriu a promessa do universalismo normativo, sofrendo com a crescente adoção da autonomia da vontade nas relações transnacionais, que dispensa o uso das regras de conexão[99].

O método indireto tem sido abandonado a favor do método do reconhecimento tanto em leis nacionais quanto em convenções de direito internacional privado, como as da Conferência da Haia de Direito Internacional Privado[100].

Nessa linha, o art. 10.9 do Livro X (direito internacional privado) do Código Civil holandês, por exemplo, dispõe que os efeitos jurídicos estrangeiros vinculados a um fato serão reconhecidos na Holanda, *mesmo* em derrogação às regras do direito internacional privado holandês, caso a recusa ao reconhecimento de tais efeitos configure violação inaceitável da (i) confiança justificada das partes envolvidas ou da (ii) segurança jurídica[101].

No plano interamericano, o método do reconhecimento foi aceito por meio do art. 7º da Convenção Interamericana sobre Normas Gerais de Direito Internacional Privado, já ratificada e incorporada internamente no Brasil, que dispõe que "[a]s situações jurídicas validamente constituídas em um Estado-Parte, e acordo com todas as leis com as quais tenham conexão no momento de sua constituição, serão reconhecidas nos Estados-Partes, desde que não contrárias aos princípios da sua ordem

---

[98] LAGARDE, Paul. La méthode de la reconnaissance: Est-elle l'avenir du droit international privé? *Recueildes Cours de l'Académie de Droit International de la Haye*, v. 371, 2015, p. 19-42.

[99] PAMBOUKIS, Charalambos. La renaissance-métamorphose de la méthode de la reconnaissance. *Revue critique de Droit International Privé*, 2008, p. 513-560, em especial p. 518.

[100] BUCHER, Andreas. La dimension sociale du droit international privé. *Recueil des Cours de la Académie de Droit International de la Haye*, v. 341, 2009, p. 9-526, em especial p. 324.

[101] Na versão em inglês: "Article 10:9 Unacceptable violation of parties' confidence or of legal certainty. Where a fact has certain legal effects under the law that is applicable according to the private international law of a foreign State involved, a Dutch court may, even when the law of that foreign State is not applicable according to Dutch private international law, attach the same legal effects to that fact, as far as a non-attachment of these legal effects would be an unacceptable violation of the parties' justified confidence or of legal certainty". Disponível em: <http://www.dutchcivillaw.com/legislation/dcctitle10101011.htm>. Acesso em: 30 out. 2022. Ver também LAGARDE, Paul. Introduction au théme de la reconnaissance des situations: rappel des points les plus discutés. In: LAGARDE, Paul (Org.). *La reconnaissance des situations en droit international privé*. Paris: Pédone, 2013, p. 19-25, em especial p. 19.

pública"[102]. Nessa convenção, estão as condições para o exercício do método elencadas, a saber: (i) a exigência da cristalização da situação, de acordo com as regras do Estado de origem, sendo ainda deixado claro que é necessária a (ii) conexão com esse Estado no momento da constituição. Também exigiu-se a (iii) ausência de violação da ordem pública do Estado de reconhecimento.

5.3.3 O método do reconhecimento: a proteção de direitos humanos e a integração econômica

A partir da evolução da proteção internacional de direitos humanos e da integração econômica europeia, o método do reconhecimento consolidou-se no DIPr também fundado no (i) dever internacional de respeito aos direitos humanos dos envolvidos nos fatos transnacionais e (ii) na livre circulação de pessoas (no caso da integração europeia)[103].

No tocante à proteção de direitos humanos dos envolvidos nos fatos transnacionais, destaca-se o respeito ao direito à *igualdade*, uma vez que a ausência do reconhecimento imporia tratamento desigual em face do que é praticado em relação às situações internas consolidadas. Além disso, há a necessidade do respeito a direitos específicos consolidados no exterior, por exemplo, o direito à vida familiar, os direitos de personalidade etc.

Nessa linha, a Corte Europeia de Direitos Humanos condenou a França pela recusa ao reconhecimento de filiação de crianças nascidas por maternidade por sub-rogação, reguladas de modo adequado de acordo com lei estrangeira. Foram dois casos, propostos em 2011 e julgados em 2014, nos quais houve a recusa francesa em reconhecer a filiação regularmente estabelecida nos Estados Unidos, por ter ocorrido a chamada maternidade por sub-rogação ("gestation pour autrui – GPA"). No *Caso Menesson*[104], tratou-se de duas crianças nascidas (gêmeos) em 2000 na Califórnia, que reconheceu a filiação aos casais contratantes da maternidade por sub-rogação. No *Caso Labassee* ocorreu a mesma situação, tendo sido fornecido o vínculo de filiação pelo Estado de Minnesota. Em ambos os casos, a Corte Europeia de Direitos Humanos (Corte EDH) condenou a França pela violação do direito à vida privada e familiar das *crianças* (art. 8º da Convenção Europeia de Direitos Humanos). Para a Corte, o vínculo biológico estava comprovado, sendo uma intervenção abusiva no direito à vida familiar das crianças o uso da "ordem pública" para impedir o reconhecimento de situação gerada no estrangeiro.

---

[102] Concluída em Montevidéu, em 1979. Após ratificação pelo Brasil em 1995, foi promulgada internamente pelo Decreto n. 1.979, de 9 de agosto de 1996.

[103] GANNAGÉ, Léna. Les méthodes du droit international privé à l'épreuve des conflits de cultures. *Recueil des Cours de l'Académie de Droit International de La Haye*, v. 357, 2011, p. 223-490, em especial p. 435-436.

[104] Corte Europeia de Direitos Humanos, *Caso Mennesson* vs. *França*, julgamento de 26 de junho de 2014. *Caso Labassee* vs. *França*, julgamento de 26 de junho de 2014.

No tocante à integração europeia, a busca do mercado comum exige a liberdade dos fatores de produção, podendo o método conflitual gerar entraves, como, por exemplo: (i) insegurança jurídica pelo não reconhecimento de direitos e (ii) tratamento não igualitário pelo uso abusivo da "ordem pública". Por isso, o método do reconhecimento é utilizado para impedir tratamentos discriminatórios que obstaculizem as liberdades outorgadas no interior do mercado comum, como, por exemplo, a liberdade de circulação de pessoas.

O caso *Grunkin-Paul* é exemplo da utilização do método do reconhecimento na integração econômica, mostrando as diferenças entre o método conflitual e o método do reconhecimento[105]. No caso, o Registro Público alemão recusou-se a reconhecer o nome já dado a menor alemão no registro feito na Dinamarca (uma vez que ele havia nascido e era residente na Dinamarca), com o fundamento de que, nos termos do § 10, número 1, da Lei de Introdução ao Código Civil alemão (EGBGB), o sobrenome de uma pessoa se rege pela lei da sua nacionalidade e o direito alemão não permite que um filho de pais alemães tenha duplo sobrenome, isto é, o do pai (Grunkin, também alemão) e o da mãe (Paul, também alemã).

Em sua defesa, a Alemanha enalteceu o uso da lei da nacionalidade para a regulação do nome da pessoa física, por ser um critério objetivo que permite determinar o nome de uma pessoa de modo certo e contínuo, garantindo ainda a unidade do nome entre os irmãos e membros da família. Além disso, esse critério uniformizaria o tratamento a pessoas da mesma nacionalidade. Quanto ao cerne da controvérsia, o governo alemão alegou que a lei não permite a atribuição de sobrenome compostos por razões de ordem prática, uma vez que a extensão dos nomes seria, após algumas gerações, irrealizável, devendo a geração futura ser obrigada a renunciar a uma parte do nome da família.

Contudo, o Tribunal afastou esses argumentos, alegando que a conexão com a nacionalidade levou a um resultado contrário do pretendido (estabilidade e continuidade do nome), uma vez que, sempre que o menor atravessasse a fronteira entre a Dinamarca e a Alemanha, ele teria outro nome. Por isso, o Tribunal decidiu que a aplicação do método conflitual alemão violou a liberdade de circulação das pessoas prevista no processo de integração europeu.

Já no que tange a tratamentos discriminatórios, o Tribunal de Justiça da União Europeia, no caso *Garcia Avello,* decidiu ser discriminatório o uso do DIPr belga pelo qual o nome de uma criança com dupla nacionalidade e residente na Bélgica seria regido pela lei belga e não pela lei espanhola, como era do desejo da família. O princípio da vedação do tratamento discriminatório exigiu, na visão do Tribunal, que a lei espanhola fosse aplicada, afastando-se a regra de conflito de regência do estatuto pessoal da Bélgica (que indicava o uso da lei belga)[106].

---

[105] Tribunal de Justiça da União Europeia, Caso Grunkin-Paul *vs.* Alemanha (Caso C-353/06), julgamento de 14 de outubro de 2008

[106] Tribunal de Justiça da União Europeia, Caso *Garcia Avello vs.* Bélgica (Caso C-148/02), julgamento de 2 de outubro de 2003.

5.3.4 O método do reconhecimento puro e o método do reconhecimento condicionado

A principal dúvida referente ao método do reconhecimento de situações jurídicas diz respeito à possibilidade de *law shopping*, ou, para Valladão, uma corrida para o lugar que oferece ou facilita a criação do direito. Com essa preocupação, o anteprojeto de alteração da então Lei de Introdução ao Código Civil, de 1964, denominado Lei Geral de Aplicação de Normas Jurídicas[107], elaborado por Valladão, previu, no art. 78, a proteção dos direitos adquiridos, com a condição de respeito à boa-fé para evitar fraude[108].

Nessa linha, em regra, o método do reconhecimento teria que ser acompanhado de condicionantes para a sua aplicação. Bollée lista *dois grupos de condições* para concretizar o reconhecimento de situações jurídicas: ausência de fraude; e controle da jurisdição do Estado estrangeiro em regular a situação a ser reconhecida, o que ocorre, de modo habitual, no reconhecimento e execução de sentença estrangeira (aferição de ter o Estado estrangeiro jurisdição internacional). O respeito à ordem pública é condicionante geral, realizado *a posteriori*, aplicável ao método do reconhecimento[109].

Ilustra o uso das condicionantes no método do reconhecimento a Convenção Interamericana sobre normas gerais de direito internacional privado, de 1979, que incorporou o método do reconhecimento de situações jurídicas. Após intensa discussão no Comitê Jurídico Interamericano, e descartada a exigência de "conexão razoável" na aquisição do direito com o Estado estrangeiro, foram aceitas, na redação final dessa Convenção, as seguintes condições para a aplicação do método do reconhecimento: (i) constituição válida da situação jurídica, com respeito a todas as leis com as quais tenha conexão, (ii) sem violação da ordem pública do Estado do foro[110]. O art. 7º prevê que, quando não contrárias à ordem pública, "[a]s situações jurídicas validamente constituídas em um Estado parte, de acordo com todas as leis com as quais tenham conexão no momento de sua constituição, serão reconhecidas nos estados partes"[111].

No outro sentido, a aplicação do método do reconhecimento *sem* condicionantes (denominado de "método do reconhecimento puro") é evidenciada no art. 12

---

[107] VALLADÃO, Haroldo. *Direito Internacional Privado. Direito Intertemporal*, introdução e historia do direito. Material de Classe. 9. ed. Rio de Janeiro: Freitas Bastos, 1977, p. 108-169.

[108] VALLADÃO, Haroldo. *Direito Internacional Privado*. 2. ed. Rio de Janeiro: Freitas Bastos, 1977, v. I, p. 483.

[109] BOLLÉE, Sylvain. Les conditions de la reconnaissance, notamment à la lumière des conventions internationales. In: LAGARDE, Paul (Org.). *La reconnaissance des situations en droit international privé*. Paris: Pédone, 2013, p. 113-120, em especial p. 115-117.

[110] Os debates que antecederam a redação final do art. 7º encontram-se em PARRA-ARANGUREN, Gonzalo. General course of private international law: selected problems. *Recueil des Cours de l'Académie de Droit International de la Haye*, v. 210, 1988, p. 13-223, em especial p. 155-157.

[111] Adotada na Conferência interamericana especializada em direito internacional privado realizada em Montevidéu, em 1979. Foi ratificada pelo Brasil em 1995, sendo incorporada internamente pelo Decreto n. 1.979, de 9 de agosto de 1996.

da Convenção relativa ao estatuto dos refugiados, de 1951[112], que dispõe que direitos decorrentes do estatuto pessoal adquiridos anteriormente, especialmente os que resultam do casamento, devem ser respeitados pelo Estado de acolhida do refugiado, ressalvado, sendo o caso, o cumprimento das formalidades previstas pela legislação local[113]. A aplicação do método do reconhecimento ocorre sem condicionantes, uma vez que a situação de refúgio exige proteção inclusive quando há dúvida sobre o direito aplicável no período que precede a chegada no Estado do foro[114].

A Convenção da Haia sobre a celebração e o reconhecimento da validade dos casamentos, de 1978, é também exemplo da adoção do *modelo puro* do método do reconhecimento ao não impor nenhuma condição para o reconhecimento de situação cristalizada de acordo com leis estrangeiras, salvo o respeito à ordem pública do foro (arts. 5º e 14)[115].

Nas normas nacionais de direito internacional privado, o método do reconhecimento foi consagrado no art. 5º da Lei de Direito Internacional Privado da Venezuela, que reconhece direitos criados em conformidade com direito estrangeiro de acordo com critérios internacionalmente admitidos, exceto (i) se contrariarem os objetivos das normas venezuelanas de conflito, (ii) se o direito venezuelano tiver competência exclusiva sobre a matéria ou (iii) se violarem regras de ordem pública. O vínculo entre a situação consolidada e o Estado que a constituiu é averiguado – de acordo com a citada norma venezuelana – a partir de "critérios internacionalmente admitidos", o que permite ao julgador impedir o uso manipulado do ordenamento estrangeiro para constituir direitos sem que haja vínculos anteriores entre o fato transnacional e o Estado da constituição da situação jurídica[116].

---

[112] No Brasil, a Convenção relativa ao estatuto dos refugiados foi aprovada pelo Congresso Nacional pelo Decreto Legislativo n. 11, de 7 de julho de 1960. Em 15 de novembro de 1960, foi depositado ao Secretário-Geral da ONU o instrumento de ratificação e a Convenção foi incorporada pelo Decreto n. 50.215, de 28 de janeiro de 1961.

[113] No mesmo sentido, ver o art. 12 da Convenção sobre o estatuto dos apátridas, de 1954. Tal Convenção foi ratificada pelo Brasil em 1996 e incorporada internamente pelo Decreto n. 4.246, de 22 de maio de 2002.

[114] Nesse sentido, BUCHER, Andreas. La dimension sociale du droit international privé. *Recueil des Cours de la Académie de Droit International de la Haye*, v. 341, 2009, p. 9-526, em especial p. 325.

[115] Loon cita, ainda, as convenções sobre sociedades, de 1956, sobre o "trust", de 1985, sobre sucessão, de 1989, sobre adoção internacional de crianças, de 1993, e o protocolo sobre obrigações alimentares, de 2007. Essas duas últimas convenções já foram ratificadas e incorporadas internamente. LOON, Hans van. La méthode de la reconnaissance et les conventions de droit international privé de La Haye. In: LAGARDE, Paul (Org.). *La reconnaissance des situations en droit international privé*. Paris: Pédone, 2013, p. 121-129, em especial p. 122.

[116] *In verbis*: "Artículo 5º. Las situaciones jurídicas creadas de conformidad con un Derecho extranjero que se atribuya competencia de acuerdo con criterios internacionalmente admisibles producirán efectos en la República, a no ser que contradigan los objetivos de las normas venezolanas de conflicto, que el Derecho venezolano reclame competencia exclusiva en la materia respectiva, o que sean manifiestamente incompatibles con los principios esenciales del orden público venezolano". Disponível em: <https://www.oas.org/juridico/mla/private/rexcor/Rexcor_resp_ven25.pdf>. Acesso em: 30 out. 2022.

5.4. Normas de aplicação imediata no Direito Internacional Privado

5.4.1 Conceito e sua origem

As normas de aplicação imediata (ou normas imperativas de DIPr) são aquelas que, produzidas localmente e por conterem valores considerados essenciais para a comunidade nacional, incidem sobre situações plurilocalizadas, desprezando-se a lei aplicável pelo método conflitual[117]. Representam, como veremos, uma espécie de método direto de matriz nacional, com forte desenvolvimento associado ao intervencionismo do Estado na segunda metade do século XX.

São mencionados pela doutrina como antecedentes históricos das normas de aplicação imediata às Leis de Castilla (Las Siete Partidas), da Espanha, no século XII, às *Statuta Urbis Ferrariae*, de Ferrara, no século XVI, e às *Royal Letters*, de Flandres, no século XVII. Como reflexo do territorialismo normativo do período medieval, essas normas estipulavam a aplicação compulsória de determinadas leis do foro a todos os residentes locais, independentemente da sua nacionalidade[118].

Com a consagração do conflitualismo no século XIX e a emergência de um DIPr cada vez mais internacionalista, os doutrinadores buscaram alternativas para garantir uma regulação exclusivamente nacional em situações sensíveis aos interesses estatais conectadas a vários ordenamentos jurídicos.

Não obstante ter sido defensor da aplicação do direito estrangeiro indicado pela sede da relação jurídica, Savigny reconheceu a existência de normas locais obrigatórias, que não poderiam nunca ser substituídas por direito estrangeiro[119]. No mesmo período, com base na tradição nacionalista de Mancini, aprofundou-se o uso da teoria da ordem pública, a qual, para tutelar os princípios essenciais da *lex fori*, coíbe o uso do direito estrangeiro para solucionar casos com elementos transnacionais[120].

No século XIX, o art. 3.1 do Código Civil francês já trouxe disposição que garantia a primazia da aplicação da lei doméstica a situações internacionais: "As leis de polícia e de segurança obrigam todos aqueles que habitam o território"[121]. Similarmente,

---

[117] Em idiomas estrangeiros, o tema pode ser pesquisado com os seguintes termos: "loi de police", "ordre public international", "leyes de aplicación necesaria", "normas expresas de orden público internacional", "norme autolimitate", "mandatory rules", "spatial conditioned rules", "peremptory norms".

[118] PARRA-ARANGUREN, Gonzalo. General course of private international law: selected problems. *Recueil des Cours de l'Académie de Droit International de La Haye*, v. 210, 1988, p. 13-223, cit., p. 122; FRIEDRICH, Tatyana. *Normas imperativas de direito internacional privado*: Lois de Police. Belo Horizonte: Fórum, 2007, p. 33-34.

[119] Savigny as denominou de "leis absolutas". SAVIGNY, Friedrich Carl von. *Sistema do direito romano atual*, v. VIII. Tradução de Ciro Mioranga (edição original de 1849), Ijuí: Unijuí, 2004, p. 55.

[120] Para mais detalhes sobre a ordem pública, ver Parte IV, Capítulo 2 ("Ordem Pública"), deste *Curso*.

[121] *In verbis*: "Les lois de police et de sûreté obligent tous ceux qui habitent le territoire".

o art. 4º do Protocolo adicional ao Tratado de Montevidéu, de 1889, estipulou que: "As leis dos demais estados jamais serão aplicadas contra as instituições políticas, as leis de ordem pública ou os bons costumes do lugar do processo".

Em meados do século XX, o Código Bustamante adotou, nos seus arts. 3º a 5º, a diferenciação entre normas supletivas ou de ordem privada, normas de ordem pública interna e normas de ordem pública internacional, sendo as últimas aquelas que, possuindo caráter territorial, obrigam a todos os que residem no território, a despeito da sua nacionalidade. Dentre as normas de ordem pública internacional foram expressamente previstos os *preceitos constitucionais* e, em regra, as normas de proteção individual e coletiva, estabelecidas pelo direito político e administrativo.

No âmbito jurisprudencial, a possibilidade de incidência de normas domésticas a fatos plurilocalizados sem o recurso ao método conflitual ou às regras uniformes das convenções internacionais de DIPr foi objeto de debate no *caso Boll (aplicação da Convenção sobre a guarda de menores, de 1902)*, decidido pela Corte Internacional de Justiça em 1958.

Como já visto neste *Curso*, a controvérsia versou sobre a custódia da menor Marie Elizabeth Boll, nascida na Suécia, filha de pai holandês e mãe sueca. A menina, a despeito de ser filha de mãe sueca, nascida e residente em território sueco, apenas tinha direito, pelas leis da época, à nacionalidade holandesa. Após a morte da mãe, em 1953, a guarda da criança foi dada, pelas cortes holandesas, ao seu pai. Contudo, paralelamente à concessão da guarda, as cortes suecas determinaram medidas de educação protetiva para a tutela da sua saúde física e mental, conforme determinava a lei local.

Disputa surgiu, então, entre Holanda e Suécia para examinar se a implementação das medidas complementares protetivas fixadas na lei sueca (lei do local de residência da criança) ocasionavam violação à Convenção sobre a guarda de menores, de 1902, que determinava a aplicação da lei da nacionalidade do menor para fins de guarda. A Corte Internacional de Justiça concluiu que, mesmo sendo a guarda da menor um assunto privado, o desenvolvimento protetivo da criança (*protective upbringing of the infant*) é um assunto público, pois protege não apenas a criança, ao tutelar o seu crescimento, mas também a sociedade, ao prevenir condutas impróprias e proibir crimes praticados por menores. De forma relativamente explícita, a Corte reconheceu que as medidas protetivas determinadas pela lei sueca constituíam matéria de ordem pública internacional (como sinônimo de lei de aplicação imediata), fora do escopo de aplicação da Convenção e, consequentemente, podendo com ela coexistir[122].

Dando continuidade à discussão sobre a possibilidade de afastamento das leis estrangeiras em face dos interesses essenciais do Estado, foi cunhado, por Francescakis,

---

[122] Corte Internacional de Justiça, *Case Concerning the Application of the Convention of 1902 Governing the Guardianship of Infants* (Holanda vs. Suécia), julgamento de 28 de novembro de 1958.

ao final da década de 1950, o termo *normas de aplicação imediata* (*lois d'application immédiate*) para se referir a essas normas afetas tradicionalmente à estrutura e organização estatal, aplicáveis sem o intermédio do método conflitual.

O termo é proveniente da união do citado art. 3º do Código Civil francês e da prática jurisprudencial francesa de desconsiderar a utilização do método conflitual no exame da ordem pública. Inversamente ao método conflitual, que parte da relação jurídica transnacional, o domínio das normas de aplicação imediata é determinado pela sua própria natureza de *lei local de aplicação obrigatória*. Tais leis de aplicação imediata (*lois d'application immédiate*) são imperativas, no sentido de que a sua aplicação, fixada unilateralmente, não é questão de opção: o juiz primeiro verifica se está diante de tema abarcado por norma de aplicação imediata e, somente se a resposta for negativa, procede a aplicação do método conflitual para determinar a lei aplicável ao fato plurilocalizado[123].

A criação do termo "normas de aplicação imediata" no DIPr serviu para sistematizar o estudo do tema, delimitando o seu conceito, conteúdo, aplicação, limites e consequências.

Batiffol conceitua as "leis de polícia" (*lois de police*) como uma categoria de normas distinta das regras conflituais, capazes de determinar, elas mesmas, o seu próprio campo de aplicação espacial, sem a utilização do método conflitual[124]. Carrillo Salcedo aponta como normas de aplicação imediata as regras internas necessárias para garantir a organização política, social ou econômica de um Estado, motivo pelo qual são aplicadas independentemente dos elementos transnacionais do caso[125].

Em estudo específico sobre o tema, Tatyana Friedrich entende as normas imperativas como normas de direito interno com valoração superior, consideradas tão essenciais para o Estado que demandam aplicação automática, podendo, inclusive, afastar o uso do método conflitual em casos conectados a vários ordenamentos jurídicos[126]. Marques dos Santos, visando formular uma teoria geral sobre as normas de aplicação imediata, explica que, dada a sua particular intensidade valorativa, essas normas representam regras de conflito unilateral, de formulação aberta e internacionalmente imperativas[127].

---

[123] FRANCESCAKIS, Ph. Quelques précisions sur les "lois d'application immédiate" et leurs rapports avec les règles de conflits de lois. *Revue Critique de Droit International Privé*, 1966, p. 1-18, cit., p. 3-4 e 18.

[124] BATIFFOL, Henri. Le pluralisme des méthodes en droit international privé. *Recueil des Cours de l'Académie de Droit International de La Haye*, v. 139, 1973, p. 75-148, cit., p. 136 e s.

[125] CARRILLO SALCEDO, Juan Antonio. Le renouveau du particularisme en droit international. *Recueil des Cours de l'Académie de Droit International de La Haye*, v. 160, 1978, p. 181-264, cit., p. 200 e s.

[126] FRIEDRICH, Tatyana. *Normas imperativas de Direito internacional privado*: Lois de Police. Belo Horizonte: Fórum, 2007, p. 25.

[127] MARQUES DOS SANTOS, Antonio. *As normas de aplicação imediata no direito internacional privado*. Esboço de uma Teoria Geral, v. II. Coimbra: Almedina, 1989, p. 1051 e s.

As normas de aplicação imediata traduzem a vontade estatal de garantir a aplicação da sua própria lei, sem autorizar que a lei de outro Estado incida no caso transnacional[128].

5.4.2 As normas de aplicação imediata e os tratados de DIPr

Como consequência da intervenção estatal crescente nas relações privadas, as normas de aplicação imediata consolidaram-se não só na doutrina, mas também nos textos internacionais. O art. 7º da Convenção da Haia sobre a Lei Aplicável em matéria de Acidentes Rodoviários, de 1971, ao determinar que as regras de circulação e segurança do local do acidente podem fixar a responsabilidade, implicitamente reconhece a aplicabilidade imediata dessas normas[129].

De forma expressa, o art. 7º da Convenção de Roma sobre a lei aplicável às obrigações contratuais, de 1980, faz referência às normas de aplicação imediata: "o disposto na presente convenção não pode prejudicar a aplicação das regras do país do foro que regulem imperativamente o caso concreto, independentemente da lei aplicável ao contrato".

Na mesma linha, a Convenção da Haia sobre a lei aplicável ao truste e a seu reconhecimento, de 1985, prevê, no seu art. 16, que "a Convenção não impedirá a aplicação das disposições da lei do foro que devam ser aplicadas mesmo em situações internacionais, independentemente de regras de conflito". No mesmo sentido, a Convenção da Haia sobre a lei aplicável aos contratos de compra e venda internacional de mercadorias, de 1986, dispõe, no seu art. 17, que: "A presente Convenção não obsta a aplicação das disposições da lei do Estado do foro que devam aplicar-se independentemente da lei que rege o contrato". Ainda, a Convenção da Haia sobre a Lei Aplicável às Sucessões *Causa Mortis*, de 1989, estipula, no seu art. 15, que as normas imperativas que fixam destinação econômica, familiar ou social a bens podem determinar regimes particulares para a sua sucessão, afastando a aplicação da regra geral da Convenção[130].

No âmbito interamericano, merece menção o art. 11 da Convenção Interamericana sobre Direito Aplicável aos Contratos Internacionais, de 1994, que reconhece a aplicação obrigatória das disposições do direito do foro quando se revestirem caráter imperativo[131].

---

[128] Similarmente, nas palavras de Nygh: "what makes a law mandatory is an expression of policy which overrides bilateralism and, in effect, denies it". NYGH, Peter E. The reasonable expectations of the parties as a guide to the choice of law in contract and in tort. *Recueil des Cours de l'Académie de Droit International de La Haye*, v. 251, 1995, p. 269-400, cit., p. 378.

[129] "Art. 7º Qualquer que seja a lei aplicável, ao determinar-se a responsabilidade deverão ser levadas em consideração regras relativas ao controle e segurança do tráfego que estiverem em vigor no tempo e no local do acidente."

[130] "Art. 15. A lei aplicável em virtude da Convenção não afasta os regimes particulares de sucessão aos quais determinados imóveis, empresas ou outras categorias especiais de bens são submetidos pela lei do Estado de sua situação em razão de sua destinação econômica, familiar ou social."

[131] "Art. 11. Não obstante o disposto nos artigos anteriores, aplicar-se-ão necessariamente as disposições do direito do foro quanto revestirem caráter imperativo."

5.4.3 As normas de aplicação imediata como limite à aplicação do direito estrangeiro ou método?

Diante dos conceitos de normas de aplicação imediata trazidos pela doutrina e da sua regulamentação constante nos tratados internacionais, questiona-se qual a natureza das normas de aplicação imediata: (i) são elas um limite à aplicação do direito estrangeiro ou (ii) um método para a solução de conflitos em DIPr?

Dentre os adeptos da concepção das *lois de police* como limite à aplicação do direito estrangeiro, Loquin entende que as normas de aplicação imediata incidem nas relações internas de um Estado que se estendem para as relações internacionais, tomando o lugar da lei normalmente designada pelo critério de conexão[132].

Também Loussouarn afirma que as normas de aplicação imediata não são um método diferente do conflitualismo, na medida em que, na verdade, o campo de aplicação de tais normas não é previamente determinado pelo legislador, que apenas indica teoricamente a categoria de normas de aplicação imediata, cabendo ao intérprete, quando analisa o caso concreto, verificar se a situação transnacional amolda-se a essa categoria. Crítico das citadas normas, as quais considera como consequência negativa da soberania excessiva e da intromissão estatal nos assuntos privados, o autor defende serem as normas de aplicação imediata parte do tradicional método conflitual, apenas com algumas adaptações[133]. Audit aponta as *lois de police* como limite ao método bilateral, demonstrando que atualmente direito público e direito privado coabitam nos diferentes métodos (bilateral e unilateral), sem pretensão de exclusividade[134].

Já Lalive vê as normas de aplicação imediata como uma categoria de regras materiais internas submetidas a um regime com aplicação espacial determinada pela natureza do interesse por elas tutelado. Para ele, a imperatividade na aplicação das normas de aplicação imediata corresponde também à sua autolimitação, *i.e.*, à sua não incidência fora do seu próprio domínio. Em que pese o autor reconhecer que tais normas constituem um método de DIPr, critica-o por afastar o critério de conexão, restringir o campo de visão sobre o caso transnacional, bem como por refutar o reconhecimento do caráter internacional da relação a ser regida[135].

Todavia, é representativa a doutrina que reconhece as normas de aplicação imediata como um *método* independente de solução de disputas em DIPr. Francescakis entende que as normas de aplicação imediata são uma categoria distinta do método

---

[132] LOQUIN, Eric. Les regles materielles internationales. *Recueil des Cours de l'Académie de Droit International de La Haye*, v. 322, 2006, p. 9-241, p. 29.

[133] LOUSSOUARN, Yvon. Cours général de droit international privé. *Recueil des Cours de l'Académie de Droit International de La Haye*, v. 139, 1973, p. 269-386, cit., p. 318 e s.

[134] AUDIT, Bernard. Le droit international privé en quête d'universalité: cours général. *Recueil des Cours de l'Académie de Droit International de La Haye*, v. 305, 2003, p. 9-487, p. 288.

[135] LALIVE, Pierre. Tendances et méthodes en droit international privé: cours général. *Recueil des Cours de l'Académie de Droit International de La Haye*, v. 155, 1977, p. 1-424, p. 124-153, *passim*.

conflitual, aplicada de forma direta e com precedência a este, ao qual cabe apenas uma incidência residual[136]. Batiffol, estudando o pluralismo de métodos em DIPr, conclui que as *lois de police* constituem um método autônomo ao método conflitual, com o qual deve coexistir com o objetivo de chegar à solução que melhor proteja os direitos no caso concreto[137].

Marques dos Santos também afirma que as normas de aplicação imediata são um método autônomo, representado por uma regra de conflito unilateral *ad hoc* que determina o domínio de aplicação espacial da norma material. Dito de outro modo, as normas de aplicação imediata estão fora do plano conflitual, tendo sua aplicabilidade definida de forma autônoma, devido aos fins por elas tutelados[138]. No mesmo sentido, Fallon defende a relativização do método conflitual, considerando as normas de aplicação imediata regras materiais determinadas unilateralmente por um procedimento de autodesignação, que derrogam as regras conflituais[139].

Assim, entendo que não cabe confundir a utilização de normas de aplicação imediata do foro com o limite da aplicação do direito estrangeiro, uma vez que as normas de aplicação imediata compõem, pela posição adotada aqui, um *método próprio* de regência do fato transnacional, incidindo *a priori* sobre a situação transnacional. Contudo, com a pluralidade de métodos do DIPr, é possível utilizar o método conflitual (incidindo a lei estrangeira) caso isso redunde em uma melhor proteção aos valores defendidos pelas normas de aplicação imediata.

5.4.4 O conteúdo das normas de aplicação imediata

Sendo as normas de aplicação imediata regras materiais que promovem a regulação de determinados fatos transnacionais exclusivamente pela lei do foro, com o objetivo de proteger interesses essenciais políticos, econômicos e sociais do Estado, surge outra pergunta: como determinar o seu conteúdo?

A identificação das normas de aplicação imediata é difícil, sendo feita a partir de decisões de política pública estatal (*public policies*), as quais, frequentemente,

---

[136] FRANCESCAKIS, Ph. Quelques précisions sur les 'lois d'application immédiate' et leurs rapports avec les règles de conflits de lois. *Revue Critique de Droit International Privé*, 1966, p. 1-18.

[137] BATIFFOL, Henri. Le pluralisme des méthodes en droit international privé. *Recueil des Cours de l'Académie de Droit International de La Haye*, v. 139, 1973, p. 75-148, cit., p. 145.

[138] MARQUES DOS SANTOS, Antonio. *As normas de aplicação imediata no direito internacional privado*: esboço de uma Teoria Geral, v. II. Coimbra: Almedina, 1989, p. 1051-1063, *passim*. Friedrich também entende que as normas de aplicação imediata devem subsistir harmoniosamente com o método conflitual, atuando de forma incidental. FRIEDRICH, Tatyana. *Normas imperativas de direito internacional privado*: Lois de Police. Belo Horizonte: Fórum, 2007, p. 78.

[139] FALLON, Marc. Les conflits de lois et de juridiction dans un espece économique intégré – l'expérience de la Communauté Europeenne. *Recueil des Cours de l'Académie de Droit International de La Haye*, t. 253, 1995, p. 9-282, cit., p. 257 e s.

não apontam de forma expressa o seu reconhecimento como norma de aplicação imediata. Apesar de a definição dessas normas como *lois de police* variar ao sabor dos interesses estatais, Nygh vislumbra duas grandes categorias de normas de aplicação imediata: (i) as que dizem respeito aos interesses do Estado; e (ii) as afetas aos interesses que o Estado deseja conceder especial proteção[140].

Na seara dos interesses do Estado destacam-se as normas de direito público, incluindo regras de direito constitucional, penal, tributário e administrativo, relacionadas, entre outros, ao transporte internacional, antitruste, *commodities*, regulação monetária, importações e exportações, exploração de energia, proteção do meio ambiente, regulamentação trabalhista e exploração de zonas marinhas.

Nessa categoria estão, ainda, as normas materiais que visam a proteção do patrimônio cultural, estipulando o direito de propriedade estatal sobre os bens culturais, a sua inalienabilidade e restrições a sua exportação[141]. Contudo, importante considerar as particularidades da temática da proteção do patrimônio cultural e da circulação das obras de arte, em que colidem os interesses do Estado no qual as obras se encontram e os do Estado de origem, de modo que a incidência das normas de aplicação imediata designadas pela *lex fori* deve ser considerada à luz das disposições de mesma ordem constantes na *lex originis* do bem. Nesse sentido, a Resolução sobre a venda internacional de objetos de arte sob o ângulo da proteção do patrimônio cultural do Instituto de Direito Internacional, de 1991, estabelece, no art. 2º, que "a transferência da propriedade dos objetos de arte pertencentes ao patrimônio cultural do país de origem dos bens é submetida à lei desse país".

No plano da integração econômica europeia, há normas de aplicação imediata nacional que podem derrogar a máxima da liberdade de circulação de bens, serviços e pessoas no espaço comum europeu. Dentre os objetivos legítimos de interesse geral para restrição das liberdades comunitárias, estão as chamadas exigências imperativas (*exigences impératives*), equivalentes às normas de aplicação imediata, que autorizam a aplicação de medida nacional para tutela de um interesse superior relevante, tal qual a proteção econômica dos consumidores contra as cláusulas abusivas e os contratos de *time share*, as regras sobre o deslocamento temporário de trabalhadores, a proteção do meio ambiente e da vida privada, a proteção do patrimônio arqueológico e da propriedade intelectual.

Sobre o tema, Fallon aponta que, quando as razões imperiosas de interesse geral representam valores que a própria União Europeia tende a promover – para

---

[140] NYGH, Peter E. The reasonable expectations of the parties as a guide to the choice of law in contract and in tort. *Recueil des Cours de l'Académie de Droit International de La Haye*, v. 251, 1995, p. 269-400, p. 380-381.

[141] FRIGO, M. Circulation des biens culturels, détermination de la loi applicable et méthodes de règlement des litiges. *Recueil des Cours de l'Académie de Droit International de La Haye*, t. 375, 2014, p. 89-474, p. 207-208.

harmonizar as legislações dos Estados-Membros ou para melhorar a qualidade de vida das pessoas –, surgem normas que o autor denomina de *lois de police communautaires*, adotadas por diretivas ou regulamentos, que se impõem ao juiz nacional, quer mediante a aplicação direta, quer por intermédio da lei nacional de transposição[142].

Para exemplificar, o Tribunal de Justiça da União Europeia decidiu que a imposição aos produtores de um Estado de comercializarem cerveja e refrigerantes unicamente em embalagens reutilizáveis *deve ser aceita* como restrição à livre circulação intracomunitária, por ser uma exigência imperativa comunitária de proteção ao meio ambiente[143]. Ademais, o Tribunal também reconheceu existirem exigências imperativas relacionadas à proteção ao consumidor, aos controles fiscais, à proteção da saúde pública e à lealdade nas transações comerciais, que constituem limites à aplicação do art. 30 do Tratado da Comunidade Econômica Europeia, que vedava as restrições quantitativas entre os Estados-Membros[144]. A proteção dos trabalhadores também foi reconhecida como razão imperiosa de interesse geral, de modo que a aplicação da legislação trabalhista de um Estado-Membro aos trabalhadores que atuam no território de outro Estado-Membro é forma legítima para limitar a livre prestação de serviços[145].

Em todos os casos, contudo, o Tribunal pontuou que deve ser analisada a proporcionalidade entre a medida adotada e a intenção de proteger tais valores superiores. Assim, já decidiu o Tribunal, por exemplo, que a fixação de um teor mínimo de álcool nas bebidas alcoólicas (caso *Cassis de Dijon*), assim como a imposição de formato específico para as embalagens de margarina importada diferente da manteiga (caso *Margarina Deli*), não são imposições que correspondem às exigências imperativas de proteção do consumo e das trocas comerciais leais[146].

Quanto aos interesses que o Estado deseja proteger, é inegável o papel da gramática dos direitos humanos no recurso às normas de aplicação imediata nas relações em que há disparidade entre as partes, como os contratos de trabalho e o direito do consumidor, afastando-se a lei contratualmente fixada pelas partes.

As regras de proteção ao consumidor, por tutelarem a proteção da vida e saúde da parte vulnerável, são normas de aplicação imediata. Em matéria contratual, a

---

[142] FALLON, Marc. Les conflits de lois et de juridiction dans un espece économique intégré – l'expérience de la Communauté Européenne. *Recueil des Cours de l'Académie de Droit International de La Haye*, t. 253, 1995, p. 9-282, cit., p. 262.

[143] Processo 302/86. Acórdão do Tribunal de 20 de setembro de 1988.

[144] Processo 120/78. Acórdão do Tribunal de Justiça de 20 de fevereiro de 1979; Processo 261/81. Acórdão do Tribunal de 10 de novembro de 1982.

[145] Processo C-165/98. Acórdão do Tribunal de Justiça de 15 de março de 2001; Processo C-438/2005. Acórdão do Tribunal de Justiça da União Europeia de 11 de dezembro de 2007.

[146] Processo 120/78. Acórdão do Tribunal de Justiça de 20 de fevereiro de 1979; Processo 261/81. Acórdão do Tribunal de Justiça de 10 de novembro de 1982.

autonomia da vontade das partes na definição da lei aplicável pode ser afastada pelas normas de aplicação imediata que protegem o consumidor. Tal estipulação consta no art. 9º da Resolução sobre a autonomia das partes nos contratos internacionais entre pessoas privadas do Instituto de Direito Internacional, de 1991, que excepciona a aplicação da *lex voluntatis* frente às normas de aplicação imediata[147]. No mesmo sentido, o art. 1.4 dos *Princípios do UNIDROIT relativos aos contratos comerciais internacionais*, de 2016, prevê que as normas imperativas (internas, internacionais ou supranacionais) limitam a aplicação da autonomia da vontade.

No Brasil, Claudia Lima Marques e Daniela Jacques defendem que a jurisprudência do Superior Tribunal de Justiça implicitamente já reconheceu a natureza de normas de aplicação imediata ao Código de Defesa do Consumidor ao aplicá-lo a uma relação consumerista internacional (*Caso Panasonic*[148]). Para as autoras, a aplicação do CDC a uma relação transnacional, resolvendo-a como se nacional fosse, com desconsideração do recurso à norma conflitual (não há menção na decisão do STJ à lei do local da celebração do contrato, prevista no art. 9º da LINDB[149]), reforça o caráter imperativo dessas normas[150].

O mesmo ocorre em matéria de direito do trabalho, na medida em que as normas que protegem os trabalhadores – por exemplo, regras sobre as condições de trabalho e demissão sem justa causa – são consideradas, em alguns países, normas de aplicação imediata devido à vulnerabilidade evidente entre as partes na relação de trabalho, de modo que a lei contratualmente escolhida pode ser afastada em favor da lei do local da realização do trabalho[151].

Dada a sua finalidade de aplicação da *lex fori*, a utilização do método unilateral de recurso às normas de aplicação imediata para solução de casos com fatos plurilocalizados pode ter como consequência não apenas o afastamento da lei aplicável designada pelo método conflitual, como também a negação da autonomia da vontade e, ainda, óbice à homologação de sentença estrangeira e a vedação ao *exequatur* da carta rogatória.

Contudo, a despeito da sua importância, o uso indiscriminado das normas de aplicação imediata como justificativa para aplicação exclusiva da *lex fori* pode causar arbitrariedade e insegurança por gerar o afastamento (muitas vezes inesperado para

---

[147] Instituto de Direito Internacional. The autonomy of the parties in international contracts between private persons or entities. Relator: Eric Jayme, Basel, 1991.

[148] Superior Tribunal de Justiça, REsp n. 63.981-SP, Rel. p/ Acórdão Min. Sálvio de Figueiredo Teixeira, julgado em 11-4-2000, *DJ* 20-11-2000, p. 296.

[149] Ver a análise do art. 9º da LINDB na Parte V, Capítulo 4, deste *Curso*.

[150] MARQUES, Claudia Lima; JACQUES, Daniela Corrêa. Normas de aplicação imediata como um método para o Direito internacional privado de proteção do consumidor no Brasil. *Cadernos do Programa de Pós-Graduação em Direito da UFRGS*, n. 1, 2004, p. 65-96, cit., p. 90 e s.

[151] GAMILLSCHEG, F. Rules of public order in private international labour law. *Recueil des Cours de l'Académie de Droit International de La Haye*, v. 181, 1983, p. 285-347, cit., p. 312-313.

um dos envolvidos no fato transnacional) da regra de conexão usual. Logo, devem existir limites ao recurso às normas de aplicação imediata para solução das controvérsias com elementos plurilocalizados.

As normas de aplicação imediata devem ser utilizadas excepcionalmente quando o método conflitual não puder ser aplicado tendo em vista os direitos e interesses a serem tutelados[152]. Nessa linha, Vischer, reconhecendo a dicotomia entre a lei normalmente aplicável (fruto das regras de conexão tradicionais) e as normas de aplicação imediata, defende que estas incidam em caráter extraordinário, em casos de interesse dominante do Estado, levando em consideração o tema, a proximidade do fato plurilocalizado com o ordenamento jurídico estatal e a expectativa da parte que necessita de proteção especial[153].

Na realidade, o uso das normas de aplicação imediata traduz uma opção de *prevalência de determinado direito* e uma *compressão* de outro direito que seria privilegiado pelo uso da regra de conexão afastada. Por exemplo, o direito de um consumidor (norma de aplicação imediata em vários países) prevalece em face da liberdade de iniciativa do outro contratante (que seria beneficiado pela lei do local da celebração do contrato)[154].

Por sua vez, a aplicação de normas imperativas de um terceiro Estado é prevista em algumas convenções internacionais. O art. 17 do Tratado Benelux sobre uma lei uniforme em Direito Internacional Privado, de 1969, ressalvava que, ainda que as partes escolhessem a lei aplicável ao contrato, a lei do Estado com o qual a obrigação guarda relação de proximidade seria aplicável relativamente às normas imperativas[155].

Dispositivo similar é o art. 16 da Convenção da Haia sobre a Lei Aplicável aos Contratos de Mediação e à Representação de 1978: "Na aplicação da presente Convenção poderá atribuir-se efeito às disposições imperativas de qualquer Estado com o qual a situação apresente uma conexão efetiva, se e na medida em que, segundo o direito desse Estado, tais disposições forem aplicáveis, qualquer que seja a lei designada pelas suas regras de conflito". Ainda, o art. 7º da Convenção de Roma sobre a lei aplicável às obrigações contratuais, de 1980, ressalva que, "ao aplicar-se, por força da presente convenção, a lei de um determinado país, pode ser dada

---

[152] CARRILLO SALCEDO, Juan Antonio. Le renouveau du particularisme en droit international. *Recueil des Cours de l'Académie de Droit International de La Haye*, v. 160, 1978, p. 181-264, cit., p. 232 e s.

[153] VISCHER, Frank. General course on private international law. *Recueil des Cours de l'Académie de Droit International de La Haye*, v. 232, 1992, p. 9-255, cit., p. 160.

[154] Ver Parte I, Capítulo 3, item 1 ("A finalidade do Direito Internacional Privado e sua vinculação à gramática dos direitos humanos") deste *Curso*.

[155] Prevê o citado dispositivo que: "Such an intention shall not have the effect of withdrawing the contract from any imperative rules of the legal system with which it is so closely connected as aforesaid".

prevalência às disposições imperativas da lei de outro país com o qual a situação apresente uma conexão estreita se, e na medida em que, de acordo com o direito deste último país, essas disposições forem aplicáveis, qualquer que seja a lei reguladora do contrato. Para se decidir se deve ser dada prevalência a estas disposições imperativas, ter-se-á em conta a sua natureza e o seu objeto, bem como as consequências que resultariam da sua aplicação ou da sua não aplicação". Também, o art. 11 da Convenção Interamericana sobre Direito Aplicável aos Contratos Internacionais, de 1994, reserva à discricionariedade do Estado do foro "a aplicação das disposições imperativas do direito de outro Estado com o qual o contrato mantiver vínculos estreitos".

Quer provenientes do Estado do foro, quer determinadas na legislação de outro Estado relacionado com o fato plurilocalizado, as normas de aplicação imediata são uma das expressões do pluralismo de métodos do DIPr contemporâneo, que reconhece, juntamente com o rígido método indireto, a existência de outros mecanismos aptos a resolverem casos com elementos internacionais, visando soluções justas à luz da gramática dos direitos humanos.

Para evitar o recurso indiscriminado às normas de aplicação imediata, deve-se utilizar a gramática de direitos humanos para dar o peso adequado aos direitos em conflito em um fato transnacional. Trata-se, então, de interpretar o DIPr à luz dos direitos humanos, como defendo neste *Curso*.

6. A ESTRUTURA DA NORMA DO DIREITO INTERNACIONAL PRIVADO

A diversidade de normas que compõem o Direito Internacional Privado acarreta a necessidade da classificação de sua estrutura, para que seja possível a compreensão da função de cada uma.

Proponho a classificação das normas do DIPr com base nos seguintes critérios: (i) conteúdo das normas; (ii) origem de suas fontes; (iii) tipo de fonte; (iv) método utilizado; e (v) tipo de regra indireta ou indicativa (classificação específica para o método indireto).

De acordo com o **conteúdo**, cabe classificar as normas de DIPr em (i) normas finalísticas, referentes à gestão da diversidade normativa e jurisdicional e (ii) normas funcionais, que atuam na resolução de problemas envolvendo a primeira espécie de normas, como são aquelas referentes à qualificação, reenvio, entre outras. Essa classificação é útil, porque demonstra a complexidade das normas da disciplina, bem como informa que o segundo tipo de norma deve ser interpretado de acordo com os objetivos da primeira espécie.

Quanto à **origem** (fontes), é possível classificar as normas de DIPr em (i) normas nacionais e (ii) normas internacionais. Essa classificação interessa porque exige do intérprete atenção na solução de conflitos e no uso do "diálogo das fontes" para a definição da norma aplicável a determinado caso.

Além disso, é possível classificar as normas internacionais em DIPr de acordo com a fonte normativa (tratados – multilaterais ou bilaterais, costume internacional ou princípios gerais), o que auxilia o intérprete na determinação da incidência das normas ou ainda na solução de conflitos entre normas internacionais convencionais, os chamados "conflitos de convenções de DIPr"[156].

É possível classificar as normas de Direito Internacional Privado quanto ao **método** em (i) regras substantivas ou materiais e (ii) regras indicativas (remissivas, indiretas, conflituais ou de conflito).

O método direto gera a produção de regras substantivas ou materiais voltadas à regência dos fatos transnacionais, contendo prescrições de condutas. As regras materiais aspiram à unidade e homogeneidade do tratamento do fato transnacional[157]. A origem das regras materiais pode ser (i) internacional, por intermédio de tratados internacionais ou regras internacionais de *soft law*, ou (ii) interna, por intermédio de regras nacionais.

O método indireto gera a edição de regras indicativas (ou remissivas), que são aquelas que apontam norma nacional ou estrangeira para regular determinado fato transnacional (escolha da lei) ou para determinar a jurisdição que deve conhecer de eventual litígio (escolha da jurisdição) sobre esse mesmo fato. A regra indicativa, então, caracteriza-se justamente por não regular diretamente o fato transnacional, mas apenas indicar a norma de regência ou determinar a jurisdição cabível.

Diferentemente das regras que prescrevem determinada conduta (regendo o fato transnacional), a regra indireta define o direito ou a jurisdição, que, por sua vez, ditarão as regras de conduta e apreciarão os litígios.

Há quatro tipos de regras indicativas: (i) a regra unilateral, (ii) a regra bilateral, (iii) a regra bilateral imperfeita e (iv) a regra bilateralizada.

A *regra indicativa unilateral* é aquela que tem como objeto a escolha da lei do foro ou ainda fixação da jurisdição do Estado do foro, sem fazer menção à lei ou à jurisdição de outros Estados. Para Goldschmidt, a regra unilateral determina somente a aplicação do próprio direito do foro[158], visando promover valores e interesses nacionais ao delimitar espacialmente suas próprias normas ou sua própria jurisdição diante dos fatos transnacionais. Não se indica norma ou jurisdição estrangeira, apenas a nacional.

Exemplo já visto acima de norma unilateral é o art. 3º, n. 3, do Código Civil francês, pelo qual as leis francesas sobre o estado e a capacidade aplicam-se aos

---

[156] Os "conflitos de convenções" no DIPr devem ser solucionados de acordo com o Direito Internacional Público, sendo possível, em geral, o uso do critério da especialidade para evitar antinomias. Sobre os conflitos entre tratados, conferir REZEK, J. F. *Direito dos tratados*. Rio de Janeiro, Forense, 1984, em especial p. 456 e s. (Seção IV – Conflitos).

[157] LOQUIN, Erik. Les règles matérielles internationales, *Recueil des Cours de l'Académie de Droit International de La Haye*, v. 322, 2006, p. 9-242, em especial p. 23.

[158] GOLDSCHMIDT, Werner. *Derecho internacional privado*: derecho de la tolerancia. 7. ed. Buenos Aires, Depalma, 1990, em especial p. 85.

franceses, mesmo que residam no estrangeiro. Um exemplo de regra unilateral do DIPr no Brasil é o art. 9º, § 1º, da LINDB: "[d]estinando-se a obrigação a ser executada no Brasil e dependendo de forma essencial, será esta observada, admitidas as peculiaridades da lei estrangeira quanto aos requisitos extrínsecos do ato". Nesse caso, a regra destina-se a regular as obrigações a serem executadas no Brasil e que dependam de forma essencial, não se interessando sobre a execução de obrigação em Estado estrangeiro. Outra regra unilateral, agora envolvendo a fixação de jurisdição, é a constante no art. 23, I, do CPC de 2015, pela qual compete exclusivamente à autoridade judiciária nacional "conhecer de ações relativas a imóveis situados no Brasil". Aqui trata-se de promover o controle, pelo Estado, das decisões sobre imóveis, revelando tanto o valor dado a propriedades imobiliárias quanto a desconfiança às decisões estrangeiras. Obviamente, as regras unilaterais não são encontradas em tratados de DIPr, que, por definição, atendem aos interesses de todos os Estados e não somente o Estado do foro[159].

Já a *regra bilateral*, típica do método indireto multilateral, é aquela que indica a norma ou jurisdição, seja nacional ou estrangeira, para reger o fato transnacional. Ao invés da regra unilateral, a regra bilateral *não* privilegia a delimitação espacial da regra nacional, mas trata igualmente as regras do Estado do foro e dos Estados estrangeiros. A regra bilateral fornece aos envolvidos a determinação definitiva da lei aplicável (ou jurisdição), assegurando previsibilidade e segurança jurídica. Já a regra unilateral, no máximo, define se a lei ou jurisdição nacional serão ou não utilizadas; caso não o sejam, não fica claro qual lei ou qual jurisdição estrangeira são adequadas para regular o fato transnacional. Por isso, as regras bilaterais constituem-se a maioria das regras do DIPr, pois atendem aos valores de harmonia, segurança jurídica e previsibilidade da disciplina.

Um exemplo de *regra bilateral* é o art. 8º da LINDB, que dispõe que, para regular as relações concernentes a bens, "aplicar-se-á a lei do país em que estiverem situados". No que tange à jurisdição, as regras bilaterais devem estar previstas em tratados internacionais, pois não é possível uma regra nacional de um Estado definir que outro Estado possui jurisdição. Por isso, as regras nacionais de fixação de jurisdição são unilaterais.

Por sua vez, a *regra bilateral imperfeita* é aquela que determina a aplicação tanto do direito do foro como de direito estrangeiro (regra bilateral), mas seu alcance é restrito em certos fatos transnacionais com vínculo especial com o foro[160]. Um exemplo de regra bilateral imperfeita é aquela prevista no art. 10, § 1º, da LINDB, que

---

[159] GOLDSCHMIDT, Werner. *Derecho internacional privado*: derecho de la tolerancia. 7. ed. Buenos Aires, Depalma, 1990, em especial p. 85.
[160] FERRER CORREIA, A. *Lições de direito internacional privado* – I. Coimbra: Almedina, 2000, p. 207. GOLDSCHMIDT, Werner. *Derecho internacional privado*: derecho de la tolerancia. 7. ed. Buenos Aires, Depalma, 1990, em especial p. 85.

estipula que "[a] sucessão de bens de estrangeiros, situados no País, será regulada pela lei brasileira em benefício do cônjuge ou dos filhos brasileiros, ou de quem os represente, sempre que não lhes seja mais favorável a lei pessoal do *de cujus*". No caso, há menção a lei estrangeira, mas a existência de nacionais restringe seu alcance a favor da lei brasileira.

Finalmente, a *regra indicativa bilateralizada* é aquela que é redigida de forma unilateral, mas seu conteúdo permite que seja aplicável de forma bilateral pela *via interpretativa*, podendo gerar a escolha de determinada lei estrangeira para reger um fato transnacional. O intérprete escolhe a lei de um Estado estrangeiro ao aplicar ao fato transnacional as razões que justificaram o uso do elemento de conexão inserido originalmente na norma de conflito unilateral. A transformação da regra originalmente unilateral em bilateral pela via interpretativa só é cabível se o valor ou interesse a ser protegido não for especificamente nacional, podendo ser utilizado também para escolher uma lei estrangeira.

Um exemplo de regra bilateralizada no DIPr no Brasil é o art. 7º, § 1º, que prevê que, realizando-se o casamento no Brasil, "será aplicada a lei brasileira quanto aos impedimentos dirimentes e às formalidades da celebração". Assim, apesar de a regra só fazer menção à lei brasileira, admite-se a sua *bilateralização*, para que os casamentos celebrados no *exterior* (e não somente no Brasil, como a literalidade da regra previa) obedeçam (i) as formalidades e ainda (ii) os impedimentos da lei local (*lex loci celebrationis*), mesmo que não previstos no nosso ordenamento[161]. Nesse caso, o valor a ser protegido era o vínculo do casamento com as formalidades e impedimentos da lei do local da celebração, sendo possível utilizá-lo também para a escolha da lei estrangeira.

7. O DIREITO INTERTEMPORAL E O DIPr

O direito intertemporal (ou direito transitório) no Direito Internacional Privado consiste no conjunto de regras que determina o impacto das inovações normativas sobre (i) fatos transnacionais realizados e (ii) relações jurídicas transnacionais permanentes, iniciadas antes da entrada em vigor da inovação analisada.

Leva-se em consideração o fator "tempo" para que se determine qual regra (se a antiga ou a nova) incidirá sobre os fatos já realizados ou relações jurídicas permanentes, que se iniciaram antes da inovação e continuam a produzir efeitos após a sua entrada em vigor.

No caso do DIPr, as inovações normativas incidem (i) sobre qualquer dos métodos adotados pela disciplina, afetando tanto as regras substanciais (materiais) diretas

---

[161] CARVALHO RAMOS, André de; GRAMSTRUP, Erik Frederico. *Comentários à Lei de Introdução às Normas de Direito Brasileiro.* 2. ed. São Paulo: Saraiva, 2021, p. 154. Também conferir em TENÓRIO, Oscar. *Lei de Introdução ao Código Civil.* 2. ed. Rio de Janeiro: Borsoi, 1955, p. 254.

quanto ainda as regras indiretas (regras de conexão), e (ii) sobre o eventual direito estrangeiro indicado pelas regras indiretas.

Na primeira situação, pode existir, por exemplo, a alteração da regra de conexão para reger o estatuto individual de uma pessoa física, passando da lei da nacionalidade para a lei do domicílio, tal qual ocorreu com a edição da Lei de Introdução ao Código Civil de 1942 no Brasil (atual Lei de Introdução às Normas do Direito Brasileiro). Já na segunda situação, a regra de conexão é a mesma, mas o direito material estrangeiro indicado alterou-se do momento da realização do fato transnacional até a eventual aplicação da norma estrangeira (em um litígio).

No tocante à primeira situação, as regras intertemporais que devem ser utilizadas para as inovações que atingem as regras de DIPr são as mesmas que são utilizadas no direito interno do foro para reger as demais disciplinas jurídicas, caso não haja previsão própria prevista em tratado. Nessa linha, o Instituto de Direito Internacional, em sua sessão de Dijon, de 1981, concluiu que o efeito no tempo de modificação de uma regra de Direito Internacional Privado é determinado pelo sistema de direito a que tal regra pertence[162].

No Brasil, a CF/88 determina que "a lei não prejudicará o direito adquirido, o ato jurídico perfeito e a coisa julgada" (art. 5º, XXXV). A Lei de Introdução às Normas do Direito Brasileiro prevê que "[a] Lei em vigor terá efeito imediato e geral, respeitados o ato jurídico perfeito, o direito adquirido e a coisa julgada" (art. 6º). Consolidou-se o direito à segurança jurídica, que consiste na faculdade de obstar a extinção ou alteração de determinado ato ou fato jurídico, posto a salvo de modificações futuras, inclusive legislativas.

Como já visto acima no tópico sobre princípios do DIPr, há duas facetas do direito à segurança jurídica: (i) a *objetiva*, pela qual se imuniza os atos e fatos jurídicos de alterações posteriores, consagrando a regra geral da irretroatividade da lei; e (ii) a *subjetiva*, que também é chamada de *princípio da confiança*, pela qual a segurança jurídica assegura a confiança dos indivíduos no ordenamento jurídico[163]. Nesse sentido, decidiu o STF que é obrigatória a "observância do princípio da segurança jurídica enquanto subprincípio do Estado de Direito", sendo o princípio da confiança um elemento da segurança jurídica[164].

Consequentemente, para o DIPr no Brasil, a mudança das regras do estatuto pessoal não afeta as situações consolidadas pela aplicação da regra de conexão revogada, como, por exemplo, aquelas que levaram a validade dos atos celebrados por pessoa

---

[162] *In verbis:* "L'effet dans le temps de la modification d'une règle de droit international privé est déterminé par le système de droit auquel cette règle appartient". Instituto de Direito Internacional, Resolução intitulada "Le problème intertemporel en droit international privé", Dijon, Relator Ronald Graveson, 1981.

[163] CARVALHO RAMOS, André de. *Curso de direitos humanos*. 10. ed. São Paulo: Saraiva, 2023.

[164] Supremo Tribunal Federal, MS 22.357, Rel. Min. Gilmar Mendes, julgamento em 27-5-2004, Plenário, *DJe* 5-11-2004.

cuja capacidade, de acordo com a nova regra de conexão, seria regida por lei mais exigente (por exemplo, com patamar etário mais elevado para a capacidade de fato).

Quanto à segunda situação (referente à alteração do direito material estrangeiro indicado), devem ser obedecidas agora as regras de direito intertemporal do *ordenamento estrangeiro*. Essa orientação é fruto do dever de o julgador nacional do foro utilizar o direito estrangeiro como se juiz estrangeiro fosse[165]. Nesse sentido, o Instituto de Direito Internacional, em sua sessão de Dijon, de 1981, concluiu que o efeito no tempo de uma modificação no direito indicado é determinado por tal direito[166].

---

[165] Ver mais sobre esse dever do juiz nacional de aplicar o direito estrangeiro como se juiz estrangeiro fosse no capítulo sobre a aplicação do direito estrangeiro neste *Curso*.

[166] *In verbis:* "L'effet dans le temps d'un changement dans le droit applicable est déterminé par ce droit". Instituto de Direito Internacional, Resolução intitulada "Le problème intertemporel en droit international privé", Dijon, Relator Ronald Graveson, 1981.

PARTE II
JURISDIÇÃO INTERNACIONAL

1. CONCEITO E TERMINOLOGIA: OS LITÍGIOS TRANSNACIONAIS

Em seu sentido amplo, a jurisdição internacional de um Estado consiste no seu poder de regência sobre pessoas, entes e bens, em geral localizados em seu território. No seu sentido estrito, o termo jurisdição designa o poder do Poder Judiciário de um determinado Estado de conhecer e solucionar controvérsias. A existência desse poder é emanação da própria soberania do Estado, pois, como já decidiu a Corte Permanente de Justiça Internacional, "(...) a jurisdição é uma das formas mais óbvias de exercício do poder soberano"[1].

No Brasil e em vários países que adotaram a fórmula de organização do Estado Constitucional, a temática da jurisdição afeta os direitos dos indivíduos (como o direito de acesso à justiça) e ainda a atuação do Poder Judiciário doméstico. Assim, a modulação da jurisdição de cada Estado é tema importante para o Direito Internacional (Público e Privado) e também para o Direito Constitucional, pois afeta tanto as relações pacíficas entre Estados quanto a configuração dos direitos humanos[2]. Definições mais amplas ou mais restritas de jurisdição podem levar a atritos entre Estados em virtude de alegações de jurisdição concorrente e decisões contraditórias. Ou ainda pode

---

[1] Corte Permanente de Justiça Internacional, *Caso do Estatuto legal da Groenlândia Oriental* (Dinamarca *vs.* Noruega), séries A/B, n. 53 (1933), julgamento de 5 de abril de 1933, p. 48.

[2] Para Tiburcio, "o tema é limitado por normas e princípios do direito internacional público e privado". TIBURCIO, Carmen. *Extensão e limites da jurisdição brasileira. Competência internacional e imunidade de jurisdição.* Salvador: JusPodivm, 2016, p. 15. Esse livro é fruto de tese apresentada em concurso de provimento do cargo de Professor Titular da Faculdade de Direito da Universidade do Estado do Rio de Janeiro. TIBURCIO, Carmen. *Extensão e limites da jurisdição brasileira:* o Estado-juiz e o Estado-Parte. Tese submetida à Banca Examinadora de concurso público para provimento do cargo de Professor Titular de Direito internacional privado da Faculdade de Direito da Universidade do Estado do Rio de Janeiro (UERJ), novembro de 2015.

levar à denegação de justiça, quando os Estados sustentam não ter jurisdição para tratar de determinado caso.

O estudo da jurisdição internacional no Direito Internacional Privado engloba as normas internacionais e nacionais relativas aos fundamentos, princípios, limites e extensão da jurisdição do Estado nos litígios envolvendo *fatos transnacionais*. Essas normas compõem aquilo que parte da doutrina denomina de "direito processual internacional" e representam, segundo Strenger, o "necessário complemento do direito internacional privado"[3]. Valladão intitulava o estudo do "Direito Processual Internacional" como sendo o *Direito internacional privado do processo*, "sendo uma das seções mais importantes da Parte Especial" do DIPr[4].

Sua inserção como parte do objeto do Direito Internacional Privado é indispensável para a aplicação dos métodos de escolha da lei material para reger os fatos transnacionais. O Direito Internacional Privado e seus métodos só são aplicáveis no Brasil caso haja jurisdição internacional para conhecer e apreciar o fato transnacional em análise. Conforme sustenta Luís Lima Pinheiro, a jurisdição internacional é um *"pressuposto de aplicabilidade do Direito de Conflitos pelos órgãos públicos"*[5]. Consequentemente, a adequada gestão da diversidade normativa e jurisdicional envolvendo os fatos transnacionais depende da delimitação da jurisdição internacional, uma vez que a amplitude exagerada ou diminuta da jurisdição do Estado pode dificultar ou mesmo impedir ou inviabilizar a aplicação da lei sobre os fatos jurisdicionais.

Assim, a escolha do direito (em sentido amplo) para regular os fatos transnacionais envolve também o estudo da determinação da jurisdição, uma vez que esta, na ocorrência de litígios, permitirá (ou não) a regência adequada dessas condutas transfronteiriças.

O problema central do estudo da jurisdição no DIPr consiste em determinar, entre as jurisdições com as quais os fatos transnacionais podem possuir vínculos diretos ou indiretos, qual a jurisdição apta (ou mesmo jurisdições, caso exista mais de uma apta, em caso de pluralidade de jurisdições) a conhecer e decidir os litígios envolvidos com tais fatos.

De início, cabe alertar sobre as diferenças entre os vínculos diretos ou indiretos a definir (i) a escolha da lei e (ii) a escolha da jurisdição. É possível que o Estado do foro entenda que há vínculos suficientes para justificar que os *Tribunais* locais

---

[3] STRENGER, Irineu. *Direito processual internacional*. São Paulo: LTr, 2003, p. 17.

[4] Valladão, coerente com sua visão maximalista do DIPr, entendia que essa parte especial do DIPr não era restrita aos fatos transnacionais cíveis e abrangia os conflitos de leis processuais civis, comerciais, do trabalho etc., ressalvadas, apenas, e em certa parte, as leis processuais penais. VALLADÃO, Haroldo. *Direito internacional privado*. Rio de Janeiro: Freitas Bastos, 1978, v. III, p. 121-122.

[5] PINHEIRO, Luís de Lima. *Direito internacional privado* – competência internacional e reconhecimento de decisões estrangeiras. 2. ed. refundida. Coimbra: Almedina, 2012, v. III, p. 30. Grifo no original.

possam conhecer de litígio transnacional, mas, ao mesmo tempo, chegar à conclusão de que a *lei estrangeira* é que deve ser aplicada. Isso, então, exige que sejam estudados os critérios para a definição da jurisdição, que são distintos daqueles que levam à escolha da lei[6].

Afinal, qual deve ser o critério de escolha de uma jurisdição?

Essa temática é também conhecida como "conflito de jurisdição" (ou "concorrência de jurisdição"[7]), o qual, em última análise, é criado pela existência de uma pluralidade de Estados e de seus respectivos sistemas de justiça. Essa pluralidade de Estados pode gerar (i) *sobreposição* de jurisdição, que ocorre quando dois ou mais Estados pretendem solucionar um litígio, ou mesmo (ii) *ausência* de jurisdição, que ocorre quando nenhum Estado se dispõe a isso. Assim, o estudo das normas de determinação da jurisdição é essencial para dirimir os chamados "conflitos positivos de jurisdição" (dois ou mais Estados querem a regência de certa conduta social) ou os "conflitos negativos de jurisdição" (nenhum Estado aceita regular determinada conduta).

Por sua vez, há grande diversidade na *terminologia* utilizada pela doutrina para designar a jurisdição internacional de um Estado no Direito Internacional Privado.

Inicialmente, parte importante da doutrina europeia continental utiliza o termo "competência internacional" considerando que a temática tratava da delimitação da competência dos juízos e tribunais locais para conhecer dos fatos transnacionais, o que foi seguido em diversos países desde o final do século XIX até os dias atuais.

Nessa linha, Bartin, apesar de utilizar a expressão "conflito de jurisdição" (que intitula a seção de sua obra, que trata da temática), optou pelos termos "competência jurisdicional" ou "competência geral" (que seria o equivalente à jurisdição internacional)[8]. Machado Villela, em Portugal, adotou o termo "competência jurisdicional", mas aceitava o uso da expressão "competência internacional"[9]. Battifol usou o termo

---

[6] AUDIT, Bernard. Le droit international privé en quête d'universalité: cours général. *Recueil des Cours de l'Académie de Droit International de La Haye*, v. 305, 2003, p. 9-487, cit., p. 365.

[7] Contra o uso da expressão "conflito de jurisdição" está Amilcar de Castro, para quem essa expressão "só pode existir em face de um mesmo regulamento de competência". Continua o autor sustentando que "além disso, é também da essência do conflito de jurisdição que seja resolvido por autoridade superior, que mantenha em subordinação os julgadores em conflito, positivo ou negativo. E nada disso acontece nos supostos conflitos de jurisdição internacionais". Contudo, mantenho o uso da terminologia "conflito de jurisdição", uma vez que, atualmente, há possibilidade inclusive de crivo de tribunal internacional (a "autoridade superior" de Castro), como a Corte Internacional de Justiça, Corte Europeia de Direitos Humanos, entre outros, que podem ser chamados quando um Estado extrapola sua jurisdição ou mesmo se omite (denegação de justiça). CASTRO, Amilcar de. *Direito internacional privado*. 5. ed. Rio de Janeiro: Forense, 2000, p. 57.

[8] BARTIN, E. *Principes de droit international privé selon la loi et la jurisprudence françaises*. Paris: Éditions Domat-Montchrestien, 1930, t. 1, em especial § 119, p. 303 e s.

[9] MACHADO VILLELA, Álvaro da Costa. *Tratado elementar (teórico e prático) de direito internacional privado*. Coimbra: Coimbra Editora, 1921, em especial p. 599.

"competência internacional", tal qual o CPC brasileiro de 1973[10]. Na Espanha, Miaja de Muela aponta o uso do termo "competência geral" na doutrina espanhola, utilizando ainda Calvo Caravaca o termo "competência internacional judicial" como equivalente à jurisdição internacional[11]. Mesmo autores contemporâneos de Direito Internacional Privado, como Muir Watt[12], Fernández Arroyo[13], Moura Vicente[14], Lima Pinheiro[15], entre outros, usam a expressão "competência internacional".

No Brasil, essa influência doutrinária repercutiu na obra de diversos autores. Valladão utilizava "competência judiciária"[16] e "competência internacional"[17], no que era seguido por Agustinho Fernandes Dias da Silva[18]. Strenger, em obra específica sobre o Direito Processual Internacional, utilizou "competência internacional"[19]. Castro e Batalha utilizaram os termos "competência geral" (jurisdição internacional) e "competência especial" (competência propriamente dita[20]).

Em sentido contrário, outra parte da doutrina adota o termo "jurisdição internacional", que seria mais preciso, uma vez que abarca o estudo de permissões, limites e exclusões que afetam o poder jurisdicional de um Estado diante dos demais[21]. Já o

---

[10] BATIFFOL, H. *Traité élémentaire de droit international privé*. 3. ed. Paris: LGDJ, 1959, p. 762.

[11] MIAJA DE LA MUELA, Adolfo. Les principes directeurs des règles de compétence territoriale des tribunaux internes en matière de litiges comportant un élément international. *Recueil des Cours de l'Académie de Droit International de La Haye*, v. 135, 2015, p. 1-96, em especial p. 17. Nessa linha, ver o capítulo terceiro ("Competencia Judicial internacional") em CALVO CARAVACA, Alfonso-Luis; CARRASCOSA GONZÁLEZ, Javier. *Derecho internacional privado*. v. I, 15. ed. Granada: Editorial Comares, 2014, p. 112 e s.

[12] MUIR WATT, Horatia; BUREAU, Dominique. *Droit International Privé*. Tome I. Partie générale. 3. ed. Paris: PUF, 2014, em especial p. 80.

[13] FERNÁNDEZ ARROYO, Diego P. Compétence exclusive et compétence exorbitante dans les relations privées internationales. *Recueil des Cours de l'Académie de Droit International de La Haye*, v. 323, 2006, p. 9-260.

[14] MOURA VICENTE, Dário. *Direito internacional privado*: ensaios. v. III, Coimbra: Almedina, 2010, em especial p. 281.

[15] PINHEIRO, Luís de Lima. *Direito internacional privado*. v. III, Competência internacional e reconhecimento de decisões estrangeiras. Coimbra: Almedina, 2012, em especial p. 21.

[16] VALLADÃO, Haroldo. *Da competência judiciária no Direito internacional privado*: estudos de direito internacional privado. Rio de Janeiro: José Olympio, 1947, p. 421-463.

[17] VALLADÃO, Haroldo. *Da competência internacional para o divórcio*: estudos de direito internacional privado. Rio de Janeiro: José Olympio, 1947, p. 479-497.

[18] SILVA, Agustinho Fernandes Dias da. *A competência judiciária no direito internacional privado*. Rio de Janeiro: Freitas Bastos, 1965, p. 13.

[19] STRENGER, Irineu. *Direito processual internacional*. São Paulo: LTr, 2003, p. 54.

[20] Conferir em CASTRO, Amílcar de. *Direito Internacional Privado*. 5. ed., rev. e atual. por Osíris Rocha. Rio de Janeiro: Forense, 2000, p. 527. BATALHA, Wilson de Souza Campos. *Tratado de Direito Internacional Privado*. v. II, São Paulo: RT, 1977, p. 354.

[21] Fragistas é um dos que defendem o termo "jurisdição internacional". Afirmou, em seu curso na Academia da Haia, que utilizava o termo "competência internacional" pelo seu uso difundido. Ver FRAGISTAS, Charlambos M. La compétence internationale em droit international privé. *Recueil des Cours de l'Académie de Droit International de La Haye*, v. 104, 1964, p. 159-272,

termo "competência" consiste na divisão interna de trabalho entre os órgãos judiciais e *pressupõe* a existência de jurisdição[22].

Nesse sentido, Morelli alertou para eventual confusão que o termo "competência internacional" pode gerar, uma vez que não se trata de distribuir trabalho entre os órgãos judiciais do mesmo Estado, mas sim traçar seus poderes diante de fatos transnacionais[23]. O CPC de 1973 utilizou o termo competência internacional (o Capítulo II do Título IV era intitulado "Da competência internacional") e o CPC de 2015 inovou ligeiramente ao tratar da temática no Capítulo I do Título II, intitulado "Dos limites da jurisdição nacional", mas manteve o termo "competência internacional" no art. 25, § 1º[24].

Este *Curso* utiliza o termo "jurisdição internacional", uma vez que, conforme afirma Carmen Tiburcio, trata-se de matéria "relacionada à jurisdição (e não à competência) no plano internacional"[25].

2. TIPOLOGIA DAS NORMAS SOBRE JURISDIÇÃO NO DIREITO INTERNACIONAL PRIVADO

É possível classificar a jurisdição internacional no DIPr em dois tipos, a depender *do momento* da análise das regras de sua determinação: (i) jurisdição imediata ou direta e (ii) jurisdição mediata ou indireta.

A *jurisdição internacional imediata ou direta* é a determinação da jurisdição dos juízos nacionais para que estes possam conhecer de litígios envolvendo fatos transnacionais, o que seria, na linguagem de Amilcar de Castro, uma análise *a priori* das regras nacionais e internacionais de delimitação da jurisdição[26]. Na jurisdição

---

em especial p. 167. A doutrina anglo-saxã usa o termo "jurisdiction". Ver, entre outros, COLLIER, J. G. *Conflict of Law*. 3. ed. Cambridge: Cambridge University Press, 2004, em especial p. 131 e s. FAWCETT, J. J. (Org.). *Declining jurisdiction in private international law. Reports to the XIV*[th] *Congress of the International Academy of Comparative Law – 1994*. Clarendon Press: Oxford, 1995.

[22] Por todos, ver GRINOVER, Ada Pellegrini; CINTRA, Antônio Carlos de Araújo; DINAMARCO, Cândido Rangel. *Teoria geral do processo*. 25. ed. São Paulo: Malheiros, 2009.

[23] MORELLI, Gaetano. *Derecho Procesal Internacional*. Tradução de Santiago Sentís Melendo. Buenos Aires: Ediciones Jurídicas Europa-América, 1953, p. 86.

[24] *In verbis*: "Art. 25. (...) § 1º Não se aplica o disposto no *caput* às hipóteses de competência internacional exclusiva previstas neste Capítulo".

[25] TIBURCIO, Carmen. *Extensão e limites da jurisdição brasileira*: o Estado-juiz e o Estado-Parte. Tese submetida à Banca Examinadora de concurso público para provimento do cargo de Professor Titular de Direito internacional privado da Faculdade de Direito da Universidade do Estado do Rio de Janeiro (UERJ), novembro de 2015, em especial p. 21. LIEBMAN, Enrico Tullio. Os limites da jurisdição brasileira. *Revista Forense*, v. 92, dez. 1942, p. 647-650, em especial p. 647. Grifo que não consta do original.

[26] CASTRO, Amilcar de. *Direito internacional privado*. 5. ed. Rio de Janeiro: Forense, 2000, p. 528-529.

direta, é definido, de modo preliminar, se o Estado-juiz possui jurisdição internacional para apreciar determinada situação envolvendo fatos transnacionais.

Já a *jurisdição internacional mediata ou indireta* consiste na avaliação, em determinada decisão estrangeira, da existência de jurisdição internacional do juízo estrangeiro prolator da decisão para que o Estado do foro possa cumpri-la[27]. Na jurisdição indireta, é feita uma análise *a posteriori* da existência da jurisdição, no caso concreto, do Estado de estrangeiro que deu origem à modalidade de cooperação jurídica internacional[28]. É também denominada *bases indiretas de jurisdição*, pois se trata da avaliação, pelo Estado do foro, do exercício regular da jurisdição pelo *Estado estrangeiro*, para fins de reconhecimento e execução da sentença estrangeira.

As normas nacionais sobre jurisdição internacional no DIPr são *normas unilaterais*, pois só atentam para a fixação da jurisdição do Estado do foro, sem fazer menção à jurisdição de outros Estados.

Por exemplo, quando o Estado estabelece sua jurisdição sobre ações sobre imóveis situados no seu território, *não* é possível aplicar esse raciocínio para estabelecer que, se o imóvel estiver situado no território de um Estado estrangeiro, este é que terá jurisdição para conhecer de tais ações ("bilateralizando" a norma unilateral), uma vez que cabe ao próprio Estado estrangeiro estabelecer sua jurisdição[29]. Por outro lado, é possível que normas *internacionais* prevejam, de modo *multilateral,* regras de fixação de jurisdição, abarcando tanto a determinação da jurisdição do Estado do foro quanto a dos Estados estrangeiros partes do tratado[30].

As normas de jurisdição são, em geral, *normas de natureza pública*, não podendo ser derrogadas pela vontade das partes. Contudo, isso não significa que a autonomia da vontade não tem papel na fixação da jurisdição internacional: há casos nos quais os Estados aceitaram (por meio de normas nacionais ou internacionais) a derrogação da jurisdição por acordo de vontades (cláusula de eleição de foro) ou mesmo ampliação da jurisdição pela submissão voluntária da lide ao Poder Judiciário (princípio da submissão).

---

[27] SOARES, Guido F. S. A Competência internacional do Judiciário brasileiro e a questão da autonomia da vontade das partes. In: BAPTISTA, Luiz Olavo; HUCK, Hermes Marcelo; CASELLA, Paulo Borba (Org.) *Direito e comércio internacional:* tendências e perspectivas. Estudos em homenagem ao Prof. Irineu Strenger. São Paulo: LTr, 1994, p. 283-305, em especial p. 285.

[28] A origem da divisão de jurisdição direta e indireta é atribuída a Bartin. Já o realce do momento de análise (*a priori* e *a posteriori*) foi desenvolvido por Amilcar de Castro. Ver BARTIN, E. *Principes de droit international privé selon la loi et la jurisprudence françaises.* Paris: Éditions Domat-Montchrestien, 1930, t. 1, em especial § 127, p. 317. CASTRO, Amilcar de. *Direito internacional privado.* 5. ed. Rio de Janeiro: Forense, 2000, p. 528-529.

[29] Ver mais sobre a estrutura da norma do DIPr, com abordagem da norma bilateral, unilateral e bilateralizada no capítulo sobre a "estrutura da norma", na Parte I, Capítulo 5, item 7, deste *Curso.*

[30] Ver a seguir tratados de DIPr que tratam de jurisdição internacional.

3. O DIREITO INTERNACIONAL E O DIREITO NACIONAL NA DETERMINAÇÃO DA JURISDIÇÃO

Em que pese ser a jurisdição do Estado inerente a sua própria soberania, houve o desenvolvimento de normas internacionais sobre a temática justamente para evitar atritos entre Estados, ameaçando a convivência e a paz. Ao assim proceder, o Direito Internacional busca fixar marcos claros e consensuais evitando (i) conflitos positivos (dois ou mais Estados querem a regência de certa conduta social) ou (ii) negativos (nenhum Estado aceita regular determinada conduta, violando o direito de acesso à justiça, previsto em tratados internacionais de direitos humanos). Existe, no Direito Internacional, um conjunto de normas jurídicas, fundadas em tratados ou costumes internacionais, que tratam da jurisdição de cada Estado.

Como já foi visto, é necessário separar o termo jurisdição internacional em *sentido amplo*, que consiste na determinação do *poder geral do Estado* em seu território, do seu *sentido estrito*, utilizado para denominar a atuação do Poder Judiciário nacional.

No seu sentido amplo, a jurisdição internacional pode ser dividida em três subespécies: (i) a jurisdição normativa (ou jurisdição para prescrever), (ii) a jurisdição para implementar ou executar e (iii) a jurisdição para adjudicar. A *jurisdição normativa* é o poder do Estado de criar normas de regência sobre a conduta social. Já a *jurisdição de implementação* é o poder de aplicar as regras estabelecidas. Finalmente, a *jurisdição de adjudicação ou de julgamento* é também denominada jurisdição em sentido estrito, consistindo no poder do Poder Judiciário nacional de conhecer e solucionar as controvérsias[31].

A repartição em três subespécies da jurisdição internacional é de grande auxílio no estudo das normas internacionais. Por exemplo, a jurisdição para prescrever e para adjudicar pode, em determinadas circunstâncias, ter alcance extraterritorial admitido pelo Direito Internacional. Já a jurisdição de implementação só terá esse alcance extraterritorial caso haja o consentimento prévio do Estado em cujo território a ação se desenvolverá.

Nesse sentido, a *abdução internacional* é um ilícito internacional, uma vez que consiste na captura, por agentes de um Estado, de indivíduo situado em outro Estado, sem a anuência do Estado no qual o capturado se encontrava. A decisão de captura em território de outro Estado exige, em nome do respeito à integridade territorial prevista, entre outros diplomas, na Carta da Organização das Nações Unidas (art. 2º, § 4º), o consentimento do Estado no qual o indivíduo se encontra. Na ausência desse consentimento, há grave violação dos limites à jurisdição de implementação impostos pelo Direito Internacional, como se viu nos casos de abdução envolvendo *Alvarez*

---

[31] Não trataremos da outra acepção de jurisdição no plano internacional, que vem a ser a jurisdição dos tribunais internacionais. Sobre a jurisdição de tribunais internacionais, ver MENEZES, Wagner. *Tribunais internacionais*: jurisdição e competência. São Paulo: Saraiva, 2013.

Machain (violação da integridade territorial do México pelos Estados Unidos)[32] ou *Bachour* (violação da integridade territorial do Paraguai pelo Brasil)[33].

As normas internacionais referentes à jurisdição internacional possuem (i) *conteúdo negativo*, ao estabelecer limites ao poder jurisdicional do Estado e (ii) *conteúdo positivo*, ao estabelecer o dever do Estado de adjudicar determinado caso.

Em relação aos limites ao poder jurisdicional do Estado, o Direito Internacional adota, em geral, ao *princípio da territorialidade* na fixação da jurisdição internacional, pelo qual pode o Estado estabelecer as regras jurídicas para reger a conduta social em seu *próprio* território. O território brasileiro é composto pelo (i) espaço terrestre, (ii) mar territorial e, ainda, pelo (iii) espaço aéreo sobrejacente a ambos. Com base em costume internacional e tratados esparsos, a jurisdição internacional do Estado também alcança o chamado *território por equiparação*, que vem a ser os navios e aeronaves privadas em espaços não sujeitos à jurisdição de outro Estado (os chamados domínios públicos internacionais ou espaços globais comuns, como o alto-mar, a Antártica e o Ártico) e os navios e aeronaves públicos onde quer que se encontrem.

Há fórmulas intermediárias aceitas também pela doutrina. Denomina-se *jurisdição territorial subjetiva* aquela que habilita um Estado a regular conduta iniciada no seu território e finalizada em território de outro Estado, como, por exemplo, a hipótese de persecução do responsável pela colocação de bomba em aeronave que explode em outro Estado. Por sua vez, a *jurisdição territorial objetiva* consiste em autorizar determinado Estado a regular conduta iniciada no exterior e finalizada dentro do seu território[34]. No Brasil, a CF/88 determina que, nos casos criminais, compete aos juízes federais julgar os crimes previstos em tratado ou convenção internacional, quando, iniciada a execução no País, o resultado tenha ou devesse ter ocorrido no estrangeiro, ou reciprocamente (art. 109, V da CF/88).

---

[32] Sobre o caso Alvarez-Machain, ver SMITH, Derek. Beyond indeterminacy and self-contradiction in law: transnational abductions and treaty interpretation in U.S., v. Alvarez-Machain. *European Journal of International Law*, v. 6, n. 1, 1995, p. 1-35.

[33] STJ, RHC 4993-GO, Rel. Min. Assis Toledo, *DJ* 26-2-1996, p. 4032. Nesse caso, agentes policiais brasileiros capturaram o Sr. Bachour no Paraguai, trazendo-o ao Brasil *manu militari* sem o regular processo de extradição. A defesa interpôs *habeas corpus* alegando ilegitimidade da prisão fruto da ação policial em território estrangeiro. O Superior Tribunal de Justiça (STJ) manteve a prisão, apontando que a abdução é ilícito internacional nas relações diplomáticas, ofendendo o direito à integridade territorial do Estado que tenha sido alvo da captura ilícita, mas tal ilicitude não pode ser invocada pelo indivíduo para tornar nula sua prisão. A abdução geraria, então, somente efeitos nas relações entre os Estados. No caso do indivíduo preso, vigoraria o brocardo do "male captus, bene detentus" (capturado de modo ilícito; preso de modo lícito). Essa posição vulnera os direitos do indivíduo, que tem *direito ao regular processo de extradição*, e estimula abusos por parte de agentes públicos. Sobre os direitos do extraditando, ver ABADE, Denise Neves. *Direitos fundamentais na cooperação jurídica internacional*. São Paulo: Saraiva, 2013, em especial p. 247 e s. ("A invocação dos direitos fundamentais na extradição no Brasil").

[34] LOWE, Vaughan. Jurisdiction. In: EVANS, Malcolm D. (Org.). *International law*. Oxford University Press: New York, 2003, p. 329-355, em especial p. 338.

Contudo, o Direito Internacional admite, fundado em costume internacional e em tratados esparsos, a extensão *extraterritorial* da jurisdição internacional do Estado. É possível que o Brasil edite leis que regulem a conduta social realizada em território sob a jurisdição de *outro* Estado. É claro que essa possibilidade tem que ser regulada pelo Direito Internacional e por isso se funda em costume ou em tratados internacionais.

É intuitivo que a aplicação de lei nacional sobre uma conduta realizada em outro Estado pode gerar atritos entre os Estados. Basta que a lei de um Estado considere ilícito aquilo que o outro Estado considere lícito. Por isso, não foi à toa que as exceções ao princípio da territorialidade e a extensão extraterritorial da jurisdição de um Estado são estabelecidas pelo próprio Direito Internacional. Essas autorizações do Direito Internacional, porém, servem apenas para que o Estado, *querendo,* regule determinada conduta social além do seu território. Essas autorizações das normas internacionais seguem, em geral, o reconhecimento de determinado interesse legítimo do Estado em reger condutas fora de seu território. Fora desse círculo de interesses legítimos, a norma nacional de alcance extraterritorial é *ilegítima*.

Em que pese a razoabilidade desse entendimento, contudo, há vozes dissonantes sobre o tema. No caso Lotus (1928), a Corte Permanente de Justiça Internacional (CPJI) dispôs que o Direito Internacional estava "longe de criar uma proibição geral no sentido de que os Estados não podem estender a aplicação de suas leis e jurisdição de seus Tribunais a pessoas, bens e atos fora de seu território"[35]. Para a CPJI, o Estado poderia normatizar a conduta social fora do seu território, só sendo impedido por regra clara do Direito Internacional em sentido contrário. A regra proibitiva, então, seria exceção à regra de plena liberdade de cada Estado de regência normativa de qualquer conduta social – mesmo fora de seu território.

A evolução do tema da jurisdição internacional do Estado, porém, *não* seguiu o entendimento do *Caso Lotus*. Em 1970, o voto do Juiz Gerald Fitzmaurice da Corte Internacional de Justiça (sucessora da Corte Permanente de Justiça Internacional) no caso *Barcelona Traction* estabeleceu que os Estados, nos litígios com *elemento estrangeiro*, deveriam atuar com moderação e contenção na definição de sua jurisdição, para evitar uma invasão indevida na jurisdição mais apropriada ou que pudesse levar a decisões mais facilmente executáveis de outro Estado[36].

Finalmente, em 2002, a Corte Internacional de Justiça decidiu que "sob a *condição de ser competente de acordo com o Direito Internacional*, um tribunal de

---

[35] Corte Permanente de Justiça Internacional, *Caso do S.S. Lotus (França* vs. *Turquia),* 1927, série A, julgamento de 7 de setembro de 1927, p. 18-19.

[36] *In verbis:* "(...) involve for every State an obligation to exercise moderation and restraint as to the extent of the jurisdiction assumed by its courts in cases having a foreign element, and to avoid undue encroachment on a jurisdiction more properly appertaining to, or more appropriately exercisable by another State". Corte Internacional de Justiça, *Caso Barcelona Traction, Light and Power Company, Limited* (Caso Bélgica *vs.* Espanha), julgamento de 5 de fevereiro de 1970, voto em separado do Juiz Fitzmaurice, § 70.

um Estado pode julgar um antigo Ministro das Relações Exteriores de outro Estado (...)"[37]. Ou seja, é o Direito Internacional quem autoriza – ou não – um Estado a exercer jurisdição internacional de modo extraterritorial.

Já quanto ao conteúdo positivo (dever de estabelecer a jurisdição), o Direito Internacional obriga o Estado a exercer jurisdição em virtude de (i) tratados de direitos humanos e (ii) tratados de Direito Internacional Penal. Essa obrigação de fixar sua jurisdição foi consagrada pela Corte Internacional de Justiça no caso *Bélgica* vs. *Senegal*, que decidiu que o Senegal deveria julgar ou extraditar o ex--ditador do Chade, Hissène Habré, que para lá havia fugido. A ditadura de Habré causou a morte de 40.000 pessoas entre 1982 e 1990. O caso foi levado à Corte Internacional de Justiça e julgado em 2012, ficando decidido que o Senegal, pela sua omissão, havia violado a obrigação prevista no art. 7º, § 1º, da Convenção da ONU contra a Tortura, pela qual o Estado deve julgar ou extraditar indivíduo acusado de tais práticas em seu território. Após mais de 22 anos de liberdade no Senegal, Habré (considerado o "Pinochet da África") foi preso em junho de 2013. Em 2015, 25 anos depois da sua fuga para o Senegal, o julgamento do ditador iniciou-se. Em maio de 2016, o ex-ditador foi julgado culpado, no seu julgamento perante as Câmaras Extraordinárias Africanas (*Extraordinary African Chambers* – EAC – compostas por juízes senegaleses e juízes de nacionalidade de país-membro da União Africana, indicados por esta última), e condenado por (i) crimes contra a humanidade, (ii) crimes de guerra e (iii) tortura, incluindo atos de estupro, violência e escravidão sexuais. Foi condenado à *prisão perpétua*[38]. O julgamento de Habré é considerado um marco, uma vez que foi a primeira vez que o princípio da jurisdição universal foi invocado na África para permitir que um ex-Chefe de Estado fosse processado em outro país por crimes internacionais. Porém, não se tratou da jurisdição universal pura, mas sim de fórmula híbrida, pois as Câmaras Extraordinárias foram criadas por acordo entre Senegal e a União Africana[39].

Assim, a determinação da jurisdição é fruto da interação entre (i) a vontade inicial do Estado e (ii) a reação dos demais membros da sociedade internacional até que seja alcançado o equilíbrio entre os anseios dos Estados. Esse equilíbrio variou ao longo dos anos, transformando a delimitação da jurisdição internacional de um Estado em um conceito relacional, móvel, a depender do contexto e da época. As regras nacionais sobre jurisdição determinam a extensão e os limites da jurisdição estatal

---

[37] Corte Internacional de Justiça, *Caso referente ao mandado de prisão de 11 de abril de 2000* (Congo *vs.* Bélgica), julgamento de 14 de fevereiro de 2002, em especial p. 26.

[38] Sobre o tribunal especial para julgar Habré, ver CARVALHO RAMOS, André de. *Processo internacional de direitos humanos*. 7. ed. São Paulo: Saraiva, 2022.

[39] Ver mais em: <http://www.chambresafricaines.org/index.php>. Acesso em: 17 nov. 2022.

diante das demais jurisdições dos Estados estrangeiros[40], obedecidas as normas de Direito Internacional vistas acima.

4. A JURISDIÇÃO INTERNACIONAL NO DIREITO INTERNACIONAL PRIVADO: ENTRE A JURISDIÇÃO ABUSIVA E O DEVER DE EXERCÍCIO DA JURISDIÇÃO

A existência do fato transnacional e dos seus vínculos com mais de um ordenamento jurídico gera o fenômeno da *concorrência ou conflito de jurisdições* no Direito Internacional Privado. No século XIX e XX, essa concorrência era tida como natural e decorria da soberania de cada Estado, que poderia fixar sua jurisdição, não importando se outro Estado também pudesse assim fazer. Para Fernández Arroyo, a existência de jurisdições concorrentes reforçou a busca de Savigny por soluções uniformes para a regência do fato transnacional, para evitar decisões judiciais contraditórias[41].

Como já visto, é comum o uso do termo "conflitos de jurisdição", o qual consiste em expressão doutrinária que engloba tanto a existência de duas ou mais jurisdições aptas a conhecer um caso envolvendo fatos transnacionais (conflito positivo) como ainda a inexistência de jurisdição disposta a apreciar o caso (conflito negativo)[42]. A expressão "conflito" não retrata necessariamente disputa formal entre Estados: o Estado que discorde da extensão ou mesmo da decisão da jurisdição estrangeira simplesmente *não reconhece* tais decisões estrangeiras no seu território.

Contudo, no final do século XX e agora no século XXI, o Direito Internacional Público impõe limites ou até mesmo o dever de julgar, como visto, podendo acarretar, *em concreto*, disputas internacionais entre Estados envolvendo a jurisdição internacional de Direito Internacional Privado, em especial na (i) fixação abusiva de jurisdição, (ii) denegação de jurisdição e (iii) ausência do devido processo legal após a fixação da jurisdição. O caso *Bélgica* vs. *Suíça* na Corte Internacional de Justiça (já estudado neste *Curso*), a respeito da recusa suíça em reconhecer a legitimidade da decisão da jurisdição belga, é amostra da crescente *limitação da soberania* dos Estados na determinação livre da jurisdição no Direito Internacional Privado.

As normas relativas à jurisdição internacional no Direito Internacional Privado revelam o alcance da jurisdição do Estado para conhecer e julgar litígios que possuem vínculo com outros ordenamentos jurídicos. Para Mehren, os Estados podem apoiar-se

---

[40] BOTELHO DE MESQUITA, José Ignácio. Da competência internacional e dos princípios que a informam. *Revista de Processo*, n. 50, abr./jun. 1988, p. 51-71, em especial p. 51.

[41] FERNÁNDEZ ARROYO, Diego P. Compétence exclusive et compétence exorbitante dans les relations privées internationales. *Recueil des Cours de l'Académie de Droit International de La Haye*, v. 323, 2006, p. 9-260, em especial p. 38.

[42] Ver, entre outros, MUIR WATT, Horatia. Aspects économiques du droit international privé – Réflexions sur l'impact de la globalisation économique sur les fondements des conflits de lois et de juridictions. *Recueil des Cours de l'Académie de Droit International de La Haye*, v. 307, 2004, p. 29-383.

(i) na soberania (fundados no seu poder) ou (ii) na busca de equidade (*fairness*) para definir as hipóteses de jurisdição internacional[43].

Lagarde, com apoio em Mehren, afirma que a fixação de jurisdição internacional obedece três fundamentos que justificam o seu exercício: (i) a proteção aos nacionais (fidelidade do Estado, que fixa jurisdição sempre que um nacional for autor ou réu); (ii) a coerção sobre pessoas (fixando a jurisdição sempre que a pessoa encontre-se no território estatal), condutas (fixando jurisdição sobre obrigações realizadas ou a serem cumpridas no Estado) ou bens (fixando jurisdição caso o bem seja situado no território estatal); e (iii) hipóteses de conveniência, equidade e justiça (como, por exemplo, no interesse do foro em decidir certa questão)[44].

Com base nesses fundamentos, os Estados comumente utilizam os seguintes vínculos para fixar jurisdição: a (i) nacionalidade, o (ii) domicílio ou residência de uma das partes (autor ou réu), a (iii) obrigação constituída ou a obrigação a ser executada; e a (iv) celebração de atos considerados de relevo para os Estados, como casamento (uniões) ou o divórcio, entre outros. Esses vínculos constituem-se em verdadeiros *elementos de conexão jurisdicional* (ou vínculos jurisdicionais) que embasam a fixação da jurisdição estatal.

A ampla variedade de vínculos em potencial que um Estado pode escolher para embasar sua jurisdição gera o debate sobre a chamada *jurisdição abusiva ou exorbitante* (também chamada *jurisdição de conveniência*), que seria aquela determinada a partir de um vínculo considerado tênue ou artificial (como ser o autor da ação domiciliado ou residente no Estado do foro).

A jurisdição abusiva pode gerar (i) a busca da jurisdição mais vantajosa (o chamado "forum shopping"), abalando a imparcialidade do juízo e (ii) prejuízos à defesa e ao devido processo legal (ambos direitos reconhecidos corriqueiramente pelo Direito Internacional dos direitos humanos).

O primeiro caso célebre sobre *jurisdição abusiva* foi o "caso da ilha de Tobago" no começo do século XIX. No caso, foi negada, na Inglaterra, a execução de decisão de julgamento à revelia de réu que nunca havia estado naquela ilha. O juízo britânico questionou a amplitude da jurisdição de Tobago, pois, no caso concreto, o réu nunca havia estado sob a jurisdição local[45].

---

[43] VON MEHREN, Arthur. Adjudicatory jurisdiction: general theories compared and evaluated. *Boston Universtiy Law Review*, v. 63, p. 279-340, em especial p. 288-290. Ver também VON MEHREN, Arthur. Theory and practice of adjudicatory authority in private international law: a comparative study of the doctrine, policies and practices of common – and civil-law systems: general course on private international law (1996). *Recueil des Cours de l'Académie de Droit International de La Haye*, v. 295, 2002, p. 9-431.

[44] LAGARDE, Paul. Le principe de proximité dans le droit international privé contemporain; cours général de droit international privé. *Recueil des Cours de l'Académie de Droit International de La Haye*, v. 196, 1986, p. 9-238, em especial p. 127.

[45] O indeferimento da execução da sentença no Reino Unido foi repleto de frases irônicas. O Tribunal britânico chegou a mencionar se a lei de Tobago estaria autorizada a afetar direitos de

A ausência de vínculo imediato com o Estado do foro, contudo, não torna a jurisdição de um Estado em uma "jurisdição abusiva" se existirem vínculos *indiretos*, calcados em normas internacionais aceitas pela comunidade internacional como um todo.

Por exemplo, a jurisdição universal cível de um Estado pode atrair causas de violação de direitos humanos sem outro vínculo com o foro. O maior exemplo dessa extensão de jurisdição para fins do Direito Internacional Privado foi o *Alien Tort Statute* dos Estados Unidos, que permitiu a estrangeiros propor ações de reparação civil por violações ao Direito Internacional (costume ou tratado celebrado pelos Estados Unidos) ocorridas *fora* do território norte-americano. Contudo, após casos bem-sucedidos de processos nos Estados Unidos promovidos por vítimas de tortura[46], a Suprema Corte americana restringiu o alcance da jurisdição norte-americana em outros casos envolvendo *multinacionais*, nos quais o Poder Judiciário do local dos fatos era incapaz de fornecer adequada reparação, levando as vítimas a processar as empresas nos Estados Unidos.

Um dos casos célebres dessa tendência restritiva nos Estados Unidos foi o caso *Kiobel*, no qual a empresa Shell foi processada nos Estados Unidos por vítimas nigerianas de atrocidades (estupros, assassinatos, destruição de propriedade etc.) cometidas por tropas e policiais do governo da Nigéria, tendo sido alegado que a empresa havia fornecido substancial apoio aos ataques realizados após protestos pelos danos ambientais causados pela extração de petróleo na região de Ogoni. Para a Suprema Corte dos Estados Unidos, não havia presunção de extraterritorialidade na fixação da jurisdição cível por violação do Direito Internacional, não cabendo à Justiça norte-americana apreciar fatos ocorridos em outro Estado soberano[47].

"todo o globo". *In verbis:* Can the Island of Tobago pass a law to bind the rights of the whole world? Would the world submit to such an assumed jurisdiction? Caso Buchanan *vs.* Rucker, 1808. Conferir a descrição do caso em STORY, Joseph. *Commentaries on the conflict of laws*. (1. ed. 1834), 4. ed. Boston: Little Brown and Company, 1852. Disponível em: <http://www.unz.org/Pub/StoryJoseph-1834n02>. Último acesso em: 15 set. 2022, p. 916-917.

[46] O caso *Filártiga* vs. *Peña-Irala* é o mais conhecido, tendo um tribunal federal norte-americano assumido a jurisdição para apreciar de ação de responsabilidade cível por torturas cometidas por agentes de Estado estrangeiro em violação ao direito à integridade física. O tribunal dos Estados Unidos considerou, em que pese a nacionalidade *paraguaia* do autor e do réu, ter sido violada obrigação internacional cogente, podendo a jurisdição local estadunidense ser utilizada para obter reparação para as vítimas. Sobre o caso citado e outros, ver STEINER, Henry J.; ALSTON, Philip. *International Human Rights in context*, Oxford: Clarendon Press, 1996, p. 779-788.

[47] Consta da decisão: "Finally, there is no indication that the ATS [Alien Tort Statute] was passed tomake the United States a uniquely hospitable forum for the enforcement of international norms". Suprema Corte dos Estados Unidos, *Kiobel et al.*, vs. *Royal Dutch Petroleum et al.*, Case 10-1491 (julgamento de 17 de abril de 2013). Ver os votos e a posição da Suprema Corte em: <https://www.law.cornell.edu/supremecourt/text/10-1491>. Sobre o caso, ver CANTU RIVERA, Humberto. The *Kiobel* precedent and its effects on universal jurisdiction and the business & human rights agenda: a continuation to a human rights forum in peril? *Cuestiones Constitucionales*, v. 30, p. 209-222.

Outro caso rumoroso foi o caso *Daimler AG* vs. *Bauman et al.*, no qual conhecida empresa automobilística (o grupo Daimler/Mercedes-Benz) foi processada nos Estados Unidos pelo envolvimento de uma subsidiária com fatos graves ocorridos durante o regime ditatorial argentino (teria repassado informações e apontado os "empregados subversivos" aos agentes da repressão, contribuindo para os desaparecimentos forçados e mortes). A Suprema Corte norte-americana, novamente, entendeu que não era possível estender a jurisdição norte-americana para abranger fatos ocorridos fora do território e realizados por pessoa jurídica (a subsidiária argentina) com vínculos distantes com os Estados Unidos. Contudo, durante o processo, os autores esforçaram-se em demonstrar que nem a jurisdição argentina nem a jurisdição alemã (sede principal da Daimler-Benz)[48] teriam condições de prestar justiça no caso concreto, bem como buscaram provar a existência de vínculos do grupo com os Estados Unidos (importante mercado desses automóveis), além da inexistência de prejuízo à defesa.

Esses exemplos mostram a insuficiência de soluções predeterminadas sobre a fixação da jurisdição a partir tão somente do reconhecimento de *vínculos estreitos* com o foro. A recusa em se reconhecer a jurisdição em determinados casos de atividades realizadas fora do território não gera impactos simétricos em todos os Estados: na era da globalização, há dúvidas sobre a efetividade do acesso à justiça em Estados dependentes, por exemplo, de atividades econômicas realizadas por empresas multinacionais poluidoras. A flexibilidade na determinação da jurisdição, por outro lado, pode levar também ao cenário de insegurança, com busca de uma jurisdição de conveniência complacente para que se obtenha uma sentença para, após, gerar a sua execução em outro Estado.

No atual momento, no qual o fluxo transfronteiriço aumenta, assim como a assimetria entre Estados, agentes econômicos e ainda os diversos grupos sociais vulneráveis, a temática da jurisdição internacional deve levar em consideração os diversos valores envolvidos: (i) acesso à justiça, (ii) devido processo legal, com respeito à ampla defesa e (iii) justiça material no caso concreto. Esses valores são oriundos da proteção internacional de direitos humanos, cujo alcance contamina também o Direito Internacional Privado da atualidade.

Com base nesses valores, o foco na determinação da jurisdição internacional no Direito Internacional Privado não pode ser somente o dos limites à jurisdição no caso da jurisdição abusiva, mas deve também abarcar o dever do exercício razoável da jurisdição, para que se evite a denegação de justiça, como veremos no item referente à *jurisdição de necessidade*[49].

---

[48] MULLENIX, Linda S. Due process, general personal jurisdiction, and F-Cubed litigation: the extraterritorial reach of American State Courts over foreign nation corporations for alleged human rights violations. *University of Texas* School of Law, Public Law Research Paper n. 525.

[49] Sobre o dever do exercício razoável da jurisdição (ou competência internacional, no termo consagrado na doutrina francesa), ver MUIR WATT, Horatia; BUREAU, Dominique. *Droit International Privé. Tome I. Partie générale*. 3. ed. Paris: PUF, 2014, p. 89.

5. AS FONTES INTERNACIONAIS E NACIONAIS DE DEFINIÇÃO DA JURISDIÇÃO INTERNACIONAL CÍVEL BRASILEIRA

5.1. As normas internacionais

Por meio da determinação da jurisdição internacional, o Brasil expõe sua opção (dentro do marco do Direito Internacional) na delimitação do seu poder jurisdicional, tanto por meio da imposição de deveres de apreciação quanto na fixação de limites à jurisdição. Ao assim proceder, o Brasil reconhece a existência de outros Estados e suas respectivas jurisdições, evitando os dois extremos: uma jurisdição excessivamente ampla (e por isso abusiva, ofendendo, por exemplo, a ampla defesa e a segurança jurídica) ou uma jurisdição extremamente restrita (também abusiva, por violar o acesso à justiça e à igualdade material).

No Brasil, há fontes internacionais e nacionais vigentes que tratam da temática da jurisdição internacional. No plano internacional, há o costume internacional (exposto em precedentes de tribunais internacionais) e os tratados que consolidam a posição do direto internacional sobre os limites à jurisdição internacional, bem como eventual dever de impor sua jurisdição.

O primeiro tratado sobre jurisdição internacional celebrado no mundo foi o Tratado de Lima, de 1878 (não ratificado por nenhum Estado) e, em seguida, o Tratado de Montevidéu sobre Direito Civil Internacional, de 1889. Na Europa, o primeiro tratado sobre a temática foi a Convenção da Haia para regular os conflitos de leis e jurisdições em matéria de divórcio e de separação de pessoas, editada no âmbito da primeira fase da Conferência da Haia de Direito Internacional Privado, em 1902.

No que tange aos tratados celebrados pelo Brasil, o mais longevo a tratar de jurisdição internacional *direta* é o Código Bustamante (1928), que, nos seus arts. 318 a 339, aborda várias facetas da fixação da jurisdição. Nos tratados temáticos negociados no âmbito da OEA e da Conferência da Haia de Direito Internacional Privado, há dispositivos referentes à jurisdição, como, por exemplo, na Convenção Interamericana sobre Obrigação Alimentar[50] (fixando a jurisdição para os litígios envolvendo obrigação alimentar) e na Convenção da Haia sobre os Aspectos Civis do Sequestro Internacional de Crianças[51] (fixando a jurisdição da residência habitual da criança para decidir sobre a guarda). No âmbito do Mercosul, a jurisdição é tratada expressamente no Protocolo de Buenos Aires sobre Jurisdição Internacional

---

[50] A Convenção Interamericana sobre Obrigação Alimentar, concluída em Montevidéu, em 15 de julho de 1989, ratificada pelo Brasil em 1997, foi incorporada internamente pelo Decreto n. 2.428, de 17 de dezembro de 1997.

[51] A Convenção sobre os Aspectos Civis do Sequestro Internacional de Crianças, concluída na cidade de Haia, em 25 de outubro de 1980, ratificada pelo Brasil em 1999, foi incorporada internamente pelo Decreto n. 3.416, de 14 de abril de 2000.

em Matéria Contratual[52] e também no Protocolo de Santa Maria sobre jurisdição internacional em matéria de relações de consumo de 1996[53]. No que tange à jurisdição indireta, destaca-se o Protocolo de Cooperação e Assistência Jurisdicional em Matéria Civil, Comercial, Trabalhista e Administrativa, de 1992[54].

Como já visto no capítulo sobre a relação entre as fontes internacionais e nacionais do DIPr, as fontes internacionais prevalecem em nome do princípio da especialidade, na existência de fatos transnacionais vinculados aos Estados-Partes do tratado. Além dos tratados sobre jurisdição internacional direta, há diversos tratados bilaterais e multilaterais sobre cooperação jurídica internacional, que estabelecem modalidades de cooperação entre Estados e exigem, como preliminar para o deferimento da cooperação, que o Estado Requerente tenha jurisdição sobre o objeto da demanda sob a qual incidirá o pleito cooperacional.

Quanto aos novos tratados, há falta de um tratado de âmbito global que contenha tanto o regramento da jurisdição internacional direta quanto da jurisdição indireta. Essa abordagem "dupla" ofereceria previsibilidade e segurança jurídica aos envolvidos nos fatos transnacionais, pois ficam esclarecidos os critérios de determinação da jurisdição dos Estados em casos de litígios pluriconectados, bem como ficam expostos, de modo multilateral, os motivos para o indeferimento do pleito cooperacional (pela negativa de cumprimento de uma carta rogatória ou mesmo pelo não reconhecimento de uma sentença estrangeira) por ausência de jurisdição do Estado Requerente, evitando-se que tal indeferimento seja feito de modo *unilateral* com base em leis nacionais do Estado Requerido (que estaria, por via oblíqua, questionando a demarcação da jurisdição internacional feita pelo Estado estrangeiro). Para Araujo e Polido, esse modelo de convenção "dupla" facilita a própria cooperação jurídica internacional, pois bastaria que fosse provado, em um reconhecimento de sentença estrangeira, o cumprimento das regras de jurisdição internacional direta pelo tribunal estrangeiro de origem da sentença[55].

5.2. As normas nacionais

Durante o período colonial, o maior questionamento envolvendo a jurisdição internacional era referente ao acesso de estrangeiros aos tribunais locais. Relata Valladão

---

[52] O Protocolo de Buenos Aires sobre Jurisdição Internacional em Matéria Contratual, concluído em Buenos Aires, em 5 de agosto de 1994, foi promulgado pelo Decreto n. 2.095, de 17 de dezembro de 1996.

[53] Adotado pela decisão do Conselho do Mercado Comum n. 10, de 17 de dezembro de 1996. Ainda não incorporado internamente.

[54] O Protocolo de Cooperação e Assistência Jurisdicional em Matéria Civil, Comercial, Trabalhista e Administrativa foi assinado pelo Brasil em 27 de junho de 1992, ratificado em 1996 e incorporado internamente pelo Decreto n. 2.067, de 12 de novembro de 1996.

[55] ARAUJO, Nádia de; POLIDO, Fabrício Bertini Pasquot. Reconhecimento e execução de sentenças estrangeiras: análise do projeto em andamento na Conferência da Haia de Direito internacional privado. *Revista de Direito Internacional*, v. 11, n. 1, 2014, p. 19-42, em especial p. 24.

que as Ordenações Filipinas (1602) permitiam o igual acesso a nacionais e estrangeiros à jurisdição colonial[56]. O elemento de estraneidade que se destacava nas lides transnacionais era a nacionalidade estrangeira de uma das partes, podendo a jurisdição local julgar tais litígios.

Contudo, durante o período colonial e mesmo durante as primeiras décadas do Brasil independente, a jurisdição brasileira sofria com a existência do "juiz conservador estrangeiro", um juiz nacional escolhido pelos estrangeiros residentes que julgava os litígios envolvendo tais estrangeiros no Brasil[57]. Essa jurisdição especial representou a aceitação de um regime jurisdicional excepcional a favor dos estrangeiros, fundado na desconfiança quanto à integridade da justiça local. Assim, rompeu-se o princípio tradicional de fixação da jurisdição internacional do Estado que é o princípio da territorialidade, sem qualquer reciprocidade.

Denise Neves Abade aponta que o marco da desigualdade de trato no Brasil independente ocorreu em 1827, com a assinatura de Tratado de Comércio do Brasil com o Reino Unido[58]. Nesse tratado, foi renovado o instituto do "juiz conservador britânico" ("Conservatory Court"), escolhido pelos súditos ingleses residentes no local, com a escolha aprovada pelo embaixador britânico, que já havia sido instituído na época colonial após a vinda da Família Real ao Brasil em 1808[59]. O tratado foi mantido até 1844, quando não foi renovado.

Após o fim desse período de jurisdição internacional excepcional, a jurisdição brasileira voltou a julgar litígios envolvendo brasileiros e estrangeiros, sem distinção, não sendo exigido inclusive o requisito da residência no Brasil[60].

No que tange à jurisdição indireta, Valladão aponta que a Lei n. 221, de 20 de novembro de 1894, foi o primeiro diploma normativo do Brasil que inseriu, como requisito para a homologação de sentença estrangeira, a prolação por juiz ou tribunal *competente*[61].

---

[56] VALLADÃO, Haroldo. *Da competência judiciária no Direito internacional privado*. Estudos de direito internacional privado. Rio de Janeiro: José Olympio, 1947, p. 421-463, em especial p. 445

[57] CARNEIRO, Athos Gusmão. *Jurisdição e competência*. 7. ed. São Paulo: Saraiva, 1997, p. 146.

[58] ABADE, Denise Neves. *Direitos fundamentais na cooperação jurídica internacional*. São Paulo: Saraiva, 2013, p. 60.

[59] Athos Gusmão Carneiro informa que a existência deste foro especial em Portugal (denominado de conservador porque o juiz preservaria os direitos e prerrogativas de uma classe, no caso, os estrangeiros) a favor dos britânicos tem raízes remotas, com origem na Carta Régia de 1450. CARNEIRO, Athos Gusmão. *Jurisdição e competência*. 7. ed. São Paulo: Saraiva, 1997, p. 148. Ver também ALMEIDA, Paulo Roberto. *A formação da diplomacia econômica do Brasil*. São Paulo: Senac, 2001, em especial p. 338.

[60] VALLADÃO, Haroldo. *Da competência judiciária no Direito internacional privado*. Estudos de direito internacional privado. Rio de Janeiro: José Olympio, 1947, p. 421-463, em especial p. 451.

[61] VALLADÃO, Haroldo. *Da competência judiciária no Direito internacional privado*. Estudos de direito internacional privado. Rio de Janeiro: José Olympio, 1947, p. 421-463, em especial p. 481.

O diploma que tratou, em seguida, da fixação da jurisdição cível em litígios envolvendo fatos transnacionais foi o Código Civil de 1916, cuja parte introdutória (arts. 8º a 21) tratou de temas de Direito Internacional Privado. O art. 15 do Código Civil de 1916 dispunha sobre a jurisdição internacional dos juízos locais "nas demandas contra as pessoas domiciliadas ou residentes no Brasil, por obrigações contraídas ou responsabilidades assumidas neste ou noutro país". Em 1939, o Código de Processo Civil também serviu para a definição da jurisdição internacional cível, que foi alterada pela Lei de Introdução ao Código Civil de 1942. O CPC de 1973 trouxe novas regras de jurisdição internacional, consagrando um sistema de jurisdição internacional cível em parceria com a então Lei de Introdução ao Código Civil.

Com a CF/88, foram estabelecidas importantes bases constitucionais da fixação da jurisdição, com vários dispositivos que impactam na temática, entre eles o direito de acesso à justiça (art. 5º, XXXV) e o princípio da cooperação entre os povos para o progresso da humanidade (art. 4º, IX).

Os diplomas legais regulatórios da jurisdição internacional cível vigentes atualmente mantiveram o sistema dual de regulação pelo CPC (agora, o de 2015) e pela Lei de Introdução às Normas do Direito Brasileiro (LINDB). No que tange à jurisdição indireta, deve-se acrescentar, além da LINDB e do CPC, também o Regimento Interno do Superior Tribunal de Justiça, que trata da carta rogatória e da ação de homologação de sentença estrangeira.

A fragmentação das regras em vários diplomas normativos pode gerar (i) insegurança, (ii) eventual incoerência, sem contar que não permite que se tenha uma visão clara sobre os interesses gerais brasileiros na fixação da jurisdição.

Como se trata de um tema geral que antecede a fixação das normas processuais, é possível inclusive defender que as normas de um Código Processual Civil deveriam se abster de tratar de jurisdição, que constaria de um diploma específico de Direito Internacional Privado[62], o qual poderia tratar tanto da jurisdição direta quanto da indireta, regulando fatos transnacionais cíveis e criminais, para dar sistemacidade ao tratamento da temática, fortalecendo a posição brasileira diante de outros atores internacionais.

Além disso, é o conjunto das normas do local da propositura da ação que determina a (i) jurisdição internacional, (ii) qualifica os elementos de conexão utilizados para definir as hipóteses pelas quais o Estado apreciará litígios transnacionais e também (iii) explicita as regras de desenvolvimento do processo.

Nessa linha, Valladão sustentou que "o problema da qualificação" na jurisdição internacional resolve-se, em princípio, pela própria lei processual do foro (*lex processualis fori*)[63]. Por exemplo, no caso de a jurisdição ser estabelecida pela regra do

---

[62] JATAHY, Vera Maria Barrera. *Do conflito de jurisdições*: a competência internacional da Justiça Brasileira. Rio de Janeiro: Forense, 2003, p. 94, nota de rodapé n. 22.

[63] VALLADÃO, Haroldo. *Direito internacional privado*. Rio de Janeiro: Freitas Bastos, 1978, v. III, p. 125.

lugar do domicílio do réu, cabe à lei do foro definir o que é "domicílio" para fins processuais. Consagra-se a *divisão* entre as regras processuais fixadas pela lei do foro (*ad ordinandam litem*) e as regras de decisão do mérito da causa (*ad decidendam litem*). As regras de decisão de mérito dependem da escolha da lei, que pode inclusive gerar a aplicação da lei estrangeira. Já as regras processuais dependem da *lei do foro* no qual o processo transcorre[64].

6. OS MODOS DE DETERMINAÇÃO DA JURISDIÇÃO INTERNACIONAL CÍVEL

Há dois modos tradicionais de se determinar a jurisdição internacional cível no Direito Internacional Privado: (i) a *determinação enumerativa (ou direta)*, pela qual a extensão da jurisdição de um Estado está prevista taxativamente, excluindo, implicitamente, todas as demais; (ii) a *determinação por derivação (ou indireta)*, pela qual o alcance da jurisdição de um Estado é derivada das regras existentes sobre a competência territorial dos órgãos judiciais internos.

De acordo com a determinação derivada da jurisdição, se uma controvérsia está incluída na competência de um órgão judicial nacional, a jurisdição fica, então, fixada[65]. Há, então, uma *função dupla* na fixação das regras da competência doméstica: serve para definir a competência interna e ainda a jurisdição internacional. Assim, esse modo de determinação da jurisdição cível impõe que a jurisdição internacional seja definida a partir dos critérios de competência da lei do lugar onde a ação é proposta. No Direito Internacional Privado de outros países, esse modelo foi adotado pela Alemanha, cujas regras sobre a competência territorial no Código de Processo Civil alemão servem para fixar também a jurisdição internacional[66].

---

[64] Essa divisão, relata Meijers, tem origem no período estatutário do DIPr. MEIJERS, E. M. L'histoire des principes fondamentaux du droit international privé a partir du moyen age. Spécialement dans l'Europe Occidentale. *Recueil des Cours de l'Académie de Droit International de La Haye*, v. 49, 1934, p. 547-686, em especial p. 597. Ver ainda MIAJA DE LA MUELA, Adolfo. Les principes directeurs des règles de compétence territoriale des tribunaux internes en matière de litiges comportant un élément international. *Recueil des Cours de l'Académie de Droit International de La Haye*, v. 135, 2015, p. 1-96, em especial p. 24.

[65] LIEBMAN, Enrico Tullio. Os limites da jurisdição brasileira. *Revista Forense*, v. 92, dez. 1942, p. 647-650, em especial p. 647.

[66] Atualmente, o modelo da determinação derivada ou indireta na Alemanha tem seu papel diminuído em virtude da europeização do DIPr e dos tratados celebrados pela Alemanha, além de leis especiais. Caso nenhum desses diplomas sejam aplicáveis, os foros mencionados no CPC (*Zivilprozessordnung*) também servem para delimitar a jurisdição internacional cível. Agradeço ao Prof. Sven Korzilius pela atualização na matéria. No mais, ver SAMTLEBEN, Jürgen. Sobre a execução de uma sentença brasileira na Alemanha. BAPTISTA, Luiz Olavo; CASELLA, Paulo Borba; HUCK, Hermes Marcelo (Coord.). *Direito e comércio internacional:* tendências e perspectivas – estudos em homenagem ao Prof. Irineu Strenger. São Paulo: LTr, 1994, p. 242-248, em especial p. 245.

No Brasil, esse modelo da derivação foi acatado pelo art. 15 da introdução ao Código Civil de 1916, que estabeleceu, na sua primeira parte, que "rege a competência, a forma do processo e os meios de defesa a *lei do lugar*, onde se mover a ação". Assim, caso fosse proposta a ação no Brasil, agiria a lei processual nacional e suas regras de competência. A parte final do próprio art. 15 confirmava essa opção ao estatuir que "sendo competentes *sempre* os tribunais brasileiros nas demandas contra as pe*ssoas domiciliadas ou residentes no Brasil*, por obrigações contraídas ou responsabilidades assumidas *neste* ou *noutro* país", o que seria consequência lógica da primeira parte[67].

Essa segunda parte do art. 15 tinha como objetivo reforçar a *exclusividade* da jurisdição brasileira sobre as demandas contra as pessoas domiciliadas ou residentes no Brasil, impedindo, por exemplo, o reconhecimento brasileiro de sentença estrangeira contra tais pessoas. A interpretação do dispositivo levava à conclusão de que pertenceriam à jurisdição brasileira *todas* as causas que, segundo as regras de competência territorial nacional, seriam da competência do juízo brasileiro[68].

O art. 15, combinado com o art. 134, § 1º, do CPC de 1939 (que permitia a propositura da ação no Brasil mesmo na *ausência* de domicílio do réu ou do autor)[69] aumentou enormemente o alcance da jurisdição brasileira. Foram adotados os *princípios da unilateralidade e da exclusividade* da jurisdição. Assim sendo, o Código Civil de 1916 preocupou-se com a fixação da jurisdição brasileira (unilateralidade) e ainda com a exclusão de qualquer outra jurisdição estrangeira (exclusividade).

O modo da determinação por derivação aumentou o número de casos com pouco ou nenhum contato com a jurisdição brasileira, mas que acabavam submetidos ao Judiciário local. Como exemplo, cite-se o "Caso Windhuk", referente à ação de arresto de navio mercante Windhuk no porto de Santos, proposto por empresa sediada na Inglaterra contra empresa alemã sediada *também* no estrangeiro, nos anos 1940. O único ponto de contato com a jurisdição nacional era a localização, acidental, do navio "Windhuk" em Santos. Valladão sustentou que o Brasil possuía jurisdição sobre o caso, em face da generosidade do art. 15, mesmo tendo como *única ligação*

---

[67] O artigo no seu inteiro teor possuía a seguinte redação: "Art. 15. Rege a competência, a forma do processo e os meios de defesa a lei do lugar, onde se mover a ação; sendo competentes sempre os tribunais brasileiros nas demandas contra as pessoas domiciliadas ou residentes no Brasil, por obrigações contraídas ou responsabilidades assumidas neste ou noutro país".

[68] Conforme lição de Liebman. Conferir em LIEBMAN, Enrico Tullio. Os limites da jurisdição brasileira. *Revista Forense*, v. 92, dez. 1942, p. 647-650, em especial p. 648.

[69] "Art. 134. O réu será, em regra, demandado no foro de seu domicílio, ou, na falta, no de sua residência. § 1º Quando o réu não tiver domicílio, ou residência, no Brasil, e, por outras disposições constantes deste Título, não se puder determinar a competência, a ação será proposta no foro do domicílio, ou residência, do autor. Si tambem o autor for domiciliado e residente em território estrangeiro, a ação poderá ser proposta perante qualquer juizo".

com o foro a localização (no Brasil) do bem objeto da execução, defendendo que o aumento do alcance da jurisdição brasileira era desejável para evitar denegação de justiça[70].

Contudo, em 1942, no ambiente de modificações legislativas da ditadura de Getúlio Vargas, houve a mudança no modo de determinação da jurisdição brasileira pela Lei de Introdução ao Código Civil (LICC) de 1942, que adotou o modelo de determinação direta, sem maiores debates. Especula-se que o aumento de casos com conexões frágeis com o ordenamento brasileiro (como o "Caso Windhuk") teria motivado a mudança do modelo.

Desde então, o modelo da determinação direta – que é aquele pelo qual a lei ou o tratado elencam as hipóteses do exercício da jurisdição internacional por parte do Estado (deixando claro o vínculo jurisdicional eleito) – prevaleceu tanto no plano legislativo interno (na manutenção do modelo da LICC, hoje LINDB, e também nos Códigos de Processo Civil de 1973 e de 2015) quanto nos tratados internacionais celebrados pelo Brasil.

Consequentemente, em primeiro lugar o juiz brasileiro deve verificar se o Brasil possui jurisdição sobre o litígio com elementos de estraneidade, que é pressuposto processual positivo[71]. Por outro lado, somente se existir jurisdição internacional é que as regras internas de competência podem ser avaliadas, ficando afastada, no modelo da determinação direta, qualquer confusão entre jurisdição internacional e competência interna.

Nessa linha, o novo CPC estabeleceu, no seu art. 46, § 3º, que, quando o réu não tiver domicílio ou residência no Brasil, a ação será proposta no *foro de domicílio do autor*, e, se este também residir fora do Brasil, a ação será proposta em qualquer foro[72]. Esse dispositivo diz respeito à competência interna (ou competência especial, da denominação dada pela doutrina francesa, vista acima), não se tratando de jurisdição internacional cível. Logo, deve-se primeiro verificar se o Brasil possui jurisdição (arts. 21 e s. do CPC/2015) para, após, verificar-se a competência

---

[70] Parecer de 11 de junho de 1940. Conferir o parecer na íntegra em VALLADÃO, Haroldo. *Da competência judiciária no Direito internacional privado*: estudos de direito internacional privado. Rio de Janeiro: José Olympio, 1947, p. 421-463, em especial p. 461.

[71] Em sentido contrário, Botelho de Mesquita defende que a existência de jurisdição internacional é "condição da ação". De qualquer modo, quer seja por ausência de pressuposto processual ou por ausência de condição da ação, gera-se a extinção do processo sem julgamento de mérito. Conferir em BOTELHO DE MESQUITA, José Ignácio. Questões procedimentais das ações contra Estados e organizações internacionais. MADRUGA FILHO, Antenor Pereira; GARCIA, Márcio Pereira Pinto (Coord.). *A imunidade de jurisdição e o Judiciário brasileiro*. Brasília: CEDI, 2002, p. 215-220, em especial p. 217.

[72] "Art. 46. A ação fundada em direito pessoal ou em direito real sobre bens móveis será proposta, em regra, no foro de domicílio do réu. (...) § 3º Quando o réu não tiver domicílio ou residência no Brasil, a ação será proposta no foro de domicílio do autor, e, se este também residir fora do Brasil, a ação será proposta em qualquer foro."

interna de um determinado juízo[73]. Caso não haja jurisdição, o juiz deve extinguir o processo sem julgamento de mérito.

7. O MODELO DE DETERMINAÇÃO DIRETA: ENTRE A CONCORRÊNCIA E A EXCLUSIVIDADE DA JURISDIÇÃO

Com a LICC/42 (hoje LINDB), houve mudança radical em relação à determinação da jurisdição internacional, com o DIPr brasileiro adotando o sistema da *determinação direta*, com a enumeração das hipóteses nas quais o Brasil decidiu – em nome de sua soberania – exercer sua jurisdição, modelo que foi mantido depois pelo Código de Processo Civil de 1973 e pelo novo CPC de 2015.

A existência de regras da Lei de Introdução às Normas do Direito Brasileiro (LINDB, antiga Lei de Introdução ao Código Civil – LICC) e do CPC sobre a jurisdição internacional retrata a impossibilidade de uma jurisdição ilimitada ou sem regras, calcada em uma ilusão soberanista. Um Estado que aceite conhecer e julgar qualquer causa no globo fatalmente terá dificuldade de fazer cumprir tais comandos judiciais, que esbarrarão na negativa de cooperação jurídica internacional tanto para auxiliar a produção da decisão quanto para reconhecer e executar a sentença prolatada. Por seu turno, a jurisdição ilimitada de todos os Estados levaria à imposição de regras distintas sobre uma mesma conduta, gerando ordens contraditórias e atritos. Consequentemente, os litígios entre Estados seriam inevitáveis, ameaçando a convivência e a paz internacional. Porém, caso os Estados limitem excessivamente a jurisdição em sentido estrito, pode ocorrer denegação de justiça.

As disposições nacionais sobre a jurisdição internacional cível foram previstas no art. 12 da LINDB[74] e, posteriormente, nos arts. 88 a 90 do Código de Processo Civil (CPC) de 1973, revogado pelo CPC de 2015, que regulou a matéria nos arts. 21 a 26 (Título II – "Dos limites da jurisdição nacional e da cooperação internacional"). Não houve a revogação expressa do art. 12 da LINDB, *caput*, mas o CPC tratou de regular também a matéria. Para Tenório, não havia conflito entre o CPC/73 e a LINDB, uma vez que os dispositivos não seriam conflitantes, mas sim cumulativos[75].

---

[73] O mesmo ocorria no CPC de 1973, com a previsão do art. 94, § 3º: "(...) Quando o réu não tiver domicílio nem residência no Brasil, a ação será proposta no foro do domicílio do autor. Se este também residir fora do Brasil, a ação será proposta em qualquer foro".

[74] *In verbis*: "É competente a autoridade judiciária brasileira, quando for o réu domiciliado no Brasil ou aqui tiver de ser cumprida a obrigação. § 1º Só à autoridade judiciária brasileira compete conhecer das ações relativas a imóveis situados no Brasil. § 2º A autoridade judiciária brasileira cumprirá, concedido o *exequatur* e segundo a forma estabelecida pela lei brasileira, as diligências deprecadas por autoridade estrangeira competente, observando a lei desta, quanto ao objeto das diligências".

[75] TENÓRIO, Oscar. *Direito internacional privado*, v. II, 11. ed. Rio de Janeiro: Freitas Bastos, 1976, p. 381.

Comparando os referidos diplomas, nota-se que no CPC de 2015 a temática foi inserida no Título II, "Dos limites da jurisdição nacional e da cooperação jurídica internacional". Atualizou-se, minimamente, a terminologia da matéria, com a menção aos "limites da jurisdição" e não à "competência internacional", termo anteriormente utilizado no CPC de 1973. Mesmo assim, o conteúdo dos arts. 21 a 25 continua a utilizar o termo "compete à autoridade judiciária", mostrando a resiliência da terminologia tradicional[76].

De acordo com seu art. 13, o CPC determina que a jurisdição civil será regida pelas normas processuais brasileiras, ressalvadas as *disposições específicas* previstas em tratados, convenções ou acordos internacionais de que o Brasil seja parte, o que demonstra, novamente, que o tratado no DIPr deve ser considerado *lex specialis*, afastando-se a aplicação das normas gerais da LINDB e, nesse caso, do CPC.

Desde a adoção do modelo da determinação direta, as hipóteses de jurisdição internacional referente aos litígios transnacionais podem ser classificadas, a partir do *critério da convivência com as jurisdições estrangeiras*, em dois grupos: (i) o da *jurisdição internacional cível concorrente ou relativa* e (ii) o da *jurisdição cível exclusiva ou absoluta*.

A *jurisdição internacional relativa ou concorrente* é o conjunto de hipóteses de exercício de jurisdição no qual o Brasil admite que outro Estado exerça também jurisdição sobre os mesmos fatos. Obviamente, há a possibilidade de decisões eventualmente contraditórias sobre a mesma conduta (a sentença nacional e a sentença estrangeira), o que fez com que surgissem diversas respostas ao problema, que serão analisadas abaixo, em item próprio deste *Curso*.

Já a *jurisdição internacional absoluta ou exclusiva* consiste no conjunto de hipóteses de exercício de jurisdição no qual o Brasil não reconhece o poder jurisdicional de qualquer outro Estado sobre aquele caso, o que implicará na impossibilidade de reconhecimento e execução de sentença estrangeira eventualmente prolatada. O termo "jurisdição exclusiva" pode ser criticado, uma vez que se trata de uma norma unilateral de DIPr, não cabendo ao Brasil impor exclusividade de jurisdição a outros Estados[77].

Alguns Estados defendem sua jurisdição absoluta por meio da adoção de medidas de impedimento à propositura de demandas paralelas no Estado estrangeiro. Essas medidas são conhecidas como *ordens de não processar* ('anti-suit injunction' ou 'injonctions contre poursuites') e são determinações do juízo nacional para que as partes não iniciem ou continuem a litigar em foro estrangeiro. Para Tiburcio, a

---

[76] Defendendo a possibilidade do uso da expressão "jurisdição competente" no Direito internacional privado, ver SILVA, Agustinho Fernandes Dias da. *A competência judiciária no direito internacional privado*. Rio de Janeiro: Freitas Bastos, 1965, p. 14.

[77] Nesse sentido, MORELLI, Gaetano. *Derecho procesal internacional*. Tradução de Santiago Sentís Melendo. Buenos Aires: Ediciones Jurídicas Europa-América, 1953, p. 87.

concessão de tais ordens protege o direito de uma parte (aquela que tem interesse na jurisdição absoluta do foro), mas "traz consigo grave e inequívoco desrespeito ao tribunal estrangeiro que soberanamente decidiu apreciar o feito"[78].

As razões pelas quais o Estado opta por inserir uma hipótese de definição de jurisdição na espécie "relativa" ou na espécie "absoluta" podem ser resumidas na proteção de interesses nacionais. Caso seja considerado pelo Estado que determinado elemento de conexão jurisdicional (ou vínculo jurisdicional) contém *interesse público relevante* – além dos interesses privados dos envolvidos no litígio – que não possa ser decidido por julgadores estrangeiros, será hipótese de jurisdição exclusiva.

Além disso, também é possível classificar as hipóteses previstas na LINDB e no CPC, a partir do tipo de vínculo jurisdicional utilizado, em dois grupos: (i) o da jurisdição internacional cível geral e (ii) o da jurisdição internacional cível especial.

A *jurisdição internacional cível geral* é aquela que enumera hipótese de definição de jurisdição que abarca todo e qualquer litígio. Já a *jurisdição internacional cível especial* enumera hipóteses de casos específicos.

É possível que os critérios de classificação de jurisdição acima expostos interajam: no Brasil, há hipóteses de jurisdição concorrente geral (por exemplo, pela regra do domicílio do réu) e concorrente especial (pela regra do cumprimento da obrigação no Brasil), bem como hipóteses de jurisdição exclusiva geral (não existente no Brasil) e exclusiva especial (pela regra da situação do bem imóvel)[79].

8. AS HIPÓTESES DE JURISDIÇÃO INTERNACIONAL CÍVEL NA LINDB E NO NOVO CPC DE 2015

8.1. Os critérios para a determinação

As normas da LINDB e do CPC de 2015 definem a jurisdição cível brasileira de modo geral, na ausência de tratado. Para tanto, houve o uso de critérios, objetivos e subjetivos, que identificam elementos de estraneidade vinculados à lide transnacional, definindo a jurisdição brasileira. Machado Villela classificou os elementos de

---

[78] TIBURCIO, Carmen. *Extensão e limites da jurisdição brasileira*. Competência internacional e imunidade de jurisdição. Salvador: JusPodivm, 2016, p. 219. Ver, ainda, USUNIER, Laurence. *La régulation de la compétence juridictionnelle en droit international privé*. Paris: Economica, 2008, p. 445-491.

[79] Tiburcio anota que a "competência exclusiva geral" – inexistente no Brasil – já foi regra no direito francês ao fixar a jurisdição francesa em razão da nacionalidade francesa do autor e do réu. TIBURCIO, Carmen. *Extensão e limites da jurisdição brasileira: o Estado-juiz e o Estado-Parte*. Tese submetida à Banca Examinadora de concurso público para provimento do cargo de Professor Titular de Direito internacional privado da Faculdade de Direito da Universidade do Estado do Rio de Janeiro (UERJ), novembro de 2015, em especial p. 171-173.

estraneidade referentes à determinação de jurisdição em dois grupos: o relativo ao *elemento pessoal* (nacionalidade ou domicílio) e o relativo ao *elemento real* (lugar da prática de um ato, lugar da situação da coisa, entre outros)[80].

Na mesma linha, Jatahy classifica os critérios definidores da jurisdição em (i) critérios objetivos e (ii) critérios subjetivos. Os critérios objetivos consistem no conjunto de elementos de conexão jurisdicional vinculados à própria lide, como a situação do bem, o ato ou fato gerador da controvérsia ou o território do Estado no qual venha a ser cumprida a obrigação. Já os critérios subjetivos são os elementos de conexão jurisdicional vinculados aos sujeitos envolvidos no litígio transnacional, como a residência ou domicílio das partes, a nacionalidade, entre outros[81].

Os critérios adotados pela lei brasileira *não* são cumulativos: é suficiente para fixar a jurisdição brasileira a ocorrência de uma das hipóteses descritas[82]. Além disso, a ocorrência ou não da hipótese é aferida de acordo com a narrativa daquele que provoca a jurisdição, ou seja, o autor. Assim, mesmo que, no mérito, não haja a comprovação do que foi alegado, houve o correto exercício da jurisdição brasileira. Por exemplo, na hipótese de jurisdição internacional definida porque a demanda está fundada em fato ocorrido no Brasil (art. 21, III, do CPC de 2015)[83], é irrelevante que, ao final do processo e após a instrução probatória, o julgador constate que tal fato nunca ocorreu. Como a jurisdição internacional é pressuposto processual, aplica-se aqui a *teoria da asserção* (*in status assertionis*), que analisa somente a pertinência entre o que foi *narrado* na petição inicial e os requisitos legais, não importando a incidência de circunstâncias supervenientes (por exemplo, a modificação do domicílio, no caso do art. 21, I)[84].

A análise sistemática da LINDB e do CPC de 2015 indicam que são *nove* as hipóteses de jurisdição internacional fixadas pelo Brasil, competindo ao juízo nacional conhecer e julgar:

(i) ações quando o réu, qualquer que seja a sua nacionalidade, estiver domiciliado no Brasil, sendo que considera-se domiciliada no Brasil a pessoa jurídica estrangeira que nele tiver agência, filial ou sucursal;

(ii) ações quando no Brasil tiver de ser cumprida a obrigação;

(iii) ações cujo fundamento seja fato ocorrido ou ato praticado no Brasil;

---

[80] MACHADO VILLELA, Álvaro da Costa. *Tratado elementar (teórico e prático) de direito internacional privado.* Coimbra: Coimbra Editora, 1921, p. 598.

[81] JATAHY, Vera Maria Barrera. *Do conflito de jurisdições*: a competência internacional da Justiça Brasileira. Rio de Janeiro: Forense, 2003, p. 20.

[82] BARBOSA MOREIRA, José Carlos. Problemas relativos a litígios internacionais. In: *Temas de direito processual:* quinta série. São Paulo: Saraiva, 1994, p. 139-162, em especial p. 140.

[83] *In verbis*: "Art. 21. Compete à autoridade judiciária brasileira processar e julgar as ações em que: (...) III – o fundamento seja fato ocorrido ou ato praticado no Brasil".

[84] Sobre a teoria da asserção, ver, por todos, WATANABE, Kazuo. *Da cognição no processo civil.* São Paulo: Saraiva, 2012.

(iv) ações de alimentos, quando: a) o credor tiver domicílio ou residência no Brasil; b) o réu mantiver vínculos no Brasil, tais como posse ou propriedade de bens, recebimento de renda ou obtenção de benefícios econômicos;

(v) ações decorrentes de relações de consumo, quando o consumidor tiver domicílio ou residência no Brasil;

(vi) ações em que as partes, expressa ou tacitamente, se submeterem à jurisdição nacional;

(vii) ações relativas a imóveis situados no Brasil;

(viii) ações sobre confirmação de testamento particular e referentes à partilha de bens situados no Brasil, em matéria de sucessão hereditária;

(ix) ações referentes à partilha de bens situados no Brasil em divórcio, separação judicial ou dissolução de união estável.

Dessas nove hipóteses, somente três (as de número vii a ix) são de jurisdição internacional exclusiva. Outras hipóteses tradicionais de jurisdição internacional exclusiva previstas rotineiramente por outros países, tal como validade de atos públicos locais (casamento, registros de marcas e patentes, constituição de sociedades[85]), não foram adotadas pelo Brasil[86].

Além da possibilidade de interpretações ampliativas em cada uma das hipóteses acima mencionadas, há *regra de jurisdição residual,* referente às causas submetidas ao Judiciário brasileiro pela vontade das partes. Esse *efeito positivo* do *princípio da submissão* pode, teoricamente, alargar em muito a jurisdição brasileira. Contudo, o CPC consagrou também a possibilidade de *modificação da jurisdição concorrente* pela *submissão a foro estrangeiro*. Esse *efeito negativo* do princípio da submissão possibilita a *fuga* de ações a foros judiciais ou arbitrais fora do país, erodindo a jurisdição concorrente brasileira.

Será explicitado abaixo que (i) os critérios elencados pela lei (CPC e LINDB) cedem diante de tratados específicos (princípio da especialidade), bem como (ii) não são exaustivos, podendo o Brasil exercer jurisdição em caso não expressamente previsto para que se evite denegação de justiça (*forum necessitatis*). Será também estudada (iii) a possibilidade de, ocorrendo hipótese de jurisdição concorrente, o julgador brasileiro decidir *não processar e julgar* a lide, por existir foro estrangeiro mais adequado ao caso (doutrina do *forum conveniens*).

---

[85] Conforme rol exemplificativo mencionado por Tiburcio. TIBURCIO, Carmen. *Extensão e limites da jurisdição brasileira*: competência internacional e imunidade de jurisdição. Salvador: JusPodivm, 2016, p. 459.

[86] A opção brasileira de (i) ter um rol reduzido de jurisdição exclusiva e ainda (ii) não exigir, em geral (salvo sentença de execução fiscal), *reciprocidade* na homologação de sentença estrangeira resulta na curiosa situação de ser passível de execução no Brasil uma sentença oriunda de Estado X, que, paradoxalmente, não reconhecerá sentença brasileira *similar* por ofensa ao seu robusto rol de hipóteses de jurisdição exclusiva, prejudicando os agentes privados brasileiros envolvidos nos litígios transnacionais aqui julgados (favorecendo a fuga de litígios daqui para o exterior) e não estimulando o Estado estrangeiro a negociar tratados sobre o tema com o Brasil.

8.2. A jurisdição internacional concorrente geral: o domicílio do réu

O art. 21, I, do Código de Processo Civil (CPC) de 2015 dispõe que compete à autoridade judiciária brasileira processar e julgar as ações em que o réu, qualquer que seja a sua nacionalidade, estiver domiciliado no Brasil[87].

No mesmo sentido, determina o art. 12 da Lei de Introdução às Normas do Direito Brasileiro (LINDB) que "[é] competente a autoridade judiciária brasileira, quando for o réu domiciliado no Brasil (...)". O CPC de 1973 (revogado) possuía também a mesma hipótese, dispondo que "[é] competente a autoridade judiciária brasileira quando: I – o réu, qualquer que seja a sua nacionalidade, estiver domiciliado no Brasil". Novamente, como já apontado anteriormente neste *Curso*, há imprecisão do uso do termo "competente", quando se trata inequivocamente de se fixar a jurisdição internacional.

De todo modo, o art. 12, *caput,* da LINDB, alterou o critério de fixação de jurisdição do art. 15 da revogada introdução ao Código Civil de 1916 da seguinte maneira: a redação revogada afirmava que eram "competentes *sempre* os tribunais brasileiros nas demandas contra as *pessoas domiciliadas* ou *residentes* no Brasil, por obrigações contraídas ou responsabilidades assumidas neste ou noutro país", sendo que a redação atual do art. 12 *retirou* a restrição das "obrigações" ou "responsabilidades", mas *exigiu* a existência de domicílio no Brasil, não aceitando mais apenas a residência. Quanto à *exclusividade* ou não da jurisdição brasileira determinada pelo art. 12, *caput,* foi suprimida a locução "sempre" da redação do revogado art. 15 da Lei de Introdução ao Código Civil[88].

No que tange às pessoas jurídicas, o art. 21, parágrafo único, do CPC de 2015 prevê que "considera-se domiciliada no Brasil a pessoa jurídica estrangeira que nele tiver agência, filial ou sucursal", seguindo a linha do art. 88, parágrafo único, do CPC de 1973[89].

Essa hipótese de jurisdição é tida como geral, pois é aplicável a qualquer tipo de litígio envolvendo fatos transnacionais, mesmo os realizados fora do Brasil.

O critério da jurisdição do local do domicílio do réu (*actor sequitiur forum rei*) é historicamente muito utilizado, pois é adequado que o réu defenda-se perante a jurisdição de seu domicílio, inexistindo qualquer dificuldade para o exercício da defesa. Além disso, essa hipótese não gera nenhum atrito com jurisdição estrangeira, pois coube ao réu estabelecer o domicílio naquele Estado.

---

[87] *In verbis:* "Art. 21. Compete à autoridade judiciária brasileira processar e julgar as ações em que: I – o réu, qualquer que seja a sua nacionalidade, estiver domiciliado no Brasil".

[88] Além disso, o § 1º do mesmo art. 12 da LINDB, quando quis impor a exclusividade, a fez constar expressamente de seu texto (no caso, a exclusividade da jurisdição brasileira para tratar de bens imóveis situados no Brasil), ao dispor que "só a autoridade judiciária brasileira...". Ver mais sobre a jurisdição internacional exclusiva abaixo neste *Curso*.

[89] *In verbis:* Art. 88, parágrafo único. "Para o fim do disposto no n. I, reputa-se domiciliada no Brasil a pessoa jurídica estrangeira que aqui tiver agência, filial ou sucursal".

O CPC, ainda, expressa a irrelevância da nacionalidade na temática, seguindo a tradição colonial já vista: qualquer que seja a nacionalidade do réu domiciliado no Brasil, cabe à jurisdição brasileira conhecer a causa.

Cabe à lei brasileira definir e caracterizar o "domicílio" tanto da pessoa física quanto da jurídica, uma vez que se trata de qualificação de matéria processual, na qual deve ser aplicada a lei do lugar onde foi proposta a demanda[90]. A mudança do domicílio no curso do processo também *não* afeta a jurisdição internacional já firmada, uma vez que o "domicílio" é aferido no momento da interposição da demanda.

Quanto às pessoas jurídicas, há duas situações distintas: a do (i) domicílio da subsidiária brasileira de pessoa jurídica estrangeira e a do (ii) domicílio da agência, filial ou sucursal.

A subsidiária brasileira de uma pessoa jurídica estrangeira é tida como sociedade nacional, uma vez que é organizada conforme à lei brasileira e com sede de administração no Brasil[91], sendo, consequentemente, seu domicílio no país[92], conforme o art. 75, IV, do Código Civil[93].

Quanto à pessoa jurídica estrangeira que possua "agência, filial ou sucursal" no território brasileiro (ou seja, estabelecimentos sem personalidade jurídica própria), a interpretação majoritária do alcance do art. 21, parágrafo único (que considera "domiciliada no Brasil a pessoa jurídica estrangeira que nele tiver agência, filial ou sucursal"), aponta que a jurisdição brasileira abrange somente os litígios envolvendo os atos que tenham pertinência com a agência, filial ou sucursal. A justificativa para tal limitação seria que só tais atos poderiam interessar à jurisdição brasileira[94].

Contudo, a discussão sobre a jurisdição internacional sobre as pessoas jurídicas vai além da literalidade do disposto no art. 21, I, e seu parágrafo único do CPC. A globalização e os intensos fluxos transfronteiriços gerados impulsionaram *tanto* o desenvolvimento de fortes grupos econômicos com subsidiárias espalhadas em vários países *quanto* o dever dos Estados de proteger a igualdade material e outros direitos de grupos vulneráveis.

---

[90] Veremos as regras de fixação do domicílio da pessoa física e jurídica em capítulos próprios deste *Curso*.

[91] Conforme o art. 1.126 do Código Civil brasileiro: "É nacional a sociedade organizada de conformidade com a lei brasileira e que tenha no País a sede de sua administração".

[92] Nessa linha, conferir TIBURCIO, Carmen. *Extensão e limites da jurisdição brasileira*: o Estado-juiz e o Estado-Parte. Tese submetida à Banca Examinadora de concurso público para provimento do cargo de Professor Titular de Direito internacional privado da Faculdade de Direito da Universidade do Estado do Rio de Janeiro (UERJ), novembro de 2015, em especial p. 79.

[93] Art. 75, IV: "Quanto às pessoas jurídicas, o domicílio é: (...) IV – das demais pessoas jurídicas, o lugar onde funcionarem as respectivas diretorias e administrações, ou onde elegerem domicílio especial no seu estatuto ou atos constitutivos.

[94] Para Jatahy, "a existência de filial no Brasil não basta por si só para firmar a jurisdição brasileira". JATAHY, Vera Maria Barrera. *Do conflito de jurisdições*: a competência internacional da Justiça Brasileira. Rio de Janeiro: Forense, 2003, p. 102.

O *Caso Amoco Cadiz* demonstra as dificuldades na fixação da jurisdição no complexo mundo societário. Tratou-se de derramamento de 220 mil toneladas de petróleo após o afundamento de um superpetroleiro (o Amoco Cadiz) em 1978, que poluiu 400 quilômetros da costa da Bretanha (França), com intensa destruição de fauna marinha, gerando grandes prejuízos na França e Espanha. Ocorre que havia uma intrincada rede societária, composta pela empresa armadora liberiana, que controlava a embarcação também de bandeira liberiana, sendo, por fim, tudo controlado por uma das gigantes do setor petrolífero, a empresa norte-americana Standard Oil. Na busca por indenização foi proposta ação nos Estados Unidos também contra a empresa controladora, do mesmo grupo econômico[95].

Conforme relata Ballarino, foi comprovado na ação indenizatória que a intervenção de um rebocador de grande porte (que teria evitado o afundamento do superpetroleiro) havia sido retardada por negociações quanto ao preço do reboque, as quais tiveram intervenção de executivos nos Estados Unidos e que até mesmo o seguro dos navios do grupo tinha sido confiado a uma empresa controlada pela Standard Oil. A ação, então, contra a controladora foi considerada procedente[96].

Assim, em resposta a essa crescente pulverização societária associada ao gigantismo de grupos econômicos globais, o critério de fixação de jurisdição internacional pode abarcar atos que não tenham sido realizados diretamente pelo réu pessoa jurídica domiciliada naquele Estado, mas tenham sido praticados por entes do seu grupo econômico. Assim, é levada em consideração a realidade econômica e gerencial do grupo que age concatenadamente, tal qual agia a antiga empresa singular do passado. Essa resposta no plano da jurisdição estatal evita que a estratégia da criação de "véu corporativo" (criação de entes aparentemente independentes, sem maior fôlego econômico, em intrincadas redes societárias, para proteção do capital dos acionistas) dificulte a promoção de direitos e defesa de grupos vulneráveis.

Por isso, a interpretação do art. 21, I, e parágrafo único do CPC deve ser *ampliativa* para que se considere que há jurisdição brasileira em ação proposta contra pessoa jurídica aqui domiciliada, mesmo que o ato tenha sido praticado por pessoa jurídica não domiciliada no Brasil do mesmo grupo econômico. Nessa linha, o Superior

---

[95] Ver TIBURCIO, Carmen. *Extensão e limites da jurisdição brasileira*: competência internacional e imunidade de jurisdição. Salvador: JusPodivm, 2016, em especial p. 70.

[96] BALLARINO, Tito. Questions de droit international privé et dommages catastrophiques. *Recueil des Cours de l'Académie de Droit International de La Haye*, v. 220, 1990, p. 289-387, em especial p. 342-345. Segue extrato da decisão: "43. As an integrated multinational corporation which is engaged through a system of subsidiaries in the exploration, production, refining, transportation and sale of petroleum products throughout the world, Standard is responsible for the tortious acts of its wholly owned subsidiaries and instrumentalities (...)". *Amoco Cadiz*, US Dis. Ct, ND III (ED), decisão de 18 de abril de 1984. Conferir em MUIR WATT, Horatia. Aspects économiques du droit international privé – Réflexions sur l'impact de la globalisation économique sur les fondements des conflits de lois et de juridictions. *Recueil des Cours de l'Académie de Droit International de La Haye*, v. 307, 2004, p. 29-383, em especial p. 229.

Tribunal de Justiça estendeu a jurisdição brasileira para admitir o julgamento de processo contra subsidiária brasileira aqui domiciliada por ato realizado no exterior por pessoa jurídica estrangeira *distinta*, mas pertencente ao mesmo grupo econômico, uma vez que houve o uso em proveito próprio da notoriedade da marca comum (chamado "Caso Panasonic")[97].

8.3. A jurisdição internacional concorrente geral: o cumprimento da obrigação no Brasil e o princípio da proximidade

De acordo com o art. 21, II, do CPC de 2015, compete à autoridade judiciária brasileira processar e julgar as ações em que no Brasil tiver de ser cumprida a obrigação (*actor sequitur forum executionis*)[98].

A fixação da jurisdição internacional em virtude do local do cumprimento da obrigação encontra-se também prevista no art. 12 da LINDB ("É competente a autoridade judiciária brasileira, (...) ou *aqui tiver de ser cumprida a obrigação*"). No mesmo sentido, o revogado CPC de 1973 dispunha, em seu art. 88, II, que era competente a autoridade judiciária brasileira *quando no Brasil tivesse de ser cumprida a obrigação*.

Essa hipótese justifica-se pelo seu maior vínculo ao objeto da obrigação do que, por exemplo, existiria se fosse feita pelo local da celebração do negócio (que pode ser fortuito, inclusive). Com isso, promove-se, no campo da definição da jurisdição internacional, o *princípio da proximidade*, já estudado. A proximidade da jurisdição com o litígio transnacional auxilia também a reduzir eventuais tensões entre Estados, em virtude de alegações de jurisdição internacional invasiva.

A qualificação do que deve ser entendido como "local de cumprimento da obrigação" é feita pela lei do local do processo, no caso a lei brasileira. Como a lei não distingue a origem da obrigação, esta abarca obrigação de origem contratual ou extracontratual[99].

Fixada a jurisdição, a demanda em si pode referir-se a toda e qualquer controvérsia envolvendo a obrigação, inclusive a validade do negócio jurídico. Não é necessário

---

[97] Tratou-se de ação de indenização proposta por comprador-consumidor de uma filmadora "Panasonic" adquirida nos Estados Unidos da subsidiária norte-americana do grupo. Procurada, a empresa do grupo sediada no Brasil alegou que não fora a vendedora (são empresas distintas, embora do mesmo grupo econômico) e não estaria obrigada a dar garantia pelo mau funcionamento do produto. O STJ, contudo, por maioria, entendeu que o grupo econômico ganhava clientes pela notoriedade mundial da marca, devendo, então, sua subsidiária brasileira arcar com a reparação dos danos gerados pelo vício do produto. Superior Tribunal de Justiça, Recurso Especial n. 63.981, Rel. p/ Acórdão Ministro Sálvio de Figueiredo Teixeira, julgado em 11-4-2000, *DJ* 20-11-2000, p. 296.

[98] *In verbis:* "Art. 21. Compete à autoridade judiciária brasileira processar e julgar as ações em que (...) II – no Brasil tiver de ser cumprida a obrigação".

[99] Nesse sentido, CABRAL, Antonio do Passo; CRAMER, Ronaldo. *Comentários ao novo Código de Processo Civil*. 2. ed. Rio de Janeiro: Forense, 2016, p. 73.

que o litígio verse tão somente sobre o cumprimento da obrigação, pois a determinação sobre a jurisdição não limita a cognição do julgador, que pode apreciar todas as facetas litigiosas do fato transnacional[100].

8.4. A jurisdição internacional concorrente geral: o fundamento da ação seja fato ocorrido ou ato praticado no Brasil

8.4.1 A teoria mista adotada: conduta e dano

O CPC de 2015 prevê, no seu art. 21, III, que compete à autoridade judiciária brasileira processar e julgar as ações em que *o fundamento seja fato ocorrido ou ato praticado no Brasil* (*actor sequitur forum facti causans*)[101].

Tratou-se de aperfeiçoar a redação do antigo art. 88, III, do CPC de 1973: em vez de "a ação se originar de fato ocorrido ou de ato praticado no Brasil", colocou-se "fundamento seja fato ocorrido ou ato praticado no Brasil". Para que seja considerado o "fundamento" da ação, o fato ocorrido ou o ato praticado no Brasil (ver acima o conceito de território brasileiro e território equiparado) devem constar da causa de pedir da ação.

A LINDB não menciona essa hipótese, que foi trazida à tradição brasileira inspirada no art. 65, I, *b*, do Código de Processo Civil de Portugal de 1961[102]. A justificativa de sua adoção está no (i) princípio da territorialidade e na (ii) defesa da soberania do Estado, cuja jurisdição possui interesse em julgar litígios fundados em fato ocorrido ou ato praticado no seu próprio território.

Essa hipótese alarga, em muito, a jurisdição internacional cível brasileira, pois abrange os fatos, atos e negócios jurídicos[103]. Basta, por exemplo, que um contrato seja

---

[100] Nesse sentido, TIBURCIO, Carmen. *Extensão e limites da jurisdição brasileira*: o Estado-juiz e o Estado-Parte. Tese submetida à Banca Examinadora de concurso público para provimento do cargo de Professor Titular de Direito internacional privado da Faculdade de Direito da Universidade do Estado do Rio de Janeiro (UERJ), novembro de 2015, em especial p. 57. Em sentido contrário, Jatahy sustenta que o "lugar do cumprimento da obrigação não prorroga a competência internacional para decidir sobre a validade do contrato do qual a mesma resulta". JATAHY, Vera Maria Barrera. *Do conflito de jurisdições*: a competência internacional da Justiça Brasileira. Rio de Janeiro: Forense, 2003, p. 118.

[101] *In verbis*: "Art. 21. Compete à autoridade judiciária brasileira processar e julgar as ações em que (...) III – o fundamento seja fato ocorrido ou ato praticado no Brasil".

[102] Como relata Jatahy. JATAHY, Vera Maria Barrera. *Do conflito de jurisdições*: a competência internacional da Justiça Brasileira. Rio de Janeiro: Forense, 2003, p. 127. *In verbis*: "Art. 65. Factores de atribuição da competência internacional. (...) b) Ter sido praticado em território português o facto que serve de causa de pedir na acção". O novo CPC português, de 2013, manteve a hipótese, com a seguinte redação: "Art. 62.º Fatores de atribuição da competência internacional. (...) b) Ter sido praticado em território português o facto que serve de causa de pedir na ação, ou algum dos factos que a integram".

[103] Nesse sentido, CABRAL, Antonio do Passo; CRAMER, Ronaldo. *Comentários ao novo Código de Processo Civil*. 2. ed. Rio de Janeiro: Forense, 2016, p. 73.

celebrado no Brasil ou ainda qualquer fato que integre a causa de pedir do litígio (como, por exemplo, um dano, gerando responsabilidade do infrator) tenha ocorrido no território nacional para que se fixe a jurisdição brasileira sobre a demanda.

A diferenciação entre "fato ocorrido" e "ato praticado" demonstra que o Brasil adotou, no art. 21, III, a teoria mista na fixação da jurisdição no que tange à conduta e ao dano propriamente dito. Pela teoria da conduta (ou da causa), o vínculo jurisdicional seria a conduta: caso realizada no Estado, este teria jurisdição. Pela teoria dos efeitos, não importa o local da conduta originadora do dano: basta que o dano (efeito) tenha ocorrido no Estado para que este tenha jurisdição. Pela fórmula ampla do art. 21, III, na hipótese de a conduta se realizar no Brasil ("ato praticado", que pode ser comissivo ou omissivo), fixa-se a jurisdição brasileira e o autor da conduta poderá ser aqui processado ou aqui processar. No entanto, mesmo que a decisão (conduta) para a prática de determinado ato comissivo ou omissivo tenha ocorrido *fora* do Brasil, mas que tenha sido gerado dano no Brasil, o autor da conduta responderá perante a jurisdição brasileira.

Por exemplo, caso uma determinada empresa tenha adotado uma política empresarial em país estrangeiro (pela empresa matriz do grupo empresarial), a qual orientou a prática de dano ocorrido no Brasil, é caso de fixação da jurisdição brasileira, abrangendo tanto a empresa tomadora da decisão (matriz) quanto sua subsidiária (em geral, como já visto, pessoa jurídica constituída de acordo com as leis brasileiras e com personalidade jurídica própria) que, ao adotar tal política, gerou dano.

A fixação da jurisdição com base no art. 21, III, independe do domicílio ou sede dos réus. Assim, é possível processar no Brasil empresa estrangeira cuja conduta, de modo direto ou indireto, tenha gerado danos no território nacional (teoria dos efeitos). Por exemplo, a conduta de orientar os componentes do grupo econômico à prática de conduta que viola normas brasileiras (ambientais, sanitárias, econômicas, entre outras), gerando danos, fixa a jurisdição brasileira, em nome da teoria dos efeitos acima mencionada e abraçada pelo CPC/2015. A remessa de lucros da subsidiária à matriz não é indispensável para que se fixe a jurisdição: mesmo que não tenha recebido lucros (a orientação da matriz, além de causar danos, não gerou os lucros pretendidos, por exemplo), a jurisdição brasileira está fixada pela ocorrência do dano no território nacional.

Também não afeta a fixação da jurisdição brasileira, por absoluta falta de previsão constitucional ou legal, a situação do réu domiciliado no estrangeiro não ter bens no Brasil (dificultando a execução nacional de sentença condenatória). Como visto, o art. 21, III, não exige que o autor comprove que o réu é solvente para que se fixe jurisdição. Todavia, também não é exigido pela Constituição ou pelo CPC que o autor de ação contra réu com sede em Estado estrangeiro comprove que futura sentença favorável será homologada e executada no foro da situação dos bens do réu. Tal interpretação condicionaria o acesso à jurisdição brasileira à vontade de Estado estrangeiro, ofendendo gravemente o acesso à justiça (art. 5º, XXXV, da CF) e à soberania nacional. Caberá ao Brasil zelar pelo respeito aos comandos da sentença brasileira e vencer eventual *obstinação jurídica* estrangeira que discrimine os atos do Poder Judiciário nacional.

8.4.2 A fixação da jurisdição brasileira em danos causados pela internet

Na atualidade, há o uso dessa hipótese (art. 21, III, do CPC) para atrair à jurisdição brasileira as ações envolvendo danos transnacionais causados por meio da internet. No caso do ato ilícito ter sido praticado por provedor no Brasil, é fixada a jurisdição nacional; o mesmo ocorre no caso de o ato ilícito ter sido praticado no exterior, mas o fato (evento danoso) ter ocorrido no Brasil, por meio da disponibilização de conteúdo aos usuários da internet no país. Em ambas as situações, fica determinada a jurisdição internacional cível brasileira, com base no art. 21, III, do CPC de 2015. Obviamente, a jurisdição brasileira nesta hipótese é *concorrente*, sendo razoável pressupor que, graças à irradiação da internet, o dano provocado será percebido em vários países. Novamente, incide aqui a teoria dos efeitos para a definição da jurisdição sobre as condutas no espaço virtual[104].

Nessa linha, há importante precedente do Superior Tribunal de Justiça (Recurso Especial n. 1.168.547/RJ), no qual foi fixada a jurisdição brasileira em relação à violação a direito de imagem pela inserção de fotos, sem autorização, em *site* espanhol. O Min. Relator, Luis Felipe Salomão, decidiu que os indivíduos afetados pelas informações contidas em *sites* ou por relações mantidas no ambiente virtual da internet possuem o direito de acesso à justiça para combater violações a direitos, sendo definida a jurisdição brasileira porque aqui ocorreu o *dano* (pelo acesso ao *site* espanhol). O voto apontou a prevalência do valor da efetividade dos direitos, sustentando que "(...) Não sendo assim, poder-se-ia colher a sensação incômoda de que a internet é um refúgio, uma zona franca, por meio da qual tudo seria permitido sem que daqueles atos adviessem responsabilidades"[105].

A posição do Superior Tribunal de Justiça é paradigmática, pois revela o desconforto do Estado diante da porosidade das fronteiras trazida pela internet. A reação, vista no precedente do Recurso Especial n. 1.168.547/RJ, consistiu em aplicar, à internet,

---

[104] Sobre a teoria dos efeitos especificamente voltada à internet, ver, entre outros, HAWKINS, Eric C. General Jurisdiction and Internet Contacts: What Role, if any, Should the Zippo Sliding Scale Test Play in the Analysis. *Fordham Law Review*, v. 74, 2006, p. 2371-2423. Registre-se, também, a crítica de Wilson Roberto Furtado, que pugna pela revisão da hipótese em análise, que faria com que "os tribunais brasileiros sejam quase sempre competentes para julgar delitos provocados por intermédio da internet", potencializando o *forum shopping*. FURTADO, Wilson Roberto. *Dano transnacional e internet*: direito aplicável e competência internacional. Curitiba: Juruá, 2010, p. 110.

[105] REsp 1.168.547-RJ, Rel. Min. Luis Felipe Salomão, 4ª Turma, Data do julgamento: 11-5-2010; Data da publicação/Fonte: *DJe* 7-2-2011.

o disposto no antigo art. 88, III, do CPC de 1973 (a decisão é anterior ao novo CPC de 2015), cuja redação foi minimamente alterada pelo art. 21, III, como já visto. Assim, nas lides que possuam, como causa de pedir, condutas no ambiente virtual da internet, o *dano* ocorre em qualquer lugar do *acesso* ao site, redes sociais ou equivalentes ("fato ocorrido ou ato praticado no Brasil") e, assim obviamente o Brasil terá jurisdição para o caso[106].

Esse entendimento evita a denegação de justiça daqueles que foram vítimas de danos transnacionais pela internet, que dificilmente poderiam processar o infrator no foro do domicílio dele. No tocante à fixação da competência interna, o foro do domicílio da vítima no Brasil também é adequado, pois é o local em que a intensidade do dano é potencialmente maior.

8.4.3 A Lei Geral de Proteção de Dados Pessoais

8.4.3.1 A Lei Geral de Proteção de Dados Pessoais e o alcance extraterritorial da jurisdição e da lei brasileira

Em 2018, foi editada a Lei n. 13.709 (denominada "Lei Geral de Proteção de Dados Pessoais" – LGPD), que dispõe sobre o tratamento de dados pessoais, inclusive nos meios digitais, por pessoa natural ou por pessoa jurídica de direito público ou privado, com os objetivos expressos de proteger (i) os direitos fundamentais de liberdade e de privacidade e (ii) o livre desenvolvimento da personalidade da pessoa natural. Em 8 de julho de 2019, a LGPD foi alterada pela Lei n. 13.853, que criou a Autoridade Nacional de Proteção de Dados (ANPD)[107].

A adoção de uma legislação como a aprovada é reação ao uso não autorizado de informações pessoais para diversas finalidades no mundo atual. Ferramentas como o *big data* e fenômenos como rastreamento de comportamentos (*marketing* comportamental), inclusive nas redes sociais, bem como o desvio de finalidade com o uso de dados sensíveis para objetivos eleitorais e comerciais, além da venda não autorizada de dados pessoais, entre outras condutas de agentes privados ou públicos, geram preocupação nas sociedades democráticas, tanto para a proteção da privacidade quanto da livre concorrência ou, ainda, de outros direitos (como a igualdade dos candidatos e a liberdade do eleitor, no caso da manipulação de dados sensíveis para fins eleitorais).

---

[106] Conferir em Superior Tribunal de Justiça, REsp 1.168.547-RJ, Rel. Min. Luis Felipe Salomão, 4ª Turma, Data do julgamento: 11-5-2010; Data da publicação/Fonte: *DJe* 7-2-2011. Saliente-se que o Min. Aldir Passarinho Filho acompanhou o voto do Ministro Luis Felipe Salomão exclusivamente pela circunstância de o domicílio da parte ser no Brasil e afastou o fundamento de que é o local de onde se fez o acesso ao site da internet que firma a jurisdição internacional cível brasileira.

[107] Este capítulo foi abordado, com maior detalhe, em CARVALHO RAMOS, André de. *Curso de direitos humanos*. 10. ed. São Paulo: Saraiva, 2023.

O Brasil não está isolado nessa iniciativa de proteger o direito à privacidade, que tem se tornado preocupação de diversos Estados e organizações internacionais. No plano da integração europeia, entrou em vigor em 2018 o Regulamento Geral de Proteção de Dados ("General Data Protection Regulation" – GDPR, na sigla em inglês), que possui claro efeito extraterritorial, uma vez que disciplina o (i) tratamento dos dados realizado por empresa estabelecida na União Europeia (independentemente do local do tratamento e da nacionalidade dos titulares dos dados) e o (ii) tratamento de dados realizado por empresa estrangeira (não estabelecida na União Europeia) que ofereça bens e serviços ou monitore comportamentos na União Europeia[108].

A nova lei brasileira adotou tal *alcance extraterritorial*, aplicando-se a qualquer operação de tratamento realizada por pessoa natural ou por pessoa jurídica de direito público ou privado, independentemente do meio, do país de sua sede ou do país onde estejam localizados os dados, desde que (i) a operação de tratamento seja realizada no território nacional; ou (ii) a atividade de tratamento tenha por objetivo a oferta ou o fornecimento de bens ou serviços ou o tratamento de dados de indivíduos localizados no território nacional; ou (iii) os dados pessoais objeto do tratamento tenham sido coletados no território nacional, considerando como "coletados no território nacional" os dados pessoais cujo titular nele se encontre no momento da coleta.

Consequentemente, a lei não abarca os dados provenientes *de fora* do território nacional e que não sejam (i) objeto de comunicação, uso compartilhado de dados com agentes de tratamento brasileiros ou (ii) objeto de transferência internacional de dados com outro país que não o de proveniência, desde que o país de proveniência proporcione grau de proteção de dados pessoais adequado ao disposto na lei brasileira. Essa última hipótese permite que a lei brasileira tenha alcance extraterritorial (justificado perante o Direito Internacional pela *jurisdição* do local do efeito/dano, conforme já estudado neste *Curso*) para assegurar a proteção à privacidade, no caso de regulamentação estrangeira inadequada.

Ainda, há *cláusulas de exclusão*, não se aplicando a lei brasileira a tratamento de dados pessoais que tenha sido (i) realizado por pessoa natural para fins exclusivamente particulares e não econômicos; (ii) realizado para fins exclusivamente jornalísticos, artísticos ou acadêmicos (aplicando-se, nesta última hipótese, determinados dispositivos da lei sobre requisitos para o tratamento de dados); e (iii) realizado para fins exclusivos de segurança pública, defesa nacional, segurança do Estado ou atividades de investigação e repressão de infrações penais (falta, ainda, a edição de uma "LGPD criminal").

---

[108] Regulamento (UE) 2016/679 do Parlamento Europeu e do Conselho, de 27 de abril de 2016, relativo à proteção das pessoas singulares no que diz respeito ao tratamento de dados pessoais e à livre circulação desses dados e que revoga a Diretiva 95/46/CE (Regulamento Geral sobre a Proteção de Dados).

A fiscalização do cumprimento da lei foi reforçada pela edição da Lei n. 13.853/2019, que criou a "Autoridade Nacional de Proteção de Dados" (ANPD), órgão federal de fiscalização da proteção de dados. A citada lei tem origem na Medida Provisória n. 869/2018, ainda sob o governo Temer, e foi sancionada com 9 vetos pelo Presidente Bolsonaro.

A ANPD foi criada como órgão da administração pública federal, integrante da Presidência da República, tendo *natureza transitória*, podendo ser transformada pelo Poder Executivo em entidade da administração pública federal indireta, submetida a regime autárquico especial e vinculada à Presidência da República. Essa transformação poderia ser feita em até dois anos da entrada em vigor da estrutura regimental da ANPD. Em 2022, a Lei n. 14.460 transformou a ANPD em "autarquia de natureza especial" (art. 1º). É composta pelo Conselho Diretor (órgão máximo) e pelo Conselho Nacional de Proteção de Dados Pessoais e da Privacidade (composto por 23 membros, entre representantes governamentais, da sociedade civil, do Senado, da Câmara dos Deputados, do Conselho Nacional de Justiça, do Conselho Nacional do Ministério Público e do Comitê Gestor da Internet do Brasil).

Houve vetos importantes, como o sobre regra que vedava o compartilhamento de dados pessoais de requerentes de acesso à informação (Lei n. 12.527/2011) pelo Poder Público com outros órgãos públicos ou pessoas jurídicas de direito privado. Também foram vetadas novas sanções, como a de suspensão parcial do funcionamento do banco de dados ou, ainda, suspensão do exercício da atividade de tratamento dos dados pessoais a que se refere a infração pelo período máximo de seis meses.

Em 2020, foi editada a MP n. 959/2020, que determinava *vacatio legis* da LGPD para o dia 3-5-2021. Porém, tal dispositivo não foi aprovado pelo Senado na votação sobre a lei de conversão. Em 17 de setembro de 2020, foi aprovada a Lei n. 14.058 (conversão da MP n. 959/2020), com o expurgo do art. 4º (referente ao adiamento da entrada em vigor da LGPD), levando à entrada em vigor da LGPD, salvo as regras dos dispositivos sobre a criação da Autoridade Nacional de Proteção de Dados, em vigor desde 28-12-2018, e as regras sobre as sanções administrativas, em vigor somente a partir de 1º-8-2021 (de acordo com a Lei n. 14.010/2020).

8.5. A jurisdição internacional concorrente especial: alimentos e a jurisdição protetora

O CPC de 2015 inovou na hipótese de fixação da jurisdição internacional cível brasileira na temática da prestação de alimentos. De acordo com seu art. 22, compete, ainda, à autoridade judiciária brasileira processar e julgar as ações de alimentos, quando: (a) o credor tiver domicílio ou residência no Brasil; (b) o réu mantiver vínculos no Brasil, tais como posse ou propriedade de bens, recebimento de renda ou obtenção de benefícios econômicos. São hipóteses distintas e não cumulativas, bastando uma delas para firmar a jurisdição internacional cível do Brasil[109].

Buscou-se, assim, amparar os credores de alimentos no bojo das demandas transnacionais envolvendo Estados que não são contratantes de tratados sobre o tema, facilitando o acesso ao Judiciário brasileiro. Antes da inovação, houve a defesa da adaptação da regra de competência interna do foro do domicílio ou residência do alimentando (previsto no art. 100, II, do CPC de 1973 e no art. 53, II, do atual CPC)[110] para fins de fixação da jurisdição internacional[111]. Ocorre que só existe o uso da regra de competência interna *se* o Brasil tiver jurisdição internacional sobre o fato transnacional, o que após a edição do novo CPC ficou consagrado.

São duas situações previstas no art. 22, I, referentes a aspectos subjetivos e objetivos envolvidos na temática da prestação de alimentos. No aspecto subjetivo, é necessário que o Autor (credor de alimentos) seja domiciliado ou tenha ao menos residência no Brasil, o que aumenta a possibilidade de acesso à justiça. Houve nítida aproximação com as regras constantes nos tratados internacionais, como a Convenção Interamericana sobre Obrigação Alimentar, que também utiliza o critério do domicílio ou residência para a fixação de jurisdição.

No tocante ao aspecto objetivo, trata-se de assegurar a qualquer alimentando (mesmo que não seja domiciliado ou residente no Brasil) acesso à justiça contra devedor que aqui possua vínculos patrimoniais, como posse ou propriedade de bens, rendas ou obtenha benefícios econômicos. Esse rol de vínculos é meramente *exemplificativo*, podendo, no caso concreto, serem acrescentadas outras categorias de vínculos *desde que* com repercussão econômica. Os vínculos previstos no CPC são de *natureza patrimonial ou econômica*, justamente para assegurar o pagamento do crédito alimentar[112].

Trata-se, portanto, de hipótese de *jurisdição protetora*, que visa assegurar o acesso à justiça da parte vulnerável envolvida no fato transnacional. A nova disposição evita a omissão existente no passado quando o fundamento da ação de alimentos não se originava de fato ocorrido no Brasil, levando o alimentando (credor dos alimentos) a enfrentar grandes dificuldades no acesso à justiça, caso o réu fosse domiciliado em Estado estrangeiro. Por isso, o novo CPC aceitou, inclusive, o critério da "residência

---

[109] *In verbis*: "Art. 22. Compete, ainda, à autoridade judiciária brasileira processar e julgar as ações: I – de alimentos, quando: a) o credor tiver domicílio ou residência no Brasil; b) o réu mantiver vínculos no Brasil, tais como posse ou propriedade de bens, recebimento de renda ou obtenção de benefícios econômicos".

[110] *In verbis*: "Art. 53. É competente o foro: (...) II – de domicílio ou residência do alimentando, para a ação em que se pedem alimentos".

[111] JATAHY, Vera Maria Barrera. *Do conflito de jurisdições*: a competência internacional da Justiça Brasileira. Rio de Janeiro: Forense, 2003, p. 115.

[112] CABRAL, Antonio do Passo; CRAMER, Ronaldo. *Comentários ao novo Código de Processo Civil*. 2. ed. Rio de Janeiro: Forense, 2016, p. 74.

do credor de alimentos" e não somente o "domicílio" para a fixação da jurisdição internacional do Brasil.

8.6. A jurisdição internacional concorrente especial: relações de consumo e a jurisdição protetora

No CPC de 1973 e na LINDB não houve nenhum tratamento especial às relações de consumo transnacionais, sendo aplicável a regra geral do *actor sequitur forum rei*, que exigia que o consumidor domiciliado ou residente no Brasil processasse o fornecedor no Estado do domicílio deste, o que – pelos custos – fatalmente gerava denegação de justiça.

Por isso, o art. 22, II, do CPC de 2015 trouxe outra novidade na temática da jurisdição internacional concorrente especial, prevendo que compete à autoridade judiciária brasileira processar e julgar as ações *decorrentes de relações de consumo*, quando o *consumidor* tiver *domicílio* ou *residência* no Brasil[113].

Exige-se, assim, que a demanda seja baseada nas (i) relações de consumo *e* (ii) tenha o consumidor domicílio ou residência no Brasil. Assim, o CPC dispõe que o consumidor pode processar ou ser processado no Brasil, caso aqui tenha domicílio ou residência. A hipótese de o consumidor ser processado (réu) no Brasil já estava abarcada na regra do CPC de 1973 e na LINDB, ao dispor que a jurisdição internacional brasileira seja fixada em virtude do "domicílio do réu". Com este dispositivo, basta a residência do réu consumidor e não sendo necessário o seu domicílio no país.

A grande novidade dessa nova hipótese de jurisdição internacional concorrente especial está na aceitação da jurisdição brasileira no caso de ser o *autor da ação* de consumo aquele domiciliado ou residente no Brasil. Antes do CPC de 2015, essa hipótese era defendida com fundamento no art. 101, I, do Código de Defesa do Consumidor (a ação consumerista pode ser proposta no "domicílio do autor")[114]. Esse fundamento era frágil, uma vez se trata de dispositivo sobre "competência" e não sobre jurisdição. Ou seja, se o Brasil possuísse jurisdição, então a demanda consumerista poderia ser proposta no foro do domicílio do autor.

Agora, após o CPC de 2015, não há mais polêmica e a jurisdição internacional brasileira foi estendida expressamente para abarcar as ações consumeristas propostas pelo consumidor domiciliado ou residente no Brasil, não importando ter sido a contratação de consumo realizada ou cumprida fora do país.

---

[113] *In verbis:* "Art. 22. Compete, ainda, à autoridade judiciária brasileira processar e julgar as ações (...) II – decorrentes de relações de consumo, quando o consumidor tiver domicílio ou residência no Brasil".

[114] *In verbis:* "Art. 101. Na ação de responsabilidade civil do fornecedor de produtos e serviços, sem prejuízo do disposto nos Capítulos I e II deste título, serão observadas as seguintes normas: I – a ação pode ser proposta no domicílio do autor; (...)".

Com o CPC de 2015, atendeu-se, assim, a antigo anseio do movimento consumerista brasileiro para estender a jurisdição brasileira sobre lides consumeristas transnacionais (como as oriundas do comércio eletrônico, turismo etc.), assegurando o acesso à justiça ao consumidor. A qualificação do que vem a ser "relações de consumo" segue a lei do foro (lei brasileira), ou seja, incide o Código de Defesa do Consumidor, que enumera os diferentes tipos de consumidor.

A extensão da jurisdição internacional do foro do domicílio ou residência do autor para abarcar os feitos envolvendo o consumo internacional é uma tendência mundial, como se vê no Direito Internacional Privado da União Europeia. O Regulamento n. 1.215/2012 da União Europeia, de 12 de dezembro de 2012 (também chamado de "Regulamento Bruxelas I Bis" – "Regulamento Bruxelas Reformulado"), sobre jurisdição internacional (competência judiciária), reconhecimento e execução de decisões em matéria civil e comercial[115], tratou diferentemente a competência em matéria de relação de consumo, fugindo da regra geral (foro do domicílio do réu) e adotando a competência do foro do domicílio do autor, no caso de o fornecedor ter dirigido sua atividade, por quaisquer meios, ao Estado do domicílio do consumidor.

De acordo com o art. 18 do Regulamento n. 1.215/2012, o consumidor pode intentar uma ação contra a outra parte no contrato, quer (i) nos tribunais do Estado-Membro onde estiver domiciliada essa parte, quer (ii) no tribunal do lugar onde o consumidor tiver domicílio, independentemente do domicílio da outra parte. A outra parte no contrato só pode intentar uma ação contra o consumidor nos tribunais do Estado-Membro em cujo território estiver domiciliado o consumidor.

Ponto polêmico da jurisdição em matéria de relações de consumo na União Europeia está na aplicação da jurisdição do foro do domicílio do consumidor somente aos casos nos quais o fornecedor tenha dirigido sua atividade, *por quaisquer meios*, ao Estado-Membro do domicílio do consumidor. Essa restrição da regulação europeia tem objetivo claro: a jurisdição do Estado do domicílio do consumidor só abarca as relações de consumo realizadas em outro Estado no caso dos "fornecedores transnacionais". O típico fornecedor doméstico (em geral, de pequeno ou médio porte) não seria afetado e continuaria a gozar da prerrogativa de só ser processado no foro de seu domicílio (jurisdição fixada pelo domicílio do réu).

Resta esclarecer, desse modo, o que seria uma atividade do fornecedor *voltada a outro* Estado. Inicialmente, houve dúvida se o uso dos sítios da internet (mesmo fornecedores de pequeno porte os possuem), que são acessíveis de modo transfronteiriço, levariam à extensão da jurisdição do Estado do domicílio do consumidor.

---

[115] Este regulamento revogou expressamente o Regulamento (CE) n. 44/2001, conhecido como Regulamento Bruxelas – I (art. 80 do Regulamento n. 1.215/2012 – "Bruxelas Reformulado"). Utilizei a última versão consolidada de 10-1-2015. Disponível em: <http://eur-lex.europa.eu/legal-content/PT/TXT/?qid=1413382002387&uri=CELEX:32012R1215>. Acesso em: 31 out. 2022.

Contudo, o Tribunal de Justiça da União Europeia (TJUE) decidiu que não basta o fornecedor possuir um *site* na internet, que seja acessível ao consumidor de outro Estado, uma vez que todo *site* é acessível de modo transfronteiriço. Para o TJUE, é necessário que se possa deduzir, de modo razoável, na análise das condutas do próprio fornecedor, ao ofertar seus bens ou serviços, que este quer atrair consumidores de outro Estado.

Constam da decisão do TJCE os seguintes elementos comprobatórios (enumeração não exaustiva) de que o fornecedor dirige a sua atividade ao Estado-Membro do domicílio do consumidor: a natureza internacional da atividade, a menção de itinerários a partir de outros Estados-Membros para chegar ao local onde o comerciante está estabelecido, a utilização de uma língua ou moeda diferentes das habitualmente utilizadas no Estado-Membro em que o comerciante está estabelecido, com a possibilidade de reservar e confirmar a reserva nessa língua, a menção de números de telefone com seu código internacional, a menção à clientela internacional constituída de consumidores domiciliados em diferentes Estados-Membros etc.[116]. Ficou evidente, na jurisprudência do TJUE, o desejo de restringir a extensão da jurisdição do foro do domicílio do consumidor, de modo a não criar ônus excessivo aos pequenos e médios fornecedores.

Por sua vez, a jurisdição internacional sobre relações de consumo do CPC de 2015 inova em relação à regulação europeia, pois *não a restringe* aos contratos internacionais de consumo dirigidos ao mercado brasileiro: basta a relação consumerista, não importando se o consumidor domiciliado ou residente no Brasil tenha aceitado proposta dirigida ao nosso mercado ou procurado voluntariamente celebrar contrato no exterior (consumidor turista, por exemplo).

Essa inovação do CPC de 2015 atende a uma demanda do DIPr contemporâneo de atualização das regras de delimitação da jurisdição em face da *vulnerabilidade* do consumidor no contexto de fornecedores globais. Como sustenta acertadamente Claudia Lima Marques, é necessária uma "visão renovada dos princípios do DIPr em matéria de consumo internacional"[117].

Assim, o consumidor que adquirir produto no exterior e for *domiciliado ou residente* no Brasil pode se socorrer da proteção do Judiciário nacional. Não se trata *aqui* de discutir a lei a ser aplicável à lide, se o Código de Defesa do Consumidor

---

[116] Ver o julgamento conjunto dos casos C-585/08 e C-144/09 em Tribunal de Justiça da União Europeia, Caso *Peter Pammer* vs. *Reederei Karl Schlüter GmbH & Co. KG* (C-585/08) e Caso *Hotel Alpenhof GesmbH* vs. *Oliver Heller* (C-144/09). Disponível em: <http://curia.europa.eu/juris/document/document.jsf?text=&docid=83437&pageIndex=0&doclang=PT&mode=lst&dir=&occ=first&part=1&cid=102849>. Último acesso em: 27 nov. 2022.

[117] MARQUES, Claudia Lima. *Confiança no comércio eletrônico e a proteção do consumidor (um estudo dos negócios jurídicos de consumo no comércio eletrônico)*. São Paulo: RT, 2004, p. 445.

brasileiro (Lei n. 8.078/90) é norma de aplicação imediata ou de ordem pública[118], mas sim de definição da jurisdição internacional.

Essa definição de jurisdição é importante, pois elimina as barreiras de acesso à justiça (custos proibitivos ao consumidor domiciliado ou residente no Brasil para processar o fornecedor no Estado estrangeiro) e ainda permite que o consumidor aproveite as regras processuais protetivas vigentes no Brasil, em especial a inversão do ônus da prova.

Com isso, o novo CPC está em linha com a tendência de proteção da parte vulnerável (consumidor) no desenvolvimento contemporâneo do DIPr, tendo estendido nossa jurisdição para abarcar também as ações propostas pelo consumidor aqui domiciliado ou residente, além da tradicional fixação do foro do domicílio do réu. Essa inovação é ainda mais consistente por não ter se restringido às relações de consumo nas quais o fornecedor dirigiu seus esforços de vendas ao mercado brasileiro.

Assim, a partir do novo CPC, os custos de defesa no Brasil por parte de um fornecedor domiciliado em outro Estado passam a ser um risco do seu negócio. O acesso ao mercado consumidor brasileiro (com os lucros a ele associados) não pode ser desprovido de custos aos fornecedores globais.

8.7. A jurisdição internacional concorrente geral: a submissão à jurisdição brasileira e a consagração da autonomia da vontade das partes

O CPC de 2015 introduziu, de modo expresso e pioneiro, a regra da vontade das partes (expressa ou tácita) em um litígio como hipótese de definição de jurisdição. Prevê o art. 22, III, que compete à autoridade judiciária brasileira processar e julgar as ações em que as partes, expressa ou tacitamente, se submeterem à jurisdição nacional[119].

O Brasil, finalmente, ingressa de modo expresso na era da *eleição de foro*, como hipótese de delimitação da jurisdição internacional no Brasil, o que supre a lacuna da legislação anterior, que não a previa. Esse dispositivo consagra o *princípio da submissão,* pelo qual um Estado possui jurisdição sobre os fatos transnacionais que as partes – voluntariamente – submeteram ao Poder Judiciário nacional, em linha com o direito de acesso à justiça.

Vários Estados tradicionalmente aceitam esse permissivo para atrair litígios internacionais de grande dimensão econômica ao seu foro, transformando-o em verdadeira "praça de negócios jurídicos internacionais" e, com isso, dinamizando a economia local (inclusive fomentando o desenvolvimento de escritórios especializados

---

[118] Ver os capítulos sobre as normas de aplicação imediata e, ainda, sobre o conceito de ordem pública neste *Curso*.

[119] *In verbis:* "Art. 22. Compete, ainda, à autoridade judiciária brasileira processar e julgar as ações (...) III – em que as partes, expressa ou tacitamente, se submeterem à jurisdição nacional".

na litigância transnacional). Claro que a confiança e rapidez do Poder Judiciário é fator importante para que o princípio da submissão seja utilizado com frequência.

O CPC de 2015 aperfeiçoa previsão do Código Bustamante, que adotou, em seu art. 318[120], o princípio da submissão, pelo qual as partes podem, em nome da *autonomia da vontade*, submeter um litígio a um determinado juízo nacional, desde que ao menos uma das partes seja nacional ou domiciliada no Estado em questão.

Para o CPC, basta que haja a (i) submissão expressa, por meio de manifestação expressa de ambas as partes (por exemplo, por cláusula contratual de eleição do foro brasileiro) ou (ii) tácita, após a propositura da ação, se o réu não aduz a preliminar de ausência de pressuposto processual, no caso ausência de jurisdição internacional. Não há impedimento que tal submissão seja feita por Estado estrangeiro ou por organização internacional que teriam direito à imunidade de jurisdição[121], pois a prática internacional respeita o desejo do Estado estrangeiro ou da organização internacional de se submeter à jurisdição local[122].

Quanto aos limites da própria submissão voluntária (que poderiam resultar na recusa do julgador em fixar a jurisdição internacional sobre litígios transnacionais), o CPC é omisso. Abordaremos a temática no item específico sobre ampliação e derrogação da jurisdição internacional cível de matriz legal.

8.8. A jurisdição internacional exclusiva especial: as ações relativas a imóveis no Brasil

O art. 23, I, do CPC de 2015 prevê a primeira hipótese de jurisdição internacional *exclusiva*, ao dispor que compete à autoridade judiciária brasileira, com exclusão de qualquer outra, conhecer de *ações relativas a imóveis situados no Brasil*[123].

---

[120] *In verbis:* "Art. 318. O juiz competente, em primeira instancia, para conhecer dos pleitos a que dê origem o exercicio das acções civeis e mercantis de qualquer especie, será aquelle a quem os litigantes se submettam expressa ou tacitamente, sempre que um delles, pelo menos, seja nacional do Estado contractante a que o juiz pertença ou tenha nelle o seu domicilio e *salvo o direito local*, em contrario. A submissão não será possivel para as acções reaes ou mixtas sobre bens immoveis, se a prohibir a lei da sua situação.

[121] Ver capítulo próprio neste *Curso* sobre a imunidade de jurisdição.

[122] Nesse sentido, decidiu o Superior Tribunal de Justiça que não cabe a extinção do processo sem julgamento de mérito no caso de imunidade de jurisdição de Estado estrangeiro *antes* que o Estado estrangeiro manifeste-se. *In verbis:* "(...) Caso em que se verifica precipitada a extinção do processo de pronto decretada pelo juízo singular, sem que antes se oportunize ao Estado alienígena a manifestação sobre o eventual desejo de abrir mão de tal prerrogativa e ser demandado perante a Justiça Federal brasileira, nos termos do art. 109, II, da Carta Política no processo. É que sua manifestação pode gerar sua submissão expressa ou tácita (caso nada mencione sobre sua imunidade) à jurisdição brasileira". Superior Tribunal de Justiça, RO n. 57-RJ, Relator para acórdão Min. Aldir Passarinho Jr., 3ª T., julgamento de 21-8-2008, publicado no *DJe* 14-9-2009. Na doutrina, ver, por todos, MADRUGA FILHO, Antenor Pereira. *A renúncia à imunidade de jurisdição pelo Estado brasileiro e o novo direito da imunidade da jurisdição*. Rio de Janeiro: Renovar, 2003.

[123] *In verbis:* "Art. 23. Compete à autoridade judiciária brasileira, com exclusão de qualquer outra: I – conhecer de ações relativas a imóveis situados no Brasil".

Esse dispositivo estabelece a exclusividade da jurisdição brasileira para conhecer e julgar as ações sobre imóveis no Brasil (*forum rei sitae*). Trata-se de jurisdição exclusiva especial, que se impõe inclusive *contra* a vontade das partes em transferir o litígio para julgamento em outro Estado (em cláusula de eleição de foro), demonstrando a preservação do interesse público em decidir a controvérsia no Estado da localização dos imóveis.

É fruto da adoção do *princípio da territorialidade exclusiva* para fixação da jurisdição internacional, e, como tal, é uma regra unilateral (ou imperfeita) de Direito Internacional Privado, ou seja, não se preocupa em fixar uma regra para todos os imóveis, mas somente para os situados no Brasil.

Tal regra é tradicional no DIPr e origina-se da importância dos bens imóveis para o Estado, como (i) fonte de produção de riquezas e como (ii) fator de segurança nacional (os bens imóveis compõem o território terrestre do país). Outra justificativa para a regra de fixação de jurisdição seria o princípio da efetividade: em face da importância estratégica dos bens imóveis, nada adiantaria um Estado conhecer e julgar casos envolvendo bens imóveis de outro Estado, pois este último não iria reconhecer e executar a sentença estrangeira[124].

Anteriormente, o art. 15 da revogada introdução ao Código Civil de 1916 não possuía fórmula parecida, porém o sistema da *determinação indireta* adotado à época fazia com que a competência judicial interna fosse utilizada para definir os limites da jurisdição internacional. No caso, as ações sobre imóveis seriam propostas no juízo do local da situação do imóvel, ou seja, caso fossem imóveis situados no Brasil, deveriam tais ações ser propostas aqui, conforme previsto no CPC de 1939 em seu art. 136[125].

O Código Bustamante também foi nessa linha, estabelecendo que o juízo da situação dos bens deveria conhecer as ações reais sobre bens imóveis e as ações mistas de limites e divisão de bens comuns (art. 325)[126].

Com a LICC de 1942 (atualmente LINDB), a adoção de sistema próximo da determinação direta fez com que fosse explicitada a opção pela *exclusividade* da jurisdição brasileira sobre as ações relativas a imóveis ("*só* à autoridade judiciária brasileira compete...", nos termos da regra). Essa exclusividade não poderia, então, ser derrogada por acordo entre as partes (submissão expressa ou tácita a juízo estrangeiro). Caso

---

[124] Nessa linha de defesa da inefetividade e inutilidade do exercício de jurisdição nacional sobre bens imóveis no estrangeiro, ver BARTIN, E. *Principes de droit international privé selon la loi et la jurisprudence françaises*. Paris: Éditions Domat-Montchrestien, 1930, t. 1, em especial § 137, p. 334 e s.

[125] "Art. 136. Nas ações relativas a imóvel, será competente o foro da sua situação, salvo o disposto no artigo anterior. Parágrafo único. Quando o imóvel, sobre que versar a lide, for situado em território estrangeiro, será competente o foro do domicílio do réu."

[126] "Art. 325. Para o exercício de ações reais sobre bens imóveis e para o das ações mistas de limites e divisão de bens comuns, será juiz competente o da situação dos bens."

isso ocorresse, a sentença estrangeira sobre imóveis no Brasil não seria aqui homologada, pois a jurisdição brasileira no caso era tida como inderrogável.

Com o CPC de 1973 também foi seguida a exclusividade da jurisdição brasileira sobre bens imóveis, na dicção do art. 89: "[c]ompete à autoridade judiciária brasileira, com *exclusão de qualquer outra*: I – conhecer de ações relativas a imóveis situados no Brasil".

A exclusividade da jurisdição brasileira tem impacto na análise da temática do reconhecimento de sentença estrangeira (cooperação jurídica internacional): uma das exigências para que a sentença estrangeira possa produzir efeitos no Brasil é justamente ter sido prolatada por juízo competente (com jurisdição), o que não ocorreria no caso de sentença estrangeira sobre tema de jurisdição brasileira cível exclusiva.

Resta saber o conteúdo da expressão "ações relativas a imóveis". Em primeiro lugar, a jurisdição exclusiva incide, nesta hipótese, somente sobre imóveis, pois, quando a LINDB e o CPC quiseram ampliar a abrangência, usaram a expressão "bens" ou "bens imóveis e móveis" (art. 22, I, *b*, ou art. 837[127] do CPC, por exemplo) abarcando móveis e imóveis.

Quanto ao tipo de ação relativa a imóveis, há duas correntes – restritiva e ampliativa –, sedimentadas desde a edição da LICC em 1942, já que não houve alteração redacional da hipótese desde então. A corrente *restritiva* defende que se insere na regra somente a ação que (i) tenha como causa de pedir direito real (*jus in re*) sobre bem imóvel. Não seria abrangida pela jurisdição exclusiva a ação cuja causa de pedir fosse fundada em direito pessoal (*jus ad rem*), ainda que com relação a um imóvel (por exemplo, ação de despejo por descumprimento de contrato de locação de bem imóvel, ação de rescisão de contrato de compra e venda de imóvel, ação de rescisão de contrato de promessa de compra e venda de imóvel etc.)[128].

A segunda corrente, ampliativa, sustenta que a regra em comento abrange todas as ações que *possam alterar a situação jurídica dos imóveis* no Brasil, o que abrange não só as ações que tenham como causa de pedir direito real sobre imóvel, mas também as fundadas em direito pessoal relativo à imóvel[129]. Assim, qualquer sentença

---

[127] *In verbis:* "Art. 837. Obedecidas as normas de segurança instituídas sob critérios uniformes pelo Conselho Nacional de Justiça, a penhora de dinheiro e as averbações de penhoras de *bens imóveis e móveis* podem ser realizadas por meio eletrônico".

[128] Na defesa da corrente restritiva, Pontes de Miranda entende que a expressão "ações relativas a imóveis" abarca somente "ações reais relativas a imóveis situados no Brasil", considerando que é possível de homologação no Brasil sentença estrangeira de ação de invalidade de compra e venda de imóvel no Brasil. PONTES DE MIRANDA, Francisco Cavalcanti. *Comentários ao Código de Processo Civil*, t. II, arts. 46 a 153. 3. ed. 4ª tiragem, Rio de Janeiro: 1996, p. 226. Nesse sentido, ver CARVALHO RAMOS, André de; GRAMSTRUP, Erik F. *Comentários à Lei de Introdução às Normas do Direito Brasileiro (LINDB)*. 2. ed. São Paulo: Saraiva, 2021, p. 254-255. SERPA LOPES, Miguel Maria de. *Comentários à Lei de Introdução ao Código Civil*, v. III, 2. ed. Rio de Janeiro: Freitas Bastos, 1959, p. 120.

[129] Na defesa da corrente ampliativa, Celso Agrícola Barbi sustenta que "(...) a lei abrange qualquer ação relativa a bem imóvel, vale dizer, também as fundadas em direito obrigacional (...) Não

estrangeira que decida sobre *situação jurídica* incidente sobre imóveis situados no Brasil não pode ser homologada e executada internamente, por ofensa à hipótese de jurisdição internacional exclusiva do art. 23, I, do CPC.

Nesse sentido, decidiu o STF que cabe exclusivamente ao Judiciário brasileiro decidir sobre ação de nulidade de cláusula testamentária de inalienabilidade de bem imóvel[130]. Também em linha com a corrente ampliativa, decidiu o STF que cabe exclusivamente ao Judiciário brasileiro "conhecer de ações nas quais estejam *envolvidos bens imóveis* que se encontrem em território pátrio", limitando a homologação da sentença paraguaia à parte referente à outorga de mandato, não abrangendo os atos que, por força dele, foram praticados e que importaram na *alteração subjetiva da matrícula do imóvel*[131].

Finalmente, a hipótese em análise (jurisdição internacional exclusiva especial no caso das ações relativas a imóveis no Brasil) não gera a exclusão da jurisdição brasileira sobre ações referentes a imóveis no exterior, uma vez que é possível que outra hipótese (por exemplo, réu domiciliado no Brasil) incida na matéria.

8.9. A jurisdição internacional exclusiva especial: as ações relativas à matéria de sucessão

Dispõe o art. 23, II, do CPC que compete ao Judiciário brasileiro, de modo exclusivo, proceder (i) à confirmação de testamento particular e (ii) ao inventário e à partilha de bens situados no Brasil, ainda que o autor da herança seja de nacionalidade estrangeira ou tenha domicílio fora do território nacional[132].

---

importa o tipo de ação, isto é, o ser ela condenatória, declaratória ou constitutiva; o que prevalece é a relação entre o direito alegado e o imóvel". BARBI, Celso Agrícola. *Comentários ao Código de Processo Civil, Lei n. 5.869, de 11 de janeiro de 1973*, v. I, Rio de Janeiro: Forense, 1998, p. 298. Barbosa Moreira defende, também, a corrente ampliativa. BARBOSA MOREIRA, José Carlos. Problemas relativos a litígios internacionais. In: *Temas de direito processual*: quinta série. São Paulo: Saraiva, 1994, p. 139-162, em especial p. 143.

[130] STF, Ag. Reg. na Sentença Estrangeira n. 3.989, Rel. Min. Rafael Mayer, julgamento em 17-3-1988, publicado no *DJ* 8-4-1988, p. 7470.

[131] Tratou-se de ação proposta no Paraguai, na qual ficou atestada a nulidade de procuração (era falsa) pela qual havia sido dado poderes para transferência ou venda de imóvel em Curitiba. Pela sentença paraguaia, qualquer direito real que houvesse sido transmitido a terceiros deveria ser considerado sem valor, retornando-se o imóvel ao estado anterior ao da falsificação. Para o STF, a parte da sentença desta ação de nulidade, por ter gerado impacto na matrícula do imóvel (modificação da propriedade), não poderia ser homologada. Citou-se, como fundamento, o Ag. Reg. na SE n. 3.989, exposto na nota anterior. Conferir em STF, Ag. Reg. na Sentença Estrangeira n. 7.101 Rel. Min. Maurício Corrêa, julgamento em 15-10-2003, publicado no *DJ* 14-11-2003, p. 12.

[132] *In verbis:* "Art. 23. Compete à autoridade judiciária brasileira, com exclusão de qualquer outra (...) II – em matéria de sucessão hereditária, proceder à confirmação de testamento particular e ao inventário e à partilha de bens situados no Brasil, ainda que o autor da herança seja de nacionalidade estrangeira ou tenha domicílio fora do território nacional;"

Esse dispositivo originou-se da redação do antigo art. 89, II, do CPC de 1973, que dispunha que competia à autoridade judiciária brasileira, com exclusão de qualquer outra, "proceder a inventário e partilha de bens, situados no Brasil, ainda que o autor da herança seja estrangeiro e tenha residido fora do território nacional" (a LINDB foi omissa nessa hipótese). No CPC de 2015, além de melhoria redacional, foi acrescentada explicitamente a "confirmação do testamento particular".

Trata-se de hipótese que visa assegurar a exclusividade da jurisdição brasileira sobre as sucessões *causa mortis,* sendo mais um reflexo da visão de preservação do poder do Estado brasileiro sobre a regulação da transmissão de propriedade de bens (móveis ou imóveis) situados no território nacional. Também admite-se a jurisdição exclusiva mesmo se os bens situados no Brasil sejam meros legados[133].

Nada no dispositivo faz referência à escolha da lei brasileira, o que é tratado em outras regras (inclusive na CF/88)[134]. Por isso, apesar de ser caso de jurisdição exclusiva, o julgador brasileiro pode ser obrigado, pelas regras do DIPr, a aplicar direito estrangeiro na sucessão, mostrando a separação entre a temática da "determinação da jurisdição" e a da "escolha das leis".

A exclusividade da jurisdição brasileira nessa hipótese gera a seguinte dúvida: caso existam bens no Brasil e em outros países, pode o juízo brasileiro do inventário realizar a partilha entre os herdeiros, de acordo com a lei aplicável (brasileira ou estrangeira)?

O dispositivo em questão *não* proíbe que o juízo nacional conheça, também, de bens situados no exterior. Trata-se de regra unilateral do DIPr, fixando a jurisdição brasileira e não a excluindo. Tudo depende da lei material que rege as sucessões, que determina a formação do quinhão de cada herdeiro e dos bens que dele devem constar. Assim, por exemplo, a regra de conexão aplicada a sucessões no Brasil estipula que a *lei do último domicílio do falecido* deve reger, em geral, a sucessão[135]. Caberá ao juiz brasileiro aplicar tal lei (que pode ser a brasileira ou a lei estrangeira) e, consequentemente, impor ou não a unidade sucessória.

Todavia, veremos, no capítulo sobre sucessões neste *Curso,* que a jurisprudência brasileira dividiu-se quanto à unidade da lei para reger as sucessões, entendendo a maioria dos julgados que a existência de uma pluralidade de jurisdições tornaria inexequível qualquer decisão brasileira sobre *todos* os bens, pois há a presunção de que uma decisão brasileira sobre bens situados em Estado estrangeiro não seria cumprida. Com isso, desde o CPC de 1973 e até o momento, a jurisprudência brasileira optou, majoritariamente[136], por restringir a jurisdição brasileira sobre inventário e partilha aos bens situados no Brasil, excluindo-se do seu alcance os bens situados no exterior.

---

[133] JATAHY, Vera Maria Barrera. *Do conflito de jurisdições.* A competência internacional da justiça brasileira. Rio de Janeiro: Forense, 2003, p. 139.

[134] O art. 5º, XXXI dispõe, explicitamente, sobre o concurso de normas em matéria de sucessão. Ver mais no capítulo deste *Curso* sobre sucessões.

[135] Ver o capítulo sobre sucessões neste *Curso,* no qual será estudada também a exceção a tal regra.

[136] Veremos os precedentes minoritários no capítulo sobre sucessões deste *Curso.*

8.10. A jurisdição internacional exclusiva especial: as ações relativas à partilha de bens em casos envolvendo divórcio e similares

O novo CPC de 2015 inovou e aumentou a jurisdição internacional cível brasileira exclusiva (ou absoluta) para determinar, conforme prevê o art. 23, III, que compete ao Judiciário brasileiro, de modo exclusivo, proceder à partilha de bens situados no Brasil, ainda que o titular seja de nacionalidade estrangeira ou tenha domicílio fora do território nacional, no caso de (i) divórcio, (ii) separação judicial ou (iii) dissolução de união estável[137].

A mudança em face do CPC de 1973 *tornou claro* o alcance da chamada "partilha de bens", que abrange, agora de modo expresso (o que não constava do CPC de 1973), o divórcio, a separação judicial e a dissolução de união estável. Esse alcance amplo da antiga norma do art. 89, II, do CPC de 1973 havia sido, inicialmente, rejeitado pelo Supremo Tribunal Federal, que, depois, reviu sua orientação, passando a interpretar de modo ampliativo o dispositivo em questão e considerando decorrência da jurisdição exclusiva brasileira sobre "partilha de bens".

Mesmo após essa nova orientação, o Supremo Tribunal Federal, sob a égide do antigo CPC de 1973, possui precedente *deferindo* a homologação de sentença estrangeira que decidiu sobre inventário ou partilha de bens situados no Brasil, desde que o juízo estrangeiro tenha adotado solução preconizada na lei brasileira. Assim, por economia processual (já que a solução foi idêntica a que seria prolatada pelo juízo brasileiro), aceitava-se a homologação da sentença estrangeira[138]. Contudo, o próprio STF, *posteriormente*, decidiu de modo contrário, resgatando a vedação absoluta de juízo estrangeiro decidir sobre partilha de bens no Brasil[139].

Após a Emenda Constitucional n. 45/2004, que transferiu a competência constitucional de homologação de sentença estrangeira para o Superior Tribunal de Justiça, reiterou-se a exclusividade da jurisdição brasileira para ações referentes a bens imóveis, inventário e partilha de bens situados no Brasil. Para o STJ, "viola a soberania nacional a sentença estrangeira que dispõe sobre bens imóveis localizados

---

[137] *In verbis:* "Art. 23. Compete à autoridade judiciária brasileira, com exclusão de qualquer outra: (...) III – em divórcio, separação judicial ou dissolução de união estável, proceder à partilha de bens situados no Brasil, ainda que o titular seja de nacionalidade estrangeira ou tenha domicílio fora do território nacional."

[138] No Supremo Tribunal Federal, ver SEC 4.512, Rel. Min. Paulo Brossard, julgado em 21-10-1994, *DJ* 2-12-1994, p. 33198. Consta da ementa do acórdão: "Não fere o artigo 89, II, do Código de Processo Civil, que prevê a competência absoluta da justiça brasileira para proceder a inventário e partilha de bens situados no Brasil, a decisão de Tribunal estrangeiro que dispõe sobre a partilha de bens móveis e imóveis em decorrência da dissolução da sociedade conjugal, aplicando a lei brasileira. 4. Sentença estrangeira homologada".

[139] Supremo Tribunal Federal, SEC 7.209, Rel. sorteada Min. Ellen Gracie, Rel. p/ Acórdão Min. Marco Aurélio, julgado em 30-9-2004, *DJ* 29-9-2006, p. 36.

no Brasil, excluindo-os da meação da ré, matéria da competência absoluta da Justiça brasileira"[140].

Sobre a partilha de bens, decidiu o STJ que "a partilha de bens imóveis situados no território brasileiro é da *competência exclusiva* da Justiça pátria, nos termos dos arts. 89, I, do Código de Processo Civil e 12, § 1º, da Lei de Introdução às Normas do Direito Brasileiro (antiga Lei de Introdução ao Código Civil)"[141].

Contudo, há uma exceção nos precedentes do Superior Tribunal de Justiça sobre esta hipótese de jurisdição exclusiva: o *acordo entre as partes* sobre a partilha de bens situados no Brasil permite que a sentença estrangeira que meramente ratificou tal acordo seja homologada no Brasil, uma vez que a vontade das partes foi seguida pelo juízo estrangeiro que não adotou nenhum ato de solução de conflito (este seria da exclusiva jurisdição brasileira)[142].

Assim, pacificou-se no STJ que: (i) *não viola* a jurisdição brasileira exclusiva se a sentença estrangeira meramente ratificou acordo das partes sobre imóveis ou partilha de bens situados no Brasil; (ii) *viola* a jurisdição cível brasileira exclusiva se a sentença estrangeira tenha decidido o litígio sobre bem imóvel ou partilha de bens no Brasil, não cabendo sua homologação, ainda que tenha sido aplicado o conteúdo material da lei brasileira pelo juízo estrangeiro[143].

Além disso, cabe integrar o art. 23, III, com o art. 961, § 5º, do CPC de 2015, pelo qual a "sentença estrangeira de divórcio consensual produz efeitos no Brasil, independentemente de homologação pelo Superior Tribunal de Justiça". Este último dispositivo restringe-se aos efeitos pessoais da sentença de divórcio consensual: no tocante a efeitos patrimoniais no caso de bens a partilhar, é necessário homologação, que será aceita na hipótese da mera ratificação do acordo entre as partes, como visto anteriormente[144].

---

[140] Sentença Estrangeira Contestada n. 2547/Estados Unidos – Rel. Min. Hamilton Carvalhido, Data do julgamento: 12-4-2010, Data da publicação/Fonte: *DJe* 12-5-2010. Contudo, há precedente antigo do STJ, poucos meses após a Emenda Constitucional n. 45/2004, que ainda seguia a posição mais liberal do STF, como se vê: "Homologação de sentença estrangeira. Partilha de bens efetuada em Portugal. Divórcio já homologado pelo Supremo Tribunal Federal. Imóvel situado no Brasil. Precedentes do Supremo Tribunal Federal. 1. O fato de determinado imóvel estar localizado no Brasil não impede a homologação da sentença estrangeira de partilha quanto ao mesmo bem, não ofendido o art. 89, II, do Código de Processo Civil nos termos de reiterados precedentes do Supremo Tribunal Federal. 2. Hipótese em que, apesar da sentença estrangeira não fazer menção expressa à legislação brasileira, esta foi respeitada, tendo em vista que coube 50% dos bens para cada cônjuge. 3. Homologação deferida" (SEC 878/EX, Corte Especial, Min. Carlos Alberto Menezes Direito, *DJ* 27-6-2005).

[141] Grifo meu. Superior Tribunal de Justiça, Sentença Estrangeira Contestada n. 5.270/EX, Rel. Min. Felix Fischer, julgado em 12-5-2011, *DJe* 14-6-2011.

[142] Superior Tribunal de Justiça, Sentença Estrangeira Contestada n. 1.304/EUA, Rel. Min. Gilson Dipp, *DJe* 3-3-2008. No mesmo sentido, Sentença Estrangeira Contestada n. 4.223/CH, Rel. Min. Laurita Vaz, julgado em 15-12-2010, *DJe* 16-2-2011. Neste último acórdão, há farta citação de outros precedentes no mesmo sentido.

[143] CARVALHO RAMOS, André de; GRAMSTRUP, Erik F. *Comentários à Lei de Introdução às Normas do Direito Brasileiro (LINDB)*. 2. ed. São Paulo: Saraiva, 2021, p. 253-254.

[144] Meinero critica essa ampliação da jurisdição absoluta brasileira no novo CPC, denominando-o a de "nacionalismo exacerbado". MEINERO, Fernando Pedro. Um novo e injustificado caso de

9. A LITISPENDÊNCIA E A JURISDIÇÃO INTERNACIONAL CÍVEL CONCORRENTE

Uma vez que o Brasil admite, em litígios transnacionais, hipóteses de jurisdição internacional concorrente, é possível que o mesmo fato transnacional seja apreciado e julgado por um juízo brasileiro *e* por um juízo estrangeiro. Essa adjudicação dupla pode ser (i) simultânea ou (ii) sucessiva, gerando a possibilidade de decisões contraditórias.

A solução preconizada pelo Brasil consta do art. 24 do CPC de 2015, que determina que a ação proposta perante tribunal estrangeiro (i) *não* induz litispendência e (ii) *não* obsta que a autoridade judiciária brasileira conheça da mesma causa e das que lhe são conexas, ressalvadas as disposições em contrário de tratados internacionais e acordos bilaterais em vigor no Brasil[145].

Além disso, a existência de ação em curso perante a jurisdição brasileira *não* impede a homologação de sentença judicial estrangeira quando exigida para produzir efeitos no Brasil (art. 24, parágrafo único do CPC de 2015), nas hipóteses de jurisdição concorrente[146].

Esse dispositivo trata da litispendência internacional (ou transnacional), que consiste na existência de ações idênticas (com as mesmas partes, causa de pedir e pedido) em curso no Brasil *e* em Estado estrangeiro. O efeito tradicional da litispendência interna *não* foi adotado para a litispendência internacional, que seria a extinção sem julgamento de mérito da ação brasileira, em preliminar suscitada pela parte, ou de ofício. Ao contrário, dispõe expressamente o art. 24, que é possível que o julgador aprecie a ação brasileira *mesmo que haja ação estrangeira idêntica ou conexa* já em curso. Quanto às ações conexas, cabe ao Judiciário brasileiro conhecer de ação brasileira *conexa* com ação estrangeira e que seja da jurisdição concorrente nacional[147].

O art. 24 do CPC só incide nas hipóteses de jurisdição internacional cível concorrente, uma vez que, nos casos de jurisdição internacional exclusiva, não se admite,

---

jurisdição internacional exclusiva no novo Código de Processo Civil. In: MENEZES, Wagner (Org.). *Direito internacional em expansão*. Belo Horizonte: Arraes, 2016, v. VIII, p. 284-296, em especial p. 295.

[145] *In verbis:* "Art. 24. A ação proposta perante tribunal estrangeiro não induz litispendência e não obsta a que a autoridade judiciária brasileira conheça da mesma causa e das que lhe são conexas, ressalvadas as disposições em contrário de tratados internacionais e acordos bilaterais em vigor no Brasil".

[146] *In verbis:* "Art. 24 (...) Parágrafo único. A pendência de causa perante a jurisdição brasileira não impede a homologação de sentença judicial estrangeira quando exigida para produzir efeitos no Brasil".

[147] Nessa linha, decidiu o STJ que "admitir-se que a conexão possa levar a que se firme a competência da autoridade judiciária brasileira, para hipóteses não cogitadas nos artigos 88 a 89 do CPC, poderá levar a um alargamento excessivo daquela, colocando em risco o princípio da efetividade que domina a matéria". Superior Tribunal de Justiça, Recurso Especial n. 2.170-SP, Rel. Min. Eduardo Ribeiro, julgamento em 7-8-1990, publicado no *DJ* 3-9-1990, p. 8842. Na doutrina, conferir em BOTELHO DE MESQUITA, José Ignácio. Da competência internacional e dos princípios que a informam. *Revista de Processo*, v. 50, 1988, p. 51-71, em especial p. 61. JATAHY, Vera Maria Barrera. *Do conflito de jurisdições*. A competência internacional da justiça brasileira. Rio de Janeiro: Forense, 2003, p. 148-149.

simplesmente, que sentença estrangeira regule tais litígios transnacionais. Essa solução foi originalmente prevista no CPC de 1973, cujo art. 90 previa que "a ação intentada perante tribunal estrangeiro não induz litispendência, nem obsta a que a autoridade judiciária brasileira conheça da mesma causa e das que lhe são conexas".

A partir do CPC de 1973, houve divergência na doutrina e na jurisprudência sobre qual o efeito, no Brasil, da sentença estrangeira que tivesse já decidido o litígio, quer porque o processo estrangeiro transcorreu de modo mais célere do que o nacional ou ainda porque já existia sentença estrangeira transitada em julgado no momento da propositura da ação nacional.

A corrente *da preferência da jurisdição nacional* defendia a impossibilidade de homologação de tal sentença estrangeira, caso já existisse ação nacional em curso, mesmo em se tratando de jurisdição internacional cível concorrente. Esse entendimento era baseado no *princípio da preferência da jurisdição brasileira*, que, se provocada, não podia ser superada pela jurisdição estrangeira[148]. Em sentido ligeiramente diferente, Celso Agrícola Barbi defendia que a preferência da jurisdição brasileira levava à não homologação da sentença estrangeira, quando a ação brasileira tivesse sido proposta *antes* do trânsito em julgado da sentença estrangeira[149].

De acordo com essa corrente, o conceito de jurisdição internacional cível concorrente era *interpretado restritivamente*: o Brasil admitia que a jurisdição estrangeira pudesse conhecer e decidir tais litígios transnacionais, desde que (i) o interessado se submetesse à jurisdição estrangeira ou (ii) não provocasse o Judiciário nacional (que também possuía jurisdição).

Se o indivíduo não se submetesse à jurisdição internacional ou o fosse Judiciário brasileiro provocado, este teria *preferência* e a sentença estrangeira não seria homologada para produzir efeitos nacionais. Pontes de Miranda defende que jurisdição brasileira, mesmo que concorrente, deve ser posta em "primeiro plano"[150]. Retratando essa corrente, Casella apontou, com base em diversos precedentes do STF da época, que era faculdade do réu domiciliado no Brasil não se submeter à jurisdição estrangeira, gozando do seu "direito de ser demandado perante a Justiça brasileira"[151]. Casella

---

[148] Antes mesmo do CPC de 1973, com base tão somente na LINDB, defendeu Valladão que "[p]endente demanda sôbre o assunto nos Tribunais brasileiros não se homologa sentença estrangeira sôbre a mesma matéria". Conferir em VALLADÃO, Haroldo. Execução de sentenças estrangeiras no Brasil. In: *Estudos de direito internacional privado*. Rio de Janeiro: José Olympio, 1947, p. 727.

[149] BARBI, Celso Agrícola. *Comentários ao Código de Processo Civil*, Lei n. 5.869, de 11 de janeiro de 1973. Rio de Janeiro: Forense, 1998, v. I, p. 300.

[150] Nesse sentido, defende Pontes de Miranda, ao analisar o art. 90 do antigo CPC de 1973, a prevalência da jurisdição brasileira (ainda que seja a jurisdição cível concorrente). *In verbis:* "Diante do que se contém no art. 90, não pode ser homologada sentença estrangeira se a ação, que foi proposta no estrangeiro, tinha de ser no Brasil, ou fora proposta no Brasil. Supõe-se no art. 90 que haja pluralidade de competência (a do Brasil e a de outro Estado); portanto, que entrem no art. 88. O que se estatui é *pôr-se em primeiro plano a competência brasileira*, aí concorrente".

[151] *In verbis:* "A Justiça brasileira é competente concorrentemente, nos termos dos já referidos art. 88, inciso I, do Código de Processo Civil, e art. 12 da Lei de Introdução ao Código Civil, facul-

defendeu que os princípios da efetividade e da ampla defesa davam às hipóteses de jurisdição concorrente (à época previstas no art. 88, I e II, do Código de Processo Civil de 1973) "contornos de imperatividade, motivo pelo qual a mesma deve ser declarada exclusiva para fins de processamento da demanda"[152].

Assim, tanto pelo fundamento subjetivo (direito do indivíduo aqui domiciliado ser demandado no Brasil) quanto pelo fundamento objetivo (valorização da jurisdição brasileira), essa corrente, na prática, *transformava* as hipóteses de jurisdição concorrente em exclusiva (especialmente a hipótese de jurisdição baseada no domicílio do réu), cujo número expresso é, como visto acima, tímido.

Por sua vez, a corrente da *indiferença ou do predomínio da coisa julgada* sustentava que seria (i) indiferente a existência de ação nacional em curso idêntica à ação estrangeira nos casos de jurisdição internacional cível *concorrente* e (ii) deveria ser cumprida a sentença que, em primeiro lugar, houvesse transitado em julgado, decidindo de modo definitivo o litígio transnacional, não importando a data de propositura de cada uma. Assim, caso a sentença nacional tivesse transitado em julgado primeiro, a homologação de sentença estrangeira deveria ser indeferida; por outro lado, caso a ação de homologação de sentença estrangeira transitasse em julgado, poderia a ação nacional em trâmite ser extinta sem julgamento do mérito, pela existência de coisa julgada[153]. No caso da sentença estrangeira, exigia-se o "duplo trânsito em julgado": o trânsito em julgado da sentença e ainda o trânsito em julgado da ação de homologação de sentença estrangeira, já que essa homologação é condição da eficácia da sentença estrangeira no Brasil. Essa corrente tratava a jurisdição estrangeira (nas hipóteses de jurisdição concorrente) como *igual* à jurisdição brasileira, sem preferências: o critério temporal do trânsito em julgado é que decidiria qual prevaleceria no caso concreto.

Na jurisprudência, essa temática gerou precedentes conflitantes ao longo das décadas de vigência do CPC de 1973.

---

tando ao réu domiciliado no Brasil, citado para integrar lide no estrangeiro, não se submeter à jurisdição alienígena, e gozar do direito de ser demandado perante a Justiça brasileira". CASELLA, Paulo Borba. A ordem pública e a execução de cartas rogatórias no Brasil. *Revista da Faculdade de Direito da Universidade de São Paulo*, v. 98, 2003, p. 563-571, em especial p. 565. No mesmo sentido, MAGALHÃES, José Carlos de. Competência internacional do juiz brasileiro e denegação de justiça. *Revista dos Tribunais*, ano 77, n. 630, p. 52-55, em especial p. 54

[152] *In verbis:* "Diante do princípio da efetividade e da ampla defesa assegurada na Carta Magna (inciso LV, do art. 5º da Constituição da República), a competência prevista no art. 88, inciso I e II do Código de Processo Civil adquire contornos de imperatividade, motivo pelo qual a mesma deve ser declarada exclusiva para fins de processamento da demanda, preponderando, outrossim, em seu benefício, a prerrogativa de processamento no foro de domicílio do réu". CASELLA, Paulo Borba. A ordem pública e a execução de cartas rogatórias no Brasil. *Revista da Faculdade de Direito da Universidade de São Paulo*, v. 98, 2003, p. 563-571, em especial p. 570.

[153] Nesse sentido, BARBOSA MOREIRA, José Carlos. Relações entre processos instaurados, sobre a mesma lide civil no Brasil e em país estrangeiro. *Revista de Processo* n. 7 e 8, jul./dez. 1977, p. 51 e s. Conferir também BARBOSA MOREIRA, José Carlos. Garantia constitucional do direito à jurisdição: competência internacional da justiça brasileira; prova do direito estrangeiro. *Revista Forense*, n. 343, 1998, p. 275-291.

Em primeiro lugar, há diversos precedentes do Supremo Tribunal Federal (STF) e do Superior Tribunal de Justiça (STJ) que se posicionam a favor da corrente da *preferência da jurisdição nacional* nos casos de jurisdição concorrente. Em um dos precedentes mais citados do STF sobre a temática, e que influenciou a jurisprudência do STJ, observou-se que "ademais, no caso, se há sentença de juiz no Brasil sobre o mesmo tema, não há como se dar prevalência à sentença norte-americana, sob pena de incorrer-se em ofensa à soberania nacional, o que contraria o art. 216 do RI/STF"[154]. Outro precedente do STF sobre a temática decidiu que a prevalência de uma sentença estrangeira sobre a decisão de um juiz brasileiro (conferida em sede liminar) importaria em "ofensa aos princípios da soberania nacional", em caso de jurisdição concorrente[155].

No Superior Tribunal de Justiça, há precedentes a favor da corrente da preferência da jurisdição nacional, *desde que* o interessado tenha manifestado sua *recusa* em se submeter à jurisdição estrangeira. Nesse sentido, decidiu o STJ que "ainda que a citação assim tivesse sido procedida, viciada estaria a competência do juízo alienígena pela expressa recusa da pessoa citada de se submeter àquela jurisdição, nos termos da jurisprudência uniforme da Corte"[156].

Em segundo lugar, há precedentes mais recentes favoráveis à corrente *da indiferença ou do predomínio da coisa julgada* tanto no STF quanto no STJ. Nesse sentido, o STF homologou sentença estrangeira em hipóteses de jurisdição concorrente, mesmo estando em curso ações nacionais sobre a mesma lide, salientando que "homologada a sentença pelo STF, passará ela, no foro, a ter eficácia de coisa julgada material, impondo a extinção do processo [brasileiro] em curso"[157]. Em outro caso, com voto vencido da Min.

---

[154] Supremo Tribunal Federal, Sentença Estrangeira n. 4.694, Rel. Min. Ilmar Galvão, julgamento de 10-12-1993, publicado no *DJ* 18-3-1994, p. 5150. No mesmo sentido, ver Superior Tribunal de Justiça, Sentença Estrangeira Contestada n. 841, Rel. Min. José Arnaldo da Fonseca, julgamento em 15-6-2005, publicado no *DJ* 29-8-2005, p. 134. Ver também Superior Tribunal de Justiça, Sentença Estrangeira Contestada n. 819, Rel. Min. Humberto Gomes de Barros, julgamento em 30-6-2006, *DJ* 14-8-2006, p. 247, no qual decidiu-se que "(...) não se pode homologar sentença estrangeira envolvendo questão decidida pela Justiça brasileira. Nada importa a circunstância de essa decisão brasileira não haver feito coisa julgada".

[155] Supremo Tribunal Federal, Sentença Estrangeria Contestada (SEC) n. 5.526, Rel. Min. Ellen Gracie, julgamento de 22-4-2004, publicação no *DJ* 28-5-2004, p. 7. Neste julgado, foi ainda mencionado os demais precedentes do STF, entre eles, a SEC 6.971, Rel. Min. Maurício Corrêa, *DJ* 14-2-2003 e a SEC 7.218, Rel. Min. Nelson Jobim, *DJ* 6-2-2004. Ressalte-se o voto parcialmente vencido do Min. Marco Aurélio na SEC n. 5.526, que lembrou ser a matéria inserida na hipótese de jurisdição concorrente e ainda ter sido a ação brasileira proposta bem depois da ação estrangeira e no curso da ação de homologação de sentença estrangeira.

[156] Superior Tribunal de Justiça, Sentença estrangeira contestada n. 1.763, Rel. Min. Arnaldo Esteves Lima, julgamento em 28-5-2009, publicado no *DJe* 25-6-2009.

[157] STF, Sentença Estrangeira n. 4.509, Rel. Min. Marco Aurélio, julgamento em 6-8-1992, publicado no *DJ* 26-2-1993, p. 2356. Trecho do voto do Min. Sepúlveda Pertence. Na mesma linha de suporte à corrente do predomínio da coisa julgada, ver Ag. Reg. na Sentença Estrangeira n. 2.727, Rel. Min. Xavier de Albuquerque, julgamento em 9-4-1981, publicado no *DJ* 8-5-1981, p. 4116, no

Ellen Gracie (que, seguindo a corrente anterior, votou pela não homologação da sentença estrangeira porque existia ação nacional em curso), o STF reiterou que "o fato de ter-se, no Brasil, o curso de processo concernente a conflito de interesses dirimido em sentença estrangeira transitada em julgado não é óbice à homologação desta última"[158].

Os precedentes mais recentes do STJ defendem a corrente da indiferença, tendo decidido que "a pendência de ação, na Justiça Brasileira, não impede a homologação de sentença estrangeira sobre a mesma controvérsia"[159]. Sobre a eficácia do julgado (se o nacional ou o estrangeiro), o Superior Tribunal de Justiça consagrou a igualdade entre as jurisdições (brasileira e estrangeira), adotando a tese da prioridade da coisa julgada mais antiga, prevalecendo a sentença que *transitar em julgado em primeiro lugar*, "considerando-se, para esse efeito, relativamente à sentença estrangeira, o trânsito em julgado da decisão do STJ que a homologa, já que essa homologação é condição da eficácia da sentença homologanda"[160].

Comparando as duas correntes, há nítido *inconformismo* com o *pequeno* número de hipóteses de jurisdição internacional exclusiva previsto na legislação por parte da *corrente do predomínio da jurisdição nacional*, que não mencionou temas envolvendo direito de família, como alimentos e guarda de crianças. Foram majoritariamente nesses casos de "famílias transnacionais" que a jurisprudência (do STF e do STJ) abraçou a tese da ofensa à soberania nacional pela prevalência da sentença estrangeira para dirimir o caso. Todavia, se bastasse – como constam desses precedentes – a existência de ações nacionais ou mesmo manifestação de vontade de recusa da jurisdição estrangeira para fulminar o uso da jurisdição estrangeira, teríamos, na prática, uma *quase identidade* de resultado entre as hipóteses de jurisdição concorrente com as da jurisdição exclusiva.

---

qual consta da ementa do acórdão: "Sentença estrangeira. Não obsta a sua homologação a pendência, perante juiz brasileiro, de ação entre as mesmas partes e sobre a mesma matéria". Neste último caso, no voto do Rel. Min. Xavier de Albuquerque consta inclusive o respeito à coisa julgada nacional (caso existente): "(...) Se houvesse transitado em julgado o acórdão do Tribunal fluminense, que confirmou a sentença proferida na referida ação de separação judicial, dúvida não haveria para (...) negar-se homologação à sentença estrangeira de divórcio".

[158] Supremo Tribunal Federal, Sentença Estrangeira Contestada n. 7.209, Rel. p/ Acórdão Min. Marco Aurélio, julgamento em 30-9-2004, publicado no *DJ* 29-9-2006.

[159] Superior Tribunal de Justiça, Sentença Estrangeira Contestada n. 5.736, Rel. Min. Teori Albino Zavascki, julgamento em 24-11-2011, publicado no *DJe* 19-12-2011.

[160] Trecho de voto do Min. Teori Zavascki, então Ministro do STJ. Ver Superior Tribunal de Justiça, Sentença Estrangeira Contestada n. 4.127, Rel. p/ Acórdão Min. Teori Albino Zavascki, julgamento em 29-8-2012, publicação no *DJe* 27-9-2012. No mesmo sentido, conferir julgado do final de 2015 do STJ, pelo qual "(...) 3. A competência internacional concorrente, prevista no art. 88, III, do Código de Processo Civil, não induz a litispendência, podendo a Justiça estrangeira julgar igualmente os casos a ela submetidos. Eventual concorrência entre sentença proferida pelo Judiciário brasileiro e a sentença estrangeira homologada pelo STJ, sobre a mesma questão, deve ser resolvida pela prevalência da que transitar em julgado em primeiro lugar". Superior Tribunal de Justiça, Sentença Estrangeira Contestada n. 12.897, Rel. Min. Raul Araújo, julgamento em 16-12-2015, publicado no *DJe* 2-2-2016.

Já o predomínio da *corrente da indiferença* nos julgados mais recentes do Superior Tribunal revela (i) a diminuição do temor ao conteúdo do julgado estrangeiro e (ii) o reconhecimento do caráter cotidiano das decisões estrangeiras sobre os aspectos centrais do direito das famílias, fruto das famílias transnacionais formadas no mundo globalizado.

Com o CPC de 2015, optou-se, pelo disposto no parágrafo único do art. 24, pela *corrente da indiferença*, ficando expresso que a existência de ação em curso perante a jurisdição brasileira *não* impede a homologação de sentença judicial estrangeira quando exigida para produzir efeitos no Brasil. Obviamente, é possível que seja alegada ofensa à ordem pública pelo conteúdo da sentença estrangeira em casos de jurisdição concorrente, mas a (i) mera existência de ações nacionais em curso ou (ii) a recusa do interessado em se submeter à jurisdição estrangeira não mais podem servir para impedir a eficácia do comando estrangeiro no Brasil.

Por outro lado, considerando a dificuldade do Judiciário brasileiro em vencer a morosidade e diante do número de recursos que obstam o trânsito em julgado à disposição do interessado na delonga processual, a *corrente da indiferença* acarreta, na grande maioria dos casos, a prevalência da jurisdição estrangeira que tende a vencer a "corrida pelo trânsito em julgado" nas hipóteses de jurisdição concorrente, com larga vantagem em relação à jurisdição nacional[161].

Finalmente, o art. 24 do CPC de 2015 expressamente reconhece o princípio da especialidade que beneficia os tratados celebrados pelo Brasil no que tange aos efeitos da litispendência internacionais. Assim, caso o litígio transnacional esteja vinculado a um Estado-Parte desses tratados, os dispositivos convencionais imperam. Entre os tratados celebrados pelo Brasil que contam com regras próprias sobre a litispendência em casos envolvendo fatos transnacionais, citam-se, entre outros, o (i) Código Bustamante (art. 394), (ii) o Protocolo de Las Leñas (art. 22)[162], (iii) e o Acordo de Cooperação Judiciária entre o Brasil e a Espanha (art. 21, *c*)[163].

---

[161] Abbud denomina esse quadro de "corrida judiciária". Por isso, sugere modificação da lei para que conste que, entre os fatores impeditivos da homologação de sentença estrangeira, a existência de ação nacional interposta *antes* da ação estrangeira. ABBUD, André de Albuquerque Cavalcanti. *Homologação de sentenças arbitrais estrangeiras*. São Paulo: Atlas, 2008, p. 107.

[162] No Protocolo de Cooperação e Assistência Jurisdicional em Matéria Civil, Comercial, Trabalhista e Administrativa, o efeito da litispendência é a *impossibilidade de reconhecimento e execução da sentença estrangeira*. In verbis: "Art. 22. Quando se tratar de uma sentença ou de um laudo arbitral entre as mesmas partes, fundamentado nos mesmos fatos, e que tenha o mesmo objeto de outro processo judicial ou arbitral no Estado requerido, seu reconhecimento e sua executoriedade *dependerão de que a decisão não seja incompatível* com outro pronunciamento anterior ou simultâneo proferido no Estado-Parte requerido. Do mesmo modo não se reconhecerá nem se procederá à execução, *quando se houver iniciado um procedimento* entre as mesmas partes, fundamentado nos mesmos fatos e sobre o mesmo objeto, perante a autoridade jurisdicional que teria pronunciado a decisão da qual haja solicitação de reconhecimento".

[163] O Convênio de Cooperação Judiciária em Matéria Civil, entre o Governo da República Federativa do Brasil e o Reino da Espanha foi celebrado em 1989, ratificado em 1991 e promulgado internamente pelo Decreto n. 166, de 3 de julho de 1991. De acordo com esse tratado, no caso de identidade de lides no Brasil e na Espanha, a sentença estrangeira para ser homologada deve ter sido prolatada em ação "proposta anteriormente no Estado de origem".

10. A LIMITAÇÃO DA JURISDIÇÃO INTERNACIONAL CONCORRENTE: A CLÁUSULA DE ELEIÇÃO DE FORO

De acordo com o art. 25 do CPC de 2015, não compete à autoridade judiciária brasileira o processamento e o julgamento da ação quando houver *cláusula de eleição de foro exclusivo estrangeiro* em *contrato internacional*, arguida pelo réu na contestação[164]. De modo expresso, o § 1º do art. 25 anuncia que essa derrogação de jurisdição *não* se aplica às hipóteses de jurisdição internacional exclusiva[165].

Além disso, o § 2º do mesmo artigo faz incidir as limitações às cláusulas de eleição de foro domésticas, previstas no art. 63, §§ 1º a 4º, do CPC, à eleição de foro estrangeiro[166]. Com isso, a eleição de foro estrangeiro só produz efeito quando constar de instrumento escrito e aludir expressamente a determinado negócio jurídico, obrigando os herdeiros e sucessores das partes.

Também é possível que seja discutida a abusividade da cláusula de eleição de foro, adaptando-se o previsto no art. 63, §§ 3º e 4º. Assim, para que a cláusula de eleição de foro estrangeiro seja válida e modifique a jurisdição internacional cível brasileira, deve (i) constar de instrumento escrito e (ii) não ser considerada abusiva. Não há nenhum impedimento que a cláusula seja firmada no próprio contrato ou *a posteriori*[167].

Há, contudo, regra de *revogação tácita da cláusula de eleição de foro*: caso o réu, citado, não alegar a existência da cláusula de eleição de foro estrangeiro na contestação, o processo desenvolve-se regularmente ao abrigo das hipóteses de jurisdição internacional concorrente.

A possibilidade de eleição de foro estrangeiro foi incluída expressamente no CPC de 2015 como forma de limitação da jurisdição internacional concorrente, *suprindo* a lacuna da legislação anterior, que não a previa. Assim, a autonomia da vontade foi valorizada duplamente pelo novo CPC no que tange à jurisdição: (i) serve para fundamentar a ampliação da jurisdição internacional (princípio da submissão, visto acima) e (ii) serve para fundamentar a limitação da jurisdição internacional relativa ou concorrente[168].

A validade de cláusula de eleição de foro estrangeiro foi ponto de intensa polêmica durante os anos de vigência do CPC de 1973. Nesses anos, era comum a cláusula

---

[164] *In verbis:* "Art. 25. Não compete à autoridade judiciária brasileira o processamento e o julgamento da ação quando houver cláusula de eleição de foro exclusivo estrangeiro em contrato internacional, arguida pelo réu na contestação".

[165] *In verbis:* "Art. 25. (...) § 1º Não se aplica o disposto no *caput* às hipóteses de competência internacional exclusiva previstas neste Capítulo".

[166] *In verbis:* "Art. 25 (...) § 2º Aplica-se à hipótese do *caput* o art. 63, §§ 1º a 4º."

[167] POLIDO, Fabrício Bertini Pasquot. *Direito processual internacional e o contencioso internacional privado*. Curitiba: Juruá, 2013, p. 93.

[168] Registre-se que parte da doutrina utiliza o termo "exclusão da jurisdição" brasileira. Conferir em BUENO, Cassio Scarpinella. *Novo Código de Processo Civil anotado*. São Paulo: Saraiva, 2015, p. 61.

de eleição de foro estrangeiro desprezada por um dos contratantes, que ingressava com ação no Brasil fundada em uma das hipóteses de jurisdição concorrente (do antigo rol do art. 88 do CPC/73).

Botelho de Mesquita sustentou que esse tipo de cláusula contratual de eleição de foro estrangeiro era ineficaz caso não existisse norma expressa a autorizando, uma vez que a fixação da jurisdição internacional seria tema atinente à soberania do Estado, que não poderia ser, então, superada por acordo de vontades entre particulares. Para o autor, a fixação de jurisdição internacional é sempre inderrogável, ainda quando a lei admite a atuação concorrente de jurisdição estrangeira[169]. Em sentido oposto, Mori e Nascimento defenderam a admissibilidade da renúncia à jurisdição brasileira, desde que houvesse a possibilidade de recurso à Justiça estrangeira (típico caso da cláusula de eleição de foro estrangeiro), pois não poderia existir renúncia total à tutela jurisdicional[170].

A Súmula 335 do Supremo Tribunal Federal ("é válida a cláusula de eleição de foro para os processos oriundos do contrato") não era considerada aplicável à determinação da jurisdição internacional, mas somente aos casos de competência interna[171]. Na jurisprudência, houve – tal qual na doutrina – intensa divergência sobre a validade de cláusula contratual de eleição de foro que excluísse a jurisdição brasileira nos casos de jurisdição concorrente ou relativa.

No Superior Tribunal de Justiça (STJ), houve decisões nos dois sentidos: a favor da validade da cláusula de eleição de foro e contra[172], com maioria dos precedentes considerando que a cláusula era (i) ofensiva à inderrogabilidade e inafastabilidade da jurisdição nacional e tida como (ii) inócua para impedir a apreciação do feito no Brasil em casos de jurisdição concorrente. Em 2015, o STJ decidiu que "a jurisdição, como exercício da soberania do Estado, é inderrogável e inafastável e, ainda que válidas, como na presente hipótese de competência internacional concorrente, as

---

[169] BOTELHO DE MESQUITA, José Ignácio. Da competência internacional e dos princípios que a informam. *Revista de Processo*, v. 50, 1988, p. 51-71, em especial p. 53.

[170] MORI, Celso Cintra; NASCIMENTO, Edsom Bueno. A competência geral internacional do Brasil: competência legislativa e competência judiciária no Direito brasileiro. *Revista de Processo* 73, 1994, p. 74-93, em especial p. 85.

[171] Superior Tribunal de Justiça, Recurso Especial n. 804.306-SP, Rel. Min. Nancy Andrighi, Data do julgamento: 19-8-2008, Data da publicação/Fonte: *DJe* 3-9-2008. Ver também: REsp n. 498.835-SP, Rel. Min. Nancy Andrighi, *DJ* 9-5-2005.

[172] A favor da validade da cláusula de eleição de foro, ver, por todos, Superior Tribunal de Justiça, Recurso Especial n. 242.383-SP, STJ, Rel. Min. Humberto Gomes de Barros, j. 3-2-2005, *DJ* 21-3-2005, para quem "(...) A eleição de foro estrangeiro é válida, exceto quando a lide envolver interesses públicos"). Contra a cláusula, ver os seguintes precedentes do Superior Tribunal de Justiça: (1) Recurso Especial n. 804.306-SP, Rel. Min. Nancy Andrighi, julgado em 19-8-2008 e publicado no *DJe* 3-9-2008; (2) EDcl no REsp 1.159.796/PE, Rel. Min. Nancy Andrighi, julgado em 15-3-2011, *DJe* 25-3-2011 e (3) Recurso Especial n. 251.438, Rel. Min. Barros Monteiro, j. 8-8-2000, *DJ* 2-10-2000, p. 173, em cuja ementa consta "Competência internacional concorrente da autoridade judiciária brasileira, *que não é suscetível de ser arredada* pela vontade das partes". Grifo meu.

cláusulas que elegem foro alienígena em contratos internacionais não têm o poder de afastar a jurisdição brasileira. Entender de forma diversa, apenas porque as partes assim o pactuaram, significaria, em última análise, afronta ao postulado da soberania nacional"[173].

Contudo, o STJ, em 2016, julgando recurso interposto sob a vigência do CPC/73, manteve a exclusão da jurisdição do Poder Judiciário brasileiro em caso envolvendo contrato internacional, tendo em vista que os contratantes ajuizaram demandas no foro inglês e, somente depois de sentenciados os respectivos processos, a empresa cessionária dos direitos das partes sucumbentes propôs ação declaratória no Brasil com o propósito de rediscutir questões já decididas no Judiciário estrangeiro. O fundamento foi o respeito aos princípios da boa-fé objetiva e da segurança jurídica, sendo citada inclusive a vedação de benefício da própria torpeza, pela conduta de perder a ação no exterior e, depois, invocar a jurisdição concorrente no Brasil para reabrir a demanda[174].

Com a previsão expressa de aceitação da cláusula de eleição de foro estrangeiro no CPC/2015 supera-se a enraizada polêmica, porque fica atendida a exigência de existência, prévia, de norma autorizando a renúncia ao foro brasileiro. O "postulado da soberania" (expressão retirada de precedente de 2015 acima citado do STJ) foi respeitado, pois o próprio Estado brasileiro admite que sua jurisdição concorrente é flexível, podendo as partes reduzi-la (escolha do foro estrangeiro) ou mesmo aumentá-la (submissão à jurisdição brasileira, como já visto).

A justificativa para aceitação da cláusula nos contratos internacionais está no combate à insegurança jurídica gerada pela "corrida ao melhor foro" após o surgimento do litígio: os envolvidos no fato transnacional tratam de iniciar o litígio no foro no qual projetam ter maior benefício (por conhecimento das regras processuais, pelo trâmite mais célere ou mais demorado, pelo maior número ou menor número de recursos, pelos precedentes já conhecidos etc.). Essa busca do "melhor foro" leva a um *forum shopping* imprevisível, que resulta em grande incerteza sobre qual tribunal poderá analisar o futuro litígio, prejudicando a celebração de contratos internacionais[175]. Com a cláusula de eleição de foro, há o *forum shopping predeterminado* e, consequentemente, reduzem-se as incertezas, gerando previsibilidade sobre os efeitos gerados pela contratação internacional.

---

[173] Superior Tribunal de Justiça, Recurso Ordinário n. 114, Rel. Min. Raul Araújo, julgado em 2-6-2015, publicado no *DJe* 25-6-2015.

[174] Superior Tribunal de Justiça, Recurso Especial n. 1.090.720, Rel. Min. Antonio Carlos Ferreira, julgamento em 14-6-2016, publicado no *DJe* 23-8-2016.

[175] Nadia de Araujo esclarece que *forum shopping* é uma "expressão ligeiramente sarcástica, de uso consagrado no direito norte-americano, que se refere à estratégia advocatícia de pretender, nas causas em que haja conflito de leis, o abrigo do foro cujo direito material e processual seja mais favorável ao autor, dadas as circunstâncias de fato e de direito do caso concreto". ARAUJO, Nadia de. Solução de controvérsias no Mercosul. In: CASELLA, Paulo Borba (Coord.). *Mercosul*. Integração regional e globalização. Rio de Janeiro: Renovar, 2000, p. 99-141, em especial p. 136.

Por sua vez, seguindo a posição de Fontoura Costa e Ramon Santos, a expressão "contrato internacional" do dispositivo opõe-se a "contratos brasileiros" e não a "contratos internos", tendo, então, a finalidade de vedar o indevido afastamento do foro brasileiro em casos vinculados apenas ao Brasil. Nessa linha, a expressão abarcaria todo tipo de contrato que *não seja – por critérios subjetivos e objetivos – conectado exclusivamente ao Brasil*. Assim, para Costa e Santos, "[s]ituações razoáveis, mesmo que com *tênue conexão estrangeira*, tendem a ser aceitas como cobertas pela hipótese do art. 25"[176].

Essa interpretação ampliativa da expressão "contratos internacionais" é útil porque (i) compatível com a ausência de uma definição legal clara sobre a expressão e (ii) adequada em face da finalidade do CPC, que foi editado justamente para permitir – sem as divergências jurisprudenciais do passado – a utilização da autonomia da vontade em cláusulas de eleição de foro estrangeiro.

Resta agora compatibilizar a liberdade de escolha dos contratantes em derrogar a jurisdição concorrente com a proteção dos vulneráveis, que também é um dos valores do DIPr. Isso porque há contratos internacionais que são, em geral, *contratos de adesão*, nos quais determinado contratante impõe sua escolha de foro. Por exemplo, os contratos internacionais de consumo são tipicamente contratos de adesão, não existindo nenhuma margem de manobra dada ao consumidor, que deve aceitar o foro imposto nos contratos padronizados (e, naqueles contratos eletrônicos, basta um "click"). Não há, então, qualquer liberdade ou autonomia da vontade (valorizada pelo novo CPC) no que tange à derrogação da jurisdição em contratos de adesão.

Assim, entendo que o art. 25 do CPC (derrogação da jurisdição internacional relativa ou concorrente) só se aplica aos contratos internacionais de consumo que *não* sejam de adesão. Outra interpretação levaria ao seguinte paradoxo: o novo CPC, na busca da proteção de direitos humanos e da parte vulnerável, estendeu a jurisdição internacional brasileira para abarcar as ações propostas pelos consumidores domiciliados ou residentes no Brasil, mas, ao mesmo tempo, teria tornado tal extensão inócua, pois a esmagadora maioria de contratos internacionais de consumo são de adesão e suas cláusulas impõem a jurisdição do Estado do fornecedor ou outra que lhe seja ainda mais favorável.

Nesse sentido, o § 2º do art. 25, ao proibir a *abusividade* nas cláusulas de foro estrangeiro, impede, consequentemente, que os contratos internacionais de consumo imponham cláusulas de eleição de foro estrangeiro, o que desnaturaria o novo critério de fixação da jurisdição concorrente brasileira nos casos envolvendo relações de consumo (art. 22, II, do CPC de 2015).

Por outro lado, o STJ decidiu, no *Caso Robinho* vs. *Nike,* que o contrato firmado por conhecido jogador de futebol com empresa multinacional era efetivamente um

---

[176] Grifo meu. Lembram os autores citados que os princípios UNIDROIT relativos aos contratos internacionais (UNIDROIT, 2016) não definem "contrato internacional", tendo buscado excluir apenas aqueles nos quais não há qualquer elemento internacional envolvido. Ver COSTA, José Augusto Fontoura; SANTOS, Ramon Alberto. Contratos internacionais e a eleição de foro estrangeiro no novo CPC. *Revista de Processo*, v. 253, 2016, p. 109-128.

contrato *paritário,* não podendo ser qualificado como contrato referente a "relações de consumo". Com isso, o STJ reconheceu a autonomia da vontade revelada na fixação da cláusula de eleição de foro estrangeiro, considerando legítimo o *forum shopping predeterminado,* com a consequente derrogação da jurisdição concorrente brasileira[177].

11. A MODIFICAÇÃO DA JURISDIÇÃO: O DECLÍNIO DE JURISDIÇÃO E O *FORUM NON CONVENIENS*

O declínio de jurisdição é espécie de modificação da jurisdição internacional existente em determinado litígio transnacional, a favor de jurisdição estrangeira considerada preventa ou ainda mais adequada para conhecer e julgar o caso. No declínio de jurisdição, o julgador, mesmo podendo exercer a jurisdição de acordo com as normas nacionais e internacionais, recusa-se a fazê-lo, para favorecer outra jurisdição concorrente (ou seja, que também teria jurisdição em abstrato), por ter sido aquela a primeira a conhecer do litígio ou, ainda, por considerá-la mais apta a julgar o caso concreto. Esse declínio da jurisdição tem como pressuposto a *existência de hipótese de jurisdição concorrente,* pois a jurisdição exclusiva não admite o julgamento do feito por jurisdição estrangeira.

Há dois modos de justificar o declínio de jurisdição, que são o (i) reconhecimento dos efeitos da litispendência, com a prevalência do foro no qual a primeira ação idêntica foi proposta e (ii) a busca do foro mais apropriado, a partir de características de cada litígio transnacional e que tem como maior exemplo a doutrina do *forum non conveniens.*

O *reconhecimento dos efeitos da litispendência* consiste na prevalência de um único julgamento a ser realizado pelo juízo prevento, extinguindo-se as ações idênticas posteriores propostas em outros Estados. Ocorre que não há ainda um tratado internacional com ampla aceitação que preveja essa extinção das ações posteriores. Nas Américas, o Código Bustamante adotou a litispendência no caso das ações cíveis e mercantis (salvo as ações reais ou mistas sobre bens imóveis, caso a lei do local da situação da coisa proibir tal prevenção de foro)[178].

---

[177] Ressalte-se trecho do voto do Min. Relator Paulo de Tarso Sanseverino: "Com efeito, em sendo concorrente a competência internacional e estando-se diante de um contrato paritário, poderá ser plenamente modificada a competência mediante cláusula de eleição de foro. O precedente dá a devida proeminência à autonomia da vontade, maximizada em negócios deste jaez, princípio que, segundo a doutrina, informa as regras atinentes à competência internacional, consubstanciado no *forum shopping* (...)". Superior Tribunal de Justiça, REsp n. 1.518.604-SP, Rel. Min. Paulo de Tarso Sanseverino, julgado em 15-3-2016, *DJe* 29-3-2016.

[178] Contudo, o Código Bustamante é de uso restrito a litígios transnacionais envolvendo os 15 Estados contratantes. Ver especialmente o art. 318, *in verbis:* "Art. 318. O juiz competente, em primeira instancia, para conhecer dos pleitos a que dê origem o exercicio das acções civeis e mercantis de qualquer especie, será aquelle a quem os litigantes se submettam expressa ou tacitamente, sempre que um delles, pelo menos, seja nacional do Estado contractante a que o juiz pertença ou tenha nelle o seu domicilio e salvo o direito local, em contrario. A submissão não será possivel para as acções reaes ou mixtas sobre bens immoveis, se a prohibir a lei da sua situação".

Já a *busca do foro mais apropriado* consiste na escolha, a partir de critérios predeterminados ou a partir da análise causística feita pelo julgador, de um foro que seria o mais capaz de oferecer um julgamento justo. Como veremos adiante, os critérios variam e podem contemplar a facilidade na produção probatória, os custos da demanda, a dificuldade a ser imposta às partes (ofensa à ampla defesa, por exemplo), entre outros.

Tal foro mais apropriado ou adequado depende das leis e precedentes locais. Como exemplo, cite-se o art. 3.135 do Código Civil de Québec que dispõe que, excepcionalmente e tendo a autoridade judicial jurisdição sobre o caso, esta pode declinar de sua jurisdição em favor da jurisdição estrangeira que esteja em melhor condição (*better position*) de solucionar a lide[179].

Em países como os Estados Unidos, Reino Unido, Nova Zelândia, entre outros, essa busca pelo "melhor foro" para o litígio transnacional resultou na adoção da doutrina do *forum non conveniens*[180], que admite a derrogação da jurisdição com base na percepção de que o julgamento em tribunal estrangeiro seria mais apropriado ou justo para as partes e para os interesses da justiça[181].

Para seus defensores, a doutrina do *forum non conveniens* combate o abuso do direito de litigar, impedindo que o *forum shopping* (a escolha de uma das jurisdições concorrentes que melhor atenderia os interesses do proponente da ação) vulnere (i) os direitos da defesa (pelos custos de arcar com defesa em foro estrangeiro), (ii) da melhor instrução do caso (as provas estão em outro país) ou (iii) mesmo da jurisdição escolhida (que teria que julgar, com dispêndio de tempo e recursos, uma demanda com pouco vínculo com o foro)[182].

Dentre os países mais procurados pelos litigantes encontram-se os Estados Unidos, em virtude da relativa rapidez do processo civil e do julgamento pelo júri em casos de reparação de danos (fixando-se, em caso de procedência, quantias expressivas para os Autores). Contudo, houve reação da Justiça norte-americana, que tem

---

[179] "Art. 3.135. Bien qu'elle soit compétente pour connaître d'un litige, une autorité du Québec peut, exceptionnellement et à la demande d'une partie, décliner cette compétence si elle estime que les autorités d'un autre État sont mieux à même de trancher le litige."

[180] Relata Tiburcio que a origem da doutrina foi na Escócia (chamada de *forum non competens*), para contornar casos nos quais o réu domiciliado fora da Escócia poderia ser lá processado. TIBURCIO, Carmen. *Extensão e limites da jurisdição brasileira.* Competência internacional e imunidade de jurisdição. Salvador: JusPodivm, 2016, p. 195, nota de rodapé 693.

[181] FAWCETT, J. J. *Declining jurisdiction in private international law. Reports to the XIV*th *Congress of the International Academy of Comparative Law – 1994.* Clarendon Press: Oxford, 1995, p. 10 ("General Report", feito pelo próprio Fawcett). No mesmo sentido, BRAND, Ronald A. Challenges to Forum Non Conveniens. *International law and politics*, v. 45, 2013, p. 1003-1034, em especial p. 1005.

[182] Ron Brand e Scott Jablonski listam vários fatores que são levados em consideração para a determinação do *forum non conveniens*. Ver BRAND, Ron A.; JABLONSKI, Scott R. *Forum non conveniens*: history, global practice, and future under the Hague Convention on Choice of Court Agreements. Oxford: Oxford University Press, 2007, em especial na p. 33-34, no caso do Reino Unido.

utilizado a doutrina do *forum non conveniens* para recusar a jurisdição em casos rumorosos de acidentes no mundo, conectados de alguma forma com os Estados Unidos (pela sede da empresa envolvida no acidente ou mesmo sede da empresa controladora da filial envolvida no acidente).

Para padronizar e evitar (muita) discricionariedade judicial, vários precedentes norte-americanos utilizam o teste dos quatro passos (*four-step analysis*) para recusar a jurisdição com base no *forum non conveniens*, a saber: (i) respeito (*deference*) à escolha de foro pelos demandantes, baseado na sua residência, localização das testemunhas, acesso à assistência jurídica etc.; (ii) existência de foro alternativo disponível e adequado; (iii) equilíbrio entre os interesses privados e públicos, no qual o julgador deve avaliar as vantagens e desvantagens para os entes privados envolvidos na disputa (os custos para a instrução do processo, problemas práticos para a futura execução da sentença etc.), bem como os interesses públicos afetados, tais como eventual congestionamento judicial gerado pelo caso, o interesse do foro do local dos fatos em solucionar a controvérsia, o interesse em se evitar problemas desnecessários de DIPr (qual seria a lei que regularia o fato transnacional), ou ainda a eventual injustiça de se sobrecarregar os jurados norte-americanos com caso com vínculos frágeis com o foro; (iv) os autores podem continuar com a demanda no foro alternativo sem grandes ônus ou dificuldades[183].

Vários casos brasileiros recentes foram rechaçados pela jurisdição norte-americana com base na "doutrina do *forum non conveniens*", entre eles o da colisão, em 2006, entre o avião comercial Boeing 737 da empresa aérea Gol com o jato executivo Legacy da empresa norte-americana ExcelAire (*caso do acidente do Voo Gol 1907*), enquanto sobrevoavam o estado de Mato Grosso, matando todas as 154 pessoas que estavam no avião comercial. Tratou-se de ação promovida em Nova York por familiares brasileiros (nenhum era residente ou nacional dos Estados Unidos, como a decisão expressamente menciona) contra vários réus e, dentre eles, a empresa ExcelAire. A decisão declinou da jurisdição norte-americana[184], observando, entre outras exigências, que os réus não poderiam depois tentar impedir a eventual execução da sentença brasileira nos Estados Unidos[185].

---

[183] MARLOWE Christopher M. Forum non conveniens dismissals and the adequate alternative forum question: Latin America. *32 University of Miami Inter-American Law Review*, 2001, p. 295-320, em especial p. 299.

[184] A decisão do "Caso Voo Gol 1907" utiliza o precedente *Iragorri* (precedente do Second Circuit dos EUA, de 2011 – *Iragorri* vs. *United Techs. Corp*, 274 F.3d 65), que uniu os parâmetros de análise em "três etapas" (three-steps). Decisão disponível em: <http://s.conjur.com.br/dl/Decisao_EUA_Gol.pdf>. Acesso em: 27 nov. 2022.

[185] Não é incomum a existência de um "boomerang litigation", que consiste no retorno da controvérsia à jurisdição que declinou o litígio, agora pela via da homologação da sentença estrangeira obtida no foro considerado adequado. BRAND, Ronald A. Challenges to Forum Non Conveniens. *International law and politics*, v. 45, 2013, p. 1003-1034, em especial p. 1023. Ver também CASEY, M. Ryan; RISTROPH, Barrett. Boomerang litigation: how convenient is forum non conveniens in transnational litigation? *Brigham Young University International Law & Management Review*, v. 4, 2007, p. 21-52, em especial p. 22.

A justificativa para que os Estados usem do "declínio de jurisdição" é a convicção de que há uma única "jurisdição natural" para conhecer os litígios transnacionais. Para Carmen Tiburcio, deve ser localizado o foro mais apropriado ao caso (*proper forum of the case*), que seria aquele com maior vínculo com determinada jurisdição. Essa determinação de jurisdição pela existência de vínculos com o foro é manifestação do princípio da proximidade, que afasta a jurisdição dos demais foros concorrentes[186].

Em outros termos, a fixação inicial da jurisdição (inclusive fundada nos acordos de eleição de foro – *forum-selection clause*) não obriga o julgador, que pode recusar a demanda, caso tenha razões para considerar que o julgamento nacional não seria apropriado ou justo[187].

Vistos os dois métodos (exceção de litispendência e doutrina do *forum non conveniens*) para o declínio de jurisdição, há fortes críticas ao uso da doutrina do *forum non conveniens*, uma vez que os envolvidos nos fatos transnacionais nunca terão a certeza do foro, gerando insegurança jurídica. Por outro lado, a alternativa à nocividade do paralelismo de ações (*paralell proceedings*) e da consequente existência de decisões conflitantes está na aceitação plena, por meio de tratados internacionais, do efeito da litispendência em litígios internacionais, o que geraria segurança jurídica mas estimularia uma "corrida para os tribunais" para que seja o mais rapidamente possível fixado o *foro prevento* mais favorável.

A corrente favorável ao uso da litispendência internacional (que depende de tratados) apoia-se na previsibilidade e proteção da segurança jurídica nos fatos transnacionais; já a corrente favorável ao uso do *forum non conveniens* apoia-se no fomento da justiça para o caso concreto, mesmo que isso seja feito por meio da discricionariedade judicial[188].

Exemplo desse antagonismo das duas correntes revelou-se no *Caso Owusu*, do Tribunal de Justiça da União Europeia. Tratou-se de ação de reparação de danos promovida no Reino Unido contra um proprietário de imóvel e várias companhias jamaicanas, pugnando por indenização por acidente ocorrido na Jamaica. Apesar da razoabilidade do pleito de declínio da ação proposta no Reino Unido (foro do domicílio de um dos réus) para a Jamaica (local do acidente, bem como da localização das

---

[186] TIBURCIO, Carmen. *Extensão e limites da jurisdição brasileira*. Competência internacional e imunidade de jurisdição. Salvador: JusPodivm, 2016, p. 195. Ver também Dickinson em DICKINSON, Andrew. Legal certainty and the Brussels Convention: too much of a good thing? VAREILLES-SOMMIÉRES, Pascal (Ed.). *Forum shopping in the European judicial area*. Hart Publishing: Portland, p. 115-136, em especial p. 128.

[187] Ver mais em BRAND, Ronald A. Challenges to forum non conveniens. *International Law and Politics*, v. 45, 2013, p. 1003-1034. MARQUES, Sérgio André Laclau Sarmento Marques. *A jurisdição internacional dos tribunais brasileiros*. Rio de Janeiro: Renovar, 2007, em especial p. 194 e s. Conferir também em NERY JUNIOR, Nelson. Competência no processo civil norte-americano: o instituto do *forum (non) conveniens*. 781 *Revista dos Tribunais*, 2000, p. 28-32.

[188] BRAND, Ronald A. Challenges to forum non conveniens. *International Law and Politics*, v. 45, 2013, p. 1003-1034, em especial p. 1011-1012.

testemunhas etc.), o Tribunal de Justiça enfatizou que a doutrina do *forum non conveniens* prejudicava a previsibilidade das regras de jurisdição internacional, afetando todos os envolvidos (autores e réus)[189].

No Brasil, não há regra expressa no DIPr autorizando o declínio de jurisdição. Para Tiburcio, a temática da busca do foro mais apropriado tem relação com a doutrina da *boa-fé processual* e do *abuso do direito de litigar*[190]. Por isso, há quem defenda que as regras de definição da jurisdição brasileira não exigem que o julgador, necessariamente, conheça do litígio, devendo analisar ainda os princípios regentes da jurisdição internacional, como o princípio da efetividade, da submissão, do acesso à justiça, entre outros. Nessa linha, Polido sustenta que não existe "imposição automática ao juiz nacional para processar e julgar a ação", na hipótese de jurisdição concorrente, "podendo recorrer a princípios do processo civil internacional para solução de eventuais conflitos concretos envolvendo a determinação de sua própria competência internacional"[191].

Entre esses princípios, a doutrina invoca comumente o *princípio da efetividade* para justificar a abstenção do exercício da jurisdição por parte do juiz nacional em casos, por exemplo, de imóvel situado no exterior no qual a jurisdição estrangeira se dê por exclusiva: a movimentação da jurisdição brasileira seria inútil, devendo o juiz extinguir o processo *mesmo se for* hipótese de jurisdição concorrente[192].

Contudo, na falta de disposição expressa sobre a adequação do foro brasileiro, entendo que é *direito do demandante o acesso à justiça* nas hipóteses definidas de jurisdição concorrente brasileira, sem contar a potencial violação da previsibilidade e do direito à segurança jurídica daqueles que buscam o amparo do Judiciário brasileiro.

---

[189] Ver, em especial, parágrafo 41 do julgamento. Tribunal de Justiça da União Europeia, *Caso Owusu* vs. *Jackson*, Caso C-281/02, julgamento de 1º de março de 2005. Disponível em: <http://curia.europa.eu/juris/document/document_print.jsf;jsessionid=9ea7d2dc30db929e6a2f600b446bbb4ac35ba75329b8.e34KaxiLc3qMb40Rch0SaxuKbNz0?doclang=EN&text=&pageIndex=0&part=1&mode=DOC&docid=55027&occ=first&dir=&cid=587462>. Acesso em: 23 nov. 2022.

[190] TIBURCIO, Carmen. *Extensão e limites da jurisdição brasileira*: competência internacional e imunidade de jurisdição. Salvador: JusPodivm, 2016, p. 208.

[191] POLIDO, Fabrício Bertini Pasquot. Comentário ao art. 24. In: STRECK, Lenio; NUNES, Dierle; CUNHA, Leonardo (Orgs.). *Comentários ao Código de Processo Civil*. São Paulo: Saraiva, 2016, p. 78-80, em especial p. 80.

[192] Em caso de litígio envolvendo imóvel situado no exterior, Tiburcio sustenta que "(...) Com base no princípio da efetividade, entretanto, poderia a autoridade judiciária recusar-se a conhecer a causa por entender que o juízo do local da situação do bem seria o único competente internacionalmente, com base na legislação local, o que impediria o reconhecimento de decisão proferida no Brasil, até porque inexiste a possibilidade de bilateralização do art. 89, I do CPC de 1973". TIBURCIO, Carmen. *Extensão e limites da jurisdição brasileira*. Competência internacional e imunidade de jurisdição. Salvador: JusPodivm, 2016, p. 210. Para Marques, a invocação do princípio da efetividade gera efeito distinto do uso da doutrina do *forum non conveniens*, pois a falta de efetividade levaria à ausência de jurisdição e não ao seu declínio para o foro mais adequado. MARQUES, Sérgio André Laclau Sarmento Marques. *A jurisdição internacional dos tribunais brasileiros*. Rio de Janeiro: Renovar, 2007, em especial p. 204.

A eventual falta de efetividade ou mesmo as dificuldades probatórias na instrução da ação no Brasil devem ser enfrentadas pelos instrumentos disponíveis de *cooperação jurídica internacional* ou ainda com determinações judiciais *corretivas* da eventual *obstinação jurisdicional estrangeira* em negar cumprimento ao comando nacional. Como exemplo de *determinação judicial corretiva*, o Superior Tribunal de Justiça decidiu que nada impede a prolação de decisão brasileira que tenha reflexos sobre bens situados no exterior para fins de partilha em processo de dissolução de casamento em curso no país[193]. No caso, ordenou-se a contabilização de bem no exterior para que fosse cumprido o direito material (no caso, a lei brasileira regente da dissolução do casamento). Em outro precedente do STJ, decidiu-se que a *equalização* da partilha de bens é uma medida corretiva que pode ser tomada pela jurisdição brasileira, contabilizando os valores dos bens situados no exterior[194].

Finalmente, o Superior Tribunal de Justiça enfrentou especificamente a alegação de *foro brasileiro inadequado* no *Caso Hering*. A sentença de 1º grau havia extinguido a ação sem julgamento de mérito por considerar que o referido litígio transnacional possuía *vínculo efetivo* com a Argentina. Contudo, o STJ fez valer as regras de jurisdição previstas no Protocolo de Buenos Aires sobre Jurisdição Internacional[195], cujo art. 4º determina o respeito à cláusula de eleição de foro, desde que tal ajuste não tenha sido obtido de forma abusiva. As alegações da parte brasileira que o "foro mais adequado" seria o da Argentina não convenceram, pois entendeu o STJ que (i) havia cláusula de eleição de foro válida, (ii) a doutrina do *forum non conveniens* não tem apoio expresso no ordenamento brasileiro e (iii) o direito de acesso à justiça (art. 5º, XXXV, da CF/88) impõe o respeito à opção do demandante de provocar a jurisdição nacional, em hipótese prevista expressamente em tratado internacional[196].

---

[193] Superior Tribunal de Justiça, Recurso Especial n. 1.552.913-RJ, Rel. Min. Maria Isabel Gallotti, julgamento em 8-11-2016, publicado no *DJe* 2-2-2017.

[194] Consta do voto do Min. Relator: "(...) não exige que os bens móveis e imóveis existentes fora do brasil sejam alcançados, pela Justiça Brasileira, a um dos contendores, apenas a consideração dos seus valores para fins da propalada equalização". Superior Tribunal de Justiça, Recurso Especial n. 1.410.958-RS, Rel. Min. Paulo de Tarso Sanseverino, julgado em 22-4-2014, *DJe* 27-5-2014.

[195] O Protocolo de Buenos Aires sobre Jurisdição Internacional em Matéria Contratual, concluído em Buenos Aires, em 5 de agosto de 1994, foi promulgado pelo Decreto n. 2.095, de 17 de dezembro de 1996.

[196] Consta da ementa do acórdão: "(...) Restrita aceitação da doutrina do *forum non conveniens* pelos países que adotam o sistema do civil-law, não havendo no ordenamento jurídico brasileiro norma específica capaz de permitir tal prática". Além disso, o voto do Min. Relator aduz: "(...) No ordenamento jurídico brasileiro, além da ausência de norma específica capaz de permitir tal prática, seria extremamente questionável o declínio da jurisdição em favor de outro país na situação ora examinada, sobretudo diante da existência de cláusula de eleição de jurisdição plenamente válida, bem como do disposto no art. 5º, XXXV, da CF/88, que elenca como garantia constitucional o livre acesso ao Poder Judiciário". Superior Tribunal de Justiça, Recurso Especial

Assim, até o momento, a falta de adequação do foro *não* é hipótese de derrogação da jurisdição concorrente brasileira.

12. A AMPLIAÇÃO DA JURISDIÇÃO: O ROL EXEMPLIFICATIVO E O *FORUM NECESSITATIS*

A ampliação da jurisdição internacional cível brasileira é controvertida e tem como pressuposto a natureza *meramente exemplificativa* do rol de hipóteses estabelecido expressamente em normas nacionais ou internacionais.

Parte da doutrina defende que o rol de hipóteses de jurisdição é uma decisão que reflete a soberania do Estado, tendo natureza de norma de ordem pública, não podendo ser modificada pelas partes ou pelo julgador, sem apoio expresso em texto normativo nacional ou internacional (por exemplo, lei ou tratado). Nesse sentido, sustenta Celso Agrícola Barbi, ao tratar do rol de hipóteses de "competência internacional" do antigo CPC, que "(...) se a causa não estiver entre aquelas ali mencionadas, ele [o julgador] não poderá conhecer dela"[197].

Outra parte da doutrina sustenta que a enumeração constante do texto legal ou mesmo internacional não é exaustiva, devendo ser admitidas outras hipóteses que atendam à finalidade do Estado Democrático de Direito[198]. Nesse sentido, defende Tiburcio que o Capítulo I do Título II, intitulado "Dos limites da jurisdição nacional", do CPC de 2015 não é imune a dificuldades, uma vez que é possível o exercício de jurisdição em hipóteses não expressamente previstas[199].

Por sua vez, Barbosa Moreira, ainda sob a égide do CPC de 1973, defendeu a existência de hipóteses não previstas expressamente em casos "para os quais seria absurdo negar a competência da Justiça brasileira", citando expressamente a matéria atinente (i) à jurisdição voluntária e ainda (ii) a inexistência de Poder Judiciário estrangeiro que queira conhecer do litígio. Nessa última hipótese, Barbosa Moreira sustenta que deve existir, contudo, algum elemento de ligação entre a causa e o Brasil (o vínculo jurisdicional, conforme a terminologia deste *Curso*)[200].

---

n. 1.633.275-SC, Rel. Min. Ricardo Villas Bôas Cueva, julgamento em 8-11-2016, publicado no *DJe* 14-11-2016.

[197] BARBI, Celso Agrícola. *Comentários ao Código de Processo Civil*: Lei n. 5.869, de 11 de janeiro de 1973, v. I, Rio de Janeiro: Forense, 1998, p. 298.

[198] Nesse sentido, decidiu o STJ que "a competência (jurisdição) internacional da autoridade brasileira não se esgota pela mera análise dos arts. 88 e 89 do CPC, *cujo rol não é exaustivo*. Assim, pode haver processos que não se encontram na relação contida nessas normas, e que, não obstante, são passíveis de julgamento no Brasil". Grifo meu. Superior Tribunal de Justiça, Recurso Ordinário n. 64-SP, Rel. Min. Nancy Andrighi, julgamento em 13-5-2008, publicado no *DJe* 23-6-2008.

[199] TIBURCIO, Carmen. *Extensão e limites da jurisdição brasileira*: competência internacional e imunidade de jurisdição. Salvador: JusPodivm, 2016, p. 26.

[200] BARBOSA MOREIRA, José Carlos. *Problemas relativos a litígios internacionais*. Temas de direito processual: quinta série. São Paulo: Saraiva, 1994, p. 139-162, em especial p. 144.

Há dois fundamentos utilizados para ampliar a jurisdição internacional cível: (i) a preservação da soberania e (ii) a proteção do direito de acesso à justiça (proibição da denegação de justiça).

No tocante ao primeiro fundamento, Tiburcio defende que qualquer hipótese não prevista e que seja essencial para a *preservação da soberania brasileira* pode servir para ampliar a jurisdição brasileira, inclusive podendo ser considerada hipótese de "jurisdição exclusiva". Como exemplo, cita litígios envolvendo (i) material nuclear e (ii) validade de registros públicos, entre outros[201].

A consequência da existência de hipóteses não previstas expressamente de jurisdição internacional exclusiva é, também, o indeferimento de *exequatur* de carta rogatória e não homologação da sentença estrangeira sobre a temática. Nessa linha, o Supremo Tribunal Federal, em 2001, negou o *exequatur* à carta rogatória referente à ação promovida nos Estados Unidos contra o Estado brasileiro pela emissão de títulos da dívida pública já prescritos (emitidos no começo do século XX). Em decisão monocrática da Presidência, o STF adotou a posição da União, pela qual o direito do Brasil não ser demandado em tribunais estrangeiros corresponde à jurisdição exclusiva (não prevista expressamente) da jurisdição brasileira[202].

No tocante à proteção do direito de acesso à justiça, é possível a ampliação da jurisdição internacional brasileira para que se evite a denegação de justiça que ocorreria caso se prove que (i) nenhum outro Estado conheceria da ação ou (ii) caso se demonstre que o Estado estrangeiro que teria jurisdição *não* oferece o indispensável devido processo legal.

Na primeira hipótese, trata-se de situação de "conflito negativo de jurisdição", que ofende o direito de acesso à justiça previsto em tratados internacionais de direitos humanos e na CF/88 (art. 5º, XXXV). Na segunda hipótese, o Estado estrangeiro não oferece, para o caso concreto, o devido processo legal nos seus aspectos processuais e materiais. Para Fernández Arroyo, o juiz pode assumir, excepcionalmente, a jurisdição sobre determinado litígio transnacional na medida em que for necessário para não deixar os envolvidos sem a possibilidade de satisfazer suas justas pretensões[203].

É a *jurisdição de necessidade* (*forum necessitatis*) que, paulatinamente, consta de diversos diplomas nacionais de DIPr, como a Lei Federal de Direito Inter-

---

[201] TIBURCIO, Carmen. *Extensão e limites da jurisdição brasileira*: competência internacional e imunidade de jurisdição. Salvador: JusPodivm, 2016, p. 105.

[202] Exemplo trazido por Tiburcio. Supremo Tribunal Federal, Carta Rogatória n. 9.697, Rel. Min. Presidente Carlos Velloso, decisão monocrática de 9-4-2001, publicado no *DJ* 24-4-2001, p. 26. TIBURCIO, Carmen. *Extensão e limites da jurisdição brasileira*: competência internacional e imunidade de jurisdição. Salvador: JusPodivm, 2016, p. 105.

[203] FERNÁNDEZ ARROYO, Diego P. (Org.). *Derecho internacional privado de los estados del Mercosur*. Buenos Aires: Zavalía Ed, 2003, em especial p. 164.

nacional Privado da Suíça (art. 3º[204]), o Código de Direito Internacional Privado da Bélgica (art. 11[205]), o Código de Processo Civil português (art. 62, c[206]), o Código Civil de Québec (art. 3.136[207]), entre outros.

Na União Europeia, a *jurisdição de necessidade* é prevista expressamente em vários diplomas normativos de DIPr (na chamada "europeização do DIPr"), como, por exemplo, no Regulamento n. 4/2009 relativo à competência, à lei aplicável, ao reconhecimento e à execução das decisões e à cooperação em matéria de obrigações alimentares (art. 7º)[208] e o Regulamento n. 650/2012 relativo à competência, à lei aplicável, ao reconhecimento e execução das decisões, à aceitação e execução dos atos autênticos em matéria de sucessões e à criação de um Certificado Sucessório (art. 11[209]).

No plano interamericano, a Convenção Interamericana sobre competência na esfera internacional para a eficácia extraterritorial das sentenças estrangeiras (La

---

[204] Lei federal de Direito internacional privado, de 18 de dezembro de 1987. *In verbis:* "Art. 3º Lorsque la présente loi ne prévoit aucun for en Suisse et qu'une procédure à l'étranger se révèle impossible ou qu'on ne peut raisonnablement exiger qu'elle y soit introduite, les autorités judiciaires ou administratives suisses du lieu avec lequel la cause présente un lien suffisant sont compétentes".

[205] Lei de 16 de julho de 2004. *In verbis:* "Attribution exceptionnelle de compétence internationale. Art. 11. Nonobstant les autres dispositions de la présente loi, les juridictions belges sont exceptionnellement compétentes lorsque la cause présente des liens étroits avec la Belgique et qu'une procédure à l'étranger se révèle impossible ou qu'on ne peut raisonnablement exiger que la demande soit formée à l'étranger".

[206] CPC português de 2013. *In verbis:* "Art. 62, c) Quando o direito invocado não possa tornar-se efetivo senão por meio de ação proposta em território português ou se verifique para o autor dificuldade apreciável na propositura da ação no estrangeiro, desde que entre o objeto do litígio e a ordem jurídica portuguesa haja um elemento ponderoso de conexão, pessoal ou real".

[207] Código Civil de Québec, de 1994. *In verbis:* "Art. 3.136. Even though a Québec authority has no jurisdiction to hear a dispute, it may nevertheless hear it provided the dispute has a sufficient connection with Québec, if proceedings abroad prove impossible or the institution of proceedings abroad cannot reasonably be required".

[208] Regulamento (CE) n. 4/2009 do Conselho de 18 de dezembro de 2008, relativo à competência, à lei aplicável, ao reconhecimento e à execução das decisões e à cooperação em matéria de obrigações alimentares. *In verbis:* "Art. 7º *Forum necessitatis*. Quando nenhum tribunal de um Estado-Membro for competente por força dos arts. 3º, 4º, 5º e 6º, os tribunais de um Estado-Membro podem, em casos excepcionais, conhecer do litígio se não puder ser razoavelmente instaurado ou conduzido, ou se revelar impossível conduzir um processo num Estado terceiro com o qual o litígio esteja estreitamente relacionado. O litígio deve apresentar uma conexão suficiente com o Estado-Membro do tribunal demandado".

[209] Regulamento (UE) n. 650/2012 do Parlamento Europeu e do Conselho de 4 de julho de 2012 relativo à competência, à lei aplicável, ao reconhecimento e execução das decisões, e à aceitação e execução dos atos autênticos em matéria de sucessões e à criação de um Certificado Sucessório Europeu. *In verbis:* "Art. 11. *Forum necessitatis*. Caso nenhum órgão jurisdicional de um Estado-Membro seja competente por força do disposto no presente regulamento, os órgãos jurisdicionais de um Estado-Membro podem, em casos excecionais, decidir da sucessão se uma ação não puder ser razoavelmente intentada ou conduzida ou se revelar impossível num Estado terceiro com o qual esteja estreitamente relacionada. O processo deve apresentar uma conexão suficiente com o Estado-Membro do órgão jurisdicional em que foi instaurado".

Paz, 1984[210]) estabelece, em seu art. 2º, que se considera adequado o exercício de jurisdição quando o órgão jurisdicional que proferiu a sentença tenha assumido jurisdição para evitar *denegação de justiça* por não existir *órgão jurisdicional competente*.

É possível extrair determinadas características comuns das leis locais (e, eventualmente, das normas internacionais) sobre o *forum necessitatis*: (i) excepcionalidade da ampliação da jurisdição; (ii) inexistência de outro foro ou ausência do devido processo legal no foro estrangeiro; e (iii) conexão ou vínculo suficiente com a jurisdição nacional.

A ausência do devido processo legal no foro estrangeiro pode ocorrer por razões subjetivas (em relação especificamente aos envolvidos naquele litígio transnacional) ou mesmo objetivas (pela inexistência do devido processo legal para qualquer caso, tal qual previsto nos tratados internacionais e na jurisprudência internacional de direitos humanos). Atualmente, as exigências do devido processo legal no plano internacional possuem dois aspectos: (i) o aspecto procedimental (*procedural due process*), que abarca as garantias de acesso à justiça, juiz natural, ampla defesa e contraditório, entre outros e (ii) o aspecto substancial, que analisa o direito aplicado ao litígio transnacional, levando em consideração os princípios de justiça, com razoabilidade (*reasonableness*), e de racionalidade (*rationality*). Assim, a jurisdição de necessidade pode ser invocada tanto pela violação de aspectos procedimentais ou mesmo em virtude da violação de princípios de justiça na interpretação dada às normas pela jurisdição estrangeira[211].

Já a existência de vínculos suficientes com o Estado do foro é tema controvertido, uma vez que a *jurisdição de necessidade*, por definição, funda-se no dever dos Estados, amparado na proteção internacional de direitos humanos, de assegurar o acesso à justiça e ao devido processo legal a *todos* os seres humanos e não somente àqueles que tenham algum tipo de vínculo com o foro.

Por isso, cabe ao julgador brasileiro a aceitação de sua jurisdição internacional mesmo em hipóteses não previstas nas leis e nos tratados, quando detectar que (i) não há outra jurisdição para apreciar o caso ou (ii) a jurisdição estrangeira não oferece o devido processo legal com base nos parâmetros internacionais fixados pelos órgãos e tribunais internacionais de direitos humanos.

13. OS PRINCÍPIOS DA JURISDIÇÃO INTERNACIONAL

As normas internacionais e nacionais que regem a jurisdição internacional no Direito Internacional Privado permitem que sejam extraídos princípios condutores da

---

[210] Adotada na 3ª Conferência Interamericana de Direito internacional privado (CIDIP-III), em 24 de maio de 1984, na cidade de La Paz. Ainda não ratificada pelo Brasil.

[211] Sobre o devido processo legal e seus dois aspectos, ver CARVALHO RAMOS, André de. *Curso de direitos humanos*. 10. ed. São Paulo: Saraiva, 2023.

atuação dos Estados na definição e exercício da jurisdição para conhecer e processar litígios transnacionais.

13.1. O princípio da territorialidade e a ponderação de direitos

O *princípio da territorialidade* consiste na conduta do Estado em fixar sua jurisdição internacional para reger a conduta social no próprio território. No DIPr, Story manifestou-se a favor da territorialidade da jurisdição, não podendo determinada soberania estatal regular condutas ocorridas fora de seu território ("extra-territorium jus dicendi impune non paretur")[212].

A territorialidade impõe forte limite à atuação jurisdicional do Estado, o que se choca com a visão ilimitada da jurisdição nacional, apontada, sob o ponto de vista abstrato e lógico, por Carnelutti[213] e Morelli[214], entre outros. Essa visão "universal" da jurisdição de um determinado Estado era abstrata e formalista, sugerindo inclusive certo imperialismo no uso do poder jurisdicional[215] e recurso exagerado à soberania do Estado para justificar o exercício da jurisdição nacional.

Como já visto, o Direito Internacional evoluiu para autorizar o Estado a exercer jurisdição em determinadas hipóteses de fatos transnacionais realizados fora de seu território desde que haja (i) vínculos com seu território (princípio da proximidade), bem como (ii) resultem da autonomia da vontade (princípio da submissão, associado ao princípio do interesse), (iii) da necessidade (princípio do acesso à justiça)[216] e (iv) da igualdade entre as partes (princípio da proteção da parte vulnerável).

O *princípio da proximidade* na definição da jurisdição do DIPr é a exigência de vínculos entre uma determinada situação transnacional e o Estado do foro[217]. Com isso, forma-se a chamada *jurisdição razoável,* que é aquela que aprecia litígio transnacional com vínculo adequado com o Estado do foro.

---

[212] STORY, Joseph. *Commentaries on the conflict of laws* (1. ed. 1834), 4. ed. Boston: Little Brown and Company, em especial p. 324. Disponível em: <http://www.unz.org/Pub/StoryJoseph-1834n02>. Acesso em: 14 nov. 2022.

[213] CARNELUTTI, Francesco. Limiti della giurisdizione del giudice italiano. *Rivista di Diritto Processuale Civile*, ano 8, n. 3, 1931, p. 219-223.

[214] Apesar de reconhecer a ilimitabilidade da jurisdição em abstrato, Morelli reconhece que há limites impostos pela necessária convivência entre os Estados. MORELLI, Gaetano. *Derecho procesal internacional.* Tradução de Santiago Sentís Melendo. Buenos Aires: Ediciones Jurídicas Europa-América, 1953, p. 85.

[215] QUADRI, R. Cours général de droit international public. *Recueil des Cours de l'Académie de Droit International de La Haye*, v. 113, 1964, p. 237-483, em especial p. 259, no qual o autor cita sua polêmica com Carnelutti.

[216] PINHEIRO, Luís de Lima. *Direito internacional privado*, v. III – Competência internacional e reconhecimento de decisões estrangeiras. Coimbra: Almedina, 2012, p. 22-23.

[217] LAGARDE, Paul. Le principe de proximité dans le droit international privé contemporain; cours général de droit international privé. *Recueil des Cours de l'Académie de Droit International de La Haye*, v. 196, 1986, p. 9-238, em especial p. 26-27.

O contraponto à jurisdição razoável é a *jurisdição exorbitante*, que é a fixação de jurisdição com base em (i) critério que não é essencial ou (ii) que não tem nenhuma relação com o litígio transnacional, gerando desvantagens a um dos envolvidos[218]. Sua inspiração está na busca de favorecimento a uma das partes do litígio com vínculo no Estado ou mesmo promover a ampliação da jurisdição do foro para atrair litígios internacionais, sendo justificado à luz da soberania nacional e da plenitude das regras nacionais para fixar jurisdição.

A reação dos demais Estados aos foros exorbitantes é negar o reconhecimento e a execução de tais sentenças estrangeiras, mas, como relata Fernández Arroyo, os foros exorbitantes continuam a existir, atendendo (i) circunstâncias históricas de criação ou (ii) interesses políticos e econômicos na luta pela atração de litígios transnacionais[219].

Cada vez mais, contudo, há dificuldade em obter consenso sobre o que seria um "foro exorbitante". Por exemplo, o foro do local da situação dos bens pode parecer para o proprietário desses bens que seja domiciliado em outro Estado um foro abusivo, pois dificulta a sua defesa. Porém, para o autor que deseja a satisfação do seu crédito, a existência desses bens no Estado evita que seja necessária a propositura de uma ação no foro estrangeiro do domicílio do réu. É o caso, por exemplo, da aceitação da jurisdição brasileira em ações de alimentos, caso o devedor de alimentos tenha algum bem, propriedades etc. no Brasil.

Outro foro tido como "exorbitante" é o *foro do domicílio, residência ou nacionalidade do Autor*, que geraria a nítida desvantagem de atrair qualquer litígio ao Estado do foro, dificultando a defesa do réu domiciliado em outro Estado. Contudo, essa foi a opção do CPC de 2015, no caso das relações de consumo, para impedir que a parte vulnerável (o consumidor) fosse impedida – na prática – de obter a proteção de seus direitos por ter que litigar em Estado estrangeiro.

A maior justificativa do ataque aos "foros exorbitantes" era a proteção do direito à defesa e do devido processo legal, que hoje encontra-se *neutralizado* pelo contra-argumento de promoção do direito de acesso à justiça e igualdade material, que justifica, por exemplo, foros a favor da *parte vulnerável*.

Por sua vez, não existe regra geral sobre quais seriam esses "contatos" ou "vínculos" mínimos com o foro aptos a justificar a extensão extraterritorial da jurisdição. Para Sérgio Marques, o princípio da proximidade atua como *regra geral negativa*, que exclui do alcance da jurisdição de um Estado aos casos *sem* qualquer vínculo com o foro[220].

---

[218] FERNÁNDEZ ARROYO, Diego P. Compétence exclusive et compétence exorbitante dans les relations privées internationales. *Recueil des Cours de l'Académie de Droit International de La Haye*, v. 323, 2006, p. 9-260, em especial p. 128.

[219] FERNÁNDEZ ARROYO, Diego P. Compétence exclusive et compétence exorbitante dans les relations privées internationales. *Recueil des Cours de l'Académie de Droit International de La Haye*, v. 323, 2006, p. 9-260, p. 133.

[220] Cita o autor a jurisprudência norte-americana, que consagrou a aceitação da jurisdição extraterritorial no caso *International Shoes* vs. *Washington*, no qual se exigiu contatos mínimos com o foro. MARQUES, Sérgio André Laclau Sarmento. *A jurisdição internacional dos tribunais brasileiros*. Rio de Janeiro: Renovar, 2007, em especial p. 121-122.

Já o *princípio da submissão* consiste no exercício da jurisdição a partir da vontade das partes em acionar o Poder Judiciário do foro. Esse princípio está associado ao *princípio do interesse* do Estado em ofertar sua jurisdição a tais casos. Atualmente, há competição entre os Estados para criar atrativas (e lucrativas) *praças jurídicas dos negócios internacionais*, gerando promissor mercado para os operadores locais[221]. Nessa linha, o CPC de 2015 expressamente prevê, como hipótese de jurisdição concorrente, o princípio da submissão.

O *princípio do acesso à justiça* é a oferta da jurisdição para dirimir litígios que (i) não seriam conhecidos por outra jurisdição ou (ii) seriam conhecidos sem o respeito ao devido processo legal. Na mesma linha da proteção de direitos, o *princípio da proteção da parte vulnerável* consiste na oferta de jurisdição para *proteger* a parte fraca ou vulnerável em determinada relação jurídica, na medida em que, com tal oferta, gera-se *igualdade material* entre os envolvidos, eliminando-se assimetrias na relação transnacional.

Por isso, o legislador, no momento da elaboração do CPC de 2015, atendeu a diversos pedidos da sociedade civil e estendeu a jurisdição internacional do Brasil para abarcar o foro do domicílio do Autor nas demandas envolvendo relações de consumo (o foro do domicílio do réu em lides consumeristas já era tradicionalmente aceito). Nas relações de consumo transnacionais há inegável barreira de acesso à justiça e assimetria entre o fornecedor e o consumidor, sendo que este último pode ter que desistir de propor a demanda, caso tenha que processar o fornecedor em Estado estrangeiro.

Os princípios expostos podem tanto (i) embasar hipóteses de fixação de jurisdição quanto (ii) justificar a ampliação ou mesmo (iii) limitar a jurisdição (cláusula de eleição de foro estrangeiro).

Assim, o uso dos princípios em um determinado litígio transnacional depende da *ponderação* de interesses existentes no caso concreto que atraem a incidência dos princípios, para que se afira qual prevalecerá e qual será suprimido. Por exemplo, em determinado caso, a vulnerabilidade e assimetria entre as partes pode gerar a fixação da jurisdição do foro do Autor (princípio da proteção da parte vulnerável), prevalecendo em desfavor do princípio da proximidade, que, em tese, levaria à fixação do foro do domicílio ou residência do réu.

13.2. O princípio da efetividade: as medidas de dissuasão e as medidas corretivas

O princípio da efetividade consiste na fixação do alcance da jurisdição fundado na real possibilidade de o Estado executar as suas próprias decisões,

---

[221] Arroyo cita especificamente Nova York como exemplo de "indústria do direito", que se esconde por detrás de uma política legislativa de expansão da jurisdição internacional. FERNÁNDEZ ARROYO, Diego P. Compétence exclusive et compétence exorbitante dans les relations privées internationales. *Recueil des Cours de l'Académie de Droit International de La Haye*, v. 323, 2006, p. 9-260, em especial p. 130.

devendo limitar-se aos casos nos quais seja possível o cumprimento do comando nacional[222].

Seu estudo em separado dos demais princípios é justificado porque o princípio da efetividade teria uma função *a posteriori*, isto é, o seu uso para *invalidar* a definição da jurisdição existente, caso a decisão a ser produzida venha a ser considerada impossível de executar. Nessa linha tradicional, sustenta Amilcar de Castro que "(...) o princípio da efetividade significa que o juiz é incompetente para proferir sentença que não tenha possibilidade de executar. É intuitivo que o exercício da jurisdição depende da efetivação do julgado"[223]. Essa posição resulta na afirmação do "nulla jurisdictio sine imperio"[224].

Contudo, entendo que o princípio da efetividade não possui essa função posterior, sendo somente *vetor de orientação* ao legislador nacional (e também aos tratados internacionais) na fixação da jurisdição, em conjunto com os demais princípios, na relação de ponderação de interesses já explicitada. Após esse momento de fixação e sendo o caso submetido à jurisdição brasileira, a efetividade do comando judicial fora do território nacional é matéria *extraprocessual* e não pode gerar gravame aos indivíduos ou coletividades envolvidas no fato transnacional, sob pena de violação do direito de acesso à justiça (daquele que provocou a jurisdição brasileira em hipótese cabível) e dos demais direitos vinculados ao fato transnacional.

Há duas condutas possíveis *contra* a potencial inefetividade do comando judicial nacional: (i) a atuação diplomática no âmbito da cooperação jurídica internacional e (ii) a adoção de medidas judiciais internas corretivas.

No que tange à atuação diplomática, o Brasil, como autoridade de Direito Internacional[225], não pode ignorar, no seu relacionamento internacional, a atitude do Estado estrangeiro que venha a negar efetividade à decisão judicial brasileira (exarada

---

[222] Nesse sentido, conferir a seguinte decisão do STJ: "(...) Deve-se analisar a existência de interesse da autoridade judiciária brasileira no julgamento da causa, *na possibilidade de execução da respectiva sentença* (princípio da efetividade) e na concordância, em algumas hipóteses, pelas partes envolvidas, em submeter o litígio à jurisdição nacional (princípio da submissão)". Ver Superior Tribunal de Justiça, Recurso Ordinário n. 64, Rel. Min. Nancy Andrighi, julgamento em 13-5-2008, publicado no *DJe* 23-6-2008. Grifo meu.

[223] CASTRO, Amilcar de. *Direito internacional privado*. 5. ed. Rio de Janeiro: Forense, 2000, p. 537.

[224] O brocardo latino "nulla jurisdictio sine imperio" foi afirmado pelo STF em acórdão de *não conhecimento* de ação de *habeas corpus* com base (entre outros motivos) na ausência de jurisdição do Brasil, por ser impossível executar o comando judicial pleiteado (ordem do STF para ser cumprida pela Embaixada da Rússia). Ver o voto do Rel. Min. Celso de Mello, no qual o STF reconheceu que "o conceito de jurisdição encerra não só a ideia de 'potestas' mas supõe, também, a noção de 'imperium', a evidenciar que não há jurisdição onde o Estado-Juiz não dispõe de capacidade para impor, em caráter compulsório, a observância de seus comandos ou determinações. 'Nulla jurisdictio sine imperio'". Supremo Tribunal Federal, *Habeas Corpus* n. 102.041, Rel. Min. Celso de Mello, julgamento de 20-4-2010, publicado no *DJe*-154 de 20-8-2010.

[225] Na feliz expressão de José Carlos de Magalhães. MAGALHÃES, José Carlos de. *O Supremo Tribunal Federal e o direito internacional*: uma análise crítica. Porto Alegre: Livraria do Advogado, 2000, em especial p. 126.

em caso de jurisdição internacional cível), o que pode implicar a adoção de *medidas de dissuasão* contra esse comportamento. Entre as medidas de dissuasão, estão todas as que, legitimamente perante o Direito Internacional, pode adotar o Estado em retorsão a comportamentos que firam seus interesses (no caso, os direitos dos envolvidos no litígio internacional).

O pressuposto da adoção de medidas de dissuasão está na legitimidade do exercício da jurisdição internacional por parte do Brasil, apoiado nas normas nacionais e nos preceitos internacionais (costume e tratados) sobre a temática.

No que tange às *medidas corretivas*, o julgador deve adotar medidas que compensem o indivíduo ou coletividade em cujo desfavor opera a inefetividade do comando judicial, como se vê nos casos em que há bens móveis ou imóveis no exterior sujeitos à partilha ou sucessão de acordo com a lei brasileira. Nesses casos, o julgador contornou a inefetividade do comando judicial brasileiro no exterior ao contabilizar, para fins de equalização dos quinhões, os valores dos bens no exterior[226].

A *obstinação estrangeira* em ignorar os comandos judiciais brasileiros não pode ser considerada como um "problema do julgador", mas deve ser tratada como problema de *política pública de defesa de direitos* dos envolvidos nos fatos transnacionais, não devendo ser aceita passivamente pelo Brasil, especialmente pelo Poder Executivo, encarregado de zelar pelas nossas relações internacionais à luz da proteção de direitos humanos (art. 4º, III, da CF/88).

14. IMUNIDADE DE JURISDIÇÃO

14.1. Aspectos gerais da imunidade de jurisdição e tipologia

A imunidade de jurisdição (também denominada *imunidade jurisdicional*) consiste na abstenção por parte do Estado do uso legítimo de seu poder de regência de bens, entes e condutas mesmo que situadas ou realizadas em seu território. Assim, apesar de o Estado poder, a princípio, exercer jurisdição, este se abstém em face de normas de imunidade de jurisdição. Por isso, a imunidade de jurisdição afeta diretamente a (i) soberania dos Estados e também o (ii) acesso à justiça e a proteção de direitos.

No caso do Direito Internacional Privado, a imunidade de jurisdição relaciona-se ao exercício de jurisdição do Estado diante dos fatos transnacionais da vida privada. Como já visto, faz parte do DIPr o segmento da determinação da jurisdição. Logo, cabe também estudar importante *limite ao exercício da jurisdição*, que vem a ser o instituto da imunidade jurisdicional. Sob essa perspectiva, é possível classificar a imunidade de jurisdição de acordo com suas finalidades em dois grupos: a imunidade de sujeitos de direito internacional (Estados – e seus navios e aeronaves públicos – ,

---

[226] Ver mais sobre os precedentes judiciais brasileiros sobre medidas de compensação e equalização de quinhões hereditários no Capítulo sobre sucessão transnacional deste *Curso*.

organizações internacionais e assemelhados) e a imunidade de indivíduos ou grupo de indivíduos exercendo funções oficiais (chefes de Estado, chefes de governo, ministro das relações exteriores, agentes diplomáticos e consulares e tropas estrangeiras). As regras sobre imunidade no primeiro grupo têm como fundamento o respeito à soberania e à igualdade entre Estados e demais sujeitos de direito internacional. Já no segundo grupo, as regras fundam-se na necessidade de se assegurar o adequado funcionamento de determinadas atividades. As regras internacionais são distintas a depender do grupo, mas há a origem comum de serem decorrentes da existência do Estado estrangeiro, que é o titular da prerrogativa da imunidade.

Também é útil distinguir, no gênero da imunidade de jurisdição, a função de dizer o direito, que é representando pelo estudo da imunidade de jurisdição estrito senso (imunidade de cognição ou de conhecimento) e pela função de impor a satisfação coativa da sentença, que é tratada pelo estudo da imunidade de execução. Ambas as espécies (imunidade de cognição e imunidade de execução) são gênero da imunidade de jurisdição, uma vez que ambas as funções (dizer o direito e fazer cumprir tal *dictum* mesmo contra a vontade da parte) compõem o poder jurisdicional do Estado[227].

O cerne da discussão crítica atual sobre a imunidade de jurisdição no Direito Internacional Privado *pro persona* defendido neste *Curso* consiste na necessidade de se ponderar, de um lado, o acesso à justiça e a proteção de direitos dos envolvidos nos fatos transnacionais no Estado do foro e, de outro, a soberania do Estado e o consequente desejo de não se submeter a juízo estrangeiro contra a sua vontade.

14.2. A imunidade de jurisdição: origem e fontes

A imunidade de jurisdição do Estado consolidou-se como regra costumeira do Direito Internacional no século XIX. Há raízes mais longevas, contudo. A doutrina menciona a influência de Bártolo de Sassoferrato, que, no século XIV (1354), defendeu que *"Non enim una civitas potest facere legem super alteram, quia par in parem non habet imperium"*[228]. Ou seja, em face da igualdade entre os sistemas jurídicos, um ordenamento não poderia ser imposto a um estrangeiro, o que estava em linha com o pensamento estatutário sobre o alcance extraterritorial dos estatutos pessoais[229]. Para Dolinger, na era feudal, o *par in parem non habet imperium* só permitia que os senhores respondessem a seus suseranos (superiores) e não a seus iguais[230]. No

---

[227] Tal classificação consta da indispensável obra de MADRUGA FILHO, Antenor Pereira. *A renúncia à imunidade de jurisdição pelo estado brasileiro e o novo direito da imunidade de jurisdição*. Rio de Janeiro: Renovar, 2003, em especial p. 93-97.

[228] BADR, Gamal Moursi. *State immunity*: an analytical and prognostic view. The Hague, Boston, Lancaster: Martinus Nijhoff Publishers, 1984, p. 89.

[229] MELLO, Celso Albuquerque de. *Curso de direito internacional público*, v. 1, 10. ed., Rio de Janeiro: Renovar, 1994, p. 384.

[230] DOLINGER, Jacob. *Revista de Informação Legislativa*, a. 19, n. 76, out.-dez./1982, p. 5-64, em especial p. 6.

período do absolutismo europeu, a irresponsabilidade do monarca (e, por consequência, a irresponsabilidade interna do Estado – *the king can do no wrong*) teria também influenciado, por extensão, o reconhecimento da imunidade de jurisdição do Estado estrangeiro[231]. O brocardo *par in parem non habet imperium* foi apropriado pelos Estados, designando que entre iguais não há jurisdição (império).

No século XIX e em boa parte do século XX, o Direito Internacional preconizava, em nome da soberania dos Estados, a impossibilidade de submissão compulsória – não voluntária – de um Estado para ser julgado por juízo de outro Estado. O brocardo latino *par in parem non habet imperium* resume a fundamentação dessa imunidade: entre iguais, não há poder de mando. Assim, determinado Estado pode escolher se submeter à jurisdição de outro, mas não poderia ser obrigado.

Os argumentos que convenceram os Estados nessa época podem ser resumidos a: (i) o respeito à soberania dos Estados – o que reforçava a própria dignidade do Estado concessor; (ii) reciprocidade (os Estados temiam a retaliação nos tribunais estrangeiros, caso não imunizassem seus iguais) ou mesmo cortesia (*comitas gentium*); (iii) as dificuldades práticas da implementação da decisão e os riscos de guerras; (iv) a antiga imunidade dos Estados perante seus próprios tribunais; (v) existência de foro alternativo no Estado demandado (para contornar a alegação de denegação de justiça no foro); e (vi) ônus relativamente mínimo em adotar tal postura, pelo número pequeno de casos[232]. Os Estados valoram de modo distinto tais argumentos, a depender de sua situação na geopolítica internacional: o medo de guerras e a incapacidade de implementar as decisões podem ser mais decisivos para um Estado periférico do que para um Estado hegemônico.

Um dos primeiros exemplos da prática dos Estados que prova esse costume internacional é oriunda dos Estados Unidos, no caso *Schooner Exchange v. McFaddon*[233] julgado pela sua Suprema Corte em 1812, no qual foi vedada a submissão de Estado estrangeiro – sem seu consentimento – aos tribunais norte-americanos.

Contudo, essa regra imunizante nunca foi aplicada de modo uniforme, dado os diversos interesses dos Estados. Na verdade, apesar de inspirada na defesa da soberania e da igualdade entre os Estados, a regra do *par in parem non habet imperium* (ou *judicium*) é regra consuetudinária que foi sendo amoldada na prática dos Estados, nunca sendo totalmente absoluta. Uma exceção tradicional à imunidade de jurisdição

---

[231] GARCIA, Márcio P. P. In: MADRUGA FILHO, Antenor Pereira; GARCIA, Márcio P. P. (Orgs.). *Imunidade de jurisdição e o judiciário brasileiro*. Brasília: CEDI, 2002, em especial p. 239.

[232] LAUTERPACHT, H. The Problem of Jurisdictional Immunities of Foreign States. 98 *British Yearbook of International Law* (1951), p. 220 e s. em especial p. 222.

[233] A escuna *Exchange* pertencente ao Sr. McFaddon foi apreendida pela Marinha francesa. Meses depois, um navio da marinha francesa ingressou nos Estados Unidos (Filadélfia) e o Sr. McFaddon sustentou que era a sua escuna e requereu sua apreensão. A Suprema Corte norte-americana considerou que não poderia submeter a França aos tribunais estadunidenses. Ver The Schooner Exchange v. McFaddon, 11 U.S. (7 Cranch) 116 (1812). Disponível em: <https://supreme.justia.com/cases/federal/us/11/116/>. Acesso em: 17 nov. 2022.

era referente às ações reais sobre imóveis de Estado estrangeiro, que deveriam ser julgadas pelo Estado do foro. Nesse sentido, o Código Bustamante, em seu art. 335, descarta a imunidade jurisdicional do Estado estrangeiro que "atuar como particular" em ações reais[234].

Além disso, o fato de ser fundado em costume internacional facilitou sua alteração. Isso porque o costume internacional possui um processo peculiar de transformação, que é baseado na violação da antiga prática reiterada por parte de um Estado ou por um grupo de Estados. Caso tal violação (que, normalmente, seria tida como ofensa a uma norma internacional e deveria ser respondida por sanções) seja aceita pelos Estados envolvidos no costume, fica revogado o costume anterior e consolida-se uma nova regra costumeira[235].

No caso da imunidade de jurisdição, o rompimento claro da regra deu-se por iniciativa dos Estados Unidos e foi seguida por Estados industrializados a partir dos anos 60/70 do século XX, em face do crescente envolvimento de outros Estados (em geral, Estados comunistas ou mesmo Estados intervencionistas dos mais diversos modelos capitalistas) em atividades comerciais. Caso o costume da imunidade de jurisdição não fosse alterado, tais atos comerciais estatais desfrutariam de uma imunidade que não era ofertada aos contratantes privados (não estatais). Além dessa desigualdade de tratamento, a imunidade dada a esses entes públicos envolvidos em atos comerciais desvalorizava importantes centros de solução de controvérsias do comércio internacional, como Nova York e Londres, caso os respectivos Estados (Estados Unidos e Reino Unido) impedissem demandas judiciais contra outros Estados (e entes públicos) em nome da antiga imunidade de jurisdição.

Por isso, houve várias iniciativas – por meio de tratados ou atos unilaterais – de Estados desenvolvidos para erodir o costume outrora vigente (e que, como vimos, era também questionado). Entre as iniciativas convencionais, cite-se a Convenção Europeia sobre Imunidade de Jurisdição dos Estados – Convenção de Basileia de 1972. Porém, a edição de atos unilaterais foi a via mais utilizada pelos Estados. A iniciativa unilateral de maior impacto (pelo peso da economia) foi a edição, pelos Estados Unidos, do *Foreign Sovereign Immunities Act* (FSIA) de 1976[236].

---

[234] "Art. 335. Se o Estado estrangeiro contractante ou o seu chefe tiverem actuado como particulares ou como pessoas privadas, serão competentes os juizes ou tribunaes para conhecer dos assumptos em que se exercitem acções reaes ou mixtas, se essa competencia lhes corresponder em relação a individuos estrangeiros, de accôrdo com este Codigo."

[235] Lalive chegou, nos anos 50 do século XX, a constatar que a imunidade de jurisdição plena só era defendida por poucos países. LALIVE, Jean-Flavien. L'immunité de juridiction des états et des organisations internationals. *Recueil de l'Académie de Droit International*, v. 84, 1953, p. 205-396, em especial p. 386.

[236] Com alterações no denominado *U.S. Foreign Sovereign Immunities Act*, tendo sido incorporado nas seções 1.602 a 1.611 do U. S. Code. O FSI Act foi precedido pela Tate Letter. Em 1952, houve expressa orientação do Consultor em exercício do Departamento de Estado, Jack B. Tate, ao Procurador-Geral advertindo para a existência de atos de império ou soberania (*jure imperii*) e atos ditos privados (*jure gestionis*). Somente para os casos de atos de império é que a

Depois, cabe mencionar o *State Immunity Act*, editado no Reino Unido, em 1978, e o *State Immunity Act* australiano, de 1979, entre outros. Desse modo, houve um movimento de violação do costume internacional vigente, o qual, rapidamente, se alastrou entre os Estados, resultando na criação de outro costume internacional – o da imunidade de jurisdição relativa. Foi feita uma distinção entre os atos públicos de um Estado (atos governamentais), ditos de *jure imperii*, e atos privados (atos de gestão; como se particular fosse) dito de *jure gestionis*. A imunidade de cognição foi concedida em relação aos atos de *jure imperii*, mas não em relação aos atos de *jure gestionis*.

Para fins doutrinários, a primeira versão desse costume foi denominada de imunidade de jurisdição absoluta[237] e a atual versão (que divide os atos do Estado em atos de império e os atos de mera gestão) de imunidade de jurisdição (no processo de conhecimento) relativa. O movimento a favor da corrente da imunidade relativa alastrou-se em nome do desejo de tratamento recíproco equivalente. Em outras palavras, o Estado que ainda defenda a imunidade de jurisdição absoluta em 2020 está sujeito a ofertá-la por ato unilateral, sem que seja possível ter tratamento idêntico por reciprocidade.

Em 2004, foi adotada a Convenção das Nações Unidas sobre Imunidades Jurisdicionais dos Estados e seus bens[238], que codificou o costume da imunidade de jurisdição relativa, mostrando a superação da prática costumeira anterior. De acordo com o art. 10, na hipótese de acordo comercial de um Estado com um pessoa física ou jurídica estrangeira, no qual as regras aplicáveis de direito internacional privado sejam abrangidas pela jurisdição de um tribunal de outro Estado, o Estado contratante não pode invocar a imunidade de jurisdição. No mesmo sentido, quando uma empresa estatal ou outra entidade estabelecida por um Estado que tenha uma personalidade jurídica independente estiver envolvida em processo sobre acordo comercial realizado, não poderá invocar a imunidade de jurisdição do Estado de origem.

14.3. A imunidade de jurisdição no Brasil: as diferenças entre a imunidade de cognição e a imunidade de execução

As imunidades jurisdicionais do Estado estrangeiro no Brasil são regradas pelo costume internacional, sujeito à interpretação do Supremo Tribunal Federal.

---

imunidade a Estado estrangeiro deveria ser reconhecida. Ver a transcrição de parte da Tate Letter em MADRUGA FILHO, Antenor Pereira. *A renúncia à imunidade de jurisdição pelo estado brasileiro e o novo direito da imunidade de jurisdição*. Rio de Janeiro: Renovar, 2003, em especial p. 177-178.

[237] Ou quase absoluta, pois também admitia exceções, como as ações reais envolvendo propriedade imóvel de Estado estrangeiro no foro (no conhecido *forum rei sitae*).

[238] United Nations Convention on Jurisdictional Immunities of States and Their Proper, 2004. Texto integral disponível em: <https://treaties.un.org/doc/source/RecentTexts/English_3_13.pdf>. Em outubro de 2022, possui 23 Estados-partes, não tendo entrado em vigor (são necessários 30 Estados-partes). Dados disponíveis em: <https://treaties.un.org/Pages/ViewDetails.aspx?src=TREATY&mtdsg_no=III-13&chapter=3&clang=_en>. Acesso em: 17 out. 2022.

Ao longo do século XX, foi adotada pelo STF a corrente da imunidade jurisdicional absoluta, tanto em relação ao processo de conhecimento quanto à execução da sentença. Contudo, tal corrente foi excessivamente longeva no Brasil. Em 1986, no caso *Nogueira vs. Estados Unidos*[239], o STF continuou a reconhecer a imunidade de jurisdição dita absoluta, tratada, à época, como norma costumeira sólida, abrangendo inclusive a hipótese em debate, que era a violação de contrato de trabalho. Ironicamente, se tal caso fosse invertido e apreciado nos EUA na mesma época (1986), seria considerado ato de gestão e o Estado brasileiro teria sido julgado.

Essa posição do STF mostra incompreensão sobre (i) o caráter relacional do costume e (ii) o papel do Brasil como autoridade de Direito Internacional na sua formulação. No tocante ao primeiro aspecto, o costume internacional não deve ser aplicado a um Estado que não o segue, tal qual um tratado não é aplicado, em geral, a um Estado que não seja parte. A outorga de tratamento privilegiado aos Estados Unidos acabou sendo um ato unilateral do Brasil realizado por iniciativa judicial, com certo abalo da separação das funções do poder, por ter sido feito sem participação (oitiva, ao menos) da Chefia do Estado. Quanto ao segundo aspecto, o costume é fruto de uma prática que, obviamente, conta com a participação do Brasil como autoridade de Direito Internacional, devendo também ser aferida a posição da Chefia do Estado.

Essa imprecisão e desatualização do STF sobre o costume internacional ficou evidente quando, apenas três anos depois do *Caso Nogueira*, houve mudança de posição e foi adotada no *Caso Genny de Oliveira* (1989) a corrente da imunidade de jurisdição relativa[240]. Desde então, a imunidade de cognição é reconhecida somente aos atos de império e não aos atos de mera gestão, nos quais o Estado estrangeiro atua em matéria de ordem privada, como em conflitos trabalhistas, cíveis ou comerciais.

Porém, a imunidade de execução continua a ser considerada como quase absoluta, evitando que seja imposta a satisfação coativa do direito sobre bens públicos ou afetos à função pública do Estado estrangeiro[241]. Tal situação gera, no limite, denegação de justiça na hipótese de o Estado estrangeiro, condenado no Brasil, não cumprir voluntariamente a sentença ou não possuir bens de uso comercial no nosso território. Nesse caso, deve o Estado brasileiro, no plano das relações internacionais, buscar meios de superar o impasse. Uma solução a ser testada seria o pagamento pelo Estado

---

[239] STF, RE 94.084, Pleno, Rel. Min. Aldir Passarinho, j. de 12-3-1986, *DJ* de 20-6-1986.

[240] STF, ACi 9.696, Rel. Min. Sydney Sanches, j. 31-5-1989, P, *DJ* de 12-10-1990.

[241] O Min. Celso de Mello (STF) sustentou que era possível a execução em duas situações: (1) renúncia à imunidade de execução e (2) existência de bens não afetados à função pública estrangeira. No entanto, há extensa jurisprudência do STF reconhecendo somente a exceção da renúncia. Ver, entre outros: "Prevalência do entendimento no sentido da impossibilidade jurídica de execução judicial contra Estados estrangeiros, exceto na hipótese de expressa renúncia, por eles, a essa prerrogativa de ordem jurídica". (STF, ACO 709, Rel. Min. Celso de Mello, decisão monocrática, j. 26-8-2013, *DJE* de 30-8-2013).

brasileiro do débito com o nacional e, após, a cobrança – agora titularizada pelo Estado – na esfera internacional por meio de meios pacíficos de solução de controvérsias.

Por sua vez, admite-se a *renúncia* à imunidade de jurisdição, devendo o Estado estrangeiro ser notificado para, querendo, arguir preliminarmente a ausência de jurisdição brasileira (no caso de atos de império)[242]. Também há casos nos quais o Estado estrangeiro renuncia antecipadamente à imunidade soberana em contratos internacionais (por exemplo, ao contrair empréstimos), o que permitiria, a princípio, a execução de tais bens.

No tocante à imunidade de jurisdição e execução referente às organizações internacionais, o regime jurídico é variável, a depender do teor do tratado celebrado com o Estado do foro. Assim, não se utiliza o costume internacional das imunidades jurisdicionais do Estado, mas sim o regime previsto no tratado celebrado com o Brasil[243], conforme decidiu o STF (Tema 947, repercussão geral[244]).

14.4. A imunidade de jurisdição e o *jus cogens*: as violações de direitos humanos

No Direito Internacional contemporâneo, há o dever de reparação de violações de direitos humanos. Tal dever é consequência da expansão da proteção internacional de direitos humanos tanto por meio de tratados (no âmbito global e regional) quanto por meio do costume internacional.

A importância do Direito Internacional dos Direitos Humanos é medida pela superioridade normativa: parte de suas regras compõe o *jus cogens*, que são normas internacionais que contêm valores essenciais da comunidade internacional como um todo. No plano material, as normas de *jus cogens* possuem qualidade especial, sendo hierarquicamente superiores às normas internacionais ordinárias. No plano processual, a qualidade de norma de *jus cogens* deveria ter impacto sobre a imunidade de jurisdição, para facilitar a reparação das vítimas de graves violações de direitos humanos, agregando-se mais uma hipótese de relativização da imunidade de jurisdição e consagrando a *imunidade jurisdicional pro persona* no Direito Internacional contemporâneo.

Entretanto, como já visto neste *Curso*, a Corte Internacional de Justiça decidiu, em 2012, que, mesmo em casos de violações graves aos direitos humanos, prevalecem

---

[242] De acordo com o STJ, o primeiro passo é a comunicação por intermédio do Ministério das Relações Exteriores ao Estado estrangeiro, para que aceite ou não a jurisdição nacional. Só então, se ele concordar, é que é feita a citação de acordo com o CPC. STJ, Recurso Ordinário n. 99, Rel. Min. Nancy Andrighi, j. 4-12-2012.

[243] Nesse sentido, conferir STF, RE 578.543/MT, redator para o acórdão Min. Teori Zavascki, Plenário, j. 15-5-2013, nos termos do voto da Min. Ellen Gracie.

[244] *In verbis*: "O organismo internacional que tenha garantida a imunidade de jurisdição em tratado firmado pelo Brasil e internalizado na ordem jurídica brasileira não pode ser demandado em juízo, salvo em caso de renúncia expressa a essa imunidade" (RE 1.034.840 RG, Rel. Min. Luiz Fux, j. 1º-6-2017, P, *DJE* de 30-6-2017, Tema 947).

as regras gerais da imunidade de jurisdição por atos de império, por exemplo, atos envolvendo atrocidades em conflitos armados[245].

No Brasil, o afundamento de barcos brasileiros por submarinos alemães no contexto da Segunda Guerra Mundial tem sido debatido no Judiciário nacional, com a aceitação, até o momento, da imunidade de jurisdição da Alemanha por ato de império (conflito armado). Do ponto de vista do direito de acesso à justiça das famílias das vítimas, a situação atual representa grande risco de denegação de justiça, pois não é mais possível processar o Estado alemão no seu foro (Alemanha), em virtude de tratados (de reconhecimento do fim da responsabilidade alemã pelos danos na guerra) e lei local[246]. Assim, caso o Brasil reconheça a imunidade de jurisdição à Alemanha por ato de império, nenhum outro foro será capaz de reparar os danos.

Também é importante mencionar que vários países buscam impor sua visão do costume internacional sobre imunidade de jurisdição por ato de império para excluir atos que causem danos graves cometidos pelo Estado estrangeiro (ou seus agentes) no território do foro. Por exemplo, os Estados Unidos permitem, sob condições, ações contra Estado estrangeiro por atos ou omissões ilícitos que tenham resultado morte, danos pessoais ou danos à propriedade nos Estados Unidos[247]. No contexto sul-americano, a lei argentina sobre imunidade de jurisdição também permite ações contra Estados estrangeiros quando forem demandados por danos causados no território do foro[248].

Foi julgado no STF recurso extraordinário com repercussão geral (Tema 944) que debate justamente a imunidade de jurisdição invocada pela Alemanha em face de afundamento de barco de pesca brasileiro Changrilá pelo submarino alemão U-199. No STJ, houve o reconhecimento da imunidade por se tratar de ato de guerra (ato de império ou ato soberano) e, por consequência, *acta jure imperii*, que resultaria em imunidade de jurisdição absoluta, não comportando exceção[249]. Em caso similar,

---

[245] Corte Internacional de Justiça, *Caso das imunidades jurisdicionais do Estado* (Alemanha *vs.* Itália. Grécia como interveniente, julgamento de 3 de fevereiro de 2012. Ressalte-se o voto vencido do Juiz Cançado Trindade, que concluiu pela inexistência de imunidade ao Estado nos casos de graves violações de direitos humanos.

[246] GATTINI, Andrea. To what extent are state immunity and non-justiciability major hurdles to individuals' claims for war damages. *Journal of International Criminal Justice*, 1(2), 2002, p. 348-367, em especial p. 358-359.

[247] *Vide*, em especial, o item 5 da seção 1.605 do U.S Code. Disponível em: <https://www.law.cornell.edu/uscode/text/28/1605#:~:text=in%20this%20section.-,A%20foreign%20sta-te%20shall%20not%20be%20immune%20from%20the%20jurisdiction,section%2031301%20of%20title%2046>. Acesso em: 20 nov. 2022.

[248] *Vide* "Ley n. 24.488/95 (inmunidad jurisdiccional de los estados extranjeros ante los tribunales argentinos)", em especial art. 2º, *f*.

[249] STJ, Recurso Ordinário n. 80. Relator Marco Aurélio Bellizze, j. 29-6-2015. Consta da emenda da decisão monocrática: "1 – A imunidade *acta jure imperii* é absoluta e não comporta exceção. Precedentes do STJ e do STF. 2 – Não há infelizmente como submeter a República Federal da Alemanha à jurisdição nacional para responder a ação de indenização por danos morais e materiais por ato de império daquele País, consubstanciado em afundamento de barco pesqueiro no litoral de Cabo Frio – RJ, por um submarino nazista, em 1943, durante a Segunda Guerra Mundial.

registre-se o voto vencido do Min. Luiz Felipe Salomão, para quem "a imunidade soberana não pode subsistir em confronto com violações do direito internacional dessa magnitude, devendo ser relativizada ante a prevalência das normas peremptórias que protegem o direito humanitário e os direitos humanos"[250].

Ao final do julgamento no STF, por maioria, foi aprovada a seguinte tese: "Os atos ilícitos praticados por Estados estrangeiros em violação a direitos humanos não gozam de imunidade de jurisdição" (STF, Recurso Extraordinário com Agravo 954.858 – RJ, Rel. Min. Edson Fachin, repercussão geral – Tema 944, julgamento em 21-8-2021).

Houve a propositura de embargos de declaração pela Procuradoria-Geral da República para *sintonizar* a tese com a essência do julgamento, que diz respeito ao impacto das normas de *jus cogens* de direitos humanos sobre o tradicional instituto da imunidade de jurisdição. Para a PGR, deve ser alterada a tese para ficar claro que se trata de: 1) crimes internacionais (os crimes de *jus cogens*); 2) violações graves de direitos humanos e direito humanitário; e 3) praticados no território nacional, sendo sugerida a seguinte tese: "Os crimes internacionais que impliquem grave violação a Direitos Humanos e ao Direito Humanitário, praticados em território nacional por Estados estrangeiros, não gozam de imunidade de jurisdição".

O STF *modificou* a tese, acolhendo parcialmente os embargos. Porém, entendeu que a redação sugerida pela PGR era *também* vaga pela dúvida gerada sobre o que viria a ser "crime internacional", podendo "causar ainda mais dificuldades à aplicação futura da tese fixada, elevando o nível de insegurança jurídica". A *nova* tese aprovada foi: "Os atos ilícitos praticados por Estados estrangeiros em violação a direitos humanos, dentro do território nacional, não gozam de imunidade de jurisdição" (STF, Embargos de declaração, Agravo em RE n. 954.858, Plenário, Sessão Virtual de 13-5-2022 a 20-5-2022)[251].

Os danos causados pela Alemanha por meio de afundamento de barcos brasileiros ocorreram no mar territorial brasileiro e o Brasil possui o *dever de ofertar justiça*, tendo acertado o STF ao reconhecer sua *jurisdição concorrente* (art. 21, III, do CPC) e permitir o acesso à justiça, respeitando-se o art. 5º, XXXV, bem como os arts. 4º, II, e 5º, § 2º, da CF/88.

---

[250] Por maioria, o STJ manteve seu posicionamento de não admitir exceção na imunidade de jurisdição por ato de império. Consta da ementa: "A jurisprudência do Superior Tribunal de Justiça, sobre o caso específico, firmou-se no sentido de que não é possível a responsabilização da República Federal da Alemanha por ato de guerra, tendo em vista tratar-se de manifestação de ato de império". STJ, Recurso Ordinário n. 60/RJ, Rel. p/ o Acórdão Min. Marco Buzzi, j. 9-12-2017, *DJe* de 19-2-2016.

[251] Na continuidade do caso do pesqueiro Changri-lá, o STJ constatou a superação (*overruling*) da sua própria jurisprudência a favor da imunidade absoluta do Estado estrangeiro por atos de guerra e, consequentemente, decidiu reformar a anterior decisão a favor da imunidade de jurisdição da República Federal da Alemanha, e determinar o retorno dos autos à origem para prosseguimento do feito (Recurso Ordinário n. 109, Rel. Min. Luis Felipe Salomão, j. 7-6-2022).

O Brasil é autoridade de Direito Internacional e o costume internacional sobre a imunidade de jurisdição é autônomo e nunca foi totalmente pleno, devendo hoje ser inspirado também na necessidade de se assegurar o acesso à justiça. Nada impede o Brasil de também impor a sua visão sobre o costume internacional, adotando essa visão restritiva (do Tema 944) sobre a imunidade de jurisdição por ato de império para excluir as violações a direitos humanos (morte e lesões ou danos graves à propriedade) causadas por Estados estrangeiros no nosso território.

PARTE III
O CONCURSO DE NORMAS

PART II

1. A REGRA DE CONFLITO NO DIREITO INTERNACIONAL PRIVADO

1.1. As regras de conflitos e seus componentes

Tendo em vista a importância do método indireto[1] para o Direito Internacional Privado, serão aqui estudadas com maior detalhamento suas normas, componentes e modos de escolha de seus elementos. No que tange à escolha da lei[2], as normas indiretas (também chamadas de remissivas, de colisão, de conflito ou conflituais) não regulam diretamente o fato transnacional, mas apontam o direito (nacional ou estrangeiro) de regência. São chamadas de regras (ou critérios) de conexão, pelas quais o direito local ou direito estrangeiro é escolhido. Caso o direito estrangeiro seja o escolhido, este é aplicado como direito estrangeiro, não existindo nem a recepção material (o direito estrangeiro seria tratado como direito nacional) nem a recepção formal (o direito estrangeiro seria incorporado na ordem jurídica nacional)[3]. Por isso, a *função* das regras de conexão é determinar qual deve ser a lei a ser aplicada aos fatos transnacionais.

O *conteúdo* de tais normas conflituais é *composto* pelos fatos transnacionais (aqueles que possuem vínculos relevantes com mais de um ordenamento jurídico) inseridos em categorias jurídicas, redundando no *fato transnacional juridicamente qualificado*. Essas categorias jurídicas agrupam conjuntos de regras de direito material envolvidas

---

[1] Ver os demais métodos do DIPr na Parte I deste *Curso*.

[2] O estudo das normas de determinação de jurisdição foi já feito na Parte II deste *Curso*.

[3] Conferir as teorias da recepção do direito estrangeiro na Parte III, Capítulo 4, item 4, deste *Curso*. No mais, ver PINHEIRO, Luís de Lima. *Direito internacional privado*, v. I, Introdução e Direito dos Conflitos. Parte Geral. Coimbra: Almedina, 2011, em especial p. 185.

usualmente em fatos transnacionais, como casamento, obrigações, sucessão, bens móveis e imóveis etc., que se consolidaram desde a fase iniciadora (estatutária) do DIPr, dependendo para seu crescimento das novas necessidades sociais que geram os fatos transnacionais[4].

As regras de conexão são compostas por dois componentes: (i) o *objeto de conexão*[5], que consiste na indicação dos *fatos inseridos* em *categorias jurídicas* (os chamados "operative facts"[6], ou "substratum") e (ii) o *elemento ou fator de conexão*, que é a indicação das *circunstâncias que conectam* aqueles fatos com determinada ordem jurídica ("connecting factors")[7].

Por exemplo, na norma de conflito "a lei do local da situação rege os bens", o objeto de conexão consiste nos "bens" e o elemento de conexão é a "lei do local da situação". Ainda, na norma de conflito, "a lei da nacionalidade rege a capacidade jurídica da pessoa física", o objeto de conexão consiste na "capacidade jurídica da pessoa física" e o elemento de conexão é a "lei da nacionalidade".

Contudo, para determinada corrente doutrinária, há três componentes da norma de conflito: a categoria jurídica (o objeto de conexão), o elemento de conexão e a consequência. Essa *corrente dos três componentes* sustenta que o objeto de conexão continua a abarcar os fatos inseridos em categorias jurídicas (bens, contratos etc.), o elemento de conexão abarca somente a circunstância que conecta o objeto e a lei, e o componente final é a consequência (o resultado), ou seja, a lei escolhida[8].

No primeiro exemplo visto acima, o objeto de conexão continua a ser "bens", o elemento de conexão é o "local onde estão situados" e a consequência é a aplicação da lei de tal lugar. Já no segundo exemplo, o objeto de conexão é ainda "capacidade da pessoa física", o elemento de conexão é "nacionalidade" e a consequência é a aplicação da lei do Estado do qual o indivíduo é nacional.

As categorias jurídicas do objeto de conexão podem ser *amplas* ou *restritas*, aptas a receber uma multiplicidade de conteúdos com extensão variável, abrangendo as

---

[4] LIPSTEIN, Kurt. The general principles of private international law. *Recueil des Cours de l'Académie de Droit International de La Haye*, v. 135, 1972, p. 97-229, em especial p. 195.

[5] Utilizo a expressão "objeto de conexão" de Ferrer Correia. FERRER CORREIA, A. *Lições de direito internacional privado* – I. Coimbra: Almedina, 2000, p. 179.

[6] LIPSTEIN, Kurt. The general principles of private international law. *Recueil des Cours de l'Académie de Droit International de La Haye*, v. 135, 1972, p. 97-229, em especial p. 195.

[7] VITTA, Edoardo. Cours général de droit international privé. *Recueil des Cours de l'Académie de Droit International de La Haye*, v. 162, 1979, p. 9-243, em especial p. 54. Também defendendo a existência desses dois componentes da norma de conflito, ver BALLADORE PALLIERI, G. *Diritto internazionale privato*, 1950, p. 75.

[8] VALLINDAS, Petros G. La structure de la règle de conflit. *Recueil des Cours de l'Académie de Droit International de La Haye*, v. 101, 1960, p. 327-380, em especial p. 352. A favor dos três componentes da regra de conexão, ver também FERRER CORREIA, A. *Lições de direito internacional privado* – I. Coimbra: Almedina, 2000, p. 179.

chamadas "divisões clássicas do Direito" (direitos reais, direitos pessoais), bem como os tipos de negócio jurídico (casamento, testamento, doação) ou ainda as facetas de certo ato ou negócio (as formalidades extrínsecas dos contratos etc.)[9]. Já os elementos de conexão contêm circunstâncias – de fato e de direito – que indicam o direito material a ser aplicado, o que impõe a discussão de como tais elementos são escolhidos pelo DIPr.

1.2. Como deve ser feita a escolha dos elementos de conexão?

A escolha das regras de conexão é um dos momentos críticos do método indireto, pois gera impacto *camuflado* sobre a igualdade e o respeito a direitos nas relações transnacionais. A forma de escolha das regras de conexão não é neutra e deve ser precedida de debate, devendo ser evitada a seleção dos elementos de conexão para as diversas categorias jurídicas apenas pela tradição ou ainda por contágio de exemplos de outros países, em geral em estágios de desenvolvimento distintos.

O vetor da escolha pelo legislador nacional ou pelas negociações internacionais deve ser transparente e levar em consideração todas as diferentes situações e assimetrias entre os envolvidos no fato transnacional a ser (i) categorizado (objeto de conexão) e depois (ii) designado por determinado critério previsto no elemento de conexão.

O uso das expressões em latim para expor, didaticamente, os elementos de conexão usualmente utilizados no passado e no presente nos sistemas nacionais de DIPr e mesmo em tratados internacionais não pode eliminar a tarefa de reflexão crítica sobre as vantagens e desvantagens de cada um deles em relação aos grupos sociais envolvidos nas situações transnacionais[10].

Além disso, o mesmo elemento de conexão pode ter *impacto não uniforme* a depender da situação analisada. Por exemplo, o uso do elemento de conexão "autonomia da vontade" tem um impacto diferenciado em relação aos envolvidos em um *contrato internacional paritário* e aos envolvidos nas relações de consumo transnacionais (que são normalmente *contratos internacionais de adesão*, nos quais o consumidor é mero aderente).

Defendo que a escolha não pode ser pautada por motivos históricos ("sempre foi assim") ou simplesmente formais (como a busca, em abstrato, de um vínculo mais forte ou estreito com o fato transnacional), mas sim deve ter como vetor a *ponderação*

---

[9] FERRER CORREIA, A. O novo direito internacional privado português. *Boletim da Faculdade de Direito – Universidade de Coimbra*, v. XLVIII, 1972, p. 1-54, em especial p. 15.

[10] Os mais comuns termos em latim referentes a elementos de conexão são: *lex rei sitae* (lei do lugar da situação da coisa); *lex domicilii* (lei do domicílio); *lex patriae* (lei da nacionalidade); *lex loci actus* (lei do local da realização do ato); *lex situs* (lei da sede da pessoa jurídica); *lex incorporationis* (lei do local da criação da pessoa jurídica); *lex loci arbitri* (lei do lugar da realização da arbitragem); *lex voluntatis* (lei escolhida pelas partes); *lex loci damni* (lei do local do dano); *lex fori* (lei do local no qual o intérprete se encontra; lei do foro); *lex loci celebrationis* (lei do local da celebração); *lex habitationis* (lei da residência).

de direitos individuais e difusos envolvidos, com prevalências e compressões. Por exemplo, a prevalência do direito à *igualdade material* como um dos objetivos do DIPr em certa categoria jurídica (por exemplo, alimentos) pode levar à adoção de mais de um elemento de conexão, para que seja indicado o ordenamento que melhor protege a igualdade material (no caso, protegendo o vulnerável, que é o alimentando).

A escolha dos elementos de conexão feita à luz de uma transparente ponderação entre os direitos envolvidos evita que o combate a assimetrias e violação da justiça material repouse exclusivamente sobre a cláusula de ordem pública, que é o instrumento (a ser estudado em capítulo próprio) usualmente utilizado para vedar resultados ofensivos a direitos ocasionados pela regra de conexão.

Para a consecução dos valores do DIPr contemporâneo, há uma pluralidade de elementos de conexão, que podem ser classificados da seguinte maneira[11]:

(a) de acordo com a natureza do conteúdo da conexão, há (i) o *elemento de conexão de fato*, que utiliza uma questão de fato como circunstância de ligação: por exemplo, o lugar da situação do bem ou o lugar da residência habitual; e (ii) o *elemento de conexão de direito*, que utiliza um instituto jurídico para conectar a categoria jurídica a um determinado ordenamento (por exemplo, nacionalidade, domicílio).

(b) de acordo com os sujeitos envolvidos, há (i) os *elementos de conexão pessoais*, que usam institutos relacionados a pessoas, como domicílio, nacionalidade, residência, lei designada pela autonomia da vontade dos envolvidos, entre outros; e (ii) os *elementos de conexão reais*, que utilizam dados do objeto ou do lugar (territoriais), como o lugar da situação da coisa, lugar do dano.

(c) de acordo com o modo de designação do direito aplicável, há (i) o *elemento de conexão direto*, que aponta diretamente ao direito, sem outra mediação: por exemplo, a lei da nacionalidade ou a lei designada pela autonomia da vontade das partes; e (ii) o *elemento de conexão indireto*, que primeiro determina um lugar para depois indicar a lei: por exemplo, o lugar da situação da coisa ou o lugar da ocorrência do dano.

(d) de acordo com a possibilidade de modificação temporal do conteúdo do elemento de conexão, há (i) o *elemento de conexão móvel*, cujo conteúdo é suscetível de se alterar no tempo (domicílio, residência, nacionalidade, lugar da situação de bens móveis) e (ii) o *elemento de conexão fixo ou imóvel*, que é aquele cujo conteúdo é independente da passagem do tempo, como, por exemplo, o lugar da situação dos bens imóveis ou ainda o lugar do dano.

---

[11] Seguindo a classificação de Luís de Lima Pinheiro, adaptada. PINHEIRO, Luís de Lima. *Direito internacional privado*, v. I, Introdução e Direito dos Conflitos. Parte Geral. Coimbra: Almedina, 2011, em especial p. 297.

(e) de acordo com a predeterminação legal ou convencional, há (i) o *elemento de conexão abstrato,* que é aquele cujo conteúdo é previsto em elementos fáticos ou jurídicos predeterminados, sendo o tipo de elemento de conexão mais usual: por exemplo, aquele que utiliza o lugar do domicílio, da celebração do contrato etc.; e (ii) o *elemento de conexão concreto,* que é aquele cujo conteúdo depende das características do caso concreto e não de elementos fáticos ou jurídicos predeterminados. O maior exemplo de elemento de conexão concreto é aquele que utiliza a lei do Estado com o qual o objeto de conexão (por exemplo, o "contrato") possui o vínculo mais estreito. A determinação do conteúdo "vínculo mais estreito" dependerá do caso concreto. Pode existir ainda o uso do elemento de conexão concreto para afastar o elemento abstrato, por existir uma conexão mais estreita com outro direito. Nessa linha, o art. 15 da Lei de DIPr suíça é exemplo desse uso de um elemento de conexão concreto, baseado no princípio da proximidade, que exige do intérprete um exercício de ponderação das características principais do caso concreto. Luís de Lima Pinheiro chama esse tipo de afastamento do elemento de conexão abstrato por outro (pelos vínculos mais estreitos) de *cláusula de exceção*[12].

(f) por fim, e próximo da classificação anterior, de acordo com a orientação valorativa do elemento de conexão, há (i) o *elemento de conexão formal,* cujo conteúdo não valoriza nenhum resultado material *a priori* (novamente, a grande maioria dos elementos de conexão, como, por exemplo, domicílio, nacionalidade etc.) e (ii) o *elemento de conexão material,* cujo conteúdo é voltado à justiça material e à defesa de valores, como, por exemplo, a lei que melhor proteja os interesses da criança.

1.3. A tipologia das regras de conflito

A complexidade do DIPr atual incentiva à criação de uma *diversidade de espécies de normas de conflito,* que merecem classificação para fins didáticos. Essas normas são encontradas em diplomas nacionais e internacionais e possuem geometria variável, apta a atender as diversas necessidades de indicação de lei para os fatos transnacionais.

As regras de conexão podem apresentar-se de acordo com a seguinte tipologia[13]:

---

[12] PINHEIRO, Luís de Lima. *Direito internacional privado,* v. I, Introdução e Direito dos Conflitos. Parte Geral. Coimbra: Almedina, 2011, em especial p. 301.

[13] Seguindo a classificação de Lima Pinheiro, adaptada aos exemplos do DIPr no Brasil. PINHEIRO, Luís de Lima. *Direito internacional privado,* v. I, Introdução e Direito dos Conflitos. Parte Geral. Coimbra: Almedina, 2011, em especial p. 291-296.

(a) Em relação ao conteúdo, há as *regras de conflito gerais,* que contêm objetos de conexão pautados em categorias normativas de amplo espectro de incidência (como "obrigações", "sucessões" etc.); há também as *regras de conflito especiais,* que incidem sobre determinados aspectos das situações transnacionais, gerando um objeto de conexão restrito ("execução do contrato", "formalidade obrigatória do ato"). A utilização de regras de conexão gerais acarreta o inconveniente de exigir maior esforço interpretativo no momento da qualificação, já que são poucas as categorias jurídicas e muito abrangentes. Já a adoção de regras de conexão específicas aumenta a complexidade na solução final do caso, uma vez que gera o fenômeno da *dépeçage* ou desmembramento (possibilidade de aplicação, em momentos distintos, de mais de uma lei sobre determinado fato transnacional).

(b) Em relação à composição da regra de conflito, há (i) as *regras de conexão singular,* que só invocam um ordenamento para regular o fato transnacional, e (ii) as *regras de conexão plurais,* que invocam mais de um ordenamento para regular determinado fato transnacional.

(b1) Também em relação à composição da regra de conflito, a regra de conexão singular (vista acima) subdivide-se em (i) *regra de conexão simples,* que indica um único ordenamento jurídico, sem outra consideração (por exemplo, a lei do local de situação do bem imóvel[14]); (ii) *regra de conexão alternativa,* que apresenta ao intérprete, em bloco, dois ou mais elementos de conexão para a escolha daquele que resultar em melhor proteção a um valor contido na norma[15]; (iii) *regra de conexão subsidiária,* que possui um elemento de conexão principal que remete a um ordenamento jurídico, que, caso não proteja de forma adequada o valor estipulado, gera a invocação, em um segundo momento, de outro elemento de conexão[16]; (iv) *regra de conexão optativa,* que contém dois ou mais elementos de conexão, deixando

---

[14] Por exemplo, o art. 8º da Lei de Introdução às Normas do Direito Brasileiro: "Art. 8º Para qualificar os bens e regular as relações a eles concernentes, aplicar-se-á a lei do país em que estiverem situados".

[15] Por exemplo, a Convenção Interamericana sobre Obrigação Alimentar de 1989 estipula que a obrigação alimentar, bem como as qualidades de credor e de devedor de alimentos, serão reguladas pelo ordenamento "mais favorável" ao credor de alimentos, dentre o ordenamento jurídico do Estado de *domicílio ou residência habitual do credor* ou ordenamento jurídico do Estado de *domicílio ou residência habitual do devedor.*

[16] Por exemplo, no Protocolo da Haia sobre a lei aplicável às obrigações de alimentos (2007) o elemento de conexão principal quanto à lei aplicável é o da "lei do Estado da residência habitual do credor". Há, ainda, elementos subsidiários "em cascata" em relação à lei aplicável para favorecer certos credores de alimentos (credores especiais), com a finalidade de se assegurar a outorga dos alimentos. Os critérios subsidiários são o da "lei do foro" ou o da "lei do Estado da nacionalidade comum do credor e do devedor", caso exista. Ver art. 4º ("Regras especiais a favor de certos credores").

a sua escolha a cargo do interessado. Contudo, não é comum essa liberdade dada pelo legislador ao interessado[17].

(b2) Ainda em relação à composição da regra de conflito, a regra de conexão plural (vista acima) subdivide-se em: (i) *regra de conexão cumulativa,* que é aquela que exige, para a consecução de determinado resultado, que haja anuência dos ordenamentos simultaneamente indicados pelos elementos de conexão[18]; (ii) *regra de conexão limitativa,* que é aquela que indica um determinado ordenamento, mas atribui a outro a função de condicionar o primeiro para a produção de determinado efeito[19].

2. QUALIFICAÇÃO

2.1. Conceito e fases da qualificação

A qualificação consiste na atividade de classificação jurídica dos fatos transnacionais, pela qual tais fatos são alocados em *categorias jurídicas,* para, após, ser possível identificar o critério de conexão aplicável. Essa classificação jurídica dos fatos que importam ao Direito Internacional Privado é um antecedente lógico à estipulação do critério de conexão e à consequente determinação da lei (nacional ou estrangeira) de regência do fato transnacional.

De início, o intérprete deve subsumir o fato transnacional a uma categoria jurídica; após, verificar qual é o elemento de conexão determinado por lei ou tratado de DIPr para tal categoria jurídica. Por exemplo, se o bem for inserido na categoria jurídica "bem imóvel", utiliza-se, de acordo com a Lei de Introdução às Normas do Direito Brasileiro, o elemento de conexão *lei da situação da coisa;* caso seja inserido na

---

[17] Por exemplo, o art. 7º do Regulamento (CE) n. 864/2007 do Parlamento Europeu e do Conselho de 11 de julho de 2007 relativo à lei aplicável às obrigações extracontratuais ("Roma II") prevê que a lei aplicável à obrigação extracontratual que decorra de danos ambientais ou de danos não patrimoniais ou patrimoniais decorrentes daqueles é a *lei do país onde ocorreu o dano,* salvo se a pessoa que requer a reparação do dano escolher basear o seu pedido *na lei do país onde tiver ocorrido o facto* que deu origem ao dano.

[18] Por exemplo, o art. 33.3 do Código Civil português dispõe que "3. A transferência, de um Estado para outro, da sede da pessoa colectiva não extingue a personalidade jurídica desta, se nisso *convierem as leis de uma e outra sede".* Exemplo de Lima Pinheiro. PINHEIRO, Luís de Lima. *Direito internacional privado,* v. I, Introdução e Direito dos Conflitos. Parte Geral. Coimbra: Almedina, 2011, em especial p. 294.

[19] Como exemplo, o autor cita o art. 60.4 do Código Civil português, que, após indicar a lei para regular a adoção, estabelece um limite quanto a determinado resultado, que é o desconhecimento da adoção pela lei indicada. ("Se a lei competente para regular as relações entre o adoptando e os seus progenitores não conhecer o instituto da adopção, ou não o admitir em relação a quem se encontre na situação familiar do adoptando, a adopção não é permitida"). PINHEIRO, Luís de Lima. *Direito internacional privado,* v. I, Introdução e Direito dos Conflitos. Parte Geral. Coimbra: Almedina, 2011, em especial p. 295.

categoria "bem móvel em trânsito", usa-se a *lei do domicílio do possuidor*[20]. Finalmente, aplica-se a lei nacional ou estrangeira indicada. Desse modo, a qualificação é uma atividade *prévia* de classificação do fato transnacional em categorias jurídicas, afetando o componente "objeto de conexão" da regra de conflito.

Há três fases envolvidas na qualificação: (i) no primeiro momento, verifica-se a previsão da norma de conflito (no caso, o objeto de conexão, como "bens", "obrigações"); (ii) no segundo momento, há uma determinação das situações da vida que podem ser inseridas na norma de conflito, atestando-se que as características das normas de conflito estão preenchidas em determinada situação da vida (por isso Lima Pinheiro chama essa segunda fase de "caracterização"); e (iii) em um terceiro momento, há a subsunção da matéria delimitada na previsão da norma de conflito (qualificação em sentido estrito)[21].

A qualificação *não* é uma atividade exclusiva ao DIPr, pois é inerente a qualquer raciocínio jurídico de subsunção de fatos a categorias jurídicas. No DIPr, seu impacto diferenciado é fruto: (i) da existência de categorias jurídicas amplas, com conceitos que podem receber uma multiplicidade de conteúdos e extensão variável ("bens", "obrigações", "testamento", "casamento" etc.)[22], gerando dificuldade do intérprete na escolha de uma única categoria; (ii) das diferenças entre os diversos ordenamentos no tocante à classificação de um fato em uma categoria jurídica.

Essas dificuldades típicas da qualificação no DIPr permitem que um fato transnacional possa ser inserido em duas ou mais categorias jurídicas, a depender de qual regra é utilizada para qualificar o fato. A dúvida na escolha da regra para qualificar o fato impacta a fixação do elemento de conexão a ser utilizado. Se o intérprete classifica um fato transnacional na categoria "bens", o elemento de conexão é um; se for inserido na categoria "obrigações", o elemento de conexão é outro. Isso faz nascer o "problema da qualificação", que será estudado em seguida.

2.2. O problema da qualificação e os casos célebres

O "problema da qualificação" consiste na dúvida do intérprete (por exemplo, um juiz) nacional sobre qual deve ser a categoria jurídica para se inserir determinado fato transnacional, o que impacta decisivamente na escolha da lei material de regência. O "problema da qualificação" pode gerar um *conflito de qualificação (ou conflito externo de qualificação),* caso o fato transnacional acabe sendo submetido a juízes de Estados diferentes, que poderão qualificar de modo distinto a mesma situação, gerando decisões contraditórias e situações jurídicas claudicantes (que são aquelas

---

[20] Essas regras de conexão da LINDB serão estudadas na Parte V deste *Curso*.
[21] Conforme PINHEIRO, Luís de Lima. *Direito internacional privado*, v. I, Introdução e Direito dos Conflitos. Parte Geral. Coimbra: Almedina, 2011, em especial p. 393.
[22] FERRER CORREIA, A. O novo direito internacional privado português. *Boletim da Faculdade de Direito – Universidade de Coimbra,* v. XLVIII, 1972, p. 1-54, em especial p. 15.

válidas em um Estado e inválidas em outro). O *conflito de qualificações* é a situação na qual dois ou mais sistemas de Direito Internacional Privado *não classificam da mesma maneira* o fato transnacional com o qual têm vínculo, inserindo-o em categorias jurídicas distintas[23].

O caso célebre de dúvida na qualificação é o *Caso da Viúva Maltesa*[24], relatado por Bartin no final do século XIX: um casal anglo-maltês (casal Bartholdo), casados em Malta (sendo este seu primeiro domicílio conjugal), não celebraram pacto antenupcial, adotando o regime legal da comunhão de bens. Após, domiciliaram-se na Argélia (na época, sob regime colonial francês), onde o marido adquiriu imóveis. Com a morte do marido (sem testamento), surgiu a dúvida sobre a lei aplicável para se determinar o direito da viúva a um usufruto especial dos bens do marido falecido (não houve discussão sobre seu direito a metade dos bens, fruto do regime de comunhão). De acordo com o DIPr francês, o regime de bens do casal Bartholdo era regido pela lei maltesa (lei do primeiro domicílio conjugal) e a sucessão dos imóveis na Argélia, pela lei francesa (lei da situação dos bens). Bartin demonstrou o *poder da qualificação*: se o problema fosse considerado uma questão de regime matrimonial, seria utilizada a lei do primeiro domicílio conjugal, que era a lei anglo-maltesa (Código Rohan) e a viúva teria direito ao usufruto da "quarta parte do cônjuge pobre" dos bens do falecido. Se fosse considerada uma questão de sucessão, seria utilizada a lei do local da situação dos bens, no caso a lei francesa, que, na época, não previa esse usufruto da quarta parte dos bens do falecido pelo cônjuge sobrevivente[25].

Outro caso clássico na jurisprudência francesa diz respeito a testamento hológrafo (particular, dispensa a intervenção de agente público ou delegado do Estado) feito na França (onde o testamento particular era permitido) por um nacional da

---

[23] Definição de Audit. AUDIT, Bernard. Le caractère fonctionnel de la règle de conflit: (sur la crise des conflits de lois). *Recueil des Cours de l'Académie de Droit International de La Haye,* v. 186, 1984, p. 219-397, em especial p. 316.

[24] Kahn é considerado o primeiro a destacar o problema da qualificação no DIPr clássico, em artigo publicado em 1891. Bartin, desconhecendo o trabalho do jurista alemão, publicou estudo sobre o tema em 1897, no *Journal de Droit International,* tendo-o aprofundado nas suas obras posteriores (ver abaixo). Todos os dois concluíram que era necessário o uso da *lex fori* para qualificar o fato transnacional. Na visão de DIPr anglo-saxã, Lorenzen é tido como o pioneiro. Beckett, por sua vez, é o primeiro a usar o termo "classification" (utilizado atualmente na doutrina anglo-saxã) para denominar o instituto. Sobre a evolução das discussões doutrinárias, ver GAMA E SILVA, Luis Antônio. *As qualificações em Direito internacional privado.* Tese apresentada para o concurso de Professor Titular de Direito internacional privado da Faculdade de Direito da Universidade de São Paulo. São Paulo, 1953, p. 7-20. Ver ainda LORENZEN, Ernst G. The theory of qualifications and the conflict of laws, 20 *Colombia Law Review,* 1920, p. 247-282. BECKETT, W. E. The Question of Classification ("Qualification"). Private International Law. *British Yearbook of International Law,* v. 15, 1934, p. 46 e s.

[25] O caso foi julgado pelo tribunal de Argel em 1889, que decidiu que a questão era concernente ao regime de bens e outorgou o usufruto especial pretendido. BARTIN, Etienne. La doctrine des qualifications et ses rapports avec le caractère national du conflit des lois. *Recueil des Cours de l'Académie de Droit International de La Haye,* v. 31, 1930, p. 561-622, em especial p. 570 e s. Ver também MACHADO, João Baptista. *Lições de direito internacional privado.* 3. ed. Coimbra: Almedina, 1999, p. 104.

Holanda (onde este tipo de testamento era vedado aos holandeses no exterior). O direito holandês inseria a realização de um determinado tipo de testamento na categoria jurídica referente à "capacidade" de um indivíduo; já o direito francês o tratava como sendo parte da categoria jurídica "requisitos de validade de ato jurídico". Caso fosse qualificado como tema de "capacidade", o elemento de conexão seria a lei da nacionalidade (lei holandesa) e o testamento deveria ser considerado inválido; caso fosse considerado como tema de "requisitos do ato jurídico", o elemento de conexão para tratar da forma extrínseca do ato seria a lei do lugar da realização (*locus regit actum*) e o testamento seria válido, porque fora outorgado na França[26].

Ainda na jurisprudência francesa, cabe mencionar também o *Caso Caraslanis* (conhecido como o *Caso do casamento do grego ortodoxo*)[27]. Tratou-se da validade de casamento civil de um nacional grego (o Sr. Caraslanis) com mulher francesa, na França. A dúvida existente dizia respeito ao pleito do marido de considerar o casamento nulo, uma vez que, de acordo com a lei grega da época, o grego ortodoxo deveria casar-se perante ministro de sua religião. Se esse requisito (celebração perante autoridade religiosa) fosse considerado um elemento intrínseco ao casamento (matéria de fundo, da substância do matrimônio), o DIPr francês ordenaria a aplicação da lei grega, o que geraria a nulidade do casamento; se fosse considerado um elemento extrínseco (matéria de forma), aplicava-se a lei do local da celebração, que considerava o casamento perante autoridade civil válido, o que acabou sendo a opção adotada pelo Judiciário francês. No Brasil, Diana Saba discute o "problema de qualificação" no DIPr envolvendo o direito de retenção de um bem por parte do possuidor (até que o proprietário do bem quite o débito vinculado à coisa ou a sua posse)[28]. Saba estuda, teoricamente, o *"Caso do contrato de depósito francês de bem situado no Brasil"*. Nesse caso, o contrato de depósito havia sido celebrado na França, estando o bem situado no Brasil e as despesas geradas pelo bem deveriam ser pagas pelo depositante, podendo o depositário reter o bem em garantia (direito de retenção) até o ressarcimento pleno. Se o direito de retenção

---

[26] No caso concreto, prevaleceu a qualificação feita de acordo com o direito francês (direito do Estado do foro). BARTIN, Etienne. La doctrine des qualifications et ses rapports avec le caractère national du conflit des lois. *Recueil des Cours de l'Académie de Droit International de La Haye*, v. 31, 1930, p. 561-622, em especial p. 576-577. Conferir também AUDIT, Bernard. Le caractère fonctionnel de la règle de conflit: (sur la crise des conflits de lois). *Recueil des Cours de l'Académie de Droit International de La Haye*, v. 186, 1984, p. 219-397, em especial p. 320.

[27] Ver o caso comentado em ANCEL, B.; LEQUETTE, Y. *Les grands arrêts de la jurisprudence française de droit international privé*. 5. ed. Paris: Dalloz, 2006, p. 245-256.

[28] Diana Saba define o direito de retenção como sendo o direito assegurado ao possuidor, obrigado a restituir um bem, de reter a coisa em garantia, prolongando a sua posse para além do momento em que deveria cessar, até que seu credor quite integralmente débito, relacionado à coisa em si ou à sua posse, que tenha para com ele. SABA, Diana Tognini. *Direito de retenção e seus limites*. Dissertação de Mestrado, defendida e aprovada na Faculdade de Direito da Universidade de São Paulo, 2016, em especial p. 13. Ver também SABA, Diana Tognini. *Direito de retenção e seus limites*. Belo Horizonte: Arraes, 2018.

fosse tido como integrante da categoria "obrigações", o elemento de conexão no DIPr brasileiro seria a lei do local de celebração do contrato, ou seja, a *lei francesa*; se o direito de retenção fosse considerado integrante dos direitos reais sobre coisa alheia, o elemento de conexão a ser utilizado seria o da lei da situação da coisa, no caso *a lei brasileira*. Por sua vez, a jurisprudência francesa (local da celebração do contrato) trata o direito de retenção como sendo parte dos direitos reais, mostrando o potencial conflito de qualificação[29].

Ainda sobre as dúvidas na qualificação no Brasil, Dolinger relata o *"Caso da outorga uxória"*. Tratou-se de diversos litígios envolvendo a alienação de bem imóvel por proprietários *italianos* casados e *domiciliados* no Brasil *sem a outorga uxória*, ainda sob a vigência do Código Civil de 1916, nas primeiras décadas do século XX (na época, o Brasil adotava a lei da nacionalidade para regular a capacidade da pessoa física – ver mais na Parte IV deste *Curso*). Houve divergências judiciais quanto à qualificação da outorga uxória: caso esta fosse considerada inserida na categoria "capacidade jurídica" da pessoa casada, seria regida pela lei da nacionalidade, no caso, a lei italiana, que não exigia a outorga uxória; caso fosse inserida na categoria "obrigações" (condições à validade do contrato), seria regida pela lei brasileira (que a exigia)[30].

2.3. O conflito de qualificação e as soluções possíveis

Desde Bartin, a doutrina divide-se sobre como se deve resolver o conflito de qualificação. Há pelo menos três correntes: a (i) corrente da *lex fori* (lei do local onde o intérprete se encontra; lei do foro); (ii) a corrente da *lex causae* (lei estrangeira; lei da causa); e (iii) a corrente do uso de institutos autônomos e universais, forjados pelo direito comparado.

A qualificação pela corrente da *lex fori* defende que o intérprete deve utilizar o próprio direito material para classificar os fatos transnacionais em categorias jurídicas do foro[31], sendo tal uso consequência direta da impossibilidade de se indicar qualquer lei estrangeira sem que a qualificação tenha já sido previamente feita. Pela corrente da *lex fori,* haveria uma "união" entre o legislador de Direito material interno e o DIPr, sendo que este último utilizaria, por empréstimo, os

---

[29] *In verbis:* "Le droit de rétention est un droit réel, opposable à tous, y compris aux tiers non tenus de la dette". *Bulletin des Arrêts* – Chambres civile, n. 7, jul.-set. 2009, p. 160.

[30] DOLINGER, Jacob. *Direito civil internacional*, v. I, A família no direito internacional privado, t. I, Rio de Janeiro: Renovar, 2007, p. 127-129.

[31] Bartin defendeu a corrente da qualificação pela *lex fori,* aceitando, contudo, o uso da lei do local da situação para reger os bens (ou seja, eventualmente a lei estrangeira), pois, nesse caso, deveria ser usada lei do local da sua situação, a fim de garantir a segurança jurídica. BARTIN, Etienne. La doctrine des qualifications et ses rapports avec le caractère national du conflit des lois. *Recueil des Cours de l'Académie de Droit International de La Haye*, v. 31, 1930, p. 561-622, em especial p. 607.

conceitos internos com a finalidade de classificar eventos transnacionais[32]. Adicionalmente, existiria um círculo vicioso no uso da lei estrangeira para qualificar, pois se a lei estrangeira for a indicada, isso significa que a qualificação já ocorreu, o que impõe a prevalência da corrente da *lex fori*[33]. Nesse sentido, Amilcar de Castro afirma que, "para a escolha da norma de direito internacional privado, só se podem tomar em consideração as qualificações mantidas pela ordem jurídica indígena (*lex fori*)"[34]. Na França, país no qual o "problema da qualificação" ganhou destaque, relata Mayer que o *Caso Caraslanis* foi o primeiro a consagrar, na jurisprudência francesa, o uso da corrente da lei do foro (*lex fori*) para qualificar determinado fato transnacional[35]. Essa visão tradicional privilegia a *lex fori*, contrariando a paridade entre a lei nacional e a lei estrangeira defendida pelo valor de tolerância do DIPr.

Já a corrente da *lex causae*, sustentada por Despagnet[36] e Wolff[37], defende que a qualificação deve ser feita pela lei estrangeira considerada aplicável. Para Despagnet, é pouco lógico que se use a *lex fori* para qualificar relações jurídicas organizadas por lei estrangeira desconhecida pelo foro[38]. Próxima da corrente da *lex causae*, há a *corrente da dupla qualificação*, a qual sustenta a existência de uma *qualificação bifásica*, a saber: a qualificação primária e a secundária (ou qualificação de fundo)[39]. A qualificação primária seria a subsunção dos fatos às categorias normativas gerais, o que seria feito pela lei do foro; após, caso fosse indicada a lei estrangeira para reger o fato transnacional, existiria uma qualificação secundária,

---

[32] PINHEIRO, Luís de Lima. *Direito internacional privado*, v. I. Introdução e direito dos conflitos. Parte Geral. Coimbra: Almedina, 2011, em especial p. 397. Entre as leis locais de DIPr que mencionam expressamente a qualificação, cite-se o art. 3.078 do Código Civil de Québec, que opta pela (i) *lex fori* e como exceção, (ii) a lei do local da situação dos bens (na linha de Bartin). *In verbis:* "Art. 3.078. Characterization is made according to the legal system of the court seized of the matter; however, characterization of property as movable or immovable is made according to the law of the place where it is situated. Where a legal institution is unknown to the court or known to it under a different designation or with a different content, foreign law may be taken into account".

[33] MAURY, Jacques. Règles générales des conflits de lois. *Recueil des Cours de l'Académie de Droit International de La Haye*, v. 57, 1936, p. 325-570, especial p. 356.

[34] CASTRO, Amilcar de. *Direito internacional privado*. 5. ed. Rio de Janeiro: Forense, 2000, p. 230.

[35] MAYER, Pierre. *Droit international Privé*. Paris: Montchrestien, 1977, p. 125.

[36] DESPAGNET, Franz. Des conflits de lois relatifs à la qualification des rapports juridiques. *Journal de Droit International*, 1898, p. 253.

[37] WOLFF, Martin. *Derecho internacional privado*. Tradução de José Rovira y Emergol. Barcelona: Labor, 1936, em especial p. 96.

[38] DESPAGNET, Franz. *Précis de droit international privé*. 4. ed. Paris: Librairie de la Société du Recueil Général des Lois et des Arrêts, 1904, p. 227.

[39] A dupla qualificação foi defendida, com variações, por autores da escola anglo-americana de DIPr, como Robertson, e por doutrinadores italianos, como Ago. ROBERTSON, A. H. *Characterization in the conflict of laws*. Cambridge (MA): Harvard University Press, 1940, p. 59 e s. AGO, Roberto. *Lezioni di diritto intenazionali privato – Parte Generale*. Milano: A. Giuffrè, 1955, p. 98 e s.

que usaria a lei estrangeira (por isso, essa visão é próxima da corrente da *lex causae*) para delimitar em definitivo a categoria normativa envolvida[40].

Por sua vez, a *corrente dos institutos autônomos e universais*, defendida por Rabel, apontou a insuficiência de classificar os fatos transnacionais em institutos previstos em um ordenamento jurídico isolado, quer seja da *lex fori*, quer da *lex causae*. Em ambas as situações, os institutos internos não servem para classificar eventos transnacionais. Para o autor, o Direito Internacional Privado exige que a qualificação seja feita por intermédio de um método comparativo entre os diversos ordenamentos para que se construa *institutos autônomos e universais*[41].

Trazendo a discussão doutrinária para o campo convencional, o Código Bustamante prevê, no seu art. 6º, o uso da *lex fori* como regra geral da qualificação, salvo nos casos excepcionados pelo próprio tratado[42]. A *lex causae* surge na qualificação dos bens (arts. 112 e 113[43]) e das obrigações (art. 164[44]).

A qualificação pela lei estrangeira é também a opção da Lei de Introdução às Normas do Direito Brasileiro (LINDB) para os casos que envolvam bens ("Art. 8º Para *qualificar* os bens e regular as relações a eles concernentes, aplicar-se-á a lei do país em que estiverem situados") e obrigações ("Art. 9º Para *qualificar* e reger as obrigações, aplicar-se-á a lei do país em que se constituírem"). De resto, a LINDB adota a *lex fori,* de acordo com a visão majoritária[45].

2.4. A crítica do "círculo vicioso" e a instituição desconhecida

Em virtude da opção episódica da LINDB pela *lex causae,* cabe retomar a crítica acima exposta a essa corrente, pela qual a qualificação é um antecedente lógico

---

[40] No Brasil, Batalha defende a corrente da dupla qualificação (ou qualificação bifásica). BATALHA, Wilson de Souza Campos. *Tratado de direito internacional privado*, v. I, 2. ed. São Paulo: RT, 1977, p. 195-196. Gama e Silva também sugere a aceitação dessa corrente, em especial no que tange à qualificação secundária (ou de fundo). GAMA E SILVA, Luis Antônio. *As qualificações em direito internacional privado*. Tese apresentada para o concurso de Professor Titular de Direito Internacional Privado da Faculdade de Direito da Universidade de São Paulo. São Paulo, 1953, em especial p. 242-243. Ver também em RIGAUX, François. *La théorie des qualifications en droit international privé*. Bruxelles/Paris, LGDJ/Durand-Auzias, 1956, em especial p. 204.

[41] RABEL, E. Le problème de la qualification. *Revue de Droit International Privé*, v. 28, 1933, p. 1-62.

[42] *In verbis:* "Art. 6º Em todos os casos não previstos por este Código, cada um dos Estados contratantes aplicará a sua própria definição às instituições ou relações jurídicas que tiverem de corresponder aos grupos de leis mencionadas no artigo 3º".

[43] *In verbis:* "Art. 112. Aplicar-se-á sempre a lei territorial para se distinguir entre os bens móveis e imóveis, sem prejuízo dos direitos adquiridos por terceiros. Art. 113. À mesma lei territorial, sujeitam-se as demais classificações e qualificações jurídicas dos bens".

[44] *In verbis:* "Art. 164. O conceito e a classificação das obrigações subordinam-se à lei territorial".

[45] Nesse sentido, DOLINGER, Jacob; TIBURCIO, Carmen. *Direito internacional privado*: Parte Geral e Processo Internacional. 12. ed. rev, atual. e ampl. Rio de Janeiro: Forense, 2016, em especial p. 402.

à determinação da lei estrangeira: se existe lei estrangeira aplicável, já se realizou a qualificação. Haveria, então, um "círculo vicioso" na adoção da *lex causae*[46].

Rebatendo essa crítica, Valladão afirma ser possível uma qualificação provisória ou aproximativa pela *lex fori*, que indicaria temporariamente uma lei estrangeira. Após, a qualificação definitiva seria feita de acordo com tal lei estrangeira, que, inclusive, poderia corrigir a qualificação provisória anterior[47].

Superada a crítica ao defeito lógico (o "círculo vicioso") da corrente da *lex cause*, seus defensores contemporâneos apontam (i) sua aderência à tolerância e à igualdade entre a lei nacional e a lei estrangeira – valores essenciais do DIPr – graças à abertura ao direito estrangeiro, bem como (ii) sua maior flexibilidade no entendimento de instituições jurídicas desconhecidas no foro[48].

Overbeck sugere *dois* modos de superação dessas controvérsias sobre a qualificação: (i) substituição dos componentes normativos dos objetos de conexão emprestados do direito material do foro por componentes mais adaptados aos fatos transnacionais, mostrando a especificidade do DIPr (em vez de "tutela de crianças" seria utilizada "proteção" etc.); (ii) adoção de posição clara sobre conflitos de qualificação já intensamente debatidos.

Esses dois modos podem ser inseridos em tratados de DIPr, evitando a dependência das leis nacionais. Como exemplo, cite-se o art. 5º da Convenção da Haia sobre os conflitos de leis em matéria de forma das disposições testamentárias, de 1961, que soluciona o conflito de qualificação debatido no *Caso do testamento hológrafo do holandês*: de acordo com o dispositivo, a restrição aos holandeses de celebrar testamento particular foi tida como pertencente à categoria jurídica das formas dos atos[49].

Tendo em vista a predominância da corrente da *lex fori* na qualificação, inclusive no Brasil, resta analisar a qualificação de instituição estrangeira desconhecida do foro.

Batalha denomina a qualificação da instituição desconhecida como um "ponto obscuro" e sugere sua classificação em uma categoria jurídica *análoga* prevista no ordenamento do foro. Além disso, essa inserção da instituição desconhecida em categoria jurídica análoga deve respeitar a ordem pública do foro[50]. Para Luís de Lima

---

[46] BATALHA, Wilson de Souza Campos. *Tratado de direito internacional privado*, v. I, 2. ed. São Paulo: RT, 1977, p. 185.

[47] VALLADÃO, Haroldo. *Direito internacional privado*, v. I, 2. ed. Rio de Janeiro: Freitas Bastos, 1977, p. 258.

[48] Defendendo a *lex causae* na atualidade, ver ELHOUEISS, Jean-Luc. Retour sur la qualification *lege causae* en droit international privé. *Journal de Droit International*, n. 2, abr./jun. 2005, p. 281-313.

[49] OVERBECK, Alfred E. Les questions générales du droit international privé à la lumière des codifications et projets récents: cours général de droit international privé. *Recueil des Cours de l'Académie de Droit International de La Haye*, v. 176, 1982, p. 9-258, em especial p. 119.

[50] BATALHA, Wilson de Souza Campos. *Tratado de Direito internacional privado*, v. I, 2. ed. São Paulo: RT, 1977, p. 198.

Pinheiro, a interpretação das normas de conflito deve ser iniciada no direito material do foro, mas deve ser autônoma e aberta para abarcar as particularidades (inclusive instituições desconhecidas ou diferentes) do fato transnacional[51].

Entre os tratados de DIPr ratificados pelo Brasil, o mais claro a respeito da "instituição desconhecida" é a Convenção Interamericana sobre Normas Gerais de Direito Internacional Privado, cujo art. 3º consagra o uso da analogia pela *lex fori* ao dispor que "[q]uando a lei de um Estado-Parte previr instituições ou procedimentos essenciais para a sua aplicação adequada e que *não sejam previstos* na legislação de outro Estado-Parte, este poderá negar-se a aplicar a referida lei, desde que *não* tenha instituições ou procedimentos análogos"[52].

3. REENVIO

3.1. Conceito

O reenvio (retorno ou devolução) consiste no estudo das regras de Direito Internacional Privado (DIPr) do ordenamento estrangeiro indicado a partir das regras de conflito do foro, para que seja (i) confirmada a indicação original, aplicando-se então o direito material estrangeiro ou (ii) seja recusada a indicação, sendo apontado outro ordenamento para reger o fato transnacional.

A origem do instituto relaciona-se com a constatação das diferenças profundas de escolhas das regras de conexão nos diversos ordenamentos de DIPr dos Estados. A ascensão do DIPr de matriz legal no século XIX e início do século XX sepultou a visão doutrinária de Savigny a favor da homogeneidade e consensualidade do método indireto multilateral entre os Estados, resultando em escolhas distintas em cada país nas regras de conflito, tanto no que tange ao objeto de conexão (categorias jurídicas nas quais a situação transnacional é inserida) quanto no elemento de conexão (os vínculos a um determinado ordenamento).

O contexto no qual o reenvio está inserido é o da *divergência* entre os sistemas nacionais de DIPr: se na qualificação a divergência era vista nas categorias jurídicas do *objeto de conexão*, no reenvio a divergência encontra-se entre os *elementos de conexão*. Por isso, Franceskakis apontou que ambos os institutos (qualificação e

---

[51] Seguindo a linha proposta por Isabel de Magalhães Collaço. Ver PINHEIRO, Luís de Lima. *Direito internacional privado*, v. I, Introdução e Direito dos Conflitos. Parte Geral. Coimbra: Almedina, 2011, em especial p. 399. MAGALHÃES COLLAÇO, Isabel de. *Da qualificação em direito internacional privado*. Lisboa: Editorial Império, 1964, p. 193 e s. Em Portugal, Ferrer Correia defende variação dessa corrente. FERRER CORREIA, A. O problema da qualificação segundo o novo Direito internacional privado português. *Boletim da Faculdade de Direito – Universidade de Coimbra*, v. XLIV, 1968, p. 39-81.

[52] Convenção concluída em Montevidéu, Uruguai, em 8 de maio de 1979, ratificada pelo Brasil em 1995 e promulgada pelo Decreto n. 1.979, de 9 de agosto de 1996.

reenvio) eram fruto de um "conflito de sistemas" de DIPr[53], também chamados de *conflitos de segundo grau*[54].

No caso, trata-se de um *conflito negativo de sistemas*, pois o DIPr do Estado do foro indica um determinado ordenamento estrangeiro, mas este ordenamento estrangeiro (por meio do seu próprio DIPr) *não* quer regular o fato transnacional, devolvendo a temática ao Estado do foro ou reenviando ao ordenamento de um Estado terceiro[55]. Assim, ambos (o DIPr do Estado do foro e o DIPr do Estado estrangeiro) *não* querem regular a situação transnacional, gerando o conflito negativo de sistemas.

O cerne do reenvio está na discussão sobre qual deve ser a *amplitude* do direito estrangeiro indicado pela regra de conflito: se a "norma estrangeira indicada" deveria ser entendida somente como sendo (i) o direito material estrangeiro ou (ii) seria possível aplicar, inicialmente, o próprio Direito Internacional Privado estrangeiro e somente depois determinado direito material. Nessa segunda hipótese, pode existir o reenvio, *se* a regra de conexão estrangeira aplicável ao caso for *diferente* da regra de conexão original do Estado do foro; caso seja idêntica, não ocorrerá o reenvio e será aplicado o direito material estrangeiro pelo juízo. Para Batalha, o reenvio parte do pressuposto de que a indicação feita pela regra de conexão do foro abrange *também* o DIPr estrangeiro[56].

O reenvio distingue-se da aplicação tradicional das regras de conflito, que tão somente indicariam o direito material (do foro ou de Estado estrangeiro) para reger

---

[53] FRANCESCAKIS, Phocion. *La théorie du renvoi et les conflits de systèmes en droit international privé*. Paris: Sirey, 1958. p. 79.

[54] O "conflito de 1º grau" no DIPr consiste na constatação de divergência no conteúdo do direito material entre os Estados com vínculos com o fato transnacional. Por exemplo, no caso da cobrança de dívida de jogo, há divergência entre o Código Civil brasileiro de 2002 (mera obrigação natural – art. 814 e s.) e a lei do Estado de Nevada, nos Estados Unidos (onde é possível a cobrança).

[55] O *conflito positivo de sistemas* ocorreria na hipótese que o DIPr do Estado do foro viesse a indicar a própria lei em determinada situação, mas, subsequentemente, cedesse a regência do fato transnacional a favor do ordenamento do Estado estrangeiro cujo DIPr indicasse a aplicação da lei local (lei estrangeira). Strenger denomina o conflito positivo de "renúncia". Valladão traz exemplos da jurisprudência italiana, na qual, apesar da indicação original da lei italiana para regular bens imóveis no exterior, houve a aceitação do uso da lei estrangeira do local da situação dos bens. Francescakis, embora reconhecendo a existência desses precedentes antigos (hoje abandonados) sustenta que o "conflito positivo de sistemas" é, na realidade, fruto da existência de regras de conexão alternativas, pois seria impossível que o DIPr do Estado do foro indicasse sua própria lei e depois a abandonasse para aceitar outra lei material para regular o fato transnacional. VALLADÃO, Haroldo. *A devolução nos conflictos sobre a lei pessoal*. São Paulo: RT, 1930, em especial p. 10-13. Conforme consta da obra, esta foi sua "dissertação apresentada à Faculdade de Direito da Universidade do Rio de Janeiro para a livre-docência da Cadeira de Direito internacional privado". FRANCESCAKIS, Phocion. *La théorie du renvoi et les conflits de systèmes en droit international privé*. Paris: Sirey, 1958, p. 61-71. STRENGER, Irineu. *Direito internacional privado*. 4. ed. São Paulo: LTr, 2000, p. 453.

[56] BATALHA, Wilson de Souza Campos. *Tratado de direito internacional privado*, v. I, São Paulo: RT, 1977, p. 162.

um fato transnacional. Aumenta-se o leque de escolha de um direito material, pois é possível que o DIPr do Estado estrangeiro aponte uma lei de Estado terceiro e assim por diante[57]. Portanto, a análise do Direito Internacional Privado estrangeiro pode indicar para reger o fato transnacional (i) o próprio direito material estrangeiro, (ii) o direito material do Estado do foro ou até mesmo (iii) um direito material de Estado terceiro.

3.2. Tipos de reenvio

O caso clássico de reenvio é o da divergência entre a lei da nacionalidade e da lei do domicílio para reger a capacidade jurídica de determinada pessoa. Determinado Estado X, adotante da lei do domicílio, analisa a capacidade de *seu nacional domiciliado no Estado Y*, que adota a lei da nacionalidade. Pelo instituto do reenvio, o Estado X deve consultar, primeiro, o Direito Internacional Privado de Y, que, por adotar a lei da nacionalidade, ordenaria que fosse aplicado o direito material de X (lei da nacionalidade, pois o indivíduo é apenas domiciliado em Y, tendo a nacionalidade de X).

O caso descrito acima é classificado como *reenvio de primeiro grau* ou *reenvio indireto* (*renvoi au premier degré*; *retorno de competência*)[58]. Se há uma segunda remissão, ou seja, se o Direito Internacional Privado de X remeter ao Direito Internacional Privado de Y e esse indicar o direito de um terceiro Estado W, estará configurado o *reenvio de segundo grau* (*renvoi au deuxième degré*; *transmissão de competência*) e assim sucessivamente (reenvio de terceiro grau, quarto grau etc.)[59].

---

[57] FRANCESCAKIS, Phocion. *La théorie du renvoi et les conflits de systèmes en droit international privé*. Paris: Sirey, 1958, p. 80.

[58] RIGAUX, François. Les situations juridiques individuelles dans un système de relativité générale. Cours général de droit international privé. *Recueil des Cours de l'Académie de Droit International de La Haye*, v. 213, 1989, p. 9-407, em especial p. 145.

[59] Valladão dá preferência ao termo "devolução" no sentido genérico, por ser mais amplo, usando o termo "retorno" para se referir ao "reenvio de primeiro grau" e o termo "devolução à lei estrangeira" para o "reenvio de segundo grau". Strenger utiliza "devolução". Tenório, além do "retorno", "devolução", adota ainda "remissão". Amilcar de Castro utiliza "retorno". Beviláqua defende que, em português, pode ser utilizado o vocábulo "retorno", "referência" ou devolução". A maior parte da doutrina, contudo, utiliza o termo "reenvio", como Batalha ("doutrina do reenvio"), Dolinger e Tiburcio, Serpa Lopes, e o autor deste *Curso*, em seus "Comentários à LINDB" (2016). Conferir em VALLADÃO, Haroldo. *A devolução nos conflictos sobre a lei pessoal*. São Paulo: RT, 1930, em especial p. 17. TENÓRIO, Oscar. *Direito internacional privado*, v. I, 11. ed. Rio de Janeiro: Freitas Bastos, 1976, p. 339. CASTRO, Amilcar de. *Direito internacional privado*. 5. ed. rev. e atual. por Osíris Rocha, Rio de Janeiro: Forense, 2000, p. 231. BEVILÁQUA, Clóvis. *Princípios elementares de direito internacional privado*. 4. ed. Rio de Janeiro: Freitas Bastos, 1944, p. 129. BATALHA, Wilson de Souza Campos. *Tratado de direito internacional privado*, v. I, São Paulo: RT, 1977, p. 162. DOLINGER, Jacob; TIBURCIO, Carmen. *Direito internacional privado*: Parte Geral e Processo Internacional. 12. ed. rev, atual. e ampl. Rio de Janeiro: Forense, 2016, em especial p. 411. SERPA LOPES, Miguel Maria de. *Comentários à Lei de Introdução ao Código Civil*, v. III, 2. ed. Rio de Janeiro: Freitas Bastos, 1959, p. 263. CARVALHO RAMOS, André de; GRAMSTRUP, Erik Frederico. *Comentários à Lei de Introdução às Normas de Direito Brasileiro*. 2. ed. São Paulo: Saraiva, 2021, p. 315.

O exemplo comum de reenvio de segundo grau é do juiz alemão que deverá decidir a sucessão de um dinamarquês domiciliado na França. O Direito Internacional Privado alemão indicará a lei nacional do *de cujus*; já o Direito Internacional Privado dinamarquês, por sua vez, indicará a lei do domicílio, que é a francesa[60].

O caso *Collier* vs. *Rivaz*, de 1841, na Inglaterra, é apontado como o primeiro caso no qual se verificou o fenômeno do reenvio. A Corte de Canterbury foi provocada a decidir se eram válidos alguns codicilos no testamento de um cidadão inglês que faleceu na Bélgica e lá redigiu suas disposições de última vontade. O direito inglês adotava como critério de conexão para sucessões o *último domicílio do falecido* e remeteu o caso à aplicação do direito belga. O problema é que, de acordo com o ordenamento belga, o *de cujus* nunca fixou, legalmente, domicílio na Bélgica, apenas ali residiu, e, por adotar como critério de conexão a *nacionalidade do falecido*, o reenvio levou à aplicação do direito inglês. O tribunal, então, aceitou o reenvio e acatou as disposições de última vontade do falecido[61].

Outro precedente importante para a consolidação do reenvio foi o caso *Forgo*, julgado em 24 de junho de 1878 e decidido definitivamente em 1882. Tratava-se da sucessão de um nacional bávaro (Sr. Forgo), que, embora residisse por décadas na França (em Pau), continuou domiciliado na Baviera. Forgo faleceu deixando valores mobiliários (considerados bens móveis) sem herdeiros necessários, apenas parentes colaterais distantes que ainda residiam na Baviera. Estes postularam perante o Judiciário francês o direito à sucessão, considerando que a lei francesa remetia à aplicação da lei do domicílio do *de cujus* – que, no caso, havia conservado seu domicílio *de jure* na Baviera –, lei essa que permitia a sucessão de parentes colaterais, enquanto a francesa rejeitava. A Corte de Cassação francesa entendeu que, ao mesmo tempo que o direito francês remetia a questão à lei bávara, o Direito Internacional Privado bávaro a reenviava à lei da residência habitual do defunto, *devolvendo* a questão à aplicação do direito francês. Com base nisso, a Corte, aplicando a lei francesa, declarou a herança vacante e os bens do Sr. *Forgo* foram incorporados ao Poder Público francês[62].

Com a aceitação do reenvio por diversos Estados, houve a adoção de variantes em vários países ao longo dos séculos XIX e XX, como (i) a teoria da referência global; (ii) o duplo reenvio; (iii) o reenvio de primeiro grau; (iv) o reenvio oculto; e (v) o reenvio de ordem pública.

A *teoria da referência global* ao direito estrangeiro fortalece o reenvio ao sustentar que não há como separar a aplicação do direito estrangeiro em (i) normas materiais *e* (ii) normas de conflito, devendo aquele ser aplicado como um todo. Esse

---

[60] LEWALD, Hans. La théorie du renvoi. 29 *Recueil des Cours de l'Académie de Droit International de La Haye*, v. 29, 1929, p. 515-620, em especial p. 527-528.

[61] LORENZEN, Ernest G. Renvoi theory and the application of foreign conflict of laws law: renvoi in particular classes of cases. *Yale Law School Legal Scholarship Repository*. Faculty Scholarship Series. Paper 4523, 1910.

[62] Ver o caso comentado em ANCEL, B.; LEQUETTE, Y. *Les grands arrêts de la jurisprudence française de droit international privé*. 5. ed. Paris: Dalloz, 2006, p. 60-69.

foi o entendimento adotado pelo Tribunal de Apelações de Lübeck, Alemanha, no caso *Krebs c. Rosalino* (1861), interpretando o "direito estrangeiro" como uma referência a todo o ordenamento jurídico, inclusive as normas de Direito Internacional Privado[63].

O *duplo reenvio* (ou "foreign court theory") consiste na atividade de replicar no Estado do foro a solução que seria dada pelos tribunais do país cujo direito a *lex fori* indicou ser aplicável à relação[64]. Essa prática consolidou-se na Inglaterra no caso *Annesley*, de 1926. Uma cidadã inglesa que vivia na França – sem ter lá fixado domicílio, de acordo com a lei francesa – faleceu deixando testamento, que foi questionado no foro britânico. Após um longo debate sobre o domicílio da falecida, a corte inglesa entendeu ser na França, baseando-se no direito do foro. O problema é que, para o direito inglês, a lei aplicável à relação era a do domicílio do *de cujus,* ou seja, a francesa, enquanto essa, por sua vez, adotava como elemento de conexão a lei de nacionalidade, reenviando ao primeiro. A corte britânica, então, baseou-se na legislação e na jurisprudência francesa para decidir que, se o caso tivesse sido proposto no foro francês, a *lex fori* remeteria o caso à lei britânica, que aplicaria a lei francesa, e, por essa razão, concluiu pela aplicação da última[65]. No caso Annesley, a *lei francesa* foi finalmente aplicada, pois o juiz inglês constatou que a jurisprudência dos tribunais franceses aceitava o reenvio. Situação oposta ocorreria no caso em que a lei britânica remetesse a aplicação do direito brasileiro, pois o juiz britânico constataria que a Lei de Introdução às Normas do Direito Brasileiro (art. 16 – *vide* abaixo) não admite o reenvio.

O *reenvio de primeiro grau simples* (também chamado de "reenvoi retour"[66]) prevê que, caso for feita referência à lei de outro país e suas normas de conflito remeterem de volta à lei do foro, esta última será aplicada. Essa variante do reenvio é adotada pela legislação alemã e de outros países como Áustria, Eslovênia e Coreia do Sul. Esse tipo de reenvio é defendido por Wolff[67], mas tem a desvantagem de reduzir o reenvio ao reforço do uso da *lex fori*.

Já o *reenvio oculto* consiste na simulação do reenvio, caso não haja regra de DIPr no Estado estrangeiro. Essa expressão doutrinária foi gerada a partir da constatação da inexistência, em alguns países, de regras próprias de conflito de leis, como, por exemplo, no tocante ao estatuto pessoal nos Estados Unidos e Reino Unido. Nesses casos, aplicam-se as regras de jurisdição internacional, e, se o juiz do foro possuir

---

[63] DAVI, Angelo. Le renvoi en droit international privé contemporain. *Recueil des Cours de l'Académie de Droit International de La Haye,* v. 352, 2010, p. 9-521, em especial p. 58-59.

[64] FRANCESCAKIS, Phocion. *La théorie du renvoi et les conflits de systèmes en droit international privé.* Paris: Sirey, 1958. p. 106.

[65] "Re: Annesley [1926] ch 692. Disponível em: <http://lorenz.userweb.mwn.de/urteile/inreross.htm>. Acesso em: 23 nov. 2022.

[66] Conferir em BARTIN, E. *Principes de droit international privé selon la loi et la jurisprudence françaises,* t. 1, Paris: Éditions Domat-Montchrestien, 1930, em especial p. 204.

[67] WOLFF, Martin. *Derecho internacional privado.* Tradução de José Rovira y Emergol, Barcelona: Labor, 1936, p. 119.

jurisdição, ele aplica a *lex fori*. Assim, Ferrer Correia exemplifica: se um casal britânico pretende divorciar-se em Portugal, onde possui domicílio, o juiz português não poderá aplicar a lei da nacionalidade (prevista no DIPr português), pois o direito inglês não possui regra sobre o estatuto pessoal. Surge situação similar ao reenvio, pois basta admitir que o juiz português deveria julgar como se juiz britânico fosse, o que levaria a aplicar a lei do foro (no caso, a lei portuguesa), levando a um "reenvio oculto", do Reino Unido a Portugal[68].

O *reenvio de ordem pública (renvoi d'ordre public)*, por seu turno, consiste na aceitação do reenvio desde que a lei material ao final indicada não viole a ordem pública do Estado estrangeiro cuja lei material, sem o reenvio, regularia hipoteticamente a situação. Assim, não basta que o Estado do foro admita o reenvio (posição tradicional): é necessário que a solução final não viole a ordem pública estrangeira. Nessa linha, Kassir menciona o *Caso Philibert*, no qual o Judiciário libanês, ao aplicar o reenvio a caso envolvendo a França, teria que utilizar a lei libanesa (reenvio de primeiro grau) e, consequentemente, dar solução em desfavor dos interesses de uma criança em caso de sucessão envolvendo filiação natural. Essa solução foi afastada, porque violaria a ordem pública francesa (ordenamento estrangeiro que regularia a questão, se não houvesse o reenvio)[69].

3.3. As críticas: o conflito de soberanias e os retornos sucessivos

A fragmentação do DIPr em uma pluralidade de normas nacionais ao longo dos séculos XIX e XX gerou movimento doutrinário nacionalista que via *a disciplina inserida em um contexto de conflito de soberanias*, no qual cada Estado regula – de acordo com os interesses nacionais – a aplicação da lei sobre os fatos transnacionais.

É vedado, com base nessa visão nacionalista, a tomada em consideração das regras estrangeiras de DIPr, porque seriam regras que, por princípio, defenderiam os interesses do Estado que as produziu. O reenvio ofenderia a soberania do Estado do foro, pois este estaria *obedecendo* outra soberania ao utilizar DIPr daquele país, favorecendo interesses estrangeiros[70].

Por isso, os doutrinadores desfavoráveis ao reenvio argumentavam que a *lex fori* remete à aplicação das normas materiais do direito estrangeiro e *não* às suas normas de conflito. Essa visão é conhecida como sendo a "teoria da referência material",

---

[68] Sobre o reenvio oculto, ver FERRER CORREIA, A. *Lições de direito internacional privado*, t. I, Coimbra: Almedina, 2000, p. 297-298.

[69] KASSIR, Walid J. Le renvoi en droit international privé: technique de dialogue entre les cultures juridiques. *Recueil des Cours de l'Académie de Droit International de La Haye*, v. 352, 2015, p. 9-120, em especial p. 101.

[70] Por isso, autores nacionalistas de DIPr, como Bartin, fizeram oposição ao instituto. BARTIN, E. *Principes de droit international privé selon la loi et la jurisprudence françaises*, t. 1, Paris: Éditions Domat-Montchrestien, 1930, em especial § 81, p. 200 e s.

pela qual a referência feita pela norma de conflito é sempre entendida como sendo remissão ao direito material do ordenamento indicado[71].

A questão primordial diante de uma relação jurídica transfronteiriça seria identificar o direito aplicável à relação, problema esse que já se resolve pela primeira remissão feita pelo direito do foro, não havendo porque se tomar em consideração as normas de Direito Internacional Privado do sistema jurídico a ser aplicado[72].

Além disso, os críticos alegaram que poderia existir um *círculo vicioso* sem fim, se considerarmos sempre o ordenamento jurídico como um todo (unindo, para análise, as normas de DIPr e as normas materiais): o Estado X remete ao Estado Y que remete ao Estado X, gerando o problema dos *reenvios sucessivos*[73]. Lainé foi enfático, afirmando que a "teoria do reenvio" era fruto de desespero para defender certos ganhos materiais (usando o caso Forgo como exemplo), sendo o seu uso pelo Judiciário um erro, pois a lei estrangeira indicada pelo DIPr do foro teria que ser uma lei material interna[74].

Entre os doutrinadores brasileiros *contrários* ao reenvio, Tenório considera-o um grave desvirtuamento da verdadeira função do Direito Internacional Privado, que é a escolha da lei material estrangeira (e não o uso do Direito Internacional Privado estrangeiro). Também aponta o problema do círculo vicioso já visto, que transformaria o DIPr em "jogo de tênis" entre os ordenamentos jurídicos, no qual um jogaria a solução do fato transnacional para o outro[75]. Para Amilcar de Castro, o reenvio é uma concepção falsa e subversiva de todas as regras de Direito Internacional Privado: no lugar das normas do DIPr designarem direito material, passam a indicar Direito Internacional Privado estrangeiro[76]. Nessa linha, há várias legislações de DIPr que proíbem o reenvio, como a da Grécia, Holanda, Peru, Bélgica, China e Québec[77].

---

[71] PINHEIRO, Luís de Lima. *Direito internacional privado*, v. I, Introdução e Direito dos Conflitos. Parte Geral. Coimbra: Almedina, 2011, em especial p. 363.

[72] RIGAUX, François. Les situations juridiques individuelles dans un système de relativité générale. Cours général de droit international privé. *Recueil des Cours de l'Académie de Droit International de La Haye*, v. 213, 1989, p. 9-407, em especial p. 146. Também: DOLINGER, Jacob. *Direito internacional privado*: Parte Geral. 10. ed. rev. e atual. Rio de Janeiro: Forense, 2011. p. 337.

[73] DAVI, Angelo. Le renvoi en droit international privé contemporain. *Recueil des Cours de l'Académie de Droit International de La Haye*, v. 352, 2010, p. 9-521, em especial p. 67-68.

[74] Os artigos de Lainé, publicados na *Revue de Droit International Privé et de Droit Pénal* de 1907, 1908 e 1908 foram condensados e publicados em LAINÉ, Armand. *La théorie du renvoi en droit international privé*. Paris: Librairie de la Societé du Recueil, 1909, em especial p. 11 e 27.

[75] TENÓRIO, Oscar. *Direito internacional privado*, v. I, 11. ed. Rio de Janeiro: Freitas Bastos, 1976, p. 342-343.

[76] CASTRO, Amilcar de. *Direito internacional privado*. 5. ed. rev. e atual. por Osíris Rocha. Rio de Janeiro: Forense, 2000, p. 245-246.

[77] O Brasil também consta do rol de países hostis ao reenvio, como veremos abaixo. KASSIR, Walid J. Le renvoi en droit international privé: technique de dialogue entre les cultures juridiques. *Recueil des Cours de l'Académie de Droit International de La Haye*, v. 352, 2015, p. 9-120, em especial p. 48.

Tais argumentos têm como premissa a convicção de que o DIPr é um ramo do direito interno, limitado a fazer valer as preferências do Estado do foro, com apoio essencialmente no método conflitual. Tendo essa visão nacionalista do DIPr como premissa, não há mesmo sentido em investigar todo o ordenamento estrangeiro e aplicar, inicialmente, o DIPr do outro país. O DIPr de matriz legal ignoraria todo e qualquer outro comando de DIPr.

Mesmo sendo um defensor do DIPr universal, Pillet foi um opositor ao reenvio, uma vez que defendia a existência de normas efetivamente universais, e o reenvio apenas suaviza as diferenças entre as regras de conexão nacionais. Irônico, Pillet sustentou que o reenvio ganhou aceitação na jurisprudência francesa porque redundou (caso do reenvio de primeiro grau) na aplicação da lei nacional, sendo, então, um modo disfarçado de territorialismo e descaracterização do DIPr[78].

3.4. A defesa do reenvio e variações do seu uso

O fundamento do reenvio aponta que não se deve utilizar o direito material de um Estado *que não o aplicaria*, caso o mesmo fato transnacional hipoteticamente tivesse que ser lá julgado. Com o reenvio, o juiz do foro age na escolha da lei como se juiz estrangeiro fosse, aplicando, de início, o Direito Internacional Privado estrangeiro e, depois, o direito material indicado.

No caso *Coillier* vs. *Rivas*, o juiz inglês fez justamente esse raciocínio: se o fato em questão tivesse sido julgado na Bélgica, seria aplicável o direito inglês. Ou seja, a própria Bélgica não desejava que seu direito material fosse aplicável ao caso. Assim, o reenvio *respeita a soberania do Estado estrangeiro*, que não deseja que seu direito material regule esse tipo de controvérsia.

Na defesa do reenvio, Raape sustentou sua necessidade pelo *respeito aos direitos adquiridos*, ilustrando com um caso hipotético, envolvendo o casamento em Moscou de um tio e sua sobrinha, ambos suíços, domiciliados na Rússia. Apesar de proibido na lei interna suíça, o DIPr suíço remete o caso à legislação do local do casamento, que, no caso, considera-o válido (lei russa). Imaginou Raape que esse casamento pudesse ser avaliado na Alemanha, cujo DIPr exige a aplicação da lei nacional dos nubentes. Sem o reenvio, o direito material suíço seria aplicado, o que tornaria o casamento inválido, violando os direitos adquiridos do casal[79].

Sem o reenvio, é possível também que haja desarmonia nas decisões sobre o mesmo fato transnacional. Por exemplo, caso houvesse discussão sobre a capacidade

---

[78] Essa crítica não alcança, contudo, o reenvio de segundo grau e s. Pillet chega a afirmar que a teoria do reenvio é um dos piores produtos de um método viciado. PILLET, A. *Principes de droit international privé.* Paris: Pedone, 1903, p. 160 e 166.

[79] RAAPE, Leo. Les rapports juridiques entre parents et enfants comme point de départ d'une explication pratique d'anciens et de nouveaux problèmes fondamentaux du droit international privé. *Recueil des Cours de l'Académie de Droit International de La Haye,* v. 50, 1934, p. 401-544, em especial p. 413 e s.

civil de um brasileiro domiciliado na Itália antes de 1995, o julgador italiano deveria, de acordo com seu DIPr, utilizar a lei da nacionalidade, sendo naquele momento proibido o reenvio. Contudo, na hipótese de a mesma situação ser submetida a um juiz brasileiro, este deveria usar a lei italiana (lei do domicílio)[80].

O argumento da ofensa à soberania e ainda o do "círculo vicioso" foram rebatidos por Lerebours-Pigeonnière, para quem o reenvio implicitamente cria uma regra de conexão subsidiária para indicar a lei material de regência. Por exemplo, se o Estado X adota a regra de conexão da lei do domicílio e, então, a lei indicada seria a lei do Estado Y (no qual o indivíduo estaria domiciliado), mas este Estado Y, por adotar a lei da nacionalidade, remete a situação de volta ao Estado X, existiria uma regra de conexão subsidiária da lei do domicílio, aplicando-se, enfim, o direito material do foro (e não o seu DIPr, que forjaria o "círculo vicioso" e o "jogo de tênis sem fim"). Ao indicar a existência de uma regra de conexão subsidiária implícita, reforça-se ainda a soberania do Estado do foro[81].

A maior parte das regras nacionais de DIPr permite o reenvio como regra geral (com certas exceções), como a Alemanha, França, África do Sul, Áustria, Portugal, Inglaterra (e diversos países da *common law* na sua esfera de influência), Venezuela e, atualmente, a Itália (que foi um dos Estados mais hostis ao reenvio no passado). Há também vários Estados que admitem somente o reenvio de primeiro grau, como Espanha, Japão, Polônia e Rússia[82].

3.5. O reenvio no Brasil

No direito brasileiro, a introdução ao Código Civil de 1916 foi *omissa* em relação ao reenvio. Na época, a maioria dos autores brasileiros defendeu o instituto, como Beviláqua[83], Espínola (que admitia somente o reenvio de primeiro grau[84]) e Valladão[85]. A jurisprudência foi na mesma linha, considerando o reenvio *implícito* no Direito Internacional Privado brasileiro. Rodrigo Octavio relata o *Caso Beckedorff* no Tribunal

---

[80] Com a nova lei de DIPr de 1995, a Itália adotou o reenvio. Exemplo de Lima Pinheiro. PINHEIRO, Luís de Lima. *Direito internacional privado*, v. I, Introdução e Direito dos Conflitos. Parte Geral. Coimbra: Almedina, 2011, em especial p. 364.

[81] LEREBOURS-PIGEONNIÈRE, Paul. Observations sur la question du renvoi. *Journal de Droit International – Clunet*, 1924, p. 877-903. Ver também LEREBOURS-PIGEONNIÈRE, Paul. *Précis de droit international privé*. 3. ed. Paris: Dalloz, 1937, em especial p. 298.

[82] KASSIR, Walid J. Le renvoi en droit international privé: technique de dialogue entre les cultures juridiques. *Recueil des Cours de l'Académie de Droit International de La Haye*, v. 352, 2015, p. 9-120, em especial p. 47.

[83] Utilizo aqui a 3ª edição de seus "Princípios", anterior à edição da Lei de Introdução ao Código Civil de 1942. BEVILÁQUA, Clóvis. *Princípios elementares de direito internacional privado*. 3. ed. Rio de Janeiro: Freitas Bastos, 1938, p. 146.

[84] ESPÍNOLA, Eduardo. *Elementos de direito internacional privado*. Rio de Janeiro: Jacintho Ribeiro dos Santos, 1925, p. 371.

[85] VALLADÃO, Haroldo. *A devolução nos conflitos sobre a lei pessoal*. São Paulo: RT, 1930.

de Justiça do Estado de São Paulo nos anos 1930, no qual se discutia a lei a ser aplicada ao regime de bens na constância do casamento de casal de nacionalidade alemã radicado em Santa Catarina (o casal Beckedorff). Apesar da adoção, pela introdução ao Código Civil de 1916, da lei da nacionalidade para reger o estatuto pessoal, houve a aplicação do reenvio, pelo qual se invocou, preliminarmente, a lei de DIPr da Prússia, que adotava a regra da conexão da lei do domicílio, remetendo a solução do caso à lei brasileira (lei do domicílio do casal)[86].

Mesmo sem oposição doutrinária ou jurisprudencial, o reenvio foi proibido no Brasil em 1942 por meio do art. 16 da então denominada Lei de Introdução ao Código Civil (hoje LINDB), sob influência do Direito Internacional Privado italiano, que o havia proibido em 1942[87]. Para Serpa Lopes, comparando-se o texto italiano com o art. 16 da LINDB, vê-se que "o dispositivo da nossa lei não passa de uma tradução ao pé da letra" da regra similar italiana[88]. Coerentemente, Beviláqua criticou esse dispositivo, sustentando que tal vedação ao reenvio significava "amputar a lei estrangeira, que a lei pátria manda aplicar"[89].

Os projetos de alteração da LINDB reinseriram o reenvio no Direito Internacional Privado brasileiro de matriz legal. O "Código de Aplicação das Normas Jurídicas" (baseado no anteprojeto, revisado, de Haroldo Valladão) previu o reenvio no art. 78[90]. O Projeto de Lei n. 4.905/95 de alteração da então denominada LICC também acatou o reenvio em seu art. 15[91]. Já o Projeto de Lei n. 269, que tramitava no Senado Federal (baseado no Projeto 4.905), também defendeu o reenvio em seu art. 16[92].

---

[86] OCTAVIO, Rodrigo. *Dicionário de direito internacional privado*. Rio de Janeiro: F. Briguiet & Cia, 1933, p. 79.

[87] LINDB, art. 16: "Quando, nos termos dos artigos precedentes, se houver de aplicar a lei estrangeira, ter-se-á em vista a disposição desta, sem considerar-se qualquer remissão por ela feita a outra lei".

[88] SERPA LOPES, Miguel Maria de. *Comentários à Lei de Introdução ao Código Civil*, v. III, 2. ed. Rio de Janeiro: Freitas Bastos, 1959, p. 272-273. Curiosamente, essa fonte de inspiração não mais subsiste: atualmente, após reforma de 1995, o DIPr da Itália admite, com exceções, o reenvio.

[89] BEVILÁQUA, Clóvis. *Princípios elementares de direito internacional privado*. 4. ed. Rio de Janeiro: Freitas Bastos, 1944, p. 146.

[90] "Art. 78. Na observância do direito estrangeiro declarado competente, o juiz brasileiro atenderá às disposições do mesmo direito sobre a respectiva aplicação, inclusive a referência a outro direito com base em critério diferente, religião, raça, origem, naturalidade, nacionalidade, domicílio, vizinhança, residência, território etc. Parágrafo único. A referência acima só ficará excluída se não for feita ao direito brasileiro ou se não for feita a qualquer outro direito que afinal a aceite."

[91] "Art. 15. Reenvio – Se a lei estrangeira, indicada pelas regras de conexão desta lei, determinar a aplicação da lei brasileira, esta será aplicada. § 1º – Se, porém, determinar a aplicação da lei de outro país, esta última somente prevalecerá se também estabelecer que é competente. § 2º – Caso a lei do terceiro país não se considerar competente, aplicar-se-á a lei estrangeira inicialmente indicada pelas regras de conexão desta Lei."

[92] A redação é próxima a do Projeto de Lei n. 4.905/95: "Artigo 16. Reenvio – Se a lei estrangeira, indicada pelas regras de conexão da presente Lei, determinar a aplicação da lei brasileira, esta será aplicada. § 1º Se, porém, determinar a aplicação da lei de outro país, esta última prevalece-

3.6. Perspectivas

O reenvio é defendido por oferecer, em um mar de regulamentações nacionais de DIPr, uma forma de coordenação entre os sistemas. Não se trata, ainda, de um DIPr universal, com normas internacionais de ampla aceitação pelos Estados, mas, ao menos, é criada uma forma de interação entre as diversas regulamentações nacionais de DIPr.

Essa forma de interação suaviza as divergências entre as regras de conexão, que geram a possibilidade de soluções distintas aos fatos transnacionais (levando às situações jurídicas claudicantes – válidas em um Estado e inválidas em outro), a depender do Poder Judiciário nacional que seja provocado. Mesmo que as regras sejam divergentes, o reenvio cria uma coordenação entre elas, que serão *todas* utilizadas (por isso, o reenvio de diversos graus) para a fixação da lei material de regência. Para Battifol, o reenvio *integra* a regra de conexão estrangeira no *jogo* das regras de conexão do foro[93].

Nos debates realizados no seio do Instituto de Direito Internacional, não houve consenso sobre o reenvio. Em 1900, na sessão de Neuchâtel, o Instituto de Direito Internacional posicionou-se *contra* o reenvio[94]. Essa posição, contudo, *não* perdurou, sendo mudada no ano de 1932, na sessão de Oslo[95]. Mais recentemente, na sessão de Berlim, em 1999, o Instituto pronunciou-se novamente *favorável* ao uso do reenvio, ao estabelecer que os Estados não devem excluir o Direito Internacional Privado estrangeiro, mesmo que sua consideração implique "reenvio de primeiro ou segundo grau"[96].

No plano convencional, os tratados de DPr em geral *não* aceitam o reenvio, fazendo menção somente à lei material para regular os fatos transnacionais, uma vez que, por definição na redação dos tratados, entende-se que aquela regra de conexão é a mais apropriada para todos os Estados contratantes e deve ser uniformemente utilizada, concretizando o universalismo do DIPr[97].

---

rá caso também estabeleça sua competência. § 2º Se a lei do terceiro país não estabelecer sua competência, aplicar-se-á a lei estrangeira inicialmente indicada pelas regras de conexão da presente Lei". O projeto foi arquivado.

[93] BATTIFOL, Henri. *Aspects philosophiques du droit international privé*. Paris: Dalloz, p. 310.

[94] Instituto de Direito Internacional. "Conflits entre les dispositions des lois nationales relatives au droit international privé. Question du renvoi". Relatores: Giulio Cesare Buzzati e Jules Armand Lainé. Sessão de Neuchâtel, 1900.

[95] Instituto de Direito Internacional. "Conflits de lois relatifs à la capacité des mineurs, aliénés, faibles d'esprit et prodigues, en matière d'actes patrimoniaux entre vifs". Relatores: Georges Streit e J.H.P. Niboyet. Sessão de Oslo, 1932.

[96] Instituto de Direito Internacional. "La prise en compte du droit international privé étranger". Relator: Kurt Lipstein. Sessão de Berlim, 1999.

[97] Overbeck relata a tentativa da Conferência da Haia de Direito internacional privado, nos anos 1950 (1955), de editar uma "convenção sobre o reenvio", sob o impulso do jurista holandês E. M. Meijers, para regular o "velho confronto" entre a lei do domicílio e a lei da nacionalidade (que gera os diversos casos de reenvio). A ideia foi abandonada em 1976. OVERBECK, Alfred E. von. La contribution de la Conference de La Haye au developpment du droit international privé. *Recueil des Cours de l'Académie de Droit International de La Haye*, v. 233, 1992, p. 13-98, em especial p. 51-53.

Até que o DIPr de feição internacionalista prepondere e imponha soluções gerais, o reenvio é uma ponte que permite o diálogo entre as diferentes regulações nacionais, em uma *rede de articulação* para evitar a insegurança e ofensa à igualdade gerada pela multiplicidade de leis nacionais que regulam fatos indivisíveis transnacionais.

4. A APLICAÇÃO DO DIREITO ESTRANGEIRO

4.1. As fontes do direito estrangeiro

O método indireto do DIPr conduz à questão de saber *como* se aplica o direito estrangeiro indicado pelas regras de conexão. A expressão "direito estrangeiro" abarca o direito válido e vigente em determinado Estado, composto de suas fontes nacionais e também de fontes internacionais aplicadas (tratados, costume internacional e princípios gerais de Direito Internacional).

As fontes formais do direito estrangeiro obedecem seu próprio sistema, podendo inclusive abranger fontes não aceitas como vinculantes pelo Estado do foro, como o costume ou doutrina. Para Tenório, essa expressão compreende "todo o sistema normativo estrangeiro"[98]. Há um critério para delimitar o direito estrangeiro: o seu uso pelo juiz local. Assim, é todo o direito vigente privado ou público (federal ou estadual, legal ou consuetudinário, nacional ou internacional) utilizado pelos próprios juízes estrangeiros[99].

Preliminarmente, cabe indagar sobre o impacto (i) da natureza das normas estrangeiras (as normas de direito privado ou não) e (ii) das controvérsias de Direito Internacional Público sobre a aplicação das normas estrangeiras pelo Estado do foro.

A questão da natureza da norma estrangeira é *indiferente* ao DIPr, uma vez que mesmo normas de direito público estrangeiro podem ser indicadas, como, por exemplo, as regras sobre direito econômico, direito da concorrência, contratos com o Estado, entre outras.

Já as controvérsias de Direito Internacional Público podem, indiretamente, influenciar a aplicação da lei estrangeira do DIPr, caso a norma estrangeira tenha sido produzida por meio de ofensa a normas internacionais. Isso ocorre, por exemplo, na incidência da lei estrangeira sobre determinado território sob ocupação estrangeira ilícita: a lei do ocupante, nessa hipótese, não deve ser usada pelo DIPr. Exige-se que a interpretação do direito estrangeiro esteja alinhada com a *integridade das normas internacionais*. O DIPr não pode isolar-se e pretender que a aplicação de suas normas

---

[98] TENÓRIO, Oscar. *Direito internacional privado*, v. I, 11. ed. Rio de Janeiro: Freitas Bastos, 1976, p. 149-150.

[99] Critério mencionado por Boggiano. BOGGIANO, Antonio. *Derecho internacional privado* – en la estructura jurídica del mundo actual. 6. ed. Buenos Aires: Abeledo Perrot, 2011, em especial p. 176.

se dê em descompasso com as normas internacionais, sob a justificativa de que o objeto do DIPr envolve somente interesses privados. Tal descompasso *não é neutro* e colabora para a permanência da violação à norma de Direito Internacional Público, o que não é, obviamente, o que se deseja do Estado brasileiro na sua atuação nas relações internacionais, conforme o que dispõe o art. 4º da CF/88 (em especial no que tange à promoção da dignidade humana e da cooperação entre os povos).

Por outro lado, as divergências entre o Estado do foro e o Estado estrangeiro devem ser relevadas, caso não haja nenhuma norma internacional violada. Por exemplo, a ausência de reconhecimento da independência de um Estado X pelo Brasil não impacta a aplicação pelo julgador brasileiro do direito produzido após a independência por aquele Estado, uma vez que a matéria (reconhecimento) é da alçada da conveniência diplomática, e o fato de o Estado não ser reconhecido não é um ilícito internacional por si só[100].

4.2. A natureza do direito estrangeiro a ser aplicado

A temática da invocação, interpretação e prova do direito estrangeiro é central no DIPr, uma vez que de nada adiantariam as regras de concurso de leis se, ao final, não se pudesse aplicar o direito estrangeiro em virtude da incerteza sobre seu teor, vigência ou mesmo vícios na sua interpretação.

O primeiro passo a ser tomado é entender a natureza jurídica do direito estrangeiro, que oscilou entre aqueles que negavam a natureza jurídica de outro direito que não fosse o produzido pela soberania do Estado – a *lex fori* – e os que aceitavam a produção de normas jurídicas por outra jurisdição.

No primeiro grupo (negacionistas) estão os defensores da corrente da *equiparação fática,* pela qual o direito estrangeiro é *assimilado* a um fato que deve ser provado e apreciado segundo as regras processuais do Estado do foro. Nessa linha, a tradição inglesa de DIPr defende que o direito estrangeiro é equiparado a um fato e deve ser alegado e provado pela parte interessada (*secundum probata et allegata partium*)[101]. Além disso, a doutrina anglo-saxã do início do século endossou a negação da aplicação do direito estrangeiro por meio da teoria dos *vested rights* (direitos adquiridos), pela qual o direito não é aplicável além do território de um Estado e a *lex fori*

---

[100] Nesse sentido, PINHEIRO, Luís de Lima. *Direito internacional privado*, v. I, Introdução e Direito dos Conflitos. Parte Geral. Coimbra: Almedina, 2011, em especial p. 451.

[101] Nesse sentido, COLLIER, J.G, *Conflict of law*. 3. ed. Cambridge: Cambridge University Press, 2004, em especial p. 33 ("proof of foreign law"). Nos Estados Unidos, o caso *Walton* vs. *Arabian American Oil* (233 F. 2d 541 – 2d Cir. (NY) dos anos 1950 do século XX foi um marco a favor da corrente fática, uma vez que o demandante (caso de danos ocorridos na Arábia Saudita) não fez a prova do direito saudita, perdendo a demanda. Todavia, relata De Boer que a jurisprudência norte-americana modificou-se, sendo a determinação do direito estrangeiro considerada, em geral, uma questão de direito. BOER, Th. M. de. Facultative choice of law: the procedural status of choice-of-law rules and foreign law. *Recueil des Cours de l'Académie de Droit International de La Haye*, v. 257, 1996, p. 223-427, em especial p. 260.

só reconhece situações consolidadas no exterior[102]. Para Serpa Lopes, no sistema dos *vested rights,* o direito estrangeiro é um simples fato, uma condição para a criação de um direito nacional[103]. Assim, tratava-se de analisar fatos e não de interpretar regras jurídicas.

Para a corrente do *reconhecimento jurídico,* o direito estrangeiro é considerado como norma jurídica, mas há divergências no seu seio a respeito de que "tipo de direito" seria, gerando impactos na interpretação da norma. Há quem defenda que (i) o direito estrangeiro mantém sua natureza própria, de norma de outro Estado, sendo seu uso fruto da essência do DIPr; há ainda quem sustente que (ii) o direito estrangeiro é, após a indicação feita pela regra de conexão, incorporado em norma nacional (teoria da recepção material) e, por fim, há aqueles que sustentam que (iii) o direito estrangeiro é incorporado no foro como direito, mas preserva o alcance e sentido impostos pela ordem estrangeira (teoria da recepção formal). Essas diferenças geram consequências no momento da interpretação do direito estrangeiro, o que será debatido abaixo.

A diferença entre a corrente da equiparação fática e a corrente do reconhecimento jurídico resulta efeitos profundos na aplicação do direito estrangeiro: se for considerado fato, cabe a parte interessada alegar e provar e não há um "problema de interpretação"; caso seja considerado norma jurídica, é possível exigir que o julgador aplique o direito de ofício, mas nasce o problema do modo de interpretação (se de acordo com os cânones do foro ou ainda de acordo com a interpretação estrangeira).

No Brasil, o *Esboço* de Teixeira de Freitas adotou a corrente da equiparação fática, no seu art. 6º, mencionando que a prova do direito estrangeiro era incumbência das partes, "como a prova de um fato alegado". No seu comentário ao artigo em questão, Teixeira de Freitas justifica a adoção dessa equiparação, pois teria como objetivo superar a objeção contra a aplicação das leis estrangeiras, fundada na convicção de que os juízes nacionais não teriam obrigação de conhecer as leis de todos os países[104].

---

[102] BOUCAULT, Carlos Eduardo de Abreu. *Direitos adquiridos no direito internacional privado.* Porto Alegre: Fabris, 1996, p. 73.

[103] SERPA LOPES, Miguel Maria de. *Comentários à Lei de Introdução ao Código Civil,* v. III, 2. ed. Rio de Janeiro: Freitas Bastos, 1959, p. 172.

[104] "Art. 6º A aplicação de leis estrangeiras nos casos, em que este Código a autoriza, nunca terá lugar senão a requerimento das partes interessadas; incumbindo a estas, como prova de um fato alegado, a da existência de tais leis" (português adaptado). FREITAS, Augusto Teixeira de. *Código civil*: esboço. Rio de Janeiro: Typographia Universal de Laemmert, 1860, p. 6. O revogado art. 13 do Código Civil argentino de 1868 seguiu essa corrente. O novo Código Civil e Comercial argentino de 2014, no art. 2.595, adotou a corrente do reconhecimento jurídico, determinando que, "cuando un derecho extranjero resulta aplicable: a) el juez establece su contenido, y está obligado a interpretarlo como lo harían los jueces del Estado al que ese derecho pertenece, sin perjuicio de que las partes puedan alegar y probar la existencia de la ley invocada. Si el contenido del derecho extranjero no puede ser establecido se aplica el derecho argentino".

A defesa da corrente da equiparação fática parte da premissa do limite do dever do julgador no conhecimento somente da sua própria lei e, ainda, da dificuldade de se conhecer leis estrangeiras. Contudo, há outras formas de se assegurar o conhecimento da lei estrangeira, inclusive com a colaboração das partes.

A corrente da equiparação fática gera o inconveniente de descaracterizar a obrigatoriedade do uso do direito estrangeiro estabelecido pela própria regra de conexão do foro, que ficaria ao sabor da vontade do interessado em invocar o direito estrangeiro. Como reação a tal corrente, o Instituto de Direito Internacional aprovou, em 1891, resolução que sustentava que o direito estrangeiro não poderia ficar *abandonado* à iniciativa das partes no litígio[105].

Há ainda variação na corrente do reconhecimento jurídico do direito estrangeiro, que vem a ser a adoção da *aplicação de ofício parcial* do direito estrangeiro. Trata-se de intenso debate na França sobre a obrigação do juiz francês de aplicar ou não de ofício o direito estrangeiro. Para vários precedentes judiciais, na hipótese da indicação, pela regra de conflito, de direito estrangeiro, o juiz deveria aguardar a invocação pelas partes; se as partes não se manifestassem (ou seja, não se interessassem pelo direito estrangeiro), o juiz aplicaria o direito francês. O caso célebre dessa visão de preponderância da *lex fori* foi o Caso *Bisbal,* de 12 de maio de 1959, que tratou de divórcio que deveria ter sido regido pela lei espanhola (lei da nacionalidade das partes, que proibia, à época, o divórcio), mas tal lei não interessava ao casal que, assim, não invocou o DIPr francês; logo, o juiz francês não aplicou o direito estrangeiro de ofício e usou a lei francesa, decretando o divórcio. Marques Santos sustenta que essa variação da corrente do reconhecimento jurídico gerou *normas de conflito facultativas* (ao talante dos interessados) e é fruto de um *lex forismo*[106]. Na evolução da temática, essa visão amenizou-se, sendo agora obrigação do juiz francês aplicar o direito estrangeiro de ofício ao menos no caso de direitos indisponíveis[107].

No Brasil, a introdução ao Código Civil de 1916 foi omissa no que tange à aplicação do direito estrangeiro. A questão foi entregue aos códigos estaduais de processo (à época existentes) e, depois, com a unificação do processo civil promovida por Getúlio Vargas, ao Código de Processo Civil de 1939, cujo art. 212 dispunha que "[a]quele que alegar direito estadual, municipal, costumeiro, singular ou estrangeiro, deverá provar-lhe o teor e a vigência, salvo si o juiz dispensar a prova". Em 1942, a então Lei de Introdução ao Código Civil (hoje LINDB) regulou a matéria no art. 14,

---

[105] Instituto de Direito Internacional. "Moyens à proposer aux gouvernements en vue d'assurer la preuve des lois étrangères devant les tribunaux". Relator Auguste Pierantoni, Sessão de Hamburgo, 1891.

[106] SANTOS, António Marques dos. *A aplicação do direito estrangeiro*: estudos de direito internacional privado e de direito público. Coimbra: Almedina, 2004, p. 33-53.

[107] ATTAL, Michel; RAYNOUARD, Arnaud. *Droit international privé*: principes généraux. Bruxelles: Larcier, 2013, p. 339-341.

que prevê que "[n]ão conhecendo a lei estrangeira, poderá o juiz exigir de quem a invoca prova do texto e da vigência"[108].

A união do art. 14 da LINDB com o disposto no art. 212 do CPC/39 gerou a equiparação do direito estrangeiro ao direito municipal, estadual ou consuetudinário, sobre os quais não restava nenhuma dúvida da natureza de norma jurídica. Assim, chegou-se à conclusão de que o direito estrangeiro é considerado como norma jurídica, devendo o juiz aplicá-lo de ofício, seguindo o brocardo *iura novit curia* ("o juiz conhece o direito"). No máximo, pode o julgador exigir a colaboração da parte que o invocou, caso não o conheça[109].

O Código de Processo Civil de 1973 (art. 337)[110] e o atual Código de Processo Civil de 2015 (art. 376)[111] seguiram a mesma linha, de equiparação do direito estrangeiro ao direito municipal, estadual ou consuetudinário. Houve uma pequena alteração pela qual o juiz pode exigir a prova do "direito estrangeiro", o que suprimiu qualquer interpretação equivocada do vocábulo "lei" do art. 14 da LINDB.

Assim, caso o juiz não conheça o direito estrangeiro, pode determinar a "quem o invoca" (LINDB) ou "a parte que alegar" (CPC/2015), o que não impede que (i) a parte espontaneamente produza tal prova ou ainda que (ii) o juiz diligencie nesse sentido. Caso o juiz não exija tal colaboração da parte, é seu dever conhecer do teor, vigência e interpretação do direito estrangeiro[112].

Esses artigos citados (da LINDB e do atual CPC) consolidam a opção brasileira pela *corrente do reconhecimento jurídico*, sendo dever do juiz aplicar o direito estrangeiro de ofício. Além disso, prevê também o Código Bustamante, em seu art. 408, que os juízes aplicarão as leis dos demais Estados contratantes *de ofício*[113].

Estabelecida a natureza do direito estrangeiro, a sua aplicação é obrigação do julgador, uma vez que essa indicação é fruto das regras de DIPr, que possuem caráter obrigatório. A própria existência do poder jurisdicional do Estado impõe à magistratura nacional o dever de aplicar *de ofício* o direito cabível aos fatos controvertidos, o que inclui o direito estrangeiro indicado pelas regras do DIPr. Por isso, a não invocação do direito estrangeiro pela parte é irrelevante, cabendo ao juiz aplicar a lei estrangeira

---

[108] Ver o comentário a este artigo em CARVALHO RAMOS, André de; GRAMSTRUP, Erik Frederico. *Comentários à Lei de Introdução às Normas de Direito Brasileiro*. 2. ed. São Paulo: Saraiva, 2021.

[109] Nesse sentido, NAZO, Nicolau. *Da aplicação e da prova do direito estrangeiro*. São Paulo: Tipografia Siqueira, 1941, em especial p. 47.

[110] Art. 337 do CPC de 1973: "A parte, que alegar direito municipal, estadual, estrangeiro ou consuetudinário, provar-lhe-á o teor e a vigência, se assim o determinar o juiz".

[111] Art. 376 do novo CPC (2015): "A parte que alegar direito municipal, estadual, estrangeiro ou consuetudinário provar-lhe-á o teor e a vigência, se assim o juiz determinar".

[112] PONTES DE MIRANDA, Francisco Cavalcanti. *Comentários ao Código de Processo Civil*: arts. 282-443, t. IV, Rio de Janeiro: Forense, 1974. p. 242.

[113] "Art. 408. Os juízes e tribunais de cada Estado contratante aplicarão de ofício, quando for o caso, as leis dos demais, sem prejuízo dos meios probatórios a que este capítulo se refere."

se isso for apontado pelo DIPr. Caso não o faça, é caso de denegação de justiça e injustificada discriminação em face do direito estrangeiro.

O juiz nacional, assim, ao se deparar com a necessidade de aplicação do direito estrangeiro deve seguir as seguintes regras: (i) aplicar a norma estrangeira de ofício, como consequência direta do DIPr e do acesso à tutela justa; (ii) caso não conheça a norma estrangeira e, mesmo dispondo da possibilidade de determinar à parte que produza a prova do direito estrangeiro, deve diligenciar e buscar o texto faltante[114], em face do seu dever de aplicar a lei cabível de ofício e decidir a lide (a chamada proibição do *non liquet*, prevista no art. 140 do CPC/2015[115]); (iii) caso, mesmo após sua diligência, não conheça o teor e a vigência, deve exigir da parte que o alegou a prova do direito alegado; e (iv) as partes (mesmo aquela que nada alegou) podem *espontaneamente* apresentar o direito invocado[116].

4.3. Meios de prova

A prova do direito estrangeiro pode ser obtida por todos os meios admitidos no ordenamento do Estado do foro. Em geral, utiliza-se um dos seguintes meios de prova: (i) prova documental pela apresentação do texto; (ii) prova pericial (parecer de advogados ou professores); (iii) informação do próprio Estado estrangeiro sobre a vigência, sentido e alcance legal do direito; e (iv) prova testemunhal.

Em geral, a prova documental do texto é a mais singela. A vigência e o sentido são os tópicos mais difíceis de provar, podendo ser utilizadas declarações firmadas de juristas e professores do Estado de cuja legislação se trata (prova pericial).

Há tratados de Direito Internacional Privado que propõem meios de prova, como o Código Bustamante, que, em seu art. 409, prevê que o texto legal estrangeiro, bem como sua vigência e sentido, podem ser demonstrados mediante *certidão*, devidamente legalizada, de dois advogados em exercício no Estado estrangeiro. Além disso, o art. 410 do mesmo tratado possibilita ao juiz solicitar, de ofício, pela via diplomática, antes de decidir, ao Estado de cuja legislação se trate, que este forneça um *relatório* sobre (i) o texto, (ii) a vigência e (iii) o sentido do direito aplicável. Esse *relatório* pode ser fornecido pelo mais alto tribunal, pela Procuradoria-Geral, pela Secretaria ou pelo Ministério da Justiça (art. 411).

Mais recentemente, a Convenção Interamericana sobre Prova e Informação acerca do Direito Estrangeiro, adotada em Montevidéu, Uruguai, em 8 de maio de

---

[114] Nesse sentido, Tenório sustenta que, "conveniente que o juiz promova *motu-proprio* as diligências que a curiosidade intelectual justifica. Não merece apreço a comodidade mental que, toda a vez que a parte invocar direito estrangeiro, reclame a prova". TENÓRIO, Oscar. *Lei de Introdução ao Código Civil.* 2. ed. Rio de Janeiro: Borsoi, 1955, p. 414.

[115] "Art. 140. O juiz não se exime de decidir sob a alegação de lacuna ou obscuridade do ordenamento jurídico."

[116] Nesse sentido, ver ESPÍNOLA, Eduardo. *Elementos de direito internacional privado.* Rio de Janeiro: Jacintho Ribeiro dos Santos, 1925, p. 58-59.

1979[117], prevê a *consulta para prova e informação sobre o direito estrangeiro*. Essa consulta deve ser explícita, sem vagueza, para que seja evitada imprecisão. Não se busca um parecer, mas sim informação objetiva sobre o direito do Estado que presta a consulta. A Convenção estabelece o uso da via da autoridade central[118] para informar sobre o texto, a vigência e o alcance do direito estrangeiro. Como medida de proteção ao Estado informante, este não será responsável pelas opiniões emitidas nem ficará obrigado a aplicar ou fazer aplicar o direito segundo o conteúdo da resposta dada. Também como salvaguarda ao Estado informante, este não é obrigado a responder a consulta, por ofensa a seus interesses, segurança ou soberania. A autoridade central designada pelo Brasil é o atual Ministério da Justiça e Segurança Pública, que atua por intermédio do seu Departamento de Recuperação de Ativos e Cooperação Jurídica Internacional (DRCI).

No âmbito do Mercosul, o Protocolo de Cooperação e Assistência Jurisdicional em Matéria Civil, Comercial, Trabalhista e Administrativa (Protocolo de Las Leñas[119]) também prevê o pedido de informação de direito por intermédio da Autoridade Central (no Brasil, também o Ministério da Justiça). Esses tratados facilitam a tarefa do juízo que, antes de sentenciar, pode acionar a via célere da autoridade central, para receber a informação atual do direito dos Estados contratantes.

4.4. A interpretação do direito estrangeiro

O modo de interpretação do direito estrangeiro indicado pela regra de conflito do DIPr rendeu diversas posições na doutrina e jurisprudência em vários países.

Inicialmente, no bojo da corrente da equiparação fática vista acima, a doutrina anglo-saxã do início do século XX endossou a negação da aplicação do direito estrangeiro, por meio da teoria dos *vested rights* (direitos adquiridos), pela qual o direito não é aplicável além do território de um Estado e a *lex fori* só reconhece situações consolidadas no exterior[120]. Assim, tratava-se de analisar fatos e não de interpretar regras jurídicas.

A corrente do *reconhecimento jurídico* subdividiu-se, para justificar a aplicação do direito estrangeiro como norma jurídica pelo juiz nacional, em três grandes linhas: (i) a teoria da remissão ou recepção material, (ii) a teoria da remissão ou recepção formal e (iii) a teoria da aceitação[121].

De acordo com as teorias da remissão ou recepção, uma norma estrangeira só teria validade se fosse incorporada ou recepcionada pelo direito nacional. Há nuances

---

[117] Ratificada pelo Brasil e incorporada internamente pelo Decreto n. 1.925/96.
[118] Sobre a autoridade central, ver Parte VI, sobre cooperação jurídica internacional.
[119] Ratificado pelo Brasil e incorporado pelo Decreto n. 2.067, de 12 de novembro de 1996.
[120] BOUCAULT, Carlos Eduardo de Abreu. *Direitos adquiridos no direito internacional privado*. Porto Alegre: Fabris, 1996, p. 73.
[121] VITTA, Edoardo. Cours général de droit international privé. *Recueil des Cours de l'Académie de Droit International de La Haye*, v. 162, 1979, p. 9-243, em especial p. 73.

entre as teorias da recepção. A teoria da *recepção material* considera que a norma estrangeira perde sua origem e é nacionalizada, ou seja, o conteúdo da regra estrangeira passa a ser utilizado como regra nacional no foro e assim deve ser interpretada[122]. Já a teoria da *recepção formal*, defendida por Roberto Ago[123], sustenta que a norma estrangeira é incorporada como regra jurídica nacional, mas conserva o sentido e o alcance que lhe é dado pelo sistema jurídico estrangeiro de origem. Essas correntes de recepção sofreram críticas, pois, conforme aponta Pillet, o Direito Internacional Privado é ramo que exige que a lei estrangeira seja aplicada, não a transformando em norma nacional[124].

A *teoria da aceitação* é a que está, na atualidade, em linha com o objetivo de gestão da diversidade normativa e jurisdicional do Direito Internacional Privado à luz dos direitos humanos, que é baseado na tolerância e respeito à diversidade. Aceitar o direito estrangeiro como tal não ofende a soberania nacional, uma vez que a realização de justiça e respeito ao outro é também objetivo dos Estados na atualidade, envolvidos pela consagração, via Carta das Nações Unidas e demais normas internacionais, na cooperação e promoção de direitos.

A pluralidade de fontes do DIPr (nacional e internacional) não exige mais que seja debatida a aplicabilidade do direito estrangeiro por meio das teorias da recepção. A norma internacional contida em um tratado de DIPr, por exemplo, obriga todo o Estado a fazê-la valer internamente, sob pena de responsabilização internacional e descumprimento – no caso brasileiro – da própria Constituição, que assegura o respeito aos tratados celebrados.

A consequência da consagração da teoria da aceitação é a exigência de interpretação da lei estrangeira conforme os cânones hermenêuticos do Estado de origem da lei, uma vez que não se trata de "direito nacional" ou "direito estrangeiro incorporado", mas simplesmente direito estrangeiro. Por isso, o juiz brasileiro deve aplicar a norma estrangeira como se juiz estrangeiro fosse. Nesse sentido, a Corte Permanente de Justiça Internacional, no *Caso dos empréstimos franco-brasileiros*, decidiu que, após ter sido indicada a lei estrangeira, esta deve ser aplicada como o seria no próprio Estado estrangeiro[125].

Nesse sentido, a Convenção Interamericana sobre Normas Gerais de Direito Internacional Privado, aprovada na Conferência Interamericana de Direito Internacional

---

[122] Ver a descrição da teoria da recepção material em Batiffol, que a considera artificial. BATIFFOL, Henri. *Traité élémentaire de droit international privé*. Paris: LGDJ, 1959, p. 380. Também em BAPTISTA, Luiz Olavo. Aplicação do direito estrangeiro pelo juiz nacional. *Revista de Informação Legislativa*, Brasília, ano 36, n. 142, abr./jun. 1999, p. 267-277, em especial p. 269.

[123] AGO, Roberto. Règles générales des conflits de lois. *Recueil des Cours de l'Académie de Droit International de La Haye*, v. 58, 1936, p. 243-470, em especial p. 303.

[124] PILLET, Antoine. *Principes de droit international privé*. Paris: Pedone/Allier Frères, 1903, em especial p. 53-57.

[125] Corte Permanente de Justiça Internacional, *Caso do pagamento em ouro dos empréstimos federais brasileiros emitidos na França*, série A, n. 21, 1929, julgamento de 12 de julho de 1929, p. 124.

Privado, realizada em Montevidéu, em 1979 (CIDIP-II) e já ratificada pelo Brasil, dispõe que "os juízes e as autoridades dos Estados-Partes ficarão obrigados a aplicar o direito estrangeiro tal como o fariam os juízes do Estado cujo direito seja aplicável, sem prejuízo de que as partes possam alegar e provar a existência e o conteúdo da lei estrangeira invocada" (art. 2º)[126].

Logo, para cumprir a indicação da regra de DIPr, é necessário o uso da interpretação fixada pelo Estado de origem da norma. Se, hipoteticamente, o juiz brasileiro pudesse interpretar a norma estrangeira com padrões locais de hermenêutica, estaríamos a aplicar direito diverso do direito estrangeiro. *Ad terrorem,* o juiz brasileiro poderia interpretar o vocábulo "vedação" por "permissão", o que fatalmente distorceria a lei estrangeira e descumpriria o DIPr[127].

Assim, a interpretação a ser seguida pelo juiz brasileiro é a interpretação da lei estrangeira no seu Estado de origem. Para assegurar isso, é necessário que cada Estado possua *recursos cabíveis contra interpretações errôneas* do direito estrangeiro ou negativa de sua aplicação.

O Código Bustamante determina que, em todo o Estado contratante onde existir o recurso de cassação ou instituição correspondente, poderá ser o mesmo interposto por (i) violação, (ii) interpretação errônea ou (iii) aplicação indevida de lei estrangeira, nas mesmas condições e casos em que o possa quanto ao direito nacional (art. 412).

Também a Convenção Interamericana sobre Normas Gerais de Direito Internacional Privado prevê que "todos os recursos previstos na lei processual do lugar do processo serão igualmente admitidos para os casos de aplicação da lei de qualquer dos outros Estados-Partes que seja aplicável" (art. 4º).

No Brasil, o Supremo Tribunal Federal *admitiu* recurso contra decisão que aplicou o direito estrangeiro diversamente do que constava da interpretação dominante no Estado estrangeiro de origem[128]. Na atualidade, caso determinado Tribunal de Justiça interprete o direito estrangeiro de modo diverso do feito no Estado estrangeiro, é cabível recurso especial ao Superior Tribunal de Justiça, justamente para uniformizar a aplicação da norma estrangeira no Brasil.

---

[126] Incorporada internamente pelo Decreto n. 1.979, de 9 de agosto de 1996.

[127] Nesse sentido, conferir COSTA, Luiz Antônio Severo da. *Da aplicação do direito estrangeiro pelo juiz nacional.* Rio de Janeiro: Freitas Bastos, 1968, p. 35.

[128] Supremo Tribunal Federal, Recurso Extraordinário 93.131-MG, Rel. Min. Moreira Alves, Julgamento: 17-12-1981, Publicação: *DJ* 23-4-1982, p. 3669. Consta da ementa do acórdão: "Equiparação da lei estrangeira, aplicada no Brasil, à legislação federal brasileira para efeito de admissibilidade de recurso extraordinário. A lei estrangeira, aplicada por força de dispositivo de direito internacional privado brasileiro (na espécie o art. 9º da Lei de Introdução ao Código Civil), se equipara à legislação federal brasileira, para efeito de admissibilidade de recurso extraordinário. Não ocorrência, no caso, de dação em cumprimento (*datio in solutum*) e de sub-rogação legal. Negativa de vigência dos arts. 837, 592 e 593 do código civil português. Recurso extraordinário conhecido e provido". Após a CF/88, o recurso extraordinário perdeu tal função (uniformização da aplicação da lei federal), cedendo-o ao Superior Tribunal de Justiça (recurso especial).

4.5. Falha na prova do direito estrangeiro

Na impossibilidade de prova do direito estrangeiro, há diversas soluções preconizadas pela doutrina e jurisprudência no Brasil e no Direito Comparado, a seguir detalhadas:

1) *Uso da lex fori.* O uso da *lex fori* é justificado uma vez que o DIPr é construído na dicotomia "*lex fori* x *lex causae*": na impossibilidade de aplicação do direito estrangeiro, só restaria a *lex fori*. Para Espínola, o juiz deve decidir o caso e, assim, aplicar a própria lei nacional na presunção de que seja equivalente ao direito estrangeiro não provado[129]. Essa é a solução do Código Civil português, que, na impossibilidade de determinar o conteúdo do direito estrangeiro aplicável, ordena a aplicação das regras do direito português[130].

2) *Imposição do ônus da prova.* Machado Villela sustentou que, na falta de previsão legal de aplicação da *lex fori,* deve-se julgar não provada a pretensão baseada no dispositivo da lei estrangeira[131]. No mesmo sentido, posicionou-se Nicolau Nazo (que condiciona essa consequência ao fracasso de uma providência anterior, que é a conversão do julgamento em diligência)[132] e, no que tange aos direitos disponíveis, Basso e Polido[133]. A crítica a esse entendimento consiste na indevida equiparação do direito estrangeiro a um fato que, se não provado, prejudica quem o alegou em proveito próprio.

3) *Converter o julgamento em diligência.* Rodrigo Octavio sustentou que era necessário converter o julgamento em diligência, pois isso forneceria ao julgador

---

[129] ESPÍNOLA, Eduardo. *Elementos de direito internacional privado.* Rio de Janeiro: Jacintho Ribeiro dos Santos, 1925, p. 59.

[130] Código Civil de Portugal. "Art. 348º (Direito consuetudinário, local, ou estrangeiro). 1. Àquele que invocar direito consuetudinário, local, ou estrangeiro compete fazer a prova da sua existência e conteúdo; mas o tribunal deve procurar, oficiosamente, obter o respectivo conhecimento. 2. O conhecimento oficioso incumbe também ao tribunal, sempre que este tenha de decidir com base no direito consuetudinário, local, ou estrangeiro e nenhuma das partes o tenha invocado, ou a parte contrária tenha reconhecido a sua existência e conteúdo ou não haja deduzido oposição. 3. *Na impossibilidade de determinar o conteúdo do direito aplicável, o tribunal recorrerá às regras do direito comum português*". No Brasil, Maristela Basso defende, em geral (ver exceção abaixo) o uso da *lex fori* na ausência de prova do direito estrangeiro. TAMAGNO, Maristela Basso. *Da aplicação do direito estrangeiro pelo juiz nacional. O direito internacional privado à luz da jurisprudência.* São Paulo: Saraiva, 1988, p. 61.

[131] MACHADO VILLELA, Álvaro da Costa. *Tratado elementar (teórico e prático) de direito internacional privado.* Livro II, Coimbra: Coimbra Editora, 1921, p. 264.

[132] NAZO, Nicolau. *Da aplicação e da prova do direito estrangeiro.* São Paulo: Tipografia Siqueira, 1941, em especial 53.

[133] Ao menos no que tange a direitos disponíveis, Basso e Polido sustentam essa posição. *In verbis:* "(...) Em litígios envolvendo direitos disponíveis, a parte que esteja buscando vantagens com a aplicação do direito estrangeiro sujeita-se ao ônus da prova sobre o conteúdo e vigência das normas". BASSO, Maristela; POLIDO, Fabrício P. Comentários aos artigos 7º a 19 da Lei de Introdução ao Código Civil de 1942. In: LOTUFO, Renan; NANNI, Giovanni Ettore. *Teoria geral do direito civil* (Coord.). São Paulo: Atlas, 2008, p. 114-185, em especial p. 169.

"elemento seguro para conhecimento da causa", evitando que tivesse que aplicar ao caso uma lei não pertinente ou julgar improcedente a alegação prevista na ação ou na defesa[134]. Pontes de Miranda defendeu também a conversão do julgamento em diligência, pois o juiz deveria esperar que fosse provado o direito estrangeiro, não sendo possível nem o *non liquet* e tampouco podendo incidir o direito brasileiro (já que o DIPr havia afastado a norma brasileira)[135]. A crítica a essa corrente é que sua aplicação pode prolongar excessivamente os litígios, ofendendo o direito ao devido processo legal em prazo razoável. Além disso, essa opção é, em abstrato, incompleta, pois não explica o que o juízo deve fazer caso a diligência fracasse.

4) *Julgar de acordo com o direito provável existente.* Há quem defenda que a melhor solução é aplicar o direito estrangeiro provável existente, o que seria superior ao uso da *lex fori* pura e simplesmente[136]. A crítica a tal posicionamento é o aumento exponencial de arbítrio judicial no julgamento do litígio.

5) *Uso de analogia e princípios gerais de direitos.* Essa corrente sustenta que a ausência de prova do direito estrangeiro é equivalente a uma lacuna, que deve ser preenchida conforme o que consta do art. 4º da LINDB[137], ou seja, por analogia e recurso aos princípios gerais do direito[138].

6) *Uso de regra de conexão subsidiária.* Essa corrente apoia o uso de regras subsidiárias de conexão. Por exemplo, caso o direito estrangeiro indicado pela lei do domicílio não seja provado, utiliza-se a lei da residência, tal qual consta do DIPr brasileiro. Para Valladão, essa opção mantém o "espírito" da norma do DIPr de aplicar a lei mais vinculada ao fato transnacional[139]. Contudo, essa corrente também é incompleta, pois nada obsta que não haja prova também do direito estrangeiro indicado pela regra de conexão subsidiária.

Atualmente, a posição adotada pelo Superior Tribunal de Justiça brasileiro foi a do uso da *lex fori* (lei brasileira), pois não sendo viável produzir-se a prova do

---

[134] OCTAVIO, Rodrigo. *Manual do Código Civil brasileiro*: Introdução. Parte Segunda. Direito internacional privado. Rio de Janeiro: Livraria Jacintho, 1932, p. 390.

[135] PONTES DE MIRANDA, Francisco Cavalcanti. *Tratado de direito internacional privado*, t. II, Parte Especial. Rio de Janeiro: José Olympio, 1934, p. 365. Adotando a mesma posição de Pontes de Miranda, ver BATALHA, Wilson de Souza Campos. *Tratado de direito internacional privado*, v. II, 2. ed. São Paulo: RT, 1977, p. 427-428.

[136] Wolff usou, como exemplo, a impossibilidade da prova do teor de dispositivo de novo Código Civil da Bolívia. Deveria o juiz local usar o Código anterior, considerando que, possivelmente, a regra não teria sido modificada. WOLFF, Martin. *Derecho internacional privado*, tradução de José Rovira y Emergol, Barcelona: Labor, 1936, p. 140-141. No Brasil, Serpa Lopes defende tal solução, apoiando-se em Wolff. SERPA LOPES, Miguel Maria de. *Comentários à Lei de Introdução ao Código Civil*, v. III, 2. ed. Rio de Janeiro: Freitas Bastos, 1959, p. 190-191.

[137] LINDB, art. 4º: "Quando a lei for omissa, o juiz decidirá o caso de acordo com a analogia, os costumes e os princípios gerais de direito".

[138] BAPTISTA, Luiz Olavo. Aplicação do direito estrangeiro pelo juiz nacional. *Revista de Informação Legislativa*, Brasília, a. 36, n. 142, abr./jun. 1999, p. 267-277, em especial p. 272.

[139] VALLADÃO, Haroldo. *Direito internacional privado*, v. I, 5. ed. Rio de Janeiro: Freitas Bastos, 1980, p. 473.

direito estrangeiro e "como não pode o litígio ficar sem solução, o Juiz aplicará o direito nacional"[140]. Valladão criticou a opção pela *lex fori*, pois a entendia como "sobrevivência do territorialismo"[141]. Todavia, em face da insuficiência ou críticas das demais opções, a lei do foro resta como a única opção.

5. PROBLEMAS ESPECIAIS DE APLICAÇÃO DO DIREITO ESTRANGEIRO

5.1. A questão prévia

A questão prévia, preliminar ou incidente (*preliminar question; question préalable*) consiste no reconhecimento, em uma determinada situação com elemento de estraneidade, de duas questões jurídicas relacionadas por um nexo de prejudicialidade, respectivamente a questão prejudicial e a questão principal, exigindo do julgador que se pronuncie sobre a questão prejudicial antes de decidir sobre a questão principal. Como são duas questões envolvidas na situação analisada, há a dúvida sobre qual seria a regra ou regras de conexão para designar o direito aplicável a cada uma dessas questões.

O exemplo clássico é o *Caso Ponnoucannamalle* vs. *Nadimoutoupolle*, julgado pela Corte de Cassação da França em 1931, que tratou da sucessão de bens imóveis situados na Indochina francesa (atual Vietnã). Um dos herdeiros era sobrinho do *de cujus* indiano, mas tinha sido adotado validamente como filho pelo falecido de acordo com o direito hindu. Para o DIPr francês, o direito regulador da sucessão era o direito material francês (local da situação do bem). Por sua vez, a regra de conexão para apreciar o estatuto da adoção era o *direito hindu* (de acordo com próprio DIPr francês) e que havia sido respeitado. Ocorre que o adotante, ao tempo da adoção, possuía filhos legítimos, o que deixaria a adoção inválida pelo direito material francês, impossibilitando que o filho adotivo fosse considerado sucessor. A conclusão do caso foi considerar que a regra de conexão da questão principal (que indicou o direito material francês) deveria ser aplicada a toda situação, inclusive à questão prévia. Logo, o direito material francês deveria reger a adoção, que foi considerada ineficaz para fins sucessórios.

Essa posição constitui a corrente da *conexão subordinada,* que impõe à questão prévia a mesma regra de conflito que foi utilizada para determinar o direito material

---

[140] Superior Tribunal de Justiça, Recurso Especial n. 254.544-MG, Rel. Min. Eduardo Ribeiro, Data do julgamento: 18-5-2000, publicado no *DJ* 14-8-2000. Consta da ementa: "Sendo caso de aplicação de direito estrangeiro, consoante as normas do Direito internacional privado, caberá ao Juiz fazê-lo, ainda de ofício. Não se poderá, entretanto, carregar à parte o ônus de trazer a prova de seu teor e vigência, salvo quando por ela invocado. Não sendo viável produzir-se essa prova, como não pode o litígio ficar sem solução, o Juiz aplicará o direito nacional".

[141] VALLADÃO, Haroldo. *Direito internacional privado*, v. I, 5. ed. Rio de Janeiro: Freitas Bastos, 1980, p. 479.

da questão principal[142]. Para os seguidores dessa corrente, não se pode tratar *autonomamente* questões que estão *vinculadas* pela relação de prejudicialidade[143]. Assim, no caso em tela, não se tratava de avaliar a validade ou invalidade geral da adoção, mas sim de avaliar sua eficácia para fins sucessórios: como a sucessão deveria ser regida pela lei francesa, esta foi aplicada também para considerar ineficaz a adoção no âmbito da sucessão do imóvel[144]. Essa *corrente da conexão subordinada* submete a regra de conexão da questão prévia à regra de conexão da questão principal. Há um indisfarçável desejo de homogeneizar o uso das regras de conexão para as questões interconectadas de uma situação transnacional.

Contudo, há uma segunda corrente que aplica à questão prévia o mesmo entendimento já estudado referente ao *desmembramento* ou *dépeçage* de fatos transnacionais complexos: a utilização de uma regra de conexão específica para cada categoria jurídica envolvida na situação transnacional. Essa *corrente da conexão autônoma*[145] exige que diferentes regras de conexão sejam levadas em consideração, não podendo existir a supressão de uma em favor de outra, mesmo em casos concretos com questões de prejudicialidade envolvidas[146].

No DIPr do Brasil, a LINDB foi omissa, o que aponta para o uso da corrente da conexão autônoma, uma vez que nada autoriza o desprezo da regra de conexão específica da questão prévia em favor do consequente uso da regra de conexão da questão principal.

No plano convencional interamericano, a Convenção Interamericana sobre Normas Gerais de Direito Internacional Privado (1979) prevê, em seu art. 8º, que "[a]s

---

[142] Maekelt denomina-a de corrente do método global ("global method"). Maekelt denomina-a de corrente do "método independente". MAEKELT, Tatiana B. de. General rules of private international law in the Americas. New approach. *Recueil des Cours de l'Académie de Droit International de La Haye*, t. 177, 1982, p. 193-379, cit., p. 271.

[143] Conferir em MACHADO, João Baptista. *Lições de direito internacional privado*. 3. ed. Coimbra: Almedina, 1999, p. 292-294. Ver também Ferrer Correia, que afirma que existiu uma "falsa" questão prévia nesse *Caso da sucessão na Indochina*, pois a lei da questão principal era a lei do foro. Para Ferrer Correia, o problema central da questão prévia é a dissonância entre a regra de conflito do foro e regra da *lex causae*. Ocorre que houve dissonância no caso em tela entre as regras de conexão mesmo oriundas do mesmo direito (o francês) em virtude das distintas categorias jurídicas (adoção x sucessão) envolvidas. FERRER CORREIA, A. *Lições de direito internacional privado* – I. Coimbra: Almedina, 2000, p. 326-327.

[144] Valladão criticou a solução, pois teria sido incoerente o reconhecimento da ineficácia apenas para fins sucessórios. Defendeu que a solução mais adequada seria "a de cortar os efeitos (no caso, sucessório) incompatíveis com a ordem pública". VALLADÃO, Haroldo. *Direito internacional privado*, v. I, 2. ed. Rio de Janeiro: Freitas Bastos, 1977, p. 311.

[145] Maekelt denomina-a de corrente do "método independente" ("independent method"). MAEKELT, Tatiana B. de. General rules of private international law in the Americas. New approach. *Recueil des Cours de l'Académie de Droit International de La Haye*, t. 177, 1982, p. 193-379, cit., p. 271.

[146] Defendendo a conexão autônoma, ver BATALHA, Wilson de Souza Campos. *Tratado de direito internacional privado*, v. I, 2. ed. São Paulo: RT, 1977, p. 203.

questões prévias, preliminares ou incidentes que surjam em decorrência de uma questão principal não devem necessariamente ser resolvidas de acordo com a lei que regula esta última". Este dispositivo é ambíguo pelo uso da expressão "necessariamente", o que dá liberdade ao julgador para, ao menos excepcionalmente, utilizar a regra de conexão da questão principal para abranger também a questão prévia (corrente da conexão subordinada).

5.2. A adaptação

A adaptação (ou aproximação) em sentido amplo consiste em ajustar as normas materiais indicadas ou mesmo as regras de conflito, cujo funcionamento no caso concreto produz resultados injustos. Para Cansacchi, a adaptação incide (i) tanto quando o juiz do foro encontra-se na presença de uma pluralidade de regras de conexão em um fato transnacional complexo (sujeito ao desmembramento ou *dépeçage*) (ii) quanto no entrelaçamento de regras materiais estrangeiras e nacionais indicadas por essas mesmas regras de conexão. Em ambos os casos há a necessidade de ajuste por parte do julgador para que se chegue a um julgamento justo e lógico[147]. Em sentido mais restrito, é, para Dolinger, a "aplicação do direito estrangeiro alterado para adaptá-lo às realidades locais"[148]. Esse instituto busca obter a congruência e a eliminação da desarmonia entre as várias regras que poderiam regular um fato transnacional[149].

Valladão entende que essa incongruência está relacionada às diferenças entre a *lex fori* e a *lei estrangeira,* gerando (i) a amplificação da interpretação da lei estrangeira para incluir tópico previsto na lei brasileira e (ii) o alargamento da lei brasileira para abarcar institutos estrangeiros[150]. A rigor, como salienta Luís de Lima Pinheiro, não há modificação das normas materiais ou normas de conflito envolvidas, mas sim uma modelação de um critério de decisão do caso concreto, por meio de extensão ou restrição da previsão da norma ou de alteração dos efeitos que ela produz no caso concreto[151].

Como exemplo de adaptação, Valladão traz a antiga jurisprudência do STF referente à homologação de sentença estrangeira de divórcio como sendo "sentenças de desquite" (simples separação) durante as várias décadas de proibição do divórcio no

---

[147] CANSACCHI, Giorgio. Le choix et l'adaptation de la règle étrangère dans le conflit de lois. *Recueil des Cours de l'Académie de Droit International de La Haye,* v. 83, 1982, p. 79-162, cit., p. 156.

[148] DOLINGER, Jacob; TIBURCIO, Carmen. *Direito internacional privado*: Parte Geral e Processo Internacional. 12. ed. rev., atual. e ampl. Rio de Janeiro: Forense, 2016, p. 386.

[149] SANTOS, António Marques dos. Breves considerações sobre a adaptação em Direito internacional privado. *Estudos de direito internacional privado e de Direito Processual Civil.* Coimbra: Almedina, 1998, p. 51-128, em especial p. 55 e 69.

[150] VALLADÃO, Haroldo. *Direito internacional privado,* v. I, 2. ed. Rio de Janeiro: Freitas Bastos, 1977, p. 476.

[151] PINHEIRO, Luís de Lima. *Direito internacional privado,* v. I, Introdução e Direito dos Conflitos. Parte Geral. Coimbra: Almedina, 2011, em especial p. 418.

Brasil. A adaptação visa beneficiar a justiça e a equidade no caso concreto[152]. Esse tipo de atividade de adaptação é denominado de *adaptação-solução,* pela qual se formula uma solução *ad hoc* que representa um compromisso entre as soluções materiais possíveis (entre a proibição do divórcio e a permissão do divórcio, optou-se pela homologação da sentença estrangeira de divórcio como sendo de desquite)[153].

Outro caso de adaptação citado pela doutrina é o de instituto desconhecido no foro. Lewald denomina esse caso de "transposição", pelo qual o direito estrangeiro indicado exige que seja transposto um conteúdo jurídico alheio ao ordenamento do foro[154]. O exemplo do *trust* do direito norte-americano seria um caso de transposição, uma vez que vários ordenamentos nacionais desconhecem esse instituto[155]. A Convenção da Haia sobre a Lei Aplicável ao *Trust* e ao seu reconhecimento (1985, não ratificada pelo Brasil) estabelece, em seu art. 13, que é permitido aos Estados que não possuem o *trust* recusar o reconhecimento aos que forem estabelecidos com vínculos a países que não reconhecem o *trust* (para evitar a fraude à lei). Contudo, o art. 15 prevê, ao final, que, caso não seja possível o reconhecimento do *trust*, deve o julgador do foro esforçar-se para dar efeito aos objetivos do *trust* por outros meios.

Em 2007, o Instituto de Direito Internacional aprovou resolução tratando da *substituição* e *equivalência* de institutos da lei estrangeira com os da lei do foro. De acordo com a resolução, a *substituição* consiste na possibilidade de substituir uma relação jurídica por outra relação de direito análoga de outro Estado, abarcando inclusive a substituição de autoridades (art. 1º). O critério decisivo para que a *substituição* seja possível é a existência de equivalência entre os institutos, com base em uma comparação funcional entre as funções desempenhadas por um e por outro. Basta que haja similaridade entre os objetivos e os interesses visados pelas respectivas

---

[152] O reconhecimento e execução de sentença estrangeira é tida como uma aplicação *indireta* do direito estrangeiro. VALLADÃO, Haroldo. *Direito internacional privado*, v. I, 2. ed. Rio de Janeiro: Freitas Bastos, 1977, p. 477.

[153] Conforme raciocínio de Luís de Lima Pinheiro. O autor ainda menciona a *adaptação-problema,* na qual o ajuste abrange problemas de conjugação de estatutos (em casos de fatos complexos, que exigem – como no desmembramento – várias regras de conexão) que têm que ser resolvidos com base na unidade do ordenamento jurídico. PINHEIRO, Luís de Lima. *Direito internacional privado*, v. I, Introdução e Direito dos Conflitos. Parte Geral. Coimbra: Almedina, 2011, em especial p. 419.

[154] LEWALD, H. Règles générales des conflits de lois. Contribution à la technique du droit international privé. *Recueil des Cours de l'Académie de Droit International de La Haye*, v. 69, 1939, p. 05-145, em especial. p. 127 ("Les cas de transposition"). Para Valladão, o tema da adaptação aparece sob três formas na doutrina contemporânea: "(...) transposição, substituição e adaptação, que se poderiam reduzir praticamente a esta última". VALLADÃO, Haroldo. *Direito internacional privado*, v. I, 2. ed. Rio de Janeiro: Freitas Bastos, 1977, p. 477.

[155] De acordo com o art. 2º da Convenção sobre a lei aplicável ao *trust* e a seu reconhecimento: "o termo *trust* se refere a relações jurídicas criadas – *inter vivos* ou após a morte – por alguém, o outorgante, quando os bens forem colocados sob controle de um curador para o benefício de um beneficiário ou para alguma finalidade específica".

legislações[156]. No Brasil, no tocante à equivalência de funções de autoridades públicas, sustentou Hahnemann Guimarães (ex-Ministro do STF) que deveria ser aceito, no Brasil, como equivalente à escritura pública um ato lavrado nos Estados Unidos por notário – embora não seja oficial público –, mas que, pela regra local, tem poder de autenticar documentos[157].

5.3. O conflito móvel

O conflito móvel consiste na modificação das situações fáticas que incidem sobre os elementos de conexão, gerando, consequentemente, novo direito indicado[158].

Sua origem está na variação das situações fáticas utilizadas para definir o elemento de conexão, como, por exemplo, a mudança fática do *lugar* do domicílio, do *lugar* de origem da nacionalidade, do *lugar* da residência habitual ou da *situação* de um bem móvel.

Há vários casos possíveis, como, por exemplo, a transferência de um bem móvel do Estado A para o Estado B, a mudança de domicílio de uma pessoa do Estado X para o Estado Y, a naturalização de uma pessoa, entre outros. Em todos esses exemplos, é possível que a modificação dessas situações fáticas engendre um novo direito material para reger, respectivamente, a situação do bem móvel e a capacidade do indivíduo, pelo uso dos critérios clássicos de conexão (lei do local da situação do bem, lei do domicílio e lei da nacionalidade). Nasce a dúvida de saber de qual é o domínio de cada direito material (do Estado A e do Estado B; do Estado X e do Estado Y) para reger a sucessão de relações jurídicas envolvidas.

A estrutura do conflito móvel é diferente da temática do direito intertemporal (ou direito transitório) no DIPr, uma vez que, no caso do direito intertemporal, a mudança de legislação advém do *mesmo poder legiferante* que altera as regras de conexão ou do próprio direito material; no conflito móvel, é oriunda da mobilidade e atividade dos *sujeitos de direito* envolvidos, restando intactas as leis de cada Estado[159].

Assim, o conflito móvel retrata um conflito de leis no *espaço*, não se tratando de um conflito de leis no *tempo*. Há uma verdadeira "mobilidade" da situação jurídica pelos diferentes territórios estatais (por isso, fala-se de movimentação de espaços). A regra de conexão é a mesma (por exemplo, "lei do lugar do domicílio"), mas, em

---

[156] Instituto de Direito Internacional, "La substitution et le principe d'équivalence en droit international privé", Relator Erik Jayme, sessão de Santiago, 2007.

[157] Citado por Tenório, sem fonte. Ver TENÓRIO, Oscar. *Lei de Introdução ao Código Civil brasileiro*. 2. ed. Rio de Janeiro: Borsoi, 1955, p. 338.

[158] A expressão "conflito móvel" (*conflit mobile*) foi cunhada por Bartin. BARTIN, E. *Principes de droit international privé selon la loi et la jurisprudence françaises*, t. 1, Paris: Éditions Domat-Montchrestien, 1930, em especial § 78, p. 193.

[159] COURBE, Patrick. *Les objectifs temporels des règles de droit international privé*. Paris: Presses Universitaires de France, 1981, p. 237. BATIFFOL, Henri. *Traité élémentaire de droit international privé*. Paris: LGDJ, 1959, n. 320, p. 374.

virtude da alteração fática de componente do elemento de conexão, altera-se o direito indicado para reger a situação transnacional.

O conflito móvel só ocorre nos elementos de conexão que possuem componentes referentes a situações fáticas variáveis, como lugar do domicílio ou residência, a chamada "conexão móvel"; os componentes que se referem a situações fixas não permitem a existência de um conflito móvel, como é o caso da situação do bem imóvel (a "conexão constante")[160].

Assim, o conflito móvel pressupõe um fato transnacional que atrai uma "conexão móvel". Essa modificação fática acarreta a competência sucessiva de distintas leis materiais para reger o fato transnacional previamente existente. Há uma união do fator "tempo" (a modificação no tempo do componente fático, por exemplo, o lugar do domicílio ou o lugar de origem da nacionalidade) e do fator "espaço" (a modificação, no espaço, da lei indicada).

A dúvida que envolve a temática dos "conflitos móveis" é saber, em todos os casos de elemento de conexão cujo componente fático pode variar ao longo do tempo, qual é o momento temporal que deve ser levado em consideração para a indicação final do direito material de regência.

Como exemplo, vejamos a seguinte situação: um brasileiro casa com uma nacional francesa e o casal estabelece seu domicílio na Alemanha, onde ficam dez anos. Nesse período, há elementos de conexão que permitem a definição da lei aplicada ao matrimônio à luz do DIPr brasileiro, francês e alemão. Após esses dez anos, o casal muda de domicílio para a França e o marido naturaliza-se francês. Essa mudança de domicílio e mudança de nacionalidade têm qual tipo de impacto sobre o regime matrimonial já estabelecido[161]?

Para resolver essas dúvidas, deve-se, inicialmente, verificar a existência de regras internacionais ou nacionais. A Convenção da Haia sobre os efeitos do casamento, de 1902, estipulava que a mudança de nacionalidade dos cônjuges em nada afetava o regime de bens (art. 2º, alínea 2). Outra fórmula de dirimir o conflito móvel é estabelecer regras de conexão alternativas. Por exemplo, a Convenção da Haia sobre forma das disposições do testamento, de 1961, dispõe que, no caso de mudança de nacionalidade, domicílio ou residência habitual do testador, o testamento será válido quanto à forma a partir da lei indicada pelo elemento de conexão existente seja no momento da elaboração do testamento ou no dia de seu falecimento.

No caso de inexistir solução prevista no DIPr, há duas correntes: (i) a *corrente da regra intertemporal*, para a qual cabe aplicar, ao conflito móvel, o mesmo

---

[160] LEWALD, H. Règles générales des conflits de lois. Contribution à la technique du droit international privé. *Recueil des Cours de l'Académie de Droit International de La Haye*, v. 69, 1939, p. 5-145, em especial. p. 39-41.

[161] Exemplo adaptado de Droz. Conferir DROZ, Georges André Léopoldand. Regards sur le droit international prive comparé. Cours général de droit international privé. *Recueil des Cours de l'Académie de Droit International de La Haye*, v. 229, 1991, p. 9-424, em especial p. 52.

critério de solução dado à temática do direito intertemporal do Estado do foro; como afirma Batiffol, o "problema é substancialmente o mesmo"[162]; e (ii) a *corrente da solução internacional*, que defende a predominância de uma solução especificamente internacional, adaptada às funções e objetivos da regra de DIPr analisada.

Utilizando a *corrente da regra intertemporal* no Brasil, aplica-se o novo direito indicado desde que não haja prejuízo aos direitos adquiridos, aos atos jurídicos perfeitos e à coisa julgada[163]. Por exemplo, indivíduo que já atingiu o limite etário para ser considerado capaz (por exemplo, 14 anos) e, com a alteração de domicílio para o Brasil, perde tal capacidade por lhe faltar ainda alguns anos (novo limite sendo 18 anos). Não há direito adquirido a um regime jurídico (capacidade plena) para os novos contratos que venha a celebrar. Para Rigaux, essa corrente assimila o conflito móvel a um problema intertemporal[164].

Mesmo quando o instituto é desconhecido no novo ordenamento indicado, é possível preservar o ato jurídico perfeito, pelo uso da *transposição* (vista acima). Erik Jayme relata o *Caso Ferrari 208 Turbo,* no qual se discutiu o conflito móvel envolvendo bem móvel. Tratou-se de alienação de carro de luxo italiano na Alemanha, tendo sido a nova proprietária alemã surpreendida com ação judicial por Banco italiano, que alegou ter sido desrespeitada uma hipoteca automobilística (instituto italiano desconhecido do direito alemão). A dúvida dizia respeito à sobrevivência de tal hipoteca, após o transporte do carro da Itália para a Alemanha, devendo ser aplicado o novo direito material (direito alemão, a partir da lei da situação do bem móvel). Ao final, unindo o tema do conflito móvel com o da *transposição* (ver acima), o Judiciário alemão fez incidir um instituto alemão similar, dando razão ao Banco[165].

A *corrente da solução internacional* critica a corrente *da regra intertemporal* por querer resolver o conflito de leis materiais no espaço (caso do conflito móvel) usando regras de solução de conflitos no tempo. Por isso, a solução do conflito móvel deve ser dada pelo juiz levando em consideração os *objetivos e valores de DIPr* em análise[166].

---

[162] BATIFFOL, Henri. *Traité élémentaire de droit international privé.* Paris: LGDJ, 1959, n. 320, p. 374. Nesse sentido, AUDIT, Bernard. Le caractère fonctionnel de la règle de conflit (sur la crise des conflits de lois). *Recueil des Cours de l'Académie de Droit International de La Haye,* v. 186, 1984, p. 219-397, em especial p. 286.

[163] Conforme visto no capítulo sobre direito intertemporal (direito transitório) e o DIPr deste *Curso.*

[164] RIGAUX, François. Le conflit mobile en droit international privé. *Recueil des Cours de l'Académie de Droit International de La Haye,* v. 117, 1966, p. 329-444, p. 362 e 379.

[165] JAYME, Erik. Identité culturelle et intégration: le droit internationale privé postmoderne. *Recueil des Cours de l'Académie de Droit International de La Haye,* v. 251, 1995, p. 9-267, em especial p. 117-118.

[166] COURBE, Patrick. *Les objetctifs temporels des règles de droit international privé.* Paris: Presses Universitaires de France, 1981, p. 240. RIGAUX, François. Le conflit mobile en droit international privé. *Recueil des Cours de l'Académie de Droit International de La Haye,* v. 117, 1966, p. 329-444, em especial p. 364 e s.

Gaudemet-Tallon traz exemplo de tribunais israelenses que se recusaram a declarar nulos matrimônios celebrados no estrangeiro de modo ofensivo à lei do local de celebração: a mudança de domicílio para Israel conferiu eficácia a um casamento nulo na origem, em uma validade retroativa[167]. Nesse caso, a prevalência de determinados valores (o chamado *favor matrimonii*, a busca da preservação da validade do casamento) gerou a não aplicação das regras intertemporais.

5.4. O uso da lei mais favorável

O uso da lei mais favorável consiste na adoção de dispositivos no Direito Internacional Privado que beneficiam determinados valores ou interesses considerados relevantes no foro. Valladão entende que esse uso constitui-se em um "princípio da lei mais favorável", tendo sua origem remota em leis contendo normas de DIPr no Código prussiano de 1794, cujo art. 35 mencionava a preferência da lei que fosse mais favorável à validade dos contratos[168].

Há duas grandes espécies de dispositivos que adotam o uso da lei mais favorável: (i) os dispositivos nacionalistas e (ii) os dispositivos de proteção de valores. A primeira espécie abarca as regras que preveem o afastamento de determinado direito material para favorecer o sujeito ou o interesse nacional. A segunda espécie abarca as regras que permitem a escolha, pelo intérprete, do direito material que melhor protege determinado interesse mencionado na regra de conexão.

Quanto à primeira espécie, observo que o uso da lei mais favorável pode, inicialmente, ter como objetivo beneficiar nacionais, em detrimento de estrangeiros. Em geral, opta-se pelo (i) uso da lei do foro para favorecer nacionais, mas nada impede que seja feita uma (ii) escolha entre a lei do foro e uma lei estrangeira ou ainda (iii) entre duas leis estrangeiras. Nessa espécie, destaca-se o *prélèvement* nacionalista, que consiste na atribuição de preferência aos nacionais.

O *prélèvement nacionalista* foi consagrado pela lei francesa de 14 de julho de 1819, que criou o direito de compensação, no caso de partilha entre herdeiros franceses e estrangeiros de bens situados na França e no exterior, a favor dos herdeiros franceses, de modo a compensá-los de eventuais exclusões da herança feita pelas leis estrangeiras[169]. Esse benefício é feito por uma norma imperfeita de DIPr, cujo alcance

---

[167] GAUDEMET-TALLON, Hélène. La désunion du couple en droit international privé. *Recueil des Cours de l'Académie de Droit International de La Haye*, v. 226, 1991, p. 9-279, em especial p. 119.

[168] VALLADÃO, Haroldo. O princípio da lei mais favorável no DIP. *Revista da Faculdade de Direito da Universidade de São Paulo*, v. 76, 1981, p. 53-61, em especial p. 54.

[169] LEWALD, Hans. Règles générales des conflits de lois. Contribution à la technique du droit international privé. *Recueil des Cours de l'Académie de Droit International de La Haye*, v. 69, 1939, p. 5-145, em especial p. 120. No mesmo sentido, WENGLER, Wilhelm. The general principles of private international law. *Recueil des Cours de l'Académie de Droit International de La Haye*, v. 104, 1961, p. 273-469, em especial p. 395. BATIFFOL, Henri. *Traité élémentaire de droit international privé*. 3. ed. Paris: LGDJ, 1959, p. 725.

é limitado a proteger os interesses nacionais. Esse tipo de dispositivo de *prélèvement nacionalista* foi adotado por vários países para favorecer os nacionais em desfavor dos estrangeiros em especial nas sucessões[170]. É possível também uma evolução menos nacionalista do instituto, que busca dar a preferência a qualquer um – estrangeiro ou nacional – que se encontre em situação desigual pela incidência da regra de conexão, em uma espécie de *prélèvement igualitário ou compensatório*[171].

No Brasil, o art. 5º, XXXI, da Constituição[172] e o art. 10, § 1º[173], da Lei de Introdução às Normas do Direito Brasileiro adotaram o *prélèvement nacionalista* ao prever o *tratamento preferencial aos sucessores brasileiros* (cônjuge ou filhos) *dado nas sucessões de estrangeiros em bens situados no Brasil*. Não se indaga sobre qualquer compensação ou tratamento discriminatório no exterior dado aos brasileiros na sucessão de bens, mas simplesmente busca-se proteger os nacionais. Esse tratamento preferencial é regra unilateral de Direito Internacional Privado, que só pode ser aplicada para beneficiar brasileiros: a sucessão de bens de estrangeiros, situados no País, será regulada pela lei brasileira em benefício do cônjuge ou dos filhos brasileiros, ou de quem os represente, sempre que não lhes seja mais favorável a lei pessoal do *de cujus*[174].

O uso da lei mais favorável para beneficiar o sujeito ou interesse nacional sofre a crítica de vulnerar o direito à igualdade entre nacional e estrangeiro, sem que haja nenhum fundamento adicional (a não ser a nacionalidade) que justifique a discriminação[175].

A segunda espécie de adoção da "lei mais favorável" abarca o seu uso para proteger *determinados* valores no DIPr. Há vários dispositivos que manuseiam o método indireto flexível (com regras de conexões alternativas), indicando os valores que prevalecem em uma determinada situação transnacional.

Conforme já visto no capítulo sobre *método indireto flexível*, o DIPr contém regras de conexão que exigem que o intérprete analise e escolha, entre duas ou mais

---

[170] Por exemplo, cite-se o art. 3.100 do Código Civil de Québec e o art. 2.448 do Código Civil do Paraguai. Ver mais em FELDSTEIN DE CÁRDENAS, S. L. La obsolescencia del art. 3.470 del C.c. en materia de sucesiones internacionales, *Revista URBE et IUS*, n. 13, 2014, p. 63-74.

[171] BONOMI, Andrea. Successions internationales: conflits de lois et de juridictions. *Recueil des Cours de l'Académie de Droit International de La Haye*, v. 350, 2010, p. 71-418.

[172] Art. 5º, XXXI. "(...) a sucessão de bens de estrangeiros situados no País será regulada pela lei brasileira em benefício do cônjuge ou dos filhos brasileiros, sempre que não lhes seja mais favorável a lei pessoal do 'de cujus'".

[173] Art. 10, § 1º "A sucessão de bens de estrangeiros, situados no País, será regulada pela lei brasileira em benefício do cônjuge ou dos filhos brasileiros, ou de quem os represente, sempre que não lhes seja mais favorável a lei pessoal do *de cujus*. (Redação dada pela Lei n. 9.047, de 1995)".

[174] Ver mais sobre esse instituto na Parte V, Capítulo 5, item 5.4 ("O uso da lei mais favorável aos sucessores brasileiros"), deste *Curso*.

[175] Ver críticas ao *prélèvement nacionalista* na Parte V, Capítulo 5, deste *Curso*.

leis passíveis de serem aplicadas ao fato transnacional, qual protegeria determinado valor ou interesse mencionado. Trata-se de uma aplicação condicionada do direito estrangeiro, que só será utilizado se, sob um ângulo material, melhor proteger o interesse ou valor predeterminado.

Nessa segunda espécie, destaca-se, inicialmente, o *favor negotii* que é o uso da lei mais favorável à validade do negócio jurídico. O caso célebre envolvendo o tema foi o Caso *Lizardi*, que é precursor e anterior mesmo ao uso do método indireto flexível. Tratou-se de contrato celebrado na França, por jovem mexicano (Sr. Lizardi) que, ao tempo da celebração, possuía 23 anos, sendo menor de acordo com a lei mexicana (lei da nacionalidade, que rege o estatuto pessoal de acordo com o DIPr francês), mas maior de acordo com a lei francesa (que não era aplicável ao caso). Em 1861, a Corte de Cassação francesa mantém a validade do negócio por ele realizado, apontando a boa-fé do contratante francês e a impossibilidade de se conhecer todas as leis estrangeiras reguladoras da capacidade jurídica. Conforme Ancel e Lequette, a doutrina majoritária sustenta que não se trata somente de proteger a parte nacional (no caso, o contratante francês), mas sim de valorizar os direitos dos terceiros em nome da (i) boa-fé e (ii) teoria da aparência[176]. Além disso, a compressão à proteção ao desenvolvimento adequado da criança e adolescente é mínima, pois ficou realçado que Lizardi era capaz de acordo com a lei francesa.

Atualmente, há vários diplomas normativos que contemplam a "solução Lizardi", mantendo a validade do contrato[177]. No Brasil, a adoção do *favor negotii* na hipótese de incapacidade de uma parte estrangeira foi prevista no art. 42, parágrafo único, do Decreto n. 2.044, de 1908[178], que estipula que, "[t]endo a capacidade pela lei brasileira, o estrangeiro fica obrigado pela declaração que firmar, sem embargo da sua incapacidade, pela lei do Estado a que pertencer".

Nessa linha, há dispositivos de DIPr em tratados e em leis de vários Estados nos quais há o *favor matrimonii* (adoção do direito material mais favorável à validade do matrimônio), o *favor testamenti* (adoção do direito material mais favorável à validade do testamento), o *favor laesi* (adoção do direito material mais favorável à indenização da vítima de dano), o *favor divortii* (adoção do direito mais favorável à dissolução do casamento)[179], o *favor legimitatis* (adoção do direito mais favorável à legitimidade do filho), o *favor consumidor* (adoção do direito

---

[176] ANCEL, B.; LEQUETTE, Y. *Les grands arrêts de la jurisprudence française de droit international privé*. 5. ed. Paris: Dalloz, 2006, p. 45.

[177] ANCEL, B.; LEQUETTE, Y. *Les grands arrêts de la jurisprudence française de droit international privé*. 5. ed. Paris: Dalloz, 2006, p. 46.

[178] Decreto n. 2.044, de 31 de dezembro de 1908, que "define a letra de câmbio e a nota promissória e regula as Operações Cambiais".

[179] Ver exemplos desses usos da lei mais favorável em Symeonides. SYMEONIDES, Symeon C. Result--Selectivism in Private International Law. *Romanian Journal of Private International Law & Comparative Private Law*, n. 3, 2008, p. 1-30.

mais favorável ao consumidor)[180], o *favor validatis* (adoção do direito que assegure a prevalência do contrato – favorável à autonomia da vontade)[181], o *favor infans* (adoção da lei mais favorável às crianças)[182] etc.

Com esse leque de preferências, o DIPr deve fazer escolhas: por exemplo, a preferência a favor da validade do negócio jurídico (*favor negotii*) pode ser ofensiva à preferência de proteção do consumidor ou de uma outra parte vulnerável[183].

Essas escolhas entre valores contrastantes (entre a liberdade de contratar e a proteção da parte fraca) mostram uma nova faceta do DIPr, que não é neutro e deve ser (i) comprometido com a justiça material e (ii) transparente quanto aos valores a proteger.

---

[180] Como aponta Claudia Lima Marques. MARQUES, Claudia Lima. A insuficiente proteção do consumidor nas normas de direito internacional privado: da necessidade de uma convenção interamericana (CIDIP) sobre a lei aplicável a contratos e relações de consumo. *Revista dos Tribunais*, v. 788, 2001, p. 11-56.

[181] NYGH, Peter E. The reasonable expectations of the parties as a guide to the choice of law in contract and in tort. *Recueil des Cours de l'Académie de Droit International de La Haye*, v. 251, 1995, p. 269-400, em especial p. 296.

[182] DOLINGER, Jacob. Evolution of principles for resolving conflicts in the field of contracts and torts. *Recueil des Cours de l'Académie de Droit International de La Haye*, t. 283, 2000, p. 187-512, especialmente p. 358.

[183] Erik Jayme menciona, em seu Curso Geral de DIPr na Academia da Haia, a possibilidade do uso da lei mais favorável à parte vulnerável. JAYME, Erik. Identité culturelle et intégration: Le droit internationale privé postmoderne. *Recueil des Cours de l'Académie de Droit International de La Haye*, v. 251, 1995, p. 9-267, em especial p. 122.

PARTE IV
LIMITES À APLICAÇÃO DO DIREITO ESTRANGEIRO

1. A CONSTITUCIONALIDADE E A CONVENCIONALIDADE NO DIREITO INTERNACIONAL PRIVADO

1.1. Aspectos gerais

Apesar de ser o Direito Internacional Privado (DIPr) um ramo do direito informado pela tolerância e respeito à diversidade, o Estado do foro permanece com o controle do respeito aos valores locais tidos como essenciais.

Esse controle é feito *a posteriori* da incidência das normas de DIPr, impedindo, excepcionalmente, que sua aplicação regular seja realizada. Por exemplo, após a incidência de uma regra de conexão que aponta determinado direito estrangeiro, a preservação dos valores essenciais do foro impede que o julgador aplique a lei estrangeira (*lex causae*).

O respeito aos valores essenciais do foro é realizado de quatro modos distintos: (i) pelo controle de constitucionalidade do direito estrangeiro; (ii) pelo controle de convencionalidade do direito estrangeiro; (iii) pela incidência da chamada cláusula de ordem pública; e (iv) pelo combate à fraude à lei[1].

Essa exigência de respeito a valores essenciais do foro funda-se, no limite, na própria soberania dos Estados, que, inclusive, fizeram inserir em vários tratados de DIPr a possibilidade de (i) não aplicação do direito estrangeiro ou (ii) a não realização de cooperação jurídica internacional, na hipótese de desrespeito a determinadas normas e princípios domésticos.

---

[1] Como já visto na Parte III, Capítulo 6, deste *Curso*, não cabe confundir a utilização de normas de aplicação imediata do foro com o controle da aplicação do direito estrangeiro, uma vez que as normas de aplicação imediata compõem, pela posição adotada aqui, um método próprio de regência do fato transnacional, incidindo *a priori* sobre a situação transnacional.

Além disso, o controle dos valores do foro é compatível com a afirmação contemporânea do DIPr à luz dos direitos humanos. A antiga posição de ser o DIPr um conjunto de normas remissivas ou indiretas, que meramente indicavam o direito aplicável sem a preocupação com justiça material e igualdade, foi ultrapassada pela necessidade de o DIPr alinhar-se com os valores defendidos pelo Estado Democrático de Direito (como todos os ramos do direito) e pelo reconhecimento internacional do dever de promover direitos humanos.

1.2. O controle de constitucionalidade no Direito Internacional Privado

O controle de constitucionalidade no Direito Internacional Privado consiste na aferição de compatibilidade (i) das normas da disciplina e também (ii) do direito estrangeiro (apontado pelas regras de conexão) com a Constituição.

Há três espécies de controle de constitucionalidade no DIPr: (i) o controle de constitucionalidade interno das *regras de conexão* do DIPr do foro; (ii) o controle de constitucionalidade interno do *direito estrangeiro* com a Constituição do foro; e (iii) o controle de constitucionalidade externo do *direito estrangeiro* em face da Constituição *estrangeira*. Assim, não é suficiente que as regras de DIPr (por exemplo, as regras de conflito) sejam compatíveis com a Constituição: é igualmente necessário que o direito estrangeiro por elas indicado também o seja, tanto em relação à Constituição do foro quanto à própria Constituição estrangeira.

O controle de constitucionalidade do direito estrangeiro é consequência da "constitucionalização do Direito Internacional Privado", que consiste na impregnação da disciplina pelas normas constitucionais. Nadia de Araujo, com base em Erik Jayme, sustenta que a norma de DIPr deve ser vista sob uma dupla perspectiva, de indicação do direito e também de "proteção de valores constitucionais, especialmente os direitos humanos reconhecidos na ordem jurídica"[2]. A pauta de valores constitucionais impõe-se ao DIPr, revelando, novamente, a erosão da pretensa neutralidade da disciplina que não pode mais ser vista como apenas um conjunto de normas de sobredireito (sem qualquer outra pretensão valorativa).

A doutrina constitucionalista habitualmente salienta ser a Constituição o conjunto de normas *supremas* de um Estado, que contém as diretrizes e os vetores axiológicos de todo o ordenamento jurídico. Para assegurar essa supremacia, é comum a adoção de fórmulas voltadas a promover o respeito à hierarquia e ao conteúdo

---

[2] Conferir em ARAUJO, Nadia de. Constitucionalização do direito internacional privado: a nova concepção do princípio da ordem pública no direito interno e nas convenções da Haia sobre a adoção internacional e sobre aspectos civis de sequestro de menores. In: SOUZA NETO, Cláudio Pereira de; SARMENTO, Daniel (Org.). *A constitucionalização do direito*. Rio de Janeiro: Lumen Juris, 2007, p. 585-595, em especial p. 587. Sobre a "dupla perspectiva" (*double coding*) de Erik Jayme ver JAYME, Erik. Identité culturelle et intégration: Le droit internationale privé postmoderne. *Recueil des Cours de l'Académie de Droit International de La Haye*, v. 251, 1995, p. 9-267, em especial 245 e s. (Capítulo X).

das normas da própria Constituição. Por isso, em vários Estados (inclusive o nosso), a Constituição conta com procedimento de alteração especial mais dificultoso, diferenciado da produção legislativa comum, o que consagra a superioridade da Constituição em relação às demais normas infraconstitucionais. No Brasil, a Constituição de 1988 (CF/88) prevê mecanismos de preservação de seus comandos em casos concretos submetidos a todo e qualquer juízo (o chamado controle difuso de constitucionalidade), ou ainda em ações diretas de constitucionalidade, cuja apreciação é reservada ao Supremo Tribunal Federal (o chamado controle concentrado de constitucionalidade)[3].

Assim, a Constituição influencia e molda todos os ramos do Direito, impactando, então, de modo direto ou indireto, todos os segmentos do Direito Internacional Privado, cujas normas são de natureza híbrida (origem nacional e internacional).

De modo direto, a Constituição possui normas sobre a escolha de leis, cooperação jurídica internacional, condição jurídica do estrangeiro e nacionalidade, bem como molda, principiologicamente, o formato da jurisdição internacional. De modo indireto, a Constituição afeta o DIPr ao exigir que todas as suas normas e, consequentemente, a aplicação delas, sejam compatíveis com o texto constitucional.

Nessa linha, o Tribunal Constitucional da Alemanha, em decisão de 4 de maio de 1971, apreciou caso envolvendo o conteúdo material do direito estrangeiro impugnado em face da Lei Fundamental de Bonn (*Caso espanhol*)[4]. Tratou-se de caso no qual nacional espanhol, solteiro, pretendia casar-se com nacional alemã, divorciada. Na época, a Espanha não permitia o divórcio e o DIPr alemão ordenava que fosse aplicada a lei nacional do nubente para reger a capacidade matrimonial. A autoridade espanhola negou o certificado de capacidade matrimonial, uma vez que seu nacional teria incidido em impedimento (casaria com pessoa já casada – uma vez que o divórcio não era reconhecido). No Tribunal Constitucional alemão, ficou decidido que tanto (i) as regras de conflito do DIPr alemão (*a lex fori*) quanto (ii) o direito material estrangeiro indicado (a *lex causae*) devem ser compatíveis com

---

[3] A bibliografia sobre a interpretação da Constituição e o controle de constitucionalidade é vasta. Ver, entre outros, BARROSO, Luís Roberto. *Curso de direito constitucional contemporâneo*. 5. ed. São Paulo: Saraiva, 2015. BARROSO, Luís Roberto. *O controle de constitucionalidade no direito brasileiro*. 5. ed. São Paulo: Saraiva, 2011. BARROSO, Luís Roberto. *Interpretação e aplicação da Constituição*. 7. ed. São Paulo: Saraiva, 2009. MENDES, Gilmar Ferreira. *Direitos fundamentais e controle de constitucionalidade*. 3. ed. São Paulo: Saraiva, 2004. MENDES, Gilmar Ferreira; BRANCO, Paulo Gustavo Gonet. *Curso de direito constitucional*. 10. ed. São Paulo: Saraiva, 2015. STRECK, Lenio Luiz. *Jurisdição constitucional e hermenêutica. Uma nova crítica do direito*. 2. ed. Rio de Janeiro: Forense, 2004. TAVARES, André Ramos. *Curso de direito constitucional*. 15. ed. São Paulo: Saraiva, 2017. MORAES, Alexandre de. *Direito constitucional*. 33. ed. São Paulo: Atlas, 2017.

[4] Ver o chamado "*Caso espanhol*" do Tribunal Constitucional Federal, decisão de 4 de maio de 1971, 1 BvR 636/68. Conferir em *Decisions of the Bunderverfassungsgericht – Federal Constitucional Court – Federal Republic of Germany*, v. 5 – Family-Related Decisions – 1957-2010. Baden-Baden: Nomos, 2013, p. 100-121.

a Lei Fundamental de Bonn. No caso, o direito material espanhol foi considerado ofensivo à liberdade de contrair matrimônio prevista no art. 6.1 da Lei Fundamental de Bonn, que merece proteção contra todo ato arbitrário do Estado, o que inclui o uso de regras de conflito para situações transnacionais que venha a gerar violações de direitos fundamentais[5].

Juenger, comentando o *Caso espanhol*, realçou que tanto as regras de conexão alemãs quanto o direito material estrangeiro aplicado submeteram-se e se subordinaram à Lei Fundamental da Alemanha[6]. Para Moura Ramos, ficou atestada a *autonomia* do controle de constitucionalidade no Direito Internacional Privado (DIPr), uma vez que, tradicionalmente, os valores constitucionais estavam inseridos no indeterminado conceito de "ordem pública do DIPr"[7].

Com o *Caso espanhol*, ficou clara a "dupla subordinação" do DIPr aos direitos fundamentais: os métodos da disciplina *e* o direito estrangeiro indicado devem se subordinar ao teor dos direitos fundamentais, tais quais interpretados pelo Estado do foro[8].

As discussões sobre a relação da Constituição com o DIPr são fruto da remodelação do papel do Estado após a grande depressão econômica do capitalismo de 1929 e também das críticas ao DIPr clássico feitas pela doutrina norte-americana. Ross, já em 1931, discutiu os limites do DIPr norte-americano (no caso específico, interestadual, citando caso decidido em Wisconsin) em face da Constituição[9]. Para Ferrer Correia, há inter-relação entre a abertura do DIPr a resultados materiais e o reconhecimento de que não é possível ignorar os valores ancorados na Constituição[10].

Na Europa, Moura Ramos relata diversas reformas de leis nacionais de DIPr que expressamente visaram afastar as regras de conexões e resultados de sua aplicação

---

[5] Ver comentário ao caso em KOMMERS, Donald. P. *The constitutional jurisprudence of the Federal Republic of Germany*. 2. ed. Durham/London: Duke University Press, 1997, em especial p. 499-500.

[6] JUENGER, Friedrich K. The German Constitution Court and the conflict of laws. *American Journal of Comparative Law*, v. 20, Issue 2, 1972, p. 290-298, em especial p. 293.

[7] MOURA RAMOS, Rui Manuel Gens de. *Direito internacional privado e Constituição* – introdução a uma análise das suas relações. 3ª reimpressão, Coimbra: Coimbra Editora, 1994, p. 216.

[8] LABRUSSE, Catherine. Droit constitutionnel et droit international privé en Allemagne Fédérale (à propos de la décision du Tribunal Constitutionnel Fédéral du 4 mai 1971). *Recueil Critique de Droit International Privé*, v. 63, 1974, p. 1-43, em especial p. 6.

[9] ROSS, G. W. C. Has the conflict of laws become a branch of Constitutional Law? *Minnesota Law Review*, v. 15, 1931, p. 161-181. Leflar, contudo, após mencionar, irônico, que, nos anos 1920 ou 1930, o DIPr nos EUA parecia estar prestes a se tornar um "ramo do Direito Constitucional" (*branch of constitutional law*, título do artigo de Ross), aponta que decisões posteriores da Suprema Corte americana refrearam essa tendência. LEFLAR, Robert A. Constitutional limits on free choice of law. *Law and Contemporary Problems*, v. 28, Issue 4, 1963, p. 706-731, em especial p. 706.

[10] FERRER CORREIA, A. *Estudos vários de direito internacional privado*. Coimbra: Universidade de Coimbra (por ordem), 1982, p. 285.

contrários à Constituição, entre elas a de Portugal (1977), Grécia (1983), Alemanha (1986), Espanha (1990), Itália (1995) e Bélgica (2004)[11].

Assim, a incidência dos dispositivos constitucionais no DIPr é feita de dois modos distintos: (i) de *modo indireto*, como fonte material do conteúdo da ordem pública de DIPr do foro; (ii) de *modo direto*, resultando no controle de constitucionalidade dos métodos (em especial, as regras de conexão) e do direito estrangeiro eventualmente indicado[12].

Há diferenças entre os dois modos de incidência da Constituição no DIPr. No *modo indireto*, o intérprete poderia sopesar qual valor constitucional merece maior peso na concretização da "ordem pública" no caso concreto, excluindo alguns comandos constitucionais que considere não essenciais. Assim, a ordem pública seria um conjunto de princípios essenciais em número *inferior* aos dispositivos constitucionais. A indeterminação do conceito de "ordem pública" favorece essa erosão dos comandos constitucionais, gerando maior liberdade por parte do intérprete.

Já no *modo direto* (controle de constitucionalidade material), todos os comandos constitucionais – em tese – têm que ser observados, pois a Constituição é, em vários países do mundo (e no Brasil), o conjunto de normas supremas, devendo *todo* o ordenamento jurídico lhe prestar obediência.

No plano da *incidência direta* da norma constitucional sobre o DIPr, houve divergência doutrinária sobre a possibilidade de (i) controle somente da regra de conexão do DIPr (corrente da *incidência direta restrita*[13]), (ii) controle do direito estrangeiro indicado em fatos transnacionais com vínculos estreitos com o foro (corrente da *incidência direta intermediária*) ou (iii) controle do direito estrangeiro em qualquer hipótese de remissão (corrente da *incidência ampla*).

A corrente da *incidência direta restrita* às regras de conexão favoreceria a segurança jurídica dos envolvidos nas situações transnacionais, que seriam surpreendidos caso o direito aplicável (a *lex causae*) fosse considerado inconstitucional por ofensa a uma Constituição sem qualquer vínculo com o substrato social que deu origem à lei estrangeira.

Nesse sentido, Clémerson Clève sustenta que "[o] direito estrangeiro não pode ser objeto de fiscalização da constitucionalidade", devendo ser utilizado, ao invés, o

---

[11] MOURA RAMOS, Rui Manuel Gens de. *Estudos de direito internacional privado da União Europeia*. Coimbra: Imprensa da Universidade de Coimbra, 2016, em especial p. 337-339 e nota de rodapé 860. Ver também RIGAUX, François. *Droit constitutionnel et droit international privé*. Mélanges en l'honneur de Michael Waelbroeck. Bruxelles: Bruyland, 1999, p. 111-137. JAYME, Erik. La Costituzione tedesca e il diritto internazionale privato. *Rivista di Diritto Internazionale Privato e Processuale*, v. 8, 1972, p. 76-81.

[12] Seguindo o raciocínio de Moura Ramos. MOURA RAMOS, Rui Manuel Gens de. *Direito internacional privado e Constituição*: introdução a uma análise das suas relações. 3ª reimpressão, Coimbra: Coimbra Editora, 1994, p. 216-217.

[13] Por exemplo, há interessante caso de *não recepção* de regras de conexão previstas na LINDB no art. 7º, § 7º, que menciona o "domicílio do chefe da família" que se estenderia ao outro cônjuge. Conferir a análise da incompatibilidade desta regra de conexão com a igualdade entre homens e mulheres (prevista na CF/88) no capítulo sobre estatuto pessoal deste *Curso*.

instituto da ordem pública para recusar sua aplicação no foro[14]. Entendo que não se trata de fiscalizar o direito estrangeiro em face de uma Constituição da qual aquela norma não recebe nenhum pressuposto de validade, mas sim de impor limite de aplicação ao direito estrangeiro *por violação à Constituição*.

Aceitar que a proteção de valores constitucionais deve ser feita pela cláusula de ordem pública permite, no limite, que determinado tratado que não possui tal cláusula (prevalecendo sobre a LINDB, então, pelo princípio da especialidade) possa gerar a aplicação de direito estrangeiro *contrário* à Constituição. A inconstitucionalidade aqui é constatada como limite a ensejar o rechaço da aplicação da norma estrangeira por ato do Estado do foro, tal qual ocorre com qualquer outro ato do Estado submetido à Constituição. Nesse sentido, Juenger sustenta que se trata de verificar se a aplicação de norma estrangeira por *autoridades nacionais* gera um resultado inconstitucional (*"unconstitutional result"*)[15].

De acordo com a *corrente da incidência direta intermediária*, o controle de constitucionalidade só incide sobre situações com vínculos estreitos com o Estado, para evitar uma inflação de vedações à aplicação da lei estrangeira no Estado do foro. Nessa linha, sustenta Ferrer Correia que a proibição de aplicação de preceito de lei estrangeira competente que desrespeite determinado direito fundamental (ou não o faça em termos adequados) apenas se justifica quando existirem, *cumulativamente*, as seguintes condições: (i) divergência manifesta quanto ao mérito entre o preceito estrangeiro e a norma constitucional e (ii) relação significativa entre a situação transnacional e a ordem jurídica do foro. Porém, admite Ferrer Correia a dispensa da segunda condição, em casos excepcionais nos quais o direito estrangeiro viole gravemente princípio de primordial importância para a Constituição do foro[16].

Contudo, permitir que o Estado brasileiro aplique norma estrangeira que viola norma constitucional (em geral, direitos fundamentais) apenas por existir um vínculo menos evidente com o foro fere o universalismo que a gramática de direitos humanos implanta e que a Constituição brasileira admite. Com efeito, a CF/88 concretiza o universalismo dos direitos humanos, em especial no art. 1º, III[17] (reconhecimento da

---

[14] CLÈVE, Clèmerson Merlin. *A fiscalização abstrata de constitucionalidade no direito brasileiro*. São Paulo: RT, 1995, p. 143. Nesse sentido, apoiando-se em Clève, ver TELLINI, Denise Estrella. O controle da ordem pública internacional e o controle da constitucionalidade do direito alienígena a ser aplicado: a responsabilidade do juiz do foro no respeito à ordem nacional ou estrangeira. *Direito e Democracia – Revista de Ciências Jurídicas – ULBRA*, v. 8, n. 2, jul./dez. 2007, p. 239-253.

[15] JUENGER, Friedrich K. The German Constitution Court and the conflict of laws. *American Journal of Comparative Law*, v. 20, Issue 2, 1972, p. 290-298, em especial p. 293.

[16] FERRER CORREIA, A. *Estudos vários de Direito internacional privado*. Coimbra: Universidade de Coimbra (por ordem), 1982, p. 307.

[17] "Art. 1º A República Federativa do Brasil, formada pela união indissolúvel dos Estados e Municípios e do Distrito Federal, constitui-se em Estado Democrático de Direito e tem como fundamentos: (...) III – a dignidade da pessoa humana;"

dignidade da pessoa humana como fundamento do Estado), e no art. 5º, *caput*[18] (igualdade entre nacionais e estrangeiros), não importando a existência de vínculo estreito com o foro.

Finalmente, a corrente da *incidência direta ampla* defende que tanto as regras de conexão do foro quanto o direito estrangeiro aplicável devem passar pelo crivo de compatibilidade com as normas constitucionais a ser exercido pelo julgador, não sendo admissível que o juiz do foro aplique um direito que escapa às diretrizes e vetores da Constituição. Como bem expõe Herzog, o controle constitucional somente sobre as regras de conexão seria insuficiente, porque é possível que a regra de conexão seja, *in abstrato*, constitucional, porém, em virtude do conteúdo do direito escolhido, o resultado pretendido gere uma situação de violação da Constituição[19].

No Brasil, Barroso defende o controle de constitucionalidade amplo, pois não há exceção ao princípio da supremacia constitucional, nem é possível distinguir entre normas apenas formalmente constitucionais e aquelas que seriam materialmente constitucionais. Para o autor, o crivo do direito estrangeiro deve ser feito em face de toda e qualquer norma constitucional[20].

Em face do DIPr no Brasil, entendo que há dois fatores que são decisivos para a adoção, aqui, do *controle de constitucionalidade interno direto amplo*: (i) a força normativa e abrangência temática da CF/88 e (ii) o seu robusto catálogo de direitos fundamentais, aliado a uma cláusula de abertura aos tratados de direitos humanos, o que leva à possibilidade de novas inserções de direitos (art. 5º, § 2º[21]).

No tocante à força normativa, não é possível distinguir normas constitucionais: conforme leciona Barroso, toda e qualquer norma constitucional deve servir de parâmetro de controle de direito estrangeiro[22]. Eventual seletividade baseada em critérios não previstos expressamente pela própria CF/88 (por exemplo, o critério doutrinário de não exigir respeito à norma apenas formalmente constitucional) teria como efeito aumentar o grau de insegurança jurídica, que é o combustível da crítica ao próprio controle interno material de constitucionalidade.

Por sua vez, a ampla abrangência da Constituição brasileira é fruto do esforço de inclusão e redução de desigualdades que dirige todo o texto constitucional. O robusto

---

[18] "Art. 5º Todos são iguais perante a lei, sem distinção de qualquer natureza, garantindo-se aos brasileiros e aos estrangeiros residentes no País a inviolabilidade do direito à vida, à liberdade, à igualdade, à segurança e à propriedade, nos termos seguintes (...)."

[19] HERZOG, Peter E. Constitutional limits on choice of law. *Recueil des Cours de l'Académie de Droit International de La Haye*, v. 234, 1992, p. 239-330, em especial p. 251.

[20] BARROSO, Luís Roberto. *Interpretação e aplicação da Constituição*. 7. ed. São Paulo: Saraiva, 2009, p. 52.

[21] CF/88. Art. 5º, (...) § 2º Os direitos e garantias expressos nesta Constituição não excluem outros decorrentes do regime e dos princípios por ela adotados, ou dos tratados internacionais em que a República Federativa do Brasil seja parte.

[22] BARROSO, Luís Roberto. *Interpretação e aplicação da Constituição*. 7. ed. São Paulo: Saraiva, 2009, p. 51-52.

catálogo de direitos conta com regime jurídico que assegura, entre outras características, a superioridade normativa, a aplicabilidade e a incidência imediatas sobre as relações privadas (na chamada eficácia horizontal dos direitos humanos)[23]. Além disso, compõe núcleo imutável da Constituição (cláusulas pétreas), de acordo com o seu art. 60, § 4º, IV[24].

Esses dispositivos constitucionais, especialmente os referentes a direitos fundamentais, impactam as relações privadas, que, por definição, interessam aos particulares, fazendo nascer controvérsias envolvendo direito de propriedade, liberdade, igualdade, direito de família, direito da criança e adolescente, entre outros. Em virtude da força expansiva dos direitos humanos e da sua eficácia imediata nas relações entre particulares, a relação transnacional privada vincula-se à temática dos direitos humanos.

Unindo esses fatores, fica impossível excluir da apreciação de conformidade com a Constituição as relações privadas transnacionais a serem regidas no Brasil por direito estrangeiro, porque isso significaria ir contra o robusto regime jurídico dos direitos fundamentais e das normas constitucionais como um todo[25].

1.3. O controle de constitucionalidade externo no Direito Internacional Privado

O *controle de constitucionalidade externo* no Direito Internacional Privado consiste na aferição, feita pelo juiz do foro, da compatibilidade da lei estrangeira (ou outra norma estrangeira infraconstitucional) com a própria Constituição de origem.

Esse controle advém da consagração do dever do julgador do foro de aplicar o direito estrangeiro "como se juiz estrangeiro fosse", como visto acima. Assim, dentro dessa lógica, é possível que o julgador nacional realize a aferição da constitucionalidade do direito a ser aplicado, tal qual o faria o julgador estrangeiro caso, hipoteticamente, o litígio pudesse lhe ser submetido. Nessa linha, mesmo que o controle não tenha ainda sido feito no Estado estrangeiro, pode o juiz nacional decidir pioneiramente pela inconstitucionalidade, respeitando sempre os princípios do próprio ordenamento estrangeiro[26]. Nessa linha, Batalha defende que o juiz do foro pode examinar

---

[23] Sobre o regime jurídico diferenciado dos direitos humanos, ver CARVALHO RAMOS, André de. *Teoria geral dos direitos humanos na ordem internacional*. 7. ed. São Paulo: Saraiva, 2019.

[24] "Art. 60. A Constituição poderá ser emendada mediante proposta: (...) § 4º Não será objeto de deliberação a proposta de emenda tendente a abolir: (...) IV – os direitos e garantias individuais."

[25] BARROSO, Luís Roberto. *Interpretação e aplicação da Constituição*. 7. ed. São Paulo: Saraiva, 2009, p. 51-52. Ver ainda o estudo após a CF/88 de Barroso sobre a temática em BARROSO, Luís Roberto. A Constituição e o conflito de normas no espaço. Direito Constitucional Internacional. *Revista da Faculdade de Direito da Universidade do Estado do Rio de Janeiro*, n. 4, 1996, p. 201-230.

[26] VALLADÃO, Haroldo. *Direito internacional privado*, v. I, 2. ed. Rio de Janeiro: Freitas Bastos, 1977, p. 475.

a constitucionalidade da lei estrangeira em face da Constituição estrangeira, mesmo que não exista jurisprudência estrangeira sobre o assunto[27].

Para Barroso, o juiz nacional deverá pronunciar essa inconstitucionalidade "nos limites e com os efeitos que o juiz estrangeiro poderia fazê-lo". Assim, se tratar de aplicação de lei estrangeira oriunda de Estado que não prevê o controle judicial da constitucionalidade das leis (por exemplo, em nome da supremacia do Parlamento), não pode o juiz do foro fazê-lo. Por outro lado, o controle feito pelo juiz brasileiro é voltado ao caso concreto, não afetando obviamente a validade e a vigência da lei estrangeira impugnada no Estado de origem[28].

Barroso exemplifica a prática do controle externo no Brasil no *Caso Firmenich*. Tratou-se de extradição de antigo líder do grupo *Montoneros* que lutou contra a ditadura argentina. Dentre os diversos argumentos debatidos no caso, houve votos contrários à extradição (Min. Buzaid e Min. Rezek) considerando que os crimes estariam anistiados, já que a lei que havia revogado a anistia dos delitos imputados *era inconstitucional*, de acordo com a própria Constituição argentina. Barroso relata, contudo, que a maioria de votos, nos embargos de declaração do extraditando, decidiu pela impossibilidade do juízo brasileiro apreciar a inconstitucionalidade ainda não declarada no próprio Estado de origem da norma atacada[29].

Em outro caso trazido por Barroso (*Caso Donnini*), o STF decidiu, afinal, pelo indeferimento da extradição pedida pela Itália, entre outros motivos, pela impossibilidade de cumprimento da promessa de reciprocidade que contrariava a própria Constituição italiana[30]. Em casos mais recentes, o STF manteve esse último posicionamento, assumindo sua competência (juízo do foro) para analisar se a promessa de reciprocidade do Estado estrangeiro é ou não compatível com a própria Constituição estrangeira[31].

---

[27] BATALHA, Wilson de Souza Campos. *Tratado de direito internacional privado*, v. I, 2. ed. São Paulo: RT, 1977, p. 233.

[28] BARROSO, Luís Roberto. *Interpretação e aplicação da Constituição*. 7. ed. São Paulo: Saraiva, 2010, p. 41-42.

[29] Extradição n. 417/Argentina, Rel. Original Min. Alfredo Buzaid, Rel. para o Acórdão Oscar Dias Côrrea, julgamento em 20-5-1984, *DJ* 21-9-1984, p. 1571. Ver comentários de Barroso ao caso em BARROSO, Luís Roberto. *Interpretação e aplicação da Constituição*. 7. ed. São Paulo: Saraiva, 2010, p. 43-46.

[30] Extradição n. 541/Itália, Rel. Original Min. Néri da Silveira. Rel. para o Acórdão Min. Sepúlveda Pertence, julgamento em 7-11-1992, *DJU* 18-12-1992, p. 24374. BARROSO, Luís Roberto. *Interpretação e aplicação da Constituição*. 7. ed. São Paulo: Saraiva, 2010, p. 47-48.

[31] Ver Extradição n. 1.003/Alemanha, Rel. Min. Joaquim Barbosa, julgamento em 19-10-2006, *DJ* 16-2-2007, p. 20, acórdão assim ementado: "A Constituição da República Federal da Alemanha contém vedação à extradição do nacional alemão (art. 16), sem estabelecer qualquer exceção. Por essa razão, o Estado Requerente não demonstra estar habilitado a cumprir promessa de reciprocidade quando esta é formulada no bojo de pedido de extradição de pessoa que ostenta a condição de cidadão brasileiro naturalizado, como é o caso dos autos. Ausentes os pressupostos do art. 76 da Lei n. 6.815/80. Pedido de extradição indeferido". No mesmo sentido, conferir Extradição n. 1.010/Alemanha, Rel. Min. Joaquim Barbosa, julgamento em 24-5-2006, *DJ* 19-12-2006, p. 36.

Assim, o controle externo de constitucionalidade do direito estrangeiro é cabível no Brasil, mas seu exercício gera o calculado risco – inerente a qualquer interpretação judicial – de a inconstitucionalidade aferida no juízo do foro *não ser confirmada posteriormente* em outros casos pelo juízo estrangeiro.

Por isso, esse controle é *relativo* (seu crivo não é passível de generalização), *contextual* (depende do contexto de interpretação) e exige *renovação* nos casos futuros. Resta evidente, então, a importância de limitar o controle externo ao caso concreto, devendo ser feito um novo controle de constitucionalidade em cada caso seguinte[32].

1.4. O controle de convencionalidade no Direito Internacional Privado

O controle de convencionalidade no Direito Internacional Privado é a aferição de compatibilidade (i) das normas da disciplina e também (ii) do direito estrangeiro (apontado pelas regras de conexão) em face das *normas internacionais* acatadas pelo Estado do foro, no caso, o Brasil.

A obrigação de realizar o controle de convencionalidade advém da própria aceitação dessas normas internacionais, cujo cumprimento não é facultativo ao juiz, uma vez que compõem obrigações assumidas pelo Brasil.

No controle de convencionalidade, tal qual ocorre no controle de constitucionalidade, o estatuto normativo do objeto do controle (o direito estrangeiro aplicado) é equivalente ao do diploma normativo no qual foi prevista a regra de conexão. Se a regra de conexão estiver prevista na LINDB, o direito estrangeiro assim indicado tem estatuto interno equivalente, ou seja, de lei ordinária federal.

Porém, diferentemente do controle de constitucionalidade, no qual a CF/88 é norma superior, as normas paramétricas do controle de convencionalidade são normas internacionais (em geral, tratados) que assumem os seguintes estatutos normativos internos no Brasil: (i) estatuto equivalente à emenda constitucional; (ii) estatuto supralegal; ou (iii) estatuto equivalente à lei ordinária federal[33].

Usualmente, as relações privadas transnacionais tratadas pelo DIPr fazem incidir os tratados específicos da disciplina, mas também os tratados de direitos humanos. Por isso, o controle de convencionalidade do direito estrangeiro aumenta o crivo a ser realizado pelo juiz brasileiro, uma vez que, depois da redemocratização, o Brasil

---

[32] O caso da extradição de nacionais pela Itália (que, em tese, não extraditaria um italiano ao Brasil), debatido na Extradição n. 571, mostra bem o contexto desse controle externo. Anos depois, em 2015, foi concedida pela Itália a extradição do Sr. Pizzolato (envolvido no *Caso do Mensalão* – Ação Penal Originária n. 470 – e que possui nacionalidades originárias italiana e brasileira), não sendo sido considerada qualquer ofensa à Constituição italiana. Ver relato de Vladimir Aras, Procurador Regional da República e Secretário de Cooperação Internacional do Gabinete do Procurador-Geral da República, que atuou no *Caso Pizzolato* em <https://vladimiraras.blog/2015/03/17/a-um-passo/>. Acesso em: 2-3-2022.

[33] Sobre o estatuto interno dos tratados de DIPr, ver Parte I, Capítulo 4, item 5, deste *Curso*.

ratificou a maior parte dos tratados de direitos humanos existentes no plano global e regional (interamericano).

Esses tratados de direitos humanos têm natureza objetiva, consistindo no dever do Estado-Parte de cumprir seus comandos, não podendo invocar reciprocidade ou descumprimento do tratado por outro Estado contratante. A abrangência *ratione personae* desses tratados é também ampla: abarca todas as pessoas que se encontram sob sua jurisdição, não podendo o Estado deixar de cumprir seus comandos alegando que o indivíduo – cujo direito foi violado – é estrangeiro ou de uma nacionalidade estranha à dos Estados contratantes[34].

Com isso, mesmo que o direito estrangeiro não seja originado de Estado-Parte dos tratados de direitos humanos celebrados pelo Brasil, o julgador deve realizar o controle de convencionalidade, impedindo que determinado comando normativo estrangeiro viole os direitos humanos a cuja proteção o Brasil obrigou-se internacionalmente.

Por fim, é importante salientar que o controle de convencionalidade é hoje utilizado com vigor na União Europeia. Além da aceitação do controle de constitucionalidade, os Estados da União Europeia têm que zelar para que a aplicação do direito estrangeiro não ofenda o direito comunitário. Além disso, o Tribunal de Justiça da União Europeia, no exercício do seu papel de controlar os atos nacionais em face do Direito da União Europeia, exige que a aplicação de regras materiais de direito privado não viole as liberdades comunitárias[35].

2. ORDEM PÚBLICA

2.1. Conceito e função

A ordem pública no Direito Internacional Privado consiste no *conjunto de valores essenciais defendidos* por um Estado que impede: (i) a aplicação de lei estrangeira eventualmente indicada pelos critérios de conexão; (ii) a prorrogação ou derrogação da jurisdição; e, finalmente, (iii) a cooperação jurídica internacional pretendida.

O limite ao uso do direito estrangeiro em virtude de violação de valores essenciais defendidos no foro já foi detectado na fase iniciadora do Direito Internacional Privado (fase estatutária). Nesse período, Bártolo de Sassoferrato sustentou a

---

[34] Sobre a natureza objetiva e a ampla abrangência dos tratados de direitos humanos, ver CARVALHO RAMOS, André de. *Processo internacional de direitos humanos*. 7. ed. São Paulo: Saraiva, 2022.

[35] Nesse sentido, MOURA RAMOS, Rui Manuel Gens de. *Estudos de direito internacional privado da União Europeia*. Coimbra: Imprensa da Universidade de Coimbra, 2016, em especial p. 354.

existência de *estatutos odiosos*, que não seriam aplicáveis por violação às crenças do foro, embrião da cláusula de ordem pública[36].

Na fase clássica, dois nomes destacam-se no estudo da não aplicação do direito estrangeiro por violação de valores ou princípios essenciais da *lex fori*: Story e Savigny. Joseph Story defendeu que nenhum Estado pode ser obrigado a ceder em suas opções políticas e institucionais fundamentais em favor das opções de outro Estado, ou ainda a praticar condutas que sejam incompatíveis com a política do foro[37]. Dolinger defende que Story é o pioneiro, na doutrina moderna do Direito Internacional Privado, a esboçar com clareza a noção de ordem pública no DIPr[38].

Por sua vez, Savigny defendeu a existência de duas classes de *normas de exceção à aplicação de direito estrangeiro* indicado pela sede da relação jurídica: (i) as normas locais obrigatórias, que não podem nunca ser substituídas por direito estrangeiro, e (ii) as normas estrangeiras não aceitas pelo foro, como os institutos odiosos (poligamia, proibição de aquisição de propriedade por judeus, morte civil, escravidão) que seriam inaplicáveis em Estados que os repelem, o que evidencia sua aceitação da noção de ordem pública[39].

No começo do século XX, Healy, visando desenvolver uma teoria geral da ordem pública, classificou-a como um princípio de origem nacional que autoriza o Estado a aplicar as regras que considerar essenciais para a segurança, moral e bom governo de seu território, a qualquer tempo e em face de todos os indivíduos que estejam no seu território[40]. Já para Arminjon, a aplicação da ordem pública insere-se na lógica de que as leis e decisões estrangeiras são aplicáveis fora da jurisdição do sistema onde foram decretadas *somente* na medida e nas condições que a lei do foro determina para que se chegue uma solução justa e útil[41].

No desenvolvimento histórico do DIPr brasileiro, o *Esboço* de Teixeira de Freitas mencionou a expressa exclusão do direito estrangeiro nos casos em que sua aplicação

---

[36] BEALE, Joseph Henry (tradutor). *Bartolus on the conflict of law.* Cambridge: Harvard University Press, 1914. Também foi consultada a tradução de Clarence Smith. CLARENCE SMITH, J. A. Bartolo on the conflict of laws. *The American Journal of Legal History*, v. 14, n. 3 (jul., 1970), p. 174-183 e também p. 247-275.

[37] STORY, Joseph. *Commentaries on the conflict of laws* (1. ed. 1834), 4. ed. Boston: Little Brown and Company, em especial § 32, p. 43.

[38] DOLINGER, Jacob. *A evolução da ordem pública no direito internacional privado.* Tese apresentada para o concurso à Cátedra de Direito internacional privado da Faculdade de Direito da Universidade do Estado do Rio de Janeiro. Rio de Janeiro, 1979, p. 63.

[39] SAVIGNY, Friedrich Carl von. *Sistema do direito romano atual,* v. VIII. Tradução de Ciro Mioranga (edição original de 1849), Ijuí: Unijuí, 2004, p. 53.

[40] HEALY, Thomas H. Théorie générale de l'ordre public. *Recueil des Cours de l'Académie de Droit International de La Haye*, v. 9, 1925, p. 407-557, cit., p. 412.

[41] ARMINJON, Pierre. "Les systèmes juridiques complexes et les conflits de lois et de juridictions auxquels ils donnent lieu". *Recueil des Cours de l'Académie de Droit International de La Haye*, v. 74, 1949, p. 73-190, cit., p. 107-114, *passim*.

fosse contrária ao direito público e criminal do Império, à tolerância dos cultos, à moral e aos bons costumes. Como exemplo de lei estrangeira ofensiva ao direito público e criminal, citou as que permitissem a poligamia. Quanto à tolerância dos cultos, apontou as leis que considerassem incapazes judeus e apóstatas, entre outros exemplos[42].

Contemporaneamente, Dolinger definiu ordem pública como sendo o "reflexo da filosofia política-jurídica de toda a legislação, que representa a moral básica de cada nação, que reflete as necessidades econômicas de cada Estado"[43]. Para Amilcar de Castro, a ordem social (denominação que entendia mais expressiva que "ordem pública") consistia em um conjunto de princípios "considerados como concernentes aos interesses essenciais de um determinado povo"[44]. Por sua vez, Valladão sustentou que a ordem pública contempla os *princípios essenciais da ordem jurídica do foro*, fundados nos conceitos de justiça, de moral, de religião, de economia e mesmo de política, que ali orientam a respectiva legislação[45].

Para Strenger, a ordem pública é "toda base social, política de um Estado, que é considerada inarredável para a sobrevivência desse Estado"[46]. Pilla Ribeiro resumiu o conteúdo da ordem pública como sendo composto por "princípios fundamentais da 'lex fori'"[47].

Bucher inseriu a *exceção* de ordem pública em uma espécie de programa que compara o resultado da aplicação da norma designada pelo sistema conflitual com a ordem pública. As regras ou princípios de ordem pública são acessórios e excepcionais, tendo uma função de transição, derrogando o jogo normal das normas de conflito quando estas não traduzem a evolução social das normas materiais em determinado tema de DIPr[48].

Assim, há pouca variação doutrinária sobre o conceito de ordem pública, sendo comum a utilização do *critério da essencialidade* para defini-la: aquilo que é essencial

---

[42] Art. 5º da parte geral do Esboço. Ver em FREITAS, Augusto Teixeira de. *Código Civil:* esboço. Rio de Janeiro: Typographia Universal de Laemmert, 1860, p. 5-6.

[43] Conferir respectivamente em DOLINGER, Jacob. *A evolução da ordem pública no direito internacional privado*. Tese apresentada para o concurso à Cátedra de Direito internacional privado da Faculdade de Direito da Universidade do Estado do Rio de Janeiro. Rio de Janeiro, 1979, p. 4-5 e 41.

[44] CASTRO, Amilcar de. *Direito internacional privado*. 5. ed. rev. e atual. por Osíris Rocha. Rio de Janeiro: Forense, 2000, p. 277.

[45] VALLADÃO, Haroldo. *Direito internacional privado*, v. I, 2. ed. Rio de Janeiro: Freitas Bastos, 1977, p. 475 e 496.

[46] STRENGER, Irineu. *Direito internacional privado*, 4. ed. São Paulo: LTr, 2000, p. 446.

[47] RIBEIRO, Elmo Pilla. *O princípio da ordem pública em direito internacional privado*. Porto Alegre, [s. ed.], 1966, p. 81.

[48] BUCHER, Andreas. L'ordre public et le but social des lois en droit international privé. *Recueil des Cours de l'Académie de Droit International de La Haye*, v. 239, 1993, p. 9-116, cit., p. 24 e s.; BUCHER, Andreas. La dimension sociale du droit international privé. *Recueil des Cours de l'Académie de Droit International de La Haye*, v. 330, 2010, p. 1-526, cit., p. 228 e s.

e indispensável ao foro compõe a ordem pública no DIPr. Essa essencialidade do conteúdo da ordem pública gera sua função básica: proteger os valores do foro ao impedir a incidência regular de uma norma de Direito Internacional Privado, no conflito de leis, na definição da jurisdição e na cooperação jurídica internacional.

O pressuposto da invocação da ordem pública no DIPr é a potencial aplicação direta ou indireta do direito estrangeiro. Por isso, a cláusula de ordem pública age *a posteriori* no DIPr, impedindo que as regras materiais estrangeiras (aplicação direta) ou mesmo as sentenças estrangeiras (aplicação indireta) sejam invocadas ou executadas no foro.

2.2. A ordem pública no Brasil

O primeiro diploma brasileiro a mencionar expressamente o limite da ordem pública ao direito estrangeiro foi o Decreto n. 6.982 de 1878, que tratou do reconhecimento e execução de sentença estrangeira. O art. 2º do Decreto estabeleceu *quatro* causas de denegação do reconhecimento, a saber: (i) ofensa à soberania; (ii) leis ditas como obrigatórias e de *ordem pública*; (iii) as que regulam a organização da propriedade territorial; e (iv) a moralidade pública[49].

Após, a Lei n. 221 de 1894 reduziu esses casos à ofensa à ordem pública e ao direito público, o que mostra a confusão ainda reinante entre a ordem pública interna (normas cogentes nacionais, como as de direito público) e a ordem pública de Direito Internacional Privado (normas contendo valores essenciais defendidos pelo Estado).

O projeto de Código Civil de Clóvis Beviláqua continha, em seu art. 18, a proibição à aplicação de lei estrangeira contrária à soberania nacional, ofensiva aos bons costumes ou diretamente incompatível com lei federal brasileira fundada em motivo de ordem pública. Após os longos debates no Congresso Nacional, a introdução ao Código Civil de 1916 foi aprovada com redação diferente no tocante à matéria, unindo artigos que estavam separados no projeto: "as leis, atos, sentenças de outro país, bem como as *disposições e convenções particulares,* não terão eficácia, quando ofenderem a soberania nacional, a ordem pública e os bons costumes" (art. 17).

Eduardo Espínola e Eduardo Espínola Filho criticaram esse dispositivo, fruto da influência do Código Civil italiano, pois teria unido em um único artigo a *ordem pública nacional* (na hipótese da restrição à autonomia da vontade – "disposições e convenções particulares") com a *ordem pública internacional* (de Direito Internacional Privado), no caso das "leis, atos sentenças de outro país"[50].

---

[49] Disponível em: <http://www2.camara.leg.br/legin/fed/decret/1824-1899/decreto-6982-27-julho-1878-547801-publicacaooriginal-62676-pe.html>. Último acesso em: 1º nov. 2022.

[50] *In verbis:* "Nesse ponto é que se mostra a inconveniência de unir, no mesmo dispositivo de lei, a regra de direito civil relativa ao respeito, que devem as disposições e convenções particulares às normas legais de ordem pública, e a regra de direito internacional privado relativa

Por seu turno, a Lei de Introdução ao Código Civil (LICC, atualmente denominada LINDB) foi editada originalmente em 1942 com redação quase que idêntica: "As leis, atos e sentenças de outro país, bem como *quaisquer declarações de vontade*, não terão eficácia no Brasil, quando ofenderem a soberania nacional, a ordem pública e os bons costumes".

Substituiu-se, somente, a expressão "disposições e convenções particulares" de 1916 pela "quaisquer declarações de vontade" de 1942. Para Gama e Silva, não houve inovação e foi mantido o mesmo princípio consagrado no direito positivo e na jurisprudência nacionais pretéritas[51].

O alcance da ordem pública prevista na LINDB é amplo no domínio do Direito Internacional Privado, abordando seus três segmentos: (i) aplicação de leis estrangeiras; (ii) execução de atos e sentenças estrangeiras; e (iii) utilização de declarações de vontades estrangeiras. Assim, no Brasil, não é afetada a validade da norma estrangeira, mas sua eficácia.

A LINDB utilizou três expressões de limite ao direito estrangeiro: soberania nacional, ordem pública e bons costumes. Apesar de reconhecer que tudo poderia ser resumido na expressão "ordem pública", Serpa Lopes buscou diferenciá-la de cada um dos outros termos em relação à limitação ao uso do direito estrangeiro: (i) ofensa à soberania consiste em tudo que fere o *jus imperii* do Estado brasileiro, como lei estrangeira que ferisse a competência dos tribunais brasileiros em julgar brasileiros; e (ii) ofensa aos bons costumes retrata o conjunto de princípios éticos contemporâneos próprios do seu povo e país[52].

Também Espínola reconheceu a amplitude da "ordem pública", em cujo objeto os autores em geral inserem o respeito à soberania e aos bons costumes[53]. Amilcar de Castro considerou o uso dos termos "soberania" e "bons costumes" supérfluos, pois bastaria a menção à ordem pública[54]. Batalha, no mesmo sentido, defendeu que seria "óbvio" que a soberania nacional e os bons costumes são englobados na noção genérica de

---

à inadmissibilidade de aplicação de leis estrangeiras, que ofendem aos nossos princípios de ordem pública". ESPÍNOLA, Eduardo; ESPÍNOLA FILHO, Eduardo. *Tratado de direito civil brasileiro,* v. VII (Do Direito internacional privado Brasileiro – Parte Geral). Rio de Janeiro: Freitas Bastos, 1941, p. 588.

[51] Antigo professor titular de Direito Internacional Privado da Faculdade de Direito da Universidade de São Paulo. Conferir em GAMA E SILVA, Luis Antonio. *A ordem pública em direito internacional privado.* Monografia de concurso à livre-docência de Direito internacional privado da Faculdade de Direito da Universidade de São Paulo. São Paulo, 1944, p. 139.

[52] SERPA LOPES, Miguel Maria de. *Comentários à Lei de Introdução ao Código Civil,* v. III, 2. ed. Rio de Janeiro: Freitas Bastos, 1959, p. 300-301.

[53] ESPÍNOLA, Eduardo. *Elementos de direito internacional privado.* Rio de Janeiro: Jacintho Ribeiro dos Santos, 1925, p. 341.

[54] Amilcar de Castro prefere o termo "ordem social" em vez de "ordem pública", uma vez que esta última é ambígua, podendo significar a manutenção da paz e da segurança. CASTRO, Amilcar de. *Direito internacional privado.* 5. ed. rev. e atual. por Osíris Rocha. Rio de Janeiro: Forense, 2000, p. 292.

ordem pública⁵⁵. Corrêa de Brito, ao tratar da redundância do uso dos três termos ("soberania", "ordem pública" e "bons costumes"), defende a *prevalência do termo mais genérico da ordem pública*, que envolve os outros dois⁵⁶.

No plano convencional, o art. 4º do Código Bustamante estabelece que "os preceitos constitucionais são de ordem pública internacional". Novamente, há a confusão entre as normas imperativas ou de ordem pública interna (no caso, as normas constitucionais, que não podem ser derrogadas pela vontade das partes) e as normas de ordem pública de Direito Internacional Privado, que são somente aquelas que contêm valores essenciais defendidos pelo Estado.

Já o art. 5º da Convenção Interamericana sobre Normas Gerais de Direito Internacional Privado determina que a lei declarada aplicável poderá *não* ser aplicada no território do Estado-Parte que a considerar *manifestamente* contrária aos *princípios de sua ordem pública*⁵⁷. Nesse ponto, a Convenção inclina-se a favor do reconhecimento da *interpretação restritiva* da cláusula de ordem pública, pois é necessário que a lei estrangeira seja "manifestamente" contrária aos princípios da ordem pública defendida pelo Estado. Essa interpretação restritiva da cláusula de ordem pública advém do risco de seu uso abusivo redundar em *xenofobia jurídica*, em desfavor de um Direito Internacional Privado que aceita a pluralidade de valores que informa o mundo contemporâneo.

Por sua vez, os tratados que cuidam da cooperação jurídica internacional contam, em geral, com cláusula de denegação da cooperação em virtude de ofensa à ordem pública, soberania, segurança e outros interesses essenciais do Estado requerido⁵⁸.

2.3. A tipologia da ordem pública

Há várias classificações possíveis envolvendo a ordem pública no Direito Internacional Privado. Inicialmente, a divisão *dual* da ordem pública foi feita por Brocher,

---

⁵⁵ BATALHA, Wilson de Souza Campos. *Tratado de direito internacional privado*, v. I, 2. ed. São Paulo: RT, 1977, p. 264.

⁵⁶ BRITO, Luiz Araújo Corrêa de. *Do limite à extraterritorialidade do direito estrangeiro no Código Civil brasileiro*. São Paulo: Escolas Profissionais Salesianas, 1952, p. 100.

⁵⁷ *In verbis*: "A lei declarada aplicável por uma convenção de Direito internacional privado poderá não ser aplicada no território do Estado-Parte que a considerar manifestamente contrária aos princípios da sua ordem pública".

⁵⁸ Conforme ensina Denise Neves Abade, citando o art. 3.1, *e*, do Tratado entre a República Federativa do Brasil e a República Italiana sobre Cooperação Judiciária em Matéria Penal: "e) se a Parte requerida considerar que a prestação da cooperação pode comportar prejuízo à própria *soberania, segurança ou a outros interesses nacionais essenciais*"; o artigo V, 1. *d* do Acordo de Cooperação Judiciária e Assistência Mútua em Matéria Penal entre o Governo da República Federativa do Brasil e o Governo da República da Colômbia, que impede o cumprimento do pedido caso este seja contrário "à *segurança, à ordem pública ou a outros interesses essenciais da Parte Requerida*"; o artigo III, 1. *b* do Acordo de Assistência Judiciária em Matéria Penal entre o Governo da República Federativa do Brasil e o Governo dos Estados Unidos da América, entre outros. Conferir em ABADE, Denise Neves. *Direitos fundamentais na cooperação jurídica internacional*. São Paulo: Saraiva, 2013, p. 240.

nas últimas décadas do século XIX, pela qual esta foi dividida em "ordem pública interna" e "ordem pública internacional". A "ordem pública interna" consistiria no conjunto de regras internas que se impõem a todos, "em termos absolutos", desenvolvendo-se no âmbito de uma única legislação e nas relações entre o poder soberano interno e seus súditos. Já a "ordem pública internacional" seria aquela que contém interesses e valores que se impõem a todos no território do Estado, nacionais ou estrangeiro[59]. Aceitando essa distinção, Eduardo Espínola defendeu que os atos de estrangeiros não devem obediência à ordem pública interna, somente às leis de ordem pública internacional[60]. A lógica de Brocher e seus seguidores era buscar explicar a relação entre as normas tidas como imperativas no foro e a ordem pública do Direito Internacional Privado.

No sentido contrário à divisão dual da ordem pública, Dolinger defendeu a *unidade* da ordem pública, pautada na defesa dos valores essenciais de um Estado. A ordem pública, por essa visão, não compõe intrinsecamente a norma jurídica, mas se trata de um princípio imanente que varia no tempo, podendo hoje um valor contido em uma lei ser considerado parte da ordem pública e, diversamente, não mais amanhã.

Contudo, Dolinger realçou que, apesar de una, a ordem pública é aplicada em três níveis distintos. O *primeiro nível* é o mais tênue, que somente assegura a aplicação da norma *contra* a vontade das partes. O *segundo nível* é mais restrito e contempla a vedação de aplicação do direito estrangeiro (de modo direto ou indireto) que viola os valores essenciais do foro. O *terceiro nível* trata da aplicação da ordem pública para reconhecer direitos adquiridos no exterior, uma vez que após consumada a situação, o seu mero reconhecimento não teria a mesma gravidade e não perturbaria a ordem pública[61].

Levando em consideração a visão unitária da ordem pública, esta é um instituto que restringe a própria atuação do DIPr para preservar os valores *defendidos* pelo Estado do foro, mas que não são, necessariamente, totalmente produzidos nacionalmente.

Podem existir valores essenciais defendidos pelo Estado que são oriundos do plano regional ou mesmo global. Por isso, vale a pena distinguir as espécies de ordem

---

[59] Brocher usou a dicotomia "ordre public interne" e "ordre public international". BROCHER, Charles. *Nouveau traité de droit international privé au double point de vue de la doutrine et de la pratique.* Paris: E. Thorin Éditor, 1876, p. 342-368.

[60] ESPÍNOLA, Eduardo. *Elementos de Direito internacional privado.* Rio de Janeiro: Jacintho Ribeiro dos Santos, 1925, p. 342. No Brasil, Clóvis Beviláqua também defendeu essa distinção de Brocher. BEVILÁQUA, Clóvis. *Princípios elementares de direito internacional privado.* 3. ed. Rio de Janeiro: Freitas Bastos, 1938, p. 109.

[61] DOLINGER, Jacob. *A evolução da ordem pública no direito internacional privado.* Tese apresentada para o concurso à Cátedra de Direito internacional privado da Faculdade de Direito da Universidade do Estado do Rio de Janeiro. Rio de Janeiro, 1979, p. 41.

pública em razão da origem dos valores defendidos pelo Estado da seguinte maneira: (i) *ordem pública nacional*; (ii) *ordem pública regional*; e (iii) *ordem pública internacional* (ou universal).

A *ordem pública nacional* é aquela que contém valores essenciais produzidos no próprio Estado do foro. Já a *ordem pública regional* contempla valores imperativos contidos em normas produzidas por organizações regionais, como a União Europeia. Finalmente, a *ordem pública internacional* é aquela que contém valores essenciais da comunidade internacional como um todo[62].

É possível, ainda, classificar a ordem pública em virtude de sua *função*. De acordo com a função, classifica-se, usualmente, a ordem pública em dois tipos: (i) a *ordem pública interna*, que serve como limitação à autonomia da vontade dos particulares (que não podem derrogar, por seus acordos, normas de ordem pública), e (ii) a *ordem pública de Direito Internacional Privado* (também chamada de "ordem pública internacional"), que serve como limitação ao uso do direito estrangeiro (inclusive direitos adquiridos no exterior), determinação da jurisdição e realização da cooperação jurídica internacional.

As classificações acima propostas interagem: a *ordem pública de Direito Internacional Privado* (classificação pela função) é aquela *defendida* pelo Estado do foro, mas pode ter seus valores originados de normas nacionais, internacionais regionais, ou internacionais estrito senso (classificação pela origem)[63].

2.4. A determinação do conteúdo da ordem pública: como evitar o arbítrio e o decisionismo do julgador?

A delimitação de quais seriam os valores, princípios ou interesses essenciais do Estado não é precisa, gerando a *indeterminação inicial da ordem pública*. Cabe ao julgador, então, apreciar a existência ou não de ofensa à ordem pública no momento da apreciação do litígio.

Por isso, a ordem pública é *instável*, podendo variar ao sabor da mudança desses valores essenciais defendidos pelo Estado. É também *relativa*, pois o que agride a ordem pública de DIPr de um Estado pode não chocar em outro. Sua definição é *contemporânea*, pois depende da atualidade dos valores nela contidos. Por isso, um fato transnacional em sua origem poderia ter sido considerado uma violação à ordem pública do Estado do foro, mas, no momento de ter sido levado à apreciação do juízo

---

[62] Seguindo o raciocínio de Dolinger. DOLINGER, Jacob. Ordem pública mundial: ordem pública verdadeiramente internacional no direito internacional privado. *Revista de Informação Legislativa*, ano 23, n. 90, abr./jun. 1986, p. 205-232.

[63] Ver outras classificações possíveis em VASCONCELOS, Raphael Carvalho. Ordem pública: direito internacional privado, constituição e direitos humanos. In: MENEZES, Wagner (Org.). *Estudos de direito internacional*. Curitiba: Juruá, 2010, v. XIX, p. 288-298.

(por exemplo, em uma homologação de sentença estrangeira) os valores do foro modificaram-se, aceitando aquela prática outrora ofensiva[64].

Em virtude dessas características (indeterminação inicial, instabilidade, relatividade e definição contemporânea), cabe traçar uma linha de interpretação que evite o arbítrio e o decisionismo do julgador no momento da incidência da ordem pública, que levam à insegurança e à violação de direitos aos envolvidos nos fatos transnacionais.

A interpretação aqui proposta inicia-se com o *foco nos direitos* envolvidos nos fatos transnacionais. Por meio da identificação desses direitos, o julgador terá, então, à sua disposição a gramática de direitos humanos que o orientará no jogo de prevalências e compressões de modo a justificar, com fundamento, eventual afastamento do direito estrangeiro por ofensa à ordem pública.

Assim, fica traduzido juridicamente aquilo que é comumente mencionado pela doutrina como um "choque" ou "ofensa" aos valores essenciais do foro, sem maior especificação. Esse choque pode ser traduzido, na realidade, pela exigência de prevalência de um direito e pela compressão de outro.

Por exemplo, no caso da sentença estrangeira de cobrança de dívida de jogo, que durante muitos anos foi tida como ofensa à ordem pública no Brasil[65], a interpretação com foco nos direitos dos envolvidos proposta levaria à identificação, pelo lado do credor da dívida, do direito à propriedade, liberdade de contratar e ainda do direito à segurança jurídica. Do lado da defesa da não homologação, pode existir a alegação de proteção do direito à igualdade, no caso de ter existido evidente assimetria na relação que gerou a dívida de jogo. Atualmente, o Superior Tribunal de Justiça segue posição inaugurada no século XXI no STF[66] e já admite o *exequatur* para citação em carta rogatória oriunda de processo estrangeiro no qual se discute dívida de jogo lícita no Estado de origem da ação[67].

---

[64] Dolinger afirma que a ordem pública é "una, indivisível, abstrata, espiritual e anônima". DOLINGER, Jacob. *A evolução da ordem pública no direito internacional privado*. Tese apresentada para o concurso à Cátedra de Direito internacional privado da Faculdade de Direito da Universidade do Estado do Rio de Janeiro. Rio de Janeiro, 1979, p. 42.

[65] Ver, entre outros precedentes no Supremo Tribunal Federal, o Agravo em Carta Rogatória n. 5.332, no qual foi negado o *exequatur* para citação em ação de cobrança de dívida de jogo em cassino nos Estados Unidos. Supremo Tribunal Federal, Agravo Regimental na Carta Rogatória n. 5.332, Rel. Min. Octavio Gallotti, julgamento em 26-5-1993, *DJ* 2-6-1993, p. 10848.

[66] Por meio da decisão monocrática do Min. Marco Aurélio. Carta Rogatória n. 9.897 – Carta Rogatória – Rel. Min. Marco Aurélio, decisão de 15-12-2001, publicada no *DJ* 4-2-2002, p. 128. Contudo, na subsequente Presidência do Min. Maurício Corrêa no STF, houve novas decisões monocráticas a favor da ofensa à ordem pública na cobrança de dívida de jogo contraída no exterior. Ver, por exemplo, STF, Agravo Regimental em Carta Rogatória n. 10.416, Rel. Min. Maurício Corrêa, decisão em 21-11-2003, *DJ* 28-11-2003, p. 3.

[67] Superior Tribunal de Justiça, AgRg na CR 3.198, Rel. Ministro Humberto Gomes de Barros, julgado em 30-6-2008, publicado no *DJe* 11-9-2008.

Na linha da aplicação da ordem pública em três níveis de Dolinger, a intepretação com foco nos direitos dos envolvidos exige que a ordem pública de DIPr não seja confundida com a qualidade imperativa ou de ordem pública da norma interna. A qualidade de norma de ordem pública no foro (norma imperativa, norma cogente, aquela que não pode ser derrogada pela vontade das partes) *não implica*, necessariamente, que essa norma impedirá a aplicação do direito estrangeiro. A norma só impedirá a aplicação do direito estrangeiro se este violar determinado direito que o Estado brasileiro é obrigado a defender[68]. Nesse caso, o valor do respeito à tolerância e à diversidade, que caracteriza o Direito Internacional Privado, impõe o respeito a normas estrangeiras, cujo conteúdo difere das normas imperativas nacionais. Caso contrário, o Direito Internacional Privado deixa de ser o *direito do respeito à tolerância e à diversidade* e, desnaturado totalmente, passa a ser um simples *direito narcísico* que só aceita aplicar lei estrangeira idêntica à lei do foro.

Em relação ao segundo nível de ordem pública, o direito estrangeiro só será vedado se sua aplicação ofender direitos essenciais que o Brasil está obrigado a proteger. E, finalmente, quanto ao terceiro nível, referente aos direitos adquiridos, estes serão reconhecidos caso o direito à segurança jurídica prevaleça sobre outros direitos eventualmente envolvidos.

A interpretação da ordem pública com foco nos direitos tem a vantagem de oferecer um guia hermenêutico ao julgador, evitando o arbítrio e decisionismo, bem como preconceitos contra normas estrangeiras que veiculam valores culturais distintos. Trata-se, como salienta Abade, de uma impregnação jusfundamentalista do conceito de ordem pública[69]. Há, assim, uma inter-relação do conceito de "ordem pública" com os mecanismos de controle de constitucionalidade e convencionalidade vistos acima[70].

3. FRAUDE À LEI

3.1. Conceito e fundamento

A fraude à lei consiste na manipulação artificial dos elementos de conexão que visa à obtenção de finalidade proibida pela lei do foro. Tal qual ocorre com a ordem

---

[68] Para Dolinger: "Não é toda lei local, cogente, das que não podem ser derrogadas pela vontade das partes no plano interno, que não poderá ser substituída por lei estrangeira diversa, no plano do Direito internacional privado. (...) A norma estrangeira, indicada pelo DIP, deverá chocar a nossa ordem pública de forma mais grave para que sua aplicação seja rejeitada". DOLINGER, Jacob. *Direito internacional privado* – Parte Geral. 10. ed. Rio de Janeiro: Forense/GEN, 2011, em especial p. 397.

[69] ABADE, Denise Neves. *Direitos fundamentais na cooperação jurídica internacional*. São Paulo: Saraiva, 2013, p. 104.

[70] Vislumbrando a aproximação entre os institutos da ordem pública e do controle de constitucionalidade, Rigaux defendeu que os métodos usuais do DIPr, com o uso da "exceção de ordem pública", podem levar à desnecessidade do uso do controle de constitucionalidade sobre a aplicação da lei estrangeira. RIGAUX, François. *Droit constitutionnel et droit international privé*: mélanges en l'honneur de Michael Waelbroeck. Bruxelles: Bruyland, 1999, p. 111-137, em especial p. 133.

pública, a fraude à lei tem como propósito a proteção dos valores da lei do foro. Caso seja detectada a fraude à lei, não se aplicará o direito indicado fraudulentamente ou não será homologada a sentença estrangeira assim obtida[71].

Nessa linha, Dolinger afirma que a fraude à lei ocorre quando uma parte deliberadamente altera o centro de gravidade de uma relação jurídica para evitar a incidência da lei indicada pelas regras de conexão. Consequentemente, para neutralizar os efeitos da fraude à lei, é nula a alteração de elemento de conexão que seja realizada para afastar a aplicação de determinada lei[72]. Também Bartin, analisando o tema à época, resumiu que a fraude à lei era "a fuga da lei" que seria normalmente aplicada[73].

Maekelt aponta que, diferentemente do que ocorre no direito civil, onde a fraude à lei consubstancia-se na prática de um ato lícito com o intuito de enganar e causar prejuízo a outro, no DIPr o ato *lícito* é praticado para *evitar* a aplicação da lei competente, alterando, deliberadamente, o elemento de conexão de uma determinada relação[74]. Nessa linha, Trias de Bes elucida que a fraude à lei é *violação indireta da lei*, capaz de produzir os mesmos efeitos de uma violação direta, sendo apenas obtida de forma diferente[75].

Analisando a fraude à lei sob a ótica da relação jurídica, Goldschmidt afirma que a fraude ocorre na conversão, pelos autores, de um fato ou ato jurídico em um negócio jurídico. A fraude incide nos fatos subjacentes aos elementos de conexão, de modo que qualquer artifício das partes para mudar os elementos de conexão fixados em atos alheios à vontade humana implicará em fraude[76].

Para Audit, é criado ou explorado um "falso conflito de leis", gerando a aplicação de direito estrangeiro por parte da autoridade pública em detrimento dos valores e objetivos previstos na lei do foro. Gaudemet-Tallon entende que a fraude à lei é o mecanismo hábil a *corrigir* dissonâncias causadas pela conveniência e manipulação, pela parte, da aplicação da lei designada pela norma de conflito[77].

---

[71] A fraude à lei não pode ser confundida com o *forum shopping*, na medida em que no primeiro caso manipula-se indiretamente a lei aplicável, enquanto no último altera-se o foro para julgamento da controvérsia. Sobre o *forum shopping*, ver capítulo específico desta obra sobre a jurisdição e competência em DIPr.

[72] DOLINGER, Jacob. Evolution of principles for resolving conflicts in the field of contracts and torts. *Recueil des Cours de l'Académie de Droit International de La Haye*, v. 283, 2000, p. 187-512, cit., p. 243-245.

[73] BARTIN, E. Les dispositions d'ordre public, la théorie de la fraude à la loi, et l'idée de communauté internationale. *Revue de Droit International et de Législation Comparée*, XXIX, 1898, p. 385-427 e 613-658, cit., p. 628.

[74] MAEKELT, Tatiana B. de. General rules of private international law in the Americas. New approach. *Recueil des Cours de l'Académie de Droit International de La Haye*, v. 177, 1982, p. 193-379, cit., p. 290-291.

[75] TRIAS DE BES, J. M. Règles générales des conflits de lois. *Recueil des Cours de l'Académie de Droit International de La Haye*, v. 62, 1937, p. 1-93, cit., p. 77.

[76] GOLDSCHMIDT, Werner. *Derecho internacional privado*: derecho de la tolerancia. 7. ed. Buenos Aires: Ediciones Depalma, 1990, p. 109-111.

[77] GAUDEMET-TALLON, Hélène. Le pluralisme en droit international privé: richesses et faiblesses (le funambule et l'arc-en-ciel). Cours général de droit international privé. *Recueil des Cours de l'Académie de Droit International de La Haye*, v. 312, p. 9-488, cit., p. 276.

3.2. O fundamento da fraude à lei: a preservação dos direitos de terceiros

O fundamento da fraude à lei é variado na doutrina, podendo ser listado: (i) o fundamento do *abuso de direito*; (ii) o fundamento da violação da *ordem pública*; e (iii) o fundamento da violação de direitos de terceiros (individuais ou difusos).

Parte da doutrina entende que a fraude à lei é fundada em um *abuso de direito* por parte do envolvido, que se aproveita da sua liberdade ordinária de alterar o conteúdo do elemento de conexão para *camuflar sua real intenção de burlar* a aplicação da lei do foro[78].

O abuso de direito, originário do Direito Privado, consiste na proibição do exercício de determinado direito para obter finalidade proibida. Para Audit, a fraude à lei não é totalmente idêntica ao abuso de direito, residindo a diferença entre os institutos na esfera de exercício das prerrogativas do sujeito da relação jurídica: a fraude à lei ocorre na esfera mediata, ou seja, na modificação dos componentes do elemento de conexão que, então, levará à indicação do direito ambicionado; já o abuso de direito ocorre no exercício imediato das prerrogativas do sujeito, que utiliza sua liberdade de modo distorcido, visando à consecução de finalidade vedada[79].

Outro fundamento possível é o da absorção da fraude à lei pela ordem pública: a obtenção, por meio de fraude, de uma finalidade proibida pela lei do foro violaria valores essenciais da ordem pública. Ainda que a fraude à lei e a ordem pública objetivem a derrogação da lei estrangeira normalmente aplicável, ambas se diferenciam na medida em que a primeira limita-se a questões envolvendo valores sociais imperativos (em sentido amplo) e a última depende de elemento fraudulento intencional das partes[80]. Ademais, conforme aponta Bartin, na ordem pública exclui-se a aplicação da lei pelo seu próprio objeto (substância da norma), enquanto na fraude à lei afasta-se acidentalmente a aplicação da lei pela intenção da parte em fraudá-la[81].

Finalmente, é possível fundamentar a existência da fraude à lei com base na tensão entre a liberdade do fraudador em modificar os componentes variáveis do elemento de conexão e os direitos de terceiros (inclusive direitos difusos) protegidos

---

[78] Dolinger utiliza, como sinônimo de fraude à lei, os termos *legal shopping* ou *law shopping*. Contudo, esses termos são comumente utilizados para retratar a escolha da lei diante de diversos ordenamentos alternativos, sem que haja – necessariamente – manipulação maliciosa ou artificial dos componentes dos elementos de conexão. Conferir em DOLINGER, Jacob. *Direito internacional privado (Parte Especial)*, v. II – Contratos e obrigações no Direito internacional privado. Rio de Janeiro: Renovar, 2007, p. 53.

[79] AUDIT, Bernard. *La Fraude a la loi*. Paris: Dalloz, 1974, p. 435.

[80] TRIAS DE BES, J. M. Règles générales des conflits de lois. *Recueil des Cours de l'Académie de Droit International de La Haye*, t. 62, 1937, p. 1-93, cit., p. 80-84.

[81] BARTIN, M. E. Les dispositions d'ordre public, la théorie de la fraude à la loi, et l'idée de communauté internationale. *Revue de Droit International et de Législation Comparée*, XXIX, 1898, p. 385-427 e 613-658, cit., p. 628.

pelas restrições estatais. Por exemplo, determinado pai, ao modificar fraudulentamente seu domicílio e da criança visando modificar a lei aplicável sobre a guarda, gera a tensão entre a sua liberdade e o direito do outro genitor de convivência com seu filho.

Entendo que a leitura da fraude à lei pela gramática dos direitos tem a vantagem de possibilitar inclusive a sua não invocação, caso não haja direito algum violado.

3.3. Evolução histórica do combate à fraude à lei

Desde as formas incipientes de organização social, a fraude à lei (*fraus legis, evasion of law, fraude à la loi*) foi concebida como um esforço para evitar a manipulação das leis pelos indivíduos. Nesse sentido, a proibição à fraude à lei remonta ao tempo antigo, conforme o adágio romano *fraus omnia corrumpit*, que significa que a fraude tudo vicia, implicando na nulidade do ato assim gerado e de seus efeitos[82].

A doutrina aponta que menções à fraude à lei no âmbito do DIPr já eram feitas, indiretamente, no período medieval. Dumoulin, por exemplo, questionou a utilização da lei do local do último domicílio conjugal para reger a devolução do dote com a justificativa de que o marido poderia se beneficiar de alteração fraudulenta do domicílio. Similarmente, Pothier referiu-se à proibição de alterar o domicílio com o intuito de garantir direitos preferenciais a determinado herdeiro[83].

No século XVIII, também são apontados como exemplos de fraude à lei os casos dos "*casamentos em Gretna Green*", onde jovens ingleses celebravam casamento na cidade de Gretna Green, na Escócia, para contornar a imposição estipulada na lei inglesa de consentimento parental para casamentos de jovens entre 16 e 21 anos[84].

Apesar de manifestações esporádicas, o estudo da fraude à lei em DIPr não atraiu, inicialmente, grande repercussão doutrinária e tampouco inspirou a elaboração de teoria geral sobre o tema. Considerando que, em regra, a fraude à lei é examinada no momento da decisão judicial do *exequatur* ou do cumprimento de ato emanado no exterior, foi na jurisprudência que o estudo desse instituto ganhou impulso.

Na *common law,* o caso *Brook* vs. *Brook*, de 1861, é considerado paradigmático em matéria de fraude à lei, tendo a *House of Lords* britânica declarado inválido por fraude à lei o casamento de um inglês com a irmã da sua falecida esposa, também

---

[82] PARRA-ARANGUREN, Gonzalo. General course of Private International Law: selected problems. *Recueil des Cours de l'Académie de Droit International de La Haye,* v. 210, 1988, p. 13-223, cit., p. 102.

[83] MAEKELT, Tatiana B. de. General rules of private international law in the Americas. New approach. *Recueil des Cours de l'Académie de Droit International de La Haye,* v. 177, 1982, p. 193-379, cit., p. 361.

[84] FAWCETT, James J. Evasion of law and mandatory rules in Private International Law. *Cambridge Law Journal,* v. 49, 1990, p. 44-62.

inglesa, realizado na Dinamarca com o exclusivo motivo de contornar a aplicação da lei inglesa que vedava o casamento com relação de consanguinidade[85].

A decisão da Corte de Cassação Francesa, no célebre caso da *Princesa de Bauffremont*, de 1878, analisou com maiores detalhes a discussão da fraude à lei no âmbito do DIPr. A controvérsia girou em torno da aquisição de nova nacionalidade pela Princesa de Bauffremont após a separação judicial do Príncipe de Bauffremont. A Princesa, que nascera na Bélgica e adquirira a nacionalidade francesa pelo casamento com o Príncipe francês de Bauffremont, se mudou, após a separação, para o ducado alemão da Saxônia-Altenburgo, onde recebeu a nacionalidade local e se casou com o Príncipe romeno Bibesco. No ducado alemão, ao contrário da legislação francesa da época, admitia-se que católicos separados (considerados divorciados) se casassem novamente. Inconformado, o Príncipe de Bauffremont solicitou a anulação da naturalização e do casamento da Princesa com o Príncipe Bibesco, por violação da lei francesa vigente. A Corte de Cassação decidiu que não tinha jurisdição para julgar a validade da naturalização, no entanto, considerou que o casamento subsequente não surtiria efeitos perante aquela lei, pois teria sido contraído por intermédio de manobra para evitar a aplicação da lei do foro, de modo que a naturalização da Princesa fora um artifício intentado para possibilitar o seu segundo casamento e, logo, em fraude à lei francesa[86].

Já no *caso Ferrari*, decidido também pela Corte de Cassação francesa em 1922, uma francesa (Gensoul) casou-se com um italiano (Ferrari), adotando a nacionalidade italiana e a Itália como local de sua residência. Anos mais tarde, o casal obteve separação judicial na Itália e a senhora Gensoul retornou à França, onde readquiriu a nacionalidade francesa mediante decreto do Presidente da República e buscou, perante as cortes francesas, converter a separação de fato consensual italiana em divórcio consensual (naquele momento já autorizado na legislação francesa), o que ainda não era admitido no direito italiano[87]. A Corte de Cassação recusou a conversão em divórcio consensual da separação italiana, porque não havia equivalência entre os dois institutos e levaria a um resultado não aceito pela norma francesa (que não previa a equivalência da separação consensual com o divórcio)[88].

---

[85] MACCLEAN, David. De conflictu legum: perspectives on private international law at the turn of the century: general course on private international law. *Recueil des Cours de l'Académie de Droit International de La Haye*, v. 282, 2000, p. 41-228, cit., p. 95.

[86] Para descrição detalhada do caso, PARRA-ARANGUREN, Gonzalo. General course of Private International Law: selected problems. *Recueil des Cours de l'Académie de Droit International de La Haye*, v. 210, 1988, p. 13-223, cit., p. 102-112.

[87] MAKAROV, A. N. La nationalité de la femme mariée. *Recueil des Cours de l'Académie de Droit International de La Haye*, v. 60, 1937, p. 111-241, cit., p. 224.

[88] Relatam Ancel e Lequette que houve sensível evolução da legislação francesa desde então. Mesmo no caso concreto, não houve uma derrota definitiva da pretensão da Sra. Gensoul: ela ingressou com uma ação de divórcio (ou seja, não era conversão) diante dos tribunais franceses

Nos Estados Unidos, em meados do século XX, o recurso ao instituto da fraude à lei foi utilizado nos *Evasion Statutes*. No ímpeto de alguns estados norte-americanos manterem um padrão moral distorcido (e flagrantemente ofensivo ao direito à igualdade) nas suas relações domésticas, os *Evasion Statutes* atuavam para complementar as leis antimiscigenação de determinados estados (como Montana, Colorado, Utah e Delaware), limitando a capacidade daqueles que se casassem em estados que admitissem casamentos inter-raciais. O não reconhecimento das uniões realizadas fora desses estados tinha o duplo intuito de coibir tais casamentos e, alternativamente, estimular a efetiva alteração do domicílio desses casais para outros locais[89].

Na primeira metade do século XX, a teoria da fraude à lei foi objeto, inclusive, de análise pela Corte Internacional de Justiça. Apesar de não ter utilizado o termo expressamente, a Corte adotou o instituto no caso Nottebohm (Liechtenstein *vs.* Guatemala, 1951), ao considerar que a naturalização, em 1939, de Nottebohm (originalmente alemão) como cidadão de Liechtenstein, ainda que legal do ponto de vista interno, fora realizada com intenções diferentes daquelas típicas de quem se naturaliza, uma vez que as circunstâncias indicavam que supostamente ocorrera para substituir o seu *status* de nacional de Estado em guerra por nacional de Estado neutro. Sob esses fundamentos, o caso não foi admitido, pois a Guatemala não era obrigada a reconhecer a naturalização como fora obtida e Liechtenstein, da mesma forma, não poderia endossar a causa de Nottebohm, não se aplicando, no caso, o instituto da proteção diplomática[90].

No Brasil, o HC 33.091/DF, julgado pelo Supremo Tribunal Federal em 1954, também recorreu à fraude à lei para denegar ordem impetrada para revogar a prisão preventiva decretada em face de paciente (cidadão suíço) como requisito à sua extradição. O Tribunal afastou a alegação de que a prisão, e a consequente extradição, eram impedidas pelo início do processo de naturalização, por entender que a aquisição da nacionalidade brasileira, no caso, visou exclusivamente afastar a extradição, configurando, assim, ato de fraude à lei[91].

---

e foi vencedora. Ver o caso comentado em ANCEL, B.; LEQUETTE, Y. *Les grands arrêts de la jurisprudence française de droit international privé*. 5. ed. Paris: Dalloz, 2006, p. 103-108.

[89] GRAVESON, Roland H. The doctrine of evasion of the law in England and America. *Journal of Comparative Legislation and International Law*, v. XIX, 1937, p. 21-31.

[90] HAMBRO, Edvard. The relations between international law and conflict law. *Recueil des Cours de l'Académie de Droit International de La Haye*, v. 105, 1962, p. 173-265, cit., p. 21-22.

[91] Trecho do voto do Min. Relator: "Consequentemente, em relação a – estrangeiros – a naturalização posterior ao fato que determinar o pedido do país onde a infração for cometida não tem o efeito de impedir a extradição, porquanto os atos praticados em fraude da lei são insuscetíveis de produzir efeitos contra ela. *Fraus omnis corrumpit*" (grifo no original). Supremo Tribunal Federal, HC 33.091 – Distrito Federal, Rel. Min. Luiz Gallotti, julgado em 2-6-1954, publicado no *DJ* 22-7-1954, p. 8679.

3.4. Os elementos, objeto e objetivos da fraude à lei

É possível identificar quatro elementos da fraude à lei: (i) o *elemento subjetivo*, que corresponde à intenção principal do sujeito de, com seu ato, esquivar-se à incidência do direito originalmente indicado pelo elemento de conexão; (ii) o *elemento objetivo*, que vem a ser o ato artificial, que muda o elemento de conexão ou a qualificação da relação jurídica; (iii) o *elemento causal*, que vem a ser o nexo causal entre o resultado da operação fraudulenta e as ações do fraudador; e (iv) o *elemento finalístico*, que é o objetivo ilícito de ver, artificialmente, incidir direito material diferente do que seria ordinariamente indicado por regra de conexão imperativa, que não permite sua modificação pela autonomia da vontade[92].

Analisando esses elementos, é possível criticar a exigência do elemento subjetivo, uma vez que este dificultaria em excesso a comprovação da fraude, porque seria impossível a determinação do estado anímico do agente (se a modificação dos elementos de conexão foi motivada ou não para burlar a norma ordinariamente incidente).

Por isso, em uma abordagem moderada, Strenger afirma que, para comprovar o elemento subjetivo (denominado de *animus*), bastam indícios de fraude à lei, não sendo necessário que se prove a intenção das partes em fraudá-la[93]. O estudo do estado anímico do agente é feito pelas *circunstâncias que envolvem* a modificação do elemento de conexão, podendo ser verificado, por exemplo, o tempo de duração da mudança do domicílio ou da residência habitual, o vínculo efetivo do envolvido com o seu novo Estado (caso da naturalização), entre outros. Essas circunstâncias permitem detectar a vontade de manipulação *artificial* dos componentes do elemento de conexão, como foi visto no Caso *Nottebohm*[94].

No que tange ao elemento finalístico, a regra de conexão que está amparada na autonomia da vontade (por exemplo, contratos internacionais, regidos pela lei escolhida pelas partes) não permite a incidência da "fraude à lei". No caso, a própria regra de conexão admite a escolha da lei (*law shopping*), faltando aqui a qualidade "artificial" da determinação do direito material que caracteriza a fraude à lei.

---

[92] Pode inclusive a fraude à lei gerar a aplicação de direito de Estado terceiro, para que o fraudador impeça a incidência de um direito estrangeiro usualmente aplicável. Esses elementos são baseados nos estudos de AUDIT, Bernard. *La fraude a la loi*. Paris: Dalloz, 1974.

[93] STRENGER, Irineu. *Direito internacional privado*. 4. ed. São Paulo: LTr, 2000, p. 446.

[94] Valladão chega a mencionar se a modificação do elemento de conexão for real (efetivamente o domicílio foi mudado, o sujeito lá ficou por tempo considerável etc.) não seria possível caracterizar a fraude à lei, salvo "os casos extremos em que tal mudança, embora real, tenha tido o fim único e exclusivo de burlar a lei do foro em forma pública e escandalosa, aproveitando-se de uma lei estrangeira fácil, e aí o não reconhecimento de efeitos no foro se imporá". VALLADÃO, Haroldo. *Direito internacional privado*, v. I, 2. ed. Rio de Janeiro: Freitas Bastos, 1977, p. 513.

O objeto da fraude à lei pode ser tanto a fixação do elemento de conexão quanto a qualificação da relação jurídica. No primeiro caso, tem-se o exemplo da corriqueira aquisição de outra nacionalidade – em Estados que adotam a nacionalidade para regência do estatuto pessoal – para obtenção de casamento ou divórcio de forma mais célere.

Já no que concerne à fraude na qualificação, Gaudemet-Tallon menciona caso *Jean-Claude Caron*, decidido pela Corte de Cassação francesa em 1985, no qual testador que possuía imóvel na França e, desejando afastar a reserva hereditária prevista naquela legislação, vendeu seu imóvel para empresa norte-americana, tornando-se detentor das respectivas ações, de modo que, quando falecesse, nos Estados Unidos, a lei norte-americana – local do seu último domicílio e onde não há previsão legal para reserva hereditária – se tornaria aplicável para reger os seus bens móveis (e, portanto, o referido imóvel, agora convertido em cotas sociais)[95].

Quando aos objetivos, a fraude à lei almeja a aplicação (i) de lei estrangeira mais benéfica à parte; ou (ii) de lei do foro mais benéfica à parte. A utilização da fraude à lei dá-se em várias áreas, com destaque para casamentos, divórcios, sucessões, guarda e sequestro de menores e contratos internacionais.

3.5. Consequência da fraude à lei

Uma vez reconhecida a fraude à lei, a sua sanção consiste, em regra, na ineficácia do ato fraudulento. Há o afastamento da aplicação da lei que foi fraudulentamente apontada como aplicável, devendo ser utilizada, em seu lugar, a lei que incidiria se não houvesse a manipulação artificial do elemento de conexão[96].

Ressalta-se, contudo, que, em vários Estados, não se sanciona a fraude à lei se esta ocorre para favorecer a incidência da lei do foro. Dolinger e Tiburcio exemplificam que tal situação ocorreu no casamento de *Sophia Loren* e *Carlo Ponti*, que naturalizou-se francês para conseguir obter o divórcio da sua primeira esposa e casar-se com Sophia Loren perante a lei francesa[97].

Além disso, há divergência sobre se o Estado do foro tem legitimidade para apreciar alegação de fraude à lei *estrangeira*. Para Tenório, "os efeitos da fraude

---

[95] GAUDEMET-TALLON, Hélène. Le pluralisme en droit international privé: richesses et faiblesses (le funambule et l'arc-en-ciel). Cours général de droit international privé. *Recueil des Cours de l'Académie de Droit International de La Haye*, v. 312, p. 9-488, cit., p. 276. Cour de cassation, chambre civile 1, audience publique du mercredi 20 mars 1985, n. de pourvoi: 82-15033.

[96] BATALHA, Wilson de Souza Campos. *Tratado de Direito internacional privado*, v. I, 2. ed. São Paulo: RT, 1977, p. 256. BAPTISTA, Luiz Olavo. Aplicação do direito estrangeiro pelo juiz brasileiro. *Revista de Informação Legislativa*, ano 36, n. 132, abr./jun. 1999, p. 267-277.

[97] DOLINGER, Jacob; TIBURCIO, Carmen. *Direito internacional privado*: Parte Geral e Processo Internacional. 12. ed. rev., atual. e ampl. Rio de Janeiro: Forense, 2016, p. 501.

somente podem ser apreciados pelo Estado cuja lei foi fraudada"[98]. Em sentido contrário, Valladão sustenta que é possível um Estado terceiro usar o instituto da fraude à lei para defender o império de lei estrangeira fraudada, no que é seguido por Dolinger e Tiburcio[99].

De fato, o DIPr tem uma vocação universalista, voltada à adequada gestão da diversidade normativa e jurisdicional envolvendo os fatos transnacionais: a fraude à lei estrangeira desequilibra a regulação ordinária, o que interessa não só ao Estado cuja lei foi fraudada, mas a todos os demais.

3.6. Os diplomas normativos e a fraude à lei

A regulamentação do instituto da fraude à lei é esparsa e seletiva (fraude à lei *ad hoc*[100]), sendo focada em aspectos específicos e, muitas vezes, se confundindo com a aplicação ampla do conceito de fraude ou de abuso, conforme reconhecidos no âmbito da doutrina civilista[101].

Nessa linha, na legislação e jurisprudência estrangeiras a fraude à lei possui diferentes graus de aceitação: na doutrina francesa, belga e espanhola a teoria da fraude à lei é consolidada; por outro lado, nos Estados de tradição da *common law*, a sua utilização é menos frequente[102].

No âmbito das Convenções internacionais, o art. 4º da Convenção da Haia sobre conflito de leis e de jurisdições em matéria de divórcio e separação de corpos, de 1902, visava evitar a fraude à lei da nacionalidade originária dos cônjuges. Para tanto, dispunha que, após a naturalização, o novo direito apontado pela lei da nova nacionalidade (regra de conexão do estatuto individual, comum na Europa) não poderia definir como causa de divórcio e separação de corpos um fato passado antes da naturalização[103].

No Tratado Benelux sobre uma lei uniforme em Direito Internacional Privado, de 1969, o art. 22 previa expressamente a vedação à aplicação de determinado direito

---

[98] TENÓRIO, Oscar. *Direito internacional privado*, v. I, 11. ed. Rio de Janeiro: Freitas Bastos, 1976, p. 366.

[99] DOLINGER, Jacob; TIBURCIO, Carmen. *Direito internacional privado*: Parte Geral e Processo Internacional. 12. ed. rev., atual. e ampl. Rio de Janeiro: Forense, 2016, p. 502.

[100] FAWCETT, James J. Evasion of Law and Mandatory Rules in Private International Law. *Cambridge Law Journal*, v. 49, 1990, p. 44-62, cit., p. 50.

[101] MAEKELT, Tatiana B. de. General rules of private international law in the Americas. New approach. *Recueil des Cours de l'Académie de Droit International de La Haye*, v. 177, 1982, p. 193-379, cit., p. 320.

[102] Sobre o tema, ver, GRAVESON, Ronald H. Comparative aspects of the general principles of private international law. *Recueil des Cours de l'Académie de Droit International de La Haye*, v. 109, 1963, p. 1-164, cit., p. 48-58, *passim*.

[103] *In verbis:* "La loi nationale indiquée par les articles précédents ne peut être invoquée pour donner à un fait qui s'est passé alors que les époux ou l'un d'eux étaient d'une autre nationalité, le caractère d'une cause de divorce ou de séparation de corps".

se houvesse fraude à lei[104]. Similarmente, a Convenção da Haia sobre o reconhecimento do divórcio e das separações legais, de 1970, coibiu a naturalização com a finalidade de obtenção de divórcio em seu art. 7º[105].

Finalmente, o art. 3º da Convenção de Roma sobre a lei aplicável às obrigações contratuais, de 1980, disciplina que: "A escolha pelas partes de uma lei estrangeira, acompanhada ou não da escolha de um tribunal estrangeiro, não pode, sempre que todos os outros elementos da situação se localizem num único país no momento dessa escolha, prejudicar a aplicação das disposições não derrogáveis por acordo, nos termos da lei desse país, e que a seguir se denominam por 'disposições imperativas'".

Em âmbito regional, a Convenção Interamericana sobre Normas Gerais do Direito Internacional Privado, de 1979[106], contempla a fraude à lei no seu art. 6º: "[n]ão se aplicará como direito estrangeiro o direito de um Estado-Parte quando artificiosamente se tenham burlado os princípios fundamentais da lei de outro Estado-Parte. Ficará a juízo das autoridades competentes do Estado receptor determinar a intenção fraudulenta das partes interessadas". Essa última parte do dispositivo permite que o Estado do foro analise o elemento subjetivo da fraude à lei (o estado anímico do agente; sua intenção em burlar a regra de DIPr) antes de decidir.

No DIPr de matriz legal no Brasil não há qualquer disposição legislativa expressa que preveja a hipótese de fraude à lei[107]. A despeito disso, a fraude à lei pode ser deduzida de outros dispositivos legais cuja interpretação acaba por atribuir os mesmos

---

[104] *In verbis:* "as an exception, the provisions of the present law shall not apply if this application offends the ordre public, and in the case of fraud upon the law". A íntegra do texto do tratado está disponível em: NADELMANN, Kurt. H. The Benelux Uniform Law on Private International Law. *American Journal of Comparative Law*, v. 18, 1970, p. 406-425.

[105] *In verbis:* "Contracting States may refuse to recognise a divorce when, at the time it was obtained, both the parties were nationals of States which did not provide for divorce and of no other State".

[106] Ratificada pelo Brasil em 31 de agosto de 1995 e promulgada pelo Decreto n. 1.979/96.

[107] Por isso, Valladão mostrou preocupação com a fraude à lei, tendo, inclusive, incluído, no seu Projeto do Código de Aplicação das Normas Jurídicas, dois artigos sobre o tema. O art. 12 previa, de forma genérica, que: "não será protegido o direito que for ou deixar de ser exercido em prejuízo do próximo ou de modo egoísta, excessivo ou antissocial". Mais expressamente, no tocante aos direitos adquiridos, o art. 79 do anteprojeto ressalvava que: "são reconhecidos no Brasil direitos adquiridos no estrangeiro em virtude de ato ou julgamento ali realizados, de acordo com o direito estrangeiro vigorante, salvo se for caso de competência exclusiva do direito brasileiro, e observadas sempre as reservas da fraude à lei e da ordem pública". O Projeto de Lei n. 269/2004, que dispunha sobre a aplicação das normas jurídicas, continha artigo específico sobre o tema, cuja redação seria: "Art. 18. Fraude à Lei – Não será aplicada a lei de um país cuja conexão resultar de vínculo fraudulentamente estabelecido". No entanto, esse Projeto de Lei foi arquivado ao final da Legislatura em 2011. Disponível em: <http://www25.senado.leg.br/web/atividade/materias/-/materia/70201>. Acesso em: 25-2-2022.

efeitos aos fatos reputados fraudulentos, como ocorre com os arts. 7º, § 6º[108] e 17[109], ambos da Lei de Introdução às Normas do Direito Brasileiro (LINDB).

Direcionado especificamente às relações matrimoniais, o art. 7º, § 6º, da LINDB já foi considerado um óbice à fraude à lei. O dispositivo estabelecia a necessidade de se transcorrer prazo de 1 ano da realização do divórcio em país estrangeiro para o seu reconhecimento no Brasil. Tal exigência coadunava-se com a legislação vigente à época, que exigia o cumprimento de tal prazo para a conversão da separação em divórcio. O artigo prevenia a fraude à lei ao não dar efeitos no Brasil às sentenças de divórcio estrangeiras obtidas por casais brasileiros que mudaram seu domicílio com o intuito de se furtarem ao cumprimento do supracitado prazo para a dissolução do vínculo matrimonial. No entanto, com a Emenda Constitucional n. 66 de 2010, o referido prazo foi abolido[110], fazendo com que tal previsão perdesse sua validade[111].

No que tange ao art. 17 da LINDB, ao estabelecer que as *"leis, atos e sentenças de outro país, bem como quaisquer declarações de vontade"* serão privados de efeito no Brasil quando ofenderem a *"soberania nacional, a ordem pública e os bons costumes"*, acaba por genericamente coibir a fraude à lei. Para Strenger, o art. 17 "fecha qualquer brecha que restar"[112]. Assim, um ato, mesmo que lícito, destinado a afastar a regra de conexão do foro, pode ser considerado como fraude à lei.

3.7. Perspectivas da fraude à lei

Contemporaneamente, a hipermobilidade das sociedades impulsionou novos desafios e perspectivas para a fraude à lei em DIPr. A aplicação da fraude à lei em

---

[108] LINDB, art. 7º, § 6º: "O divórcio realizado no estrangeiro, se um ou ambos os cônjuges forem brasileiros, só será reconhecido no Brasil depois de 1 (um) ano da data da sentença, salvo se houver sido antecedida de separação judicial por igual prazo, caso em que a homologação produzirá efeito imediato, obedecidas as condições estabelecidas para a eficácia das sentenças estrangeiras no país. O Superior Tribunal de Justiça, na forma de seu regimento interno, poderá reexaminar, a requerimento do interessado, decisões já proferidas em pedidos de homologação de sentenças estrangeiras de divórcio de brasileiros, a fim de que passem a produzir todos os efeitos legais (Redação dada pela Lei n. 12.036, de 2009.)".

[109] LINDB: "Art. 17. As leis, atos e sentenças de outro país, bem como quaisquer declarações de vontade, não terão eficácia no Brasil, quando ofenderem a soberania nacional, a ordem pública e os bons costumes".

[110] A EC n. 66/10 alterou a redação do art. 226, § 6º, da CF/88, cuja redação é, agora, concisa: "O casamento civil pode ser dissolvido pelo divórcio".

[111] Antes da permissão do divórcio no Brasil, em 1977, o Supremo Tribunal Federal possuía vários precedentes no sentido de que: "é jurisprudência tranquila do Supremo Tribunal que constitui fraude à lei brasileira, estrangeiros aqui domiciliados, promoverem seu divórcio por procuração em país que não é o da sua nacionalidade". STF, SE 1321, Rel. Min. Afranio Costa, Tribunal Pleno, julgado em 20-8-1954, *DJ* 23-12-1954, p. 15863.

[112] STRENGER, Irineu. *Direito internacional privado*. Parte Geral. 4. ed. São Paulo: LTr, 2000, p. 447.

relações plurilocalizadas pode ser exemplificada pelos precedentes do Tribunal de Justiça da União Europeia, que vem aplicando, ainda que com outros termos, a teoria da fraude à lei.

São vários os casos (circulação de pessoas, bens e serviços) em que o Tribunal entende que determinados atos, ainda que lícitos, configuram abuso do direito comunitário e, assim, não merecem validação legal. A lógica do abuso do direito comunitário (*jurisprudence anti-contournement*) é a mesma da fraude à lei, eis que pressupõe um ato, em geral lícito, praticado com o dolo de escapar à aplicação da lei do foro[113].

No que tange à liberdade de circulação de pessoas, o Tribunal de Justiça entendeu, no caso *Singh*, que adquirir a nacionalidade de um país do bloco com o intuito de utilizar-se das disposições comunitárias de reagrupamento familiar para trazer parentes de terceiros Estados implicaria em abuso, tendo os Estados-Membros a prerrogativa de sustar esses atos[114].

Quando a liberdade em questão é a de circulação de mercadorias, o paradigmático caso *Prix du livre* exemplifica o entendimento do Tribunal no sentido de configurar abuso do direito comunitário a reimportação de livros produzidos na França e direcionados ao público francês, mas que eram exportados para outros países do bloco europeu e depois reimportados com um preço de venda menor do que aquele fixado pela editora, o que era vedado pela lei francesa[115].

Nos casos *Daily Mail*, *TV10 SA* e *Cartesio* o Tribunal abordou a fraude sob a ótica da livre circulação de serviços. O primeiro caso versou sobre a transferência da *head office* de jornal inglês para a Holanda, o segundo caso envolveu a transferência da sede de emissora de radiodifusão holandesa para Luxemburgo e o terceiro tratou da alteração da sede de empresa húngara de recursos humanos para a Itália. Em todos os casos, as empresas prestavam serviços nos países de origem, com conteúdo destinado exclusivamente àqueles Estados. A solução dada pelo Tribunal, nos três casos, foi no sentido de que as normas comunitárias referentes à livre prestação de serviços não abarcam empresas que se estabeleçam em um Estado-Membro com o intuito de se furtar à aplicação da lei de outro Estado-Membro, no qual, efetivamente, o serviço será prestado[116].

---

[113] Sobre o tema, ver GAUDEMET-TALLON, Hélène. Le pluralisme en droit international privé: richesses et faiblesses (le funambule et l'arc-en-ciel). Cours général de droit international privé. *Recueil des Cours de l'Académie de Droit International de La Haye*, v. 312, p. 9-488, cit., p. 278.

[114] Tribunal de Justiça da União Europeia. Processo C-370/90. Acórdão de 7 de julho de 1992.

[115] Tribunal de Justiça da União Europeia. Processo C-229/83. Acórdão de 10 de janeiro de 1985.

[116] Tribunal de Justiça da União Europeia. Processo C-81/87. Acórdão de 27 de setembro de 1988; Tribunal de Justiça da União Europeia. Processo C-23/93. Acórdão de 5 de outubro de 1994; Tribunal de Justiça da União Europeia. Processo C-210/2006. Acórdão de 16 de dezembro de 2008.

Entretanto, no tocante à liberdade de serviços, o Tribunal possui entendimento (*caso Segers, Centros* e *Inspire Art*) também no sentido de permitir a liberdade de definição do local de sucursal, que exerce a maioria das atividades da empresa, em Estado diferente do local da sua sede. A liberdade de estabelecimento comercial é consequência da flexibilidade do mercado, sendo afastada a validade da lei do local da sucursal apenas se comprovado, no caso concreto, que a manipulação do elemento de conexão ocorrera com o específico fim de fraudar a lei do Estado de origem[117].

Nesse panorama, atualmente, a solução aos casos de fraude pode estar na alteração legislativa e no uso de elementos de conexão não tão facilmente manipuláveis, bem como na vedação, pelos tribunais, de alterações nas circunstâncias dos elementos de conexão[118].

Ainda, de forma alternativa ao afastamento expresso da aplicação da lei escolhida, a fraude à lei encontra menos espaço diante da adoção de outros mecanismos efetivos de indicação do direito aplicável, como o *princípio da proximidade*[119].

Porém, a fraude à lei deve ser vislumbrada à luz do novo DIPr, que tutela os conflitos de direito, de forma tolerante e comprometida com a gramática de direitos humanos. Assim, em determinados casos, a liberdade das partes pode autorizar a manipulação da escolha da lei aplicável à obrigação por questões de conveniência ou ordem econômica inerentes ao comércio internacional, sem que isso represente fraude à lei. Em relações comerciais internacionais paritárias, a autonomia da vontade das partes pode impedir o reconhecimento de fraude à lei[120].

Na mesma linha, no tocante ao estatuto individual, as limitações ao reconhecimento dos efeitos da naturalização por incorrerem em fraude à lei devem ser analisadas em conjunto com o direito à nacionalidade, previsto no art. 20 da Convenção Americana de Direitos Humanos, na medida em que a obtenção de vantagem (de natureza matrimonial, sucessória, penal etc.) pode ser inerente à troca de nacionalidade[121].

Contudo, o recurso ao instituto da fraude à lei é válido para impedir a aplicação mecânica, estática e pretensamente neutra do DIPr. A vedação à manipulação de elemento de conexão ou qualificação pela parte é justificada quando a lei escolhida resultar em violação de direitos individuais de uma das partes ou for contrária aos

---

[117] Tribunal de Justiça da União Europeia. Processo C-167/2001. Acórdão de 30 de setembro de 2003.

[118] MOSCONI, Franco. Exceptions to the operation of choice of law rules. *Recueil des Cours de l'Académie de Droit International de La Haye*, v. 217, 1989, p. 9-214, cit., p. 166 e s.

[119] DOLINGER, Jacob; TIBURCIO, Carmen. *Direito internacional privado*: Parte Geral e Processo Internacional. 12. ed. rev., atual. e ampl. Rio de Janeiro: Forense, 2016, p. 503.

[120] FAWCETT, James J. Evasion of law and mandatory rules in Private International Law. *Cambridge Law Journal*, v. 49, 1990, p. 44-62.

[121] PARRA-ARANGUREN, Gonzalo. General course of Private International Law: selected problems. *Recueil des Cours de l'Académie de Droit International de La Haye*, v. 210, 1988, p. 13-223, especialmente p. 109 e s.

direitos difusos de uma comunidade, isto é, a fraude à lei pode atuar como limite à autonomia da vontade quando há disparidade ou vulnerabilidade das partes[122].

4. A RECIPROCIDADE NO DIREITO INTERNACIONAL PRIVADO

A reciprocidade no Direito Internacional Privado consiste na exigência de fazer depender o tratamento local dado às situações transnacionais ao tratamento dado, hipoteticamente, às mesmas situações caso tivessem ocorrido em um Estado estrangeiro[123].

No tocante ao concurso (conflito ou concorrência) de leis, a reciprocidade consiste na exigência, para a aplicação do direito estrangeiro, do mesmo tratamento ao direito do foro, no caso hipotético de ocorrência de situação idêntica no Estado estrangeiro.

No tocante à jurisdição internacional, a reciprocidade pode surgir no debate sobre derrogação da jurisdição em favor de foro estrangeiro por acordo de particulares (que exigiria reciprocidade – sentido positivo de reciprocidade) ou ainda na possibilidade de afirmação de jurisdição do foro caso a jurisdição estrangeira seja considerada abusiva (sentido negativo da reciprocidade).

Já na temática da cooperação jurídica internacional, a reciprocidade consiste na exigência do mesmo tratamento dado às solicitações do Estado estrangeiro para as solicitações do Estado do foro no território estrangeiro. Por exemplo, no reconhecimento de uma sentença estrangeira, exige-se que seja comprovado que o Estado estrangeiro reconheceria uma sentença do foro com conteúdo idêntico[124].

No caso do concurso de leis, a reciprocidade é uma exigência que surge no método indireto, o qual indica eventualmente o direito estrangeiro para reger a situação transnacional. É um requisito exógeno à regra indireta de DIPr, pois, caso seja o direito do foro o indicado, não incide obviamente o requisito da reciprocidade. É também um *requisito exógeno positivo*, pois cabe ao intérprete verificar a sua existência para então fazer incidir o direito estrangeiro. Nisso, a reciprocidade difere da ordem pública, que é um requisito exógeno à regra de conexão, porém se constitui em um requisito negativo, ou seja, o intérprete deve verificar se *não há* ofensa à ordem pública.

Por isso, a reciprocidade é relacionada ao limite à aplicação do direito estrangeiro, podendo ser traduzida na seguinte condicionante: será aplicado o direito estrangeiro, *desde que* haja reciprocidade por parte do Estado estrangeiro. Em sentido contrário e minoritário, Edoardo Vitta sustentou que a reciprocidade está contida na

---

[122] Sobre a autonomia da vontade em DIPr, ver Parte V, Capítulo 4, item 4.2, deste *Curso*.

[123] LAGARDE, Paul. La réciprocité en droit international privé. *Recueil des Cours de l'Académie de Droit International de La Haye*, v. 154, 1977, p. 103-214, especialmente p. 111.

[124] É possível ainda abordar a questão da reciprocidade no que tange aos direitos dos estrangeiros e aquisição de nacionalidade, temáticas que são consideradas, para parte da doutrina, integrantes do objeto do DIPr.

regra de conflito. Caso um Estado exija a reciprocidade no concurso de leis, há, na realidade duas regras indiretas: (i) a regra aplicável caso haja reciprocidade e (ii) a regra que ordena aplicar a *lex fori,* caso não haja reciprocidade[125].

A origem da exigência de reciprocidade no DIPr vincula-se ao pensamento estatutário, em especial na Escola Holandesa, no qual a aplicação da lei extraterritorialmente era fundada na existência da *cortesia internacional (comitas gentium).* Por meio da cortesia internacional, os Estados aplicariam, reciprocamente, os estatutos extraterritoriais. Após a consolidação do DIPr clássico e até os dias de hoje, a reciprocidade tende a ser utilizada para evitar discriminação, no Estado estrangeiro, dos interesses dos nacionais do Estado que pleiteia a reciprocidade. Por exemplo, o DIPr das sucessões do Estado A exige, para aplicar a lei material do Estado B, que seja provado que a sucessão no Estado B em caso similar seria regulada pela lei material de A[126]. Esse tipo clássico de reciprocidade exige que o Estado estrangeiro adote tratamento idêntico ao concretizado pelo Estado do foro.

A implementação da reciprocidade pode gerar um *círculo vicioso.* Lagarde relata um caso no qual o DIPr alemão exigia a reciprocidade para executar uma sentença da Síria, que, por sua vez, também exigia reciprocidade para executar sentenças estrangeiras no seu território. Ao final, o juízo alemão quebrou o círculo vicioso ao dar o "primeiro passo" reconhecendo a sentença síria[127].

Com a adoção de tratados de DIPr, a função da reciprocidade em assegurar igualdade aos envolvidos nos fatos transnacionais perde utilidade e é absorvida pelos deveres de *todos* os Estados-Partes em realizar a conduta prevista no tratado. Restaria ainda em aberto a questão da reciprocidade para os Estados que não são partes no tratado de DIPr.

Além disso, há uma variante da reciprocidade no Direito Internacional Privado, que consiste na adoção de decisões rigorosas contra estrangeiros em virtude de decisões oriundas do seu Estado patrial contra os nacionais do Estado do foro[128]. Esse comportamento do Estado concretiza uma retorsão, que consiste em comportamento *lícito* de um Estado que gera prejuízo a outro Estado, sendo adotada em clara retaliação a comportamento prévio do Estado atingido[129]. Assim, a

---

[125] VITTA, Edoardo. Cours général de droit international privé. *Recueil des Cours de l'Académie de Droit International de La Haye,* v. 162, 1979, p. 9-243, em especial p. 73.

[126] Exemplo retirado de Wengler. WENGLER, Wilhelm. The general principles of private international law. *Recueil des Cours de l'Académie de Droit International de La Haye,* v. 104, 1961, p. 273-469, em especial p. 344.

[127] LAGARDE, Paul. La réciprocité en droit international privé. *Recueil des Cours de l'Académie de Droit International de La Haye,* v. 154, 1977, p. 103-214, especialmente p. 167.

[128] BATALHA, Wilson de Souza Campos. *Tratado de direito internacional privado,* v. I, 2. ed. São Paulo: RT, 1977, p. 255.

[129] Sobre a retorsão, ver CARVALHO RAMOS, André de. *Responsabilidade internacional por violação de direitos humanos.* Rio de Janeiro: Renovar, 2004.

reciprocidade-retorsão sugere ao Estado estrangeiro que a falta de tratamento igualitário em situações idênticas não é adequada, aos olhos do Estado do foro. Lagarde sustenta que este tipo de comportamento é uma "punição virtual" de um Estado por outro[130].

Quanto ao Brasil, Strenger, sustentou, na sua época, que "o nosso direito ignora totalmente a cláusula de reciprocidade"[131]. Recentemente, a reciprocidade foi utilizada na temática da cooperação jurídica internacional, estipulando o CPC de 2015 que, na ausência de tratados, é possível que o Brasil realize a cooperação jurídica internacional com base em promessa de reciprocidade por parte do Estado estrangeiro[132]. No caso específico do cumprimento de sentença estrangeira, não se exige reciprocidade, salvo, excepcionalmente, no caso da sentença estrangeira de execução fiscal[133].

Nos debates legislativos sobre a aprovação de um novo Código de Processo Civil, a reciprocidade havia sido inserida amplamente no reconhecimento e execução de sentenças estrangeiras, o que foi denominado por Carmen Tiburcio de "retrocesso"[134]. Na mesma linha, Nadia de Araujo, Daniela Vargas e Lauro Gama Jr. defenderam que a cooperação jurídica internacional não trata diretamente dos interesses dos Estados envolvidos, "mas precipuamente a interesses particulares, partes que são em processos ligadas a mais de um ordenamento jurídico"[135].

A reciprocidade no DIPr deve ser interpretada à luz da gramática dos direitos humanos, o que impede que o Estado do foro – alegando reciprocidade – viole direitos dos envolvidos no fato transnacional sob a justificativa de que o Estado estrangeiro também viola.

Porém, não pode a prática diplomática brasileira quedar-se inerte diante de um Estado estrangeiro que, por exemplo, discrimina as sentenças prolatadas no Brasil ou nega vigência à lei brasileira, prejudicando a igualdade e a segurança jurídica (os direitos adquiridos).

---

[130] LAGARDE, Paul. La réciprocité en droit international privé. *Recueil des Cours de l'Académie de Droit International de La Haye*, v. 154, 1977, p. 103-214, especialmente p. 112.

[131] STRENGER, Irineu. *Direito internacional privado*. 4. ed. São Paulo: LTr, 2000, p. 448.

[132] *In verbis*: "Art. 26, § 1º Na ausência de tratado, a cooperação jurídica internacional poderá realizar-se com base em reciprocidade, manifestada por via diplomática".

[133] *In verbis*: "Art. 26, § 2º Não se exigirá a reciprocidade referida no § 1º para homologação de sentença estrangeira. E ainda "Art. 961, § 4º Haverá homologação de decisão estrangeira para fins de execução fiscal quando prevista em tratado ou em promessa de reciprocidade apresentada à autoridade brasileira".

[134] TIBURCIO, Carmen. Nota doutrinária sobre três temas de direito internacional privado no Projeto de novo Código de Processo Civil. *Revista de Arbitragem e Mediação*, n. 28, jan.-mar. 2011, p. 139-146.

[135] ARAUJO, Nadia; VARGAS, Daniela; GAMA Jr, Lauro. Temas de direito internacional privado no Projeto de novo Código de Processo Civil. *Revista de Arbitragem e Mediação*, n. 28, jan./2011, p. 147-158.

Há um dever de proteção aos direitos de igualdade, de segurança jurídica e de acesso à justiça daqueles sob a jurisdição do Estado brasileiro, que advém da proteção internacional de direitos humanos aceita pelo Brasil[136].

Por isso, o Brasil deve adotar um modelo de *reciprocidade mitigada* no DIPr, que eventualmente pode impor práticas de retorsão em outras matérias (evitando punir os indivíduos envolvidos em fatos transnacionais), com a finalidade de estimular os Estados estrangeiros a celebrar tratados de DIPr com o Brasil ou mesmo alterar as suas leis internas sobre a temática[137].

---

[136] Sobre a dimensão objetiva dos direitos humanos e os deveres de proteção do Estado, ver CARVALHO RAMOS, André de. *Teoria geral dos direitos humanos na ordem internacional*. 7. ed. São Paulo: Saraiva, 2019.

[137] Ver mais sobre a reciprocidade na Parte VI (sobre cooperação jurídica internacional) deste *Curso*.

PARTE V
REGRAS DE CONEXÃO TEMÁTICAS

1. A PESSOA FÍSICA E A PESSOA JURÍDICA

1.1. O estado individual

Entre os mais diversos fatos transnacionais que podem ser regulados pelo Direito Internacional Privado (DIPr)[1], destacam-se os que se referem ao *estado pessoal ou individual*, que consiste no conjunto de atributos referentes à individualidade jurídica da pessoa física, que acarreta direitos e deveres jurídicos. É comum também o uso da expressão "estatuto pessoal", oriunda das Escolas Estatutárias, que engloba, para Tenório "as relações pessoais do indivíduo, desde o nascimento até a morte, abrangendo sua situação no meio familiar, ou independente dele, mas em relações com outras pessoas"[2].

O estado pessoal ou individual engloba a regulamentação sobre estado da pessoa, capacidade, filiação, nome, pátrio poder, temas de direito de família, entre outros. Entre as relações de direito de família incluem-se as regras sobre casamento, regime de bens, paternidade e filiação, maternidade de substituição, guarda e adoção, alimentos e devolução de menores retirados ilicitamente de um Estado para outro.

Pela sua abrangência, o estado pessoal revela, no âmbito do DIPr, a escolha sobre o *vínculo jurídico* de determinado indivíduo com um ordenamento. Na inexistência de tratados que uniformizem as regras materiais sobre o estatuto individual, os Estados adotam o método indireto (conflitual), que é baseado na escolha de uma lei nacional por

---

[1] Esta Parte do presente *Curso* analisa alguns temas tradicionais do concurso de leis (como estatuto pessoal, casamento, bens etc.), que já analisei em obra anterior, cujos trechos serão também utilizados aqui. Conferir em CARVALHO RAMOS, André de; GRAMSTRUP, Erik Frederico. *Comentários à Lei de Introdução às Normas do Direito Brasileiro*. 2. ed. São Paulo: Saraiva, 2021.

[2] TENÓRIO, Oscar. *Direito internacional privado*, v. I, 11. ed. Rio de Janeiro: Freitas Bastos, 1976, p. 408.

meio das regras de conexão. A determinação da regra de conexão na temática não é neutra e, consequentemente, gera impactos.

Determinado Estado que opta (por lei interna ou por ratificação de tratado de DIPr) pela lei da nacionalidade para reger o estatuto individual toma uma importante decisão que aumenta a incidência do direito estrangeiro em seu país, já que vivemos em um mundo globalizado, com fortes fluxos de migrantes (com suas nacionalidades distintas), ao mesmo tempo que utiliza um elemento de conexão cuja circunstância jurídica é mais facilmente delimitada e menos mutável (nacionalidade). Por outro lado, caso opte pela lei do domicílio, esse Estado hipotético gerará debates sobre como definir o que vem a ser um "domicílio" ou mesmo como eliminar as dúvidas na hipótese de coexistência e mudança de domicílio, mas, ao mesmo tempo, diminuirá sensivelmente o uso de lei estrangeira nos casos em que os estrangeiros tenham domicílio no território do Estado do foro.

Essas discussões devem ser renovadas à luz das novas dimensões do Direito Internacional Privado do século XXI, que buscam superar o antigo cisma entre a "lei da nacionalidade" e a "lei do domicílio" com alternativas no possível uso do critério de conexão da *residência habitual* ou ainda do princípio da proximidade.

1.2. A disputa clássica

A regulação do estado pessoal foi disputada, a partir da fase clássica do Direito Internacional Privado, por duas regras de conexão principais: a lei da nacionalidade e a lei do domicílio. Anteriormente, na fase iniciadora (ou fase estatutária), a própria noção de nacionalidade era precária, em um mundo europeu caracterizado pelas lutas entre monarquias dinásticas e sob a influência do Papado. Por isso, as diferentes Escolas Estatutárias adotavam a lei do domicílio para a regência do estatuto pessoal[3].

No século XIX, a consolidação do conceito da nacionalidade[4] como um dos principais vetores do Estado influenciou também o Direito Internacional Privado. O marco pioneiro foi o Código Civil de Napoleão, que, em seu art. 3º, estipulou que as leis concernentes ao estado e capacidade das pessoas regeriam os franceses mesmo quando residissem em país estrangeiro[5].

Savigny, por seu turno, manteve a adesão à lei do domicílio, defendendo a continuidade de seu uso (comum entre os estatutários), com base em seus estudos sobre

---

[3] PILLET, Antoine. *Principes de droit international privé*. Paris: Pedone/Allier Frères, 1903, em especial p. 304. MACHADO VILLELA, Álvaro da Costa. *Tratado elementar (teórico e prático) de Direito internacional privado*, v. I, Coimbra: Coimbra Editora, 1921, p. 414.

[4] Demonstrando que o conceito de nacionalidade não é *atemporal*, mas serviu aos esforços de unidade dos Estados europeus do século XIX, ver HOBSBAWM, Eric J. *Nações e nacionalismo*. 5. ed. São Paulo: Paz e Terra, 2008, em especial p. 11-61.

[5] MACHADO VILLELA, Álvaro da Costa. *Tratado elementar (teórico e prático) de direito internacional privado*, v. I, Coimbra: Coimbra Editora, 1921, p. 416.

o direito romano e também em virtude da sua ampla aceitação[6]. Também na fase clássica do DIPr, Mancini, no bojo do processo de unificação italiana, esforçou-se para consagrar o *princípio da nacionalidade* tanto no Direito Internacional Público quanto no DIPr[7]. Para Villela, o uso da *lei da nacionalidade* para reger o estatuto pessoal no DIPr é justificado por ser a lei pessoal uma função da nacionalidade e, portanto, a lei pessoal competente deve ser a lei nacional[8].

No choque das duas correntes, são comuns argumentos e contra-argumentos, centrados nos seguintes tópicos:

(i) *Estabilidade*. Os adeptos da lei da nacionalidade apontam sua estabilidade, sendo um vínculo, em geral, *permanente* e *conhecido*, o que não acontece com o domicílio, sujeito a mudanças ao sabor da vontade do indivíduo. Os defensores da lei do domicílio, por sua vez, enfatizam a autonomia da vontade na fixação do domicílio, que seria mais próximo do verdadeiro centro de suas relações jurídicas (em vez da nacionalidade, em geral imposta no nascimento). Ou seja, a lei do domicílio seria um vínculo jurídico e, consequentemente, mais apropriado ao DIPr e a nacionalidade, um vínculo político.

(ii) *Coerência com a proteção diplomática*. Os defensores da lei da nacionalidade usaram, analogicamente, o instituto da proteção diplomática do Direito Internacional Público, muito em voga na segunda metade do século XIX. Esse costume internacional trata da reparação de danos causados a estrangeiro pelo Estado de acolhida, em demanda apresentada pelo Estado patrial. Assim, tal qual a nacionalidade protege o indivíduo por meio da proteção diplomática, a lei da nacionalidade seria também uma mecanismo de "proteção individual". Para os defensores da lei do domicílio, o tratamento dado ao estrangeiro domiciliado não teria porque ser, *per se*, menos protetivo do que aquele dado pela lei da nacionalidade.

(iii) *Interesse do Estado de acolhida dos estrangeiros e efeito negativo da inflação do uso do direito estrangeiro*. Esse argumento foi muito utilizado na América Latina, pelos seguidores da lei do domicílio. Sustentou-se que não interessa ao Estado de acolhida de imigrantes (como os da América Latina) manter a aplicação de direito estrangeiro (apontado pela lei da nacionalidade) por décadas, até que as novas gerações adquirissem a nacionalidade local. A lei da nacionalidade, então, (i) dificultava a prestação jurisdicional (que tinha ainda de acompanhar a evolução do direito estrangeiro) e (ii) mantinha diferenças normativas entre os indivíduos da comunidade. Além disso, em vários casos, as correntes migratórias europeias para a América Latina eram concentradas em algumas regiões (italianos no sul e sudeste do Brasil,

---

[6] Ver SAVIGNY, Friedrich Carl von. *Sistema do direito romano atual*, v. VIII, tradução de Ciro Mioranga (edição original de 1849). Ijuí: Unijuí, 2004, §§ 358-359, p. 100-110.

[7] MANCINI, Pasquale S. *A nacionalidade como fundamento do direito das gentes* (1851). Direito Internacional – coletânea. Ijuí: Unijuí, 2003, p. 35-86.

[8] MACHADO VILLELA, Álvaro da Costa. *Tratado elementar (teórico e prático) de direito internacional privado*, v. I, Coimbra: Coimbra Editora, 1921, p. 415.

alemães no sul, japoneses em São Paulo etc.), o que inflacionava ainda mais o uso do direito estrangeiro em alguns locais. Ironicamente, o Brasil imperial usou esse argumento (correntes migratórias) justamente para *defender* a lei da nacionalidade no Congresso de Direito Internacional Privado de Montevidéu (1888/1889): para a diplomacia brasileira da época, a lei da nacionalidade seria um atrativo ao estrangeiro, que teria a segurança jurídica necessária para, então, aceitar imigrar para novos países[9].

(iv) *Vantagem do melhor conhecimento da lei*. Os defensores da lei da nacionalidade defendem seu uso pelo maior conhecimento da lei nacional e comunhão de valores do indivíduo com sua pátria de origem. Essa defesa desconsidera o papel da comunidade de acolhida e sua função na promoção de direitos do estrangeiro.

(v) *Vantagem da melhor integração do estrangeiro com a comunidade de acolhida*. Esse argumento é utilizado pelos defensores da lei do domicílio, cujo uso integraria com maior velocidade os estrangeiros domiciliados, que seriam forçados a conhecer a legislação local (pelo uso da lei do domicílio) e, consequentemente, seriam mais conhecedores dos usos da comunidade de acolhida.

(vi) *Maior coincidência entre a lei aplicável e a jurisdição*. Os defensores da lei do domicílio sustentam a vantagem da unidade entre a jurisdição e a lei a ser aplicada. De fato, a maioria dos litígios será processada no Estado de domicílio dos interessados, de acordo com a tradicional regra de fixação da competência territorial do juízo: foro do domicílio do réu, ou, eventualmente, do autor. Caso o domicílio também seja a regra para a escolha da lei, haveria uma grande coincidência entre a lei que rege o processo e a lei a ser aplicada ao fato em litígio, aproximando a competência jurisdicional da competência legislativa[10]. Para os defensores da lei da nacionalidade, não há nenhuma dificuldade ou contradição no fato de uma jurisdição nacional ser obrigada a aplicar direito estrangeiro.

(vii) *Dificuldades com situações especiais: mulheres casadas, apátridas, refugiados, sem domicílio*. A defesa da lei da nacionalidade como uma lei estável, segura e acessível esbarrou na constatação de problemas práticos envolvendo a nacionalidade da mulher casada[11] (superada por tratados e pela consolidação do Direito Internacional dos Direitos Humanos, cujas normas proíbem as distinções odiosas a favor do homem), apátridas e refugiados. Por sua vez, as mudanças de domicílio e mesmo situações pluridomiciliares ou, ainda, dos adômides (sem domicílio) geraram debates sobre a conveniência da substituição da lei do domicílio pela lei da "residência habitual"[12].

---

[9]   Ver adiante tópico sobre a lei da nacionalidade no Império brasileiro.

[10] CASSIN, René. La nouvelle conception du domicile dans le règlement des conflits de lois. *Recueil des Cours de l'Académie de Droit International de La Haye*, v. 34, 1930, p. 659-809, em especial p. 772.

[11] Ver VALLADÃO, Haroldo. Conséquences de la différence de nationalité ou de domicile des époux sur les effets et la dissolution du mariage. *Recueil des Cours de l'Académie de Droit International de La Haye*, v. 105, 1962, p. 69-171.

[12] WINTER, L.I. de. Nationality or domicile? The present state of affairs. *Recueil des Cours de l'Académie de Droit International de La Haye*, v. 128, 1969, p. 347-503.

(viii) *Universalismo*. Os defensores da lei da nacionalidade no final do século XIX e nas primeiras décadas do século XX viam na lei do domicílio uma opção por um Direito Internacional Privado local ou particular. Já o uso da nacionalidade levaria o Direito Internacional Privado mais próximo do Direito Internacional Público, ou seja, mais próximo da ambição universalista e da essência do Direito Internacional Privado clássico, de uma *comunidade homogênea de nações*. Espínola e Espínola Filho, nesse sentido, defendem que "o sistema da lei nacional é o que melhor corresponde aos princípios que constituem o fundamento do direito internacional privado"[13].

Na doutrina do final do século XIX e início do século XX, rapidamente a lei da nacionalidade foi *vitoriosa*. Entre os internacionalistas, a grande maioria apoiou as ideias de Mancini, fazendo o Instituto de Direito Internacional editar, em 1880, a resolução sobre os princípios gerais em matéria de nacionalidade, capacidade, sucessão e ordem pública, *consagrando a lei nacional* (item VI da Resolução de Oxford)[14].

Nesse momento histórico de transição do século XIX e século XX, além da bem-sucedida estratégia dos defensores da vinculação da *lei nacional* ao *universalismo* pretendido pelos internacionalistas de uma comunidade homogênea de nações do final do século XIX, a maior parte dos doutrinadores internacionalistas influentes era europeia (mesmo Carlos Calvo, argentino, que viveu boa parte de sua vida em Paris) e os Estados europeus viam a lei do domicílio como ameaça, equivalente ao rompimento dos laços com a comunidade de migrantes espalhada, em especial na América Latina.

Todavia, após a metade do século XX e XXI, a consolidação da proteção internacional dos direitos humanos faz com que a nacionalidade e os obstáculos ao estrangeiro (especialmente em um mundo no qual há inúmeras barreiras aos migrantes econômicos, com aumento da xenofobia) sejam adversários do novo universalismo, entendido agora sob o prisma da *gramática dos direitos humanos*, no qual todos são iguais, não importando origem ou nacionalidade. Nesse sentido, o vínculo jurídico do domicílio ou da residência habitual é igualitário, pois disponível tanto aos nacionais quanto aos estrangeiros, em situação regular ou não.

1.3. A lei da nacionalidade no Brasil imperial

No Brasil independente, a Constituição de 1824 (art. 179, XVIII) determinou a elaboração de um Código Civil, na esteira das codificações europeias. O Direito Internacional Privado foi absorvido nas discussões sobre o novo Código Civil, seguindo a

---

[13] ESPÍNOLA, Eduardo; ESPÍNOLA FILHO, Eduardo. *Tratado de direito civil brasileiro*, v. VIII – Do Direito internacional privado brasileiro – Parte Especial, t. 1, Rio de Janeiro: Freitas Bastos, 1942, p. 182.

[14] Instituto de Direito Internacional, "Principes généraux en matière de nationalité, de capacité, de succession et d'ordre public". Item VI: "VI. L'état et la capacité d'une personne sont régis par les lois de l'Etat auquel elle appartient par sa *nationalité*". Resolução de Oxford, 1880.

tradição europeia de tratar dos fatos transnacionais em Códigos ou em leis de introdução, segundo a matéria (Código Civil, Código Penal etc.), e não tratando de todos os fatos transnacionais em uma única lei de Direito Internacional Privado.

Essa opção de tratar de todas as facetas cíveis e não cíveis em um único diploma foi seguida por alguns tratados de Direito Internacional Privado, como, por exemplo, o Código Bustamante (Convenção Pan-Americana de Direito Internacional Privado, de 1928[15]).

No caso brasileiro, a legislação de direito privado esparsa vigente no Império inclinou-se pela aplicação da lei da nacionalidade, como se vê no art. 3º do Regulamento n. 737 de 1850 (referente a atos de comércio), pelo qual as "leis e usos comerciais dos países estrangeiros regulam as questões sobre estado e idade dos estrangeiros residentes no Império".

Na *Consolidação das Leis Civis* (1858) do Império, na qual Teixeira de Freitas (contratado, em 1855, pelo Imperador para tal tarefa) condensou a legislação vigente, ficou estabelecido no art. 408 que as "questões de estado e idade de estrangeiros residentes no Império, quanto à capacidade para contratar, serão também reguladas pelas leis e usos dos países estrangeiros"[16].

Também os projetos e discussões sobre o novo Código Civil ainda na época do Império adotaram a lei da nacionalidade, como se vê no chamado Projeto Nabuco (art. 35[17]) e no Projeto Felício dos Santos (art. 18[18]).

A exceção foi o *Esboço* de Teixeira de Freitas[19], que defendeu o uso da lei do domicílio (arts. 26 e 27). Nesse anteprojeto de Código Civil, Teixeira de Freitas optou pela lei do domicílio para a regência do estado pessoal. De acordo com o art. 26 "a capacidade, ou incapacidade (art. 25), quanto a *pessoas domiciliadas em qualquer seção territorial do Brasil*, ou sejam nacionais ou estrangeiras, serão julgadas pelas

---

[15] Ratificada pelo Brasil e incorporada internamente pelo Decreto n. 18.871, de 13 de agosto de 1929.

[16] Grafia atualizada por mim. Utilizei o texto da terceira edição, de 1876, que foi republicado na Coleção "História do Direito Brasileiro – Direito Civil", com prefácio do Min. Ruy Rosado de Aguiar. FREITAS, Augusto Teixeira de. *Consolidação das leis civis*. 2 volumes. Prefácio de Ruy Rosado de Aguiar – *fac-símile* da 3. ed. de 1876. Brasília: Senado Federal, 2003. A "Consolidação" possui uma introdução e ainda 1.333 artigos, fazendo a função de codificação do direito privado até a entrada em vigor do Código Civil em 1917.

[17] "Art. 35. O estado e a capacidade civil das pessoas são regulados pelas leis da nação à qual elas pertencem (...)."

[18] "Art. 18. O estado e a capacidade civil dos brasileiros, domiciliados ou residentes em país estrangeiro, são regulados pelas leis brasileiras, quanto aos atos que n Brasil tiverem de produzir os seus efeitos."

[19] Grafia atualizada. Decreto n. 2.337, de 11 de janeiro de 1859, que aprovou o contrato com Augusto Teixeira de Freitas para a redação do projeto do Código Civil do Império. Disponível em: <http://www2.camara.leg.br/legin/fed/decret/1824-1899/decreto-2337-11-janeiro-1859--557246-publicacaooriginal-77587-pe.html>. Acesso em: 15 mar. 2022.

leis deste Código, ainda que se trate de atos praticados em país estrangeiro ou de bens existentes em país estrangeiro". Em complemento, o art. 27 dispunha que "a capacidade, ou incapacidade (art. 25) quanto a pessoas domiciliadas fora do Brasil, ou sejam estrangeiras ou nacionais, serão julgadas pela *lei do respectivo domicílio*, ainda que se trate de atos praticados no Império, ou de bens existentes no Império".

Comentando essa opção, Teixeira de Freitas apoiou-se nitidamente em Savigny e sua teoria da sede das relações jurídicas, afirmando que "é o domicílio, e não a nacionalidade o que determina a sede jurídica das pessoas, para que se saiba quais as leis civis que regem a sua capacidade ou incapacidade"[20].

Em 1863, Pimenta Bueno defendeu também a lei da nacionalidade para a regência do estatuto pessoal, sustentando que "cada nacionalidade ou país tem o seu estatuto pessoal especial e apropriado, que acompanha os seus nacionais em toda e para toda e qualquer parte a que eles se dirijam"[21].

Na esfera governamental, a retórica do final do século XIX era o uso da regra da nacionalidade para atrair migrantes ao Brasil, que não precisariam temer a lei local. Eles "transportariam" sua própria lei para o Novo Mundo.

Esse argumento em prol da lei da nacionalidade foi explicitado pelo delegado brasileiro no Congresso de Direito Internacional Privado em Montevidéu de 1888/1889, nos debates sobre a elaboração de tratado de direito civil internacional. A maioria dos delegados dos outros países defendeu a adoção da lei do domicílio para reger o estatuto pessoal. Já a delegação brasileira notabilizou-se por se *opor* ao projeto, pela defesa da *lei da nacionalidade* para reger a capacidade e a personalidade. Os delegados dos demais países estavam conscientes do risco de falta de coerência e fragmentação da lei aplicável, se fossem adotadas as leis nacionais dos imigrantes[22].

Contudo, para o Império brasileiro, na voz do Delegado Andrade Figueira, o princípio da nacionalidade seria um atrativo ao estrangeiro, que, sem ele, não seria estimulado a aceitar a imigração à América do Sul[23]. Essa defesa retórica, sem base empírica e até contrária aos fatos (os demais Estados americanos adotaram a lei do domicílio e continuaram a receber migrantes) afastou o Brasil da codificação sul-americana da época.

---

[20] FREITAS, Augusto Teixeira de. *Código civil: esboço*. Rio de Janeiro: Ministério da Justiça e Negócios Interiores, 1952 (original de 1864).

[21] Grafia atualizada. PIMENTA BUENO, José Antônio. *Direito internacional privado e applicação de seus principios com referencia ás leis particulares do Brazil*. Rio de Janeiro: Typographia Imp. e Const. de J. Villeneuve e C., 1863, p. 14.

[22] NOLDE, Boris. La codification du droit international privé. *Recueil des Cours de l'Académie de Droit International de La Haye*, v. 55, 1936, p. 303-430, em especial p. 356.

[23] Ver a exposição dos argumentos do delegado brasileiro Andrade Figueira em ESPÍNOLA, Eduardo; ESPÍNOLA FILHO, Eduardo. *Tratado de direito civil brasileiro*, v. VIII, Do Direito internacional privado Brasileiro – Parte Especial, t. 1, Rio de Janeiro: Freitas Bastos, 1942, p. 189.

1.4. A lei da nacionalidade na República

Já na República, o primeiro projeto solicitado a Coelho Rodrigues (entregue em 1893, mas rejeitado por comissão do Congresso) também adotou a lei da nacionalidade para a regência do estatuto pessoal (art. 13[24]).

Na época, a integração econômica do Brasil com a Europa, bem como a influência dos círculos acadêmicos europeus fez com que a *onda a favor* do uso da nacionalidade (adotada pelo Instituto de Direito Internacional e pela Conferência da Haia de Direito Internacional Privado) não fosse questionada no Brasil.

Por isso, o novo projeto de Código Civil, agora elaborado por Clóvis Beviláqua, seguiu a tradição imperial, tendo disposto no art. 22 que "a lei nacional da pessoa rege a sua capacidade e seus direitos de família".

Narram Espínola e Espínola Filho que poucos juristas brasileiros envolvidos na revisão do projeto Beviláqua antes de sua aprovação final pelo Congresso brasileiro apoiaram a adoção da lei do domicílio (a favor da *lex domicilii* estavam Costa Barradas e Bulhões de Carvalho[25]).

Na defesa da lei da nacionalidade, Beviláqua apelou, entre outros argumentos, ao vínculo entre o Estado e seu nacional do Direito Internacional Público, sustentando que essa emanação protetora também deveria ser utilizada no DIPr: "(...) O estatuto pessoal, isto é, o conjunto das relações de direito que se agrupam, sob o domínio da lei pessoal, deve ser a emanação protetora do Estado a que o indivíduo pertence e não a do país onde o indivíduo se acha"[26].

Os debates na Câmara e no Senado no bojo da aprovação do projeto de Código Civil no início da República foram, por anos, acirrados, com uma minoria de parlamentares advertindo sobre o risco da adoção da lei da nacionalidade em um país em nítida onda de recebimento de imigrantes europeus.

Entre os parlamentares, Carlos Maximiliano, elogiando Teixeira de Freitas, defendeu sem sucesso a modificação do projeto de Código Civil com a adoção da lei do domicílio: "Um país de imigração reclama a aplicação e o predomínio da lei do domicílio. Ciência imperfeita, o direito internacional privado não poderá deixar de ser particularista em função do direito público interno"[27].

---

[24] "Art. 13. O estado e a capacidade das pessoas, assim como os seus direitos de família, são regidos pela lei nacional das mesmas pessoas."

[25] ESPÍNOLA, Eduardo; ESPÍNOLA FILHO, Eduardo. *Tratado de direito civil brasileiro*, v. VIII – Do Direito internacional privado brasileiro – Parte Especial, t. 1, Rio de Janeiro: Freitas Bastos, 1942, p. 194.

[26] BEVILÁQUA, Clóvis. *Princípios elementares de direito internacional privado*. Salvador: Livraria Magalhães, 1906, p. 146. Com atualização da redação em português.

[27] Os debates parlamentares que antecederam a aprovação do Projeto Beviláqua foram reproduzidos com minúcias em ESPÍNOLA, Eduardo; ESPÍNOLA FILHO, Eduardo. *Tratado de direito civil brasileiro*, v. VIII – Do Direito internacional privado brasileiro – Parte Especial, t. 1, Rio de Janeiro: Freitas Bastos, 1942, p. 254.

Findo o longo debate, a *lei da nacionalidade* prevaleceu na introdução ao Código Civil de 1916 (art. 8º[28]), mantendo-se a tradição das leis e tratados vigentes desde o Império, com a ressalva do *uso subsidiário da lei do domicílio*, caso a pessoa não possuísse nacionalidade (apátrida – art. 9º). No caso dos polipátridas, sendo uma das nacionalidades a brasileira, deveria ser utilizada a lei brasileira[29].

Em 1928, o Código Bustamante (Convenção Pan-Americana de Direito Internacional Privado[30]) buscou a conciliação para pacificar o "cisma" entre os defensores da lei do domicílio e os da lei da nacionalidade. Seu art. 7º dispunha que "cada Estado contratante aplicará como leis pessoais as do domicílio, as da nacionalidade ou as que tenha adotado ou adote no futuro a sua legislação interna". Assim, foi adotada a fórmula neutra de "lei pessoal", podendo cada Estado escolher a regra de conexão que considerasse mais apropriada. Contudo, com essa opção conciliatória, o Código Bustamante tornou-se *inócuo*, pois não resolveu a mais séria divergência do Direito Internacional Privado da época, que era a escolha entre a lei da nacionalidade e a lei do domicílio[31].

1.5. A adoção da lei do domicílio no Estado Novo getulista

A manutenção da lei da nacionalidade no Império e nas primeiras décadas da República levou à explosão do número de casos de aplicação da lei estrangeira no Brasil. O Direito Internacional Privado foi extremamente impulsionado, pois em várias regiões do Brasil os imigrantes eram maioria nas comunidades.

Com a queda da República Velha em 1930, Getúlio Vargas iniciou o processo de revisão do ordenamento jurídico brasileiro, para adaptá-lo às necessidades de um novo Brasil industrial, mas dentro da lógica autoritária e centralizadora que marcou todo o seu período no poder (1930-1945).

Para tanto, foi criada, por intermédio do Decreto n. 19.459, de 6 de dezembro de 1930, uma Comissão Legislativa para elaborar anteprojetos que renovassem totalmente o Direito brasileiro. O Ministro da Justiça, Oswaldo Aranha, foi feito presidente da Comissão, sendo a 1ª Subcomissão justamente a encarregada da revisão do Código Civil, sendo nomeados Clóvis Beviláqua, Eduardo Espínola e Alfredo Bernardes

---

[28] "Art. 8º A lei nacional da pessoa determina a capacidade civil, os direitos de família, as relações pessoais dos cônjuges e o regime dos bens no casamento, sendo lícito quanto a este a opção pela lei brasileira."

[29] "Art. 9º Aplicar-se-á subsidiariamente a lei do domicílio e, em falta desta, a da residência: I. Quando a pessoa não tiver nacionalidade. II. Quando se lhe atribuírem duas nacionalidades, por conflito, não resolvido, entre as leis do país do nascimento, e as do país de origem; caso em que prevalecerá, se um deles for o Brasil, a lei brasileira."

[30] Ratificado pelo Brasil e incorporado internamente pelo Decreto n. 18.871, de 13 de agosto de 1929.

[31] TENÓRIO, Oscar. *Direito internacional privado*, v. I, 11. ed. Rio de Janeiro: Freitas Bastos, 1976, p. 415.

da Silva. No que tange ao Direito Internacional Privado, Eduardo Espínola foi o encarregado de fazer a revisão da parte introdutória do Código Civil.

Houve divergência na Subcomissão sobre a lei de regência do estatuto pessoal das pessoas físicas. De um lado, Eduardo Espínola defendeu a adoção da lei do domicílio, o que implicaria no uso da lei brasileira pelos estrangeiros domiciliados aqui. Para dar contorno prático à inovação, Espínola usou os dados sobre entrada de estrangeiros no Brasil, demonstrando que, de 1918 a 1920, houve o ingresso de mais de um milhão de estrangeiros no país. Demonstrando a importância dessa massa de imigrantes, basta lembrar que, em 1920, a população total do Brasil atingiu aproximadamente 30 milhões de habitantes[32]. Para Eduardo Espínola, era indispensável essa mudança radical, pois "nos países de imigração as vantagens são do princípio do domicílio, para que a lei territorial se aplique ao grande número de estrangeiros, que venham neles exercer sua atividade civil ou comercial. O elemento territorial da lei deve então desenvolver toda a sua força de universalidade e, por evidente utilidade política, preponderar sobre o elemento pessoal"[33]. Por outro lado, Beviláqua, na Comissão, defendeu a opção constante no Código Civil de 1916 (lei da nacionalidade) que seria uma "tradição do nosso Direito"[34]. Esse anteprojeto de Lei de Introdução ao Código Civil foi descartado pelo governo Vargas, tendo sido publicado, com sua justificativa, por Espínola e seu filho, em 1939[35].

Por sua vez, após a edição da Constituição de 1937, o então Ministro da Justiça, Francisco Campos, nomeou uma comissão com a missão de elaborar um projeto de reforma do Código Civil de 1916, bandeira assumida por Getúlio Vargas, então Presidente da República. A comissão foi composta por Orozimbo Nonato, Philadelpho Azevedo, e pelo Consultor-Geral da República à época, Hahnemann Guimarães. A partir dos trabalhos dessa Comissão foi revogada a introdução ao Código Civil de 1916 com a edição do Decreto-Lei n. 4.657, de 4 de setembro de 1942, em vigência até hoje, que adotou a lei do domicílio em substituição à lei da nacionalidade.

Assim, somente em 1942, o Brasil curvou-se à regra da *lei do domicílio* (*lex domicilii*), já adotada nos demais países receptores de mão de obra migrante nas Américas.

Como já visto neste *Curso,* a substituição da regra da lei da nacionalidade da antiga introdução ao Código Civil de 1916 pela da lei do domicílio teve a motivação

---

[32] ESPÍNOLA, Eduardo; ESPÍNOLA FILHO, Eduardo. *Tratado de direito civil brasileiro,* v. II, Rio de Janeiro: Freitas Bastos, 1939, p. 560. Sobre o Censo de 1920, ver dado do IBGE disponível em: <http://www12.senado.leg.br/noticias/entenda-o-assunto/censo-demografico>. Último acesso: 25 jan. 2022.

[33] ESPÍNOLA, Eduardo; ESPÍNOLA FILHO, Eduardo. *Tratado de direito civil brasileiro,* v. II, Rio de Janeiro: Freitas Bastos, 1939, p. 558.

[34] ESPÍNOLA, Eduardo; ESPÍNOLA FILHO, Eduardo. *Tratado de direito civil brasileiro,* v. II, Rio de Janeiro: Freitas Bastos, 1939, p. 559.

[35] ESPÍNOLA, Eduardo; ESPÍNOLA FILHO, Eduardo. *Tratado de direito civil brasileiro,* v. II, Rio de Janeiro: Freitas Bastos, 1939.

emergencial de assegurar a não aplicação do Direito estrangeiro aos nacionais do Eixo (Japão, Alemanha e Itália – agora súditos inimigos), que eram aqui domiciliados em virtude da forte imigração nas décadas anteriores[36]. A motivação básica, contudo, foi o repúdio à aplicação, por décadas, do direito estrangeiro em diversas regiões de imigrantes no Brasil, o que contrariava as ambições nacionalistas do governo Vargas. Nesse período, houve o impulso à industrialização nacional, por meio da substituição das importações e ainda restrições a novas ondas de imigrações estrangeiras, na busca de salvaguarda de mercado ao trabalhador brasileiro.

1.6. O estado pessoal na LICC de 1942

O art. 7º da LICC fixou a lei do domicílio para a regência do estatuto pessoal. O domicílio ficou sendo, então, no modelo de Savigny, o lugar da sede ou centro de suas relações intersubjetivas de um indivíduo, regendo sua personalidade e capacidade.

Valladão criticou a adoção, de modo unitário e universal, da lei do domicílio para reger o estado pessoal, uma vez que os direitos de personalidade (em especial o direito ao nome) deveriam ser regidos, para a segurança e proteção do indivíduo, pela lei da nacionalidade, ou, ao menos, pela lei do lugar do registro[37].

Apesar das críticas, De Winter aponta uma tendência de adoção da "lei do domicílio" no DIPr de matriz legal de diversos Estados. Os motivos para essa tendência seriam os seguintes: (i) reforço da liberdade do indivíduo, que escolhe (e modifica) o seu domicílio de modo mais fácil do que muda sua nacionalidade[38]; (ii) a lei do domicílio é gerada pelos fatores econômicos e sociais do meio que o próprio indivíduo escolheu para viver; (iii) a lei do domicílio é a lei da comunidade na qual ele vive e trabalha, sendo parte de seu entorno cultural; e (iv) nas palavras de De Winter, é a lei de sua "realidade"[39].

A definição do que vem a ser domicílio é feita pela *lex fori*, na ausência de convenção específica sobre o tema, uma vez que tal definição recai na esfera da *qualificação*, e o art. 7º da LINDB não faz a remissão à *lex causae*, como há nos arts. 8º e 9º.

Ainda, os direitos envolvendo o estado pessoal são regidos de acordo com a lei do domicílio no momento do exercício de determinado direito (momento do ato, na denominação de Valladão[40]).

---

[36] VALLADÃO, Haroldo. A Lei de Introdução ao Código Civil e sua reforma. *Revista dos Tribunais*, v. 49, n. 292, fev. 1960, p. 7-21, em especial p. 7.

[37] VALLADÃO, Haroldo. *Direito internacional privado*, v. II, 2. ed. Rio de Janeiro: Freitas Bastos, 1977, p. 13.

[38] Cassin aponta que o domicílio voluntário é o mais comum nas legislações estatais, sendo que o domicílio legal (imposto) ocorre de forma excepcional. CASSIN, René. La nouvelle conception du domicile dans le règlement des conflits de lois. *Recueil des Cours de l'Académie de Droit International de La Haye*, v. 34, 1930, p. 655-809, em especial p. 671.

[39] DE WINTER, L. I. Nationality or domicile? The present state of affairs. *Recueil des Cours de l'Académie de Droit International de La Haye*, v. 128, 1969, p. 347-503, em especial p. 408.

[40] VALLADÃO, Haroldo. *Direito internacional privado*, v. II, 2. ed. Rio de Janeiro: Freitas Bastos, 1977, p. 19.

O Código Bustamante apontava para sistema distinto, escolhendo o critério territorial. E seu art. 22 dispõe que o conceito, aquisição e reaquisição do domicílio geral e especial das pessoas físicas ou jurídicas seriam regidos pela *lei territorial*[41]. Para Serpa Lopes, essa lei territorial seria a lei do Estado em cujo solo se encontra o citado domicílio[42]. Esse sistema aproxima-se da definição do domicílio pela *lex causae*.

No caso do sistema da *lex fori* (predominante, na exceção de convenção internacional que disponha diferentemente), é útil a análise do que estabelece a lei brasileira sobre o conceito de domicílio (da pessoa física e jurídica).

No Brasil, o domicílio da pessoa física consiste, na definição de Clóvis Beviláqua, no lugar onde a pessoa exerce os seus direitos e responde por suas obrigações de ordem privada. É lugar onde ela, de modo definitivo, estabelece a sua residência e o centro principal da sua atividade[43]. Para Nestor Duarte, o domicílio é a sede jurídica das pessoas, não se confundindo com a simples moradia[44].

Nesse sentido, o Código Civil de 2002 é expresso ao definir o domicílio da pessoa natural, no art. 70, como sendo "o lugar onde ela estabelece a sua residência com ânimo definitivo".

Dois elementos são exigidos para a fixação do domicílio da pessoa natural: (i) o elemento objetivo, que é a residência, ou seja, o estado de fato referente à moradia ou permanência da pessoa; e (ii) o elemento subjetivo, referente ao componente psicológico que é o ânimo de fixar-se de modo permanente (*animus manendi*).

O Código Civil admite a pluralidade de domicílios, no caso de a pessoa natural possuir diversas residências, onde, alternadamente, viva[45]. Também foi aceita outra hipótese de domicílio plúrimo, que é o domicílio profissional, determinando o art. 72 do CC que é também domicílio da pessoa natural, quanto às relações concernentes à profissão, o lugar onde esta é exercida[46].

---

[41] *In verbis:* "Art. 22. O conceito, aquisição, perda e reaquisição do domicilio geral e especial das pessoas naturaes ou jurídicas reger-se-ão pela lei territorial".

[42] SERPA LOPES, Miguel Maria de. *Comentários à Lei de Introdução ao Código Civil*, v. II, 2. ed. Rio de Janeiro: Freitas Bastos, 1959, p. 22-23.

[43] BEVILÁQUA, Clóvis. *Teoria geral do direito civil*. 2. ed. atual. e revis. por Caio Mario da Silva Pereira. Rio de Janeiro: Livraria Francisco Alves, 1976, p. 156 e 157.

[44] DUARTE, Nestor. Comentário ao artigo 70. In: PELUSO, Cezar. *Código Civil comentado* – doutrina e jurisprudência. 4. ed. rev. e atual. Barueri: Manole, 2010, p. 74-80, em especial p. 74.

[45] Código Civil brasileiro, art. 71: "Se, porém, a pessoa natural tiver diversas residências, onde, alternadamente, viva, considerar-se-á domicílio seu qualquer delas".

[46] Duarte elenca cinco tipos de domicílio da pessoa física no Código Civil brasileiro: a) o voluntário (único ou plural, art. 71), que é o escolhido pelo indivíduo; b) o legal ou necessário, fixado por lei (art. 76); c) profissional, concernente às relações da profissão (art. 72); d) contratual, que é o estabelecido no contrato (art. 78 do Código Civil); e) facultativo, correspondente ao do agente diplomático (art. 77). DUARTE, Nestor. Comentário ao art. 70. In: PELUSO, Cezar. *Código Civil comentado* – doutrina e jurisprudência, 4. ed. rev. e atual. Barueri: Manole, 2010, p. 74-80, em especial p. 74.

Para fins do DIPr, há apenas *um* domicílio, o que gera o problema da determinação do domicílio em duas situações: (i) ausência de domicílio e (ii) existência de mais de um domicílio.

Quanto à ausência de domicílio, o § 8º do art. 7º da LINDB prevê explicitamente a solução pelo uso de *regra de conexão sucessiva*: em primeiro lugar, usa-se a lei da *residência habitual*. A residência habitual consiste naquela morada de uso contínuo, mesmo sem o ânimo definitivo. Basta para sua caracterização o elemento objetivo da definição de domicílio, ou seja, o elemento de moradia ou estadia de uma pessoa.

Após, caso a residência habitual não seja identificada, aplica-se a lei do lugar onde a pessoa se encontre. Há riscos de fraude à lei nessa de regra de conexão sucessiva, que poderia levar a uma espécie de "manipulação da lei" pelo indivíduo, especialmente na hipótese da invocação da lei do lugar onde a pessoa se encontre. Barbosa Magalhães menciona duas outras opções para regular a ausência de domicílio no DIPr: (i) a determinação de manutenção do domicílio anterior até que o indivíduo adquira um outro e (ii) o recurso ao *domicílio originário*, que é aquele que o indivíduo possuía no momento do seu nascimento[47].

No que tange à pluralidade de domicílios (aceita no Brasil, como visto), a solução implícita que se extrai da LINDB é o uso da lei de cada domicílio para os atos e relações jurídicas lá realizadas (*locus regit actum*). Caso as relações transnacionais tenham ocorrido fora dos Estados onde o indivíduo possui seus domicílios, deve-se utilizar, analogicamente, a *regra de conexão sucessiva* estabelecida na LINDB para o caso de ausência de domicílio: escolhe-se, entre dois domicílios situados em países diferentes, o da residência habitual, ou seja, aquele país no qual o indivíduo passa a maior parte do ano[48]. Nesse sentido, a Corte Permanente de Justiça Internacional, quando da análise do art. 29 do tratado germano-polonês referente à Alta Silésia (Genebra, 1922), decidiu que o domicílio verdadeiro de uma pessoa era definido pelo lugar de sua residência[49].

Há, claro, outra solução possível, como a escolha, entre os domicílios, de um domicílio mais apropriado para o fato transnacional em análise, em uma forma de aplicação do princípio da proximidade ou dos vínculos mais estreitos. A desvantagem dessa solução está no aumento da incerteza jurídica, mas, ao mesmo tempo, assegura-se a aplicação da lei material com vínculo mais estreito com o fato transnacional em análise.

---

[47] MAGALHÃES, José Maria Barbosa de. La doctrine du domicile en droit international privé. *Recueil des Cours de l'Académie de Droit International de La Haye*, v. 23, 1928, p. 1-144, em especial p. 101.

[48] Nesse sentido, MAGALHÃES, José Maria Barbosa de. La doctrine du domicile en droit international privé. *Recueil des Cours de l'Académie de Droit International de La Haye*, v. 23, 1928, p. 1-144, em especial p. 124.

[49] Corte Permanente de Justiça Internacional, *Certain German Interests in Polish Upper Silesia*, julgamento de 25 de maio de 1926, série A, n. 7, em especial p. 79.

A Convenção Interamericana sobre Domicílio das Pessoas Físicas em Direito Internacional Privado (Montevidéu, 1979 – ainda não ratificada pelo Brasil[50]) atualizou a discussão sobre a noção de domicílio. De acordo com o art. 2º, o conteúdo da definição de "domicílio" será determinado pelas seguintes circunstâncias alternativas: 1) lugar da residência habitual; 2) lugar do centro principal dos seus negócios; 3) na ausência dessas circunstâncias, o lugar da simples residência; 4) em sua falta, o lugar onde se encontrar. Nota-se a vontade de se eliminar as dúvidas sobre a conceituação de "domicílio". A regra de conexão principal considera domicílio o "lugar da residência habitual", evitando a indagação quanto ao ânimo definitivo do agente, constante da definição brasileira (art. 70 do CC, 2002[51]).

A Convenção de Montevidéu, de 1979, age como espelho de princípios gerais do DIPr, suprindo as lacunas da LINDB quanto a três casos especiais:

1) *Incapazes*. O domicílio das pessoas incapazes será o dos seus representantes legais, salvo no caso de abandono pelos referidos representantes, situação em que continuará vigendo o domicílio anterior.

2) *Pessoas casadas*. O domicílio dos cônjuges será aquele em que vivam de comum acordo, sem prejuízo do direito de cada cônjuge de fixar seu domicílio de acordo com a regra de conexão sucessiva, já estudada.

3) *Diplomatas e Cônsules*. O domicílio dos agentes diplomáticos e consulares será o último que tiverem tido no território do *Estado acreditante*.

1.7. O estatuto pessoal nos projetos após a LICC de 1942

Em relação ao estado pessoal, dois projetos de reforma da LICC (atual LINDB) não aprovados merecem destaque: (i) o originado no anteprojeto de 1964, de Haroldo Valladão, denominado *Lei Geral de Aplicação de Normas Jurídicas* e (ii) o Projeto de Lei n. 4.905/95.

A regência do estado pessoal foi tratada no projeto de Código de Aplicação das Normas Jurídicas (anteprojeto de Haroldo Valladão somado às alterações da Comissão Revisora) nos arts. 22 e seguintes. De acordo com o art. 22, a *existência e o reconhecimento* da personalidade regem-se segundo o direito brasileiro. Já o art. 24 estipulava que os direitos da personalidade, inclusive o nome, serão protegidos segundo o direito brasileiro. Por sua vez, o art. 26 dispunha que as incapacidades por impossibilidade física ou moral de agir e dependência de representação ou assistência necessárias regem-se segundo *a lei do domicílio* da pessoa ao *tempo do ato*. Ainda, para o Código, não seria nulo o ato de direito das obrigações *realizado no Brasil* se o agente fosse *capaz* pela lei brasileira (§ 1º do art. 26). Por seu turno, o art. 26, § 2º, previu

---

[50] Assinada pelo Brasil, mas ainda não ratificada até a data de fechamento da edição (outubro de 2022).

[51] "Art. 70. O domicílio da pessoa natural é o lugar onde ela estabelece a sua residência com ânimo definitivo."

o impacto da transferência de domicílio, estipulando que, se a pessoa mudasse de domicílio, permaneceria capaz (se já o era) ou tornar-se-ia capaz, se o fosse pela lei brasileira[52]. Esse projeto, então, seguiu a visão de Valladão, para quem o cerne do estatuto pessoal era a definição da personalidade, a qual só poderia ser regulada pela *lex fori* (a lei brasileira, no caso).

No tocante ao estado pessoal, o projeto de Lei n. 4.905 estipulava, em seu art. 8º (denominado de "Estatuto Pessoal") que a personalidade, o nome, a capacidade e os direitos de família são regidos pela *lei do domicílio*. Ante a inexistência de domicílio ou na impossibilidade de sua localização, deveriam ser aplicadas, sucessivamente, (i) a lei da residência habitual e (ii) a lei da residência atual. Também dispunha o projeto que as crianças, os adolescentes e os incapazes seriam regidos pela lei do domicílio de seus pais ou responsáveis; tendo os pais ou responsáveis domicílios diversos, seria utilizada a lei que resulte no *melhor interesse* da criança, do adolescente ou do incapaz.

Assim, nesse projeto houve aperfeiçoamento na regência do estatuto pessoal, sendo feita inclusive a opção pelo *better law approach*, ao menos no que tange ao melhor interesse da criança e adolescente. Também esse projeto não foi aprovado.

1.8. A superação do cisma

O cisma entre a lei da nacionalidade e a lei do domicílio já foi ironizado por Valladão como sendo a versão do Direito Internacional Privado do embate entre os verdes e os azuis em Bizâncio[53].

Esse cisma parte da premissa de que uma das duas opções (lei da nacionalidade ou lei do domicílio) é a solução uniforme para todas as querelas e disputas oriundas do estatuto pessoal.

Porém, como o estudo de De Winter demonstrou, ambas as regras de conexão passaram por forte crise no século XX[54]. A regra da nacionalidade foi erodida pelos fortes fluxos de pessoas gerados pelas guerras mundiais, com alterações territoriais em diversos países, gerando perda de nacionalidade e dúvida sobre a nacionalidade de determinada pessoa.

Além disso, os novos fluxos de pessoas gerados por demandas sociais (migrantes econômicos) aumentaram a diversidade de nacionalidades em um determinado Estado, elevando a possibilidade da existência de "quistos" de direito estrangeiro, caso a regra da nacionalidade fosse mantida.

---

[52] VALLADÃO, Haroldo. *Direito internacional privado*. Direito Intertemporal, introdução e história do direito. Material de Classe. 9. ed. Rio de Janeiro: Freitas Bastos, 1977, p. 108-169, em especial p. 154.

[53] VALLADÃO, Haroldo. Lei Nacional e Lei do Domicílio. In: *Estudos de direito internacional privado*. Rio de Janeiro: José Olympio, 1947, p. 186-201, em especial p. 186.

[54] DE WINTER, L. I. Nationality or domicile? The present state of affairs. *Recueil des Cours de l'Académie de Droit International de La Haye*, v. 128, 1969, p. 347-504.

Outro fator de aumento do receio de permanência longeva de nichos de direito estrangeiro em um Estado foi a igualdade de gênero trazida pelo Direito Internacional dos Direitos Humanos, o que fez com que a mulher não mais perdesse sua nacionalidade originária pelo casamento.

Por outro lado, a lei do domicílio também foi alvo de questionamentos, pelas diferenças de qualificação entre os Estados (inclusive entre os da vertente da *civil law* e os da *common law*[55]) e dificuldade de se determinar o "ânimo" definitivo trazido por inúmeras legislações (inclusive a brasileira).

Surgiu na Conferência da Haia de Direito Internacional Privado a possibilidade da fixação de critério alternativo baseado na *residência habitual*, sendo pioneiros os tratados sobre guarda de menores e adultos de 1902 e 1905. Em 1956, a Convenção sobre a Lei Aplicável a Obrigações Alimentícias com Relação aos Filhos consagrou a regra de conexão da residência habitual da criança.

Obviamente, podem existir dúvidas sobre como definir a habitualidade da residência, o que fez De Winter defender a prova de integração social da pessoa com o local da residência ("social domicile"). Para o autor, a melhor lei para reger o estado pessoal é a lei da comunidade à qual o indivíduo pertence[56].

Influenciada pela tendência de superação do domicílio e da nacionalidade, a já citada Convenção Interamericana sobre domicílio das pessoas físicas no Direito Internacional Privado (1979) escolheu a lei do *lugar da residência habitual* como seu principal critério de conexão (art. 2º).

Além dos problemas referentes à nacionalidade e domicílio, constato que a abrangência das matérias inseridas no rótulo do "estado pessoal" pode levar à necessidade de escolha de critério de conexão flexível, como, por exemplo, o princípio da proximidade (ou princípio do vínculo mais estreito), pelo qual deve ser aplicada a lei do Estado que for o mais próximo do fato transnacional.

Para Valladão, não é possível adotar uma concepção unitária e genérica de "estatuto pessoal" ou "lei pessoal", disciplinando-o com um critério único (lei nacional ou o da lei do domicílio), sendo necessário optar por um princípio solucionador do conflito justo e equitativo a cada relação jurídica[57].

Nessa linha, o princípio da proximidade ou do vínculo mais estreito pode substituir a tradicional polêmica, porque consiste no reconhecimento de que não há fórmula rígida a definir uma regra de conexão, devendo ser escolhida a lei mais apropriada em virtude das características da relação jurídica. Assim, a regência do

---

[55] CAVERS, David F. Habitual residence: a useful concept? *American University Law Review*, v. 21, 1972, p. 475-493, em especial p. 477.

[56] DE WINTER, L. I. Nationality or domicile? The present state of affairs. *Recueil des Cours de l'Académie de Droit International de La Haye*, v. 128, 1969, p. 347-504, em especial p. 431.

[57] VALLADÃO, Haroldo. Lei reguladora do estatuto pessoal. *Revista Forense*, v. 51, n. 153, p. 503-513, maio/jun., 1954.

estatuto pessoal não pode ficar aprisionada na luta ultrapassada entre a lei da nacionalidade e a lei do domicílio. O estudo de caso por caso pode facilitar novas propostas e mesmo a adoção de critérios mais flexíveis de invocação da lei estrangeira ao caso transnacional.

1.9. A pessoa jurídica

No âmbito do Direito Internacional Privado, Strenger definiu a pessoa jurídica como sendo o "sujeito coletivo de direito e reconhecido pelo Estado"[58]. As pessoas jurídicas, em geral, possuem seu estatuto jurídico vinculado a um determinado Estado, podendo ser protegidas pelo Direito Internacional dos Direitos Humanos nas discussões envolvendo determinados direitos[59].

A Corte Internacional de Justiça, no caso *Barcelona Traction,* decidiu que uma pessoa jurídica, à luz do costume internacional da proteção diplomática, deve ter o *vínculo da nacionalidade* (exigido para que um Estado conceda validamente a proteção diplomática) aferido por *analogia* com a nacionalidade da pessoa física. Foi utilizado o critério da nacionalidade do Estado do *local da constituição* e no qual mantém sua *sede*[60]. A exigência de a Corte Internacional de Justiça da pessoa jurídica possuir a sede no território do Estado do qual teria a nacionalidade explica-se pelo desejo de atestar seu vínculo genuíno com o Estado patrial, de modo a evitar o uso abusivo da proteção diplomática[61].

Nessa linha, o Direito Internacional Privado também utiliza a nacionalidade da pessoa jurídica como um critério de escolha da lei aplicável à sua existência e capacidade. Porém, parte da doutrina questiona a existência de uma "nacionalidade" de pessoa jurídica, uma vez que as pessoas jurídicas só existem de acordo com a lei que observaram na sua criação, bem como o uso do termo "nacionalidade" insinua deveres típicos somente às pessoas físicas[62]. Batiffol contra-argumenta, sustentando que o uso do mesmo termo "nacionalidade" tanto para pessoas físicas quanto jurídicas gera inconveniente mínimo, possuindo a vantagem de, *analogicamente,* recordar

---

[58] STRENGER, Irineu. *Direito internacional privado.* 4. ed. São Paulo: LTr, 2000, p. 518.

[59] Sobre a titularidade de direitos humanos por parte de pessoas jurídicas, ver CARVALHO RAMOS, André de. *Curso de direitos humanos.* 10. ed. São Paulo: Saraiva, 2023.

[60] Na versão em francês, a Corte utilizou o termo "siège". Na versão em inglês "registered office". Corte Internacional de Justiça, Caso *Barcelona Traction, Light and Power Company, Limited* (Belgium *vs.* Spain), Segunda fase, julgamento, I.C.J. Reports 1970, p. 42, parágrafo 70. (Barcelona Traction, Light and Power Company, Limited (Belgium *vs.* Spain), Second Phase, Judgment, I.C.J. Reports 1970, p. 42, § 70).

[61] A exigência do vínculo genuíno de nacionalidade para fins de proteção diplomática foi explicitada pela Corte no Caso *Nottebohm.* Ver Corte Internacional de Justiça, Caso *Nottebohm* (Liechtenstein *vs.* Guatemala), julgamento de 6 de abril de 1955, Reports 1955.

[62] Ver o resumo das críticas em LOUSSOUARN, Yvon. La condition des personnes morales en Droit International Privé. *Recueil des Cours de l'Académie de Droit International de La Haye,* v. 96, 1959, p. 443-552, em especial p. 455-457.

a relação das atividades daquela pessoa jurídica com os interesses de uma determinada coletividade[63].

O uso da lei da nacionalidade como critério da escolha da lei de regência das pessoas jurídicas é criticado por ser *inseguro*, uma vez que existem diversos critérios de identificação da "nacionalidade" de uma pessoa jurídica: (i) local da sede social; (ii) nacionalidade do capital ou dos sócios controladores; (iii) local da constituição; (iv) local da administração; (v) autonomia da vontade; e (vi) critérios mistos, como, por exemplo, o estabelecido no revogado art. 171, II, da CF/88, que considerava *empresa brasileira de capital nacional* aquela cujo controle efetivo esteja em caráter permanente sob a titularidade direta ou indireta de pessoas físicas domiciliadas e residentes no País ou de entidades de direito público interno, entendendo-se por controle efetivo da empresa a titularidade da maioria de seu capital votante e o exercício, de fato e de direito, do poder decisório para gerir suas atividades[64].

Por esses motivos, determinados tratados evitam o termo "nacionalidade" para as pessoas jurídicas e, no máximo, pregam a equivalência de tratamento. Por exemplo, o Tratado de Lisboa (Tratado sobre o Funcionamento da União Europeia) dispõe que as sociedades constituídas em conformidade com a legislação de um Estado-Membro e que tenham a sua *sede social, administração central ou estabelecimento principal* na União são equiparadas às pessoas físicas nacionais dos Estados-Membros quanto à liberdade de estabelecimento (art. 54).

No Direito Internacional Privado brasileiro, a introdução ao Código Civil de 1916 possuía dois artigos que tratavam da temática da pessoa jurídica: (i) o art. 19, que simplesmente previa que eram reconhecidas as pessoas jurídicas estrangeiras e (ii) o art. 21, que dispunha que a *lei nacional* das pessoas jurídicas determinava-lhes a capacidade.

Na LINDB, o *caput* do art. 11 regula o *estatuto* das pessoas jurídicas[65], apesar de, ironicamente, sequer ter sido feita menção à denominação "pessoa jurídica".

Tenório explicou esse "esquecimento" do termo "pessoa jurídica", deu-se pela influência de Hahnemann Guimarães, um dos componentes da Comissão indicada por Vargas para rever o Código Civil. Guimarães sustentou que as sociedades (termo utilizado pelo art. 11) têm como pilar o *bem social*, que seria o regime imposto aos bens outrora individuais e que, após a constituição da sociedade, servem para a consecução de sua finalidade[66].

---

[63] BATIFFOL, Henri. *Traité élémentaire de droit international privé*. Paris: LGDJ, 1959, p. 229-230.
[64] Revogado pela Emenda Constitucional n. 6, de 1995.
[65] "Art. 11. As organizações destinadas a fins de interesse coletivo, como as sociedades e as fundações, obedecem à lei do Estado em que se constituírem."
[66] GUIMARÃES, Hahnemann. As pessoas jurídicas como situações patrimoniais. *Revista Forense*, v. 91, ano 1942, p. 299-310.

Logo, sob tal influência, optou-se pela lei do local de sua constituição. Assim, após a edição da LICC/42, o DIPr brasileiro prevê que a *lei do lugar da constituição* rege a existência e a capacidade das pessoas jurídicas, não importando a lei do domicílio dos sócios (que rege somente o estatuto pessoal da pessoa física, como já visto).

Reforçando a opção da LINDB, a Convenção Interamericana sobre Personalidade e Capacidade de Pessoas Jurídicas no Direito Internacional Privado, de 1984, tratado específico (*lex specialis*)[67] define pessoa jurídica como toda entidade que tenha existência e responsabilidade próprias, distintas das dos seus membros ou fundadores e que seja qualificada como pessoa jurídica segundo a lei do *lugar de sua constituição*.

Porém, o art. 11, *caput*, da LINDB não define qual elemento (ou elementos) cuja presença atesta o local de constituição da pessoa jurídica. Para Pillet, o lugar de constituição é aquele no qual todos os *requisitos de forma e de fundo* pelos quais uma pessoa jurídica nasce foram preenchidos, que, para ele, é o local no qual o contrato da sociedade foi concluído (*lex loci contractus*)[68]. Serpa Lopes, na mesma linha, assinala que a identificação do local de constituição de uma pessoa jurídica exige a análise de (i) uma questão de fato, para apurar as circunstâncias do caso concreto, e (ii) uma questão de direito, referente à qualificação dos requisitos essenciais e determinantes da existência da pessoa jurídica. Em consonância com a regra geral prevista na LINDB, a Convenção Interamericana sobre Personalidade e Capacidade de Pessoas Jurídicas no Direito Internacional Privado (aplicável às pessoas jurídicas constituídas nos Estados contratantes e *regra especial* em face da LINDB) prevê, também, que a *lei do lugar de sua constituição* rege (i) a existência, (ii) a capacidade de ser titular de direitos e obrigações, (iii) o funcionamento, (iv) a dissolução e (v) a fusão das pessoas jurídicas de caráter privado. A Convenção também entende por "lei do lugar de sua constituição" a do Estado em que forem cumpridos os requisitos de forma e fundo necessários à criação das pessoas jurídicas[69].

Assim, caso a pessoa jurídica constitua-se validamente no país X e tenha fixado a sede no país Y, a LINDB brasileira levará em consideração somente a lei do local de sua constituição (lei do Estado X)[70].

Dentre os principais aspectos da pessoa jurídica regulados pela lei do local da constituição estão: (i) os requisitos de existência; (ii) o início e término de sua personalidade jurídica; (iii) a regulação da atividade de seus órgãos; (iv) os direitos e

---

[67] Promulgada internamente pelo Decreto n. 2.427/97.
[68] PILLET, Antoine. *Des personnes morales en droit international privé*. Paris: Librairie de la Société du Recueil Sirey, 1914, n. 108, p. 150.
[69] Art. 2º da Convenção, promulgada internamente pelo Decreto n. 2.427/97.
[70] SERPA LOPES, Miguel Maria. *Comentários à Lei de Introdução ao Código Civil*, v. III, 2. ed. Rio Janeiro: Freitas Bastos, 1959, p. 34-36.

deveres dos sócios; e (v) a capacidade para o domínio de bens e exercício de determinadas atividades[71].

No que tange à constituição, o Código Civil brasileiro dispõe que a existência legal das pessoas jurídicas de direito privado inicia-se com a *inscrição do ato constitutivo* no respectivo registro, precedida, quando necessário, de autorização ou aprovação do Poder Executivo (art. 45). Além disso, estabeleceu o Código Civil que é nacional a sociedade organizada de conformidade com a lei brasileira e que tenha no País a sede de sua administração (art. 1.126).

Em relação às sociedades anônimas, o art. 60 do Decreto-Lei n. 2.267/40 foi expressamente mantido pelo art. 300 da Lei n. 6.404/76 ("Lei das Sociedades Anônimas") e prevê que são nacionais (i) as sociedades organizadas na conformidade da lei brasileira e (ii) que têm no país a sede de sua administração. Para a LINDB, a lei brasileira é aplicada às pessoas jurídicas constituídas de acordo com a lei brasileira.

2. CASAMENTO

A facilidade da mobilidade dos indivíduos gerou, ao longo das décadas recentes, na explosão de situações transnacionais envolvendo relações familiares. Essa intensa mobilidade deve ser feita, em face das exigências da proteção internacional de direitos humanos, em um ambiente de respeito às identidades culturais e tolerância com o multiculturalismo, que são subprodutos da crescente interação da valorização da promoção de direitos humanos na tradição do Direito Internacional Privado.

Por isso, o Direito Internacional Privado (DIPr) deve levar em consideração a jusfundamentalização do direito das famílias, que abarca formas como a união estável, união homoafetiva, família monoparental etc., e ainda é regulado pela promoção da dignidade humana e igualdade de direitos entre os indivíduos (homens e mulheres).

A Constituição de 1988 prevê que um dos fundamentos do Estado Democrático de Direito brasileiro é a dignidade da pessoa humana (art. 1º, III). Também determina que é dever do Estado a proteção da família (art. 226), assegurando a igualdade entre os cônjuges (art. 226, § 6º)[72]. No plano internacional, a igualdade de direitos no direito de família é prevista no art. XVI da Declaração Universal de

---

[71] Por exemplo, dispõe o art. 190 da CF/88 que "a lei regulará e limitará a aquisição ou o arrendamento de *propriedade rural* por pessoa física ou *jurídica estrangeira* e estabelecerá os casos que dependerão de autorização do Congresso Nacional". Ver também Lei n. 5.709/71 e Decreto n. 74.965/74 sobre as limitações à aquisição de imóveis rurais, bem como o Parecer n. 1/2010 da Advocacia-Geral da União.

[72] "Art. 226. A família, base da sociedade, tem especial proteção do Estado. (...); § 6º O casamento civil pode ser dissolvido pelo divórcio. (Redação dada Pela Emenda Constitucional n. 66, de 2010.)"

Direitos Humanos[73], no art. 23 do Pacto Internacional dos Direitos Civis e Políticos[74] e no art. 16 da Convenção da ONU pela eliminação de toda forma de discriminação contra a mulher[75].

Esse é o vetor de interpretação *pro homine* que deve conduzir a análise do Direito Internacional Privado brasileiro, composto de normas constitucionais, legais e convencionais. Essa visão contemporânea informada pela gramática dos direitos humanos é indispensável para a conformação do Direito Internacional Privado brasileiro de matriz legal, que sofre pela quase imutabilidade da LINDB (antiga LICC).

2.1. A lei brasileira aplicável ao casamento: celebração e impedimentos

Na regra geral do *caput* do art. 7º[76] da LINDB aplica-se *a lei do domicílio* para reger a capacidade dos nubentes em celebrar o casamento e demais formas de união entre pessoas para fins de vida comum (uniões civis, por exemplo).

---

[73] "Art. XVI. Os homens e mulheres de maior idade, sem qualquer restrição de raça, nacionalidade ou religião, têm o direito de contrair matrimônio e fundar uma família. Gozam de iguais direitos em relação ao casamento, sua duração e sua dissolução. 2. O casamento não será válido senão com o livre e pleno consentimento dos nubentes. 3. A família é o núcleo natural e fundamental da sociedade e tem direito à proteção da sociedade e do Estado."

[74] "Art. 23 1. A família é o núcleo natural e fundamental da sociedade e terá o direito de ser protegida pela sociedade e pelo Estado. 2. Será reconhecido o direito do homem e da mulher de, em idade núbil, contrair casamento e constituir família. 3. Casamento algum será celebrado sem o consentimento livre e pleno dos futuros esposos. 4. Os Estados-Partes no presente Pacto deverão adotar as medidas apropriadas para assegurar a igualdade de direitos e responsabilidades dos esposos quanto ao casamento, durante o mesmo e por ocasião de sua dissolução. Em caso de dissolução, deverão adotar-se as disposições que assegurem a proteção necessária para os filhos."

[75] "Art. 16. Os Estados-Partes adotarão todas as medidas adequadas para eliminar a discriminação contra a mulher em todos os assuntos relativos ao casamento e às relações familiares e, em particular, com base na *igualdade entre homens e mulheres*, assegurarão: a) o mesmo direito de contrair matrimônio; b) o mesmo direito de escolher livremente o cônjuge e de contrair matrimônio somente com o livre e pleno consentimento; c) os mesmos direitos e responsabilidades durante o casamento e por ocasião de sua dissolução; d) os mesmos direitos e responsabilidades como pais, qualquer que seja seu estado civil, em matérias pertinentes aos filhos. Em todos os casos, os interesses dos filhos serão a consideração primordial; e) os mesmos direitos de decidir livre e responsavelmente sobre o número de filhos e sobre o intervalo entre os nascimentos e a ter acesso à informação, à educação e aos meios que lhes permitam exercer esses direitos; f) os mesmos direitos e responsabilidades com respeito à tutela, curatela, guarda e adoção dos filhos, ou institutos análogos, quando esses conceitos existirem na legislação nacional. Em todos os casos, os interesses dos filhos serão a consideração primordial; g) os mesmos direitos pessoais como marido e mulher, inclusive o direito de escolher sobrenome, profissão e ocupação; h) os mesmos direitos a ambos os cônjuges em matéria de propriedade, aquisição, gestão, administração, gozo e disposição dos bens, tanto a título gratuito quanto a título oneroso."

[76] *In verbis:* "Art. 7º A lei do país em que domiciliada a pessoa determina as regras sobre o começo e o fim da personalidade, o nome, a capacidade e os direitos de família".

O § 1º do art. 7º[77] estabelece uma regra especial, ao dispor que o casamento será regido pela lei do *local da celebração* quanto à (i) formalidade da celebração e (ii) impedimentos matrimoniais.

A LINDB adotou a regra do *locus regit actum* no tocante às formalidades da celebração do matrimônio. Assim, caso seja celebrado no Brasil, ainda que os nubentes não sejam brasileiros, devem ser cumpridos os arts. 1.525 a 1.542 do Código Civil, que tratam: (i) do processo de *habilitação* para o casamento (arts. 1.525 ao 1.532[78]); (ii) cerimônia, local de realização, forma de celebração e assento no livro de registro (arts. 1.533 a 1.537[79]); (iii) das causas de suspensão da cerimônia (art.

---

[77] *In verbis:* "Art. 7º, § 1º: Realizando-se o casamento no Brasil, será aplicada a lei brasileira quanto aos impedimentos dirimentes e às formalidades da celebração".

[78] "Art. 1.525. O requerimento de habilitação para o casamento será firmado por ambos os nubentes, de próprio punho, ou, a seu pedido, por procurador, e deve ser instruído com os seguintes documentos: I – certidão de nascimento ou documento equivalente; II – autorização por escrito das pessoas sob cuja dependência legal estiverem, ou ato judicial que a supra; III – declaração de duas testemunhas maiores, parentes ou não, que atestem conhecê-los e afirmem não existir impedimento que os iniba de casar; IV – declaração do estado civil, do domicílio e da residência atual dos contraentes e de seus pais, se forem conhecidos; V – certidão de óbito do cônjuge falecido, de sentença declaratória de nulidade ou de anulação de casamento, transitada em julgado, ou do registro da sentença de divórcio. Art. 1.526. A habilitação será feita pessoalmente perante o oficial do Registro Civil, com a audiência do Ministério Público. (Redação dada pela Lei n. 12.133, de 2009) Parágrafo único. Caso haja impugnação do oficial, do Ministério Público ou de terceiro, a habilitação será submetida ao juiz. (Incluído pela Lei n. 12.133, de 2009). Art. 1.527. Estando em ordem a documentação, o oficial extrairá o edital, que se afixará durante quinze dias nas circunscrições do Registro Civil de ambos os nubentes, e, obrigatoriamente, se publicará na imprensa local, se houver. Parágrafo único. A autoridade competente, havendo urgência, poderá dispensar a publicação. Art. 1.528. É dever do oficial do registro esclarecer os nubentes a respeito dos fatos que podem ocasionar a invalidade do casamento, bem como sobre os diversos regimes de bens. Art. 1.529. Tanto os impedimentos quanto as causas suspensivas serão opostos em declaração escrita e assinada, instruída com as provas do fato alegado, ou com a indicação do lugar onde possam ser obtidas. Art. 1.530. O oficial do registro dará aos nubentes ou a seus representantes nota da oposição, indicando os fundamentos, as provas e o nome de quem a ofereceu. Parágrafo único. Podem os nubentes requerer prazo razoável para fazer prova contrária aos fatos alegados, e promover as ações civis e criminais contra o oponente de má-fé. Art. 1.531. Cumpridas as formalidades dos arts. 1.526 e 1.527 e verificada a inexistência de fato obstativo, o oficial do registro extrairá o certificado de habilitação. Art. 1.532. A eficácia da habilitação será de noventa dias, a contar da data em que foi extraído o certificado."

[79] "Art. 1.533. Celebrar-se-á o casamento, no dia, hora e lugar previamente designados pela autoridade que houver de presidir o ato, mediante petição dos contraentes, que se mostrem habilitados com a certidão do art. 1.531. Art. 1.534. A solenidade realizar-se-á na sede do cartório, com toda publicidade, a portas abertas, presentes pelo menos duas testemunhas, parentes ou não dos contraentes, ou, querendo as partes e consentindo a autoridade celebrante, noutro edifício público ou particular. § 1º Quando o casamento for em edifício particular, ficará este de portas abertas durante o ato. § 2º Serão quatro as testemunhas na hipótese do parágrafo anterior e se algum dos contraentes não souber ou não puder escrever. Art. 1.535. Presentes os contraentes, em pessoa ou por procurador especial, juntamente com as testemunhas e o oficial do registro, o presidente do ato, ouvida aos nubentes a afirmação de que pretendem casar por livre e espontânea vontade, declarará efetuado o casamento, nestes termos: De acordo com a vonta-

1.538[80]); (iv) do caso de moléstia grave de nubente e dos requisitos do casamento nuncupativo (aquele celebrado de urgência perante testemunhas em virtude do risco iminente à vida de um dos contraentes – arts. 1.539 a 1.541[81]); e (v) do casamento por procuração (art. 1.542[82]).

---

de que ambos acabais de afirmar perante mim, de vos receberdes por marido e mulher, eu, em nome da lei, vos declaro casados. Art. 1.536. Do casamento, logo depois de celebrado, lavrar-se-á o assento no livro de registro. No assento, assinado pelo presidente do ato, pelos cônjuges, as testemunhas, e o oficial do registro, serão exarados: I – os prenomes, sobrenomes, datas de nascimento, profissão, domicílio e residência atual dos cônjuges; II – os prenomes, sobrenomes, datas de nascimento ou de morte, domicílio e residência atual dos pais; III – o prenome e sobrenome do cônjuge precedente e a data da dissolução do casamento anterior; IV – a data da publicação dos proclamas e da celebração do casamento; V – a relação dos documentos apresentados ao oficial do registro; VI – o prenome, sobrenome, profissão, domicílio e residência atual das testemunhas; VII – o regime do casamento, com a declaração da data e do cartório em cujas notas foi lavrada a escritura antenupcial, quando o regime não for o da comunhão parcial, ou o obrigatoriamente estabelecido. Art. 1.537. O instrumento da autorização para casar transcrever-se-á integralmente na escritura antenupcial."

[80] "Art. 1.538. A celebração do casamento será imediatamente suspensa se algum dos contraentes: I – recusar a solene afirmação da sua vontade; II – declarar que esta não é livre e espontânea; III – manifestar-se arrependido. Parágrafo único. O nubente que, por algum dos fatos mencionados neste artigo, der causa à suspensão do ato, não será admitido a retratar-se no mesmo dia."

[81] "Art. 1.539. No caso de moléstia grave de um dos nubentes, o presidente do ato irá celebrá-lo onde se encontrar o impedido, sendo urgente, ainda que à noite, perante duas testemunhas que saibam ler e escrever. § 1º A falta ou impedimento da autoridade competente para presidir o casamento suprir-se-á por qualquer dos seus substitutos legais, e a do oficial do Registro Civil por outro *ad hoc*, nomeado pelo presidente do ato. § 2º O termo avulso, lavrado pelo oficial *ad hoc*, será registrado no respectivo registro dentro em cinco dias, perante duas testemunhas, ficando arquivado. Art. 1.540. Quando algum dos contraentes estiver em iminente risco de vida, não obtendo a presença da autoridade à qual incumba presidir o ato, nem a de seu substituto, poderá o casamento ser celebrado na presença de seis testemunhas, que com os nubentes não tenham parentesco em linha reta, ou, na colateral, até segundo grau. Art. 1.541. Realizado o casamento, devem as testemunhas comparecer perante a autoridade judicial mais próxima, dentro em dez dias, pedindo que lhes tome por termo a declaração de: I – que foram convocadas por parte do enfermo; II – que este parecia em perigo de vida, mas em seu juízo; III – que, em sua presença, declararam os contraentes, livre e espontaneamente, receber-se por marido e mulher. § 1º Autuado o pedido e tomadas as declarações, o juiz procederá às diligências necessárias para verificar se os contraentes podiam ter-se habilitado, na forma ordinária, ouvidos os interessados que o requererem, dentro em quinze dias. § 2º Verificada a idoneidade dos cônjuges para o casamento, assim o decidirá a autoridade competente, com recurso voluntário às partes. § 3º Se da decisão não se tiver recorrido, ou se ela passar em julgado, apesar dos recursos interpostos, o juiz mandará registrá-la no livro do Registro dos Casamentos. § 4º O assento assim lavrado retrotrairá os efeitos do casamento, quanto ao estado dos cônjuges, à data da celebração. § 5º Serão dispensadas as formalidades deste e do artigo antecedente, se o enfermo convalescer e puder ratificar o casamento na presença da autoridade competente e do oficial do registro."

[82] "Art. 1.542. O casamento pode celebrar-se mediante procuração, por instrumento público, com poderes especiais. § 1º A revogação do mandato não necessita chegar ao conhecimento do mandatário; mas, celebrado o casamento sem que o mandatário ou o outro contraente tivessem ciência da revogação, responderá o mandante por perdas e danos. § 2º O nubente que não estiver em iminente risco de vida poderá fazer-se representar no casamento nuncupativo. § 3º A eficácia do mandato não ultrapassará noventa dias. § 4º Só por instrumento público se poderá revogar o mandato."

Já o impedimento também deve ser regido pela lei do local da celebração, consistindo em uma *incapacidade* que restringe o direito de contrair matrimônio ou união civil, o que *excepciona* a regra geral da *lei do domicílio* para reger a capacidade dos nubentes.

Com isso, mesmo que um dos nubentes seja domiciliado no estrangeiro, caso o casamento seja celebrado no Brasil, a lei brasileira será aplicável (*lex loci actus*), no que tange aos *impedimentos dirimentes, absolutos e relativos* (arts. 1.521[83], 1.548, I[84], e 1.550[85], do Código Civil). Como o § 1º menciona tão somente "impedimentos dirimentes", a norma brasileira deve ser cumprida *tanto* no que tange ao impedimento dirimente absoluto ou público, cuja violação torna o casamento nulo, quanto ao impedimento relativo ou privado, que é aquele cuja violação torna o casamento anulável[86].

Antes da edição do novo Código Civil brasileiro, houve discussão na doutrina sobre a lei a ser utilizada na hipótese dos *impedimentos impedientes*, que eram os casos que não tornavam nulo ou anulável o casamento, mas impunham regime de bens – adoção do regime de separação legal de bens no casamento.

Valladão criticou a redação do § 1º do art. 7º, que menciona expressamente o uso da lei brasileira para os casamentos celebrados no Brasil *apenas* para os

---

[83] Caso de impedimento público ou absoluto, pois o casamento é nulo. "Art. 1.521. Não podem casar: I – os ascendentes com os descendentes, seja o parentesco natural ou civil; II – os afins em linha reta; III – o adotante com quem foi cônjuge do adotado e o adotado com quem o foi do adotante; IV – os irmãos, unilaterais ou bilaterais, e demais colaterais, até o terceiro grau inclusive; V – o adotado com o filho do adotante; VI – as pessoas casadas; VII – o cônjuge sobrevivente com o condenado por homicídio ou tentativa de homicídio contra o seu consorte. Art. 1.522. Os impedimentos podem ser opostos, até o momento da celebração do casamento, por qualquer pessoa capaz. Parágrafo único. Se o juiz, ou o oficial de registro, tiver conhecimento da existência de algum impedimento, será obrigado a declará-lo".

[84] Caso de impedimento dirimente público ou absoluto, pois o casamento é nulo. "Art. 1.548. É nulo o casamento contraído: I – pelo enfermo mental sem o necessário discernimento para os atos da vida civil; II – por infringência de impedimento."

[85] Caso de impedimento privado ou relativo, pois o matrimônio é anulável. "Art. 1.550. É anulável o casamento: I – de quem não completou a idade mínima para casar; II – do menor em idade núbil, quando não autorizado por seu representante legal; III – por vício da vontade, nos termos dos arts. 1.556 a 1.558; IV – do incapaz de consentir ou manifestar, de modo inequívoco, o consentimento; V – realizado pelo mandatário, sem que ele ou o outro contraente soubesse da revogação do mandato, e não sobrevindo coabitação entre os cônjuges; VI – por incompetência da autoridade celebrante. Parágrafo único. Equipara-se à revogação a invalidade do mandato judicialmente decretada."

[86] Nesse sentido, ESPÍNOLA, Eduardo; ESPÍNOLA FILHO, Eduardo. *Tratado de direito civil brasileiro*, v. VIII, Do Direito internacional privado brasileiro, t. II, Rio de Janeiro: Freitas Bastos, 1943, p. 809. Os citados autores reconhecem que a LICC/42 não distinguiu os impedimentos dirimentes, devendo, quanto aos impedimentos dirimentes relativos "também atender a lei brasileira". É contra Serpa Lopes, para quem o dispositivo deve ser interpretado de modo finalístico, uma vez que seu objetivo seria o de preservar a ordem pública brasileira. Como os impedimentos dirimentes relativos não geram a nulidade do casamento (somente a anulabilidade), não precisariam ser observados, devendo imperar a lei do domicílio do nubente. Conferir em SERPA LOPES, Miguel Maria de. *Comentários à Lei de Introdução ao Código Civil*, v. II, 2. ed. Rio de Janeiro: Freitas Bastos, 1959, p. 92.

impedimentos dirimentes, levando à aplicação da lei do domicílio do nubente (regra geral do *caput* do art. 7º) para reger os impedimentos meramente impedientes (terminologia anterior)[87]. A alternativa, defendida por Valladão, seria o uso da lei brasileira, pois a lei do local de celebração faria parte da nossa tradição, sendo a exclusão dos impedimentos impedientes na redação do § 1º do art. 7º da LICC (hoje, LINDB) uma *omissão* a ser suprida pelo uso da lei do local da celebração.

Porém, não se tratou de omissão, mas de se utilizar a lei brasileira tão somente nos casos de incapacidade para contrair matrimônio considerados mais *graves*, que geram a nulidade ou anulabilidade do casamento, em clara convergência com o conceito de ordem pública. Atualmente, em vez dos impedimentos impedientes, o Código Civil atual prevê *causas suspensivas do casamento* (art. 1.523[88]), cujo descumprimento não gera a nulidade ou anulabilidade do casamento, mas sim a imposição do regime de separação legal dos bens, conforme o art. 1.641, I, do CC[89].

Por fim, apesar de a regra do § 1º do art. 7º ser unilateral, ou seja, só fazer menção à lei brasileira, admite-se a sua *bilateralização*, para que os casamentos celebrados no exterior obedeçam (i) as formalidades e ainda (ii) os impedimentos da lei local (*lex loci celebrationis*), mesmo que não previstos no nosso ordenamento[90].

2.2. O domicílio dos cônjuges e a interpretação conforme aos direitos humanos da LINDB

Um dos dispositivos da LINDB incompatíveis com a gramática dos direitos humanos é o § 8º do art. 7º, que prevê, que "salvo o caso de abandono, o domicílio do chefe da família estende-se ao outro cônjuge e aos filhos não emancipados, e o do tutor ou curador aos incapazes sob sua guarda". Esse parágrafo contém o conceito do *domicílio de dependência,* que é aquele fixado por uma pessoa e que se estende a outras, consideradas dela dependentes.

---

[87] VALLADÃO, Haroldo. *Direito internacional privado,* v. II. 2. ed. Rio de Janeiro: Freitas Bastos, 1977, p. 60.

[88] "Art. 1.523. Não devem casar: I – o viúvo ou a viúva que tiver filho do cônjuge falecido, enquanto não fizer inventário dos bens do casal e der partilha aos herdeiros; II – a viúva, ou a mulher cujo casamento se desfez por ser nulo ou ter sido anulado, até dez meses depois do começo da viuvez, ou da dissolução da sociedade conjugal; III – o divorciado, enquanto não houver sido homologada ou decidida a partilha dos bens do casal; IV – o tutor ou o curador e os seus descendentes, ascendentes, irmãos, cunhados ou sobrinhos, com a pessoa tutelada ou curatelada, enquanto não cessar a tutela ou curatela, e não estiverem saldadas as respectivas contas. Parágrafo único. É permitido aos nubentes solicitar ao juiz que não lhes sejam aplicadas as causas suspensivas previstas nos incisos I, III e IV deste artigo, provando-se a inexistência de prejuízo, respectivamente, para o herdeiro, para o ex-cônjuge e para a pessoa tutelada ou curatelada; no caso do inciso II, a nubente deverá provar nascimento de filho, ou inexistência de gravidez, na fluência do prazo."

[89] "Art. 1.641. É obrigatório o regime da separação de bens no casamento: I – das pessoas que o contraírem com inobservância das causas suspensivas da celebração do casamento."

[90] Nesse sentido, TENÓRIO, Oscar. *Lei de Introdução ao Código Civil.* 2. ed. Rio de Janeiro: Borsoi, 1955, p. 254.

No caso, há a menção ao "domicílio do chefe da família". À época, o Código Civil de 1916 estipulava que o "chefe da família" era, em geral, o *marido* (art. 233, III)[91], que, então, determinava o domicílio da esposa e dos filhos não emancipados. Também é feita referência ao "domicílio do tutor" e ao "domicílio do curador", que abrangem os incapazes sob sua guarda.

No caso da mulher casada, em 1962 a Lei n. 4.121 ("Estatuto da Mulher Casada") modificou apenas ligeiramente a situação, continuando a dar ao marido o direito de fixar o domicílio da família, mas permitindo que a mulher recorresse ao Judiciário, caso a deliberação a prejudicasse[92].

Com a Constituição de 1988, a *igualdade* entre homem e mulher na sociedade conjugal foi determinada expressamente no art. 226, § 5º, pelo qual "os direitos e deveres referentes à sociedade conjugal são exercidos igualmente pelo homem e pela mulher". Nessa linha, o Código Civil (CC) de 2002 dispõe que a direção da sociedade conjugal será exercida, em colaboração, pelo marido *e* pela mulher, sempre no interesse do casal e dos filhos (art. 1.567). No tocante ao domicílio do casal, o art. 1.569 do CC prevê que este será escolhido por *ambos* os cônjuges, mas um e outro podem ausentar-se do domicílio conjugal para atender a encargos públicos, ao exercício de sua profissão, ou a interesses particulares relevantes. Havendo divergência, qualquer dos cônjuges poderá recorrer ao Judiciário.

Com isso, faltou atualização da LINDB à luz da gramática dos direitos humanos. Na falta de alteração expressa da lei, resta sua *interpretação conforme aos direitos humanos*, para considerar que o domicílio do "chefe da família" é, na verdade, o domicílio escolhido por ambos os cônjuges.

Na existência de pluralidade domiciliar da família (com os cônjuges possuindo domicílio diferente, por razões de foro íntimo, razões profissionais etc.), deve ser utilizada a lei do domicílio respectivo para o fato transnacional que lhe corresponda.

2.3. A lei aplicável aos casos de invalidade do casamento

Quanto à lei para reger a *invalidade* do casamento, dispõe o § 3º do art. 7º[93] da LINDB que será a lei do domicílio dos nubentes, ou, se *distintos* os domicílios, a lei do primeiro domicílio conjugal.

---

[91] Redação original do Código Civil de 1916: "Art. 233. O marido é o chefe da sociedade conjugal. Compete-lhe: (...) III. direito de fixar e mudar o domicílio da família (arts. 46 e 233, n. IV)".

[92] Redação dada pela Lei n. 4.121, de 1962: "Art. 233. O marido é o chefe da sociedade conjugal, função que exerce com a colaboração da mulher, no interêsse comum do casal e dos filhos (arts. 240, 247 e 251). Compete-lhe: III – o direito de fixar o domicílio da família ressalvada a possibilidade de recorrer a mulher ao Juiz, no caso de deliberação que a prejudique".

[93] *In verbis:* Art. 7º, § 3º: "Tendo os nubentes domicílio diverso, regerá os casos de invalidade do matrimônio a lei do primeiro domicílio conjugal".

Obviamente, há inevitável estranhamento, pois se ignorou o básico: a validade ou invalidade deve ser regida pela *lei do local da celebração*. Caso contrário, há o risco de considerarmos inválido um casamento pelo uso de lei estabelecendo requisitos que *não eram indispensáveis* pela lei do local da celebração, gerando insegurança jurídica evidente.

Como aponta Valladão, a validade de um ato da importância do casamento ficou dependente não da lei que presidiu o ato, mas sim de *outra lei, livremente escolhida pelos nubentes* (a lei do primeiro domicílio conjugal), bastando que eles tenham domicílio diverso no momento da celebração do matrimônio[94].

O Código Bustamante segue linha diversa da LINDB, dispondo que a nulidade do matrimônio deve ser regulada pela *mesma lei* a que estiver submetida a condição intrínseca ou extrínseca que a tiver motivado (art. 47)[95].

Finalmente, o Supremo Tribunal Federal julgou inócua essa regra da LINDB (§ 3º do art. 7º), considerando-a "não escrita", uma vez que a "validade ou invalidade de um ato só pode ser aferida em face da lei a que ele obedeceu". O STF concluiu que "esse dispositivo resultou de equívoco evidente e *não há como aplicá-lo*"[96].

2.4. A lei aplicável ao regime de bens

Dispõe o § 4º do art. 7º da LINDB que "o regime de bens, legal ou convencional, obedece à lei do país em que tiverem os nubentes domicílio, e, se este for diverso, a do primeiro domicílio conjugal". Curiosamente, na publicação original do Decreto-Lei

---

[94] Para Valladão, esse dispositivo é absurdo. *In verbis:* "A Lei de Introdução, art. 7º, § 3º, adotou, absurdamente, para reger a *invalidade* do matrimônio de nubentes de domicílio diverso uma lei *estranha...* ao ato e da livre *escolha* pelos interessados". Grifo do próprio autor. VALLADÃO, Haroldo. *Direito internacional privado,* v. II, 2. ed. Rio de Janeiro: Freitas Bastos, 1977, p. 133.

[95] "Art. 47. A nullidade do matrimonio deve regular-se pela mesma lei a que estiver submettida a condição intrinseca ou extrinseca que a tiver motivado."

[96] Tratou-se de casamento celebrado no Brasil, por nubentes de domicílio diverso (Estados Unidos e Brasil). Após o casamento, o primeiro domicílio conjugal foi fixado na Califórnia, Estados Unidos. O marido requereu e obteve a anulação do casamento nos EUA, por ter a esposa descumprido obrigação de fixação de residência nos EUA e de ter filhos, assumida antes do casamento. Essa promessa da mulher teria sido essencial para o consentimento do homem e para a consequente celebração do casamento, ensejando sua anulação de acordo com a lei californiana. Após, o marido requereu, no Brasil, a homologação da sentença estrangeira de anulação, obrigando o STF a analisar o alcance do art. 7º, § 3º, ou seja, se seria possível a lei do primeiro domicílio conjugal considerar inválido aquilo que a lei do local da celebração (lei brasileira) não considera como hipótese de anulação de casamento. O caso chamou a atenção até porque o STF havia, inicialmente, homologado – *burocraticamente* – a sentença estrangeira. Depois, em um segundo julgamento, para correção de erro material, o STF considerou o preceito (art. 7º, § 3º) como "inaplicável, por impossibilidade lógica, e assim, como não escrito" (consta do Voto do Relator, Min. Luiz Gallotti) e indeferiu a homologação. Conferir em Sentença Estrangeira n. 2.085 – segundo julgamento/EUA – Rel. Min. Luiz Gallotti. Julgamento: 3-3-1971, publicado no *DJ* 10-11-1972, p. 7727.

n. 4.657, em setembro de 1942, o dispositivo em questão possuía redação diferente, dispondo que a lei de regência deveria ser a lei do domicílio *conjugal* dos nubentes. Obviamente, o nubente é aquele que vai casar-se, não possuindo, ainda, domicílio *conjugal*. Em 17 de junho de 1943, houve a republicação do texto, com a sua retificação para a redação ora em análise.

O fundamento do dispositivo encontra-se no desejo de substituição da *lei da nacionalidade* (critério de conexão da antiga introdução ao Código Civil de 1916) pela *lei do domicílio* na regência do Direito de Família, no bojo da ruptura promovida por Vargas com a LICC/42.

Era necessário, contudo, dar uma resposta à hipótese dos nubentes terem domicílio diverso. A solução encontrada foi a escolha da lei do *primeiro domicílio conjugal,* o que valoriza a autonomia de vontade dos próprios interessados (os cônjuges) na escolha do primeiro domicílio do casal.

Na jurisprudência, houve intenso debate sobre o alcance do § 4º do art. 7º. No caso *Mardini,* casal de brasileiros casou-se no Uruguai, cujo regime de bens (no silêncio dos nubentes) é o da separação total de bens, alegando, no ato, serem lá domiciliados. Após trinta dias, foram viver no Rio Grande do Sul. No litígio que se seguiu a separação do casal, houve intenso debate sobre a fixação ou não do domicílio no Uruguai. O Supremo Tribunal Federal entendeu que, além da declaração de ambos os nubentes, houve ainda aquisição de fazenda e permanência por certo período no país, não tendo sido apenas uma passagem temporária para fins de casamento. Além disso, o regime da separação total de bens é permitido pelo Direito brasileiro, o que evitou debate sobre fraude à lei e à ordem pública. Ademais, o princípio da proibição do *venire contra factum proprium* pesou contra o interessado (no caso, o marido) em contestar a aplicação da lei uruguaia referente à separação total de bens, uma vez que ele havia declarado expressamente seu domicílio no Uruguai[97].

Analisando o Caso *Mardini*, é possível extrair algumas conclusões: (i) o regime do casamento foi fixado pela lei do domicílio (idêntico) dos nubentes, pouco importando o domicílio anterior (que era no Brasil) ou posterior (que voltou a ser no Brasil); (ii) mesmo que se admitisse a existência de pluralidade domiciliar, a lei do domicílio no Uruguai rege o ato que lhe corresponde, no caso, o casamento ali realizado; (iii) a *lex fori* (a lei do foro no qual se analisa o fato transnacional) é a lei que define o que é domicílio. No caso, era a lei brasileira, sendo importante a aferição do *ânimo definitivo* dos nubentes na fixação da residência (exigência da lei brasileira para que se caracterize o domicílio) por meio da análise da declaração deles, da aquisição de fazenda etc.

Já no caso *Ruthofer,* discutiu-se a partilha de herança, no qual o autor (*de cujus*) havia contraído matrimônio na Áustria (domicílio comum dos nubentes, à

---

[97] Supremo Tribunal Federal, Recurso Extraordinário 86.787-RS, Rel. Min. Leitão de Abreu, julgamento: 20-10-1978, publicado no *DJ* 4-5-1979, p. 3520.

época), em 1951, sob o regime da separação legal de bens. Após três anos, o casal fixou domicílio no Brasil e, durante a convivência comum, houve a aquisição de diversos bens, feita cada qual em seu nome próprio. Na partilha dos bens da herança, a filha do primeiro casamento do falecido exigiu que houvesse a comunicação dos aquestos (bens adquiridos na constância do casamento) à herança (levando, então, ao aumento do valor do seu quinhão), tendo em vista a inexistência de pacto antenupcial que vedasse tal comunhão e aplicando a lei brasileira da época (art. 259 do Código Civil de 1916[98]), bem como o enunciado 377 da Súmula do Supremo Tribunal Federal[99].

O Superior Tribunal de Justiça, em especial no voto do Min. Luis Felipe Salomão, reconheceu como correta a invocação do art. 7º, § 4º, da LINDB, que, em tese, favoreceria a mulher do falecido, uma vez que diversos bens adquiridos após o casamento estavam em seu nome. Todavia, o STJ ponderou essa regra da LINDB com a vedação do uso de direito estrangeiro que ofenda a ordem pública brasileira (art. 17 da LINDB). A defesa da unidade familiar pela Constituição Federal (art. 226, *caput*) exigiu, na visão do STJ, que o patrimônio amealhado na constância do casamento e oriundo do esforço comum fosse comunicado também ao outro cônjuge. Considerou o STJ que a ordem pública seria violada, caso fosse aceita no Brasil a separação radical de bens prevista no ordenamento civil austríaco[100].

Assim, a jurisprudência brasileira utiliza o art. 7º, § 4º (Caso *Mardini*), mas mantém a aplicação da lei estrangeira sobre o regime de bens sob o crivo da ordem pública (Caso *Ruthofer*).

2.5. A mudança do regime de bens

Com a redação dada pela Lei n. 6.515, de 1977, a LINDB permite ao estrangeiro casado, que se naturalizar brasileiro e mediante expressa anuência de seu cônjuge, requerer adoção do *regime de comunhão parcial de bens*, respeitados os direitos de terceiros e dada esta adoção ao competente registro (art. 7º, § 5º, da LINDB[101]). Esse dispositivo trata da *mutabilidade do regime de bens no casamento*.

A redação original da LICC/42 era semelhante, mas determinava que o estrangeiro, ao se naturalizar brasileiro, poderia optar tão somente pela comunhão

---

[98] "Art. 259. Embora o regime não seja o da comunhão de bens, prevalecerão, no silêncio do contrato, os princípios dela, quanto à comunicação dos adquiridos na constância do casamento."

[99] Súmula 377 do STF: "No regime de separação legal de bens, comunicam-se os adquiridos na constância do casamento".

[100] Superior Tribunal de Justiça, Recurso Especial n. 123.633-SP, Rel. Min. Aldir Passarinho Junior, Data do julgamento: 17-3-2009, Data da publicação/Fonte: *DJe* 30-3-2009.

[101] LINDB, art. 7º, § 5º: "O estrangeiro casado, que se naturalizar brasileiro, pode, mediante expressa anuência de seu cônjuge, requerer ao juiz, no ato de entrega do decreto de naturalização, se apostile ao mesmo a adoção do regime de comunhão parcial de bens, respeitados os direitos de terceiros e dada esta adoção ao competente registro". (Redação dada pela Lei n. 6.515, de 1977).

universal[102]. Com a mudança do regime legal do Código Civil para o regime da comunhão parcial, houve a reforma da lei, tendo sido escolhido o regime da comunhão parcial, que não comunica o patrimônio adquirido pelos nubentes antes do casamento.

Destaco que a regra impunha, à época, uma exceção à imutabilidade do regime de bens do casamento que era adotada pelo Código Civil de 1916 (depois abandonada pelo Código Civil de 2002). É mais um reforço à *mutabilidade justificada* do regime de bens do casamento agora previsto no Código Civil de 2002[103], valorizando a autonomia da vontade sem prejudicar terceiros.

Sua origem está no Decreto-Lei n. 389, de 25 de abril de 1938 (em plena ditadura Vargas), que estabelecia, em seu art. 23, que o naturalizado poderia, com aquiescência expressa do outro cônjuge, no ato de entrega do decreto de naturalização, manifestar o seu desejo de adotar o regime de comunhão universal de bens, respeitados os direitos de terceiro.

A intenção do legislador de 1938 era permitir aos estrangeiros casados no exterior que pudessem adotar a comunhão universal de bens (a regra geral do Código Civil de 1916). A comunhão universal não era a regra geral em alguns Estados e essa previsão legislativa tinha como objetivo homogeneizar o regime de bens vigente no Brasil. Tratou-se, mais uma vez, do desejo do Estado Novo brasileiro de eliminar os nichos de direito estrangeiro existentes no Brasil, o que levaria, quatro anos depois, à mudança da lei de regência do estatuto pessoal (de lei da nacionalidade para lei do domicílio). Após, em 1977, com a adoção da regra geral da comunhão parcial, houve também a mudança da LICC (hoje, LINDB) para possibilitar que o estrangeiro, ao se naturalizar, apostile a mudança do regime de bens para o regime de comunhão parcial.

Os requisitos para tal mudança do regime de bens são os seguintes[104]: (i) *prova* do casamento válido; (ii) *momento adequado*, que é após a publicação do ato de

---

[102] LICC/42, redação original do art. 7º, § 5º: "O estrangeiro casado, que se naturalizar brasileiro, pode, mediante expressa anuência de seu cônjuge, requerer ao juiz, no ato de entrega do decreto de naturalização, se apostile ao mesmo a adoção do *regime da comunhão universal de bens*, respeitados os direitos de terceiro e dada esta adoção ao competente registro". Grifo meu.

[103] Art. 1.639 do Código Civil (2002), *in verbis:* "É lícito aos nubentes, antes de celebrado o casamento, estipular, quanto aos seus bens, o que lhes aprouver. § 1º O regime de bens entre os cônjuges começa a vigorar desde a data do casamento. § 2º É admissível alteração do regime de bens, mediante autorização judicial em pedido motivado de ambos os cônjuges, apurada a procedência das razões invocadas e ressalvados os direitos de terceiros".

[104] Ver também o art. 734 do CPC de 2015: "Art. 734. A alteração do regime de bens do casamento, observados os requisitos legais, poderá ser requerida, motivadamente, em petição assinada por ambos os cônjuges, na qual serão expostas as razões que justificam a alteração, ressalvados os direitos de terceiros. § 1º Ao receber a petição inicial, o juiz determinará a intimação do Ministério Público e a publicação de edital que divulgue a pretendida alteração de bens, somente podendo decidir depois de decorrido o prazo de 30 (trinta) dias da publicação do edital. § 2º Os cônjuges, na petição inicial ou em petição avulsa, podem propor ao juiz meio alternativo de divulgação da alteração do regime de bens, a fim de resguardar direitos de terceiros. § 3º Após o trânsito em julgado da sentença, serão expedidos mandados de averbação aos cartórios de registro civil e de imóveis e, caso qualquer dos cônjuges seja empresário, ao Registro Público de Empresas Mercantis e Atividades Afins".

naturalização no Diário Oficial da União (de acordo com a Lei n. 13.445[105]); (iii) *anuência expressa do outro cônjuge,* que deve ser feita por instrumento público ou particular; (iv) *forma,* que é a apostila no ato de naturalização, que formaliza a modificação do regime; (v) *preservação dos direitos de terceiro,* o que pode redundar em ineficácia da mudança, caso haja prova de prejuízo a terceiro; e (vi) *registro* para efeito em relação a terceiros, aplicando-se analogicamente o disposto no art. 1.657 do Código Civil, que trata do registro dos pactos antenupciais[106].

2.6. O casamento de estrangeiros

Os estrangeiros podem se casar perante *a autoridade diplomática ou consular do Estado patrial,* o que implica no uso da *lei estrangeira* para reger tanto (i) a celebração quanto (ii) os impedimentos ao casamento celebrado no Brasil. Essa exceção à lei do local da celebração do casamento foi estabelecida no § 1º do art. 7º da LINDB[107].

Nesse dispositivo, o DIPr interage com o Direito Internacional Público, uma vez que esse poder dado às autoridades diplomáticas ou consulares originou-se em costume internacional ou tratados sobre os poderes dados a tais autoridades (e não em tratados sobre o DIPr).

No Brasil, já em 1863, Pimenta Bueno referiu-se a "costume admitido de poderem efetuar-se os casamentos dos estrangeiros nos respectivos consulados"[108]. Durante o Império brasileiro, admitia-se tal regra, desde que observada a *reciprocidade*, ou seja, que o Estado estrangeiro também considerasse válido casamento de brasileiros pela autoridade consular brasileira no exterior[109].

Após a proclamação da República, o Decreto n. 181/1890 (que promulgou a lei sobre casamento civil) estabeleceu, em seu art. 47, § 2º, que, se ambos os nubentes fossem brasileiros, poderiam se casar perante agente diplomático ou consular do Brasil no exterior. O citado Decreto foi omisso quanto à possibilidade de os estrangeiros se casarem no Brasil perante seu agente consular. Em consulta expressa

---

[105] "Art. 73. A naturalização produz efeitos após a publicação no Diário Oficial do ato de naturalização."

[106] Código Civil, art. 1.657: "As convenções antenupciais não terão efeito perante terceiros senão depois de registradas, em livro especial, pelo oficial do Registro de Imóveis do domicílio dos cônjuges". Nessa linha, SERPA LOPES, Miguel Maria de. *Comentários à Lei de Introdução ao Código Civil,* v. II, 2. ed. Rio de Janeiro: Freitas Bastos, 1959, p. 122.

[107] "Art. 7º, § 2º O casamento de estrangeiros poderá celebrar-se perante autoridades diplomáticas ou consulares do país de ambos os nubentes."

[108] PIMENTA BUENO, José Antônio. *Direito internacional privado e applicação de seus princípios com referencia ás leis particulares do Brazil.* Rio de Janeiro: Typographia Imp. e Const. de J. Villeneuve e C., 1863, p. 60. Grafia atualizada.

[109] VALLADÃO, Haroldo. *Direito internacional privado,* v. II, 2. ed. Rio de Janeiro: Freitas Bastos, 1977, p. 68.

feita pelas Missões Diplomáticas do Reino Unido e da Alemanha, o governo brasileiro respondeu, em 1910, que somente tratados, sob *reciprocidade*, poderiam dar validade nacional a casamentos de estrangeiros celebrados no Brasil perante seu agente consular[110].

O Código Civil de 1916 previu, laconicamente, em seu art. 204, parágrafo único, que o casamento celebrado *fora do Brasil* e contraído perante agente consular (e não mais perante agentes diplomáticos), deveria ser provado por certidão do assento no registro do consulado. Para Espínola e Espínola Filho, o Código Civil de 1916 exigia que ambos os nubentes fossem brasileiros para que pudessem celebrar casamento perante agente consular do Brasil no exterior[111]. Pontes de Miranda, em sentido contrário e minoritário, defendeu que bastaria que um dos nubentes fosse brasileiro[112].

Assim, a Lei de Introdução ao Código Civil de 1942 veio resolver polêmicas e regrar expressamente a temática do casamento, quer de brasileiros ou estrangeiros, perante autoridade diplomática ou consular.

Porém, a redação original da LICC/42, apesar de adotar viés de permissão genérica de tal matrimônio (evitando a reciprocidade que fere a igualdade entre brasileiros e estrangeiros), adotou, surpreendentemente, o princípio da *lei do domicílio* e não da nacionalidade dos nubentes, da seguinte forma: "O casamento de estrangeiros pode celebrar-se perante as autoridades diplomáticas ou consulares do país *em que um dos nubentes seja domiciliado*".

Ocorre que essa atribuição dada a autoridades diplomáticas ou consulares é fruto justamente da nacionalidade[113], para permitir que os nacionais possam se socorrer de institutos jurídicos do seu Estado, como, por exemplo, um tipo especial de casamento, uma forma de lavratura de procuração etc.

Por isso, a Lei n. 3.238/57 *alterou* esse dispositivo da LICC e retornou à exigência da *nacionalidade*, dispondo que o casamento será celebrado perante autoridade diplomática ou consular do "país de ambos os nubentes". Nesse caso, apesar da celebração ocorrer no Brasil, aplica-se a lei estrangeira.

Essa regra também é aplicada aos brasileiros no exterior, que podem se casar perante nossa autoridade consular, que, por sua vez, deve observar as regras brasileiras sobre a celebração e os impedimentos. A celebração do casamento de brasileiros pela

---

[110] Essa resposta do Ministério das Relações Exteriores do Brasil está em OCTAVIO, Rodrigo. *Droit International Privé dans la legislation brèsilienne*. Paris: Librairie de la Société du Recueil Sirey, 1915, p. 160.

[111] ESPÍNOLA, Eduardo; ESPÍNOLA FILHO, Eduardo. *Tratado de direito civil brasileiro*, v. VIII, Do direito internacional privado brasileiro, t. II, Rio de Janeiro: Freitas Bastos, 1943, p. 860.

[112] PONTES DE MIRANDA, Francisco Cavalcanti. *Tratado de direito internacional privado*, t. II, Parte Especial. Rio de Janeiro: José Olympio, 1934, p. 34-35.

[113] Esse dispositivo original da lei recebeu ácidas críticas da doutrina especializada da época. Por todos, ver VALLADÃO, Haroldo. A Lei de Introdução ao Código Civil e sua reforma. *Revista dos Tribunais*, v. 49, n. 292, fev. 1960, p. 7-21.

autoridade consular brasileira no exterior está regulada no Decreto n. 24.113/34, que, na parte sobre "Regulamento para o Serviço Consular Brasileiro", dispõe que os consulados só poderão celebrar casamentos quando *ambos os nubentes forem brasileiros* e a *legislação local* reconhecer efeitos civis aos casamentos assim celebrados (art. 13, parágrafo único)[114].

Há, ainda, a exigência de *residência* de pelo menos um dos nubentes no local sob jurisdição administrativa do Consulado (a chamada "jurisdição consular"), como premissa para a atuação dos serviços consulares[115]. Obviamente, esses dois requisitos (reconhecimento do ordenamento estrangeiro e residência) não constam da LINDB, o que torna questionável a sua aplicação, em face do princípio da legalidade previsto na Constituição e nos tratados internacionais.

De qualquer modo, o casamento de brasileiro celebrado no estrangeiro deverá ser registrado em 180 dias, a contar da volta de um ou de ambos os cônjuges ao Brasil, no cartório do respectivo domicílio, ou, em sua falta, no 1º Ofício da Capital do Estado em que passarem a residir, conforme dispõe o art. 1.544 do Código Civil[116]. O registro é meramente declaratório, sendo o casamento válido e impedindo novo casamento no Brasil até que seja dissolvido o primeiro matrimônio[117].

2.7. O divórcio e a evolução do Direito Internacional Privado brasileiro

A dissolução do casamento pelo divórcio no exterior e sua posterior homologação no Brasil é tema que está vinculado à evolução da (in)dissolubilidade do casamento e ao tratamento do divórcio.

---

[114] Art. 13, parágrafo único: "Os Consulados de carreira só poderão celebrar casamentos quando ambos os nubentes forem brasileiros e a legislação local reconhecer efeitos civis aos casamentos assim celebrados".

[115] Ver, por exemplo, o que consta da página na internet do Ministério da Justiça e Segurança Pública: "A Autoridade Consular brasileira poderá realizar o casamento daqueles brasileiros que se encontram em país estrangeiro. O casamento consular é aquele realizado no Posto Consular, perante Autoridade Consular brasileira, por cidadãos brasileiros. O casamento realizado no Posto Consular somente poderá ser celebrado quando ambos os cônjuges tiverem a nacionalidade brasileira. A Autoridade Consular tem autoridade para celebrar atos na qualidade de notário ou oficial de registro civil, sempre que não contrariem as leis e regulamentos do Estado receptor". Disponível em: <https://www.gov.br/pt-br/servicos/celebrar-casamento-em-reparticao--consular-no-exterior>. Último acesso em: 23 nov. 2022.

[116] "Art. 1.544. O casamento de brasileiro, celebrado no estrangeiro, perante as respectivas autoridades ou os cônsules brasileiros, deverá ser registrado em cento e oitenta dias, a contar da volta de um ou de ambos os cônjuges ao Brasil, no cartório do respectivo domicílio, ou, em sua falta, no 1º Ofício da Capital do Estado em que passarem a residir."

[117] Superior Tribunal de Justiça. Recurso Especial n. 280.197-RJ. Civil. Casamento realizado no estrangeiro. Matrimônio subsequente no país, sem prévio divórcio. Anulação. O casamento realizado no estrangeiro é válido no país, tenha ou não sido aqui registrado, e por isso impede novo matrimônio, salvo se desfeito o anterior. Recurso especial não conhecido. STJ, REsp 280.197, 3ª Turma, Rel. Min. Ari Pargendler, j. 5-8-2002.

De início, o casamento no Brasil imperial era *religioso* e *católico,* tendo o Imperador D. Pedro I determinado, pelo Decreto de 3 de novembro de 1827, a aplicação das normas da Igreja Católica (do Congresso de Trento e do Arcebispado da Bahia) para regular o matrimônio, cujo vínculo, pelas regras católicas, era indissolúvel. Somente em 1861 foi editada a Lei n. 1.144, permitindo que outras Igrejas celebrassem casamentos com efeitos civis[118].

Com a proclamação da República em 1889, houve a consequente separação da Igreja do Estado. O Decreto n. 181, de 24 de janeiro de 1890, implantou o casamento civil, na linha da laicização do Estado já estabelecida pelo Decreto n. 119-A, de 7 de janeiro de 1890. Por sua vez, a Constituição de 1891 tratou de reconhecer somente o casamento civil (art. 72, § 4º[119]), omitindo-se quanto à proibição do divórcio.

Mas a herança católica da indissolubilidade do vínculo marital foi mantida no Código Civil de 1916, que previu o *desquite,* que rompia somente a sociedade conjugal (terminava a vida em comum e o regime de bens[120]), impedindo que os desquitados pudessem celebrar novo matrimônio.

Em 1934, a influência da Igreja fez com que houvesse a introdução *expressa* da indissolubilidade do casamento no texto da Constituição (art. 144[121], que previu que a lei ordinária regularia os casos de desquite e anulação do casamento), impedindo que o divórcio pudesse ser introduzido por mera lei ordinária, no que foi mantido na Constituição de 1937 (art. 124[122]), na Constituição de 1946 (art. 163[123]), na Constituição de 1967 (art. 167, § 1º[124]) e na Emenda Constitucional de 1969 (art. 175, § 1º[125]).

O impacto da proibição do divórcio no Brasil no âmbito do Direito Internacional Privado é evidente. De início, a introdução ao Código Civil de 1916 era omissa, mas a proibição de divórcio no Brasil gerou, rapidamente, a existência de divórcios

---

[118] Conferir em SOARES, Oscar de Macedo. *Casamento civil*: Decreto n. 181 de 24 de janeiro de 1890, Commentado e Annotado. Rio de Janeiro: B. L. Garnier, Livreiro-Editor, 1890, em especial p. 12 e s.

[119] *In verbis:* "A República só reconhece o casamento civil, cuja celebração será gratuita".

[120] Art. 322 do Código Civil de 1916: "A sentença do desquite autoriza a separação dos conjuges, e põe termo ao regime matrimonial dos bens, como se o casamento fosse anulado (art. 267, n. III)".

[121] "Art. 144. A família, constituída pelo casamento *indissolúvel*, está sob a proteção especial do Estado. Parágrafo único – A lei civil determinará os casos de desquite e de anulação de casamento, havendo sempre recurso *ex officio*, com efeito suspensivo."

[122] "Art. 124. A família, constituída pelo casamento indissolúvel, está sob a proteção especial do Estado. Às famílias numerosas serão atribuídas compensações na proporção dos seus encargos."

[123] "Art. 163. A família é constituída pelo casamento de vínculo indissolúvel e terá direito à proteção especial do Estado."

[124] "Art. 167. A família é constituída pelo casamento e terá direito à proteção dos Poderes Públicos. § 1º O casamento é indissolúvel."

[125] "Art. 175. A família é constituída pelo casamento e terá direito à proteção dos Poderes Públicos. § 1º O casamento é indissolúvel."

de brasileiros (ou entre brasileiros e estrangeiros) feitos em *Estado estrangeiro* com ordenamento mais permissivo e, após, pedido de homologação da sentença estrangeira de divórcio no Brasil. Buscava-se, assim, contornar a rigidez da legislação brasileira.

A jurisprudência da época posicionou-se de modo contrário a tais condutas, considerando que a indissolubilidade do casamento era *matéria de ordem pública*, o que impedia a homologação dessas sentenças estrangeiras de divórcio de casais brasileiros. No máximo, o Judiciário brasileiro aceitava considerar, no caso de divórcio de brasileiro e estrangeiro, homologar a sentença estrangeira como sendo de *desquite* caso a legislação nacional do estrangeiro admitisse o divórcio, o que impedia que ambos os cônjuges (inclusive o cônjuge estrangeiro) pudessem se casar de novo no Brasil.

Assim, com a aprovação da LICC/42, supriu-se a omissão da introdução ao Código Civil de 1916, com a redação original do § 6º do art. 7º, que dispunha, em linha com os precedentes judiciais dos anos anteriores, que "não será reconhecido no Brasil o divórcio, se os cônjuges forem brasileiros. Se um deles o for, será reconhecido o divórcio quanto ao outro, que não poderá, entretanto, casar-se no Brasil".

A redação original da LICC/42 alinhava-se com a jurisprudência então reinante, determinando que o divórcio no exterior *não seria reconhecido* no Brasil, se os cônjuges fossem brasileiros. Seria considerado como mero desquite, previsto no Código Civil da época, se as condições lá previstas tivessem sido preenchidas[126]. Se um deles o fosse, seria reconhecido o divórcio quanto ao outro (cônjuge estrangeiro), caso a lei de sua nacionalidade admitisse o divórcio, mas que *não* poderia, entretanto, casar-se no Brasil. Essa posição era assim resumida: se os brasileiros não podiam divorciar-se no Brasil, também não poderiam em outro país.

Esse dispositivo, embora compatível com a jurisprudência da época, rompeu com a regra geral da LICC/42 sobre o uso da *lei do domicílio* para reger o estatuto pessoal (art. 7º, *caput*), pois levava em consideração a *nacionalidade brasileira* dos cônjuges, como se o novo DIPr brasileiro não houvesse substituído a *lex patriae* pela *lex domicilii*.

Para manter a coerência com a lei do domicílio (que, em abstrato, permitiria que um casal de brasileiros, domiciliados em Estado estrangeiro que aceitasse o divórcio de casamento celebrado em outro país, se divorciasse), a saída seria invocar a cláusula de ordem pública para vedar, no Judiciário brasileiro, a homologação de sentença estrangeira de divórcio de brasileiro domiciliado no exterior.

Com a redação original da LICC, o legislador preferiu não contar com a interpretação do Judiciário sobre o conteúdo da "ordem pública" e acabou acatando o

---

[126] Nesse sentido, TENÓRIO, Oscar. *Lei de Introdução ao Código Civil*, 2. ed. Rio de Janeiro: Borsoi, 1955, p. 287.

sistema misto no tocante ao estatuto pessoal, abrindo exceção quanto ao divórcio, que continuou regido pela lei da nacionalidade, para atender a pressão da Igreja Católica (a favor da indissolubilidade do casamento) contra os divórcios de casais brasileiros celebrados no exterior.

Somente em 1977, 86 anos depois da separação republicana da Igreja do Estado, foi aprovada a Emenda Constitucional n. 9, de 28 de junho de 1977, que alterou a redação do art. 175, § 1º, da Constituição então vigente dispondo que "o casamento somente poderá ser dissolvido, nos casos expressos em lei, desde que haja prévia separação judicial por mais de três anos". A dissolução do casamento pelo divórcio, então, foi, finalmente, aceita pelo ordenamento brasileiro, condicionada à prévia separação judicial por mais de três anos (o antigo "desquite" do Código Civil de 1916).

Após a aprovação da Emenda n. 9/77, a Lei n. 6.515/77 ("Lei do Divórcio") deu nova redação ao § 6º do art. 7º da LICC, dispondo que o divórcio realizado no estrangeiro, se um ou ambos os cônjuges fossem brasileiros, seria reconhecido no Brasil somente depois de três anos da data da sentença, salvo se houvesse sido antecedida de separação judicial por igual prazo, caso em que a homologação produziria efeito imediato, obedecidas as condições estabelecidas para a eficácia das sentenças estrangeiras no Brasil.

A nova redação desse dispositivo da LICC obedeceu à lógica do sistema misto (lei da nacionalidade usada no divórcio, em vez da regra geral da lei do domicílio) acima apontada: a *lei brasileira* havia sido modificada (permitindo o divórcio, com lapsos temporais) e, então, a LICC seguiu o mesmo rumo, só que usou os lapsos temporais para postergar a homologação da sentença estrangeira, evitando que os brasileiros que quisessem se divorciar optassem por uma "via rápida" do divórcio no exterior.

A LICC ainda autorizou o Supremo Tribunal Federal (na época competente para julgar a ação de homologação de sentença estrangeira), na forma de seu regimento interno, a reexaminar, a requerimento do interessado, decisões já proferidas em pedidos de homologação de sentenças estrangeiras de divórcio de brasileiros, a fim de que passem a produzir todos os efeitos legais.

A redação originária da Constituição de 1988 manteve, obviamente, a dissolubilidade do casamento, ampliando a forma de sua concessão, prevendo que o casamento civil poderia ser dissolvido pelo divórcio, após (i) prévia *separação judicial* por mais de um ano nos casos expressos em lei, ou (ii) comprovada *separação de fato* por mais de dois anos[127].

---

[127] Constituição de 1988, redação original do art. 226, § 6º: "O casamento civil pode ser dissolvido pelo divórcio, após prévia separação judicial por mais de um ano nos casos expressos em lei, ou comprovada separação de fato por mais de dois anos".

O Código Civil de 2002 seguiu a linha da divisão entre a "separação judicial" (que extingue a sociedade conjugal, os deveres de coabitação e fidelidade recíproca e regime de bens[128]) e o "divórcio direto" (art. 1.580, § 2º[129]).

Em 2007, a Lei n. 11.441 possibilitou a realização de inventário, partilha, separação consensual e *divórcio consensual* por via administrativa. O CPC de 2015 prevê a existência de divórcio consensual por escritura pública, da qual constarão as disposições relativas à (i) descrição e à partilha dos bens comuns, (ii) pensão alimentícia, (iii) acordo relativo à guarda dos filhos incapazes e ao regime de visitas, e (iv) valor da contribuição para criar e educar os filhos[130]. É requisito para o divórcio consensual por escritura pública a inexistência de nascituro, filhos menores ou incapazes do casal[131].

Com a maior liberalização do divórcio dada pela Constituição de 1988, novamente o § 6º do art. 7º da lei foi alterado. A Lei n. 12.036/2009 estabeleceu que o divórcio realizado no estrangeiro, se um ou ambos os cônjuges fossem brasileiros, só seria reconhecido no Brasil *depois de um ano da data da sentença*, salvo se houvesse sido antecedida de separação judicial *por igual prazo*, caso em que a homologação produziria *efeito imediato*, obedecidas as condições estabelecidas para a eficácia das sentenças estrangeiras no país.

Novamente, a lógica da lei da nacionalidade brasileira para reger o divórcio dominou o DIPr: como a CF/88 havia criado a figura do divórcio direto depois de dois anos de separação de fato ou divórcio depois de um ano de separação judicial[132], entendeu o legislador que esses prazos poderiam ser adaptados ao DIPr, evitando, novamente, que o divórcio no exterior fosse mais rápido que o doméstico.

O Superior Tribunal de Justiça, na forma de seu regimento interno, foi autorizado pela Lei n. 12.036 a reexaminar, a requerimento do interessado, decisões já

---

[128] "Art. 1.576. A separação judicial põe termo aos deveres de coabitação e fidelidade recíproca e ao regime de bens."

[129] "Art. 1.580. Decorrido um ano do trânsito em julgado da sentença que houver decretado a separação judicial, ou da decisão concessiva da medida cautelar de separação de corpos, qualquer das partes poderá requerer sua conversão em divórcio. § 1º A conversão em divórcio da separação judicial dos cônjuges será decretada por sentença, da qual não constará referência à causa que a determinou. § 2º O divórcio poderá ser requerido, por um ou por ambos os cônjuges, no caso de comprovada separação de fato por mais de dois anos."

[130] CPC de 2015. "Art. 733. O divórcio consensual, a separação consensual e a extinção consensual de união estável, não havendo nascituro ou filhos incapazes e observados os requisitos legais, poderão ser realizados por escritura pública, da qual constarão as disposições de que trata o art. 731. § 1º A escritura não depende de homologação judicial e constitui título hábil para qualquer ato de registro, bem como para levantamento de importância depositada em instituições financeiras. § 2º O tabelião somente lavrará a escritura se os interessados estiverem assistidos por advogado ou por defensor público, cuja qualificação e assinatura constarão do ato notarial."

[131] Conferir Resolução n. 35 do Conselho Nacional de Justiça, que disciplina a aplicação da Lei n. 11.441/2007 pelos serviços notariais e de registro, alterada pela Resolução n. 220/2016.

[132] Constituição de 1988, redação original do art. 226, § 6º: "O casamento civil pode ser dissolvido pelo divórcio, após prévia separação judicial por mais de um ano nos casos expressos em lei, ou comprovada separação de fato por mais de dois anos".

proferidas em pedidos de homologação de sentenças estrangeiras de divórcio de brasileiros, a fim de que passassem a produzir todos os efeitos legais.

Essa redação dada em 2009 ao § 6º do art. 7º está em vigor até hoje[133].

Em 2010, houve mais um avanço, com a edição da Emenda Constitucional n. 66 (cuja proposta de emenda constitucional foi apelidada de "PEC do Divórcio"), que suprimiu o requisito de prévia separação judicial por mais de um ano ou de comprovada separação de fato por mais de dois anos, dispondo, sucintamente, que "o casamento civil pode ser dissolvido pelo divórcio" (nova redação do art. 226, § 6º). O Superior Tribunal de Justiça já possui precedente pelo qual a regra do art. 226, § 6º, da CF/88 prevalece sobre o disposto no art. 7º, § 6º, da LINDB[134].

Deve ser atualizada, então, a interpretação da LINDB, para permitir o reconhecimento do divórcio realizado no exterior *sem* qualquer exigência temporal, na linha das últimas alterações dessa regra de DIPr, que sempre foi atualizada para estar em linha com o desenvolvimento do regime jurídico brasileiro do divórcio.

2.8. A lei aplicável ao divórcio

Questão importante sobre o divórcio no DIPr é a determinação da lei aplicável. Caso ambos os cônjuges sejam domiciliados *no mesmo Estado*, utiliza-se tal lei, que é a lei do domicílio conjugal, regra geral sobre direito de família no DIPr brasileiro. Caso eles possuam *domicílio em Estados diferentes*, a LINDB é omissa.

Em primeiro lugar, não é possível o uso extensivo do domicílio de um cônjuge, como chefe da família conforme consta da regra prevista no art. 7º, § 7º, da LINDB. De fato, como já visto, a escolha de um "chefe da família" é inconstitucional e inconvencional, uma vez que esse tipo de *domicílio por dependência* ofende a igualdade entre os cônjuges prevista na Constituição e nos tratados de direitos humanos celebrados pelo Brasil.

Assim, para suprir essa omissão legislativa, é possível a utilização de duas soluções. A primeira solução possível é a aplicação analógica do art. 7º, § 8º, que estabelece alternativas para o caso de inexistência de domicílio (no caso, a residência

---

[133] *In verbis*: "§ 6º O divórcio realizado no estrangeiro, se um ou ambos os cônjuges forem brasileiros, só será reconhecido no Brasil depois de 1 (um) ano da data da sentença, salvo se houver sido antecedida de separação judicial por igual prazo, caso em que a homologação produzirá efeito mediato, obedecidas as condições estabelecidas para a eficácia das sentenças estrangeiras no país. O Superior Tribunal de Justiça, na forma de seu regimento interno, poderá reexaminar, a requerimento do interessado, decisões já proferidas em pedidos de homologação de sentenças estrangeiras de divórcio de brasileiros, a fim de que passem a produzir todos os efeitos legais". (Redação dada pela Lei n. 12.036, de 2009).

[134] Sentença Estrangeira Contestada n. 4.441/Estados Unidos. Relatora: Min. Eliana Calmon, Órgão Julgador: Corte Especial, Data do julgamento: 29-6-2010, Data da publicação/Fonte: *DJe* 19-8-2010.

ou onde quer que a pessoa se encontre). Inexistindo o domicílio conjugal, utiliza-se, para reger o divórcio, a *lei da última residência habitual comum* durante o casamento. Já a segunda solução possível seria a utilização da *lex fori*, ou seja, a lei brasileira[135].

3. BENS

3.1. Introdução

O regime jurídico dos bens é um dos tópicos tradicionais do Direito Internacional Privado. Na fase estatutária (ou iniciadora) da disciplina, o regramento dos bens imóveis e móveis representou tema de interesse, em especial pela importância econômica dos bens imóveis e pelas dúvidas que os fluxos comerciais de bens móveis geravam.

Com o desenvolvimento das relações econômicas capitalistas, ocorreu a paulatina perda da hegemonia econômica da mera detenção de bens imóveis e as discussões jusprivatistas de posse e propriedade foram substituídas pelo debate em torno dos contratos internacionais e arbitragem. Por sua vez, houve o crescimento da importância de outras temáticas, como direitos de personalidade, direito de família, cooperação jurídica internacional, entre outras, eclipsando o estudo do regime jurídico dos bens no Direito Internacional Privado (DIPr).

Assim, pergunta-se: ainda vale a pena o estudo do regime jurídico dos bens no Direito Internacional Privado? A resposta é positiva. Em primeiro lugar, o regime jurídico dos bens trata de questões indispensáveis à vida cotidiana, como a propriedade e posse das coisas, a criação, modificação e extinção de direitos reais sobre as coisas, seus modos e prazos de aquisição de direitos reais, inclusive por usucapião, invenção, especificação, entre outras questões. O segundo fator de estudo é justamente a necessidade de diferenciação do regime jurídico dos bens de outros regramentos, como, por exemplo, o regramento dos contratos ou testamentos que podem conter disposições sobre posse ou propriedade de bens.

3.2. A qualificação dos bens no concurso de normas

Antes de abordarmos o critério ou regra de conexão envolvendo os bens, é necessário que seja feita a *qualificação*, que consiste na atividade de classificação jurídica dos fatos transnacionais, pela qual tais fatos são alocados em categorias jurídicas, para, após, ser possível identificar o critério de conexão aplicável.

---

[135] Nesse sentido, ver TANAKA, Aurea Christine. *O divórcio dos brasileiros no Japão*. O direito internacional privado e os princípios constitucionais. São Paulo: Kaleidos-Primus, 2005, p. 97-98.

Primeiramente, subsume-se o fato transnacional a uma categoria jurídica; após, verifica-se qual é o critério de conexão determinado por lei ou tratado de DIPr para tal categoria jurídica. Por exemplo, se o bem for inserido na categoria jurídica "bem imóvel", utiliza-se a *lei da situação da coisa*; caso seja inserido na categoria "bem móvel em trânsito", usa-se a *lei do domicílio do possuidor*. Assim, a qualificação é um *dado prévio* que condiciona a determinação do critério de conexão.

No campo convencional, o Código Bustamante prevê, no seu art. 6º, o uso da *lex fori* como regra geral da qualificação, salvo nos casos excepcionados pelo próprio tratado[136]. A *lex causae* surge no Código na qualificação dos bens (arts. 112 e 113[137]) e das obrigações (art. 164[138]).

A qualificação pela lei estrangeira é também a opção da LINDB para os casos que envolvam bens (art. 8º – "Para *qualificar* os bens e regular as relações a eles concernentes, aplicar-se-á a lei do país em que estiverem situados") e obrigações (art. 9º "Para *qualificar* e reger as obrigações, aplicar-se-á a lei do país em que se constituírem")[139].

3.3. A regra geral: a lei do local da localização dos bens e o regime unitarista

A LINDB adotou, no art. 8º[140], a regra da incidência da lei da localização do bem imóvel, seguindo a tradição da fase iniciadora do DIPr, na qual os estatutários defenderam a *sujeição dos bens imóveis à lei do local de sua situação*.

No período inicial do DIPr, os estatutários, em atenção à importância da propriedade da terra, reconheceram a aplicação do direito do local da situação da coisa, reproduzindo a lição do *forum rei sitae* do direito romano[141]. A marca de Bártolo de Sassoferrato, um dos expoentes da Escola Estatutária Italiana, foi a utilização da distinção entre os estatutos (regras legais ou consuetudinárias) que regem os bens (estatutos reais) dos que regem a conduta das pessoas (estatutos pessoais). Os estatutos reais são territoriais, ou seja, só se aplicam aos bens situados no território do poder que editou tais normas.

---

[136] "Art. 6º Em todos os casos não previstos por este Código, cada um dos Estados contratantes aplicará a sua própria definição às instituições ou relações jurídicas que tiverem de corresponder aos grupos de leis mencionadas no art. 3º."

[137] "Art. 112. Aplicar-se-á sempre a lei territorial para se distinguir entre os bens móveis e imóveis, sem prejuízo dos direitos adquiridos por terceiros. Art. 113. À mesma lei territorial, sujeitam-se as demais classificações e qualificações jurídicas dos bens."

[138] "Art. 164. O conceito e a classificação das obrigações subordinam-se à lei territorial."

[139] Ver mais sobre a qualificação na Parte III, Capítulo 2, deste *Curso*.

[140] "Art. 8º Para qualificar os bens e regular as relações a eles concernentes, aplicar-se-á a lei do país em que estiverem situados."

[141] SAVIGNY, Friedrich Carl von. *Sistema do direito romano atual*, v. VIII. Tradução de Ciro Mioranga (edição original de 1849), Ijuí: Unijuí, 2004, § 366, p. 151.

Baldo, posterior a Bártolo, consagrou o brocardo "*mobilia concernunt personam, immobilia concernunt territoria*", pelo qual os *bens imóveis* são regidos pela lei do local da situação da coisa e os *bens móveis* são regulados pela lei pessoal do seu possuidor. Essa distinção entre bens imóveis e móveis influenciou os estatutários posteriores. D'Argentré, da Escola Francesa, sustentou a distinção entre os estatutos reais (regem os bens) e os pessoais (regem os atributos de uma pessoa), típicos da Escola Italiana, defendendo também, tal qual Baldo, que os *bens móveis* acompanham a lei pessoal do possuidor (*mobilia sequuntur personam*)[142].

No DIPr clássico (fase da estabilização conflitual), a regra geral de regência dos bens pela lei territorial foi ampliada, suprimindo-se a diferença entre os bens imóveis e móveis, uma vez que ambos passaram a ter relevância econômica. Foelix, entre outros, fundamentou essa opção no princípio da *soberania territorial*[143]. Savigny defendeu o uso do *lex rei sitae* com fundamento na *segurança jurídica*, voltada a eliminar a incerteza: por sua natureza, essa regra é simples e exclusiva, diferente da lei pessoal, que pode variar[144]. O modelo de Savigny não era puro e admitia exceção no caso dos bens móveis sem localização permanente.

Weiss, por sua vez, defendeu o uso da lei territorial para o tratamento dos bens em virtude da proteção ao interesse público de uma sociedade, dada a importância dos bens à economia de um determinado Estado[145]. Consagrou-se, por esses diversos fundamentos, o *princípio da territorialidade* no tratamento dos bens no DIPr.

No mesmo sentido, a antiga introdução ao Código Civil de 1916 previa, no seu art. 10, que os bens, móveis ou imóveis, estavam sob a égide da lei do lugar onde situados.

A LICC/42 (hoje LINDB) inovou ao mencionar que a qualificação deve ser feita pela lei do lugar da situação da coisa. Assim, cabe ao intérprete, em um primeiro momento, detectar o local no qual o bem se encontra; após, deve utilizar a lei vigente no local para classificar o bem como imóvel, móvel, corpóreo ou incorpóreo, fungível ou infungível, entre outras caracterizações jurídicas possíveis.

---

[142] MEIJERS, E. M. L'histoire des principes fondamentaux du droit international privé a partir du moyen age. Spécialement dans l'Europe Occidentale. *Recueil des Cours de l'Académie de Droit International de La Haye*, v. 49, 1934, p. 547-686, em especial 638. No mesmo sentido, ver GUTZWILLER, Max. Le développement historique du droit international privé. *Recueil des Cours de l'Académie de Droit International de La Haye*, v. 29, 1929, p. 291-400, em especial p. 325.

[143] FOELIX, M. (Jean Jacques Gaspard). *Traité du droit international privé ou du conflit des lois de différentes nations en matière de droit privé*. 3. ed. Paris: Marescq et Dujardin, 1856, p. 103.

[144] SAVIGNY, Friedrich Carl von. *Sistema do direito romano atual*, v. VIII. Tradução de Ciro Mioranga (edição original de 1849), Ijuí: Unijuí, 2004, § 366, p. 152.

[145] WEISS, André. *Manuel de Droit International Privé*. Paris: Librairie de la Société du Recueil Général des Lois et des Arrêts, 1899, em especial p. 509.

A LINDB reproduziu o disposto no Código Bustamante, que, em seu art. 112, optou pelo uso da *lei territorial* para classificar e qualificar os bens, bem como *distinguir* os bens imóveis dos móveis.

Essa distinção é importante, pois a lei do local da situação da coisa (*lex rei sitae*), prevista no *caput* do art. 8º, aplica-se somente aos *bens imóveis e móveis* de localização permanente, uma vez que os bens móveis sem localização permanente (os de uso pessoal do viajante e os em trânsito) são tratados no art. 8º § 1º, e têm regra especial (lei do domicílio do proprietário). Esse tratamento único a bens imóveis e móveis (de localização permanente) confirma a adoção da *teoria unitarista* no Brasil, pela qual a lei do local da situação deve reger não somente os bens imóveis, mas também os bens móveis.

No caso dos bens imóveis e móveis de localização permanente, a lei do local da situação da coisa regula, especialmente: (i) a propriedade e posse; (ii) a criação, modificação e extinção de direitos reais sobre as coisas; (iii) os modos e prazos de aquisição de direitos reais, inclusive por usucapião, invenção, especificação etc.; (iv) a proteção dos direitos reais, bem como sua distinção dos direitos pessoais; (v) as servidões prediais; (vi) o usufruto, uso e habitação; e (vii) os direitos reais de garantia, como a hipoteca e a anticrese.

3.4. Os bens móveis do viajante e os bens *in transitu*: *mobilia sequuntur personam*

No caso do bem móvel de uso pessoal do viajante ou aquele destinado a transporte para outro lugar – bens *in transitu* –, determina o art. 8º, § 1º, da LINDB a utilização da *lei do domicílio do proprietário*, uma vez que a alternativa, que seria a lei da situação da coisa, é precária e cambiante[146].

Impera, aqui, o adágio *mobilia sequuntur personam,* cujo significado é "os bens móveis seguem a pessoa". Trata-se dos chamados *bens móveis que não têm situação permanente*, tendo a LINDB a cautela de fazer referência a "bens móveis que ele trouxer" ou "se destinarem a transporte para outros lugares".

A *mens legis* visa regular a situação dos (i) bens pessoais do viajante, bem como dos (ii) bens *in transitu,* ou seja, aqueles que, sem possuírem uma individualidade, como os navios e aeronaves, transitam por vários países e se destinam a outro lugar[147].

Para Machado Villela, os bens que se destinam a outros lugares (bens em trânsito) abarcam aqueles que, por virtude de transações comerciais, já tenham o destino de ser transportados ou estejam em viagem[148].

---

[146] Art. 8º, § 1º: "Aplicar-se-á a lei do país em que for domiciliado o proprietário, quanto aos bens moveis que ele trouxer ou se destinarem a transporte para outros lugares".

[147] ESPÍNOLA, Eduardo; ESPÍNOLA FILHO, Eduardo. *A Lei de Introdução ao Código Civil brasileiro*: comentada na ordem dos seus artigos. 2. ed. Rio de Janeiro: Renovar, 1995, n. 201, p. 345.

[148] MACHADO VILLELA, Álvaro da Costa. *O direito internacional privado no Código Civil brasileiro.* Coimbra: Imprensa da Universidade, 1921, p. 517.

Evitou-se o detalhamento da introdução ao Código Civil de 1916, cujo art. 10 previa que os bens móveis, ou imóveis, eram regidos pela lei do lugar onde situados, ficando, porém, sob a lei pessoal do proprietário (i) os móveis de seu uso pessoal, ou (ii) os que ele consiga ter sempre, bem como (iii) os destinados a transporte para outros lugares.

Pela redação do art. 8º, § 1º, simplificou-se a redação anterior e foi previsto que a lei do domicílio do proprietário regula (i) os móveis que ele trouxer ou (ii) os móveis que se destinarem a transporte para outros lugares. A qualificação do bem como *móvel* será feita pela lei da situação da coisa, seguindo a regra geral do *caput* do art. 8º, e não a lei do domicílio[149]. O Código Bustamante também determina que a distinção entre imóveis e móveis obedece a lei da situação da coisa, como se viu acima[150].

A contrario sensu, os demais bens móveis (bens móveis de localização permanente) são regidos pela lei da situação da coisa. Nesse último caso, denominado por Savigny de *coisas móveis destinadas a permanecer em um local*, a mudança pode ocorrer (afinal, são bens móveis), mas tal modificação da situação do bem é acidental ou episódica. Assim, esse tipo de bem móvel será regulado pela lei da situação da coisa[151].

3.5. Os casos especiais: navios e aeronaves

No caso de *bens móveis especiais*, como navios e aeronaves, usa-se a *lei do local de abandeiramento ou matrícula*.

No âmbito do Direito Internacional do Mar, a Convenção da ONU sobre o Direito do Mar (Convenção de Montego Bay, 1982), da qual o Brasil é parte, prevê que o navio deve realizar o registro em Estado com o qual tiver *vínculo substancial (genuine link)* (art. 91), proibindo as chamadas *bandeiras de conveniência*. Com isso, para a Convenção, o Estado deve estabelecer os requisitos necessários para a atribuição da sua nacionalidade a navios, para o registro de navios no seu território e para o direito de arvorar a sua bandeira.

A Lei n. 9.432/97 estabelece uma série de critérios para a atribuição da nacionalidade brasileira a embarcações, exigindo, em especial, que seja de propriedade de pessoa física residente e domiciliada no País ou de empresa brasileira, bem como que sejam brasileiros o comandante, o chefe de máquinas e dois terços da tripulação.

---

[149] Nesse sentido, TENÓRIO, Oscar. *Lei de Introdução ao Código Civil brasileiro*. 2. ed. Rio de Janeiro: Borsoi, 1955, p. 321. Conferir também em ESPÍNOLA, Eduardo; ESPÍNOLA FILHO, Eduardo. *A Lei de Introdução ao Código Civil brasileiro*: comentada na ordem dos seus artigos. 2. ed. Rio de Janeiro: Renovar, 1995, n. 207, p. 337.

[150] Art. 112, já citado.

[151] SAVIGNY, Friedrich Carl von. *Sistema do direito romano atual*, v. VIII, Tradução de Ciro Mioranga (edição original de 1849), Ijuí: Unijuí, 2004, § 366, p. 158-159.

No que tange às aeronaves, há seção específica no Código Brasileiro de Aeronáutica (CBA, Lei n. 7.565/86) sobre *direito internacional privado,* que atua como *lei especial* em relação à LINDB, devendo essa última ser utilizada como norma geral, de interpretação e integração.

Para o CBA, considera-se aeronave todo aparelho manobrável em voo, que possa sustentar-se e circular no espaço aéreo, mediante reações aerodinâmicas, apto a transportar pessoas ou coisas. A aeronave é considerada da nacionalidade do Estado em que esteja matriculada. Consequentemente, a matrícula confere *nacionalidade brasileira* à aeronave. Atualmente, a Lei n. 11.182/2005 dispõe que compete à Agência Nacional de Aviação Civil (ANAC) administrar o Registro Aeronáutico Brasileiro (RAB), que contempla o registro das matrículas das aeronaves civis brasileiras.

3.6. A aplicação da lei do domicílio do possuidor direto da coisa penhorada

De modo similar com o que ocorre com os bens móveis que o viajante trouxer consigo, a LINDB prevê, em seu art. 8º, § 2º[152], que o penhor obedece a *lei do domicílio daquele que estiver com a posse direta* do bem penhorado. Esse dispositivo reproduziu, simplesmente, regra similar do Código Bustamante, pela qual os bens em penhor devem ser regulados pela *lei do domicílio* do possuidor direto[153].

Fica estabelecida a segunda exceção ao princípio da territorialidade dos bens (também chamado de *modelo unitário territorial de bens*), pela qual o penhor (direito real de garantia) e, consequentemente, o regime jurídico do bem penhorado devem ser regidos pela lei do domicílio do indivíduo que o possui.

Valladão considerou essa exceção um verdadeiro *absurdo*, uma vez que, ao *romper* o regime unitário dos bens, permite que um penhor, realizado no Brasil e cuja posse do bem seja dada a pessoa domiciliada na França (com mera residência no Brasil), passe a ser regido pela lei francesa, mesmo sem maior vínculo do citado penhor com o ordenamento francês. Para Valladão, essa opção da LINDB seria fruto de uma descontrolada paixão do legislador de 1942 pela lei domiciliar, que deveria ser, futuramente, extirpada[154].

A mecânica do conflito da lei no caso do penhor, então, inicia-se pela qualificação do instituto, que, pelo *caput* do art. 8º, será feita pela *lei da situação da coisa*, podendo ser classificado em penhor ordinário (a posse direta do bem é transferida ao

---

[152] Art. 8º, § 2º: "O penhor regula-se pela lei do domicílio que tiver a pessoa, em cuja posse se encontre a coisa apenhada".

[153] Código Bustamante, art. 111: "Exceptuam-se do disposto no artigo anterior as cousas dadas em penhor, que se consideram situadas no domicilio da pessoa em cuja posse tenham sido colocadas".

[154] VALLADÃO, Haroldo. *Direito internacional privado,* v. II, 2. ed. Rio de Janeiro: Freitas Bastos, 1977, p. 163-164.

credor, denominado *credor pignoratício*) ou ainda em penhor extraordinário, com cláusula *constituti* (as coisas dadas em penhor continuam em posse direta do devedor, como ocorre no penhor rural – agrícola ou pecuário – do Código Civil brasileiro). Posteriormente, utiliza-se a lei do domicílio do possuidor direto, que pode ser tanto o credor quanto o devedor, a depender da espécie de penhor.

Ponto importante para o regime jurídico do penhor é a proibição ao credor de se apropriar da coisa apenhada, prevista no Código Civil brasileiro (art. 1428[155]). Esse dispositivo é considerado por Tenório de qualidade de *ordem pública*, o que impediria a aplicação da lei estrangeira que possibilitasse tal apropriação[156].

3.7. As diferenciações

Visto o regramento básico do concurso de normas envolvendo o regime jurídico dos bens, cabe diferenciar tal temática com outras próximas.

Inicialmente, a capacidade ou legitimação de adquirir ou alienar é regida pelo estado pessoal (lei do domicílio, art. 7º[157], da LINDB), e não de acordo com a lei do local da situação da coisa, pois tais capacidades são, na realidade, facetas da capacidade jurídica em geral[158].

Nessa linha, também é importante diferenciar as obrigações ou atos de última vontade (testamento) do regime jurídico dos bens. Em primeiro lugar, é certo que há obrigações cujo conteúdo pode gerar o dever de transmissão de imóvel, mas que são regidas pela lei do local de constituição da obrigação, à luz do art. 9º da LINDB[159].

Há também disposições de última vontade com o mesmo teor (determinação de transmissão de propriedade de bem imóvel), que serão regidas pela lei do domicílio do *de cujus*, no caso do testamento, à luz do art. 10 da LINDB[160]. Esses dispositivos são distintos das condições de *constituição do direito real*, que seguem, como vimos, a lei do local da situação da coisa[161].

A diferença é sutil: determinado contrato (regido pela lei do local de sua constituição – art. 9º da LINDB) pode se referir à propriedade ou posse, sendo sua validade

---

[155] Código Civil brasileiro, art. 1.428: "É nula a cláusula que autoriza o credor pignoratício, anticrético ou hipotecário a ficar com o objeto da garantia, se a dívida não for paga no vencimento".

[156] TENORIO, Oscar. *Lei de Introdução ao Código Civil brasileiro*. 2. ed. Rio de Janeiro: Borsoi, 1955, p. 326.

[157] "Art. 7º A lei do país em que domiciliada a pessoa determina as regras sobre o começo e o fim da personalidade, o nome, a capacidade e os direitos de família."

[158] SAVIGNY, Friedrich Carl von. *Sistema do direito romano atual*, v. VIII. Tradução de Ciro Mioranga (edição original de 1849), Ijuí: Unijuí, 2004, § 367, p. 161.

[159] "Art. 9º Para qualificar e reger as obrigações, aplicar-se-á a lei do país em que se constituírem."

[160] "Art. 10. A sucessão por morte ou por ausência obedece à lei do país em que domiciliado o defunto ou o desaparecido, qualquer que seja a natureza e a situação dos bens."

[161] MACHADO VILLELA, Álvaro da Costa. *O direito internacional privado no Código Civil brasileiro*. Coimbra: Imprensa da Universidade, 1921, p. 522-523.

elementos constitutivos do negócio jurídico, entre outros tópicos do direito contratual, analisados de acordo com a lei do local da constituição do contrato. Já o conteúdo de "propriedade" ou "posse", contidos no contrato, devem ser apreciados de acordo com a lei do local da situação da coisa (no caso de bens imóveis ou móveis de localização permanente).

4. OBRIGAÇÕES

Pela sua abrangência, a regência das obrigações revela, no âmbito do Direito Internacional Privado, a opção entre um maior dirigismo estatal ou autonomia da vontade dos particulares. Essa escolha não é neutra e, pelo contrário, gera impactos. Determinado Estado que opta (por lei interna ou por ratificação de tratado de DIPr) por fixar em abstrato e de modo prévio a lei de regência de contratos, *impedindo* sua modificação pelas partes, predetermina a solução normativa e, com isso, permite determinado direcionamento das atividades econômicas.

Porém, esse maior intervencionismo pode gerar reações dos particulares, em estratégias de manipulação dos elementos do fato transnacional (por exemplo, modificando artificialmente o local de celebração de um contrato), o que pode gerar reação estatal por meio da avaliação sobre eventual fraude à lei, levando à insegurança jurídica[162].

Caso o Estado opte por um maior alcance da liberdade das partes para a regência das obrigações, permite-se maior flexibilidade aos particulares (que podem escolher a lei mais apropriada para cada tipo de relação obrigacional), mas pode causar danos aos particulares em situação de vulnerabilidade, em acordos de vontade assimétricos.

Pelo papel-chave da autonomia da vontade no campo das obrigações, estudaremos em seguida o seu desenvolvimento no DIPr.

4.1. A autonomia da vontade no DIPr

4.1.1 Conceito

A autonomia da vontade consiste no poder que as partes de um negócio jurídico têm de regular o conteúdo das relações nele inseridas[163]. É a *autorregulamentação dos interesses particulares*, que só é legítima se realizada de acordo com os requisitos e condições exigidos pelo Direito. Assim, o *poder privado* não é absoluto, sendo limitado pelas normas jurídicas postas[164].

---

[162] Sobre a fraude à lei, ver Parte IV, Capítulo 3, deste *Curso*.
[163] FERRI, Luigi. *L'autonomia privata*. Milano: Giuffrè, 1959, em especial p. 259.
[164] BETTI, Emílio. *Teoria geral do negócio jurídico*. Tradução de Fernando de Miranda. Coimbra: Coimbra, t. 1 e 2, 1969.

No Direito Internacional Privado, a autonomia da vontade é a possibilidade de escolha da lei aplicável às obrigações feita pelos próprios envolvidos no negócio jurídico. Além de critério de conexão nas relações contratuais, atualmente reconhece-se também a sua aplicação para fins de limitação e ampliação da jurisdição internacional e ainda para a definição da lei para regência de questões extracontratuais.

Divido o desenvolvimento histórico da autonomia da vontade no DIPr nas seguintes fases: (i) fase da agitação inicial, na qual o surgimento da autonomia inicia seu caminho no DIPr; (ii) fase da euforia, de aplicação ilimitada da autonomia da vontade; (iii) fase da depressão, na qual há a resistência antiautonomista; (iv) fase do renascimento, na qual a autonomia da vontade é redefinida; e, finalmente, (v) fase da consolidação, na qual há consagração da extensão e dos limites à autonomia da vontade em DIPr[165].

Além dessas fases, é possível identificar uma fase precursora ao próprio DIPr, que abarca o período entre a antiguidade e o renascimento comercial medieval e é marcada por manifestações esparsas e rudimentares de aspectos marginais da liberdade das partes nos negócios internacionais. Por exemplo, entre 120 e 118 a.C., relata Symeonides que vigorava a máxima de que a escolha da língua do contrato definia a jurisdição e a lei a ele aplicáveis: em egípcio, sujeitava-se às cortes egípcias e aplicavam-se as regras daquele Estado; em grego, submetia-se o caso às cortes gregas, com aplicação do direito grego[166].

A partir do século V d.C., a fragmentação do Império Romano e o nascimento de diversos reinos impulsionaram o territorialismo normativo, com privilégio às regras e costumes de cada localidade. Consagrou-se a aplicação da lei do local em que se encontrava o intérprete da norma, sem espaço para a livre escolha das partes. Como consequência, nos séculos seguintes poucas foram as expressões da autonomia da vontade, merecendo menção apenas as declarações de nacionalidade feitas pelas partes (*professionis iuris* ou *professionis legis*), que influenciavam a definição da lei a ser seguida nas transações entre estrangeiros[167].

4.1.2 A fase da agitação inicial: o surgimento da autonomia da vontade no DIPr

A expansão comercial internacional na Europa iniciada no século XI afastou o uso exclusivo da *lex fori* para regular as relações com elementos plurilocalizados e

---

[165] Serpa Lopes divide em três as fases da evolução do princípio da autonomia: a fase de combate; a fase de exagero; e a fase de reação. SERPA LOPES, Miguel Maria de. *Comentário teórico e prático da Lei de Introdução ao Código Civil*. Rio de Janeiro: Livraria Jacintho Editora, 1944, p. 308-309. Para mais classificações doutrinárias, ver RODAS, João Grandino. Elementos de conexão do Direito internacional privado brasileiro relativamente às obrigações contratuais. In: RODAS, João Grandino (Coord.). *Contratos Internacionais*. 3. ed. São Paulo: RT, 2002, p. 20-65, p. 47.

[166] SYMEONIDES, Symeon C. *Choice of Law*. Oxford: Oxford University Press, 2016, p. 362.

[167] GIALDINO, Curti. La volonté des parties en Droit International Privé. *Recueil des Cours de l'Académie de Droit International de La Haye*, v. 137, 1972, p. 751-938, em especial p. 851.

alternativas surgiram para a regência dos fatos transnacionais. Nos séculos XII e XIII, vários dos pós-glosadores da escola italiana defenderam a aplicação da *lex loci contractus* aos negócios internacionais, sob as mais variadas justificativas, dentre as quais a autonomia das partes.

Relata Caleb que Bartholomeus de Saliceto, no século XV, afirmou que a sucessão *ab intestato* constituía-se como testamento tácito, presumindo-se a vontade do *de cujus* em aplicar a lei do país de sua nacionalidade[168]. De forma similar, Rochus Curtius escreveu que a regra geral *omnis consuetudo localis est, ideo non ligat nisi subditos* (os costumes locais só vinculam os que vivem na localidade) poderia ser limitada em matéria de contratos, onde aplicar-se-ia a *lex loci contractus* (lei do local da celebração do contrato), sob o fundamento de que tal solução adequava-se à intenção própria das partes[169]. Entretanto, os pós-glosadores da escola italiana não tentaram estabelecer a autonomia como um critério de conexão no DIPr, utilizando-a somente para a aplicação da lei do local da celebração do contrato.

Na Escola Estatutária Francesa, Dumoulin é apontado como verdadeiro precursor do princípio da vontade na regência da vida privada transfronteiriça[170], analisando, no *Caso De Ganey*, em 1525, a questão da lei a ser aplicável sobre o regime de bens (comunhão ou separação de bens). Tratou-se de casal cujo matrimônio havia sido celebrado em Paris (cuja lei previa comunhão de bens), tendo sido adquirido imóvel fora de Paris, em local cuja lei estabelecia o regime da separação de bens. Para Dumoulin, como os nubentes haviam escolhido Paris como primeiro domicílio conjugal, implicitamente haviam escolhido a lei desse local para o regime de bens (comunhão

---

[168] MEIJERS, E.M. L'histoire des principes fondamentaux du droit international privé à partir du Moyen Age. *Recueil des Cours de l'Académie de Droit International de La Haye*, v. 49, 1934, p. 547-681, em especial p. 633-634.

[169] CALEB, Marcel. *Essai sur le principe de l'autonomie de la volonté en droit international privé*. Paris: Recueil Sirey, 1927, p. 133. No mesmo sentido, RODAS, João Grandino. Elementos de conexão do Direito internacional privado brasileiro relativamente às obrigações contratuais. In: RODAS, João Grandino (Coord.). *Contratos internacionais*. 3. ed. São Paulo: RT, 2002, p. 20-65, especialmente p. 44-45.

[170] A doutrina não é unânime em reconhecer o pioneirismo de Dumoulin na criação do princípio da autonomia da vontade em DIPr. Para vários teóricos, o autor não trouxe verdadeiramente a liberdade de escolha da lei aplicável no sentido contemporâneo do termo (em que as partes podem escolher qualquer lei para reger a sua obrigação), tendo somente desenvolvido a ideia de recorrer à intenção das partes para solucionar questões supletivas ao contrato. Nesse sentido, ver, entre outros, CALEB, Marcel. *Essai sur le principe de l'autonomie de la volonté en droit international privé*. Paris: Recueil Sirey, 1927, p. 141-142; LANDO, Ole. The conflict of laws of contracts: general principles (general course on private international law). *Recueil des Cours de l'Académie de Droit International de La Haye*, v. 189, 1984, p. 225-447, p. 242; CASTRO, Amilcar de. *Direito internacional privado*. 5. ed. Rio de Janeiro: Forense, 2000, p. 439-440; NYGH, Peter E. The reasonable expectations of the parties as a guide to the choice of law in contract and in tort. *Recueil des Cours de l'Académie de Droit International de La Haye*, v. 251, 1995, p. 269-400, em especial p. 294.

para todos os bens), devendo ser valorizada a autonomia da vontade de ambos[171]. Para Valladão, Dumoulin completou e aperfeiçoou o princípio da autonomia da vontade por meio da doutrina da "lei escolhida" pelas partes de modo expresso ou tácito, com amplo efeito extraterritorial, englobando bens móveis e imóveis[172].

A controvérsia foi retomada por Ulrich Huber no século XVII, representante da escola estatutária holandesa, o qual, não obstante adepto do territorialismo e, consequentemente, da *lex loci contractus*, admitiu que outra lei poderia ser presumida pelas partes quando da execução do contrato (*lex loci executionis*)[173]. O pensamento de Uber ganhou notoriedade, tendo influenciado não somente a doutrina, mas também a jurisprudência inglesa do século XVIII. No caso Robinson *vs.* Bland, que discutia a validade de um empréstimo para pagamento de dívida de jogo entre dois ingleses, Lord Mansfield recorreu ao pensamento do autor para afastar a aplicação da lei do local da celebração da obrigação (França) em prol da lei do local da sua execução (Inglaterra), pois era onde as partes pretendiam que o contrato fosse realizado[174].

Pothier, no século XVIII, também foi um dos autores que reconheceu o intento presumido das partes em favor da *lex loci solutionis* (lei do local do cumprimento da obrigação) como justificativa para afastar a lei do local da celebração contratual[175]. Dentre os norte-americanos, Joseph Story, já no século XIX, elucidou a *aplicação indireta do princípio da autonomia* ao afirmar que a regência do contrato pela lei do local da sua celebração dependia da verificação da intenção presumida dos envolvidos quanto à sua execução, nos casos em que o contrato não fosse executado onde fora celebrado[176].

Do seu nascimento até o final do século XVIII, a autonomia enquanto regra de conexão para os contratos na ordem internacional era reconhecida somente de forma indireta ou presumida, como mero efeito da limitação da soberania territorial sobre

---

[171] Sobre o caso *Ganey*, ver LEQUETTE, Yves. Le droit international privé de la famille à l'épreuve des conventions internationales. *Recueil des Cours de l'Académie de Droit International de La Haye*, v. 246, 1994, p. 9-233, em especial p. 160-161. DROZ, Georges A. L. Les régimes matrimoniaux en droit international privé comparé. *Recueil des Cours de l'Académie de Droit International de La Haye*, v. 143, 1974, p. 1-138, em especial p. 11.

[172] VALLADÃO, Haroldo. Conséquences de la différence de nationalité ou de domicile des époux sur les effets et la dissolution du mariage. *Recueil des Cours de l'Académie de Droit International de La Haye*, v. 105, 1962, p. 69-171, em especial p. 80.

[173] NYGH, Peter E. The reasonable expectations of the parties as a guide to the choice of law in contract and in tort. *Recueil des Cours de l'Académie de Droit International de La Haye*, v. 251, 1995, p. 269-400, em especial p. 294.

[174] MACCLEAN, David. De Conflictu Legum: Perspectives on Private international law at the Turn of the Century (General Course on Private International Law). *Recueil des Cours de l'Académie de Droit International de La Haye*, v. 282, 2000, p. 41-228, especialmente p. 130.

[175] SYMEONIDES, Symeon C. *Choice of law*. Oxford: Oxford University Press, 2016, p. 362.

[176] LANDO, Ole. The conflict of laws of contracts: general principles (general course on private international law). *Recueil des Cours de l'Académie de Droit International de La Haye*, v. 189, 1984, p. 225-447, p. 257.

os contratos. Essa forma indireta ou presumida consiste em uma *submissão voluntária*, na qual não se escolhe o direito, mas pratica-se um ato que gera, subsequentemente, a escolha do direito. Amilcar de Castro cita como exemplo de *submissão voluntária* justamente a escolha de fixar domicílio em determinado país, submetendo-se, consequentemente, de forma voluntária, ao direito aplicável aos indivíduos ali domiciliados[177].

4.1.3 A fase da euforia: a aplicação ilimitada da autonomia da vontade

No século XIX, desenvolveu-se, na doutrina civilista, a teoria individualista clássica, na qual a autonomia ganhou maior extensão. Com aportes filosóficos do contratualismo de Rousseau e da teoria moral kantiana, o individualismo jurídico baseou-se em dois postulados fundamentais: (i) ninguém pode ser obrigado contra a sua vontade; (ii) todo acordo realizado livremente é justo[178].

Foelix, adotando uma visão prática do DIPr, reconheceu que o indivíduo é livre para contratar, podendo exercer a sua autonomia de duas formas: tacitamente, quando o seu silêncio sobre determinados aspectos do contrato determina a aplicação da lei segundo os usos dos Estados (*l'usage des nations*), ou seja, na lei do local da sua celebração, execução ou do domicílio das partes; e, expressamente, quando as partes declaram a sua submissão à determinada lei[179]. Em resumo, a autonomia representaria a adesão voluntária às regras já existentes sobre a lei aplicável aos contratos[180].

No mesmo sentido, Savigny, ao elaborar a teoria da sede da relação jurídica (já estudada neste *Curso*), identificou o local da execução do contrato com sendo a lei regente da obrigação, de modo que a autonomia estaria expressa na sua submissão voluntária ao local escolhido para a execução do contrato. Além da escolha indireta da legislação aplicável, Savigny aponta que a declaração expressa das partes seria capaz de afastar a submissão voluntária à lei do local da execução da obrigação, desde que não violasse a ordem pública[181].

---

[177] CASTRO, Amilcar de. *Direito internacional privado*. 5. ed. Rio de Janeiro: Forense, 1995, p. 436-437.

[178] GOUNOT, Emmanuel. *Le principe de l'autonomie de la volonté en droit privé*: contribuition à l'étude critique de l'individualisme juridique. Paris: Arthur Rousseau, 1912, p. 61-84, *passim*.

[179] FOELIX, M. *Traité du droit international privé ou du conflit des lois de diférentes nations em matière de Droit Privé*. 3. ed. Paris: Marescq Ainé, Libraire-Éditeur, 1856, p. 221-222.

[180] Para RANOUIL, a autonomia da vontade expressa não existe em FOELIX, uma vez que, em lugar de representar a escolha da lei, as ideias do autor aproximam-se mais da submissão a esta lei. RANOUIL, Véronique. *L'autonomie de la volonté*: naissance et évolution d'un concept. Paris: Presses Universitaires de France, 1980, p. 27.

[181] SAVIGNY, Friedrich Carl von. *Sistema do direito romano atual*. Tradução de Ciro Mioranga (edição original de 1849), Ijuí: Unijuí, 2004, v. VIII, p. 203 e s.

Brocher é apontado como o primeiro autor a reunir os conceitos *autonomia* e *vontade*, utilizando a expressão *autonomia da vontade*[182]. Porém, a fundamentação da expressão "autonomia da vontade no sentido amplo" – de liberdade expressa de escolha de qualquer lei para reger o contrato – é vista em Laurent e Weiss[183].

Laurent justifica a autonomia da vontade no direito natural e na aplicação da legislação interna, compreendendo-a como a possibilidade de as partes, soberanas do contrato, determinarem a lei a ele aplicável. A vontade expressa sobrepor-se-ia, assim, à vontade presumida das partes[184].

Weiss, analisando os princípios aplicáveis à solução dos conflitos de leis em DIPr, explica que a autonomia da vontade é uma das exceções na escolha da lei feita pela regra de conexão do foro. É autorizado que as partes escolham o direito que regerá as suas relações contratuais, atuando concorrentemente com o legislador na criação da lei, ou seja, ratifica-se a autonomia da vontade como fonte que cria o direito[185].

É de se citar, ainda, a contribuição de Mancini para a evolução da teoria da autonomia da vontade no DIPr. O autor defendeu, no embate entre a liberdade privada e a necessidade da sua restrição pelo Estado, o dever estatal de aplicar a lei estrangeira nas relações jurídicas voluntárias. Assim, a regra da lei da nacionalidade das pessoas para a regência dos fatos transnacionais poderia ser excepcionada pela autonomia (expressa) da vontade, quando não impedida por cláusulas de ordem pública[186].

No mesmo período, clara indicação do espaço dado à liberdade convencional das partes é vislumbrada no art. 1.134 do Código Napoleônico, o qual previa que os acordos de vontade legalmente constituídos sobrepõem-se à lei para os envolvidos[187].

Machado Villela bem observou que, nessa fase de euforia e excessos individualistas, a autonomia da vontade deixou de ser utilizada apenas em matéria de conflito de leis supletivas, passando a ser aplicada também em face de leis imperativas.

---

[182] BROCHER, Charles. *Cours de Droit International Privé suivant les principles consacrés par le droit positif français*, t. 2. Paris: Ernest Thorin, 1883. RANOUIL, Véronique. *L'autonomie de la volonté.* Naissance et évolution d'un concept. Paris: Presses Universitaires de France, 1980, p. 41-42.

[183] Outros autores, como Fiore, D'esperson, Picard, Bossion, Asser e Rivier, Jarassé, Lainé, Girault, Despagnet e Loiseau, passaram a reconhecer a autonomia, contudo sem se debruçar sobre o seu estudo. RANOUIL, Véronique. *L'autonomie de la volonté*: naissance et évolution d'un concept. Paris: Presses Universitaires de France, 1980, p. 36.

[184] *In verbis:* "(...) suivant quelques auteurs, la loi des conventions est déterminée par le lieu de l'execution; mais c'est seulement quand les parties n'ont pas exprimé leur volonté". LAURENT, F. *Droit Civil International*. Paris: Librairie A. Marescq Ainé, 1880, p. 383-385.

[185] WEISS, André. *Manuel de Droit International Privé.* Paris: Recueil Sirey, 1928, p. 381-382.

[186] MANCINI, Pasquale Stanislao. *Direito Internacional.* Tradução de Ciro Mioranga (edição original em italiano de 1873), Ijuí: Unijuí, 2003, em especial "A nacionalidade como fundamento do Direito das Gentes" e "A vida dos povos na humanidade", respectivamente p. 31-86 e 175-226.

[187] *In verbis: "les conventions légalement formées tiennent lieu de loi à ceux qui les ont faites".*

Conforme explica o autor, as leis imperativas diferenciam-se das leis supletivas, nas quais não há espaço para convenção das partes. Dentre as hipóteses de leis supletivas, citam-se: os regimes convencionais de bens dos cônjuges, os direitos de crédito derivados de atos jurídicos e a devolução da quota disponível na sucessão testamentária[188].

Com o fortalecimento dessa visão individualista, a revolução dos transportes e a internacionalização do comércio, a autonomia floresceu como fator de regulação e decisão de conflitos no Direito Internacional Privado. Com o consequente aumento dos fluxos transfronteiriços, houve uma perda de nitidez na definição da sede na relação jurídica contratual, ganhando impulso o elemento volitivo para justificar a escolha de regime jurídico diferente do *lex loci contractus* para as relações plurilocalizadas.

4.1.4 A fase da depressão: a resistência antiautonomista

Em que pese a existência de precedentes utilizando a autonomia da vontade de modo disseminado no DIPr, há, mesmo no século XIX, movimento de resistência à utilização ampla da autonomia da vontade. A escola antiautonomista propõe a limitação do campo de atuação da autonomia, tendo os seus adeptos mais radicais clamado, inclusive, pela sua total expurgação do DIPr.

Von Bar, analisando o peso que deve ser dado à intenção das partes nos contratos, afirmou que a vontade pode determinar apenas indiretamente a lei aplicável. A escolha do local para a celebração e a execução da obrigação não têm o condão de tornar a lei dependente da vontade, a qual deve operar dentro dos limites legalmente definidos[189].

Pillet também contestou a máxima da autonomia da vontade em DIPr, questionando especificamente a sua medida de justiça e seus limites. Para o autor, o "querer das partes" contrapõe-se ao que lhes é legalmente permitido querer. As matérias relacionadas a capacidade das partes, ordem pública e leis imperativas escapam à esfera voluntarista, de modo que a intenção dos contratantes seria legítima apenas para solucionar os conflitos entre leis facultativas[190].

---

[188] MACHADO VILLELA, A. O Direito internacional privado no Código Civil brasileiro. *Boletim da Faculdade de Direito da Universidade de Coimbra*, ano III, n. 51-53. Coimbra: Imprensa da Universidade, 1920-1921, p. 92-94.

[189] BAR, L, v. *The Theory and practice of Private International Law*. 2. ed. Tradução de G. R. Gillespie. Edinburg: William Green & Sons Law Publishers, 1892, p. 536-538.

[190] Pillet faz algumas considerações sobre a interpretação da intenção das partes: i) a liberdade das partes não é ilimitada, pois o contrato é uma espécie de pequena lei especial para as partes (*petit loi spéciale aux parties en cause*); ii) quando as partes não expressam, no contrato, a sua intenção, não cabe ao juiz determinar a lei que teria tacitamente sido escolhida por elas; iii) na ausência de acordo entre as partes, pode-se definir a intenção com base em um sistema de presunção fixa, tal qual o local de celebração ou formação do contrato. PILLET, A. *Principes de droit international privé*. Paris: Pedone, 1903, p. 429 e s. (Chapitre XV – Le principe d'autonomie de la volonté).

Curiosamente, Brocher, apesar de ter cunhado o termo *autonomia da vontade*, não foi defensor da sua utilização irrestrita, condicionando-a (i) à manifestação expressa das partes, (ii) aos limites e (iii) às condições legalmente fixadas[191]. No mesmo sentido, Caleb sustenta que a autonomia dos particulares em matéria contratual deriva da confiança da comunidade internacional no indivíduo, tendo o seu campo de atuação determinado pela vontade do legislador, pela ordem pública e pelas leis imperativas[192].

Representante da doutrina norte-americana e responsável pelo *Restatement 1*, Beale advertiu contra o uso da autonomia da vontade, uma vez que esta poderia ser considerada superior à lei (em dada relação contratual), o que significaria a concessão de poderes legislativos às partes para impor alternativas à aplicação da lei, aumentando a insegurança jurídica[193].

O ápice do movimento contra a autonomia da vontade em DIPr deu-se com Niboyet, que, refletindo o sentimento nacionalista crescente do início do século XX, chegou a questionar inclusive a existência de um poder das partes em escolher lei para reger qualquer dos aspectos de seus contratos. Mesmo na seara obrigacional, as leis imperativas imporiam limites à autonomia da vontade, de modo que haveria uma "pseudoautonomia" dada somente pela liberdade de convencionar[194].

A doutrina luso-brasileira das primeiras décadas do século XX também era majoritariamente contrária à utilização ilimitada da autonomia da vontade. Para Machado Villela, a utilização irrestrita do princípio da autonomia da vontade era inviável, na medida em que, apesar de a lei ser escolhida pelas partes, esta não seria certa e determinada, o que favoreceria a anarquia na solução dos conflitos. Logo, a autonomia da vontade somente vigoraria na esfera das leis supletivas[195].

Eduardo Espínola também é categórico em afirmar que a autonomia aplica-se somente às leis supletivas, cabendo à *lex fori* ou ao juiz determinar a lei no silêncio

---

[191] BROCHER, Charles. Étude sur le Traité de droit civil internacional publié par M. Laurent et sur les principes fondamentaux du droit international privé. *Revue de Droit International et de législation comparée*, 1881, t. XIII, p. 531-570, em especial p. 564.

[192] CALEB, Marcel. *Essai sur le principe de l'autonomie de la volonté en droit international privé*. Paris: Recueil Sirey, 1927, p. 124.

[193] BEALE, Joseph H. *A treatise on the conflict of laws or private international law*, v. I, Cambridge: Harvard University Press, 1916, p. 79. BEALE, Joseph. H. What Law governs the validity of a contract. III. *Harvard Law Review*, v. xxiii, n. 1, nov. 1909, p. 1-11; BEALE, Joseph. H. What Law governs the validity of a contract. III. Theoretical and practical criticisms of the authorities. *Harvard Law Review*, v. xxiii, n. 4, fev. 1910, p. 260-272, em especial p. 261-266.

[194] NIBOYET, J.-P. La théorie de l'autonomie de la volonté. *Recueil des Cours de l'Académie de Droit International de La Haye*, v. 16, 1927, p. 1-116, em especial p. 112.

[195] MACHADO VILELA, A. O Direito internacional privado no Código Civil brasileiro. *Boletim da Faculdade de Direito da Universidade de Coimbra*, ano VI, n. 51-53. Coimbra: Imprensa da Universidade, 1920-1921, p. 75-94, *passim*.

das partes. No caso do direito brasileiro, o autor exemplifica a incidência de leis supletivas e, logo, da possibilidade de aplicação do elemento volitivo a alguns aspectos da matéria contratual (efetividade das obrigações), de família (regime de bens do casamento) e de sucessões (sucessão testamentária)[196]. Similarmente, Rodrigo Octavio, ao analisar os princípios limitativos dos efeitos extraterritoriais das leis, afirma que a autonomia é a *vontade do homem* agindo dentro da *vontade da lei*[197].

Na mesma linha, Pontes de Miranda é extremamente crítico à autonomia da vontade, por entender ser o conceito uma *derivação impensada* da liberdade de convencionar existente no direito substancial para o DIPr. Para ele, a autonomia da vontade não existe como princípio e tampouco como teoria para solução dos conflitos de lei em matéria obrigacional, já que são as leis imperativas que determinam a possibilidade de utilização da vontade, limitando a autonomia das partes[198].

Dentre as vozes favoráveis à autonomia da vontade, Teixeira de Freitas, em seu *Esboço de Código Civil*, reconheceu a utilização do princípio para a determinação da lei aplicável aos contratos. No art. 32, que versa sobre o domicílio especial para fins de competência territorial, estabeleceu-se que este será "o que as partes elegerem por contrato em relação a certo e determinado negócio". Ao analisar o artigo, o autor reforça a lógica de respeito à vontade dos envolvidos, esclarecendo que a conservação do domicílio não deve limitar a liberdade das partes, desde que compatível com a ordem pública. Ademais, no art. 1.965 admite exceção à regra geral de utilização da lei do local de conclusão dos contratos para gerência da sua forma "quando as partes nos respectivos instrumentos, ou em instrumento posterior, houverem convencionado, que o contracto seja julgado pelas leis do Imperio, ou pelas de um paiz estrangeiro determinado (art. 32) (...)"[199].

Lafayette Rodrigues Pereira, em seu Projeto de Código de Direito Internacional Privado, expressamente endossa a importância da autonomia da vontade, propondo, no art. 60, que: "a doutrina exposta dos precedentes artigos [relativos às obrigações] póde ser alterada ou derrogada pela vontade das partes (autonomia); porquanto, lhes é lícito estipular nos seus contractos que sejão eles regidos em tudo e por tudo pelo direito de um paiz determinado. A vontade das partes, quando não é expressa, pode

---

[196] ESPINOLA, Eduardo. *Elementos de direito internacional privado*. Rio de Janeiro: Jacintho Ribeiro dos Santos, 1925, p. 348-349.

[197] OCTAVIO, Rodrigo. *Direito internacional privado*: Parte Geral. Rio de Janeiro: Freitas Bastos, 1942, p. 152-156.

[198] PONTES DE MIRANDA, Francisco Cavalcanti. La conception du droit international privé d'après la doctrine et la pratique au Brésil. *Recueil des Cours de l'Académie de Droit International de La Haye*, v. 39, 1932, p. 551-677, em especial p. 648-650.

[199] TEIXEIRA DE FREITAS, A. *Código Civil. Esboço*. Rio de Janeiro: Typographia Universal de Laemmert, 1860, p. 29; 787. Sobre o tema, ver também, SAMTLEBEN, Jürgen. Teixeira de Freitas e a autonomia das partes no direito internacional privado. *Revista de Informação Legislativa*, n. 85, jan./mar. 1985, p. 257-276.

ser deduzida do contexto das cláusulas, da nacionalidade das pessoas e das differentes circumstancias attinentes ao assumpto"[200].

Em tom moderado entre a euforia e o rechaço à autonomia da vontade, Batiffol, no século XX, resume que a autonomia (*loi d'autonomie*) é exercida pelas partes quanto à localização do contrato e não quanto à lei aplicável, a qual deve ser determinada pelo juiz. Para ele, a aceitação da autonomia da vontade presumida é artificial e leva à arbitrariedade judicial, de modo que, quando não expressa a intenção das partes, uma solução imperativa (como o local da celebração do contrato) deveria ser adotada[201-202].

Desse panorama, pode-se dividir os autores do final do século XIX e meados do século XX entre adeptos de duas correntes teóricas quanto à extensão da autonomia da vontade em DIPr.

Para os defensores da *corrente subjetivista* ou *autonomista pura*, a vontade das partes é soberana, podendo sobrepor-se inclusive às leis imperativas, de modo que a lei escolhida pelas partes é incorporada ao contrato (*lex contractus*). É clara a ênfase privativista, que privilegia a liberdade comercial, autorizando, em caso de conflito, soluções que favoreçam a validade do contrato (princípio do *favor validatis*, visto acima[203]).

Por outro lado, a *teoria objetivista* ou *legalista pura* afasta qualquer utilidade do elemento volitivo na solução de conflitos de leis, favorecendo as regras nacionalistas e territoriais, atendendo às *políticas públicas de direcionamento das atividades capitalistas,* que é a tônica do Estado intervencionista em diversos países.

A Revolução Comunista de 1917, a grande depressão capitalista de 1929, sem contar as duas guerras mundiais, trouxeram, em definitivo, o Estado para o centro diretor da atividade econômica mesmo nos países capitalistas. O Estado do Bem-Estar Social é interventor e não admitiria a autonomia da vontade pura no DIPr, mas, ao mesmo tempo, não a eliminaria por completo, para não destruir a liberdade dos agentes econômicos (essência do capitalismo).

Para conciliar as duas teorias surgiu a corrente *objetivista moderada*, que reconhece o papel da autonomia da vontade na localização do contrato, contudo

---

[200] PEREIRA, Lafayette Rodrigues. *Projecto de Código de Direito Internacional Privado*. Rio de Janeiro: Imprensa Nacional, 1927, p. 59-60.

[201] BATIFFOL, Henri. *Traité élémentaire de droit international privé*. 3. ed. Paris: Librairie générale de droit et de jurisprudence, 1959, p. 618-625, *passim*.

[202] Na doutrina brasileira, tom moderado é adotado por Clóvis Beviláqua, que aponta ser a livre atividade das partes para a tutela dos seus negócios essencial à vida social, cabendo ao direito intervir para impedir abusos e equilibrar as forças dos contratantes. BEVILÁQUA, Clóvis. Evolução da theoria dos contractos em nossos dias. *Revista da Faculdade de Direito da Universidade de São Paulo*, v. 34, n. 1, 1938, p. 57-66, em especial p. 63.

[203] Conferir na Parte III deste *Curso*.

impede decisões contrárias às leis imperativas e à ordem pública, submetendo-as à revisão pelo intérprete da norma[204].

4.1.5 A fase do renascimento: o conceito contemporâneo de autonomia da vontade

É evidente que o período doutrinário de rechaço à autonomia da vontade não foi suficiente para expurgar o conceito do DIPr, logrando êxito em chamar atenção para a necessidade de estabelecimento de limites ao princípio volitivo.

Nas fontes internacionais do DIPr, o art. 5º da Convenção da Haia sobre os conflitos de leis relativos aos efeitos do casamento sobre os direitos e deveres dos cônjuges nas suas relações pessoais e sobre os bens dos cônjuges, de 1905, previu que o grau de liberdade das partes para escolher lei diferente da lei da sua nacionalidade para reger o contrato de casamento e seus efeitos *dependeria* de previsão da própria *lei de nacionalidade*.

O Instituto de Direito Internacional, em 1908, publicou resolução sobre as regras para a determinação da lei aplicável para reger obrigações contratuais a título de direito supletivo, estipulando, dentre outros pontos, que: i) as partes podem escolher a lei aplicável aos efeitos da obrigação contratual, respeitadas as leis imperativas quanto a capacidade das partes, forma, validade do contrato ou ordem pública; ii) quando as partes não manifestarem sua vontade quanto à lei supletiva, esta será deduzida da natureza do contrato, das condições das partes ou da situação da coisa, e, alternativamente, do domicílio comum, da nacionalidade comum e da lei do local da celebração do contrato[205]. Essa resolução tem natureza de *soft law* e serve para auxiliar a interpretação das normas nacionais e internacionais de DIPr.

Na legislação norte-americana, a autonomia da vontade foi reconhecida na Seção 1-105 do *American Uniform Commercial Code* (1952), sendo limitada somente pela existência de vínculo razoável (*reasonable relation*) com a transação comercial. Na década de 1970, a Seção 187 do *Restatement 2* também ratificou o elemento volitivo, autorizando a escolha da lei pelos contratantes, exceto se não possuir vínculo substancial com as partes ou com o contrato, ou se contrariar questões de ordem pública[206].

Dentre os precedentes jurisprudenciais do direito comparado, em 1910, a Corte de Cassação francesa determinou, no caso *American Trading Company* vs. *Quebec Steamship Company*, que a lei aplicável aos contratos, seja quanto a sua formação,

---

[204] MOHAMED MAHMOUD, Mohamed Salah. Loi d'autonomie et méthodes de protection de la partie faible en Droit International Privé. *Recueil des Cours de l'Académie de Droit International de La Haye*, v. 315, 2005, p. 145-264, em especial p. 153-164, *passim*.

[205] Instituto de Direito internacional. Règles sur la détermination de la loi qui doit régir les obligations contractuelles à titre de droit supplétif. Relatores: H. Harburger e Ludwig von Bar. Resolução adotada na sessão de Florença, 1908.

[206] SYMEONIDES, Symeon C. *Choice of law*. Oxford: Oxford University Press, 2016, p. 366-368.

condições ou efeitos, é aquela eleita pelas partes, as quais podem fazê-lo de modo expresso ou implícito, situação na qual o seu desejo será deduzido dos fatos e circunstâncias do caso e da obrigação[207].

O tema da autonomia ganhou relativa notoriedade inclusive na jurisprudência da Corte Permanente de Justiça Internacional. No *Caso de vários empréstimos sérvios emitidos na França e caso do pagamento em ouro dos empréstimos federais brasileiros emitidos na França* (1929), a Corte foi chamada a determinar a lei aplicável aos contratos de empréstimos, decidindo que, na ausência de menção expressa, a lei deveria ser definida com base na natureza da obrigação contraída, nas circunstâncias do caso e na intenção presumida das partes, em consonância com a prática dos tribunais nacionais em casos de ausência de regras internas para a solução de conflito de leis[208].

Em 1939 foi decidido, na Inglaterra, o paradigmático caso *Vita Foods Products Inc.* vs. *Unus Shipping Co. Ltd.* A empresa *Unus Shipping Co.* (da Nova Escócia, então domínio britânico e, atualmente, parte do Canadá) e a empresa *Vita Foods Products Inc.* (de Nova York, EUA) realizaram um contrato para o transporte de peixes, entre Nova Escócia e Nova York, com previsão da lei inglesa para a solução de eventuais disputas dele oriundas. Diante de um incidente marítimo que retardou a viagem e deteriorou a carga, suscitou-se – assim como em outros casos – debate quanto à validade de cláusula de exclusão de responsabilidade do transportador pelos danos causados. O *Privy Council* britânico determinou a aplicação da lei inglesa para a regência do contrato, na medida em que, em matéria de comércio internacional, as partes são livres para escolherem a lei que desejarem, *ainda que sem conexão com a causa*, desde que a escolha seja leal e realizada de boa-fé e não importe em ofensa à ordem pública[209].

---

[207] Na mesma linha da jurisprudência inglesa, o caso American Trading Company *vs.* Quebec Steamship Company versou sobre contrato para transporte marítimo de sacos de farinha, de propriedade da empresa *American Trading Company*, entre Nova York e Pointe-à-Pitre, no departamento ultramarino francês de Guadalupe, no Caribe, a ser realizado pela empresa *Quebec Straming Company*, que eximia a responsabilidade do capitão da embarcação e da tripulação por danos causados à mercadoria durante a viagem. Sob a lei francesa, tal cláusula era legítima; já sob a lei norte-americana era inválida. A Corte de Cassação francesa decidiu que se aplicava, no caso, a lei francesa, implicitamente escolhida pelas partes. Para mais detalhes sobre o caso, ver Cour de cassation (Ch. Civ.), 5 décembre 1910. *Revue de Droit International Privé*, Recueil Sirey, 1911, p. 395-398.

[208] CPJI, *Caso de vários empréstimos sérvios emitidos na França e caso do pagamento em ouro dos empréstimos federais brasileiros emitidos na França*, série A, n. 21, 1929.

[209] O caso Vita Food Products Inc. *vs.* Unus Shipping Co. Ltd. abordou contrato entre empresas da Nova Escócia, do Canadá e de Nova York para o transporte de peixes. Com a avaria da carga, discutiu-se a possibilidade de responsabilização do capitão pelos danos, nos termos da lei aplicável para solucionar o caso. Como as partes haviam optado pela lei inglesa, ainda que sem qualquer ligação com o caso, no contrato de transporte marítimo entendeu-se pela prevalência dessa lei. LANDO, Ole. The conflict of laws of contracts: general principles (general course on private international law). *Recueil des Cours de l'Académie de Droit International de La Haye*, v. 189, 1984, p. 225-447, em especial p. 260.

O caso Bremen vs. *Zapata Off-shore Co.*, de 1972, decidido pela Suprema Corte norte-americana, é igualmente relevante por reconhecer não somente a autonomia da vontade contratual, mas também o seu limite quando uma das partes demonstrar a sua falta de razoabilidade nas circunstâncias específicas do caso (*legitimate expectations of the parties*), como ocorre na fixação de fóruns sem vinculação às partes nos contratos de adesão[210].

Assim, impulsionada pela internacionalização do comércio, a autonomia da vontade, respeitando os limites da ordem pública e das leis imperativas, se consagrou como importante elemento de conexão no DIPr contratual.

Atualmente, a autonomia da vontade é vislumbrada, entre outros, nas seguintes convenções internacionais: Convenção da Haia sobre a Lei Aplicável às Vendas de Caráter Internacional de Objetos Móveis Corpóreos de 1955 (art. 2º); Convenção Europeia Sobre Arbitragem Comercial Internacional, de 1961 (art. VII); Convenção sobre Resolução de Disputas Envolvendo Investimentos entre Estados e Nacionais de Outros Estados, de 1966 (art. 42); Convenção Interamericana sobre Arbitragem Comercial Internacional de 1975 (art. 3º); Convenção da Haia sobre a Lei Aplicável aos Regimes Matrimoniais, de 1978 (arts. 3º e 6º); Convenção Europeia sobre a Lei Aplicável às Obrigações Contratuais de 1980 (art. 3º); Convenção da ONU Sobre Contratos de Compra e Venda Internacional de Mercadorias de 1980 (art. 6º); Convenção da Haia Relativa à Lei Aplicável ao *Trust* e ao seu reconhecimento, de 1985 (art. 6); Convenção da Haia sobre a Lei Aplicável aos Contratos de Venda Internacional de Mercadorias de 1986 (art. 7º).

No plano convencional interamericano, o processo de aceitação ampla da autonomia da vontade foi mais lento, merecendo destaque a Convenção Interamericana sobre direito aplicável aos contratos internacionais, de 1994 (art. 7º), bem como, no âmbito do Mercosul, o Protocolo de Buenos Aires sobre jurisdição internacional em matéria contratual de 1994 (art. 4º). No Brasil, o art. 9º da LINDB está vigente com a mesma redação dada em 1942 e será analisado a seguir.

4.1.6 A fase de consolidação: a extensão e os limites à autonomia da vontade no DIPr

A aceitação da autonomia da vontade levanta as seguintes questões: como a autonomia da vontade pode ser exercida? Em quais áreas? Qual a sua extensão? Quais os seus limites?

---

[210] *O caso Bremen* vs. *Zapata Off-shore Co.* tratou de discussão quanto à validade de cláusula contratual entre empresa alemã (The Bremen) e empresa norte-americana (Zapata Off-shore Co.) relativamente à fixação da lei e foro ingleses para solução de controvérsias surgidas no transporte de plataforma de petróleo de Louisiana, Estados Unidos, para a Itália. Com a avaria da plataforma durante o percurso, a empresa norte-americana ingressou contra a empresa alemã no local do porto de refúgio onde se encontrava a plataforma, na Flórida, Estados Unidos. Após decisões favoráveis à lei norte-americana, a Suprema Corte Americana decidiu pela validade da cláusula contratual que fixou o foro inglês para resolução da disputa das partes. Disponível em: <http://caselaw.findlaw.com/us-supreme-court/407/1.html>. Acesso em: 15 jan. 2022.

Em matéria contratual, a autonomia da vontade é um princípio basilar. Em 1991, o Instituto de Direito Internacional reconheceu a autonomia das partes para escolha da lei aplicável aos contratos como princípio fundamental de DIPr[211]. *Os princípios do UNIDROIT sobre os contratos de comércio internacional* de 2016 igualmente estabelecem que a liberdade contratual, elementar ao comércio internacional, abarca a autonomia na escolha dos termos das transações comerciais, de modo a garantir uma ordem econômica internacional competitiva. Ademais, os *Princípios da Conferência da Haia sobre escolha da lei aplicável em contratos comerciais*, de 2015, reconhecem a autonomia das partes na determinação da lei aplicável como ferramenta para aumentar a certeza e previsibilidade do acordo.

Contudo, o elemento volitivo, não obstante amplo, é limitado às (i) relações entre iguais e (ii) não pode impedir a aplicação das leis imperativas e da ordem pública do DIPr. Esses dois limites são reflexos da proteção do direito à igualdade material e ainda das políticas públicas de intervenção nas relações ecônomicas privadas existentes hoje mesmo nos Estados capitalistas.

Assim, a autonomia da vontade contratual, também chamada de liberdade de contratar ou *lex voluntatis* é o poder, atribuído pelo ordenamento jurídico, de criação de normas legais pelos próprios particulares[212]. Em estudo específico sobre o tema, Gounot explica que a autonomia da vontade representa a eficácia jurídica da vontade individual na formação do ato jurídico e na determinação dos seus efeitos[213].

A justificativa para a autonomia da vontade está na liberdade e na igualdade entre os indivíduos, não cabendo ao Estado interferir na condução da sua vida privada. A autonomia da vontade é, assim, faceta dos direitos humanos, na medida em que reflete o livre-arbítrio e a tomada de decisão do indivíduo sobre a sua vida, vinculando-se à dignidade, à liberdade, à igualdade e à privacidade.

Contudo, tal liberdade não pode ser absoluta, devendo estar limitada pelas próprias normas jurídicas, especialmente pela existência de outros direitos individuais e difusos. A autonomia da vontade é instrumental, de modo a ser legítima apenas se realizada de acordo com os requisitos e condições exigidos pelo Direito[214].

Nygh traz as condições e limites para o exercício da autonomia da vontade em matéria de contratos internacionais: i) o contrato possua natureza internacional;

---

[211] Instituto de Direito Internacional. "The Autonomy of the Parties in International Contracts between private persons or entities". Relator: Erik Jayme. Sessão de Basel, 1991.

[212] FERRI, Luigi. *L'autonomia privata*. Milano: Giuffrè, 1959, em especial p. 259.

[213] GOUNOT, Emmanuel. *Le principe de l'autonomie de la volonté en droit privé*: contribuition à l'étude critique de l'individualisme juridique. Paris: Arthur Rousseau, 1912, p. 3-7, *passim*.

[214] BETTI, Emílio. *Teoria geral do negócio jurídico*. Tradução de Fernando de Miranda. Coimbra: Coimbra, t. 1-2, 1969. Nas palavras de GOUNOT, *c'est la volonté qui est au service du droit, et pas le droit au service de la volonté*. GOUNOT, Emmanuel. *Le principe de l'autonomie de la volonté en droit privé*: contribuition à l'étude critique de l'individualisme juridique. Paris: Arthur Rousseau, 1912, p. 450.

ii) a lei aplicável ao contrato possua vínculo substancial com as partes; iii) a lei escolhida seja proveniente de um Estado; iv) a lei escolhida pelas partes seja expressa ou claramente deduzida; v) a lei escolhida não contrarie a ordem pública; e vi) a lei seja escolhida de forma livre e voluntária pelas partes[215]. Contemporaneamente, cada uma dessas condições possui particularidades que permitem maior ou menor grau de flexibilização.

No tocante à natureza internacional do contrato, discute-se se esta é dada pelas partes ou transação em local estrangeiro ou, alternativamente, pela mera escolha de uma lei estrangeira e outros fatores internacionais para reger a obrigação. Já quanto à necessidade de uma ligação substancial entre a lei escolhida e as partes, a doutrina tem aceitado a escolha de qualquer lei, mesmo sem conexão aparente com as partes[216]. Ainda, a necessidade de escolha de uma lei de determinado Estado tem sido relativizada face ao desenvolvimento do direito transnacional, com normas de origem não estatal voltadas a eventos transfronteiriços, como é o caso da *lex mercatoria* e da *lex digitalis*[217].

Relativamente à expressão da autonomia da vontade, diferentes podem ser as formas para apontar a lei pelas partes escolhidas para reger as obrigações: (i) inclusão no contrato de cláusula de lei aplicável para reger a obrigação; (ii) determinação expressa da lei aplicável ao contrato, ainda que não em cláusula específica; (iii) no silêncio das partes, determinação judicial da lei que teria sido escolhida pelas partes, considerando as circunstâncias do caso; e (iv) escolha da lei aplicável entre hipóteses previamente determinadas por lei ou pelo juiz[218]. Ainda, não se pode admitir que a escolha da lei pelas partes seja contrária à ordem pública ou realizada com a finalidade de fraudar a lei do fórum.

Finalmente, a escolha de lei livre e voluntária relaciona-se com a igualdade das partes contratantes. Nessa linha, Vischer sustentou que a liberdade das partes em escolher o direito aplicável justifica-se somente se ambas estiverem em uma relação de paridade[219]. Logo, a escolha da lei aplicável não pode favorecer os contratantes de maior peso econômico, que impõem cláusulas contratuais sem maior dificuldade sobre a parte mais fraca, sob pena da autonomia das partes tornar-se uma ficção jurídica, consagrando a assimetria e ofensa à igualdade material.

---

[215] NYGH, Peter E. The reasonable expectations of the parties as a guide to the choice of law in contract and in tort. *Recueil des Cours de l'Académie de Droit International de La Haye*, v. 251, 1995, p. 269-400, em especial p. 304-314, *passim*.

[216] SYMEONIDES, Symeon C. *Choice of law*. Oxford: Oxford University Press, 2016, p. 370-371.

[217] Sobre o tema, ver CARVALHO RAMOS, André de. Direito internacional privado e o direito transnacional: entre a unificação e a anarquia. *Revista Brasileira de Direito Internacional*, v. 13, n. 2, 2016, p. 504-521.

[218] DIAMOND, Aubrey L. Harmonization of private international law relating to contractual obligations. *Recueil des Cours de l'Académie de Droit International de La Haye*, v. 199, 1986, p. 233-312, em especial p. 255-259.

[219] VISCHER, Frank. General course on private international law. *Recueil des Cours de l'Académie de Droit International de La Haye*, v. 232, 1992, p. 9-255, em especial p. 125-127.

As disparidades entre as partes podem se manifestar em diversas situações, podendo ser inerentes a um dos contratantes (questões de idade ou deficiência) ou a sua posição econômica (contratos de adesão no direito do consumidor, nos contratos de trabalho e nos contratos de seguro)[220].

Para exemplificar, citam-se como exceções a aplicação do princípio da autonomia da vontade: (i) o art. 8.5 do *Protocolo sobre a Lei aplicável às obrigações de alimentos* da Convenção da Haia sobre a Cobrança Internacional de Alimentos em benefício dos Filhos e de outros Membros da Família, de 2007, que proíbe a autonomia da vontade das partes na determinação da lei para reger a obrigação alimentar quando esta envolve menor de 18 anos ou adulto em situação de vulnerabilidade; e (ii) o *Regulamento Roma I* (Regulamento Europeu n. 593/2008 do Conselho sobre a lei aplicável às obrigações contratuais), que, não obstante reconheça a autonomia da vontade em matéria contratual, em seu art. 6º, a afasta nos casos de relações de consumo.

Para solucionar a disparidade das partes, pode-se optar por: (i) excluir qualquer possibilidade de utilização da autonomia da vontade ou, alternativamente, restringi-la à escolha entre opções de lei previamente fixadas com conexão razoável com a parte mais fraca; e (ii) limitar a autonomia em favor da parte mais fraca por meio das disposições de direito material (leis imperativas), que podem excluir ou permitir a autonomia da vontade na determinação da lei aplicável ou do foro.

Fausto Pocar aponta que a primeira alternativa aumenta a segurança jurídica, porém, não necessariamente, será favorável à parte mais fraca, podendo a lei determinada ser menos protetiva que a lei livremente escolhida. Já a segunda opção tem como lado negativo a imprevisibilidade na fixação da lei mais favorável. Apesar disso, a justiça material em favor da parte mais fraca ocorre com a aproximação entre a solução material e a solução conflitual, ou seja, com a correlação entre as limitações à autonomia das partes em direito material e em conflito de leis e de jurisdições[221].

Para além da escolha da lei aplicável (autonomia da vontade propriamente dita), o elemento volitivo gradualmente passa a influenciar também o foro para a solução do caso e também na própria opção pela arbitragem.

Apesar da resistência dos Estados, a integração econômica e a aceitação da autonomia da vontade em matéria contratual impulsionaram a autonomia da vontade em matéria procedimental. A escolha, pelas partes, de tribunal competente para julgar as controvérsias surgidas da relação contratual é consubstanciada nas chamadas cláusulas de eleição de foro.

---

[220] MOHAMED MAHMOUD, Mohamed Salah. Loi d'autonomie et méthodes de protection de la partie faible en Droit International Privé. *Recueil des Cours de l'Académie de Droit International de La Haye*, v. 315, 2005, p. 145-264, em especial p. 166-176, *passim*.

[221] POCAR, Fausto. La protection de la partie faible en Droit International Privé. *Recueil des Cours de l'Académie de Droit International de La Haye*, v. 188, 1984, p. 339-417, em especial p. 373-383, *passim*.

Além de questões relacionadas à eficiência econômica, ao acesso à justiça e ampla defesa, a escolha do foro competente pode atuar como um equivalente funcional da autonomia da vontade na determinação da lei aplicável (*équivalent fonctionnel du choix de loi*), impedindo ou limitando a utilização da lei aplicável escolhida, ou, ainda, determinando a aplicação da lei do foro[222].

Assim, a autonomia da vontade na determinação da lei do foro pode impactar a lei aplicável ao ponto de impulsionar os fenômenos do *forum shopping* e do *forum non conveniens*[223]. Não é demais lembrar que, quanto à escolha do foro, a autonomia da vontade tampouco é ilimitada, sendo restrita pela ordem pública e interesse estatal de administração da justiça (como vimos no capítulo deste *Curso* sobre jurisdição internacional).

4.2. A autonomia da vontade e o seu tratamento no Brasil

No Brasil, o Decreto n. 737, de 1850, previu, em seu art. 5º, que presumir-se-ia que as dívidas entre brasileiros em países estrangeiros teriam sido contraídas conforme a legislação brasileira. Essa previsão, para Valladão, expressava a *autonomia da vontade* no uso da legislação nacional para as dívidas entre brasileiros[224].

Mais expressamente, a introdução ao Código Civil brasileiro de 1916, em seu art. 13, dispôs que a lei do lugar da celebração do contrato regularia o conteúdo e os efeitos das obrigações, *salvo estipulação em contrário*. Graças a essa redação, a introdução ao Código Civil de 1916 permitia que as partes escolhessem a lei de regência das obrigações.

Para Clóvis Beviláqua, a vontade é a geradora das obrigações e, por isso, deveria ser livre, nas relações transnacionais, a escolha da lei reger (i) a substância e (ii) os efeitos obrigacionais. Já a execução da obrigação deveria ser feita pela lei do lugar de sua realização[225].

A interpretação da autonomia da vontade nessa época foi, mesmo com a previsão expressa do "salvo estipulação em contrário" do art. 13 da introdução do Código Civil de 1916, objeto de divergência.

---

[222] KOHLER, Christian. L'autonomie de la volonté em droit international privé: un principe universel entre libéralisme et étatisme. *Recueil des Cours de l'Académie de Droit International de La Haye*, v. 359, 2013, p. 289-478, em especial p. 327. Sobre o tema, ver também, SPITZ, Lidia. *Eleição de foro estrangeiro*: o princípio da autonomia da vontade e seu reconhecimento no direito convencional, regional e brasileiro. Dissertação de Mestrado em Direito Internacional pela Universidade do Estado do Rio de Janeiro. Rio de Janeiro: UERJ, 2010.

[223] Sobre o tema, ver Parte II, referente à jurisdição internacional, deste *Curso*.

[224] VALLADÃO, Haroldo. Le droit international privé des états américains. *Recueil des Cours de l'Académie de Droit International de La Haye*, v. 81, 1952, p. 1-115, em especial p. 80.

[225] BEVILÁQUA, Clóvis. *Princípios elementares de direito internacional privado*. 3. ed. Rio de Janeiro: Freitas Bastos, 1938, p. 359.

Espínola sustentou, em uma visão restritiva, que a autonomia da vontade só poderia escolher uma lei estrangeira para reger temas afetos a leis *dispositivas* do foro[226], sendo imposta a lei do local da constituição da obrigação para os casos de normas imperativas. Rodrigo Octavio, apoiando-se em Machado Villela, assinalou que a expressão "salvo estipulação em contrário" somente seria utilizada em matéria não imperativa, ou seja, em caso de normas dispositivas ou supletivas[227]. Também Beviláqua aceitou, como limite à liberdade das partes, o respeito ao "direito nacional dos pactuantes" e à ordem pública da *lex fori*[228]. Valladão, contudo, adotando linha ampliativa, sustentou que o "direito brasileiro sempre adotou o princípio da autonomia da vontade" em matéria de obrigações contratuais[229].

Por sua vez, o Código Bustamante, de 1928, trouxe duas previsões que, indiretamente, podem significar uma abertura para a autonomia da vontade. O art. 166 prevê que *"as obrigações que nascem dos contratos têm força de lei entre as partes contratantes e devem cumprir-se segundo o teor dos mesmos, salvo as limitações estabelecidas neste Código"*. Já o art. 186 dispõe que a lei aplicável é a comum às partes e, na sua ausência, é a do local da celebração do contrato[230].

Com a promulgação da nova Lei de Introdução ao Código Civil de 1942 (LICC, atualmente denominada LINDB), o art. 9º (vigente até hoje) estabeleceu, laconicamente, que, "[p]ara qualificar e reger as obrigações, aplicar-se-á a lei do país em que se constituírem". Foi excluída, assim, a expressão "salvo estipulação em contrário" do art. 13 do Código Civil de 1916.

Essa supressão não foi acidental, mas sim desejo da ditadura de Vargas. O intervencionismo econômico – capitaneado pelo Estado – era tido como essencial para superar o estágio agroexportador da economia brasileira. Via-se com desconfiança os atores econômicos internacionais, cujo peso fatalmente faria que a escolha "livre" da lei de regência de um contrato lhes fosse benéfica.

Tal alteração gerou novo debate doutrinário: de um lado, aqueles que entendem que a supressão da expressão *"salvo estipulação em contrário"* representou o afastamento da autonomia da vontade no Direito Internacional Privado brasileiro; de

---

[226] Nesse sentido, ver ESPÍNOLA, Eduardo. *Elementos de direito internacional privado*. Rio de Janeiro: Jacintho Ribeiro dos Santos, 1925, p. 659.

[227] OCTAVIO, Rodrigo. *Manual do Código Civil brasileiro*: Introdução. Parte Segunda. Direito internacional privado. Rio de Janeiro: Livraria Jacintho, 1932, p. 357.

[228] BEVILÁQUA, Clóvis. *Princípios elementares de direito internacional privado*. 3. ed. Rio de Janeiro: Freitas Bastos, 1938, p. 359.

[229] VALLADÃO, Haroldo. *Direito internacional privado*, v. I, 2. ed. Rio de Janeiro: Freitas Bastos, 1977, p. 366.

[230] Sobre a discussão doutrinária quanto à possibilidade de utilizar a autonomia da vontade tendo como base o Código Bustamante, ver ARAUJO, Nadia de. *Contratos internacionais*: autonomia da vontade, Mercosul e convenções internacionais. 4. ed. Rio de Janeiro: Renovar, 2009, p. 171-176.

outro lado, os adeptos da autonomia das partes asseveram que a previsão do art. 9º não expurgou o conceito.

Assim, a dúvida pode ser resumida nas seguintes questões: a liberdade outorgada às partes em suas relações intersubjetivas autoriza uma escolha de lei para reger as obrigações distinta da apontada pelo DIPr brasileiro (lei do local da constituição da obrigação)? O art. 9º da LINB é norma supletiva ou é norma imperativa, impossível de ser derrogada pela vontade das partes? Qual é o papel da autonomia da vontade nos contratos no momento atual do DIPr no Brasil?

Até o momento, a doutrina dominante no Brasil indica que o art. 9º da LNDB é norma imperativa, uma vez que a determinação da lei aplicável é matéria que contém opção de Estado *impossível* de ser derrogada pela vontade dos particulares. Seria, então, norma de ordem pública interna, que não pode ser afastada pela vontade das partes[231]. Nesse sentido, Nadia de Araujo sustenta que, "(...) no estágio atual da legislação brasileira, a escolha da lei aplicável a um contrato internacional, nos moldes reconhecidos atualmente na comunidade internacional, *não encontra amparo* na legislação vigente"[232].

Dolinger critica essa posição doutrinária contrária à autonomia da vontade, adotando a visão de Valladão, para quem a reforma de 1942 da LICC (eliminando-se a expressão "salvo estipulação em contrário") não impediria, ainda assim, o respeito à autonomia da vontade na escolha da lei para reger um contrato. Para Dolinger, "o art. 9º da LICC [hoje LINDB] não impõe qualquer óbice à escolha de outra lei que

---

[231] Nessa linha, posicionam-se, entre outros: RODAS, João Grandino. Elementos de conexão do Direito internacional privado relativamente às obrigações contratuais. In: RODAS, João Grandino (Coord.). *Contratos internacionais*. 3. ed. São Paulo: RT, 2002, p. 19-65, em especial p. 63. BAPTISTA, Luiz Olavo. *Dos contratos internacionais*: uma visão teórica e prática. São Paulo: Saraiva, 1994, p. 53. BASSO, Maristela. A autonomia da vontade nos contratos internacionais do comércio. In: BAPTISTA, Luiz Olavo; HUCK, Hermes Marcelo; CASELLA, Paulo Borba (Org.). *Direito e Comércio Internacional*: tendências e perspectivas; estudos em homenagem ao Prof. Irineu Strenger. São Paulo: LTr, 1994, p. 42-66, em especial p. 48. CASELLA, Paulo Borba. Autonomia da vontade, arbitragem comercial internacional e Direito Brasileiro. In: TIBURCIO, Carmen; BARROSO, Luís Roberto (Org.). *O direito internacional contemporâneo* – Estudos em homenagem ao Professor Jacob Dolinger. Rio de Janeiro: Renovar, 2006. p. 737-750, em especial p. 742-743

[232] Grifo meu. ARAUJO, Nadia de. *Contratos internacionais:* autonomia da vontade, Mercosul e convenções internacionais. 4. ed. Rio de Janeiro: Renovar, 2009, p. 120. Em outro texto, Nadia de Araujo sustenta que: "(...) Assim, somente através da substituição do art. 9º da LICC por normas que expressamente permitam a autonomia da vontade teremos uma modificação da situação atual". ARAUJO, Nadia de. A autonomia da vontade nos contratos internacionais – Direito brasileiro e países do Mercosul: considerações sobre a necessidade de alterações no Direito internacional privado obrigacional do bloco. *Revista da Faculdade de Direito da UFRGS*, v. 17, 1999, p. 225-234, em especial p. 234. Mais recentemente, Nadia de Araujo relata a possibilidade de reforma da LINDB para contemplar a autonomia da vontade. Ver em ARAUJO, Nadia de. A necessária mudança do art. 9º da LINDB: o avanço que faltava para a consagração da autonomia da vontade no DIPr brasileiro. In: CARVALHO RAMOS, André de (Org.). *Direito internacional privado:* questões controvertidas. Belo Horizonte: Arraes, 2016, p. 289-309.

a *lex contractus*"²³³. Por outro lado, Dolinger entende que cercear a autonomia da vontade das partes com fundamento na ordem pública seria antecipar um problema, que só existirá – eventualmente – no momento da execução do contrato, onde a ordem pública de um país pode impedir que uma lei de outro país (escolhida livremente pelas partes) possa ser aplicada por ser incompatível com o sistema jurídico da jurisdição²³⁴.

4.3. A autonomia da vontade na jurisprudência dos tribunais superiores

Em âmbito nacional, a interpretação da extensão e dos limites da autonomia da vontade em matéria contratual é tema que já surge na jurisprudência dos tribunais superiores brasileiros.

O Superior Tribunal de Justiça tratou do tema no *Caso Mendes Junior*, que versou, entre outras questões, sobre a validade da lei aplicável a contrato internacional firmado entre a Mendes Junior International Company e o Banco do Brasil – Grand Cayman, sobre cessão de créditos que a construtora detinha com o governo do Iraque (o qual estava inadimplente em razão das Guerras com Irã e Kuwait nas décadas de 1980 e 1990).

Em matéria preliminar discutiu-se prescrição à luz da lei aplicável ao contrato. Após reconhecer a existência da autonomia da vontade no DIPr, o Ministro Relator Marco Aurelio Bellizze consignou que o pretendido afastamento da lei estrangeira escolhida pelas partes para reger a obrigação (leis do estado de Nova York), sob a alegação de que a previsão de prazo diverso daquele constante na legislação brasileira para prescrição violava a *ordem pública*, não se sustentava, uma vez que a livre escolha de lei estrangeira para reger o contrato é lícita e condizente com a boa-fé, autonomia da vontade e atuação transparente dos contratantes. Pelo contrário, como as partes livremente optaram pelas leis do estado de Nova York para regerem o contrato, o STJ decidiu que "admitir-se, em execução, o argumento de inaplicabilidade da lei eleita configura manifesto *venire contra factum proprium*, com o qual a ordem pública não se compatibiliza"²³⁵.

Em matéria de autonomia da vontade na definição do foro para julgamento do caso, o STJ, também recentemente, se manifestou no *Caso Robinho* vs. *Nike*, relativamente ao foro competente (brasileiro ou estrangeiro) para análise de controvérsias contratuais. Afastando a incidência das regras de defesa do consumidor

---

[233] DOLINGER, Jacob. *Direito internacional privado* (Parte Especial), v. II, Contratos e obrigações no Direito internacional privado. Rio de Janeiro: Renovar, 2007, p. 458.

[234] DOLINGER, Jacob. *Direito internacional privado* (Parte Especial), v. II, Contratos e obrigações no Direito internacional privado. Rio de Janeiro: Renovar, 2007, p. 466-467.

[235] Superior Tribunal de Justiça, REsp n. 1.280.218-MG, Rel. sorteado Ministro Paulo de Tarso Sanseverino, Rel. p/Acórdão Ministro Marco Aurélio Bellizze, julgado em 21-6-2016, *DJe* 12-8-2016.

ao caso, o Tribunal considerou válido o foro estrangeiro livremente pactuado pelas partes[236].

4.4. O futuro da autonomia da vontade

Contemporaneamente, ultrapassando o tradicional campo contratual, destaca-se o papel da autonomia da vontade (na determinação da lei aplicável e do foro) na estabilização do estatuto pessoal, das relações familiares e das relações patrimoniais (casamento e sucessão), em todos os casos com restrições específicas relacionadas aos objetos de tutela dessas áreas do direito e aos interesses específicos em conflito.

A evolução nas manifestações e formas de família e filiação assim como a consagração da família transnacional contribuíram para a evolução da disciplina, com relativo relevo para o elemento volitivo. No tocante ao estatuto pessoal, a autonomia da vontade se expressa indiretamente na liberdade de escolha de determinada lei a ser aplicada – entre as que possuem relação com o indivíduo (domicílio, nacionalidade, residência) – em casos, por exemplo, de escolha do nome de casado e de identidade sexual (alteração de *status* civil após mudança de sexo)[237].

Nas relações pessoais no seio familiar, a autonomia tem papel crescente, especialmente ante o fenômeno da *contratualização da família*. A vontade pode atuar na determinação do regime matrimonial e de outros efeitos gerais do casamento. Em vez da aplicação da lei de nacionalidade ou residência comum do casal, alguns países europeus autorizam optar pela aplicação da lei de nacionalidade de um dos cônjuges. Ainda, a Convenção da Haia sobre a Lei Aplicável aos Regimes Matrimoniais, de 1978, no seu art. 3º, faculta aos cônjuges a escolha da lei de sua nacionalidade, residência habitual ou nova residência para regular o regime de bens.

No divórcio, no panorama europeu, o art. 5º do *Regulamento Roma III* (Regulamento UE n. 1.259/2010 do Conselho, que cria uma cooperação reforçada no domínio

---

[236] *In verbis:* "(...) 3. Regulada pelo disposto no art. 88 do CPC/73, a competência internacional na espécie evidencia-se como concorrente, revelando-se possível a eleição, mediante cláusula prevista no negócio jurídico qualificado pelas partes como "contrato de futebol" (contrato de patrocínio e cessão de uso de imagem), do foro alienígena como competente para a solução das controvérsias advindas do acordo. Precedente da Colenda 4ª Turma. 4. Caso concreto em que a obrigação principal contraída no acordo não deveria ser cumprida exclusivamente no Brasil. 5. Suscitada a incompetência da Justiça brasileira pela parte demandada em momento oportuno, correta a decisão de extinção do feito, sem resolução de mérito, diante da derrogação, pelas partes, com base em sua autonomia privada, da competência da Justiça brasileira e da eleição". Superior Tribunal de Justiça, REsp n. 1.518.604-SP, Rel. Ministro Paulo de Tarso Sanseverino, julgado em 15-3-2016, *DJe* 29-3-2016.

[237] Sobre o tema, ver, por todos, KOHLER, Christian. L'autonomie de la volonté em droit international privé: un principe universel entre libéralisme et étatisme. *Recueil des Cours de l'Académie de Droit International de La Haye*, v. 359, 2013, p. 289-478; PICONE, Paolo. Les méthodes de coordination entre ordres juridiques en Droit international privé: cours général de droit international privé. *Recueil des Cours de l'Académie de Droit International de La Haye*, v. 276, 1999, p. 9-288, especialmente p. 185-208.

da lei aplicável em matéria de divórcio e separação judicial) concede às partes liberdade para individualizar a escolha entre uma das leis possivelmente aplicáveis ao caso (local de residência do casal à época da celebração do acordo, local de residência habitual do casal, nacionalidade das partes e lei do foro escolhido para o divórcio).

Em matéria de obrigações alimentares, em que se conjuga também o interesse da parte vulnerável, a autonomia da vontade possui espaço mais restrito, porém não inexistente. O já citado Protocolo sobre a Lei aplicável às obrigações de alimentos da Convenção da Haia sobre a Cobrança Internacional de Alimentos em benefício dos Filhos e de outros Membros da Família, de 2007, faculta, quando a obrigação alimentar não envolver menor de 18 anos ou adulto em situação de vulnerabilidade, afastar a regra geral de aplicação da lei do local de residência habitual do credor para reger a obrigação alimentar diante da escolha da lei da nacionalidade, da residência habitual de uma das partes, da lei que rege o matrimônio ou da lei que rege o divórcio.

Na matéria das sucessões, o Regulamento do Parlamento Europeu n. 650/2012 relativo à competência, à lei aplicável, ao reconhecimento e execução das decisões, à aceitação e execução dos atos autênticos em matéria de sucessões e à criação de um Certificado Sucessório Europeu autoriza o *de cujus* a escolher a lei do país de sua nacionalidade (em oposição à regra da residência habitual) para reger a sucessão, facultando-se aos herdeiros a escolha da jurisdição do referido Estado como foro da sucessão.

Vale lembrar que, em todas essas hipóteses de recurso à autonomia da vontade em matéria extracontratual, não é válida aquela manifestamente injusta para uma das partes.

Na realidade das sociedades hipermóveis contemporâneas, a autonomia justifica-se pela conveniência do comércio internacional, o qual demanda maior previsibilidade nas obrigações das partes e maior eficiência econômica. Ao fundamento utilitarista da autonomia da vontade contratual, soma-se a necessidade de respeito às leis de ordem pública e às leis imperativas do foro. Não se olvida, contudo, que o dogma da autonomia da vontade favorece determinados atores econômicos privados, mas pode causar impactos negativos em determinados grupos, de modo que o *respeito* aos direitos humanos de todos os envolvidos deve ser utilizado como fundamento último para a aplicação da autonomia da vontade, quer como critério de conexão, quer como hipótese de eleição de foro[238].

A autonomia da vontade depende, além da permissão estatal, do uso da gramática de direitos, que pode servir para corrigir assimetrias reais entre as partes,

---

[238] KOHLER, Christian. L'autonomie de la volonté em droit international privé: un principe universel entre libéralisme et étatisme. *Recueil des Cours de l'Académie de Droit International de La Haye*, v. 359, 2013, p. 289-478, em especial p. 339. BUCHER, Andreas. La dimension sociale du droit international privé. *Recueil des Cours de l'Académie de Droit International de La Haye*, v. 341, 2010, p. 13-526, em especial p. 132-135, *passim;* MUIR WATT, Horatia. "Party autonomy" in international contracts: from the making of a myth to the requirements of global governance. *European Review of Contract Law*, 3/2010, p. 2-34.

comprimindo a liberdade em favor da *preferência* a outros direitos, como a igualdade, o devido processo legal e a ampla defesa.

Por fim, as duas opções tradicionais na regência das obrigações pelo método conflitual (predeterminação da lei e autonomia da vontade) não são suficientes para a compreensão das novas demandas da sociedade brasileira, em um contexto de aumento intenso dos fluxos transfronteiriços e abertura da economia.

Outras soluções, que levem em consideração o método direto (com a regulação, por exemplo, dos direitos dos consumidores turistas diretamente previstos em tratados) ou ainda outras regras de fixação da lei (como o princípio da proximidade), devem ser discutidas no DIPr brasileiro. Esse difícil equilíbrio entre o dirigismo voltado ao respeito à proteção dos vulneráveis e a liberdade dos particulares, em um ambiente de tolerância e respeito à diversidade, é o desafio da atualidade da regência das obrigações do DIPr no Brasil.

4.5. A lei do local da celebração e a forma das obrigações

A Lei de Introdução às Normas do Direito Brasileiro trata da regulação das obrigações especialmente em seu art. 9º, dispondo sobre a *qualificação* e sobre a *regência das relações* das obrigações a eles concernentes[239]. Assim, a qualificação pela lei estrangeira (*lex causae*) é a opção da LINDB para os casos que envolvam obrigações[240].

Diante das obrigações e contratos com elementos de estraneidade, o direito aplicável regerá principalmente: (i) a interpretação das cláusulas obrigacionais; (ii) os direitos e deveres das partes; (iii) o modo de cumprimento das obrigações e as consequências do inadimplemento, compreendendo perdas e danos; (iv) os diferentes modos de extinção das obrigações, inclusive a prescrição e a decadência; (v) as consequências da nulidade ou invalidação do contrato.

Como já visto, as opções existentes para a escolha da lei aplicável às obrigações são as seguintes: a) autonomia da vontade *expressa* das partes (*choice-of-law clause*), tanto apontando para determinado direito (local ou estrangeiro) quanto para usos e costumes comerciais internacionais (*lex mercatoria*[241]); b) autonomia da vontade *implícita* (silêncio das partes), pelo contexto ou uso de termos vinculados a um determinado ordenamento; c) determinação expressa *rígida* por parte da lei, que pode ser a lei do local da celebração ou, ainda, a lei do local da execução; d) determinação expressa *flexível*, que aponta o ordenamento mais próximo para reger o negócio jurídico (princípio da proximidade ou princípio da *closest and most real connection*).

---

[239] "Art. 9º Para qualificar e reger as obrigações, aplicar-se-á a lei do país em que se constituírem."

[240] Ver mais sobre a qualificação e as diversas correntes no capítulo específico neste *Curso*.

[241] STRENGER, Irineu. La notion de *lex mercatoria* en droit du commerce international. *Recueil des Cours de l'Académie de Droit International de La Haye*, v. 227, 1991, p. 309-335.

O art. 9º da LINDB fixou a *lei do local da celebração* (*lex loci celebrationis* ou *lex loci contractus*) como a regra de conexão para reger as obrigações, na linha da determinação expressa rígida por parte da lei. O Código Bustamante, em seu art. 164, foi na mesma linha do art. 9º, tendo determinado que o "conceito e a classificação das obrigações subordinam-se à lei territorial", o que implica na lei do local de sua constituição.

O § 1º do art. 9º da LINDB prevê que, "[d]estinando-se a obrigação a ser executada no Brasil e dependendo de forma essencial, será esta observada, admitidas as peculiaridades da lei estrangeira quanto aos requisitos extrínsecos do ato".

Trata-se da regência da *forma* das obrigações, tendo sido estipulado que, destinando-se a (i) obrigação a ser executada no Brasil e dependendo de (ii) *forma essencial*, será esta observada, (iii) admitidas as peculiaridades da lei estrangeira quanto aos requisitos extrínsecos do ato.

Geralmente, a forma de qualquer ato é regida pela lei do local de sua constituição, submetendo-se à regra do *locus regit actum*. Com isso, o art. 9º, § 1º *excepciona* parcialmente essa regra tradicional do DIPr ao prescrever que a *forma essencial prevista na lei brasileira* (a *lex fori*) deve ser observada mesmo quando a obrigação tiver sido constituída no estrangeiro *e desde que* tenha que ser executada no Brasil.

Essa escolha da lei do local da execução (*lex loci executionis*) foi utilizada, pela primeira vez na América do Sul, no Tratado de Direito Civil de Montevidéu de 1889, que estabelecia, em seu art. 32, que a lei do lugar onde os contratos devem ser cumpridos regula a necessidade da forma escrita e o tipo de documento correspondente.

A LINDB ameniza essa opção pela lei brasileira ao admitir que as peculiaridades da lei estrangeira devem ser obedecidas quanto aos requisitos extrínsecos do ato. Criou-se, aqui, mais uma hipótese de *dépeçage*, que consiste na possibilidade de aplicação, em momentos distintos, de mais de uma lei sobre determinado fato transnacional. No caso, aplica-se a *lei estrangeira* quanto à constituição e elementos extrínsecos do ato realizado no exterior e a *lei brasileira* no tocante à formalidade, quando o ato tiver que ser executado no Brasil.

Anteriormente, na antiga introdução ao Código Civil de 1916, a opção pelo *locus regit actum* era explícita: impunha o antigo art. 11 que "a forma extrínseca dos atos, públicos ou particulares, reger-se-á segundo a lei do lugar em que se praticarem".

Na nova redação, o ato deve obedecer simultaneamente a duas leis: a lei estrangeira do local da constituição, com especial menção aos requisitos extrínsecos do ato, e, ainda, a lei brasileira, no tocante à *forma essencial*. A forma essencial, para Oscar Tenório, consiste na forma necessária à validade do contrato, sendo, então, elemento *intrínseco* sem o qual a obrigação é nula[242]. Trata-se do conjunto de solenidades exigidas por lei para que o ato seja considerado válido e eficaz.

---

[242] TENÓRIO, Oscar. *Lei de Introdução ao Código Civil brasileiro*. 2. ed. Rio de Janeiro: Borsoi, 1955, p. 337.

Já os requisitos *extrínsecos* do ato (que devem atender às peculiaridades da lei estrangeira) são aqueles situados fora do negócio jurídico, sendo considerados seus pressupostos, referentes aos agentes (capazes e legitimados para o ato), lugar (adequado) e tempo (útil à realização do negócio).

Em geral, no âmbito cível, a validade da declaração de vontade não dependerá de forma especial, senão quando a lei expressamente a exigir (art. 107 do Código Civil). Assim, o exemplo tradicional de invocação do § 1º do art. 9º é a obrigação que exige a outorga de escritura pública para sua eficácia. Dispõe o art. 108 do Código Civil brasileiro que, "não dispondo a lei em contrário, a escritura pública é essencial à validade dos negócios jurídicos que visem à constituição, transferência, modificação ou renúncia de direitos reais sobre imóveis de *valor superior a trinta vezes* o maior salário mínimo vigente no País". Por seu turno, o descumprimento da forma essencial impõe a nulidade do negócio, à luz do art. 166, IV, do Código Civil[243].

4.6. Os contratos celebrados entre ausentes

Em se tratando de obrigações contratuais celebradas entre as partes *presentes*, o lugar de constituição é o lugar do consentimento, que é de simples aferição. No caso das obrigações extracontratuais, tais como as que são fruto de ato ilícito, é aplicável a lei do lugar da realização do evento danoso, que, em geral, é de simples determinação.

A dúvida maior existe nos contratos celebrados entre ausentes: por isso, dispõe o § 2º do art. 9º da LINDB que "a obrigação resultante do contrato reputa-se constituída no lugar em que residir o proponente". Tal dispositivo visa esclarecer o lugar de constituição das obrigações, crucial para a determinação da lei aplicável, que é, em geral, a lei do local da constituição da obrigação (art. 9º, *caput*).

Esse dispositivo da LINDB é similar à do art. 435 do Código Civil, que determina que reputar-se-á celebrado o contrato no *lugar em que foi proposto*. No caso, optou-se pela presunção de se considerar o lugar da residência do proponente como sendo o da proposição ou oferta.

Essa opção da LINDB é pobre e desconsidera outras possibilidades de escolha da lei mais adequada a determinado contrato, como, por exemplo, a escolha da lei que fica *mais próxima* à relação jurídica formada ou às partes, também conhecido como princípio da proximidade ou da relação mais estreita. Ao menos, esse dispositivo possui o mérito de afastar as controvérsias sobre o contrato celebrado por ausentes[244].

---

[243] "Art. 166. É nulo o negócio jurídico quando: (...) IV – não revestir a forma prescrita em lei;"

[244] TENÓRIO, Oscar. *Lei de Introdução ao Código Civil brasileiro*. 2. ed. Rio de Janeiro: Borsoi, 1955, p. 341.

4.7. A arbitragem internacional e as obrigações

Nas últimas décadas, ocorreu a onda de reorganização do Estado brasileiro na sua relação com o capital estrangeiro, tendo sido aprovadas várias emendas constitucionais que viabilizaram, inclusive, concessões de serviços públicos estratégicos a entes privados de capital estrangeiro. A Lei de Arbitragem (Lei n. 9.307, de 1996), foi aprovada nesse contexto, para permitir instrumento ágil e célere na solução de controvérsias em um contexto de forte inserção do Brasil no comércio internacional. Em 2015, foi aprovada a Lei n. 13.129/2015, que reformou determinados pontos da Lei de Arbitragem.

Atualmente, a arbitragem é importante instrumento de solução de litígios envolvendo contratos internacionais e outras causas de grande valor econômico. O art. 1º da Lei n. 9.307/96 dispõe que as pessoas capazes de contratar poderão valer-se da arbitragem para dirimir litígios relativos a *direitos patrimoniais disponíveis*. Poderão as partes escolher, livremente, as regras de direito que serão aplicadas na arbitragem, desde que não haja violação aos *bons costumes e à ordem pública*. Caso as partes queiram, podem-se escolher, como direito aplicável, princípios gerais de direito, os usos e costumes e as regras internacionais de comércio (art. 2º, §§ 1º e 2º da Lei n. 9.307/96).

A lei que será usada para reger e interpretar o contrato será determinada pelo acordo de vontades, ainda que o contrato seja celebrado no Brasil, contornando a *lex celebrationis* do art. 9º da LINDB. Outra maneira de contornar a rigidez da regra de conexão da LINDB é a aceitação da arbitragem por equidade, a critério dos interessados (art. 2º da Lei n 9.307/96), na qual o árbitro pode decidir de acordo com seu critério de justiça ao caso concreto.

Outro ponto importante é saber o tipo de temática que pode ser submetida à arbitragem e, com isso, escapar do alcance da LINDB.

O § 2º do art. 4º da Lei n. 9.307/96 determina que, nos contratos de adesão, a arbitragem pode ocorrer se o aderente tomar a iniciativa de instituir a arbitragem ou concordar, expressamente, com a sua instituição, desde que por escrito em documento anexo ou em negrito, com a assinatura ou visto especialmente para essa cláusula. No tocante aos contratos de consumo (mesmo os que não forem de adesão), a arbitragem é proibida, pois prevalece o comando especial do Código de Defesa do Consumidor brasileiro (Lei n. 8.078/90), pelo qual é nula de pleno direito a cláusula que determina a utilização compulsória de arbitragem (art. 51, VII, do CDC).

Buscou-se eliminar essa restrição à arbitragem nas relações de consumo na reforma da Lei da Arbitragem (Lei n. 13.129/2015), mas houve veto presidencial. O texto vetado dispunha que: "§ 2º Nos contratos de adesão, a cláusula compromissória só terá eficácia se for redigida em negrito ou em documento apartado. § 3º Na relação de consumo estabelecida por meio de contrato de adesão, a cláusula compromissória só terá eficácia se o aderente tomar a iniciativa de instituir a arbitragem ou concordar expressamente com a sua instituição". Pelas razões do veto, entendeu a Presidência da República que a redação desses dois parágrafos seria confusa e poderia levar à interpretação de que ambos autorizariam, de forma ampla, a arbitragem nas relações de consumo, sem deixar claro que a manifestação de vontade do consumidor deveria se *dar também* no *momento posterior* ao surgimento de eventual controvérsia e *não apenas* no momento inicial da assinatura do contrato[245].

A razão da restrição à autonomia do consumidor está no reconhecimento de sua vulnerabilidade, uma vez que lhe faltaria conhecimento técnico para, no momento de celebração do contrato de consumo, avaliar os riscos da escolha da arbitragem para futuros litígios, mesmo quando o contrato chame a atenção para a cláusula arbitral. O direito à igualdade material, então, justifica a restrição à liberdade de contratar e escolher a arbitragem. Só que essa restrição não é absoluta, pois pode o consumidor concordar com arbitragem após o surgimento do litígio. Assim, o Código de Defesa do Consumidor proíbe a adoção prévia e compulsória à arbitragem prevista em contrato, não impedindo que o consumidor, após o litígio com o fornecedor, aceite a instauração de arbitragem[246].

Claudia Lima Marques é enfática ao repudiar o uso compulsório da arbitragem a partir de manifestação prévia do consumidor no momento da celebração do contrato (ou seja, quando o litígio é uma possibilidade remota, na sua percepção). Para a autora, há intensa perda para o consumidor, pois a arbitragem de consumo pode ser por equidade e, consequentemente, sem aplicação do Código de Defesa do Consumidor (CDC). Além disso, as regras processuais protetivas do CDC poderiam ser afastadas, como a inversão do ônus da prova a favor do consumidor, entre outros direitos consumeristas[247].

Assim, excluindo os temas não suscetíveis de serem submetidos ao procedimento arbitral, a aplicação da LINDB fica afastada pelo critério de especialidade, uma vez que a Lei da Arbitragem é lei especial (e posterior). Assim, indiretamente, nos contratos que preveem a arbitragem, é possível a escolha da lei.

4.8. O impacto da ratificação da CISG e a regência dos contratos internacionais

Em 2013, o Brasil ratificou a Convenção das Nações Unidas sobre Contratos de Compra e Venda Internacional de Mercadorias, que é conhecida como CISG, sigla

---

[245] Mensagem de Veto n. 162, de 26 de maio de 2015. Disponível em: <http://www.planalto.gov.br/ccivil_03/_Ato2015-2018/2015/Msg/VEP-162.htm>. Último acesso em: 17 nov. 2022.

[246] Nesse sentido, conferir Superior Tribunal de Justiça, Recurso Especial n. 1.169.841-RJ, Rel. Min. Nancy Andrighi, Data do julgamento 6-11-2012, Data da publicação/Fonte: *DJe* 14-11-2012.

[247] MARQUES, Claudia Lima. É preciso manter veto à arbitragem privada de consumo, *Revista Eletrônica Conjur*. Disponível em: <http://www.conjur.com.br/2015-jun-09/claudia-marques--preciso-manter-veto-arbitragem-consumo>. Último acesso em: 17 nov. 2022.

inglesa da denominação *Convention on Contracts for the International Sale of Goods,* elaborada em 1980, no seio da Comissão das Nações Unidas para o Direito Mercantil Internacional (UNCITRAL), e em vigor desde 1988. A Convenção entrou em vigor para o Brasil em 2014.

A hesitação brasileira em ratificar a CISG é fruto da desconfiança de que essa Convenção, redigida em um momento no qual o Brasil era pouco atuante no comércio internacional, beneficiaria somente a parte vendedora, ou seja, as empresas estrangeiras. No atual momento, no qual as empresas brasileiras tentam se constituir em *global players,* o Brasil se transformou no 79º país a ratificar a Convenção.

Além disso, a CISG já conta com a participação de 95 Estados (2022)[248], o que corresponde a aproximadamente 90% do comércio mundial, incluindo parceiros comerciais estratégicos do Brasil, como EUA, China e os Estados-Membros do Mercosul. Segundo os dados oficiais, aproximadamente metade das exportações brasileiras são direcionadas à China, EUA, Argentina, Holanda, Alemanha, Japão, Venezuela, Bélgica e Itália, que são Estados-Partes da CISG. Também, mais da metade das importações brasileiras são provenientes dos EUA, China, Argentina, Alemanha, Japão, Itália, França e México, também partes da CISG. Finalmente, 75% do comércio internacional brasileiro é feito com Estados signatários da CISG[249].

A CISG busca uniformizar a regulação jurídica sobre fatos transnacionais (no caso, os contratos de compra e venda de mercadoria), visando incrementar a segurança jurídica dos agentes econômicos envolvidos, bem como reduzir os chamados custos jurídicos envolvidos nas compras e vendas internacionais, pois seria eliminada a incerteza do conhecimento das normas estrangeiras.

Do ponto de vista formal, a CISG aplica-se a contratos *internacionais* de compra e venda de mercadorias (bens corpóreos móveis), que são (i) contratos com partes contratantes estabelecidas em Estados distintos, ou ainda (ii) contratos nos quais a obrigação será cumprida em Estado diverso daquele no qual o contrato foi celebrado. Do ponto de vista material, a CISG destina-se a reger contratos com elementos de estraneidade, ou seja, vínculos com mais de um ordenamento jurídico, em uma opção pelo método de DIPr da *uniformidade de tratamento* e não pelo método conflitual (indicação, via regra de conexão, da lei aplicável).

Ainda no que tange ao alcance material da Convenção, seu art. 2º expressamente exclui as vendas (i) de mercadorias adquiridas para uso pessoal, familiar ou doméstico, excluindo, então, os *contratos de consumo,* salvo se o vendedor, antes ou no momento de conclusão do contrato, não souber, nem devesse saber, que as mercadorias

---

[248] Lista de Estados-Partes disponível em: <https://uncitral.un.org/en/texts/salegoods/conventions/sale_of_goods/cisg/status>. Último acesso em: 23 nov. 2022.

[249] Mensagem Presidencial n. 636/2010, solicitando a aprovação congressual da CISG. Dados constam da Nota Técnica n. 1, de 2009, da Secretaria Executiva da Câmara de Comércio Exterior – Secex/Camex, inserida na Mensagem.

são adquiridas para tal uso; (ii) em hasta pública; (iii) em execução judicial; (iv) de valores mobiliários, títulos de crédito e moeda; (v) de navios, embarcações, aerobarcos e aeronaves; e (vi) de eletricidade. Por sua vez, os contratos *nacionais,* sem elemento de estraneidade, continuam a ser regidos pelo Direito interno de cada Estado.

Do ponto de vista espacial, a Convenção aplica-se aos contratos de compra e venda de mercadorias entre partes que tenham seus estabelecimentos em Estados distintos: (i) quando tais Estados forem Estados Contratantes; ou (ii) quando as regras de Direito Internacional Privado levarem à aplicação da lei de um Estado Contratante, como, por exemplo, contrato celebrado em um Estado e cuja execução for realizada em outro, exigindo a aplicação da lei estrangeira.

Assim, mesmo antes da ratificação brasileira, era possível a aplicação da CISG em casos envolvendo o DIPr brasileiro, quando a aplicação da regra do art. 9º da LINDB indicasse a lei de um Estado-Parte da CISG. A CISG não leva em consideração a nacionalidade das partes nem o caráter civil ou comercial das partes ou do contrato.

A autonomia da vontade foi expressamente prevista na CISG no art. 6º, pois as partes em um contrato podem excluir a aplicação da Convenção, derrogar qualquer de suas disposições ou modificar-lhes os efeitos. Quanto à interpretação, o art. 7º exige que se leve em conta o seu caráter internacional e a necessidade de promover a uniformidade de sua aplicação, bem como de assegurar o respeito à boa-fé no comércio internacional. As questões referentes às matérias reguladas pela CISG que não forem por ela expressamente resolvidas serão dirimidas segundo os *princípios gerais* que a inspiram ou, à falta destes, de acordo com a lei aplicável segundo as regras de *Direito Internacional Privado.*

O objeto principal da Convenção é a uniformização da (i) formação do contrato de compra e venda e (ii) dos direitos e obrigações do vendedor e comprador dele emergentes. A CISG exclui de sua regência: (i) a validade do contrato ou de qualquer das suas cláusulas, bem como a validade de qualquer uso ou costume; (ii) os efeitos que o contrato possa ter sobre a propriedade das mercadorias vendidas.

Em linhas gerais, a Convenção regula a formação de contrato (entre presentes, ou entre ausentes, por exemplo, por fax ou meio eletrônico), bem como distribui as obrigações entre as partes. Do lado do vendedor, cabe-lhe (i) transferir a propriedade da mercadoria e (ii) garantir a adequação de suas especificações. Do lado do comprador, a Convenção exige-lhe (i) pagar o preço e (ii) se dispor a receber os bens.

Assim, em que pese a existência de (ainda) ampla maioria doutrinária que exclui a possibilidade de as partes livremente escolherem a lei aplicável aos contratos, à luz da interpretação restritiva do art. 9º da LINB, as convenções internacionais e a Lei da Arbitragem impõem uma nova visão da temática, favorável à autonomia da vontade e da *lex contractus,* com a ressalva da invocação da ordem pública no momento da execução do contrato, caso haja – na lei escolhida livremente – instituto ofensivo ao ordenamento do foro.

5. SUCESSÕES

O direito das sucessões consiste no conjunto de normas que rege a eventual transferência de posições jurídicas ocasionada pela morte da pessoa física titular. Transfere-se o patrimônio do morto (também chamado de *de cujus*[250]) ou ausente a outra pessoa, denominada herdeiro, por previsão legal ou ato de última vontade.

O Direito Internacional Privado das Sucessões trata de sucessão que possa envolver dois ou mais ordenamentos jurídicos (a sucessão transnacional) em virtude de vínculos criados pelo estatuto pessoal do *de cujus*, dos herdeiros ou ainda pela localização dos bens, devendo ponderar os direitos que nela incidem.

No DIPr, deve ser levado em consideração o *direito individual à herança*, que consiste na transmissão de bens de pessoa natural falecida ou declarada judicialmente ausente para os chamados herdeiros, escolhidos pela lei (herdeiro necessário) ou pelo titular dos bens em ato de última vontade (herdeiro testamentário).

A abertura da sucessão se dá pela morte da pessoa natural ou pela sua ausência[251]. Há, também, a *liberdade de dispor dos bens* como ato de última vontade (direito de testar), além do *direito à igualdade* entre herdeiros e também o *direito de não ser discriminado* por motivo odioso.

Há prevalências e compressões entre esses direitos nos principais temas do Direito Internacional Privado das Sucessões no Brasil que são aqui abordados, a saber: (i) o cisma entre a unidade e a pluralidade sucessória no Direito Internacional Privado e a opção brasileira; (ii) o alcance da lei do domicílio do falecido para reger a sucessão no Direito Internacional Privado brasileiro; (iii) o tratamento preferencial aos sucessores brasileiros; (iv) a polêmica "capacidade para suceder" prevista na lei brasileira; (v) a ameaça à unidade sucessória e a conciliação possível entre a "escolha da lei" e a "determinação da jurisdição".

5.1. Entre a unidade e fragmentação

No que tange à determinação da lei material que deve reger as sucessões transnacionais, há duas correntes no Direito Internacional Privado que merecem destaque:

---

[250] A expressão "*de cujus*" é fruto da abreviação do brocardo latino "*de cujus sucessione agitur*", que pode ser traduzido como "aquele de cuja sucessão se trata".

[251] No Brasil, reconhece-se o estado de ausência a quem desaparece do seu domicílio sem dele haver notícia, sem representante ou procurador a quem caiba administrar-lhe os bens, cabendo ao juiz, a requerimento de qualquer interessado ou do Ministério Público, declarar sua ausência, e nomear curador. Decorrido um ano da arrecadação dos bens do ausente, ou, se ele deixou representante ou procurador, em se passando três anos, poderão os interessados requerer que se declare a ausência e se abra provisoriamente a sucessão. Dez anos depois de passada em julgado a sentença que concede a abertura da sucessão provisória, poderão os interessados requerer a sucessão definitiva e o levantamento das cauções prestadas. Se, nos dez anos a que se refere este artigo, o ausente não regressar, e nenhum interessado promover a sucessão definitiva, os bens arrecadados passarão ao domínio (i) do Município ou do Distrito Federal, se localizados nas respectivas circunscrições, (ii) da União, quando situados em território federal (arts. 22, 26 e 37 do Código Civil).

(i) a corrente pessoal ou subjetiva, que utiliza o *estatuto pessoal* do *de cujus* como critério para determinação da lei regulatória da sucessão; e (ii) a corrente material ou objetiva, que utiliza a *situação do patrimônio* e os *tipos de bens* a serem transferidos (imóveis ou móveis) como critério para determinação da lei regulatória da sucessão[252].

De acordo com a corrente subjetiva do DIPr das sucessões, a lei da nacionalidade ou do domicílio do *de cujus* em geral regula a ordem de sucessão, bem como os limites do direito de testar e livremente dispor dos bens em seu ato de última vontade. Já de acordo com a corrente objetiva, a lei do lugar da situação do bem imóvel regula a sucessão, com exceção das coisas móveis, também regidas pela lei do domicílio do *de cujus*. De acordo com o brocardo dos primeiros estudiosos de DIPr, como Baldo, "*mobilia persona sequuntur; immobilia vero territorium*"[253].

No Direito Internacional Privado, as consequências da adoção das correntes subjetiva ou objetiva na temática sucessória dizem respeito à *unidade* ou a *pluralidade* da sucessão.

A opção pela corrente subjetiva impõe uma única lei para reger o fenômeno sucessório, dando-lhe unidade. Assim, quer se utilize a lei da nacionalidade ou a lei do domicílio do *de cujus*, a sucessão será tratada de modo único pela lei escolhida, não importando se os bens estejam espalhados em diversos Estados.

Por sua vez, a corrente objetiva impõe o uso de leis distintas para reger a sucessão, caso o patrimônio do *de cujus* esteja espalhado em diversos territórios. Fragmenta-se a sucessão, restando mais dificultosa a tarefa de se obter a igualdade entre os herdeiros, diante da incidência de regras diversas sobre a divisão do espólio.

Na fase iniciadora do DIPr, dita fase estatutária, ficou célebre a "Questão Inglesa", de Bártolo de Sassoferrato, aqui já estudada, envolvendo a sucessão de inglês com bens na Inglaterra e na Itália. Na Inglaterra, a lei estipulava que a herança era toda do primogênito; na Itália, havia a regra de partilha entre os filhos. A solução, após o estudo dos vocábulos do estatuto (para aferir se se tratava de um "estatuto pessoal" ou "estatuto real"), foi a desconsideração da unidade da sucessão, tendo o primogênito herdado os bens na Inglaterra, mas partilhado os bens na Itália com seus irmãos[254].

Na fase da estabilização conflitual do DIPr, a unicidade da sucessão foi defendida por Savigny, Story e Mancini, dada a sua vantagem de respeitar a essência da sucessão, que é a transferência (por última vontade ou disposição legal) de todo

---

[252] SERPA LOPES, Miguel Maria de. *Comentários à Lei de Introdução ao Código Civil*, v. II, 2. ed. Rio de Janeiro: Freitas Bastos, 1959, p. 259.

[253] VALLADÃO, Haroldo. *Direito internacional privado*, v. II, 2. ed. Rio de Janeiro: Freitas Bastos, 1977, p. 209.

[254] BEALE, Joseph Henry (tradutor). *Bartolus on the conflict of law*. Cambridge: Harvard University Press, 1914. A questão inglesa encontra-se nas p. 44-47. CLARENCE SMITH, J.A. Bartolo on the Conflict of Laws. *The American Journal of Legal History*, v. 14, n. 3, jul. de 1970, p. 174-183 e também p. 247-275.

patrimônio ao sucessor. Houve clara fidelidade de Savigny ao direito romano, devendo haver *universalidade sucessória* (*universum jus defuncti*), uma vez que o patrimônio deixado pelo *de cujus*, tal qual estipulava os romanos, constitui-se em um todo único. Para Savigny, o melhor sistema de DIPr na esfera sucessória era a escolha da lei do domicílio do *de cujus* para reger toda a sucessão, não importando a localização ou distinção de bens[255].

Claro que é possível ainda o uso da *lei da nacionalidade do de cujus* ou até mesmo a *lei do local do falecimento* no sistema da unidade ou universalidade da sucessão. Valladão atribui ao Código Civil italiano de 1865 o posto de primeiro a consagrar o princípio da unidade e da universalidade da sucessão sob uma única lei, no caso a lei da nacionalidade do defunto[256], sob a influência do princípio da nacionalidade de Mancini.

Contudo, o sistema prevalecente nas legislações locais de DIPr foi o da pluralidade sucessória, ao melhor sabor do período estatutário, como se vê nas regras francesas, espanholas e de vários países da América Latina[257].

No Brasil, a corrente subjetiva foi adotada, inicialmente, na antiga introdução ao Código Civil de 1916, estabelecendo seu art. 14 que "a sucessão legítima ou testamenteira, a ordem da vocação hereditária, os direitos dos herdeiros e a validade intrínseca das disposições do testamento, qualquer que seja a natureza dos bens e o país onde se achem, guardado o disposto neste Código acerca das heranças vagas abertas no Brasil, obedecerão à *lei nacional do falecido*". Claro que, inicialmente, o critério para impor a unidade sucessória da antiga LICC/16 foi o da lei da nacionalidade do *de cujus* uma vez que era a regra de conexão (*lex patriae*) adotada para a regência do estatuto pessoal.

Com a edição da Lei de Introdução ao Código Civil em 1942 (LICC/42), não houve alteração substancial da matéria, que foi tratada no art. 10, *caput*, em redação mais enxuta: "A sucessão por morte ou por ausência obedece à lei do país em que domiciliado o defunto ou o desaparecido, qualquer que seja a natureza e a situação dos bens".

O termo "sucessão" do art. 10 abrange todos os institutos da sucessão testamentária e não testamentária[258]. Esse dispositivo da Lei de Introdução às Normas do

---

[255] Para Savigny, o uso do local da situação dos bens para a escolha da lei sucessória é "expediente de todo arbitrário", pois o patrimônio a ser herdado é uma universalidade, composto de bens, créditos e dívidas. Ver SAVIGNY, Friedrich Carl von. *Sistema do direito romano atual*, v. VIII, Tradução de Ciro Mioranga (edição original de 1849), Ijuí: Unijuí, 2004, § 375, p. 240-241.

[256] VALLADÃO, Haroldo. *Direito internacional privado*, v. II, 2. ed. Rio de Janeiro: Freitas Bastos, 1977, p. 211.

[257] VALLADÃO, Haroldo. *Direito internacional privado*, v. I, 2. ed. Rio de Janeiro: Freitas Bastos, 1977, p. 209.

[258] TENÓRIO, Oscar. *Lei de Introdução ao Código Civil brasileiro*, 2. ed. Rio de Janeiro: Borsoi, 1955, p. 346. Na mesma linha, Serpa Lopes defendeu que é "impossível admitir outra exegese que não esta: o termo *sucessão* deve ser entendido na sua acepção mais *lata*, abrangendo a

Direito Brasileiro abrange todos os bens (móveis ou imóveis; corpóreos ou imateriais), bem como qualquer tipo de sucessão, importando tão somente a determinação do domicílio do *de cujus* ou ausente: se domiciliado no Brasil, será utilizada a lei brasileira; caso seja seu domicílio no exterior, a lei estrangeira.

Assim, a lei do domicílio do *de cujus* em vigor na data do óbito (abertura da herança[259]) deve reger a sucessão e, em especial, a ordem de vocação hereditária ou sucessória, o direito dos herdeiros e as demais disposições sucessórias. Isso implicou na adoção da unidade sucessória no Brasil, pois uma única lei deve reger a sucessão (a lei do domicílio do *de cujus*), não importando a natureza ou localização dos bens.

5.2. O alcance da lei do domicílio para reger a sucessão no Direito Internacional Privado brasileiro

O alcance da lei do domicílio do *de cujus* para reger a sucessão é amplo, regulando a sucessão legítima ou testamentária em todos os seus aspectos, a saber: (i) a definição da condição de herdeiro e a ordem da vocação hereditária, incluindo a substituição de pessoa sucessível; (ii) os direitos dos herdeiros e legatários; (iii) a validade intrínseca das disposições do testamento (a substância das disposições testamentárias e os seus efeitos) e os limites à liberdade de testar; (iv) a identificação e limite da cota de cada herdeiro necessário; (v) as hipóteses de deserdação e indignidade; (vi) as hipóteses de colação dos bens; e (vii) o modo de partilha dos bens e dívidas.

Entretanto, o direito ou liberdade de testar é instituto relativo ao *estado pessoal,* pois se refere justamente aos direitos da personalidade. Logo, obedece, no caso brasileiro, à lei do domicílio do testador, no momento da elaboração do testamento, conforme o disposto no art. 7º da LINDB. Eventual mudança de domicílio não leva a utilização da lei nova (lei do novo domicílio) avaliar a validade ou invalidade do testamento anterior. É caso de "conflito móvel", já estudado neste *Curso,* devendo utilizar-se a regra intertemporal de preservação do ato jurídico perfeito. Nessa linha, defende Strenger que "a lei domiciliar *contemporânea* ao *ato* é, ao que parece, a que deve ser consagrada"[260].

No caso da validade extrínseca do testamento (verificação se não houve nulidade ou falsidade), a lei de regência é a lei do local da realização do ato, como regra geral dos negócios jurídicos (*locus regit actum*), conforme defendido na análise do art. 9º da Lei de Introdução às Normas do Direito Brasileiro, utilizada analogicamente

---

sucessão legítima e a testamentária". SERPA LOPES, Miguel Maria de. *Comentários à Lei de Introdução ao Código Civil,* v. II, 2. ed. Rio de Janeiro: Freitas Bastos, 1959, p. 334.

[259] Posição consolidada no STF: "(...) 2. A sucessão regula-se por lei vigente à data de sua abertura (...). Precedente: RE n. 163.167-SC, Primeira Turma, Relator o Ministro Ilmar Galvão, *DJ* 8/9/95". Supremo Tribunal Federal, AR 1811, Relator p/Acórdão: Min. Dias Toffoli, julgado em 3-4-2014, Acórdão Eletrônico *DJe*-213, de 29-10-2014, publicado em 30-10-2014.

[260] STRENGER, Irineu. *Direito internacional privado.* 4. ed. São Paulo: LTr, 2000, p. 743. Grifo meu.

como regra geral do uso das peculiaridades da lei estrangeira para aferir sua validade extrínseca[261].

O *locus regit actum* pode ser, ainda, considerado verdadeira norma consuetudinária de Direito Internacional Privado, fruto da boa-fé e da igualdade, tendo sido reconhecido na literalidade do art. 11 da antiga LICC de 1916: "A forma extrínseca dos atos, públicos ou particulares, reger-se-á segundo a lei do lugar em que se praticarem"[262].

Na jurisprudência brasileira, o caso da cantora lírica *Gabriella Lage* ficou célebre, pois reproduziu dúvida clássica no DIPr sobre a validade de testamento hológrafo (particular). A controvérsia girou em torno do fato de Gabriella ter falecido em Roma, em 1962, onde se achava domiciliada, quando na Itália (tal qual ocorria em outros países, como Alemanha e França) não se exigia testemunha para a validade do testamento particular. Ocorre que a lei brasileira prevê a presença de testemunhas para a sua leitura e assinatura como requisito essencial para a validade do testamento particular (art. 1.645 do antigo Código Civil de 1916 e art. 1.876 do atual Código Civil de 2002). Analisando o caso, decidiu o Supremo Tribunal Federal que as formalidades na celebração de um testamento são regidas pela lei do local da lavratura (*locus regit actum*), tendo considerado válido o testamento de Gabriella Lage, feito de acordo com a lei italiana[263].

No tocante à substância do ato (validade intrínseca), como já visto, utiliza-se a lei do domicílio do *de cujus*. Tema importante na jurisprudência diz respeito ao *testamento conjuntivo ou de mão comum*, proibido no Brasil, mas aceito em vários países. Para o Direito Civil brasileiro, o testamento é fruto da liberdade individual de testar, não podendo ser feito em conjunto. Por isso, o domiciliado no Brasil não pode realizar testamento conjuntivo no exterior, pois o tema diz respeito à capacidade de testar, sendo regido pela lei do domicílio do testador (no exemplo, a lei brasileira).

Por sua vez, nada impede que eventual cláusula testamentária válida de acordo com a lei do domicílio do *de cujus* seja considerada inválida no Brasil, por ofensa à

---

[261] CARVALHO RAMOS, André de. Art. 9. In: CARVALHO RAMOS, André de; GRAMSTRUP, Erik Frederico. *Comentários à Lei de Introdução às Normas do Direito Brasileiro*. 2. ed. São Paulo: Saraiva, 2021.

[262] Na mesma linha do uso do art. 9º, § 1º, para justificar o *locus regit actum* ver SERPA LOPES, Miguel Maria de. *Comentários à Lei de Introdução ao Código Civil*, v. II, 2. ed. Rio de Janeiro: Freitas Bastos, 1959, p. 336. ESPÍNOLA, Eduardo; ESPÍNOLA FILHO, Eduardo. *A Lei de Introdução ao Código Civil brasileiro* – comentada na ordem dos seus artigos. 2. ed. Rio de Janeiro: Renovar, 1995, n. 284, p. 68.

[263] STF, Recurso Extraordinário 68.157-GB. Rel. Min. Luiz Gallotti, julgamento de 18-4-1972, *DJ* 26-5-1972, p. 3333. A ementa foi assim vertida: "Testamento particular feito na Itália, sem testemunhas. Sua exequibilidade no Brasil. Tanto o art. 10 da nossa lei de introdução como o art. 23 da italiana dizem respeito a lei reguladora da sucessão. E aqui não se discute sobre a lei reguladora da sucessão mas sobre formalidades do testamento. Da forma do testamento cuida, não o citado art. 23, mas o art. 26. Devolução. A esta e infensa a atual lei de introdução (art. 16). A lei italiana e a lei brasileira admitem o testamento hológrafo ou particular, divergindo apenas no tocante as respectivas formalidades, matéria em que, indubitavelmente, se aplica o princípio *locus regit actum*. Recurso Extraordinário conhecidos, mas não providos".

ordem pública do DIPr, como, por exemplo, eventual discriminação odiosa a filho (ofensiva à igualdade prevista no art. 227, § 6º, e no art. 5º, *caput*, da CF/88).

5.3. O uso da lei mais favorável aos sucessores brasileiros

Há uma importante exceção ao uso da "lei do domicílio do *de cujus*", que revela um aspecto nacionalista do Direito Internacional Privado das sucessões no Brasil: o tratamento preferencial aos sucessores brasileiros (cônjuge ou filhos) dado na hipótese de falecimento de estrangeiros com bens situados no território brasileiro.

Esse tratamento preferencial tem amparo constitucional, uma vez que, no seu art. 5º, XXXI, a Constituição Federal estipula regra unilateral de Direito Internacional Privado, que só pode ser aplicada para beneficiar brasileiros: a sucessão de bens de estrangeiros, situados no País, será regulada pela lei brasileira em benefício do cônjuge ou dos filhos brasileiros, ou de quem os represente, sempre que não lhes seja mais favorável a lei pessoal do *de cujus*[264]. Trata-se de exemplo da adoção, no Brasil, do princípio da lei mais favorável, na modalidade do *"prélèvement nacionalista"*, estudado previamente neste *Curso*.

A origem desse *dispositivo preferencial a brasileiros* está na prática imperial constante de textos de convenções consulares, que, por sua vez, espelhavam disposições locais das legislações de Portugal, Itália, França, entre outros Estados. Nessas convenções, adotava-se o *prélèvement* consagrado na lei de 14 de julho de 1819, possibilitando "ao súdito que concorra em seu país com herdeiros estrangeiros o direito de preferir que seu quinhão hereditário seja regulado nos termos da lei de sua pátria"[265].

Após a denúncia das convenções, já na República, a introdução ao Código Civil de 1916 assumiu uma regra unilateralista de DIPr no art. 14, que dispunha "a sucessão legítima ou testamenteira, a ordem da vocação hereditária, os direitos dos herdeiros e a validade intrínseca das disposições do testamento, qualquer que seja a natureza dos bens e o país onde se achem, guardado o disposto neste Código acerca das heranças vagas abertas no Brasil, obedecerão à lei nacional do falecido; se este, porém, era *casado com brasileira, ou tiver deixado filhos brasileiros, ficarão sujeitos à lei brasileira*". Nesse caso, não havia opção do "uso da lei mais favorável": havia uma presunção legal que a lei brasileira seria a mais protetiva.

Na Constituição de 1934, o preceito de utilização da lei mais favorável foi assumido com a seguinte redação (art. 134): "a vocação para suceder em bens de estrangeiros existente no Brasil será regulada pela lei nacional em benefício do cônjuge brasileiro e dos seus filhos, sempre que não lhes seja mais favorável o estatuto do *de*

---

[264] *In verbis:* "Art. 5º, XXXI – a sucessão de bens de estrangeiros situados no País será regulada pela lei brasileira em benefício do cônjuge ou dos filhos brasileiros, sempre que não lhes seja mais favorável a lei pessoal do 'de cujus'".

[265] Extraído de Valladão. VALLADÃO, Haroldo. *Direito internacional privado*, v. II, 2. ed. Rio de Janeiro: Freitas Bastos, 1977, p. 222.

cujus". Com isso, adotou-se na íntegra o *prélèvement nacionalista* para favorecer – com o uso da lei brasileira ou mesmo da lei estrangeira – os nacionais.

Essa redação foi mantida na Constituição de 1937 (art. 152), Constituição de 1946 (art. 165), sendo alterada na Constituição de 1967, que dispôs que "a sucessão de bens de estrangeiros, situados no Brasil será regulada pela lei brasileira, em benefício do cônjuge ou dos filhos brasileiros, sempre que lhes não seja mais favorável a lei nacional do *de cujus*". Com isso, em vez de mencionar a "vocação para suceder", a Constituição de 1967 tratou genericamente da "sucessão de bens", e ainda fez menção à "lei nacional", em lugar de "estatuto do *de cujus*".

Com a Emenda Constitucional n. 1 de 1969, houve nova redação do instituto no art. 153, § 33, que dispunha que "a sucessão de bens de estrangeiros situados no Brasil será regulada pela lei brasileira, em benefício do cônjuge ou dos filhos brasileiros, sempre que lhes não seja mais favorável a *lei pessoal* do *de cujus*".

A CF/88 manteve o mesmo texto do art. 153, § 33, da Constituição pretérita. Ressalta-se que a redação de hoje é clara em estabelecer o tratamento preferencial aos sucessores brasileiros, admitindo, inclusive, o uso da lei estrangeira se esta beneficiar mais os brasileiros que a lei nacional.

O fundamento do dispositivo atual é a proteção da família brasileira, evitando que a sucessão de bens lhe seja prejudicial, o que afetaria a sua qualidade de vida e sustento. Nota-se que a *nacionalidade* como fator de diferenciação foi mantida mesmo com a mudança da regra de regência do estatuto pessoal (da lei da nacionalidade para a lei do domicílio), deixando sem maior proteção os estrangeiros domiciliados no Brasil.

Quanto aos *brasileiros domiciliados no estrangeiro*, o STF já admitiu a aplicação analógica ("força de compreensão", no dizer do acórdão) desse tratamento preferencial *a brasileiros* para incidir também na sucessão de brasileiro domiciliado no exterior (e não *sucessão de estrangeiro*)[266].

Em síntese, para a configuração do tratamento preferencial exige-se: (i) sucessão de estrangeiro; (ii) bens situados no Brasil (não atingindo os bens situados no exterior); iii) existência de cônjuge ou filhos brasileiros; e iv) uso da lei mais favorável aos brasileiros, seja a lei brasileira ou ainda a "lei pessoal" do falecido, que pode ser a *sua lei da nacionalidade* ou ainda a *lei do seu domicílio*.

---

[266] Supremo Tribunal Federal, Embargos de Divergência no Recurso Extraordinário 59.871 EDv-RS. Rel. Min. Eloy da Rocha, julgamento: 26-5-1971. De acordo com a ementa: "Vocação para suceder, vigente a Constituição de 1946, em bens situados no Brasil, pertencentes no Brasil, pertencentes a brasileiro domiciliado no estrangeiro. Incidência da lei sucessória brasileira, em benefício de filha adotiva brasileira, igualmente domiciliada em outro país. Aplicação, *por força de compreensão*, do art. 165 daquela Constituição. Embargos de divergência conhecidos e recebidos". Grifo meu. Meinero realizou minucioso estudo sobre esse tratamento benéfico aos nacionais, concluindo pela necessidade de sua eliminação, em face da discriminação que gera entre herdeiros nacionais e estrangeiros. MEINERO, Fernando Pedro. *Sucessões internacionais no Brasil*. Curitiba: Juruá, 2017.

Assim, no caso de sucessão de bens de estrangeiros, mesmo se o falecido tiver domicílio em outro país, a lei utilizada será a brasileira no que tange aos bens situados no Brasil, desde que tal aplicação beneficie o cônjuge ou filhos brasileiros.

A adoção dessa hipótese de *prélèvement nacionalista* cria exceção à unidade sucessória utilizada no DIPr de matriz legal brasileira, uma vez que só é aplicável aos bens situados no Brasil (e não à totalidade dos bens objeto da sucessão). Abre-se a possibilidade de pluralidade de leis sucessórias: a que regerá a sucessão dos bens no Brasil e a que regulará a sucessão de bens no exterior.

Ponto controvertido é saber como deve o intérprete proceder na hipótese de a lei brasileira favorecer um herdeiro nacional (por exemplo, o cônjuge) e a lei pessoal do *de cujus* favorecer outro herdeiro igualmente brasileiro (por exemplo, o filho).

A CF/88 e a LINDB não preveem um *critério de desempate*, pois houve menção idêntica de tratamento preferencial ao cônjuge *ou* aos filhos brasileiros. Entendo que, nessa hipótese, utiliza-se o *critério do tratamento menos lesivo ao nacional*, devendo ser aplicada a lei que evite o maior prejuízo a um nacional. Trata-se de um critério extraído do espírito do instituto do *prélèvement nacionalista*, que é evitar lesão aos interesses nacionais. Por exemplo, caso a lei estrangeira beneficie totalmente o filho brasileiro e negue direitos sucessórios do cônjuge também brasileiro, deve-se aplicar a lei brasileira, uma vez que o Código Civil de 2002 é generoso com o cônjuge sem desproteger os filhos.

Outro ponto controvertido diz respeito à violação da igualdade entre os filhos (prevista no art. 227, § 6º, da CF/88[267]) pelo uso desse tratamento preferencial aos nacionais. Por exemplo, em uma determinada sucessão transnacional na qual haja dois irmãos herdeiros, sendo o primogênito brasileiro (por ter nascido de pais estrangeiros, que não estavam a serviço do seu país, no território nacional) e o mais novo estrangeiro (por ter nascido fora do território nacional), determinando a lei material estrangeira que o primogênito herda tudo. Pela literalidade do comando constitucional e legal do *prélèvement nacionalista,* o julgador deveria aplicar a lei estrangeira para beneficiar o brasileiro em detrimento do seu irmão mais novo. Nesse caso, entendo que a violação da igualdade entre os filhos ofende a ordem pública do DIPr brasileiro à luz dos direitos humanos, não sendo justificável essa intensa quebra da isonomia. Cabe, assim, aplicar a lei brasileira que assegura a igualdade dos quinhões entre os irmãos, mesmo que isso desfavoreça o herdeiro brasileiro. Deve-se interpretar a Constituição como um todo: o tratamento preferencial aos herdeiros brasileiros (regra geral) não pode ofender a igualdade entre os filhos, de igual quilate constitucional e que se transforma, nesse caso, em regra especial para ser utilizada na sucessão transnacional.

---

[267] Art. 227, § 6º "Os filhos, havidos ou não da relação do casamento, ou por adoção, terão os mesmos direitos e qualificações, proibidas quaisquer designações discriminatórias relativas à filiação".

Resta analisar criticamente o instituto do *prélèvement nacionalista* em face da igualdade entre nacionais e estrangeiros. Como já visto no capítulo sobre o uso da lei mais favorável deste *Curso*, o *prélèvement nacionalista* sofre a crítica de violar a igualdade entre brasileiros e estrangeiros, sem que apresente qualquer fundamentação que não seja a nacionalidade para justificar a discriminação.

É possível, contudo, interpretar o comando constitucional e legal em análise de *modo restritivo*, impondo ao intérprete que *só* o utilize caso seja indispensável para compensar a discriminação que o brasileiro esteja sofrendo na sucessão de bens no exterior na mesma herança. Não se trata de reciprocidade, mas sim de imposição de igualdade material entre os herdeiros em uma sucessão transnacional.

5.4. A capacidade para suceder

De acordo com o *caput* do art. 10 da LINDB, a sucessão obedece à lei do domicílio do *de cujus*, mas o § 2º do mesmo artigo prevê que a lei do domicílio do herdeiro ou legatário regula a "capacidade para suceder", em uma inovação feita pela antiga Lei de Introdução ao Código Civil de 1942 e mantida no DIPr brasileiro até hoje. Para Valladão, a *capacidade para suceder* consiste na "capacidade de fato, de o herdeiro praticar atos jurídicos, de receber", que se submete à lei do seu domicílio. Em outra passagem, Valladão é explícito, defendendo que "só a capacidade para receber, *de facto*, é que fica para a lei pessoal do herdeiro"[268].

A doutrina brasileira majoritária seguiu esse rumo: Espínola[269], Tenório[270], Serpa Lopes[271], Batalha[272], entre outros, também defenderam o uso da lei do domicílio do *de cujus* (art. 10, *caput*, da LINDB) para reger a sucessão e, em especial, a definição da condição de herdeiro, a ordem de sucessão e a divisão dos quinhões hereditários, restando à *lei do domicílio do herdeiro* (art. 10, § 2º, da LINDB) tão somente a regência das questões referentes à capacidade de gozo ou de fato para praticar os atos jurídicos relativos ao recebimento (ou renúncia) da herança.

---

[268] VALLADÃO, Haroldo. *Direito internacional privado*, v. II, 2. ed. Rio de Janeiro: Freitas Bastos, 1977, p. 216.

[269] ESPÍNOLA, Eduardo; ESPÍNOLA FILHO, Eduardo. *A Lei de Introdução ao Código Civil brasileiro* – comentada na ordem dos seus artigos. Atualizada por Silva Pacheco. 2. ed. Rio de Janeiro: Renovar, 1995, n. 275, p. 19. *In verbis:* "Entendemos que a nova Lei de Introdução, quando declara, no art. 10, § 2º, que a lei do domicílio do herdeiro ou legatário regula a capacidade para suceder – considera, não as condições de que depende a situação de herdeiro em relação a uma determinada herança, não a capacidade para ter o direito de sucessor; mas a aptidão para exercer o direito de sucessor reconhecido pela lei competente".

[270] TENÓRIO, Oscar. *Lei de Introdução ao Código Civil brasileiro*. 2. ed. Rio de Janeiro: Borsoi, 1955, p. 360.

[271] SERPA LOPES, Miguel Maria de. *Comentários à Lei de Introdução ao Código Civil*, v. II, 2. ed. Rio de Janeiro: Freitas Bastos, 1959, p. 372.

[272] BATALHA, Wilson de Souza Campos. *Tratado de direito internacional privado*, v. II, 2. ed. São Paulo: RT, 1977, p. 314.

Por sua vez, Amilcar de Castro criticou duramente a expressão "capacidade para suceder", uma vez que a interpretação restrita do dispositivo – capacidade de exercício e não a qualidade de herdeiro – levaria à sua inutilidade, pois estaria já no alcance do art. 7º da LINDB (a capacidade é parte do estatuto pessoal – lei do domicílio)[273].

Em que pese a polêmica, é possível interpretação que concilie o art. 10, *caput*, com seu próprio § 2º. A *capacidade para suceder* não se confunde com a ordem de vocação hereditária, sendo-lhe posterior. Aberta a herança, pelo falecimento do *de cujus*, verifica-se a distribuição das pessoas sucessíveis nas classes para a obtenção da herança, de acordo com a lei do domicílio do *de cujus*. Constatada a qualidade de herdeiro pelo uso da lei do domicílio do *de cujus*, utiliza-se a lei do domicílio do citado herdeiro para que se verifique como este *pode exercer* o direito de herdar. Não se usa a lei do domicílio do herdeiro para se aferir o direito de herdar, pois isso já foi definido *anteriormente* pela lei do domicílio do *de cujus*.

No caso da *capacidade para suceder*, serão discutidas questões sobre sua capacidade para receber ou renunciar a herança, o que, no Brasil, restringe-se à aferição da sua capacidade jurídica (nascimento com vida), com a expressa proteção dos direitos do nascituro e sua capacidade de fato de manifestar por si só sua vontade de receber a herança ou a ela renunciar.

Nessa linha caminham tanto o Supremo Tribunal Federal quanto o Superior Tribunal de Justiça. No *Caso Swirski*, decidiu o STF que a capacidade para suceder é o conjunto de requisitos para poder herdar, que se leva em consideração *depois* de situar alguém dentro de uma ordem de vocação hereditária, em matéria de sucessão legítima, ou, no caso de sucessão testamentária, se o interessado foi considerado pelo testamento como herdeiro. Assim, a capacidade para suceder *não* envolve a determinação do *status* de herdeiro e o respectivo quinhão, que devem ser aferidos pela lei do domicílio do *de cujus*[274].

No *Caso Escudero*, o Superior Tribunal de Justiça reconheceu que a sucessão hereditária e suas cotas (quem é herdeiro? qual seu quinhão?) devem ser reguladas pela lei do domicílio do *de cujus*. Tratava-se de sucessão de espanhol domiciliado no Brasil, cuja filha adotiva, domiciliada na Espanha, havia sido adotada por intermédio

---

[273] Em conclusão, Castro defende que caberia à jurisprudência "consertar a lei". CASTRO, Amilcar de. *Direito internacional privado*. 5. ed. atualizada com notas de rodapé por Osíris Rocha. Rio de Janeiro: Forense, 2000, p. 457-458.

[274] STF, Recurso Extraordinário 79.613-RJ. Rel. Min. Thompson Flores. Rel. p/ Acórdão Min. Xavier de Albuquerque. Julgamento: 25-2-1976. Ementa: "Ação anulatória de adoção. *Legitimidade ad causam*. São institutos diversos a capacidade para suceder e a vocação hereditária, pelo que a disposição do par. 2, do art. 10 da Lei de Introdução ao Código Civil, limitada que é a capacidade para suceder, *não envolve a vocação hereditária*. Recurso extraordinário não conhecido". Grifo meu.

de instituto de adoção simples, que, à época (1987), na Espanha, não permitia sua inclusão no rol de herdeiros necessários. Foi feito testamento, que apenas outorgou legado à filha adotiva, deixando o grosso da herança à Fundação criada pelo próprio interessado. O Tribunal de Justiça do Estado de São Paulo fez, equivocamente, incidir o art. 10, § 2º, e aplicou a lei espanhola (lei do domicílio da presumida herdeira) para justamente excluir a filha da herança. O STJ reverteu a decisão, salientando que o direito à sucessão é regido pela lei do domicílio do *de cujus*, ou seja, no caso, a lei brasileira (o Sr. Escudero era domiciliado no Brasil), que não permitia a exclusão da filha adotiva[275].

Por isso, a interpretação da expressão ambígua "capacidade para suceder" deve ser restrita à capacidade de direito e de fato do herdeiro de praticar atos para receber a herança, que segue a lei do seu domicílio. Já a fixação da condição de herdeiro, o direito a suceder e a ordem sucessória obedecem a lei do domicílio do *de cujus*.

Essa diferença entre a regência da sucessão (e da ordem sucessória) e a capacidade para suceder também se encontra no Código Bustamante: o art. 152 estabelece que a capacidade para suceder obedece a lei pessoal do herdeiro e o art. 144[276] prevê que a lei pessoal do *de cujus* é que regula as sucessões, inclusive a ordem sucessória.

5.5. A ameaça à unidade sucessória: a pluralidade das jurisdições

A unidade sucessória aceito pelo DIPr brasileiro (com a exceção do "tratamento preferencial a brasileiros", já visto) convive com a constelação de jurisdições estatais, cada qual com potencial de conhecer ações judiciais referentes à transmissão por sucessão de bens situados no seu respectivo território. No Brasil, há inclusive a determinação legal de exclusividade da jurisdição brasileira em matéria de bens situados

---

[275] STJ, REsp 61.434-SP, Rel. Min. Cesar Asfor Rocha, Data do julgamento: 17-6-1997. Data da publicação/Fonte: *DJ* 8-9-1997, p. 42507. Ementa: "Direito internacional privado. Art. 10, parág. 2, do código civil. Condição de herdeiro. Capacidade de suceder. Lei aplicável. Capacidade para suceder não se confunde com qualidade de herdeiro. Esta tem a ver com a ordem da vocação hereditária que consiste no fato de pertencer a pessoa que se apresenta como herdeiro a uma das categorias que, de um modo geral, são chamadas pela lei da sucessão, por isso haverá de ser aferida pela mesma lei competente para reger a sucessão do morto que, no Brasil, 'obedece a lei do País em que era domiciliado o defunto'. (Art. 10, *caput*, da LICC). Resolvida a questão prejudicial de que determinada pessoa, segundo o domicílio que tinha o *de cujus*, e herdeira, cabe examinar se a pessoa indicada é capaz ou incapaz para receber a herança, solução que é fornecida pela lei do domicílio do herdeiro (Art. 10, § 2º, da LICC). Recurso conhecido e provido".

[276] Art. 144. "As sucessões legitimas e as testamentarias, inclusive a ordem de sucessão, a quota dos direitos successorios e a validade intrinseca das disposições, reger-se-ão, salvo as excepções adiante estabelecidas, pela lei pessoal do *de cujus*, qualquer que seja a natureza dos bens e o lugar em que se encontrem. Art. 152. A capacidade para succeder por testamento ou sem elle regula-se pela lei pessoal do herdeiro ou legatário."

no Brasil. Assim, nenhuma sentença estrangeira será reconhecida e executada no Brasil, caso decida sobre inventário e partilha desses bens.

Nessa linha, o antigo Código de Processo Civil brasileiro (Lei n. 5.869/73), em seu art. 89, II, dispunha que "compete à autoridade judiciária brasileira, com exclusão de qualquer outra: (...) II – proceder a inventário e partilha de bens, *situados no Brasil*, ainda que o autor da herança seja estrangeiro e tenha residido fora do território nacional". O novo CPC de 2015 também possui regra similar[277]. Assim, há o monopólio *processual* da Justiça nacional para julgar inventário de bens situados no Brasil, *mesmo* que tenha que aplicar a lei estrangeira, do domicílio do *de cujus*, para reger a sucessão.

O monopólio jurisdicional nacional sobre a sucessão de bens localizados no território estatal é fruto da soberania, revelando uma opção que não é, em abstrato, ilegítima ou ofensiva aos direitos dos envolvidos na questão sucessória. Trata-se, na essência, da desconfiança de um Estado sobre as demais jurisdições, o que poderia ser eliminado por intermédio de tratados no bojo da cooperação jurídica internacional[278].

A opção brasileira, obviamente, implica no ônus do interessado em instaurar ação de inventário no Brasil, mesmo que a maior parte dos bens a inventariar esteja no exterior. Não deveria existir qualquer impacto na aplicação da lei sobre a sucessão: o juízo sucessório será brasileiro, mas o critério de determinação da lei pode gerar o uso da lei estrangeira, caso o falecido tenha sido domiciliado no exterior.

Contudo, resta a dúvida sobre o juízo da ação de inventário no Brasil ter jurisdição para decidir *também* sobre os bens situados no exterior, ou, ao menos, ser obrigado a levar em consideração a partilha desses bens, para assegurar eventual igualdade entre os herdeiros fixada pela lei reguladora da sucessão.

Quanto ao alcance da jurisdição brasileira sobre a totalidade dos bens do falecido (e não somente sobre os bens situados no território nacional), foi reconhecido em vários precedentes judiciais brasileiros (que veremos a seguir) que a regra de fixação de jurisdição internacional cível absoluta brasileira, *a contrario sensu, não* permite que o juízo brasileiro venha a proceder inventário sobre bens do *de cujus* no exterior. Consequentemente, quanto à consideração sobre os bens no exterior para fazer valer o comando de igualdade dos quinhões herdados fixado na lei sucessória, o Supremo

---

[277] Novo CPC, Art. 23. "Compete à autoridade judiciária brasileira, com exclusão de qualquer outra: I – conhecer de ações relativas a imóveis situados no Brasil; II – em matéria de sucessão hereditária, proceder à confirmação de testamento particular e ao inventário e à partilha de bens situados no Brasil, ainda que o autor da herança seja de nacionalidade estrangeira ou tenha domicílio fora do território nacional; III – em divórcio, separação judicial ou dissolução de união estável, proceder à partilha de bens situados no Brasil, ainda que o titular seja de nacionalidade estrangeira ou tenha domicílio fora do território nacional."

[278] Sobre a cooperação jurídica internacional e o paradigma da confiança entre os Estados, ver ABADE, Denise Neves. *Direitos fundamentais na cooperação jurídica internacional*. São Paulo: Saraiva, 2013.

Tribunal Federal brasileiro deu outra interpretação ao monopólio jurisdicional do Judiciário brasileiro (que não trata da lei aplicável), dispondo que *não* podem ser computados na cota hereditária a ser partilhada os bens existentes no exterior. Mesmo que a lei sucessória estabeleça a igualdade de quinhões, tal igualdade só será exigida no tocante aos bens situados no Brasil, rompendo-se a "unidade sucessória" estabelecida no art. 10 da LINDB.

Resignado, Valladão reconheceu que "o princípio de um critério único e universal para a sucessão, 'qualquer que seja a natureza e a situação dos bens' [redação do art. 10 da LINDB], é *faca que não corta*, também no Brasil"[279].

O *leading case* sobre o tema foi o *Caso Albernoz Serralta,* no qual o Tribunal de Justiça do Rio Grande do Sul decidiu que, a despeito da pluralidade jurisdicional (um inventário no Brasil e outro no Uruguai), era indispensável manter a unidade (ou universalidade) sucessória, exigindo que fossem computados, no quinhão do inventário brasileiro, os bens no Uruguai, mantendo-se a igualdade entre os herdeiros prevista na lei material. Contudo, para o STF, ao assim proceder, o TJ/RS estendeu equivocadamente a jurisdição internacional cível brasileira para abarcar bens situados fora do país (no Uruguai) e, ainda, estabeleceu uma universalidade sucessória difícil de ser implementada, caso não houvesse a sua aceitação pela autoridade uruguaia[280].

De acordo com essa visão jurisprudencial, a universalidade sucessória é um "dogma" que ficou superado pela pluralidade de juízos sucessórios. O CPC brasileiro, ao permitir a pluralidade processual, teria fragmentado a sucessão, gerando a adoção de um sistema misto, no qual a unidade sucessória só abarca os bens localizados no Brasil, não podendo incluir aqueles bens situados fora do território nacional. Possibilita-se, obviamente, a *violação* da igualdade entre os herdeiros, no caso do natural (e previsível) desequilíbrio de valores dos bens situados nos diversos países envolvidos.

Há precedentes do Superior Tribunal de Justiça adotando, também, a *pluralidade sucessória*, de modo que os bens situados no exterior não serão trazidos à colação no inventário em processamento no Brasil. Ou seja, não será possível realizar a compensação na partilha, sendo desconstruído o tratamento único e igualitário que a literalidade do art. 10 da LINDB almejava.

No *Caso Jânio Quadros,* decidiu o STJ que, "se o ordenamento pátrio impede ao juízo sucessório estrangeiro de cuidar de bens aqui situados, móveis ou imóveis,

---

[279] Grifo meu. VALLADÃO, Haroldo. *Direito internacional privado*, v. II, 2. ed. Rio de Janeiro: Freitas Bastos, 1977, p. 217.

[280] Ementa do Recurso Extraordinário 99.230-RS, Rel. Min. Rafael Mayer, *DJ* 29-6-1984, p. 10751. "Partilha de bens. Bens situados no estrangeiro. Pluralidade dos juízos sucessórios. Art. 89, II do CPC. Partilhados os bens deixados em herança no estrangeiro, segundo a lei sucessória da situação, descabe à Justiça Brasileira computá-los na quota hereditária a ser partilhada, no País, em detrimento do princípio da pluralidade dos juízos sucessórios, consagrada pelo art. 89, II do CPC."

em sucessão *mortis causa*, em contrário senso, em tal hipótese, o juízo sucessório brasileiro *não* pode cuidar de bens sitos no exterior, ainda que passível a decisão brasileira de plena efetividade lá". Em conclusão, o STJ vetou o envio de carta rogatória à Suíça, para que se localizassem depósitos em contas-correntes do *de cujus* naquele país, a serem trazidas à colação no inventário nacional[281]. No mesmo sentido, decidiu o STJ que "o juízo do inventário e partilha não deve, no Brasil, cogitar de imóveis sitos no estrangeiro. Aplicação do art. 89, inciso II, do CPC" (*Caso Almeida Prado*)[282].

Em 2015, houve mais um precedente do Superior Tribunal de Justiça (*Caso Susemihl*) fulminando a unidade sucessória da LINDB, em caso no qual os herdeiros prejudicados ingressaram com ação de sonegados, requerendo que imóvel situado na Alemanha fosse avaliado e seu valor descontado da cota-parte de outro herdeiro que lá havia obtido todo o bem. Esse precedente é importante porque houve expressa consagração da *relatividade* do art. 10, *caput,* da LINDB ("lei do domicílio do *de cujus*" para regular a sucessão), que não teria caráter absoluto, aceitando-se que a existência de bem situado no exterior afeta indiretamente a *lei de regência* da sucessão. Para o STJ, "(...) o art. 10, *caput,* da LINDB deve ser analisado e interpretado sistematicamente, em conjunto, portanto, com as demais normas internas que regulam o tema".

Conclui-se que o Brasil adota a unidade sucessória na existência de bens somente no Brasil; caso existam bens a inventariar em diversos países, o DIPr brasileiro adota o princípio da pluralidade sucessória[283]. De acordo com a posição majoritária no Poder Judiciário brasileiro, a fixação da jurisdição internacional cível gera um impacto indireto sobre a temática da "escolha da lei", redundando na restrição da aplicação da regra da "lei do domicílio do *de cujus*" somente aos bens existentes no território do Estado brasileiro.

5.6. A crítica: a conciliação possível entre a "escolha da lei" e a "determinação da jurisdição" à luz do direito à igualdade

Pela posição majoritária dos tribunais superiores brasileiros, a opção da LINDB pela unidade (ou universalidade) sucessória ficou restringida e descaracterizada: a

---

[281] Superior Tribunal de Justiça, Recurso Especial n. 397.769-SP, Rel. Min. Nancy Andrighi, julgamento de 25-11-2002, *DJ* 19-12-2002, p. 362. A ementa é elucidativa, a favor da pluralidade sucessória: "Processual Civil. Inventário. Requerimento para expedição de carta rogatória com o objetivo de obter informações a respeito de eventuais depósitos bancários na Suíça. Inviabilidade. Adotado no ordenamento jurídico pátrio o princípio da pluralidade de juízos sucessórios, inviável se cuidar, em inventário aqui realizado, de eventuais depósitos bancários existentes no estrangeiro".

[282] Superior Tribunal de Justiça, Recurso Especial n. 37.356, Rel. Min. Barros Monteiro, pub. no *DJ* 10-11-1997.

[283] Superior Tribunal de Justiça, Recurso Especial n. 1.362.400-SP, julgamento em 28-4-2015. Rel. Min. Marco Aurélio Bellizze. *DJe* 5-6-2015.

lei do domicílio do *de cujus* só regeria a sucessão dos bens situados no território do Estado da *lex fori*. Os demais bens localizados no estrangeiro seguirão a lei do Estado de sua situação (*lex rei sitae*), fragmentando, obviamente a sucessão.

A lógica exposta acima ofende a igualdade entre os herdeiros, introduzindo um fator de diferenciação (existência de bens no exterior) que não possui pertinência objetiva com a situação analisada. Não que o tratamento diferenciado não possa ser aceito: a sucessão testamentária, por exemplo, pode manejar quinhões assimétricos, a depender da margem dada pela legislação ao testador. Porém, a desigualdade de quinhões que advém do pluralismo sucessório é fruto tão somente da incapacidade de se superar a dificuldade de regular uma sucessão cujos bens estão espalhados por mais de dois Estados. E não da vontade do *de cujus*, tal qual ocorre na testamentária.

Entretanto, essas dificuldades podem ser superadas. Por exemplo, é possível equalizar os quinhões (caso esse seja o comando da lei) contabilizando os valores distribuídos em outra jurisdição.

No *Caso Kassouf,* o Superior Tribunal de Justiça optou pela manutenção da unidade sucessória, na sucessão de pessoa falecida com bens no Brasil e no Líbano. Permitiu-se o sobrestamento do inventário no Brasil até que se terminasse o inventário aberto no Líbano, para autorizar, depois, que o juízo brasileiro pudesse fazer a equalização da herança (levando em conta a partilha dos bens do Líbano), com a consequente manutenção da igualdade entre os herdeiros, respeitando-se a lei do domicílio do *de cujus* (no caso, a lei brasileira).

No caso, foi abordada a essência da temática: a interpretação do então vigente art. 89, II, do CPC (hoje, art. 23, II, do novo CPC) não pode levar à supressão da regra do Direito Internacional Privado constante do art. 10 da LINDB, que ordena a aplicação da lei do domicílio do *de cujus* para reger a sucessão hereditária[284]. A votação foi por maioria. Obviamente, o voto vencido do Min. Barros Monteiro assinalou que aquele resultado em prol da unidade sucessória *divergia* dos precedentes do próprio STJ e também do STF[285].

Em outro precedente (Caso *C.R.P*), o STJ reafirmou a separação entre a fixação da jurisdição brasileira e as normas da LINDB, determinando que o valor dos bens

---

[284] *In verbis:* "A compensação a que se refere o julgado, de outra parte, sem tocar nos bens localizados no estrangeiro, a par de não violar a regra processual já mencionada, encontra respaldo na legislação nacional que rege o regime da comunhão universal de bens e da sucessão hereditária, aplicáveis ao caso concreto por força do que estabelece a Lei de Introdução ao Código Civil". Recurso Especial n. 275.985-SP, Rel. Min. Sálvio de Figueiredo Teixeira, julgado em 17-6-2003, *DJ* 13-10-2003, p. 366.

[285] Consta da ementa do acórdão: "VIII – Impõe-se a conclusão de que a partilha seja realizada sobre os bens do casal existentes no Brasil, sem desprezar, no entanto, o valor dos bens localizados no Líbano, de maneira a operar a equalização das cotas patrimoniais, em obediência à legislação que rege a espécie, *que não exclui da comunhão os bens localizados no Líbano e herdados pela recorrente, segundo as regras brasileiras de sucessão hereditária*". Grifo meu. Recurso Especial n. 275.985-SP, Rel. Min. Sálvio de Figueiredo Teixeira, julgado em 17-6-2003, *DJ* 13-10-2003, p. 366.

existentes no exterior deveriam ser compensados na partilha a ser efetuada pelo juiz brasileiro, obedecendo, assim, a lei indicada pelo Direito Internacional Privado[286].

Esses últimos precedentes demonstram que é possível conciliar a regra de fixação da jurisdição cível brasileira do novo CPC com a escolha do direito material determinada pela LINDB, que, em muitos casos, impõe a igualdade entre os sucessores. No caso de bens situados no exterior, o uso da *técnica da compensação* faz com que o DIPr brasileiro não seja esvaziado: se a lei do domicílio do *de cujus* determinar, por exemplo, a igualdade entre os herdeiros, os bens situados no exterior podem ser valorados e incluídos no rateio do patrimônio perante o juízo do inventário do Brasil, em desfavor do herdeiro que os detém no exterior.

Com isso, combate-se o argumento da *inexequibilidade* da decisão da Justiça brasileira sobre bens situados no exterior (a "faca que não corta", no estilo irônico de Valladão), uma vez que não é necessário que os bens fora do Brasil sejam alcançados pela Justiça brasileira, mas tão somente sejam considerados seus valores, prestigiando-se o DIPr criado pela lei ou pelos tratados ratificados pelo Brasil.

6. OS ALIMENTOS TRANSNACIONAIS

6.1. A "globalização das famílias" e os alimentos transnacionais

A temática dos alimentos transnacionais está vinculada ao crescimento das famílias integradas por pessoas com nacionalidade, domicílio e residências diversas, o que vem ser (mais) um reflexo da sociedade hipermóvel dessas últimas décadas. Surgem situações familiares plurilocalizadas, resultando na atuação de um renovado "Direito Internacional Privado das Famílias" para determinar (i) a escolha da lei aplicável, (ii) a jurisdição adequada e contribuir para (iii) o reconhecimento e execução de decisões estrangeiras, exigindo, ainda, (iv) cooperação jurídica internacional nos fenômenos transnacionais envolvendo as relações familiares, tais como adoção, alimentos, divórcio ou dissolução de uniões, sequestro internacional de crianças, entre outros.

A "globalização das famílias" foi um dos principais focos de atenção por parte dos Estados e, em especial, da Conferência da Haia de Direito Internacional Privado, sendo produzidos diversos tratados internacionais que uniformizam o tratamento normativo e ainda criam ambientes de cooperação jurídica internacional. Esse esforço duplo (regulação normativa comum e cooperação jurídica) tem como objetivo facilitar o acesso à justiça e preservar os direitos dos indivíduos envolvidos nessas relações familiares plurilocalizadas.

Entre os tópicos de maior relevo nas últimas décadas do "Direito Internacional Privado das Famílias" está o da prestação de alimentos. Se no âmbito exclusivamente

---

[286] STJ, Recurso Especial n. 1.410.958-RS, Rel. Min. Paulo de Tarso Sanseverino, j. 22-4-2014, *DJe* 27-5-2014.

nacional, a prestação de alimentos é um tema sensível e com alto potencial de tensão entre o devedor e o credor de alimentos, a existência de elemento de estraneidade (nacionalidade; domicílio ou residência do devedor e credor em países diversos; bens para assegurar os alimentos situados em território de outro Estado, entre outros) aumenta o potencial de insegurança jurídica ou de inefetividade das decisões (aos olhos do devedor). A temática dos chamados "alimentos transnacionais" (ou seja, prestação de alimentos em situação plurilocalizada) envolve, também, os direitos das crianças (direitos humanos), uma vez que a cobrança de alimentos é – em geral – destinada ao seu sustento.

Por isso, os Estados foram propelidos a celebrar tratados sobre a prestação de alimentos internacionais, abrangendo tanto o reconhecimento e execução de decisões estrangeiras sobre alimentos quanto a cooperação para a própria determinação e cobrança dos alimentos a pedido de Estado estrangeiro.

Essa mobilidade de pessoas gerou famílias divididas e, consequentemente, impulsionou os dois problemas centrais da prestação de alimentos no exterior: (1) como determinar os alimentos devidos e depois executá-los, na hipótese de o credor e o devedor de alimentos encontrarem-se domiciliados ou residentes em Estados diferentes? (2) Como contornar as barreiras jurídicas e econômicas de acesso à justiça do credor de alimentos e, ao mesmo tempo, dar ampla defesa, assegurando o devido processo legal, ao devedor de alimentos, em um ambiente no qual há duas ordens jurídicas envolvidas (a do Estado de domicílio ou residência do credor e a do Estado do domicílio ou residência do devedor)?

Para o Brasil, há três tratados de interesse referentes especificamente à temática dos alimentos transnacionais, que passaremos a analisar: (i) Convenção das Nações Unidas sobre Prestação de Alimentos no Estrangeiro, de 1956 (promulgada pelo Decreto n. 56.826 de 2 de setembro de 1965); (ii) Convenção Interamericana sobre Obrigação Alimentar, de 1989 (promulgada pelo Decreto n. 2.428 de 17 de dezembro de 1997); e (iii) Convenção sobre a Cobrança Internacional de Alimentos para Crianças e Outros Membros da Família, bem como o do Protocolo sobre a Lei Aplicável às Obrigações de Prestar Alimentos, concluídos na Haia, em 23 de novembro de 2007.

6.2. A Convenção de Nova York sobre Prestação de Alimentos no Exterior e seus procedimentos

Até 1956, o único diploma internacional que tangenciava a prestação de alimentos no exterior era de alcance regional: a Convenção Panamericana de Direito Internacional Privado de 1928 (Código Bustamante, já estudado neste *Curso*), que regulava de todo o Direito Internacional Privado e não era especializada em alimentos. Por isso, tratou da matéria nos seus arts. 67 e 68, pelos quais a "lei pessoal" do alimentado deveria reger o conceito legal dos alimentos, a ordem de sua prestação e o modo de prestação[287]. Não houve previsão de uma via específica de cooperação jurídica internacional para a prestação de alimentos no exterior, que ainda dependia da carta rogatória e do reconhecimento e homologação de sentença estrangeira, como qualquer outra temática do DIPr.

Assim, foi somente após o intenso fluxo de pessoas oriundo da Segunda Guerra Mundial que foi reconhecida a existência da *fragmentação de famílias*, consolidando a necessidade de se assegurar a prestação de alimentos no exterior. Como, à época, a Organização das Nações Unidas (ONU) tinha o propósito de reorganizar a sociedade internacional do pós-guerra, foi natural a existência de debates nessa organização sobre tratado típico de direito internacional privado. Nesse sentido, nasceu a *Convenção sobre a Prestação de Alimentos no Estrangeiro*, denominada "Convenção de Nova York", de 1956. Depois, a partir especialmente dos anos 60 do século passado, outras organizações internacionais perceberam essa necessidade global e ocuparam esse espaço de regulação internacional do DIPr, especialmente a Conferência da Haia sobre Direito Internacional Privado e a Organização dos Estados Americanos.

No Brasil, vários motivos ampliaram a importância da prestação de alimentos no exterior. Um grande número de refugiados e emigrantes europeus se mudaram para o exterior desde a Segunda Grande Guerra e os fluxos migratórios para o Brasil nunca cessaram[288]. Por isso, o Brasil ratificou e incorporou internamente a Convenção em 1965[289].

A Convenção é concisa, com apenas 21 artigos. Já no art. I, a Convenção determina que seu objeto é facilitar a uma pessoa (demandante), que se encontra no território de uma das Partes Contratantes, a obtenção de alimentos aos quais pretende ter direito em face de outra pessoa (demandado), que se encontra sob jurisdição de outra Parte Contratante. Ao mesmo tempo, a Convenção, em seu art. I.2, dispõe que seu uso é complementar, sem substituir os meios jurídicos existentes no direito interno ou internacional, evitando que seja invocada quando existir meios alternativos mais adequados para cumprir seu objetivo de obtenção de alimentos. É, assim, essencialmente uma convenção voltada à efetividade e com forte enfoque pragmático.

Em seguida, no art. II, a Convenção mostra sua opção pela adoção de um mecanismo simples e célere de *cooperação jurídica internacional* voltada à efetividade,

---

[287] *In verbis* (texto atualizado): "Cap. VI. Dos alimentos entre parentes. Art. 67. Sujeitar-se-ão à lei pessoal do alimentado o conceito legal dos alimentos, a ordem da sua prestação, a maneira de os subministrar e a extensão desse direito. Art. 68. São de ordem pública internacional as disposições que estabelecem o dever de prestar alimentos, seu montante, redução e aumento, a oportunidade em que são devidos e a forma do seu pagamento, assim como as que proíbem renunciar e ceder esse direito". Agradeço ao Prof. Luís Renato Vedovato e Júlia Cortez da Cunha Cruz que realizaram pesquisa, sob minha coordenação, envolvendo a atuação da PGR no seio da Convenção de Nova York.

[288] PATARRA, Neide Lopes (Coord.). *Emigração e imigração internacionais no Brasil Contemporâneo*. 2. ed. São Paulo: FNUAP, 1995.

[289] O Brasil assinou a Convenção em 31 de dezembro de 1956 e seu texto foi aprovado pelo Congresso Nacional pelo Decreto Legislativo n. 10, de 13 de novembro de 1958. Em 14 de novembro de 1960, o Brasil ratificou a Convenção, que foi promulgada pelo Decreto n. 56.826, de 2 de setembro de 1965.

determinando que cada Estado-Parte designe uma ou mais autoridades administrativas ou judiciárias para exercer a função de "Autoridade Remetente" ("Transmitting Agency", na versão autêntica em inglês) e ainda de "Instituição Intermediária" ("Receiving Agency"). À época, o Brasil designou a Procuradoria-Geral do Distrito Federal, em Brasília, para exercer ambas as funções, tanto de *autoridade remetente quanto a de instituição intermediária*, previstas no art. 2º da Convenção. Após, em 1968, a Lei n. 5.478 (Lei de Alimentos) fixou a Procuradoria-Geral da República como instituição intermediária, mantida até hoje. A Convenção de Nova York, então, destaca-se pela sua ênfase na cooperação jurídica internacional. Para tanto, há dois procedimentos previstos na Convenção: o *procedimento simplificado* – ou ordinário – e o *procedimento qualificado* de cooperação.

O procedimento simplificado de cooperação da Convenção de Nova York consiste na atuação da Autoridade Central na (i) facilitação da citação e eventual instrução da ação de fixação de alimentos proposta no Estado estrangeiro do local da residência habitual do credor de alimentos, bem como na eventual (ii) cobrança de alimentos fixados por sentença estrangeira. No procedimento simplificado de cooperação, a Autoridade Central auxilia o credor de alimentos residente no exterior, para que sua ação – já proposta no exterior – de fixação ou cobrança de alimentos de devedor residente no Estado da Autoridade Central seja bem-sucedida. Nesse sentido, há regra sobre as cartas rogatórias (art. VII) e ainda sobre execução de sentença estrangeira (art. VI). No caso da carta rogatória, a Convenção dispõe que sua execução só será negada no caso de (i) falta de prova de sua autenticidade e (ii) se sua execução comprometer a soberania e a segurança do Estado Requerido. Quanto à execução da sentença estrangeira de fixação de alimentos, a Convenção prevê tal tarefa como função da Instituição Intermediária (art. VI.1). No caso brasileiro, a Procuradoria--Geral da República pode propor a ação de homologação da sentença estrangeira de alimentos perante o Superior Tribunal de Justiça (art. 105, I, *i*, da CF/88), para depois executá-la no foro competente.

Por sua vez, o *procedimento qualificado* de cooperação consiste na atuação da Autoridade Central em pedido de assistência jurídica internacional para que o Estado requerido (Estado da residência habitual do devedor de alimentos ou Estado do demandado) proponha as medidas cabíveis para a fixação e cobrança de alimentos. Diferentemente do procedimento simples visto anteriormente, não há medida judicial estrangeira a ser executada: o Estado requerido é que, eventualmente e de acordo com sua lei interna, adotará medidas judiciais para que a prestação de alimentos solicitada seja realizada. Na classificação proposta de cooperação jurídica internacional, trata-se do veículo "auxílio direto", que contém pedido de fixação e cobrança de alimentos transnacionais.

A sistemática é a seguinte: inicialmente, a Autoridade Central do Estado Requerente (Estado da residência habitual do credor de alimentos ou Estado do demandante) encaminha todos os documentos pertinentes, inclusive, caso necessário, de uma procuração que autorize a Autoridade Central requerida a agir em nome do demandante (credor de alimentos) ou a designar uma pessoa habilitada para o fazer; deverá ser igualmente acompanhado de uma fotografia do demandante e, se possível, de uma fotografia do demandado (art. III.3). Eventualmente, a Autoridade Central remetente transmitirá qualquer decisão, em matéria de alimentos, provisória ou definitiva, ou qualquer outro ato judicial emanado, em favor do demandante, de juízo competente de Estado-Parte da Convenção, que poderá inclusive substituir ou completar os documentos originalmente previstos para serem encaminhados. Esses atos judiciais não serão executados no procedimento qualificado, mas sim servirão para *provar o dever de prestar alimentos ou seu valor fixado*. Esse art. III estabeleceu a forma de cooperação mais usual da Convenção: a troca de informações *diretamente* entre as autoridades centrais, com a finalidade de se efetivar a cobrança de alimentos e envio futuro dos recursos ao alimentando. Com a expansão da Justiça Federal, é competente para as *ações de alimentos transnacionais* baseadas na Convenção de Nova York a subseção da Justiça Federal da residência do devedor de alimentos.

A diferença entre o procedimento simples e o procedimento qualificado está na necessidade ou não de propositura de nova ação de conhecimento e execução de alimentos no Estado requerido (Estado do demandado ou Estado da residência habitual do devedor de alimentos). Caso seja necessária tal ação, estamos diante do procedimento qualificado. Cabe à Autoridade Central requerida decidir, de acordo com os documentos e decisões fornecidas, pela via mais efetiva e célere para a concretização do dever de cooperar com a prestação de alimentos no exterior.

De qualquer forma, a Convenção buscou eliminar, pelos procedimentos de cooperação jurídica internacional vistos anteriormente, a barreira de acesso à justiça comum nos fluxos transnacionais, que é formada pelas dificuldades econômicas e jurídicas em se executar obrigação formada em outro Estado.

No Brasil, a Procuradoria-Geral da República atua indistintamente nos dois procedimentos (simplificado e qualificado), quando recebe o pedido ou, ainda, quando solicita cooperação a Estado-Parte da Convenção.

Quando recebe o pedido de Estado estrangeiro, a Procuradoria-Geral da República pode encaminhar à Procuradoria da República do local do domicílio ou residência do demandado (devedor de alimentos) os documentos para a propositura da ação de cobrança de alimentos ou, no caso de existir sentença estrangeira que cumpra os requisitos para sua homologação no Brasil, propor ação de homologação de sentença estrangeira de alimentos no Superior Tribunal de Justiça.

No caso de pedidos originados de credores de alimentos residentes no Brasil com o devedor residente em Estado-Parte da Convenção, a Procuradoria-Geral da República, ao receber documentos de Procuradorias da República ou, ainda, da Defensoria Pública, os encaminhará à Autoridade Central demandada para a promoção das medidas cabíveis (cooperação jurídica internacional ativa).

A participação ativa das Autoridades Centrais é, então, nota distintiva da Convenção, que somada à sua abrangência (64 partes[290]) faz com que tenha sido o instrumento multilateral mais importante sobre a temática de alcance global até a edição da Convenção sobre a Cobrança Internacional de Alimentos para Crianças e Outros Membros da Família (2007), bem como do Protocolo sobre a Lei Aplicável às Obrigações de Prestar Alimentos (2007, ver motivo adiante). No caso da Convenção de Nova York, a Procuradoria-Geral da República é fator chave na implementação da prestação de alimentos no exterior, podendo ser forte alavanca na promoção do conhecimento sobre a superação dos entraves à concessão e execução de alimentos, bem como na facilitação do acesso à justiça, superando barreiras transnacionais.

Na organização da Procuradoria-Geral da República, o órgão interno responsável pelo exercício das funções de Autoridade Central é a *Secretaria de Cooperação Internacional*, que deve atuar, em apoio ao Procurador-Geral da República, como autoridade central, para enviar e receber pedidos de cooperação que tenham como fundamento a Convenção sobre Prestação de Alimentos no Estrangeiro – Convenção de Nova York (art. 33, XIII, da Portaria PGR/MPF n. 554, de 13 de agosto de 2014).

6.3. A Convenção Interamericana sobre Obrigação Alimentar

A Convenção Interamericana sobre Obrigação Alimentar é fruto do trabalho da Quarta Conferência Especializada Interamericana sobre Direito Internacional Privado – IV CIDIP, realizada em Montevidéu, 1989. Além de ser bem mais recente (1989), seu objeto é mais amplo, tratando da (i) determinação do direito aplicável à obrigação alimentar, bem como à (ii) jurisdição internacional e à (iii) cooperação jurídica internacional. Incide no caso de o credor de alimentos ter seu domicílio ou residência habitual em um Estado-Parte e o devedor de alimentos ter seu domicílio ou residência habitual, bens ou renda em outro Estado. Possui 13 Estados-Partes somente (entre os 35 membros da OEA), o que reduz muito seu alcance.

Inicialmente, a Convenção regula as obrigações alimentícias devidas a crianças (menores de 18 anos, conceito diverso da Convenção da Haia de 2007, como veremos a seguir) e a cônjuges ou ex-cônjuges, sendo possível aos Estados que ratifiquem o tratado que venha a restringir sua aplicação às crianças, bem como pode ampliar sua incidência também a outros credores (art. 3º).

A inovação da Convenção é a adoção do método indireto flexível fechado, pelo qual deve ser escolhido o ordenamento *mais favorável* ao credor de alimentos. De acordo com o art. 6º, o julgador deve escolher entre o a) ordenamento jurídico do Estado de domicílio ou residência habitual do credor ou b) ordenamento jurídico do Estado de domicílio ou residência habitual do devedor, de modo a favorecer o credor. Além disso, é possível a adoção da c) *lex fori*, caso esta seja a mais favorável

---

[290] Disponível em: <https://treaties.un.org/Pages/ViewDetailsIII.aspx?src=TREATY&mtdsg_no=XX--1&chapter=20&Temp=mtdsg3&clang=_en>. Acesso em: 17 nov. 2020.

de todas (art. 21). Tal critério é exemplo do uso do princípio do favorecimento no DIPr (*favor infans*)[291].

O ordenamento favorável escolhido regula: a) o valor e os prazos e condições para pagamento; b) a determinação daqueles que podem promover a ação de alimentos em favor do credor; e c) as demais condições necessárias para o exercício do direito a alimentos.

No tocante à fixação da jurisdição, a Convenção também é flexível. Admite que a ação seja promovida no a) Estado de domicílio ou residência habitual do *credor* ou b) no Estado de domicílio ou residência habitual do *devedor*; ou c) no Estado com o qual o devedor mantiver vínculos econômicos, tais como posse de bens, recebimento de renda ou obtenção de benefícios.

Todavia, a Convenção Interamericana raramente é invocada na prática, uma vez que *não prevê a fórmula do procedimento qualificado* de cooperação (*auxílio direto*, que permite que seja interposta ação de alimentos no Estado da residência do devedor de alimentos). A cooperação jurídica internacional da Convenção Interamericana evoluiu pouco, sendo feita por intermédio da carta rogatória e homologação de sentença estrangeira, o que gera delongas.

6.4. Convenção sobre a Cobrança Internacional de Alimentos para Crianças e Outros Membros da Família, bem como o do Protocolo sobre a Lei Aplicável às Obrigações de Prestar Alimentos

A Conferência da Haia de Direito Internacional Privado deliberou, em 1992, influenciada pela recente adoção da Convenção da ONU sobre os Direitos das Crianças (1990), iniciar os estudos para a elaboração de novo tratado sobre os alimentos transnacionais. Somente em 2007 foram aprovados dois tratados: a Convenção sobre a Cobrança Internacional de Alimentos para Crianças e Outros Membros da Família, bem como o Protocolo sobre a Lei Aplicável às Obrigações de Prestar Alimentos[292]. Não foi possível a unificação em um único tratado, em face de dissensos envolvendo a lei aplicável. Com a fórmula de dois tratados, permitiu-se maior número de aderentes.

Inicialmente, o Protocolo prevê sua aplicação a todas as obrigações alimentares decorrentes de *relações familiares* e não somente às obrigações referentes às crianças. Regula ainda os pedidos de alimentos dos pais em face dos filhos (art. 4º, § 1º, *a*); de terceiros em face de menores de 21 anos (art. 4º, § 1º, *a*); entre cônjuges, ex-cônjuges ou pessoas de casamento anulado (art. 5º); e também as ações de ressarcimento

---

[291] Sobre as críticas ao princípio do favorecimento, CARVALHO RAMOS, André de. *A construção do Direito Internacional Privado*: heterogeneidade e coerência. Salvador: Juspodivm, 2021.

[292] Incorporados internamente ambos pelo mesmo Decreto n. 9.176, de 19 de outubro de 2017. Atualmente (2022), há 45 Estados-Partes da Convenção e 33 Estados-Partes do Protocolo. Dados disponíveis em: <https://www.hcch.net/pt/instruments/conventions/status-table/?cid=133>; e <https://www.hcch.net/pt/instruments/conventions/status-table/?cid=131>. Acesso em: 22 out. 2022.

propostas por órgãos públicos contra devedores de alimentos visando o reembolso de benefícios pagos aos alimentandos (art. 10).

A lei aplicável, a princípio, será a da *residência habitual do credor de alimentos* (art. 3º), ainda que pertencente a um Estado não contratante (art. 2º), o que amplia o próprio alcance do Protocolo. Seguindo a linha do uso do método indireto flexível, como regras subsidiárias ou especiais, prevê-se a aplicação de outras regras de conexão para assegurar o *direito a alimentos*. Entre as regras alternativas, estão a (i) lei do foro, caso a lei aplicável não conceda ao credor (pais em relação aos filhos, terceiros em relação a menores ou filhos em relação aos pais) direito a alimentos (art. 4º, § 2º); (ii) lei do Estado da nacionalidade comum às partes, caso nenhuma das anteriores conceda direito a alimentos ao credor. É possível ainda o uso da lei do local da última residência habitual comum, caso apresente conexão mais estreita com os cônjuges, ex-cônjuges ou pessoas cujo casamento foi anulado (art. 5º) e, ainda, a lei escolhida pelas partes plenamente capazes, o que reforça a autonomia da vontade no DIPr, conforme já visto neste *Curso*.

O art. 12 prevê a proibição do reenvio, em linha com o que a LINDB prevê, facilitando a ratificação pelo Brasil. Por sua vez, a cláusula da ordem pública é prevista no art. 13 do Protocolo (violação manifesta da ordem pública do foro).

Escolhida a lei aplicável, esta regula: (i) a existência e o âmbito do direito a alimentos, bem como seus devedores; (ii) o pleito retroativo de alimentos – se possível ou não; (iii) a base de cálculo do montante dos alimentos e a eventual indexação; (iv) os legitimados ativos na ação de alimentos, exceto no que diz respeito às regras de capacidade e representação processuais; (v) prazo prescricional ou prazo para propositura da ação; (vi) o âmbito da obrigação do devedor de alimentos, caso órgão público venha a solicitar reembolso da prestação concedida ao credor .

Há importante disposição de direito material no Protocolo por meio da previsão do binômio "necessidade do alimentando-capacidade do alimentante" na fixação do valor dos alimentos, *mesmo que a lei aplicável disponha de outra forma* (art. 14). Trata-se de uso do método direto, derrogando inclusive a lei indicada pelo método indireto.

Por sua vez, a Convenção sobre a Cobrança Internacional de Alimentos em Benefício dos Filhos e de Outros Membros da Família foi adotada para aperfeiçoar a cooperação jurídica internacional para cobrança das obrigações alimentares, adotando meios acessíveis, céleres, eficientes, justos e economicamente viáveis (Preâmbulo da Convenção).

Em geral, a Convenção incide sobre obrigações alimentares devidas (i) aos filhos menores de 21 anos (a Convenção aceita que se faça reserva para restringir esta disposição aos menores de 18 anos) e (ii) entre os cônjuges, podendo também os Estados ampliar seu âmbito de incidência para outras relações familiares (art. 2º).

O cerne da Convenção de 2007 é o *mecanismo de cooperação jurídica internacional*, que segue o da Convenção de Nova Iorque, por meio de Autoridades

Centrais (art. 4º), às quais competem as funções de recebimento e envio de pleitos de alimentos; a provocação para a propositura de procedimentos judiciais; auxílio na localização do devedor, de seus bens ou outros documentos; bucar auxiliar na citação e notificação das partes; entre outros (art. 6º). No Brasil, a autoridade central da Convenção de 2007 é o DRCI (Departamento de Cooperação Jurídica e Recuperação de Ativos – Ministério da Justiça), que provoca a Advocacia-Geral da União para a propositura de ações de alimentos como forma de concretizar o *auxílio direto* previsto na Convenção. Todavia, o auxílio direto não é obrigatório. É possível também que seja utilizado o instrumento do reconhecimento e execução de sentença estrangeira. Assim, o credor de alimentos pode propor a ação de alimento no foro de sua residência habitual e depois reconhecer e executar no Estado da residência habitual do devedor ou no qual este possua bens ou outros meios para assegurar o pagamento. O reconhecimento e execução de decisões estrangeiras regula-se pela lei do Estado do foro (arts. 23 e 32), mas ficou acordada a necessidade de celeridade e a impossibilidade de se proceder ao reexame do mérito (art. 28)[293]. Foi regrada ainda a execução de decisões provisórias (art. 31).

A Convenção de 2007 visa substituir, nas relações entre os Estados-Partes, as anteriores Convenções da Haia de 1958 e 1973, bem como a Convenção de Nova York de 1956, almejando se tornar o único diploma de regulação de procedimentos cooperacionais de alimentos entre os Estados.

Apesar dessa ambição, a Convenção, em seu art. 52, prevê que suas disposições podem ser afastadas caso haja normas *mais favoráveis* ao credor de alimentos, por exemplo, regra mais favorável ao reconhecimento da decisão ou contendo procedimentos mais adequados para o reconhecimento e execução das decisões estrangeiras, bem como disposições mais benéficas de concessão de assistência jurídica gratuita. Cria-se um marco institucional favorável à prestação de alimentos, em um verdadeiro Direito Internacional Privado que protege a parte vulnerável.

7. O SEQUESTRO INTERNACIONAL DE CRIANÇAS

7.1. Aspectos gerais: a proteção integral da criança e o combate à alienação parental

A subtração internacional ilícita de crianças[294] consiste na ação de retirada de uma criança do território do Estado de sua residência permanente (i) por parte de abdutor envolvido em disputa familiar em geral entre genitores (ii) em descumprimento dos termos de guarda e visitação. Assim, não se trata de tráfico de seres humanos ou outra modalidade criminosa, pois se exige que a subtração ocorra no

---

[293] ARAUJO, 2011, *op. cit.*, p. 547. O art. 41, inclusive, dispensa a legalização de documentos.

[294] Também denominada de *sequestro internacional* ou, ainda, *retenção internacional ilícita*.

contexto de ofensa aos termos de guarda ou visitação. Trata-se de grave violação aos direitos da criança, pois acarreta a alienação parental e perda do convívio com o *genitor abandonado* (*left behind parent*). Nesse quadro, a subtração internacional por um dos genitores representa violação ao *direito de convivência familiar* e à *liberdade de locomoção*[295], sofrendo as crianças com a súbita retirada do seu ambiente familiar e social para outro Estado, cultura e idioma.

Desse modo, foi elaborada a Convenção da Haia sobre os aspectos civis do sequestro internacional de crianças, em 1980[296]. A Convenção da Haia enquadra-se na categoria de convenção social sobre proteção de direitos, já que, além de regular a cooperação jurídica internacional na matéria, também protege diretamente direitos humanos dos sujeitos envolvidos no fato transnacional. Atualmente, a Convenção da Haia sobre os aspectos civis do sequestro internacional de crianças conta já com 101 Estados-membros[297].

Por enfocar os direitos das crianças, os aspectos civis da subtração internacional ilícita de crianças[298] é hoje um dos principais objetos de preocupação sobre a pessoa vulnerável no direito internacional privado. Pocar enfatiza serem as crianças vulneráveis independentemente de relação jurídica específica, já que a sua vulnerabilidade deriva de sua condição enquanto sujeito em formação biológica e emocional[299].

A preocupação com uma tutela específica para as crianças é evidenciada na Convenção das Nações Unidas sobre os direitos da criança, atualmente ratificada por 196 partes[300], que contém vários dispositivos específicos objetivando a proteção da vida e do desenvolvimento da criança, entre os quais se destaca o art. 3º, que enuncia a busca do seu melhor interesse; o art. 7º, que versa sobre o direito de a criança ser cuidada pelos pais; os arts. 9º, 10 e 11, sobre o direito ao contato direto com os pais, que garante o direito à reunião familiar em outros Estados e impede a separação

---

[295] CAVALLIERI, Leila Arruda. *O direito internacional e a criança*: adoção transnacional e nacionalidade do adotando. Belo Horizonte: Arraes, 2017, p. 83 e s. MONACO, Gustavo Ferraz de Campos. *A proteção da criança no cenário internacional*. Belo Horizonte: Del Rey, 2005, p. 165 e s.

[296] Elaborada em 1980 pela Conferência da Haia de Direito Internacional Privado. Ratificada pelo Brasil em 19 de outubro de 1999 e incorporada internamente pelo Decreto n. 3.413, de 14 de abril de 2000.

[297] Dados sobre o estágio das ratificações disponíveis em: <https://www.hcch.net/pt/instruments/conventions/status-table/?cid=24>. Acesso em: 22 nov. 2020.

[298] Também denominada de *sequestro internacional* ou, ainda, *retenção internacional ilícita*.

[299] POCAR, Fausto. La protection de la partie faible en droit international privé. *Recueil des Cours de l'Académie de Droit International de la Haye*, v. 188, 1984, p. 339-418, em especial p. 350-353.

[300] Elaborada em 1989. Ratificada pelo Brasil em 24 de setembro de 1990, foi incorporada internamente pelo Decreto n. 99.710, de 21 de novembro de 1990. De acordo com o estágio de ratificação em 18 de junho de 2018. Disponível em: <https://treaties.un.org/Pages/ViewDetails.aspx?src=TREATY&mtdsg_no=IV-11&chapter=4&clang=_en>. Acesso em: 30 out. 2020.

entre eles, *coibindo a transferência ilegal de crianças* e a sua retenção ilícita no exterior; e o art. 35, que determina aos Estados a adoção de medidas para barrar o sequestro, a venda e o tráfico de crianças.

Seguindo a doutrina da proteção integral da criança, algumas convenções foram elaboradas para implementar especificamente os direitos das crianças em casos transnacionais complexos como o da sua retenção internacional ilícita. Nessa linha, apontam Costa e Lopes, as convenções são voltadas à formação de consenso e práticas cooperativas, possuindo como princípios reitores o melhor interesse da criança e o respeito ao ordenamento jurídico estrangeiro, regras para a restituição, visita e guarda, padrões para as autoridades centrais judiciais e administrativas que intermedeiam a localização e a restituição, procedimentos para os interessados e redes cooperacionais[301].

Em âmbito regional, a Convenção Interamericana sobre a restituição internacional de menores, de 1989, complementa a Convenção da Haia sobre os aspectos civis do sequestro internacional de crianças, possuindo como traço distintivo o critério alternativo de competência internacional para a apreciação do pedido de restituição (residência habitual no momento do sequestro, localização da criança e local de ocorrência do fato que motivou a reclamação)[302]. No âmbito do Mercosul, está em vigor, ainda, o Protocolo de Las Leñas sobre cooperação e assistência jurisdicional em matéria civil, comercial, trabalhista e administrativa, de 1992, que pode ser aplicado ao reconhecimento e execução de sentenças, por via de carta rogatória, em casos de restituição de menores.

Os regimes de proteção da criança estabelecidos pelas Convenções complementam-se em nível global e regional. As várias convenções internacionais que disciplinam diferentes aspectos do sequestro internacional de crianças possuem ampla aceitação internacional e extensão geográfica. Ademais, tratados bilaterais são alternativas para operacionalizar o retorno das crianças nos casos em que um dos estados não é parte de nenhuma das citadas Convenções[303].

---

[301] COSTA, José Augusto Fontoura; LOPES, Rachel de Oliveira. Análise das Convenções sobre Restituição Internacional de Crianças Indevidamente Transportadas ou Retidas à Luz da Teoria dos Regimes Internacionais. *Sequência (UFSC)*, v. 37, p. 125-144, 2016, em especial p. 136.

[302] POLIDO, Fabrício Bertini Pasquot. As famílias nas relações privadas transnacionais: aportes metodológicos do direito internacional privado. In: CUNHA PEREIRA, Rodrigo da (Org.). *Tratado de Direito das Famílias*. 2. ed. Belo Horizonte: IBDFAM, 2016, p. 883-936, em especial p. 922; MONACO, Gustavo Ferraz de Campos. *Guarda internacional de crianças*. São Paulo: Quartier Latin, 2012, p. 156; COSTA, José Augusto Fontoura. Breve Análise da Convenção Interamericana para Restituição Internacional de Menores. In: CASELLA, Paulo Borba; ARAÚJO, Nádia (Coord.). *Integração Jurídica Interamericana*: as convenções interamericanas de Direito Internacional Privado (CIDIPs) e o direito brasileiro. São Paulo: LTr, 1998, p. 537-563.

[303] Cita-se, a título exemplificativo, os tratados entre: Argélia e França; Austrália e Egito; Austrália e Líbano; Canadá e Egito; Canadá e Líbano; Egito e França; Egito e Suécia; Egito e Estados Unidos; França e Líbano; Líbano e Suíça. Disponível em: <https://www.incadat.com/en/legal-instruments>. Acesso em: 22 nov. 2020.

7.2. A Convenção da Haia de 1980

Nas palavras de Pinto de Albuquerque, a Convenção da Haia de 1980 não é um tratado meramente procedimental sobre escolha de jurisdição em matéria de sequestro internacional de crianças. Ao contrário, a ampla ratificação da Convenção das Nações Unidas sobre os direitos da criança e o reconhecimento da supremacia do interesse da criança enquanto sujeito fortalecem a visão da Convenção da Haia como tratado que não ignora aspectos de direito material relativos ao bem-estar da criança, apresentando objetivos e efeitos tangíveis sobre os direitos dos envolvidos[304].

Buscando solução eficaz para problema transfronteiriço, a Convenção da Haia combina a (i) cooperação internacional de autoridades e (ii) um procedimento rápido para a localização e restituição da criança, com o menor risco possível. Conforme aponta Pérez-Vera, relatora da Comissão Especial encarregada de redigir o texto do tratado, o seu objeto é combater a prática de retirada da criança do meio social e familiar em que vivia com o propósito de forjar novos vínculos capazes de alterar a lei aplicável ao fato transnacional para o abdutor obter o reconhecimento de seu direito de guarda no Estado para o qual a criança foi levada, alterando o foro competente para discussão sobre o mérito do direito de guarda[305].

Assim, o art. 1º da Convenção sintetiza os seus objetivos, quais sejam impedir que os atos do abdutor sobre a guarda da criança tenham consequências jurídicas e restaurar o *status quo ante*, com o seu retorno imediato ao local da sua residência habitual.

Os dispositivos direcionados à organização dos direitos de guarda e visita evidenciam o *caráter preventivo* da Convenção para desestimular o sequestro parental[306]. A Convenção da Haia é aplicável quando *direitos de guarda ou visita são violados*, independentemente da existência de um acordo prévio de guarda entre os genitores.

A essência da Convenção é estabelecida em um tripé:

(i) a jurisdição para decidir sobre a guarda e visitação é a jurisdição do Estado da residência habitual da criança (incidência da Convenção até a criança completar 16 anos);

(ii) a lei que deve regular a guarda e visitação é a lei do Estado de residência habitual;

---

[304] Corte Europeia de Direitos Humanos, caso *X v. Letônia* (*Application* n. 27853/09), julgamento de 26 de novembro de 2013.

[305] Conferência da Haia de Direito Internacional Privado. Pérez-Vera Report. Explanatory Report on the 1980 Hague Child Abduction Convention, 1982. Disponível em: <https://www.hcch.net/en/publications-and-studies/details4/?pid=2779>. Acesso em: 30 jul. 2020. Sobre a elaboração da Convenção da Haia sobre os aspectos civis do sequestro internacional de crianças ver, também, DYER, Adair. International Child Abduction by Parents. *Recueil des Cours de l'Académie de Droit International de la Haye*, v. 168, 1980, p. 231-267.

[306] Corte Europeia de Direitos Humanos, caso *Maumousseau e Washington v. França* (*Application* n. 39388/05), julgamento 6 de dezembro de 2007.

(iii) a regra geral é a da devolução da criança abduzida (para evitar "compensar" o abdutor), salvo quatro exceções que devem ser provadas no caso concreto.

Para concretizar esse tripé, urge que haja o direito de guarda violado. O procedimento específico de retorno é acionado *somente* quando existe *violação ao direito de guarda* (total ou compartilhada)[307], excluindo os casos em que o genitor não possui nenhum direito de guarda, possui apenas direitos de visita[308] ou quando a transferência ou retenção ocorreram com o seu consentimento[309].

Os arts. 6º a 10 estabelecem as autoridades centrais dos Estados e as condições de procedimento para o retorno da criança, com adoção de medidas administrativas e judiciais necessárias para a sua localização, proteção e retorno. A atuação das autoridades centrais na cooperação ativa e passiva em matéria de sequestro internacional de crianças colabora para criar confiança mútua no exercício das suas tarefas[310]. No Brasil, a Autoridade Central da Convenção de 1980 é a Autoridade Central Administrativa Federal (ACAF), inserida atualmente no DRCI/MJ. Ao receber o pedido de outra Autoridade Central e comprovada a situação de abdução ilícita com a presença da criança no território nacional, deve ser providenciado o seu retorno amigável ou, se não for possível, por intermédio de ação de busca e apreensão promovida na Justiça Federal (subseção da residência da criança) pela Advocacia-Geral da União.

A Convenção estabelece, nos arts. 8º a 20, procedimento expedito e de urgência para a restituição da criança transferida ou retida ilegalmente, excepcionado apenas pelas restrições constantes nos arts. 13 e 20 (ver a seguir a interpretação das hipóteses de não devolução).

O procedimento expedito depende da rapidez do genitor abandonado: quando uma criança tiver sido ilicitamente transferida ou retida nos termos do art. 3º e tenha decorrido um período *de menos* de *1 ano entre a data da transferência ou da retenção indevidas e a data do início do processo* perante a autoridade judicial ou administrativa do Estado Contratante onde a criança se encontrar, a autoridade

---

[307] No caso *Monory v. Romênia e Hungria*, a Corte EDH entendeu que a interpretação do art. 3º abarca a guarda compartilhada de genitores divorciados. Corte Europeia de Direitos Humanos, caso *Monory v. Romênia e Hungria* (Application n. 71099/01), julgamento de 5 de abril de 2005.

[308] Nos termos do art. 21, com relação aos genitores que possuem direitos de visita, as autoridades centrais devem *atuar* para garantir ou organizar o direito de levar uma criança, por um período limitado de tempo, para um lugar diferente daquele onde ela habitualmente reside.

[309] No caso *Raban v. Romênia*, a Corte Europeia de Direitos Humanos considerou inexistir violação aos direitos protegidos pela Convenção Europeia de direitos humanos diante do consentimento do genitor para a transferência da criança para a Romênia, na pendência do incremento da sua situação financeira no local de residência habitual. Não sendo ilícita a transferência e retenção da criança, não há que se falar em aplicação da Convenção da Haia. Sobre o conceito de residência habitual, ver, por todos, SILBERMAN, Linda J. Cooperative efforts in private international law on behalf of children: the Hague Children's Conventions. *Recueil des Cours de l'Académie de Droit International de la Haye*, v. 323, 2006, p. 261-477, em especial p. 346 e s.

[310] BUCHER, Andreas. La famille en droit international privé. *Recueil des Cours de l'Académie de Droit International de la Haye*, v. 283, 2000, p. 9-186, em especial p. 140 e s.

respectiva deverá ordenar o retorno imediato da criança. O prazo de até um ano é contado a partir do conhecimento, pelo genitor abandonado, do local onde se encontra a criança. No Brasil, basta o pedido à ACAF (hoje pertencente à estrutura do DRCI). No entanto, *mesmo após expirado* o período de um ano como descrito, o Estado de localização da criança deverá ordenar seu retorno, salvo quando for provado que a criança já se encontra *integrada* no seu novo meio. Assim, na delonga do genitor abandonado, cabe a prova (por exame psicossocial) da integração da criança. Ocorre que, no Brasil, a delonga na devolução é, em geral, imputada ao Poder Judiciário e não ao genitor abandonado ou mesmo à ACAF.

Assim, após anos no processamento do feito (ação de busca e apreensão), inevitavelmente haverá integração da criança ao novo meio (no Brasil). Em tese, não caberia o exame psicossocial, porque essa exceção à devolução não se aplica às chamadas "retenções ilícitas novas" (dentro do prazo de 1 ano)[311].

Sobre a integração da criança, a Corte Europeia de Direitos Humanos definiu o "teste da integração social". No caso *Neulinger e Shuruk v. Suíça*, a Corte estabeleceu que o teste para determinação à integração social da criança no Estado deve ser análogo ao realizado pela jurisprudência da Corte EDH nos casos de expulsão de estrangeiros, levando em consideração a solidez dos seus (i) vínculos sociais, (ii) culturais e (iii) familiares, além da (iv) seriedade das dificuldades que serão enfrentadas no Estado de retorno, sendo o (v) aprendizado do idioma e a (vi) frequência a creches e escolas locais indícios de *enraizamento* no Estado de localização da criança[312].

Mesmo em caso de pedido dentro do prazo de um ano (ou posterior a um ano, sem integração da criança), a orientação geral de retorno imediato da criança possui *outras* exceções, previstas no art. 13 da Convenção da Haia sobre aspectos civis do sequestro internacional de crianças, relacionadas (i) ao não exercício do direito de guarda à época da retenção da criança, (ii) consentimento da transferência ou retenção pelo genitor abandonado, (iii) exposição da criança a perigos de ordem física ou psíquica ou a situação intolerável no retorno ao seu Estado de residência habitual ou (iv) recusa da criança com suficiente grau de maturidade para se opor ao retorno. Na ausência de dispositivo sobre ordem pública na referida Convenção da Haia, o art. 20 da Convenção estipula que o retorno imediato da criança pode ser (v) recusado se incompatível com os "princípios fundamentais do Estado requerido com relação à proteção dos direitos humanos e das liberdades fundamentais".

---

[311] Nesse sentido, decidiu o STJ pelo indeferimento da perícia psicossocial em caso de retenção nova, mesmo diante de lapso temporal pelo curso da ação. *In verbis*: "Assim, viável o indeferimento da perícia com base no art. 12 da Convenção, pois o pai da criança foi célere no sentido de tomar as providências administrativas e diplomáticas pertinentes à repatriação, agindo dentro do tempo-limite de 1 ano recomendado pelo documento internacional, lapso dentro do qual, salvo exceção comprovada, a retenção nova da criança autoriza o seu retorno imediato". STJ, Resp n. 1.351.325/RJ, Rel. Humberto Martins, j. 10-12-2013, *DJe* de 16-12-2013.

[312] Corte Europeia de Direitos Humanos, caso *Neulinger e Shuruk v. Suíça* (*Application* n. 41615/07), julgamento de 6 de julho de 2010.

As duas primeiras exceções (não exercício do direito de guarda; consentimento da transferência/retenção) fulminam a própria ilicitude da conduta. Não se trata mais de sequestro internacional, mas simples mudança lícita (ou tornada lícita, pelo consentimento posterior) da residência habitual de Estado.

A terceira exceção que consta do art. 13, b[313], da Convenção (risco *grave* de exposição da criança a perigos de ordem física ou psíquica ou situação intolerável) é repleta de conceitos indeterminados e exige prova por parte do genitor abdutor. Tiburcio e Calmon diferenciam *situação intolerável de grave risco* apontando que a situação intolerável abarca *situações externas* à criança – riscos conjunturais no local de residência habitual da criança como epidemias e devastações, bem como atos de abuso contra o genitor abdutor – que justificam o seu não retorno. Já o "grave risco" afeta diretamente a criança[314]. A Corte Europeia de Direitos Humanos também enfrentou alegações genéricas envolvendo a não devolução por existência de "grave risco à criança". Conforme reiterado no caso *G.S v. Geórgia*[315], o grave risco mencionado no art. 13.b da Convenção da Haia não pode decorrer exclusivamente da separação da criança e do genitor responsável pela sua retenção ou transferência ilegal, a qual, a despeito da difícil situação gerada para a criança, não se enquadra automaticamente no conceito de exceção de retorno. Igualmente, no caso *Ilker Ensar Uyanık v. Turquia*[316], foi decidido que a tenra idade e a dependência do genitor abdutor não são suficientes para caracterizar, por si só, motivos para o não retorno.

Ainda em relação ao conceito de grave risco, a Corte EDH condenou Estados pelo descumprimento do dever de analisar os aspectos materiais do risco à criança antes de determinar o seu retorno, no caso *X v. Letônia*[317], caso *B. v Bélgica*[318], caso *Šneersone e Kampanella v. Itália*[319], caso *Neulinger e Shuruk v. Suíça*[320] e caso *Karrer*

---

[313] *In verbis*: "que existe um risco grave de a criança, no seu retorno, ficar sujeita a perigos de ordem física ou psíquica, ou, de qualquer outro modo, ficar numa situação intolerável".

[314] TIBURCIO, Carmen; CALMON, Guilherme. *Sequestro internacional de crianças*: comentários à Convenção da Haia de 1980. São Paulo: Atlas, 2014, p. 290.

[315] Corte Europeia de Direitos Humanos, caso *G.S. v. Geórgia* (Application n. 2361/13), julgamento de 21 de julho de 2015. No mesmo sentido, Corte Europeia de Direitos Humanos, caso *Maumousseau* e *Washington v. França* (Application n. 39388/05), julgamento 6 de dezembro de 2007.

[316] Corte Europeia de Direitos Humanos, caso *Ilker Ensar Uyanık v. Turquia* (Application n. 60328/09), julgamento de 3 de maio de 2012.

[317] Corte Europeia de Direitos Humanos, caso *X. v. Letônia* (Application n. 27853/09), julgamento de 26 de novembro de 2013.

[318] Corte Europeia de Direitos Humanos, caso *B. v. Bélgica* (Application n. 4320/11), julgamento de 10 de julho de 2012.

[319] Corte Europeia de Direitos Humanos, caso *Šneersone e Kampanella v. Itália* (Application n. 14737/09), julgamento de 12 de julho de 2011.

[320] Corte Europeia de Direitos Humanos, caso *Neulinger e Shuruk v. Suíça* (Application n. 41615/07), julgamento de 6 de julho de 2010.

v. Romênia[321]. Para a Corte, compete ao genitor que se opõe ao retorno o ônus de provar o grave risco, o que, no caso concreto, pode ser realizado, por exemplo, com a juntada de relatório psicológico atestando que a separação da criança daquele genitor ocasionaria risco de trauma.

A quarta exceção exige (i) maturidade da criança, atestada por perícia e (ii) sua manifestação pelo não retorno. A Resolução 449 do Conselho Nacional de Justiça regulou tal dispositivo e estabeleceu a idade superior a 12 anos para que seja possível a oitiva da criança (ver abaixo). Novamente, cabe salientar que os dispositivos da Convenção deixam de incidir quando a criança atingir a idade de dezesseis anos (art. 4º).

A última (quinta) exceção ao retorno está prevista no art. 20[322] da Convenção da Haia, que foi elaborado e incluído estrategicamente ao final do capítulo sobre o retorno da criança com finalidade excepcional. A incidência do artigo pressupõe a demonstração de que o Estado não permite o retorno por razões extrínsecas à relação entre a criança e seus genitores, afetas à violação dos "princípios fundamentais do Estado requerido com relação à proteção dos direitos humanos e das liberdades fundamentais"[323].

Tibúrcio e Calmon apontam ser o art. 20 *limite* ao art. 12 da Convenção da Haia, que atua como controle interno de compatibilidade com as Constituições dos Estados[324], podendo incluir violação ao devido processo legal e ofensa à legislação local que coíbe violência doméstica (a exemplo da Lei brasileira n. 11.340/2006, Lei Maria da Penha).

7.3. A Resolução n. 449 do CNJ e a Convenção da Haia de 1980

Em 2022, o Conselho Nacional de Justiça regulamentou a tramitação das ações judiciais fundadas na Convenção da Haia sobre os aspectos civis do sequestro internacional de crianças (1980). Nos "considerandos", valorizou-se o "retorno imediato da criança", o que, obviamente, exige a conformação de um *devido processo legal célere* na ação judicial de devolução da criança abduzida. Tendo em vista a existência de posicionamentos judiciais que geram delonga, o que pode inclusive levar à criação de um fato consumado de manutenção da criança no Brasil, a Resolução busca esclarecer o como aplicar a Convenção da Haia, com forte remissão ao Direito Internacional Privado.

---

[321] Corte Europeia de Direitos Humanos, caso *Karrer v. Romênia* (*Application* n. 16965/10), julgamento de 21 de fevereiro de 2010.

[322] Art. 20. "O retorno da criança de acordo com as disposições contidas no Artigo 12º poderá ser recusado quando não for compatível com os princípios fundamentais do Estado requerido com relação à proteção dos direitos humanos e das liberdades fundamentais".

[323] Conferência da Haia de Direito Internacional Privado. Pérez-Vera Report. Explanatory Report on the 1980 Hague Child Abduction Convention, 1982. Disponível em: <https://www.hcch.net/en/publications-and-studies/details4/?pid=2779>. Acesso em: 30 out. 2020.

[324] TIBURCIO, Carmen; CALMON, Guilherme. *Sequestro internacional de crianças*: comentários à Convenção da Haia de 1980. São Paulo: Atlas, 2014, p. 370.

Inicialmente, foi previsto que a interpretação e aplicação da Convenção da Haia de 1980 deve observar as *normas de direito internacional privado* previstas na Lei de Introdução às Normas do Direito Brasileiro (LINDB), em especial no art. 7º, aplicando-se, conforme o caso, o direito privado do *Estado de residência habitual* da criança ou o *Código Civil brasileiro*.

A Resolução reitera que a Convenção é aplicável aos casos em que, no momento da transferência ou retenção, a criança mantinha residência habitual em Estado estrangeiro signatário e, no momento da transferência ou retenção, havia outra pessoa natural ou instituição com direito de guarda da criança de acordo com a legislação do Estado onde mantinha residência habitual. Na dúvida sobre a atribuição e sobre a qualificação jurídica do direito de guarda, recomenda-se ao magistrado brasileiro observar a *lei do país de residência habitual* da criança.

Considera-se ilícita a transferência ou retenção quando (i) tenha havido violação a direito de guarda, e (ii) esse direito estivesse sendo exercido de maneira efetiva, individual ou conjuntamente, no momento da transferência ou da retenção, ou devesse sê-lo caso tais acontecimentos não tivessem ocorrido.

Na parte propriamente processual, a Resolução estipula a ação de retorno fundado na Convenção da Haia de 1980 e exige a intimação da União, nos casos em que não for a Autora, para que assuma qualquer um dos polos ou ainda venha a atuar como *amicus curiae*. A não ser que a União manifeste seu desinteresse (por exemplo, por não ser caso de incidência da Convenção da Haia), sua intervenção no processo ocasionará a competência da Justiça Federal.

Por sua vez, a pessoa natural ou a instituição que sustentam titularizar direito de guarda da criança de acordo com a legislação do Estado onde mantinha residência habitual antes da transferência ou retenção são consideradas *interessadas* nos processos judiciais em que a União for parte autora, podendo intervir como assistentes. Será *ré* a pessoa em cuja companhia está a criança no território brasileiro. O Ministério Público Federal será intimado de todos os termos do processo, para atuar como *custos legis*.

Recebida a petição inicial, o juízo federal analisará o pedido de tutela provisória, se for o caso, e determinará a citação da parte ré, bem como designará audiência de mediação, a se realizar no prazo de 30 (trinta) dias, sempre que entender viável. Por fim, determinará, desde logo, a produção das provas que forem requeridas ou possam ser determinadas de ofício, assegurando o direito da parte ré à participação nesta fase.

Mostrando que a Convenção de 1980 restringiu a cognição do juízo, a contestação deverá se ater aos fundamentos que obstam o retorno da criança, nos termos da Convenção, em especial: (i) a *inexistência* do direito de guarda sobre a criança, pela pessoa que supostamente a teria de acordo com a *lei do Estado estrangeiro*, no momento da transferência ou da retenção; (ii) o não exercício efetivo do direito de guarda pela pessoa que supostamente a teria de acordo com a lei do Estado estrangeiro, no momento da transferência ou da retenção; (iii) a preferência da criança com *idade superior a doze anos* por não retornar ao país de residência habitual; (iv) a existência de um *risco grave* de a criança, no seu retorno, ficar sujeita a *perigos de ordem física ou psíquica*, ou, de qualquer outro modo, ficar numa *situação intolerável*; (v) a *integração* da criança ao local de residência atual, se, na data do recebimento do pedido de cooperação jurídica pelo Estado brasileiro, decorreu um *ano ou mais* da data da transferência ou da retenção indevidas (quando de conhecimento do genitor deixado para trás – *left behind parent* – da localização da criança); (vi) a verificação de que a restituição da criança violaria os princípios fundamentais da República brasileira quanto à matéria de proteção dos direitos humanos e das liberdades fundamentais.

Tal enumeração das hipóteses defensivas é compatível com o teor da Convenção de 1980, que visa justamente comprimir o direito de defesa para *dar preferência* ao direito à reunião familiar entre a criança abduzida e o genitor ou responsável deixado para trás.

Nessa linha, a Resolução ainda proíbe a produção de prova sobre a adaptação da criança ao Brasil, se transcorrido *menos* de um ano entre a data da subtração ou retenção ilícita (desde que conhecido o local de retenção) e o recebimento do pedido de cooperação jurídica internacional pela Autoridade Central brasileira, ou o início do processo judicial no caso de a demanda ser ajuizada pela pessoa deixada no Estado da residência habitual da criança, devidamente representada por advogado.

Caso seja admitida a produção de prova pericial sobre a integração, o juiz nomeará perito e estabelecerá calendário para sua realização, devendo o resultado ser impreterivelmente apresentado até a data da audiência de instrução e julgamento. Por sua vez, caso a criança tenha que ser ouvida sobre seu desejo de permanecer no Brasil, o juiz, na sua oitiva, averiguará se a manifestação é livre da influência indevida da pessoa responsável pelo sequestro ou retenção ou terceiro.

Em outra restrição à produção probatória, o juiz poderá deixar de conhecer da alegação sobre grave risco à criança na devolução se (a) a prova for de difícil ou demorada obtenção e (b) a matéria puder ser tratada pelas autoridades do país de residência habitual da criança.

A Resolução disciplina a *devolução imediata* em tutela provisória (em liminar), que deve ser considerada *especialmente* (ou seja, não exclusivamente) se houver evidência de que a pessoa que está em companhia da criança *não* tem direito semelhante ao qualificado como "guarda", ainda que compartilhada, pelo direito brasileiro (art. 1.583, § 1º, do Código Civil), mesmo que detenha direito semelhante ao qualificado como "poder familiar" pelo direito brasileiro (art. 1.630 do Código Civil). Essa previsão de "devolução imediata em tutela provisória" é importante, pois evita a integração da criança abduzida ao meio social brasileiro pela delonga processual com a consequente (e indesejada) alienação parental do genitor deixado para trás (*left behind parent*).

Caso não seja deferida a devolução imediata, é possível adotar medidas restritivas da liberdade de viajar da pessoa em cuja companhia está a criança e da própria, como *retenção de passaporte* e *alerta* às autoridades de fronteira.

O juiz pode determinar, para a execução da ordem de retorno, o auxílio da Advocacia da União e da Autoridade Central, bem como da Polícia Federal e de profissionais da área da psicologia e da assistência social, assegurando-se o bem-estar e a segurança da criança abduzida no território nacional.

Finalmente, constatada a tramitação de processo relativo à guarda de criança na Justiça Estadual, nas hipóteses previstas nesta Resolução, ficará ele sobrestado até o pronunciamento da Justiça Federal sobre o retorno ou não da criança.

PARTE VI
COOPERAÇÃO JURÍDICA
INTERNACIONAL CÍVEL

1. INTRODUÇÃO: A COOPERAÇÃO JURÍDICA INTERNACIONAL E SUAS ESPÉCIES CÍVEIS E PENAIS

A cooperação jurídica internacional (CJI) consiste no conjunto de regras internacionais e nacionais que rege atos de colaboração entre Estados, ou mesmo entre Estados e organizações internacionais, com o objetivo de facilitar e concretizar o acesso à justiça[1].

Essa temática desenvolveu-se no Direito Internacional motivada pela existência de Estados soberanos cujo poder restringe-se, em geral, aos limites de seu território[2]. Tal restrição os impulsionam a solicitar cooperação dos demais Estados para *aplicar o direito* em casos que envolvam condutas fora do seu território. Na medida em que as situações transnacionais multiplicam-se, a necessidade de elaboração de normas internacionais de cooperação aumenta proporcionalmente.

As formas de cooperação variaram ao longo dos séculos no Direito Internacional para atender as necessidades dos Estados de regular as mais diversas situações transnacionais.

---

[1] Nesse sentido e voltado à cooperação jurídica internacional em matéria penal, ver ABADE, Denise Neves. *Direitos fundamentais na cooperação jurídica internacional*. São Paulo: Saraiva, p. 27. Casella e Sanchez utilizam a denominação "cooperação judiciária internacional". CASELLA, Paulo Borba; SANCHEZ, Rodrigo Elian (Org.) *Cooperação judiciária internacional*. Rio de Janeiro: Renovar, 2002. O CPC de 2015, como veremos abaixo, utiliza a terminologia "cooperação jurídica internacional", adotada neste *Curso*. Perlingeiro defende o uso da expressão "cooperação jurídica internacional", pois esta "deve ser compreendida como um intercâmbio amplo entre Estados soberanos, de atos públicos – legislativos, administrativos e judiciais –, e destinada à segurança e estabilidade das relações transnacionais. A denominada cooperação interjurisdicional, típica entre tribunais de Estados diversos, alcança os atos judiciais jurisdicionais propriamente ditos e os atos judiciais não decisórios, os de mera comunicação processual (citação, notificação e intimação) e os de instrução probatória". PERLINGEIRO, Ricardo Mendes da Silva. Cooperação jurídica internacional e auxílio direto. *Revista CEJ*, n. 32, jan./mar. 2006, p. 75-79, em especial p. 76.

[2] Sobre a jurisdição internacional e o princípio da territorialidade, conferir a Parte II, Capítulo 3, deste *Curso*.

Do ponto de vista histórico, a extradição em sentido amplo e entendida como o pedido de entrega de pessoas de um Estado a outro, pode ser considerada a espécie cooperacional mais antiga, com antecedentes remotos na Antiguidade Oriental[3]. Contudo, a extradição em sentido estrito, que é modalidade de cooperação jurídica internacional em matéria penal pela qual um Estado entrega outro indivíduo para ser processado penalmente ou para cumprir pena criminal em outro Estado[4] surgiu somente no século XVIII, na Europa, com a celebração do tratado de 1765 entre Espanha e França[5].

A evolução da cooperação jurídica internacional em um mundo dividido em uma constelação de soberanias estatais mostra que, de início, sua realização era fundada na cortesia entre Estados, não sendo uma obrigação internacional. Essa fase da cooperação preservava fortemente a soberania estatal, prevalecendo a normatividade *interna* na regulação da cooperação. Nesse período, afirma-se o predomínio da *lex fori* na interpretação dos atos a serem cumpridos provenientes do Judiciário estrangeiro e do uso da ordem pública para impedir a sua aplicação interna. Trata-se, então, de um *modelo soberanista* de cooperação jurídica internacional[6].

Posteriormente, a cooperação jurídica internacional passa a contar com *modelo intergovernamental* oriundo de convenções internacionais celebradas pelos Estados, os quais uniformizam o tratamento dado aos pedidos de colaboração interjurisdicional, fornecendo efetividade a provimento judicial estrangeiro no território

---

[3] Nussbaum aponta a existência de um tratado entre Ramsés II do antigo Egito e Hattusili II dos Hititas, no qual as partes contratantes estipularam uma forma primitiva de extradição política. Para Bassioni, a extradição internacional existiu na Antiguidade entre os caldeus, egípcios e chineses, sob a forma de entrega recíproca forçada de fugitivos. NUSSBAUM, Arthur. *A concise history of the Law of Nations*. New York: Macmillan, 1954, p. 2; BASSIOUNI, M. Cherif. International extradition in American practice and world public order. *Tenessee Law Review*, v. 36, n. 1, 1968, p. 1-30, em especial p. 1.

[4] Para Accioly, a extradição é "o ato pelo qual um Estado entrega um indivíduo, acusado de fato delituoso ou já condenado como criminoso, à justiça de outro Estado, competente para julgá-lo e puni-lo". ACCIOLY, Hildebrando. *Tratado de Direito Internacional Público*. Prefácio de Paulo Borba Casella. 3. ed. São Paulo: Quartier Latin/FUNAG, 2009, p. 505.

[5] Para García Sanchez, contudo, apesar de se poder encontrar antecedentes remotos de entrega de criminosos de uma comunidade para outra, a espécie cooperacional denominada atualmente de "extradição", possui sua estrutura formal e nome próprio a partir do século XVIII na Europa, tendo como marco o tratado entre a Espanha e França de 1765, no qual foi prevista a entrega recíproca de criminosos comuns, além de rebeldes e desertores, sendo excluída a aplicação da pena de morte. GARCÍA SÁNCHEZ, Beatriz. *La extradición en el ordenamiento interno español, internacional y comunitario*. Granada: Comares, 2005, p. 5.

[6] Para Andolina, esse modelo soberanista é quase um "modelo antagonista" da própria cooperação. Para o autor, "alla 'logica' di questo modello – in buona sostanza – (preordinato, come esso è, alla salvaguardia della sovranità del proprio Stato e della tendenziale esclusività della propria giurisdizione) è fondamentalmente estranea (ancora) l'idea, e l'esigenza, della 'cooperazione internazionale'". ANDOLINA, Italo (Coord.). *Cooperazione internazionale in materia giudiziaria*. Catania: Libreria Editrice Torre, 1996, em especial p. 21. Negritos do original foram retirados.

de cada contraente. Esse modelo é típico do Direito Internacional, no qual a reciprocidade e a necessidade de cooperação amenizam a desconfiança em relação às diferenças entre os sistemas internos de direito material[7].

Na segunda metade do século XX, surge o terceiro modelo, que vem a ser o *modelo da integração*, supranacional, no qual as regras do bloco integracionista eliminam também barreiras à circulação dos pedidos cooperacionais. Esse modelo é caracterizado pela existência de (i) regras comuns elaboradas pelo próprio bloco e também pela (ii) afirmação do *princípio do reconhecimento mútuo*, pelo qual um pedido realizado de acordo com o direito de um Estado (membro do bloco) deve ser considerado adequado e, em geral, cumprido por outro Estado.

O Brasil encontra-se plenamente inserido no segundo modelo, já tendo celebrado diversos tratados cooperacionais, tendo sido previsto, no Código de Processo Civil, que a cooperação jurídica internacional poderá ser prestada mesmo sem a celebração de tratado com o outro Estado, caso haja promessa de reciprocidade (art. 26, § 1º[8]). A inserção brasileira no terceiro modelo é ainda incipiente, embora o país faça parte do Mercosul (Mercado Comum do Sul), uma vez que os tratados cooperacionais celebrados no âmbito do Mercosul pouco diferem, em conteúdo, dos tratados celebrados fora do bloco. Faltam ainda (i) aprofundar a confiança e o (ii) reconhecimento mútuo, que foram essenciais para que a cooperação jurídica dentro da União Europeia se tornasse mais célere e simplificada do que a cooperação com terceiros Estados.

Com base nesses dois últimos modelos, outras espécies de cooperação foram criadas pelos Estados, gerando o desenvolvimento de uma diversidade de espécies cooperacionais no Direito Internacional, com os mais variados objetos, tanto em matéria criminal quanto em matéria cível.

2. CLASSIFICAÇÃO DA COOPERAÇÃO JURÍDICA INTERNACIONAL

A cooperação jurídica internacional (CJI) pode ser classificada de acordo com os seguintes critérios: (i) pela matéria (criminal ou cível); (ii) pela posição do Brasil na relação cooperacional (como Estado Requerente ou Estado Requerido); (iii) pelo conteúdo do pedido formulado; (iv) pelos entes envolvidos (Estados ou organizações internacionais); (v) pelos fins almejados pelo ato cooperacional; e (vi) pelo grau de interferência da medida solicitada nos direitos dos sujeitos da cooperação, como veremos abaixo.

---

[7] ANDOLINA, Italo (Coord.). *Cooperazione internazionale in materia giudiziaria*. Catania: Libreria Editrice Torre, 1996, em especial p. 24.

[8] CPC, 2015. "Art. 26. A cooperação jurídica internacional será regida por tratado de que o Brasil faz parte e observará: (...) § 1º Na ausência de tratado, a cooperação jurídica internacional poderá realizar-se com base em reciprocidade, manifestada por via diplomática". Contudo, o Brasil desistiu, expressamente, da reciprocidade na homologação de sentença estrangeira (salvo a execução fiscal), de acordo com o art. 26, § 2º: "Não se exigirá a reciprocidade referida no § 1º para homologação de sentença estrangeira".

- *Cooperação Criminal e Cível.* Essa classificação é feita com base no conteúdo do pedido: criminal ou cível. Ao longo da evolução histórica da CJI, há espécies cooperacionais que são exclusivamente criminais e outras que são mistas, podendo conter pedidos de natureza criminal ou cível. São espécies cooperacionais *exclusivamente* criminais, de acordo com o seu pedido: a extradição; a entrega[9]; e a transferência de sentenciados[10]. Há espécies cooperacionais *mistas* (que podem ser criminais ou cíveis), como a assistência jurídica, a transferência de processos, o reconhecimento e execução de decisões estrangeiras. Neste *Curso*, estudaremos as espécies cíveis mais comuns, que são referentes à assistência jurídica internacional e ao reconhecimento e execução de decisões estrangeiras.
- *Cooperação Ativa e Passiva.* Em relação à *posição do Brasil na relação cooperacional*, é possível classificar a cooperação como "cooperação ativa" (o Brasil como Estado requerente) e "cooperação passiva" (o Brasil como Estado requerido). A depender dessa posição, as regras que regem a cooperação podem ser distintas. Por exemplo, na extradição *ativa* não há participação do Supremo Tribunal Federal. Já na extradição *passiva*, há etapa indispensável (mesmo com a anuência do extraditando) de análise do pedido pelo STF.
- *Cooperação de Informação, Cooperação de Natureza Pessoal e Cooperação de Natureza Real.* Já quanto ao *conteúdo do pedido*, é possível diferenciar a cooperação jurídica internacional em *cooperação jurídica de informação,* que contempla atos relativos à informação do Direito; *cooperação jurídica de natureza pessoal,* que abarca pleitos que incidem sobre pessoas (desde a extradição até medidas de assistência jurídica de produção probatória, como interrogatórios, testemunhos, intervenção corpórea mínima – como a extração compulsória de DNA etc.); e, finalmente, a *cooperação jurídica de natureza real,* que engloba os pedidos cujo conteúdo envolve ações que incidem sobre bens (como a busca e apreensão, confisco e perda de bens etc.).
- *Cooperação Horizontal e Cooperação Vertical.* Em relação aos *entes envolvidos,* é possível classificar a cooperação jurídica internacional em duas

---

[9] A entrega (*surrender*) consiste em ato pelo qual determinado Estado coopera com tribunal internacional criminal, como é o caso do Tribunal Penal Internacional, detém e entrega determinado indivíduo para ser processado e julgado criminalmente. Sobre os tribunais penais internacionais, sua evolução histórica e perspectiva, ver CARVALHO RAMOS, André de. *Processo internacional de direitos humanos*. 7. ed. São Paulo: Saraiva, 2022.

[10] A transferência de sentenciados consiste no ato pelo qual determinado preso, condenado em um Estado, cumpre sua pena criminal em outro Estado (em geral o de sua nacionalidade ou residência). Conferir em SOUZA, Arthur de Brito Gueiros. *Presos estrangeiros no Brasil*: aspectos jurídicos e criminológicos. Rio de Janeiro: Lumen Juris, 2007.

categorias: a *cooperação horizontal* e a *cooperação vertical*. A cooperação horizontal é realizada entre Estados (Requerente e Requerido). Já a cooperação vertical é aquela realizada entre Estado e Organização Internacional, como, por exemplo, o pedido de *entrega* de um acusado localizado em determinado Estado ao Tribunal Penal Internacional (TPI) para persecução e julgamento[11].

- *Cooperação Pré-Processual, Cooperação Processual e Cooperação de Execução.* Quanto aos fins almejados, a cooperação jurídica internacional pode ser dividida da seguinte forma: (i) *cooperação jurídica pré-processual,* que abarca os atos cooperacionais que incidem *antes* do início de um processo cível ou criminal (por exemplo, atos de informação, atos de investigação); *cooperação jurídica processual,* alcançando os atos cooperacionais que incidem *durante* o desenrolar do processo; e (iii) *cooperação jurídica de execução,* que abarca os atos após o *término* do processo – como, por exemplo, atos de reconhecimento e execução de sentença estrangeira.

- *Cooperação Básica, Cooperação Intermediária e Cooperação Avançada.* Finalmente, quanto *ao grau de interferência da medida solicitada nos direitos dos sujeitos da cooperação*, é possível classificar a cooperação jurídica em três categorias. A primeira categoria seria a *cooperação jurídica básica (ou de primeiro grau)* e seria composta de medidas de assistência simples (mero trâmite e medidas instrutórias). A segunda categoria seria a *cooperação jurídica intermediária (ou de segundo grau)* e abarcaria medidas de assistência suscetíveis de causar gravame aos bens de pessoas (registros, embargos, sequestros, algum tipo de interdição e entrega de qualquer objeto) e, finalmente, a terceira categoria, denominada *cooperação jurídica avançada (ou de terceiro grau)* alcançaria as medidas extremas, suscetíveis de causar gravame irreparável aos direitos e liberdades, como os processos de extradição[12].

Essas classificações acima expostas são úteis para esclarecer as diferenças das regras. Por exemplo, a *cooperação jurídica vertical* é regida por normas diferenciadas da *cooperação jurídica horizontal,* justamente porque se trata de cooperação com *organizações internacionais* das quais o Brasil participa, o que implica em confiança e integração. Por isso, defendi, em outra obra, a possibilidade da *entrega do brasileiro nato* ao Tribunal Penal Internacional (cooperação *vertical*), o que não

---

[11] A *cooperação jurídica internacional vertical* consiste na cooperação jurídica entre Estado e determinada organização internacional. Ver tese de doutorado defendida Faculdade de Direito da USP, sob minha orientação, de Luiz Fabrício Vergueiro. VERGUEIRO, Luiz Fabrício Thaumaturgo. *Cooperação jurídica internacional vertical:* civil e criminal. São Paulo: Quartier Latin, 2016.

[12] Nessa linha, ver CERVINI, Raúl; TAVARES, Juarez. *Princípios de cooperação judicial penal internacional no protocolo do Mercosul.* São Paulo: RT, 2000.

ocorreria com a extradição a Estado estrangeiro (a CF/88 veda expressamente a extradição de brasileiro nato)[13].

Finalmente, seguindo a linha de classificação da cooperação, o termo "cooperação jurídica internacional" é aqui conceituado como o *gênero*, enquanto extradição, entrega, assistência jurídica, reconhecimento e execução de decisão estrangeira, transferência de processo e transferência de sentenciados delimitam *espécies* dessa cooperação[14].

3. AS FONTES INTERNACIONAIS E NACIONAIS DA COOPERAÇÃO JURÍDICA INTERNACIONAL

3.1. Fontes nacionais e internacionais: o necessário diálogo das fontes

No Brasil, o Direito Internacional Privado no seu segmento referente à cooperação jurídica internacional possui fontes de origem internacional e nacional, inclusive com dispositivos constitucionais que tratam de algumas espécies cooperacionais.

Essa duplicidade de fontes normativas acarreta complexidade na análise do tema, uma vez que será necessário verificar a convergência e diálogo entre as fontes, evitando-se, por exemplo, que o Brasil adote determinada conduta em um pedido cooperacional que venha a violar compromissos internacionais (o que implicará no futuro, na retaliação e negativa de cooperação do Estado ofendido) ou, ao contrário, que o Brasil negocie e depois celebre tratados de cooperação de duvidosa constitucionalidade.

3.2. As fontes internacionais

As fontes do Direito Internacional são: (i) os tratados, (ii) os costumes internacionais, (iii) os princípios gerais de direito, (iv) ato unilateral, (v) resoluções vinculantes de organizações internacionais e, ainda, (vi) doutrina e (vii) jurisprudência. O rol de fontes aceito pelo Direito Internacional consta do art. 38 do Estatuto da Corte Internacional de Justiça de 1946 (sucessora da Corte Permanente de Justiça Internacional, cujo estatuto, de 1920, foi reproduzido pela nova Corte).

No campo da cooperação jurídica internacional (CJI), os tratados representam importante fonte normativa, uma vez que oferecem segurança jurídica sobre o modo de realizar a cooperação, bem como asseguram sua continuidade enquanto o tratado for válido internacionalmente. Essa fonte da CJI é a que mais se desenvolve hoje no mundo.

---

[13] CARVALHO RAMOS, André de. *Curso de direitos humanos*. 10. ed. São Paulo: Saraiva, 2023.
[14] ABADE, Denise Neves. *Direitos fundamentais na cooperação jurídica internacional*. São Paulo: Saraiva, 2013.

O Brasil já ratificou e incorporou internamente *dezenas* de tratados cooperacionais nas suas mais diversas espécies: da extradição à transferência de sentenciados. Há tratados celebrados pelo Brasil no bojo das relações bilaterais (os chamados tratados bilaterais) e ainda multilaterais, que abrangem mais de dois Estados. Um dos tratados mais longevos é a Convenção Pan-Americana de Direito Internacional Privado (Código Bustamante), que rege a extradição e a carta rogatória.

Além disso, a CJI é um dos temas mais discutidos na Organização das Nações Unidas na atualidade, o que patrocinou a edição de vários tratados multilaterais constantemente aplicados no Brasil contendo normas cooperacionais, como a Convenção de Palermo de combate ao Crime Organizado Transnacional (de 2000[15]) ou a Convenção de Mérida de Combate à Corrupção (2003[16]).

Também o Brasil participa ativamente de dois foros especializados, que produzem tratados multilaterais voltados à CJI (entre outros temas) no Direito Internacional Privado: a *Conferência da Haia de Direito Internacional Privado* e a *Conferência Especializada Interamericana sobre Direito Internacional Privado* da Organização dos Estados Americanos (OEA).

É possível ainda encontrarmos *acordos ad hoc* realizados por Estados que não possuem tratado cooperacional, para que a cooperação solicitada seja realizada sob *promessa de reciprocidade*. Ofertada a promessa de reciprocidade, o Estado ofertante fica *obrigado* a cumpri-la em momento subsequente, caso lhe seja igualmente submetida uma demanda cooperacional por outro Estado.

No campo do *costume internacional,* existe debate sobre a existência de um *costume internacional* que obrigaria os Estados, em boa-fé, a realizar atos de cooperação jurídica internacional. Esse costume teria sido forjado a partir da criação da ONU, cujo tratado institutivo (Carta de São Francisco) estipula, em seu art. 13, o objetivo da organização de fomentar a cooperação entre os Estados. Além disso, a Resolução 2.625 (XXV), de 24 de outubro de 1970, da Assembleia Geral da ONU sobre as "relações amistosas e cooperação entre Estados, em conformidade com os princípios da Carta da ONU" previu sete princípios para reger tais relações, entre eles o "dever dos Estados de cooperar entre si de acordo com a Carta da ONU" (princípio n. 4)[17]. Contudo, o princípio n. 3 da mesma Resolução prevê o "dever de não interferência nos assuntos domésticos do Estado, de acordo com a Carta da ONU"[18]. Para Denise Neves Abade, cotejados esses dois princípios, ficam admitidos os tradicionais limites na aplicação direta ou indireta do direito estrangeiro, como o uso da ordem pública de

---

[15] Promulgada pelo Decreto Presidencial n. 5.015, de 12 de março de 2004.

[16] Promulgada pelo Decreto Presidencial n. 5.687, de 31 de janeiro de 2006.

[17] *In verbis:* "The duty of States to co-operate with one another in accordance with the Charter". Disponível em: <http://www.un-documents.net/a25r2625.htm>. Acesso em: 24 mar. 2022.

[18] *In verbis:* The principle concerning the duty not to intervene in matters within the domestic jurisdiction of any State, in accordance with the Charter". Disponível em: <http://www.un-documents.net/a25r2625.htm>. Acesso em: 24 mar. 2022.

Direito Internacional Privado para *negar* a cooperação pretendida[19]. Assim, não há prática internacional consistente (ainda) que reconheça tal costume ou explicite seus contornos.

No que tange aos *princípios gerais de Direito Internacional,* o princípio da boa-fé é lembrado por Nadia de Araujo, no sentido de obrigar os Estados a cooperar com outro Estado sem desconfianças ou excessos[20].

Graças às suas fontes internacionais, a cooperação jurídica internacional (CJI) insere-se no ambiente do Direito Internacional, inclusive com a possibilidade de apelo a *cortes internacionais* e ameaças de *retorsão.* Por isso, o estudo da CIJ não pode se resumir ao texto dos tratados celebrados pelo Brasil, mas deve alcançar a (i) interpretação internacional desses mesmos tratados e (ii) os mecanismos postos à disposição do Brasil para fazer valer a cooperação contra a vontade de Estados que, indevidamente, querem opor obstáculos à sua concessão.

As normas internacionais do Direito Internacional Privado em seu segmento "cooperação jurídica internacional" impõem uma interpretação adequada, que leve em consideração sua inserção no Direito Internacional. Uma negativa indevida de CJI por um Estado que tenha um tratado cooperacional com o Brasil não é somente um tema de direito interno, mas é uma *denegação de justiça* e *violação de compromisso* a ensejar reação brasileira até que o Estado faltoso cumpra adequadamente a cooperação pleiteada – o que, obviamente, auxiliará o regular desenvolvimento do processo.

Exemplo dessa posição é visto na reação dos Estados Unidos à recusa suíça de cooperar, em um caso concreto, em face da alegação de sigilo bancário (o chamado "Caso UBS"). Sob ameaça de retorsão internacional a ser adotada pelos EUA (tema de Direito Internacional), a Suíça obrigou o banco privado envolvido a enviar os dados bancários de norte-americanos suspeitos de sonegação fiscal[21].

Esse caso demonstra a necessidade de intensa integração entre os membros do Poder Executivo – que representam o Estado na esfera internacional – e os membros do sistema de justiça (Ministério Público e Magistratura), que podem necessitar de apoio de *alcance internacional* para fazer valer a lei penal ou cível interna. Há a

---

[19] ABADE, Denise Neves. *Direitos fundamentais na cooperação jurídica internacional.* São Paulo: Saraiva, 2013, p. 39.

[20] ARAUJO, Nadia de. A importância da cooperação jurídica internacional para a atuação do Estado Brasileiro no plano interno e internacional. *Manual de cooperação jurídica internacional e recuperação de ativos*: matéria penal. Brasília: Ministério da Justiça, 2008, p. 39-55, em especial p. 40.

[21] Ver mais do "Caso UBS" e como os Estados Unidos lidaram – e foram vitoriosos – com a reticência suíça em cooperar (sob a tradicional alegação de sigilo bancário, proibição de colaborar com a persecução de crime fiscal de outro país e outras particularidades de Direito suíço) em CANTLEY, Beckett G. The UBS Case: The U.S. Attack on Swiss Banking Sovereignty. Disponível em <http://cantleylaw.com/?p=19>. Acesso em: 24 mar. 2022.

necessidade de união e diálogo entre os agentes que representam o Brasil internacionalmente e os sujeitos envolvidos em um determinado caso de cooperação (inclusive os indivíduos, como é típico caso da cooperação jurídica internacional cível).

Por isso, é válido o estabelecimento de delegações plurais e ainda de representações conjuntas, com membros da Academia, Magistratura, do Ministério Público e Defensoria Pública, em organizações internacionais (delegações chefiadas pelo Ministério das Relações Exteriores) como a Conferência da Haia de Direito Internacional Privado, para que a diplomacia brasileira (i) conheça as dificuldades na implementação dos tratados criadas pelos demais Estados contratantes e (ii) possa negociar o conteúdo do tratado com o auxílio daqueles que o executarão no futuro. Além disso, urge a criação de colegiado envolvendo os órgãos do Poder Executivo (Ministério da Justiça das Relações Exteriores), magistratura, ministério público, defensoria e Ordem dos Advogados do Brasil (ambas representando a Defesa) para tratar dos problemas da cooperação jurídica ativa e passiva, visando dar transparência aos procedimentos, identificando os Estados estrangeiros relutantes e morosos, bem como promovendo proatividade no aperfeiçoamento da CJI.

3.3. As fontes nacionais: a soberania e o Estado Constitucional Cooperativo

Os Estados têm interesse na elaboração de normas internacionais cooperacionais e também na participação em organizações e redes internacionais que estimulam a atuação conjunta e convergente de todos os envolvidos para fazer cumprir suas próprias normas e decisões – que dependem de atos sujeitos a outra jurisdição. Consolida-se uma *nova visão de soberania*, que é exercida justamente pela participação dos Estados em diálogos internacionais que permitam ações em conjunto, cumprindo os objetivos de acesso à justiça, outrora implementados de modo isolado[22].

O "olhar internacionalista", então, atende melhor os interesses do Estado de Direito no atual momento, substituindo uma visão nacionalista tradicional. Ironicamente, a cooperação por meio de normas e ação em rede preserva a soberania dos Estados, que se desgastaria pela incapacidade de fazer frente aos problemas transfronteiriços.

A soberania, então, possui, nesse momento, duas dimensões que interagem: (i) a dimensão negativa, que consiste na vedação de atos considerados ofensivos aos interesses da comunidade nacional e (ii) a dimensão positiva, que implica a vontade de celebrar normas e de participar de organizações e redes internacionais de cooperação justamente para a realização de objetivos nacionais, que seriam impossíveis de alcançar pela ação isolada do Estado em seu território.

Consolida-se o "Estado que coopera", denominado *Estado Constitucional Cooperativo* por Häberle, o qual é caracterizado por sua abertura para o Direito Internacional

---

[22] SLAUGHTER, Anne-Marie. Sovereignty and power in a networked world order. *Stanford Journal of International Law*, v. 40, 2004, p. 283-328, em especial p. 285.

e ainda por sua vocação constitucional de auxílio à realização internacional das tarefas da comunidade dos Estados. Para Häberle, o Estado Constitucional Cooperativo é aquele que, premido pelos fluxos transfronteiriços, age disposto à cooperação internacional[23].

Porém, ao lado da nova caracterização de soberania, a *realização cooperativa dos direitos humanos* é outra consequência do Estado Constitucional Cooperativo e da cooperação jurídica internacional no Direito Internacional Privado. Qualquer Estado que busque proteger direitos humanos tem interesse na cooperação jurídica internacional, que assegura, em última análise, o *direito de acesso à justiça*. Como tutelar, por exemplo, os direitos da criança se os Estados não cooperassem em casos de subtração ilícita de menores? Como assegurar os direitos de propriedade de vítimas de estelionatário ou ainda os direitos difusos de uma coletividade em caso de corrupção envolvendo funcionários públicos se os Estados receptores do dinheiro ilicitamente obtido não cooperassem?

A CF/88 adota esse modelo de "Estado Constitucional Cooperativo" e já no art. 4º, IX, determina que a República Federativa do Brasil rege-se nas suas relações internacionais pelo "princípio da cooperação entre os povos para o progresso da humanidade". No parágrafo único do mesmo art. 4º, há a previsão de que o Brasil "buscará a integração econômica, política, social e cultural dos povos da América Latina, visando à formação de uma comunidade latino-americana de nações". Esses dispositivos constitucionais devem, no mínimo, sugerir o estatuto supralegal interno dos tratados de cooperação e integração, como os do Mercosul, e, também, os tratados de cooperação jurídica internacional (CJI)[24]. Também deve ser realçada a menção, como *fundamento do Estado Democrático de Direito* brasileiro, da promoção da *dignidade da pessoa humana* (art. 1º, III), o que impulsiona a cooperação jurídica internacional como forma de implementação do direito de acesso à justiça.

Além desses dispositivos genéricos, a CF/88 possui regras específicas sobre cooperação jurídica internacional, ao regular a carta rogatória e a homologação de sentença estrangeira, (art. 105, I, *i*), bem como a extradição (art. 5º, LI e LII, e art. 102, I, *g*) e a previsão genérica de julgamento de "causas baseadas em tratado" (art. 109, III).

Inicialmente, o art. 5º, LI, da CF prevê que nenhum brasileiro será extraditado, salvo o naturalizado, (i) em caso de crime comum, praticado antes da naturalização, ou (ii) de comprovado envolvimento em tráfico ilícito de entorpecentes e drogas afins, na forma da lei. Além disso, dispõe o inciso seguinte (LII) que não será concedida extradição de estrangeiro por crime político ou de opinião. De acordo com o art. 102, I, *g*, cabe ao Supremo Tribunal Federal o julgamento da *extradição* (espécie de cooperação jurídica internacional em matéria penal) quando o Brasil for Estado Requerido

---

[23] HÄBERLE. P. *Estado constitucional cooperativo*. Tradução de Marcos Augusto Maliska e Eise Antoniuk. Rio de Janeiro: Renovar, 2007, p. 70-71.

[24] Defendi essa posição em relação aos tratados Mercosulinos em CARVALHO RAMOS, André de. A integração regional e a Constituição vinte anos depois. *Revista de Informação Legislativa*, v. 179, p. 317-330, 2008.

(extradição passiva). Em relação à extradição, a Lei n. 13.445/2017 (que revogou a Lei n. 6.815/80 – o Estatuto do Estrangeiro) possui normas gerais sobre o processo extradicional (arts. 81 a 99).

Além disso, a CF/88 estipula, em seu art. 105, I, *i*, que compete ao Superior Tribunal de Justiça "a homologação de sentenças estrangeiras e a concessão de *exequatur* às cartas rogatórias". A competência do STJ para conceder *exequatur* e homologar sentenças estrangeiras foi resultado da Emenda Constitucional n. 45, pondo fim à competência do Supremo Tribunal Federal nessas duas temáticas, que havia sido estabelecida desde a Constituição de 1934.

Por sua vez, o art. 109, III, da CF/88 prevê que compete à Justiça Federal julgar as causas fundadas em tratado ou contrato da União com Estado estrangeiro ou organismo internacional, o que fundamenta a atuação dos juízes federais de 1º grau na análise dos pedidos de assistência jurídica pela via do *auxílio direto* e também na *transferência de processos,* inclusive criminais.

Assim, a CF/88, por possuir dispositivos principiológicos e, ainda, regras sobre veículos cooperacionais, valorizou a cooperação jurídica internacional. Restaria, é claro, ao legislador a elaboração de uma *Lei Geral de Cooperação Jurídica Internacional* para orientar o aplicador (na ausência de tratados) ou mesmo o negociador dos futuros tratados de CJI.

No DIPr de matriz legal, há certa regulamentação da CJI na Lei de Introdução às Normas do Direito Brasileiro (Lei n. 12.376/2010), em especial no art. 15, que trata da homologação de sentença estrangeira.

Em outros diplomas nacionais, há regramentos esparsos sobre a CJI. Em primeiro lugar, a Parte Geral do Código Penal, elaborada em 1984, trata da aplicação extraterritorial da lei penal brasileira, o que pode redundar em pleitos cooperacionais (art. 7º). Além disso, o Código Penal estabelece que a pena cumprida no estrangeiro atenua a pena imposta no Brasil pelo mesmo crime, quando diversas, ou nela é computada, quando idênticas (art. 8º), o que exige cooperação para que o Brasil conheça os termos da sentença estrangeira. Além disso, a sentença estrangeira penal, quando a aplicação da lei brasileira produzir na espécie as mesmas consequências, pode ser homologada no Brasil para (i) obrigar o condenado à reparação do dano, a restituições e a outros efeitos civis, bem como para sujeitar o condenado à (ii) medida de segurança. No caso da sujeição à medida de segurança, o Código Penal exige tratado de extradição com o Estado de origem da sentença criminal estrangeira ou, na falta de tratado, requisição do Ministro da Justiça. A Lei n. 13.445/2017 (Lei de Migração) regulou a execução no Brasil de pena prevista em sentença criminal estrangeira, sem prejuízo do disposto no Código Penal (arts. 100-102), além de ter estabelecido regras para a extradição (arts. 81-99) e para a transferência de sentenciados (arts. 103-105).

Por sua vez, o Código de Processo Penal traz dispositivos sobre a Carta Rogatória e a Homologação de Sentença Estrangeira Criminal (arts. 780 a 790). No plano cível, o Código de Processo Civil estabelece regras sobre jurisdição (já vistas) e cooperação jurídica internacional (arts. 26 a 41).

O Regimento interno do Superior Tribunal de Justiça, em virtude da competência constitucional do tribunal na concessão do *exequatur* às Cartas Rogatórias e à homologação de sentença estrangeira, possui regras atualizadas de cooperação jurídica internacional após a Emenda Regimental n. 18/2014, tendo sido revogada a antiga Resolução n. 9/2005, que regia a temática. No Supremo Tribunal Federal, o Regimento Interno possui regras sobre extradição.

Esses dispositivos permitem o rechaço de uma eventual visão *xenófoba* e *chauvinista*, refratária à essência do DIPr, que é a *gestão da diversidade jurídica*, aplicada aos fatos transnacionais. Assim, eventual recusa à cooperação jurídica internacional deve ser tida como inconstitucional, pois ameaça a cooperação entre os povos e amesquinha direitos, entre eles a igualdade entre nacionais e estrangeiros e o acesso à tutela jurídica justa.

3.4. O novo CPC

O Código de Processo Civil de 2015 inovou ao introduzir expressamente a temática da "cooperação jurídica internacional" (CJI) como um capítulo próprio do seu texto, dos arts. 26 a 41, superando o laconismo do CPC de 1973[25].

Consagrou-se a terminologia "cooperação jurídica internacional" e houve o reconhecimento do *princípio da especialidade* pelo qual a cooperação jurídica será regida por tratado de que o Brasil faz parte, que deve, contudo, observar (i) o respeito às garantias do devido processo legal no Estado requerente; (ii) a igualdade de tratamento entre nacionais e estrangeiros, residentes ou não no Brasil, em relação ao acesso à justiça e à tramitação dos processos, assegurando-se assistência judiciária aos necessitados; (iii) a publicidade processual, exceto nas hipóteses de sigilo previstas na legislação brasileira ou na do Estado requerente; (iv) a existência de autoridade central para recepção e transmissão dos pedidos de cooperação; e (v) a espontaneidade na transmissão de informações a autoridades estrangeiras (art. 26 do CPC).

Sobre a exigência do respeito ao devido processo legal no Estado Requerente[26], entendo que, para dar precisão a esse conceito, é importante que sejam utilizados *parâmetros internacionais* referentes ao *devido processo legal*, o que condiz com o contemporâneo Direito Internacional Privado à luz dos direitos humanos.

Por sua vez, na falta de tratado, a cooperação jurídica internacional pode ser realizada mediante a promessa de reciprocidade pela via diplomática.

---

[25] Trata-se do Capítulo II ("Da cooperação jurídica internacional") do Título II ("Dos limites da jurisdição nacional e da cooperação internacional") do Livro I ("Das normas processuais civis") do CPC.

[26] CABRAL, Antonio do Passo; CRAMER, Ronaldo. *Comentários ao novo Código de Processo Civil*. 2. ed. Rio de Janeiro: Forense, 2016, p. 78.

Como já visto[27], após debates parlamentares, a redação final do novo CPC abriu uma significativa exceção à reciprocidade cooperacional no que tange à homologação de sentença estrangeira: o Brasil desistiu de introduzir a reciprocidade na homologação de sentença estrangeira, com exceção das sentenças estrangeiras de execução fiscal[28].

Essa desistência brasileira representa, corretamente, o desejo do Estado em possibilitar acesso à justiça e reconhecimento de situações jurídicas consolidadas aos que são beneficiados por sentenças estrangeiras no nosso território (dentro dos limites materiais do direito estrangeiro, como o respeito à ordem pública), o que está em linha com a proteção de direitos humanos. Contudo, cabe à diplomacia brasileira identificar e convencer os Estados estrangeiros que se negam a homologar as sentenças brasileiras para que seja também protegido o direito ao acesso à justiça de quem obteve sentenças brasileiras e necessita executá-las extraterritorialmente.

Ficou expressamente vedada a prática de atos cooperacionais no Brasil que (i) contrariem ou que (ii) produzam resultados incompatíveis com as normas fundamentais que regem o Estado brasileiro (art. 26, § 3º).

Esses condicionantes mostram a abertura da CJI à gramática dos direitos humanos, com exigências relativas ao devido processo legal no Estado Requerente e, ainda, de respeito às "normas fundamentais que regem o Estado brasileiro", o que inviabiliza (i) a cooperação com ditaduras ou mesmo democracias em conjuntura de pânico, que perseguem e discriminam grupos minoritários, e (ii) o cumprimento interno de pedidos cooperacionais ofensivos aos direitos humanos no Brasil (mesmo que oriundos de Estados democráticos).

Há também determinações referentes ao processamento interno dos pedidos cooperacionais, como tratamento igualitário aos estrangeiros, acesso à justiça e assistência jurídica (o que exigirá intervenção da Defensoria Pública da União em determinados pedidos cooperacionais), bem como publicidade (evitando a surpresa ao indivíduo que será atingido por um pedido cooperacional).

Quanto à autoridade central, há o reconhecimento da sua importância na comunicação com outros Estados, sem ter sido estipulada a sua exclusividade, o que permite o desenvolvimento de outras fórmulas de comunicação da CJI, como a via do contato direto entre autoridades (ver abaixo as diferentes vias de comunicação na CJI).

Quanto às espécies cooperacionais, o CPC regula importantes veículos de assistência jurídica internacional, como a carta rogatória e o auxílio direto, bem como o pedido de execução de decisão estrangeira por meio da regulamentação da ação de homologação de sentença estrangeira.

---

[27] Na Parte II (sobre jurisdição internacional) deste *Curso*.
[28] CPC, art. 961, § 4º: "Haverá homologação de decisão estrangeira para fins de execução fiscal quando prevista em tratado ou em promessa de reciprocidade apresentada à autoridade brasileira".

Finalmente, o CPC trouxe uma importante cláusula de abertura para a evolução do objeto (conteúdo) da CJI ao listar os atos cooperacionais, prevendo, no final, que a cooperação poderá ter como objeto "qualquer outra medida judicial ou extrajudicial não proibida pela lei brasileira" (art. 27, VI)[29]. Com isso, consagrou-se o *princípio da não tipicidade* das espécies cooperacionais, podendo novos pedidos serem agregados à CJI no futuro.

4. A ANÁLISE ESTRUTURALISTA DA COOPERAÇÃO JURÍDICA INTERNACIONAL

A evolução histórica da cooperação jurídica internacional traz o risco de um estudo assistemático centrado em temas como "carta rogatória", "extradição", "legalização de documentos", sem aparente conexão, como se fossem árvores perdidas e sem percepção da floresta.

Por isso, é indispensável uma *análise estruturalista* da cooperação jurídica internacional que identifique e insira os diferentes tópicos da temática em um *modelo básico comum* a todas as espécies cooperacionais, com papéis e funções definidas. A análise estruturalista adotada neste *Curso* identifica os seguintes elementos comuns a todas as espécies cooperacionais cíveis ou criminais: (i) sujeitos, (ii) vias de comunicação, (iii) pedido e (iv) veículo de transmissão do pedido[30].

Esses quatro elementos podem ser divididos nas seguintes categorias: *subjetiva* (os sujeitos da cooperação), *objetiva* (que dizem respeito ao objeto – as vias, veículos) e *teleológica* (que diz respeito à finalidade almejada, que consta do pedido).

4.1. Sujeitos da cooperação

A cooperação jurídica internacional possui *sujeitos imediatos ou diretos* que formalmente respondem pelo pleito cooperacional. Na atualidade, são sujeitos imediatos da cooperação os *Estados* e, eventualmente na cooperação jurídica vertical, as *organizações internacionais*. Na hipótese mais comum, há dois Estados sujeitos da relação cooperacional: o Estado *Requerente*, que solicita a cooperação, e o Estado *Requerido*, que deve prestar a cooperação.

Há ainda os *sujeitos mediatos ou indiretos* da cooperação, que são os indivíduos que terão seus direitos afetados pela concessão (titulares de direitos *beneficiados*

---

[29] *In verbis:* "Art. 27. A cooperação jurídica internacional terá por objeto: I – citação, intimação e notificação judicial e extrajudicial; II – colheita de provas e obtenção de informações; III – homologação e cumprimento de decisão; IV – concessão de medida judicial de urgência; V – assistência jurídica internacional; VI – qualquer outra medida judicial ou extrajudicial não proibida pela lei brasileira".

[30] Tipologia adaptada (com algumas diferenças) daquela usada, pioneiramente, por Denise Neves Abade em sua tese de doutorado na Universidade de Valladolid (2010) e publicada no Brasil em 2013, a quem agradeço pela profícua troca de ideias. ABADE, Denise Neves. *Direitos fundamentais na cooperação jurídica internacional*. São Paulo: Saraiva, 2013, p. 42.

pela cooperação) ou denegação da cooperação (titulares de direitos que serão *restringidos* pela concessão de cooperação).

Quanto aos indivíduos beneficiados pela cooperação, há pessoas com o *direito de acesso à justiça* (previsto na CF/88, no art. 5º, XXXV, e em diversos tratados de direitos humanos celebrados pelo Brasil), o qual será *obstaculizado* ou mesmo *frustrado* nos casos transfronteiriços se a CJI for indeferida, sem contar outro direito específico, cuja lesão nunca será reparada sem a CJI. Por exemplo, o direito da criança ao desenvolvimento sadio pode ser amesquinhado se a CJI for indeferida em caso de subtração internacional ilícita.

Por sua vez, há indivíduos que têm interesse em *impedir* a CJI, na *defesa* de seus *direitos*, alegando, por exemplo, direito à privacidade para impedir o envio de seus dados bancários localizados em Estado estrangeiro.

Essa *colisão de direitos* pode opor inclusive direitos coletivos a direitos individuais. Por exemplo, na CJI pleiteada no âmbito de uma ação de improbidade pode existir o choque entre o *direito à boa governança* (direito difuso) da comunidade que exige colaboração estrangeira para que seja provada a improbidade e o retorno dos valores monetários indevidamente apropriados pelo agente ímprobo (devidamente protegidos em um paraíso fiscal estrangeiro) e os *direitos* alegados pelo mesmo agente (por exemplo, direito à intimidade, devido processo legal, direito de propriedade etc.).

No plano processual penal, há colisão entre os *direitos* à *verdade* e *justiça* das vítimas[31] que podem necessitar da colaboração de Estado estrangeiro para serem concretizados e o *direito à liberdade* do réu.

Reconhecidos esses direitos de titularidade distinta que podem ser abalados pela CJI (concedendo-a ou denegando-a), *não* pode o Estado de Direito que celebra tratados de direitos humanos, como o Brasil, tratar a CJI como um assunto meramente interestatal.

Pelo contrário, o Estado de Direito que, por definição, protege os direitos essenciais do indivíduo deve (i) permitir o acesso do indivíduo aos autos cooperacionais para ciência e contraditório (mesmo que diferido, para não frustrar a cooperação pleiteada) e (ii) decidir fundamentadamente, levando em consideração os direitos humanos de *todos* os envolvidos. Em 2020, o Min. Sérgio Kukina (STJ) permitiu o acesso da Defesa aos registros de procedimentos de cooperação jurídica internacional envolvendo o ex-Presidente Luiz Inácio Lula da Silva intermediados pelo Departamento de Recuperação de Ativos e Cooperação Jurídica Internacional do Ministério da Justiça e Segurança Pública (DRCI – ver mais sobre esse órgão adiante), apontando

---

[31] Os direitos à verdade e à justiça foram reconhecidos em diversos casos da Corte Interamericana de Direitos Humanos, como, por exemplo, no Caso Gomes Lund *vs.* Brasil. Conferir em CARVALHO RAMOS, André de. *Processo internacional de direitos humanos*. 7. ed. São Paulo: Saraiva, 2022.

o direito à informação do interessado no seio de investigação defensiva (Superior Tribunal de Justiça, Mandado de Segurança n. 26.627, decisão monocrática do Rel. Min. Sérgio Kukina, de 1º-9-2020).

A CJI, então, exige que seja feita uma ponderação de direitos, não podendo tratar os indivíduos como meros objetos, mas sim como *sujeitos de direitos*.

Esse elemento subjetivo mediato ou indireto da cooperação consagra os *direitos humanos* como peça central da visão contemporânea da CJI, uma vez que tais direitos são considerados *essenciais* e *superiores* tanto no ordenamento internacional (compõem o chamado *jus cogens* ou normas imperativas de Direito Internacional[32]) quanto no ordenamento brasileiro (*vide* as cláusulas pétreas – art. 60, § 4º, da CF/88).

Assim, uma CJI que faça de modo indevido a ponderação de direitos dos sujeitos mediatos será ofensiva aos tratados de direitos humanos e também à CF/88.

4.2. A via de comunicação dos pedidos

A CJI exige vias de comunicação entre os Estados Requerente e Requerido. Essa *via* utilizada (meio de comunicação entre os Estados) não se confunde com os *veículos* que lá trafegam (espécies instrumentais cooperacionais) e com os *passageiros* (conteúdo, tipo de colaboração prestada) que são transportados[33].

Há quatro espécies de vias de comunicação cooperacional: (i) a *via diplomática*, (ii) a *via da autoridade central*, (iii) a *via do contato direto* e, excepcionalmente, (iv) as *formas simplificadas* de comunicação (via postal e a via "por qualquer interessado").

Além dessas vias, há alternativas de comunicação, tais como a (v) figura do *magistrado de ligação* ("magistrat de liaison") *e* (vi) *as redes judiciárias de comunicação* ("judicial network"), que visam aproximar autoridades – quer tenham ou não um papel formal nas vias acima descritas – disseminando informação e agilizando a cooperação.

4.2.1 A via diplomática e os canais consulares

A *via diplomática* consiste no uso dos canais diplomáticos e consulares preexistentes para também realizar o trâmite dos pleitos cooperacionais. Funda-se em acordos que estabelecem a Missão Diplomática e as repartições consulares entre o Estado Acreditante (aquele que envia) e o Estado Acreditado (aquele que recebe).

Por essa via, a cooperação jurídica internacional utiliza os mesmos canais de comunicação previstos para a comunicação de todos os temas entre os Estados

---

[32] Sobre o *jus cogens* e os direitos humanos, conferir CARVALHO RAMOS, André de. *Teoria geral dos direitos humanos na ordem internacional*. 7. ed. São Paulo: Saraiva, 2019.

[33] ABADE, Denise Neves. *Direitos fundamentais na cooperação jurídica internacional*. São Paulo: Saraiva, 2013, p. 42.

envolvidos, sem qualquer especialização. Assim, eventual pedido de cooperação é efetuado pelo Corpo Diplomático, que atua nessa temática como o faz em várias outras que interessam ao Estado.

O fluxo tradicional dessa via é o seguinte: o pleito emanado de autoridade judicial ou do Ministério Público é transmitido ao Ministério da Justiça (ou, a depender do país, diretamente ao Ministério das Relações Exteriores), que o encaminha ao Ministério das Relações Exteriores. Após, o pleito é enviado ao posto diplomático do Estado Requerido, que o enviará ao Ministério das Relações Exteriores do Estado Requerido, que, por sua vez, o encaminhará tradicionalmente ao Ministério da Justiça para que este localize a autoridade competente para análise (há casos de necessidade de prévia aprovação) e cumprimento do pedido. O retorno do pleito realizado – ou indeferido – também se dará pelo cumprimento desse demorado fluxo (cuja lentidão é alvo de críticas dos interessados em celeridade na cooperação – mas que interessa aos indivíduos que desejam a lentidão).

Há também o *canal consular direto*, que realiza atividades de *legalização* de documentos e atos notariais que, após, podem ser utilizados com fé pública no Estado de origem.

Como aponta Abade, a maior vantagem da via diplomática é sua *economicidade,* não exigindo investimentos, pois já está disponível. Porém, o fluxo acima exposto envolve vários agentes de diversos órgãos, o que por si só *aumenta* o tempo de transmissão e retorno do pedido. Além disso, há a desvantagem de não ser uma via *exclusiva nem especializada,* o que faz com que a celeridade e eficiência da prestação da cooperação dependam das prioridades dos diplomatas envolvidos[34].

4.2.2 A via da autoridade central

A segunda via de transmissão de pleitos cooperacionais é a *via da autoridade central*. A autoridade central é um *órgão de comunicação* estatal previsto em tratados internacionais, possuindo, em geral, três funções básicas: (i) gerenciar e agilizar o trâmite dos pleitos cooperacionais, recebendo e enviando-os a outro Estado, dispensando-se a via diplomática; (ii) zelar pela adequação das solicitações enviadas e recebidas aos termos do tratado e (iii) capacitar as autoridades públicas envolvidas, de modo a aperfeiçoar os pedidos emitidos.

Pode, excepcionalmente e a depender do tratado, exercer (iv) funções de execução dos deveres impostos ao Estado-Parte. No Brasil, a pioneira Convenção sobre Prestação de Alimentos no Exterior (Convenção de Nova York, 1956[35]) possui Autoridade

---

[34] ABADE, Denise Neves. *Direitos fundamentais na cooperação jurídica internacional.* São Paulo: Saraiva, 2013, p. 43.

[35] Convenção das Nações Unidas sobre Prestação de Alimentos no Estrangeiro, de 1956. Promulgada pelo Decreto n. 56.826, de 2 de setembro de 1965.

Central (denominada, à época, instituição intermediária), que, além de gerenciar a comunicação e demais funções acima expostas, deve propor as ações judiciais necessárias para cumprir os deveres impostos ao Estado brasileiro.

No âmbito da Conferência da Haia de Direito Internacional Privado, o primeiro tratado a mencionar claramente a autoridade central foi a Convenção da Haia de Comunicação de Atos Processuais, de 1965, o que, após, foi repetido por diversos tratados cooperacionais e adotado por várias Organizações Internacionais.

A lógica que funda a instituição de uma autoridade central no campo cooperacional, no seu papel tradicional de comunicação (as funções de execução são excepcionais) é a busca da especialização e agilidade. A Autoridade Central pode instruir as autoridades nacionais e estrangeiras para prevenir falhas nos pedidos cooperacionais e, ainda, sugerir alterações e emendas nos pedidos. Evitam-se, assim, as idas e vindas de pleitos cooperacionais enviados com descumprimento de requisitos previstos nos tratados.

Com a crescente adoção da via da autoridade central, define-se melhor o interlocutor em cada Estado, o que, ao longo do tempo, aumenta a confiança entre os parceiros (*confidence building*) e reduz choques oriundos de pedidos mal encaminhados.

Além disso, a existência da Autoridade Central permite criar um banco de dados centralizado que identifique gargalos ou mesmo o não cumprimento em prazo razoável de pleitos por parte de determinado Estado.

Sua existência ainda leva ao desenvolvimento, ao longo do tempo, de uma "cultura a favor da cooperação", com orçamento e funcionários próprios, podendo o Estado brasileiro ser proativo e ter dados concretos que embasem a negociação de futuros tratados contendo soluções aos problemas enfrentados.

Cada Estado é livre para designar o órgão que entende adequado para servir como Autoridade Central nos pleitos cooperacionais, podendo já estar tal órgão previsto no próprio tratado ou ainda ser indicado posteriormente pelo Estado. A prática internacional aponta que é comum a indicação do (i) Ministério da Justiça, ou ainda (ii) do órgão máximo do Ministério Público e (iii) do órgão vinculado ao próprio Poder Judiciário.

No Brasil, não há uma única Autoridade Central para todos os pedidos de cooperação jurídica internacional. Contudo, na maior parte dos pleitos cooperacionais, a função de Autoridade Central recaiu sobre o Ministério da Justiça e Segurança Pública[36], por meio do Departamento de Recuperação de Ativos e Cooperação Jurídica Internacional

---

[36] Atual denominação (novembro de 2022), substituindo a denominação "Ministério da Justiça e Cidadania", de 2016, que, por sua vez, havia modificado a denominação tradicional de "Ministério da Justiça".

(DRCI)³⁷. Ao DRCI incumbe a função tradicional de comunicação da Autoridade Central nos pleitos cooperacionais, inclusive os de extradição e transferência de pessoas condenadas e de execução de penas³⁸, *não* tendo função executiva. O CPC de 2015 sedimentou essa prática ao dispor que "[o] Ministério da Justiça exercerá as funções de autoridade central na ausência de designação específica" (art. 26, § 4º).

Por outro lado, a função de Autoridade Central cível perante a Convenção da Haia sobre Aspectos Civis do Sequestro Internacional de Crianças (1980) e a Convenção da Haia Sobre Cooperação Internacional e Proteção de Crianças e Adolescentes em Matéria de Adoção Internacional (1993) é exercida pela Autoridade Administrativa Federal (ACAF), outrora vinculada ao Ministério dos Direitos Humanos e atualmente incorporada ao DRCI. A ACAF também *não* possui funções de execução, que são exercidas pela Advocacia-Geral da União.

A outra autoridade central é a *Procuradoria-Geral da República* (órgão de cúpula do Ministério Público Federal), *instituição extrapoder* não vinculada a nenhum dos demais Poderes do Estado, que atua como Autoridade Central *criminal* nas questões relativas ao Tratado de Auxílio Mútuo em Matéria Penal entre Brasil e Portugal³⁹ e ao Tratado de Assistência Mútua em Matéria Penal entre Brasil e Canadá⁴⁰. No âmbito da Convenção de Auxílio Judiciário em Matéria Penal entre os Estados-Membros da Comunidade dos Países de Língua Portuguesa⁴¹, a autoridade central para pedidos ativos oriundos do Ministério Público da União e do Ministério Público dos Estados é a Procuradoria-Geral da República (PGR), a quem também cabe receber, para execução, os pedidos oriundos de autoridades congêneres estrangeiras (cooperação passiva)⁴². Também atua a PGR como Autoridade Central *cível*

---

37 A atribuição administrativa do DRCI consta do Decreto n. 9.662, de 1º de janeiro de 2019, Anexo I, art. 14, V, *in verbis*: "Art. 14. Ao Departamento de Recuperação de Ativos e Cooperação Jurídica Internacional compete: (...) IV – exercer a função de autoridade central, por meio da coordenação e da instrução de pedidos ativos e passivos de cooperação jurídica internacional nas áreas a que se refere o inciso III, por delegação do Ministro de Estado, exceto se houver designação específica que disponha de maneira diversa; V – exercer a função de autoridade central federal em matéria de adoção internacional de crianças, nos termos do disposto na Lei n. 8.069, de 13 de julho de 1990".

38 Houve a unificação das funções de autoridade central nos assuntos de extradição nas mãos do DRCI, substituindo o antigo Departamento de Estrangeiros (hoje denominado Departamento de Migrações) do próprio Ministério da Justiça.

39 Decreto n. 1.320, de 30 de novembro de 1994.

40 Decreto n. 6.747, de 22 de janeiro de 2009.

41 Convenção de Auxílio Judiciário em Matéria Penal entre os Estados-Membros da Comunidade dos Países de Língua Portuguesa, firmada em Cidade da Praia, em 23 de novembro de 2005. O Brasil depositou o instrumento de adesão em 29 de junho de 2009, tendo entrado em vigor internacional para o Brasil em 1º de agosto de 2009. Contudo, somente foi promulgada internamente pelo Decreto n. 8.833, de 4 de agosto de 2016.

42 Decreto n. 8.861, de 28 de setembro de 2016.

para Convenção sobre Prestação de Alimentos no Estrangeiro da ONU, de 1956 (Convenção de Nova York).

Atualmente, três pontos estão em aberto no Brasil no que tange à via da Autoridade Central: (i) no que tange à sua função ordinária de comunicação, discute-se o limite de sua atuação de zelar pela adequação dos pleitos cooperacionais (juízo de admissibilidade administrativo?); (ii) no que tange à localização, é controvertida a tendência de inserção no Poder Executivo ou ainda em uma instituição extrapoder (Ministério Público), ou até no Poder Judiciário; e (iii) no que tange ao número, há o debate sobre a adoção de uma *única* Autoridade Central ou aceitação de várias, a depender da matéria.

No que tange aos *limites da função da Autoridade Central*, entendo que seu papel não pode ser restrito a servir de via de comunicação sem crivo, ou seja, configurando um eixo de comunicação meramente burocrático. Pelo contrário, deve sugerir correções e modificações dos pleitos cooperacionais, justamente para evitar delongas e "idas e vindas", como exposto acima. Porém, esse crivo de admissibilidade administrativo deve ser exercido com diálogo e respeito às decisões das autoridades que iniciaram o pleito (juízes, procuradores e promotores, por exemplo), sem exceder a matéria tipicamente cooperacional, e, no limite, a insistência da autoridade iniciadora em determinada interpretação de requisito cooperacional *não* pode ser obstaculizada. Nesse caso de insistência, o pleito cooperacional *deve ser encaminhado* pela Autoridade Central. Eventual prejuízo (ou ganho, caso a visão da autoridade central esteja equivocada) é de inteira responsabilidade da autoridade iniciadora, não podendo a Autoridade Central imiscuir-se na condução das investigações ou processos judiciais sob pena de ela se transformar – sem autorização constitucional – em juiz definitivo sobre a forma de produção de diversos atos pré-processuais ou mesmo processuais. Outra função relevante é a de servir de gestor de informação e indutor de políticas públicas, até que seja criado o colegiado ao qual fiz menção. A transparência na apresentação de dados é importante para que seja possível detectar delongas e entraves na CJI.

A segunda questão em aberto diz respeito à *localização* da Autoridade Central. No Brasil, há a tendência de se fixar a Autoridade Central no Ministério da Justiça, o que traz as seguintes *vantagens*: (i) envolvimento no próprio aparato do Poder Executivo, que negocia os tratados cooperacionais, trazendo *expertise* e orientação ao Ministério das Relações Exteriores; (ii) possibilidade de crescimento, com maior verba e funcionários, a depender da política pública do Executivo.

As *desvantagens* desse tipo de localização dizem respeito à ausência de independência funcional de seus membros, o que pode ser crítico em casos sensíveis de cooperação envolvendo a alta cúpula do nosso poder político e econômico. Também é uma possível desvantagem a eventual variação na eficiência da atuação do órgão, fruto de maior ou menor interesse do Poder Executivo na temática, podendo a Autoridade

Central vinculada ao Executivo passar por momentos de diminuição de verbas, não reposição de funcionários (o chamado "esvaziamento" de determinado órgão público pela não reposição de servidores), nomeação de chefia sem conhecimento técnico – só pelo *loteamento partidário* –, entre outros malefícios.

A alternativa seria a fixação da Autoridade Central em órgão dotado de *autonomia financeira* e *independência funcional*. No Brasil, esse papel já é exercido pela Procuradoria-Geral da República (PGR) em alguns tratados, como visto acima. A desvantagem seria vencer eventual desconfiança de entes não vinculados à PGR sobre seu comprometimento em pleitos não oriundos do próprio órgão. Entretanto, a PGR é Autoridade Central há décadas, desde a ratificação e incorporação interna da pioneira Convenção de Prestação de Alimentos no Exterior (Convenção de Nova York[43]), tanto na seara cível quanto penal. E, caso exista desídia, há o controle administrativo a ser realizado pelo Conselho Nacional do Ministério Público (CNMP). Para suprimir desconfianças, na Convenção de Auxílio Judiciário em Matéria Penal entre os Estados-Membros da Comunidade dos Países de Língua Portuguesa a autoridade central para pedidos ativos e passivos oriundos do Ministério Público é a Procuradoria-Geral da República (PGR), sendo os pedidos dos particulares geridos pelo DRCI.

Em relação ao número, a existência de uma única ou de várias Autoridades Centrais não pode ser considerada uma controvérsia em si, porque a especialização temática já acarreta a setorialização da cooperação. Assim, mesmo que seja uma única autoridade central, haverá internamente especialização temática e divisões da burocracia administrativa por tratado. Por isso, o importante é zelar pela atuação uniforme, coordenação e troca de informação (bancos de dados comuns etc.), que pode existir tanto internamente (entre as divisões da mesma Autoridade Central) quanto externamente (entre as diversas Autoridades Centrais). O Brasil adotou a pluralidade de autoridades centrais, mas com número reduzido: Ministério da Justiça e Procuradoria-Geral da República[44].

4.2.3 A via do contato direto

A via do *contato direto* consiste na comunicação direta entre os próprios órgãos da atividade-fim que necessitam de auxílio, sem intermediários (diplomatas ou da autoridade central). O contato direto tem a óbvia vantagem de incremento da celeridade e da aproximação entre autoridades que possuem os mesmos objetivos (em matéria cível ou criminal). Para evitar fragmentação e assimetria de cooperação entre os envolvidos (algumas autoridades cooperam; outras não), é importante que se mantenha um banco de dados unificado.

---

[43] Convenção das Nações Unidas sobre Prestação de Alimentos no Estrangeiro, de 1956. Promulgada pelo Decreto n. 56.826, de 2 de setembro de 1965.

[44] Houve a incorporação da ACAF (Autoridade Central Administrativa Federal), vinculada à Secretaria Especial de Direitos Humanos, ao Ministério da Justiça.

A via do contato direto tem como pressuposto um ambiente de confiança entre os Estados, que não se importam com a criação de amplas redes de comunicação entre suas próprias autoridades. O contato direto é inspirado na prática judicial interna de um Estado, pela qual as autoridades judiciárias trocam demandas entre si, sem qualquer intermediação. Como exemplo, cite-se o art. 53 da Convenção de Aplicação do Acordo de Schengen, que determina que *"os pedidos de assistência podem ser feitos diretamente entre autoridades judiciárias e devolvidos pelo mesmo canal"*[45].

4.2.4 Formas simplificadas de comunicação: via postal e a via por qualquer interessado

A via postal consiste na utilização de correspondência que serve para veicular determinados atos cooperacionais, como, por exemplo, a citação e notificações de diversas espécies. A via postal é forma simplificada, de baixo custo e com grau de confiabilidade adequado graças ao desenvolvimento das empresas que desempenham tal mister. Com o desenvolvimento tecnológico, a via eletrônica de comunicação tende a substituir a via postal.

Por fim, é possível que o próprio interessado venha ele mesmo providenciar a comunicação e entrega de atos realizados em uma jurisdição para utilização em outra. É possível, por exemplo, que determinado documento seja obtido pelo interessado em Estado estrangeiro e, após sua legalização, seja utilizado no Brasil. De fato, no caso de documentos públicos, há a exigência de certificação, que é feita, salvo acordo internacional em contrário, pela legalização.

A *legalização* de documentos públicos estrangeiros consiste em uma sequência de certificações para assegurar a autenticidade do documento. Inicialmente, os documentos públicos originais (e, eventualmente, suas traduções juramentadas) devem ser levados ao próprio Ministério das Relações Exteriores do país emitente para que seja atestada a origem do documento e as assinaturas nacionais. Depois, o documento é levado para a repartição consular do país no qual o interessado deseja a utilização para que seja, por sua vez, também atestada a autenticidade por meio da certificação da assinatura do representante diplomático do Estado de origem do documento. Após esse trâmite, o documento está legalizado e pode ser utilizado no outro país.

A lentidão e a burocracia (várias etapas) da legalização incentivaram os Estados a abolir seu uso. Em 1961, foi adotada a Convenção da Haia relativa à supressão da exigência da legalização dos atos públicos estrangeiros[46], sendo aplicável a documentos

---

[45] Exemplo de ABADE, Denise Neves. *Direitos fundamentais na cooperação jurídica internacional*. São Paulo: Saraiva, 2013, p. 45.

[46] Convenção sobre a Eliminação da Exigência de Legalização de Documentos Públicos Estrangeiros, firmada pela República Federativa do Brasil, em Haia, em 5 de outubro de 1961. O Brasil depositou o ato de adesão em 2 de dezembro de 2015, tendo sido promulgada internamente pelo Decreto n. 8.660, de 29 de janeiro de 2016.

públicos que se destinam a ser apresentados nos países que aderiram à referida Convenção. Essa convenção, também chamada de "Convenção da Apostila", substitui a legalização pela "apostila", que consiste em certificação (aceita por todos os Estados contraentes) emitida em um documento público que atesta sua autenticidade, reconhecendo-se a assinatura do emissor do documento público e sua função desempenhada (art. 3º da Convenção).

A apostila deve ser realizada pela autoridade competente do Estado emissor do documento a ser autenticado. Valida-se, assim, com reconhecimento obrigatório nos demais Estados-Partes da Convenção, um documento público, de modo ágil e sem maiores etapas. Outra atuação do próprio interessado é feita no reconhecimento e execução de sentença estrangeira. Cabe, em geral, ao interessado propor ação de homologação de sentença estrangeira. Apesar dessa atuação do particular (sem intermediação direta dos Estados envolvidos), há inegável inserção da temática na cooperação jurídica internacional pelos seguintes fatores: (i) existência de tratados sobre a circulação internacional de sentenças (o que gera obrigações a serem cobradas pelos Estados); (ii) uso de outros instrumentos como Carta Rogatória, como se vê no CPC (art. 40) e no art. 19 do Protocolo de Las Leñas (Mercosul – que serão vistos a seguir); e (iii) a discussão da reciprocidade (tema de interesse estatal) na homologação de sentença estrangeira (no Brasil, tal requisito consta na temática das sentenças estrangeiras de execução fiscal).

4.3. Os pedidos

O *terceiro elemento estruturante* da cooperação jurídica internacional é o pedido, que é o objeto da cooperação jurídica internacional, que, por sua vez, transitará nas vias de comunicação entre os Estados. São esses pedidos os *passageiros* que trafegarão nos veículos e vias[47].

Com base nos tratados internacionais que regem a matéria, podemos enumerar os seguintes pedidos:(i) pedido de envio de pessoa, (ii) pedido de assistência jurídica, (iii) pedido de reconhecimento e execução de decisão estrangeira, (iv) pedido de transferência de processos e (v) pedido de transferência de sentenciado, que, em síntese consiste em:

(i) Pedido de Envio de Pessoa – requerimento de Estado estrangeiro ou de organização internacional para que determinado indivíduo seja enviado para determinado fim (de persecução penal ou cumprimento de pena criminal, bem como para realização de prova). Pode ser veiculado por ação de extradição, ação de entrega ou

---

[47] Na pioneira e esclarecedora tipologia de Denise Abade, já citada, fruto de sua tese de doutorado na Universidad de Valladolid (Espanha), que fez avançar o estudo da cooperação jurídica internacional no Brasil.

pedido de transferência de pessoa. O Mercosul, tal qual a União Europeia, possui mais um veículo, o Mandado Mercosul de Captura[48].

(ii) Pedido de Assistência Jurídica – conjunto de medidas preparatórias ou de desenvolvimento regular de um processo (cível ou penal). Pode ser veiculado por *Carta Rogatória,* pela *Ação de Auxílio Direto* e ainda pela *Equipe conjunta de investigação*[49].

(iii) Pedido de Execução de Sentença Estrangeira – requerimento de interessado para que sentença estrangeira possa ser executada em outro Estado. Será veiculado pela *Ação de Homologação de Sentença Estrangeira* ou até mesmo pela *Carta Rogatória* no âmbito do Mercosul.

(iv) Pedido de Transferência de Processos – requerimento para que determinado processo seja remetido a outro Estado, para seu regular desenvolvimento. Será veiculado pelo *procedimento de transferência de processos*.

(v) Pedido de Transferência de Sentenciados – requerimento para que determinado indivíduo possa cumprir pena privativa de liberdade em outro Estado. Será veiculado pelo *procedimento de transferência de sentenciado*.

Ficou evidente – conforme mencionado acima – que os *pedidos* podem ser transportados por diferentes *veículos,* de modo a facilitar o acesso à justiça e a proteção de direitos em um mundo repleto de fatos transnacionais.

4.4. Os veículos

O *quarto elemento estruturante* da cooperação jurídica internacional consiste nos diversos veículos – instrumentos – que transportam os pedidos cooperacionais. São veículos: a (i) carta rogatória, (ii) as ação de extradição, (iii) ação de homologação de sentença estrangeira, (iv) ação de auxílio direto, (v) procedimento de transferência de processos; (vi) procedimento de transferência de sentenciados; (vii) a equipe conjunta de investigação (ECI); e (ix) o mandado de detenção e entrega, entre outros.

O rol não é taxativo, pois a prática indica que a globalização e as necessidades de maior cooperação encorajam os Estados a criar novos veículos – mais céleres e

---

[48] Inspirado no "Mandado Europeu de Detenção e Entrega" (*European Arrest Warrant*). Ver Decisão n. 58/2010, que instituiu o Mandado Mercosul de Captura (MMC), ainda não implementado no bloco.

[49] A equipe conjunta de investigação (ECI) foi mencionada, laconicamente, pelo art. 5º, III, da Lei n. 13.344/2016 (Lei do Tráfico de Pessoas). Trata-se de um veículo que une autoridades dos Estados interessados, aptos a produzir provas (que não necessitarão, futuramente, de legalização) para uso em futuras ações. Veiculam, então, conteúdo típico da assistência jurídica internacional e a via utilizada é a do contato direto. A primeira ECI criada foi entre Brasil e Argentina para investigar crimes da época das ditaduras do Cone Sul cometidos no seio da chamada "Operação Condor". Conferir em ARAS, Vladimir. As equipes conjuntas de investigação (ECI). Disponível em <https://vladimiraras.blog/2017/02/22/as-equipes-conjuntas-de-investigacao-eci/>. Acesso em: 27 nov. 2022.

menos onerosos – para viabilizar o acesso à justiça e proteger os direitos (individuais ou coletivos) daqueles que precisam da cooperação jurídica internacional.

Por sua vez, não é possível vincular sempre um veículo a um determinado conteúdo transportado. Por exemplo, uma busca e apreensão cautelar ou mesmo uma oitiva de testemunha consistem em *pedidos de assistência jurídica* e podem ser veiculados por *Carta Rogatória* ou por *Ação de Auxílio Direto*. Esses são veículos bem diferentes no Brasil: a Carta Rogatória passiva deve ser apreciada pelo Superior Tribunal de Justiça (para obter o *exequatur*) e a Ação de Auxílio Direto passivo será apreciada por um Juízo Federal de 1º grau (sem *exequatur*).

O CPC de 2015 caminhou nessa direção ao dispor, no seu art. 40, que a execução de decisão estrangeira pode ser transportada por carta rogatória ou por ação de homologação de sentença estrangeira[50]. Também o art. 19 do Protocolo de Las Leñas do Mercosul sobre cooperação e assistência jurisdicional em matéria civil, comercial, trabalhista e administrativa, dispõe que os pedidos de reconhecimento e execução de decisões estrangeiras tramitam por carta rogatória.

5. O RECONHECIMENTO E A EXECUÇÃO DE DECISÃO ESTRANGEIRA

5.1. Os modelos de reconhecimento e execução de decisão estrangeira

Inicialmente, cabe distinguir (i) reconhecimento, (ii) execução e (iii) homologação de sentença estrangeira. O reconhecimento é a aceitação da sentença estrangeira, sem sua execução. Típico caso de reconhecimento é o uso de sentença estrangeira para fins declaratórios ou probatórios. Por exemplo, determinado estrangeiro turista no Brasil usa uma sentença estrangeira de adoção para comprovação da filiação de menor que o acompanha. Já a execução da sentença estrangeira possibilita a satisfação coativa da pretensão nela contida. Por sua vez, a homologação consiste em procedimento específico para que determinada sentença estrangeira possa produzir efeitos em um Estado[51].

Além do óbvio interesse do Direito Processual, essa temática é também da alçada do Direito Internacional Privado, uma vez que a aplicação extraterritorial do Direito pode ser realizada de forma (i) direta ou (ii) indireta. Na aplicação direta do direito estrangeiro, utiliza-se norma estrangeira para reger determinado fato transnacional. Por sua vez, a aplicação indireta do direito estrangeiro dá-se pelo uso da decisão estrangeira que já definiu a questão em outro Estado[52]. Para Huck, o reconhecimento e

---

[50] "Art. 40. A cooperação jurídica internacional para execução de decisão estrangeira dar-se-á por meio de carta rogatória ou de ação de homologação de sentença estrangeira, de acordo com o art. 960."

[51] HUCK, Hermes Marcelo. *Sentença estrangeira e lex mercatoria*. São Paulo: Saraiva, 1994, p. 18.

[52] MARNOUCO E SOUZA, José Ferreira. *Execução extraterritorial das sentenças cíveis e commerciais*. Coimbra: F. França Amado Editor, 1898, p. 4.

execução das decisões estrangeiras concretizam a *aplicação indireta do direito estrangeiro,* fora dos limites da jurisdição de seus prolatores[53].

A aplicação indireta do direito estrangeiro tem como consequência o reconhecimento da validade extraterritorial de decisão proferida por juízo estrangeiro, o que, aparentemente, choca-se com o limite territorial de cada jurisdição estatal. Trata-se, assim, de colaboração para a realização de um ato-fim, que consiste no próprio término da prestação jurisdicional feito pelo reconhecimento e execução de sentenças e laudos arbitrais estrangeiros por meio do processo de homologação.

Apesar de divergências doutrinárias, o fundamento do reconhecimento da decisão ou sentença estrangeira é o *acesso à justiça,* norma constante de diversos tratados de direitos humanos[54] e que é ofendido se um determinado Estado recusar injustificadamente executar, em seu território, decisão estrangeira.

Os primeiros registros de execução de decisão estrangeira remontam a tratativas concluídas entre Veneza e outras cidades, já nos séculos XIII e XIV, mas com intensa dificuldade, dada a convicção de que não se deveria impor decisões oriundas de autoridade sem qualquer poder no foro[55]. Assim, essa espécie cooperacional desenvolveu-se a partir do século XIX, justamente para superar a visão soberanista exacerbada pela qual uma sentença estrangeira nunca poderia gerar efeito extraterritorial, podendo, no máximo, servir como *fato* a ser discutido em uma nova ação perante a justiça do foro.

O marco fundador ocorreu com a celebração de tratado sobre a navegação do Rio Reno, em 1831, pelo qual as sentenças de um Estado-Parte eram reconhecidas e poderiam ser executadas sem qualquer outra formalidade em um dos demais Estados contratantes. Peter Schlosser, inclusive, lamenta que essa inovação (execução automática em outro Estado) não foi seguida posteriormente[56].

Lentamente, com a consolidação do próprio Direito Internacional Privado clássico no século XIX, pelo qual a aplicação direta do direito estrangeiro passou a ser tratada de modo sistematizado, desenvolveram-se, em paralelo, regras nacionais sobre a aplicação indireta do direito estrangeiro por intermédio do reconhecimento e execução das sentenças estrangeiras.

---

[53] HUCK, Hermes Marcelo. *Sentença estrangeira e* lex mercatoria. São Paulo: Saraiva, 1994, p. 1.

[54] Por exemplo, art. 14 do Pacto Internacional de Direitos Civis e Políticos. Ou, ainda, os arts. 8º e 25 da Convenção Americana de Direitos Humanos.

[55] CASTRO, Amilcar de. *Direito internacional privado.* 5. ed. rev. e atual. por Osíris Rocha. Rio de Janeiro: Forense, 2000, p. 550.

[56] Convenção entre os Governos dos Estados às margens do Rio Reno sobre navegação deste rio (Convention among the Governments of the States Bordering the Rhine and Rules Concerning Navigation of this River) de 1831. Esse acordo foi revisto em 1868 (Ato Revisado de Mannheim). De acordo com Schlosser, é o mais antigo tratado ainda vigente sobre reconhecimento e execução de sentença estrangeira. Ver SCHLOSSER, Peter. Jurisdiction and International Judicial and Administrative Co-operation. *Recueil des Cours de l'Académie de Droit International de La Haye,* v. 284, 2000, p. 9-428, em especial p. 48 e s.

Há três modelos adotados pelos Estados em diversos momentos históricos pelos quais uma decisão estrangeira pode ser percebida pelo Estado: (i) *modelo da recusa ou do exclusivismo*; (ii) *modelo da autorização* e (iii) *modelo da aplicabilidade direta ou automática*.

Pelo *modelo da recusa ou do exclusivismo*, a sentença (ou decisão) estrangeira só serve como *matéria fática*, não sendo possível seu uso interno, pois somente a jurisdição doméstica seria exclusiva e única. Esse modelo foi defendido por autores anglo-saxões, para quem as sentenças estrangeiras não possuíam nenhum efeito fora do território do Estado prolator[57].

Já pelo *modelo da autorização*, a sentença estrangeira é um *ato jurídico* cuja eficácia está subordinada a uma condição, que é a prolação posterior de ato nacional (que pode ser uma sentença de homologação, ato administrativo de confirmação, *exequatur* administrativo etc.) pela qual se dá eficácia nacional à sentença estrangeira[58].

Finalmente, pelo *modelo da aplicabilidade imediata ou direta*, a sentença estrangeira é aplicada diretamente no Estado do foro, como se sentença nacional fosse, sem recusa ou necessidade de dotação de eficácia por decisão nacional.

O *modelo da recusa* é incompatível com o direito de acesso à justiça célere (porque obriga o interessado a iniciar outro processo), sem contar que isola o Estado que o adota dos demais Estados, que, por sua vez, tendem a não reconhecer as sentenças daquele Estado por falta de reciprocidade.

Por outro lado, o *modelo da aplicabilidade imediata* gera automatismo e celeridade na execução de sentenças estrangeiras, mas pressupõe a existência de forte confiança e valores comuns entre os Estados, como ocorre, por exemplo, na União Europeia que dá passos largos para a implementação desse modelo. Entretanto, mesmo na União Europeia, diferencia-se o *reconhecimento simples* das decisões exaradas[59] em cada Estado-Membro do *reconhecimento para a execução*, que, em geral,

---

[57] SERPA LOPES, Miguel Maria de. *Comentários à Lei de Introdução ao Código Civil*, v. III, 2. ed. Rio de Janeiro: Freitas Bastos, 1959, p. 196. CASTRO, Amilcar de. *Direito internacional privado*. 5. ed. rev. e atual. por Osíris Rocha. Rio de Janeiro: Forense, 2000, p. 549.

[58] Adaptado de Morelli, que entendia, contudo, que a sentença estrangeira teria a natureza de um *fato jurídico*, pois não poderia ser considerada um *ato jurídico* (fruto de uma declaração de vontade), já que o Estado estrangeiro não era sujeito de direito interno. No Brasil, os Estados estrangeiros possuem personalidade jurídica e são reconhecidos inclusive pela Constituição (por exemplo, o art. 114, I, que trata dos "entes de direito público externo") e pelo Código Civil (art. 42, que reconhece os Estados estrangeiros como "pessoas jurídicas de direito público externo"). MORELLI, Gaetano. *Derecho procesal civil internacional*. Tradução de Santiago S. Melendo. Buenos Aires: Ed. Jurídicas Europa-América, 1953 (original em italiano de 1938), em especial p. 296-297.

[59] Conforme prevê o art. 33 do Regulamento (CE) n. 44/2001 do Conselho, de 22 de dezembro de 2000, relativo à jurisdição internacional (competência judiciária), ao reconhecimento e à execução de decisões em matéria civil e comercial. É designado "Bruxelas I". Mesmo o art. 33 prevê a possibilidade de impugnação desse reconhecimento simples. *In verbis:* "Art. 33. 1. As decisões proferidas num Estado-Membro são reconhecidas nos outros Estados-Membros, sem necessidade

ainda exige homologação. Para acelerar a execução da decisão estrangeira, o Regulamento n. 44/2001 permitiu a interposição de ação de execução de decisão estrangeira para, após, caso a parte adversa alegue, haja a análise do cumprimento de requisitos para a eficácia nacional daquela decisão (por exemplo, violação da ordem pública)[60]. A evolução da temática na União Europeia tende à adoção do modelo da aplicabilidade imediata em determinados temas. No tocante a algumas decisões sobre direito de família (direito de visita, regresso de crianças)[61] e ainda a execução de dívidas não contestadas, as decisões estrangeiras (o chamado título executivo europeu – *European enforcement order for uncontested claims*[62]) são automaticamente eficazes.

A maior parte dos Estados adota o *modelo da autorização*, com variações sobre como deve ser feita a análise da sentença estrangeira para que lhe seja dada eficácia em outro Estado.

É possível classificar os modos de realização da autorização de acordo com o *tipo de análise a ser feita pelo Estado do foro*: (i) o modo da *revisão absoluta* de mérito, pelo qual o Estado do foro pode reexaminar o mérito da decisão estrangeira, substituindo-a pela decisão nacional; (ii) o modo da *revisão relativa* de mérito, pelo qual o Estado do foro revê o mérito, mas tão somente para admitir ou rejeitar a sentença estrangeira; (iii) o modo do *controle limitado* (também chamado de juízo de

---

de recurso a qualquer processo. 2. Em caso de impugnação, qualquer parte interessada que invoque o reconhecimento a título principal pode pedir, nos termos do processo previsto nas secções 2 e 3 do presente capítulo, o reconhecimento da decisão. 3. Se o reconhecimento for invocado a título incidental perante um tribunal de um Estado-Membro, este será competente para dele conhecer".

[60] Ver as lúcidas ponderações de Ricardo Perlingeiro Mendes da Silva sobre a temática em SILVA, Ricardo Perlingeiro Mendes. Reconhecimento de decisão judicial estrangeira no Brasil e o controle da ordem pública internacional no Regulamento (CE) n. 44: análise comparativa. 118 *Revista de Processo* (2004), p. 173-186.

[61] O Regulamento Bruxelas II bis (Regulamento (CE) n. 2201/2003, do Conselho, de 27 de novembro de 2003, relativo à competência, ao reconhecimento e à execução de decisões em matéria matrimonial e em matéria de responsabilidade parental) determina que: "Art. 41. Direito de visita. 1. O direito de visita referido na alínea a) do n. 1 do artigo 40.o, concedido por uma decisão executória proferida num Estado-Membro, é reconhecido e goza de força executória noutro Estado-Membro sem necessidade de qualquer declaração que lhe reconheça essa força e sem que seja possível contestar o seu reconhecimento, se essa decisão tiver sido homologada no Estado-Membro de origem nos termos do n. 2". Ainda, dispõe o art. 42 que: "Regresso da criança. 1. O regresso da criança referido na alínea b) do n. 1 do art. 40, resultante de uma decisão executória proferida num Estado-Membro é reconhecido e goza de força executória noutro Estado-Membro sem necessidade de qualquer declaração que lhe reconheça essa força e sem que seja possível contestar o seu reconhecimento, se essa decisão tiver sido homologada no Estado-Membro de origem, nos termos do n. 2. Mesmo se a legislação nacional não prever a força executória de pleno direito de uma decisão que exija o regresso da criança previsto no n. 8 do art. 11, o tribunal pode declarar a decisão executória, não obstante qualquer recurso". Ver mais em SILVA, Nuno Ascensão et al. *Direito internacional da família*, t. I. Lisboa: Centro de Estudos Judiciários, 2014.

[62] Regulamento (CE) n. 805/2004 do Parlamento Europeu e do Conselho, de 21 de abril de 2004, que cria o título executivo europeu para créditos não contestados.

delibação), pelo qual o Estado do foro afere tão somente determinados aspectos referentes à sentença estrangeira, excluindo, em geral, a análise do mérito da decisão[63].

Há quem ainda agregue (iv) o modo da *reciprocidade de fato* (baseado na aferição, caso a caso, de que o Estado estrangeiro oferta reciprocidade às sentenças do Estado do foro) e (v) o modo da *reciprocidade diplomática* (fundado em tratado)[64]. Contudo, a existência da exigência de reciprocidade é pressuposto para a análise feita pelos modos anteriores, ou, como salienta Greco Filho, a reciprocidade é compatível com os diversos modos já listados[65].

Também é possível classificar o sistema de autorização pelo *órgão interno responsável* pela análise em: (i) *administrativo*, no qual o Poder Executivo do Estado do foro é responsável pela concessão ou não da autorização para que a sentença estrangeira possua eficácia nacional; (ii) *judicial*, no qual essa análise é feita pelo Judiciário.

O sistema de autorização judicial, por sua vez, pode ser subdividido em dois: (i) *controle judicial difuso*, no qual a autorização para a eficácia interna da sentença estrangeira é feita por *qualquer* órgão judicial competente para executar o tipo de comando judicial contido na sentença estrangeira; (ii) *controle judicial concentrado*, no qual há apenas um órgão que autoriza a eficácia nacional da sentença estrangeira, deixando o eventual cumprimento da decisão reconhecida para outro órgão judicial.

5.2. A evolução histórica no Brasil

No Brasil, a evolução da matéria foi lenta. As Ordenações Filipinas, de largo uso inclusive após a independência, foram omissas quanto ao reconhecimento de sentenças estrangeiras. No Brasil imperial, a primeira regulamentação ocorreu somente com a edição da Lei n. 2.615 de 1875, cujo art. 6º, § 2º, permitiu ao governo (Poder Executivo), por meio de regulamento e mediante reciprocidade, autorizar a execução de sentenças estrangeiras cíveis[66].

A regulamentação dessa lei foi feita pelo Decreto n. 6.982 de 1878, no qual foram estabelecidas, pela primeira vez, as exigências para a execução das sentenças estrangeiras no Brasil, cabendo ao Judiciário a decisão sobre o "cumpra-se" (*exequatur*) da

---

[63] Classificação adotada por SERPA LOPES, Miguel Maria de. *Comentários à Lei de Introdução ao Código Civil*, v. III, 2. ed. Rio de Janeiro: Freitas Bastos, 1959, p. 196. E também por GRECO FILHO, Vicente. *Homologação de sentença estrangeira*. São Paulo: Saraiva, 1978, p. 16.

[64] MARNOUCO E SOUZA, José Ferreira. *Execução extraterritorial das sentenças cíveis e commerciais*. Coimbra: F. França Amado Editor, 1898, p. 43 e s. Essa classificação foi seguida por Oscar Tenório. TENÓRIO, Oscar. *Direito internacional privado*, v. II, 11. ed. Rio de Janeiro: Freitas Bastos, 1976, p. 380.

[65] GRECO FILHO, Vicente. *Homologação de sentença estrangeira*. São Paulo: Saraiva, 1978, p. 19.

[66] Art. 6º: "É autorizado o Governo para, no Regulamento que der a esta Lei, estabelecer a competência dos Tribunais e forma do processo dos crimes cometidos em país estrangeiro. É outrossim autorizado para regular mediante *reciprocidade*: (...) § 2º A execução das sentenças cíveis dos Tribunais estrangeiros". Grafia atualizada pelo Autor.

sentença estrangeira. De acordo com o art. 1º, a execução de sentenças estrangeiras cíveis (excluindo, então, as criminais) dependeria de: (i) reciprocidade dada pelo Estado estrangeiro; (ii) formalidades externas que a dotassem de força executória de acordo com a lei do Estado estrangeiro; (iii) trânsito em julgado; (iv) autenticação consular e (v) tradução por intérprete juramentado.

Ao mesmo tempo, o Decreto estabeleceu as causas de denegação do reconhecimento, a saber: (i) ofensa à soberania; (ii) leis ditas como "obrigatórias" e de "ordem pública"; (iii) leis que regulam a organização da propriedade territorial; e (iv) moralidade pública (art. 2º)[67].

O Decreto previu ainda que a competência para o reconhecimento era do *juízo nacional que seria competente* caso a sentença a ser executada fosse nacional. Esse juízo deveria, então, dar o "cumpra-se" à sentença estrangeira[68].

Assim, inicialmente, o Brasil optou pelo modo de reconhecimento de *controle limitado*, de cunho *judicial* e *difuso*, com *reciprocidade*. Greco salienta que, embora não fosse expresso, o Brasil adotou o chamado *juízo de delibação*, que é o modelo de controle limitado pelo qual são aferidos somente determinados requisitos formais e avaliada a inexistência de poucos óbices (como ofensa à soberania, ordem pública, moral etc.)[69]. Quanto à reciprocidade, cabia ao juízo solicitar informação ao Poder Executivo sobre sua existência. Em 1880, o Decreto n. 7.777 previu que o Poder Executivo poderia suprir a ausência de reciprocidade por meio de um *exequatur administrativo*.

Com a proclamação da República, a Lei n. 221, de 20 de novembro de 1894, referente à organização da Justiça Federal[70], regulou a execução de sentença estrangeira, com a previsão inédita de um juízo de homologação de sentença estrangeira *concentrado* no Supremo Tribunal Federal. Foi previsto o rol de impugnações que o interessado na não homologação deveria opor, a saber[71]: (i) inautenticidade da

---

[67] De autoria de Lafayette Rodrigues Pereira, então Secretário de Estado dos Negócios da Justiça. Art. 2º Não obstante concorrerem os requisitos do artigo antecedente, as ditas sentenças não serão executadas se contiverem decisão contrária. § 1º à Soberania Nacional, como si por exemplo, subtraíssem algum brasileiro à competência dos Tribunais do Império. § 2º às leis rigorosamente obrigatórias, fundadas em motivos de ordem pública, como são as que vedam a instituição da alma e das corporações de mão-morta por herdeiras. § 3º às que regulam a organização da propriedade territorial, como são as que proíbem o estabelecimento de morgados e vínculos, a inalienabilidade perpetua. § 4º às leis da moral, como si a sentença consagrar a poligamia, ou convenções reprovadas.

[68] "Art. 3º São competentes para a execução as justiças brasileiras, que o seriam si as sentenças fossem dadas pelos Juízes e Tribunais do Império. Art. 4º O Juiz, a quem for apresentada a sentença para execução, verá se ela tem os requisitos do art. 1º, e, se por não ofender o art. 2º, está no caso de ser executada."

[69] GRECO FILHO, Vicente. *Homologação de sentença estrangeira*. São Paulo: Saraiva, 1978, p. 38.

[70] Completando o disposto no Decreto n. 848 de 1890, que organizou a Justiça Federal.

[71] Art. 12, § 4º: "(...) 1º qualquer duvida sobre a authenticidade do documento ou sobre a intelligencia da sentença; 2º, não ter a sentença passado em julgado; 3º, ser a sentença proferida por

sentença; (ii) falta do trânsito em julgado; (iii) juízo estrangeiro incompetente; (iv) partes não citadas ou não contestação da revelia; e (v) violação da ordem pública ou do direito interno da União. Também ficou expressa a proibição de revisão de mérito do que foi decidido na causa estrangeira.

Em 1898, o Decreto n. 3.084 (Consolidação das Leis referentes à Justiça Federal) refez o tratamento da matéria, unificando o disposto no antigo Decreto imperial n. 6.982 de 1878 com o teor da Lei n. 221[72].

Foram estabelecidos os pressupostos positivos (que devem estar presentes) e negativos (que devem estar ausentes) do juízo de controle limitado perante o Supremo Tribunal Federal. A cognição do juízo foi expressamente restrita (impedindo-se a revisão do mérito) e, ainda, o alcance da impugnação da parte interessada na denegação da homologação foi propositalmente restringido.

Os pressupostos positivos para a homologação foram: (i) formalidades externas necessárias para tornar a sentença executória, de acordo com a lei estrangeira; (ii) juízo competente de acordo com a lei estrangeira; (iii) partes citadas ou revelia legalmente verificada; (iv) trânsito em julgado; (v) autenticação consular brasileira; e (vi) tradução juramentada. Já os pressupostos negativos: (i) ofensa à ordem pública; e (ii) ofensa ao direito público interno da União (que seria norma imperativa).

A matéria que o interessado poderia apresentar para a recusa da homologação decorria desses pressupostos: (i) dúvida sobre autenticidade ou inteligência da sentença; e (ii) falta de algum pressuposto positivo ou existência de pressuposto negativo (óbice de ordem pública ou de direito público da União). Também ficou expresso que não seria admissível a produção de provas sobre a matéria de fundo (mérito). Quanto aos tipos de sentenças passíveis de homologação, o Decreto n. 3.084 foi amplo, exigindo homologação para as sentenças estrangeiras de partilha, meramente declaratórias e arbitrais.

Por sua vez, a antiga introdução ao Código Civil de 1916 foi lacônica, tendo previsto, no seu art. 16, que "[a]s sentenças dos tribunais estrangeiros serão exequíveis no Brasil, mediante as condições que a lei brasileira fixar", o que manteve, na prática jurisprudencial, os requisitos consolidados no vetusto Decreto n. 3.084/98.

O Código de Processo Civil de 1939 tratou da matéria nos arts. 785 a 796, repetindo, em linhas gerais, o que já existia. Em seguida, a Lei de Introdução ao Código Civil de 1942 (atual LINDB) mencionou a temática no art. 15, o qual dispõe que será

---

juiz ou tribunal incompetente; 4º, não terem sido devidamente citadas as partes ou não se ter legalmente verificado a sua revelia, quando deixarem de comparecer; 5º, conter a sentença disposição contrária à ordem pública ou ao direito publico interno da União. Em caso algum é admissível a produção de provas sobre o fundo da questão julgada".

[72] A consolidação é vasta, dividida em várias partes, sem numeração única. Os dispositivos referentes à homologação de sentença estrangeira encontram-se na Parte Quinta "Processo nas causas cíveis de ordem pública ou administrativa", Título I "Processo de ordem pública", Capítulo II "Da homologação da sentença estrangeira", a partir do art. 7º.

executada no Brasil a sentença proferida no estrangeiro que reúna os seguintes requisitos: a) haver sido proferida por juiz competente; b) terem sido as partes citadas ou haver-se legalmente verificado à revelia; c) ter passado em julgado e estar revestida das formalidades necessárias para a execução no lugar em que foi proferida; d) estar traduzida por intérprete autorizado; e) ter sido homologada pelo Superior Tribunal de Justiça, de acordo com o art. 105, I, *i*, da CF/88 (na redação do dispositivo consta ainda o Supremo Tribunal Federal).

Além disso, o art. 15 da LINDB possuía parágrafo único ("Não dependem de homologação as sentenças meramente declaratórias do estado das pessoas"), que foi revogado expressamente pela Lei n. 12.036, de 1º de outubro de 2009. A matéria seguiu sem maior evolução, até a edição da Emenda Regimental n. 18, de 17 de dezembro de 2014, que alterou o Regimento Interno do Superior Tribunal de Justiça e da Lei n. 13.105 de 2015, que adotou o novo Código de Processo Civil brasileiro, como veremos a seguir.

5.3. Elementos para a homologação da sentença estrangeira no Brasil: a adoção do juízo de delibação

A *espinha dorsal* do reconhecimento e autorização para execução de sentença estrangeira no Brasil foi consolidada em 1898 e, desde então, *não houve ruptura significativa*. O Brasil adotou o modo de autorização por controle limitado (juízo de delibação), judicial e concentrado em órgão de cúpula do Judiciário (antes o Supremo Tribunal Federal, agora Superior Tribunal de Justiça), sem reciprocidade.

A consagração do modelo do controle limitado deu-se com o Código de Processo Civil italiano de 1865, que adotou o chamado "juízo de delibação" (*giudizio di delibazione*) para que determinada sentença estrangeira recebesse o *exequatur*, ou seja, o "cumpra-se" local.

Delibação é termo oriundo do latim "delibatio", que significa, nesse contexto, examinar superficialmente ou externamente[73]. A lógica do juízo de delibação é evitar que o Estado do foro reanalise o mérito da causa (decisão sobre o bem da vida em litígio), devendo tão somente examinar requisitos formais (jurisdição, força executória no Estado de origem, trânsito em julgado) e verificar a preservação de determinados princípios do foro (citação válida, respeito à ordem pública).

Esse juízo de delibação foi exercido pelo Supremo Tribunal Federal, desde o final do século XIX até a edição da Emenda Constitucional n. 45, de 2004. Inicialmente, a Constituição de 1891 não mencionou a homologação de sentença estrangeira no rol das competências originárias do STF, o que gerou polêmica sobre a possibilidade de a Lei n. 221/94 ter ampliado indevidamente a competência *constitucional* do STF.

---

[73] CASTRO, Amilcar de. *Direito internacional privado*. 5. ed. rev. e atual. por Osíris Rocha. Rio de Janeiro: Forense, 2000, p. 555.

José Antônio de Almeida Amazonas esclarece que, após titubeios na época, o STF acabou firmando sua competência para a homologação das sentenças estrangeiras[74].

Somente com a Constituição de 1934 a homologação de sentença estrangeira passou, expressamente, à competência constitucional do STF (art. 76, I, *g*). Essa tradição constitucional de análise homologatória de sentença estrangeira no STF foi mantida até a redação originária da Constituição de 1988.

Após, no esforço de diminuição da carga processual do STF para sua melhor atuação como guardião da Constituição, a Emenda Constitucional n. 45, de 2004, determinou a transferência da competência para homologar sentença estrangeira ao Superior Tribunal de Justiça.

A redação original da CF/88 era a seguinte: "Art. 102. Compete ao Supremo Tribunal Federal, precipuamente, a guarda da Constituição, cabendo-lhe: I – processar e julgar, originariamente: (...) *h)* a homologação *das* sentenças estrangeiras e a concessão do 'exequatur' às cartas rogatórias, que podem ser conferidas pelo regimento interno a seu Presidente".

Com a Emenda Constitucional n. 45/2004, o art. 105, I, *i*, da CF/88 ficou com a seguinte redação: "Compete ao Superior Tribunal de Justiça: I – processar e julgar, originariamente: i) a homologação *de* sentenças estrangeiras e a concessão de *exequatur* às cartas rogatórias".

Houve ligeira mudança redacional ("homologação *das* sentenças estrangeiras" para "homologação *de* sentenças estrangeiras"), o que pode servir para justificar a adoção do *modelo de aplicabilidade imediata*, pois nem todas as sentenças estrangeiras precisam agora ser homologadas, à luz da redação desse dispositivo constitucional (art. 105, I, *i*)[75].

O Código de Processo Civil de 1973 (CPC/73) foi mais conciso, regulando pobremente a matéria nos arts. 483 e 484, remetendo sua regulação mais detalhada ao Regimento Interno do Supremo Tribunal Federal[76].

O novo CPC de 2015, por sua vez, detalhou a temática (arts. 960 a 965), mas fez remissão aos tratados e ao Regimento Interno do Superior Tribunal de Justiça (art. 960, § 2º[77]). O art. 963 do novo CPC estabelece os seguintes requisitos indispensáveis

---

[74] AMAZONAS, José Antônio de Almeida. *Da execução de sentenças estrangeiras*. São Paulo: Revista dos Tribunais, 1940, p. 55-56.

[75] Sem contar a supressão da expressão "que podem ser conferidas pelo regimento interno a seu Presidente". Apesar disso, o Regimento interno do STJ continuou a conferir tal poder ao Presidente, à semelhança do que fazia o Regimento do STF, tendo sido entendido que não houve proibição expressa, apenas enxugamento – natural – do texto constitucional.

[76] FUX, Luiz. Homologação de sentença estrangeira. In: TIBURCIO, Carmen; BARROSO, Luís Roberto (Org.). *O direito internacional contemporâneo*: estudos em homenagem a Jacob Dolinger. Rio de Janeiro: Renovar, 2006, p. 643-649, em especial p. 643-644.

[77] *In verbis*: "Art. 960. A homologação de *decisão estrangeira* será requerida por ação de homologação de decisão estrangeira, salvo disposição especial em sentido contrário prevista em

da homologação da decisão: I – ser proferida por autoridade competente; II – ser precedida de citação regular, ainda que verificada a revelia; III – ser eficaz no país em que foi proferida; IV – não ofender a coisa julgada brasileira; V – estar acompanhada de tradução oficial, salvo disposição que a dispense prevista em tratado; VI – não conter manifesta ofensa à ordem pública. O conceito indeterminado da *ordem pública* serve como *cláusula de abertura* para que a jurisprudência possa impedir a homologação de sentença estrangeira. Contudo, a ofensa deve ser *manifesta,* ou seja, grave e apta a justificar a não homologação da sentença estrangeira.

Houve, ainda, um aperfeiçoamento terminológico, com a utilização da expressão ampla "homologação de *decisão estrangeira*" (art. 960), evitando a discussão sobre se o ato oriundo da soberania estrangeira era considerado lá como "sentença".

Por seu turno, o Superior Tribunal de Justiça adotou, emergencialmente, a Resolução n. 09/2005 logo depois da Emenda Constitucional n. 45 para reger a temática da homologação da sentença estrangeira até que o Regimento interno do STJ fosse reformado e adaptado à nova competência constitucional. Em 17 de dezembro de 2014, foi finalmente adotada a Emenda Regimental n. 18 (revogou-se a Resolução n. 09/2005) que acresceu os *arts. 216-A a 216-X*, contendo regras sobre a homologação de sentença estrangeira, carta rogatória e auxílio direto.

5.4. A ação de homologação de sentença estrangeira

A natureza jurídica do instituto da homologação de sentença estrangeira no Brasil é de uma ação judicial *constitutiva,* pela qual se dá eficácia interna a comando estrangeiro, sendo feita uma análise de *contenciosidade limitada* no Superior Tribunal de Justiça. Sem a homologação, a soberania do Estado impediria o alcance extraterritorial da força vinculante contida em um comando judicial estrangeiro[78].

Assim, exige-se a propositura de ação de homologação de decisão estrangeira para a execução de sentença estrangeira no Brasil, salvo disposição especial em sentido contrário prevista em tratado. Essa remissão a tratados permite compatibilizar a legislação com eventual tratado (por exemplo, o art. 19 do Protocolo de Las Lenãs,

---

tratado. (...) § 2º A homologação obedecerá ao que dispuserem os tratados em vigor no Brasil e o Regimento Interno do Superior Tribunal de Justiça".

[78] Nesse sentido, decidiu o STF: "As sentenças proferidas por tribunais estrangeiros somente terão eficácia no Brasil depois de homologadas pelo Supremo Tribunal Federal. O processo de homologação desempenha, perante o Supremo Tribunal Federal – que é o Tribunal do foro –, uma função essencial na outorga de eficácia às sentenças emanadas de Estados estrangeiros. Esse processo homologatório – que se reveste de *caráter constitutivo* – faz instaurar, perante o Supremo Tribunal Federal, uma situação de *contenciosidade limitada.* Destina-se a ensejar a verificação de determinados requisitos fixados pelo ordenamento positivo nacional, propiciando, desse modo, o reconhecimento, pelo Estado brasileiro, de sentenças estrangeiras, com o objetivo de viabilizar a produção dos efeitos jurídicos que lhes são inerentes". Supremo Tribunal Federal, Sentença Estrangeira Contestada n. 5.093/Estados Unidos. Rel. Min. Celso de Mello, julgamento: 8-2-1996, publicação: *DJ* 13-12-1996, p. 50169.

que prevê a homologação da sentença oriunda dos países do Mercosul, sem a ação de homologação, bastando o envio de carta rogatória)[79].

O Brasil adotou o *modelo do paralelismo* ou *equivalente hipotético*, que considera passível de homologação tanto a decisão judicial definitiva estrangeira quanto a decisão não judicial estrangeira (por exemplo, decisão administrativa), que, *pela lei brasileira, teria natureza jurisdicional*, podendo existir a homologação parcial.

Por outro lado, não é necessário homologar decisão estrangeira que, no Brasil, pelo critério do equivalente hipotético, não exigiria decisão judicial[80]. Nessa linha e coerentemente com a evolução do tratamento do divórcio consensual no Brasil (que não mais exige ação judicial), o novo CPC determinou que a *sentença estrangeira de divórcio consensual* produza efeitos no Brasil, independentemente de homologação pelo Superior Tribunal de Justiça[81].

Unindo, então, os dispositivos da LINDB, do novo CPC e do Regimento Interno do STJ, podemos identificar os seguintes *cinco* elementos do *juízo de delibação brasileiro*: 1) *observância de pressupostos formais*, como autenticidade, legalização documental e tradução, caso necessário; 2) *jurisdição internacional* do juízo estrangeiro (equivocadamente denominada competência, como vimos) e ausência de violação da jurisdição internacional absoluta do juízo brasileiro; 3) *citação válida*, para que seja ofertada a oportunidade de defesa e contraditório, verificando se a revelia foi corretamente aplicada; 4) *executoriedade* da decisão estrangeira no Estado

---

[79] Sobre cooperação jurídica cível na integração Mercosulina, ver, entre outros, TIBÚRCIO, Carmen. Cooperação Jurídica Internacional em Matéria Civil. *Revista de la Secretaría del Tribunal Permanente de Revisión*, año 1, n. 1, 2013, p. 61-80. PERLINGEIRO, Ricardo. A jurisdição internacional na América Latina: competência internacional, reconhecimento e execução de decisão judicial estrangeira em matéria civil. *Revista de Processo*, v. 197, São Paulo, 2011, p. 299-337.

[80] Nesse sentido, GRECO FILHO, Vicente. *Homologação de sentença estrangeira*. São Paulo: Saraiva, 1978, p. 127. Conferir também o seguinte precedente do STF, que extinguiu ação de homologação de casamento celebrado no exterior: "A Constituição Federal atribui ao Supremo Tribunal Federal competência para 'a homologação de sentenças estrangeiras', art. 102, I, *h*, ou seja, de atos jurisdicionais irrecorríveis de outros países, ou ainda de atos administrativos que sejam a eles equiparados, como e o caso, por exemplo, do divórcio consensual em países cujo sistema jurídico tem esta previsão. O casamento não é ato jurisdicional ou a ele equivalente. Processo extinto sem julgamento de mérito, por veicular pedido juridicamente impossível". Supremo Tribunal Federal, Sentença Estrangeira Contestada n. 4.966/Portugal. Rel. Min. Paulo Brossard, julgamento em 23-6-1994, publicação em *DJ* 30-9-1994, p. 26165.

[81] CPC (2015), art. 961, § 5º Superou-se, assim, a dúvida sobre a necessidade de homologação de sentença estrangeira de mera homologação de acordo de divórcio, mesmo após a introdução do divórcio administrativo pela Lei n. 11.441, de 2007. Na defesa de que ainda existia o interesse de agir do requerente para interpor a ação de homologação de sentença estrangeira, o STJ entendia que a decisão estrangeira (judicial ou administrativa) que homologou o acordo amigável entre as partes era sujeita à homologação. Entre outros precedentes, ver Superior Tribunal de Justiça, Sentença Estrangeira Contestada n. 7.811, Rel. Min. Eliana Calmon, Julgamento: 7-8-2013, Órgão Julgador: Corte Especial, Publicação no *DJe* 15-8-2013.

prolator, bem como ausência de coisa julgada de eventual sentença brasileira sobre o litígio no caso de jurisdição cível concorrente; e 5) *ausência* de ofensa à ordem pública e *proteção à dignidade da pessoa humana* (que consta do art. 261-P do Regimento Interno do STJ – ver abaixo). Excepcionalmente e somente nos casos de sentença estrangeira de execução fiscal, deve ser adicionado um sexto elemento, que vem a ser a reciprocidade (com base em lei interna, tratado ou por promessa por comunicação diplomática), à luz do disposto no art. 964, § 4º, do novo CPC[82].

Esses elementos consagram o juízo de delibação como sendo uma cognição limitada sobre os (i) aspectos formais (que não podem ser desconsiderados, pois são pressupostos da continuidade da análise), (ii) os limites da jurisdição internacional, (iii) a preservação da garantia processual mínima (contraditório), (iv) a observância da executoriedade da decisão e (v) a preservação dos valores essenciais do Estado do foro (ordem pública em sentido amplo). A ampla defesa e o contraditório no juízo de delibação são restritos a tais matérias, conforme jurisprudência tradicional no Brasil[83].

Watanabe esclarece que a cognição pode ser limitada no tocante à extensão (horizontalmente), não podendo abranger outros tópicos, mas é ilimitada *verticalmente*, ou seja, quanto à profundidade. Assim, no caso do processo de homologação de sentença estrangeira, a cognição é limitada quanto à extensão (também chamada de amplitude), mas exauriente para cada um dos pontos acima mencionados[84].

Assim, fica compreensível o art. 963 do novo CPC, que estabelece os seguintes requisitos indispensáveis da homologação da decisão: I – ser proferida por autoridade competente; II – ser precedida de citação regular, ainda que verificada a revelia; III – ser eficaz no país em que foi proferida; IV – não ofender a coisa julgada brasileira; V – estar acompanhada de tradução oficial, salvo disposição que a dispense prevista em tratado; VI – não conter manifesta ofensa à ordem pública.

Para complementar, o art. 964 dispôs que "não será homologada a decisão estrangeira na hipótese de competência exclusiva da autoridade judiciária brasileira". Assim, a "autoridade competente" estrangeira será aquela que (i) pelas suas regras e pelo Direito Internacional poderia prolatar a decisão e (ii) não tenha invadido tema de jurisdição exclusiva da autoridade judicial brasileira. Não cabe ao

---

[82] CPC, art. 961, § 4º: "Haverá homologação de decisão estrangeira para fins de execução fiscal quando prevista em tratado ou em promessa de reciprocidade apresentada à autoridade brasileira".

[83] Para o Supremo Tribunal Federal: "O artigo 221 do Regimento Interno do Supremo Tribunal Federal *delimita o campo para que se estabeleça eventual contraditório*, não sendo possível, pela via processual de sentença estrangeira, discutir situações jurídicas diversas dos requisitos indispensáveis a homologação. Preenchidos os requisitos regimentais, defere-se o pedido de homologação da sentença estrangeira". Supremo Tribunal Federal, Sentença Estrangeira Contestada n. 4.795/Confederação Helvética, Rel. Min. Maurício Corrêa, julgamento: 16-8-1995, publicação *DJ* 20-10-1995, p. 35256.

[84] WATANABE, Kazuo. *Da cognição no processo civil.* 3. ed. São Paulo: Perfil, p. 129.

Superior Tribunal de Justiça ingressar na análise da competência *interna* do juiz estrangeiro, apenas se a decisão foi prolatada nos limites da *jurisdição internacional* do Estado estrangeiro[85].

Também não é passível de execução a sentença estrangeira que ainda não transitou em julgado, conforme disposto no art. 15, *c*, da LINDB. O verbete n. 420 da Súmula do Supremo Tribunal Federal vai no mesmo sentido, dispondo que "não se homologa sentença proferida no estrangeiro sem prova do trânsito em julgado". O fundamento dessa vedação está na possível insegurança jurídica gerada pela homologação de sentença ainda não firme no seu Estado de origem. A prova do trânsito em julgado pode ser feita por qualquer meio que assegure, com clareza, que há a definitividade da decisão homologanda[86].

Contudo, deve-se ponderar a insegurança jurídica com outros direitos protegidos pelo imediato cumprimento da sentença eficaz (mas ainda não definitiva), como é o caso, por exemplo, do direito à vida protegido pela eficácia imediata da sentença não definitiva que fixou alimentos.

Por isso, vários tratados celebrados pelo Brasil estipulam, como requisito, somente a executoriedade da sentença no Estado prolator (e não o trânsito em julgado). Por exemplo, citem-se os seguintes tratados que autorizam a homologação de sentença exequível (mas não definitiva): (i) Protocolo de Cooperação e Assistência Jurisdicional em Matéria Civil, Comercial, Trabalhista e Administrativa do Mercosul (Protocolo de Las Leñas, art. 20, *e*[87]), (ii) Convênio de Cooperação Judiciária em Matéria Civil, entre o Governo da República Federativa do Brasil e o Reino da Espanha (art. 19, *b*[88]), (iii) Acordo de Cooperação em Matéria Civil entre o Governo da República Federativa do Brasil e o Governo da República Francesa (art. 20, *d*, no tocante às sentenças sobre obrigação alimentar, guarda de menor e direito de visita[89]), (iv) Convenção

---

[85] Nesse sentido, ver STJ, Sentença Estrangeira Contestada n. 7.139, Rel. Min. João Octávio de Noronha, julgado em 02-10-2013, DJe 10-10-2013 (*In verbis:* "A competência da autoridade sentenciante é aferida nos limites da competência internacional e não adentra a subdivisão interna do país"). Sobre a jurisdição internacional cível exclusiva do Brasil, ver a Parte II deste *Curso*.

[86] Nesse sentido, ver STJ, Sentença Estrangeira Contestada n. 10.043, Rel. Min. Maria Thereza de Assis Moura, julgado em 4-6-2014, DJe 10-6-2014.

[87] Incorporado internamente pelo Decreto n. 2.067, de 12 de novembro de 1996. *In verbis:* "Art. 20. As sentenças e os laudos arbitrais a que se referem o artigo anterior terão eficácia extraterritorial nos Estados-Partes quando reunirem as seguintes condições: (...) *e)* que a decisão tenha força de coisa julgada e/ou executória no Estado em que foi ditada".

[88] Incorporado internamente pelo Decreto n. 166, de 3 de julho de 1991. *In verbis:* "Art. 19. Para que a decisão proferida em um Estado possa ser reconhecida no outro, serão indispensáveis os seguintes requisitos: (...) *b)* que seja executória no Estado de origem".

[89] Incorporado internamente pelo Decreto n. 3.598, de 12 de setembro de 2000. *In verbis:* "Art. 20. 1. A pessoa que invocar o reconhecimento ou que peça a execução deverá fornecer: (...) *d)* todos os documentos hábeis para estabelecer que a decisão é executória no território do Estado onde foi proferida e que não pode mais – com exceção de decisões relativas à obrigação alimentar, à guarda de menor ou ao direito de visita – ser objeto de recursos".

Interamericana sobre Obrigação Alimentar (art. 11, g^{90}). Por isso, o novo CPC previu, como requisito genérico da homologação, que a sentença estrangeira seja eficaz no Estado em que foi proferida (art. 963, III).

O CPC de 2015 manteve a posição assumida pelo Superior Tribunal de Justiça (na revogada Res. n. 9/2005), que admitia a *tutela de urgência* nos procedimentos de homologação de sentença estrangeira[91]. Cabe, assim, a apreciação de pedidos de urgência e autorização de atos de *execução provisória* no processo de homologação de decisão estrangeira. Quando dispensada a homologação para que a sentença estrangeira produza efeitos no Brasil (ver abaixo os casos de dispensa de homologação), a decisão concessiva de medida de urgência dependerá, para produzir efeitos, de ter sua validade expressamente reconhecida pelo juiz competente para dar-lhe cumprimento, dispensada a homologação pelo Superior Tribunal de Justiça.

O cumprimento de decisão estrangeira será feito perante o juízo federal competente, a requerimento da parte, conforme as normas estabelecidas para o cumprimento de decisão nacional. O pedido de execução deverá ser instruído com cópia autenticada da decisão homologatória do STJ[92].

5.5. Análise crítica da homologação de sentença estrangeira no Brasil

A opção brasileira pelo modelo do controle limitado na ação de homologação de sentença estrangeira consolidou-se no final do século XIX em um momento no qual a economia brasileira passava por uma forte abertura, tanto na busca por mão de obra livre de imigrantes (substituindo o modelo de produção baseado no trabalho escravo) quanto na exportação de bens primários e importação de bens industrializados. Assim, abandonou-se inclusive a reciprocidade. Mesmo com as inúmeras mudanças sociais e econômicas pelas quais o Brasil passou, essa opção pela abertura com poucos entraves à homologação de sentença estrangeira (sem reciprocidade, diga-se) foi mantida.

Não é necessário dizer que o modelo de controle limitado favorece o reconhecimento e autorização para a execução de sentença estrangeira, pois reduz em muito o que pode ser apontado pela parte prejudicada e também o que poderia ser deduzido de ofício pelo juízo. A existência de uma limitadíssima temática de jurisdição internacional cível tida como absoluta pelo Brasil amplia a probabilidade de homologação

---

[90] Incorporada internamente pelo Decreto n. 2.428, de 17 de dezembro de 1997. *In verbis:* "Art. 11. As sentenças estrangeiras sobre obrigação alimentar terão eficácia extraterritorial nos Estados-Partes, se preencherem os seguintes requisitos: (...) *g)* que as sentenças tenham caráter executório no Estado em que forem proferidas. Quando existir apelação da sentença, esta não terá efeito suspensivo".

[91] Superando posição antiga do Supremo Tribunal Federal, que considerava incabível a tutela de urgência na ação de homologação de sentença estrangeira.

[92] CF/88, art. 109, X. No CPC (2015), conferir art. 965.

da sentença estrangeira. Fora os poucos casos de jurisdição absoluta, o Estado estrangeiro possivelmente será considerado *como tendo jurisdição* pelo Brasil[93].

Desse modo, o Brasil abriu, unilateralmente e sem contrapartidas, seu "mercado de produtos judiciais", o que foi mantido até a atualidade. No tocante às demais espécies cooperacionais, isso não ocorreu e a regra adotada no CPC de 2015 é a exigência de reciprocidade[94].

Por isso, o modo mais efetivo e rápido para assegurar a *circulação internacional* das sentenças e decisões brasileiras é por meio da celebração de tratados. Já que o Brasil praticamente aboliu unilateralmente a reciprocidade nas homologações de sentenças estrangeiras (salvo, como visto acima, no caso de execuções fiscais[95]), é estratégica para os interesses nacionais a celebração de um grande tratado multilateral sobre reconhecimento e execução de sentenças no bojo da Conferência da Haia de Direito Internacional Privado. A negociação findou em 2019, tendo sido adotado o texto da nova Convenção sobre o Reconhecimento e Execução de Sentenças Estrangeiras em Matérias Civis e Comerciais na 22ª Sessão Diplomática da Conferência da Haia de Direito Internacional Privado ("Convenção de Sentenças")[96].

Por outro lado, analisando os requisitos para a homologação de sentença estrangeira, nota-se que são três os requisitos que geram coisa julgada material, caso a ação de homologação seja julgada improcedente: (i) autoridade judicial sem jurisdição (quer por invadir a jurisdição absoluta brasileira ou por não dispor, de acordo com o Direito Internacional e da origem, de jurisdição para tanto); (ii) falta de citação regular; (iii) ofensa à coisa julgada brasileira. Os dois primeiros (ausência de jurisdição internacional e falta de citação) podem, inclusive, ser absorvidos pelo conceito de ordem pública. Já as questões formais (falta de tradução, por exemplo), podem gerar a extinção sem julgamento de mérito, permitindo a repropositura da ação.

Cabe lembrar, ainda, que mesmo nos Estados que adotam o controle *limitado*, não há *juízo de delibação puro*, que não analise ao menos uma parte do mérito de uma demanda. Por exemplo, o conceito indeterminado de ordem pública pode servir para impedir a execução de sentença estrangeira cuja decisão de mérito sobre o bem da vida ofendeu direitos humanos na visão do Estado do foro (por exemplo, sentença

---

[93] Ver a análise da jurisdição internacional cível absoluta e progressiva adoção, na jurisprudência, da *corrente da indiferença* que aceita a homologação de sentença estrangeira em caso de jurisdição internacional cível concorrente na Parte II deste *Curso*.

[94] A reciprocidade é regra geral da cooperação jurídica internacional de acordo com o art. 26, *caput*, e § 1º ("Art. 26. A cooperação jurídica internacional será regida por tratado de que o Brasil faz parte e observará: (...) § 1º Na ausência de tratado, a cooperação jurídica internacional poderá realizar-se com base em reciprocidade, manifestada por via diplomática").

[95] O CPC de 2015 aceitou a homologação de decisão estrangeira para fins de execução fiscal quando prevista em *tratado* ou em promessa de *reciprocidade* apresentada à autoridade brasileira (art. 961, § 4º).

[96] O Autor deste *Curso* participou da Delegação brasileira na 22ª Sessão Diplomática da Conferência da Haia de Direito Internacional Privado (HCCH), ocorrida em junho de 2019 na Haia.

que discriminou a mulher, violando a igualdade de gênero). Essa avaliação – ofensa a direitos humanos – é uma análise de mérito.

No mais, há falta de critério da tradição brasileira na enumeração dos requisitos do juízo de delibação, pois não se usou gênero (violação de direitos humanos), mas sim tipo de violação. Por exemplo, a ausência de citação gera ofensa ao devido processo legal, mas há outras ofensas a direitos humanos (como, por exemplo, tratamento discriminatório a uma das partes, por ser estrangeira, o que viola o direito à igualdade) que não foram listados. O conceito indeterminado da ordem pública serve, então, como *cláusula de abertura* para que o STJ possa impedir a homologação de sentença estrangeira.

Por isso, o Regimento Interno do Superior Tribunal de Justiça introduziu em dezembro de 2014, poucos meses antes da edição do novo CPC (2015), *novo óbice* à homologação de sentença estrangeira: *a ofensa à dignidade da pessoa humana*, que, em conjunto com a ofensa à soberania e à ordem pública, impede a homologação da sentença estrangeira (art. 216-F[97]).

5.6. As hipóteses de desnecessidade de homologação de sentença estrangeira

Em primeiro lugar, não é necessária a homologação de *sentença internacional*, pois não se trata de *sentença estrangeira*. O regime jurídico da sentença internacional, que é aquela prolatada pelos órgãos judiciais internacionais estabelecidos por tratados celebrados pelo Brasil, é distinto e depende do próprio tratado instituidor do órgão julgador. Em geral, as sentenças internacionais têm *aplicabilidade imediata*, devendo o Estado escolher os meios para implementar seus comandos[98].

Quanto à necessidade de homologação de *sentença estrangeira declaratória do estado de uma pessoa*, há intensa discussão e controvérsia, em especial após a revogação expressa do art. 15, parágrafo único, da LINDB pela Lei n. 12.036/2009. Esse dispositivo dispunha que "não dependem de homologação as sentenças meramente declaratórias do estado das pessoas". A fundamentação da supressão foi singela: o *caput* do art. 483 do CPC de 1973 o teria revogado, pois previa que todas as sentenças estrangeiras deveriam ser homologadas para terem eficácia no Brasil[99].

---

[97] *In verbis:* "Art. 216-F. Não será homologada a sentença estrangeira que ofender a soberania nacional, a dignidade da pessoa humana e/ou a ordem pública". Saudando a inovação, ver FACHIN, Luiz Edson. Homologação de Sentença Estrangeira e ofensa à pessoa. *Carta Forense*, publicação de 2 de maio de 2015. Disponível em <http://www.cartaforense.com.br/conteudo/artigos/homologacao-de-sentenca-estrangeira-e-ofensa-a-pessoa/15190>. Acesso em: 16 mar. 2022.

[98] Para maiores detalhes sobre a implementação de sentença internacional, em especial na seara dos direitos humanos, ver CARVALHO RAMOS, André de. *Processo internacional de direitos humanos.* 7. ed. São Paulo: Saraiva, 2022.

[99] *In verbis:* "Art. 483. A sentença proferida por tribunal estrangeiro não terá eficácia no Brasil senão depois de homologada pelo Supremo Tribunal Federal. Parágrafo único. A homologação obedecerá ao que dispuser o Regimento Interno do Supremo Tribunal Federal".

No século XIX, Marnouco e Souza relatou intensa discussão doutrinária sobre a necessidade de autorização do Estado do foro para a eficácia de sentença estrangeira sobre estado de pessoas. Defendeu que a sentença estrangeira meramente declaratória era equivalente a um documento apto para determinar uma qualidade ou estabelecer um fato e nada mais, sendo desnecessária a homologação[100].

Durante a vigência do Decreto n. 6.982 de 1878, havia a previsão de homologação das sentenças meramente declaratórias de estado, as quais, mesmo sem o "*cumpra-se*", poderiam ter reconhecido o efeito de coisa julgada perante os tribunais do Império (arts. 11 e 12). Já na República, o Decreto n. 3.084 de 1898 manteve a necessidade da homologação das sentenças estrangeiras meramente declaratórias (art. 14), sem sequer a menção à produção automática do efeito de coisa julgada perante os juízos brasileiros, o qual teria sido revogado pela Lei n. 221/1894[101].

Já a antiga introdução ao Código Civil de 1916 foi omissa e nada mencionou sobre a homologação de sentença estrangeira de estado. Mesmo diante dessa omissão, Beviláqua defendeu que tais sentenças, por não terem de ser executadas, deveriam dispensar homologação. Mas, em face da tradição de se exigir a homologação de toda sentença estrangeira, o STF decidiu, à época, que também essas sentenças de estado dependeriam de homologação[102].

Após a LICC de 1942, houve reação de alguns doutrinadores, como Valladão e Balmaceda Cardoso[103], que viram inconstitucionalidade no hoje revogado parágrafo único do art. 15, por ofender a Constituição na parte em que esta atribuía ao Supremo Tribunal Federal a competência para homologar sentença estrangeira (na época, art. 101, I, *b*). Valladão chega a falar em "descalabro" que seria a retirada das sentenças declaratórias de estado do controle do STF[104].

Após a edição do CPC de 1973 e seu art. 483, fortaleceu-se a corrente da necessidade de homologação de *toda* sentença estrangeira. Finalmente, a Lei n. 12.036/2009 revogou o parágrafo único do art. 15.

Contudo, o novo CPC de 2015 não foi tão enfático, tendo previsto – como já visto – a desnecessidade de homologação de sentença estrangeira de divórcio consensual.

---

[100] MARNOUCO E SOUZA, José Ferreira. *Execução extraterritorial das sentenças cíveis e commerciais*. Coimbra: F. França Amado Editor, 1898, p. 139-142, em especial p. 140.

[101] ESPÍNOLA, Eduardo. *Elementos de Direito internacional privado*. Rio de Janeiro: Jacintho Ribeiro dos Santos, 1925, p. 738.

[102] BEVILÁQUA, Clóvis. *Princípios elementares de direito internacional privado*. 3. ed. Rio de Janeiro: Freitas Bastos, 1938, p. 446.

[103] BALMACEDA CARDOSO, P. *O direito internacional privado em face da doutrina, da legislação e da jurisprudência brasileiras*. São Paulo: Livraria Martins, 1943, p. 186-205, em especial p. 194.

[104] VALLADÃO, Haroldo. *Sentenças estrangeiras de divórcio, devolução e competência dos tribunais brasileiros face à nova Lei de Introdução*: estudos de direito internacional privado. Rio de Janeiro: José Olympio, 1947, p. 175-184, em especial p. 178.

Além disso, a crítica de Valladão e Balmaceda Cardoso sobre a eventual inconstitucionalidade da não homologação de sentença estrangeira em face da competência constitucional do Supremo Tribunal Federal na matéria (e agora do Superior Tribunal de Justiça) não procede, pois a Constituição brasileira estimula a cooperação jurídica internacional (art. 4º, IX, bem como a defesa do acesso à justiça[105]) e a menção à homologação de sentença estrangeira no rol de competências do STF deveria ser entendida como norma de distribuição de competências, *caso fosse necessária a homologação*.

A reforma constitucional de 2004 reforçou tal entendimento, pois, como vimos acima, a transferência da competência homologatória para o Superior Tribunal de Justiça foi feita com pequena alteração de texto: agora, fixou-se a competência da homologação *de* sentenças estrangeiras (art. 105, I, *i*), reconhecendo-se que nem todas devem ser submetidas a tal rito. Por exemplo, não é inconstitucional a celebração, pelo Brasil, de tratado dispensando a homologação de sentenças e assegurando a circulação internacional de nossas sentenças judiciais ou arbitrais (e vice-versa, em relação às do Estado estrangeiro contratante).

Com isso, entendo que, apesar de não constar expressamente da legislação (com a revogação do parágrafo único do art. 15 em 2009), *não* é necessária a homologação de sentença meramente declaratória de estado da pessoa[106]. O estado da pessoa física consiste no conjunto de qualidades inerentes à personalidade, como seu nome, filiação, relações de parentesco, capacidade, relações familiares, nacionalidade etc. A *sentença estrangeira meramente declaratória de estado das pessoas* é aquela destinada a produzir, no Brasil, única consequência de atestar estado de pessoa, não visando produzir outro efeito (direito ou indireto), como, por exemplo, efeito patrimonial ou modificação de registro. Assim, a *finalidade* é o fator decisivo para que seja ou não exigida a homologação da sentença estrangeira declaratória de estado. Caso haja a finalidade de produzir algum outro efeito constitutivo ou executório no Brasil, a homologação é indispensável.

A desnecessidade da homologação, assim, funda-se no respeito à dignidade inerente a todos os seres humanos, que devem ter os seus direitos de personalidade (direito ao nome, nacionalidade, filiação etc.) declarados *per se* por todos os Estados da comunidade internacional. As normas internacionais de direitos humanos fundam esse *reconhecimento automático* da sentença estrangeira para fins meramente declaratórios, que, nessa hipótese, apresenta-se como *documento adequado* à determinação

---

[105] *In verbis:* "Art. 4º A República Federativa do Brasil rege-se nas suas relações internacionais pelos seguintes princípios: (...) IX – cooperação entre os povos para o progresso da humanidade". Na doutrina, com forte embasamento na fundamentação jusfundamentalista, conferir em ABADE, Denise Neves. *Direitos fundamentais na cooperação jurídica internacional*. Saraiva: São Paulo, 2013.

[106] Nessa linha, ver PEREIRA, Marcela Harumi Takahashi. *Sentença estrangeira*: efeitos independentes da homologação. Belo Horizonte: Del Rey, 2010, em especial p. 189.

de faceta da personalidade do indivíduo[107]. No caso brasileiro, a Convenção Americana de Direitos Humanos prevê o direito ao reconhecimento da personalidade jurídica (art. 3º[108]). Por exemplo, a sentença estrangeira de adoção pode servir, sem homologação, para provar a filiação de estrangeiro na condição de turista no Brasil.

6. A ASSISTÊNCIA JURÍDICA CÍVEL E SEUS VEÍCULOS

A análise estruturalista da cooperação jurídica internacional (que a divide em sujeitos, vias, pedidos e veículos) permite que cada instituto seja estudado de acordo com seu papel e função, além de oferecer ao estudioso uma sistematização e uma teoria geral da cooperação[109].

Nessa linha, a assistência jurídica internacional consiste em pleitos de colaboração para realização de atos pré-processuais e processuais, sendo, assim, a espécie cooperacional mais ampla, abarcando os atos-meio e os atos-informação.

Chama-se ato-meio aquele cujo cumprimento não acarreta o fim da prestação judicial. Esses atos-meio podem também ser divididos em atos ordinatórios (citação, notificação e cientificação) e atos instrutórios (coleta de provas). Não é mais obstáculo ao deferimento do pedido de assistência jurídica o seu conteúdo executório: como veremos, os atos de constrição como a busca e apreensão, quebras de sigilo, entre outros, são aceitos pela legislação e jurisprudência brasileira mais recentes como objeto da carta rogatória e também da ação de auxílio direto.

A assistência jurídica internacional engloba, ainda, o ato-informação, que corresponde ao que visa a informação oficial de direito estrangeiro, relevante para o caso de aplicação da lei estrangeira pelo juiz nacional. Também abrange os atos de certificação, que correspondem ao reconhecimento da validade de documentos oficiais estrangeiros, como se fossem expedidos pelas próprias autoridades nacionais.

Por isso, abordaremos aqui dois veículos, carta rogatória e ação de auxílio direto, que transportam pedidos de assistência jurídica internacional.

Não é possível supervalorizar os veículos, que são meros instrumentos do acesso à justiça. A instrumentalidade das formas é indispensável no estudo da cooperação jurídica internacional, tendo os Estados buscado criar novos veículos para concretizar o acesso à justiça em um mundo globalizado. Por exemplo, a carta rogatória (mero veículo) tem que ser vista como um dos *meios* e não como a *finalidade*, que é justamente o pedido de assistência jurídica que ela contém.

---

[107] Nessa linha, conferir MARNOUCO E SOUZA, José Ferreira. *Execução extraterritorial das sentenças cíveis e commerciais*. Coimbra: F. França Amado Editor, 1898, p. 139-142, em especial p. 140.

[108] Art. 3º Direito ao reconhecimento da personalidade jurídica. Toda pessoa tem direito ao reconhecimento de sua personalidade jurídica.

[109] Por isso, não adoto aqui a linha daqueles que classificam a cooperação jurídica internacional misturando veículos (carta rogatória) com pedidos (extradição) ou mesmo com vias (autoridade central).

Consequentemente, não se pode também entender que o Poder Constituinte Originário, ao inserir veículos como a carta rogatória e a ação de extradição na CF/88, tenha decidido por congelar o progresso da cooperação jurídica internacional, impedindo a introdução de novos veículos. Ao contrário, o constituinte adotou, como vimos, o modelo do "Estado Constitucional Cooperativo", que busca, no Direito Internacional Privado, a proteção de direitos (como o acesso à justiça e outros) que necessitam de cooperação internacional. Por isso, a introdução de novos veículos como o *auxílio direto* e o *mandado Mercosul de captura* são compatíveis com a competência constitucional do STJ e do STF, uma vez que não se pode interpretar o veículo "carta rogatória passiva" e o veículo "ação de extradição passiva" (respectivamente julgados pelo STJ e STF) como sendo excludentes de outros.

6.1. A carta rogatória

6.1.1 Conceito, evolução histórica e conteúdo

A carta rogatória consiste em veículo que transporta pedidos de assistência jurídica internacional de um Estado a outro, dando cumprimento a ato vinculado à instauração e desenvolvimento de processo cível ou penal.

O veículo relaciona-se, desde a sua origem, ao cumprimento de diligências judiciais exaradas em um Estado por outro, sendo o seu curso impulsionado pelos próprios Estados envolvidos, sem depender de ações promovidas pelas partes. No Brasil, as cartas rogatórias ativas são emitidas pelos juízes, mas há países que aceitam que outras autoridades (como os membros do Ministério Público) as emitam.

O primeiro regramento da carta rogatória no Brasil remonta ao Aviso Circular de 1º de outubro de 1847 do Ministério dos Negócios da Justiça, pelo qual ficaram fixados os requisitos para execução das cartas rogatórias estrangeiras, entre eles: (i) o conteúdo deveria ser referente à citação ou oitiva de testemunha; (ii) não poderia ter qualquer conteúdo executório, sem forma ou expressão imperativa; (iii) ter natureza cível; (iv) admitir embargos do interessado no indeferimento da medida[110].

Na República, a Lei n. 221, de 20 de novembro de 1894[111], previa, no art. 12, § 4º, o *exequatur* administrativo (o "cumpra-se") feito pelo governo federal para que as

---

[110] Esse aviso referia-se somente à cooperação com Portugal. Em 1865, foi editado o Aviso Circular de 14 de novembro de 1865 de autoria do Conselheiro Nabuco de Araújo, estendendo essa normatividade para os demais Estados. Disponível em: <http://dai-mre.serpro.gov.br/atos-internacionais/bilaterais/1895/b_88/>. Acesso em: 26 mar. 2022.

[111] *In verbis*: "§ 4º As rogatorias emanadas de autoridades extrangeiras serão cumpridas sómente depois que obtiverem o *exequatur* do Governo Federal, sendo exclusivamente competente o juiz seccional do Estado, onde tiverem de ser executadas as diligencias deprecadas. As cartas de sentença, porém, de tribunaes extrangeiros, não serão exequiveis sem prévia homologação do Supremo Tribunal Federal com audiencia das partes e do procurador geral da Republica, salvo si outra cousa estiver estipulada em tratado". Disponível em: <http://www.planalto.gov.br/ccivil_03/leis/1851-1900/L0221.htm>. Acesso em: 26 mar. 2022.

cartas rogatórias estrangeiras pudessem ser cumpridas[112]. Após o *exequatur,* as cartas eram encaminhadas aos juízes federais para execução. Imperava na época o *modelo soberanista* da CJI visto acima: o cumprimento das cartas rogatórias era deferido ou não com base na cortesia internacional, sem outros requisitos previstos em tratados ou leis internas[113]. As cartas rogatórias ativas eram expedidas pelo Poder Judiciário e encaminhadas por via diplomática, seguindo o Aviso de 12 de julho de 1878.

Já com relação às cartas rogatórias ativas, não havia a necessidade do *exequatur,* pois já eram expedidas pelo Poder Judiciário brasileiro na época imperial, sendo encaminhadas diretamente pelo Judiciário através da via diplomática, de acordo com o Aviso Circular do Ministério da Justiça de 12 de julho de 1878.

Esse *exequatur administrativo* gerou importante consequência: a exclusão de qualquer medida constritiva ou executória do objeto da carta rogatória passiva. Essa restrição era baseada na soberania brasileira, que não poderia aceitar gravames a bens ou pessoas baseados em decisões que não fossem sentenças transitadas em julgado. Já as sentenças estrangeiras deveriam ser homologadas pelo Supremo Tribunal Federal, de acordo com a própria Lei n. 221, de 1894[114].

Contudo, a Constituição de 1934 transferiu a concessão de *exequatur* das cartas rogatórias para o Supremo Tribunal Federal, tal qual a homologação de sentença estrangeira, o que poderia ter levado à modificação desse entendimento restritivo, o que, todavia, não ocorreu: as cartas rogatórias passivas de cunho executório continuaram proibidas[115].

Somente na década de 1990 do século XX, o STF alterou moderadamente seu entendimento, aceitando conceder *exequatur* à carta rogatória passiva executória desde que prevista em tratado internacional. O primeiro tratado internacional ratificado pelo Brasil prevendo o *exequatur* de carta rogatória executória foi o Protocolo do Mercosul sobre cooperação e assistência jurisdicional em matéria civil, comercial, trabalhista e administrativa (Protocolo de Las Leñas). De acordo com o art. 19 do Protocolo, o pedido de reconhecimento e execução de sentenças e de laudos arbitrais por parte das autoridades jurisdicionais será processado por via de cartas rogatórias

---

[112] No original: "§ 4º As rogatorias emanadas de autoridades extrangeiras serão cumpridas sómente depois que obtiverem o *exequatur* do Governo Federal, sendo exclusivamente competente o juiz seccional do Estado, onde tiverem de ser executadas as diligencias deprecadas. As cartas de sentença, porém, de tribunaes extrangeiros, não serão exequiveis sem prévia homologação do Supremo Tribunal Federal com audiencia das partes e do procurador geral da Republica, salvo si outra cousa estiver estipulada em tratado".

[113] BRIGGS, Arthur. *Cartas rogatórias internacionais.* Rio de Janeiro: Imprensa Nacional, 1913.

[114] MADRUGA FILHO, Antenor P. O Brasil e a jurisprudência do STF na Idade Média da Cooperação Jurídica Internacional. *Revista Brasileira de Ciências Criminais,* v. 54, maio-jun. 2005, p. 291-311.

[115] ABADE, Denise Neves. *Direitos fundamentais na cooperação jurídica internacional.* São Paulo: Saraiva, 2013, p. 104.

e por intermédio da Autoridade Central. Após esse tratado, o STF autorizou o *exequatur* para carta rogatória executória oriunda da Argentina[116].

Após a Emenda Constitucional n. 45/2004, a competência constitucional para conceder o *exequatur* às cartas rogatórias foi transferida para o STJ[117], que editou, em 2005, sua Resolução n. 9, dispondo que "[a]s cartas rogatórias podem ter por objeto atos decisórios ou não decisórios" (art. 7º). Após a Emenda Regimental n. 18, de 14 de dezembro de 2014, o art. 216-O, § 1º, do Regimento Interno do STJ prevê que "[s]erá concedido *exequatur* à carta rogatória que tiver por objeto atos decisórios ou não decisórios"[118]. Assim, a antiga restrição imperial às cartas rogatórias passivas executórias foi eliminada, aceitando-se seu cumprimento dentro do objeto da assistência jurídica internacional (atos pré-processuais, de instauração e de desenvolvimento de um processo, o que abarca medidas constritivas obviamente).

6.1.2 Aspectos gerais da carta rogatória ativa e passiva

O trâmite das cartas rogatórias ativas e passivas difere. A carta rogatória ativa deve ser encaminhada pela autoridade judicial brasileira à autoridade central para posterior envio ao Estado Requerido estrangeiro (art. 37 do CPC). O pedido de cooperação oriundo de autoridade brasileira competente e os documentos anexos que o instruem serão encaminhados à autoridade central, acompanhados de tradução para a língua oficial do Estado requerido.

Já a carta rogatória passiva deve ser encaminhada, pelo Estado estrangeiro, pela via da autoridade central ou pela via diplomática ao Superior Tribunal de Justiça, para que este dê ou não o *exequatur* ("cumpra-se").

Há diversos tratados sobre cartas rogatórias, que devem prevalecer, em face do princípio da especialidade (reconhecido inclusive pelo novo CPC de 2015)[119]. Restando o uso das fontes internas (LINDB, CPC e resolução do Superior Tribunal de Justiça) somente para o caso de inexistência de tratados ou para o preenchimento de lacunas.

Há uma divisão de atuação entre as legislações dos Estados Rogante e Rogado (ou Estado Requerido e Requerente): a legislação do Estado Rogante será utilizada quanto ao objeto (matéria de fundo) das diligências solicitadas; a legislação do Estado

---

[116] Supremo Tribunal Federal, Agravo Regimental na Carta Rogatória n. 7.618 – República Argentina, Rel. Min. Sepúlveda Pertence, *DJ* 9-5-1997, p. 18154.

[117] CF/88. "Art. 105. Compete ao Superior Tribunal de Justiça: I – processar e julgar, originariamente: (...) *i)* a homologação de sentenças estrangeiras e a concessão de *exequatur* às cartas rogatórias;" (Incluída pela Emenda Constitucional n. 45, de 2004).

[118] Foi revogada a Resolução n. 9/2005.

[119] Art. 26. "A cooperação jurídica internacional será regida por tratado de que o Brasil faz parte (...)."

Rogado (no caso da Carta Rogatória passiva, o Brasil) será utilizada quanto ao processo e suas formalidades (*lex loci regit actum*).

Cabe ao juiz rogado cumprir exatamente o que lhe foi requerido, usando, para tanto, as regras processuais brasileiras, caso não haja disposição expressa de tratado facultando ou determinando o uso do rito estrangeiro[120].

Com o novo CPC de 2015, houve atualização da disciplina da Carta Rogatória, tendo sido disposto que o procedimento da carta rogatória perante o Superior Tribunal de Justiça é de jurisdição contenciosa, devendo assegurar às partes as garantias do devido processo legal. A redação é curiosa, porque a carta rogatória é um pedido oriundo do Estado estrangeiro (a autoridade rogante pode ser juiz ou membro do Ministério Público, variando por Estado) e não depende da parte beneficiada pela medida rogada. Assim, o CPC considerou que o Estado estrangeiro seria a parte autora e a defesa seria composta por aquele que poderia, em abstrato, ter interesse jurídico em impedir a medida pleiteada[121].

No tocante à documentação, o CPC considera autêntico o documento que instruir pedido de cooperação jurídica internacional, inclusive tradução para a língua portuguesa, quando encaminhado ao Estado brasileiro por meio de autoridade central ou por via diplomática, dispensando-se a juramentação, autenticação ou qualquer procedimento de legalização (art. 41). Facilita-se, assim, o acesso à justiça de todos, em verdadeiro reconhecimento automático de autenticidade de documentos que trafegarem pelas vias de comunicação oficiais existentes (via diplomática e via da autoridade central). Contudo, o CPC manteve a reciprocidade como requisito para tal reconhecimento automático (art. 41, parágrafo único).

A defesa no processo perante o STJ é limitada à discussão quanto ao atendimento dos *requisitos* para que o pronunciamento judicial estrangeiro produza efeitos no Brasil, conforme dispõe brevemente o art. 36, § 1º, do CPC. Como o CPC foi lacunoso, o regimento interno do STJ determina que, no processo de concessão do *exequatur*, a defesa somente poderá versar (i) sobre a autenticidade dos documentos, (ii) a inteligência da decisão e (iii) a observância dos requisitos previstos no próprio Regimento. Esse último ponto refere-se ao respeito à soberania nacional, à dignidade da pessoa humana e/ou à ordem pública (ver abaixo)[122].

---

[120] Por exemplo, consta do art. 10 da Convenção Interamericana sobre Assistência Mútua em Matéria Penal que "os pedidos de assistência expedidos pela Parte requerente serão feitos por escrito e serão cumpridos de conformidade com o direito interno do Estado requerido. *Na medida em que a legislação do Estado requerido não dispuser nada em contrário, serão cumpridos os trâmites mencionados no pedido de assistência na forma expressa pelo Estado requerente*". Incorporada internamente pelo Decreto n. 6.340/2008.

[121] CABRAL, Antonio do Passo; CRAMER, Ronaldo. *Comentários ao novo Código de Processo Civil*. 2. ed. Rio de Janeiro: Forense, 2016, p. 85.

[122] Nesse sentido: "Não sendo hipótese de ofensa à soberania nacional, à ordem pública, à dignidade da pessoa humana ou de inobservância aos requisitos presentes no RI/STJ, cabe apenas ao

Sobre os documentos e a inteligência da decisão, o STJ já definiu que não é preciso que a carta rogatória passiva seja acompanhada de todos os documentos mencionados na petição inicial da demanda no Estado Requerente, bastando aqueles necessários à compreensão do pedido de cooperação internacional e de seu conteúdo[123].

Trata-se de *juízo de delibação,* sendo proibida a análise do acerto ou desacerto da sentença estrangeira: prevê o art. 36, § 2º do CPC que, em qualquer hipótese, é vedada a *revisão do mérito* do pronunciamento judicial estrangeiro pela autoridade judiciária brasileira.

O art. 39 do CPC estabelece, expressamente, que o pedido passivo de cooperação jurídica internacional será recusado se configurar *manifesta* ofensa à *ordem pública*. Trata-se de reforço ao disposto no art. 17 da LINDB (já estudado) e ainda mencionado no próprio art. 963, VI, do CPC[124]. A diferença do disposto no art. 17 ao que consta do CPC está na previsão da ofensa *manifesta à ordem pública,* o que sugere grande ônus argumentativo do julgador brasileiro caso opte em rechaçar o cumprimento da diligência rogada por ofensa à ordem pública nacional.

Quanto ao conteúdo, a carta rogatória pode veicular pedidos de medidas preparatórias ou de desenvolvimento regular de um processo, podendo conter *atos decisórios* ou *não decisórios*. Sem o *exequatur,* a carta rogatória estrangeira não pode ser cumprida no Brasil.

Por fim, os pedidos de cooperação jurídica internacional que tiverem por objeto atos que não ensejem *juízo delibatório* do Superior Tribunal de Justiça, ainda que denominados de carta rogatória, serão encaminhados ou devolvidos ao Ministério da Justiça para as providências necessárias ao cumprimento por *auxílio direto* (art. 216-O, § 2º), que será estudado a seguir.

6.1.3 O trâmite da carta rogatória passiva

O regimento interno do STJ detalha o processamento das cartas rogatórias passivas, cuja concessão de *exequatur* cabe inicialmente ao Presidente da Corte. Após o encaminhamento da carta rogatória por via diplomática ou pela autoridade central, a parte requerida será intimada para, no prazo de quinze dias, impugnar o pedido de concessão do exequatur. Caso o interessado não seja localizado, cabe a

---

eg. Superior Tribunal de Justiça emitir julgamento meramente delibatório acerca da concessão do *exequatur* nas cartas rogatórias, sendo competência da Justiça rogante a análise de eventuais alegações relacionadas ao mérito da causa". Superior Tribunal de Justiça, AgRg na CR 10231, Rel. Min. Francisco Falcão, Data do julgamento 2-3-2016, *DJe* 14-4-2016.

[123] STJ, AgRg na CR 9854, Rel. Min. Francisco Falcão, Corte Especial, Data do julgamento 18-11-2015, Data da publicação/Fonte: *DJe* 16-12-2015. Ver também STJ, AgRg na CR n. 8.553/EX, Rel. Min. Francisco Falcão, Corte Especial, julgado em 18-3-2015, *DJe* 29-4-2015.

[124] Art. 963, VI: "Constituem requisitos indispensáveis à homologação da decisão: (...) VI – não conter manifesta ofensa à ordem pública".

nomeação da Defensoria Pública da União como curadora especial, para que ela exerça o direito à defesa[125].

Todavia, a medida solicitada por carta rogatória poderá ser realizada sem ouvir a parte requerida, quando sua intimação prévia puder resultar na ineficiência da cooperação internacional. Trata-se de *contraditório diferido,* que advém da ponderação (e compressão) do direito ao contraditório com os demais direitos protegidos pelo deferimento da medida.

O Ministério Público Federal (MPF) terá vista dos autos nas cartas rogatórias pelo prazo de quinze dias, podendo impugnar o pedido de concessão do *exequatur*. Havendo impugnação ao pedido de concessão de *exequatur* à carta rogatória de ato decisório pelo interessado ou pelo MPF, o Presidente poderá determinar a distribuição dos autos do processo para julgamento pela Corte Especial.

Das demais decisões do Presidente ou do relator na concessão de *exequatur* à carta rogatória caberá agravo. Após a concessão do *exequatur*, a carta rogatória será remetida ao Juízo Federal do local de realização da diligência para cumprimento. É dispensável a remessa da carta rogatória meramente citatória à Justiça Federal após a concessão do *exequatur*, quando a parte interessada é considerada citada em razão do comparecimento aos autos para apresentar impugnação[126].

As decisões proferidas pelo Juiz Federal competente no cumprimento da carta rogatória podem ser objeto de embargos, opostos pela parte interessada ou pelo Ministério Público Federal no prazo de dez dias, julgados pelo Presidente do STJ. Tais embargos devem versar sobre ato referente ao cumprimento da carta rogatória, mas não sobre a própria concessão da medida ou o seu mérito. Cumprida a carta rogatória ou verificada a impossibilidade de seu cumprimento, o juízo federal a devolverá ao Presidente do STJ, no prazo de dez dias, para remessa pela via da autoridade central ou do Ministério das Relações Exteriores, à autoridade estrangeira de origem.

Em que pese o juízo de delibação, o mérito da carta rogatória será confrontado com a ordem pública de Direito Internacional Privado, como já visto neste *Curso.* Tal qual na homologação de sentença estrangeira, o Regimento Interno do STJ também estipula que "não será concedido *exequatur* à carta rogatória que ofender a soberania nacional, a dignidade da pessoa humana e/ou a ordem pública" (art. 216-P). A novidade do dispositivo é a previsão de ofensa à "dignidade da pessoa humana", que será analisada a seguir.

6.2. O auxílio direto

O auxílio direto consiste em veículo cooperacional que também transporta – tal qual a carta rogatória – pedidos de assistência jurídica internacional. No auxílio direto,

---

[125] Superior Tribunal de Justiça, AgRg na CR 9913, Rel. Min. Francisco Falcão, Data do julgamento 16-12-2015, *DJe* 2-2-2016.

[126] Superior Tribunal de Justiça, AgRg na CR n. 5.490/EX, Rel. Min. Ari Pargendler, Relator para acórdão Min. Presidente do STJ, Corte Especial, julgado em 2-5-2012, *DJe* 6-6-2012.

o Estado Requerente encaminha pedido de assistência jurídica em cumprimento de determinada obrigação prevista em tratado – ou, na ausência de tratado, promete reciprocidade – para que o Estado Requerido, *com liberdade*, adote as medidas internas mais adequadas para fazer cumprir o pedido.

O veículo originou-se de tratados internacionais celebrados para agilizar a cooperação jurídica internacional em face da explosão de fatos transnacionais após a Segunda Guerra Mundial. O primeiro tratado celebrado pelo Brasil que contempla o auxílio direto foi a Convenção sobre Prestação de Alimentos no Exterior (Convenção de Nova York, 1956[127]), que possui Autoridade Central (denominada, à época, instituição intermediária), que, além de gerenciar a comunicação e demais funções acima expostas, deve propor as ações judiciais necessárias para cumprir os deveres impostos ao Estado brasileiro. Desde então, há diversos tratados cíveis e criminais que contam com esse novo veículo.

No auxílio direto, o pedido é recebido pela Autoridade Central brasileira e, após, encaminhado ao órgão incumbido, internamente, dos poderes para a realização da diligência. Caso haja, *de acordo com o ordenamento brasileiro*, a necessidade de autorização judicial para o cumprimento da diligência (por exemplo, quebra de sigilo bancário), a Autoridade Central encaminhará o pleito ao Ministério Público Federal, que proporá uma ação judicial solicitando o atendimento do pedido.

Denise Neves Abade aponta cinco características básicas do auxílio direto que o tornam distinto da carta rogatória[128]:

1) Trata-se de demanda de Estado, mesmo que, na origem, haja pedido de juízo estrangeiro, que fica na alçada de cumprimento do Poder Executivo, de acordo com o art. 84, IV, da CF/88. Na carta rogatória, há um pedido de *juízo estrangeiro ou autoridade equivalente* que é encaminhado para o juízo de delibação perante o STJ.

2) Como se trata de demanda internacional, o Estado brasileiro deve verificar quais as providências cabíveis e, eventualmente, propor medidas judiciais internas[129]. Já na Carta Rogatória, o STJ deve realizar o *juízo de delibação,* no qual são analisados os requisitos formais (documentos que instruem a carta e inteligência do pedido) e, excepcionalmente, o mérito da decisão a ser delibada em face da ordem pública de Direito Internacional Privado.

3) O auxílio direto permite que o pleito do Estado estrangeiro seja verificado quanto ao mérito. Já na carta rogatória, o juízo de delibação pelo STJ impede a revisão do mérito das razões da autoridade estrangeira, salvo para verificar violação à ordem

---

[127] Convenção das Nações Unidas sobre Prestação de Alimentos no Estrangeiro, de 1956. Promulgada pelo Decreto n. 56.826, de 2 de setembro de 1965.

[128] ABADE, Denise Neves. Carta rogatória e o auxílio direto na cooperação jurídica internacional. In: CARVALHO RAMOS, André; MENEZES, Wagner. *Direito internacional privado e a nova cooperação jurídica internacional*. Belo Horizonte: Arraes, 2015, p. 79-96, em especial p. 88-89.

[129] No mesmo sentido, ver DIPP, Gilson Langaro. Carta rogatória e cooperação internacional. *Revista CEJ*, Brasília, ano XI, n. 38, p. 39-43, jul./set. 2007, em especial p. 40.

pública. A grande diferença entre os dois veículos está no fato de a carta rogatória buscar dar eficácia a uma decisão judicial estrangeira; no auxílio direto, é produzida uma decisão brasileira a partir de um processo nacional, criado para cumprir uma demanda internacional. Por isso, o juízo nacional competente para realizar o auxílio direto é o juízo federal, de acordo com o art. 109, III, da CF/88[130]. Nesse sentido, dispõe o art. 34 do CPC de 2015 que compete ao juízo federal do lugar em que deva ser executada a medida apreciar pedido de auxílio direto passivo que demande prestação de atividade jurisdicional.

4) No auxílio direto, cabe a Autoridade Central distribuir o pedido cooperacional para os órgãos internos com atribuição constitucional para atender a demanda do Estado estrangeiro. O CPC de 2015 determina que, no caso de auxílio direto para a prática de atos que, segundo a lei brasileira, não necessitem de prestação jurisdicional, a autoridade central adotará as providências necessárias para seu cumprimento (art. 32). Além disso, no caso de medida judicial cível, dispõe o art. 33 do CPC que recebido o pedido de auxílio direto passivo, a autoridade central o encaminhará à Advocacia-Geral da União, que requererá em juízo a medida solicitada. Na parte criminal, vigora a Portaria Conjunta n. 1, de 27 de outubro de 2005, entre o Ministério da Justiça, Advocacia-Geral da União e Procuradoria-Geral da República (Ministério Público Federal), que determina que os pedidos de auxílio direto criminal passivo serão encaminhados às unidades do Ministério Público Federal com atribuição para promover judicialmente os atos necessários à cooperação.

5) O auxílio direto que seja baseado em tratado de assistência jurídica entre o Brasil e um Estado estrangeiro deve ser entendido como *lex specialis,* devendo preponderar diante do veículo tradicional da carta rogatória.

O CPC de 2015 fez expressa referência ao auxílio direto, que é cabível quando a medida não decorrer diretamente de decisão de autoridade jurisdicional estrangeira a ser submetida a juízo de delibação no Brasil (art. 28).

Dispõe o art. 29 do CPC que a solicitação de auxílio direto será encaminhada pelo órgão estrangeiro interessado à autoridade central, cabendo ao Estado requerente assegurar a autenticidade e a clareza do pedido.

O CPC traz os seguintes objetos do auxílio direto, além de outros que os tratados podem incluir (cláusula de abertura favorável ao auxílio direto): (i) obtenção e prestação de informações sobre o ordenamento jurídico e sobre processos administrativos ou jurisdicionais findos ou em curso; (ii) colheita de provas, salvo se a medida for adotada em processo, em curso no estrangeiro, de competência exclusiva de autoridade judiciária brasileira; e (iii) qualquer outra medida judicial ou extrajudicial não proibida pela lei brasileira.

---

[130] CF/88: "Art. 109. Aos juízes federais compete processar e julgar: (...) III – as causas fundadas em tratado ou contrato da União com Estado estrangeiro ou organismo internacional".

7. A DIGNIDADE HUMANA NA COOPERAÇÃO JURÍDICA INTERNACIONAL

7.1. Conceito de dignidade humana

A Emenda Regimental n. 18, de 14 de dezembro de 2014, introduziu, de modo inédito, no regimento interno do Superior Tribunal de Justiça a previsão de vedação de concessão do *exequatur* à carta rogatória[131] e da homologação da sentença estrangeira[132] por violação da "dignidade da pessoa humana", motivo pelo qual é necessário analisar o seu conceito.

A raiz da palavra "dignidade" vem de *dignus*, que ressalta aquilo que possui honra ou importância. Para Kant, tudo tem um *preço* ou uma *dignidade*: aquilo que tem um preço é *substituível* e tem equivalente; já aquilo que *não admite equivalente*, possui uma dignidade. Assim, as coisas possuem preço; os indivíduos possuem *dignidade*[133].

Nessa linha, a dignidade da pessoa humana consiste em cada indivíduo ser um fim em si mesmo, com autonomia para se comportar de acordo com seu arbítrio, nunca um meio ou instrumento para a consecução de resultados, não possuindo *preço*. Consequentemente, o ser humano tem o direito de ser respeitado pelos demais e também deve reciprocamente respeitá-los. Assim, a *dignidade humana* é a *qualidade* intrínseca e distintiva de cada ser humano, que o protege contra todo tratamento degradante e discriminação odiosa, bem como assegura condições materiais mínimas de sobrevivência[134]. Em outras palavras, é o atributo que todo indivíduo possui, inerente à sua condição humana, não importando qualquer outra condição referente à nacionalidade, opção política, orientação sexual, credo etc.

Do ponto de vista normativo, a Constituição de 1988 estabelece que um dos fundamentos do Estado Democrático de Direito é a "*dignidade da pessoa humana*" (art. 1º, III). Além disso, o texto constitucional brasileiro afirma que toda ação econômica tem como finalidade assegurar a todos uma *existência digna* (art. 170)[135]. Por sua vez, no art. 226, § 7º, ficou determinado que o planejamento familiar é livre decisão do casal fundado no princípio da *dignidade da pessoa humana*. Já o art. 227

---

[131] "Art. 216-P. Não será concedido *exequatur* à carta rogatória que ofender a soberania nacional, a dignidade da pessoa humana e/ou a ordem pública."

[132] "Art. 216-F. Não será homologada a decisão estrangeira que ofender a soberania nacional, a dignidade da pessoa humana e/ou a ordem pública."

[133] KANT, Immanuel. *Fundamentação da metafísica dos costumes*. Tradução de Paulo Quintela. Lisboa: Ed. 70, 2007 (original de 1785), em especial p. 77. Desenvolvi a temática da "dignidade humana" em meu *Curso de direitos humanos*. CARVALHO RAMOS, André de. *Curso de direitos humanos*. 10. ed. São Paulo: Saraiva, 2023.

[134] SARLET, Ingo Wolfgang. *Dignidade da pessoa humana e direitos fundamentais*. Porto Alegre: Livraria do Advogado, 2001, p. 60.

[135] "Art. 170. A ordem econômica, fundada na valorização do trabalho humano e na livre-iniciativa, tem por fim assegurar a todos existência digna, conforme os ditames da justiça social (...)."

determina que cabe à família, à sociedade e ao Estado assegurar a *dignidade* à criança, ao adolescente e ao jovem. Ainda, no art. 230, a Constituição de 1988 prevê que a família, a sociedade e o Estado têm o dever de amparar as pessoas idosas, defendendo sua *dignidade* e bem-estar.

No plano internacional, a Declaração Universal dos Direitos Humanos estabelece, já no seu preâmbulo, a *necessidade de proteção da dignidade humana* por meio da proclamação dos direitos elencados naquele diploma, estabelecendo, em seu art. 1º que "todos os seres humanos nascem livres e iguais, em *dignidade* e direitos". Os dois Pactos Internacionais (sobre direitos civis e políticos e sobre direitos sociais, econômicos e culturais) da Organização das Nações Unidas têm idêntico reconhecimento, no preâmbulo, da "*dignidade* inerente a todos os membros da família humana". A Convenção Americana de Direitos Humanos exige o respeito devido à "dignidade inerente ao ser humano" (art. 5º). Já a Convenção Europeia de Direitos Humanos, em que pese não possuir tal menção à dignidade humana, foi já interpretada pela Corte Europeia de Direitos Humanos no sentido de que a "dignidade e a liberdade do homem são a essência da própria Convenção"[136]. No plano comunitário europeu, a situação não é diferente. Simbolicamente, a dignidade humana está prevista no art. 1º da Carta de Direitos Fundamentais da União Europeia de 2000 (atualizada em 2007), que determina que a dignidade do ser humano é inviolável, devendo ser respeitada e protegida.

7.2. A dignidade humana e seu uso na carta rogatória e na homologação de sentença estrangeira

É possível identificar *quatro* usos habituais da *dignidade humana* na jurisprudência brasileira[137], que podem servir de baliza para a interpretação desse novo óbice à concessão do *exequatur* na carta rogatória e à homologação das sentenças estrangeiras com base no Regimento do STJ.

O *primeiro uso* é a *fundamentação* da *criação jurisprudencial de novos direitos,* também denominado *eficácia positiva* do princípio da dignidade humana. Por exemplo, o STF reconheceu o "direito à busca da felicidade", sustentando que este *resulta da dignidade humana*[138]. Também foi reconhecido o "direito à orientação sexual como direta emanação do princípio da 'dignidade da pessoa humana': direito à autoestima no mais elevado ponto da consciência do indivíduo"[139].

---

[136] Corte Europeia de Direitos Humanos, *Pretty* vs. *Reino Unido,* julgamento de 29 de abril de 2002, *Recueil* 2002, parágrafo 65.

[137] CARVALHO RAMOS, André de. *Curso de direitos humanos.* 10. ed. São Paulo: Saraiva, 2023.

[138] Supremo Tribunal Federal, RE 477.554 – AgR, Rel. Min. Celso de Mello, julgamento em 16-8-2011, Segunda Turma, *DJe* 26-8-2011.

[139] Supremo Tribunal Federal, ADI 4.277 e ADPF 132, Rel. Min. Ayres Britto, julgamento em 5-5-2011, Plenário, *DJe* 14-10-2011.

Um *segundo uso* é o da concretização da *interpretação adequada* das características de um determinado direito. Por exemplo, o STF reconheceu que o direito de acesso à justiça e à prestação jurisdicional do Estado deve ser célere, pleno e eficaz. Para o STF, então: "A prestação jurisdicional é uma das formas de se concretizar o *princípio da dignidade humana*, o que torna imprescindível seja ela realizada de forma célere, plena e eficaz"[140]. Por sua vez, a abrangência ampla do direito ao nome foi considerada, pelo STF, como fruto da dignidade humana, para abarcar (i) identidade, (ii) origem de sua ancestralidade, (iii) o reconhecimento da família e (iv) o estado de filiação[141].

O *terceiro uso* é o de criar *limites à ação do Estado*. É a chamada *eficácia negativa* da dignidade humana. Por exemplo, a dignidade humana foi repetidamente invocada para traçar limites ao *uso desnecessário de algemas* em vários casos no STF. Para o Min. Marco Aurélio: "Diante disso, indaga-se: surge harmônico com a Constituição mantê-lo, no recinto, com algemas? A resposta mostra-se iniludivelmente negativa (...) a deficiência da estrutura do Estado não autorizava o desrespeito à *dignidade* do envolvido"[142].

O *quarto uso* da dignidade humana é o de servir para *fundamentar o juízo de ponderação* e escolha da prevalência de um direito em prejuízo de outro. Por exemplo, o STF utilizou a *dignidade humana* para fazer *prevalecer* o *direito à informação genética* em detrimento do direito à segurança jurídica, afastando o trânsito em julgado de uma ação de investigação de paternidade. No voto do Min. Luiz Fux ficou explícito que "(...) é também a dignidade da pessoa humana que deve servir como fiel da balança para a definição do peso abstrato de cada princípio jurídico estabelecido na Constituição Federal de 1988 meios de prova voltados para esse fim"[143]. Quanto à liberdade de expressão, o STF pronunciou-se sobre a proibição de discursos antissemitas, pois a *dignidade* da pessoa humana não é compatível com discursos de preconceito e incitação de ódio e condutas hostis contra determinados grupos. Para o STF, "o preceito fundamental de liberdade de expressão não consagra o 'direito à incitação ao racismo', dado que um direito individual não pode constituir-se em salvaguarda de condutas ilícitas, como sucede com os delitos contra a honra. Prevalência dos princípios da *dignidade da pessoa humana* e da igualdade jurídica"[144].

---

[140] Supremo Tribunal Federal, Rcl 5.758, Rel. Min. Cármen Lúcia, julgamento em 13-5-2009, Plenário, *DJe* 7-8-2009.

[141] *In verbis:* "O direito ao nome insere-se no conceito de dignidade da pessoa humana e traduz a sua identidade, a origem de sua ancestralidade, o reconhecimento da família, razão pela qual o estado de filiação é direito indisponível". Supremo Tribunal Federal, RE 248.869, voto do Rel. Min. Maurício Corrêa, julgamento em 7-8-2003, Plenário, *DJ* 12-3-2004.

[142] Supremo Tribunal Federal, HC 91.952, voto do Rel. Min. Marco Aurélio, julgamento em 7-8-2008, Plenário, *DJe* 19-12-2008.

[143] Supremo Tribunal Federal, RE 363.889, Rel. Min. Dias Toffoli, julgamento em 2-6-2011, Plenário, *DJe* 16-12-2011, com repercussão geral.

[144] Supremo Tribunal Federal, HC 82.424, Rel. p/ o ac. Min. Presidente Maurício Corrêa, julgamento em 17-9-2003, Plenário, *DJ* 19-3-2004.

Também no tocante ao uso da dignidade humana como *fundamento genérico* na escolha da prevalência de um direito, o STF determinou a primazia do direito à integridade física, recusando a realização compulsória (mesmo contra a vontade do presumido pai) do exame de DNA. Para o STF: "Discrepa, a mais não poder, de garantias constitucionais implícitas e explícitas – preservação da *dignidade humana* (...) provimento judicial que, em ação civil de investigação de paternidade, implique determinação no sentido de o réu ser conduzido ao laboratório, 'debaixo de vara', para coleta do material indispensável à feitura do exame DNA"[145]. Finalmente, o juízo de ponderação e o uso da dignidade humana para fundamentar a posição a favor de um direito (em detrimento do outro) ficaram evidentes no caso da proibição da prova ilícita, tendo o STF decidido que: "A Constituição mesma que ponderou os valores contrapostos e optou – em prejuízo, se necessário da eficácia da persecução criminal – pelos valores fundamentais, da *dignidade humana*, aos quais serve de salvaguarda a proscrição da prova ilícita"[146].

Esses quatro usos da dignidade humana podem ser úteis ao Direito Internacional Privado, no âmbito da carta rogatória e da homologação de sentença estrangeira.

Em relação ao primeiro uso, que é o reconhecimento de novos direitos, eventual sentença estrangeira que menoscabe direito essencial pode não ser homologada, como, por exemplo, sentença estrangeira de partilha de bens que aceitou exclusão de herdeiro por sua orientação sexual, violando o "direito à orientação sexual" já mencionado. Tampouco será concedido o *exequatur* caso a carta rogatória seja oriunda de processo no qual haja obrigação a ser imposta que viole direitos humanos (ação que vise a imposição de tratamento cruel ou desumano ao réu).

Em relação ao segundo uso, que é a busca da interpretação adequada de um direito, a dignidade humana pode servir para condicionar a interpretação do devido processo legal, em caso, por exemplo, que se discute *corrupção* do juízo estrangeiro prolator da sentença a ser homologada ou ainda a existência de manifesta desigualdade entre as partes[147].

Quanto ao terceiro uso, referente à limitação da ação do Estado, o uso da dignidade humana pode impedir que seja homologada sentença estrangeira penal que imponha medida de segurança exagerada. Ou ainda sentença estrangeira cível que tenha

---

[145] Supremo Tribunal Federal, HC 71.373, Rel. p/ o ac. Min. Marco Aurélio, julgamento em 10-11-1994, Plenário, *DJ* 22-11-1996.

[146] Supremo Tribunal Federal, HC 79.512, Rel. Min. Sepúlveda Pertence, julgamento em 16-12-1999, Plenário, *DJ* 16-5-2003.

[147] Como alerta Lucon: "Portanto, também no campo do chamado direito processual internacional revela-se importante a observância do tratamento paritário das partes no processo". Ver LUCON, Paulo Henrique dos Santos. Garantia do tratamento paritário das partes. In: TUCCI, José Rogério Cruz e. (Org.). *Garantias constitucionais do processo civil*. São Paulo: Editora Revista dos Tribunais, 1999, p. 91-131, em especial p. 116. Sobre a exigência da igualdade no processo civil, ver YARSHELL, Flávio. *Curso de direito processual civil*, v. I, São Paulo: Marcial Pons, 2014, em especial p. 120-123.

imposto obrigação de fazer ou não fazer de intensa restrição à liberdade de determinada pessoa.

Finalmente, o uso da dignidade humana para fundamentar o juízo de ponderação pode ser visto na análise de sentença estrangeira que tenha – na linha do precedente citado do STF – ordenado a realização de exame compulsório de DNA em ação cautelar preparatória de futura ação de investigação de paternidade.

Na jurisprudência do Superior Tribunal de Justiça, em que pese a novidade da inclusão da dignidade humana como óbice à homologação de sentença estrangeira (Emenda Regimental n. 18, de 17 de dezembro de 2014), já houve casos – anteriores à alteração regimental – de *expressa referência* à dignidade humana em ações de homologação de sentença estrangeira.

Na Sentença Estrangeira Contestada n. 5.726, foi homologada pelo STJ sentença alemã que realizou a inclusão de *novo patronímico* ao nome do menor, com a *exclusão* do nome de família do pai biológico. Foi considerada a vontade do menor e ainda foi dado peso à preservação de sua *integridade psicológica* perante a nova unidade familiar. Considerou-se que a rigidez da manutenção do registro de nascimento original deveria ser afastada, o que seria "interpretação condizente com o respeito à dignidade da pessoa humana"[148]. Apesar de não ter sido desenvolvido no acórdão, houve uma ponderação adequada a favor da prevalência do direito ao sadio desenvolvimento da criança e sua integridade psíquica, comprimindo-se o direito difuso de informação (concretizado pela idoneidade dos registros públicos).

Já a Sentença Estrangeira n. 3.335 tratou de homologação de sentença administrativa de adoção oriunda do Conselho Distrital de Zurique (Suíça). A homologação foi deferida, porém o voto vencido do Min. Castro Meira inovou e defendeu a denegação da homologação, pois constava dos autos notícia de que o adotante havia se recusado a fornecer qualquer documento para a legalização do procedimento adotivo no Brasil, existindo, naquele momento, discórdia familiar entre adotante e adotados.

Para o Min. Castro Meira, "a adoção pressupõe a livre vontade do adotante e harmonia de interesses entre as partes submetidas à formação desse vínculo familiar. A adoção forçada (contrária ao interesse do adotante e dos adotados) também contraria a ordem pública e viola princípio fundamental da República Federativa do Brasil, previsto no art. 1º, III, da CF/88, especificamente, a *dignidade da pessoa humana*, que não pode ser coagida a adotar contra a sua vontade manifesta"[149].

No caso, o voto vencido também não aprofundou a discussão da "dignidade humana", mas é possível deduzir que a intervenção do Estado para dar eficácia à citada

---

[148] Superior Tribunal de Justiça, Sentença Estrangeira Contestada n. 5.726, Rel. Min. Maria Thereza de Assis Moura, Corte Especial, Data do julgamento: 29-8-2012, Data da publicação/Fonte: *DJe* 13-9-2012.

[149] Voto vencido do Min. Castro Meira. Itálico do Autor. Superior Tribunal de Justiça, Sentença Estrangeira Contestada n. 3.335, Rel. Min. Maria Thereza de Assis Moura, Corte Especial, Data do julgamento: 24-11-2011, Data da publicação/Fonte: *DJe* 16-3-2012.

adoção seria descabida, pois esta só poderia ser realizada – em face da dignidade humana – em um ambiente em que se preservasse a liberdade de escolha do adotante.

7.3. Quais são os modelos para aferir a dignidade humana?

Uma consequência da introdução formal da exigência do respeito à dignidade humana como requisito da concessão de *exequatur* e da homologação da sentença estrangeira no Brasil é a futura crise do tradicional juízo de delibação, que integra o modelo de autorização por controle limitado (visto acima).

Pelas mãos da "dignidade humana", abre-se a oportunidade para a análise densa do mérito da carta rogatória, da sentença arbitral ou judicial estrangeira, contrariando a promessa de um controle de requisitos meramente formais.

Claro que o exame de mérito da decisão estrangeira era possível mesmo antes da consagração da promoção da dignidade humana como óbice à concessão do *exequatur* e à homologação, pois tal exame era realizado no momento de análise do respeito à "ordem pública", que foi repetido no CPC de 2015 (art. 39 e art. 963, VI)[150].

Ao estabelecer especificamente o óbice do respeito à dignidade da pessoa humana, separando-o do conceito de ordem pública, a Emenda Regimental n. 18 gerou um *adensamento de juridicidade* na análise de mérito na concessão de *exequatur* e na homologação de sentença estrangeira, pois exige-se agora do intérprete que use o *robusto acervo* de decisões sobre dignidade humana e direitos humanos já existente.

Gera-se mais transparência e obrigação ao julgador de especificamente analisar a gramática dos direitos humanos na carta rogatória e na homologação de sentença estrangeira, o que, anteriormente, era mais opaco (e mesmo ignorado) porque tais direitos estavam dispersos no amplíssimo conceito de "ordem pública".

Resta saber quais são os parâmetros para aferir a "dignidade humana" em uma carta rogatória ou em uma ação de homologação de sentença estrangeira.

Há três modelos possíveis: (i) o da *lex fori;* (ii) o da *lex causae* e o (iii) universalista ou da interpretação internacionalista.

O modelo da *lex fori* consiste em aferir a dignidade humana de acordo com a visão de direitos humanos do Estado do foro. Esse modelo é o mais acessível ao intérprete e tem ainda a seu favor o seu uso tradicional quanto ao conteúdo da cláusula de "ordem pública". Porém, há o evidente risco de xenofobia e chauvinismo jurídico, que pode ameaçar a tolerância e a diversidade que o DIPr almeja. O intérprete pode ser tentado a exigir a reprodução na íntegra de todo o arcabouço nacional

---

[150] Sobre a abertura do conceito de ordem pública, para abarcar garantias processuais em precedentes do Superior Tribunal de Justiça (após a edição da Emenda Constitucional n. 45/2004), ver KNIJNIK, Danilo. Reconhecimento da sentença estrangeira e tutela da ordem pública processual pelo juiz do foro; ou a verificação, pelo STJ, do "modo de ser" do processo estrangeiro. *Revista de Processo*, v. 156, São Paulo, 2008, p. 64-75.

sobre "ampla defesa", "contraditório", "assistência jurídica gratuita", entre outros temas que impactam direitos humanos e a dignidade humana, o que, obviamente inviabiliza a cooperação jurídica internacional e, no caso, a homologação das sentenças estrangeiras. Como bem sintetiza Denise Abade, adaptando Caetano Veloso à cooperação jurídica internacional, "Narciso acha feio o que não é espelho" ("Sampa")[151].

Em precedente antigo do Supremo Tribunal Federal, debateu-se justamente – por expressa provocação do Ministério Público Federal (atuando como *custos legis*) – a ausência de fundamentação na sentença estrangeira, o que contraria o modelo brasileiro de devido processo legal. Porém, o STF deferiu a homologação, invocando o velho juízo de delibação e decidindo que não cabia analisar a estrutura da sentença estrangeira considerados o Código de Processo Civil e a Constituição nacionais[152].

Já o modelo da *lex causae* consiste na aceitação da formatação da dignidade humana e dos consequentes direitos humanos de acordo com a concepção do Estado do qual a carta rogatória ou sentença estrangeira emanam. Há, de um lado, grande confiança no ordenamento estrangeiro e, consequentemente, um incremento da cooperação jurídica internacional. Essa confiança pode estar, inclusive, embasada na existência consolidada do regime democrático e protetor de direitos humanos no Estado estrangeiro. Contudo, mesmo Estados democráticos podem desrespeitar direitos ou podem passar por momentos de histeria e pânico. Essa "cegueira deliberada" do Estado do foro pode prejudicar, em um caso concreto, determinada faceta da dignidade humana.

Por fim, defendo o modelo *universalista* ou modelo da interpretação internacionalista, que busca aferir a dignidade humana e o conteúdo de direitos protegidos de acordo com parâmetros internacionais, aferidos do intenso cipoal de decisões de órgãos internacionais de direitos humanos. Esse modelo é o que mais se aproxima da essência de tolerância e diversidade do Direito Internacional Privado, disciplina que tem sua *alma mater* na possibilidade de uso de regras distintas das regras locais. Por sua vez, o modelo universalista também atende ao próprio desenho contemporâneo da dignidade humana, que não é mais localista, e, sim, internacional[153].

Exemplo do impacto da adoção de determinado modelo de aferição da "dignidade humana" e a consequente revisão de mérito de uma sentença estrangeira deu-se no julgamento no Superior Tribunal de Justiça, em 2010, de homologação de sentença estrangeira proferida pelo Judiciário da Federação russa, versando sobre a declaração

---

[151] Epígrafe do livro. ABADE, Denise Neves. *Direitos fundamentais na cooperação jurídica internacional*. São Paulo: Saraiva, 2013, p. 7.

[152] STF, SE 4.590/EU, Rel. Min. Marco Aurélio, *DJ* 1-7-1992.

[153] Sobre a evolução histórica da proteção internacional dos direitos humanos, ver CARVALHO RAMOS, André de. *Teoria geral dos direitos humanos na ordem internacional*. 7. ed. São Paulo: Saraiva, 2019.

de nulidade de cláusula de estatuto social, referente à utilização da marca da vodca russa "Stolichnaya". Em suas contestações, as interessadas no indeferimento da homologação da sentença russa alegaram ofensa à ordem pública brasileira, em especial, por realizar (i) desapropriação sem o pagamento da respectiva indenização, além de desrespeito (ii) aos princípios da boa-fé, segurança jurídica, devido processo legal, contraditório e ampla defesa.

Esse julgamento é anterior à alteração do Regimento Interno do STJ, não tendo sido acolhida a alegação de ofensa aos princípios da segurança jurídica, da boa-fé e do contraditório, porque, na esteira da jurisprudência do Supremo Tribunal Federal e do próprio Superior Tribunal de Justiça, o ato homologatório da sentença estrangeira restringe-se à análise dos seus requisitos formais (juízo de delibação). Porém, mesmo com essa escusa tradicional (o juízo de delibação não admite essa revisão de mérito), o Min. Relator Fernando Gonçalves fez constar de seu voto que a sentença russa já havia sido considerada válida pela Corte Europeia de Direitos Humanos, ocasião em que não foi detectada qualquer violação à Convenção Europeia de Direitos Humanos. Assim, de modo pioneiro, houve certa aproximação em direção ao modelo universalista[154].

8. A PRODUÇÃO DE PROVA NO EXTERIOR

8.1. O processo civil com conexão internacional: o eterno retorno à *lex fori*

A necessidade de realização de diligências probatórias em Estado estrangeiro é um tema habitual no Direito Internacional Privado, possuindo imenso potencial de divergência e debates. As diferenças de leis materiais e processuais regendo a prova, bem como o conflito entre o direito à prova e outros direitos (como, por exemplo, o direito à intimidade) geram inúmeras controvérsias no tratamento dos fatos transnacionais.

Essas polêmicas podem implicar em violação do devido processo legal tanto no caso de impedimento à realização de determinada prova (levando ao perecimento do bem da vida a ser protegido) quanto na realização de determinada diligência de modo ofensivo à dignidade humana e aos direitos humanos dos envolvidos (partes, testemunhas, assistentes etc.).

São dois os critérios mais utilizados para a escolha da lei de regência da prova processual: (i) a lei do Estado no qual o processo original se desenvolve (*lex fori regit processum*) e (ii) a lei do Estado estrangeiro no qual a diligência será realizada (*lex*

---

[154] Superior Tribunal de Justiça, Sentença Estrangeira Contestada n. 269, Rel. Min. Fernando Gonçalves, Corte Especial, Data do julgamento: 3-3-2010, Data da publicação/Fonte: *DJe* 10-6-2010.

diligentiae). Mesmo que a lei estrangeira seja escolhida e regule a produção da prova no exterior, o julgador nacional pode descartar a diligência por ter sido violada a *ordem pública* do foro, centrada no respeito a direitos dos envolvidos na controvérsia.

Percebe-se que a temática da regência normativa da produção probatória ultrapassa a visão tradicional de escolha da lei aplicável às diligências no exterior. Não se trata de se optar pela (i) *lex fori* ou pela (ii) *lex diligentiae* na regulação da produção probatória no exterior, porque esse cisma pode ser superado pelo uso da cláusula de proteção da "ordem pública", dando-se preferência às normas probatórias do foro (*lex fori*).

Mesmo quando o Direito Internacional Privado no Brasil impõe, inicialmente, o uso da *lex diligentiae* como regra geral para a regência da prova realizada no exterior, é possível que tal lei estrangeira seja considerada ofensiva à ordem pública e a prova seja descartada. Há um "eterno retorno" à lei do foro, com base na tradicional cláusula de proteção da ordem pública.

O cerne da temática consiste, então, em entender como são traçados o conteúdo e limites dos direitos envolvidos na produção da prova, uma vez que o fantasma da ofensa à ordem pública de Direito Internacional Privado ameaça o uso da *lex diligentiae*, acarretando insegurança jurídica e risco de xenofobia e chauvinismo jurídicos.

8.2. Produção probatória no exterior e a cooperação jurídica internacional

A cooperação jurídica internacional é indispensável no caso de determinado litígio possuir vínculos de internacionalidade ou estraneidade que exijam a prática de atos no estrangeiro, como medidas preparatórias diversas, citações, notificações, atos instrutórios e, por fim, atos executórios dos efeitos da decisão.

A prova em matéria processual é um conjunto de atividades de verificação e demonstração aptas a convencer o Estado-Juiz da validade das proposições que foram impugnadas em um processo[155]. A ação de provar engloba um conjunto de atos praticados pelas partes e pelo juiz para a verificação da veracidade de uma afirmação de fato[156]. O termo "prova" origina-se de *probare,* que pode ser entendido como equivalente de demonstrar ou mesmo persuadir.

O *objeto da prova* é todo fato ou ato relevante para a solução da controvérsia. As *fontes de prova* representam os elementos externos a um processo que, quando examinadas adequadamente, revelam a realidade, sendo fontes de prova as pessoas (fontes pessoais) e as coisas (fontes reais). Já os *meios de prova,* termo usado na LINDB, são *instrumentos e técnicas* de uso das fontes de prova, de modo a extrair

---

[155] MARINONI, Luiz Guilherme; ARENHART, Sergio Cruz. *Prova.* São Paulo: RT, 2010, p. 57.
[156] BADARÓ, Gustavo Henrique Righi Ivahy. *Ônus da prova no processo penal.* São Paulo: RT, 2003, p. 158.

delas os dados e informações necessários para uma decisão[157]. Ainda, o *modo de produção* da prova é a forma processual de aplicação dos meios de prova. Por exemplo: determinada pessoa é fonte de prova, sendo o seu testemunho um *meio de prova* lícito e previsto no Brasil; se for ouvida em um processo judicial, o *modo de produção* da prova será testemunhal, regulado na lei processual, que contém o seu passo a passo.

No caso dos processos com vínculos de estraneidade, surge a dúvida sobre qual deve ser a lei apta a regular a legitimidade de uma fonte de prova, bem como os meios de prova lícitos ou o modo adequado de sua produção: a lei do Estado que conduz o processo (*lex fori*) ou a lei do local no qual a produção probatória será realizada, abrangendo também a fonte de prova e os meios de prova (*lex diligentiae*).

Resta definir a relação entre a temática das provas (fonte, meio e modo de produção) e a da ordem pública, que tem impacto no eventual afastamento da lei estrangeira (por ofensa à ordem pública) e na prevalência da lei brasileira.

8.3. Provas e a ordem pública

Como já visto, a leitura do conceito de ordem pública no DIPr demonstra que esta é caracterizada pela indeterminação e, consequentemente, é instável, podendo variar ao sabor da mudança dos valores essenciais defendidos pelo Estado.

Essa instabilidade faz com que sua densificação seja sempre contemporânea, dependente da atualidade dos valores nela contidos. Um dos fatores importantes para a fixação da temática das provas dentro do alcance do conceito de ordem pública do Direito Internacional Privado é o seu claro envolvimento com a gramática dos direitos humanos.

De todos os ângulos, há direitos humanos relacionados à produção probatória: devido processo legal, direito à prova, igualdade, intimidade, integridade física (vedação às provas oriundas de tortura, por exemplo), entre outros direitos. A produção de provas deve ser feita conforme os direitos humanos envolvidos, não se admitindo fontes, meios ou modos de produção de prova que os violem (os fins não justificam os meios).

Havendo violação, essas provas são consideradas ilícitas e não podem contribuir para o deslinde da causa. Nessa linha, a Constituição brasileira prevê serem inadmissíveis, em qualquer espécie de processo, as provas obtidas por meios ilícitos (art. 5º, LVI, "são inadmissíveis, no processo, as provas obtidas por meios ilícitos").

Há duas espécies de provas ilícitas: a) *prova ilícita em sentido estrito*, que é aquela que foi obtida em violação de regra de direito material e b) a *prova ilegítima*, que foi obtida em violação a regra processual.

---

[157] DINAMARCO, Cândido Rangel. *Instituições de direito processual civil*, v. II, 5. ed. rev. e atual. São Paulo: Malheiros, 2005, p. 615-616.

Interessam ao DIPr as hipóteses de prova ilícita em sentido estrito, pois são justamente aquelas produzidas no Estado estrangeiro (fora de um processo nacional) e que podem gerar dúvida sobre a possibilidade de a lei estrangeira dispor de modo diferente do direito brasileiro no tocante às diligências probatórias. No Brasil, são hipóteses de ilicitude da prova em sentido estrito: (i) violação indevida do domicílio (art. 5º, XI, da CF[158]), (ii) interceptação indevida das comunicações (art. 5º, XII, da CF[159]), (iii) uso de tortura ou maus-tratos (art. 5º, III, da CF[160]), (iv) violação do sigilo de correspondência (art. 5º, XII[161]), por violação do direito à intimidade (caso de quebra do sigilo bancário e fiscal de modo não apropriado), entre outras[162].

Contudo, essa é a concepção brasileira de prova ilícita que pode não ser compatível com a visão estrangeira, porque a conformação de direitos pode variar, mesmo em Estados democráticos. Não há homogeneidade no mundo dos direitos.

A retórica da proteção de direitos pode ser invocada ainda por titulares distintos: o indivíduo interessado na produção probatória (ou a coletividade, no caso de direitos difusos ou macroindividuais) pode alegar que seu direito à prova foi violado, caso a diligência produzida no exterior seja considerada ilícita; já o indivíduo interessado em impedir que a prova seja considerada admissível no processo brasileiro pode alegar a violação de outro direito, como, por exemplo, o direito à privacidade (no caso clássico de quebra de sigilo bancário por meio diferente do admitido pela visão brasileira). Não há, assim, somente um único indivíduo a ser prejudicado por diferenças de visões e interpretações dos direitos humanos.

Assim, a diferença entre a visão brasileira e a do Estado estrangeiro sobre as chamadas "provas ilícitas" pode levar a "batalhas judiciais" no Brasil sobre a inadmissibilidade dessas provas por ofensa a normas constitucionais ou legais. Surgem, então, os seguintes questionamentos: (i) as provas ilícitas em sentido estrito de acordo com a visão brasileira podem ou não ser transplantadas para a produção probatória no exterior? (ii) caso o Estado estrangeiro, burocraticamente, cumpra a diligência de acordo com sua lei (respeitando, então, os direitos humanos de acordo com a visão estrangeira), pode ou não o juiz brasileiro determinar sua exclusão, por ofensa à ordem pública?

---

[158] *In verbis:* "XI – a casa é asilo inviolável do indivíduo, ninguém nela podendo penetrar sem consentimento do morador, salvo em caso de flagrante delito ou desastre, ou para prestar socorro, ou, durante o dia, por determinação judicial".

[159] *In verbis:* "XII – é inviolável o sigilo da correspondência e das comunicações telegráficas, de dados e das comunicações telefônicas, salvo, no último caso, por ordem judicial, nas hipóteses e na forma que a lei estabelecer para fins de investigação criminal ou instrução processual penal".

[160] *In verbis:* "III – ninguém será submetido a tortura nem a tratamento desumano ou degradante".

[161] *In verbis:* "XII – é inviolável o sigilo da correspondência e das comunicações telegráficas, de dados e das comunicações telefônicas, salvo, no último caso, por ordem judicial, nas hipóteses e na forma que a lei estabelecer para fins de investigação criminal ou instrução processual penal".

[162] Por todos, GOMES FILHO, Antonio Magalhães. *Direito à prova no processo penal*. São Paulo: RT, 1997.

Sendo a aplicação do direito estrangeiro descartada por ofensa à ordem pública, a prática brasileira inclina-se pelo uso da lei do foro (*lex fori*) sem maior preocupação com eventual norma alternativa. Nesse ponto, é importante analisar a disputa entre a *lex diligentiae* e a *lex fori* na regência das temáticas das provas produzidas no exterior. Caso a *lex diligentiae* seja considerada ofensiva à ordem pública brasileira, será aplicada – *tout court* – a lei nacional. Há, assim, no cisma doutrinário entre a *lex fori* e a *lex diligentiae*, a prevalência da *lex fori*.

Antes de avançar sobre a temática do senhor da interpretação dos direitos humanos envolvidos na produção probatória, serão elencados os principais delineamentos do uso da *lex fori* e da *lex diligentiae*.

8.4. A *lex diligentiae* na Lei de Introdução às Normas do Direito Brasileiro e no Código Bustamante

O art. 13 da Lei de Introdução às Normas do Direito Brasileiro (LINDB) dispõe que "a prova dos fatos ocorridos em país estrangeiro rege-se pela lei que nele vigorar, quanto ao ônus e aos meios de produzir-se, não admitindo os tribunais brasileiros provas que a lei brasileira desconheça".

Trata-se da *prova dos fatos ocorridos no estrangeiro* e que venha a ser lá produzida, não afetando a produção probatória de fato ocorrido no estrangeiro que venha a ser realizada no Brasil. Assim, caso uma testemunha de fato ocorrido no estrangeiro se encontre no Brasil e seja ouvida aqui em processo judicial, aplicam-se as regras sobre a prova testemunhal da lei processual brasileira (*lex fori regit processum*). Nesse sentido, o Código Bustamante[163] dispõe que "a forma por que se há de produzir qualquer prova regula-se pela lei vigente no lugar em que for feita" (art. 400).

Assim, a LINDB adotou a *lei do lugar* no qual ocorreu o fato ou ato (*lex diligentiae*) para reger (i) os *meios de prova* e (ii) o *ônus da produção da prova*. Essa solução consta também do já citado Código Bustamante, cujo art. 399 estabelece que a lei do lugar em que se realizar o ato ou fato que se trate de provar deve reger os meios de prova, salvo se esses não forem autorizados pela lei do lugar do processo (*lex fori*).

Já o art. 12 da antiga introdução ao Código Civil de 1916 era mais lacônico, prevendo apenas que os meios de prova seriam regulados conforme *a lei do lugar, onde se passou o ato, ou fato, que se tem de provar*, sem a especificação referente aos "meios de prova" e ao "ônus da produção da prova", constantes agora do art. 13[164].

Para Tenório, o ônus probatório é matéria decorrente do fato que se constituiu e do direito que o disciplinou na formação e nos efeitos. Assim, não deve ser regido

---

[163] Incorporado internamente pelo Decreto n. 18.871, de 13 de agosto de 1929.

[164] Nesse sentido, SERPA LOPES, Miguel Maria. *Comentários à Lei de Introdução ao Código Civil*, v. III, 2. ed. revista e aumentada. Rio de Janeiro: Freitas Bastos, 1959, p. 160.

pela *lex fori,* mas sim pela *lex loci actus*[165]. Por outro lado, no curso de um processo, o ônus da prova consiste em faculdade processual que, se não exercida, pode acarretar prejuízo à parte. Nesse último sentido (processual), é utilizada a lei processual do foro (*lex fori regit processum*).

Há uma restrição ao final da redação do art. 13 da LINDB: não se admite no Brasil provas que a lei brasileira (*lex fori*) desconheça. Porém, esse conceito aberto de "prova desconhecida" só seria concretamente aplicável caso o ordenamento brasileiro não aceitasse as chamadas provas atípicas ou livres (aquelas não enumeradas expressamente na lei processual – provas típicas). No processo civil brasileiro, as partes têm o direito de empregar (i) todos os meios legais (provas típicas), bem como (ii) os moralmente legítimos, ainda que não especificados (provas atípicas), para provar a verdade dos fatos em que se funda o pedido ou a defesa e influir eficazmente na convicção do juiz (art. 369 do novo CPC de 2015).

Assim, eventual meio de prova da lei estrangeira, mesmo que desconhecido expressamente no Brasil, pode ser aqui aceito caso seja "moralmente legítimo" na dicção do art. 369 do novo CPC, uma vez que será considerado como prova atípica lícita. A prova estrangeira desconhecida será inadmitida somente se for "moralmente *ilegítima*", o que, em outros termos, implica reconhecer a ofensa à ordem pública brasileira.

Quanto às provas típicas, o CPC/2015 enumera como meios de prova típicos a ata notarial (art. 384), o depoimento pessoal (art. 385), a confissão (art. 389), a exibição de documento ou coisa (art. 396), a prova documental (art. 405 e s.), a prova testemunhal (art. 442 e s.), a inspeção judicial (art. 481 e s.) e a prova pericial (art. 464 e s.).

A princípio, todos esses meios de prova típicos são conhecidos e devem ser aceitos *de acordo com a forma de realização prevista na lei estrangeira*. Por sua vez, o documento redigido em língua estrangeira somente poderá ser juntado aos autos quando acompanhado de versão para a língua portuguesa tramitada por (i) via diplomática, (ii) pela autoridade central, ou (iii) firmado por tradutor juramentado (art. 192, parágrafo único, do CPC/2015). O próprio interessado pode providenciar a comunicação e entrega de atos realizados em uma jurisdição para utilização como prova em outra.

A finalidade do uso da *lex diligentiae* como regra geral da LINDB e do Código Bustamante é dar segurança jurídica aos que necessitam provar fatos transnacionais. Evita-se a situação kafkiana de determinada pessoa realizar um ato no estrangeiro, confiando na lei local sobre como prová-lo (*meios de prova*) e depois vir a ser surpreendida com novas exigências, fruto da *lex fori*.

Para Dolinger e Tiburcio, a maior razão para a adoção da *lex diligentiae* para reger a produção probatória no exterior é o respeito à soberania do Estado estrangeiro,

---

[165] TENÓRIO, Oscar. *Lei de Introdução ao Código Civil brasileiro*. 2. ed. Borsoi: Rio de Janeiro, 1955, p. 406. Nesse sentido, o Código Civil brasileiro regula as provas do casamento nos arts. 1.543 e s.

cujas leis determinam a forma e o modo da realização da produção probatória, uma vez que as leis do Estado do processo são limitadas ao seu próprio território[166].

Em que pese a opção brasileira pela *lex diligentiae*, há a prevalência da lei nacional (*lex fori*), na hipótese de a lei estrangeira ser considerada ofensiva à ordem pública de Direito Internacional Privado no Brasil, como prevê a cláusula da ordem pública inserida no art. 17 da LINDB.

Com isso, caso a lei estrangeira tenha – de acordo com a ótica do intérprete local – ofendido normas essenciais do foro (informadoras da ordem pública), a prova será descartada, em nome da prevalência da *lex fori*. Há um *retorno à lei do foro*, em que pese a regra geral *da lex diligentiae*.

Esse "predomínio oculto" da *lex fori* é grave porque é feito pelas mãos da cláusula da ordem pública, que, como visto, é instável e indeterminada. Mesmo que a ordem pública seja determinável *conforme* aos direitos humanos (a impregnação jusfundamentalista), há ainda dúvidas sobre a visão de direitos humanos que deve imperar.

8.5 A *lex diligentiae* na Convenção da Haia sobre a obtenção de provas no exterior em matéria civil e comercial (1970)

Os trabalhos preparatórios da Convenção da Haia sobre a Obtenção de Provas no Exterior em matéria civil e comercial indicam que seu objetivo principal era a modernização das antigas Convenções da Haia sobre Processo Civil Internacional de 1905 e 1954, para atender as crescentes demandas de cooperação jurídica internacional entre os Estados[167].

Essas demandas de cooperação originam-se da maior intensidade dos fluxos comerciais e civis do capitalismo contemporâneo, com a expansão da atividade das empresas multinacionais, levando ao crescimento de litígios com elementos de estraneidade, como, por exemplo, réu domiciliado em Estado estrangeiro, documentos na posse de empresas sediadas em outro Estado e testemunhas que devem ser ouvidas no estrangeiro. Por isso, no preâmbulo da Convenção, fica claro que seu objetivo é facilitar a transmissão e o cumprimento de cartas rogatórias e promover a harmonização dos diversos métodos por eles utilizados para tais fins, bem como tornar mais eficiente a cooperação jurídica internacional em matéria civil ou comercial.

Desde sua entrada em vigor em 1972, a Convenção de 1970 é o instrumento multilateral de maior abrangência em cooperação jurídica internacional em matéria

---

[166] DOLINGER, Jacob; TIBURCIO, Carmen. The forum law rule in international litigation: Lex Fori or Lex Diligentiae? Unresolved choice-of-law issues in the transnational rules of Civil Procedure. *Texas International Law Journal*, v. 33, 1997, p. 425-461, em especial p. 434.

[167] AMRAM, Philip W. Explanatory report on the Hague Convention of 18 March 1970 on the taking of evidence abroad civil or commercial matters. Disponível em: <http://www.hcch.net/upload/expl20e.pdf>. Último acesso em: 30 out. 2022.

civil e comercial, possuindo 64 Estados-Partes (2022)[168], entre eles vários dos parceiros comerciais do Brasil, como Alemanha, Argentina, França, Estados Unidos, bem como todos os demais membros dos BRICS (Rússia, China, Índia e África do Sul)[169]. Além disso, sua elaboração foi expressamente voltada a atender tanto a visão processual dos países de tradição romano-germânica (*civil law*) quanto a dos países de tradição voltada aos precedentes judiciais e ao direito consuetudinário (*common law*), de forma a acelerar a obtenção de provas no exterior[170].

No âmbito de aplicação da Convenção não foi definido o que vem a ser uma "matéria civil ou comercial", o que implica a possibilidade de seu uso amplo, excepcionando-se somente a temática criminal.

No Capítulo II, a Convenção inova ao instituir a possibilidade de obtenção de provas no exterior por intermédio da atividade de diplomatas, cônsules e comissários. Buscou-se formalizar a atuação da via diplomática ou consular na obtenção de prova no interesse de processos instaurados no Estado acreditante, a qual tem a vantagem de não necessitar de investimento adicional ou de novos órgãos. Já o comissário seria um passo adicional, rumo à especialização de um agente na cooperação jurídica internacional, na medida em que é um indivíduo expressamente designado para obter provas no interesse de processo instaurado em outro Estado Contratante. Caso haja necessidade, os agentes diplomáticos, consulares ou o comissário podem pedir assistência local para obter provas *com coação* (art. 18).

É de se salientar, contudo, que a atividade probante da autoridade estrangeira no outro Estado foi regulada, tendo a Convenção o cuidado de diferenciar a (i) obtenção de prova *sem coação* da (ii) obtenção de prova *com coação*; neste último caso, a assistência das autoridades locais seria indispensável. Mesmo assim, essa atuação probante no território nacional de *autoridades estrangeiras* fez com que a maioria dos Estados contratantes impusesse reserva ao Capítulo II da Convenção[171].

---

[168] Dados disponibilizados pela Conferência da Haia de Direito internacional privado. Disponível em: <http://www.hcch.net/index_en.php?act=conventions.status&cid=82>. Último acesso em: 23 nov. 2022.

[169] Sobre o BRIC, ver CASELLA, Paulo Borba. *BRIC:* Brasil, Rússia, China e África do Sul: uma perspectiva de cooperação internacional. São Paulo: Atlas, 2011.

[170] Sua elaboração motivou também a adoção de tratados na Organização dos Estados Americanos (OEA). Há duas outras convenções elaboradas no seio das Conferências Interamericanas sobre Direito internacional privado (CIDIPs), a saber: (i) a Convenção Interamericana sobre Obtenção de Provas no Estrangeiro e (ii) a Convenção Interamericana sobre Cartas Rogatórias, ambas elaboradas na CIDIP-I (Panamá, 1975). A Convenção sobre Cartas Rogatórias já foi ratificada e incorporada internamente ao ordenamento brasileiro (Decreto n. 1.898, de 9 de maio de 1996), bem como seu Protocolo Adicional elaborado em Montevidéu em 1979 (Decreto n. 2.022, de 7 de outubro de 1996). Contudo, a específica Convenção Interamericana sobre Obtenção de Provas no Estrangeiro ainda não foi ratificada pelo Brasil.

[171] Dados disponíveis em: <http://www.hcch.net/index_en.php?act=conventions.status&cid=82>. Último acesso em: 30 out. 2022.

No caso brasileiro, a reserva foi sugerida, inicialmente, pelo Ministério das Relações Exteriores em termos mais restritos, englobando somente uma reserva ao art. 16, § 2º (as provas previstas não poderão ser obtidas sem autorização prévia de autoridade brasileira competente), e ainda reservas aos arts. 17 e 18 (levando o Brasil a não se vincular à obtenção de provas por comissário sem coação e por representantes diplomáticos, funcionários consulares e comissários com coação). Após o trâmite congressual, ficou assentada a reserva a todo o Capítulo II[172], o que foi concretizado na ratificação brasileira[173].

O diálogo entre o sistema da *civil law* e da *common law* foi obstaculizado pela previsão do art. 23, que dispôs que os Estados Contratantes podem, no momento da assinatura, ratificação ou adesão, declarar que não cumprirão as Cartas Rogatórias que tenham sido emitidas com o propósito de obterem o que é conhecido, nos países de *common law*, pela designação de *pre-trial discovery of documents*. O Brasil fez tal declaração, o que significa que o Estado não aceitará cartas rogatórias que tenham por objeto atos processuais a ser praticados na chamada fase de *discovery*, ou seja, durante a investigação e obtenção de provas antes mesmo de o processo (*trial*) ser iniciado perante o juízo competente. A razão para o rechaço a tais provas está na falta de similaridade com o processo brasileiro, o que demonstra a dificuldade do Direito Internacional Privado em contornar a desconfiança com instituições desconhecidas, mesmo aquelas oriundas de Estados Democráticos e que respeitam o devido processo legal.

No que tange à regência normativa da produção probatória, o art. 9º da Convenção prevê que a autoridade judicial aplicará a legislação de seu país no que diz respeito às formalidades a serem seguidas na obtenção da prova. Entretanto, essa autoridade atenderá ao pedido do Estado requerente para que proceda de forma especial, a não ser que tal procedimento seja (i) incompatível com a legislação do Estado requerido ou que (ii) sua execução não seja possível, quer em virtude da prática judicial seguida, quer de dificuldades de ordem prática.

Na mesma linha do uso da *lex diligentiae*, o art. 10 prevê que a autoridade do Estado Requerido utilizará os *meios de coação* apropriados e previstos por sua legislação para a execução de decisões proferidas por suas próprias autoridades ou de pedidos formulados por uma parte em processo interno.

Ficaram estabelecidas as duas opções mais conhecidas de norma de regência da produção probatória no exterior. De um lado, a regra geral do uso da *lex diligentiae*, que concretiza a máxima da lei local que rege o ato (*locus regit actum*)[174]. Por outro

---

[172] *Vide* parecer do Senador Anibal Diniz, da Comissão de Relações Exteriores e Defesa Nacional sobre o Projeto de Decreto Legislativo (PDS) n. 638, de 2010 (n. 2.438, de 2010, na origem). Disponível em: <http://legis.senado.leg.br/mateweb/arquivos/mate-pdf/96771.pdf>. Último acesso em: 30 out. 2022.

[173] A convenção entrou em vigor para o Brasil no dia 8 de junho de 2014. Conferir em: <https://www.hcch.net/en/instruments/conventions/status-table/?cid=82>. Último acesso em: 1º nov. 2022.

[174] NAZO, Nicolau. A regra *locus regit actum*. *Revista da Faculdade de Direito da Universidade de São Paulo*, v. 30, 1934, p. 128-140.

lado, há o uso excepcional da *lex fori*, objetivando que haja o uso de modo de produção probatória ou meios de prova conhecidos pelo Estado do foro.

Com essas duas opções, a Convenção da Haia de 1970 objetivou conciliar as duas fórmulas principais que regem a produção probatória no exterior, evitando rigidez na opção por uma ou outra. Houve um avanço em relação à LINDB e ao Código Bustamante, que – como visto – desembocam no "predomínio oculto" da *lex fori*. De acordo com a Convenção da Haia, caso o Estado Requerente tenha uma visão própria sobre a temática probatória, deve informar previamente ao Estado Requerido e solicitar que seus procedimentos sejam seguidos, evitando o uso futuro da cláusula de ordem pública para descartar a diligência probatória estrangeira.

Todavia, essa fórmula conciliatória nem sempre será possível: o uso excepcional da lei do Estado Requerente para reger a produção probatória a ser realizada no Estado Requerido depende, de acordo com a Convenção da Haia, de duas circunstâncias: (i) não ser incompatível com o direito do Estado Requerido ou (ii) não ser sua execução impossível por violação da prática judicial local ou por razões práticas. Assim, em que pese o avanço, a Convenção da Haia não eliminou o risco de batalhas judiciais sobre a admissibilidade ou não das provas realizadas no exterior.

8.6. A prática brasileira

A prática brasileira indica o reiterado uso da *lex diligentiae* quando o Brasil está na posição de Estado requerido, no cumprimento de pedidos cooperacionais oriundos de Estado estrangeiro, sem maior consideração sobre as leis e práticas do Estado Requerente de origem do processo (*lex processum*). Como visto, a Convenção da Haia de 1970 reconhece importante exceção ao uso da *lex diligentiae*, que vem a ser o uso da lei do Estado Requerente caso este insista em determinada forma ou modo especial para a realização probatória, o que ainda não tem gerado abalos no cotidiano forense nacional.

De fato, a jurisprudência brasileira sobre a aplicação da *lex diligentiae* é farta, como se vê, por exemplo, na exigência da aplicação da *lex diligentiae* (no caso, a lei brasileira) para a realização da citação de indivíduo domiciliado no Brasil. Tanto o Supremo Tribunal Federal quanto o Superior Tribunal de Justiça usualmente não aceitam o uso de *modos citatórios estrangeiros* no Brasil, exigindo que a citação seja feita pela forma conhecida, qual seja, por intermédio de carta rogatória.

Nesse sentido, o uso do instrumento anglo-saxônico do *affidavit* foi considerado, em diversas ocasiões, como sendo ofensivo à soberania brasileira, tendo o Superior Tribunal de Justiça decidido que a "citação do réu domiciliado no Brasil para responder a demanda ajuizada no exterior deve se processar por carta rogatória"[175].

---

[175] Superior Tribunal de Justiça, SEC 1.483/LU, Rel. Min. Ari Pargendler, julgado em 12-4-2010, *DJe* 29-4-2010.

A citação realizada por meio do *affidavit* não foi aceita, mesmo sendo realizada em mãos dos representantes legais norte-americanos de réus domiciliados no Brasil[176].

Outro caso marcante do uso da *lex diligentiae* pelo Brasil ocorreu no *Caso Amia*, no qual o Poder Judiciário argentino solicitou, por carta rogatória, que a oitiva de testemunha no Brasil sobre o atentado ao prédio da *Asociación Mutual Israelita Argentina – Amia* fosse feita por juiz argentino e na sua Embaixada em Brasília. O Supremo Tribunal Federal indeferiu o pleito, em nome da soberania brasileira, mandando aplicar a legislação brasileira (*lex diligentiae*) para os atos aqui realizados, o que implicou a realização da oitiva da testemunha perante juiz brasileiro em sua sede[177].

O Supremo Tribunal Federal também indeferiu o pedido de coleta de sangue compulsória para instruir ação de investigação de paternidade[178], bem como a oitiva de corréu como testemunha. Novamente, foram aplicadas as vedações da *lex diligentiae*, ou seja, o ordenamento brasileiro não admite a intervenção corpórea mínima compulsória, bem como a oitiva – como testemunha e com o dever de dizer a verdade – do corréu[179].

Nesses casos, há o reforço à supremacia da lei nacional, uma vez que a lei do local da diligência é a lei brasileira, sendo desnecessário o apelo às cláusulas de ordem pública. No caso de pedido do Estado estrangeiro para que seja seguido determinado procedimento probatório (exceção à regra da *lex diligentiae*, admitida em tratados como a Convenção da Haia de 1971), a cláusula do respeito à ordem pública de Direito Internacional Privado do local do foro pode servir para justificar a denegação de tal pleito (como ocorreu no caso Amia). Ou seja, novamente, há o retorno à *lex fori*.

Por outro lado, o Estado brasileiro, quando deve implementar as medidas probatórias realizadas no exterior, sujeita-se, via de regra, à lei local estrangeira que rege tal produção probatória, devendo ser seguido o art. 13 da LINDB, que dispõe que os fatos e atos realizados no estrangeiro *não* precisam, para serem provados, obedecer necessariamente a todas as formalidades e restrições da *lex fori*, bastando que cumpram as

---

[176] Superior Tribunal de Justiça, SEC 684/EUA, Rel. Min. Castro Meira, julgado em 1º-7-2010, *DJe* 16-8-2010. Nesse sentido, em precedente mais recente, ver SEC 8.800/EX, Rel. Min. Napoleão Nunes Maia, julgado em 18-12-2013, *DJe* 6-2-2014.

[177] Supremo Tribunal Federal, CR n. 8.577/AT-Argentina, Rel. Min. Celso de Mello. Julgamento: 19-2-1999. Publicação – *DJ* 1º-3-1999, p. 34. Conferir também o caso Amia em ABADE, Denise Neves. *Direitos fundamentais na cooperação jurídica internacional*. São Paulo: Saraiva, 2013, em especial p. 346.

[178] Supremo Tribunal Federal, CR n. 8.443-Reino da Dinamarca, Rel. Min. Celso de Mello. Julgamento: 3-9-1998.

[179] Supremo Tribunal Federal, HC n. 87.759-DF, Rel. Min. Marco Aurélio. Julgamento: 26-2-2008. Ambos os casos detalhados por ABADE, Denise Neves. *Direitos fundamentais na cooperação jurídica internacional*. São Paulo: Saraiva, 2013, em especial p. 344-346.

exigências da lei estrangeira, a *lex diligentiae*[180]. No máximo, pode o Estado brasileiro solicitar que seja seguido procedimento específico previsto em sua lei nacional, mas tal pleito sujeita-se à aprovação do Estado do local da realização da diligência, conforme prega, por exemplo, a Convenção da Haia sobre Obtenção de Provas no exterior.

Contudo, a prática brasileira demonstra que o ataque à *lex diligentiae* ocorre sempre que a regra estrangeira é diferente da regra brasileira sobre provas. Nesse momento, surge a ameaça do uso da cláusula de ordem pública, prevista no art. 17 da Lei de Introdução às Normas do Direito Brasileiro.

A temática da quebra do sigilo bancário – por ser prova corriqueira em casos cíveis ou criminais – exemplifica bem a situação: o Estado estrangeiro, realiza a quebra do sigilo de acordo com suas regras (*lex diligentiae*), o que pode envolver – ou não – a necessidade de autorização do juiz brasileiro. Pela regra do art. 13 da LINDB, o correntista brasileiro no exterior não possui a extensão extraterritorial da exigência de ordem judicial brasileira (*lex fori* brasileira) para a quebra do sigilo bancário.

Há precedente do Superior Tribunal de Justiça no caso *Igreja Universal do Reino de Deus,* no qual se alegou a necessidade de *ordem judicial* brasileira para a quebra do sigilo bancário em outro país, não bastando o pedido do Ministério Público, uma vez que, no Brasil, tal órgão público somente pode ordenar a quebra do sigilo bancário em casos envolvendo verbas públicas[181]. Ou seja, buscou-se estender ao Estado estrangeiro as formalidades probatórias brasileiras. O Superior Tribunal de Justiça entendeu que esse tipo de extensão das formalidades da *lex fori* não é cabível, devendo prevalecer a *lex diligentiae* (no caso, a legislação norte-americana). Nos termos da decisão, "(...) na espécie, a solicitação do Ministério Público do Estado de São Paulo foi dirigida à autoridade dos Estados Unidos da América do Norte. *Nada importa*, para esse efeito, *o que a legislação brasileira dispõe a respeito*. As investigações solicitadas serão realizadas, ou não, nos termos da legislação daquele País"[182].

Outro precedente sobre a temática ocorreu no *Caso Alstom,* no qual a defesa de investigado procurou declarar nula a remessa de informação proveniente da Suíça porque o Judiciário suíço teria declarado ilícito (de acordo com o direito suíço) o modo de obtenção de tais informações. O Superior Tribunal de Justiça rechaçou tal pleito, por vários motivos (inclusive a ausência de vínculo da ilicitude detectada na Suíça com as informações efetivamente repassadas ao Brasil), enfatizando-se – em trecho do voto do Rel. Min. Noronha – o uso da *lex diligentiae*: "O importante frisar é que a Suíça consi-

---

[180] DOLINGER, Jacob; TIBURCIO, Carmen. The forum law rule in international litigation: Lex Fori or Lex Diligentiae? Unresolved choice-of-law issues in the transnational rules of Civil Procedure. *Texas International Law Journal*, v. 33, 1997, p. 425 e s.

[181] Sobre a necessidade de ordem judicial para a quebra do sigilo bancário e a hipótese de cabimento de ordem realizada pelo Ministério Público, ver CARVALHO RAMOS, André de. *Curso de direitos humanos.* 10. ed. São Paulo: Saraiva, 2023.

[182] Itálico não consta do original. Superior Tribunal de Justiça, AgRg na Suspensão de Segurança n. 2.382-SP, Rel. Min. Presidente Ari Pargendler, decisão de 26 de outubro de 2010, *DJe* 28-10-2010.

dera tal produção de prova em termos diferentes do nosso. O envio ao Brasil de prova assim obtida não seria ilícita, porque obtida de maneira conforme à legislação local"[183].

Também no Superior Tribunal de Justiça, no *Caso Ruedas Bustos,* foi debatida a oitiva de testemunha perante autoridade não judicial (a *deposition* norte-americana), o que violaria o devido processo legal. O Rel. Min. Gilson Dipp sustentou a regularidade da coleta, pois foi cumprido o disposto na lei do Estado estrangeiro (*lex diligentiae*) e houve ciência da defesa para apresentação de quesitos[184]. Para o STJ tais solicitações devem ser executadas de acordo com as leis do Estado Requerido[185]. Nos Tribunais Regionais Federais, há precedente (*Caso Hourcade*) sobre a adequação do uso da "lex diligentiae" em casos de interrogatório em Estado estrangeiro no qual não é imprescindível a presença de defensor[186].

No Supremo Tribunal Federal, há interessante debate sobre o modo de requerer a produção probatória (sobre a possibilidade de o Ministério Público suíço requerer diretamente carta rogatória para produção de provas ou se esta deveria ser emitida por autoridade judicial, tal qual ocorre no Brasil[187]) e ainda sobre acesso aos autos de diligências (que teria sido negada na França, mas que é direito de qualquer parte no Brasil[188]). Em ambos os casos, o STF acabou, ao final, fazendo prevalecer a *lex diligentiae*.

Não está claro, entretanto, que a aceitação da *lex diligentiae* possa ser considerada uma tendência no Superior Tribunal de Justiça ou no Supremo Tribunal Federal. A incerteza e a indeterminação da cláusula de ordem pública podem acarretar a impugnação de determinada diligência probatória produzida no exterior por ofensa ao devido processo legal e a outros direitos envolvidos.

8.7. As deficiências da dicotomia *lex fori* vs. *lex diligentiae*

O tratamento normativo do cisma (ou dicotomia) entre a *lex fori* e a *lex diligentiae* para a regência da produção probatória no exterior não gerou segurança jurídica e respeito aos direitos humanos.

---

[183] Superior Tribunal de Justiça, AgRg no Inq. 709-SP, Rel. Min. João Otávio de Noronha, julgamento de 21-9-2015.

[184] Consta do acórdão que a Defesa foi intimada a apresentar perguntas, mas recusou.

[185] Superior Tribunal de Justiça, *Habeas Corpus* n. 128.590-PR, Rel. Min. Gilson Dipp, Julgamento 15-2-2011, Data da publicação/Fonte: *DJe* 28-2-2011.

[186] Tribunal Regional Federal da 4ª Região, Apelação Criminal n. 2003.71.00.035503-8-RS, Rel. para o Acórdão Juiz Federal Sebastião Ogê Muniz, julgamento em 17-7-2012, publicado em 25-7-2012. Consta da ementa do acórdão: "Em sede de cooperação jurídica internacional, os atos processuais praticados no exterior devem ser realizados segundo as normas vigentes no Estado Requerido. Hipótese em que inexiste nulidade no interrogatório realizado, no Estado Requerido, sem a presença de defensor".

[187] Supremo Tribunal Federal, Embargos de Declaração em *Habeas Corpus* n. 91.002-RJ, Rel. Min. Marco Aurélio, 1ª Turma, julgamento: 24-3-2009, publicado em 2-5-2009.

[188] Supremo Tribunal Federal, *Habeas Corpus* n. 97.511-SP, Rel. Min. Ricardo Lewandowski, julgamento em 10-8-2010, publicado em 10-9-2010.

De um lado, a opção da LINDB, do Código Bustamante, da Convenção da Haia de 1970, bem como de diversos tratados, pela *lex diligentiae*, não eliminou a possibilidade do retorno à *lex fori* pelas mãos da cláusula da ordem pública. Esse retorno foi denominado inclusive de "predomínio oculto" da *lex fori*, o que implica em insegurança jurídica. A parte interessada na produção probatória e que cumpriu a *lex diligentiae* pode ser surpreendida depois pela alegação de ofensa à ordem pública brasileira, com o descarte da prova ("prova ilícita").

Nesse sentido, mesmo a fórmula conciliatória da Convenção da Haia de 1970 não é certa: o Estado do processo principal pode pedir ao Estado estrangeiro que a diligência probatória siga as regras do processo principal, mas a própria Convenção dispõe que tal pleito pode ser recusado por motivos genéricos.

Se a opção pela *lex diligentiae* é tíbia, por que os Estados não retrocedem e confessam a preferência pela *lex fori*? A resposta é simples: porque o Estado do local da realização da diligência tradicionalmente resiste ao uso de regras de outro país sobre a regência de provas. O *Caso Amia* no Supremo Tribunal Federal brasileiro exemplifica a situação: mesmo diante do pleito de um Estado Democrático (Argentina), vizinho ao Brasil e de intensa parceria e confiança (membros originários de um ambicioso projeto de integração, o Mercosul), o STF simplesmente indeferiu o pedido de aplicação da lei do processo principal (lei argentina), sob a alegação genérica de respeito à soberania nacional.

O cerne do debate, então, deve sofrer um giro copernicano: não mais ser concentrado no cisma entre *lex diligentiae* e *lex fori* e sim em como interpretar os direitos envolvidos que possibilitam a aplicação da cláusula da ordem pública em matéria probatória. Só assim será lograda segurança jurídica e, ao mesmo tempo, respeito aos direitos de todos os envolvidos nesse complexo problema da produção probatória no exterior.

8.8. Os modelos para aferir o respeito aos direitos envolvidos na produção probatória no exterior

Tendo em vista as falhas da tradicional dicotomia entre a *lex fori* e a *lex diligentiae*, propõe-se o estudo de um modo de definir os direitos dos envolvidos na produção probatória no exterior, objetivando evitar a insegurança jurídica até então reinante e, concomitantemente, promover os direitos envolvidos.

De início, descarta-se o uso da fórmula da "primazia da norma probatória mais favorável ao indivíduo" como modo de escolha da lei para reger a produção probatória no exterior. *Grosso modo*, a "primazia da norma mais favorável ao indivíduo" levaria à escolha do ordenamento (*lex fori* ou *lex diligentiae*) que fosse mais protetivo aos direitos humanos na temática probatória. Não haveria a prevalência mecânica da norma brasileira ou da norma estrangeira, mas, casuisticamente, prevaleceria a norma mais favorável ao indivíduo.

Contudo, a produção probatória no exterior envolve conflito de direitos de indivíduos distintos ou mesmo entre direitos difusos e direitos individuais. De modo conciso, em um processo (cível ou criminal) há aquele que tem interesse na produção da prova (para demonstrar sua tese) e aquele que terá um ganho processual se a prova não for produzida ou se for considerada "ilícita". Há choque de interesses, que será traduzido em choque de direitos. Assim, impossível definir qual seria a norma "favorável", pois determinado indivíduo ou indivíduos (mesmo que indeterminados, como é o caso da sociedade na temática criminal, que é representada pelo Ministério Público) seriam prejudicados[189].

Por isso, urge definir os parâmetros para aferir o conteúdo e os limites dos direitos humanos envolvidos na produção probatória no exterior. Tal qual desenvolvido na temática da aferição da dignidade humana vista neste *Curso*, entendo que é possível utilizar os mesmos três modelos: (i) o modelo nacional (ou da *lex fori*); (ii) o modelo estrangeiro (ou da *lex causae*) e o (iii) modelo universalista (ou da interpretação internacionalista).

O modelo nacional (ou da *lex fori*) determina o conteúdo e limites dos direitos envolvidos de acordo com a visão de direitos humanos do Estado do processo principal (Estado do foro, no qual o processo é realizado). Esse modelo é o mais acessível ao intérprete e ainda tem a seu favor o seu uso tradicional no que tange ao conteúdo da cláusula de "ordem pública", que representa o "anjo da guarda" (expressão de Dolinger[190]) dos valores do foro. Porém, ao se exigir a reprodução na íntegra de todo o arcabouço nacional referente à produção de provas, suas formas e meios, pode o Estado estrangeiro (do local da realização da diligência) simplesmente não concordar. Sem essa concordância, haverá a denegação de justiça (a prova não será produzida), gerando, paradoxalmente, violação de direitos (a começar pelo direito de acesso à justiça). Essa postura, como já dito, gera o aumento da xenofobia e chauvinismo jurídicos e ameaça a tolerância e a diversidade que o DIPr almeja.

Já o modelo estrangeiro (ou da *lex causae*) consiste na aceitação da formatação dos direitos envolvidos na produção probatória de acordo com a concepção do Estado no qual a diligência será realizada. Há, inicialmente, a facilidade na produção da prova (repete-se aquilo que o Estado estrangeiro está habituado a fazer), o que reforça o direito de acesso à justiça. Também há confiança no ordenamento estrangeiro, reforçando o espírito de cooperação do DIPr, o qual pode estar, inclusive, embasado na existência consolidada do regime democrático e protetor de direitos humanos no Estado estrangeiro. Contudo, mesmo Estados democráticos podem desrespeitar direitos ou podem passar por momentos de "cegueira deliberada", prejudicando, em um caso concreto, determinado direito.

---

[189] Sobre a crítica ao uso da "primazia da norma mais favorável ao indivíduo" na seara dos direitos humanos, ver CARVALHO RAMOS, André de. *Teoria geral dos direitos humanos na ordem internacional*. 7. ed. São Paulo: Saraiva, 2019.

[190] DOLINGER, Jacob. *A evolução da ordem pública no direito internacional privado*. Tese apresentada para o Concurso à Cátedra de Direito internacional privado da Universidade do Estado do Rio de Janeiro, 1979, p. 41.

Por fim, há o modelo *universalista* (ou da interpretação internacionalista), que afere o conteúdo e os limites dos direitos protegidos à luz de parâmetros internacionais, extraídos de decisões de órgãos internacionais de direitos humanos[191].

Este último modelo é o que mais se aproxima da essência de tolerância e diversidade do Direito Internacional Privado, como já visto no capítulo sobre *dignidade da pessoa humana* e a cooperação jurídica internacional. A principal deficiência desse modelo seria a falta de decisões internacionais que forneçam a interpretação internacionalista dos direitos envolvidos na produção probatória no exterior. Se essa deficiência ocorria no passado, isso não é mais verdadeiro no presente. Há já milhares de precedentes da Corte Europeia de Direitos Humanos, e mesmo a Corte Interamericana de Direitos Humanos já possui quase 300 casos apreciados[192]. Cada vez mais, a interpretação internacionalista dos direitos humanos impõe-se.

9. PRODUÇÃO DE PROVA NO EXTERIOR: A COOPERAÇÃO JURÍDICA INTERNACIONAL E O MARCO CIVIL DA INTERNET

A crescente cooperação entre os Estados no combate a crimes gerou dúvida sobre a produção de prova no exterior. Na existência de tratado de cooperação jurídica internacional, pode a autoridade pública obter determinado documento ou informação *sem* que se utilize a via própria prevista no tratado (em geral, por intermédio da chamada autoridade central)?

Há aqui a colisão entre o direito à segurança jurídica que as formalidades previstas na produção probatória protegem e o direito de acesso à justiça em tempo célere. Deve prevalecer o direito de acesso à justiça, uma vez que a essência da cooperação jurídica internacional é justamente assegurar o acesso à justiça. Seria contraditório entender que o tratado teria estabelecido uma única via de acesso a informações (teoria da *una via electa*), dificultando a transmissão rápida de dados, quando sua celebração é feita em homenagem à concretização do direito a uma tutela jurisdicional efetiva e célere[193].

Nesse sentido, decidiu o STF: "Ressalte-se que uma das finalidades fundamentais dos tratados de cooperação jurídica em matéria penal é justamente 'a desburocratização da colheita da prova' (MS 33.751, de minha relatoria, Primeira Turma, *DJe* de 31-3-2016), de modo que, cumpridas as exigências legais do direito interno brasileiro, eventual inobservância a formalidades previstas no acordo internacional não

---

[191] Sobre essas Cortes Internacionais e seus processos internacionais de direitos humanos, ver CARVALHO RAMOS, André de. *Processo internacional de direitos humanos*. 7. ed. São Paulo: Saraiva, 2022.

[192] Sobre os números atualizados dos órgãos internacionais de direitos humanos, ver CARVALHO RAMOS, André de. *Processo internacional de direitos humanos*. 7. ed. São Paulo: Saraiva, 2022.

[193] Sobre cooperação jurídica internacional e direitos fundamentais, ver ABADE, Denise Neves. *Direitos fundamentais na cooperação jurídica internacional*. São Paulo: Saraiva, 2013.

acarretaria a ilicitude da prova" (Inq 3.990, rel. Min. Edson Fachin, j. 14-3-2017, 2ª T., DJe de 2-6-2017).

Em 2017, foi interposta a ADC n. 51, que busca a declaração de constitucionalidade do Decreto n. 3.810/2001, que promulgou internamente o "Acordo de Assistência Judiciária em Matéria Penal entre o Governo da República Federativa do Brasil e o Governo dos Estados Unidos da América" (ADC n. 51, Rel. Min. Gilmar Mendes, em trâmite em setembro de 2022).

Não há, na verdade, controvérsia sobre a constitucionalidade do acordo (o que pode, em uma visão mais rígida, levar à falta de conhecimento da ação), mas o Autor (Federação das Associações das Empresas de Tecnologia da Informação – Assespro Nacional, com gigantes como Facebook e Yahoo! Brasil servindo como *amici curiae*) sustenta que há decisões judiciais nacionais que exigem das subsidiárias brasileiras de conglomerados da internet que informem dados (coletados no Brasil) que, por decisão empresarial, ficam armazenados nos Estados Unidos (com potencial risco de violação da lei americana).

A discussão envolve as seguintes dúvidas: (i) o tratado incorporado (equivalente à lei ordinária) criou uma única via ou somente uma via entre as possíveis?; (ii) o não uso do tratado – se obrigatório – viola o devido processo legal e resulta em prova ilícita?; (iii) como os Estados Unidos podem alegar óbice interno para não transferir o dado solicitado pelo Brasil – art. III do tratado – , há denegação de justiça (por exemplo, vítima caluniana por *fake news*)?; (iv) os titulares dos dados armazenados nos EUA devem ter o seu direito à privacidade respeitado de acordo com a lei americana ou de acordo com a CF/88 e os tratados celebrados pelo Brasil, caso os dados tenham sido produzidos e coletados no Brasil?; e (v) como deve ser interpretado o Marco Civil da Internet (Lei n. 12.965/2014) que exige das empresas de internet a obediência à legislação brasileira, caso os dados tenham vínculo com o Brasil ("operação de coleta, armazenamento, guarda e tratamento de registros, de dados pessoais ou de comunicações por provedores de conexão e de aplicações de internet em que pelo menos um desses atos ocorra em território nacional" – art. 11[194])?

As questões levantadas na ADC n. 51 representam também uma colisão de direitos, ligeiramente distinta da apontada anteriormente.

Não há dúvida de que o Brasil possui jurisdição, sob o prisma do direito internacional (jurisdição pelo local do dano – ver Parte II deste *Curso*) e do direito interno (art. 11 do MCI). Não é necessária a cooperação jurídica internacional, a qual

---

[194] O art. 11 do Marco Civil da Internet obriga os conglomerados da internet (caso queiram continuar suas atividades – aferindo lucros – no Brasil) de cumprir a legislação brasileira, dispondo especificamente: "Art. 11. Em qualquer operação de coleta, armazenamento, guarda e tratamento de registros, de dados pessoais ou de comunicações por provedores de conexão e de aplicações de internet em que pelo menos um desses atos ocorra em território nacional, deverão ser obrigatoriamente respeitados a legislação brasileira e os direitos à privacidade, à proteção dos dados pessoais e ao sigilo das comunicações privadas e dos registros".

obviamente *não* precisa ser acionada em casos nos quais o Estado tem jurisdição. De acordo com o art. 11 do MCI, as empresas atuantes no Brasil devem cumprir as normas nacionais e, consequentemente, as ordens judiciais brasileiras, pois optaram livremente em atuar no mercado brasileiro. Tal dispositivo não é inconstitucional, ao contrário, é fruto do dever de proteção a direitos estabelecido na CF/88. A lei brasileira (MCI) impõe a agentes econômicos que aqui realizam suas atividades o dever de cumprir leis e ordens judiciais nacionais exaradas. Esse mandamento legal faz ponderação equilibrada entre os direitos em jogo: o direito de acesso à justiça e outros direitos que são protegidos pela via judicial e a liberdade de iniciativa das empresas e seus legítimos desejos de desenvolvimento de seus negócios (por exemplo, assegurando privacidade aos usuários ou outra vantagem no uso de seus serviços). Em síntese, o Brasil possui jurisdição (teoria dos efeitos), o MCI é constitucional e a cooperação jurídica internacional só deve ser utilizada em casos nos quais o Brasil não tem jurisdição.

O fato de certas empresas, por decisão empresarial, buscarem proteger a privacidade (atraindo mais consumidores) dos seus usuários, transferindo o armazenamento para locais com legislações mais protetivas (*safe heaven*) não afeta a jurisdição brasileira. No entanto, as normas brasileiras e os tratados celebrados pelo Brasil já asseguram *standard* global de proteção à privacidade. Só que a privacidade, de acordo com os precedentes do STF e da Corte IDH, não é um direito absoluto, podendo ceder em face de outros, a partir do critério da proporcionalidade.

Dessa maneira, existe a colisão (direito à privacidade e os direitos tutelados pela decisão judicial que exige a entrega de dados), mas o problema está em quem deve resolver tal colisão: se o Judiciário brasileiro (de acordo com a CF/88 e os tratados e precedentes internacionais) ou o Judiciário estrangeiro do local do armazenamento (aplicando suas leis), escolhido livremente pelas empresas, em uma espécie de *law shopping* do mundo virtual.

Essa situação de "escolha" da jurisdição pelas empresas também afeta o direito à segurança jurídica e o direito de acesso à justiça: a vítima de violação de direitos no Brasil nunca saberá se obterá ou não a tutela pretendida. Tudo dependerá do lugar onde as empresas da internet decidiram armazenar os dados, nada impedindo, a depender do resultado da ADC n. 51, que escolham um Estado que *não* coopera ou que impõe delonga e entraves maiores até que os impostos pelos Estados Unidos. Mesmo uma investigação ou ação penal sob a jurisdição do STF dependerá dessa decisão empresarial, apesar de o Brasil ter – como já exposto – claramente jurisdição sobre tais dados.

PARTE VII
NACIONALIDADE E DIREITO DA
MOBILIDADE HUMANA

1. ASPECTOS GERAIS: A VISÃO AMPLA DO OBJETO DO DIREITO INTERNACIONAL PRIVADO

O Direito Internacional Privado contemporâneo tem como objeto principal a gestão da diversidade normativa e jurisdicional relativa ao fato transnacional da vida privada. Além dos segmentos até aqui estudados (determinação da jurisdição; concurso de leis; cooperação jurídica internacional em matéria cível), há dois outros segmentos que compõem o *objeto amplo* do DIPr, porque são vinculados aos fluxos transnacionais dos indivíduos: o Direito da Mobilidade Humana (a antiga "condição jurídica do estrangeiro") e o Direito da Nacionalidade. Ambos estão inter-relacionados: o estrangeiro é o indivíduo que não é nacional (tem outra nacionalidade ou é apátrida). A nacionalidade, então, delimita e forja juridicamente o conceito jurídico de estrangeiro.

Nas sociedades hipermóveis, o tratamento desses dois segmentos tem largo impacto sobre os fluxos transnacionais. O estrangeiro sofrerá restrições ao direito de ingresso no Estado do foro que não são oponíveis ao nacional. O gozo de direitos, a permanência e, ainda, a saída compulsória do estrangeiro possuem regras próprias. Todavia, a aquisição e a perda da nacionalidade mostram que o direito à nacionalidade pode ser *móvel*, exigindo o estudo de suas diferentes dimensões.

Claro que tais temas podem também ser estudados sob o prisma do Direito Internacional Público, do Direito Constitucional, bem como dos Direitos Humanos[1]. Porém, sua introdução em um *Curso* de DIPr, nesta *parte final*, tem como objetivo completar o estudo de uma sociedade hipermóvel em seu aspecto essencial para o gozo de direitos no DIPr *pro persona*: o estatuto do migrante e da nacionalidade.

---

[1] Essa parte do presente *Curso* foi já tratada, de modo mais amplo, em CARVALHO RAMOS, André de. *Curso de Direitos Humanos*. 10. ed. São Paulo: Saraiva, 2023. Também foram introduzidas especificidades envolvendo o DIPr.

2. DIREITO À NACIONALIDADE

2.1. Conceito e diplomas normativos

A nacionalidade consiste no vínculo jurídico-político entre determinada pessoa, denominada nacional, e um Estado, pelo qual são estabelecidos direitos e deveres recíprocos. Há *três* perspectivas pelas quais é possível abordar a temática da nacionalidade: (i) como elemento formador do Estado (visão estatocêntrica de matriz nacional); (ii) como vínculo de um indivíduo com um Estado diante de Estados terceiros e da comunidade internacional como um todo (visão estatocêntrica de matriz internacional); e (iii) como direito individual (visão jusfundamentalista), submetido à gramática dos direitos humanos.

Do ponto de vista estatocêntrico de matriz nacional, a nacionalidade é tema indissociável à formação do Estado. O povo consiste no conjunto de nacionais e é elemento subjetivo do Estado. A adoção de regras constitucionais para a determinação da nacionalidade foi lenta e somente se desenvolveu a partir das revoluções liberais, que geraram a consequente afirmação da participação popular no poder. Nesse contexto, era necessário determinar quem era nacional, ou seja, quem era membro do povo e, por consequência, deveria participar, direta ou indiretamente, da condução dos destinos do Estado. Assim, a França foi o primeiro Estado, no pós-revolução de 1789, a estabelecer regras constitucionais referentes à nacionalidade (Constituição de 1791, arts. 2º ao 6º). O modelo francês de instituir as regras sobre nacionalidade no texto constitucional foi seguido pelo Brasil e a Constituição de 1988 estabelece as regras básicas sobre a nacionalidade em seu art. 12.

Do ponto de vista estatocêntrico de matriz internacional, a nacionalidade é um vínculo entre um indivíduo e um determinado Estado que possui repercussão internacional. O instituto da proteção diplomática é, por exemplo, extremamente dependente do conceito de nacionalidade.

A proteção diplomática consiste em instituto pelo qual o litígio entre estrangeiro e um Estado de acolhida é transformado em um litígio internacional entre o Estado patrial e o Estado de acolhida. Trata-se da responsabilidade internacional do Estado por danos causados a estrangeiros acolhidos em seu território e se baseia na nacionalidade[2]. Sua mecânica é simples: o estrangeiro que tenha tido seus direitos

---

[2] Conferir Corte Permanente de Justiça Internacional, Caso *Panevezys-Saldutiskiis Railways*, no seguinte trecho: "a State is in reality asserting its own right, the right to ensure in the person of its nationals respect for the rules of international law. This right is necessarily limited to intervention on behalf of its own nationals because, in the absence of a special agreement, it is the bond of nationality between the State and the individual which alone confers upon the State the right of diplomatic protection, and it is a part of the function of diplomatic protection that the right to take up a claim and to ensure respect for the rules of international law must be envisaged". Panevezys-Saldutiskis Railway case, 1939, Series A/B no. 76, para. 65.

violados e não reparados pelo Estado de acolhida pode solicitar endosso ao Estado patrial, o qual, caso queira, pode conceder a proteção diplomática, transformando o litígio original (entre o indivíduo e o Estado de acolhida) em um litígio entre Estados. Para que seja concedida a proteção, o costume internacional exige a existência de um vínculo de nacionalidade efetivo entre o indivíduo lesado e o Estado patrial (*Caso Nottebohm*[3]). Assim, o Estado é livre para adotar suas regras de concessão de nacionalidade, mas só poderá impor tais regras aos demais Estados se o vínculo de nacionalidade for considerado efetivo, ou seja, retratar um elo tido como ordinário entre o Estado e o indivíduo, como local de nascimento (*jus soli*), ancestralidade (*jus sanguinis*), casamento, exercício de funções públicas, entre outros. Também não se admite que o estrangeiro polipátrida peça proteção diplomática *contra* o Estado do qual também tenha nacionalidade (Caso Canevaro[4]).

No Código Bustamante, já estudado neste *Curso*, há dispositivos sobre a nacionalidade, em especial o art. 9º, que dispõe que cada Estado contratante aplicará o seu direito próprio à determinação da nacionalidade de origem de toda pessoa individual ou jurídica e à sua aquisição, perda ou recuperação posterior, realizadas dentro ou fora do seu território, quando uma das nacionalidades sujeitas à controvérsia seja a do dito Estado.

Outro ponto de interesse do Direito Internacional em relação à nacionalidade diz respeito ao tratamento da apatridia e da polipatria. Há vários diplomas sobre a redução e supressão da apatridia, bem como sobre o tratamento jurídico da polipatria. Por exemplo, devem ser mencionados os seguintes tratados: Convenção sobre o Estatuto dos Apátridas (1954[5]); Convenção para a Redução dos Casos de Apatridia (1961[6]); Convenção sobre a Nacionalidade da Mulher Casada (1957); e Convenção concernente a certas questões relativas aos conflitos de leis sobre nacionalidade com os seguintes três Protocolos: Protocolo relativo às obrigações militares, em certos casos de dupla nacionalidade; Protocolo relativo a um caso de falta de nacionalidade (apatridia); Protocolo especial relativo à falta de nacionalidade (apatridia)[7].

Do ponto de vista dos direitos humanos, o direito à nacionalidade consiste na faculdade de determinado indivíduo exigir, renunciar ou trocar a nacionalidade. Nessa linha, a nacionalidade não é mais uma matéria de soberania do Estado, mas sim

---

[3] Corte Internacional de Justiça, *Nottebohm case, Liechtenstein v. Guatemala*, ICJ Reports 1955, p. 4.

[4] Corte Permanente de Arbitragem, *Canevaro Claim*, Itália vs. Peru, 1912. Disponível em: <http://www.worldcourts.com/pca/eng/decisions/1912.05.03_Italy_v_Peru.pdf>. Acesso em: 17 nov. 2022.

[5] Incorporada pelo Decreto n. 4.246/2002.

[6] A ratificação pelo Brasil foi feita em 25 de outubro de 2007, tendo entrado em vigor internacionalmente para o Brasil em 23 de janeiro de 2008. Curiosamente, a Convenção foi promulgada internamente pelo Decreto n. 8.501 somente em 18 de agosto de 2015.

[7] A Convenção e os Protocolos foram ratificados pelo Brasil e incorporados pelo mesmo Decreto n. 21.798/32.

tema de direitos humanos, não podendo o Estado arbitrariamente *negar, privar ou, ainda, exigir a manutenção* da nacionalidade a determinado indivíduo.

Dessa maneira, a temática (nacionalidade) possui normas nacionais e internacionais de regência, que são complementares e devem buscar a máxima efetividade do direito à nacionalidade de determinado indivíduo. Além das normas constitucionais específicas sobre nacionalidade na CF/88 (ver adiante), há normas internacionais de direitos humanos dispondo sobre a nacionalidade, como a Declaração Universal dos Direitos Humanos (1948), que prevê que todos têm direito a uma nacionalidade e ninguém será arbitrariamente privado de sua nacionalidade, nem do direito de mudar de nacionalidade (art. XV).

A Convenção Americana de Direitos Humanos (já ratificada e incorporada ao ordenamento brasileiro) também dispõe que toda pessoa tem direito a uma nacionalidade e a ninguém se deve privar arbitrariamente de sua nacionalidade, nem do direito de mudá-la (art. 20). A Corte Interamericana de Direitos Humanos, inclusive, já emitiu parecer consultivo sobre o direito à nacionalidade (Parecer n. 4/84) e também analisou o conteúdo dos deveres dos nacionais (cotejo com o crime de traição) no caso *Castillo Petruzzi*[8].

Essa ótica de direitos humanos sobre a nacionalidade requer diversas condutas do Estado, que não mais pode alegar que tal matéria – em nome da soberania – compõe seu domínio reservado. Entre as condutas exigidas do Estado estão: (i) não privar arbitrariamente alguém de sua nacionalidade; (ii) permitir a renúncia ou mudança da nacionalidade; (iii) envidar esforços para evitar a apatridia e ainda fornecer sua própria nacionalidade para evitar que determinada pessoa continue apátrida.

2.2. A nacionalidade originária

O art. 12 da CF prevê dois tipos de formas de aquisição de nacionalidade: a *originária ou primária* (brasileiro nato), que se adquire no nascimento, e a *derivada ou secundária*, que advém de ato voluntário após o nascimento (brasileiro naturalizado).

No caso da aquisição originária, há dois critérios aceitos pela Constituição: o critério do *jus soli* (pelo lugar do nascimento) e o *jus sanguinis* (pela nacionalidade dos genitores ou um dos genitores).

De acordo com o *jus soli*, é brasileiro nato aquele nascido no território nacional, salvo se for filho de pais estrangeiros a serviço de seu país. Apesar da ressalva constitucional ("filho de pais estrangeiros a serviço de seu país"), devem ser levados em consideração (i) a proteção da dignidade humana (art. 1º, III, da CF) e (ii) os tratados celebrados pelo Brasil.

---

[8] Corte Interamericana de Direitos Humanos, *Caso Castillo Petruzzi e outros vs. Peru*, sentença de 30 de maio de 1999.

No caso, a Convenção da ONU para a Redução dos Casos de Apatridia, de 1961, estabelece em seu art. 1º que "todo Estado Contratante concederá sua nacionalidade a uma pessoa nascida em seu território e que de outro modo seria apátrida". No mesmo sentido, dispõe o art. 20.2 da Convenção Americana sobre Direitos Humanos que "toda pessoa tem direito à nacionalidade do Estado em cujo território houver nascido, se não tiver direito a outra".

Para compatibilizar a restrição constitucional com o combate à apatridia, é proibida a concessão da nacionalidade originária brasileira aos nascidos em território brasileiro de pais estrangeiros a serviço do seu país, *desde que* não sejam apátridas. Caso seja comprovada a apatridia, concede-se a nacionalidade originária brasileira. Essa interpretação ainda é compatível com o art. 5º, § 2º, da CF/88[9].

O território nacional compreende todas as porções terrestres do Brasil, o mar territorial e ainda o espaço aéreo sobrejacente. A nacionalidade pelo *jus soli* também incide no chamado *território nacional por equiparação*, por exemplo, os navios privados brasileiros em alto-mar ou aeronaves privadas brasileiras em espaço aéreo internacional, bem como em passagem inocente pelo mar territorial ou espaço aéreo estrangeiros, além dos navios e aeronaves do Estado brasileiro, onde quer que se encontrem.

Pelo critério do *jus sanguinis*, é brasileiro nato aquele que, mesmo nascido no estrangeiro, tenha genitor brasileiro (pai *ou* mãe) que esteja a serviço da República Federativa do Brasil. Tal serviço engloba, inclusive, aqueles prestados para sociedades de economia mista, autarquias e empresas públicas de qualquer ente federado.

Além disso, são brasileiros natos os nascidos no estrangeiro de pai brasileiro ou de mãe brasileira, desde que sejam (i) *registrados em repartição brasileira competente* ou (ii) venham a residir na República Federativa do Brasil e optem, em qualquer tempo, depois de atingida a maioridade, pela nacionalidade brasileira (art. 12, I, *c*, da CF/88). Essa segunda hipótese trata da *nacionalidade potestativa*, que depende da ação de opção de nacionalidade do interessado.

Com o registro na "repartição competente", não é necessária a propositura de ação de opção de nacionalidade. O texto atual do art. 12, I, *c*, da CF/88 foi introduzido pela Emenda Constitucional n. 54, de 20 de setembro de 2007, que retomou a tradição de reconhecimento da nacionalidade originária na hipótese de nascidos no exterior de pai brasileiro ou mãe brasileira (no caso de qualquer genitor brasileiro não estar a serviço do Brasil) por mero registro *em repartição competente*.

Anteriormente, a tradição constitucional referia-se somente a "registro *consular*", o qual foi curiosamente suprimido, para fins de reconhecimento da nacionalidade, pela Emenda Constitucional de Revisão n. 3, de 7 de junho de 1994, gerando reação da comunidade brasileira no exterior e casos de apatridia.

---

[9] Defendo tal tese em CARVALHO RAMOS, André de. *Curso de direitos humanos*. 10. ed. São Paulo: Saraiva, 2023.

Tais casos eram fruto de *conflito de leis de nacionalidade*, em situações de indivíduos nascidos no exterior em países de *jus sanguinis* (grande maioria dos países desenvolvidos, que continua a atrair migrantes econômicos) e que *não* podiam voltar ao Brasil para propor a ação de opção de nacionalidade por algum motivo, em geral por receio de ter restrições migratórias no retorno ao Estado estrangeiro. Agora, é possível interpretar tal expressão constitucional – "registro competente" – de modo mais amplo, para abarcar também o registro de pessoa física no retorno ao Brasil.

Como regra de transição, a EC n. 54/2007 introduziu o art. 95 no Ato das Disposições Constitucionais Transitórias, pelo qual os nascidos no estrangeiro entre 7 de junho de 1994 (data da promulgação da EC de Revisão n. 3) e a data da promulgação da EC n. 54/2007, filhos de pai brasileiro ou mãe brasileira, podem ser registrados em repartição diplomática ou consular brasileira competente ou em ofício de registro se vierem a residir na República Federativa do Brasil.

Caso não tenha sido registrado, são necessárias a (i) residência no país e a (ii) propositura de uma ação de opção de nacionalidade perante a Justiça Federal (jurisdição voluntária) para que seja *declarada* a nacionalidade originária. Como tal opção pode ser feita a qualquer tempo e a sentença é *declaratória*, com efeito *ex tunc*, até que ocorra, a pessoa será brasileira sob *condição suspensiva*. Tal opção, por envolver direito personalíssimo e deveres com o Estado brasileiro, deve ser realizada pelo interessado, não se admitindo sua propositura por meio de representante legal.

Caso interessante diz respeito a pedido de extradição feito por Estado estrangeiro em relação a indivíduo que ainda *não* fez a opção. Para o STF, até que a ação de opção de nacionalidade seja julgada e transcrita no registro de pessoa física, a nacionalidade originária (que obsta a extradição) brasileira não é reconhecida. Contudo, a Corte já aceitou suspender o processo extradicional até o término da ação de opção de nacionalidade[10].

2.3. A nacionalidade derivada

A aquisição derivada da nacionalidade brasileira é fruto de ato voluntário expresso do interessado, inexistindo a naturalização tácita (previsto, no passado do direito brasileiro, somente na forma do art. 69, § 4º, da Constituição de 1891) ou a forçada (imposição da nacionalidade pelo Estado, em geral para absorver novos territórios).

A naturalização expressa pode ser de duas espécies: a de matriz legal, regida pela lei (no caso, a Lei n. 13.445/2017, que revogou a Lei n. 6.815, de 19-8-1980, e também a Lei n. 818, de 18-9-1949), e a *de matriz constitucional ou extraordinária*,

---

[10] *In verbis*: "Antes que se complete o processo de opção, não há, pois, como considerá-lo brasileiro nato. (...) Pendente a nacionalidade brasileira do extraditando da homologação judicial *ex tunc* da opção já manifestada, suspende-se o processo extradicional (CPC art. 265, IV, *a*)". STF, AC 70-QO, Rel. Min. Sepúlveda Pertence, j. 25-9-2003, Plenário, *DJ* de 12-3-2004.

que é aquela prevista diretamente pela Constituição (art. 12, II) em dois casos: primeiro, os estrangeiros originários de países de língua portuguesa devem comprovar residência por um ano ininterrupto e idoneidade moral; segundo, os estrangeiros residentes por mais de 15 anos devem comprovar ausência de condenação penal (naturalização quinzenária). A "idoneidade moral" prevista na CF/88 deve ser interpretada *restritivamente* para evitar arbitrariedade na denegação da nacionalidade derivada. Quanto à residência, esse requisito não exige que o estrangeiro fique de modo contínuo no território nacional (por exemplo, não viaje ao exterior): basta que tenha mantido a residência permanente, mesmo que tenha se ausentado episodicamente.

No tocante à naturalização de matriz legal, a Lei n. 13.445/2017 (Lei de Migração) estabeleceu as seguintes categorias: (i) ordinária; (ii) especial ou (iii) provisória. A Lei ainda menciona a categoria "naturalização extraordinária" reproduzindo uma das hipóteses constitucionais (pessoa fixada no Brasil há mais de 15 anos ininterruptos e sem condenação penal).

A *naturalização ordinária* é a regra na aquisição da nacionalidade derivada, contendo os requisitos mais amplos. São necessárias as seguintes condições para o interessado: I – ter capacidade civil, segundo a lei brasileira; II – ter residência em território nacional, pelo prazo mínimo de 4 anos; III – comunicar-se em língua portuguesa, consideradas as condições do naturalizando; e IV – não possuir condenação penal ou estiver reabilitado, nos termos da lei. O prazo de residência de 4 anos será reduzido para, no mínimo, 1 ano se o naturalizando preencher *quaisquer* das seguintes condições: (i) ter filho brasileiro; (ii) ter cônjuge ou companheiro brasileiro e não estar dele separado legalmente ou de fato no momento de concessão da naturalização; (iii) haver prestado ou poder prestar serviço relevante ao Brasil; ou (iv) recomendar-se por sua capacidade profissional, científica ou artística.

Por sua vez, a *naturalização especial* é aquela destinada a interessados envolvidos na atividade diplomática ou consular do Brasil, podendo ser concedida ao estrangeiro que se encontre em uma das seguintes situações: I – seja cônjuge ou companheiro, há mais de 5 anos, de integrante do Serviço Exterior Brasileiro em atividade ou de pessoa a serviço do Estado brasileiro no exterior; ou II – seja ou tenha sido empregado em missão diplomática ou em repartição consular do Brasil por mais de 10 anos ininterruptos. São requisitos para a concessão da naturalização especial ter capacidade civil, segundo a lei brasileira; comunicar-se em língua portuguesa, consideradas as condições do naturalizando; e não possuir condenação penal ou estiver reabilitado, nos termos da lei.

Por fim, a *naturalização provisória* é aquela que rege a situação da naturalização de menores de idade radicados precocemente no território brasileiro e poderá ser concedida ao migrante criança ou adolescente que tenha fixado residência em território nacional antes de completar 10 anos de idade e deverá ser requerida por intermédio de seu representante legal. Consiste em alternativa que ameniza ser a naturalização um direito personalíssimo, que não pode ser requerido por representante.

Porém, a naturalização provisória só será convertida em definitiva se o naturalizando expressamente assim o requerer no prazo de 2 anos após atingir a maioridade.

O pedido de naturalização será apresentado e processado pelo Poder Executivo, sendo cabível *recurso* em caso de denegação. No curso do processo de naturalização, o naturalizando poderá requerer a tradução ou a adaptação de seu nome à língua portuguesa, sendo mantido cadastro com o nome traduzido ou adaptado associado ao nome anterior. A naturalização produz efeitos após a publicação no Diário Oficial do ato de naturalização, tendo sido eliminada pela nova Lei de Migração o anterior ritual de entrega do certificado de naturalização por magistrado federal.

A *discricionariedade* do Estado na concessão da naturalização era prevista pelo art. 121 da Lei n. 6.815/80, que dispunha que a satisfação das condições legais não assegurava o direito à naturalização. Contudo, a nova Lei *não* tem a mesma previsão, o que implica reconhecer que, preenchidos os requisitos legais, o interessado tem o *direito à naturalização*. Na *naturalização de matriz constitucional ou extraordinária*, que possui condições fixadas na CF/88, preenchidos os requisitos constitucionais, há o *direito à naturalização*[11].

É possível, como decorrência do respeito à dignidade da pessoa humana e do Estado Democrático de Direito, o controle judicial da eventual negativa do Poder Executivo, para evitar arbitrariedade e desejo mesquinho de perseguição.

Em caso de fraude no processo administrativo de naturalização, não cabe a anulação administrativa e sim *ação judicial* para cancelar a naturalização. Em precedente de 2013, por maioria, o STF decidiu que o art. 112, §§ 2º e 3º, da então vigente Lei n. 6.815/80 (Estatuto do Estrangeiro)[12], o qual estipulava o poder da autoridade administrativa de anular naturalização já concedida por fraude, *não foi recepcionado* pela CF/88, que previu somente a ação judicial para cancelamento da naturalização. Com fundamento distinto, a Ministra Cármen Lúcia entendeu que não era caso de *não recepção*, pois a CF/88 previu a ação de cancelamento de naturalização para hipótese diversa (atividade nociva) e não para a ocorrência de fraude. Contudo, a Ministra Cármen Lúcia considerou que o art. 112, § 3º (que estabeleceu a atribuição administrativa do Ministro de Estado da Justiça para cancelar a naturalização por fraude), foi *revogado* pela Convenção da ONU para a Redução dos Casos de Apatridia, de 1961, de hierarquia supralegal (por ser um tratado de direitos humanos), cujo art. 8º, § 4º, exige que a privação da nacionalidade seja feita por "tribunal ou órgão independente",

---

[11]   Nesse sentido, DOLINGER, Jacob. *Direito internacional privado*. 10. ed. Rio de Janeiro: GEN/Método, 2012, p. 66-67.

[12]   "Art. 112. (...) § 2º Verificada, a qualquer tempo, a falsidade ideológica ou material de qualquer dos requisitos exigidos neste artigo ou nos arts. 113 e 114 desta Lei, será declarado nulo o ato de naturalização sem prejuízo da ação penal cabível pela infração cometida. § 3º A declaração de nulidade a que se refere o parágrafo anterior processar-se-á administrativamente, no Ministério da Justiça, de ofício ou mediante representação fundamentada, concedido ao naturalizado, para defesa, o prazo de quinze dias, contados da notificação."

o que impede o cancelamento meramente administrativo da naturalização (STF, RMS 27.840, rel. p/ o ac. Min. Marco Aurélio, j. 7-2-2013, Plenário, *DJe* de 27-8-2013).

2.4. As diferenças de tratamento entre o brasileiro nato e o naturalizado

A nacionalidade é uma barreira à universalidade dos direitos humanos que atinge não só os estrangeiros, mas também aqueles que se naturalizam. Por exemplo, no Brasil há tratamento normativo distinto e prejudicial ao exercício de direitos ao brasileiro naturalizado, pela mera existência da naturalização. Para a CF/88 é como se a naturalização não eliminasse certa desconfiança de ter sido o naturalizado, algum dia, um estrangeiro. Tal cenário é, no mínimo, ofensivo à igualdade e merece revisão.

Até que tal revisão chegue, a nacionalidade originária possui tratamento jurídico diferenciado da nacionalidade secundária, de acordo com a CF/88. Essa opção constitucional é questionável, pois faz tratamento diferenciado por origem com base em sentimento de desconfiança. São as seguintes as hipóteses constitucionais de tratamento privilegiado ao brasileiro nato:

1) *Cargos privativos dos brasileiros natos (art. 12, § 3º, da CF/88)*. Há dois tipos de cargos privativos de brasileiros natos: (i) por motivo de linha sucessória na Chefia do Estado e (ii) por segurança nacional. Por motivo de linha sucessória, são privativos de brasileiro nato os seguintes *cinco cargos*: Presidente da República, Vice-Presidente da República, Presidente da Câmara dos Deputados, Presidente do Senado Federal e Ministro do STF (a presidência do STF, que entra na linha sucessória da Chefia do Estado no Brasil, pode ser ocupada por qualquer Ministro). Por motivo de segurança nacional, são privativos de brasileiro nato três cargos: membro da carreira diplomática, oficial das Forças Armadas e Ministro do Estado da Defesa.

2) *Função (art. 89, VII, da CF/88)*. O Conselho da República é órgão de consulta do Presidente da República, devendo se pronunciar sobre a intervenção federal, estado de defesa e estado de sítio, bem como as questões relevantes para a estabilidade das instituições democráticas (art. 90 da CF/88, regulado pela Lei n. 8.041/90). Possui seis membros reservados a brasileiros natos.

3) *Extradição (art. 5º, LI, da CF/88)*. Não é possível extraditar o brasileiro nato. Porém, é possível extraditar o brasileiro naturalizado em duas hipóteses: (i) crime anterior à naturalização e (ii) comprovado envolvimento com tráfico de entorpecentes.

4) *Direito de propriedade (art. 222 da CF/88)*. A propriedade de empresa jornalística e de radiodifusão sonora e de sons e imagens é privativa de brasileiros natos ou naturalizados *há mais de dez anos*, ou de pessoas jurídicas constituídas sob as leis brasileiras e que tenham sede no País. Em qualquer caso, pelo menos 70% do capital total e do capital votante das empresas

jornalísticas e de radiodifusão sonora e de sons e imagens deverão pertencer, direta ou indiretamente, a brasileiros natos ou naturalizados *há mais de dez anos*, que exercerão obrigatoriamente a gestão das atividades e estabelecerão o conteúdo da programação (redação dada pela EC n. 36/2002). Há, então, exigência de lapso temporal (10 anos de naturalização) para que o brasileiro naturalizado possa ser equiparado ao nato na propriedade de empresa jornalística e de radiodifusão sonora (rádio) e sons e imagens (televisão).

5) *Perda da nacionalidade por atividade nociva ao interesse nacional (art. 12, § 4º, da CF/88).* Só o brasileiro naturalizado pode perder sua nacionalidade pela prática de "atividade nociva ao interesse nacional" – *vide* a seguir a crítica a essa previsão constitucional).

2.5. A perda e a renúncia

A perda da nacionalidade só é prevista em duas hipóteses constitucionais (art. 12, § 4º, da CF/88): (i) cancelamento da naturalização por sentença judicial em virtude de atividade nociva ao interesse nacional (*perda por punição*) ou, ainda, fruto da (ii) aquisição de outra nacionalidade por naturalização voluntária (*perda por aquisição* ou *perda por mudança*).

Na perda por punição, a CF/88 não estipula o que vem a ser "atividade nociva ao interesse nacional". A nova Lei de Migração desperdiçou a oportunidade de esclarecer esse conceito indeterminado, tendo apenas mencionado que deve ser levado em consideração o risco de geração de situação de apatridia (art. 75, § 4º).

A *ação de perda da nacionalidade por punição* é privativa do Ministério Público Federal (art. 6º, IX, da LC n. 75/93), tendo a sentença efeito *ex nunc*[13]. A perda da nacionalidade por punição deve ter interpretação restritiva, uma vez que já há resposta estatal contra a prática de crimes (imposição da pena criminal) e há um tratamento diferenciado injustificado (o brasileiro nato pode cometer o mesmo crime e manter intacta sua nacionalidade).

A única interpretação que entendo possível é que a "atividade nociva ao interesse nacional" deve ser uma (i) conduta de impacto suficiente para abalar o direito à nacionalidade, por exemplo, os crimes de *jus cogens* (genocídio, crimes contra a humanidade, crimes de guerra ou crime de agressão) e desde que (ii) a perda não gere

---

[13] Em 2013, o Tribunal Regional Federal da 3ª Região confirmou a perda da nacionalidade de brasileira naturalizada (de origem chinesa), cuja atividade nociva foi a prática de crimes previstos nos arts. 297 do CP (falsificação de documento público) e 125, XII (introduzir estrangeiro clandestinamente ou ocultar clandestino ou irregular), do então vigente Estatuto do Estrangeiro (Lei n. 6.815/80). Consta da ementa do acórdão: "A naturalizada se utilizou de sua condição de brasileira para abrigar no país, em condições subumanas, chineses em situação irregular, explorando o sofrimento alheio com intuito de lucro, atividade esta nociva ao interesse nacional" (TRF da 3ª Região, ApCv 0016348-97.2006.4.03.6100/SP, Rel. Des. Federal Marli Ferreira, j. 21-6-2013).

a condição de apátrida. A prática desses crimes de *jus cogens* inclusive impede a declaração do estatuto de refugiado, conforme dispõe a Convenção sobre o Estatuto do Refugiado de 1951 (art. 1º, F)[14].

Quanto ao requisito de proibição da criação de apatridia, essa restrição é feita para preservar o núcleo essencial do direito à nacionalidade, sendo compatível inclusive com a Convenção da ONU para a Redução dos Casos de Apatridia (1961), que determina que os Estados não podem privar uma pessoa de sua nacionalidade se essa privação convertê-la em apátrida (art. 8º, § 1º).

No caso da perda por *aquisição de outra nacionalidade*, esta não ocorrerá se a aquisição de nacionalidade estrangeira for (i) fruto do reconhecimento de nacionalidade originária ou, ainda, no caso (ii) "de imposição de naturalização, pela norma estrangeira, ao brasileiro residente em Estado estrangeiro, como condição para permanência em seu território ou para o exercício de direitos civis" (art. 12, § 4º, II, *b*).

A interpretação dessa última exceção deve ser *generosa*, tendo em vista o direito à nacionalidade previsto em nossa Constituição e nos diplomas internacionais de direitos humanos. Logo, a "imposição de naturalização pela norma estrangeira" obviamente não pode ser interpretada literalmente, pois a naturalização é, via de regra, voluntária, mas o importante é saber se o brasileiro foi levado a tanto para permanecer legalmente no Estado estrangeiro ou, ainda, para trabalhar em condições lícitas ou exercer legitimamente outros direitos.

Em 2016, no Caso Cláudia Hoerig, o Supremo Tribunal Federal reconheceu a perda da nacionalidade originária brasileira pela aquisição da nacionalidade derivada norte-americana, uma vez que tal naturalização não teria sido imposta como "condição de permanência no território" ou para o "exercício de direitos civis". No caso, a pessoa já possuía o "green card" (residência permanente, com direito ao trabalho) e, após, havia solicitado a naturalização nos Estados Unidos. Ao sofrer processo administrativo no Ministério da Justiça de perda da nacionalidade originária brasileira, alegou que havia se naturalizado para obter também os direitos políticos (votar e ser votada) e que nunca havia tido a intenção de perder a nacionalidade brasileira. Na análise do mandado de segurança contra a edição da portaria de perda da nacionalidade originária, o Min. Barroso (relator) levou em consideração: (i) a existência da autorização de residência permanente (mostrando a desnecessidade da naturalização para os fins do permissivo constitucional); (ii) o juramento feito pela impetrante de lealdade aos Estados Unidos (o conteúdo consta do voto: "recuso qualquer lealdade e fidelidade a qualquer principado, potestado, estado ou soberania estrangeiros a quem ou ao qual eu tenha anteriormente sido um cidadão ou sujeito de direito"); e (iii) ausência de embasamento constitucional da alegação da interessada sobre seu próprio desejo íntimo de querer manter a nacionalidade brasileira, mesmo jurando lealdade aos Estados

---

[14] Defendo tal tese em CARVALHO RAMOS, André de. *Curso de direitos humanos*. 10. ed. São Paulo: Saraiva, 2023.

Unidos (como se fosse uma "reserva mental"). Considerou, então, o Ministro relator que a perda da nacionalidade brasileira havia sido realizada "com observância do disposto nos arts. 5º, LV, da CF; 23, da Lei n. 818/49; e nas normas que regulam o processo administrativo federal, Lei n. 9.784/99, porquanto fundamentado em previsão constitucional expressa, qual seja a aquisição de outra nacionalidade, sem a subsunção a uma das exceções constitucionalmente previstas (art. 12, § 4º, II, alíneas *a* e *b*)" (STF, Mandado de Segurança n. 33.864/DF, rel. Min. Roberto Barroso, j. 19-4-2016).

Em um segundo caso de perda da nacionalidade originária brasileira por naturalização posterior, não foi aceita, como causa de imposição da naturalização para fruição de direito civil, a aquisição da nacionalidade derivada dos Estados Unidos visando à obtenção de facilidade migratória para descendente (filha). Para o Min. Lewandowski, a hipótese constitucional do art. 12, § 4º, II, *b*, não abarca toda e qualquer facilidade decorrente da aquisição de uma nova nacionalidade, pois "sempre há vantagens na assunção da cidadania de um determinado país". É necessário, assim, que haja uma relação direta com o "exercício de direitos civis". Com essa interpretação estrita, o STF manteve a perda da nacionalidade brasileira explicitada (ato declaratório) em Portaria do Ministério da Justiça (STF, Mandado de Segurança n. 36.359, rel. Min. Ricardo Lewandowski, decisão monocrática de 18-3-2019, agravo regimental desprovido, j. 18-2-2020, publicado em 27-5-2020).

Por sua vez, o art. 8º da Convenção para a Redução dos Casos de Apatridia (1961) prevê que a privação da nacionalidade de determinado indivíduo seja feita em virtude de (i) conduta "gravemente prejudicial aos seus interesses vitais" e (ii) que assim seja determinado por "tribunal ou órgão independente". No STF, tal dispositivo foi invocado pelo Min. Fachin, para quem o processo administrativo de perda da nacionalidade (por aquisição voluntária de outra, sem apoio nas autorizações constitucionais) não cumpre tal exigência (Voto do Min. Fachin, STF, MS n. 36.359, rel. Min. Ricardo Lewandowski, agravo regimental desprovido, j. 18-2-2020, *DJe* de 27-5-2020).

Todavia, o art. 8º da Convenção para a Redução dos Casos de Apatridia (1961) trata da privação da nacionalidade que venha a converter um indivíduo em apátrida (art. 8º. 1 "Os Estados Contratantes não privarão uma pessoa de sua nacionalidade se essa privação vier a convertê-la em apátrida"). Os demais itens do artigo em comento tratam da possibilidade de, com tal conversão em apátrida, o Estado privar *assim mesmo* o indivíduo de sua nacionalidade. Por isso, a Convenção exige (i) grave motivo e (ii) ação judicial. Não se aplica tal art. 8º à situação de brasileiro que perde a nacionalidade *justamente* por ter adquirido outra (não será apátrida), sem observância dos limites da autorização constitucional da polipatria.

A Lei n. 13.445/2017 previu que o brasileiro que, em razão do previsto no art. 12, § 4º, II (perda-aquisição), da CF/88, houver perdido a nacionalidade, *uma vez cessada a causa*, poderá (i) readquiri-la ou (ii) ter o ato que declarou a perda revogado, na forma definida pelo órgão competente do Poder Executivo (art. 76).

A "cessação da causa" consiste na perda por qualquer motivo da nacionalidade estrangeira, que havia gerado a perda da nacionalidade brasileira. Tanto no pedido de reaquisição quanto na revogação do ato de perda, o indivíduo readquire a nacionalidade da *mesma espécie* da que possuía antes da perda. Por exemplo, se era brasileiro nato, readquire tal condição. Essa interpretação leva em consideração ser a nacionalidade um *direito essencial*, não devendo ser restringido pelo modo pelo qual o indivíduo readquire a condição de nacional brasileiro.

Finalmente, a *renúncia* à nacionalidade consiste no direito de autoexpatriação, que é condicionado à existência de outra nacionalidade detida pelo renunciante, novamente para que se evite a apatridia.

A renúncia à nacionalidade brasileira, embora não prevista na CF/88, deve ser acatada, caso não gere a apatridia, cumprindo inclusive o disposto no art. XV.2 da Declaração Universal dos Direitos Humanos ("Ninguém será arbitrariamente privado de sua nacionalidade, nem do *direito de mudar* de nacionalidade") e no art. 20.3 da Convenção Americana de Direitos Humanos ("3. A ninguém se deve privar arbitrariamente de sua nacionalidade, *nem do direito de mudá-la*). Assim, a renúncia à nacionalidade brasileira é *direito decorrente implícito*, amparado no art. 5º, § 2º, da CF/88[15].

A previsão de preservação da nacionalidade brasileira pela aquisição de outra é dispositivo constitucional (art. 12 § 4º, II, *b*) que *protege* o interesse do indivíduo em manter a nossa nacionalidade, não podendo ser interpretado em *desfavor* do indivíduo, obrigando-o a manter a nacionalidade brasileira e tornando inócua sua renúncia. A liberdade de mudar de nacionalidade deve ser respeitada (em nome da autonomia inerente à dignidade humana), só podendo ser afastada caso gere apatridia, que é uma situação que acarreta riscos de vulneração de direitos.

Na prática atual brasileira, há casos nos quais o Ministério da Justiça aceita a renúncia, na hipótese de o interessado provar a existência de outra nacionalidade (mesmo que tenha adquirido de modo originário ou para exercício de direitos civis – o que, em teoria, não levaria à perda da nacionalidade brasileira). Nesses casos, a renúncia à nacionalidade brasileira é feita, em geral, em virtude do interesse do indivíduo em obter cargo ou função em Estado estrangeiro que não admite a polipatria para seus ocupantes[16].

---

[15] Defendo tal tese em CARVALHO RAMOS, André de. *Curso de direitos humanos*. 10. ed. São Paulo: Saraiva, 2023.

[16] Conferir o Parecer Conjur/CGDI n. 022/2010 da Consultoria Jurídica do Ministério das Relações Exteriores, de 13 de janeiro de 2010, bem como a Portaria n. 3.166, de 10 de dezembro de 2012, do Ministro de Estado da Justiça, que gerou a perda da nacionalidade de renunciante (que havia comprovado ter a nacionalidade norte-americana, ou seja, sem risco de apatridia).

A perda de nacionalidade brasileira será efetivada após publicação de decreto do Ministro da Justiça (por delegação do Presidente da República) no *Diário Oficial da União (DOU)*[17].

3. O DIREITO INTERNACIONAL DA MOBILIDADE HUMANA

3.1. Conceito

O Direito Internacional da Mobilidade Humana consiste no conjunto de normas internacionais que regula os direitos dos indivíduos em (i) situação de deslocamento transfronteiriço ou (ii) em permanência, temporária ou definitiva, em Estado do qual não possuem nacionalidade.

Abrange as regras gerais que incidem sobre todos os migrantes[18], tanto os imigrantes (nacionais de outros Estados ou apátridas que chegam a outro Estado) quanto os emigrantes (nacionais que deixam o território de um Estado para outro), bem como regras especiais sobre apatridia e refúgio e outras formas de acolhimento de pessoas. No plano nacional, a mobilidade humana também é regulada por meio de normas locais que disciplinam a entrada, permanência e saída dos estrangeiros.

Além da aplicação geral da proteção de direitos humanos aos indivíduos em situação de mobilidade, há determinadas previsões específicas de tutela de direitos. O marco dessa atenção internacional a pessoas em *situação de mobilidade* é a Declaração Universal dos Direitos Humanos, que estipula que "Toda a pessoa tem o direito de abandonar o país em que se encontra, incluindo o seu, e o direito de regressar ao seu país" (art. XIII, numeral 2), bem como prevê que "Toda a pessoa sujeita a perseguição tem o direito de procurar e de beneficiar de asilo em outros países" (art. XIV, numeral 1).

Esse direito de saída e o direito ao asilo em sentido amplo consagram a mobilidade internacional, cada vez mais presente na era da globalização. Não se trata da consagração do *jus communicationis*, tese doutrinária defendida por Francisco

---

[17] Já há também precedente judicial a favor da renúncia, considerando-a *direito individual*, em caso no qual o indivíduo já detinha outra nacionalidade. No caso concreto, o interessado propôs *ação declaratória de renúncia à nacionalidade brasileira*, para gozar, de forma plena, os direitos e prerrogativas titularizadas por aquele que detém somente a nacionalidade norte-americana. Assim, se o próprio interessado quer abdicar de sua nacionalidade, tendo já outra, nada pode o Estado fazer contra seu anseio. TRF-2, Apelação Cível n. 2005.50.02.000411-9, rel. Des. Federal Raldênio Bonifacio Costa, j. 16-6-2009, *DJU* 19-6-2009, p. 305.

[18] Para a Corte Interamericana de Direitos Humanos, o termo "migrante" é um termo genérico que abarca tanto o emigrante quanto o imigrante. Corte Interamericana de Direitos Humanos, *Opinião consultiva relativa aos direitos dos migrantes indocumentados* (OC-18/03), 2003, parágrafo 69.

de Vitória no século XV[19], pela qual os indivíduos teriam direito à emigração e à imigração em uma verdadeira circulação mundial. Na atualidade, o Direito Internacional da Mobilidade Humana não assegura, em geral, o direito de ingresso em qualquer país do mundo, somente o (i) direito de sair e (ii) o direito de buscar asilo.

A exceção a essa regra encontra-se no Direito Internacional dos Refugiados, que obriga – *em geral* – os Estados a acolher o solicitante de refúgio até (i) a definição de sua situação jurídica de refugiado, zelando, mesmo que não seja considerado um refugiado, (ii) que não seja devolvido a um Estado no qual sua vida, liberdade ou integridade pessoal esteja em risco por motivo odioso (em virtude da sua raça, da sua religião, da sua nacionalidade, do grupo social a que pertence ou das suas opiniões políticas[20]).

Quanto a diplomas jurídicos internacionais específicos, a mobilidade internacional foi tratada pela Convenção Internacional sobre a Proteção dos Direitos de Todos os Trabalhadores Migrantes e dos Membros das suas Famílias (1990)[21], que enfrentou a discriminação e a ofensa a direitos básicos dos trabalhadores migrantes em Estados de acolhida, em virtude da vulnerabilidade gerada pelo (i) tipo de migração (em geral indocumentada) e (ii) pelas diferenças socioculturais eventualmente existentes.

Quanto a diplomas internacionais gerais (não específicos), cabe assinalar que os direitos previstos nos tratados de direitos humanos já celebrados pelo país são passíveis de serem invocados pelos migrantes, como a Convenção Americana de Direitos Humanos, o Pacto Internacional sobre Direitos Civis e Políticos e o Pacto Internacional sobre Direitos Econômicos, Sociais e Culturais, todos já ratificados pelo Brasil.

Exemplos dessa interpretação de diplomas gerais para abarcar as situações de mobilidade internacional de pessoas são encontrados na jurisprudência da Corte Interamericana de Direitos Humanos e na Corte Europeia de Direitos Humanos em julgamentos envolvendo, respectivamente, a Convenção Americana de Direitos Humanos e Convenção Europeia de Direitos Humanos[22].

Nesse sentido, a Corte Interamericana de Direitos Humanos possui vários precedentes, na sua jurisdição contenciosa e consultiva, que tratam de diversas facetas da mobilidade internacional, como os direitos dos trabalhadores migrantes

---

[19] Sobre o *jus communicationis* de Francisco de Vitoria (1480-1546), conferir VEDOVATO, Luís Renato. *Direito de ingresso do estrangeiro*: a circulação das pessoas pelo mundo no cenário globalizado. Livro digital. São Paulo: Atlas, 2013, p. 59.

[20] Ver mais sobre o princípio do *non-refoulement* e o Direito Internacional dos Refugiados em CARVALHO RAMOS, André de. *Teoria geral dos direitos humanos na ordem internacional*. 7. ed. São Paulo: Saraiva, 2019.

[21] Ainda não ratificada pelo Brasil. Ver mais sobre essa Convenção em CARVALHO RAMOS, André de. *Curso de direitos humanos*. 10. ed. São Paulo: Saraiva, 2023.

[22] Ver, entre outros, Corte Europeia de Direitos Humanos, *Caso Amuur vs. França*, sentença de 25 de junho de 1996, parágrafo 42.

indocumentados[23], direito ao devido processo legal[24], direito à nacionalidade[25], direito à assistência consular[26], direito à igualdade e combate à discriminação contra migrantes[27], direitos dos solicitantes de refúgios[28], inclusive crianças[29].

Em síntese, os tratados de direitos humanos não garantem o direito de ingresso de um estrangeiro (salvo o solicitante de refúgio), porém determinam que o Estado deva promover o direito à igualdade aos migrantes, independentemente de seu estatuto migratório, bem como estabelecem o dever de assegurar outros direitos como o acesso à justiça e o devido processo legal.

3.2. A Constituição de 1988 e o paradigma de direitos humanos no tratamento ao migrante

A CF/88, em linha com seu fundamento de proteção à dignidade da pessoa humana, garantiu expressamente, ao brasileiro e ao estrangeiro residente, a "inviolabilidade do direito à vida, à liberdade, à igualdade, à segurança e à propriedade" (art. 5º, *caput*).

De início, a CF/88 limitou ao "estrangeiro residente" a titularidade de direitos fundamentais. Ocorre que tal restrição ofende os princípios basilares de um Estado Democrático de Direito (art. 1º), pois permitiria, *ad terrorem*, a privação do direito à vida ou integridade física do turista estrangeiro, por exemplo. Assim sendo, é pacífica na doutrina a extensão da titularidade de direitos fundamentais a todos os estrangeiros. Tal extensão justifica-se de diversos modos: (i) o Estado Democrático de Direito, previsto no art. 1º da CF/88, não admite a privação de direitos com base no critério da "não residência", que não possui qualquer pertinência com o exercício de tais direitos básicos; (ii) tratar os estrangeiros não residentes como desprovidos de direitos ofende um dos fundamentos da República, que é promoção da dignidade humana (art. 1º, III); (iii) o reconhecimento pela CF/88 dos *direitos decorrentes* dos

---

[23] Conferir Corte Interamericana de Direitos Humanos, *Opinião consultiva relativa aos direitos dos migrantes indocumentados* (OC-18/03), 2003.

[24] Conferir Corte Interamericana de Direitos Humanos, *Caso Vélez Loor vs. Panamá*, sentença de 23-11-2010.

[25] Conferir Corte Interamericana de Direitos Humanos, *Caso de las Niñas Yean y Bosico vs. República Dominicana*, sentença de 8-9-2005.

[26] Conferir Corte Interamericana de Direitos Humanos, *Opinião Consultiva sobre o direito à informação sobre a assistência consular em relação às garantias do devido processo legal* (OC-16/99), 1999.

[27] Conferir Corte Interamericana de Direitos Humanos, *Caso Nadege Dorzema ou outros vs. República Dominicana*, sentença de 24-8-2012.

[28] Conferir Corte Interamericana de Direitos Humanos, *Opinião consultiva relativa aos direitos dos migrantes indocumentados* (OC-18/03), 2003.

[29] Conferir Corte Interamericana de Direitos Humanos, *Opinião consultiva relativa às crianças migrantes* (OC-21/014), 2014.

tratados internacionais de direitos humanos (art. 5º, § 2º) já ratificados pelo Brasil permite deduzir que tais tratados, como o Pacto Internacional sobre Direitos Civis e Políticos ou a Convenção Americana de Direitos Humanos, estendem a todos, estrangeiros residentes ou não, a titularidade dos direitos humanos.

No Direito Comparado, a Constituição portuguesa de 1976 estabelece, em seu art. 15, que os estrangeiros residentes e também os que se *encontrem* em Portugal gozam dos direitos do cidadão português, com exceção dos direitos políticos, das funções públicas e dos direitos reservados quer na Constituição, quer na lei aos nacionais[30].

Após 1988, houve várias reformas constitucionais, que buscaram amenizar as diferenças de tratamento normativo entre brasileiros e estrangeiros. Eliminou-se a menção a empresas brasileiras de capital nacional; alterou-se também a exploração de recursos minerais e hidráulicos, agora possível também a sociedades organizadas no Brasil e não só a brasileiros como antes; levantou-se a reserva a brasileiros no setor de navegação (EC n. 7); além de ter-se permitido a concessão de serviços públicos de relevo a particulares mesmo que estrangeiros e não somente a empresas sob controle acionário estatal. Até mesmo o acesso a cargos públicos pode ser facultado a estrangeiros, de acordo com o art. 37, I, e no caso das universidades, no art. 207.

3.3. A nova Lei de Migração (Lei n. 13.445/2017)

A nova Lei de Migração (Lei n. 13.445/2017) foi publicada em 25 de maio de 2017, tendo revogado expressamente o Estatuto do Estrangeiro (Lei n. 6.815/80) e a Lei n. 818/49 (que regulava a aquisição, perda e reaquisição da nacionalidade). São 125 artigos, aprovados em um trâmite com ampla participação da academia, sociedade civil e partidos da situação e oposição, retratando um consenso pluripartidário em torno do projeto[31].

A adoção de um novo marco jurídico regulatório das migrações atende a um pleito antigo e a uma necessidade urgente de revogação do Estatuto do Estrangeiro de 1980. Na era da intensa mobilidade humana internacional, surgem (i) oportunidades para o Brasil de se beneficiar da diversidade e do multiculturalismo, bem como (ii) deveres de proteção para impedir a construção jurídica de vulnerabilidades e a superexploração de migrantes, em prejuízo a toda sociedade.

O eixo central da nova lei é a *proteção de direitos humanos na temática das migrações*, intuída já na escolha da epígrafe: trata-se de uma lei de migração,

---

[30] "Artigo 15º Estrangeiros, apátridas, cidadãos europeus. 1. Os estrangeiros e os apátridas que se encontrem ou residam em Portugal gozam dos direitos e estão sujeitos aos deveres do cidadão português. 2. Exceptuam-se do disposto no número anterior os direitos políticos, o exercício das funções públicas que não tenham carácter predominantemente técnico e os direitos e deveres reservados pela Constituição e pela lei exclusivamente aos cidadãos portugueses. (...)."

[31] O autor deste *Curso* foi membro da Comissão de Especialistas, nomeada pelo Ministro da Justiça, que redigiu anteprojeto de lei de migração, parcialmente utilizada nos trabalhos congressuais (Portaria n. 2.162, de 31-5-2013, do Ministro da Justiça).

aplicando-se ao migrante que vive no Brasil e, inclusive, ao brasileiro que vive no exterior. O reconhecimento da universalidade, indivisibilidade e interdependência dos direitos humanos como princípio de regência da política migratória brasileira (art. 3º, I) é decorrência da proteção da dignidade humana, vetor axiológico da Constituição (art. 1º, III) e dos tratados de direitos humanos celebrados pelo Brasil.

Ao contrário do revogado Estatuto do Estrangeiro (adotado na ditadura militar e inspirado na doutrina de segurança nacional), a nova lei é fruto da constatação de que negar direitos, gerar entraves burocráticos na regularização migratória, atuar com arbítrio e sem coerência são condutas que *não* reduzem o deslocamento de pessoas, mas apenas degradam as condições de vida do migrante, bem como prejudicam empresas, trabalhadores e a sociedade em geral.

A lei avança ao prever uma série de princípios e diretrizes que conformam a atuação dos órgãos públicos à luz da gramática dos direitos humanos. Ao migrante é garantida, em condição de igualdade com os nacionais, a inviolabilidade do direito à vida, à liberdade, à igualdade, à segurança e à propriedade, assegurando-lhe também os direitos e liberdades civis, sociais, culturais e econômicos (art. 4º, *caput* e inciso I).

Estabelece-se, com o novo marco legal, a regra geral de vedação da discriminação e proibição do arbítrio na entrada, permanência e saída compulsória do migrante, com várias menções ao direito de ser informado e de obter assistência jurídica integral. Essas normas serão valiosos instrumentos para orientar a ação de agentes públicos envolvidos nas questões migratórias e deverão pautar a interpretação do Poder Judiciário, quando provocado para coibir abusos e discriminações.

Por sua vez, a Lei não prejudica a aplicação de normas internas e internacionais específicas sobre refugiados, asilados, agentes e pessoal diplomático ou consular, funcionários de organização internacional e seus familiares (art. 2º da Lei n. 13.445/2017). Os refugiados e solicitantes de refúgio continuam a ser regidos pela Lei n. 9.474/97 (art. 121). A lei foi regulamentada pelo Decreto n. 9.199, de 2017.

3.4. O ingresso

No tocante ao ingresso do migrante, a primeira novidade da lei é a definição de *cinco categorias de migrantes*.

Inicialmente, o (i) *imigrante* é a pessoa nacional de outro país ou apátrida que trabalha ou reside e se estabelece temporária ou definitivamente no Brasil. Por sua vez, o (ii) *emigrante* é o brasileiro que se estabelece temporária ou definitivamente no exterior. Há também o (iii) *residente fronteiriço*, que é a pessoa nacional de país limítrofe ou apátrida que conserva a sua residência habitual em município fronteiriço de país vizinho; o (iv) *visitante* é pessoa nacional de outro país ou apátrida que vem ao Brasil para estadas de curta duração, sem pretensão de se estabelecer temporária ou definitivamente no território nacional.

Finalmente, o (v) *apátrida* é pessoa que não seja considerada como nacional por nenhum Estado, segundo a sua legislação, nos termos da Convenção sobre o Estatuto dos Apátridas, de 1954, ou assim reconhecida pelo Estado brasileiro.

Como já visto, não há, em geral, o direito de ingresso de um estrangeiro ao território de outro Estado (com exceção da situação do solicitante de refúgio – ver adiante na temática da repatriação).

Um instrumento para controle do ingresso do estrangeiro é o *visto*, que consiste em ato unilateral pelo qual o Estado manifesta sua predisposição em permitir o ingresso de um estrangeiro no território nacional. Trata-se de *expectativa de direito*, não gerando *direito adquirido* de ingresso.

Na ótica do Estado, o visto não elimina a necessidade de verificação de documentos no desembarque e, por isso, cada vez mais os Estados buscam acordos de eliminação de vistos.

Conforme a nova Lei de Migração, os vistos podem ser: (i) de visita; (ii) temporário; (iii) diplomático; (iv) oficial; e (v) de cortesia. O *visto de visita* abrange o visto de turismo, de negócios, de trânsito (não é exigido quando o passageiro não venha a deixar a área de trânsito internacional), de atividades artísticas ou desportivas, bem como outras hipóteses definidas em regulamento. É vedado ao beneficiário de visto de visita exercer atividade remunerada no Brasil, podendo, contudo, receber pagamento do governo, de empregador brasileiro ou de entidade privada *a título de diária, ajuda de custo, cachê, pro labore ou outras despesas com a viagem*, bem como concorrer a prêmios em competições desportivas, em concursos artísticos ou culturais.

O *visto temporário* poderá ser concedido ao imigrante que venha ao Brasil com o intuito de estabelecer residência por tempo determinado e que se enquadre em pelo menos uma das seguintes hipóteses: a) pesquisa, ensino ou extensão acadêmica; b) tratamento de saúde; c) acolhida humanitária; d) estudo; e) trabalho; f) férias-trabalho; g) prática de atividade religiosa ou serviço voluntário; h) realização de investimento ou de atividade com relevância econômica, social, científica, tecnológica ou cultural; i) reunião familiar; j) atividades artísticas ou desportivas com contrato por prazo determinado; k) o imigrante seja beneficiário de tratado em matéria de vistos; e l) outras hipóteses definidas em regulamento.

Já os vistos diplomáticos e oficial são destinados aos agentes diplomáticos, consulares e aos que estejam servindo oficialmente o Estado estrangeiro.

Outra novidade da Lei de Migração foi a criação do *visto temporário para acolhida humanitária* que pode ser concedido ao *apátrida ou ao nacional de qualquer país* em situação (i) de grave ou iminente instabilidade institucional; (ii) de conflito armado; (iii) de calamidade de grande proporção; (iv) de desastre ambiental; ou (v) de grave violação de direitos humanos; ou (vi) de direito internacional humanitário; ou (vi) em outras hipóteses, na forma de regulamento.

Além da negativa de visto aos que não preencherem os requisitos para o tipo específico pleiteado (por exemplo, visto para atividade desportiva não demonstrada), o visto ainda não será concedido a menor de 18 anos desacompanhado ou sem autorização de viagem por escrito dos responsáveis legais ou de autoridade competente; bem como a indivíduo que estiver em *determinadas situações de impedimento de ingresso*.

As situações de impedimento de ingresso que impedem a concessão de visto são: (i) expulsão anterior ainda produzindo efeito; (ii) condenação ou mero processo por ato de terrorismo ou ainda por crime de genocídio, crime contra a humanidade, crime de guerra ou crime de agressão (crimes definidos conforme o Estatuto do Tribunal Penal Internacional); (iii) condenação ou mero processo por crime doloso em outro país passível de extradição segundo a lei brasileira; (iv) ter o nome incluído em lista de restrições por ordem judicial ou por compromisso assumido pelo Brasil perante organismo internacional; e (v) ter praticado ato contrário aos princípios e objetivos dispostos na CF/88.

Assim, as hipóteses de impedimento ao ingresso (ver, a seguir, item sobre a saída compulsória) servem, paralelamente, para que não se conceda visto. Caso seja concedido, assim mesmo o agente federal nas fronteiras poderá impedir o ingresso.

No entanto, após a extinção do antigo "visto permanente", a Lei de Migração criou, em seu lugar, a *autorização de residência* ao imigrante, independentemente de sua situação migratória ou visto de entrada. Assim, o migrante ingressa no Brasil com o visto temporário, de visita ou, ainda, autorização para o residente fronteiriço, podendo solicitar autorização de residência caso cumpra os requisitos previstos no art. 30 e regulamento posterior (demonstrando a finalidade admitida pela lei, que reproduz as hipóteses do visto temporário, agregando outras).

A autorização de permanência aplica-se aos imigrantes que têm a finalidade de aqui residirem por motivo de pesquisa, ensino ou extensão acadêmica, tratamento de saúde, acolhida humanitária, trabalho, *entre outros*, bem como para os beneficiários de tratado em matéria de residência e livre circulação (caso dos nacionais oriundos de Estados do Mercosul).

Por fim, a lei outorgou direitos ao residente fronteiriço, que é a pessoa nacional (ou apátrida) residente em município fronteiriço de *país limítrofe* ao Brasil. Mediante requerimento, pode-se obter autorização para praticar atos da vida civil, recebendo documento de residente fronteiriço.

3.5. A permanência

A Lei de Migração estabelece *22 princípios e diretrizes da política migratória brasileira*, que podem ser divididos em quatro categorias.

A primeira delas consiste em *princípios gerais de direitos humanos*, como: universalidade, indivisibilidade e interdependência dos direitos humanos; repúdio e prevenção à xenofobia, ao racismo e a quaisquer formas de discriminação; direito à reunião familiar.

A segunda categoria é relativa aos (ii) *princípios referentes a direitos específicos dos migrante*, como: não discriminação em razão dos critérios ou dos procedimentos pelos quais a pessoa foi admitida em território nacional; acesso igualitário e livre do migrante a serviços, programas e benefícios sociais, bens públicos, educação, assistência jurídica integral pública, trabalho, moradia, serviço bancário e seguridade social; inclusão social, laboral e produtiva do migrante por meio de políticas públicas; igualdade de tratamento e de oportunidade ao migrante e a seus familiares; proteção integral e atenção ao superior interesse da criança e do adolescente migrante.

A terceira categoria envolve as (iii) *diretrizes de ação governamental nacional*, como: promoção do reconhecimento acadêmico e do exercício profissional no Brasil, nos termos da lei; não criminalização da migração; promoção de entrada regular e de regularização documental do migrante; acolhida humanitária; desenvolvimento econômico, turístico, social, cultural, esportivo, científico e tecnológico do Brasil; promoção e difusão de direitos, liberdades, garantias e obrigações do migrante; diálogo social na formulação, na execução e na avaliação de políticas migratórias e promoção da participação cidadã do migrante; repúdio a práticas de expulsão ou de deportação coletivas.

Finalmente, a quarta categoria abrange as (iv) *diretrizes de ação governamental internacional*, como: fortalecimento da integração econômica, política, social e cultural dos povos da América Latina, mediante constituição de espaços de cidadania e de livre circulação de pessoas; cooperação internacional com Estados de origem, de trânsito e de destino de movimentos migratórios, a fim de garantir efetiva proteção aos direitos humanos do migrante; integração e desenvolvimento das regiões de fronteira e articulação de políticas públicas regionais capazes de garantir efetividade aos direitos do residente fronteiriço; migração e desenvolvimento humano no local de origem, como direitos inalienáveis de todas as pessoas; proteção ao brasileiro no exterior e, finalmente, a diretriz de observância ao disposto em tratado.

Porém, a maior contribuição da Lei de Migração no que tange à permanência consiste na *explicitação* de um *rol dos direitos dos migrantes*. Como *regra geral*, a lei enumera os direitos dos migrantes, estipulando, ainda que seu exercício será realizado de acordo com a CF/88 e "independentemente da situação migratória", sem excluir outros decorrentes dos tratados celebrados pelo Brasil (criando os *direitos migratórios decorrentes* – art. 4º, § 1º).

São assegurados aos migrantes *direitos civis e sociais em geral*: é garantida, em condição de igualdade com os nacionais, a inviolabilidade do *direito à vida*, à *liberdade*, à *igualdade*, à *segurança* e à *propriedade*; foram assegurados também, genericamente, "direitos e liberdades civis, sociais, culturais e econômicos".

Ainda, foram mencionados os *direitos civis* específicos: direito à *liberdade de circulação* em território nacional; direito à *reunião familiar* do migrante com seu cônjuge ou companheiro e seus filhos, familiares e dependentes; direito de *reunião* para fins pacíficos; direito de *associação*, inclusive sindical, para fins lícitos; direito de *acesso à justiça* e à *assistência jurídica* integral; direito de acesso à informação e garantia de confidencialidade quanto aos dados pessoais do migrante, nos termos da Lei n. 12.527/2011 (Lei de Acesso à Informação); direito de sair, de *permanecer* e de *reingressar* ao território nacional, mesmo enquanto pendente pedido de autorização de residência, de prorrogação de estada ou de transformação de visto em autorização de residência; direito do imigrante de ser *informado* sobre as garantias que lhe são asseguradas para fins de regularização migratória.

Por sua vez, os *direitos sociais específicos foram também elencados*: direito de acesso a serviços públicos de *saúde* e de *assistência social* e à *previdência social*, nos termos da lei, sem discriminação em razão da nacionalidade e da condição migratória. Nesse caso, a menção ao "nos termos da lei" deve sofrer escrutínio de modo a impedir a continuidade de exclusão pela "condição migratória". Houve previsão expressa ao direito à *educação pública*, vedada a discriminação em razão da nacionalidade e da condição migratória. Foram também mencionados: garantia de cumprimento de obrigações legais e contratuais *trabalhistas* e de aplicação das normas de proteção ao trabalhador, sem discriminação em razão da nacionalidade e da condição migratória; direito de *transferir* recursos decorrentes de sua renda e economias pessoais a outro país, observada a legislação aplicável; direito a isenção das taxas estipuladas pela Lei de Migração, mediante declaração de hipossuficiência econômica, na forma de regulamento; direito a abertura de conta bancária.

3.6. A saída compulsória

3.6.1 O impedimento de ingresso e a retirada compulsória

O poder de *determinar a saída de estrangeiros* do território do Estado brasileiro, fruto da soberania, é regulado com base na Constituição, na Lei de Migração e em tratados, podendo ser dividido em duas categorias: o (i) impedimento do ingresso e a (ii) retirada compulsória, a qual pode ser subdividida em retirada administrativa compulsória e retirada cooperacional.

Inicialmente, *impedimento do ingresso* consiste na aferição de *situações* que são consideradas graves o suficiente para obstar a entrada do estrangeiro no território nacional. Trata-se de herança da visão soberanista – resiliente – pela qual o Estado pode eleger livremente os critérios pelos quais admite – ou não – um estrangeiro no seu território.

No texto submetido à sanção presidencial, havia pequena restrição ao poder das autoridades administrativas de fronteira (no Brasil, tais funções administrativas são exercidas pela Polícia Federal) no art. 44, o qual dispunha que "[o] titular de visto ou a pessoa de nacionalidade beneficiária de tratado ou comunicação diplomática que acarrete dispensa de visto poderá adentrar o território nacional, ressalvadas as hipóteses impeditivas previstas nesta Seção". O texto era dúbio: assegurava o ingresso de titular de visto ou pessoa beneficiada pela dispensa de visto, mas, ao mesmo tempo, ressalvava situações de impedimento de ingresso. Mesmo assim, o então Presidente Temer *vetou* o dispositivo, sob a alegação de que este "fragiliza o exercício constitucional do Poder de Polícia brasileiro pelas instituições de natureza migratória, ao esvaziar indevidamente a discricionariedade para exercício da soberania nacional".

Pelo fundamento do veto presidencial, fica claro o desejo de dar instrumento amplamente discricionário às autoridades administrativas, buscando reproduzir a situação existente na vigência do revogado Estatuto do Estrangeiro (Lei n. 6.815/80), cujo art. 26 previa que o visto era mera "expectativa de direito", podendo a entrada, a estada ou o registro do estrangeiro ser obstado ocorrendo qualquer dos casos do art. 7º do diploma revogado, ou na existência de certa "inconveniência de sua presença no território nacional", a critério do Ministério da Justiça. Além da amplitude do art. 26, o art. 7º da lei revogada ainda continha situações de impedimento ao ingresso extremamente abertas, por exemplo, ser o estrangeiro "considerado nocivo à ordem pública ou aos interesses nacionais" (art. 7º, II). Obviamente, tais hipóteses abertas transformaram a categoria de impedimento ao ingresso em uma área de arbítrio e decisionismo, incompatível com a atuação fundamentada e racional que se espera de uma decisão administrativa em um estado democrático de direito.

No caso da Lei de Migração, o impedimento ao ingresso foi regulado no art. 45, que prevê as seguintes *situações específicas*: (i) expulsão anterior ainda produzindo efeito; (ii) condenação ou mero processo por ato de terrorismo ou, ainda, por crime de genocídio, crime contra a humanidade, crime de guerra ou crime de agressão (crimes definidos conforme o Estatuto do Tribunal Penal Internacional; crimes de *jus cogens*); (iii) condenação ou mero processo por crime doloso em outro país passível de extradição segundo a lei brasileira; (iv) inclusão em lista de restrições por ordem judicial ou por compromisso assumido pelo Brasil perante organismo internacional. Há ainda uma *situação genérica*, que consiste em (v) ter praticado ato contrário aos princípios e objetivos dispostos na CF/88.

Tais hipóteses de impedimento ao ingresso servem, paralelamente, para que não se conceda visto. Caso seja eventualmente concedido, mesmo assim o agente federal de migração poderá impedir o ingresso do estrangeiro no Brasil.

Apesar do veto presidencial ao art. 44 ter feito menção à discricionariedade da autoridade na decisão de impedimento, *não é possível considerar* que há liberdade absoluta do agente público.

Pelo contrário, devem existir *três* condições para um agir adequado ao estado democrático de direito e à defesa de direitos humanos: (i) ser hipótese prevista na Lei; (ii) ser compatível com os direitos protegidos de todos os indivíduos (mesmo estrangeiros no momento do ingresso), como o direito ao devido processo legal, presunção de inocência e direito ao acolhimento (no caso do solicitante de refúgio); e (iii) ter sido a decisão administrava produzida em procedimento administrativo, mesmo que sumário, com ampla defesa e contraditório, que pode ser submetido a controle (para evitar o arbítrio na zona primária de fronteira).

Por sua vez, a *retirada compulsória* consiste em um conjunto de medidas pelo qual o Brasil determina que estrangeiro (imigrante, visitante ou apátrida na linguagem da Lei de Migração) seja afastado do território nacional. Pode ser classificada em dois grupos: a *retirada administrativa* e a *retirada cooperacional*.

A *retirada compulsória administrativa* é aquela feita pelas autoridades administrativas brasileiras em virtude do desrespeito, pelo indivíduo retirado, de regras que regulam a entrada e permanência no Brasil. Ocorre nas hipóteses de (i) *repatriação*, (ii) *deportação* e (iii) *expulsão*, sendo o indivíduo devolvido para seu país de nacionalidade ou de procedência[32].

Em todos os casos de retirada administrativa, devem ser asseguradas as "três condições" apresentadas, de modo a evitar o arbítrio e decisionismo da época da ditadura militar brasileira (sob a égide do Estatuto do Estrangeiro, hoje revogado).

Já a *retirada cooperacional*[33] é aquela que é feita pelas autoridades brasileiras a pedido ou anuência de Estado estrangeiro ou por organização internacional como o Tribunal Penal Internacional, sendo medida de cooperação jurídica internacional em matéria penal. Suas espécies tradicionais são a (i) *extradição*, a (ii) *entrega (aos tribunais internacionais penais)* e a (iii) *transferência de pessoa condenada*. Também a disciplina da retirada cooperacional deve estar em linha com a defesa dos direitos fundamentais, como defende Abade[34].

3.6.2 A repatriação

A repatriação consiste em medida administrativa fundamentada de devolução de pessoa em situação de *impedimento de ingresso* ao país de procedência ou de nacionalidade. Era previsto em atos administrativos (sem apoio legal) da Polícia Federal e agora foi inserida na nova Lei de Migração. Seu uso é feito na zona de fronteira, quando detectado impedimento, pelo agente público, à entrada regular no nosso território. A repatriação deve ser *fundamentada*, o que permite o seu controle.

A Polícia Federal, como agente administrativo de migração, comunicará o ato fundamentado de repatriação à empresa transportadora e à autoridade consular do país de procedência ou de nacionalidade do migrante ou do visitante, ou a quem o representa.

---

[32] Ver mais em CARVALHO RAMOS, André de. *Curso de direitos humanos*. 10. ed. São Paulo: Saraiva, 2023.

[33] Não abordaremos neste *Curso de DIPr* a "retirada cooperacional" pelo seu cunho penal, não afetando a regulação da vida privada transnacional.

[34] Sobre a extradição e a transferência de pessoa condenada à luz dos direitos humanos, ver ABADE, Denise Neves. *Direitos fundamentais na cooperação jurídica internacional*. São Paulo: Saraiva, 2013.

A lei prevê casos de *repatriação proibida*: (i) não será aplicada medida de repatriação à pessoa em situação de refúgio ou de apatridia; (ii) ao menor de 18 anos desacompanhado ou separado de sua família, exceto nos casos em que se demonstrar favorável para a garantia de seus direitos ou para a reintegração a sua família de origem; (iii) a quem necessite de acolhimento humanitário; e (iv) quando a medida de devolução a um Estado possa apresentar risco à vida, à integridade pessoal ou à liberdade da pessoa.

A Defensoria Pública da União será notificada, preferencialmente por via eletrônica, no caso da (i) repatriação proibida ou (ii) quando a repatriação imediata não seja possível. Entendo que essas hipóteses restritas de notificação à Defensoria Pública da União não impedem o exercício de suas atribuições constitucionais de defesa dos vulneráveis, podendo a Defensoria atuar em *todos* os casos de repatriação.

3.6.3 A deportação

A deportação consiste na retirada compulsória de pessoa que se encontre em situação migratória irregular em território nacional. A situação migratória irregular pode ter sido gerada tanto por sua (i) entrada irregular ou por (ii) sua permanência irregular. São casos tradicionais de deportação a permanência após o esgotamento do prazo do visto ou a realização de atividades não permitidas pelo visto daquele migrante.

A nova Lei possibilita o *saneamento da irregularidade*, pois a deportação será precedida de notificação pessoal ao deportando, da qual constem, expressamente, as irregularidades verificadas e prazo para a regularização não inferior a 60 dias, podendo ser prorrogado, por igual período, por despacho fundamentado e mediante compromisso de a pessoa manter atualizadas suas informações domiciliares. Esses prazos podem ser reduzidos na hipótese de a pessoa, em situação irregular, ter ainda cometido "ato contrário aos princípios e objetivos dispostos na Constituição Federal" (art. 45, IX).

Outro avanço significativo foi a exigência de que os procedimentos conducentes à deportação devem respeitar o contraditório e a ampla defesa, e a garantia de recurso com efeito suspensivo.

A Defensoria Pública da União deverá ser notificada, preferencialmente por meio eletrônico, para prestação de assistência ao deportando em todos os procedimentos administrativos de deportação. A ausência de manifestação da Defensoria Pública da União, desde que prévia e devidamente notificada, não impedirá a efetivação da medida de deportação.

Somente vencido o prazo sem que se regularize a situação migratória, a deportação poderá ser executada. A saída voluntária de pessoa notificada para deixar o País equivale ao cumprimento da notificação de deportação.

A lei prevê um caso de *deportação condicionada à autorização*: em se tratando de apátrida, o procedimento de deportação dependerá de prévia autorização da autoridade competente (Ministério da Justiça, atualmente).

Também foi previsto caso de *deportação proibida*, na hipótese de a medida configurar extradição não admitida pela legislação brasileira.

Em 2019, foi editada a Portaria n. 770, do Ministério da Justiça e Segurança Pública, que dispõe sobre o impedimento de ingresso, a repatriação e a deportação sumária (pois o prazo para a retirada final é mais exíguo) de (i) pessoa perigosa ou (ii) que tenha praticado ato contrário aos princípios e objetivos dispostos na Constituição Federal.

Para os fins da Portaria, são consideradas pessoas perigosas ou que tenham praticado ato contrário aos princípios e objetivos dispostos na CF/88 aquelas sobre as quais recaem *razões sérias* que indiquem envolvimento em:

1) terrorismo, nos termos da Lei n. 13.260, de 16 de março de 2016;
2) grupo criminoso organizado ou associação criminosa armada ou que tenha armas à disposição, nos termos da Lei n. 12.850, de 2 de agosto de 2013;
3) tráfico de drogas, pessoas ou armas de fogo;
4) pornografia ou exploração sexual infantojuvenil.

Nessas hipóteses, a pessoa não poderá ingressar no país (*impedimento*), estando sujeita à repatriação. Caso tenha já ingressado, será submetido à deportação em um rito abreviado (por isso, denominada de "deportação sumária"[35]), distinto do rito ordinário previsto no Decreto n. 9.199/2017 (que regulamentou a Lei de Migração).

Como desencadeador da tomada de decisão da autoridade administrativa, a Portaria utiliza o conceito de *razão séria* de envolvimento da pessoa nessas atividades.

Tal "razão séria" não é dimensionada ou parametrizada. Deve ser avaliada (sem que se diga como) caso a caso e pode ser baseada nas seguintes fontes de informação: (i) difusão ou informação oficial em ação de cooperação internacional; (ii) lista de restrições exaradas por ordem judicial ou por compromisso assumido pelo Brasil perante organismo internacional (o que abarca as pessoas sob sanções do Conselho de Segurança da ONU) ou Estado estrangeiro; (iii) informação de inteligência proveniente de autoridade brasileira ou estrangeira; (iv) investigação criminal em curso; e (v) sentença penal condenatória.

A Portaria proíbe, é claro, o uso de informações que tenham sido geradas por motivo de raça, religião, nacionalidade, pertinência a grupo social ou opinião política. Também veda a utilização desse procedimento sumário para aquele perseguido no exterior por crime puramente político.

O trâmite do *procedimento de repatriação por razão séria de envolvimento em crimes* não foi regrado na Portaria, devendo ser utilizado o já existente na Lei de Migração. Já o trâmite do *procedimento da deportação por razão séria de envolvimento com crimes* graves é expedito (por isso a denominação doutrinária de

---

[35] A Portaria n. 666/2019 revogada pela Portaria n. 770/2019 utilizava a expressão "deportação sumária". A Portaria n. 770 não mais utiliza o termo, mas o rito continua mais célere, merecendo a manutenção, doutrinária, da denominação.

"deportação sumária"): (i) a pessoa é notificada pessoalmente a deixar o país em cinco dias; (ii) na ausência de defensor constituído, a Defensoria Pública deverá ser notificada, preferencialmente por meio eletrônico, para manifestação no prazo também de cinco dias; (iii) a ausência de defesa ou manifestação inclusive do defensor *não* obsta a execução da medida; (iv) da decisão de deportação caberá recurso administrativo, com efeito suspensivo, no prazo de até cinco dias, contado da notificação do deportando ou de seu defensor; (v) caso o deportando esteja regular no Brasil, seu prazo de estada poderá ser reduzido ou mesmo cancelado; (vi) autoridade policial federal poderá representar perante o juízo federal pela prisão ou por outra medida cautelar, em qualquer fase do processo de deportação.

A mencionada Portaria n. 770 revogou a anterior Portaria n. 666 do Ministério da Justiça e Segurança Pública, de 25 de julho de 2019. Em setembro de 2019, a Procuradoria-Geral da República ajuizou a ADPF n. 619, impugnando todo o texto da Portaria n. 666 (STF, ADPF n. 619, Rel. Min. Rosa Weber, extinta sem julgamento de mérito, pela revogação da Portaria impugnada, 2022). A portaria revogada previa o repatriamento e a deportação sumários a partir de mera "suspeita" de envolvimento.

A nova portaria exige, ao mencionar "sérias razões", maior peso do motivo para que seja o estrangeiro impedido de ingressar ou mesmo deportado do território nacional.

O conceito indeterminado de "*razão séria*" não pode gerar tamanha restrição de ingresso ou ainda cancelamento da regularidade da estadia. O devido processo legal previsto constitucionalmente ou em tratados é violado, pois a falta de parâmetros sobre o que seria uma "razão séria" dificulta inclusive a defesa e o contraditório.

Não há sequer a exigência da existência de uma acusação formal, que poderia ser refutada por argumentos defensivos. Além disso, caso houvesse provas de envolvimento nas práticas delitivas graves listadas pela Portaria, o Estado informante deveria apontar as medidas processuais adotadas, o que poderia inclusive gerar pedido de extradição.

Além disso, a portaria criou a "irregularidade migratória fabricada": o estrangeiro pode estar regular no Brasil, mas, por "razões sérias", ter sua estadia legítima abruptamente cancelada e com prazo de cinco dias para sair do país. Utilizou-se o instituto da deportação para ressuscitar o antigo desenho da expulsão da Lei n. 6.815/80 (retirada do estrangeiro – mesmo com estadia regular – que teria cometido "ato nocivo").

Houve também ofensa grave à Lei de Migração no que tange à pessoa em situação de refúgio. De fato, a Lei de Migração, em seu art. 49, § 4º, estabelece que "não será aplicada medida de repatriação à pessoa em situação de refúgio ou de apatridia, de fato ou de direito, ao menor de 18 (dezoito) anos desacompanhado ou separado de sua família, exceto nos casos em que se demonstrar favorável para a garantia de seus direitos ou para a reintegração a sua família de origem, ou a quem necessite de acolhimento humanitário (...)".

Com base nesse artigo e em face do princípio *pro persona*, está revogado implicitamente o art. 7º, § 2º, da Lei n. 9.474/97, o qual dispõe que o refugiado considerado perigoso para a segurança do Brasil poderá não ser aceito no território nacional. Assim, a Portaria, ao reviver o fantasma da "pessoa perigosa" afeta, de modo ilegal, os direitos dos solicitantes de refúgio.

3.6.4 A expulsão

A expulsão consiste em medida administrativa de retirada compulsória de migrante ou visitante do território nacional por ter sido condenado por crime grave com sentença transitada em julgado, que resulta em seu impedimento de reingresso por prazo determinado.

O instituto da expulsão sofreu grande alteração com a Lei de Migração, deixando de ser utilizado para a saída compulsória de estrangeiro que cometeu *ato nocivo aos interesses nacionais*, tal qual preconizava a revogada Lei n. 6.815/80, que considerava ser passível de expulsão o estrangeiro que, de qualquer forma, atentasse contra a segurança nacional, a ordem política ou social, a tranquilidade ou moralidade pública e a economia popular, ou cujo procedimento o tornasse nocivo à conveniência e aos interesses nacionais.

Com a nova lei, esses conceitos indeterminados referente a "atos nocivos aos interesses nacionais" que tanto geraram abusos durante o regime militar deixam de servir como fundamento para a expulsão.

Agora, a expulsão é mais restrita e só ocorrerá em virtude de *condenação por crime grave com sentença transitada em julgado*. Evita-se, assim, a discricionariedade política do Poder Executivo na expulsão, o que é salutar em um Estado Democrático de Direito.

Assim, a nova Lei estipula que poderá dar causa à expulsão a *condenação com sentença transitada em julgado* relativa à prática de: I – *crimes de jus cogens*, a saber: crime de genocídio, crime contra a humanidade, crime de guerra ou crime de agressão, nos termos definidos pelo Estatuto de Roma do Tribunal Penal Internacional; II – crime comum doloso passível de pena privativa de liberdade, consideradas a gravidade e as possibilidades de ressocialização em território nacional. Assim, é possível que o indivíduo, mesmo condenado, não seja expulso.

Há duas consequências da determinação de expulsão do imigrante: (i) sua retirada compulsória do território nacional e (ii) seu impedimento de reingresso, por prazo fixado na medida de expulsão.

Atendendo à crítica antiga da doutrina quanto à ausência de prazo para o reingresso do estrangeiro expulso (que só poderia retornar com a revogação do decreto de expulsão[36]), a Lei de Migração definiu que o prazo de vigência da medida de impedimento

---

[36] Criticando essa ausência de prazo do decreto de expulsão na vigência do Estatuto do Estrangeiro, ver PARDI, Luis Vanderlei. *O regime jurídico da expulsão de estrangeiros no Brasil*. São Paulo: Almedina, 2015.

vinculada aos efeitos da expulsão será *proporcional* ao prazo total da pena criminal aplicada e *nunca será superior* ao dobro de seu tempo.

O processamento da expulsão em caso de crime comum não prejudicará a (i) progressão de regime, o (ii) cumprimento da pena, a (iii) suspensão condicional do processo, a (iv) comutação da pena ou a (v) concessão de pena alternativa, de (vi) indulto coletivo ou individual, de (vii) anistia ou de (viii) quaisquer benefícios concedidos em igualdade de condições ao nacional brasileiro.

Caberá ao Ministério da Justiça (atualmente a autoridade competente) instaurar procedimento administrativo de expulsão, estipulando a duração do impedimento de reingresso, bem como a suspensão ou a revogação dos efeitos da expulsão.

No processo administrativo de expulsão, serão garantidos o contraditório e a ampla defesa. A Defensoria Pública da União será notificada da instauração de processo de expulsão, se não houver defensor constituído. Caberá pedido de reconsideração da decisão sobre a expulsão no prazo de 10 dias, a contar da notificação pessoal do expulsando. A existência de processo de expulsão não impede a saída voluntária do expulsando do País.

Contudo, há restrições à expulsão, que não ocorrerá (mesmo sendo, inicialmente, possível) quando: I – a medida configurar extradição inadmitida pela legislação brasileira; II – o expulsando: a) tiver filho brasileiro que esteja sob sua guarda ou dependência econômica ou socioafetiva ou tiver pessoa brasileira sob sua tutela; b) tiver cônjuge ou companheiro residente no Brasil, sem discriminação alguma, reconhecido judicial ou legalmente; c) tiver ingressado no Brasil até os 12 anos de idade, residindo desde então no País; d) for pessoa com mais de 70 anos que resida no País há mais de 10 (dez) anos, considerados a gravidade e o fundamento da expulsão.

Com isso, a nova Lei aumenta os casos de *expulsão proibida*, dirimindo antigas pendências judiciais sobre o cabimento da expulsão quando o expulsando possuía família no Brasil. Note-se que a lei, ao mencionar a expressão "sem discriminação alguma", abarca também as famílias homoafetivas.

3.6.5 Notificação do direito à assistência consular

Todo migrante estrangeiro, ao ser detido, deve ser notificado do seu direito de receber assistência consular. Esse direito está previsto no art. 36, 1, *b*, da Convenção de Viena sobre Relações Consulares de 1963, já ratificada e incorporada internamente no Brasil[37]. A assistência consular é importante porque busca neutralizar a *inegável desigualdade* que existe entre o detido nacional e o detido estrangeiro, pois este último enfrenta (além da carga da prisão) as inúmeras barreiras culturais, linguísticas e jurídicas oriunda da sua situação migratória.

---

[37] Incorporada pelo Decreto n. 61.078, de 26 de julho de 1967.

Essa notificação do direito de receber assistência consular exige: (i) que seja feita, sem tardar (*without delay*), no exato momento da detenção e *antes* de qualquer declaração do detido, sob pena de se tornar supérflua (no auxílio na superação das desigualdades); (ii) que seja concretizada a vontade do detido de contatar a autoridade consular, com a autoridade brasileira adotando as medidas para que o consulado seja acionado, aguardando-se a chegada do representante consular antes do interrogatório do detido; e (iii) que seja assegurada, com privacidade, o encontro do detido com sua autoridade consular.

Em 2015, o STF decidiu que o art. 36 da Convenção de Viena sobre Relações Consulares deve incidir em todas as hipóteses de detenção de um estrangeiro no país, qualquer que seja a modalidade, inclusive prisão cautelar (flagrante delito, prisão temporária, prisão preventiva etc.)[38].

Em 2016, o Conselho Nacional do Ministério Público adotou a Recomendação n. 47, a qual recomendou aos membros do Ministério Público que fiscalizem a notificação consular resultante da aplicação do art. 36 da Convenção de Viena sobre Relações Consulares, de 1963, que impõe que as autoridades brasileiras cientifiquem, *sem tardar*, a autoridade consular do País a que pertence o estrangeiro, sempre que este for preso, qualquer que seja a modalidade da prisão.

Já em 2017, houve a edição da Portaria n. 67/2017, pela qual o Ministro da Justiça determinou às Polícias Federal e Rodoviária Federal que fiscalizem a aplicação do art. 36 da Convenção de Viena sobre Relações Consulares, para que seja informada, "sem demora, a autoridade consular do País a que pertence o estrangeiro, sempre que este for preso, qualquer que seja a modalidade da prisão".

No caso de não ter sido feita a notificação ao detido, há dois posicionamentos que podem ser adotados.

Para uma primeira visão, a falta de notificação é irregularidade que só contamina os atos posteriores se houver prejuízo (*pas de nullité sans grief*), o que só seria demonstrável caso o estrangeiro comprovasse dano à sua defesa. Nesse sentido, o Superior Tribunal de Justiça decidiu que "a ausência de informação do local e da prisão do recorrente à sua família e ao consulado da Romênia, ainda que tivessem ocorrido, não seriam suficientes, por si sós, para viciar o auto de prisão em flagrante, tendo em vista a ausência de demonstração de prejuízo efetivo à Defesa" (RHC 27.067/SP, rel. Min. Jorge Mussi, 5ª T., j. 16-3-2010, publicado no *DJe* 12-4-2010).

Em uma segunda visão, a ausência de notificação da assistência consular acarreta violação do devido processo legal penal e, consequentemente, *nulidade* dos atos processuais posteriores. Essa segunda visão foi adotada pela Corte Interamericana de Direitos Humanos (Opinião Consultiva n. 16/99).

---

[38] STF, Prisão Preventiva para Extradição n. 726, Decisão monocrática do relator, Min. Celso de Mello, de 27 de maio de 2015.

3.7. A proteção do apátrida e do asilado

A lei inova ao estabelecer, de modo condizente com as duas Convenções sobre Apatridia (1954 e 1961, ratificadas pelo Brasil), o processo de reconhecimento da condição de apátrida, que visa determinar se o interessado é considerado nacional pela legislação de algum Estado. Após essa determinação, o apátrida reconhecido terá (i) direito de adquirir a nacionalidade derivada brasileira (naturalização) e, (ii) mesmo que não queira se naturalizar, terá autorização de residência em definitivo. Aplicam-se ao apátrida residente todos os direitos atribuídos ao migrante vistos anteriormente.

Foi previsto também na lei que o *asilo político* constitui ato discricionário do Estado, podendo ser *diplomático* ou *territorial* e será outorgado como instrumento de proteção à pessoa, na forma de regulamento. Há duas restrições expressas na lei: (i) não pode ser concedido asilo a quem tenha cometido crime de genocídio, crime contra a humanidade, crime de guerra ou crime de agressão, nos termos do Estatuto de Roma do Tribunal Penal Internacional e (ii) a saída do asilado do Brasil sem prévia comunicação implica *renúncia* ao asilo.

REFERÊNCIAS

ABADE, Denise Neves. Carta rogatória e o auxílio direto na cooperação jurídica internacional. In: CARVALHO RAMOS, André de; MENEZES, Wagner. *Direito internacional privado e a nova cooperação jurídica internacional.* Belo Horizonte: Arraes, 2015.

_____. *Direitos fundamentais na cooperação jurídica internacional.* São Paulo: Saraiva, 2013.

ABBUD, André de Albuquerque Cavalcanti. *Homologação de sentenças arbitrais estrangeiras.* São Paulo: Atlas, 2008.

ACCIOLY, Hildebrando. A ratificação e a promulgação dos tratados em face da Constituição Federal brasileira. *Boletim da Sociedade Brasileira de Direito Internacional,* Rio de Janeiro, n. 7, p. 11-15, jan./jun. 1948.

_____. *Tratado de direito internacional público.* Prefácio de Paulo Borba Casella. 3. ed. São Paulo: Quartier Latin/FUNAG, 2009.

ACCIOLY, Hildebrando; NASCIMENTO E SILVA, G. E.; CASELLA, Paulo Borba. *Manual de direito internacional.* 21. ed. 2ª tiragem. São Paulo: Saraiva, 2015.

AGO, Roberto. Règles générales des conflits de lois. *Recueil des Cours de l'Académie de Droit International de La Haye,* v. 58, 1936, p. 243-470.

_____. *Lezioni di diritto internazionali privato*: parte generale. Milano: Giuffrè, 1955.

ALMEIDA, Paulo Roberto. *A formação da diplomacia econômica do Brasil.* São Paulo: Senac, 2001.

AMARAL JUNIOR, Alberto do; VIEIRA, Luciane Klein (Org.). *El derecho internacional privado y sus desafíos en la actualidad.* Bogotá: Grupo Editorial Ibáñez, 2016.

AMAZONAS, José Antônio de Almeida. *Da execução de sentenças estrangeiras*. São Paulo: Revista dos Tribunais, 1940.

ANCEL, B.; LEQUETTE, Y. *Les grands arrêts de la jurisprudence française de droit international privé*. 5. ed. Paris: Dalloz, 2006.

ANDOLINA, Italo (Coord.). *Cooperazione internazionale in matéria giudiziaria*. Catania: Libreria Editrice Torre, 1996.

ARAS, Vladimir. As equipes conjuntas de investigação (ECI). Disponível em: <https://vladimiraras.blog/2017/02/22/as-equipes-conjuntas-de-investigacao-eci/>. Acesso em: 25 mar. 2017.

ARAUJO, Nadia de. A autonomia da vontade nos contratos internacionais: direito brasileiro e países do Mercosul: considerações sobre a necessidade de alterações no direito internacional privado obrigacional do bloco. *Revista da Faculdade de Direito da UFRGS*, v. 17, p. 225-234, 1999.

_____. A necessária mudança do artigo 9º da LINDB: o avanço que faltava para a consagração da autonomia da vontade no DIPr brasileiro. In: CARVALHO RAMOS, André de (Org.). *Direito internacional privado*: questões controvertidas. Belo Horizonte: Arraes, 2016.

_____. Constitucionalização do direito internacional privado: a nova concepção do princípio da ordem pública no direito interno e nas convenções da Haia sobre a adoção internacional e sobre aspectos civis de sequestro de menores. In: SOUZA NETO, Cláudio Pereira de; SARMENTO, Daniel (Org.). *A constitucionalização do direito*. Rio de Janeiro: Lumen Juris, 2007.

_____. Solução de controvérsias no Mercosul. In: CASELLA, Paulo Borba (Coord.). *Mercosul:* integração regional e globalização. Rio de Janeiro: Renovar, 2000.

_____. A importância da cooperação jurídica internacional para a atuação do Estado Brasileiro no plano interno e internacional. In: *Manual de cooperação jurídica internacional e recuperação de ativos:* matéria penal. Brasília: Ministério da Justiça, 2008.

_____. *Contratos internacionais*: autonomia da vontade, Mercosul e convenções internacionais. 4. ed. Rio de Janeiro: Renovar, 2009.

_____. *Direito internacional privado*: teoria e prática brasileiras. 5. ed. Rio de Janeiro: Renovar, 2011.

ARAUJO, Nadia de; POLIDO, Fabrício Bertini Pasquot. Reconhecimento e execução de sentenças estrangeiras: análise do projeto em andamento na Conferência da Haia de direito internacional privado. *Revista de Direito Internacional*, v. 11, n. 1, 2014, p. 19-42.

ARAUJO, Nadia; VARGAS, Daniela; GAMA Jr, Lauro. Temas de direito internacional privado no Projeto de novo Código de Processo Civil. *Revista de Arbitragem e Mediação*, n. 28, jan. 2011, p. 147-158.

ARMINJON, P. *Précis de droit international privé*. 2. ed. Paris: Librairie Dalloz, 1927.

ARMINJON, Pierre. L'objet et la méthode du droit international privé. *Recueil des Cours de l'Académie de Droit International de La Haye*, v. 21, 1928, p. 429-544.

_____. Les systèmes juridiques complexes et les conflits de lois et de juridictions auxquels ils donnent lieu. *Recueil des Cours de l'Académie de Droit International de La Haye*, v. 74, 1949, p. 73-190.

ARNAUD, André-Jean; ASSIS DE ALMEIDA, José Gabriel; CAROCCIA, Francesca. Lex Mercatoria. In: ARNAUD, André-Jean; JUNQUEIRA, Eliane Botelho (Org.). *Dicionário da globalização*. Rio de Janeiro: Lumen Juris, 2006.

ASCENSÃO, José de Oliveira. *O direito:* introdução e teoria geral; uma perspectiva luso-brasileira. Lisboa: Fundação Calouste Gulbenkian, 1978.

ASSER, Tobias Michael Carel. Droit international privé et droit uniforme. *Revue de droit international et de législation comparée*, t. 12, 1880.

ATTAL, Michel; RAYNOUARD, Arnaud. *Droit international privé*: principes généraux. Bruxelles: Larcier, 2013.

AUDIT, Bernard. Le caractère fonctionnel de la règle de conflit (sur la crise des conflits de lois). *Recueil des Cours de l'Académie de Droit International de La Haye*, v. 186, 1984, p. 219-397.

_____. Le droit international privé à la fin du XXe siècle: progrès ou recul. *Revue internationale de droit comparé*, v. 50, n. 2, abr.-jun. 1998, p. 421-448.

_____. Le droit international privé en quête d'universalité: cours général. *Recueil des Cours de l'Académie de Droit International de La Haye*, v. 305, 2003, p. 9-487.

_____. *La fraude à la loi*. Paris: Dalloz, 1974.

BADÁN, Dieder Opertti. *Reflexiones sobre relaciones entre la globalización y el derecho internacional privado*. Derecho internacional privado. Derecho de la libertad y el respeto mutuo: ensayos a la memoria de Tatiana B. de Maekelt. Centro de Estudios de Derecho, Economía y Política (CEDEP), Asunción, Paraguay: La Ley, 2010, p. 31-53.

BADARÓ, Gustavo Henrique Righi Ivahy. *Ônus da prova no processo penal*. São Paulo: RT, 2003.

BALLADORE PALLIERI, G. *Diritto internazionale privato*. Milano: Giuffrè, 1950.

BALLARINO, Tito. Questions de droit international privé et dommages catastrophiques. *Recueil des Cours de l'Académie de Droit International de La Haye*, v. 220, 1990, p. 289-387.

BALMACEDA CARDOSO, P. *O direito internacional privado em face da doutrina, da legislação e da jurisprudência brasileiras.* São Paulo: Livraria Martins, 1943, p. 186-205.

BAPTISTA, Luiz Olavo. Aplicação do direito estrangeiro pelo juiz nacional. *Revista de Informação Legislativa,* Brasília, ano 36, n. 142, abr./jun. 1999, p. 267-277.

_____.*Dos contratos internacionais:* uma visão teórica e prática. São Paulo: Saraiva, 1994.

BAPTISTA, Luiz Olavo; MERCADANTE, Araminta de Azevedo; CASELLA, Paulo Borba. *Mercosul:* das negociações à implantação. 2. ed. São Paulo: LTr, 1998.

BAR, L, v. *The theory and practice of Private International Law.* 2. ed. Trad de. G. R. Gillespie. Edinburg: William Green & Sons Law Publishers, 1892.

BARBALHO, João. *Constituição Federal Brazileira.* 2. ed. Rio de Janeiro: F. Briguiet e Cia, 1924.

BARBI, Celso Agrícola. *Comentários ao Código de Processo Civil, Lei n. 5.869, de 11 de janeiro de 1973.* Rio de Janeiro: Forense, 1998, v. I.

BARBOSA MOREIRA, José Carlos. Garantia constitucional do direito à jurisdição – competência internacional da justiça brasileira: prova do direito estrangeiro. *Revista Forense*, n. 343, 1998, p. 275-291.

_____. Problemas relativos a litígios internacionais. In: *Temas de direito processual:* quinta série. São Paulo: Saraiva, 1994, p. 139-162.

_____. Relações entre processos instaurados, sobre a mesma lide civil no Brasil e em país estrangeiro. *Revista de Processo*, n. 7-8, jul./dez. 1977, p. 51-70.

BARROSO, Luís Roberto. A Constituição e o conflito de normas no espaço: direito constitucional Internacional. *Revista da Faculdade de Direito da Universidade do Estado do Rio de Janeiro*, n. 4, 1996, p. 201-230.

_____. *Curso de direito constitucional contemporâneo.* 5. ed. São Paulo: Saraiva, 2015.

_____.*Interpretação e aplicação da Constituição.* 7. ed. São Paulo: Saraiva, 2009.

_____. *O controle de constitucionalidade no direito brasileiro.* 5. ed. São Paulo: Saraiva, 2011.

BARTIN, E. Les dispositions d'ordre public, la théorie de la fraude à la loi, et l'idée de communauté internationale. *Revue de Droit International et de Législation Comparée*, XXIX, 1898, p. 385-427 e 613-658.

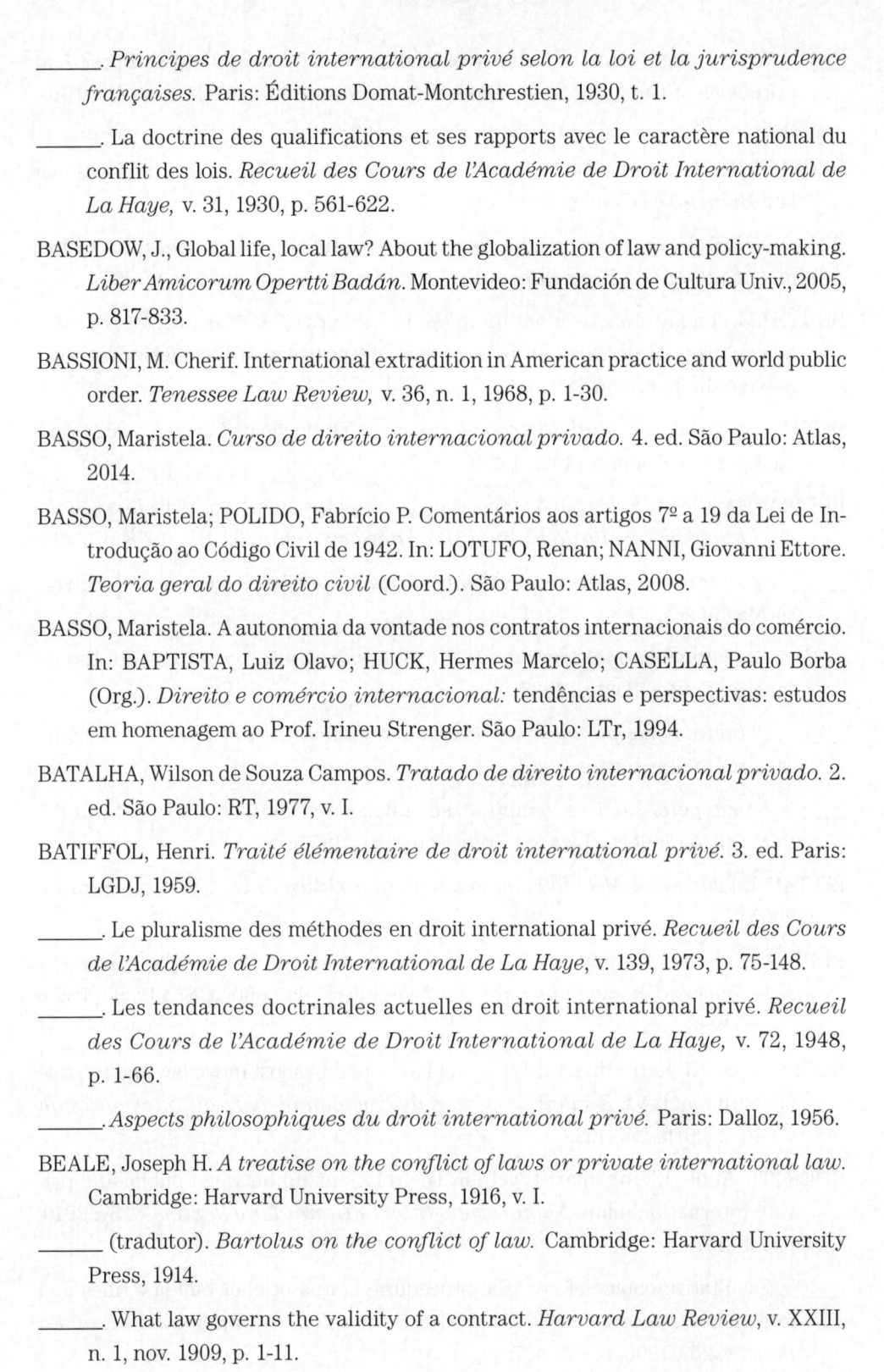

_____. *Principes de droit international privé selon la loi et la jurisprudence françaises.* Paris: Éditions Domat-Montchrestien, 1930, t. 1.

_____. La doctrine des qualifications et ses rapports avec le caractère national du conflit des lois. *Recueil des Cours de l'Académie de Droit International de La Haye,* v. 31, 1930, p. 561-622.

BASEDOW, J., Global life, local law? About the globalization of law and policy-making. *Liber Amicorum Opertti Badán.* Montevideo: Fundación de Cultura Univ., 2005, p. 817-833.

BASSIONI, M. Cherif. International extradition in American practice and world public order. *Tenessee Law Review,* v. 36, n. 1, 1968, p. 1-30.

BASSO, Maristela. *Curso de direito internacional privado.* 4. ed. São Paulo: Atlas, 2014.

BASSO, Maristela; POLIDO, Fabrício P. Comentários aos artigos 7º a 19 da Lei de Introdução ao Código Civil de 1942. In: LOTUFO, Renan; NANNI, Giovanni Ettore. *Teoria geral do direito civil* (Coord.). São Paulo: Atlas, 2008.

BASSO, Maristela. A autonomia da vontade nos contratos internacionais do comércio. In: BAPTISTA, Luiz Olavo; HUCK, Hermes Marcelo; CASELLA, Paulo Borba (Org.). *Direito e comércio internacional:* tendências e perspectivas: estudos em homenagem ao Prof. Irineu Strenger. São Paulo: LTr, 1994.

BATALHA, Wilson de Souza Campos. *Tratado de direito internacional privado.* 2. ed. São Paulo: RT, 1977, v. I.

BATIFFOL, Henri. *Traité élémentaire de droit international privé.* 3. ed. Paris: LGDJ, 1959.

_____. Le pluralisme des méthodes en droit international privé. *Recueil des Cours de l'Académie de Droit International de La Haye,* v. 139, 1973, p. 75-148.

_____. Les tendances doctrinales actuelles en droit international privé. *Recueil des Cours de l'Académie de Droit International de La Haye,* v. 72, 1948, p. 1-66.

_____. *Aspects philosophiques du droit international privé.* Paris: Dalloz, 1956.

BEALE, Joseph H. *A treatise on the conflict of laws or private international law.* Cambridge: Harvard University Press, 1916, v. I.

_____ (tradutor). *Bartolus on the conflict of law.* Cambridge: Harvard University Press, 1914.

_____. What law governs the validity of a contract. *Harvard Law Review,* v. XXIII, n. 1, nov. 1909, p. 1-11.

_____. What law governs the validity of a contract. III. Theoretical and practical criticisms of the authorities. *Harvard Law Review*, v. XXIII, n. 4, fev. 1910, p. 260-272.

BECKETT, W. E. The question of classification (qualification) in private international law. *British Yearbook of International Law*, v. 15, 1934.

BELLOT, H. H. L. La théorie anglo-saxonne des conflits de lois. *Recueil des Cours de l'Académie de Droit International de La Haye*, v. 3, 1924, p. 95-175.

BENTHAM, Jeremy. *An introduction to the principles of morals and legislation*, edição original de 1780. Disponível em: <http://www.earlymoderntexts.com/assets/pdfs/bentham1780.pdf>.

BETTI, Emílio. *Teoria geral do negócio jurídico*. Tradução de Fernando de Miranda. Coimbra: Coimbra, 1969, t. 1-2.

BEVILÁQUA, Clóvis. Evolução da theoria dos contractos em nossos dias. *Revista da Faculdade de Direito da Universidade de São Paulo*, v. 34, n. 1, 1938, p. 57-66.

_____. *Princípios elementares de direito internacional privado*. Salvador: Livraria Magalhães, 1906.

_____. *Princípios elementares de direito internacional privado*. 3. ed. Rio de Janeiro: Freitas Bastos, 1938.

_____. *Princípios elementares de direito internacional privado*. 4. ed. Rio de Janeiro: Freitas Bastos, 1944.

_____. *Teoria geral do direito civil*. 2. ed. atual. e rev. por Caio Mario da Silva Pereira. Rio de Janeiro: Livraria Francisco Alves, 1976.

BITTAR, Eduardo C. B. *Metodologia da pesquisa jurídica*. 5. ed. São Paulo: Saraiva, 2007.

BOBBIO, Norberto. A grande dicotomia: público/privado. In: BOBBIO, Norberto. *Estado, governo, sociedade*: para uma teoria geral da política. São Paulo: Paz e Terra, 1988.

BOELE-WOELKI, Katharina. Unifying and harmonizing substantive law and the role of conflict of laws. *Recueil des Cours de l'Académie de Droit International*, v. 340, 2009, p. 271-462.

BOER, Th. M de. Living apart together: the relationship between public and private international law. *Netherlands International Law Review*, v. 57, 2010, p. 183-207.

_____. Facultative choice of law: the procedural status of choice-of-law rules and foreign law. *Recueil des Cours de l'Académie de Droit International de La Haye*, v. 257, 1996, p. 223-427.

BOGGIANO, Antonio. *Derecho internacional privado* – en la estructura jurídica del mundo actual. 6. ed. Buenos Aires: Abeledo Perrot, 2011.

BONOMI, Andrea. Successions internationales: conflits de lois et de juridictions. *Recueil des Cours de l'Académie de Droit International de La Haye*, v. 350, 2010, p. 71-418.

BORCHERS, Patrick J. Courts and the second conflicts restatement: some observations and an empirical note. *Maryland Law Review*, v. 56, Issue 4, 1997, p. 1232-1247.

BOTELHO DE MESQUITA, José Ignácio. Da competência internacional e dos princípios que a informam. *Revista de Processo,* n. 50, abr./jun. 1988, p. 51-71.

_____. Questões procedimentais das ações contra Estados e organizações internacionais. In: MADRUGA FILHO, Antenor Pereira; GARCIA, Márcio Pereira Pinto (Coord.). *A imunidade de jurisdição e o judiciário brasileiro*. Brasília: CEDI, 2002, p. 215-220.

BOUCAULT, Carlos Eduardo de Abreu. *Direitos adquiridos no direito internacional privado*. Porto Alegre: Fabris, 1996.

BRAND, Ron A.; JABLONSKI, Scott R. *Forum non conveniens*: history, global practice, and future under the Hague Convention on Choice of Court Agreements. Oxford: Oxford University Press, 2007.

BRAND, Ronald A. Challenges to forum non conveniens. *International Law and Politics*, v. 45, 2013, p. 1003-1034.

BRIGGS, Arthur. *Cartas rogatórias internacionais*. Rio de Janeiro: Imprensa Nacional, 1913.

BRITO, Luiz Araújo Corrêa de. *Do limite à extraterritorialidade do direito estrangeiro no Código Civil brasileiro*. São Paulo: Escolas Profissionais Salesianas, 1952.

BROCHER, Charles. Étude sur le Traité de droit civil internacional publié par M. Laurent et sur les principes fondamentaux du droit international privé. *Revue de Droit International et de Législation Comparée*, 1881, t. XIII, p. 531-570.

_____. *Cours de droit international privé suivant les principles consacrés par le droit positif français*. Paris: Ernest Thorin, 1883, t. 2.

_____. *Nouveau traité de droit international privé au double point de vue de la doutrine et de la pratique*. Paris: E. Thorin Éditor, 1876.

BROTONS, Antonio Remiro. *Derecho internacional público*. Madrid: McGrall-Hill, 1997.

BUCHER, Andreas. L'ordre public et le but social des lois en droit international privé. *Recueil des Cours de l'Académie de Droit International de La Haye*, v. 239, 1993, p. 9-116.

_____. La dimension sociale du droit international privé: cours general. *Recueil des Cours de l'Académie de Droit International de La Haye*, v. 341, 2009, p. 9-526.

_____. La famille en droit international privé. *Recueil des Cours de l'Académie de Droit International de la Haye*, v. 283, 2000, p. 9-186.

BUENO, Cassio Scarpinella. *Novo Código de Processo Civil anotado*. São Paulo: Saraiva, 2015.

BUREAU, Dominique; WATT, Horatia Muir. *Droit international privé*. 3. ed. Paris: PUF, 2014, t. I.

BUSTAMANTE Y SIRVEN, Antonio Sánchez de. *Derecho internacional privado*. 2. ed. Habana: Habana Cultural, 1934, t. I.

CABRAL, Antonio do Passo; CRAMER, Ronaldo. *Comentários ao novo Código de Processo Civil*. 2. ed. Rio de Janeiro: Forense, 2016.

CALEB, Marcel. *Essai sur le principe de l'autonomie de la volonté en droit international privé*. Paris: Recueil Sirey, 1927.

CALLIESS, Gralf-Peter; ZUMBANSEN, Peer. *Rough consensus and running code*: a theory of transnational private law. Oxford: Hart Publishing, 2010.

CALLIESS, Gralf-Peter. The making of transnational contract law. *Indiana Journal of Global Legal Studies*, v. 14, n. 2, p. 469-484.

CALVO CARAVACA, Alfonso-Luis; CARRASCOSA GONZÁLEZ, Javier. *Derecho internacional privado*. 15. ed. Granada: Editorial Comares, 2014, v. I.

CANÇADO TRINDADE, Antonio Augusto. *Direito das organizações internacionais*. 2. ed. Belo Horizonte: Del Rey, 2002.

_____. *International law for humankind:* towards a new *jus gentium*. Leiden/Boston: Martinus Nijhoff Publishers, 2010.

CANSACCHI, Giorgio. Le choix et l'adaptation de la règle étrangère dans le conflit de lois. *Recueil des Cours de l'Académie de Droit International de La Haye*, v. 83, 1982, p. 79-162.

CANTU RIVERA, Humberto. The *Kiobel* precedent and its effects on universal jurisdiction and the business & human rights agenda: a continuation to a human rights forum in peril? *Cuestiones Constitucionales*, v. 30, p. 209-222.

CARNEIRO, Athos Gusmão. *Jurisdição e competência*. 7. ed. São Paulo: Saraiva, 1997, p. 148.

CARNELUTTI, Francesco. Limiti della giurisdizione del giudice italiano. *Rivista di Diritto Processuale Civile*, ano 8, n. 3, 1931, p. 219-223.

CARRILLO SALCEDO, Juan Antonio. Le renouveau du particularisme en droit international. *Recueil des Cours de l'Académie de Droit International de La Haye*, v. 160, 1978, p. 181-264.

CARVALHO RAMOS, André de; GRAMSTRUP, Erik F. *Comentários à Lei de Introdução às Normas do Direito Brasileiro (LINDB)*. 2. ed. São Paulo: SaraivaJur, 2021.

_____. Direito internacional privado e o direito transnacional: entre a unificação e a anarquia. *Revista Brasileira de Direito Internacional*, v. 13, n. 2, 2016, p. 504-521.

_____. Direitos dos estrangeiros no Brasil: a imigração, direito de ingresso e os direitos dos estrangeiros em situação irregular. In: SARMENTO, Daniel; IKAWA, Daniela; PIOVESAN, Flávia (Org.). *Igualdade, diferença e direitos humanos*. Rio de Janeiro: Lumen Juris, 2008.

_____. Pluralidade das fontes e o novo direito internacional privado. *Revista da Faculdade de Direito da Universidade de São Paulo*, v. 109, jan./dez. 2014, p. 597-620.

_____. A integração regional e a Constituição vinte anos depois. *Revista de Informação Legislativa*, v. 179, p. 317-330, 2008.

_____. *Curso de direitos humanos*. 10. ed. São Paulo: Saraiva, 2023.

_____. *Pluralidade das ordens jurídicas*. Curitiba: Juruá, 2012.

_____. *Processo internacional de direitos humanos*. 7. ed. São Paulo: Saraiva, 2022.

_____. *Responsabilidade internacional por violação de direitos humanos*. Rio de Janeiro: Renovar, 2004.

_____. *Teoria geral dos direitos humanos na ordem internacional*. 7. ed. São Paulo: Saraiva, 2019.

_____. *A construção do direito internacional privado*. Heterogeneidade e coerência. Salvador: JusPodivm, 2021.

CASELLA, Paulo Borba; ARAUJO, Nadia de (Coord.). *Integração jurídica interamericana*: as Convenções interamericanas de direito internacional privado (CIDIPs) e o direito brasileiro. São Paulo: LTr, 1998.

_____. A ordem pública e a execução de cartas rogatórias no Brasil. *Revista da Faculdade de Direito da Universidade de São Paulo*, v. 98, 2003, p. 563-571.

_____. Direito internacional e dignidade humana. In: CASELLA, Paulo Borba; CARVALHO RAMOS, André de (Org.). *Direito internacional*: homenagem a Adherbal Meira Mattos. São Paulo: Quartier Latin, 2008, p. 223-343.

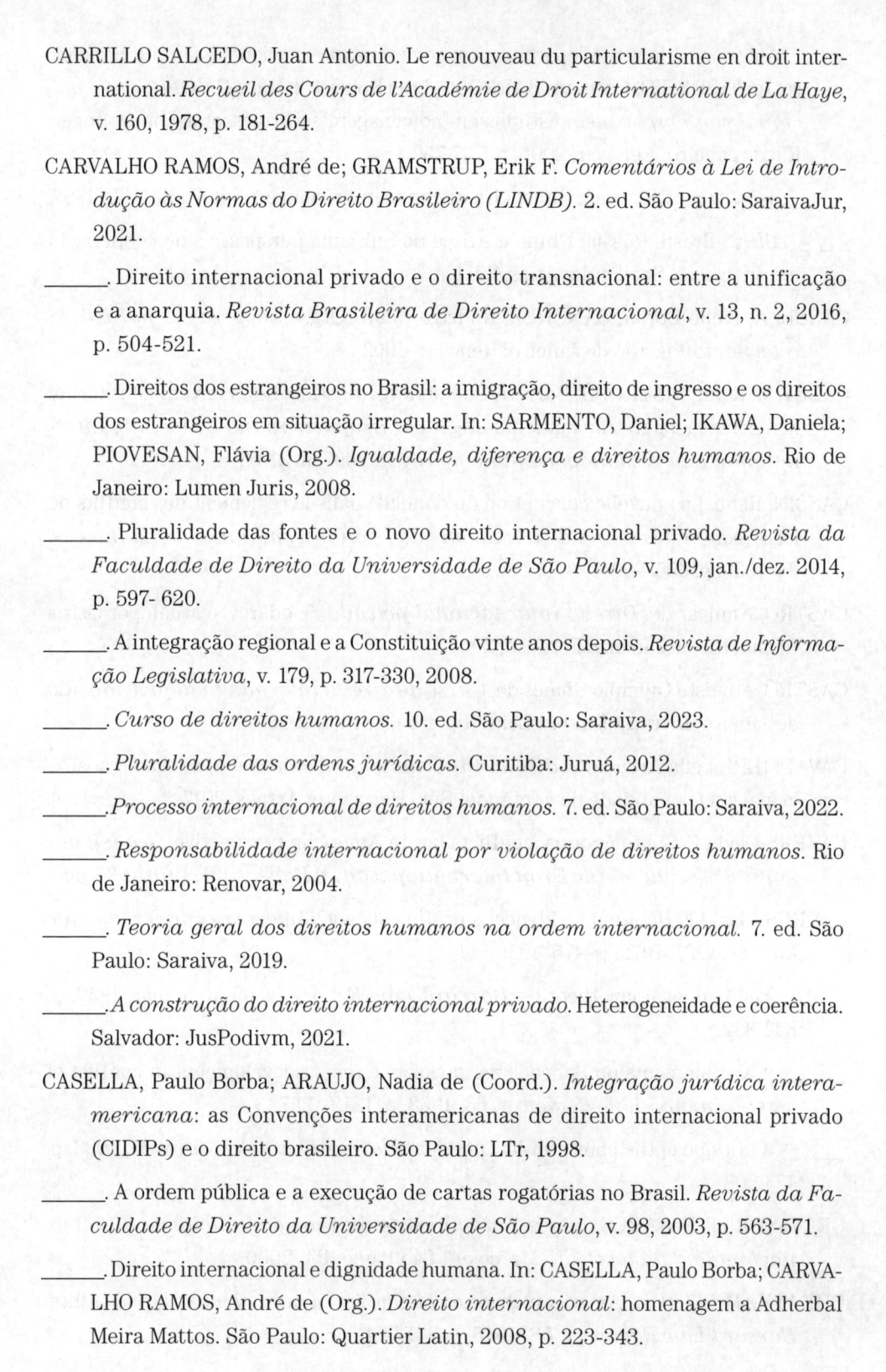

_____. Autonomia da vontade, arbitragem comercial internacional e Direito Brasileiro. In: TIBURCIO, Carmen; BARROSO, Luís Roberto (Org.). *O direito internacional contemporâneo*: estudos em homenagem ao Professor Jacob Dolinger. Rio de Janeiro: Renovar, 2006, p. 737-750.

_____. *Arbitragem:* a nova lei brasileira e a praxe internacional. São Paulo: LTr, 1997.

_____. *BRIC:* Brasil, Rússia, China e África do Sul: uma perspectiva de cooperação internacional. São Paulo: Atlas, 2011.

CASELLA, Paulo Borba; SANCHEZ, Rodrigo Elian (Org.). *Cooperação judiciária internacional.* Rio de Janeiro: Renovar, 2002.

CASEY, M. Ryan; RISTROPH, Barrett. Boomerang litigation: how convenient is forum non conveniens in transnational litigation? *Brigham Young University International Law & Management Review,* v. 4, 2007, p. 21-52.

CASSIN, René. La nouvelle conception du domicile dans le règlement des conflits de lois. *Recueil des Cours de l'Académie de Droit International de La Haye,* v. 34, 1930, p. 655-809.

CASTRO, Amilcar de. *Direito internacional privado.* 5. ed. rev. e atual. por Osíris Rocha. Rio de Janeiro: Forense, 2000.

CASTRO, Augusto Olympio Gomes de. *Curso de direito internacional privado.* Rio de Janeiro: Livraria Editora Leite Ribeiro Maurillo, 1920.

CAVALLIERI, Leila Arruda. *O direito internacional e a criança*: adoção transnacional e nacionalidade do adotando. Belo Horizonte: Arraes, 2017.

CAVERS David F. Contemporary conflicts law in American perspective. *Recueil des Cours de l'Académie de Droit International de La Haye*, v. 131, 1970, p. 75-308.

CAVERS, David F. Habitual residence: a useful concept? *American University Law Review*, v. 21, 1972, p. 475-493.

_____. The two local law theories. *Harvard Law Review,* v. 63, n. 5, mar. 1950, p. 822-832.

_____ et al. Comments on Babcock *vs.* Jackson: a recent development in conflict of laws. *Columbia Law Review,* v. 63, 1963, p. 1212-1257.

_____. A critique of the choice-of-law problem. *Harvard Law Review,* v. 47, 1933, p. 173-208.

CERVINI, Raúl; TAVARES, Juarez. *Princípios de cooperação judicial penal internacional no protocolo do Mercosul.* São Paulo: RT, 2000.

CHEATHAM Elliott E. American theories of conflict of laws: their role and utility. *Harvard Law Review,* v. 58, 1945, p. 361-394.

CLARENCE SMITH, J.A. Bartolo on the conflict of laws. *The American Journal of Legal History*, v. 14, n. 3, jul. 1970, p. 174-183 e 247-275.

CLÈVE, Clèmerson Merlin. *A fiscalização abstrata de constitucionalidade no direito brasileiro*. São Paulo: RT, 1995.

COLLIER, J.G., *Conflict of law*. 3. ed. Cambridge: Cambridge University Press, 2004.

COOK, Walter Wheeler. The logical and legal bases of the conflict of laws. *Yale Law Journal*, v. 33, 1923-1924, p. 457-488.

COSTA, José Augusto Fontoura; GONÇALVES, Alcindo. *Governança global e regimes internacionais*. São Paulo: Almedina, 2011.

_____; SANTOS, Ramon Alberto. Contratos internacionais e a eleição de foro estrangeiro no novo CPC. *Revista de Processo*, v. 253, 2016, p. 109-128.

_____; A autonomia da nova *lex mercatoria* e a estabilização de relações comerciais internacionais. *Revista do Instituto do Direito Brasileiro*, ano 2, n. 6, 2013, p. 4783-4810.

COSTA, José Augusto Fontoura e LOPES, Rachel de Oliveira. "Análise das Convenções sobre Restituição Interna-cional de Crianças Indevidamente Transportadas ou Retidas à Luz da Teoria dos Regimes Internacionais" *in Sequência (UFSC)*, vol. 37, p. 125-144, 2016

COSTA, José Augusto Fontoura. "Breve Análise da Convenção Interamericana para Restituição Internacional de Menores" *in* CASELLA, Paulo Borba; ARAÚJO, Nádia (coordenadores). *Integração Jurídica Interamericana: as convenções interamericanas de Direito Internacional Privado (CIDIPs) e o direito brasileiro*. São Paulo: LTr, 1998, pp. 537-563

COSTA, Luiz Antônio Severo da. *Da aplicação do direito estrangeiro pelo juiz nacional*. Rio de Janeiro: Freitas Bastos, 1968.

COTTERREL, Roger. What is transnational law. *Law & Social Inquiry*, v. 37, Issue 2, p. 500-524.

COURBE, Patrick. *Les objectifs temporels des règles de droit international privé*. Paris: Presses Universitaires de France, 1981.

CRAWFORD, James. *Brownlie's principles of public international law*. 8. ed. Oxford: Oxford University Press, 2012.

CUNIBERTI, Giles. The merchant who would not be king: unreasoned fears about private lawmaking. In: WATT, Horatia Muir; FERNÁNDEZ ARROYO, Diego (Ed.). *Private international law and global governance*. Oxford: Oxford University Press, 2014, p. 141-155.

CURRIE, Brainerd. *Selected essays on the conflict of laws*. Durham: Duke University Press, 1963.

DANE, Perry. Vested rights, "vestedness", and choice of law. *The Yale Law Journal*, v. 96, 1987, p. 1191-1275.

DAVI, Angelo. Le renvoi en droit international privé contemporain. *Recueil des Cours de l'Académie de Droit International de La Haye*, v. 352, 2010, p. 9-521.

DE NOVA, Rodolfo. Historical and comparative introduction to conflict of laws. *Recueil des Cours*, v. 118, 1966, p. 435-642.

DE WINTER, L.I. Nationality or domicile? The present state of affairs. *Recueil des Cours de l'Académie de Droit International de La Haye*, v. 128, 1969, p. 347-503.

DEL'OLMO, Florisbal de Souza. *Curso de direito internacional privado*. 8. ed. Rio de Janeiro: Forense/GEN, 2010.

DESPAGNET, Frantz. *Précis de droit international privé*. 4. ed. Paris: Librairie de la Societé du Recueil Général des Lois et des Arrêts, 1904.

_____. Des conflits de lois relatifs à la qualification des rapports juridiques. *Journal de Droit International*, 1898.

DIAMOND, Aubrey L. Harmonization of private international law relating to contractual obligations. *Recueil des Cours de l'Académie de Droit International de La Haye*, v. 199, 1986, p. 233-312.

DICEY, MORRIS & COLLINS. *Dicey, Morris & Collins on the conflict of laws*. 15. ed. London: Sweet & Maxwell, 2015.

DICKINSON, Andrew. Legal certainty and the Brussels Convention: too much of a good thing? In: VAREILLES-SOMMIÉRES, Pascal (Ed.). *Forum Shopping in the European Judicial Area*, Hart Publishing: Portland, p. 115-136.

DINAMARCO, Cândido Rangel. *Instituições de direito processual civil*. 5. ed. rev. e atual. São Paulo: Malheiros, 2005, v. II.

DINIZ, Maria Helena. Código Civil de 1916. In: BITTAR, Eduardo C. B. *História do direito brasileiro*. 2. ed. São Paulo: Atlas, 2010.

DIPP, Gilson Langaro. Carta rogatória e cooperação internacional. *Revista CEJ*, Brasília, ano XI, n. 38, p. 39-43, jul./set. 2007.

DOLINGER, Jacob; TIBURCIO, Carmen. *Direito internacional privado:* parte geral e processo internacional. 12. ed. rev., atual. e ampl. Rio de Janeiro: Forense, 2016.

DOLINGER, Jacob; TIBURCIO, Carmen. *Vade-Mécum de direito internacional privado*. Rio de Janeiro: Renovar, 1994.

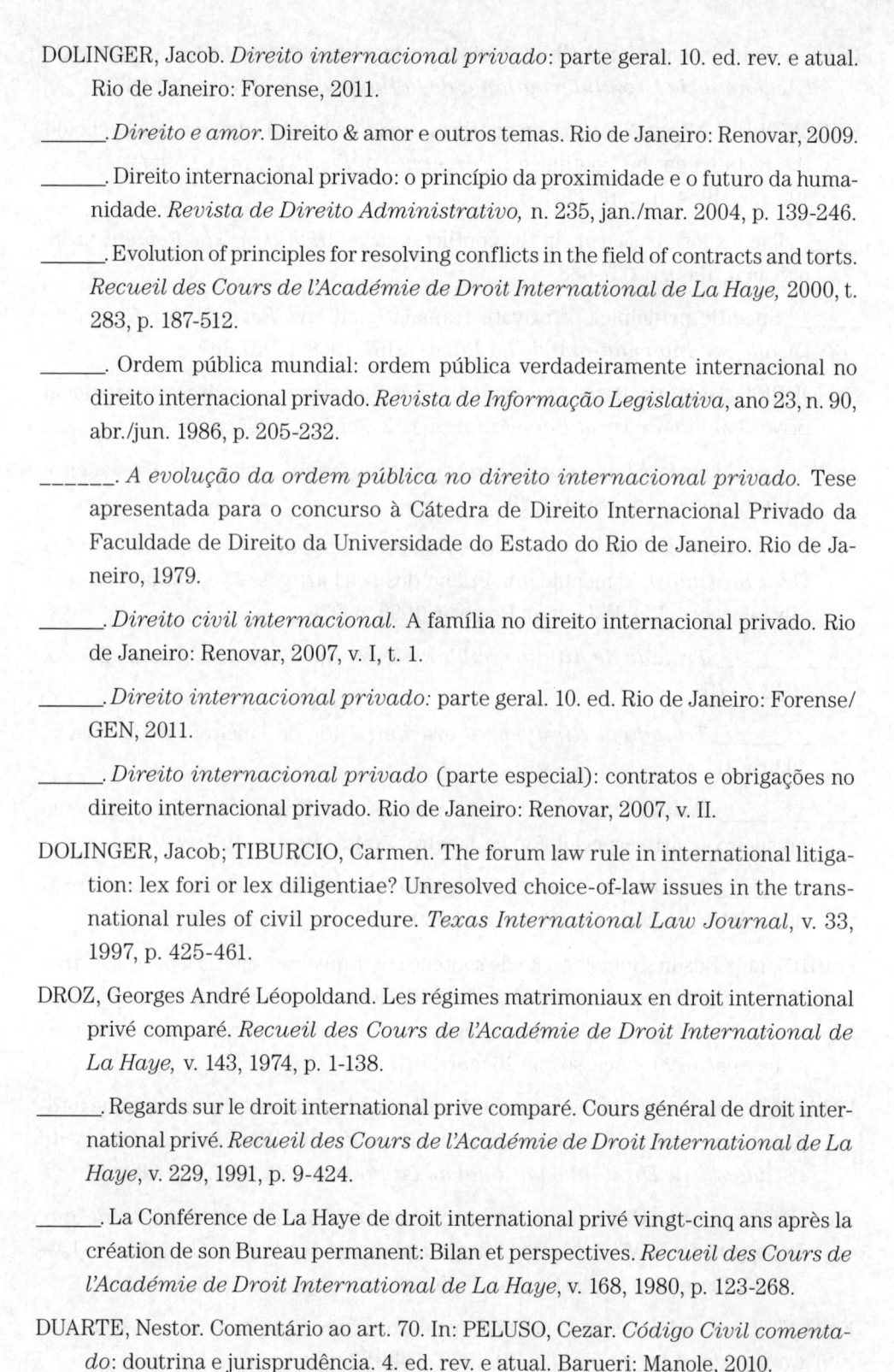

DOLINGER, Jacob. *Direito internacional privado*: parte geral. 10. ed. rev. e atual. Rio de Janeiro: Forense, 2011.

_____. *Direito e amor*. Direito & amor e outros temas. Rio de Janeiro: Renovar, 2009.

_____. Direito internacional privado: o princípio da proximidade e o futuro da humanidade. *Revista de Direito Administrativo*, n. 235, jan./mar. 2004, p. 139-246.

_____. Evolution of principles for resolving conflicts in the field of contracts and torts. *Recueil des Cours de l'Académie de Droit International de La Haye*, 2000, t. 283, p. 187-512.

_____. Ordem pública mundial: ordem pública verdadeiramente internacional no direito internacional privado. *Revista de Informação Legislativa*, ano 23, n. 90, abr./jun. 1986, p. 205-232.

_____. *A evolução da ordem pública no direito internacional privado*. Tese apresentada para o concurso à Cátedra de Direito Internacional Privado da Faculdade de Direito da Universidade do Estado do Rio de Janeiro. Rio de Janeiro, 1979.

_____. *Direito civil internacional*. A família no direito internacional privado. Rio de Janeiro: Renovar, 2007, v. I, t. 1.

_____. *Direito internacional privado:* parte geral. 10. ed. Rio de Janeiro: Forense/GEN, 2011.

_____. *Direito internacional privado* (parte especial): contratos e obrigações no direito internacional privado. Rio de Janeiro: Renovar, 2007, v. II.

DOLINGER, Jacob; TIBURCIO, Carmen. The forum law rule in international litigation: lex fori or lex diligentiae? Unresolved choice-of-law issues in the transnational rules of civil procedure. *Texas International Law Journal*, v. 33, 1997, p. 425-461.

DROZ, Georges André Léopoldand. Les régimes matrimoniaux en droit international privé comparé. *Recueil des Cours de l'Académie de Droit International de La Haye*, v. 143, 1974, p. 1-138.

_____. Regards sur le droit international prive comparé. Cours général de droit international privé. *Recueil des Cours de l'Académie de Droit International de La Haye*, v. 229, 1991, p. 9-424.

_____. La Conférence de La Haye de droit international privé vingt-cinq ans après la création de son Bureau permanent: Bilan et perspectives. *Recueil des Cours de l'Académie de Droit International de La Haye*, v. 168, 1980, p. 123-268.

DUARTE, Nestor. Comentário ao art. 70. In: PELUSO, Cezar. *Código Civil comentado*: doutrina e jurisprudência. 4. ed. rev. e atual. Barueri: Manole, 2010.

DYER, Adair. International Child Abduction by Parents. *Recueil des Cours de l'Académie de Droit International de la Haye*, v. 168, 1980, p. 231-267.

EHRENZWEIG Albert A. American conflicts law in its historical perspective: should the restatement be 'continued'? *University of Pennsylvania Law Review*, v. 103, nov. 1954, n. 2, p. 133-155.

_____. The lex fori: basic rule in the conflict of laws. *Michigan Law Review*, v. 58, n. 5, mar. 1960, p. 637-688.

_____. Specific principles of private transnational law. *Recueil des Cours de l'Académie International de La Haye*, v. 167, 1968, p. 167-369.

ELHOUEISS, Jean-Luc. Retour sur la qualification *lege causae* en droit international privé. *Journal de Droit International*, n. 2, abr./jun. 2005, p. 281-313.

ESPÍNOLA, Eduardo. *Elementos de direito internacional privado*. Rio de Janeiro: Jacintho Ribeiro dos Santos, 1925.

ESPÍNOLA, Eduardo; ESPÍNOLA FILHO, Eduardo. *A Lei de Introdução ao Código Civil brasileiro:* comentada na ordem dos seus artigos. 2. ed. atualizada por Silva Pacheco. Rio de Janeiro: Renovar, 1995, n. 275.

_____; _____. *Tratado de direito civil brasileiro*. Rio de Janeiro: Freitas Bastos, 1942, v. VII.

_____; _____. *Tratado de direito civil brasileiro*. Rio de Janeiro: Freitas Bastos, 1939, v. II.

_____; _____. *Tratado de direito civil brasileiro:* do direito internacional privado brasileiro – parte especial. Rio de Janeiro: Freitas Bastos, 1942, v. VIII, t. I.

_____; _____. *Tratado de direito civil brasileiro*. (Do Direito Internacional Privado Brasileiro – Parte Geral), Rio de Janeiro: Freitas Bastos, 1941, v. VII.

FACHIN, Luiz Edson. Homologação de sentença estrangeira e ofensa à pessoa. *Carta Forense*, publicação de 2 de maio de 2015. Disponível em: <http://www.cartaforense.com.br/conteudo/artigos/homologacao-de-sentenca-estrangeira-e-ofensa-a-pessoa/15190>. Acesso em: 16 mar. 2017.

FALLON, Marc. Les conflits de lois et de juridiction dans un espece économique intégré: l'expérience de la Communauté Européenne. *Recueil des Cours de l'Académie de Droit International de La Haye*, t. 253, 1995, p. 9-282.

FAWCETT, James J. (Org.). *Declining jurisdiction in private international law*. Reports to the XIVth Congress of the International Academy of Comparative Law – 1994. Clarendon Press: Oxford, 1995.

FAWCETT, James J. Evasion of law and mandatory rules in private international law. *Cambridge Law Journal*, v. 49, 1990, p. 44-62.

FELDSTEIN DE CÁRDENAS, S. L. La obsolescencia del art. 3.470 del C.c. en materia de sucesiones internacionales. *Revista URBE et IUS*, n. 13, 2014, p. 63-74.

FERNÁNDEZ ARROYO, Diego P.; MUIR WATT, Horatia (Org.). *Private international law as global governance*. Oxford: Oxford University Press, 2014.

FERNÁNDEZ ARROYO, Diego; MARQUES, Claudia Lima (Ed.). *Private international law and public international law*: a necessary meeting. Asunción: CEDEP, 2011.

FERNÁNDEZ ARROYO, Diego P. (Org.). *Derecho internacional privado de los estados del Mercosur*. Buenos Aires: Zavalía, 2003.

_____. Aspectos generales y particularidades relevantes de la nueva dimensión interna del Derecho Internacional Privado argentino. *Revista de Derecho Privado y Comunitario*, número extraordinário, jun. 2015, p. 399-439.

_____. Compétence exclusive et compétence exorbitante dans les relations privées internationales. *Recueil des Cours de l'Académie de Droit International de La Haye*, v. 323, 2006, p. 9-260.

_____. Réflexions autour du besoin réciproque entre le droit international privé et le droit international public. *The 90th birthday of Boutros Boutros-Ghali*. Tribute of the Curatorium to its President. Leiden/Boston: Martinus Nijhoff Publishers, 2012, p. 113-135.

_____. Quais as novidades no direito internacional privado latino-americano. *Revista de Direito do Estado*, n. 3, jul./set. 2005, p. 251-263.

FERNÁNDEZ ROZAS, J. C., Los tratados internacionales en el sistema español de Derecho internacional privado y su aplicación judicial. *Cuadernos de Derecho judicial*. Madrid, 1997, p. 153-194, t. I.

FERRARI BRAVO, Luigi. Méthodes de recherche de la coutume internationale dans la pratique des états. *Recueil des Cours de l'Académie de Droit International de La Haye*, v. 192, 1985, p. 341-452.

FERRER CORREIA, A. Les problèmes de codification en droit international privé. *Recueil des Cours de l'Académie International de La Haye*, v. 145, 1975, p. 57-203.

_____. O novo direito internacional privado português. *Boletim da Faculdade de Direito – Universidade de Coimbra*, v. XLVIII, 1972, p. 1-54.

_____. O problema da qualificação segundo o novo Direito internacional privado português. *Boletim da Faculdade de Direito – Universidade de Coimbra*, v. XLIV, 1968, p. 39-81.

_____. *Estudos vários de direito internacional privado*. Coimbra: Universidade de Coimbra (por ordem), 1982.

_____. *Lições de direito internacional privado* – I. Coimbra: Almedina, 2000.

FERRI, Luigi. *L'autonomia privata*. Milano: Giuffrè, 1959.

FISCHER-LESCANO, Andreas; TEUBNER, Gunther. Regimes-Collisions: The vain search for legal unity in the fragmentation of global law. *Michigan Journal of International Law*, v. 25, n. 4, 2004, p. 999-1046.

FOELIX, M. *Traité du droit international privé ou du conflit des lois de différentes nations en matière de droit privé*. 3. ed. Paris: Marescq et Dujardin, 1856.

FONSECA, José Roberto Franco da. Considerações críticas sobre alguns temas de direito internacional privado. *Verba Juris:* Anuário da Pós-Graduação em Direito, v. 8, n. 8, jan./dez. 2009, p. 21-40.

FRAGISTAS, Charlambos M. La compétence internationale em droit international privé. *Recueil des Cours de l'Académie de Droit International de La Haye*, v. 104, 1964, p. 159-272.

FRANCESCAKIS, Phocion. Quelques précisions sur les 'lois d'application immédiate' et leurs rapports avec les règles de conflits de lois. *Revue Critique de Droit International Privé*, 1966, p. 1-18.

_____. Introduction. In: SANTI ROMANO. *L'ordre juridique*. Tradução de Lucien François e Pierre Gothot. Paris: Dalloz, 1975.

_____. Perspectives du droit international privé français actuel. *Revue Internationale de Droit Comparé*, v. 7, n. 2, 1955, p. 349-360.

_____. *La théorie du renvoi et les conflits de systèmes en droit international privé*. Paris: Sirey, 1958.

FREITAS, Augusto Teixeira de. *Código Civil*: esboço. Rio de Janeiro: Typographia Universal de Laemmert, 1860.

_____. *Consolidação das leis civis*. Prefácio de Ruy Rosado de Aguiar – *fac-símile* da 3. ed. de 1876. Brasília: Senado Federal, 2003, 2 v.

FRIEDMAN, Thomas L. *O mundo é plano*: uma breve história do século XXI. Tradução de Cristina Serra, S. Duarte e Bruno Casotti. São Paulo: Objetiva, 2005.

FRIEDRICH, Tatyana. *Norma imperativa*: a conexão dos direitos humanos com o direito internacional privado. Tese de Doutorado apresentada ao programa de pós-graduação em Direito da Universidade Federal do Paraná, Curitiba, 2005.

_____. *Normas imperativas de direito internacional privado:* lois de police. Belo Horizonte: Fórum, 2007.

FRIGO, M. Circulation des biens culturels, détermination de la loi applicable et méthodes de règlement des litiges. *Recueil des Cours de l'Académie de Droit International de La Haye*, 2014, p. 89-474, t. 375.

FUX, Luiz. Homologação de sentença estrangeira. In: TIBURCIO, Carmen; BARROSO, Luís Roberto (Org.). *O direito internacional contemporâneo:* estudos em homenagem a Jacob Dolinger. Rio de Janeiro: Renovar, 2006.

GAMA E SILVA, Luis Antonio. *A ordem pública em direito internacional privado.* Monografia de concurso à livre-docência de Direito Internacional Privado, na Faculdade de Direito da Universidade de São Paulo. São Paulo, 1944.

_____. *As qualificações em direito internacional privado.* Tese apresentada para o concurso de Professor Titular de Direito Internacional Privado da Faculdade de Direito da Universidade de São Paulo. São Paulo, 1953.

GAMA JUNIOR, Lauro. *Contratos internacionais à luz dos princípios do UNIDROIT 2004.* Rio de Janeiro: Renovar, 2006.

GAMILLSCHEG, F. Rules of public order in private international labour law. *Recueil des Cours de l'Académie de Droit International de La Haye,* v. 181, 1983, p. 285-347.

GANNAGÉ, Léna. Les méthodes du droit international privé à l'épreuve des conflits de cultures. *Recueil des Cours de l'Académie de Droit International de La Haye,* v. 357, 2011, p. 223-490.

GARCÍA SÁNCHEZ, Beatriz. *La extradición en el ordenamiento interno español, internacional y comunitario.* Granada: Comares, 2005.

GAUDEMET-TALLON, Hélène. Le pluralisme en droit international privé: richesses et faiblesses (le funambule et l'arc-en-ciel). Cours général de droit international privé. *Recueil des Cours de l'Académie de Droit International de La Haye,* v. 312, p. 9-488.

_____. La désunion du couple en droit international privé. *Recueil des Cours de l'Académie de Droit International de La Haye,* v. 226, 1991, p. 9-279.

_____. L'utilisation de règles de conflit à caractère substantiel dans les conventions internationales (l'exemple des Conventions de La Haye). *L'internationalisation du droit. Mélanges en l'honneur de Yvon Loussouarn.* Dalloz: Paris 1994, p. 181-192.

GIALDINO, Curti. La volonté des parties en Droit International Privé. *Recueil des Cours de l'Académie de Droit International de La Haye,* v. 137, 1972, p. 751-938.

GOLDMAN, Berthold. Frontières du droit et *lex mercatoria. Archives de philosophie du droit,* 1964.

GOLDSCHMIDT, Werner. *Derecho internacional privado.* Derecho de la tolerancia. 7. ed. Buenos Aires: Ediciones Depalma, 1990.

GOMES FILHO, Antonio Magalhães. *Direito à prova no processo penal*. São Paulo: RT, 1997.

GONZÁLEZ CAMPOS, Julio D. Diversification, spécialisation, flexibilisation et matérialisation des règles de droit international privé. *Recueil des Cours de l'Académie de Droit International de La Haye*, v. 287, p. 9-426.

GOUNOT, Emmanuel. *Le principe de l'autonomie de la volonté en droit privé*. Contribuition à l'étude critique de l'individualisme juridique. Paris: Arthur Rousseau, 1912.

GRAVESON, Roland H. The Doctrine of evasion of the law in England and America. *Journal of Comparative Legislation and International Law*, v. XIX, 1937, p. 21-31.

_____. Comparative aspects of the general principles of private international law. *Recueil des Cours de l'Académie de Droit International de La Haye*, v. 109, 1963, p. 1-164.

GRECO FILHO, Vicente. *Homologação de sentença estrangeira*. São Paulo: Saraiva, 1978.

GRINOVER, Ada Pellegrini; CINTRA, Antônio Carlos de Araújo; DINAMARCO, Cândido Rangel. *Teoria geral do processo*. 25. ed. São Paulo: Malheiros, 2009.

GUIMARÃES, Hahnemann. As pessoas jurídicas como situações patrimoniais. *Revista Forense*, v. 91, ano 1942, p. 299-310.

GUTZWILLER, Max. Le développement historique du Droit International Privé. *Recueil des Cours de l'Académie de Droit International de La Haye*, v. 29, 1929, p. 291-400.

HÄBERLE. P. *Estado constitucional cooperativo*. Tradução de Marcos Augusto Maliska e Eise Antoniuk. Rio de Janeiro: Renovar, 2007.

HAMBRO, Edvard. The relations between international law and conflict law. *Recueil des Cours de l'Académie de Droit International de La Haye*, v. 105, 1962, p. 173-265.

HAWKINS, Eric C. General jurisdiction and internet contacts: what role, if any, should the zippo sliding scale test play in the analysis. *Fordham Law Review*, v. 74, 2006, p. 2371-2423.

HEALY, Thomas H. Théorie générale de l'ordre public. *Recueil des Cours de l'Académie de Droit International de La Haye*, v. 9, 1925, p. 407-557.

HERZOG, Peter E. Constitutional limits on choice of law. *Recueil des Cours de l'Académie de Droit International de La Haye*, v. 234, 1992, p. 239-330.

HEYMANN, J. *Le droit international privé à l'épreuve du fèdéralisme Européen*. Paris: Economica, 2010.

HOBSBAWM, Eric J. *Nações e nacionalismo*. 5. ed. São Paulo: Paz e Terra, 2008.

HUCK, Hermes Marcelo. *Sentença estrangeira e lex mercatoria*. São Paulo: Saraiva, 1994.

JAEGER JR, Augusto. *Europeização do direito internacional privado*. Curitiba: Juruá, 2012.

JATAHY, Vera Maria Barrera. *Do conflito de jurisdições*. A competência internacional da Justiça Brasileira. Rio de Janeiro: Forense, 2003.

JAYME, Erik. Identité culturelle et intégration: le droit international privé postmoderne. *Recueil des Cours de l'Académie de Droit International de La Haye*, v. 251, 1995, p. 9-267.

_____. La Costituzione tedesca e il diritto internazionale privato. *Rivista di Diritto Internazionale Privato e Processuale*, v. 8, 1972, p. 76-81.

_____. O direito internacional privado no novo milênio: a proteção da pessoa humana em face da globalização. In: ARAUJO, Nadia de; MARQUES, Claudia Lima (Org.). *O novo direito internacional*: estudos em homenagem a Erik Jayme. Rio de Janeiro: Renovar, 2005.

_____. Le Droit International Privé du nouveau millénaire: la protection de la personne humaine face à la globalisation. *Recueil des Cours de l'Académie de Droit International de La Haye*, v. 282, 2000, p. 9-40.

JESSUP, Philip C., *Transnational law*. New Haven: Yale University Press, 1956.

JITTA, J. *Método de derecho internacional privado*. Tradução de Joaquín Fernández Prida. Madrid: La España Moderna, 1911.

JUENGER, Friedrich K. The German Constitution court and the conflict of laws. *American Journal of Comparative Law*, v. 20, Issue 2, 1972, p. 290-298.

_____. General course on Private International Law. *Recueil des Cours de l'Académie International de La Haye*, v. 193, 1985, p. 131-387.

_____. *Choice of law and multistate justice*. Dordrecht: Martinus Nijhoff Publishers, 1993. JUENGER, Friedrich K. The Need for a Comparative Approach to Choice-of-Law Problems. *Tulane Law Review*, v. 73, 1998-1999.

KANT, Immanuel. *Fundamentação da metafísica dos costumes*. Tradução de Paulo Quintela. Lisboa: Ed. 70, 2007 (original de 1785).

KASSIR, Walid J. Le renvoi en droit international privé – technique de dialogue entre les cultures juridiques. *Recueil des Cours de l'Académie de Droit International de La Haye*, v. 352, 2015, p. 9-120.

KEGEL, Gerhard. The crisis of conflict of laws. *Recueil des Cours de l'Académie International de La Haye*, v. 112, 1964, p. 91-268.

KENNEDY, David. International law and the 19th century: history of an illusion. *Quinnipiac Law Review*, 1997, p. 99-136.

KESSEDJIAN, Catherine. Codification du droit commercial international et droit international privé: de la gouvernance normative pour les relations économiques transnationales. *Recueil des Cours de l'Académie de Droit International de La Haye*, v. 300, 2002, p. 79-308.

KHAN-FREUND, O. General problems of private international law. *Recueil des Cours de l'Académie de Droit International de La Haye*, v. 143, 1974, p. 139-474.

KIESTRA, Louwrens R. *The impact of the European Convention on Human Rights on Private International Law*. The Hague: T.M.C. Asser, 2014.

KINSCH, Patrick. *Droits de l'homme, droits fondamentaux et droit international privé*. Leinden/Boston: Martinus Nijhoff Publishers, 2007.

KNIJNIK, Danilo. Reconhecimento da sentença estrangeira e tutela da ordem pública processual pelo juiz do foro; ou a verificação, pelo STJ, do "modo de ser" do processo estrangeiro. *Revista de Processo*, v. 156, São Paulo, 2008, p. 64-75.

KOHLER, Christian. L'autonomie de la volonté em droit international privé: un principe universel entre libéralisme et étatisme. *Recueil des Cours de l'Académie de Droit International de La Haye*, v. 359, 2013, p. 289-478.

KOMMERS, Donald. P. *The constitutional jurisprudence of the Federal Republic of Germany*. 2. ed. Durham/London: Duke University Press, 1997.

KREUZER, Karl. La propriété mobilière en droit international privé. *Recueil des Cours de l'Académie de Droit International de La Haye*, t. 259, 1996, p. 9-317.

KUHN, A. K. La conception du droit international privé d'aprés la doctrine et la pratique aux États-Unis. *Recueil des Cours de l'Académie de Droit International de La Haye*, v. 21, 1928, p. 189-278.

LABRUSSE, Catherine. Droit constitutionnel et droit international privé en Allemagne fédérale (à propos de la décision du Tribunal constitutionnel fédéral du 4 maio 1971). *Recueil Critique de Droit International Privé*, v. 63, 1974, p. 1-43.

LAFER, Celso. *Sentido estratégico do Mercosul*. Mercosul. Desafios a vencer (vários autores). São Paulo: Conselho Brasileiro de Relações Internacionais, 1994.

LAGARDE Paul. Le dépeçage dans le droit international privé des contrats. *Rivista di Diritto Internazionale Privato e Processuale*, n. 11, 1975.

_____. La réciprocité en droit international privé. *Recueil des Cours de l'Académie de Droit International de La Haye*, v. 154, 1977, p. 103-214.

_____. Le principe de proximité dans le droit international privé contemporain; cours général de droit international privé. *Recueil des Cours de l'Académie de Droit International de La Haye*, v. 196, 1986, p. 9-238.

_____. La méthode de la reconnaissance: Est-elle l'avenir du droit international privé? *Recueil des Cours de l'Académie de Droit International de La Haye*, v. 371, 2015, p. 19-42.

LAINÉ, Armand. *Introduction au droit international privé contenant une etude historique et critique de la theorie des statuts et des rapports de cette theorie avec le code civil*. Paris: Librairie Cotillon/F. Pichon Ed., 1888, t. I.

_____. *La théorie du renvoi en droit international privé*. Paris: Librairie de la Societé du Recueil, 1909.

LALIVE, Pierre. Tendances et méthodes en droit international privé: cours général. *Recueil des Cours de l'Académie de Droit International de La Haye*, t. 155, 1977, p. 3-424.

LANDO, Ole. The conflict of laws of contracts: general principles (general course on private international law). *Recueil des Cours de l'Académie de Droit International de La Haye*, v. 189, 1984, p. 225-447.

LARENZ, Karl. *Metodologia da ciência do direito*. Tradução de José Lamego. 3. ed. Lisboa: Fundação Calouste Gulbenkian, 1997.

LAURENT, F. *Droit civil international*. Paris: Librairie A. Marescq Ainé, 1880.

LEFLAR, Robert A. Constitutional limits on free choice of law. *Law and Contemporary Problems*, v. 28, Issue 4, 1963, p. 706-731.

_____. Choice-influencing considerations in conflicts law. *New York University Law Review*, v. 41, 1966.

_____. Conflicts of law: more on choice influencing considerations. *California Law Review*, v. 54, 1966.

LEQUETTE, Yves. Le droit international privé de la famille à l'épreuve des conventions internationales. *Recueil des Cours de l'Académie de Droit International de La Haye*, v. 246, 1994, p. 9-233.

LEREBOURS-PIGEONNIÈRE, Paul. Observations sur la question du renvoi. *Journal de Droit International-Clunet*, 1924, p. 877-903.

_____. *Précis de droit international privé*. 3. ed. Paris: Dalloz, 1937.

LEWALD, Hans. Règles générales des conflits de lois. Contribution à la technique du droit international privé. *Recueil des Cours de l'Académie de Droit International de La Haye*, v. 69, 1939, p. 5-145.

LEWALD, Hans. La théorie du renvoi. *Recueil des Cours de l'Académie de Droit International de La Haye*, v. 29, 1929, p. 515-620.

LIEBMAN, Enrico Tullio. Os limites da jurisdição brasileira. *Revista Forense*, v. 92, dez. 1942, p. 647-650.

LIMA, João André. *A harmonização do direito privado.* Brasília: Fundação Alexandre de Gusmão, 2008.

LIPSTEIN, Kurt. The general principles of private international law. *Recueil des Cours de l'Académie de Droit International de La Haye,* v. 135, 1972, p. 97-229.

LIPSTEIN, Kurt; BRUNSCHVIG, Jean S.; JERIE, Fredrick; RODMAN, Karl M. The proper law of the contract. *St. John's Law Review,* v. 12, Issue 2, n. 2, abr. 1938, p. 242-264.

LOQUIN, Eric. Les règles matérielles internationales. *Recueil des Cours de l'Académie de Droit International de La Haye,* v. 322, 2006, p. 9-241.

LORENZEN, Ernest G. Huber's conflictu legum. *Illinois Law Review,* v. 13, 1918-1919, p. 199-242.

_____. Renvoi theory and the application of foreign conflict of laws law: renvoi in particular classes of cases. *Yale Law School Legal Scholarship Repository.* Faculty Scholarship Series. Paper 4523, 1910.

_____. Story's commentaries on the conflict of laws – one hundred years after. *Harvard Law Review,* v. 48, 1934-1935, p. 15-38.

_____. The theory of qualifications and the conflict of laws. *Colombia Law Review,* v. 20, 1920, p. 247-282.

LOSANO, Mario. *Os grandes sistemas jurídicos.* Tradução de Marcela Varejão. São Paulo: Martins Fontes, 2007.

LOUSSOUARN, Yvon. Cours général de droit international privé. *Recueil des Cours de l'Académie de Droit International de La Haye,* v. 139,1973, p. 269-386.

_____. La condition des personnes morales en droit international privé. *Recueil des Cours de l'Académie de Droit International de La Haye,* v. 96, 1959, p. 443-552.

LOWE, Vaughan. Jurisdiction. In: EVANS, Malcolm D. (Org.). *International law.* Oxford University Press: New York, 2003.

LUCON, Paulo Henrique dos Santos. Garantia do tratamento paritário das partes. In: TUCCI, José Rogério Cruz e (Org.). *Garantias constitucionais do processo civil.* São Paulo: RT, 1999.

MACCLEAN, David. De conflictu legum: perspectives on Private International Law at the turn of the century (General Course on Private International Law). *Recueil des Cours de l'Académie de Droit International de La Haye,* v. 282, 2000, p. 41-228.

MACHADO VILLELA, Álvaro da Costa. O direito internacional privado no Código Civil Brasileiro. *Boletim da Faculdade de Direito da Universidade de Coimbra,* ano III, n. 51 a 53. Coimbra: Imprensa da Universidade, 1920-1921.

_____. *O direito internacional privado no Código Civil brasileiro*. Coimbra: Imprensa da Universidade, 1921.

_____. *Tratado elementar (teórico e prático) de direito internacional privado*. Coimbra: Coimbra Editora, 1921, v. I.

MACHADO, João Baptista. *Lições de direito internacional privado*. 3. ed. Coimbra: Almedina, 1999.

MADRUGA FILHO, Antenor Pereira. O Brasil e a jurisprudência do STF na idade média da cooperação jurídica internacional. *Revista Brasileira de Ciências Criminais*, v. 54, maio-jun. 2005, p. 291-311.

_____. *A renúncia à imunidade de jurisdição pelo Estado brasileiro e o novo direito da imunidade da jurisdição*. Rio de Janeiro: Renovar, 2003.

MAEKELT, Tatiana de. General rules of private international law in the Americas. New approach. *Recueil des Cours de l'Académie de Droit International de La Haye*, 1982, p. 193-379, t. 177.

MAGALHÃES COLLAÇO, Isabel de. *Da qualificação em direito internacional privado*. Lisboa: Editorial Império, 1964.

MAGALHÃES, José Carlos de. *O Supremo Tribunal Federal e o direito internacional*: uma análise crítica. Porto Alegre: Livraria do Advogado, 2000.

_____. Competência internacional do juiz brasileiro e denegação de justiça. *Revista dos Tribunais*, ano 77, n. 630, p. 52-55.

MAGALHÃES, José Carlos; TAVOLARO, Agostinho Toffolli. Fontes do direito do comércio internacional: a *lex mercatoria*. In: AMARAL, Antonio Carlos Rodrigues (Coord.). *Direito do comércio internacional*: aspectos fundamentais. São Paulo: Aduaneiras, 2004.

MAGALHÃES, José Maria Barbosa de. La doctrine du domicile en droit international privé. *Recueil des Cours de l'Académie de Droit International de La Haye*, v. 23, 1928, p. 1-144.

MAKAROV, A.N. La nationalité de la femme mariée. *Recueil des Cours de l'Académie de Droit International de La Haye*, v. 60, 1937, p. 111-241.

MANCINI, P. De l'utilité de rendre obligatoires pour tous les États, sous la forme d'un ou de plusieurs traités internationaux, un certain nombre de règles générales de droit international privé pour assurer la décision uniforme des conflits entre les différentes législations civiles et criminelles. Relatório para o Instituto de Direito Internacional. *Journal du Droit International Privé et de la Jurisprudence comparée*, jul.-ago. 1874, p. 221-239.

MANCINI, Pasquale Stanislao. *Direito internacional.* Tradução de Ciro Mioranga (edição original em italiano de 1873). Ijuí: Unijuí, 2003.

MANN, F. A. The proper law in the conflict of laws. *The international and comparative law quarterly,* v. 36, n. 3, jul., 1987, p. 437-453.

MARINHO, Ilmar Penna. *Direito comparado, direito internacional privado, direito uniforme.* Rio de Janeiro: A. Coelho Branco Filho Editor, 1938.

MARINONI, Luiz Guilherme; ARENHART, Sergio Cruz. *Prova.* São Paulo: RT, 2010.

MARKY, Thomas. *Curso elementar de direito romano.* 8. ed. São Paulo: Saraiva, 1995.

MARLOWE Christopher M. Forum non conveniens dismissals and the adequate alternative forum question: Latin America. *University of Miami Inter-American Law Review,* v. 32, 2001, p. 295-320.

MARNOUCO E SOUZA, José Ferreira. *Execução extraterritorial das sentenças cíveis e commerciais.* Coimbra: F. França Amado Editor, 1898.

MARQUES DOS SANTOS, Antonio. *As normas de aplicação imediata no direito internacional privado.* Esboço de uma Teoria Geral. Coimbra: Almedina, 1989, v. II.

MARQUES, Claudia Lima. Diálogo entre o Código de Defesa do Consumidor e o novo Código Civil: do diálogo das fontes no combate às cláusulas abusivas. *Revista Direito do Consumidor,* São Paulo, n. 45, jan./mar. 2003, p. 71-99.

_____. É preciso manter veto à arbitragem privada de consumo. *Revista Eletrônica Conjur.* Disponível em: <http://www.conjur.com.br/2015-jun-09/claudia-marques--preciso-manter-veto-arbitragem-consumo>. Acesso em: 17 fev. 2017.

_____. *Laudatio* para Erik Jayme: memórias e utopia. In: MARQUES, Claudia Lima; ARAUJO, Nadia de (Org.). *O novo direito internacional*: estudos em homenagem a Erik Jayme. Rio de Janeiro: Renovar, 2005.

_____. O diálogo das fontes como método da nova teoria geral do direito: um tributo a Erik Jayme. In: MARQUES, Claudia Lima (Coord.). *Diálogo das fontes:* do conflito à coordenação de normas do direito brasileiro. São Paulo: RT, 2012.

_____. Procédure civile internationale et MERCOSUR: pour un dialogue des règles universelles et régionales. *Uniform Law Review – Revue de Droit Uniforme,* 2003, p. 465-484.

_____. A insuficiente proteção do consumidor nas normas de direito internacional privado: da necessidade de uma convenção interamericana (CIDIP) sobre a lei aplicável a contratos e relações de consumo. *Revista dos Tribunais,* v. 788, 2001, p. 11-56.

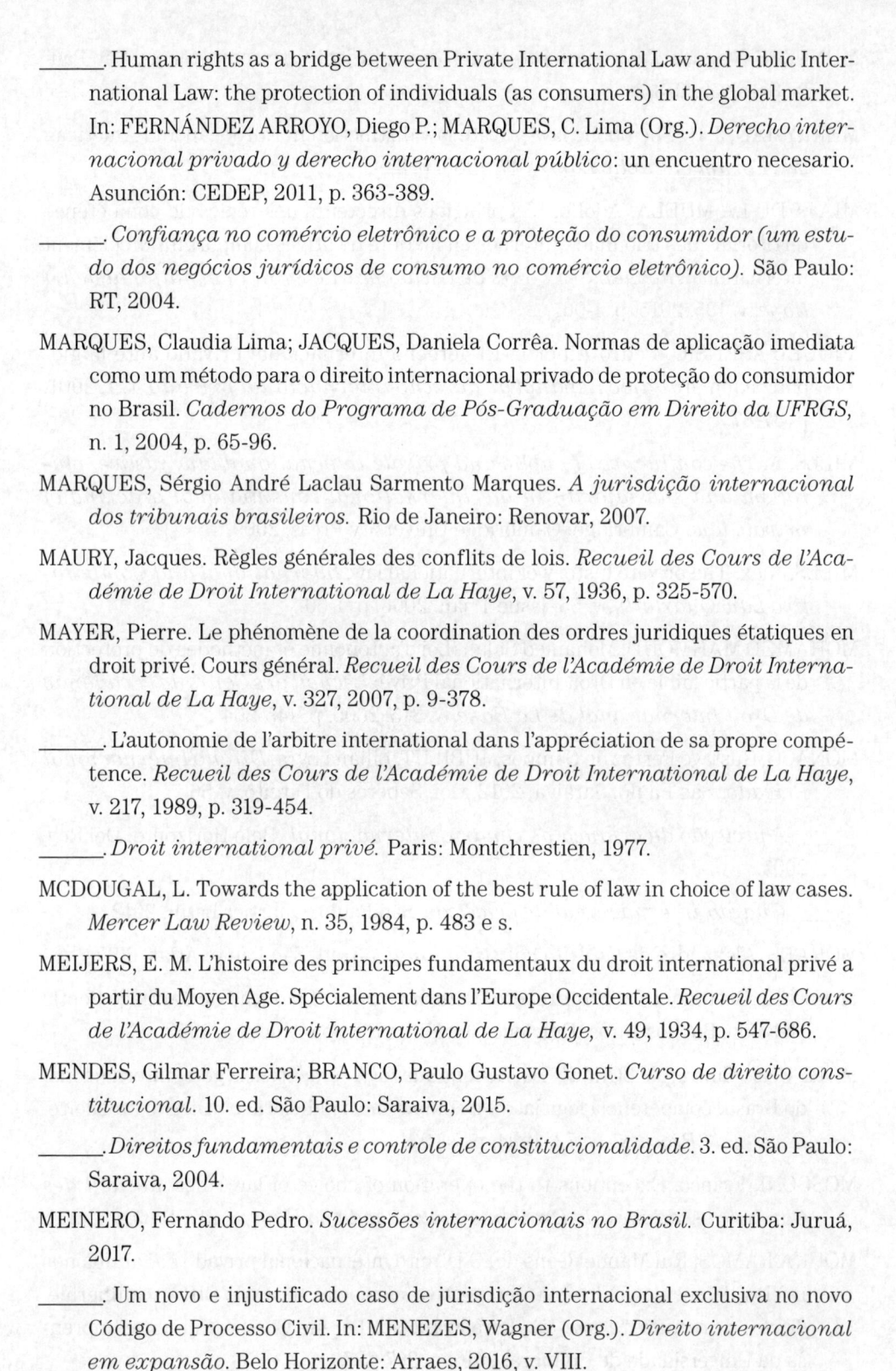

_____. Human rights as a bridge between Private International Law and Public International Law: the protection of individuals (as consumers) in the global market. In: FERNÁNDEZ ARROYO, Diego P.; MARQUES, C. Lima (Org.). *Derecho internacional privado y derecho internacional público*: un encuentro necesario. Asunción: CEDEP, 2011, p. 363-389.

_____. *Confiança no comércio eletrônico e a proteção do consumidor (um estudo dos negócios jurídicos de consumo no comércio eletrônico)*. São Paulo: RT, 2004.

MARQUES, Claudia Lima; JACQUES, Daniela Corrêa. Normas de aplicação imediata como um método para o direito internacional privado de proteção do consumidor no Brasil. *Cadernos do Programa de Pós-Graduação em Direito da UFRGS*, n. 1, 2004, p. 65-96.

MARQUES, Sérgio André Laclau Sarmento Marques. *A jurisdição internacional dos tribunais brasileiros*. Rio de Janeiro: Renovar, 2007.

MAURY, Jacques. Règles générales des conflits de lois. *Recueil des Cours de l'Académie de Droit International de La Haye*, v. 57, 1936, p. 325-570.

MAYER, Pierre. Le phénomène de la coordination des ordres juridiques étatiques en droit privé. Cours général. *Recueil des Cours de l'Académie de Droit International de La Haye*, v. 327, 2007, p. 9-378.

_____. L'autonomie de l'arbitre international dans l'appréciation de sa propre compétence. *Recueil des Cours de l'Académie de Droit International de La Haye*, v. 217, 1989, p. 319-454.

_____. *Droit international privé*. Paris: Montchrestien, 1977.

MCDOUGAL, L. Towards the application of the best rule of law in choice of law cases. *Mercer Law Review*, n. 35, 1984, p. 483 e s.

MEIJERS, E. M. L'histoire des principes fondamentaux du droit international privé a partir du Moyen Age. Spécialement dans l'Europe Occidentale. *Recueil des Cours de l'Académie de Droit International de La Haye*, v. 49, 1934, p. 547-686.

MENDES, Gilmar Ferreira; BRANCO, Paulo Gustavo Gonet. *Curso de direito constitucional*. 10. ed. São Paulo: Saraiva, 2015.

_____. *Direitos fundamentais e controle de constitucionalidade*. 3. ed. São Paulo: Saraiva, 2004.

MEINERO, Fernando Pedro. *Sucessões internacionais no Brasil*. Curitiba: Juruá, 2017.

_____. Um novo e injustificado caso de jurisdição internacional exclusiva no novo Código de Processo Civil. In: MENEZES, Wagner (Org.). *Direito internacional em expansão*. Belo Horizonte: Arraes, 2016, v. VIII.

MENEZES, Wagner. *Tribunais internacionais*: jurisdição e competência. São Paulo: Saraiva, 2013.

MERRYMAN, J. H. The public law-private law distinction in European and American law. *Forum of Public Law*, v. 17, 1968, p. 3 e s.

MIAJA DE LA MUELA, Adolfo. Les principes directeurs des règles de compétence territoriale des tribunaux internes en matière de litiges comportant un élément international. *Recueil des Cours de l'Académie de Droit International de La Haye*, v. 135, 2015, p. 1-96.

MIGUEL ASENSIO, Pedro Alberto. El derecho internacional privado ante la globalización. *Anuario Español de derecho internacional privado*, t. 1, 2001, p. 37-87.

MILLS, A. *The confluence of public and private international law, justice, pluralism and subsidiarity in the international constitutional ordering of private law*. Cambridge: Cambridge University Press, 2009.

MILLS, Alex. The private history of international law. *International and Comparative Law Quarterly*, v. 55, Issue 1, jan. 2006, p. 1-50.

MOHAMED MAHMOUD, Mohamed Salah. Loi d'autonomie et méthodes de protection de la partie faible en Droit International Privé. *Recueil des Cours de l'Académie de Droit International de La Haye*, v. 315, 2005, p. 145-264.

MÔNACO, Gustavo Ferraz de Campos; JUBILUT, Liliana Lyra. *Direito Internacional Privado*. São Paulo: Saraiva, 2012. Col. Saberes do Direito, v. 56.

_____. *A proteção da criança no cenário internacional*. Belo Horizonte: Del Rey, 2005.

_____. *Guarda internacional de crianças*. São Paulo: Quartier Latin, 2012.

MORAES, Alexandre de. *Direito constitucional*. 33. ed. São Paulo: Atlas, 2017.

MORELLI, Gaetano. *Derecho procesal internacional*. Tradução de Santiago Sentís Melendo. Buenos Aires: Ediciones Jurídicas Europa-América, 1953.

MORI, Celso Cintra; NASCIMENTO, Edsom Bueno. A competência geral internacional do Brasil: competência legislativa e competência judiciária no Direito brasileiro. *Revista de Processo*, v. 73, 1994, p. 74-93.

MOSCONI, Franco. Exceptions to the operation of choice of law rules. *Recueil des Cours de l'Académie de Droit International de La Haye*, v. 217, 1989, p. 9-214.

MOURA RAMOS, Rui Manuel Gens de. O Direito internacional privado da família nos inícios do século XXI: uma perspectiva europeia. In: OLIVEIRA, Guilherme. *Textos de direito de família*. Para Francisco Pereira Coelho. Coimbra: Imprensa da Universidade de Coimbra, 2016, p. 367-427.

_____. *Direito internacional privado e Constituição:* introdução a uma análise das suas relações. 3ª reimp. Coimbra: Coimbra Editora, 1994.

_____. *Estudos de direito internacional privado da União Europeia.* Coimbra: Imprensa da Universidade de Coimbra, 2016.

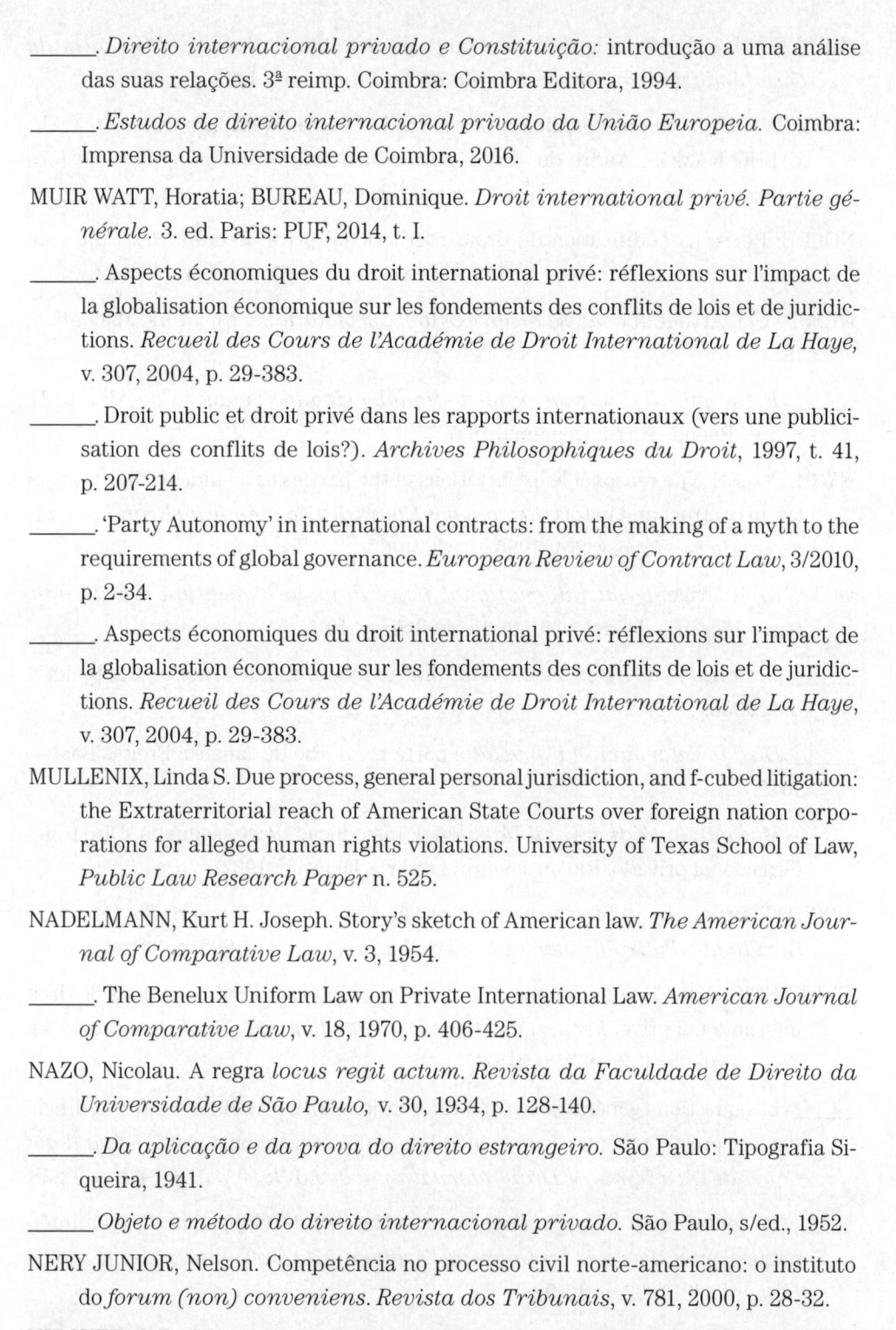

MUIR WATT, Horatia; BUREAU, Dominique. *Droit international privé. Partie générale.* 3. ed. Paris: PUF, 2014, t. I.

_____. Aspects économiques du droit international privé: réflexions sur l'impact de la globalisation économique sur les fondements des conflits de lois et de juridictions. *Recueil des Cours de l'Académie de Droit International de La Haye*, v. 307, 2004, p. 29-383.

_____. Droit public et droit privé dans les rapports internationaux (vers une publicisation des conflits de lois?). *Archives Philosophiques du Droit*, 1997, t. 41, p. 207-214.

_____. 'Party Autonomy' in international contracts: from the making of a myth to the requirements of global governance. *European Review of Contract Law*, 3/2010, p. 2-34.

_____. Aspects économiques du droit international privé: réflexions sur l'impact de la globalisation économique sur les fondements des conflits de lois et de juridictions. *Recueil des Cours de l'Académie de Droit International de La Haye*, v. 307, 2004, p. 29-383.

MULLENIX, Linda S. Due process, general personal jurisdiction, and f-cubed litigation: the Extraterritorial reach of American State Courts over foreign nation corporations for alleged human rights violations. University of Texas School of Law, *Public Law Research Paper* n. 525.

NADELMANN, Kurt H. Joseph. Story's sketch of American law. *The American Journal of Comparative Law*, v. 3, 1954.

_____. The Benelux Uniform Law on Private International Law. *American Journal of Comparative Law*, v. 18, 1970, p. 406-425.

NAZO, Nicolau. A regra *locus regit actum. Revista da Faculdade de Direito da Universidade de São Paulo*, v. 30, 1934, p. 128-140.

_____. *Da aplicação e da prova do direito estrangeiro.* São Paulo: Tipografia Siqueira, 1941.

_____ *Objeto e método do direito internacional privado.* São Paulo, s/ed., 1952.

NERY JUNIOR, Nelson. Competência no processo civil norte-americano: o instituto do *forum (non) conveniens. Revista dos Tribunais*, v. 781, 2000, p. 28-32.

NIBOYET, J. P. *Cours de droit international privé français.* Paris: Librairie du Recueil Sirey, 1949.

NIBOYET, J.-P. La théorie de l'autonomie de la volonté. *Recueil des Cours de l'Académie de Droit International de La Haye,* v. 16, 1927, p. 1-116.

NINOMIYA, Masato. A nacionalidade brasileira de Thomas Wasaburo Otake. In: CARVALHO RAMOS, André de (Org.). *Direito internacional privado*: questões controvertidas. Belo Horizonte: Arraes Editores, 2016.

NOLDE, Boris. La codification du droit international privé. *Recueil des Cours de l'Académie de Droit International de La Haye,* v. 55, 1936, p. 299-432.

NUSSBAUM, Arthur. *A concise history of the law of nations.* New York: Macmillan, 1954.

_____. *Principios de derecho internacional privado.* Tradução de Alberto D. Schoo. Buenos Aires: Depalma, 1947.

NYGH, Peter E. The reasonable expectations of the parties as a guide to the choice of law in contract and in tort. *Recueil des Cours de l'Académie de Droit International de La Haye,* v. 251, 1995, p. 269-400.

OCTAVIO, Rodrigo. *Droit international privé dans la legislation brèsilienne.* Paris: Librairie de la Société du Recueil Sirey, 1915.

_____. *Dicionário de direito internacional privado.* Rio de Janeiro: F. Briguiet & Cia., 1933.

_____. *Direito internacional privado*: parte geral. Rio de Janeiro: Freitas Bastos, 1942.

_____. *Manual do Código Civil brasileiro*: Introdução. Parte segunda. Direito internacional privado. Rio de Janeiro: Livraria Jacintho, 1932.

OPPETIT, Bruno. Le droit international privé: droit savant. *Recueil des Cours de l'Académie de Droit International de La Haye,* v. 234, 1992, p. 331-433.

OVERBECK Alfred E von. L'application par le juge interne des conventions de droit international privé. *Recueil des Cours de l'Académie de Droit International de La Haye,* v. 132, 1971, p. 1-106.

_____. Les questions générales du droit international privé à la lumière des codifications et projets récents: cours général de droit international privé. *Recueil des Cours de l'Académie de Droit International de La Haye,* v. 176, 1982, p. 9-258.

_____. La contribution de la Conference de La Haye au developpment du droit international privé. *Recueil des Cours de l'Académie de Droit International de La Haye,* v. 233, 1992, p. 13-98.

PARDI, Luis Vanderlei. *O regime jurídico da expulsão de estrangeiros no Brasil.* São Paulo: Almedina, 2015.

PATARRA, Neide Lopes (Coord.). *Emigração e imigração internacionais no Brasil Contemporâneo*. 2. ed. São Paulo: FNUAP, 1995.

PARRA-ARANGUREN, Gonzalo. General course of private international law: selected problems. *Recueil des Cours de l'Académie de Droit International de La Haye*, v. 210, 1988, p. 13-223.

PEDERNEIRAS, Raul. *Direito internacional compendiado*. 10. ed. Rio de Janeiro: Freitas Bastos, 1953.

PEREIRA, André Gonçalves; QUADRO, Fausto de. *Manual de direito internacional público*. Coimbra: Almedina, 1993.

PEREIRA, Lafayette Rodrigues. *Princípios de direito internacional*. Rio de Janeiro: Jacintho Ribeiro dos Santos Editor, 1902.

_____. *Projecto de Código de Direito Internacional Privado*. Rio de Janeiro: Imprensa Nacional, 1927.

PEREIRA, Marcela Harumi Takahashi. *Sentença estrangeira*. Efeitos independentes da homologação. Belo Horizonte: Del Rey, 2010.

PERLINGEIRO, Ricardo Mendes da Silva. Cooperação jurídica internacional e auxílio direto. *Revista CEJ*, n. 32, jan./mar. 2006, p. 75-79.

_____. A jurisdição internacional na América Latina: competência internacional, reconhecimento e execução de decisão judicial estrangeira em matéria civil. *Revista de Processo*, São Paulo, v. 197, 2011, p. 299-337.

PERRONE-MOISÉS, Cláudia. Tolerância, desenvolvimento e direitos humanos: uma visão integrada. In: MERCADANTE, Araminta; MAGALHÃES, José Carlos de (Org.). *Reflexões sobre os 60 anos da ONU*. Ijuí: Unijuí, 2005.

PICONE, Paolo. Les méthodes de coordination entre ordres juridiques en droit international privé – Cours général de droit international privé. *Recueil des Cours de l'Académie de Droit International de La Haye*, v. 276, 1999, p. 9-288.

PILLET, Antoine. *Principes de droit international privé*. Paris: Pedone, 1903.

_____. *Des personnes morales en droit international privé*. Paris: Librairie de la Societé du Recueil Sirey, 1914.

PIMENTA BUENO, José Antônio. *Direito internacional privado e applicação de seus princípios com referência às leis particulares do Brazil*. Rio de Janeiro: Typographia Imp. e Const. de J. Villeneuve e C., 1863.

PINHEIRO, Luís de Lima. *Direito internacional privado*: competência internacional e reconhecimento de decisões estrangeiras. 2. ed. refundida. Coimbra: Almedina, 2012, v. III.

_____. *Direito internacional privado*: introdução e direito dos conflitos. Parte geral. Coimbra: Almedina, 2011, v. I.

POCAR, Fausto. La protection de la partie faible en Droit International Privé. *Recueil des Cours de l'Académie de Droit International de La Haye,* v. 188, 1984, p. 339-417.

POLIDO, Fabrício Bertini Pasquot. Comentário ao art. 24. In: STRECK, Lenio; NUNES, Dierle; CUNHA, Leonardo (Org.). *Comentários ao Código de Processo Civil.* São Paulo: Saraiva, 2016, p. 78-80.

_____. *Direito processual internacional e o contencioso internacional privado.* Curitiba: Juruá, 2013.

_____. As famílias nas relações privadas transnacionais: aportes metodológicos do direito internacional privado. In: CUNHA PEREIRA, Rodrigo da (Org.). *Tratado de Direito das Famílias.* 2. ed. Belo Horizonte: IBDFAM, 2016, p. 883-936.

PONTES DE MIRANDA, Francisco Cavalcanti. La conception du droit international privé d'après la doctrine et la pratique au Brésil. *Recueil des Cours de l'Académie de Droit International de La Haye*, v. 39, 1932, p. 551-677.

_____. *Comentários ao Código de Processo Civil*: arts. 46 a 153. 3. ed. 4ª tiragem. Rio de Janeiro: 1996, t. II.

_____. *Comentários ao Código de Processo:* arts. 282-443. 1. ed. Rio de Janeiro: Forense, 1974, t. IV.

_____. *Tratado de direito internacional privado.* Rio de Janeiro: Livraria José Olympio, 1935, t. I.

_____. *Tratado de direito internacional privado.* Parte Especial. Rio de Janeiro: José Olympio, 1934, t. II.

QUADRI, R. Cours général de droit international public. *Recueil des Cours de l'Académie de Droit International de La Haye,* v. 113, 1964, p. 237-483.

RAAPE, Leo. Les rapports juridiques entre parents et enfants comme point de départ d'une explication pratique d'anciens et de nouveaux problèmes fondamentaux du droit international privé. *Recueil des Cours de l'Académie de Droit International de La Haye,* v. 50, 1934, p. 401-544.

RABEL, E. Le problème de la qualification. *Revue de Droit International Privé,* v. 28, 1933, p. 1-62.

RANOUIL, Véronique. *L'autonomie de la volonté*: naissance et évolution d'un concept. Paris: Presses Universitaires de France, 1980.

REED, Lucy. Mixed private and public international law solutions to international crises. *Recueil des Cours de l'Académie de Droit International de La Haye*, v. 306, 2003, p. 177-410.

REESE Willis L. M. Choice of laws: rules or approaches. *Cornell Law Review*, v. 57, 1972, p. 315-334.

_____. Dépeçage: a common phenomenon in choice of law. *Columbia Law Review*, v. 73, n. 1, jan. 1973, p. 58-75.

REESE, Willis L. A. From the old restatement of conflict of laws to the new. Disponível em: <https://www.law.kuleuven.be/jura/art/9n3/reese.pdf>.

REMIRO BRETONS A. La reconnaissance et l'exécution des sentences arbitrales étrangères. *Recueil des Cours de l'Académie de Droit International de La Haye*, v. 184, 1984, p. 169-354.

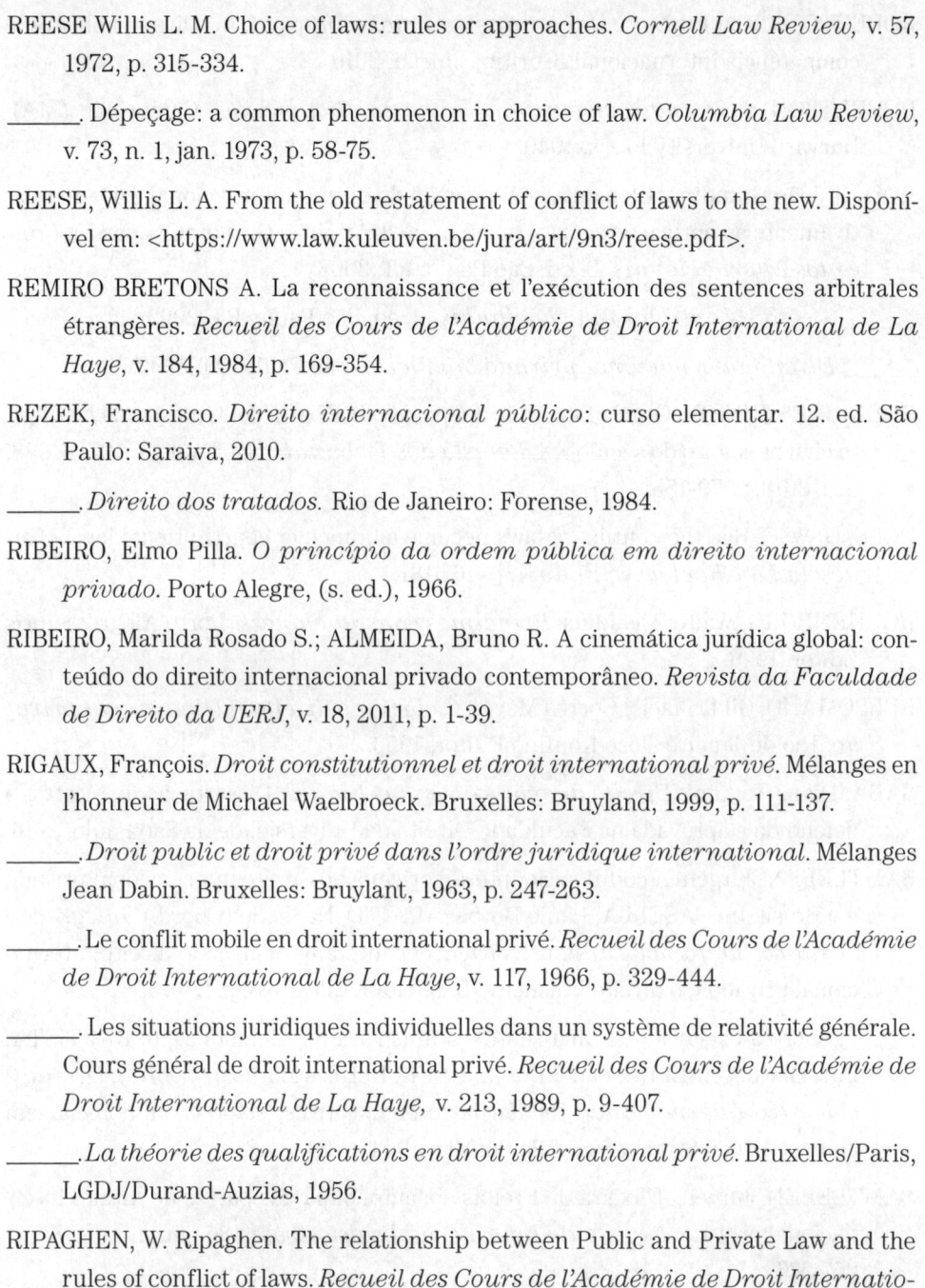

REZEK, Francisco. *Direito internacional público*: curso elementar. 12. ed. São Paulo: Saraiva, 2010.

_____. *Direito dos tratados*. Rio de Janeiro: Forense, 1984.

RIBEIRO, Elmo Pilla. *O princípio da ordem pública em direito internacional privado*. Porto Alegre, (s. ed.), 1966.

RIBEIRO, Marilda Rosado S.; ALMEIDA, Bruno R. A cinemática jurídica global: conteúdo do direito internacional privado contemporâneo. *Revista da Faculdade de Direito da UERJ*, v. 18, 2011, p. 1-39.

RIGAUX, François. *Droit constitutionnel et droit international privé*. Mélanges en l'honneur de Michael Waelbroeck. Bruxelles: Bruyland, 1999, p. 111-137.

_____. *Droit public et droit privé dans l'ordre juridique international*. Mélanges Jean Dabin. Bruxelles: Bruylant, 1963, p. 247-263.

_____. Le conflit mobile en droit international privé. *Recueil des Cours de l'Académie de Droit International de La Haye*, v. 117, 1966, p. 329-444.

_____. Les situations juridiques individuelles dans un système de relativité générale. Cours général de droit international privé. *Recueil des Cours de l'Académie de Droit International de La Haye*, v. 213, 1989, p. 9-407.

_____. *La théorie des qualifications en droit international privé*. Bruxelles/Paris, LGDJ/Durand-Auzias, 1956.

RIPAGHEN, W. Ripaghen. The relationship between Public and Private Law and the rules of conflict of laws. *Recueil des Cours de l'Académie de Droit International de La Haye*, v. 102, 1961, p. 215-334.

RIPERT, Georges. Les règles du droit civil applicables aux rapports internationaux: (contribution à l'étude des principes généraux du droit visés au statut de la Cour permanente de justice internationale). *Recueil des Cours de l'Académie de Droit International de La Haye*, v. 44, 1933, p. 565-664.

ROBERTO, Wilson Furtado. *Dano transnacional e internet*. In: Direito aplicável e competência internacional. Curitiba: Juruá, 2010.

ROBERTSON, A. H. *Characterization in the conflict of laws*. Cambridge (MA): Harvard University Press, 1940.

RODAS, João Grandino. Elementos de conexão do direito internacional privado relativamente às obrigações contratuais. In: RODAS, João Grandino (Coord.). *Contratos internacionais*. 3. ed. São Paulo: RT, 2002.

_____ (Coord.). *Contratos internacionais*. 3. ed. São Paulo: RT, 2002.

_____. *Direito internacional privado brasileiro*. São Paulo: RT, 1993.

RODRIGUES JUNIOR, Otavio Luiz. A influência do BGB e da doutrina alemã no direito civil brasileiro do século XX. *Revista dos Tribunais*, São Paulo, v. 102, n. 938, dez. 2013, p. 79-155.

ROSS, G. W. C. Has the conflict of laws become a branch of constitutional law? *Minnesota Law Review*, v. 15, 1931, p. 161-181.

ROTHENBURG, Walter Claudius. *Princípios constitucionais*. Porto Alegre: Fabris Editor, 1999.

RUSSOMANO, Gilda Maciel Corrêa Mayer. *O objeto do direito internacional privado*. Rio de Janeiro: José Konfino Editor, 1956.

SABA, Diana Tognini. *Direito de retenção e seus limites*. Dissertação de Mestrado defendida e aprovada na Faculdade Direito da Universidade de São Paulo, 2016.

SAMTLEBEN, Jürgen. A codificação interamericana do direito internacional privado e o Brasil. In: CASELLA, Paulo Borba; ARAUJO, Nadia de (Coord.). *Integração Jurídica Interamericana:* as convenções interamericanas de direito internacional privado e o direito brasileiro. São Paulo: LTr, 1998, p. 25-45.

_____. Sobre a execução de uma sentença brasileira na Alemanha. In: BAPTISTA, Luiz Olavo; CASELLA, Paulo Borba; HUCK, Hermes Marcelo (Coord.). *Direito e comércio internacional*: tendências e perspectivas: estudos em homenagem ao Prof. Irineu Strenger. São Paulo: LTr, 1994, p. 242-248.

SAMTLEBEN, Jürgen. Teixeira de Freitas e a autonomia das partes no direito internacional privado. *Revista de Informação Legislativa*, n. 85, jan./mar. 1985, p. 257-276.

SANTOS, António Marques dos. *Breves considerações sobre a adaptação em direito internacional privado*: estudos de direito internacional privado e de direito processual civil. Coimbra: Almedina, 1998, p. 51-128.

_____. *A aplicação do direito estrangeiro*. Estudos de direito internacional privado e de direito público. Coimbra: Almedina, 2004, p. 33-53.

SARLET, Ingo Wolfgang. *Dignidade da pessoa humana e direitos fundamentais.* Porto Alegre: Livraria do Advogado, 2001.

SARMENTO, Daniel (Org.). *Interesses públicos* versus *privados*: desconstruindo o princípio da supremacia do interesse público. Rio de Janeiro: Lumen Juris, 2005.

SAVIGNY, Friedrich Carl von. *Sistema do direito romano atual.* Tradução de Ciro Mioranga (edição original de 1849). Ijuí: Unijuí, 2004, v. VIII.

SCHLOSSER, Peter. Jurisdiction and international judicial and administrative co--operation. *Recueil des Cours de l'Académie de Droit International de La Haye,* v. 284, 2000, p. 9-428.

SCHWIND, Fritz. Aspects et sens du droit international privé: cours général de droit international privé. *Recueil des Cours de l'Académie de Droit International de La Haye,* v. 187, 1984, p. 9-144.

SEIDL-HOHENVELDERN, I. The impact of Public International Law on conflict of law rules on corporations. *Recueil des Cours de l'Académie de Droit International de La Haye,* v. 123, 1968, p. 1-116.

SEIDL-HOHENVELDERN, Ignaz. International economic "soft law". *Recueil des Cours de l'Académie de Droit International de La Haye,* v. 163, 1979, p. 165-246.

SERPA LOPES, Miguel Maria de. *Comentário teórico e prático da Lei de Introdução ao Código Civil.* Rio de Janeiro: Livraria Jacintho Editora, 1944.

_____. *Comentários à Lei de Introdução ao Código Civil.* 2. ed. Rio de Janeiro: Freitas Bastos, 1959, v. II.

_____. *Comentários à Lei de Introdução ao Código Civil.* 2. ed. Rio de Janeiro: Freitas Bastos, 1959, v. III.

SILVA, Agustinho Fernandes Dias da. *A competência judiciária no direito internacional privado.* Rio de Janeiro: Freitas Bastos, 1965.

SILVA, Nuno Ascensão et al. *Direito internacional da família.* Lisboa: Centro de Estudos Judiciários, 2014, t. I.

SILVA, Ricardo Perlingeiro Mendes. Reconhecimento de decisão judicial estrangeira no Brasil e o controle da ordem pública internacional no Regulamento (CE) 44: análise comparativa. *Revista de Processo,* 118, 2004, p. 173-186.

SILVA, Zélio Furtado da. A constitucionalização do direito internacional privado. *Revista da Esmape – Escola Superior da Magistratura do Estado de Pernambuco,* v. 4, n. 10, jul./dez. 1999, p. 359-392.

SLAUGHTER, Anne-Marie. Sovereignty and power in a networked world order. *Stanford Journal of International Law,* v. 40, 2004, p. 283-328.

SMITH, Derek. Beyond indeterminacy and self-contradiction in law: transnational abductions and treaty interpretation in U.S, v. Alvarez-Machain. *European Journal of International Law*, v. 6, n. 1, 1995, p. 1-35.

SOARES, Guido Fernando Silva. A competência internacional do Judiciário brasileiro e a questão da autonomia da vontade das partes. In BAPTISTA, Luiz Olavo; HUCK, Hermes Marcelo; CASELLA, Paulo Borba (Org.). *Direito e comércio internacional*: tendências e perspectivas. Estudos em homenagem ao Prof. Irineu Strenger. São Paulo: LTr, 1994, p. 283-305.

_____. *Curso de direito internacional público*. São Paulo: Atlas, 2002, v. I.

SOARES, Oscar de Macedo. *Casamento civil:* Decreto n. 181 de 24 de janeiro de 1890, commentado e annotado. Rio de Janeiro: B. L Garnier, Livreiro-Editor, 1890.

SOUZA, Arthur de Brito Gueiros. *Presos estrangeiros no Brasil*. Aspectos jurídicos e criminológicos. Lumen Juris: Rio de Janeiro, 2007.

SPITZ, Lidia. *Eleição de foro estrangeiro*: o princípio da autonomia da vontade e seu reconhecimento no direito convencional, regional e brasileiro. Dissertação de Mestrado em Direito Internacional pela Universidade do Estado do Rio de Janeiro. Rio de Janeiro: UERJ, 2010.

STEINER, Henry J.; ALSTON, Philip. *International human rights in context*. Oxford: Clarendon Press, 1996.

STEVENSON, J. R. The relationship of Private International Law to Public International Law. *Columbia Law Review*, 1952.

STORY, Joseph. *Commentaries on the conflict of laws* (1. ed. 1834), 4. ed. Boston: Little Brown and Company, 1852.

STRECK, Lenio Luiz. *Jurisdição constitucional e hermenêutica*. Uma nova crítica do direito. 2. ed. Rio de Janeiro: Forense, 2004.

STRENGER, Irineu. *Teoria geral do direito internacional privado*. São Paulo: Edusp/José Bushatsky Editor, 1973.

_____. La notion de *lex mercatoria* en droit du commerce international. *Recueil des Cours de l'Académie de Droit International de La Haye*, v. 227, 1991, p. 309-335.

_____. *Direito internacional privado*. 4. ed. São Paulo: LTr, 2000.

_____. *Direito internacional privado*: parte geral. São Paulo: RT, 1986.

_____. *Direito processual internacional*. São Paulo: LTr, 2003.

SYMEONIDES, S. Party autonomy and Private-Law making in Private International Law: the *lex mercatoria* that isn't. *Festschrift für K. Kerameus*. Athens/Brussels: Sakkoulas-Bruylant Press, 2009, p. 1397-1423.

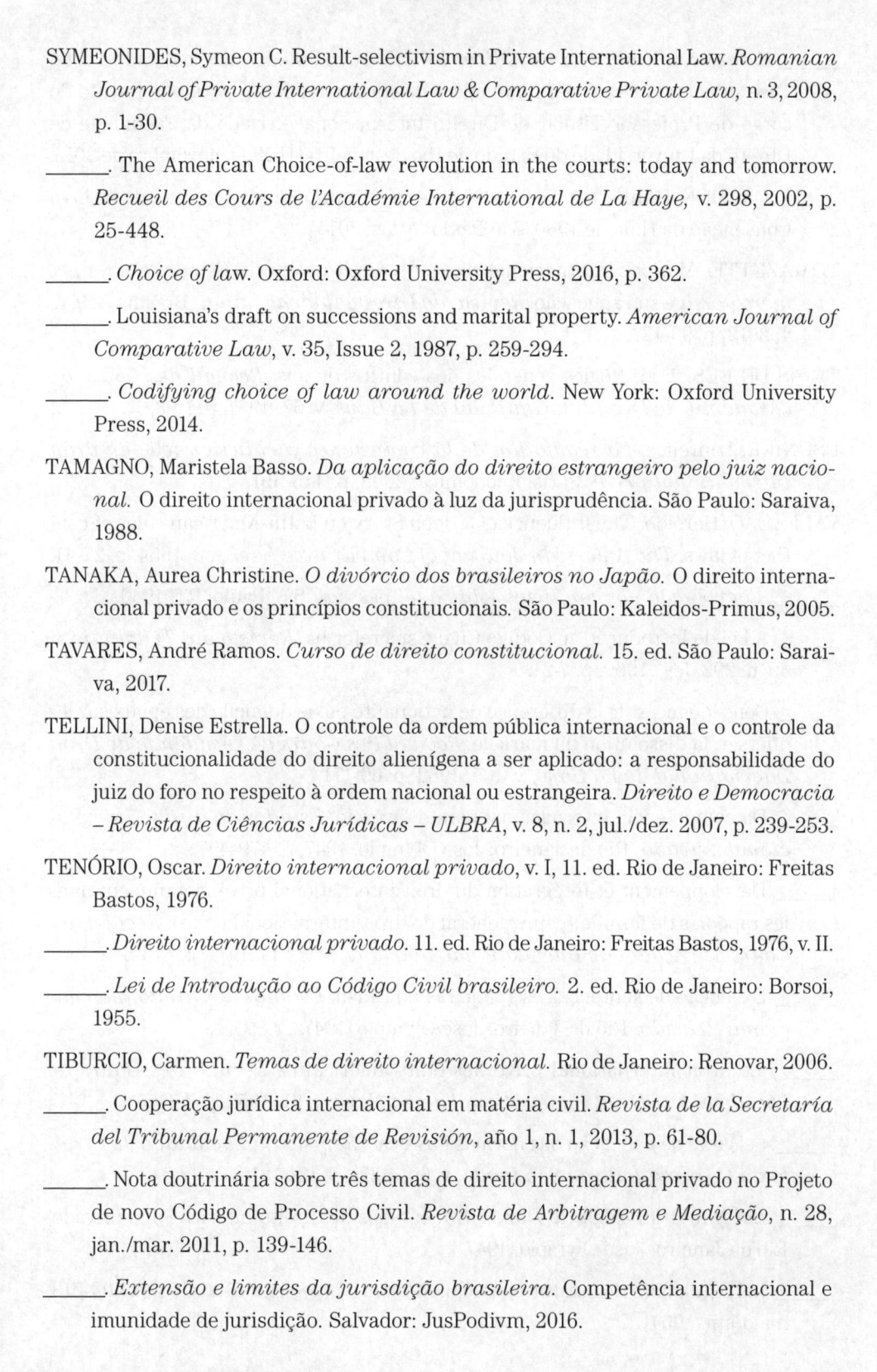

SYMEONIDES, Symeon C. Result-selectivism in Private International Law. *Romanian Journal of Private International Law & Comparative Private Law*, n. 3, 2008, p. 1-30.

_____. The American Choice-of-law revolution in the courts: today and tomorrow. *Recueil des Cours de l'Académie International de La Haye*, v. 298, 2002, p. 25-448.

_____. *Choice of law*. Oxford: Oxford University Press, 2016, p. 362.

_____. Louisiana's draft on successions and marital property. *American Journal of Comparative Law*, v. 35, Issue 2, 1987, p. 259-294.

_____. *Codifying choice of law around the world*. New York: Oxford University Press, 2014.

TAMAGNO, Maristela Basso. *Da aplicação do direito estrangeiro pelo juiz nacional*. O direito internacional privado à luz da jurisprudência. São Paulo: Saraiva, 1988.

TANAKA, Aurea Christine. *O divórcio dos brasileiros no Japão*. O direito internacional privado e os princípios constitucionais. São Paulo: Kaleidos-Primus, 2005.

TAVARES, André Ramos. *Curso de direito constitucional*. 15. ed. São Paulo: Saraiva, 2017.

TELLINI, Denise Estrella. O controle da ordem pública internacional e o controle da constitucionalidade do direito alienígena a ser aplicado: a responsabilidade do juiz do foro no respeito à ordem nacional ou estrangeira. *Direito e Democracia – Revista de Ciências Jurídicas – ULBRA*, v. 8, n. 2, jul./dez. 2007, p. 239-253.

TENÓRIO, Oscar. *Direito internacional privado*, v. I, 11. ed. Rio de Janeiro: Freitas Bastos, 1976.

_____. *Direito internacional privado*. 11. ed. Rio de Janeiro: Freitas Bastos, 1976, v. II.

_____. *Lei de Introdução ao Código Civil brasileiro*. 2. ed. Rio de Janeiro: Borsoi, 1955.

TIBURCIO, Carmen. *Temas de direito internacional*. Rio de Janeiro: Renovar, 2006.

_____. Cooperação jurídica internacional em matéria civil. *Revista de la Secretaría del Tribunal Permanente de Revisión*, año 1, n. 1, 2013, p. 61-80.

_____. Nota doutrinária sobre três temas de direito internacional privado no Projeto de novo Código de Processo Civil. *Revista de Arbitragem e Mediação*, n. 28, jan./mar. 2011, p. 139-146.

_____. *Extensão e limites da jurisdição brasileira*. Competência internacional e imunidade de jurisdição. Salvador: JusPodivm, 2016.

_____. *Extensão e limites da jurisdição brasileira*: o Estado-juiz e o Estado-Parte. Tese submetida à Banca Examinadora de concurso público para provimento do cargo de Professor Titular de Direito Internacional Privado da Faculdade de Direito da Universidade do Estado do Rio de Janeiro (UERJ), novembro de 2015.

_____; CALMON, Guilherme. *Sequestro internacional de crianças*: comentários à Convenção da Haia de 1980. São Paulo: Atlas, 2014.

TOMAZETTE, Marlon. Internacionalização do direito além do Estado: a nova *lex mercatoria* e sua aplicação. *Revista de Direito Internacional*, Brasília, v. 9, n. 4, 2012, p. 93-121.

TRIAS DE BES, J. M. Règles générales des conflits de lois. *Recueil des Cours de l'Académie de Droit International de La Haye*, v. 62, 1937, p. 1-93.

USUNIER, Laurence. *La régulation de la compétence juridictionnelle en droit international privé*. Paris: Economica, 2008, p. 445-491.

VALLADÃO, Haroldo. The influence of Joseph Story on Latin-American rules of conflict of laws. *The American Journal of Comparative Law*, v. 3, 1954, p. 27-41.

_____. *A devolução nos conflictos sobre a lei pessoal*. São Paulo: RT, 1930.

_____. A Lei de Introdução ao Código Civil e sua reforma. *Revista dos Tribunais*, v. 49, n. 292, fev., 1960, p. 7-21.

_____. Conséquences de la différence de nationalité ou de domicile des époux sur les effets et la dissolution du mariage. *Recueil des Cours de l'Académie de Droit International de La Haye*, v. 105, 1962, p. 69-171.

_____. Da competência internacional para o divórcio. *Estudos de direito internacional privado*. Rio de Janeiro: José Olympio, 1947, p. 479-497.

_____. Développement et intégration du droit international privé, notamment dans les rapports de famille (cours général de droit international privé). *Recueil des Cours de l'Académie International de La Haye*, v. 133, 1971, p. 413-544.

_____. Execução de sentenças estrangeiras no Brasil. *Estudos de Direito Internacional Privado*. Rio de Janeiro: José Olympio, 1947.

_____. Le droit international privé des états américains. *Recueil des Cours de l'Académie de Droit International de La Haye*, v. 81, 1952, p. 1-115.

_____. Lei geral de aplicação das normas jurídicas. *Revista da Faculdade de Direito da Universidade de São Paulo*, v. 60, 1965, p. 121-131.

_____. *Lei Nacional e Lei do Domicílio*: estudos de direito internacional privado. Rio de Janeiro: José Olympio, 1947.

_____. Lei reguladora do estatuto pessoal. *Revista Forense*, v. 51, n. 153, p. 503-513, maio/jun. 1954.

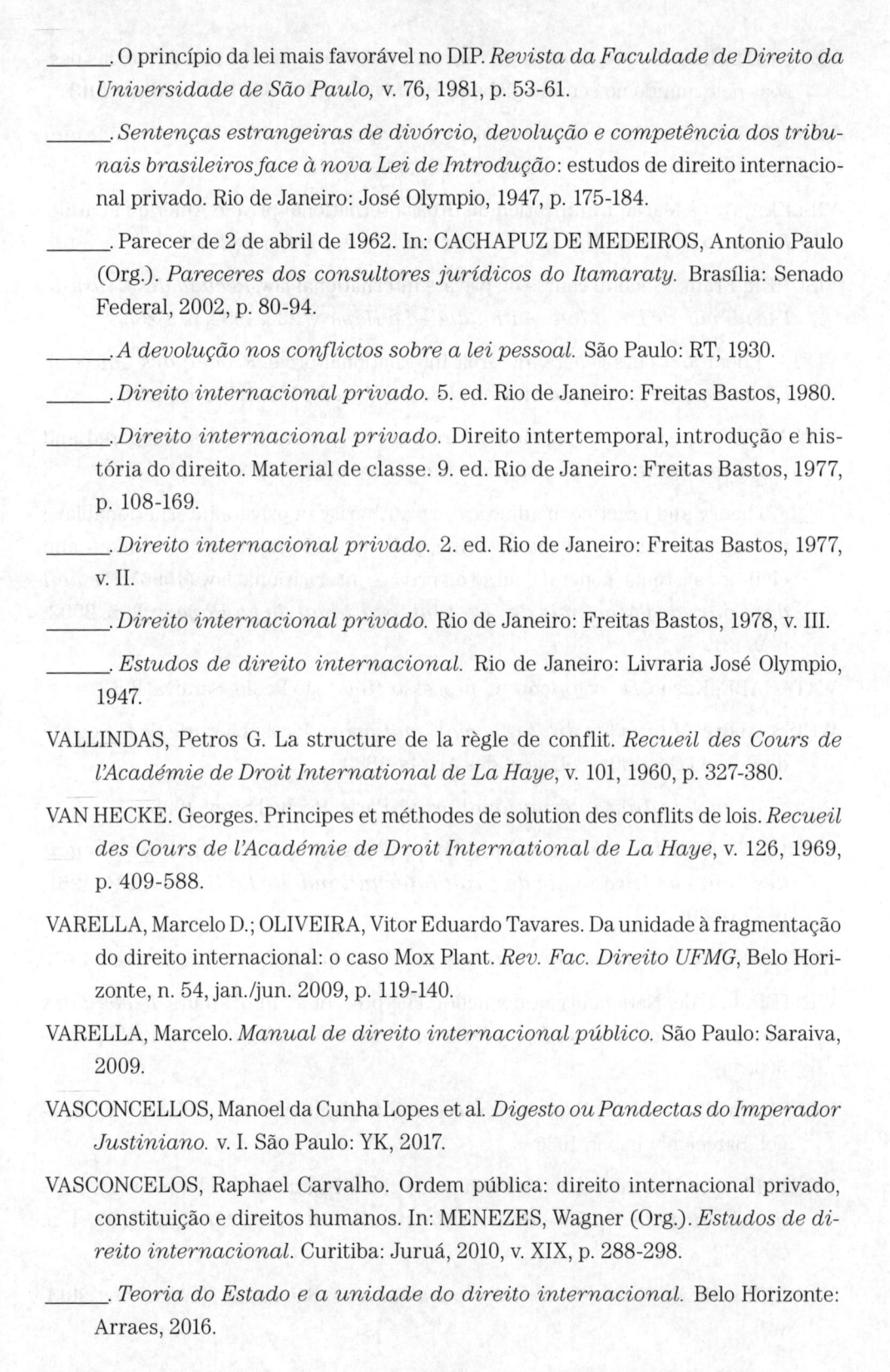

_____. O princípio da lei mais favorável no DIP. *Revista da Faculdade de Direito da Universidade de São Paulo,* v. 76, 1981, p. 53-61.

_____. *Sentenças estrangeiras de divórcio, devolução e competência dos tribunais brasileiros face à nova Lei de Introdução*: estudos de direito internacional privado. Rio de Janeiro: José Olympio, 1947, p. 175-184.

_____. Parecer de 2 de abril de 1962. In: CACHAPUZ DE MEDEIROS, Antonio Paulo (Org.). *Pareceres dos consultores jurídicos do Itamaraty.* Brasília: Senado Federal, 2002, p. 80-94.

_____. *A devolução nos conflictos sobre a lei pessoal.* São Paulo: RT, 1930.

_____. *Direito internacional privado.* 5. ed. Rio de Janeiro: Freitas Bastos, 1980.

_____. *Direito internacional privado.* Direito intertemporal, introdução e história do direito. Material de classe. 9. ed. Rio de Janeiro: Freitas Bastos, 1977, p. 108-169.

_____. *Direito internacional privado.* 2. ed. Rio de Janeiro: Freitas Bastos, 1977, v. II.

_____. *Direito internacional privado.* Rio de Janeiro: Freitas Bastos, 1978, v. III.

_____. *Estudos de direito internacional.* Rio de Janeiro: Livraria José Olympio, 1947.

VALLINDAS, Petros G. La structure de la règle de conflit. *Recueil des Cours de l'Académie de Droit International de La Haye,* v. 101, 1960, p. 327-380.

VAN HECKE. Georges. Principes et méthodes de solution des conflits de lois. *Recueil des Cours de l'Académie de Droit International de La Haye,* v. 126, 1969, p. 409-588.

VARELLA, Marcelo D.; OLIVEIRA, Vitor Eduardo Tavares. Da unidade à fragmentação do direito internacional: o caso Mox Plant. *Rev. Fac. Direito UFMG,* Belo Horizonte, n. 54, jan./jun. 2009, p. 119-140.

VARELLA, Marcelo. *Manual de direito internacional público.* São Paulo: Saraiva, 2009.

VASCONCELLOS, Manoel da Cunha Lopes et al. *Digesto ou Pandectas do Imperador Justiniano.* v. I. São Paulo: YK, 2017.

VASCONCELOS, Raphael Carvalho. Ordem pública: direito internacional privado, constituição e direitos humanos. In: MENEZES, Wagner (Org.). *Estudos de direito internacional.* Curitiba: Juruá, 2010, v. XIX, p. 288-298.

_____. *Teoria do Estado e a unidade do direito internacional.* Belo Horizonte: Arraes, 2016.

VEDOVATO, Luís Renato. *Direito de ingresso do estrangeiro*: a circulação das pessoas pelo mundo no cenário globalizado. Livro digital. São Paulo: Atlas, 2013.

VERGUEIRO, Luiz Fabrício Thaumaturgo. *Cooperação jurídica internacional vertical*: civil e criminal. São Paulo: Quartier Latin, 2016.

VILLELA, Anna Maria. L'unification du droit international privé e Amérique Latine. *Revue Critique de Droit International Privé*, 1984, p. 233-265.

VISCHER, Frank. General course on private international law. *Recueil des Cours de l'Académie de Droit International de La Haye*, v. 232, 1992, p. 9-255.

VITTA, Edoardo. Cours général de droit international privé. *Recueil des Cours de l'Académie de Droit International de La Haye*, v. 162, 1979, p. 9-243.

VON MEHREN, Arthur. Adjudicatory jurisdiction: general theories compared and evaluated. *Boston Universtiy Law Review*, v. 63, p. 279-340.

_____. Theory and practice of adjudicatory authority in private international law: a comparative study of the doctrine, policies and practices of common- and civil-law systems: general course on private international law (1996). *Recueil des Cours de l'Académie de Droit International de La Haye*, v. 295, 2002, p. 9-431.

WATANABE, Kazuo. *Da cognição no processo civil*. São Paulo: Saraiva, 2012.

WEISS, André. *Manuel de droit international privé*. Paris: Librairie de la Societé du Recueil Général des Lois et des Arrêts, 1899.

_____. *Manuel de droit international privé*. Paris: Recueil Sirey, 1928.

WENGLER, Wilhelm. The general principles of private international law. *Recueil des Cours de l'Académie de Droit International de La Haye*, v. 104, 1961, p. 273-469.

WESTLAKE, John. *Private international law*. 7. ed. London: Sweet & Maxwell, 1925.

WINTER, L. I. de. Nationality or domicile? The present state of affairs. *Recueil des Cours de l'Académie de Droit International de La Haye*, v. 128, 1969, p. 347-503.

WOLFF, Martin. *Derecho internacional privado*. Tradução de José Rovira y Emergol. Barcelona: Labor, 1936.

WORTLEY, B. A. The interaction of Public and Private International Law today. *Recueil des Cours de l'Académie de Droit International de La Haye*, v. 85, 1954, p. 239-342.

YARSHELL, Flávio. *Curso de direito processual civil*. São Paulo: Marcial Pons, 2014, v. I.

YASSEEN, Mustafa Kamil. Principes généraux de Droit International Privé. *Recueil des Cours de l'Académie de Droit International de La Haye*, v. 116,1965, p. 383-491.

YNTEMA, Hessel E. The Comity Doctrine. *Michigan Law Review,* v. 65, n. 1, nov. 1966, p. 9-32.